中国年鉴精品工程
High Quality Project of China's Yearbook

盐城年鉴 2021

YANCHENG NIANJIAN

盐城市地方志办公室 编

方志出版社
Publishing House of Local Records

图书在版编目（CIP）数据

盐城年鉴. 2021 / 盐城市地方志办公室编. —北京：方志出版社，2021. 12

ISBN 978-7-5144-5082-8

Ⅰ. ①盐… Ⅱ. ①盐… ②盐… Ⅲ. ①盐城—2021—年鉴 Ⅳ. ①Z525. 33

中国版本图书馆CIP数据核字（2022）第066040号

盐城年鉴（2021）

编　　者：盐城市地方志办公室
责任编辑：范　静

出 版 者：方志出版社
地址　北京市朝阳区潘家园东里9号（国家方志馆4层）
邮编　100021
网址　http://www.fzph.org
发　　行：方志出版社图书经销中心
电话（010）67110500
经　　销：各地新华书店
印　　刷：南京顺和印刷有限责任公司

开　　本：889 × 1194　　1/16
印　　张：37.25
字　　数：1382千字
版　　次：2021年12月第1版　　2021年12月第1次印刷
印　　数：0001 ~ 1000册

ISBN 978-7-5144-5082-8　　定价：320.00元

序

国务院办公厅2015年8月印发的《全国地方志事业发展规划纲要（2015—2020年）》（以下简称《规划纲要》）要求，到2020年要做到地方综合年鉴一年一鉴，公开出版，实现省、市、县三级综合年鉴全覆盖。《规划纲要》还要求，坚持存真求实，正确处理质量与进度的关系，将精品意识贯穿于年鉴编纂出版工作全过程。2015年12月，中国地方志指导小组办公室启动中国年鉴精品工程，将其与先期实施的中国志书精品工程视为姊妹工程，一道作为加强地方志质量建设的重要抓手。

实施中国年鉴精品工程有助于推动中华优秀传统文化传承发展。近年来，在党中央、国务院的高度重视和关心支持下，全国地方志事业发展迎来最好的发展时期。年鉴编纂发端于欧洲，鸦片战争后被引入我国，在我国走过了100多年的发展历史。在长期的编纂中，年鉴在内容和形式上不断发展，逐渐演变成为适合反映中国国情、具有鲜明中国特色的一种文化载体，并在改革开放后出现了快速发展的局面。2006年5月，国务院《地方志工作条例》颁布施行，明确将地方综合年鉴纳入地方志工作范畴，年鉴工作走上了有法可依的轨道。《规划纲要》出台，为从依法编鉴转变到依法治鉴指明了方向。2016年12月，中国地方志指导小组印发《全国年鉴事业发展规划（2016—2020年）》，更进一步明确了到2020年全国年鉴事业的任务书、时间表、路线图。经过多年的发展，年鉴工作已经成为地方志工作的重要组成部分，成为中华民族优秀文化传统的有机组成部分，其存史、育人、资政作用日益彰显。实施中国年鉴精品工程，是年鉴工作者紧扣时代脉搏、坚持创新发展的一项重要举措，对于坚定文化自信，传承弘扬好中华优秀传统文化意义重大。

实施中国年鉴精品工程有助于为全面建成小康社会提供更多智力支持和历史借鉴。党的十八大作出全面建成小康社会的战略部署。党的十八届五中全会提出到2020年如期实现全面建成小康社会的目标要求。完成《规划纲要》确定的目标任务是年鉴工作者的神圣使命，更是年鉴工作者以自身力量为全面建成小康社会献上的厚礼。一方面，可以更好地利用年鉴这种年度资料性文献，及时记录各地区在全面建成小康社会伟大征程中每年取得的新成绩和新经验、出现的新情况和新问题、涌现的优秀人物和典型事迹等；另一方面，可以更好地积累地情、国情资料，为推动经济社会发展和深化改革提供智力支持，为推进国家治理体系和治理能力现代化提供历史借鉴。

实施中国年鉴精品工程有助于全面推进地方志事业转型升级。地方志不是单纯修志编鉴工作，而是全体方志人“修志问道，以启未来”的一项事业，这项事业包含着巨大的时代担当与使命追求。地方志工作要在“五大建设”总体布局和“四个全面”战略布局中发挥与其自身价值、功能相匹配的作用，就要因时而谋、乘势而上、顺势而为，全面推进地方志事业转型升级。转型升级，当下最重要的目标就是完成“两全”目标，包括“年鉴全覆盖”目标；长远的目标就是基本形成地方志编修体系、理论研究和学科建设体系、质量保障体系、资源开发利用体系、工作保障体系“五位一体”的地方志事业发展综合体系，包括“五位一体”的年鉴事业发展综合体系。中国年鉴精品工程是一项探索工程，也是一项创新工程，是推进地方志事业转型升级的重要内容。通过实施中国年鉴精品工程，不仅有助于确保年鉴质量，不断编纂出版具有鲜明时代特征、年度特点和地域特色的精品年鉴，也有助于推动年鉴工作适应经济社会发展形势和时代需要，不断改革创新，与时俱进。

多年来，在中国地方志指导小组办公室的指导和全国各级地方志工作机构的共同努力下，年鉴种类数量快速增长，年鉴成果粲然可观，为实施中国年鉴精品工程奠定了坚实的基础。实施中国年鉴精品工程，就是要在全国地方志系统起到示范作用，进一步培育精品意识，打造精品年鉴，以点带面，在提高年鉴质量方面探索出一条切实可行之路，使这项探索工程和创新工程能够积累经验，发挥引领作用。

“万山磅礴，必有主峰；龙衮九章，但挈一领。”实施中国年鉴精品工程，是筑牢地方志事业特别是年鉴事业发展根基之举，其意义与价值不言而喻。但编修出年鉴精品佳作，绝非朝夕之功，需要付出长期艰辛的努力。希望通过实施中国年鉴精品工程，能够进一步推进年鉴质量建设，使年鉴真正成为传承中华民族优秀传统文化的重要载体，成为展示中国国情、地情的重要窗口，成为“为当代提供资政辅治之参考、为后世留下堪存堪鉴之记述”的资源宝库，在全面建成小康社会过程中作出更大贡献。

是为序。

中国社会科学院原副院长
中国地方志指导小组原常务副组长 李培林

编辑说明

一、《盐城年鉴》是由盐城市人民政府主办、盐城市地方志编纂委员会办公室组织编纂的年度资料性文献。1998年首卷出版，本卷为第24卷。

二、《盐城年鉴（2021）》以马克思列宁主义、毛泽东思想、邓小平理论、“三个代表”重要思想、科学发展观、习近平新时代中国特色社会主义思想为指导，坚持辩证唯物主义和历史唯物主义的立场、观点和方法，旨在全面系统地记述2020年度盐城市自然、政治、经济、文化、社会、生态建设等方面的情况，客观真实地反映全市各行各业所取得的新成就、新经验以及需要解决的新矛盾和新问题，为各级领导科学决策提供参考依据，为社会各界了解盐城、研究盐城提供资料信息，为编修地方史志积累地情史料。

三、本卷记述起讫时间为2020年1月1日至12月31日。为保持内容资料的完整性、连续性，根据记述需要，部分条目和图片内容适当上溯或下延。

四、根据本行政区域经济社会发展特点，参照相关分类标准，采用分类编排法，设类目、分目、条目三个层次，个别分目下设副分目，条目为记述的基本层次；类目下设综述，宏观介绍各行业年度情况，不同类目下相近或相同内容，以参见法处理，部分条目后设背景链接、延伸阅读。

五、本卷年鉴以图版、特载开卷，附录殿后。卷首图版设城市名片、抗击新冠肺炎疫情、“十三五”数字和年度要闻四个专题。特载收录专题文章《共筑抗疫铜墙铁壁》《脱贫攻坚》《对口支援合作》《“十三五”发展回眸》，专记以《盐城市创成第六届全国文明城市》《盐城市实现全国双拥模范城“六连冠”》《城北振兴——生态宜居新城北改造》为内容。卷末附录收录组织机构及负责人名录、文献选编、文件目录选编、媒体报道题录、统计资料、审稿人员名单、撰稿人员名单7个部分，记录年度综合资料。全书设类目36个、收入条目1791、图照166幅、表格65张。

六、本卷年鉴主体内容由市直相关单位和各县（市、区）政府办公室，根据盐城市委办公室、市政府办公室《关于认真做好2021年盐城年鉴编纂工作的通知》要求，明确专人撰写，并经单位主要负责人审定签章后供稿；盐城年鉴编辑部组织力量采编，补写部分特色专题和相关稿件。入鉴数据以市统计局公布的统计数字为准，统计数据四舍五入后保留小数点后2位，除表格以外的正文内容不保留小数点后无实质意义的“0”，表格中无实质内容的栏目以“—”代替，一次文献中的数据和计量单位保持原貌。全书数字用法执行国家标准《出版物上数字用法》（GB/T15835-2011）、标点符号用法执行国家标准《标点符号用法》（GB/T15834-2011），全书表格统一排序。所有数据采用法定计量单位，个别遵从习惯。入鉴图照，由盐城年鉴编辑部向各专业部门和有关摄影家专题征集并署名，或注明供稿单位。

七、本卷年鉴卷首设有目录，卷末附主题索引。2008年起，《盐城年鉴》随赠数据光盘。2013年起，《盐城年鉴》入载盐城史志网。2017年起，通过二维码形式链接全文。2018年起，开辟《盐城年鉴》手机版。

盐城年鉴（2021）编纂委员会

编 辑 部　地　址　盐城市行政中心大楼2326室

邮　编　224005

电　话　0515-86662326 / 88192326

传　真　0515-86662323

电　邮　ycnj2325@126.com

历年盐城年鉴

盐城年鉴（2021）手机版

城市名片

盐城，因“盐”置县，因“盐”兴城，境内河道水网纵横，湖泊荡滩星罗棋布，河流脉络串联南北、东向大海。东部沿海拥有太平洋西岸和亚洲大陆边缘面积最大、生态保护最好的海岸型湿地，是中国第一块滨海湿地类型自然遗产地，麋鹿、丹顶鹤、勺嘴鹬等珍稀物种在此栖息繁衍。抗战烽烟中，盐城作为新四军重建军部所在地，成为整个华中抗日的政治、军事和文化中心。

·东沙岛位于盐城市东台、大丰海域交界处，是一处“涨没落现”的海上沙洲，其部分区域被纳入世界自然遗产保护范围之内。图为东沙湿地

（孙华金　摄）

城市名片·世遗湿地
盐城黄海湿地
世界自然遗产

2020年9月27日，世界自然遗产地江苏盐城东台条子泥风景区，渔民日出而作，正在海边捕鱼　（孙华金　摄）

·2020年，盐城市委、市政府坚持生态优先、绿色发展理念，全面推进黄海湿地世界自然遗产保护管理工作，推动黄海湿地成为“共建共享、永续利用”的和谐遗产地

（孙华金　摄）

· 串场河、蟒蛇河、越河三河环绕的先锋岛

（盐阜大众报社 供图）

· 盐渎公园

· 自西向东流淌阜宁全境的射阳河

（倪凤霞　摄）

（阜宁县志办　供图）

·2020年10月10日，盐城市盐都区入选生态环境部公布的第四批"绿水青山就是金山银山"实践创新基地名单，为盐城市首次获此国家级荣誉称号

（盐阜大众报社　供图）

·江苏盐城东台黄海森林公园银杏林 （孙华金　摄）

上下五千年，纵横千万里，与中华
为盐”的历史，历经持续发展，不断探
围绕着它的生产、运销、管理，中国的
经济命脉。滔滔海浪，锤炼出盐晶洁白
代表的广大海盐产区的历史，无不深深

· 盐城中国海盐博物馆展示厅

（盐城中国海盐博物馆　供图）

· 新四军纪念馆　　　　（新四军纪念馆　供图）

· 中共中央华中局历史陈列展——序厅　　　　（盐阜大众报社　供图）

新四军纪念馆“铁军忠魂”雕塑　　（张友余　摄）

· 大型现代淮剧《小镇》剧照
（市文广旅局　供图）

·江苏省杂技团诗词歌赋杂技剧《小桥　流水　人家》剧照

（市文广旅局　供图）

江苏人民与湖北人民心连心
UNEYAO AIRLINES 吉祥航空
众

抗击新冠肺炎疫情

2020年，面对突如其来的新冠肺炎疫情，盐城市委、市政府坚持把人民群众生命安全和身体健康放在第一位，坚持“听中央号令、抓主要矛盾、下明确指示、靠人民群众”工作原则，按照“坚定信心、同舟共济、科学防治、精准施策”总要求，实施精准防控、联防联控，推动“六稳”“六保”，医疗驰援武汉、黄石，奋力夺取疫情防控胜利。

·2020年，抗击新冠肺炎疫情期间，盐城市在高速路口、小区门口设置检测区，精准防控

（市公安局　盐阜大众报社　供图）

·2020年2月10日，盐城市医务人员在党旗前宣誓，投身抗疫一线　　（郜野乔　摄）

·2020年9月10日，盐城海事局服务大丰港区“华洋百合”轮船员换班　　（盐城海事局　供图）

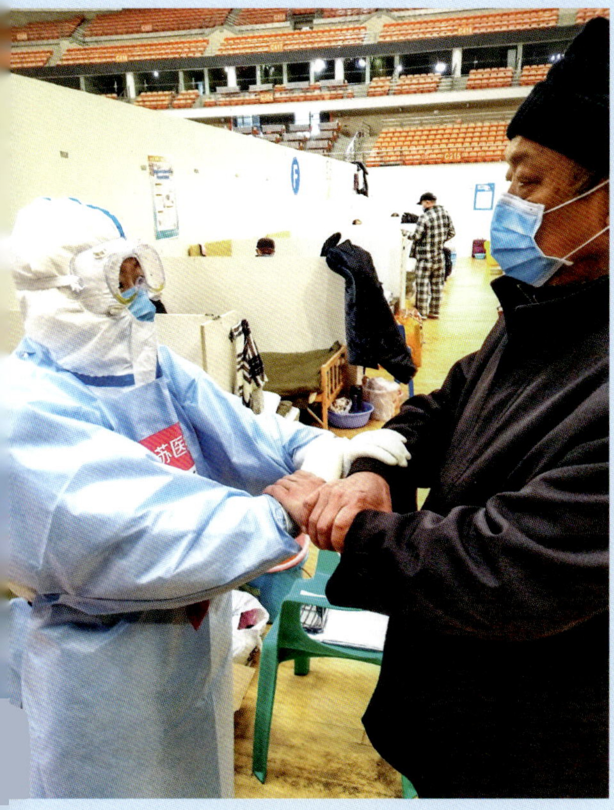

0年2月26日，盐城市第三人民医院援鄂医疗队在武汉
中心方舱医院与患者互勉加油　　（王仰林　摄）

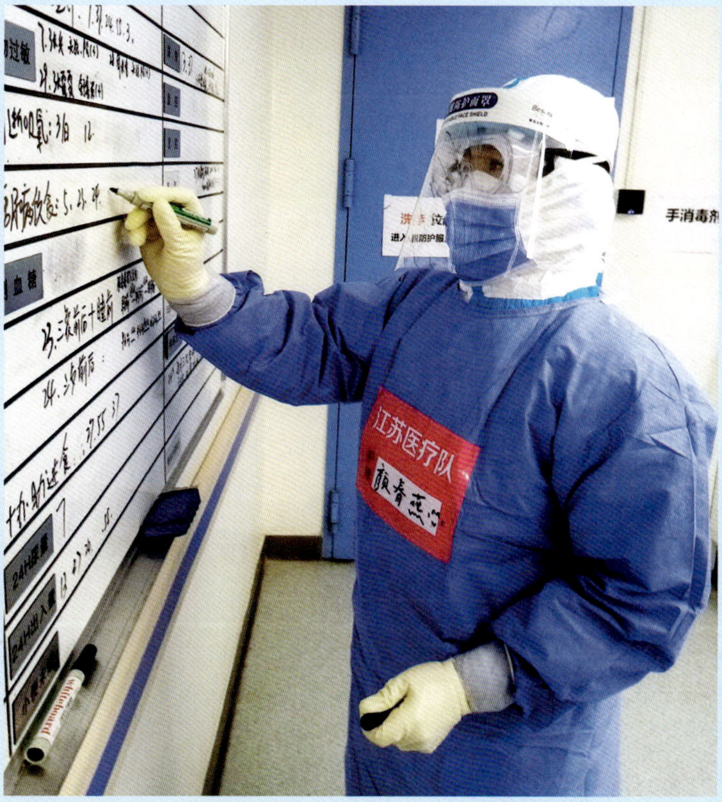

· 2020年2月10日，江苏盐城援鄂医疗队在抗疫前线
（市卫健委　供图）

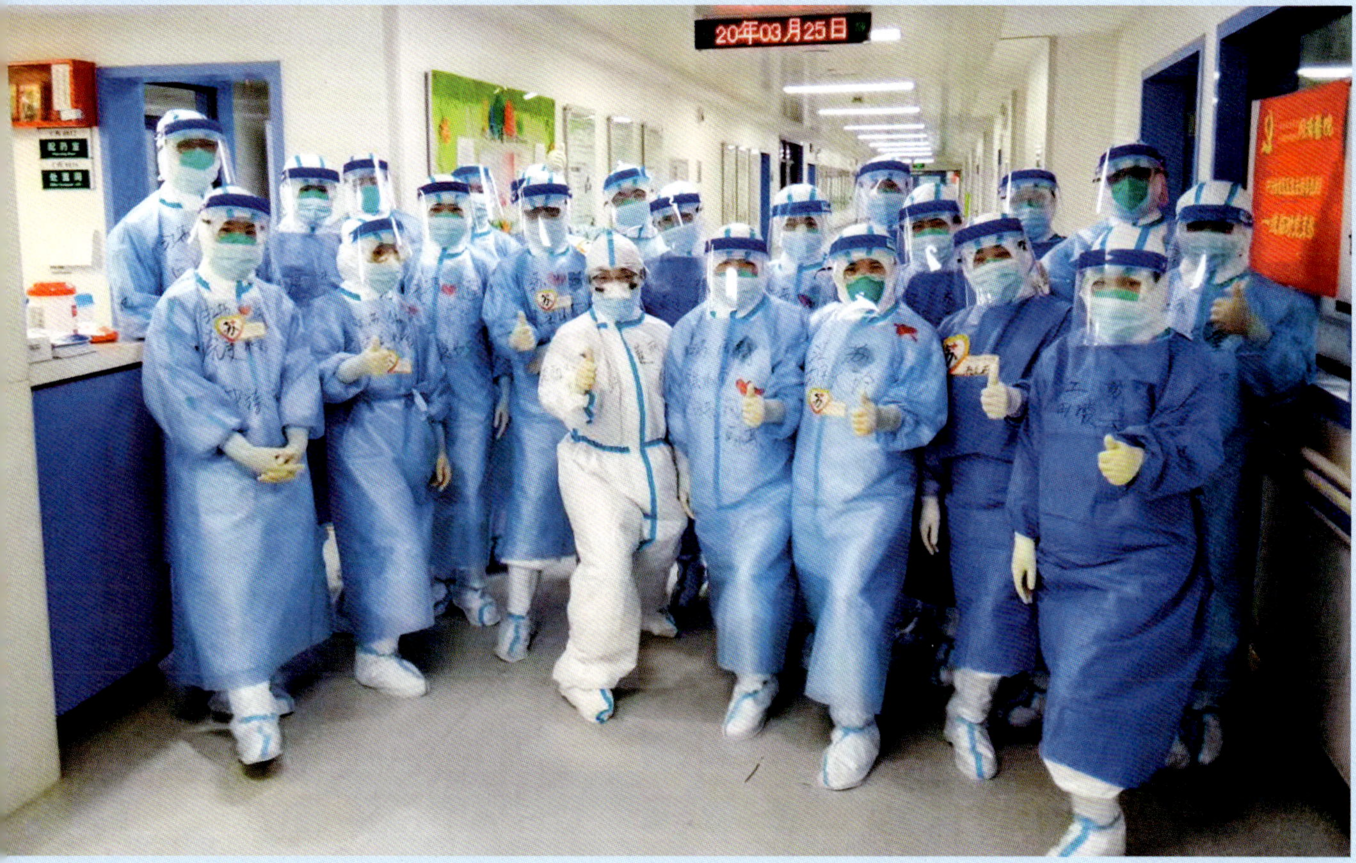

20年3月25日，盐城市第一人民医院首批援鄂医疗队入驻的武汉同济医院中法新城院区重症病房清零　（市卫健委　供图）

·2020年2月20日，盐城市组建的第八批江苏援鄂医疗队出征

（盐阜大众报社　供图）

·2020年3月20日，盐城市组建的第八批江苏援鄂医疗队凯旋

（郜野乔　摄）

·2020年2月10日，江苏苏力机械股份有限公司生产车间内，复工首日的工人们戴着口罩有序忙碌着（周晨阳　摄）

·2020年2月21日，盐城包车送农民工赴萧山复工（周晨阳　摄）

·2020年3月30日，盐城市各类学校分批次错峰开学。图为阜宁县实验初中初三学生开学　　（市教育局　供图）

·2020年2月21日，160名云南籍务工人员乘包机抵达盐城南洋国际机场；这是新冠肺炎疫情发生后，全省首架企业复工包机　　（盐阜大众报社　供图）

『十三五』数字

“十三五”时期，盐城市地区生产总值和人均收入提前实现较2010年翻一番的目标，经济总量5953.4亿元，在全国地级以上城市中排列37位；产业结构实现“二三一”到“三二一”的历史性转变，海上风电并网规模居全国首位，成为苏北首家高新技术企业数量超千家的设区市；成为全国对韩合作三大城市之一、27个长三角中心区城市之一，“一港四区”全部获批国家一类开放口岸，全面迈入高铁时代；拥有全国第54处、江苏唯一的世界自然遗产地，创成第六届全国文明城市，实现全国双拥模范城“六连冠”。

地区生产总值（亿元）

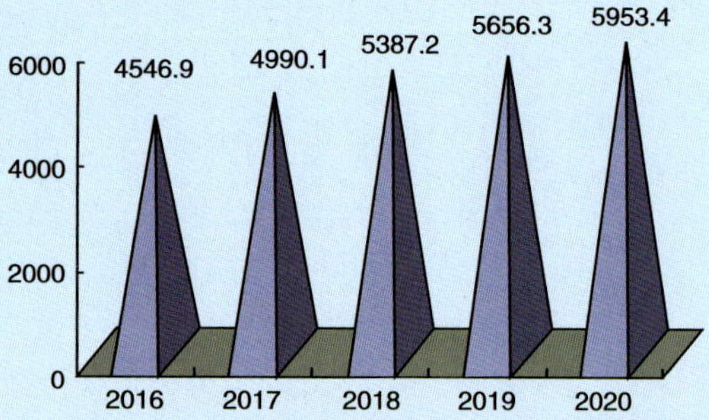

地区三次产业增加值（亿元）

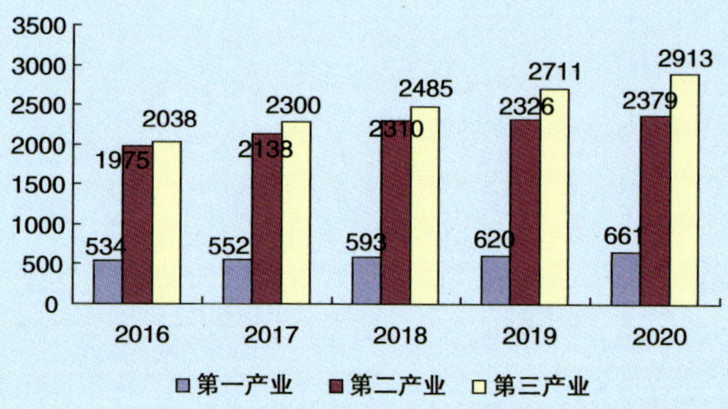

城乡居民收入（元）

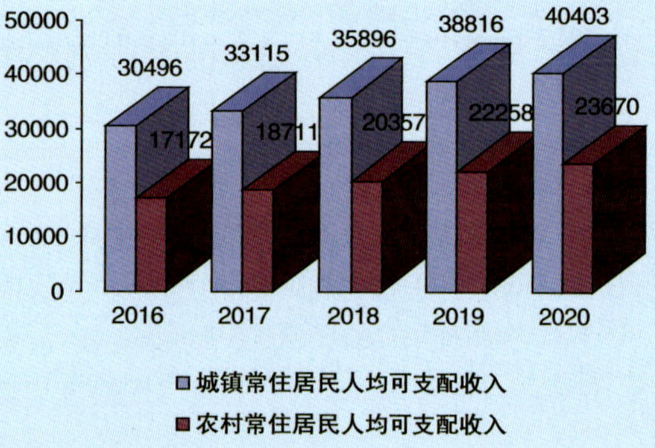

粮食产量（万吨）

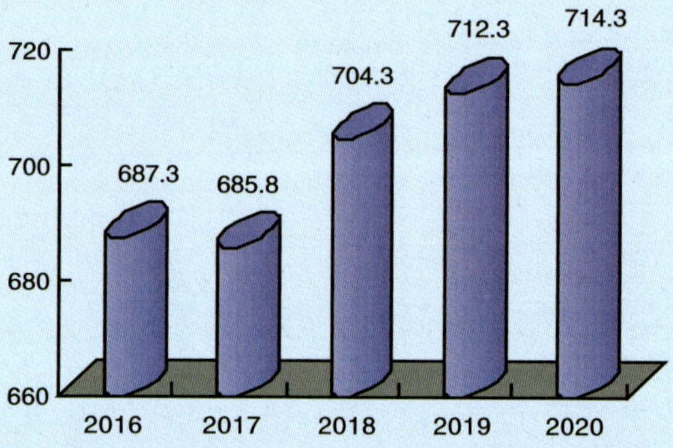

工业增加值（亿元）

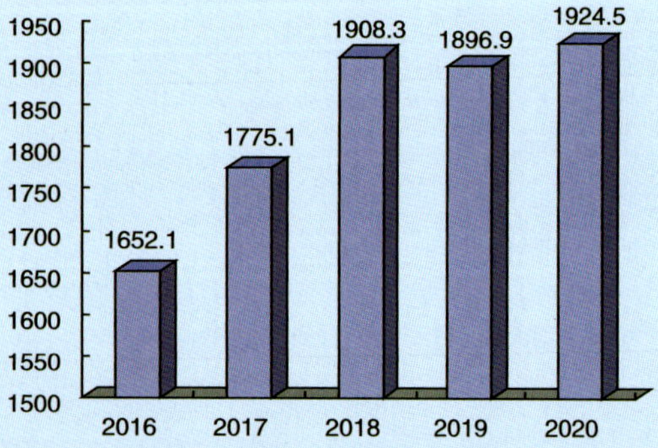

高新技术产业产值占工业产值比重

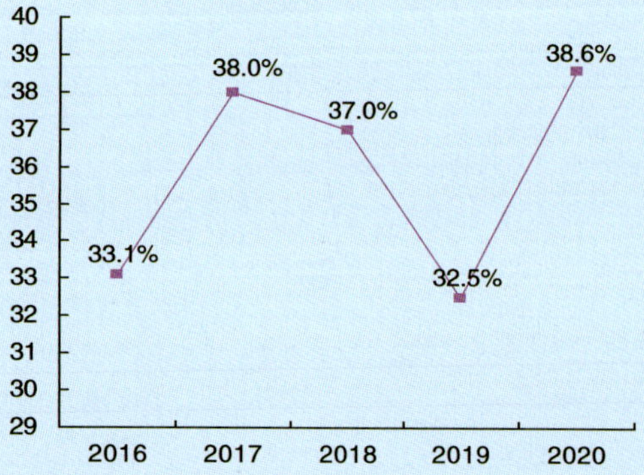

社会消费品零售总额（亿元）

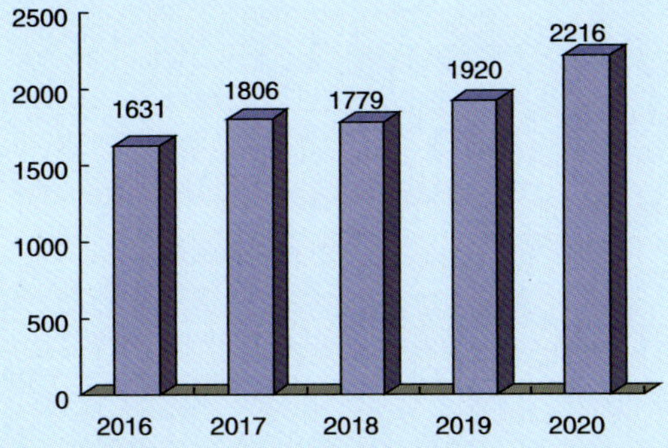

出口及利用外资（亿美元）

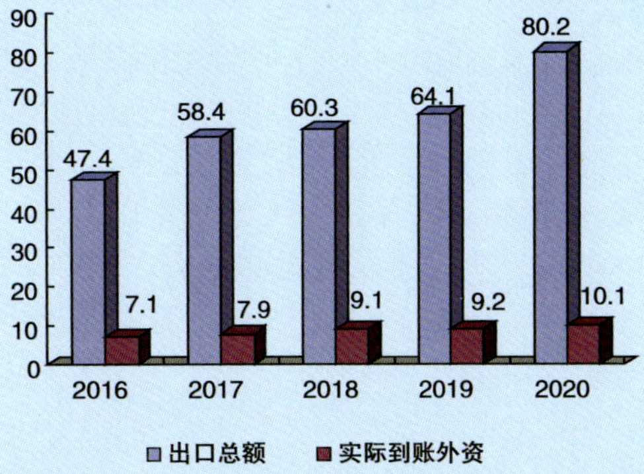

一般公共预算收入（亿元）

（2017年起统计口径调整）

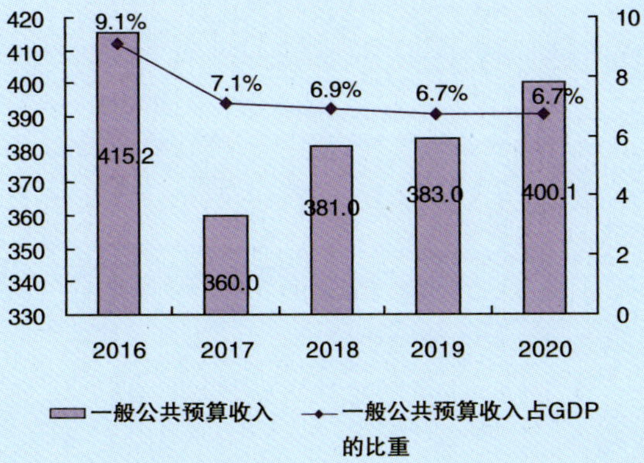

人口城镇化（万人）

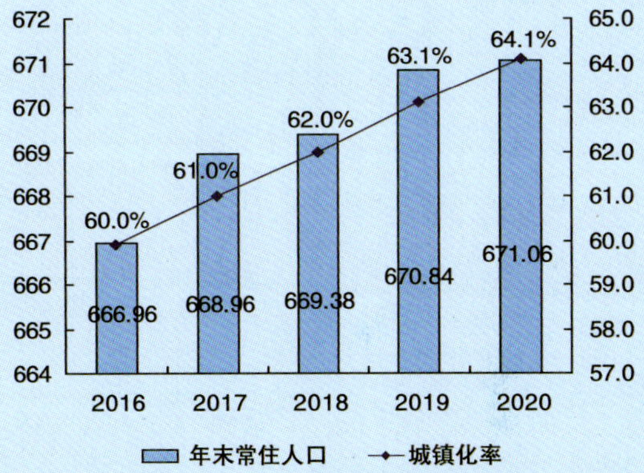

用电量（亿千瓦时）

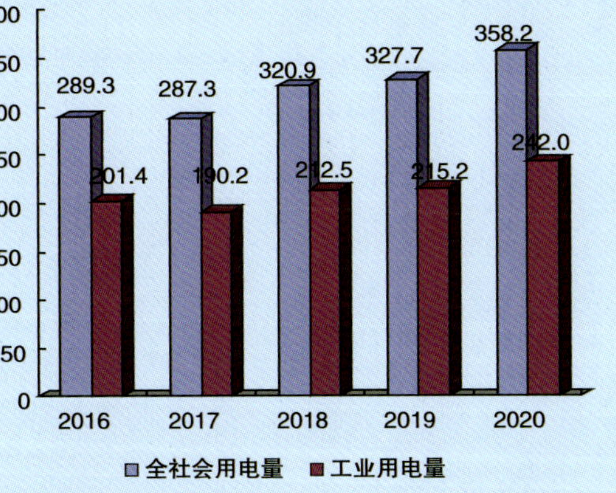

R&D经费支出占GDP比重

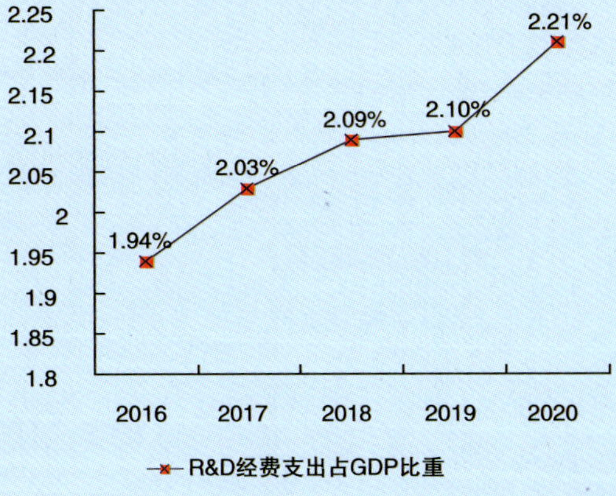

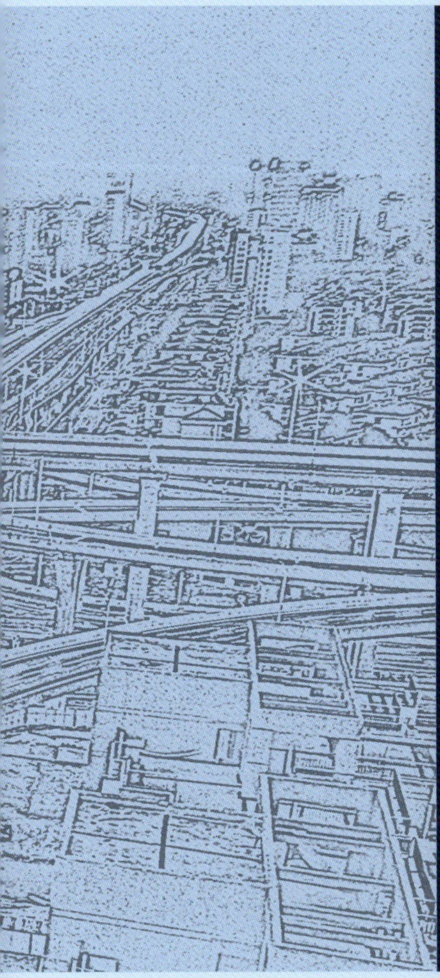

年度要闻

2020年，盐城市全面落实“强富美高”要求，实施“三市”战略，走好“两海两绿”路径，推进“四新盐城”建设，三大攻坚战取得决定性成就，全面建成小康社会取得胜利，高质量发展迈出坚实步伐。其中，汽车、钢铁、新能源、电子信息四大主导产业发展迅速，产业新盐城基础得到夯实；积极融入“双循环”，全面加快接轨上海，开放新盐城能级稳步提升；践行“两山”理论，构建生态“朋友圈”，擦亮世遗品牌，生态新盐城名片更加靓丽；全面提升人民生活水平，实施20件民生实事，幸福新盐城建设蹄疾步稳，人民群众获得感显著增强。

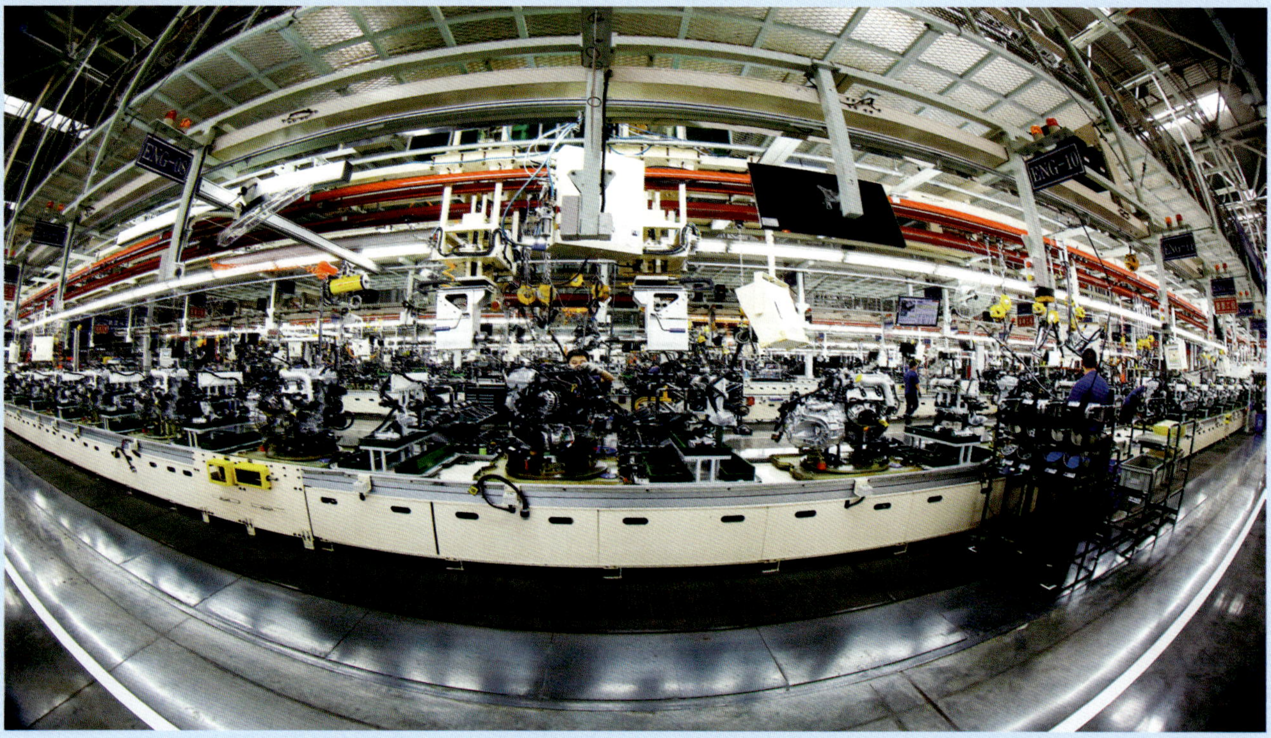

·2020年，江苏摩比斯汽车零部件有限公司实现销售23.2万台，销售额68亿元　（市开发区　供图）

·2020年10月30日，华人运通新能源汽车项目暨高合HiPhiX试生产下线

（市开发区　供图）

·2020年8月14日，东风悦达起亚凯酷ALL NEW K5量产下线

（悦达集团　供图）

· 中汽盐城试验场　　　　（盐阜大众报社　供图）

·2020年10月29日，长三角（盐城）智能网联汽车半封闭测试示范运行区启动仪式举行　　（王亚洲　摄）

·2020年10月30日，韩国SKI动力电池盐城基地项目一期建成　　　　　　　　（市开发区　供图）

·2020年，盐城市联鑫钢铁有限公司实现营业收入150.2亿元，利税7亿多元。图为6月10日，盐城市联鑫钢铁有限公司全景

（大丰区政府办　供图）

· 2020年11月17—20日，盐城市电子信息产业发展大会举行　　（郜野乔　摄）

· 2020年，盐城市海上风电并网装机容量为351.68万千瓦。图为盐城市大丰区东沙海域海上发电场开压站　　（王亚洲　摄）

· 2020年12月30日，盐通高铁开通

（王亚洲　摄）

· 2020年，盐城南洋国际机场实现旅客吞吐量169.19万人次，货邮吞吐量1.36万吨　　（盐城南洋国际机场　供图）

·2020年，盐城港“一港四区”实现国家一类开放口岸全覆盖。图为大丰港区　（孙华金　摄）

· 中韩科创合作新标杆：中韩（盐城）产业园未来科技城 （市开发区 供图）

· 2020年10月30日，江苏—韩国企业家合作交流会在盐城市举行 （王亚洲 摄）

0年10月30日，盐城特色产品亮相第二届中韩贸易投资博览会　　（王亚洲　摄）

·2020年，盐城市加快建设天更蓝、水更清、地更绿、气更爽的生态盐城。图为九龙口国家湿地公园

（盐阜大众报社　供图）

·2020年12月16—17日，由自然资源部国际合作司和盐城市政府联合主办的2020黄（渤）海滨海湿地研讨会在江苏黄海海滨国家森林公园举行　　（王亚洲　摄）

·2020年6月13日，盐城市举行环黄海生态经济圈专家研讨会 （李思远 摄）

·2020年12月3日，由盐城市政府和共青团江苏省委共同主办的盐城黄海湿地世界自然遗产进高校活动在南京大学启动 （郜野乔 摄）

·盐南高新区聚龙湖畔的欧风花街

（盐南高新区　供图）

MIAN BAO HAO LE

·2020年3月20日，盐通铁路跨通榆河228米连续梁拱桥钢管拱合龙　　（王金成　王亚洲　摄）

·2020年12月27日，盐城市举行城北地区改造重点项目集中开工仪式　　（王亚洲　摄）

·2020年9月，盐龙体育公园开园　（盐阜大众报社　供图）

·2020年，盐南高新区提升改造的戴庄路焕然一新　（盐南高新区　供图）

·2020年6月19日,《只有爱·戏剧幻城》在大丰荷兰花海举行全球公演　（王亚洲　摄）

目　　录

专题图片

特　　载

专　　记

大 事 记

盐城概览

经济社会发展

“世遗”湿地

世界自然遗产

湿地保护

物种保护

接轨上海

综　述

“北上海”飞地经济示范区

上海科创成果转化基地

上海优质农产品供应基地

统战工作

机构编制管理

巡察工作

老干部工作

党校工作

关心下一代工作

盐城市人民代表大会

综　述

重要会议

人大立法

人大监督

议案建议

盐城市人民政府

综　述

重要会议

实事工程

政务服务

外事工作

侨务工作

港澳事务

对台事务

人事管理

信访工作

中国人民政治协商会议盐城市委员会

综　述

重要会议

政协履职

提案工作

中国共产党盐城市纪律检查委员会 盐城市监察委员会

综　述

重要会议

党风廉政建设

执纪问责

民主党派　工商联

综　述

中国国民党革命委员会盐城市支部

中国民主同盟盐城市委员会

法治政府建设

公　安

检　察

法　院

司法行政

仲　裁

军　　事

盐城军分区

金融监管

价格监督管理

审　计

统　计

市场监督管理

知识产权保护

沿海开放

综　述

招商引资

对外及对港澳台贸易

对外及对港澳台经济技术合作

开发园区

开放口岸

农　业

综　述

种植业

林　业

畜牧业

渔　业

批发零售·住宿餐饮业

电子商务

物流业

会展业

粮食流通

供销合作

专项经营

新兴服务业

信息服务业

综　述

软件和信息技术服务业

其他非银行金融机构

旅 游 业

综　述

旅游资源

旅游业态

旅游推广

旅游市场管理

房地产业

房地产市场监管

房地产开发经营

铁路建设与运输

空港建设与运输

内河航道建设与运输

邮政业

生态建设

综　述

环境状况

水资源保护

海洋资源保护

土地资源保护

森林资源保护

节能减排

污染防治

环境监管

科学技术

综　述

科技项目

科技平台

科技交流与合作

科技管理

教　　育

综　述

学前教育

义务教育

普通高中教育

特殊教育

职业教育

普通高等教育

成人教育

文　　化

公共文化服务

文学艺术

文化遗产保护

史志档案工作

大众传媒

文化产业

文化市场管理

卫生健康

综　述

院前急救

疾病预防与控制

基层医疗卫生

妇幼保健

老年健康

职业健康

爱国卫生

中医药事业

卫生监督

医政药政管理

医疗机构选介

体　育

综　述

体育设施

群众体育

学校体育

社会事务

人口管理

婚姻家庭

老龄事业

殡葬管理

社区建设

社会组织管理

志愿服务

民族宗教事务

应急管理

综　述

防灾减灾

安全生产监督管理

消防安全

市县发展

东台市

建湖县

射阳县

阜宁县

滨海县

响水县

大丰区

盐都区

亭湖区

人物 荣誉

新任市领导

先进个人

“好人”典范

集体荣誉

附　录

组织机构及负责人名录

文献选编

文件目录选编

媒体报道题录

统计资料

索　引

审稿、撰稿人员名单

特　　载

编辑　高兰会

共筑抗疫铜墙铁壁

2020年，面对突如其来的新冠肺炎疫情，盐城市委、市政府坚持把人民群众生命安全和身体健康放在第一位，按照“坚定信心、同舟共济、科学防治、精准施策”总要求，坚持“听中央号令、抓主要矛盾、下明确指示、靠人民群众”工作原则，全市上下紧急动员，迅速行动，进入战时状态，做好疫情防控工作。

盐城市委、市政府成立盐城市新冠肺炎疫情防控工作领导小组，下设13个专项工作组，明确部门职责，制定工作方案，市级实行集中办公。设立核酸检测、流调溯源、转运隔离、区域协查、交通管控等工作专班。1月21日，市委、市政府召开新型冠状病毒感染的肺炎疫情防控工作会议，全面进入疫情防控状态。1月27日，全市依法实行新冠肺炎疫情防控最严格措施，直至省一级突发公共卫生事件应急响应终止。市委、市政府定期召开领导小组会议和视频调度例会，听取各专项小组情况汇报，分析研判疫情形势，协调解决重大问题，科学有序推进防控工作。自2月24日24时起，江苏省新冠肺炎疫情防控应急响应级别由突发公共卫生事件一级响应调整为二级响应。盐城市作相应调整。自3月27日24时起，江苏省政府研究决定将新冠肺炎疫情防控应急响应级别由省级二级响应调整为省级三级响应。盐城市作相应调整。

一、联防联控，落实精准防控

盐城市公安、交通、卫健、通信等部门协同协作，全面梳理、排查、管控重点地区来盐、返盐人员。其中，市卫健委、市公安局联合建立流调工作机制，明确专人对口联系，市疾控中心与市公安局刑侦支队联合组成溯源中心，随时掌握信息，及时查人找人。落实外来人员接驳转运、隔离观察、核酸检测、健康监测等全流程全闭环管理措施，对来自重点地区人员实施集中或居家隔离，落实“贴条子、发单子、讲案子”有效管控方式，科学指导有效隔离。2020年，全市累计梳理、查实往来疫情重点地区及红名单人员信息5.4万条，核查率100%。加强网格化管控，构筑群防群治防线。创新“3+1”工作模式，发动4216名基层卫生防疫人员参与，每人建立一张健康信息卡，每三人配备一个服务小组，每人印送一份友情提示函，参与加强交通环节防控。在机场、火车站、汽车站、高速路口等重点环节设置关卡，实行“逢车必检、逢人必测、身份必核”措施。全年全市水陆设立卡口点306个，累计检查车辆55.9万辆、109.5万人次，检查船舶2.04万艘次、船员2.56万人次，移送发热人员38名。实施分类管理。对“两同”（曾与确诊患者自疫区返回同乘一车、回盐城生活同居一室）人员，采取“一人发病，收治全家”措施，核酸检测“两同”人员121人，筛查出核酸阳性19人，占全市整个阳性病例的60%以上。对296名密切接触者，严格落实隔离管控措施。全面推广使用“苏康码”，按红、黄、绿不同风险级别对人群分类管理，加强对疫情严重地区流入人员的跟踪管理，做好健康监测。紧盯重点场所人群。坚决做好看守所、养老、救助、儿童福利等特殊场所和重点人群疫情防控工作，对来盐人员严格落实14天隔离医学观察的措施。市级主要媒体开设“万众一心抗击疫情”等专题专栏，开启2386个村大喇叭宣传，提升群众防控意识。做好心理干预和心理援助。开通心理干预、心理援助热线，提供24小时咨询服务。至4月28日，全市累计组织专家1680人次，对留观人员等重点人群开展心理危机干预3.8万人次，接听心理热线电话820个。

二、应急响应，实施精准救治

盐城市及时向社会公布全市43家发热门诊信息，实行24小时开放，对所有发热病人均引导到发热门诊归口诊治。增强实验室检验力量，采取“人停机不停”工作方式。在滨海县、大丰区、阜宁县、建湖县、盐都区增设核酸检测区域实验室，全市形成“1+5”实验室核酸检测格局。一旦发现确诊或疑似病例，疾控机构迅速启动流行病学调查，通过询问笔录、视频监控、手机轨迹、旁人旁证等手段找到确诊或疑似病例密切接触人员。全年全市累计追踪密切接触者1134人。全市设立12个县级集中医学观察点，对所有密切接触者在进入隔离点时和解除隔离前，均进行病原学检测、拍摄胸片。对检测阳性的疑似病例，立刻组织市级专家组会诊，对病人进行确诊分型，确保病例从得出检测结果到确诊收治，全程不超过6小时。按照“集中患者、集中专家、集中资源、集中救治”工作原则，集中力量救治患者。确定盐城市第二人民医院、盐城市第一人民医院为定点收治医院，9所县（市、区）人民医院为疑似病人定点收治医院，准备340张符合收治要求的床位收治确诊病例；组建325名进入隔离病房工作的医护人员梯队；成立由重症、呼吸、传染病、院感等专业35名专家组成的市新冠肺炎临床专家组，落实专家现场会诊、分片巡诊、远程会诊、电话微信现场联系等制度。组织全市医务人员参加国家和省新冠肺炎医疗救治全员培训，累计开展院感防控培训500余场，做到所有医务人员疫情防控知识全覆盖。发挥名医工作室作用，邀请上海市、南京市等地专家，对所有收治的患者进行视频连线会诊。严格按照国家诊疗方案，制定落实临床救治措施。每日对确诊病例进行敏感指标监测，提高早发现重型危重型病例能力，谨防具有早期重症倾向的病人出现转化，全力减少重症发生率。严格执行重症和危重症病例“一人一团队”“一人一策”精准救治，强化多学科诊疗，避免出现死亡病例。全市38名新冠肺炎患者全部治愈出院，其中30名确诊病例（其中3名为输入性病例）和8名无症状感染者。2月28日，盐城市在全省率先实现所有病例“清零”出院，实现感染病例零死亡、医务人员零感染“双零”目标。

三、预防为主，坚持常态化防控

盐城市加强重点场所防控。对机场、车站、商场、宾馆等重点场所，强化体温检测、健康码查验、定期消毒等防控措施。加强对农贸（批发）市场等重点场所的环境检测管理，做好环境通风、清洁消杀以及相关从业人员的个人防护和健康监测。实行进口冷链食品“逢进必检”，相关产业链环境和从业人员每周检测，实现检测全覆盖。加强疫情研判和病例监测，及时发布健康预警提示。坚持多病并防，强化病例监测，做到早期发现。强化发热门诊“哨点”作用，对重点人群核酸检测“应检尽检”，对医疗机构工作人员按少量多次的原则，每月全覆盖检测一次。至年底，累计报告流感样病例22.21万例，对“应检尽检”重点人群核酸检测50万余人次，发热门诊收治发热病人15.69万人次，收治留观发热患者906人次。采集冷链食品、进口食品、农贸市场样品6278份，结果均为阴性。强化集中隔离点管理。落实隔离点个人防护、环境消杀、安全管理、心理健康服务等制度，规范医疗废弃物、生活垃圾处置，确保不发生交叉污染。按照每万人口设置20间隔离房间标准，全市储备274个隔离点1.46万个隔离房间。加强备用隔离点启用管理，各县（市、区）动态确保100张以上空置隔离床位，满足隔离需要。强化爱国卫生运动，开展全民卫生大扫除活动，引导群众科学佩戴口罩，保持安全的社交距离，增强个人防护意识。做好应急准备。组建3支39人的市级专家队伍，组建市、县两级2728人组成的疫情处置队伍，其中流行病学调查队1244人、核酸检测队490人、环境消杀队800人、心理健康服务队194人。以乡镇、街道为单元，组建核酸采样队伍140支6912人，提高全市大规模人群核酸检测采样能力。加强培训演练，制定局部小规模疫情处置工作预案，开展多轮次专业培训，做到疫情处置队伍、核酸采样队伍培训全覆盖。组织开展疫情应急处置演练30多次，提升疫情处置能力。实施核酸检测能力提升工程，核酸检测实验室从1家扩建到40家，在全省率先建成新冠病毒核酸城市检测基地。至年底，核酸日检测能力可达6.2万管。推进新冠疫苗接种，率先在“我的盐城”App上向市民开放疫苗接种预约，筑牢疫情“防护墙”。

四、医疗驰援，爱心救助湖北

盐城市组织7批次253名医疗人员驰援湖北。2020年2月2日，盐城市15名医护人员加入第三批江苏援湖北医疗队驰援武汉。2月9日，盐城市集结39名医护人员，分别参加第五批江苏援湖北医疗队和第三批国家中医医疗队，支援湖北抗疫一线。2月11日，盐城市16名医护人员在大丰区人民医院集结，随江苏省援黄石医疗队前往湖北省黄石市，开展对口支援新冠肺炎防治工作。2月20日，盐城市组建的参加第八批江苏援武汉医疗队178名医疗队员，在盐城南洋国际机场启程前往抗疫前线。3月17日，盐城首批39名援鄂医疗队员平安返盐。3月20日，盐城市组建的参加第八批江苏援湖北医疗队178名医疗队员平安返盐。4月12日，随第三批江苏援武汉医疗队出征的盐城市15名医护人员，完成驰援武汉抗击疫情的任务，安全返盐。至此，盐城市7批253名援湖北抗击疫情的医护人员，全部平安返盐。社会各界支援湖北。市石油机械行业协会发动14家会员单位募集善款170万元，购买240吨大米、12吨食用油、1辆救护车，连夜驰援湖北武汉、黄石前线。盐城籍中国药科大学副教授张杰携母亲陆春銮向市慈善总会捐赠2万元和2000只口罩、5000只医用口罩、2万只防护口罩和消毒液等价值7万余元物资。市农商行捐赠130万元，为医院抗疫添置医疗设备，改善一线人员工作环境。盐城阿特斯阳光能源科技有限公司捐赠2万只医用口罩，分发给抗疫前线人员。至4月30日，市慈善总会接收疫情防控捐赠款物2049.23万元，全市红十字会系统接收疫情防控捐赠款物3067.73万元。

五、外防输入，开展国际抗疫合作

盐城市组建北京、上海、南京转运专班，开展来盐入境人员转运工作。3个工作组转运来盐入境人员166批次683人。4月3日，3个工作组撤回盐城。在常态化防控阶段，实时掌握来盐入境人员信息，确保工作闭环。盐城外事部门发布“告在盐外籍人士书”，用中英韩日四语实时通报盐城市新冠肺炎疫情；建立“一对一”在盐城外籍人士档

2月9日，盐城市第二批援助湖北医疗队出征仪式举行　　（郜野乔　摄）

案，全市1200多名外籍人士无一人感染；制定境外进港航班疫情防控服务保障流程和应急预案，发布致韩国来盐旅客问候函。盐城机场出入境边防检查站制定《境外进港航班新冠肺炎疫情防控应急预案》《应对海外疫情防控工作十二项措施》等文件，明确"防输入"四类人员勤务处置流程图，制定临时航班、公务包机、全货机专项勤务保障方案，组建边检战"疫"突击队，确保各类物资通关"零等待、零延时"。全年完成5495.8吨防疫、生产等物资快速通关和临时入境航班10架次。落实"快捷通道"包机疫情防控工作，明确审批程序，优化流程，强化管理；强化日韩全货机疫情防控流程，保障国际航空物流运输通道安全及国际供应链稳定。至年底，安全保障出入港包机11次（入港9架次、出港2架次）搭乘923名旅客（入境旅客903名、出境旅客20名）。市医疗防控指导组、社会（社区）协调组联合制定印发《关于对国内各口岸集中医学观察满14天到盐人员进行核酸检测的工作流程》，对所有境外来（返）盐人员实施14天集中医学观察，对入境人员进入集中隔离点当日和解除隔离前1日各进行核酸检测1次，对未做过核酸检测的在盐城外籍人士进行核酸补测1次。盐城市与国际友城、盐城友好交流城市及海外社团协同抗疫。国际友城及盐城友好交流城市捐赠盐城市口罩2万余只及防护用品若干；海外华人华侨向盐城市医疗机构捐赠口罩7.15万只、防护服5914件，帮助协调采购一次性医用口罩18万只。盐城市先后向韩国全罗北道南原市、大邱广域市、光州广域市、蔚山广域市南区、仁川广域市桂阳区、忠清北道堤川市、全罗南道顺天市7个城市捐赠口罩18万只、防护服200套；向现代汽车集团、起亚汽车株式会社、现代摩比斯株式会社、SKI株式会社4家韩国企业总部捐赠口罩30万只；向日本鹿岛市，美国圣地亚哥郡、盐湖城，罗马尼亚德瓦市等8个国际友城和友好交流城市援助口罩12万只、防护服200套。分享抗疫经验。盐城市第一人民医院、市疾控中心8位抗疫专家，与罗马尼亚德瓦市省立应急医院和公共卫生部门的10位同行视频连线，开展疫情防控救治工作学术交流，成为中国第一个向罗马尼亚地方城市提供远程防疫技术支持的城市，境内外十多家媒体宣传报道。6月3日，中国驻克罗地亚大使馆、盐城市政府、克罗地亚查科韦茨市政府共同举行三方视频会议，三方通过视频就共同战"疫"、开放合作进行交流。

六、复工复产，融入"双循环"

2月3日，盐城市政府发布《关于应对新型冠状病毒感染的肺炎疫情支持中小企业共渡难关的二十条政策意见》。2月13日，市委办、市政府办联合印发《关于应对新冠肺炎疫情开展"服务进万企"活动工作方案》。市政府成立专班推动主导产业发展。年内，金光集团盐城纤维素纤维一体化产业基地、滨海港基础设施配套工程、长三角智能网联汽车试验场、上海铠胜电子科技有限公司开工建设，华人运通新能源汽车、SKI动力电池项目投产。2月13日，盐通铁路盐城段复工，是春节后全省率先开工的铁路建设项目。主动促进东亚"小循环"，融入国际"大循环"。8月23—27日，市委书记戴源率经贸考察团赴韩国开展经贸交流，先后拜会中国驻韩大使馆、韩国产业通商资源部、韩国科学技术信息通讯部和LG、SK、现代汽车集团等企业。盐城市是新冠肺炎疫情常态化防控特殊背景下全省第一个派出赴韩经贸代表团的地级市。10月30日，江苏—韩国企业家合作交流会在盐城市举行；同日，以"畅通产业循环、携手合作共赢"为主题的第二届中韩贸易投资博览会在盐城国际会展中心开幕。博览会期间，举办第二届"一带一路"商协会圆桌会议（盐城）峰会、中韩产业园合作发展研讨会、江苏—韩国企业人才合作对接会、江苏—韩国青年企业家合作论坛等活动。搭建"云"交流合作平台。邀请中国驻韩国大使邢海明、韩国驻上海总领事馆总领事崔泳杉为盐城"5·18"线上投资环境说明会致辞，邀请克罗地亚马林集团主席马拉维奇以录播视频的形式作客商代表发言。推动项目循环落地。做好法国电力集团与国家能源投资集团合资建设东台海上风电项目服务工作，保持与丹麦、英国、荷兰等国驻华机构的常态化联系；推动丹麦保利泰克公司风机叶片和机舱防雷击测试认证中心项目在盐城市落地；推进江苏国新公司与克罗地亚查科韦茨市马林集团展开新能源汽车项目合作，共同打造新能源汽车生产基地。全面融入长三角一体化发展。制定《盐城市落实江苏省推动长三角一体化发展2020年工作任务推进方案》，梳理制定盐城市落实省2020年推动长三角一体化发展工作任务27条、重点项目78项。全年全市举办长三角一体化沪盐合作发展暨"飞地经济"投资对接等推介活动60多场次，新开工长三角地区亿元以上项目190个。

七、"六稳""六保"，粮食生猪稳产保供全省第一

2020年，盐城市委、市政府以"保产业链供应链——保市场主体——保居民就业"为工作主线，带动消费、投资、进出口，做好"六稳"（稳就业、稳金融、稳外贸、稳外资、稳投资、稳预期）工作，落实"六保"（保居民就业、保基本民生、保市场主体、保粮食能源安全、保产业链供应链稳定、保基层运转）任务，推进疫情防控和经济社会发展，经济持续稳定复苏。开展"营商环境优化提升年"活动，制定惠企20条政策，定期召开企业座谈会，为市场主体纾困解难。提升就业保障能力。举办线上线下招聘活动438场次，减轻企业税费90多亿元，向1.39万家企业发放稳岗返还资金3.5亿元。养老保险新增参保人数64.5万人。发展夜间经济，促进消费。把粮食生猪稳产保供作为一项事关全局的头等大事紧抓不放，多次召开专题会议研究部署，制定落实重要农产品保障战略实施意见，纳入全市综合绩效考核重要内容，建立恢复生猪生产保障市场供应工作联席会议制度，压紧"米袋子""菜篮子"责任制。坚持一手抓农村新冠肺炎疫情防控，一手抓农产品稳产保供、产销对接、复工复产、动物疫病防控、春耕

备耕等重点工作，率先推动饲料生产、畜禽屠宰等企业提前复工，为粮食生猪稳产保供赢得主动。加大政策扶持力度，市县两级落实生猪扩能增量奖补资金1.2亿元、粮食生产惠农资金17.4亿元。层层签订稳产保供“军令状”，落实生猪存出栏目标任务。实施藏粮于地、藏粮于技战略，推进高标准农田建设和耕地质量保护与提升行动，累计建成高标准农田63.33万公顷。坚持规模养殖，落实“市、县、镇”三级挂钩服务制度，重抓1081个千头以上生猪规模场恢复生产，推进养殖场扩养，鼓励空栏场复养，加快新建场投产，多措并举恢复生猪产能。注重抓好防病减灾，突出抓好赤霉病、稻瘟病和非洲猪瘟等重大病虫害、动物疫病防控，采取“政府出资、分散采购、联防联控，第一次用药全覆盖”的小麦赤霉病防控模式；建立健全以镇、村两级为主体的动物疫病防控监管网格，开展违规调运“百日整治”和“三灭一消毒”专项行动，确保粮食生猪生产安全。坚持绿色发展，确保粮食生猪“产得好”。调整优化产业布局，坚持“种养结合、畜地平衡”，统筹种植业和畜牧业协调发展，探索形成适度规模养殖基地与基本农田相配套、种养结合农牧循环可持续、生产生活生态融合发展的“响水模式”，得到农业农村部肯定并在全国宣传推广。发展绿色规模种养，坚持良种良法配套，推行粮食、生猪生产新技术，创建省级粮食绿色高质高效示范片99个、国家级及省级生态健康养殖示范场406个。整体推进畜禽粪污资源化利用和化肥农药减量，全市规模养殖场养殖污染治理率100%，畜禽粪污综合利用率98%；化肥、农药使用量（折纯）较2015年分别削减6.06%、7.26%。推进“万企联万村”“国有农场与地方联动一体化发展”，强化龙头企业招引，落地一批粮食烘干、农畜产品冷链、仓储、精深加工、物流园区等产业项目，以市属企业银宝集团为平台，推进百万头生猪养殖、屠宰、肉制品加工、冷链物流全产业链项目，全力推动粮食生猪就地转化增值。以“盐之有味”区域公用品牌为引领，射阳大米、阜宁大米、中粮肉食等品牌知名度不断增强，盐城粮食生猪等重要产品市场份额持续提升。全年全市实现粮食总产量71.5亿千克，生猪存栏270.3万头、出栏358.3万头。

八、复学复课，加强校园防疫

盐城市教育局印发《全市各级各类学校春学期开学季疫情防控工作方案》《关于做好延迟开学期间在线教育教学服务工作的通知》《关于全力防控疫情确保开学安全的通知》等17个文件。全市普通高中、初中、小学全部通过省“名师空中课堂”平台，为学生提供课程点播和在线答疑。各地高中、初中针对高三、初三毕业年级学习需求，组织教师通过在线直播方式开展教学辅导。市教科研部门组织280名骨干教师录制各学段各年级各学科教学视频，于2月10日（原开学日）上线发布，供全市中小学生在家点播学习。市教科院、现代教育技术中心组织6名教育专家，根据中小学幼儿园学生年龄特点，分学段录制学生假期生活指导视频讲座6个，各地各学校通过家长微信群、QQ群，布置学生在家制订作息计划、参与家务劳动、制作手工文创，指导家长开展亲子阅读、亲子游戏，让学生在居家隔离期间能规律生活和学习。开展在线心理疏导。各地各学校组织班主任、任课教师，协同家委会，通过网络、电话等方式，与学生及家长进行沟通交流，引导学生消除长时间居家隔离带来的心理不适和负面情绪。市少年宫（市未成年人成长指导中心）开通未成年人应对疫情心理咨询热线“96111”。各学校实施校园封闭管理，暂停体育设施对社会开放，做到校园内居民区与教学区完全隔离，确保开学前“两区”隔离封闭到位。配置流水洗手设施，按40～45人配设1个洗手台盆或60厘米长洗手槽，同时配置满足师生需求的洗手液（肥皂）、纸巾等物品。设置隔离观察室，在远离学校教学、活动区域且交通便捷的位置，按规范独立设置隔离观察室，并配备相应的隔离衣、防护服、医用N95口罩、医用酒精、消杀器械等防疫物品。严格开学审批流程。各学校在开学前完成本校所有教职员工防疫知识培训，开展全过程、全流程疫情防控与开学工作模拟演练。开学前通过在线课堂，组织所有学生及其家长开展一次“开学一日流程”培训，告知错峰错时返校时间、进校程序、上课及就餐、活动等环节规范要求。市、县两级教育部门会同各地卫健、疾控部门，对照开学验收标准“23条”，逐校开展督查验收（在省定“22条”标准的基础上增加一项“校园封闭管理”，做到校园内居民区与教学区完全隔离），对督查验收中发现的不达标项目，责成学校限时整改到位，并跟踪督查整改情况，保证达标1所、开学1所。开展师生筛查。按照“全覆盖、无遗漏、精准化”工作要求，对全市大中小学师生和在武汉就读的盐城籍学生开展全面筛查，做到“落实100%的学生由专人负责联系，掌握每一个学生及家长的健康状况”。重点排查5个方面：1月10日之后是否到访过重点疫区（含乘车经过）；1月10日之后没去重点疫区但与重点疫区人员是否有接触史；所有师生身体健康状况；2月2日起，全市所有中小学生居家隔离情况（需连续居家隔离14天）；所有师生家人健康状况及流动情况。各学校通过建立人员信息台账，实行每日排查报送，全市统一汇总梳理分析。通过开展所有师生员工及其家庭成员健康状况筛查，全面查清师生员工开学前15天内旅居史、身体状况、“苏康码”状态以及是否依规完成隔离等情况，在此基础上确定返校、不返校人员清单，对可返校人员发放校园出入证，对暂缓返校人员按防疫管控规定作出相应安排。开学后所有家长须每日填写学校开学复课家庭责任告知书、学生开学返校家庭承诺书交学校留存，3月30日返校的初三、高三年级住校生须当日提交。各学校严格按照开学规范要求做好30日返校住宿生筛查管控，对4月8日离汉通道开启后返盐的师生员工，逐人开展核酸检测和血清抗体检测。5月8日，“我的盐城”App上线学生在线健康申报服务。师生员工加强晨午检，严格执行因病缺课监测制度，对在校期间发现有发热等症状师生员工，及时到发热门诊诊治。做好在盐城高校湖北返盐师生的检测工作，设立高校流动采样服务点，相关大中院校负责相关师生的组织，并与市卫健委对接做好采样检测工作。各地建立由卫健（或疾控）、公安、社区和教育部门协同配合的综合服务保障机制，向所有学校派驻“四位一体”服务工作组，协调指导学校落实市、县两级疫情防控工作领导小组各项决策部署，做好校园疫情防控各项工作，累计派出9251名综合服务人员驻点各级各类学校开展服务。其中，市卫健委向634所学校派出卫生指导员参加派驻学校服务组，加强对学校复学复课的卫生学指导，重点指导学校严格落实各项健康管理制度。

九、抗击新冠肺炎疫情模范先进

在抗击新冠肺炎疫情中，盐城市有2个集体、6名个人获国家级表彰，有10个集体和22名个人获江苏省委、省政府表彰。

国家级：2020年4月，许鹏被共青团中央和中华全国青年联合会追授“中国青年五四奖章”。

2020年9月，在全国抗击新冠肺炎疫情表彰大会上，盐城市有2名先进个人和1个先进集体获得表彰。其中，盐城市疾病预防控制中心张红军、盐城市卫生监督所副所长苏荣华获评全国抗击新冠肺炎疫情先进个人；盐城市公安局机关党委获评全国抗击新冠肺炎疫情先进集体。

2020年9月，盐城市公安局疫情防控专班被公安部表彰为全国公安系统抗击新冠肺炎疫情先进集体。张红霞被公安部表彰为全国公安系统抗击新冠肺炎疫情先进个人。

2020年12月，常勇被中国红十字会总会表彰为抗击新冠肺炎疫情优秀志愿者；胡定成被中国致公党中央委员会表彰为致公党抗击新冠肺炎疫情先进个人。

省级：2020年11月，盐城市交通运输局、盐城市卫生健康委员会、盐城市疾病预防控制中心、阜宁县卫生健康委员会、盐城市第一人民医院、盐城市第二人民医院、盐城市第三人民医院、盐城市公安局亭湖分局、盐城市公安局经济技术开发区分局、盐城市公安局盐南高新区分局被江苏省委、省政府表彰为全省抗击新冠肺炎疫情先进集体。

2020年11月，吴柏林、张辉、刘军、王启俊、梁从凯、邹华、费文、王军、崔国静、陈国清、胥伟华、王洪华、姚广明、周晓祥、张红洋、卞彤甫、李武生、柏正群、崔海、杨昌林、宣世海被江苏省委、省政府表彰为全省抗击新冠肺炎疫情先进个人。（严志坚）

脱贫攻坚

“十三五”以来，盐城市全面贯彻习近平总书记精准扶贫精准脱贫基本方略，落实江苏省委、省政府关于扶贫开发工作的决策部署，加强工作研究，强化责任落实，加大帮扶力度，创新帮扶措施，实施脱贫致富奔小康工程。坚持综合施策与分类扶持相结合，深入推进精准扶贫、精准脱贫，加快村级集体经济发展，帮助低收入农户脱贫增收。至2019年底，全面实现户脱贫、村达标、县摘帽目标，渠北片区整体面貌显著改善、基本公共服务水平大幅提升。2020年，全面巩固提升、总结完善脱贫攻坚工作，探索构建解决相对贫困长效机制，确保低收入人口脱贫不返贫、逐步能致富。“十三五”期间，全市41.85万建档立卡低收入人口全部脱贫，105个省定经济薄弱村集体经营性收入全部达18万元，低收入人口脱贫巩固率和经济薄弱村达标巩固率均达100%。

一、提前实现“户脱贫、村达标、县摘帽”目标

建档立卡低收入人口全部脱贫。至2019年底，全市建档立卡低收入人口全部脱贫，累计脱贫41.85万人。2019年，低收入人口人均可支配收入1.21万元，收入绝对值和增幅均列苏北第一位。

省定经济薄弱村全部达标。全市105个省定经济薄弱村于2019年底全部达标。其中，2016年达标26个、2017年达标36个、2018年达标37个、2019年达标6个。集体经营性收入从2016年底村集体平均收入11.28万元，提高至2019年底村集体平均收入27.17万元，最高的村98.3万元。

渠北片区整体开发提速。渠北片区涉及盐城市响水县、滨海县、阜宁县3个县的9个镇（区、街道）[响水县黄圩镇、运河镇、张集中心社区，滨海县东坎街道、坎北街道、天场镇、大套（现代农业示范园区），阜宁县芦蒲镇、羊寨镇]。“十三五”期间，在片区帮扶上先后投入资金77.76亿元，其中省级以上资金16.1亿元，实施片区帮扶项目336个，关键性工程6个（滨海县火箭路提升工程、响水县农牧生态循环生猪标准化生态健康养殖基地建设项目、响水县云梯关骨干道路工程项目、黄河故道扶贫示范基地配套道路项目、阜宁县渠北片区关键工程项目、丰硕农业园区冷链物流建设项目），片区面貌显著改善。基础设施方面，新建、改造、提升道路504.7千米，新建、改造农村桥、涵、闸等水利设施198座；新增高标准农田面积6933.33公顷，新增、改善灌溉面积8933.33公顷。民生实事方面，完成改扩建学校及配套项目25个，改扩建医院和卫生室项目15个，新建社区服务中心、村党群服务中心8个，新建农村新型社区20个。产业发展方面，打造黄河故道沿线特色产业示范带，建成大葱种苗中心、千亩莲藕基地和5个标准化万头养猪场；在327省道沿线两侧，依托海翔生态农业、望嘉园蔬菜基地，形成集中连片设施农业总面积666.67公顷。扶贫对象脱贫方面，至2019年底，片区内1.58万户低收入农户全部脱贫，23个省定经济薄弱村全部达标，居民人均收入从2016年1.23万元，增长至1.91万元，超过全市平均增幅37个百分点，实现帮扶目标。

省重点帮扶县摘帽。“十三五”期间，响水县、滨海县2个省重点帮扶县累计脱贫低收入人口6.02万户15.69万人，省定经济薄弱村达标42个。2019年年底，经县级自查、市级检查、第三方评估、省级核查等程序，响水县、滨海县如期退出省重点帮扶县行列。

二、重要举措及成效

盐城市委、市政府始终把脱贫攻坚作为第一民生工程摆在首要位置，及时调整扶贫工作领导小组，市、县、镇三级均以党委、政府主要负责人担任领导小组组长和第一副组长，推进脱贫攻坚工作。每年年初、年中都召开会议推进，每季度以市委常委会、政府常务会、领导小组会等形式听取阶段进展，研究解决具体问题。先后制定颁布《脱贫致富奔小康工程考核办法》《盐城市“十三五”农村扶贫开发规划纲要》《盐城市“十三五”脱贫攻坚工作责任图谱》《关于聚焦富民精准实施脱贫致富奔小康工程的40条意见》《盐城市脱贫攻坚三年行动计划（2018—2020年）》，组织实施产业扶贫、就业扶贫、健康扶贫、教育扶贫、兜底扶贫、安居扶贫6个专项扶贫行动。每年年初根据新形势新要求，制定年度工作要点，强化工作指导，确保脱贫攻坚任务按时完成。明确各级各部门和行业扶贫责任，强化工作合力。建立年中督查、年底考核的脱贫攻坚督查考核制度，在全市年度综合考核中，对各地脱贫成效和部门单位帮扶成效进行重点考核，以严格的考核倒逼脱贫攻坚责任落实到位、政策落实到位、工作落实到位。严格落实财政扶贫资金逐年增长机制，2016—2020年，全市财政分别投入18.15亿元、22.74亿元、28.13亿元、34.32亿元、34.72亿元扶贫资金，实现连续增长。

聚焦产业发展，夯实脱贫基础　坚持把特色产业带动脱贫作为农户脱贫的根本之策，以产业带就业，深度推进“两业”融合，精准施策、务求实效。2016年以来，19.21万低收入人口通过产业、就业实现脱贫，其中开发公益性岗位1.09万个。“十三五”期间，省级以上精准扶贫帮扶资金2699万元，全部用于到户项目23个；组织实施绿色扶贫工程，投入资金341.1万元，栽植苗木16.8万棵，受益农户1.91万户。组织实施低收入农户自选种养产业项目，使用精准扶贫资金232.64万元，项目受益农户2417户。重抓特色产业发展。培育壮大经济薄弱地区优势产业，强化特色产业与扶贫对象的利益联结，持续带动经济薄弱村和低收入农户增收。渠北片区发展林果、特经种植、休闲旅游等特色产业，分别打造响水县云梯关旅游度假区、滨海现代农业园区、阜宁县桃花源生态经济区，重点实施6个片区关键工程，不断补齐经济薄弱地区发展短板。强化载体平台建设。依托全市186个现代农业园区、1761家农业产业化企业以及1万多家农民专业合作社，推广“园区＋低收入农户”“基地＋低收入农户”等帮扶模式，引导支持各类经营主体通过订单农业、保护价收购、入股分红等方式与低收入农户建立产业利益联结机制，让低收入农户在产业链上增收致富。深入推进消费扶贫，加大消费扶贫专柜、专区、专馆建设力度，强化产销对接，不断拓宽销售渠道，促进扶贫对象实现稳定增收。至2020年底，全市各级预算单位以及各类企业、社会组织等累计采购各类扶贫产品1.36亿元；建成各类专柜24个、专区14个、专馆8个，累计实现销售1896.88万元。突出就业创业扶持。加大就业创业帮扶力度，通过开展职业技能培训、提供就业援助、发放创业贷款、开发公益性岗位等方式促进低收入农户就地就近转移就业，推动低收入群众依靠自己双手实现脱贫致富。2016—2020年，全市累计开展农民职业技能培训30.35万人次，其中低收入农户参训人数7.45万人次。以“扶贫车间”“陪读家长”生产线为载体，挖掘适合建档立卡劳动力就近就地就业的岗位，盐城市建立就业“扶贫车间”56个，帮助900多名劳动力实现就业。建有9条“陪读家长”生产线，累计吸纳2000多名“妈妈工”就业。按照认定的扶贫车间吸纳的建档立卡劳动力人数，由市财政对扶贫车间所属主体给予一次性资金奖励，对5家扶贫车间给予资金奖励5万元。持续推动改革创新。不断深化农村集体产权制度改革，开展农村公共空间治理，通过规范管理、统一发包，全力推动集体资源变资产，促进集体经济发展和农户增收。实施集体经济薄弱村增收脱贫巩固提升三年行动计划，试点推行现代农业园区＋经济薄弱村“双提升”机制，深化“村企挂钩”，加大投入力度，实现财政资金扶持经济薄弱村全覆盖，帮助经济薄弱村通过发展产业项目、挖掘资源潜力、开展社会化服务、发展物业经济等途径，不断发展壮大村集体经济。

完善兜底政策，筑牢社会保障　强化政策兜底保障。健全完善社会保障救助制度，建立低保保障水平逐年增长

阜宁县羊寨镇蒲鸠村川里河滩10兆瓦光伏电站扶贫工程　（盐阜大众报社　供图）

机制，推动扶贫和低保“两线合一”。全市每人每月低保标准从2016年420元提高至2020年的670元，补差标准每人每月不低于380元，位居苏北五市第一，首家整体实现城乡一体化。2019年，在全省率先印发《关于精准做好建档立卡低收入人口兜底保障脱贫工作的实施意见》，通过“五个一批”（动态管理纳入一批、核减刚性支出保障一批、重点保障改善一批、缓退减退扶助一批、托底救助兜底一批）的措施，及时将符合条件的低收入农户全部纳入兜底保障，特别是对大病、重残等低收入人口以“单人保”方式进行兜底，全市有1.42万名低收入人口通过“五个一批”政策兜底脱贫。建立社会大救助机制。整合全市各类救助资源，完善大救助工作机制，依托市、县、镇三级社会救助中心平台和村级社会救助协理员，探索建立“三级平台一张网络”的社会救助服务体系，将最低生活保障、残疾人救助、医疗救助、住房救助、法律援助等37项社会救助业务申请纳入同一窗口集中受理，实现社会救助“一门受理、协同办理、统一救助”。深化资产收益扶贫。响水县、滨海县、盐都区等地推进资产收益扶贫，通过发展社区股份合作社，整合各类扶贫资金入股国有平台公司，发展设施农业、光伏、乡村旅游等项目，每年年底对经济薄弱村和低收入农户进行分红托底，确保同步实现脱贫。“十三五”以来，全市有10.9万低收入人口享受政策性兜底保障措施，其中低保保障8.6万人、特困供养保障2.3万人。

做实三个保障，守住民生底线　确保教育扶贫“五清五覆盖”。全面开展义务教育阶段建档立卡学生基本情况排查，做到整体数量清、各家户情清、就读学校分布清、政策落实到位率清、统筹比对的信息清“五清”，建立精准教育资助和控辍保学机制，确保实现建档立卡户学生资助、困难家庭学生资助、特殊残疾学生施教助学、义务教育控辍保学以及教育部门、学校、党员结对帮扶措施全覆盖“五覆盖”。“十三五”期间，累计投入学生资助资金6.25亿元，资助学生54.9万人次，因贫失学辍学现象全部消除。构建全方位医疗保障体系。全面落实建档立卡低收入人口财政全额资助参保、降低大病保险起付线、提高各报销段报销比例、大病专项救治范围扩大至30种、家庭医生签约服务等政策。构建含商业补充保险在内的“一站式”信息化结算平台，确保低收入人口在县域内定点医疗机构住院治疗个人自付费用不超过住院总费用的10%。通过城乡居民基本医保、大病保险和医疗救助“一站式”结算，帮助11.63万低收入人口减轻住院费用负担14.08亿元，人均1.21万元；单次住院个人自付费用占住院总费用比例均控制在10%以内，平均为9.08%。统筹推进住房安全有保障。将低收入农户危房改造作为农民住房条件改善的首要任务统筹推进，市县财政安排专项资金进行兜底，采取进城入镇、集中居住、房屋交换、原址新建改造等方式，实行“一户一档一策”精准施策，保障最困难群众最基本的住房安全。在新型农村社区规划选址上，按照“搬得出、留得住、能致富”的要求，做到新型农村社区“靠近田、贴近厂”，保证低收入农户安置后能够继续发展产业、实现就业。“十三五”期间，全市完成建档立卡户危房改造1.87万户。

注重宣传引导，凝聚攻坚合力　全方位开展宣传引导。通过利用各种媒体，系统化宣传扶贫开发工作，不断选树脱贫典型、激励工作先进、引领社会风尚，造浓全社会关心、支持、参与脱贫攻坚的氛围。注重加强扶贫对象内生动力的激发，对义务赡养人加强孝道宣传和感化教育，引导其履行赡养义务，响水县、滨海县以子女赡养费实际缴纳额为基数，利用扶贫资产收益再奖补20%，增加老人户家庭收入，在全社会营造敬老爱老良好氛围。着力构建全覆盖帮扶模式。通过开展党员干部“牵手致富”结对帮扶、工作队驻村帮扶、领导挂钩经济薄弱村、南北镇村对口挂钩帮扶等活动，建立党员干部结对帮扶低收入农户、部门单位结对帮扶经济薄弱村“两个全覆盖”机制，实现全市所有低收入农户均有干部结对帮扶、经济薄弱村均有单位挂钩和第一书记驻村帮扶。每季度组织全市11.9万名结对帮扶干部深入低收入农户家中了解情况、跟踪项目、解决困难。“十三五”期间，全市选派驻村工作队员3342名，其中市委帮扶工作队员145名，驻点帮助阜宁县和射阳县67个村，发展集体经济。统筹协调开展社会扶贫。统筹协调妇联、残联等单位和扶贫协会、扶贫基金会、老促会、慈善总会等社会组织参与脱贫攻坚，开展送医送教送艺下乡、慈善一日捐、关爱妇女儿童、残疾人脱贫、志愿服务等系列扶贫帮困活动，组织民营企业与经济薄弱村结对共建，发挥企业在社会资金投入、吸纳入企就业、促进文化惠民等方面的作用，形成合力推进脱贫攻坚的强大动能。

三、巩固脱贫攻坚成果

盐城市全面巩固脱贫攻坚成果，紧扣质量提升，严把精准进退关口。印发《关于规范做好低收入农户建档立卡工作的实施细则》，对全市建档立卡和脱贫退出工作统一程序、统一表式、统一标准。每年底，严格按照国家和省要求，强化业务培训和要素保障，完成扶贫对象动态管理工作。印发《关于加强帮扶防止返贫的实施办法》，对脱贫不稳定户和边缘易致贫户“两类监测对象”进行动态监测，重点关注因疫情等导致收入骤减或支出骤增的“两骤户”，对排查认定的监测对象逐户落实强化帮扶措施，并通过多渠道筹措社会帮扶资金，设立防返贫基金或为监测对象购买防贫保险，及时化解低收入农户生活生产风险，坚决做到脱贫不返贫、边缘户不致贫。其中，在滨海县、射阳县、大丰区开展脱贫长效机制试点工作，重点从建立动态监测机制、健全增收长效机制、探索解决支出型贫困问题和完善全社会参与的合力帮扶工作机制4个方面进行探索，形成可复制、可推广制度性成果。在响水县、滨海县、射阳县等地开展防贫基金（保险）试点，在全市统一实施防贫基金制度，对因病、因灾、因学、因产业失败等导致家庭支出较大的情形，阶梯式进行专项救助，有效防止规模性返贫致贫。截至2020年9月底，全市排查认定的2216户“两类对象”返贫风险全部消除。开展扶贫干部和扶贫工作队员业务培训，加强扶贫干部思想、作风、廉政建设。优化完善阳光扶贫系统，对扶贫对象、扶贫项目、扶贫资金等实时监管，利用信息化推动扶贫工作精准化、制度化、公开化，从源头预防扶贫领域腐败问题。连续四年开展“正风肃纪镇村行”行动，坚决整治扶贫领域形式主义、官僚主义以及漠视侵害群众利益问题，为打赢脱贫攻坚战营造风清气正的良好环境。

切实降低疫情影响　2020年，密切关注扶贫对象受新冠肺炎疫情影响情况，针对低收入劳动力滞留、农产品滞销、扶贫项目建设滞缓等问题，适时采取返岗补贴、点对点运送、提供公益性岗位、开展消费扶贫、引导项目复工开工等措施，有效降低疫情影响。发展优势特色产业，全年投入财政资金2.9亿元，实施扶贫项目356个。继续推进消费扶贫，完成全市扶贫农产品目录制定，组织农产品展销推介，扩大销售范围。实施经济薄弱村增收脱贫巩固提升行动，安排5880万元市级财政资金扶持经济薄弱村，继续开展市级领导挂钩帮扶经济薄弱村活动，试点推进现代农业园区+经济薄弱村“双提升”工作，增加村集体和低收入农户经济收入。继续实行部门单位结对帮村、党员干部结对帮户“两个全覆盖”，全年组织开展“牵手致富”结对帮扶活动4次，保持驻村帮扶工作队员相对稳定，市委帮扶工作队投入2800多万元实施27个增收项目，帮助35个经济薄弱村巩固集体收入。继续巩固渠北片区帮扶成果。实施“五个一批”兜底脱贫政策，兜底对象扩大至“十三五”所有建档立卡低收入农户，实现“应保尽保”。强化义务教育、基本医疗和住房安全三保障，“控辍保学”“四类重点对象”农房改善任务全面完成，建档立卡低收入人口县域内定点医院住院治疗在全省率先实现含商业医疗补充保险在内的“一站式”结算。

开展脱贫攻坚问题大排查整改　按照省脱贫攻坚问题大排查工作要求，从2019年12月开始，盐城市制定脱贫攻坚工作方案，全面部署整改工作，建立问题清单，落实整改措施，建立周通报、月小结的工作推动机制，每月召开会议分析调度，逐项攻坚突破，不留死角、不留盲区、不走过堂，确保大排查工作取得效果。至2020年6月底，全市脱贫攻坚问题大排查工作排查问题68个，其中省交办问题32个，全部整改到位。7月开始，每月对各地整改情况进行逐项梳理，巩固整改成果，完善制度安排，确保问题全面整改到位。

开展脱贫质量“过筛式”回头看　4—6月，盐城市在全省率先组织开展对全市“十三五”以来建档立卡户脱贫情况、经济薄弱村达标情况“过筛式”回头看专项核查。整个核查工作，通过市县镇村四级联动，分县级自查、数据比对、市级核查、整改复查4个阶段推进，其中县级自查阶段实行“部门包镇、乡镇干部包村”模式，做到“村村到、户户访”；市级核查阶段按照农户抽查比例不低于5%、每个县总数量不少于800户的原则实现“镇镇到、整村查”。通过专项核查，有效解决脱贫攻坚存在的突出问题，全面补齐各类短板弱项，巩固提升脱贫攻坚质量。

开展脱贫致富奔小康工程任务完成情况全面督查　9月24日，省政府办公厅下发开展脱贫致富奔小康工程任务完成情况督查通知。9月29日，盐城市组织召开迎查工作部署会，各县（市、区）党政分管负责人和扶贫办主任参会，会议要求各地对照省里通知要求，开展全面自查。自查过程中，市里9个“过筛式”核查组全程参与、指导督促，确保高质量完成自查工作。11月初，市扶贫工作领导小组组织成员单位，按照“核查的建档立卡农户原则上不少于200户，核查的省定经济薄弱村原则上不少于10个，其中省定经济薄弱村不足10个的要村村到”的原则，赴各地进行抽查，抽查农户2082户、省定经济薄弱村58个。从县级自查和市级抽查情况来看，至2020年底，全市低收入人口人均收入均稳定超过6000元，省定经济薄弱村年集体经营性收入均达18万元以上，低收入人口和省定经济薄弱村脱贫巩固率均达100%的目标任务完成。

四、脱贫攻坚模范先进

国家级：“十三五”期间，全市有5个组织和4名个人获得国家级表彰。

2016年10月16日，滨海县扶贫办公室被人力资源和社会保障部和国务院扶贫开发领导小组办公室联合表彰为全国脱贫攻坚先进集体。

2019年10月17日，在2019年全国脱贫攻坚奖表彰大会暨脱贫攻坚先进事迹报告会上，滨海县获全国脱贫攻坚组织创新奖。

2021年2月25日，在全国脱贫攻坚总结表彰大会上，盐城市有4名先进个人和3个先进集体获得表彰。其中，滨海县八巨镇前案村党总支书记朱洪辉，陕西省铜川市耀州区人民医院院长（挂职）、盐城市第一人民医院医务处处长郭建军，伊犁哈萨克自治州察布查尔锡伯自治县高级中学语文教研组组长（挂职）、盐城景山中学语文教师路璐，西藏自治区阿里地区行署原副秘书长，改则县县委原常委、副县长（挂职），中国移动通信集团有限公司江苏盐城分公司党委书记、总经理段玉平，获评全国脱贫攻坚先进个人；阜宁县农业农村局（阜宁县政府扶贫工作办公室）、常州高新区大丰工业园管理委员会、盐城市对口支援新疆察布查尔锡伯自治县工作组，获评全国脱贫攻坚先进集体。

省级：2021年10月31日，射阳县千秋镇农业农村局局长于广艾（女），中共东台市委农村工作领导小组办公室副主任王伟，陕西省铜川市扶贫合作办公室主任兼陕西达美轮毂有限公司董事长（挂职）、江苏悦达集团有限公司职员王兵，盐城市纪委监委党风政风监督室副主任叶波，盐城市大丰区三龙镇党委书记邢程，江苏悦达集团有限公司企业管理部副部长吕文宾，阜宁县委常委朱玲（女），滨海县扶贫开发服务中心副主任刘德勋，射阳县农业农村局扶贫开发科一级科员刘瀚文，盐城市财政局二级主任科员江浩，中共盐城市盐都区委农村工作领导小组办公室副主任祁国成，青海省同德县人民医院医生（挂职）、盐城市中医院医生李志武，青海省海南藏族自治州第五民族高级中学副校长（挂职）、盐城市明达高级中学教务处主任杨绍国，响水县政府扶贫开发服务中心主任吴从兵，盐城市政府办公室秘书五处处长沙作敏，滨海县社会救助中心主任宋振华（女），盐城市亭湖区植保植检站站长、党支部书记陈乃祥，盐城市农业农村局扶贫开发处处长陈韦，盐城市审计局农业农村审计处处长陈月红（女），盐城市公安局交警支队四级高级警长陈必海，射阳县民政局社会救助科负责人陈明，中共阜宁县委农村工作领导小组办公室主任、县农业农村局局长、党委书记陈学建，中共盐城市委办公室副主任陈建，滨海县通榆镇党委书记陈春雷，中共盐城市委市级机关工委副书记、三级调研员陈铁军，响水县黄圩镇党委副书记林正雄，响水县运河镇运西村党总支书记季正义，盐城市民政局社会救助处处长周德军，陕西省铜川市印台区印台街道教工党支部副书记（挂职）、盐城市文泽小学副校长、党支部副书记施晓云（女），建湖县农业区划委员会办公室主任姜海平，陕西省宜君县城关第一小学老师（挂职）、盐城市大丰区丰华街道裕华小学老师袁桂朋，射阳县洋马镇贺东村党总支书记、村民委员会主任徐金生，盐城市援疆工作组组长、新疆察布查尔县委副书记（挂职）、滨海县委常委高明荣，盐城市发展和改革委员会农村经济与支援合作处处长浦路怡（女），新疆察布查尔县住建局副局长（挂职），盐城市盐都区中小企业园服务中心主任董建，阜宁县民政局副局长韩亚东，阜宁县罗桥镇政府四级主任科员韩国建，陕西省铜川市耀州区人民医院副院长（挂职）、东台市人民医院医务科主任蔡伟，盐城市政府办公室秘书二处处长薛钦元，盐城市援青工作组组长、中共同德县委常委、县政府副县长（挂职）、射阳县委常委戴翔，被江苏省委、省政府表彰为全省脱贫攻坚暨对口帮扶支援合作先进个人。盐城市农业农村局（盐城市政府扶贫工作办公室）、盐城市人力资源和社会保障局、盐城市卫生健康委员会、盐城市民政局、盐城市医疗保险基金管理中心盐都分中心、盐城市住房和城乡建设局村镇建设处、盐城市公安局机关党委、中共江苏省委驻响水县帮扶工作队、中共响水县南河镇委员会、江苏省滨海现代农业产业园区管理委员会、滨海县东坎街道沙浦村村民委员会、中共江苏省委驻滨海县帮扶工作队、阜宁县卫生健康委员会、中共阜宁县羊寨镇委员会、射阳县农业农村局、中共建湖县恒济镇委员会、盐城市盐都区政府扶贫工作办公室、东台市农业农村局（东台市政府扶贫工作办公室）、盐城市大丰区农业农村局（盐城市大丰区政府扶贫工作办公室）、盐城市亭湖区农业农村局、盐城市教育局、盐城市对口支援青海省同德县工作组、中共盐城市委党校文明办（郑巧玲工作室）、江苏银宝食品科技有限公司、江苏仁禾中衡工程咨询房地产估价有限公司、东台市发展和改革委员会、盐城市大丰区卫生健康委员会、盐城市对口铜川市扶贫协作工作组，被江苏省委、省政府表彰为全省脱贫攻坚暨对口帮扶支援合作先进集体。

（严志坚）

延伸阅读：国家、省、市脱贫攻坚决策部署

背景链接：中共十八大以来，中共中央把脱贫攻坚工作纳入“五位一体”总体布局和“四个全面”战略布局，作为实现第一个百年奋斗目标的重点任务，作出一系列重大部署，全面打响脱贫攻坚战。2015年11月29日，《中共中央 国务院关于打赢脱贫攻坚战的决定》颁布。决定明确提出到2020年，稳定实现农村贫困人口不愁吃、不愁穿，义务教育、基本医疗和住房安全有保障。实现贫困地区农民人均可支配收入增长幅度高于全国平均水平，基本公共服务主要领域指标接近全国平均水平。确保中国现行标准下农村贫困人口实现脱贫，贫困县全部摘帽，解决区域性整体贫困。中共十九大明确把精准脱贫作为决胜全面建成小康社会必须打好的三大攻坚战之一，作出新的部署。2018年6月15日，《中共中央 国务院关于打赢脱贫攻坚战三年行动的指导意见》颁布，为推动脱贫攻坚工作有效开展进一步完善顶层设计、强化政策措施、加强统筹协调。

2015年12月，江苏省委、省政府印发《关于实施脱贫致富奔小康工程的意见》（以下简称《意见》），决定“十三五”时期，深入推进新一轮扶贫开发，实施脱贫制度奔小康工程，确保低收入人口共同迈入全面小康社会。《意见》明确目标任务，到2020年使低收入人口人均年收入达到6000元，生活水平明显提高，义务教育、基本医疗和公共服务得到有效保障，经济薄弱村集体经济年收入达到18万元，重点片区和革命老区面貌显著改善，基本公共服务主要指标接近全省平均水平；12个省重点帮扶县（区）分批退出，全省各地以县（市）为单位基本建立缓解相对贫困的长效机制。

盐城市委、市政府向江苏省委、省政府签订脱贫致富奔小康责任书，全面部署落实脱贫致富奔小康工程。

（赵汉清）

对口支援合作

“十三五”期间，盐城市学习贯彻落实习近平总书记有关决战决胜脱贫攻坚系列重要指示精神，聚焦精准脱贫，拓展经济合作，全面推进对口援建合作工作。

一、对口支援新疆

自2005年开始，盐城市从干部支援伊犁哈萨克自治州尼勒克县到全面对口支援察布查尔锡伯自治县（以下简称“察布查尔县”），援疆工作一直位居全省前列。盐城援疆的事迹，多次在《新疆日报》《新华日报》等媒体报道。

2005年8月至2010年12月，盐城市选派4名干部赴新疆维吾尔自治区伊犁哈萨克自治州尼勒克县任职。2批援疆干部履行职责，深入调查研究，做好分管工作，为当地经济社会发展建言献策，主持制定加快新型工业化、招商引资、“三个文明”考核实施意见等规范性文件；利用各类媒体和多种渠道宣传尼勒克县的资源优势和投资环境，扩大尼勒克县的对外影响和吸引力；督导两地合作项目的实施，协调两地机关单位开展合作交流活动；及时解决挂钩联系乡、村在扶贫开发等工作中的矛盾和问题。2005—2008年，盐城援疆干部牵头引进并签约12个项目，落实5项，投资总额5.15亿元；参与引进并签约9个项目，落实5项，投资总额0.8亿元。2008—2010年，盐城援疆干部牵头参与洽谈、跟踪引进并签约10个项目，落实6项，其中亿元以上大项目4项，投资总额35.5亿元。争取资金援建民生项目。2005—2010年，筹措资金近1300万元，用于援建尼勒克县7所学校、1家医院、3个村（社区）基层阵地和苏布台乡抗震安居工程等民生项目。盐尼两地交流合作加强。2005—2010年，盐城市市本级党政代表团和尼勒克县党政代表团互访交流每年不少于1次。2005年11月，尼勒克县党政代表团在盐城市签订盐城市与尼勒克县友好合作支持协议、盐城市盐都区与尼勒克县缔结友好县区协议、阜宁县与尼勒克县缔结友好县协议、盐城中学与尼勒克县第一中学缔结友好中学协议；2008年11月，两地在盐城市续签进一步加强交流合作协议，盐城市亭湖区、建湖县与尼勒克县缔结为全面开展交流合作的友好县区。盐城市及其所属县（市、区）的20多个部门、单位、乡镇、村（社区），也与尼勒克县对口部门、单位、乡镇、村（社区）开展结对帮扶，两地100余个团队1300多人互访交流。

2010年8月，根据江苏省委、省政府部署江苏省新一轮对口支援新疆工作要求，盐城市对口支援地区调整为伊犁哈萨克自治州察布查尔县。自2011年起，盐城市对口支援察布查尔县工作全面实施。2011—2020年，盐城市先后派出（江苏省第七批、第八批、第九批、第十批）援疆工作组，119名援疆干部人才进驻察布查尔县，具体组织实施对口支援工作。2011—2020年，盐城市按照江苏省定标准在察布查尔县累计投入援疆资金7.2亿元，组织实施援疆项目158个。2017年10月31日，新疆维吾尔自治区政府印发《关于批准巴里坤哈萨克自治县等五县退出贫困县的通知》，批准察布查尔县退出贫困县。11月1日，国务院扶贫办召开新闻发布会，宣布包括察布查尔县在内的9个省、区、市的26个贫困县通过国家专项评估检查。察布查尔县是《中共中央办公厅　国务院办公厅关于建立贫困退出机制的意见》实施以后，伊犁哈萨克自治州首个获批退出贫困的县。

民生援助　盐城市对口支援新疆察布查尔锡伯自治县工作组（以下简称“盐城援疆工作组”）90%以上的援助资金投入教育、医疗、安居、就业、基层基础等民生项目。投入1.37亿元用于城乡就业创业平台建设，帮助群众在家门口实现就业创业。投入9400多万元用于教育标准化均衡化达标工程建设，援建察布查尔县第三中学分校区、第一中学标准化运动场、城南新区中心校（盐城实验学校）、盐察职教班实训场地、6所双语幼儿园和标准化考场、为信息闭塞的山区乡17所学校配备纳米智能互动黑板。2019年8月30日，察布查尔县城南新区中心校（盐城实验学校）正式投入使用。该学校由盐城市出资2000万元援建，是九年一贯制学校。11月29日，“盐察一家亲，共沐书香情”图书捐赠仪式在该校举行。盐城市各中小学学生捐赠青少年读物11万册，用于察布查尔县39所中小学建设“盐察一家亲图书室”以及农家书屋，惠及2.3万余名察布查尔县青少年。投入9500多万元实施察布查尔县妇幼保健院配套工程、计划生育服务站及人口和家庭健康服务中心、13个乡镇27所村卫生室的新建或改扩建、阔洪齐乡卫生院业务用房及其配套设施、察布查尔县疾病预防控制中心业务楼及其配套设施、察布查尔县人民医院医疗业务用房及其配套设施建设项目。其中，察布查尔县人民医院总投资2.2亿元（援疆资金6900万元），设置床位500张，诊疗科室26个。加强其他公共服务设施建设。援建11个村（社区）办公阵地、为海努克乡5个行政村配置办公设备，援建4个村级便民服务中心、3个村民活动中心。支援察布查尔县在其城南新区新建长1200米的盐城大道。支援察布查尔县新建残疾人康复中心和托养中心、中心敬老院、察布查尔镇便民服务中心和新城区实训基地，在海努克乡海努克村和加尕斯台镇实施5个改善人居环境建设项目，在扎库齐牛录乡扎库齐牛录村建设旅游接待中心及爱国主义教育基地（小白杨纪念馆）。

智力援助　盐城援疆工作组组织实施五大类干部人才培训工程，举办134个班次，累计为察布查尔县培训各类干部人才1.8万余人次，其中赴盐城市及其他地区培训考察1397人次。2011—2013年，协同开展新疆少数民族普通高校毕业生赴江苏省培养计划的组织实施工作。盐城工学院承担乡镇公共管理、新农保2个班共121名、盐城师范学院承担社区公共服务、特岗教师3个班共137名学员一年半的在校培训任务，盐城市9个县（市、区）分三批承担235名学员半年期的岗位实习任务。帮助招引人才，重点围绕决战脱贫攻坚、推进经济发展，通过短期兼职、顾问指导等方式，为察布查尔县柔性引进各类人才106名。

教育援助　2011—2020年，盐城市教育系统选派7批30名教师支援察布查尔县，每批在疆时间一年半，定期轮换。2018年8月至2021年6月，根据教育部、国家发改委、财政部、人力资源和社会保障部联合印发《援藏援疆万名教师支教计划实施方案》要求，盐城市又选派53名教师到察布查尔县支教。10年期间，盐城市还选派省市级名教师、特级教师或教学能手等100余人分10批组成“专家名师讲学团”，赴察布查尔县开设专题讲座、上示范课；实施名校、名师打造工程，察布查尔县16批次122名骨干教师、86名学校管理人员到盐城市对口学校、幼儿园跟班学习或集中培训，并协助察布查尔县教育部门开展教师就地培训。2012年起，盐察两地3所职校联合办学，盐城市 2 所高职学校为察布查尔县培养 15 个专业 137 名中专（职）毕业生。2013 年春学期开始，盐城师范学院每年分 2 批派师生赴察布查尔县 8 所中小学、幼儿园顶岗实习支教，每批 1 学期，定期轮换。盐城市 9 所市直学校、13 所县属学校与察布查尔县中小学建立结对合作关系，定期开展师生互访和教育教学交流。借助现代信息技术，盐察两地教育系统开通“名师网络专递课堂”“智慧教育云平台”，将盐城市优质课堂远程传播到察布查尔县学校，两地教师分享“云教学班”教学经验，开启双方教育理念和教育教学方式网上互动新模式。

医疗援助　2011—2020 年，盐城市卫生系统分 7 批选派 35 名医疗业务骨干组成医疗团队，赴察布查尔县人民医院、妇幼保健院、中医院指导帮助医院建设特色专科，培养业务骨干，提升技术水平；实施名院、名医打造工程，察布查尔县 15 批 108 名医护骨干、40 名医院管理人员到盐城市医疗机构跟班学习或集中培训，并协助察布查尔县开展医护人员就地培训。盐城市县乡三级 20 个医疗卫生机构与察布查尔县县乡两级共 19 个医疗卫生单位确立对口支援关系。开展援疆专家义诊和回访、全民健康体检、“爱心护疆”等专项支援行动。援疆医疗团队接诊病人 4 万多人次，会诊疑难病例讨论 1700 多例，抢救危重病人 1600 余人次，填补技术空白 58 项。2020 年，援疆医生推动成立察布查尔县胸痛中心，开展急性心肌梗死冠状动脉介入治疗 13 例，治愈 13 人。

产业援建　盐城援疆工作组组织农业、林业、水利技术专家，到察布查尔县对口单位开展技术援疆工作。选派 3 批 10 名察布查尔县农林牧水技术骨干赴盐城市对口部门跟班学习，组织 10 期 1600 多人次农技人员、农村实用人才和农村致富带头人就地培训。援建察布查尔县爱新舍里镇纳旦芒坎村标准化养殖小区、孙扎齐牛录镇郎喀村塘坝库底防渗及渠道改扩建工程等农牧业基础设施建设项目，扶持伊犁悦然生态农业有限公司稻蟹养殖基地及品牌建设。引进种养殖新技术发展的“稻田蟹”“稻田虾”面积 133.33 公顷，实现年产量 50 吨，经济效益近 400 万元，虾蟹产品远销沿海发达省市，直接和间接带动农牧民就业 300 余人。开拓农产品销售市场，以巴口香牛羊肉、察布查尔大米为主导的特色农产品在盐城市、上海市、浙江省等地设立分销经营店，并签订长期供货协议。

盐城市投入 8500 多万元合作共建双创产业园区——察布查尔县中小微企业园区。至 2020 年底，园区建成 1.4 万平方米的服务中心、4 万平方米的职工公寓和 10 万平方米的中小微企业园区孵化基地，在此平台上打造的新疆（常熟）服装产业园成为新疆三大服装产业基地之一。培育和壮大纺织服装、电子加工等新产业。投入 300 多万元，帮助伊南工业园区管理及服务人员、企业员工赴盐城市开展技能培训，回乡后培训学员 300 名，并带头在乡村创办 3 个服装“卫星工厂”，带动 100 多人就近就业。争取江苏省对口支援新疆伊犁州前方指挥部产业引导资金，帮助发展锡伯刺绣等当地特色民族手工业。

盐城援疆工作组参与察布查尔县旅游规划编制、旅游基础设施建设、旅游管理人才培训和旅游宣传推介等工作。发展具有本地特色的休闲观光农业。孙扎齐牛录镇的雀儿盘草莓基地草莓上市期间平均每日游客有 100 人，节假日或双休日高达 300 ~ 400 人。米粮泉乡被打造成融观光游园与采摘品尝为一体的伊犁河谷最具特色的“设施油桃之乡”。开发利用旅游资源，“汗都春”文化传承中心、

盐城援疆工作组招引的苏州拉波尼服饰有限公司开办的服装产业孵化及培育中心　（盐城援疆工作组　供图）

红花科普馆、“小白杨”纪念馆，成为察布查尔县新的旅游景点。2015年起，盐城援疆工作组和盐察两地旅游部门深度合作，先后在盐城市等地举办察布查尔旅游推介会、文化旅游周、美食文化周暨盐城市民游伊犁等系列活动，组织盐城市民、旅行社负责人、企业负责人、媒体记者等多批次旅游交流团到伊犁、察布查尔观光考察，拉动旅游线路经济，实现“盐城万人游伊犁”目标。

盐城援疆工作组每年保障项目招引专项资金开展招商引资，印发《伊南工业园区招商引资优惠政策》，组织长三角、珠三角驻点招商团队，组织各类推介会、招商说明会、产品展销会。盐城市经信委、商务局等后方经济主管部门，配合察布查尔县和盐城援疆工作组在盐城市举办招商宣传推介活动，组织盐城市及外地企业家赴察布查尔县考察调研、商谈投资项目和合作事宜；“百家上市公司盐城行”“5·18”盐城丹顶鹤国际湿地生态旅游节暨海盐文化节等重大经济活动邀请察布查尔县组团参加。2011—2020年，盐城援疆工作组引进或参与引进察布查尔县的项目30项，总投资近20亿元。

扶贫济困　察布查尔县是国家级贫困县，有建档立卡低收入户3101户1.08万人，涉及7个乡镇29个贫困村。盐城援疆工作组持续开展“脱贫摘帽、同赴小康”“千人帮千户、共同奔小康”等扶贫专项行动，引进“双膜西瓜+绿色蔬菜”生产模式和蟹虾稻田养殖技术等，帮助贫困农户增收致富。其中，《人民日报》重要版面刊文报道新一轮对口援疆工作，选取察布查尔县发展螃蟹产业带动就业的事例进行报道。

推进安居富民（定居兴牧）工程。2011—2018年，盐城市用于实施安居富民（定居兴牧）工程援疆资金1.74亿元，支持1.29万户农牧民新建住房和配套基础设施，其中3236户为贫困户、450户为居无定所的游牧民。2011—2015年，实施整村推进项目5个，其中贫困村3个；为5个村配套建设基础设施，其中贫困村2个。

开展消费扶贫。构建“七位一体”（生产基地、扶贫大礼包、直营店、城市客厅、进商超、接龙头，上直播）消费扶贫体系。鼓励察布查尔县农副产品生产加工企业、电商企业与盐城市建立长期稳定的农特产品供销关系。盐城田家炳中学与察布查尔县电商平台建立供销关系，月消费农副产品20万余元。依托察布查尔县国有企业开发12种“盐察一家亲消费扶贫大礼包”，在“我的盐城”App和盐阜银宝微商城设立销售窗口，有关做法被“学习强国”App予以报道。制定镶产品进盐城市宣传营销市场开拓方案，依托对口援疆后方资源，推动包括镶产品在内的察布查尔县农副产品进机关、进企业、进社区、进团体、进商超“五进”消费扶贫行动，推进内地农副产品销售龙头企业销售察布查尔县特色农产品。滨海县消费扶贫超市无偿为察布查尔县农牧公司安排100多平方米店面，支持与地方电商龙头合作成立销售公司、设立直营店、打造“云仓”基地；开展“以购代捐”“以买代帮”等活动。“十三五”期间，帮助察布查尔县在盐销售有机大米、有机牛羊肉、薰衣草产品、干果等农副产品3000多万元。

开展就业创业扶贫。支持创业就业平台建设，累计建设基层创业平台20余个，吸纳劳动力就近就业，加大对当地青壮年自主创业的帮扶力度。组织人力资源和社会保障部门全面摸排建档立卡贫困户、一般户未就业劳动力情况，做好劳动力就业岗位开发工作，与盐城市发改委、人社资源和社会保障局、工信局、商务局等建立长效沟通机制，开展富余劳动力向援疆省市转移，与盐都区、阜宁县及相关企业签订友好单位劳务协作框架协议7份，到九龙口度假区及常熟拉波尼服饰有限公司等企业就业，其中建档立卡低收入户55人，员工最高工资近5000元，平均工资3500元。建立与鑫洲、宏太、和源、国信等省级骨干人力资源公司的沟通渠道，与江苏省、乌鲁木齐市、克拉玛依市等地企业单位及劳务派遣公司对接，2020年开发就业岗位1000多个，完成疆外转移就业53人，疆内转移就业332人。实现有组织转移就业1497人，其中向疆外转移618人、建档立卡低收入户133人。实施电商经济“乡村行”培训工程，拓宽农产品触网销售渠道，增加农民收入。“十三五”期间，培训就业人员超1.5万人次，解决就业人口超过5000人。

开展爱心帮扶。2014年，盐城援疆工作组摸排出察布查尔县特困孤儿、特困重残人员、特困职工、特困优秀学子、特困家庭、特困农牧民六大特困群体的基本情况。拟定《“六大爱心行动”推进计划》《援疆干部家庭结对帮扶少数民族贫困家庭活动方案》，结合援疆干部任职单位的包乡包村任务，全体21名援疆干部与39户贫困家庭建立结对帮扶关系，采取资金支持、物资捐助、项目带动等方式开展帮扶活动。江苏仁禾中衡咨询集团、盐城市路桥建设工程有限公司、南京大学苏州校友商会等企业投入到援疆工作当中。争取共青团盐城市委、国投集团等单位援助资金，筹建成立“黄海爱心基金”，开展扶贫助学活动17次，帮助400余名中小学生实现“微心愿”，涌现出“中国好人”郑巧玲、民营企业家朱加军等一批先进人物。2020年疫情期间，多方协调筹措防疫物资，动员爱心企业、发动社会各界力量捐款捐物。自2月初起，分5批向伊犁哈萨克自治州和察布查尔县捐赠口罩7.4万只、防护服500件、手套1万双、防护眼镜500副和10万多元药品。

实施“小援疆”　2012年2月初，盐城援疆工作组印发《关于我市重点镇与察布查尔县乡镇场建立结对合作关系的通知》，明确盐城市15个重点镇与察布查尔县15个乡镇场建立长期结对合作关系，并在盐城市召开结对合作、产业援疆工作座谈会。盐察两地首创的“小援疆”模式从乡镇层面拉开序幕。鼓励其他乡镇、村（社区）采取“2+1”“N+1”的模式对口帮扶，启动实施“十团挂十镇、百企援百村、千人帮千户”“十百千”社团援疆结对共建工程。经盐察两地党委、政府和盐城援疆工作组推动，察布查尔县15个乡（镇、场）、36个部门、34所学校、21家医院与盐城市相关单位、社会团体的结对全覆盖，形成双方万余人的“点对点”交流。“十三五”期间，累计有230余个县市党政代表团及单位部门赴察布查尔县开展“小援疆”工作，累计援助资金4000万余元，结对帮扶困难群众2000余户。盐察两地先后组织文化体育交流活动150多场次，2020年中秋国庆期间，察布查尔县歌舞团24名少数民族演员到盐城市重点景区巡回演出28场次。

二、支援青海

2010年1月，中央第五次西藏工作座谈会作出发达省市、中央国家机关和中央企业对口支援青海省藏区的重大战略部署，明确由江苏省对口支援青海省海南藏族自治州（以下简称“海南州”）。按照江苏省委、省政府统一部署，盐城市对口支援同德县。至2020年底，盐城市先后选派4批7名援青干部人才赴青海省工作。援青干部贯彻落实中央、省、州关于开展新一轮对口援青工作部署，推进对口支援工作，理清对口支援工作思路，明确支援工作措施。盐城市党政领导先后赴青海省、海南州与同德县就对口支援项目建设沟通和对接。海南州、同德县两级党政主要领导多次率团到盐城市考察交流。盐城市与同德县互派党政干部和专技人才62人交流挂职锻炼，援受双方党政领导之间、职能部门之间、社会各界之间互访考察超过1000余人次。2013年9月，同德县与大丰市正式缔结为友好县市；2013年10月，大丰市草庙镇与同德县唐谷镇缔结为友好乡镇；2019年11月，射阳县教育局、卫健委分别与同德县教育局、卫健委缔结为友好单位。

推进智力援青　探索“组团式”人才援建模式。盐城市先后派遣2批8人的教育团队到同德县高级中学任教一年；先后派遣14名医务人员到同德县人民医院工作6个月至一年。同德县每年选派专业技术人员、党政人才、村（社区）管理人才到盐城市短期进修。2019年起，盐城市组织实施“百名专家进同德”活动，100余名教育、卫健、农业、科技等专家人才对接服务同德县相关部门单位，提供智力支持。2020年，盐城市在同德县高级中学形成的教学标准化建设“盐城模式”受到州县教育部门和在校师生的认可，在“学习强国”App进行宣传。

推动产业扶贫　为切实解决同德县牛羊等畜牧销售难的问题，盐城援青工作组先后组织江苏阜顺生态食品有限公司、烟波渔港等企业或个人15批（次）96人（次）到同德县考察调研，帮助同德县日雪肉业有限公司与相关企业建立长期合作关系。加强与南京中电熊猫集团的贸易合作，推动同德县国有企业欣源公司实体化运作。创新开展绿色扶贫工程，在同德县巴沟乡实施共建林项目，“同盐共建林”项目，占地33.33公顷，总投资1000万元，主要栽种云杉、金叶榆、青杨、柽柳4种绿化林。疫情期间，围绕同德县扶贫产业园，组织推动同德县扶贫产业园内的企业复工复产。持续跟踪落实盐城军分区在尕巴松多镇斗后言村实施荨麻茶加工项目和油菜籽榨油项目，总投资116万元。

推进民生援建　至2020年底，盐城市对同德县实施各类项目42项2.94亿元。同德县尕干水库、同德县人民医院、县城净化水厂、高原美丽乡村、县城中心幼儿园、海南州第五民族高级中学、县电影院、县图书馆等民生实事项目如期建成交付使用。2014年，针对同德县中小学没有足够的资金来源置换和更新图书，学校无法建立图书室的现状，盐城援青工作组牵线搭桥在同德县开展“爱就一起来”“梦想照进童年”“爱心传递真情，书籍点亮梦想”等公益活动，为同德县贫困地区捐赠图书5000册。同时，为农牧区学生捐助价值50多万元的电暖宝、围巾、手套、冬帽以及床单、被套等。2016年，盐城市援青干部王纯国发起成立“同德县爱心教育基金”，带头捐款5000元，发动江苏同人置业有限公司、盐城万达华府投资发展有限公司等企业捐款90万元。盐都区无党派人士联谊会向青海省牧场良种繁殖场学校捐赠3万元，盐城市统计系统到同德县访问交流期间向同德县统计局捐赠对口帮扶资金26万元。疫情防控期间，工作组主动参与同德县疫情防控工作，及时跟踪了解同德县疫情防控情况，捐赠口罩1万只，帮助同德县采购口罩15万只，保障同德县中小学开学。

巩固脱贫成果　2017年，青海省军区、海南军分区以及对口援建省市、企业和县内扶贫企业，共同发起成立同德县“党政军企”脱贫攻坚返贫救助基金，用于帮助因病、因灾返贫的困难家庭渡过难关、摆脱困境和增强自我发展能力，按照返贫一户、救助一户的原则，为因病、因灾、因学、因事返贫的救助对象进行救助。其中，盐都区政府和宝武集团以及盐城健雄电气安装工程有限公司、江苏永宁实业投资集团有限公司等4家企业向基金捐赠资金240万元。至2020年底，盐城社会各界计划外援助款物折合资金1000多万元。

三、对口支援湖北

2011年，根据《全国对口支援三峡库区移民工作五年规划纲要》的总体要求和江苏省对口支援工作领导小组《关于印发2011年江苏省对口支援三峡库区移民工作计划的通知》，盐城市落实2011—2013年对口支援三峡库区社会公益项目资金。2014年，根据《全国对口支援三峡库区合作规划纲要（2013—2020年）》的总体要求和江苏省对口援藏援疆工作领导协调小组《关于印发2014年江苏省对口支援三峡库区移民工作计划的通知》，盐城市落实2014—2020年对口支援三峡库区社会公益项目资金。“十三五”期间，根据《江苏省对口支援三峡库区重庆万州区、云阳县和湖北秭归县合作规划（2015—2020年）》，盐城市重点对口支援湖北省秭归县，主要援建社会公益、民生改善、助力扶贫和经济发展等项目，同时推动各县（市、区）和市各部门帮助湖北省秭归县销售柑橘等特色农产品，促进当地农民增收。至2020年，盐城市实行市、县（市、区）两级财政分担的方式，累计落实对口支援三峡库区移民社会公益项目援助资金994万元。其中，2011年60万元、2012年70万元、2013年80万元、2014年87万元、2015年94万元、2016年102万元、2017年110万元、2018年120万元、2019年130万元、2020年141万元。

四、对口帮扶陕西铜川

2016年，盐城市正式对口帮扶陕西省铜川市。“十三五”期间，两地结合实际，编制完成《盐城市铜川市“十三五”扶贫协作对口帮扶规划纲要》，制定年度工作要点指导年度工作，各级对口帮扶领导小组会、常委会、常务会、专题会、推进会专题研究盐铜扶贫协作工作。开展交流互访，实现互访339批2576人次。其中，两地市委、市政府主要领导互访9次、召开联席会议8次；县（市、区）主要领导开展互访24次、召开联席会议24次。两市发改、商务、工信、人力资源和社会保障、教育、卫生等20多个重点帮扶部门和单位互动频繁，市、县、乡、园、村5个层面合作全面展开。两地共签订战略合作协议、部门对口协作协议、村村结对帮扶协议、村企合作协议等协议100余份，推动扶贫协作和经济合作工作向纵深推进。

开展人才交流　持续推进两地干部人才教育培训交流，通过双向交流挂职、多形式开展培训、专业技术人才支援等形式，深入推进智力帮扶。“十三五”期间，盐城市向铜川市选派挂职干部19人，铜川市向盐城市选派挂职干部135人；盐城市选派农、医、教等专业技术人才219人到铜川市开展交流工作，铜川市选派专业技术人才234人到盐城市学习交流。盐城市开展各类培训班29次，培训铜川市党政干部、技术人才928人次。铜川市2期新任县处级领导干部培训班和盐城市政协领导干部培训班，以及发改、公安、商务等系统党员干部轮训班分别在两地开班。盐城市委组织部组织铜川市在盐城市挂职干部培训班，24名铜川市在盐城市挂职干部参加培训。东台市举办农村基层干部培训班，累计组织铜川市耀州区102名村党组织书记、第一书记到东台市学习。实施技术帮扶。盐城市医技人员帮助铜川市耀州区人民医院新建病理科、肿瘤科等6个临床、医技专科诊疗服务中心，开展20余项新技术、新项目，无痛支气管镜业务填补铜川市技术空白；盐城市大丰区教师袁桂朋在宜君县城关第一小学成立“袁桂朋工作室”；东台市技术人员手把手传授西瓜种植技术。

聚焦产业精准扶贫　帮扶资金重点向产业扶贫项目倾斜、向解决“两不愁三保障”突出问题的项目倾斜、向就业消费扶贫类项目倾斜，提升资金带贫益贫效益。“十三五”期间，累计使用苏陕扶贫资金9225万元和额外财政资金3008万元；实施各类扶贫项目277个，带动贫困人口3万人。其中，2020年度落实财政援助资金3857万元，资金报账率100%，全部用于县以下基层，建立利益联结机制并覆盖贫困人口5680人，实施的66个项目全部竣工投产。东台市帮助铜川市耀州区发展香菇种植、肉兔养殖、奶山羊养殖等特色产业，带动3000多户贫困户户均增收2000元左右，提供就业岗位1000个以上；盐城市亭湖区将北城社区工厂项目落户在印台街道移民搬迁点一侧，方便贫困人口就业，并依靠劳动密集型企业，直接帮助贫困户增收。

推进产业合作　“十三五”期间，实施产业合作项目21个，累计完成投资38.72亿元，带动6499名贫困人口实现增收。天兴新能源光伏发电项目、峡光新能源光伏发电项目采取“光伏+”的模式，具有良好的社会效益和带贫益贫效益。宜君县毛绒创意玩具加工项目，形成“1总厂+4个社区工厂”总体格局，累计带动就业220人，其中贫困群众51人。2020年6月28日，达美轮毂项目一期工程正式投产，作为苏陕合作最大的单体投资项目，该公司不仅成为“陕西制造、铜川配套”的标杆企业，也填补陕西省轻量化铝轮毂制造的空白。

推进消费扶贫　通过线上线下结合、专馆专区销售、发动政府企业购买等形式，累计完成消费扶贫交易额4660万元，带动贫困人口4535人实现增收。10月16日上午，以“盐铜携手金秋助农”为主题的2020铜川市扶贫产品（盐城）展销推介会在盐城市欧风花街开幕。盐铜两市供销社共同为铜川市在盐扶贫产品展销馆授牌，现场举行盐铜两地企业签约仪式，签约合同项目9个，协议项目15个，涉及金额1.02亿元。盐城市区对口帮扶消费扶贫产品展销中心和东台市、大丰区、亭湖区消费扶贫专馆投入运营，“我的盐城”App开设铜川消费扶贫产品销售专区。宜君苹果走进江苏省最大商超苏果超市，并成功上线交汇点电商平台。

推进劳务协作　提升贫困劳动力专业技能，拓展就业渠道。两市市、县两级人力资源和社会保障部门制定政策措施，全面加强劳务协作交流、公共就业服务、社区工厂建设等工作力度，联手开展春风行动招聘活动，提供优质就业岗位，联手成立劳务输出基地、建立就业服务平台，基本实现常态化劳务信息服务全覆盖。开展技能培训。发挥盐城市实训基地资源优势，开展菜单式、订单式就业培训，举办各类针对铜川市贫困劳动力的培训班50期，培训贫困劳动力2542人。应对疫情影响。发挥龙头企业引领作用，铜川市耀州区在达美轮毂项目现场举办建档立卡低收入户专场招聘会，宜君县输送贫困劳动力到毛绒玩具加工厂大丰母公司就业。发挥社区工厂稳就业促就业保就业的作用，携手加大社区工厂建设力度。至年底，铜川市建成盐铜协作社区工厂10家，总面积2.6万平方米，年产值5068万元，吸纳劳动力362人，其中贫困劳动力91人。“十三五”期间，铜川市贫困人口到东部扶贫协作省份就业357人，就近就地就业700人。

加强社会参与力度　推进“携手奔小康”行动。“十三五”期间，开展镇镇结对22个、村村结对16个、企村结对36个（36个企业结对24个村）、社会组织结对6个、学校结对21个、医院结对5个。累计培训贫困村致富带头人211人次，其中创业成功144人，带动贫困人口3319人。聚焦“两不愁三保障”（“两不愁”就是稳定实现农村贫困人口不愁吃、不愁穿；“三保障”就是保障其义务教育、基本医疗和住房指标，是农村贫困人口脱贫的基本要求和核心指标。）。重点抓好卫生帮扶，盐城市第一人民医院探索托管模式，全方位加强与铜川市耀州区人民医院帮扶合作，铜川市印台区、盐城市亭湖区两地医院开通远程医疗平台，解决印台区群众就近享受优质医疗服务的需求。盐城市重点医院组团帮扶铜川市对口医院。开展教育帮扶，两地教育系统连续多年开展业务交流活动，累计完成校（园）长挂职12名，培训学习140人、交流支教150人，资助贫困家庭学生2000余名，教育帮扶“双十百千”工程目标任务全面完成。开展各类社会帮扶。“十三五”期间，盐城市社会各界向铜川市捐资捐物1511万元。疫情期间，盐城市向铜川市捐赠各类物资91万元。江苏省军区和盐城军分区为铜川市耀州区捐赠资金200多万元，用于支持贫困村小学建设和深度贫困村建设。中国人民银行通过腾讯公益慈善基金会向宜君县“青蓝计划”捐助60万元。盐城市大丰区社会各界爱心人士开展的“五色花伴成长”系列活动，帮扶宜君县孤儿、残疾儿童等5类贫困青少年489名，东台国贸集团、大丰农商银行连续多年到铜川市开展帮扶捐赠行动。

打造盐铜合作特色　开展红色交流。发挥两地红色资源优势，深化红色文化交流合作，创新红色基因传承载体。两地市委组织部和陕甘边革命根据地照金纪念馆、新四军纪念馆分别签订合作协议，相关活动有序开展。东台市向铜川市耀州区捐赠200万元设立“八星励志”奖励基金，助推耀州扶贫扶志有效开展，激发贫困群众内生动力，助推贫困群众物质和精神“双脱贫”，推动贫困群众实现由“要我脱贫”向“我要脱贫”的根本性转变。科技助推果农增收。盐城市亭湖区引进“布下滴灌+农用机械动力”新型种植技术，解决铜川市印台区90%以上果园无灌溉条件，缺水缺肥的困难。推进残疾人士帮扶。重视贫困残疾人脱贫攻坚工作，重点在残疾人培训就业、残疾人家庭无障碍改造、辅助器具配置发放上下功夫，确保残疾人脱贫“不掉队”。不断加大宣传力度。及时总结提炼盐铜扶贫协作工作典型经验和创新做法，江苏广电融媒体新闻中心专题采访达美轮毂项目，《前进吧，轱辘》在江苏卫视黄金时间播出。创建“盐铜扶贫协作”微信公众号，及时汇总报道两市扶贫协作工作信息。《东耀合作扶持发展肉兔、奶山羊、香菇产业》《亭印合作扶持发展苹果产业》《丰宜合作建设社区工厂》《盐城市医技人员春节期间自驾千里助力抗疫》等信息被中央、省、市多家新闻媒体刊用报道。

至2020年底，铜川市3个贫困区（县）全部摘帽，174个贫困村全部达标退出，累计脱贫1.56万户4.65万人。

悦达集团陕西达美轮毂项目获评中国精准扶贫优秀案例　12月8日，在北京市举办的2020中国品牌论坛——“决战决胜脱贫攻坚”精准扶贫论坛上，陕西达美轮毂项目被评为中国精准扶贫优秀案例。2018年8月，江苏悦达集团、江苏苏美达集团、铜川市产业合作发展基金共同出资成立陕西达美轮毂有限公司，落户铜川市董家河循环经济产业园，占地20公顷，总体规划年产铝合金轮毂600万只，总投资10多亿元，可制造铸造类全系列的轻量化、高质量铝合金轮毂。2020年6月28日，企业项目一期工程正式投产。项目采用全自动化连线生产，使用先进的MES智能制造系统对整个过程进行监控和管理，对每只轮毂做到最精准的管控和追溯，优化合金配比、提高产品性能、降低生产成本，产品的制造过程完全按照IATFI6949的质量管理体系要求进行，完全满足知名整车企业的要求，产品品质国内一流，设备自动线综合性位居世界前列。主推的轮毂有A024S、B247、CI016、M012、G139等代表型号。其中，卡巴轮是公司的优势代表产品，采用先进的生产工艺，生产能耗降低60%，天然气节约每吨80立方米，排放降低60%。

五、对口合作辽宁阜新

2017年，根据《国务院办公厅关于印发东北地区与东部地区部分省市对口合作工作方案的通知》，苏辽两省制定印发《辽宁与江苏对口合作实施方案》，明确全省设区市与辽宁省各市重点开展产业结对合作关系。其中，盐城市与辽宁省阜新市结对，重点开展节能环保、新能源汽车等产业对口合作。盐城市对口支援工作领导协调小组印发《关于我市与辽宁省阜新市开展对口合作工作的实施意见》，从加强两地产业合作等方面部署。突出两地特色产业合作。盐城市全面落实两省对口合作《实施方案》，鼓励开展五大方面24个领域的广泛交流，把双方特色产业作为两地合作的重中之重。考虑资源禀赋、产业基础条件等因素，建立政府引导机制，发挥企业主体作用，丰富合作形式、创新合作方式。推进县（市、区）及园区结对。为推动两地特色产业在编制规划、创新平台、政策扶持、招商引智、产业链配套等方面的互动交流，结合两市实际，明确两地县（市、区）结对形成重点产业合作关系：盐城经济技术开发区结对阜新国家高新技术产业开发区（液压装备制造产业、新能源汽车产业），盐城高新区结对阜新市细河区（服务业），盐城市亭湖区和滨海县结对阜蒙县（节能环保产业、氟产业），盐城市大丰区结对彰武县（板材产业），东台市结对阜新市太平区（新型材料产业），建湖县结对阜新市清河门区（皮革产业），射阳县结对阜新市新邱区（再生资源循环经济产业、煤化工产业），响水县结对阜新市海州区（钛金属制品产业）。加强经贸资源对接和干部挂职交流。2020年，落实盐城市与阜新市开展节能环保和汽车产业合作的要求，盐城市亭湖区政府与阜蒙县政府、盐城经济技术开发区与阜新国家高新技术产业开发区分别签署合作协议，并邀请阜新市代表团参加盐城环博会、汽车展等重要经贸活动。推进辽宁工程技术大学、盐城工学院、盐城师范学院以及两地职业技术学院、技师学院和各类科研院所等开展交流，助推两地产学研合作。加强两地招商引资协作，共享两市招商平台，共享客商信息，支持配合对方在本地开展招商推介活动，参加对方举行的重点经贸活动。发挥两市商会、行业协会的重要作用，定期组织两地商会、协会开展对接交流活动。注重向智力支持领域拓展。支持阜新市选派干部到盐城市挂职学习，通过干部挂职、两地培训等方式，打造一支东北地区留得住、能创新、会实干的经济人才队伍。

六、对口援建模范先进

国家级：

2010年12月，盐城市发改委经济合作处副处长（主任科员）唐尧参加援疆。援疆期间任察布查尔县发改委副主任、援疆办副主任、盐城援疆工作组综合协调部主任。2017年6月，唐尧被中共中央组织部、中共中央统战部、国家发改委、人力资源和社会保障部联合表彰为全国对口支援新疆先进个人。

省级：

2016年12月，盐城市委常委、秘书长潘道津参加援疆。援疆后任江苏省对口支援新疆伊犁州前方指挥部总指挥、党委书记，新疆伊犁州党委副书记。潘道津被新疆维吾尔自治区区委、区政府表彰为优秀援疆干部，并记二等功一次。

2008年7月，盐城市亭湖区委常委、新洋经济区党工委书记稽绍乾参加援疆。援疆后任尼勒克县委副书记。2010年11月，稽绍乾被新疆维吾尔自治区区委、区政府表彰为第六批省市优秀援疆干部人才。

2010年12月，中共滨海县委常委、宣传部部长、滨海港开发建设管委会常务副主任唐敬参加援疆。援疆期间任盐城援疆工作组组长、察布查尔县委副书记。2013年12月，唐敬被新疆维吾尔自治区区委、区政府表彰为第七批省市优秀援疆干部人才。

2012年12月，大丰市人民医院心血管内科主任、副主任医师、盐城市医学会心血管分会委员兼副秘书长刘正东参加援疆。援疆期间任察布查尔县人民医院副院长。2013年12月，刘正东被新疆维吾尔自治区区委、区政府表彰为第七批省市优秀援疆干部人才。

2010年12月，盐城市盐阜中学副校长、中学高级教师许高明参加援疆。援疆期间先后任察布查尔县第三中学副校长、县教育局副局长。2013年12月，许高明被新疆维吾尔自治区区委、区政府表彰为第七批省市优秀援疆干部人才。

2010年12月，盐城市发改委经济合作处副处长唐尧参加援疆。援疆期间任察布查尔县发改委副主任。2016年12月，唐尧被新疆维吾尔自治区区委、区政府表彰为第八批省市优秀援疆干部人才，并记二等功一次。

2013年12月，盐城市财政局基层处副处长黄益群参加援疆。援疆期间任察布查尔县财政局副局长。2016年12月，黄益群被新疆维吾尔自治区区委、区政府表彰为第八批省市优秀援疆干部人才。

2013年12月，盐城市规划局副主任科员徐君海参加援疆。援疆期间任察布查尔县住房和城市建设局副局长。2016年12月，徐君海被新疆维吾尔自治区区委、区政府表彰为第八批省市优秀援疆干部人才。

2014年2月，盐城市第一人民医院心血管内科副主任医师王志华参加援疆。援疆期间任察布查尔县人民医院副院长、盐城第四批援疆医疗组组长。2016年12月，王志华被新疆维吾尔自治区区委、区政府表彰为第八批省市优秀援疆干部人才。

2014年2月，盐城市田家炳中学保卫处副主任、中学高级教师、盐城市高中化学教学能手杨锦峰参加援疆。援疆期间任察布查尔县第三中学教务处主任。2016年12月，杨锦峰被新疆维吾尔自治区区委、区政府表彰为第八批省市优秀援疆干部人才。

2015年8月，射阳县人民医院消化内科副主任徐良峰参加援疆。援疆期间任察布查尔县人民医院副院长、盐城第五批援疆医疗组组长。2016年12月，徐良峰被新疆维吾尔自治区区委、区政府表彰为第八批省市优秀援疆干部人才。

2015年8月，盐城市第一中学年级主任、中学高级教师陆凯参加援疆。援疆期间任察布查尔县第三中学副校长。2016年12月，陆凯被新疆维吾尔自治区区委、区政府表彰为第八批省市优秀援疆干部人才。

2017年1月，盐城市城南科教城管委会副主任、党委委员谢纬参加援疆。援疆期间任盐城援疆工作组副组长、察布查尔县副县长。2020年1月，谢纬被新疆维吾尔自治区区委、区政府表彰为第九批省市优秀援疆干部人才。

2017年1月，东台市财政投资评审中心主任（2017年2月改任东台市财政局副局长）刘益参加援疆。援疆期间任察布查尔县市委办副主任、财政局副局长。2020年1月，刘益被新疆维吾尔自治区区委、区政府表彰为第九批省市优秀援疆干部人才。

2017年1月，江苏省阜宁县金沙湖旅游度假区管委会副主任、盐城市阜宁县金沙湖街道办副主任左凌宇参加援疆。援疆期间任察布查尔县旅游局副局长、察布查尔县文旅局党组成员、副局长。2020年1月，左凌宇被新疆维吾尔自治区区委、区政府表彰为第九批省市优秀援疆干部人才。

2017年1月，盐城市盐都区城乡规划编制研究中心主任董建参加援疆。援疆期间任察布查尔县住房和城乡建设局副局长。2020年1月，董建被新疆维吾尔自治区区委、区政府表彰为第九批省市优秀援疆干部人才。

2017年2月，盐城市委办公室综合四处处长钱斌参加援疆。援疆期间任察布查尔县伊南工业园区管委会副主任。2020年1月，钱斌被新疆维吾尔自治区区委、区政府表彰为第九批省市优秀援疆干部人才。

2017年2月，东台市唐洋中学教务处副主任、中学高级教师杭向阳参加援疆。援疆期间历任察布查尔县第三中学（后改名为察布查尔县高级中学）办公室主任、副校长。2020年1月，杭向阳被新疆维吾尔自治区区委、区政府表彰为第九批省市优秀援疆干部人才。

2017年1月，盐城市城投集团投资发展中心（招商办）副主任徐保钰参加援疆。援疆期间任察布查尔县招商局、商务和工业信息化局党组成员、副局长。2020年1月，徐保钰被新疆维吾尔自治区区委、区政府表彰为第九批省市优秀援疆干部人才。

2018年8月，江苏省东台市中医院呼吸科副主任崔庆和参加援疆。援疆期间任察布查尔县中医院副院长。2020年1月，崔庆和被新疆维吾尔自治区区委、区政府表彰为第九批省市优秀援疆干部人才。（严志坚）

“十三五”发展回眸

“十三五”时期，面对错综复杂的宏观环境和艰巨繁重的改革发展任务，盐城市以习近平新时代中国特色社会主义思想为指导，深入贯彻落实中央和江苏省决策部署，践行新发展理念，坚持稳中求进工作总基调，实施“三市”（产业强市、生态立市、富民兴市）战略，坚定走好“两海两绿”（开放沿海、接轨上海，绿色转型、绿色跨越）路径，建设“四新盐城”（产业新盐城、开放新盐城、生态新盐城、幸福新盐城），全力打好“三大攻坚战”（防范化解重大风险、精准脱贫、污染防治），高水平全面建成小康社会取得决定性成就，为开启全面建设社会主义现代化新征程奠定坚实基础。

一、综合实力大幅提升

“十三五”期间，盐城市深化供给侧结构性改革，经济总量规模不断扩大、质量效益持续提升，“十三五”规划主要目标任务完成。全面建成小康社会取得决定性成就，地区生产总值和人均收入提前实现较2010年翻一番的目标，经济总量达到5953.4亿元，在全国地级以上城市中排第37位；人均地区生产总值超过1.2万美元。全体居民人均可支配收入年均增长8.5%，一般公共预算收入累计实现1939.3亿元，社会消费品零售总额突破实现2216.1亿元，外贸进出口总额突破110亿美元，金融机构人民币存贷款余额分别达到8370.1亿元、6947.2亿元。东山精密、SKI动力电池等一批百亿级重大产业项目成功落户，产业集聚能力进一步加强。成功纳入长三角区域一体化、淮河生态经济带等国家战略规划，推动环黄海生态经济圈和沿黄海城市带建设。

二、转型升级取得突破

“十三五”期间，盐城市产业结构不断优化。全市三次产业比重由2015年的12.4∶44.3∶43.3，调整为2020年的11.1∶40∶48.9，产业结构实现从“二三一”到“三二一”的历史性转变。投资结构继续向好。全市固定资产投资年均增长6.2%。其中，高新技术产业投资年均增长6.3%，占工业投资的比重30.4%，比“十二五”末提高4.4个百分点；高耗能行业投资年均下降16.3%，占工业投资比重下降8%，比“十二五”末下降13.2个百分点。

现代农业不断壮大。2020年，盐城市农业总产值1207.2亿元，粮食总产量714.31万吨，蔬菜园艺、蚕茧、水产品产量均列长三角中心区城市第一位。畜牧业、水产业基本实现规模化设施化养殖。建成现代农业园区186个，其中国家级现代农业园区6个。农业机械化水平86%，高标准农田总面积占比超70%。创成国家级农产品质量安全县3个、省级2个，建成农产品质量可追溯示范基地1229个，绿色优质农产品比重73.7%。

工业转型聚力推进。强化主导产业支撑。汽车、钢铁、新能源和电子信息四大主导产业应税销售收入占全市总量47.6%，东风悦达起亚汽车有限公司五年销售汽车192万辆，钢铁产业销售收入超千亿元，新能源、电子信息产业销售收入均突破600亿元。其中，海上风电并网规模全国首位。至2020年底，税收超亿元工业企业20家，实现五年增加一倍。盐城市成为国家战略性新兴产业区域集聚发展试点城市、国家新能源示范城市、国家新型工业化基地。

现代服务业加快发展。“十三五”期间，服务业增加值年均增长8.2%。消费转型升级有序推进，市场供给不断完善，社会消费品零售总额较“十二五”末增长超过40%，消费对经济增长的贡献率超过50%。全市2000平方米以上大型商超近70家，1万平方米以上的购物中心超过20个。建成规模电商园区16个，培育本土电商平台23个，苏宁易购、京东、淘宝中华特色馆盐城馆成功上线。盐城电商快递产业园成为国家电子商务示范基地。金融业快速发展，形成以银行、保险、证券为主体，各类新型金融组织协调发展的良好格局。至2020年底，全市拥有银行机构43家，列苏北第一位；上市企业9家，列苏北第二位。

推动产业融合发展。盐城市成功获批国家创新型城市、国家知识产权示范城市，全社会研发投入占地区生产总值比重2.21%，科技进步贡献率60%，高新技术企业1511家，成为苏北首个高新技术企业数量超千家的设区市。2020年，全市高新技术产业产值占规模以上工业产值比重为38.6%，比“十二五”末提升9.8个百分点。推动园区孵化器建设，培育科技型中小企业成长，集聚专业人才，营造大众创业、万众创新的良好环境，建有省级以上孵化器43家，在孵企业近2200家，累计毕业企业1600多家。“十三五”期间，盐城高新区成为全国首批产城融合示范区，盐南高新区、盐城环保高新区、建湖高新区获批省级高新区，射阳港经济开发区获批省级经济开发区，省级以上开发区科技孵化器实现全覆盖。

三、改革开放活力彰显

“十三五”期间，盐城市全面开放沿海、接轨上海。平台载体建设取得新突破。2017年，中韩（盐城）产业园获得国务院批复，成为对韩合作三个城市之一；2018年，盐城市入围淮河生态经济带发展规划，成为淮河生态经济带出海门户城市；2019年，盐城市成功纳入长三角区域一体化发展，成为27个中心区城市之一，沪苏（大丰）产业联动集聚区加快建设；2020年，盐城市成功获批国家跨境电子商务综合试验区。盐城市连续举办两届中韩贸易投资博览会，复制推广自贸区政策127项，加快构建环黄海生态经济圈，打造沿黄海城市带，培育强劲活跃沿海增长极，深化拓展东西联动发展。至2020年底，全市建成国家级开发区、国家级高新区、国家级综合保税区各1家，省级开发区（高新区）12家，数量列全省第一位，盐沪合作共建园区10家。开展园区“等级创建”，优化整合认定首批11个市级工业园区，省级农业科技园区实现县（市、区）全覆盖，东台市创成国家级现代农业产业园，大丰区获批国家全域旅游示范区，盐城经济技术开发区获批国家知识产权试点园区。“十三五”期间，累计实现进出口总额477亿美元，年均增长8%；累计利用外资43.4亿美元，年均增长5%。沿海开发取得新进展。整体规划滨海县、响水县沿海616平方千米区域，设立滨海港工业园区，打造淮河生态经济带出海门户，获批国家海洋经济发展示范区。推进内河港口网络化、河海联运一体化，成立盐城港控股集团，开通“沪盐通”集装箱专线。着眼党政机构改革和事业单位改革，推进事业单位法人登记、事中事后监管、信用等级评价等工作。整合重组市属国企，推动国资与民企深度合作。深化“放管服”改革，“三书合一”“数字化多图联审”等改革举措在全国推广，“我的盐城”App集成418项便民服务，营商环境持续优化。全面完成农村土地承包经营权确权登记颁证和集体产权制度改革，在全国首创联耕联种新模式。深化国有企业改革，整合组建燕舞集团、黄海金控集团、盐城港控股集团，国有资本运营效益进一步提升。

四、城乡区域协调发展

“十三五”期间，盐城市坚持全市域统筹推动城乡一体化发展，成功创建全国文明城市。2020年全市常住人口城镇化率64.1%，五年提高4个百分点。中心城区能级提升，城北全面改造、城南拓展提升、城东加快建设、城西整体开发、城中有机更新，城市组团建设日新月异。“十三五”期间，全市改造棚户区（危旧房、城中村）12.8万户、其中市区7.4万户，整治城镇老旧小区215个，政府托底管理无主管老旧小区1093个。落实“十没有”“二十有”标准（“十没有”：没有危房、棚户，没有违法建筑，没有断头河、断头路，没有直排污水，没有黑臭水体，没有暴露垃圾、渣土，没有架空管线，没有破损公共设施，没有围挡广告牌，没有店外出摊；“二十有”：有道路绿化公共绿地，有公交车站，有公共自行车和共享单车，有机动车停车位，有消防通道设施，有自来水供应，有雨污分流，有天然气管道，有路灯照明，有菜场超市，有幼儿园小学，有公共厕所，有分类垃圾箱，有路牌门牌，有信报快递投递箱，有健身设施场地和避难场所，有文体活动室，有社区卫生室，有老年人残疾人服务点，有视频探头和警务室），建成建管精细化示范街区20个。一批特色街区和商业综合体建成运营，成功打造金融城、欧风花街、城南新弄里等特色商业街区，城市品质显著改善。大丰区加快融入主城，各县城镇功能布局持续优化。盐城高新区创成全国首批产城融合示范区，盐南高新区国家“智慧城市”试点通过验收。

深入实施乡村振兴战略。完成农村土地承包经营权确权登记颁证和集体产权制度改革，盐城市在全国首创联耕联种新模式。完成“十镇百村”示范镇村建设，改善农民住房9.2万户，建成省特色田园乡村47个，成为省农房改善工作优秀市。农村人居环境“四治理、四提升”成效明显，创成全国休闲农业与乡村旅游示范县3个、建成省级特色田园乡村47个，大丰区恒北村获评中国美丽休闲乡村，东台市安丰镇、盐都区大纵湖镇被住房和城乡建设部认定为全国特色小镇。市域镇村公交实现全覆盖，高标准提档升级农村公路6258千米，在苏北苏中率先实现行政村双车道四级以上等级公路全覆盖。年内，盐都区创成“四好农村路”全国示范县。

基础设施日益完善。高速公路“三纵一横”主骨架基本形成，盐丰高速建成通车，盐射高速开工建设，高速公路达港口、通县城，实现“县县通高速”和“沿海主港区通高速”，全市公路总里程2.6万千米，列全省第一位。全面迈入“高铁时代”，盐青、盐徐、盐通铁路建成通车，实现县县通高铁。市区建成“一环五射”90千米内环高架，实现高铁、高速、高架、空港无缝对接；建成总长225千米“一主三环八支”BRT快速公交网络。盐城港“一港四区”全部获批国家一类开放口岸。盐城南洋国际机场T2航站楼建成运营，开通全省唯一至韩日全货机航线，境内外航线超过30条，年旅客流量超过200万人次。加快推进5G信息基础设施建设，累计建设5G基站3300个。

五、绿色发展成效显著

“十三五”期间，盐城市积极践行“两山”理论，生态建设创塑世界级品牌。黄（渤）海候鸟栖息地（第一期）列入《世界遗产名录》，成为全国第54处、江苏唯一的世界自然遗产，填补全国滨海湿地类世界自然遗产空白。盐都区创成国家“两山”理论实践创新基地。长三角康养基地正式落地，长三角生态环保产业联盟在盐城市成立。坚决打好污染防治攻坚战，市区空气质量综合指数连续多年列全省第一位。推动城镇污水处理设施一体化运营，在全省率先实现生活垃圾全量焚烧和餐厨垃圾处理市域全覆盖。全市地表水国省考断面100%达标，建成区全面消除黑臭水体，盐城市创成全国水生态文明城市。完成沿海百万亩生态防护林工程，“十三五”期间，全市累计新造成片林面积4.16万公顷，造林总量居全省第一位，城镇绿化覆盖率37%以上，盐城市创成全国绿化模范城市、国家森林城市，江苏黄海海滨国家森林公园创成国家森林康养基地。开展“三项清理”，盘活土地1666.67公顷、厂房292万平方米，利用闲置资源新上项目646个。落实能源消费总量和强度“双控”机制，单位地区生产总值能耗累计下降17%，亿元地区生产总值建设用地减少14.4公顷。2020年，全市新能源发电量179亿千瓦时，占全社会用电量50%。生态旅游蓬勃发展。强化全域旅游布局，建成美丽乡村旅游公路1436千米，新增AAAA级景区8家，丹顶鹤国际湿地生态旅游节、黄海森林音乐节、荷兰花海《只有爱·戏剧幻城》等品牌影响力不断放大，盐城市成为中国世界遗产旅游推广联盟成员单位。

六、民生福祉持续改善

“十三五”期间，盐城市坚持富民兴市，人民生活水平不断提升。每年兴办20件民生实事，每年近80%公共财政支出用于民生保障。新水源地及跨区域引水工程建成供水，500万名群众饮用水得到更好保障。全面推进棚户区改造、老旧小区整治、农村住房改善，50万名城乡居民住房条件得到提升。

就业形势总体平稳，新增城镇就业54万人，扶持自主创业12万人，城镇登记失业率控制在4%以内。城乡居民收入倍差降至1.71，比“十二五”末缩小0.08。生活质量明显提高，城镇居民人均消费性支出由2015年的16539元增加到2020年的20794元，农村居民人均消费性支出由11819元增加到14994元，年均分别增长4.7%和4.9%。打赢脱贫攻坚战，全市6000元以下低收入人口全部脱贫，18.36万户建档立卡农户全部脱贫，105个省定经济薄弱村全部达标，滨海县、响水县2个省重点帮扶县如期摘帽，户脱贫、村达标、县摘帽“三大任务”提前一年完成。

社会保障更加有力。基本医疗保险、基本公共卫生服务、基本药物制度实现全覆盖。城乡统筹的社保体系基本形成，全市养老保险累计新增扩面96.32万人，扩面总量居全省第一位、全国领先，城乡基本养老保险参保率98%，农村敬老院改造全部达到省定星级标准。医疗保险覆盖率98%，基本医疗保险和生育保险实现市级统筹。至2020年底，全市建成养老床位8.33万张。城乡低保标准提高到670元，城乡社会救助实现一体化。

公共服务持续优化。盐城工学院获批硕士学位授予单位。新建中小学和幼儿园225所，普惠性幼儿园覆盖率88%，组建56个义务教育集团和82个城乡办学联盟，实施所有教室安装空调等惠民工程，推进义务教育优质均衡发展。加大优质医疗资源供给，设立院士工作站5个、名医工作室122个，建成6所县级三级综合医院，基层卫生服务体系不断完善。淮剧《小镇》获国家文华大奖。开展全民健身运动，建成各类健身步道1250千米，总里程居苏北苏中第一位。举办龙舟赛、马拉松赛、公路自行车赛等赛事。

社会治理成效显著。防范化解财政金融领域风险，清退、置换市属国企高成本融资，政府隐性债务大幅下降，全口径债务率稳步回落。深化平安盐城、法治盐城建设，开展扫黑除恶专项斗争，创新网格化社会治理，推动矛盾纠纷多元化解，被表彰为全国社会治安综合治理优秀市。妥善应对“6·23”特大龙卷风冰雹灾害，全面完成灾后重建工作。吸取响水“3·21”事故教训，基本完成善后处置，推进全市化工产业安全环保整治提升，关闭响水化工园区、取消阜宁高新区化工产业定位，关闭退出化工企业135家。生产安全事故起数和死亡人数持续“双下降”。全面抗击新冠肺炎疫情，筑牢公共安全防线。国防动员、双拥共建、退役军人事务、人民防空等工作迈出新步伐，全国双拥模范城实现“六连冠”。

七、全面从严治党

“十三五”期间，盐城市坚持全面从严治党，党的建设发生显著性变化。开展“两学一做”学习教育、“不忘初心、牢记使命”主题教育，深入学习贯彻中共十九届五中全会和习近平总书记视察江苏重要讲话指示精神，得到中央巡回督导组和省委领导肯定。严格落实意识形态工作责任制，用好红色资源，讲好盐城故事。持续保持惩治腐败高压态势，发挥巡察利剑作用，抓好中央纪委国家监委纪检监察建议整改。市政协“建盐献策”“基层有事好商量”协商平台被全国政协宣传推广。党管武装和双拥工作30条措施深入落实，工青妇等群团组织发挥桥梁纽带作用，在统筹疫情防控和经济社会发展中贡献重要力量。

八、全面建成小康社会指标完成情况

2012年11月8—14日，中共十八大首次提出全面建成小康社会。2017年10月18—24日，中共十九大明确提出决胜全面建成小康社会，夺取新时代中国特色社会主义伟大胜利。

根据部门数据测算，2019年度盐城市高水平全面建成小康社会综合得分95.02分。从六大类来看，经济发展类实现程度82.7%，人民生活类实现程度为99.5%，民主法治类实现程度97%，文化建设类实现程度97.3%，资源环境类实现程度95.7%，三大攻坚实现程度99.5%。57个监测指标中，盐城市达到或超过2020年目标值的指标有39个。至2019年底，盐城市地区生产总值、居民人均可支配收入翻一番目标已经实现，脱贫攻坚任务按照国家标准和省定标准全面完成。群众感受较深的城镇登记失业率、恩格尔系数、城乡居民家庭人均住房面积达标率、公共交通服务指数、基本社会保险参保率指数、农村自来水普及率、农村卫生厕所普及率等民生指标均已达标，地级及以上城市空气质量优良天数比率、森林覆盖率、每万人拥有律师数等指标也于2020年底全部达标。

2020年度，盐城市高质量发展绩效评价考核共性指标综合得分80.24分，其中水平得分（40%）30.99分、发展得分（60%）49.25分。2020年度，个性指标得分97.4分，其中经济发展17分、改革开放10.7分、城乡建设11.9分、文化建设12分、生态环境20.8分、人民生活25分。最终，盐城市推进高质量发展成效得分83.92分，其中共性指标（80%）64.19分、个性指标（20%）19.48分、加减分0.25分。盐城市决胜全面建成小康社会实现高质量发展。8—11月，盐城市委宣传部、盐城市政府新闻办公室举行“决胜全面小康”系列新闻发布会，盐城市9个县（市、区）、盐城经济技术开发区、盐南高新区主要负责人走进新闻发布厅，专题介绍各地决胜高水平全面建成小康社会的举措成效。（严志坚）

专　　记

编辑　高兰会

盐城市创成第六届全国文明城市

2018年，盐城市启动新一轮全国文明城市创建工作。5月9日，盐城市委、市政府明确创建全国文明城市领导小组和指挥部组成人员。其中，市委、市政府主要领导分别担任市创文工作领导小组组长和第一副组长。创文指挥部下设1个办公室和10个专项工作组，制定《盐城市创建全国文明城市三年行动计划（2018—2020年）》《盐城市深化新时代文明单位创建工作的实施方案》，坚持领导小组点评、指挥部调度制度，健全点评调度、模拟测评、联点共建、联动处置、入户调查、专题督办等工作机制，每月召开例会，研究解决问题，部署推进工作。市级机关企事业单位、市级以上文明单位与192个挂钩社区（村）开展“联点共建”，大市区1192名网络员参与创建工作。营造创文氛围，编发市民文明认知手册30万册，推动立法《盐城市文明行为促进条例》，组织“城市文明观察团”助力创建，开展各类文明巡访、文明宣讲活动近千场，开展为创建全国文明城市建言献策人民建议专题征集活动，在《盐阜大众报》整版公示市创建全国文明城市为民办实事项目。

对照“十没有、二十有”城市建管标准，盐城市推进城市文明十大提升工程，持续实施创建为民百项实事项目，切实解决群众反映的难点问题。推进棚户区、老旧小区改造、农村住房改善，建设市区高架系统、地面BRT环线、SRT轨道交通线，全面改造市区公交站台，在主要道路口建设遮阳挡雨棚422座，推动430个社会停车场智能化改造，高标准新建改造公厕549座，做好“15分钟便民生活圈”建设。常态化组织开展占道经营、户外广告、车辆停放、交通秩序、农贸市场等专项整治行动，提升城市综合管理质效。针对城中村大型围挡广告牌后面杂物乱堆、违章搭建等问题，集中开展拆违增绿行动，拆除大型广告牌1347块，因地制宜建设小游园、小广场223个。结合棚户区改造，实施雨污分流工程、整治占道经营、提升河滨步道、优化公交线路等民生小事。畅通群众意见受理渠道，协调处理群众反映的与创建相关的难点问题3000多件。开展城市建管示范区试点，坚持以点带面、示范引领，分领域、分类型，培育精细化管理示范社区30个、街区20个、小区41个。

盐城市开展“道德模范”“身边好人”“最美志愿者”等先进典型推选活动，在主流媒体开设“厚德盐城——和好人一起做好事”“德耀盐城”等专题专栏宣传、建立线上线下“好人馆”、打造好人园和好人一条街、发布盐城好人榜、承办全省道德模范与身边好人现场交流会颁奖礼、张贴中国好人宣传海报、刊播21位道德模范宣传短片，“网上好人馆”网友点击量20万余次。建立完善典型信息库，加强荣誉管理，建立退出机制，激励先进模范珍惜荣誉，在践行社会主义核心价值观上发挥表率作用。77位道德典型成立的志愿服务组织和1000余名各级各类典型在新冠肺炎疫情防控和决胜全面建成小康社会、决战脱贫攻坚等领域发挥示范带动作用。开展文明单位创建，市委党校、农业银行盐城分行等6个单位创成第六届全国文明单位，12个单位保留荣誉称号。实施家庭文明建设行动计划，推动“文明家庭”“最美家庭”“星级文明户”和美丽庭院等基础性创建，推选表彰一批文明家庭、最美家庭，并宣传推广其典型事迹。推进乡风文明建设，抓好移风易俗文明实践，开展优秀“村规民约”和移风易俗案例征集评选，推动革除陋习，树立文明新风，阜宁县益林镇等7个镇村创成全国文明镇村。拓展文明校园创建，创成国家级文明校园3所、全国文明校园先进学校19所、省级文明校园28所、市级文明校园125所。整合各类阵地和资源，推动新时代文明实践中心建设，建成新时代文明实践中心6个、实践所121个、实践站2061个。阜宁县、东台市、射阳县、滨海县、盐都区5个全国、省级试点县（市、区）中心、所、站建设实现全覆盖。全市文明实践志愿服务队伍活跃在乡村振兴、脱贫攻坚、人居环境综合整治、移风易俗、疫情防控等领域。开展“红色代办”“心系菜农上门收菜”等志愿服务活动，成为新冠肺炎疫情防控期间群众的贴心“代办员”。开展礼让斑马线、垃圾不落地、文明风尚宣传等活动，组织“万支队伍齐舞动 · 城市文明加速度”巾帼志愿服务活动，开展“小手拉大手、共建文明城”主题活动，开展文明巡防、宣讲、体验等活动200余场次。开设“曝光台”“回音壁”等网络平台，让群众参与创建工作监督评价，群众对全国文明城市创建工作的满意度攀升到98.93%。

各地探索管用、落地、常态的工作机制，培育文明实践特色品牌。阜宁县按照“连点、沿线、成片”的原则，实现181个新型农村社区文明实践站（点）全覆盖；东台市利用400余个幸福小广场和400多处农家书屋，走到群众身边开展文明实践活动；射阳县推动构建“微实践”综合体，培植4968户“文明实践中心户”，打造“农民小课堂”“渔家红码头”等45个特色项目；滨海县高标准建成县级新时代文明实践中心，并通过智慧云平台常态化开展文明实践；盐都区将文明实践有效融入文明城市创建，开展系列“文明创建+文明实践”活动300余场次。市、区两级300余支文明单位志愿服务队伍建立“多帮一”挂钩联系机制，开展文明实践活动2000余场次。

2020年11月10日，中国文明网发布第六届全国文明城市入选城市名单和复查确认保留荣誉称号的前五届全国文明城市名单，盐城市入选其中，在第六届全国文明城市40个地级市中位列第二名。11月20日，市委书记戴源代表盐城市在北京市受到习近平总书记的亲切接见和中央文明委表彰。12月18日，市委、市政府召开全市创建全国文明城市总结表彰大会，对192个先进集体和856名先进个人进行表彰。（严志坚）

盐城市实现全国双拥模范城“六连冠”

10月20日，在北京市举行的全国双拥模范城（县）命名暨双拥模范单位和个人表彰大会上，盐城市再次获评全国双拥模范城，实现“六连冠”。盐城市是新四军重建军部所在地，刘少奇、陈毅等老一辈无产阶级革命家曾在此战斗生活过。盐城市有各类优抚对象33万多人，其中重点优抚对象5.87万人，人数列全省第二位。“十三五”期间，盐城市委、市政府始终把双拥工作作为“一把手”工程来抓，多措并举开展拥军优属工作。开展“情系边海防官兵”拥军优属活动，慰问盐城籍边海防官兵267人。开展军地互办实事活动，帮助部队办结实事632件，投入经费2400万余元，慰问部队96次，慰问金额超1000万元。累计安置随军家属116人，协调军人子女入学100人。与工商银行等14家金融机构签订拥军优属合作协议，为退役军人和其他优抚对象提供优先、优质、优惠服务。集中换发全省统一样式“光荣之家”牌匾20万块，以简朴、庄重、热烈的仪式映衬军人荣誉。组织欢迎老兵光荣返乡活动，在火车站、汽车站等地设立接待处，喜迎老兵返乡。开通盐城市退役军人网上招聘平台、组织退役军人军属线上线下专场招聘会、举办盐城·上海退役军人就业创业政校企恳谈会，为退役军人就业创业搭建新平台、拓展新渠道。推进部分退役士兵社保接续，初审符合补缴条件退役士兵1.67万人，系统办结率100%，已缴费人员资金入库率100%。重视退役军人思想政治工作和权益维护，“老班长调解室”创新工作受到国务院领导批示肯定。加大困难退役军人家庭帮扶力度，9个县（市、区）和盐城经济技术开发区、盐南高新区设立退役军人关爱资金3800万元，解决退役军人家庭实际困难。市退役军人事务局会同市委宣传部、市民政局启动“您好，老兵”公益项目，提供“一对一，面对面”个性化服务。

落实常态化联系退役军人制度，结合建军节、国庆节、春节等时间节点，开展走访联系、关心慰问活动。组织首届“盐城最美退役军人”推选活动，周仁甫、徐兆学等12人被推选为盐城最美退役军人，35家机关、企事业单位获评市级优秀退役军人之家。其中，响水县离休老干部周仁甫被退役军人事务部表彰为全国模范退役军人，市检察院杨洪雨等2人获得江苏最美退役军人提名奖；盐城耀晖人防防护设备科技有限公司等3家单位被评为省级优秀退役军人之家。全市新建成英烈事迹展陈馆20多座，128个以烈士命名的镇（街道）、村（社区）烈士墓地实现“有阵地、有墓（碑、亭），周边环境整洁”的工作目标，阜宁县芦蒲烈士陵园入选国家级抗战纪念设施、遗址名录，盐都区燕子阁抗战七烈士被退役军人事务部列入著名抗日英烈、英雄群体名录。驻盐部队官兵把驻地当家乡，深入开展“双百双建”“双带双扶”等系列拥政爱民活动。广大官兵植树70万余株，协助打造万亩双拥生态绿洲“国防林”战略工程。深入开展扶贫帮困，挂钩帮扶13个经济薄弱村、2617户困难农户，资助1214名贫困学生。投身地方抢险救灾，参与抗击“6·23”特大龙卷风冰雹灾害抢险救灾工作，做好新冠肺炎疫情防控工作，协助做好走访调查、消毒消杀和交通管制工作。12月18日，市委、市政府召开全市创建全国双拥模范城“六连冠”总结部署会，市委书记戴源、盐城军分区司令员李泽勇为“全国双拥模范城”揭牌。 （严志坚）

城北振兴——生态宜居新城北改造

盐城市是苏北唯一入选长三角一体化中心区的城市，是长三角北向辐射门户，而城北地区则是盐城北向发展的重要门户。城北地区范围主要依托于新洋经济区，南至新洋港，东至通榆河，西至盐靖高速、204国道，北至黄沙河，总面积57.4平方千米。常住人口9万人，占盐城市主城区（亭湖区＋盐都区）总人口9.3%；建设用地15平方千米，占盐城市主城区建设用地10.4%；2019年实现地区生产总值79亿元，占盐城市主城区地区生产总值8.4%。清末，盐城城北地区因境内串场河、蟒蛇河交汇，交通便捷，小海滩（今先锋岛）成为盐城水上客运的集散地，为盐城地区粮、油、鱼、盐等重要物资集散地和贸易码头，过往商船络绎不绝，鱼市米市交易繁荣，人们便将这里称为“鱼市口”。而当时的盐城西门登瀛桥一带街坊密集、店铺林立、人烟稠密，是县城最繁华的地带。1836年11月，林则徐由淮安乘船至盐城微服私访，曾在日记中写道：“三里至盐城县北门，又五六里，至南门泊船，中遇两道长桥［林注：一登云（显为登瀛），一太平］”“早饭后潮上，便即开船……西门外尤其热闹……”民国时期，小海滩延续了清末的繁荣，直到抗日战争爆发。1938年4月26日，日军轰炸盐城，盐城西大街起火，大火烧了七天七夜，街坊店铺毁于一旦。1941年2月，新四军军部在盐城重建，军部就坐落于小海滩上的泰山庙内。1941年7月，日伪军发动对盐阜地区第一次“大扫荡”，军部被迫撤出向阜宁停翅港转移，泰山庙遭到敌机疯狂轰炸，小海滩许多房屋成为断壁残垣，街市一片破败萧条。中华人民共和国成立以后，小海滩恢复生机。盐城地委、行署在小海滩上新建工厂、学校、医院、菜场、煤炭公司、饮服公司、百货公司、日杂门市，并重建了登瀛桥，扩建轮船码头，小海滩重新成为交通便捷、商贸繁荣、生活配套的繁华街区。为了便于运输，盐城主要的厂矿企业几乎沿串场河布设，左岸有纺织厂、轧花厂、机床厂、食品厂、医药公司、煤炭公司、木器厂、水泵厂、玻璃厂、锅炉厂、地毯厂、水泥厂等；右岸有果品仓库、印染厂、肉联厂、建筑公司、粮库、油脂化学厂、酒厂、豆制品厂、轮船码头、联合仓库、江动厂、电厂、化肥厂、水泥制品厂、钢铁厂、石油公司仓库等。大部分企业聚集城北地区，城北地区成为盐城市主要工业地区之一。

随着现代化基础设施建设，城北片区空、铁、公、水交通运输条件优越。城北片区距离盐城南洋国际机场10千米；高速铁路盐青铁路、徐宿淮盐铁路贯穿城北，普通铁路新长铁路北连陇海铁路新亚欧大陆桥，南连宁启铁路；公路有盐靖高速、204国道，水运有通榆运河（通江达海）。城北地区已经成为盐城市区最大的综合物流园区，货物配载量占市区65%，铁路货运量占70%以上，石油运输量占市区60%以上，药品配送量占30%以上。境内盐城市现代物流园区，2015年，被评为中国物流示范基地、中国专业市场示范区；2016年，被评为省级示范物流园、省级生产性服务业集聚示范区；2017年，被评为全国优秀物流园区。城北片区不仅具备多式联运的良好条件，拥有承担区域物流中心的强大优势，而且是盐城城市绿廊交汇处。串场河是串联盐城的南北向滨水廊道；新洋港是盐城中心城市区东西向主要生态廊道，西连大纵湖、东向大海，是穿越盐城城区最主要的入海通道；通榆河是串联城市的南北向生态廊道。

随着盐城城市发展进程的加快和城市的扩容，相较于城南片区的迅猛发展，城北片区的时空制约和发展局限日益凸显，主要存在四方面问题。

一是处于城市边缘。盐城城市区域发展轴南向连沪通海，北向缺少与中心城市、重要港口之间的联系，发展动力不足，城北区域发展轴的北向联系较弱。盐城市级以上重大平台集中在东、南、西片区，2008—2018年，城北片区新增建设用地占中心城区的比重仅约10%。二是传统工业逐渐衰落。2017年，城北片区地区生产总值78.6亿元，占盐城市区6.2%。2011—2017年，城北片区（新洋经济技术开发区和新兴镇）地区生产总值增速为10.5%，略低于盐城和苏北平均水平。而2017年的工业总产值85.2亿元，比2015年萎缩21%，工业经济占盐城市比重从2.1%下降至1%，成为盐城市区制造业发展“洼地”。三是用地布局混杂。城北片区用地以居住、工业、物流、商贸为主。四是城市品质一般。盐城市区人流主要集中在老城区、新区宝龙广场、南金鹰商圈。城北虽然毗邻老城区，但服务设施建设水平不高、设施集聚度低、人流量少。

为了振兴城北，2019年，盐城市委、市政府全面启动城北地区改造工作，成立盐城市城北地区改造工作指挥部办公室，制定印发《盐城市城北片区发展战略规划》。《规划》明确城北地区规划目标：盐城物贸中心、水绿文创城区；明确城北地区功能定位：“三区一枢纽”，即盐城四港联动的门户枢纽、长三角北部枢纽经济集聚区、盐城北创新创意活力城区、宜居公园城市建设样板区；提出总体格局为：两带三轴，三心四片，其中两带为新洋港生态带、通榆河生态带，三轴为串场河发展轴、开放大道发展轴、产业发展轴，三心为商贸物流中心、文旅商业特色中心、城北片区中心，四片为城北生活片、城北商贸片、新兴生活片、物流集聚片。其中，在延续开放大道发展轴基础上，增设新业路产业发展轴，重点关注通榆运河、新洋港、串场河沿线发展。

2019年10月21日，盐城市区城北地区改造动员大会召开，盐城市全面启动城北改造工程，明确37个棚改项目征迁工作。至12月31日，棚改37个项目1.44万户完成征迁2122户。

2020年3月，盐城市政府办公室印发《2020年城北地区改造重点项目实施计划》。《计划》围绕系统改善和提升城北地区居民生产生活环境，重点安排棚改征收（搬迁）、安置房建设、市政基础设施建设、环境整治、社会投资和公共服务设施及产业招商六大类155项实施项目，总投资616.61亿元。《计划》明确2020年城北地区改造主要目标任务是：基本完成征收（搬迁）工作，完成1万户以上棚户区房屋征收（搬迁）任务；8个安置房项目全面开工建设；新洋港大道（范公路至人民北路）年底建成通车，沿河景观带基本建成；先锋大岛沿河生态廊道和环路全面建成；人民北路（新洋港至三灶河）、快速路系统（含开创路北延至锦城路、新业路高架、北环路枢纽）等其他道路年内开工建设；园林景观项目绿化方案设计全部到位，城北生态公园一期工程开工建设；黑臭水体整治年内达省定目标；6月底完成城北地区整体规划，8月底前完成市政基础设施专项规划及教育、卫生、文旅、商贸等公共服务设施专项规划；产业招商工作全面展开，各责任主体完成不少于2个招商项目开工建设。

为保证城北地区改造工作目标任务完成，市长曹路宝主持召开城北地区改造领导小组例会10次，全面推动城北改造工作。市委、市政府把城北地区改造列入亭湖、盐都两区和城投、交投两集团年度目标任务考核内容，实行个性化考核。市城北地区改造工作指挥部办公室根据各有关部门（单位）在城北地区改造中的工作职责，研究制定具体的考核标准和评价办法，对相关部门（单位）每月工作实行定期督促检查和情况通报，作为年终目标任务考核的依据。盐城市各部门密切配合，亭湖区、盐都区、城投集团、交投集团四大责任主体全面实施年度各项目标任务。市城北地区改造工作指挥部不断更新完善城北地区发展战略规划，组织完成市政交通及地下管线、水系、绿地、给水、排水、排污、燃气、电力、通信、海绵城市、地下空间利用等专项规划，完善控制性详细规划及城市设计成果。至年底，编制完成城市总体规划、控制性详细规划和各类专项规划。

全年实施征收搬迁项目54个，其中亭湖区46个、盐都区8个。涉及住宅1.78万户、非住宅891个，其中，亭湖区住宅1.47万户、非住宅708个；盐都区住宅3057户、非住宅183个。至年底，累计完成住宅签约1.53万户、非住宅签约538个。其中，亭湖区完成住宅1.32万户（产权置换4775户、货币安置4193户、结算凭证4231户），非住宅383个；盐都区完成住宅2076户（产权置换1428户、货币85户、结算凭证563户），非住宅155个。全年完成拆除住宅1.4户、非住宅507个。其中，亭湖区完成住宅1.2万户、非住宅352个；盐都区完成住宅2070户、非住宅155个。

全面启动安置房建设。推广盐都区“拿地即开工”做法，市城北地区改造工作指挥部办公室会同行政审批、住房和城乡建设、自然资源和规划等部门，梳理已摘牌安置房项目地块开工前置条件，倒排开工时间表，推行容缺预审，并联推进开工前期手续办理。全年规划建设安置房11宗地块1.64万套，建筑总面积152万平方米，全部完成土地上市摘牌。其中，龙泰花园、博雅文苑、同心西苑、袁河家园、香江枫景名苑、二院西侧、阳光嘉园南侧、白马西侧、潮声路南侧、东晖锦苑10个安置房项目开工建设，万泰时代城项目摘牌，办理开工前期手续。

10月，城北新洋初级中学扩建现场　　（盐阜大众报社　供图）

推进市政基础设施建设。2020年10月1日，新洋港大道及范公路至人民北路段景观带建成通车，成为城北改造首个标志性工程。水城路一期主路建成通车。

稳步推进环境整治。全年计划实施环境综合整治项目60个。亭湖区有27个项目，14个黑臭水体整治项目全部完成；9个闸站、城北区域生态绿地、串场河景观带改造提升工程（北环路—建湖界）施工之中；北环路绿化提升项目完成盐湾段、北闸段部分，其他部分交由交投集团实施。盐都区有13个项目，5个闸站及10条黑臭水体整治完成，蟒蛇河景观带三期方案及初步设计按时序深化设计，烈士陵园改造和惠民花园等老旧小区整治项目竣工8个。城投集团20个建设项目中，竣工2个，施工2个，其他环境整治项目纳入先锋岛组团2个基础设施项目包，同步实施。

优化完善公共服务配套。按照公共服务设施专项规划，城北地区计划实施新洋初级中学等10个项目。亭湖区新洋初级中学加快建设，复旦康复医院完成土建工程建设，潮声路小学、文峰高级中学、市第二人民医院原址扩建、市第四人民医院搬迁等项目有序推进。交投集团对城北公交回车场规划布点进行优化，建成公交临时停车场新能源汽车充电桩12根，累计充电18万千瓦时。

组织产业招商。8月27—28日、9月17—18日，市城北地区改造工作指挥部办公室先后组织4家责任主体单位赴上海市、深圳市、浙江省等地开展招商活动，签订意向性协议68个，达成房地产开发、基础设施建设、现代物流、智慧城市建设、生态康养等重大项目合作协议22个。至年底，中国十九冶集团、中化建集团、中铁建十六局、中建国际等EPC项目落地，红星爱琴海购物广场项目建成开业，智能化装配式构建研发生产基地等项目开工建设。

根据市政府年初明确的城北改造12项工作任务，12月14日，“2021年建设计划及今后5年建设规划”等7项工作基本完成或按时序推进，“产业园区规划及综合评估”等5项工作有序推进。12月27日，市委、市政府举行城北地区改造29个项目集中开工仪式。年内，人民北路、潮声路等21个项目进场施工。至年底，城北地区改造实施包括年初安排及年中追加项目181个，开工建设144个，竣工62个，其中按时序完成93个，完成总投资365.66亿元。（严志坚）

大 事 记

编辑 徐 昊

1 月

1 日　盐城市 2020 年迎新年长跑活动举行。盐城市委书记戴源、市长曹路宝参加。

4 日　城北地区改造领导小组 2020 年第一次例会召开。市长曹路宝率队实地察看重点项目选址地块、串场河城北段水质和河岸环境，会商城北生态公园建设方案，指导安置房实施。会议要求聚焦基础设施建设、公共设施配套、环境综合整治等重点领域，提升城北地区整体形象，促进城北繁荣兴旺。

5—6 日　香港科技大学霍英东研究院院长李世玮率团到盐城市考察，市长曹路宝会见考察团一行。

7—10 日　政协盐城市八届四次会议召开。委员们听取并学习讨论市委书记戴源题为《万众一心加油干　决胜小康共圆梦》的讲话等。

8—11 日　盐城市八届人大四次会议召开。大会应到代表 545 名，出席代表 537 名，符合法定人数。会议听取并审议市长曹路宝所作的政府工作报告等；会议审议关于盐城市 2019 年国民经济和社会发展计划执行情况和 2020 年国民经济和社会发展计划草案的报告等。

10 日　盐城籍科学家李爱民团队完成的“淮河流域闸坝型河流废水治理与生态安全利用关键技术”项目获 2019 年度国家科技进步二等奖。

14 日　盐城市“不忘初心、牢记使命”主题教育总结大会召开。

17 日　中国美术馆馆长、盐城籍著名雕塑家、意大利艺术研究院院士吴为山创作的大型雕塑《超越时空的对话——达·芬奇与齐白石》在意大利芬奇市达·芬奇博物馆落成，成为达·芬奇故乡首次引进的中国现代艺术作品。

20 日　纪念新四军重建军部 79 周年暨“铁军忠魂——新四军历史陈列”试展活动在新四军纪念馆举行。

21 日　盐城市召开新型冠状病毒感染的肺炎疫情防控工作会议。

22 日　盐城市召开专题会议，学习贯彻落实习近平总书记对新型冠状病毒感染的肺炎疫情的重要指示和总理李克强等中央领导的批示精神，按照省委部署要求，进一步部署细化有关工作。

24 日　盐城市政府下达 2020 年为民办实事项目任务，涉及教育供给、医疗卫生、住房保障等十大类 20 件实事项目。

26 日　盐城市召开全市疫情防控工作电视电话会议。

27 日　盐城市分别召开市新型冠状病毒感染的肺炎疫情防控工作领导小组和全市疫情防控工作调度电视电话会议。

△　盐城市依法实行新冠肺炎疫情防控最严格措施，直至省一级突发公共卫生事件应急响应终止。

28 日　市委书记戴源、市长曹路宝分别前往社区和医院检查疫情防控工作。

29 日　盐城市分别召开市新型冠状病毒感染的肺炎疫情防控工作领导小组会议和全市疫情防控工作调度电视电话例会。

30 日　盐城市设分会场组织收听收看江苏省省长吴政隆主持召开的省疫情防控工作领导小组视频调度会议。市委书记戴源、市长曹路宝出席市分会场。

△　市委书记、市委应对新型冠状病毒感染肺炎疫情工作领导小组组长戴源先后在大丰区和射阳县检查疫情防控工作，并看望慰问奋战在一线的工作人员。

△　市长曹路宝专题会办新型冠状病毒感染的肺炎疫情防控工作。

31 日　盐城市委、市政府召开全市疫情防控工作调度例会。市委书记戴源出席会议并讲话。

△　市长曹路宝主持召开专题会议，研究节后机关上班、企业复工、学校开学疫情防控工作方案。

2 月

2 日　盐城市 15 名医护人员加入第三批江苏援湖北医疗队驰援武汉。市委、市政府发出慰问信，向盐城市驰援武汉医疗队致以敬意。

3 日　盐城市政府发布《关于应对新型冠状病毒感染的肺炎疫情支持中小企业共渡难关的二十条政策意见》。

5 日　盐城市首批 2 例新型冠状病毒感染的肺炎确诊患者从盐城市第二人民医院治愈出院。

6 日　盐城市设分会场组织收听收看全省防控医疗物资保障暨企业防控工作电视电话会议。

9 日　盐城市集结 39 名医护人员，分别参加第五批江苏援湖北医疗队和第三批国家中医医疗队，支援湖北抗疫一线。

10 日　盐城市重大动物疫病防控工作视频会议召开。

△　盐城市静脉产业园“打造绿色园区，引领循环经济”和盐城大洋湾生态旅游景区“水绿古文秀，一湾揽古今”2 个项目获江苏人居环境范例奖，系苏北地区唯一获奖城市。

11 日　盐城市 16 名医护人员在大丰区人民医院集结，随江苏省援黄石医疗支援队前往湖北省黄石市，开展对口支援新冠肺炎防治工作。

13 日　盐通铁路盐城段复工，是春节后全省率先开工的铁路建设项目。

△　盐城市委办、市政府办联合印发《关于应对新冠肺炎疫情开展“服务进万企”活动工作方案》。

14 日　省安全生产第九督导组进驻盐城市，市委书记戴源、市长曹路宝与督导组一行沟通，并就有关情况进行汇报。

15日　盐城市社会及社区疫情防控工作专题会议召开。

17日　盐城市安全生产10个督导组进驻各县（市、区），启动安全生产督导工作。

19日　盐城市委、市政府在盐城市召开华人运通新能源汽车项目现场推进会。

△　省安全生产第九督导组组长汤建鸣带队检查盐城市企业复工复产安全生产工作。

20日　盐城市第八批江苏援武汉医疗队178名医务人员在盐城南洋国际机场启程前往抗疫前线。

24日　全市新冠肺炎疫情防控工作领导小组会议召开。

△　自24：00起，江苏省新冠肺炎疫情防控应急响应级别由突发公共卫生事件一级响应调整为二级响应。盐城市做出相应调整。

28日　盐城市委动员组织全市广大党员捐款支持新冠肺炎疫情防控工作。市委书记、市人大常委会主任戴源，市长曹路宝、市政协主席李驰、市委副书记陈红红带头捐款。

△　盐城市27位新冠肺炎确诊患者、8位无症状感染者全部出院。

△　苏州市委、市政府决定，追授生前在苏州工作的盐城籍志愿者、驰援武汉战“疫”殉职的蓝天救援队队员许鹏“苏州市新冠肺炎疫情防控工作先进个人”称号。

3　月

2日　在江苏省公布的新冠肺炎疫情风险等级名单中，盐城市所有县（市、区）均为低风险地区。

3日　盐城工学院新增智能装备与系统、智能制造工程、人工智能、机器人工程、数据科学与大数据技术等7个专业。

4日　盐城市通过网络直播形式举行2020盐城市“学雷锋志愿服务月”“云启动”仪式。

8日《盐城市突发事件总体应急预案》正式发布。

9—10日　国务院督导组常务副组长、应急管理部副部长孙华山率队到盐城市督导安全生产专项整治行动。

10—11日　国家卫健委药政司原司长郑宏率国务院应对新冠肺炎疫情联防联控机制第六工作指导组到盐城市调研指导盐城市疫情防控工作。

12日　盐城市举行支持韩国企业总部口罩捐赠仪式。

15日　盐城汽车客运站恢复盐城至上海客运班车。

△　盐城汽车客运西站、盐马路车站全面恢复站务作业。

17日　盐城市首批39名援鄂医疗队员平安返盐。

17—18日　江苏省委书记娄勤俭到盐城市检查响水县“3·21”特别重大爆炸事故后续处置情况和统筹推进疫情防控与经济社会发展情况。

18日　康佳集团存储芯片封装测试项目在盐城市开工奠基。市委书记戴源会见康佳集团总裁周彬一行。

23日　江苏盐城大纵湖国家湿地公园通过试点验收，正式成为国家级湿地公园。

△　江苏省人力资源和社会保障厅、省卫健委给予盐城市10名支援湖北一线医务人员“记功”奖励。

△　盐城市向罗马尼亚德瓦市提供线上诊疗服务，帮助友城抗击新冠肺炎疫情。

△　盐通高铁跨通榆河特大桥主桥228米连续梁拱桥合龙。

25—27日　国务院江苏安全生产专项整治督导组第一组组长、应急管理部危化安全监管司副司长张兴林率队到盐城市督导安全生产专项整治工作。

27日　省安全生产第九督导组在盐城市组织召开国务院督导组反馈问题整改情况座谈会。

△　24：00起，江苏省政府决定将新冠肺炎疫情防控应急响应级别由省级二级响应调整为省级三级响应。盐城市做出相应调整。

27日　由悦达集团子公司悦达投资参股的阿尔特汽车技术股份有限公司登陆深交所创业板上市交易。

27—28日　国务院督导组副组长、国务院安委办副主任王浩水率队在盐城市调研督导安全生产专项整治行动。

30日　全市各级各类学校分批次、错峰开学，高三和初三年级正式开学复课。

4　月

3日　市长曹路宝率队到南京市参观访问华能智慧能源供应链科技有限公司，与华能能源交通产业控股有限公司董事长吴永钢进行会谈，就盐城市加快落实省委、省政府和中国华能集团签署的战略合作协议进行交流。访问期间，射阳港经济开发区与华能智链公司签署战略框架合作协议。

△　盐城市涉外疫情联防联控指挥部举行上海市、北京市、南京市转运工作组返盐欢迎仪式。

7日　盐城市举行向韩国友好城市和友好交流城市捐赠防疫物资仪式。

8日　市长曹路宝主持召开城北地区改造领导小组2020年第三次例会。

9日　江苏省督导组建议重点推广安全生产创新工作座谈会在盐城市召开。

△　强化自然保护地生态环境监督管理工作推进会暨四方合作框架协议签字仪式在盐城市举行。

10日　盐城第一创客大数据众创平台（盐城大数据产业孵化平台）国家级众创空间揭牌仪式在大数据产业园（数梦小镇）举行。

12日　江苏援武汉第三批医疗队出征的盐城市15名医护人员，完成驰援武汉抗击疫情任务，平安返盐。至此，盐城市7批253名援湖北抗击疫情的医护人员，全部平安回盐。

13日　市委书记戴源、市长曹路宝率队到上海市拜访中国宝武钢铁集团等企业，同宝武钢铁集团董事长陈德荣、总经理胡望明等会商，推动宝武盐城绿色精品钢基地项目加快建设。

△　工信部复工复产联络员组到盐城市，就盐城市“新基建”、工业互联网发展等情况进行调研。

15日　雨润控股集团与银宝控股集团生猪全产业链暨滨海县50万头生猪养殖项目合作协议在盐城市签订。

20日　“盐渎风”盐城市第八届读书节启动仪式在盐城市举行。

△　共青团中央、全国青联追授许鹏“中国青年五四奖章”称号。

23日　国内首款量产碳拉挤梁叶片在射阳县下线。

28日　江苏省盐城技师学院在盐城职教园区举行海洋路校区揭牌仪式。

△　盐城市第一座双向八车道桥梁、第一座全钢结构市政桥梁——盐渎大桥正式通车。

28—30日　市委书记戴源率队到上海市，与博世、大陆集团等世界500强企业开展项目对接活动，推动盐城市汽车产业高质量发展。

△　“青春梦圆小康路 · 建功盐城正当时”全市纪念五四运动101周年主题活动在新弄里广场举行。

29日　长三角农产品新生态高峰论坛在大丰区上海农场举行。

5　月

6日　全国首笔农村土地流转网签合同在射阳县签订。

8—9日　淮安市委书记、市人大常委会主任蔡丽新，淮安市市长陈之常率淮安市党政代表团到盐城市考察。市委书记、市人大常委会主任戴源，市长曹路宝等向代表团一行介绍有关情况。

9日　北京意诚阳光人工智能产业园及长沙行深智能无人物流车项目签约活动在盐南高新区举行。2个项目总投资22亿元，落户盐城西伏河数字智能创新社区。

12日　盐城市政协举办“风雨同舟　翰墨情深”抗疫主题书画展暨捐赠活动，致敬最美逆行者。

12—13日　国家电投集团党组成员、副总经理、总会计师杨亚一行到盐城考察。在盐城期间，考察团实地考察滨海港内河码头、国家电投协鑫火电项目等现场。

13日　南京医科大学与盐城市战略合作协议签约仪式在盐城市举行。

14日　市委书记戴源、市长曹路宝分别会见到盐城考察的现代汽车集团社长李光国一行，双方围绕加强联系合作，提升东风悦达起亚发展质效交换意见。

△　盐城市第三届文明家庭、第五届最美家庭颁奖礼暨第三届“家庭文化月”启动仪式在大丰荷兰花海艺术中心举行。

△　全市残疾人艺术作品展举行。

16日　盐城市政府发出通知，决定成立江苏盐城港控股集团有限公司。

18日　“深耕长三角 · 逐梦新盐城”线上投资环境说明会暨第十三届海盐文化节在盐城市开幕。活动期间，签约项目28个，计划总投资342.8亿元，涉及汽车、新能源、电子信息、现代农业、生态旅游等领域。

△　盐城市政府与农业银行江苏省分行在盐城市签署战略合作协议。

△　盐城市政府与中建国际投资集团有限公司签订战略合作备忘录，双方商定建立长期稳定的战略合作关系。

19日　首届中国 · 盐城创新创业大赛启动。

△　盐城市为首批35个乡土人才“三带”（带领技艺传承、带强产业发展、带动群众致富）资助项目发放资助金。

△　盐城市文广旅局联合“我的盐城”App、携程旅行网同步上线2000万元旅游消费券。

19—21日　江西省萍乡市委常委、宣传部部长聂晓葵率考察团到盐城市考察交流文明城市创建工作。

20—28日　市委书记、市人大常委会主任戴源等盐城市9位全国人大代表参加在北京市召开的十三届全国人大三次会议。

22日　中共江苏省盐南高新区科城街道工作委员会、江苏省盐南高新区科城街道办事处正式挂牌。

25日　“产业援疆”克州昌吉州江苏行盐城专场活动举行。

25—27日　国务院江苏安全生产专项整治督导组第一组组长、应急管理部危化安全监管司副司长张兴林率队到盐城市，就安全生产专项整治工作进行督导。在盐城期间，督导组到大丰区、东台市有关企业，现场检查安全生产和管理工作。

26日　盐城市委落实“六保”（保居民就业、保基本民生、保市场主体、保粮食能源安全、保产业链供应链稳定、保基层运转）任务专项巡察工作动员部署会召开。

27日　盐都区举行城北地区改造企业搬迁集中签约仪式。

28日　盐城市举办庆祝2020年“全国科技工作者日”主场活动。

30日　江苏天一机场专用设备股份有限公司与华为公司在盐城市签订全面合作协议，组建华为天一5G技术创新中心（TH5G）。

6　月

2日　江苏黄海海滨国家森林公园入选首批国家森林康养基地。

3日　中国驻克罗地亚大使馆、盐城市政府、克罗地亚查科韦茨市政府共同举行三方视频会议。盐城市向国际友好交流城市查科韦茨市捐赠医用口罩，三方通过视频就共同战“疫”、开放合作进行交流。

4日　中央文明办公布对全国文明城市提名城市中的141个地级以上城市、城区2019年文明城市年度测评结果，盐城市以总分95.1分的成绩在全国113个地级提名城市中排名第六位。

7—9日　国家“两山”实践创新基地建设核查专家组在盐城市核查有关工作。市委书记戴源会见专家组组长、中国环境科学研究院生态所研究员何萍一行。

9日　盐城工学院新能源学院被江苏省教育厅批准成为江苏省第一批15个省级重点产业学院建设点之一。

9—10日　全国人大常委会副委员长吉炳轩率执法检查组到盐城市，检查指导贯彻实施《中华人民共和国农业机械化促进法》情况，并就粮食安全和高标准农田建设开展专题调研。

13日　盐城市举行环黄海生态经济圈研讨会。

15日　盐城市发改委、中储粮盐城直属库、中国农业发展银行盐城市分行联合决定，启动盐城市最低收购价小麦收购工作。

16日　江苏盐城港控股集团有限公司成立大会暨揭牌仪式在盐城市举行。

△　盐都区政府与阿里巴巴（中国）软件有限公司签署数字乡村建设战略合作协议。

19日　盐城“同心·同行”国企党建联盟举办“聚力‘六稳’‘六保’、携手共谋发展”主题活动。

19—20日　铜川市党政代表团到盐城市考察访问，进一步对接落实扶贫协作工作，推动盐铜合作。

21日　盐城市第三届龙舟赛开幕。

△　江苏省2020年事业单位公开招聘人员笔试盐城市考区开考。近2万名考生在市11个考点666个考场参加考试。

23日　盐城市举行5G网络建设和推广应用招商推介会。

△　盐城市老区开发促进会常务理事扩大会暨《革命老区县发展史》丛书首发仪式在盐城市举行。

24日　由盐城市文联、市文广旅局主办的《李敦甫作品集》首发式在盐城市举行。

26日　盐城市举行“致敬禁毒英雄——市禁毒委慰问一线禁毒工作者”活动。

30日　盐城市举行纪念建党99周年暨“七一”表彰座谈会。会议表彰市40名优秀共产党员、30名优秀党务工作者和30个先进基层党组织。

6月30日至7月2日　新疆伊犁州党委常委库兰·赛富汗率领察布查尔县代表团到盐城市考察并进行招商推介。

7　月

2日　新华日报社总编辑、党委副书记顾雷鸣率领的“市委书记纵论高水平全面小康建设”采访组到盐城市专题采访。市委书记戴源接受专访。

3日　盐城市与中车株洲电力机车有限公司签约，合作共建新型城市轨道交通装备产业项目。

5日　盐城市举行盐城黄海湿地世界遗产证书揭幕仪式暨淮河生态经济带生态环保专委会成立大会。市委书记戴源、市长曹路宝共同接受世界遗产证书。会议成立淮河生态经济带生态环保专委会；审议通过专委会章程、专家委员会名单；发布淮河生态经济带生态环保联防联治专委会宣言；举行沿黄海城市带与淮河生态经济带高质量发展高峰对话。

9日　全市“12345”办理工作会议暨《“12345”督办面对面》栏目开播启动仪式召开。

△　“万企联万村、共走振兴路”行动企村对接会在盐城市举行。

△　全市金融行业党建联盟成立。

10日　江苏省第七届“紫金奖”文化创意设计大赛盐城赛区暨市第五届文化创意设计大赛组委会工作会议在盐城市召开。

△　盐城工学院、盐城师范学院举行“盐城市民族团结进步教育基地”揭牌仪式，并组织召开民族团结进步工作交流座谈会。

10—11日　市委书记戴源，市长曹路宝率盐城市党政代表团到南通市考察，学习借鉴重大产业项目建设、重点园区载体发展、城市建设管理、生态环境保护利用等方面的先进经验和做法。

14日　全市长江流域禁捕退捕工作推进会议召开。

16日　“青春留盐·城就未来”大学生暑期社会实践暨海外留学生盐城实习活动正式启动。

△　江苏省化工整治攻坚行动第三专项工作组到盐城市对盐城市化工整治进行驻点指导，并召开化工整治攻坚行动盐城动员部署会。

17日　江苏光明银宝乳业有限公司在射阳县建设的江苏光明银宝乳业工厂正式开业。

19日　盐城市市区SRT（超级虚拟轨道交通）一号线项目建设实施方案会办会在盐城市召开。

21日　“兴业杯”盐城市退役军人创业创新大赛总决赛暨第五届“十佳好军嫂”“十佳兵妈妈”“十佳拥军优属模范”颁奖活动在盐城市举行。

△　江苏省涉外联防联控指挥部对盐城市港口口岸涉外疫情防控工作及严防水路疫情输入专项整治行动开展情

况进行专项督查。

△ 22∶40 左右，响水县小尖镇条房村、郭庄村部分生产组遭受 8 级大风袭击，造成 21 人受伤；200 余户群众房屋不同程度受损，其中有 20 余户房屋损坏严重；部分地区电力等基础设施受损，部分树木刮倒，农业生产受灾较重。

25 日　全国政协常委、经济委员会副主任于广洲率队到盐城市调研黄河故道生态保护和高质量发展情况。

28 日　盐城经济技术开发区与盐城市教育局全面合作办学签约仪式举行。

30 日　安徽省宿州市政协考察组到盐城，考察盐城市构建“有事好商量”协商议事机制，推进政协协商与基层社会治理有机融合情况。

31 日　中共盐城市委七届十次全会召开。市委书记戴源代表市委常委会讲话，市长曹路宝就经济工作作具体部署。

8　月

3—4 日　盐城市党政代表团到陕西省铜川市就贯彻习近平总书记关于脱贫攻坚重要讲话精神和全力打好全面小康收官战，共同推动盐铜合作迈上新台阶进行考察交流。

4 日　住房和城乡部城建司副司长韩煜、省住房和城乡建设厅副厅长陈浩东一行到盐城市调研黑臭水体整治工作。

5 日　盐城港—周口港集装箱航线合作签约仪式在大丰港区举行。

6 日　首届中国 · 盐城创新创业大赛总决赛在盐城市启动。

△ 盐城市市属国有企业党建联盟成立。

△ 山东省枣庄市政协副主席黄涛率队到盐城市，考察盐城市法治化营商环境建设工作。

7 日　2020“苏韵乡情”乡村休闲旅游农业（盐城）专场推介活动暨大丰恒北采梨节开幕。

7—8 日　市长曹路宝率盐城市代表团到青海省海南藏族自治州同德县学习考察，共商扶贫协作、对口支援及两地合作发展大计。座谈会上举行盐城市向同德县捐赠物品资金仪式。

8 日　全国首个由地市级国有企业开发建设的海上风电场——盐城国能大丰 H5# 海上风电项目在大丰港区开工。

9 日　盐城市大丰区、响水县、滨海县、阜宁县、射阳县、建湖县、东台市被江苏省政府评为 2019 年“四好农村路”省级示范县。至此，盐城市 9 个县（市、区）全部创成“四好农村路”省级示范县。

11—13 日　市长曹路宝率队到深圳市开展集中招商活动。活动期间，曹路宝一行拜访康佳集团，双方签订建设康佳长三角总部基地等有关项目合作协议。

13 日　盐城市举行“盐城地标”丛书首发仪式。

△ 2020 年江苏省安全应急科普环省行文艺巡演暨盐城市第 32 届科普宣传周活动在市文化艺术中心举行。

13—14 日　常州市委书记、市人大常委会主任齐家滨率常州市党政代表团到盐城市考察。市委书记、市人大常委会主任戴源向代表团一行介绍有关情况。

△ 省直盐城组泰州组省人大代表联组到盐城市，就盐城市教育改革发展情况进行专题调研。

14 日　东风悦达起亚凯酷（ALLNEWK5）在盐城正式量产下线。

15 日　盐南高新区“沪盐科创协同中心”揭牌。

16 日　由盐城市政府主办，市文广旅局、上海春秋旅行社有限公司承办的 2020 盐城文化旅游（上海）推介会在上海市举行。会上签约旅游建设投资、运营管理和市场开发等合作项目 10 个，总投资额 32.3 亿元。

16—18 日　国务院道路交通安全专责督导组到盐城市，开展江苏安全生产专项整治督导“回头看”暨道路交通行业领域专责督导工作，并召开会议听取相关情况汇报。

17 日　全市“两稳一促”工作推进会暨第三届中国国际进口博览会盐城交易分团、第二届中韩贸易投资博览会工作会议召开。

17—21 日　国务院危险化学品督导组到盐城市开展江苏安全生产专项整治“回头看”危化品安全专项整治督导工作。

18 日　盐南高新区与云洲智能科技共同举行智慧城市水域管理创新示范平台发布暨首批 1000 台水面救生机器人下线仪式，并与北京千方集团联合举行中交兴路创新总部项目签约仪式。

20 日　第八届江苏省淮剧艺术展演月开幕。

△ 盐南高新区、盐城幼儿师范高等专科学校签订校地共建全面战略合作协议。

21 日　盐城工学院应急管理与安全工程学院成立揭牌。

23—27 日　市委书记、市人大常委会主任戴源率全市经贸代表团到韩国考察访问。考察期间，盐城经济技术开发区、华人运通公司分别与 LG 集团、SK 集团、韩国区块链研究教育院等就有关事项签订合作协议。

24 日　盐城市人民对外友好协会召开第四届理事会第一次会议。

25 日　江苏省扬子退役军人关爱基金会联合市退役军人事务局开展“戎耀今生”助学活动。

△ 盐城市举行“残疾预防，从儿童早期干预开始”大型宣传教育活动。

27—29 日　自然资源部国际合作司副司长陈越率队到盐城市，调研盐城市黄海湿地世界遗产地保护管理与可持续发展工作。

28 日　“青春四进建功乡村”江苏青商企业“乡村行”走进盐城暨共青团助力“万企联万村”合作项目签约仪式

在盐城市举办。

29日　2020盐城首届西伏河创新大会举行。会上举行“江苏省科创服务业集聚示范区”“江苏省众创社区”授牌仪式；香港科技大学百万奖金创业大赛多个获奖项目集中签约落户盐城。

△　响水县政府与盐城港控股集团签订战略合作框架协议，在码头、航道、物流园区、集疏运体系等基础建设以及人才招引等领域开展合作。

30日　盐城2020年经济发展高层论坛公益活动在盐城市委党校举行。

31日　江苏省委第八巡视组对盐城市开展危化品安全生产专项巡视工作动员会在盐城市召开。

9　月

3日　银宝集团在盐城市举行50万亩现代连锁农场重大合作项目集中签约活动。

△　银宝集团与中铁十二局集团在盐城市签约联合开发陈家港港城项目。

△　盐城市在新四军纪念馆广场举行向抗战烈士献花仪式。

△　盐城港滨海港区通过国家口岸办组织的口岸开放验收，成为全市第三个正式开放的国家一类口岸。

6日　2020长三角新能源产业专委会年度工作会议在盐城市召开。

7日　2020中国新能源高峰论坛在盐城市开幕。活动期间，盐城市与国内外新能源企业就部分重点领域和项目达成合作协议，签约项目22个，计划总投资519亿元。

7—9日　深圳得润电子股份有限公司董事长邱建民率队到盐城市，考察盐城市产业发展情况，对接项目投资事宜。考察期间，市委书记戴源会见邱建民一行，双方出席得润华麟电路项目落户盐城市签约仪式。

8日　盐城市举行共建盐城技术支撑中心战略合作签约仪式暨“网安2020”盐城行动总结会。

8—9日　市长曹路宝率队到广东省深圳市、东莞市开展集中招商活动。

10—14日　第九届汽博会在盐城国际会展中心举行。活动期间，共计24.7万人次观展，成交及预订车辆1.03万台，累计成交金额9.7亿元。

11日　盐城市政府与兴业银行南京分行签订战略合作协议。

△　盐城市科技局、盐城高新区管委会与北京海创科服科技有限公司签署三方合作协议，共建海创人才（盐城）国际创新中心。

13日　山东省临沂市委书记王安德、市长孟庆斌率临沂市党政代表团到盐城市考察。市委书记戴源、市长曹路宝向代表团一行介绍有关情况。

14日　盐城市医保电子凭证启用，在全省率先实现支持扫医保电子凭证二维码进行医保结算。

15日　南通市委书记徐惠民率南通市党政代表团到盐城市考察。市委书记戴源向代表团介绍有关情况。

△　2020年盐城市网络安全宣传周启动。

16—19日　由32名江苏省政府参事、省文史研究馆馆员、省政府参事室特聘研究员、省政府原参事等组成的调研组到盐城市，围绕“放大湿地世界自然遗产效应，为美丽江苏建设做贡献”主题，开展集体调研考察活动。

17日　全国人大常委会委员、财经委副主任委员尹中卿一行到盐城市，调研2020年前三季度经济运行情况。

△　由盐南高新区和盐城幼儿师范高等专科学校原创的大型民族音乐剧《华中鲁艺记》在市文化艺术中心大剧院公演。

19日　由盐城市文广旅局主办、市城投集团承办的“苏心游 · 最盐城”主题游活动在大洋湾生态旅游景区开幕。

△　盐城经济技术开发区和盐城师范学院共建的盐城经济开发区网格化服务管理学院揭牌。

21日　全市第七次全国人口普查工作视频会议召开。

22日　2020黄（渤）海湿地公益保护检察研讨会在盐城市召开。会议签署黄（渤）海湿地生态环境保护跨区域检察协作框架协议。

△　盐城市举行庆祝“中国农民丰收节”活动。

24日　由盐城市政府主办、滨海县政府承办的2020年盐城市危险化学品生产安全事故应急救援综合演练在滨海沿海工业园区江苏新化化工有限公司举行。

25日　淘宝（中国）软件有限公司与盐城市公共资源交易中心在盐城签订国有资产数字化交易合作协议。

26日　2020中国文旅创作与产业发展峰会在盐城市召开。

△　2020荷兰花海百合花文化月在大丰区开幕。市长曹路宝出席开幕式并为导演王潮歌颁发“盐城市荣誉市民”奖牌和证书。

27—29日　盐城市通过创建国家节水型城市专家组考核。

28日　盐城市举办“两岸情 · 一家亲”台商台胞迎中秋联谊会。

△　盐城市举行“遇见美好生活走进幸福盐城”原创短视频大赛颁奖仪式。

△　苏北首座大型生态体育公园——盐龙体育公园举行开园仪式。

29日　全市域“互联网+”不动产登记交易纳税一体化平台试运行启动仪式举行。

△　“我的盐城”App周年庆典活动在西伏河数字智能创新社区举行。

30日　盐城市社会各界在市烈士陵园举行纪念革命烈士活动。

△　由盐城市文广旅局、市城投集团共同主办的“2020盐镇水街中秋庙会”在盐镇水街开幕。

10 月

10日　盐城市盐都区入选生态环境部公布的第四批“绿水青山就是金山银山”实践创新基地名单。

10—11日　受国家林业和草原局委托，中国林业科学研究院副院长崔丽娟一行到盐城市，考察江苏盐城湿地珍禽国家级自然保护区，审核自然保护地整合优化预案。

11—12日　全国人大常委会副委员长、民盟中央主席丁仲礼率调研组到盐城市，就海水淡化技术创新与市场运用开展专题调研。

12日　盐城市发改委、市工信局、市工商联联合举办“2020盐城民营制造业企业50强、盐城民营服务业企业10强”发布会。

13日　江苏省委书记、省人大常委会主任娄勤俭率省人大常委会执法检查组到盐城市，检查《中华人民共和国土壤污染防治法》实施情况。

△　应急管理部安全生产基础司副司长王小拾率国务院督导组到盐城市，调研危化品专项整治工作。

13—14日　江苏省委书记娄勤俭就“十四五”时期江苏沿海地区高质量发展到盐城市调研，强调要以新发展理念为引领，陆海统筹、江海融合系统推进沿海发展。

15日　市长曹路宝率盐城市代表团到新疆伊犁州察布查尔县考察，进一步落实推动援疆工作。

△　“梦圆小康大美共赏”2020紫金文化艺术节群文广场演出盐城分会场在盐南高新区新弄里广场举办。

△　16日　2020铜川市扶贫产品（盐城）展销推介活动在盐城市举行。

△　由盐城市政府主办，市科学技术局、盐南高新区管委会承办的2020盐城——上海科创合作洽谈会在盐城举行，40个产学研合作项目集中签约。

18日　智汇盐城新型智库联盟成立大会在盐城工学院举行。

19日　盐城市举行“新盐城 · 新地标 · 新魅力”2020盐城城市资源规划合作推介会，现场签约一批项目。

20日　中国首个中外合资海上风电项目——国华东台50万千瓦海上风电项目落地揭牌活动在南京市举行。

△　盐城市政府与江苏省国信集团和国家电投集团江苏公司分别签订战略合作协议和深化战略合作开发协议。

△　盐城市在北京召开的全国双拥模范城（县）命名暨双拥模范单位和个人表彰大会上，第六次被命名为全国双拥模范城。

21日　七届市委第十一轮巡察工作动员部署会在盐城市召开。

24日　国家级公共机构能效领跑者验收组组长田忠元一行到盐城市，就市行政中心创建国家级公共机构能效领跑者工作进行验收。

25日　2020东风悦达起亚盐城马拉松赛在城南体育中心鸣枪开跑，全国各地1.5万名选手参加。

△　新疆伊犁州党政代表团到盐城市考察。市委书记戴源会见伊犁州党委副书记、州长库尔玛什 · 斯尔江一行。

28日　安道麦股份有限公司与江苏辉丰生物农业股份有限公司在大丰举行股权合作签约仪式。

△　市长曹路宝出席在安徽省蚌埠市召开的淮河生态经济带城市合作第二次市长会商会。盐城市政府和安徽省港航集团、江苏盐城港控股集团和安徽省港口运营集团分别签订战略合作协议。蚌埠市委书记汪莹纯、盐城市市长曹路宝、安徽省港航集团董事长丁庆领等出席并讲话。

29日　盐城市举行“融入双循环发力再开放”2020中韩主流媒体盐城行活动媒体见面会暨集中采访活动。

△　长三角（盐城）智能网联汽车半封闭测试示范运行区启动仪式在大丰区举行。

30日　江苏—韩国企业家合作交流会暨第二届中韩贸易投资博览会在盐城市举行。活动期间，举办第二届“一带一路”商协会圆桌会议（盐城）峰会、中韩产业园合作发展研讨会、江苏—韩国企业人才合作对接会、江苏—韩国青年企业家合作论坛等。

△　华人运通新能源汽车项目暨高合HiPhiX试生产下线仪式在盐城市举行。

△　SKI动力电池盐城基地项目一期建成。

△　沪盐港航合作活动暨盐城港集装箱海河联运航线推介会在盐城市举行。江苏盐城港控股集团和上海国际港务集团签订战略合作协议。

31日　东风悦达起亚汽车有限公司在盐城经济技术开发区举行新车凯酷试乘试驾活动。

△　盐城市第一人民医院创新发展暨专科联盟成立大会举行。

△　“盐城大米”盐田稻米、射阳大米、建湖大米、阜宁大米和鹤舞海丰大米在安徽省合肥市举行的第十八届中国国际粮油产品及设备技术展示交易会上获得金奖，金奖数列全国地级市之首。

11 月

3日　全国传热强化与节能装备研发专家、南京工业大学副校长、东台籍教授凌祥，获得何梁何利基金“科学与技术创新奖”。

3—4日　以“坚持绿色创新导向、贡献环境治理力量”为主题的2020第九届中国盐城环保产业博览会在盐城市举行。活动期间，举行创新发展大会、项目集中签约、第四届“绿巢”环保创业大赛等活动。

△　长三角“三市一区”第三次政协主席联席会议暨生态文明建设高质量发展联合调研活动在盐城市举行。

4—5日　中直省直单位部分全国人大代表在盐城，

就“十四五”规划编制、经济高质量发展、综合交通体系建设等主题开展专题调研活动。

7 日　盐城市医疗卫生接轨上海恳谈会在上海市举行。

9 日　市长曹路宝率队到上海参观第三届进博会展馆，并与中国电子信息产业集团董事长芮晓武、总经理张冬辰分别举行会谈。

△　盐城市首届“最美消防员”颁奖暨 2020 年“119”消防宣传月启动仪式在市青少年活动中心举行。

10 日　东南大学 MBA/EMBA 盐城行活动在盐南高新区大数据产业园举行。市长曹路宝，东南大学经济管理学院教授、博士生导师胡汉辉讲话，并共同为东南大学 MBA 中心盐城实践基地揭牌。

△　盐城市入选第六届全国文明城市，测评成绩在同批入选的 40 个地级市中位列第二名。

14 日　盐城市第九届自然科学学术活动月启动仪式暨院士专家智汇盐城活动报告会举行。

△　百所高校就业处处长盐城行暨招才引智月启动仪式在盐城市举行。

15 日　2020 中国 · 盐城第十届沿海发展人才峰会在盐城市举行。活动期间，举行首届创新创业大赛颁奖仪式、合作项目签约仪式，为一批校企合作基地、名医工作室揭牌，启动院士专家智汇盐城行等活动。

16 日　银宝集团与工商银行盐城分行举行银企战略合作签约会。

△　盐城国能渔光互补示范园被水产行业专家考察组授予“国家大宗淡水鱼产业技术体系核心示范点”匾。

17—20 日　盐城电子信息产业发展大会在国际会展中心开幕。活动现场，盐城市与中国电子信息产业集团签订战略合作协议；华为信息与网络技术学院、西安电子科技大学盐城研究院 2 个产业人才培养项目签约；康佳盐城电子信息产业基金首批投资的深圳博盛新材料、香港金铢电子等 6 个项目签约，同时集中签约 5 亿元以上电子信息制造业项目 40 个、总投资 391 亿元。活动期间，举行创新创业大赛、高峰论坛、交流恳谈会、项目集中开工等 12 项系列活动。

18 日　“金沙湖杯”江苏省第九届农民运动会在阜宁县举行。

△　全市镇村志编纂工作现场推进会在大丰区召开。

△　盐城市“12345”企业服务“一企来”专线正式启动。

18—19 日　河南省濮阳市政协主席郑大文率队到盐城市，考察盐城市文化旅游产业发展工作。

19 日　中国科协科普部 2020 年华东片区基层科普工作交流会在盐城市召开。

20 日　2020 年盐城农业接轨上海专场招商推介会在上海市召开。

22 日　由盐城市政府主办的 2020 年“大洋湾杯”中国盐城黄海湿地公路自行车赛在盐城市开赛。

23 日　2020 首届盐城黄海渔业发展论坛暨盐城水产科学研究院成立大会在盐城市举行。市委书记戴源、中科院院士桂建芳出席并共同为盐城水产科学研究院揭牌。活动期间，举行盐城市渔业发展专家咨询委员会委员聘书颁发仪式，集中签约一批渔业“双招双引”项目，表彰盐城市“十佳渔业企业”等。

△　盐城市政府与江苏省市场监管局签署推进高质量发展合作协议。

25 日　盐城市沿海发展研究会第一次会员大会召开，会上选举产生第一届理事会。

△　大丰区列入文旅部公布的第二批国家全域旅游示范区名单，成为全市首个国家全域旅游示范区。

26 日　盐城市设分会场组织收听收看在南京市举行的全省抗击新冠肺炎疫情表彰大会。市委书记、市人大常委会主任戴源和全市受表彰的先进个人、先进集体代表在省主会场参加。

28 日　“新能源汽车下乡——盐城站”活动启动仪式在万达广场举行。

29 日　中央机关及其直属机构 2021 年度考试录用公务员笔试开考，6401 名考生在盐城考区参加考试。

30 日　黄渤海湿地与水鸟保护研讨会暨 2020 年黄渤海水鸟同步调查培训班在盐城市举行。

12　月

2 日　盐城市在滨海港工业园区举行滨海港钢铁基地重大基础设施配套工程开工仪式，9 个开工项目计划总投资 337.2 亿元。

3 日　盐城市与国网江苏省电力有限公司在南京市签订战略合作协议，共同建设清洁能源高比例能源互联网试点示范城市。

△　由盐城市和共青团江苏省委共同主办的盐城黄海湿地世界自然遗产进高校活动在南京大学启动。

△　盐城市对口支援察布查尔县工作组获“伊犁州第八次民族团结进步模范集体”称号。

3—4 日　苏州市政协主席周伟强率苏州省政协委员一行到盐城市，考察盐城市生态文明建设情况，交流政协工作。

4 日　常州市市长陈金虎率常州市代表团到盐城市考察。两地就南北挂钩合作共建、推动共建园区高质量发展、实现区域协同发展进行座谈交流。市委书记戴源介绍相关情况。市长曹路宝陪同考察并出席座谈会。

△　江苏省抗疫先进事迹报告团到盐城市举行巡回报告会。东南大学附属中大医院重症医学科主任、省卫生健康委新冠肺炎医疗救治专家组副组长杨毅等 8 名报告员汇报了自己的先进事迹。

10—11 日　由江苏省高级人民法院、人民法院新闻传媒总社和省法学会生态法学研究会共同主办的生态环境法治研讨会在盐城市召开。活动期间，举行主旨报告会、省法学会生态法学研究会换届选举等。

12日　由盐城市政府与农民日报社、中国农业风险管理研究会联合举办的2020（首届）中国农业企业家峰会在北京市开幕。

△　盐城仲裁委员会、中国海事仲裁委员会、中国仲裁法学研究会在北京市和盐城市两地，通过线下线上联动的方式同步举办第三届中国互联网仲裁论坛。

16—17日　由自然资源部国际合作司和盐城市政府联合主办的2020黄（渤）海滨海湿地研讨会在盐城市举行。市委书记戴源会见部分与会嘉宾，市长曹路宝作《盐城黄海湿地后申遗时代保护管理工作报告》。

17日　盐城市与中国工商银行江苏省分行在盐城市签订“工行助力三项清理”政银战略合作协议。

△　辽宁省阜新市委书记吕志成率阜新市党政代表团到盐城市考察。市委书记戴源与吕志成共同出席盐城市与阜新市对口合作工作交流会，研究双方对口合作有关事项。

17—19日　海军“盐城舰”组织部分官兵代表回盐城市参加双拥共建活动。市委书记戴源、市长曹路宝会见“盐城舰”舰长郭希宾一行。

18日　全市创建全国文明城市总结表彰大会召开，市委书记戴源、市长曹路宝为全国文明城市奖牌揭牌。

△　盐城市委、市政府召开全市创建全国双拥模范城“六连冠”总结部署会。市委书记戴源出席并为全国双拥模范城揭牌。市长曹路宝主持。会议表彰全市双拥工作先进集体和先进个人代表，并为江苏省模范退役军人、江苏省退役军人工作模范单位和模范个人颁奖。

△　盐城市政府与明阳集团签署战略合作协议。市长曹路宝会见明阳集团董事长张传卫一行并共同见证签约。市委常委、常务副市长羊维达代表市政府与明阳集团高级副总裁金云山签订项目投资合作协议。响水县政府与明阳集团签订项目投资协议书。

20日　江苏省2021年度考试录用公务员笔试盐城考区开考，2.29万名考生在11个考点765个考场参加考试。

22日　2020年中国盐城第四届城市交通治理论坛在盐南高新区开幕。

△　盐阜大众报报业集团上海融媒中心成立。

26—27日　中国共产党盐城市第七届委员会第十一次全体会议召开。全会审议通过《中共盐城市委关于制定盐城市国民经济和社会发展第十四个五年规划和二〇三五年远景目标的建议》《中共盐城市委常委会2020年度工作情况报告》《中共盐城市委常委会2020年度抓党建工作情况报告》。

27日　盐城市举行城北地区改造重点项目集中开工仪式，29个开工项目计划总投资224亿元。

28日　盐城市举行与上海第九人民医院全面战略合作协议签约仪式。

△　盐城·市域、市郊公交开通仪式在盐城综合客运枢纽汽车客运站举行。

△　盐南高新区“五大产业”投资规划说明会暨重大项目集中签约活动举行。现场签约人民控股数字智造总部基地、华东工业互联网产业示范园等项目27个，总投资126亿元。

30日　盐通高铁建成通车现场会在盐城市举行。江苏省省长吴政隆出席现场会并宣布盐通高铁建成通车。

31日　盐南高新区管委会与市教育局举行合作办学签约活动，共同为盐城市康居路初中教育集团南校区揭牌。　（黄宗文）

盐城概览

编辑　裴力民

自然地理

· 位置面积 盐城市位于江苏沿海中部，地处北纬 32° 34′ ~34° 28′，东经 119° 27′ ~120° 54′ 之间。东临黄海，南与南通市、泰州市接壤，西与淮安市、扬州市毗邻，北隔灌河与连云港市相望。盐城市有着得天独厚的土地、海洋、滩涂资源，是江苏省土地面积最大、海岸线最长的地级市。全市土地总面积 1.69 万平方千米，其中沿海滩涂面积 4553 平方千米，占全省沿海滩涂面积的 70%；海岸线长 582 千米，占全省海岸线总长度的 56%。射阳河口以南沿海地段还以每年 10 多平方千米的速度向大海延伸，被誉为“黄金海岸”，是江苏最大、最具潜力的土地后备资源。

· 成陆演变 盐城市是沿海成陆较早的地区之一。市境海陆几经变迁，经历桑田沧海、沧海桑田的演变过程。距今 2 万年左右，现市境均为陆地。距今 7000 年左右，气候普遍转暖，一次大规模海浸，今盐城市辖境均为大海，成为浅海湾的一部分。距今 7000 年至 5000 年的新石器时期，海面基本稳定。长江、淮河搬运入海的大量泥沙在浅海湾底部逐步堆积，形成呈西北—东南走向的岸外沙堤，海岸线长期稳定在阜宁、盐城一线，即被称之为西冈的今羊寨、龙冈、大冈、安丰一线。秦汉前，距今约 3900 年至 3300 年，西冈以东开始形成新的内堤，即被称之为东冈的今施庄、上冈、盐城、草堰、东台一线。南宋建炎二年（1128 年）黄河夺淮，历 700 余年，带来巨量泥沙入海与长江口入海北移的泥沙会合，盐城海岸线迅速向东淤长，海涂渐成陆地。

· 地形地貌 盐城市市域全境为平原地貌，西北部和东南部高，中部和东北部低洼，大部分地区海拔不足 5 米，最大相对高度不足 8 米。全境分为 3 个平原区：黄淮平原区、里下河平原区和滨海平原区。黄淮平原区位于苏北灌溉总渠以北，其地势大致以废黄河为中轴，向东北、东南逐步低落。废黄河海拔最高处 8.5 米，东南侧的射阳河沿岸最低处仅 1 米左右。里下河平原区位于苏北灌溉总渠以南，串场河以西，属里下河平原的一部分，总面积 4000 余平方千米，该平原区四周高、中间低，海拔最低处仅 0.7 米。滨海平原区位于灌溉总渠以南，串场河以东，总面积为 7000 余平方千米，约占全市总面积的一半，该平原区大致从东南向西北缓缓倾斜。东台境内地势较高，一般海拔为 4 米 ~5 米间，向北逐渐低落，到射阳河处为 1 米 ~1.5 米。

· 气候水文 盐城市地处北亚热带向南暖温带气候过渡地带，一般以苏北灌溉总渠为界，渠南属北亚热带气候，渠北属南暖温带气候，具有过渡性特征。气候受海洋影响较大，与同纬度的江苏省西部地区相比，春季气温低且回升迟；秋季气温下降缓慢且高于春温；年降水量也比江苏省西部地区偏多。季风气候明显，冬季受欧亚大陆冷气团影响，盛行偏北风且多寒冷天气；夏季受太平洋副热带高压影响，盛行偏南风且多炎热天气，空气温暖而湿润，雨水丰沛。

2020 年盐城市入梅日为 6 月 9 日，入梅偏早（常年 6 月 18 日）；7 月 21 日出梅，出梅偏晚（常年 7 月 10—12 日）。梅雨期 42 天，梅雨量显著偏多，梅雨期气温偏低。比较历史平均入梅日（6 月 18 日）和出梅日（7 月 10 日），2020 年的梅期日数接近常年的 2 倍，列有气象记录以来的第二位。

全年全市灾害性天气频发，雾和霾、暴雨、大风、强对流、台风、干旱和寒潮等对人民生产生活有较为严重的影响。其中，7 月 22 日，盐城市北部地区出现暴风雨天气，22：40 响水县小尖镇条房村、郭庄村遭受 EF2 级龙卷袭击，过程持续时间 2 分钟，接地范围长 1000 米、宽 150 米。龙卷所到之地造成人员受伤、房屋倒塌受损、树木折断。全年全市夏季平均降水量为 809.1 毫米，是常年的 1.5 倍。受梅雨期强降水影响，淮河流域发生流域性大洪水，里下河河道水位三涨三落，盐城站最高超警 0.34 米、建湖站最高超警 0.43 米、阜宁站最高超警 0.65 米。7 月、8 月苏北灌溉总渠和废黄河连续行洪 33 天。12 月 28 日夜间到 30 日，受冷暖气流交汇影响，盐城市出现较强的雨雪和大风降温，各站最大积雪深度 2 厘米 ~9 厘米，大部地区出现 8 级以上偏北大风，全市 24 小时最低气温降幅在 10℃以上。冷空气过后 12 月 30 日到 2021 年 1 月 2 日，连续 4 天早晨的最低气温在 −8℃ ~ −12℃。

气温。全市年平均气温为 15.1℃（响水县）~ 16.1℃（东台市），与常年相比，大丰区、建湖县、东台市、阜宁县和盐都区偏高 1.1℃ ~ 1.4℃，其余各站整除略偏高 0.5℃。冬季（2019 年 12 月至 2020 年 2 月）平均气温为 4.7℃ ~ 5.9℃，与常年相比，各站正常略偏高 2.4℃ ~ 2.8℃；春季（3—5 月）平均气温为 14.1℃ ~ 15.4℃，比常年同期偏高 1.0℃ ~ 1.9℃；夏季（6—8 月）平均气温为 25.6℃ ~ 26.5℃，与常年同期相比，常年同期正常略偏高 0.3℃ ~ 0.9℃；秋季（9—11 月）平均气温为 16.6℃ ~ 17.6℃，与常年同期相比正常略偏高 0.5℃ ~ 1.0℃。其中，全市 1—3 月和 8 月平均气温比常年同期异常偏高 2.5℃ ~ 3.0℃，7 月和 10 月平均气温比常年同期显著偏低 0.4℃ ~ 1.9℃，其余月份平均气温与常年相比正常略偏高 0.9℃ ~ 1.9℃。全市极端最高气温 38.1℃，6 月 4 日出现在滨海县；极端最低气温 −11.4℃，12 月 30 日早晨出现在滨海县。

降水量。全市年降水总量为 1079.8 毫米（东台市）~ 1482.3 毫米（滨海县），时间分布明显不均，夏季降水显著偏多。东台市和大丰区与常年基本持平，射阳县偏多 1 成，其余各站均偏多 2 成至 5 成。冬季（2019 年 12 月至 2020 年 2 月）降水量为 120.6 毫米 ~ 158.1 毫米，与常年相比，大丰区偏多 3 成左右，其余各站均异常偏多5成至1.2倍以上；春季（3—5月）总降水量为134.4毫米～170毫米，北部地区与常年基本持平，中南部地区均比常年偏少1成至3成；夏季（6—8月）总降水量为685.5毫米～1077毫米，与常年相比，各站均偏多2成至9成；秋季（9—11月）总降水量为99毫米～256.3毫米，与常年同期相比，盐都区和大丰区偏多1成至3成，其余各站显著偏少1成至5成。全市与常年相比，3—4月、10月和12月降水异常偏少2成至9成，1月和6月异常偏多1.2~1.8倍，其余各站与常年基本持平，全年总雨日105~123天，与常年相比，各站均偏多4.1～17.3天。

日照。全年全市总日照时数为1533.9小时（大丰区）～1947.1（滨海县）小时。与常年相比，响水县、建湖县、东台市和大丰区偏少2成多，其余各站均在正常范围内，略偏少1成左右。冬季（2019年12月至2020年2月）日照时数328.1～377小时，与常年相比，各站偏少2成至3成；春季（3—5月）日照时数424.3～1003.8小时，与常年相比，响水县、建湖县和大丰区偏少2成至3成，射阳县偏多6成，其余各站均在正常范围内；夏季（6—8月）总日照时数为300.4～413.4小时，与常年相比，均偏少2成至4成；秋季（9—11月）总日照时数为425.2～492.6小时，与常年同期相比，偏少1成至2成。全市1月、5—8月和10月平均日照时数比常年同期偏少2成至5成，其余月份日照时数均在正常范围内。

（陈晓明　王红梅）

· **自然资源**　盐城市自然资源十分丰富，拥有海洋和滩涂资源、岸线港口资源、石油天然气资源、生态旅游资源等自然资源。

土地资源。全市土地面积1.69万平方千米。其中耕地面积8378平方千米，园地面积155平方千米，林地面积123平方千米，草地面积66平方千米，城镇村及工矿用地面积2288平方千米，交通运输用地面积522平方千米，水域及水利设施用地面积4817平方千米，其他土地面积581平方千米。

海洋和滩涂资源。全市海岸线长582千米，占全省海岸线总长度的56%；全市海域面积1.89万平方千米，占全省海域面积的48%。全市滩涂总面积4553平方千米，占全省滩涂面积的70%，其中潮上带面积2080平方千米、潮间带面积1139平方千米、辐射沙洲面积1334平方千米。

岸线港口资源。全市沿海规划港口岸线129.2千米，其中深水岸线64.9千米，已利用24.67千米。全市海域面积中内水面积1.21万平方千米，领海面积6753平方千米，是中国唯一无赤潮的内海水域。盐城港下辖大丰、射阳、滨海、响水4个港区。大丰港区北距青岛港210海里，距连云港港120海里；东距日本长崎港460海里，距韩国釜山港465海里；南距中国台湾基隆港620海里，距上海港280海里，是国家一类开放口岸。滨海港区地处江苏沿海中部、连云港与长江口之内，与日本、韩国隔海相望，-10米等深线离岸最近处为1.22海里，深水直通大海，是江苏沿海水深条件最好的岸段之一，属国家一类开放口岸。射阳港区位于中国南北地理分界线东部起点，是盐城港开港最早的港区，1月28日，成功获批国家一类开放口岸、省级示范物流园、公共型保税仓库。响水港区距连云港港27海里，距日照港59海里，位于灌河南岸，依托灌河建港，基本形成电力能源、金属冶炼、环保化工、再生造纸、船舶修造五大支柱产业，1月28日，成功获批国家一类开放口岸。至年底，盐城港建成国家一类开放口岸4个，拥有生产性码头泊位94个，其中万吨级以上泊位24个，泊位年综合通过能力1.12亿吨，集装箱年通过能力10.7万标堆箱；拥有国内外航线28条，其中大丰港区集装箱航线有11条。全年盐城港完成货物吞吐量7953.97万吨、外贸吞吐量1974.46万吨、集装箱吞吐量26.43万标准箱。

生态旅游资源。市域东部拥有太平洋西海岸、亚洲大陆边缘最大的海岸型湿地，被列入世界重点湿地保护区，湿地保护区内建有世界上第一个野生麋鹿保护区和国家级珍禽自然保护区，为联合国人与自然生物圈成员。市域西部地处里下河地区腹地，大纵湖、九龙口、马家荡等湖泊水域面积近百平方千米，为典型的潟湖型湖荡湿地，原始生态环境保存较好，被誉为“金滩银荡”。2020年，全市有世界自然遗产1处、国家级自然保护区2个、国家AAAAA级旅游景区1个、国家AAAA级旅游景区17个。

历史人文

· **历史述略**　盐城市历史悠久，是中国东部沿海开发利用较早的地区之一。阜宁县施庄镇东园遗址、东台市溱东镇开庄遗址、阜宁县板湖镇陆庄遗址等为数众多的古人类活动遗存证明，在五六千年前的新石器时代，黄海之滨，淮河两岸，射阳湖畔，已有盐阜先民在这块狭长的土地上劳动、生息、繁衍，孕育盐城的远古文明。战国时期，先民们利用近海之利“煮海为盐”。秦汉时代，境内“煮海兴利，穿渠通运”，盐铁业相当发达，当时这里人口较多，使用铁制农具和牛耕技术比较普遍。汉武帝元狩四年（公元前119年），朝廷将古射阳县东部靠黄海的一部分划出来单独设县，因这里遍地皆为煮盐亭场，到处是运盐的盐河，故称盐渎县。其时有县无治，由射阳丞（今扬州市宝应县）代管。东汉时，富春人（今浙江省杭州市富阳区）孙坚，因讨平许昌、许韶父子农民起义军有功，出任盐渎丞，是见之于史书的最早的盐渎县丞。他的次子孙权，后来当了吴王。300多年后，西晋复县。东晋安帝义熙七年（411年），盐渎因“环城皆盐场”而更名为盐城，盐城成为名副其实的产盐之城。盐城因“盐”置县，因“盐”兴城，在之后漫长的时间里，盐城的海盐生产无论是技术，还是产量、质量，在海盐生产史上都独领风骚。盐城以海盐文化著称于世，海盐文化是这座城市文明的根基和灵魂。北齐时于盐城设射阳郡，陈时改为盐城郡。隋大业末年（618年），江淮农民起义军领袖韦彻据盐城称王，立射州，分为射阳、新安、安乐3县。唐初，废射州（直至清末，境内未设过州、郡），复置盐城县。唐朝时期，盐城曾是长安与海外交往的要津之一。日本僧人粟田真人、日本遣唐使阿倍仲麻吕（即晁衡）、新罗国太子金士信等,均由射阳河口登陆,西去长安。元末张士诚率盐民起义，建立大周政权，前后坚持14年，是震撼和瓦解元朝腐朽统治的一支重要力量，最后在平江（今苏州市）称吴王。明初，盐城属应天府，朱元璋“洪武赶散”(古称“红巾赶散”),苏州、松江、嘉兴、湖州、杭州等地4000余名无田农户迁往江北，一部分落户盐城。清初，先属江南省，后划归江苏省。南通人张謇废灶兴垦，又迁来一部分启海棉农。清雍正九年(1731年)建阜宁县。乾隆三十三年（1768年）建东台县。民国期间（1912—1949年），境内先后设江苏省盐城第十行政督察区、盐城行政督察区、第六行政督察区。盐城区辖盐城、东台、阜宁、兴化4县。1940年10月，东进北上的新四军与南下的八路军在白驹狮子口会师，成立华中总指挥部。皖南事变后，新四军在盐城重建军部，陈毅为代军长，刘少奇为政治委员。从此，盐城成为苏北抗日根据地的心脏。中共中央华中局党校、抗日军事政治大学第五分校、鲁迅艺术学院华中分院，在盐城为党培养大批抗日干部和艺术人才。刘少奇、陈毅等老一辈革命家在此留下战斗足迹。1941年9月，成立盐阜区行政公署。1948年上半年，全盐阜区成为解放战争的大后方，为淮海战役、渡江战役的胜利，为解放全中国做出贡献。当年10月，盐城全境解放。

瓢城古都　　（杨光池　摄）

· 建置沿革　西周前为“淮夷”地。汉武帝元狩四年（公元前119年)始建盐渎县。东晋安帝义熙七年(411年),因“环城皆盐场”更名盐城。南北朝先设射阳郡，后改盐城郡。隋大业末年（618年），韦彻据盐城称王，立射州，分射阳、新安、安乐3县。唐武德七年（624年），废射州复盐城县，属楚州；乾元元年（758年），置盐城监以管楚州盐务。南唐升元元年（937年），划属泰州并设海陵监驻东台场，以监管南北盐场，东台名始见史书。宋代属楚州。元代隶扬州路、淮安路（后改扬州府、淮安府）。明清时分属扬州、淮安2府。其间，阜宁于清雍正九年（1731年）建县，东台于乾隆三十三年(1768年)建县。民国年间先属淮扬道，后废道隶省，先后设江苏省行政第十督察区、盐城行政督察区、第六行政督察区，治所均设盐城。1941年9月，盐阜区行政公署成立，盐城分为盐城、盐东、建阳3县，阜宁分为阜宁、阜东2县，盐阜行政区辖盐城、盐东、建阳、阜宁、阜东、淮安、涟水7县和涟灌阜边区办事处；东台县属苏中二分区。1942年4月，析射阳河以南、串场河以东、黄沙港以北建射阳县,同时将涟灌阜边区改为潮南县(后改滨海县)；5月，析东台北部建台北县，均属苏中二分区；11月，东台、泰东2县并为东台县。1944年10月，台北县并入东台县，因二分区撤销；改隶苏中四分区。1945年10月，盐阜行政区改为盐阜分区；11月，东台县析出小海、滨海和堤东区，与9月成立的大中集垦区特区合并为台北县；12月，盐阜分区改为苏皖边区五分区，辖盐城、盐东、建阳、阜宁、阜东、射阳、滨海、淮安、涟东9县；原苏中三、四分区合并为苏皖边区一分区，东台、台北二县均隶一分区。1947年2月，以通榆公路为界改五分区为新的五分区和十一分区，路西的盐城、建阳、阜宁、涟东、淮安5县为五分区，路东的盐东、射阳、阜东、滨海4县为十一分区；9月，五分区和十一分区又合为五分区，仍辖9县。1949年5月，苏皖边区一、五分区改为泰州行政区和盐城行政区，盐城行政区辖盐城、盐东、建阳、阜宁、阜东、射阳、滨海、淮安、涟东9县，东台、台北属泰州行政区；11月，盐东、阜东分别并入射阳、滨海。1950年1月起，东台、台北划属盐城行政区；6月，涟东县划属淮阴行政区。1951年7月,台北县更名大丰县,建阳县更名建湖县。1953年1月，江苏省政府成立，盐城专区辖盐城、东台、大丰、建湖、射阳、阜宁、滨海和淮安8县。1954年10月，淮安县划归淮阴专区。1966年3月，析滨海县中山河以北建响水县。1968年3月，盐城专区革命委员会成立，各县相继成立县革委会。1971年5月,盐城专区改称盐城地区，仍辖8县。1978年10月，撤销盐城地区革命委员会，成立盐城地区行政公署。1983年3月，实行市管县新体制，撤销盐城地区和盐城县，建省辖市盐城市，同时将原盐城县盐城镇范围设置为市城区，原盐城县农村范围设置为市郊区，全市辖东台、大丰、建湖、射阳、阜宁、滨海、响水7个县和城区、郊区2个区。1987年12月，东台撤县改市。1996年8月，大丰撤县改市；9月，市郊区改设盐都县。2004年3月，市城区更名亭湖区，同时撤销盐都县设立盐都区。2015年8月，经国务院批准，撤销县级大丰市，设立盐城市大丰区。

·行政区划 盐城市下辖东台1个县级市和建湖、射阳、阜宁、滨海、响水5个县，以及盐都、亭湖、大丰3个区，另设有盐城经济技术开发区和盐南高新技术产业开发区（2019年6月，改盐城市城南新区为江苏省盐南高新技术产业开发区）。至年底，全市有30个街道、95个镇、2386个村（居、社区）。

表1 2020年盐城市行政区划一览表

地 区	街道、镇基本情况	
总 计	30个街道、95个镇	
东台市	14个镇	溱东镇 时堰镇 五烈镇 梁垛镇 安丰镇 南沈灶镇 富安镇 唐洋镇 新街镇 许河镇 三仓镇 头灶镇 弶港镇 东台镇
建湖县	3个街道 11个镇	近湖街道 钟庄街道 塘河街道 建阳镇 九龙口镇 恒济镇 颜单镇 沿河镇 芦沟镇 庆丰镇 上冈镇 冈西镇 宝塔镇 高作镇
射阳县	13个镇	合德镇 临海镇 千秋镇 四明镇 海河镇 海通镇 兴桥镇 新坍镇 长荡镇 盘湾镇 特庸镇 洋马镇 黄沙港镇
阜宁县	4个街道 13个镇	阜城街道 金沙湖街道 花园街道 吴滩街道 沟墩镇 陈良镇 三灶镇 郭墅镇 新沟镇 陈集镇 羊寨镇 芦蒲镇 板湖镇 东沟镇 益林镇 古河镇 罗桥镇
滨海县	3个街道 11个镇	东坎街道 坎南街道 坎北街道 五汛镇 蔡桥镇 正红镇 通榆镇 界牌镇 八巨镇 八滩镇 滨海港镇 滨淮镇 天场镇 陈涛镇
响水县	8个镇	响水镇 小尖镇 黄圩镇 陈家港镇 大有镇 双港镇 南河镇 运河镇
盐都区	4个街道 8个镇	张庄街道 潘黄街道 盐龙街道 盐渎街道 学富镇 龙冈镇 郭猛镇 大冈镇 大纵湖镇 楼王镇 尚庄镇 秦南镇
亭湖区	8个街道 5个镇	五星街道 文峰街道 先锋街道 大洋街道 新洋街道 毓龙街道 宝瓶湖街道 东亭湖街道 新兴镇 南洋镇 便仓镇 黄尖镇 盐东镇
大丰区	2个街道 11个镇	大中街道 丰华街道 草堰镇 白驹镇 刘庄镇 小海镇 西团镇 新丰镇 大桥镇 草庙镇 万盈镇 南阳镇 三龙镇
盐城经济技术开发区	1个街道 1个镇	新城街道 步凤镇
盐南高新区	5个街道	黄海街道 伍佑街道 新河街道 新都街道 科城街道

注：盐城经济技术开发区、盐南高新区不属于行政区划

·人口方言 2020年末，全市户籍人口为814.49万人，比上年末减少6.86万人，其中城镇人口506.38万人，农村人口308.11万人。全年人口出生率7.20‰，死亡率9.39‰，自然增长率-2.19‰。年末常住人口670.96万人，城镇化率64.11%。

盐城地僻海边，先民们一直以渔、盐、耕种等业为主。艰辛的渔耕生活，养成勤俭、简朴的品质，民风古朴、淳厚，《盐城历代旧志》云“士淳礼让之风，民乐鱼盐之利”，表现出明显的沿海地域特征和水乡自身特色。盐城方言的历史可以追溯到秦汉时期。汉初，这里

已“煮海利兴，穿渠通运”，有不少居民居住于此，操吴扬江淮语。三国魏晋之际，战乱频繁，中原居民南迁，有一部分留居于此，当地语言与中原语言融合。经过漫长的时期，形成盐城方言的基本面貌。从秦汉到南宋，盐城方言的范围还只限于今通榆河以西地区，在宋高宗建炎二年（1128年）黄河夺淮入海以前，盐城县城距海仅500米，海岸线长期维持在今上冈、盐城、草堰、东台一线。由于黄河夺淮入海，大量泥沙不断沉积，海岸线不断东移，至清咸丰年间（1851—1861年），大体形成今盐城市的地理格局，盐城方言也随之东扩。盐城方言属于江淮官话区，具有江淮官话的典型特征，如有入声等，同时还具备一些自身混合性的语言特征。盐城方言可以粗略地分为东南片、中片、西北片三片。东南片以步凤为代表，中片以市区为代表，西北片以龙冈为代表。西北片基本保留江淮官话洪巢片的特点，中片开始对混合性的语言特征有所反映，如部分古全浊声母仄声字今读塞音、塞擦音声母时送气，而东南片表现尤为明显。

· **民族宗教** 盐城市境内原为汉民族聚居区。大约在元末明初，陕西、河南一带回民因饥荒陆续迁居境内，至此，境内始有少数民族居住。后因饥荒或战乱，其他如满族、苗族、蒙古族等人口亦相继迁居境内。1949年中华人民共和国成立后，特别是在1978年实行改革开放政策以后，因工作调动、婚姻嫁娶等原因，境内少数民族逐渐增多。

境内1953年第一次全国人口普查有8个少数民族952人；1964年第二次全国人口普查有14个少数民族1559人；1982年第三次全国人口普查有20个少数民族2537人；1990年第四次全国人口普查有28个少数民族3447人；2000年第五次全国人口普查有47个少数民族1.36万人；2010年第六次全国人口普查有53个少数民族1.51万人。2020年，第七次全国人口普查有48个少数民族，常住少数民族人口2.5万人、流动少数民族人口约1万人；有民族村5个、民族组2个、民族小学4所、新疆内地高中班承办学校1所、在校少数民族大学生1500多人。

盐城市境内民众信仰的宗教主要有佛教、道教、伊斯兰教、天主教和基督教。境内佛教、道教传入最早，起于汉唐，盛于明清，其影响甚广。清末，东台县有大小寺庙、宫观800余座，出家僧尼3000多人，古台城有“九寺十三庙七十二庵”之说；盐城县有寺刹400多座，城内永宁寺为诸寺之首。清末民初，美国牧师白秀生夫妇和法国司铎晁德礼、蓬士禄等人先后带领传教士在境内建堂、办学、布道，遂将基督教和天主教传入境内。境内宗教的分布具有一定区域性：佛教、道教主要分布在东台市、市区、建湖县等地区；伊斯兰教主要分布在回民聚居的市区和响水县、滨海县等；天主教主要分布在东台市、大丰区等；基督教主要分布在响水县、滨海县、阜宁县、射阳县等。2020年，全市佛教、道教、伊斯兰教、天主教、基督教五大宗教，经登记开放的宗教活动场所680处，信教群众约30万人，其中基督教信徒约21万人，佛教、道教信徒近10万人，穆斯林约5000多人，天主教信徒约100多人，全市有爱国宗教团体24个，其中市级宗教团体4个，分别为市佛教协会、市道教协会、市伊斯兰教协会、市基督教协会。

· **名人俊彦** 盐城市文化底蕴丰厚，历代人文荟萃。汉末“建安七子”之一的陈琳文雄海内。宋代晏殊、吕夷简、范仲淹先后在西溪任盐官，后相继入朝为相，人称“西溪三杰”，被传为千古佳话。晏殊的《浣溪沙》：“无可奈何花落去，似曾相识燕归来”、吕夷简《咏牡丹》：“异香浓艳压群葩，何事栽培近海涯？开向东风应有恨，凭谁移入王侯家”、范仲淹《至西溪感赋》“谁道西溪小，西溪出大才。参知两丞相，曾向此间来”都写在西溪任上。“先天下之忧而忧，后天下之乐而乐”的范仲淹，在任西溪盐仓监时倡修的捍海堰，屏蔽盐灶，泽被后世，世人传颂为“范公堤”。南宋左丞相陆秀夫以身殉国，成为流芳百世的民族英雄。元末盐民张士诚揭竿起义，建立大周政权，在平江（今苏州）自称吴王。元末明初，文学巨匠施耐庵与弟子罗贯中曾隐居白驹场，撰写中国古典小说《水浒传》《三国演义》。明代哲学家王艮创立的“泰州学派”名闻全国。书法家宋曹的作品漂洋过海，饮誉扶桑。明末清初著名评话艺术大师柳敬亭，以其精湛的技艺名闻天下。清初布衣诗人吴嘉纪，在中国文学史上与历代群贤共放异彩，被称为“清初三大诗人”之一。孔尚任、李汝珍用盐城的水墨润就不朽名篇《桃花扇》《镜花缘》。晚清武状元徐开业镇守潼关，以身殉国。水利专家冯道立治水有方，著就《淮扬治水论》《测海蠡言》等名篇40余部。爱国志士臧在新、伏龙等追随孙中山反帝反封建，为国捐躯，被国民政府追授为中将衔。“五卅”反帝爱国先驱顾正红、新闻史研究的开拓者戈公振、左联作家孙石灵、爱国科学家喻兆琦等著名人物，在中国近现代史上尽显风采。1941年“皖南事变”后，新四军在盐城重建军部，这里一度成为华中抗日根据地的指挥中心。在刘少奇、陈毅、黄克诚、粟裕等老一辈无产阶级革命家的领导下，盐城人民前仆后继，浴血奋战，涌现出许多可歌可泣的英雄人物和革命烈士。当代更是人才辈出，如佛教居士高鹤年，书法家高二适，教育家陈中凡，杰出外交家乔冠华，马克思主义理论家、被誉为中共“党内一支笔”的胡乔木等。为纪念历代名人，缅怀他们的业绩，1986年建成新四军纪念馆，2000年在市区迎宾公园内兴建盐城历史文化名人长廊，各县（市、区）修复一批名人故居，以供后人瞻仰、凭吊。

（严志坚）

城市标识

· **市树市花** 2005年7月，经盐城市人大常委会批准，决定将市树由“合欢、水杉”调整为“女贞、银杏”，市花由“紫薇、石榴”调整为“紫薇、牡丹”。

· **中国海盐历史文化名城** 盐城因盐而兴，以“环城皆盐场”得名，是全国唯一以盐为名的城市，其文化精髓积淀的是海盐古韵。虽然昔日的海盐繁华已风光不再，但与其相关的物质和非物质海盐文化遗存，如范公堤遗址、草堰古盐运集散地、西溪盐仓监遗址、张士诚起义北极殿遗址、王艮“东陶精舍”遗址、海春轩塔、古庆丰桥、富安明代民居等，仍俯拾皆是（约860多处）；沿串场河沿线如盐渎、盐城和各种称谓的墩、亭、场、灶、仓、团、锅、丿、滩等源于海盐文化的数百处地名，已成今人读取海盐文化活的“化石”。以“团”为名，多分布在古淮南盐区的东台、大丰，如戚家团、南团、西团、新团、北团、卞团等；因“灶”得名的有头灶、三灶、四灶、六灶、沈灶、南沈灶等；“总”，是盐场灶民聚居单位，沿海乡镇有一总、二总、三总等地名；“仓”，即盐仓，以枯枝牡丹扬名的便仓镇，当年就是伍佑场便仓所在地；以“丿”为名的有曹丿、潘丿等镇。“串场百里皆盐场”。贯穿市区的串场河，曾经是当年串联各盐场的运盐之河。围绕串场河打造的国家AAAA级海盐历史文化景区，包含全国唯一展示海盐文明的中国海盐博物馆，其银白色的建筑如晶莹剔透的盐晶堆积于串场河畔，向世人诉说着盐城的海盐历史；景区内，既有“炼卤煎盐”“晒海为盐”等古盐民生活场景的再现，又有古水街小桥流水、青砖灰瓦，反映古盐民市井生活繁华的风情彰显，也有东进路文化休闲美食街的繁华和盐渎公园水绿生态的韵致。白色的海盐文化，已成盐城城市文化的精髓。

· **红色热土——新四军重建军部所在地** 盐城是革命老区，有着深厚的红色文化底蕴。1940年10月，新四军、八路军会师盐城，开辟以盐阜为中心的苏北抗日根据地。11月下旬，华中新四军八路军总指挥部由海安移驻盐城。皖南事变发生后，党中央庄严宣告在盐城重建新四军军部，随后中共华中局在盐城成立。至此，盐城成为整个华中抗日的政治领导中心和军事指挥中心。新四军选择盐城，中共华中局选择盐城，既有刘少奇深邃的战略眼光，也有盐城自身独特的地缘优势。当年，许多从皖南突围出来的同志，历尽艰辛来到盐城，重新投入战斗。许多民主人士、文化名人、青年学生纷纷从敌占区、大后方，冲破封锁和阻挠奔赴盐城，投身于火热的抗日救亡运动。华中党校、鲁艺华中分院、抗大五分校、江淮日报社、江淮银行及农救会、工救会、青救会、学救会、新安旅行团等抗日团体组织纷纷建立。刘少奇所规划的“新的苏北、新的盐城”蓝图初具规模，盐阜抗日根据地由此引领华中、辐射全国，在各抗日根据地影响深远。新四军这支铁的队伍在血与火的考验中形成听党指挥、服务人民，维护团结、执纪严明，艰苦朴素、不怕牺牲的“铁军精神”。五年的盐城抗战，仅新四军三师就对敌作战4700余次，歼敌6万余人，削弱日伪军实力，钳制日军在华中力量，支援抗战正面战场。新四军在盐城的抗战，离不开这座英雄城市的卓越贡献。“最后一把米，用来做军粮；最后一尺布，用来做军装；最后的亲骨肉，含泪送战场”，生动描述水乳交融的军民鱼水深情。兵民是胜利之本。1944年初，盐阜地委开展参军运动，一个月时间，全区即有7000余人应征。“吃菜要吃白菜心，当兵要当新四军”，在当时的盐阜区广为流传。这样一段辉煌历史，足以让盐城人民引以为豪。盐城以铁军文化为资源优势，主打红色文化品牌，创建革命历史文化名城。建军路作为集中展现铁军文化的景观轴和人文串联轴，精心打造出反映铁军文化的各种主题建筑和景观小品，其中新四军纪念馆是国内最全面、最系统反映新四军抗战史的综合性纪念馆，被中宣部、国家旅游局列入全国100家红色旅游景点景区和30条红色旅游精品线路。

· **中国第一块滨海湿地类型世界自然遗产地** 盐城市海岸线绵延582千米，拥有太平洋西岸和亚洲大陆边缘面积最大、生态保护最好的海岸型湿地，拥有广袤的滩涂、独特的辐射沙脊群，湿地面积77万公顷。盐城黄海湿地是东亚—澳大利西亚迁徙路线上鸻鹬类重要的停歇地、越冬地、繁殖地，受胁物种数23种；是极危物种勺嘴鹬超过90%全球种群的栖息地、换羽地，是小青脚鹬、大杓鹬、黑脸琵鹭、大滨鹬、黄嘴白鹭的重要栖息地，是黑嘴鸥的繁殖地，也是全球丹顶鹤60%以上种群的越冬地。根据世界自然保护联盟（IUCN）“黄海潮间带栖息地”评估报告表明，在整个东亚—澳大利西亚迁徙路线的16处潮间带水鸟生物多样性关键区域中，有7处区域位于黄渤海区域，其中盐城市黄海湿地是面积最大、重要性最高的一块，对整个迁飞路线的贡献位列全部1030个重要候鸟栖息地第三名。2019年7月5日，联合国教科文组织世界遗产委员会正式审议通过将中国黄（渤）海候鸟栖息地（第一期）列入《世界遗产名录》。盐城黄海湿地成为中国第54处世界遗产、江苏乃至长三角地区首项世界自然遗产，成为中国第一块滨海湿地类型自然遗产、全球第二块潮间带湿地遗产。

· **长三角中心区城市** 盐城市位于长三角北翼，与上海市既有深厚的历史渊源，又有紧密的现实联系，素有“北上海”之称。盐城市307平方千米的上海农场是上海重要的农产品供应基地。盐沪两地产业和人口关联密切，盐城三分之一的规上工业企业与上海有合作关系，上海13.7%的流动人口来自盐城，盐城籍新上海人超过百万。沪苏大丰产业联动集聚区，是江苏与上海首个省级层面合作园区。盐沪两地有合作共建园区10家，在盐城市投资的上海市企业接近500家，上海电气、光明集团、临港集团等一批行业龙头加快集聚，形成以盐城（上海）国际科创中心建设为核心的离岸研发新模式。2019年12月1日，中共中央、国务院颁布《长江三角洲区域一体化发展规划纲要》，盐城市成为27个长三角一体化发展中心区城市之一，是江苏苏北唯一被纳入的城市。盐城市对标长三角一体化发展中心区城市定位，在国家战略和长三角城市群中谋篇布局，突破行政区划等级限制，提升城市等级和核心竞争力，践行“两海两绿”发展路径，实施“四新盐城”建设，全方位融入长三角一体化发展进程。2020年12月30日，盐通高铁通车，盐城市实现全面融入上海市1小时经济圈。

· 淮剧杂技之乡 盐城既是淮剧的发源地（有“淮剧之乡”“现代戏之乡”之称），又是中国杂技三个半发源地之一（另两个分别是山东的聊城、河北的吴桥，半个是北京的天桥）。淮剧又名“江淮戏”“淮戏”，是一种古老的汉族戏曲剧种。初为盐阜民间生活小戏，由当地流行的农民号子“儴儴腔”和田歌“栽秧调”发展成一人单唱或二人对唱的“门叹词”，通常与民间酬神的“香火戏”结合演出，以竹板击节，时称“二可子”，主要唱调是由“门叹词”“香火调”和部分民歌小曲发展成的淮调（后称“老淮调”）；后受徽戏和京戏影响，移植演出一些表现历史生活的大戏，因需扎靠、打把子，故称“靠把戏”，唱调也相应吸收徽戏的唱腔并加以变化，创造出“靠把调”（又称“老徽调”），进而逐渐形成具有盐阜地方特色的淮剧。早期的淮剧以“老淮调”和“靠把调”为主，唱腔多半是曲牌连缀结构，尚未采用管弦乐器。民国时期，戴宝雨、梁广友、谢长钰等人在“香火调”基础上，采用二胡伴奏创作新调，因二胡是以琴弓拉奏，故名“拉调”，其唱腔板式又有新变化、新发展。此时，因李玉花、董桂英等一批女演员出现，淮剧表演艺术得到较大提高，流行地域也从盐城市、阜宁县、淮安市、宝应县、泰州市、兴化市等地逐步扩大，迅速辐射到苏南。1912年，淮剧艺人何孔德、何孔标、陈达三等将淮剧搬至上海后，很快又在沪皖浙等地流行。1939年，著名演员筱文艳在“拉调”等唱腔基础上新创“自由调”，使淮剧唱腔的表现力更为增强。此后，著名演员何叫天又创“连环句”唱调，进一步丰富“自由调”。盐阜文工团“淮戏研究组”在创作演出大量现代戏的同时，吸收扬剧“小开口”的曲调，新创“新淮调”“新悲调”等唱腔，使淮剧唱腔更为丰富。中华人民共和国成立后，特别是改革开放以来，淮剧作为江苏六大地方剧种之一，不断推陈出新，创作并演出《小镇》等一批具有全国影响的经典剧目。盐城的杂技历史亦十分悠久。明初，盐城“十八团”已是名闻遐迩的杂技之乡。清初，出自当地的杂技艺人凭借自己的绝活享誉东南沿海，有的远涉海外传艺新加坡、泰国等地。“十八团”艺人创造的许多传统杂技，尤以气功、顶技、蹬技、爬竿、三上吊、走索、舞狮等出名。如今，盐城市杂技团经常应邀参加国际赛事，《扇舞丹青》《小桥　流水　人家》等一批特色节目在国内外影响很大。盐城的淮剧和杂技，均被列入国家级非物质文化遗产名录。（严志坚）

经济社会发展

· 经济建设 2020年，盐城市实现地区生产总值5953.38亿元，按可比价计算，比上年增长3.5%。其中，第一产业实现增加值661.2亿元，比上年增长2.7%；第二产业实现增加值2379.38亿元，比上年增长2.8%；第三产业实现增加值2912.8亿元，比上年增长4.3%。产业结构持续优化，三次产业增加值比例调整为11.1 ∶ 40.0 ∶ 48.9，第三产业比重比上年提高1个百分点。全年全市实现一般公共预算收入400.1亿元，比上年增长4.5%，其中税收收入300.4亿元，比上年增长1.8%，税收收入占一般公共预算收入比重75.1%。财政惠民力度不断加大，全年全市完成一般公共预算支出973.6亿元，比上年增长11%。其中，民生支出完成789亿元，占全部支出的81%。全年全市实现农林牧渔业总产值1207.2亿元，可比价增长2.7%，农林牧渔业增加值706亿元，可比价增长2.7%。全市粮食总产量714.31万吨，比上年增加2.01万吨，比上年增长0.3%；粮食播种面积99.12万公顷，比上年增加8333公顷，比上年增长0.9%。粮食亩产480.4千克，比上年减少2.73千克。棉花播种面积280公顷，比上年增加33.33公顷，总产320吨。全市油料作物播种面积4.42万公顷，比上年增加2280公顷，油料总产量13.59万吨。农业机械化规模扩大。全市农机总动力740.89万千瓦，比上年增长2.4%。大中型拖拉机、联合收割机、水稻插秧机保有量分别达到2.81万台、2.62万台和1.96万台。全市秸秆机械化还田面积69.08万公顷，全年农机化作业收入46.77亿元，获批全国整建制率先基本实现主要农作物生产全程机械化示范市。农业现代化进程加快。全市新建高标准农田4.15万公顷，新增设施农（渔）业1.33万公顷，总面积21.87万公顷。全市建成全国绿色食品原料标准化生产基地5个、省级绿色优质农产品基地85个。全市市级以上农业产业化龙头企业1761家，其中国家级7家、省级92家。全市累计认定家庭农场5868家，经营总面积9万公顷。全市创成省级示范家庭农场44个、总数241个，市级示范农场150个、总数552个。

全年全市规模以上工业企业实现总产值4730.4亿元，比上年增长6.8%，规模以上工业增加值比上年增长5%。全市民营企业实现产值3512亿元，比上年增长8%，占规模以上工业比重74.2%。全市工业用电量242亿千瓦时，比上年增长12.5%。全市规模以上工业企业营业收入比上年增长9.8%，利润比上年增长2.4%；规模以上工业企业营业收入利润率、成本费用利润率分别为3.1%、3.5%；全年规模以上工业企业产销率为99%。高新技术产业加快发展。全市规模以上高新技术产业企业968家，实现产值

1879.5亿元，占全市规模以上工业产值的比重为39.7%。高新技术产业产值增速高于全市规模以上工业增速1.1个百分点，拉动全市规模以上工业产值增长45.3%。

全市资质以上建筑业企业完成建筑业总产值1903.98亿元，比上年增长5.5%。其中，建筑工程产值1832.7亿元，比上年增长5.7%；安装工程产值51亿元，比上年下降4.1%。全年全市建筑业签订合同额2796.7亿元，比上年增长6.4%。全市建筑业企业在外省完成产值873亿元，比上年增长2.1%。

全年全市完成服务业增加值2912.8亿元，同比增长4.3%，服务业增加值占地区生产总值比重48.9%，较上年提高1.4个百分点；服务业固定资产投资同比增长15.1%，比上年提高9.8个百分点；实现服务业税收收入319.4亿元，比上年提高5.7%，服务业税收收入占税收总收入比重59.2%。盐城国投集团连续两年入选中国服务业企业500强，江苏金风科技有限公司、江苏丰东热技术股份有限公司、中汽中心盐城汽车试验场3家企业被认定为省级生产性服务业领军企业，全市省级生产性服务业领军企业总数达到7家，创建数量列全省第四位。全年全市实现社会消费品零售总额2216.1亿元，比上年下降1.1%，限上零售额573.7亿元，比上年下降5.3%。其中，城镇零售额546.4亿元，比上年下降5.4%；乡村零售额27.3亿元，比上年下降2.6%。分行业看，批发业、零售业实现销售额2276.3亿元、1541.2亿元，分别比上年增长7.8%和1.4%；住宿业、餐饮业实现营业额29.7亿元、202.5亿元，分别比上年下降10.4%和下降7.6%。消费升级步伐加快。在限额以上批发和零售业主要经营类别中，基本生活类增长平稳，粮油类、肉禽蛋类、干鲜果品类销售额分别比上年增长22.7%、12.4%和34.5%；日用品类销售额比上年增长6.3%。部分消费升级类商品零售额增长较快，体育娱乐用品类、书报杂志类、家具类销售额比上年分别增长33.2%、25.6%和24.2%；节能商品和智能手机类销售额分别比上年增长49.5%和53.9%；新能源汽车销售额比上年增长88.7%。旅游业蓬勃发展。全年全市游客接待量2407万人次，恢复到同期的64.9%，恢复水平列全省第二位。全市有国家AAAA级以上景区18家、省级旅游度假区6家、省五星级乡村旅游区4家，省级旅游度假区、省五星级乡村旅游区数量列全省第二位。大洋湾景区创成国家AAAA级景区，荷兰花海舞台剧《只有爱·戏剧幻城》成为长三角文旅融合标杆项目。信贷规模持续扩大。全市有银行业金融机构43家。金融机构年末人民币存款余额8426.78亿元，比年初增长19.7%，其中住户存款4232.93亿元，比年初增长15.2%。金融机构年末人民币贷款余额6969.34亿元，比年初增长18.9%，其中中长期贷款1825.8亿元，比年初增长17.1%。保险业健康发展。全市有各类专业保险机构75家，其中市级产险公司23家、寿险公司41家、保险专业代理法人机构11家。保险分支机构及营销网点547个，保险从业人员4.4万人。全市实现保费收入209.74亿元，比上年增长8.9%，其中财产险52.15亿元，比上年增长13.1%；人身险157.59亿元，比上年增长7.6%。全市各项赔偿和给付56.43亿元，比上年增长7.3%。房地产销售稳步增长。全年全市房地产开发投资737.5亿元，比上年增长21.3%，其中住宅投资完成695.7亿元，比上年增长16.5%。全市实现商品房销售面积1071.5万平方米，比上年增长26%，其中住宅939.5万平方米，比上年增长27.3%；商品房销售额851.9亿元，比上年增长43%，其中住宅销售额748.6亿元，比上年增长46.2%。邮电业务平稳发展。全年全市完成邮电业务总量119.2亿元，比上年增长13.6%。邮政业务收入（不包括邮政储蓄银行直接营业收入）完成27.96亿元，比上年增长12.8%，快递服务企业业务量完成2.04亿件，比上年增长23.8%，实现业务收入16.02亿元，比上年增长17.9%。电信业务收入60.41亿元，比上年增长6.8%。

全年全市固定资产投资比上年下降7.4%。其中，国有投资比上年增长31%，基础设施投资比上年增长27.3%。分产业看，第一产业投资比上年增长58.6%；第二产业投资比上年下降22.5%；第三产业投资比上年增长15.1%。服务业投资占全部投资的48.1%，拉动全部投资增长5.8个百分点，其中科学研究和技术服务业投资比上年增长34.7%，教育投资比上年增长34.5%，卫生和社会工作投资比上年增长10.3%。

全年全市实现进出口总额119.4亿美元，比上年增长24.2%，其中出口80.2亿美元，比上年增长25.1%，进口39.2亿美元，比上年增长22.3%。新批外商投资企业数157个，比上年增长12.1%，其中总投资3000万美元以上项目49个，比上年增长10%。注册外资实际到账10.12亿美元，比上年增长10%。成功获批国家跨境电商综试区，11个品牌入选“2020—2022年度江苏省重点培育和发展的国际知名品牌”名单。

·社会事业 教育事业协调发展。2020年全市有普通高校6所，招生2.38万人，在校生7.21万人，毕业生1.88万人；普通中专3所，在校生3.1万人；职业高中9所，在校生2.39万人；普通中学286所，在校生34.72万人；小学312所，在校生44.11万人。全市初中毕业生升学率99.59%，在校生年巩固率100%；小学毕业生升学率100%，在校生年巩固率100%。学龄儿童入学率100%。幼儿园在园幼儿18.56万人。全市有教职工数9.03万人，其中专任教师7.89万人。

文化事业蓬勃发展。全年全市拥有文化馆11个、公共图书馆11个、博物馆（纪念馆）14个，电视综合人口覆盖率100%，全年新建便民阅读设施30个。艺术创作生产再获丰收。淮剧《马家荡里唱大戏》《首乌花开》2部作品获省紫金文化艺术节优秀剧目奖，杂技剧《芦苇青青菜花黄》、锡剧《淑娘》等6个项目入选省艺术基金资助项目，展览“铁军忠魂”入选“核心价值观”主题展全国项目20强。群文工作蝉联省五星工程奖亚军。

卫生体系更加健全。至年底，全市拥有卫生计生机构3303个，其中医院、卫生院（社区卫生服务中心）303个，疾病预防控制中心10个，妇幼卫生机构11个。各类卫生机构拥有床位4.33万张，卫生技术人员4.93万人，其中执业（助理）医师2.12万人、注册护士2.03万人。

体育事业稳步发展。年内，盐城市举办2020东风悦达起亚盐城马拉松、盐城市第三届龙舟赛等大赛。体育设施不断完善。全年全市新建健身步道85千米；为220个老旧小区安装新的室外体育健身器材；全市所有125个镇、街道均建成高质量笼式多功能灯光球场；建成社会足球场地157片。体育产业质效明显提升。悦达健身广场获评国家级体育产业基地项目，全市拥有省级综合体（产业基地）3个。举办首届盐城市体育消费节，配套发放市级体育消费券200万元，促进市场消费。

科学技术创新发展。全年全市新增高新技术企业334家，居苏北苏中第三位，国家高新技术企业数1511家。全年专利申请数3.45万件，其中发明专利申请数7819件；全年专利授权数2.15万件，其中发明专利授权数1621件；有效发明专利量1.04万件，每万人发明专利拥有量14.37件。

生态建设持续发展。全年全市新增成片林面积7133公顷，改造既有林面积6466公顷，造林面积居全省第三位。空气质量优良天数308天，$PM_{2.5}$年均浓度下降至每立方米33微克。全年新能源发电量179亿千瓦时，占全社会用电量的50%，单位地区生产总值能耗比上年下降2.05%。年内，大丰区创成国家全域旅游示范区，盐都区创成全国“两山”实践创新基地，长三角（东台）康养小镇签约落地。

基础设施建设不断完善。全年全市交通基础设施建设完成投资183.2亿元，盐通铁路建成通车，盐城高铁实现“县县全覆盖”，“1+8”铁路综合客运枢纽同步运营，盐城站日开行列车达66对。至年底，全市有公路总里程2.6万千米。按公路等级分高速公路396千米、一级公路1808千米、二级公路2842千米、三级公路1586千米、四级公路1.94万千米；按行政等级分国道997千米、省道1176千米、县道3000千米、乡村7277千米、村道1.35万千米。全市公路网密度为每百平方千米153.8千米。全年全社会营运性客运量（不含铁路、民航）4585万人，比上年下降24.7%，客运周转量39.98亿人千米，比上年下降38.2%；全社会货运量（不含铁路、民航）2.45亿吨，比上年增长0.2%，货运周转量550.7亿吨千米，比上年增长2.2%。全年保障航班1.88万架次，年旅客吞吐量169.16万人次，分别比上年下降1.6%、19.1%，货邮吞吐量1.36万吨，比上年增长57%，全年铁路客运量390.27万人次，比上年增长0.3%。提档升级农村公路1121千米，新改建桥梁759座，建成美丽乡村旅游公路1036千米。建成沿海港口5万吨级码头2座，万吨级以上码头泊位累计24个。新建和改造BRT站台61座，新增新能源公交车150辆，优化新增线路50条。全年全市共有17座投入运营的城市水厂，总供水能力达每日189.5万吨，深度处理能力每日184.5万吨，自来水深度处理率97.36%，新建、改造供水管网约280千米，全市完成老旧小区二次供水设施改造177个。

·人民生活 生活水平不断提高。全体居民人均可支配收入33707元，比上年增长5%，总量居苏北第一位、全省第九位，增幅居全省第五位。城镇常住居民人均可支配收入40403元，比上年增长4.1%；人均消费支出20794元，比上年下降0.7%。农村常住居民人均可支配收入23670元，比上年增长6.3%；人均消费支出14994元，比上年下降3.3%。全市工业生产者出厂价格指数（PPI）比上年下降0.9%，工业生产者购进价格指数（IPI）比上年下降0.5%。全市居民消费价格总水平（CPI）比上年上涨2.3%。

社会保障日臻完善。全年全市共保障城乡低保对象5.9万户、10.1万人，发放最低生活保障金5.97亿元。因灾致贫生活救助保险、重病支出型困难救助保险、特困人员护理困难救助保险惠及全市1.18万户因病、因残、因灾、因祸、因学等导致支出型困难的家庭。全市建有公办养老机构131家，民办养老机构47家，城乡居家养老服务中心2466家。每千名老人拥有养老床位数41.48张，农村敬老院改造全部达到省定星级标准。（张　静）

“世遗”湿地

编辑　高兰会

世界自然遗产

·概　况　中国黄（渤）海候鸟栖息地（第一期）于2019年7月5日被联合国教科文组织世界遗产委员会列入《世界遗产名录》，范围包括江苏盐城湿地珍禽国家级自然保护区部分区域、江苏省大丰麋鹿国家级自然保护区全境、盐城市条子泥湿地公园、东台市条子泥湿地保护小区和东台市高泥淤泥质海滩湿地保护小区。2020年，盐城市委、市政府坚持生态优先、绿色发展理念，全面推进黄海湿地世界自然遗产保护管理工作，推动黄海湿地成为"共建共享、永续利用"的和谐遗产地。推动成立遗产保护管理机构，施行《盐城市黄海湿地保护条例》《盐城市湿地保护修复两年行动计划（2019—2020）》《盐城黄海自然遗产地保护管理与可持续发展三年行动纲要（2019—2021）》。

构建"生态朋友圈"。盐城市以"申遗"成功为契机，总结推广盐城经验，配合国家二期"申遗"，以候鸟迁飞为重要特征，倡导并构建覆盖中国、朝鲜、韩国等环黄海地区的环黄海生态经济圈，推动黄（渤）海湿地国际会议升格为国际论坛，推动成立迁飞路线城市联盟。年内，由盐城市牵头，淮河生态经济带29个市、县（市）联合成立淮河生态经济带生态环保联防联治专委会，并发布专委会宣言，促进沿线城市共商共建共享、合作发展共赢。

擦亮"世遗"品牌。盐城市围绕"遗产+"新经济，推进黄海湿地生态旅游业发展，打造集"世遗"保护、研学科普、生态旅游、文化休闲等功能于一体的世界级生态旅游目的地。东线放大"世遗"效应，加快丹顶鹤生态文化体验园、东台条子泥"世遗"小镇、江苏黄海海滨国家森林公园特色酒店、中华麋鹿园中央梦幻岛、黄沙港渔文化景区、月亮湾度假区等项目建设，打造"世遗"生态康养主题线路。年内，东台市条子泥景区成功创成国家AAA级旅游景区。中线加强串场河人文底蕴挖掘，加快盐城古八景复建、串场河产业集聚区等项目建设，打造海盐文化主题线路。在新四军纪念馆年初试展基础上，整合停翅港、华东工委纪念馆等资源，打造红色铁军主题线路。西线以构建湖荡集结地为目标，加强大纵湖、九龙口、马家荡等资源整合，加快九龙口淮剧小镇、马良古城等项目建设，打造湖荡湿地主题线路。通过串珠成链，构建全域旅游、全景"世遗"的旅游空间格局。抓住高铁时代机遇，持续放大旅游目的地城市影响力。2000万元盐城旅游消费券在"我的盐城"App、携程旅行网上对外发放，拉动和提振旅游业经济。加快全市千里风景廊道建设，推动美丽乡村旅游公路成网成环、景点之间便捷联通。延伸旅游产品链和消费链，加快夜游经济发展，推动"旅游+"夜购、夜食、夜游、夜宿等业态发展，打造荷兰花海、东晋水城等一批景区夜游消费集聚区，培植建军路、聚龙湖商圈等一批文旅商消费集聚区，提升旅游产业附加值。

·庆祝黄海湿地"申遗"成功一周年系列活动　7—8月，盐城市政府举办庆黄海湿地"申遗"成功一周年系列活动。活动围绕保护世界遗产、共建绿色廊道主题，安排主体活动1场、预热活动1场、配套活动10场。7月5日，主体活动盐城黄海湿地世界遗产证书揭幕仪式暨淮河生态经济带生态环保联防联治专委会会议举行。10场配套活动持续到8月中旬，包括淮河生态经济带生态环保联防联治专委会预备会议、盐城市第二届"生态卫士"评选活动启动仪式、世界遗产走进高校启动仪式、黄海湿地研究院对外研究课题发布、《零的突破》——黄海湿地"申遗"历程图书发行仪式、国家地理《盐城特刊》专题发布暨地理标识揭幕仪式、黄（渤）海候鸟栖息地"申遗"区域保护地联盟会议、盐城市湿地与自然遗产保护管理中心挂牌仪式、黄海湿地研究院与韩国庆北大学共建海岸农业研究所挂牌仪式、澳大利亚维多利亚州公园与盐城黄海湿地建立友好关系仪式。

·环黄海生态经济圈研讨会召开　6月13日，由盐城市政府主办的环黄海生态经济圈研讨会在盐城市召开。研讨会上，国务院参事室、国务院发展研究中心、商务部研究院、江苏省战略与发展研究中心、中国人民大学、南京大学、中国科学院、中国社科院等专家学者，结合各自研究领域就如何协调好生态保护和经济发展分别交流发言。盐城市提出共同构建环黄海生态圈，范围覆盖上海市、盐城市、南通市、连云港市、日照市、青岛市、烟台市、威海市、大连市、丹东市等中国城市，加上朝鲜和韩国的环黄海地区等。与会专家认为，环黄海地区城市经贸联系紧密，产业关联度密切，特别是伴随沿海高铁通道的建成通车，中国黄海沿海地区的城市带逐步显现出整体发展的合力，连接京津冀和长三角2个战略功能区，是面向黄海和东北亚发展的重要辐射面，对建设环黄海生态经济圈有着特殊的重要意义。与会专家建议发挥盐城黄海湿地世界遗产的资源禀赋优势，推动环黄海生态经济圈建设，融入国家"一带一路"倡议，融入"十四五"发展规划，融入加强黄河生态保护、京津冀协同发展、长三角一体化、粤港澳大湾区等国家战略，加快实现环黄海生态经济圈的协调发展。

·盐城黄海湿地世界遗产证书揭幕仪式举行　7月5日，盐城市举行盐城黄海湿地世界遗产证书揭幕仪式暨淮河生态经济带生态环保专委会成立大会。第44届世界遗产大会主席、中国联合国教科文全委会主任、教育部副部长田学军，联合国教科文组织世界遗产中心主任梅希蒂尔德·罗斯勒视频致辞。国家和省有关部门负责人，淮河生态经济带规划范围内29个市、县（市）生态环境负责人，中国黄（渤）海候鸟栖息地"申遗"区域保护地联盟理事成员单位代表，相关领域专家共170余人现场参加。会上，盐城市委书记戴源、市长曹路宝共同接受联合国教科文组织代表转递的世界遗产证书，并与中国黄（渤）海候鸟栖息地第二期"申遗"地代表、社会团体与NGO代表、国际志愿者代表、盐城市青少年代表，共同点亮中国黄（渤）

海候鸟栖息地第二期“申遗”路线图。市长曹路宝代表盐城市委、市政府发布《盐城黄海湿地世界遗产保护管理及可持续发展行动报告》，从保护管理、科学研究、宣传展示、对外交流等方面，系统展示盐城黄海湿地“后‘申遗’时代”保护管理与可持续发展的各项保护管理工作。

·盐城黄海湿地世界自然遗产进高校活动 12月3日，由盐城市政府和共青团江苏省委共同主办的盐城黄海湿地世界自然遗产进高校活动在南京大学启动，活动的第一站“走进南京大学”同步开启。活动以“遇见大美湿地 共建美丽江苏”为主题，旨在深入挖掘黄海湿地遗产的生态价值、学术价值和社会价值，增强广大青年保护生态、守护“世遗”的意识，提升广大师生投身“世遗”保护的参与感和获得感，成为建设美丽中国、水韵江苏的亲历者、实践者、维护者和捍卫者。自2019年，南京大学与盐城市政府围绕科研创新、研究生培养、医学院以及附属医院建设等方面，开展全方位深度合作，双方合作建成政产学研平台3个、技术转移分中心1个、大学科学园1个。此次会议，盐城市政府与南京大学签署成果转化合作协议，在盐城市设立的南京大学大学生社会实践基地正式揭牌。会后，与会嘉宾参观黄海湿地世界自然遗产主题展。（严志坚）

湿地保护

·概　况 2020年，盐城市继续加大国际湿地城市创建力度，组织湿地科普宣传，开展“湿地日”等系列宣传活动。开展湿地遗产科学研究，加强湿地遗产科研阵地建设；加强与大院大所的战略合作，打造一批有影响、可示范的生态修复亮点、鸟类栖息家园；盐城师范学院成立湿地学院，培养湿地专业人才。组织开展市级湿地名录认定工作和省级湿地名录标牌标桩设置工作，加强湿地公园建设，开展湿地生态修复，保护湿地资源。年内，江苏盐城大纵湖国家湿地公园通过试点验收晋升为国家级湿地公园，盐龙湖湿地公园申报省级湿地公园，盐渎湿地公园、大丰东沙湿地公园、阜宁马家荡湿地公园创建市级湿地公园。至年底，全市湿地总面积76.94万公顷，占全省湿地面积27.26%，其中沼泽湿地面积0.05万公顷、湖泊湿地面积0.26万公顷、河流湿地面积3.62万公顷、人工湿地面积20.94万公顷、近海与海岸湿地面积52.07万公顷。全年全市修复湿地面积677.73公顷，自然湿地保护率61.8%。

·自然保护地监管 年内，盐城市建立完善自然保护地联合共管工作机制。市生态环境局会同市自然资源和规划局、江苏盐城湿地珍禽国家级自然保护区、江苏省大丰麋鹿国家级自然保护区签订自然保护地联合生态环境监督管理工作合作框架协议，制定自然保护地联合监督检查工作办法、突出环境问题整改销号工作办法、突出环境台账建设管理办法3项制度，规范自然保护地监督管理工作程序，提升自然生态管理工作水平。加大问题整改工作力度。以中央环保督察、绿盾专项行动、国家海洋督察问题为重点，开展自然保护地专项执法检查，对自然保护地问题台账清单进行“回头看”，压实工作责任，攻坚突出环境问题。加强自然生态保护工作宣传。以世界环境日、生物多样性保护日为契机，加大自然保护地保护工作宣传，提升群众自然生态保护意识。（吕景林）

·盐城国际湿地城市创建 年内，盐城市按照国家和省对创建国际湿地城市的工作要求，继续组织实施《盐城市湿地保护修复两年行动计划（2019—2020）》，开展盐渎湿地公园、大丰东沙湿地公园、阜宁马家荡湿地公园3个市级湿地公园的创建和盐龙湖省级湿地公园规划评审工作，完善3个市级湿地公园的规划和审批，协调推进建湖县九龙口湿地的生态修复，兴建盐城市湿地博物馆。

·江苏盐城湿地珍禽国家级自然保护区湿地保护 年内，江苏盐城湿地珍禽国家级自然保护区构建全域管护模式。建成准军事化管理管护标准站4个，配足管护站点巡护人员36名，购置巡护船2艘、无人机10架，布设监控探头297个，核心区实现全封闭管理，缓冲区和实验区形成地方政府守土有责、职能部门齐抓共管、社区群众参与的保护格局。搭建科研合作平台。合作共建北京林业大学、南京师范大学研究生培养基地，搭建北方滨海盐沼湿地生态地质野外科学观测研究站等，开展国家和省级重大项目的研究，互花米草控制、碱蓬修复等自主研究，编制出版《盐城市湿地科普教育活动手册（小、初版）》，成为盐城市首套黄海湿地科普校本教材。年内，保护区加大缓冲区退渔还湿力度，扩大鸟类生存空间，初步修复完成核心区1000公顷芦苇湿地控制工程和南缓冲区153.33公顷候鸟栖息地，改造完成中实验区300公顷碱蓬湿地生境。

·江苏省大丰麋鹿国家级自然保护区湿地保护 江苏大丰麋鹿国家级自然保护区位于黄海之滨，占地面积2666.67公顷。1986年保护区成立，承担着保护麋鹿及其湿地生态系统，恢复野生麋鹿种群的重要任务。年内，保护区完善自然保护地联合共管工作机制，与市自然资源规划局、市生态环境局签订合作框架协议，加强保护区联合监督检查工作。修复湿地生态系统，通过水系改造、植被修复等措施，修复改善麋鹿栖息地生态环境。

·江苏建湖九龙口国家湿地公园 江苏建湖九龙口国家湿地公园位于建湖县九龙口镇境内，总面积659.02公顷，由蚬河、林上河、钱沟河、安丰河、新舍河、溪河、莫河、涧河、城河9条自然形成的河道汇聚到一起而得名，是中国现存最为完好的淌湖型原生态国家级湿地公园、国家AAAA级景区、省级旅游度假区、省级风景名胜区、中国最具特色生态旅游目的地。公园通过推进水系恢复、水岸恢复、水质恢复、植被恢复、退渔还荡等项目建设，实施清淤、退渔还湿、生态护岸、生态修复等工程，改善景区内的水环境，形成整体贯通的龙珠湖湖泊湿地景观，形成集生态保护、旅游观光、休闲度假、现代农业于一体的湿地型绿色经济生态园区。公园水域宽阔，水质清纯，水草丰茂，空间广阔，空气新鲜，大片的浅滩湿地为鸟类提供最好的栖息之地。至年底，发现鸟类 66 种，其中包括被誉为"鸟中大熊猫"、全球濒危的珍稀鸟类震旦鸦雀的 7 个种群。

· 江苏盐城大纵湖国家湿地公园 江苏盐城大纵湖国家湿地公园位于盐城大纵湖旅游度假区内，东至盐城大纵湖旅游度假区环湖大道，西达大纵湖入水口南周河与步湖公路交界处，南抵盐城市、泰州市市界，与泰州兴化市中堡镇相接，北至盐城大纵湖旅游度假区 125 省道，是典型的湖泊湿地，总面积 1060 公顷，其中湿地面积 1030.32 公顷，湿地率 97.2%，湿地类型包括永久性淡水湖、永久性河流及草本沼泽。其中，永久性淡水湖湿地面积 854.66 公顷，永久性河流湿地面积 3.27 公顷，草本沼泽湿地面积 172.39 公顷。独特的天然湖泊、沼泽湿地生态系统，为鸭类、鹭类、鸻鹬类等水鸟提供优越的栖息环境，吸引种类众多的鸟类在此越冬、繁衍。2020 年 3 月 23 日，江苏盐城大纵湖国家湿地公园通过试点验收，晋升为国家级湿地公园。

· 盐城市条子泥湿地公园 盐城市条子泥湿地公园位于东台市境内，规划范围北至江苏盐城湿地珍禽国家级自然保护区，南至条南垦区，西至沿海大堤，东至沿海大堤外 800 米范围，总面积 2812.19 公顷，分为保育区、恢复重建区、合理利用区三大功能分区。12 月，东台市沿海经济区委托南京大学编制完成《盐城市条子泥湿地公园总体规划（2020—2025）》。规划明确建设一期（2020—2022 年）开展湿地保护和修复、科普宣教、科研检测等工作，进行配套设施建设，完善公园管理体制；建设二期（2023—2025 年）提升盐城市条子泥湿地公园知名度和品牌影响力，打造江苏省湿地科普宣教展示基地、生态旅游目的地和生态建设示范基地。

· 东台市条子泥湿地保护小区 东台市条子泥湿地保护小区于 2018 年 10 月经东台市政府批准建设，位于盐城市大丰区海域南侧、高泥西北侧、条子泥一期匡围工程东侧、东沙西侧海域，总面积 1.64 万公顷，湿地类属近海与海岸湿地，湿地型为淤泥质海滩。

· 东台市高泥淤泥质海滩湿地保护小区 东台市高泥淤泥质海滩湿地保护小区于 2016 年经东台市政府批建，位于东台市条子泥海域东南侧、西蒋家沙北侧，是由从南向北的东海前进波夹带长江泥沙和由北向南的黄海近海左旋转波夹带黄河泥沙汇聚于东台市外侧海面沉积而成的淤泥质海滩湿地，总面积 2.73 万公顷，湿地类属近海与海岸湿地，湿地型为淤泥质海滩。

· 黄海湿地研究院 9 月 14 日，江苏黄海湿地研究院有限公司在盐城经济技术开发区市场监督管理局注册成立，主要经营湿地生态系统及生物多样性研究、湿地保护和可持续发展研究、遗产系列申报（二期）及遗产地保护管理研究、湿地监测与评估、湿地生态保护修复规划编制、山水林田湖草修复方案编制及组织实施、湿地保育与管理研究及实践、世界自然遗产的保护与生态旅游研究、湿地保护管理宣传教育与培训。12 月 16 日，在 2020 黄（渤）海滨海湿地研讨会召开期间，黄海湿地研究院大楼启用及揭牌仪式举行。黄海湿地研究院大楼正式启用，新成立的一批管理中心、科研基地、发展公司入驻研究院大楼。

· 黄海湿地生态保护修复科研基地 为推动黄海湿地生态修复的实施，借鉴基于自然的解决方案（NbS）理念和全球标准，推动形成可复制、可推广的经验做法，为中国生态修复提供实践案例，9 月，经自然资源部国土整治中心同意在盐城市设立基于自然的黄海湿地生态保护修复科研基地，并依托黄海湿地研究院作为共建单位。12 月 16 日，在盐城市召开的 2020 年黄（渤）海滨海湿地研讨会上，基于自然的黄海湿地生态保护修复科研基地揭牌。年内，在江苏盐城 · 基于自然的黄海湿地生态保护修复科研基地创建前后，基地及黄海湿地研究院开展湿地保护、生态修复、外来入侵物种防治（互花米草治理）等工作，编制《东台市"蓝色港湾"整治行动——中国黄（渤）海候鸟栖息地（第一期）川水港滨海湿地生态修复示范项目实施方案》《江苏盐城湿地珍禽国家级自然保护区缓冲区大丰区生态修复实施方案（试行）》等湿地修复实施方案，开展互花米草防治试验等。

· 2020 黄（渤）海滨海湿地研讨会 12 月 16—17 日，由自然资源部国际合作司和盐城市政府联合主办，以"共保黄渤海生态　服务新发展格局"为主题的 2020 黄（渤）海滨海湿地研讨会在盐城市举行。联合国教科文组织、世界自然保护联盟、联合国湿地公约组织、湿地国际、英国皇家鸟类保护协会、东亚—澳大利西亚迁徙路线伙伴关系秘书处、保尔森基金会、天合公益基金会等国际组织及机构负责人，中国黄（渤）海候鸟栖息地（第二期）"申遗"相关保护地代表，剑桥大学、北京大学、同济大学、南京大学等国内外高校院所专家学者参加论坛，就滨海湿地特别是东亚—澳大利西亚候鸟迁飞重要地区黄海的保护进行研讨磋商。市委书记戴源会见部分与会嘉宾，市长曹路宝作《盐城黄海湿地后"申遗"时代保护管理工作报告》，世界自然保护联盟总裁兼理事会主席章新胜、自然资源部总工程师张占海等分别致辞。研讨会期间，盐城市湿地和世界自然遗产保护管理中心、自然资源部土地整治重点实验室基于自然的黄海湿地保护修复科研基地、江苏黄海湿地研究院有限公司、江苏黄海湿地文化发展有限公司、同济大学国家现代化研究院城乡融合发展（盐城）实验室、韩国庆北大学海岸农业研究所启用及揭牌，并面向全球发布征集专项研究课题，持续提升黄海湿地保护管理、科学研究、旅游开发、交流合作等工作水平，为黄海湿地可持续发展注入更多动能。与会嘉宾围绕黄海湿地保护管理与可持续发展五年行动纲要展望、长三角一体化新格局下黄海湿地生态经济战略新机遇等方面进行专题研讨。会议同期采用在线直播，线上累计收看 8.2 万人次。

（严志坚）

·央视《美丽中国：自然》推出盐城系列微纪录片 盐城黄（渤）海候鸟栖息地被列入世界遗产名录，成为全国第 14 处、江苏省唯一的世界自然遗产。“申遗”成功后，市委宣传部、市政府新闻办贯彻市委放大“世遗”品牌效应，扩大盐城市知名度和美誉度要求，加大宣传推介力度，2019 年 10—12 月，央视《美丽中国：自然》栏目组到盐城黄海湿地拍摄，通过生物个体、生态圈之间的故事，全面展示黄海湿地在全球生物多样性保护中的地位。2020 年 4 月 14 日，《美丽中国：自然》江苏盐城系列微纪录片在“央视频”客户端正式上线。该系列微纪录片 11 集，在央视 4K 超高清频道播出，并在 CGTN 官网、客户端及海外社交平台陆续投放。（王亚云）

物种保护

·概 况 盐城市东部沿海具有较高自然性和完整性滩涂湿地生态系统，栖息着 680 种脊椎动物，包括 19 目 53 科 415 种鸟类、200 多种鱼类和多种两栖动物、爬行动物。其中，国家级一级重点保护鸟类有丹顶鹤、白头鹤、东方白鹳、白尾海雕等 27 种；国家二级重点保护鸟类有大天鹅、鸳鸯、灰鹤、白琵鹭等 81 种。黄海湿地鸟类种数约占全国鸟类的三分之一，湿地水鸟种类占全国水鸟种类的 60%。盐城市还是全球 8 条鸟类迁徙通道东亚—澳大利西亚迁飞路线的重要补给站，每年约有 300 万只候鸟在盐城停歇、繁殖或越冬，是全球最大的丹顶鹤越冬地，有 23 种鸻鹬类受胁物种在此停歇、越冬、繁殖，包括极危物种勺嘴鹬、小青脚鹬、大杓鹬、大滨鹬等。盐城市拥有 2 个国家级自然保护区：江苏盐城湿地珍禽国家级自然保护区是中国最大的滨海湿地类型保护区、全球最大的野生丹顶鹤种群保护地，享有东部沿海“国家重要湿地基因库”之称；江苏省大丰麋鹿国家级自然保护区，是世界上第一个也是最大的重返大自然野生麋鹿自然保护区。

·丹顶鹤保护 丹顶鹤，属鹤形目鹤科，为亚洲东部特有鸟种，属于国家一级保护动物。丹顶鹤体羽大多白色；头顶皮肤裸露，呈朱红色，似肉冠状；额和眼先微具黑羽；喉、两颊和颈大部暗褐色；次级和三级飞羽黑色，体重 7 ~ 12.1 千克，全长 1.1 ~ 1.57 米。栖于芦苇及其他荒草沼泽地带，夜宿于四面环水的浅滩上，以鱼类、软体动物和水生植物的嫩芽、根、茎等为食，偶尔也食植物种子，是典型的候鸟，每年随季节气候的变化，有规律地南来北往迁徙。每年 10 月末至 11 月初，丹顶鹤陆续从北方的繁殖地迁徙到江苏盐城滨海湿地越冬，总数占世界野生种群的 60% 以上。2020 年，保护区开展鸟类视频智能识别监测，建成高空监控系统三期工程，布设监控探头 12 个，整合形成监测巡护综合调度平台；完成鸟类视频智能识别系统的设计。开展丹顶鹤越冬地繁育技术研究，形成越冬地丹顶鹤人工驯养繁殖技术标准，成为华东地区丹顶鹤人工繁育的技术参考与标准遵循。

·麋鹿保护 麋鹿，世界珍稀动物，属于鹿科。因其头脸像马、角像鹿、蹄像牛、尾像驴，因此得名“四不像”。麋鹿体长 170 ~ 217 厘米，尾长 60 ~ 75 厘米。雄性肩高 122 ~ 137 厘米，雌性 70 ~ 75 厘米，体形比雄性略小。一般麋鹿体重 120 ~ 180 千克，成年雄麋鹿体重可达 250 千克，初生仔 12 千克左右。雄麋鹿角较长，最长的角可达 80 厘米，每年 12 月脱角一次；雌麋鹿没有角。江苏省大丰麋鹿国家级自然保护区成立于 1986 年，承担着保护麋鹿及其湿地生态系统，恢复野生麋鹿种群的重要任务。年内，保护区实施网格化管理麋鹿种群。根据野生麋鹿活动范围和特点，科学划定 3 个区域，每个区域明确专人负责开展监测、巡护工作，严格按照每月 5 日、15 日、25 日统计麋鹿数量，全年调查轨迹里程超过 1.2 万千米，累积标注点 200 多个，基本覆盖野生麋鹿活动区域。救助受困麋鹿。全年发生麋鹿受困事件 130 次，受困野生麋鹿 141 头，出动救助人员 480 人次，成功救助 141 头，野外救援成功率 100%。加强科研，全年在国内外学术刊物上发表科研论文 15 篇，其中 SCI1 篇、中文核心 5 篇。成功驯养小麋鹿 78 头，建成世界上最大的人工驯养种群。2020 年 11 月 6 日，第八次 麋鹿放归自然放归成年麋鹿 25 头。至 2020 年底，麋鹿种群增殖到 5681 头，其中野生麋鹿 1820 头。12 月 10 日，经国家林草局批准，江苏省大丰麋鹿国家级自然保护区向 福建省永泰县输出麋鹿 40 余头，实施迁地保护措施。

·野生动植物保护 年内，市生态环境局组织各县（市、区）主管部门对各地饲养繁育野生动物场所实施隔离，严禁野生动物对外扩散和转运贩卖，全面加强监管巡查。督导全市野生动物的退养补偿、处置、监管工作，全年全市处置有证合法养殖户 53 家，涉及资金 1800 万元。开展伤病野生动物救助工作，市野生动物保护站全年收容救护猫头鹰、红隼、苍鹰等野生动物 100 多只。

·水生生物多样性保护 年内，盐城市以生物多样性本底调查工作为基础，制定《盐城市重点流域水生生物多样性保护方案》，通过实施水生生物栖息地修复、增殖放流等形式，加强上下游、左右岸、各部门之间联合行动，加强通榆河、蟒蛇河 / 新洋港、苏北灌溉总渠、射阳河和中山河水生生物保护。

· 勺嘴鹬 勺嘴鹬，属鸻形目鹬科鸟类，喙呈匙状，胸部具黑色斑点形成的纵纹，身长140 ~ 160毫米，是一种仅分布于东亚—澳大利西亚候鸟迁徙路线上的涉禽，其繁殖地位于俄罗斯的远东地区，越冬地分布于中国南方及东南亚，被列入世界自然保护联盟（IUCN）2018年濒危物种红色名录中极危物种。勺嘴鹬迁徙时高度依赖沿海滩涂，越冬时也活动于河口、沼泽等湿地环境，喜覆盖有软泥的硬质滩涂，常在滩涂中的浅水潮沟觅食。全球种群数量约有500只，其中近一半勺嘴鹬每年春秋两季在盐城黄海滩涂湿地栖息、换羽。

勺嘴鹬　（孙华金　摄）

· 彩鹮发现 彩鹮，鹮科彩鹮属的鸟类，体长48 ~ 66厘米，翼展80 ~ 95厘米，体重485 ~ 580克。彩鹮主要栖息在温暖的河湖及沼泽附近，有时也会到稻田中活动，喜群居，经常与其他鹮类、鹭类集聚一起活动，主要以水生昆虫、昆虫幼虫、虾、甲壳类、软体动物等小型无脊椎动物为食，属于国家一级保护动物，《中国濒危动物红皮书——鸟类》一度宣布彩鹮在中国绝迹。2020年5月3日，江苏省大丰麋鹿国家级自然保护区境内发现3只彩鹮，这是保护区建区30多年首次记录到这一珍稀物种。

· 震旦鸦雀 震旦鸦雀，莺科鸦雀属的一种鸟类，体型长约18厘米，是中国特有的珍稀鸟种，被列入世界自然保护联盟（IUCN）2016年濒危物种红色名录中极危鸟类，被誉为“鸟中大熊猫”。盐城大纵湖、九龙口等湖荡湿地、江苏黄海海滨国家森林公园先后记录到震旦鸦雀结群出现。其中，2018年2月7日，江苏建湖九龙口国家湿地公园首次记录到震旦鸦雀结群出现，至2020年底，发现7个震旦鸦雀种群在此繁衍栖息。

·8000只鹭科鸟类栖息盐洛高速建湖出口 鹭科鸟类为大、中型涉禽，主要活动于湿地及林地附近，是湿地生态系统中的重要指示物种。建湖县沈杨村境内的盐洛高速公路建湖段出口枢纽处南侧林地内榉树、栾树、女贞等乔木自然生长、高大繁茂，周边鱼塘和小型藕蟹混养池塘数量较多，为鹭科鸟类的繁殖、育雏，提供丰富的食物。经统计，此地栖息着8000多只鹭鸟。其中，夜鹭5000只、白鹭2500只、大白鹭300只、池鹭200只、牛背鹭100只。

· 黄渤海湿地与水鸟保护研讨会 11月30日至12月1日，由国际湿地、中国科学院东北地理与农业生态研究所、中国野生动物保护协会和北京生物多样性研究保护中心联合主办的黄渤海湿地与水鸟保护研讨会在盐城市举办，150余名中外专家学者参加会议。会议发布2016—2020年连续五年的中国黄（渤）海湿地的春季水鸟同步调查，记录到8目19科146种水鸟，合计485.84万只。其中，2020年调查结果显示，在21处调查区域中，江苏盐城沿海湿地有水鸟101种21万余只。与会专家学者围绕2016—2020年黄渤海湿地水鸟同步调查回顾与总结、东亚—澳大利西亚迁飞伙伴关系的保护规划、江苏盐城滨海鸟类调查与监测研究、公众参与生物多样性和迁徙鸟类重要性及案例研究等论题开展交流研讨，分享在水鸟保护和调查方面的技术方法与经验。江苏盐城湿地珍禽国家级自然保护区专题分享“江苏盐城滨海湿地鸟类视频智能识别监测研究”课题。

· 四鳃鲈鱼种质保护 四鳃鲈鱼是响水县有名的特产之一，为国家二级水生野生保护动物。为保护响水四鳃鲈鱼种质，扩大响水四鳃鲈鱼地理商品知名度，2020年，响水县海洋局根据自然资源部及省、市要求，对海洋生态保护红线中涉及四鳃鲈鱼种质保护区进行调整，划定海洋生态保护红线四鳃鲈鱼种质保护区范围，经省自然资源厅组织专家评估论证通过，形成调整成果方案上报到自然资源部审批。

（严志坚）

接轨上海

编辑　高兰会

综　　述

·概　况　盐城市位于长三角北翼，素有“北上海”之称，是长三角一体化发展中心区城市，是“一带一路”交汇点的重要节点城市，在落实长三角一体化发展国家战略、加快建设“强富美高”新江苏、推动苏北苏中地区高质量发展中具有重要的战略地位。盐城市与上海市既有深厚的历史渊源，又有紧密的现实联系。307 平方千米的上海农场是上海市重要的农产品供应基地。盐沪两地产业和人口关联密切，盐城市三分之一的规上工业企业与上海市有合作关系，上海市 13.7% 的流动人口来自盐城市，盐城籍新上海人超百万人。沪苏大丰产业联动集聚区，是江苏省与上海市首个省级层面合作园区。盐沪两地有合作共建园区 10 家，在盐城市投资的上海市企业接近 500 家，上海电气、光明集团、临港集团等一批行业龙头加快集聚，形成以盐城（上海）国际科创中心建设为核心的离岸研发新模式。2020 年，盐城市贯彻落实习近平总书记推进长三角一体化发展指示批示精神，落实《长江三角洲区域一体化发展规划纲要》，实施《盐城市接轨上海融入长三角规划》和行动方案，全方位融入长三角一体化和国内大循环。加强与国家和上海市、江苏省“十四五”规划的沟通衔接，跟踪对接长三角一体化专项规划编制，推动将支持盐城市打造长三角“飞地经济”示范区、长三角（东台）康养基地项目列入江苏省、上海市“十四五”等相关规划。年内，沪苏大丰产业联动集聚区列入《上海市贯彻 < 长江三角洲区域一体化发展规划纲要 > 实施方案》；沪苏大丰产业联动集聚区、中韩（盐城）产业园、大数据产业基地、盐城港等事项和项目列入《〈长江三角洲区域一体化发展规划纲要〉江苏实施方案》；宝武盐城绿色精品钢基地、盐通铁路、盐城港扩容提升工程、滨海中海油 LNG 接收站、沪苏大丰产业联动集聚区产业管理服务中心和智造园、沪苏大丰产业联动集聚区污水处理厂 6 个项目列入 2020 年江苏省推动长三角一体化发展工作要点、重点项目推进计划；长三角（东台）康养基地、大丰区与光明食品集团共建上海优质农产品供应基地列入长三角区域一体化发展 2020 年度工作计划；黄海湿地保护沿海联动、沪苏大丰产业联动集聚区、宝武盐城绿色精品钢基地、华能远景射阳海上风电基地 4 个事项列入长三角城市 2020 年度重点合作事项。

加快融入长三角一体化发展进程。盐城市制定《2020 年全市接轨上海融入长三角工作要点》《盐城市落实江苏省推动长三角一体化发展 2020 年工作任务推进方案》，对盐城市列江苏省“三重清单”的 12 项重点工作任务、7 项重大平台项目和 2 项重要改革举措逐一落实，梳理制定盐城市落实省 2020 年推动长三角一体化发展工作任务 27 条、重点项目 78 项。市委七届九次、十次全会落实推进长三角一体化进程，市主要领导率党政代表团赴上海市、南京市、南通市等长三角中心区城市考察交流。全年举办全市高质量发展项目观摩活动 8 次，将推进沪苏大丰产业联动集聚区、中韩（盐城）产业园建设作为市政府每月重点工作。对标学习上海发展理念和工作标准，举办全市接轨上海融入长三角专题研修班、盐城产业接轨上海专题讲座和主导产业发展座谈会、长三角新能源产业专委会年会等。

实现长三角一体化全方位接轨。12 月 30 日，盐通高铁通车，盐城市全面融入上海 1 小时经济圈。全年“沪丰专线”实现进出口集装箱 2.08 万标箱，其中进口集装箱 1.51 万标箱。聚力建设长三角（东台）康养基地、盐城国家海上风电研究与试验基地、长三角（盐城）智能网联汽车试验场、上海科创成果转化基地等项目。加强长三角城市间联动协作，设立盐城旅游上海、南京推广中心，承办江苏旅游发展论坛等 5 项活动，组织“苏心游 · 最盐城”等 23 项主题游。举办盐城黄海湿地世界遗产证书揭幕仪式暨淮河生态经济带生态环保专委会成立大会，开展沿黄海城市带与淮河生态经济带高质量发展高峰对话，连续三年举办长三角新能源产业专委会年度工作会议。实现公共资源接轨。盐城市与上海市、浙江省、安徽省长三角异地就医门诊直接结算，与上海市基本养老保险转接渠道全面贯通，上海劳模职工疗休养基地落户江苏黄海海滨国家森林公园。

·《关于推进大丰与上海农场一体化发展的意见》印发　4 月 27 日，大丰区委、区政府印发《关于推进大丰与上海农场一体化发展的意见》，按照“上海农场是满足广大上海市民对优质农副产品需求的重要供应基地、也是上海城市未来发展的重要战略空间”定位要求，推进大丰区域上海农场一体化发展，实现规划编制一体化、产业发展一体化、社会事业一体化、基础设施一体化、生态环境一体化、区域市场一体化。

·盐城港集装箱海河联运航线推介会　10 月 30 日，沪盐港航合作活动暨盐城港集装箱海河联运航线推介会举行。江苏盐城港控股集团和上海国际港务集团签订战略合作协议，合资成立的江苏盐城港上港国际港务有限公司现场揭牌。上海港是全球集装箱吞吐量第一的综合性港口，是长三角区域龙头港，在码头经营、管理、资本运作、信息化等方面具有世界领先的水平和能力。盐城市通过整合港口航道资源，组建成立江苏盐城港控股集团，对市域沿海和内河港口码头实行一体化运管，全面推进东向出海和沿淮西向辐射，构建“通江达海”综合航运“金腰带”。江苏盐城港上港国际港务有限公司强化“沪盐”物流通道功能，打造绿色、集约、便捷、高效的海上高速通道。

表2 2020年盐城市长三角省际合作共建园区基本情况一览表

序号	地区	共建园区名称	成立时间	园区规划面积（平方千米）	实际开发面积（平方千米）	园区产业定位	合作双方名称
1	大丰区	沪苏大丰产业联动集聚区	2015.11	33	7.70	高端装备、新能源、健康食品	上海市政府 江苏省政府
2	盐都区	上海闵行（盐都）工业园	2011. 11	16	0.27	智能终端	上海莘庄工业园管理委员会 江苏省盐城高新技术产业开发区管理委员会
3	东台市	上海西郊工业园区东台工业园	2009.10	1.80	1.80	机械制造、电子、机电、新材料	上海西郊经济技术开发区管理委员会 江苏东台经济开发区管理委员会
4	建湖县	上海嘉定工业区建湖科技工业园	2010.03	4.67	4.14	绿色照明、高端装备	建湖县政府 上海嘉定工业区
5	滨海县	上海市工业综合开发区滨海工业园	2011.11	9.80	2.20	流体装备、汽车零部件、新材料	上海市工业综合开发区 江苏滨海经济开发区
6	响水县	上海南汇工业园区响水工业园	2011.04	6.00	1.00	纺织服装、机械电子	上海南汇工业园区管理委员会 江苏响水经济开发区管理委员会
7	亭湖区	上海嘉定汽车产业园区亭湖工业园	2012.04	3.33	2.00	电子、汽车零部件、装备制造	上海嘉定汽车产业园区管理委员会 江苏亭湖经济开发区管理委员会
8	盐城经济技术开发区	上海漕河泾新兴技术开发区盐城工业园	2009.11	10.50	5.20	新能源汽车及汽车零部件、新能源装备制造	上海漕河泾新兴技术开发区管理委员会 盐城经济技术开发区管理委员会
9	盐南高新区	可可空间盐城科创中心	2018.11	0.13	0.13	研发设计、科技咨询、商务服务、文化创意	可可空间（上海）有限公司 江苏省盐南高新技术产业开发区管理委员会
10	射阳县	嘉定工业区射阳港工业园	2018.10	6.67	3.33	健康、新能源、新材料	上海嘉定工业区管理委员会 射阳港经济开发区管理委员会
11	阜宁县	上海外高桥阜宁产业园	2019.07	1.50	0.40	高端装备制造、新材料	上海外高桥保税区联合发展有限公司 江苏省阜宁经济开发区管理委员会

· **长三角“三市一区”第三次政协主席联席会议** 11月4日，由上海市普陀区、江苏省盐城市、浙江省台州市、安徽省黄山市参加的长三角“三市一区”第三次政协主席联席会议在盐城市举行，“三市一区”政协生态文明建设高质量发展联合调研活动同时启动。会议围绕完善协同联动工作机制、加强联动履职成果转化等问题展开深入探讨。会议认为，“三市一区”同处长三角，山水相连、人文相亲，建立完善长三角“三市一区”政协合作交流机制，以政协为纽带、以发展为主题，跨区域协作、多城市联动，是“三市一区”政协强化责任担当、服务国家战略的实际行动，对于有效发挥政协职能优势、推动各方互学互鉴具有重要意义，必将为推动长三角更高质量一体化发展增活力、添助力、聚合力。会议指出，要围绕“三市一区”党委政府的中心工作和各方共同关心的共性问题展开联合调研，做实做细政协专委会和界别之间的履职联动，引导带动“三市一区”政协的企业家委员和各类市场主体深化合作，为更好实施长三角一体化发展国家战略凝聚人心共识、汇聚智慧力量。会议强调，“三市一区”政协开展生态文明建设高质量发展联合调研，要围绕绿色发展、生态康养、文旅融合等生态文明建设领域的经验和问题，深入开展调查研究，加强调研成果共享，为促进区域高质量发展做出应有贡献。“三市一区”政协秘书长会议同期举行。四地政协部分副主席、专委会主任参加会议。会议期间，与会人员学习考察新四军纪念馆、盐南高新区科城街道民富社区“有事好商量”协商议事室、新弄里科创服务集聚区等地。（严志坚）

“北上海”飞地经济示范区

·概　况　2020年，盐城市以沪苏省级合作共建园区——沪苏大丰产业联动集聚区为核心，盐沪共建园区协同发展，深化和拓展盐沪合作领域，加快把盐城市建设成为上海市先进制造业产业协同集聚区、上海市城市功能配套服务区，打造国家“飞地经济”示范区。实施重大项目招引。建立完善对沪招商体系，加大招商力量投放，优化调整招商方式，常态化开展对沪招商引资工作。利用上海临港集团、光明集团的品牌效应、资源优势，深化双方合作，共同为园区引进项目。瞄准集聚区产业定位，实施精准招商，侧重招引上海市高端装备制造、健康食品、新能源汽车、航天航空等产业落户。加强与上海市企业商会和行业协会合作。密切与国际知名企业驻沪机构联络，精准对接上海市产业需求，承接上海市向外转移的重大产业项目，加快构建与以上海为龙头的长三角城市群协同配套的现代产业体系。提升营商服务水平，借鉴上海先进经验，优化行政审批流程，逐步探索行政许可跨区域互认，围绕“园区内事园区内办结”的目标，构建“一站式”审批服务系统、“一条龙”企业服务网络。年内，盐城市举办长三角一体化沪盐合作发展暨“飞地经济”投资对接等推介活动60多场次，新开工长三角地区亿元以上项目190个。

·沪苏大丰产业联动集聚区　沪苏大丰产业联动集聚区成立于2015年11月，是上海市政府和江苏省政府主导建设的产业开发区，是列入《长江三角洲区域一体化发展规划纲要》中的唯一省际合作园区。总规划面积33平方千米，一期规划面积12平方千米，其中已批控规面积7.7平方千米。集聚区重点发展高端装备制造、健康食品、新能源汽车三大产业。年内，沪苏大丰产业联动集聚区产业服务中心、标准厂房、“两纵四横”道路网、天然气管网、110千伏变电所、污水处理厂、热源点等基础设施建设步伐，上海研发设计中心、重点实验室、院士或博士后工作站、科技公共服务平台、科技孵化器等创新平台加快设立，柔性引进高端人才，满足企业产学研合作机制创新需求，不断提升承载重特大项目的能力。争取江苏省、上海市相关方对集聚区的政策扶持，设立沪苏融合产业投资引导基金，支持集聚区企业创新创业。全年新开工亿元以上项目5个，其中5亿元以上项目2个。年内，总投资40亿元的正泰新能源光伏一期项目实现当年签约、当年开工、当年竣工；总投资5.8亿元的新时代建筑节能科技项目开工建设；智造园一期标准厂房建成；聚腾新能源汽车电机电控项目入驻华翼标房并部分投产，江苏人酒业有限公司重组恢复生产。全年集聚区完成全口径工业销售收入28.5亿元，规上工业销售收入3.3亿元，完成固定资产投资5.44亿元，实现一般公共预算收入2700万元，实际到账外资1735万美元，新培植规模以上企业3家。

·盐沪合作共建园区　年内，盐城市按照省级合作共建园区考核标准要求，重点推进10家盐沪合作共建园区提档升级。加快完善基础设施和功能配套，深化合作机制创新，营造良好营商环境，创塑园区特色，推进重大项目落户。建立常态化议事协调机制，鼓励合作方成立议事协调机构，设立园区管理委员会，共同对园区规划编制、产业发展定位、基础设施建设等全过程决策，促进合作规范化、制度化。加强合作方沟通交流，双方定期互访，选派优秀干部到上海园区挂职，促成上海著名学者、专家担任共建园区发展的高级顾问，用人才集聚的“智高点”培育共建园区发展的“增长点”。全年盐沪合作共建园区实现销售收入680亿元、税收20亿元。

·“深耕长三角·逐梦新盐城”线上投资环境说明会　5月18日，“深耕长三角·逐梦新盐城”线上投资环境说明会暨第十三届海盐文化节举行。说明会首次采用“主会场+分会场+视频连线+云签约+全球直播”的形式，盐城市设主会场，各县（市、区）、盐城经济技术开发区、盐南高新区和盐城市驻韩国、北京、上海、南京、深圳等地联络处设分会场，通过网络连线方式，与市主会场在线互动。近150名国内外知名企业、科研院所的嘉宾客商现场参加，境内外1200多家企业和机构通过线上直播“云

5月18日，“深耕长三角·逐梦新盐城”线上投资环境说明会暨第十三届海盐文化节在盐城市开幕

（部野乔　摄）

端”参会。活动累计签约项目202个，总投资872.7亿元。其中，主场活动现场签约5G智慧储能、5G通信设备、长三角（盐城）智能网联汽车试验场、台湾半导体光刻机等16个项目，线上签约大丰区食品产业五大基地、集成电路生产等12个项目，投资总额342.8亿元；各地分场活动签约项目174个，总投资529.9亿元。活动现场发布150个招商项目，计划总投资3410.6亿元。其中，汽车、新能源、电子信息、钢铁等工业项目90项，新基建及城市能级提升项目21项，现代服务业项目27项，农业项目12项。活动现场专题推介第二届中韩贸易投资博览会、韩风国际文化名城和未来科技城、沪苏大丰产业联动集聚区和盐城文化旅游资源，举行长篇网络历史小说《范公堤》首发式。视新闻+、交汇点新闻、今日头条、澎湃新闻、盐阜大众报、智慧盐城、“我的盐城”App等平台以中、英、韩三种语言同步直播，实时在线收看点击量235万人次。

· 长三角生态环保产业链联盟 11月2日，由江苏省环保集团有限公司、上海电气环保集团、浙江省环保集团有限公司、安徽环境科技集团股份有限公司和江苏盐城环保科技城5家单位发起的长三角生态环保产业链联盟在盐城市举行启动仪式。联盟首批成员单位由43家单位组成，江苏省环保集团担任理事长单位，设立由9位院士领衔的专家顾问团，是全国首个区域性生态环保产业链联盟。长三角生态环保产业链联盟发挥长三角科教和产业发展优势，搭建产学研用合作交流平台，联合攻关生态环境领域关键核心技术，增加高水平科技供给，为长三角生态环境共保联治提供科学支撑；加强生态环保产业链供应链互联互通、协同协作，助力产业链固链、补链、强链；优化生态产业体系、加强区域资源高效配置，提升长三角生态环保产业整体竞争力，将长三角地区打造成全国有影响力的生态环保产业综合集聚区。

· 长三角（盐城）智能网联汽车半封闭测试示范运行区 10月29日，长三角（盐城）智能网联汽车半封闭测试示范运行区启动仪式在大丰区举行。大丰区政府、中汽研汽车试验场股份有限公司、大陆集团自动驾驶及安全事业群、华人运通（江苏）技术有限公司代表四方签署战略合作协议，在智能网联汽车研发测试领域展开全面深入的合作。长三角（盐城）智能网联汽车半封闭测试示范运行区利用江苏大丰港经济开发区已有的道路设施，结合中汽试验场技术资源优势，建成占地约5平方千米，包含智能网联汽车测试所需的快速路场景、城市道路场景、功能性测试场景等100多个测试场景，基本涵盖工信部、交通运输部、公安部等部委发布的智能网联汽车自动驾驶功能测试规范中的所有测试场景。半封闭测试区实现全区域5G信号和高精度差分定位信号覆盖，以及高精度地图的绘制，安装移动式智能路侧系统、智能信号灯系统等V2X通信系统，利用网联车辆运营监控管理平台和边缘云解算平台，可以实现自动紧急制动系统（AEB）测试、车道保持辅助系统（LKA）测试、交叉路口通行功能测试等智能辅助驾驶系统（ADAS）试验，并且能够满足2021版中国新车评价规程（C-NCAP）中主动安全性能的测评要求。 （严志坚）

上海科创成果转化基地

· 概　况 2020年，盐城市加强与上海市高校院所、科技园区、科技企业孵化器和双创示范基地、高端科技服务机构、科技部门的对接，构建科技创新互联互融机制，深化产学研合作，引进建设创新载体，招引科技项目和人才。推进产学研合作。采取企业对接、科技小分队帮助对接、集中走访对接、“走出去”与“请进来”互动对接等方式，动员和支持企业与上海高校院所开展协同创新。对盐城籍贯的上海高校院所知名专家教授进行梳理，逐步建立名册，资源全市共享。支持龙头企业联合上海高校院所和关联企业，共建产业技术研究院，结成校企联盟，开展“订单式”创新合作。支持企业与上海高校院所协同攻关，承担重点研发计划项目和科技成果转化项目，培育建设高水平的企业技术中心、工程（技术）研究中心、重点实验室、工程实验室等研发机构。全年签约和实施产学研合作项目249项，新建校企联盟34家。

加强创新载体建设。加快盐城市与上海市已建的新型研发机构提升技术研发和成果转化能力，重点推动复旦大学江苏大气污染防控技术研究中心、有机固体废弃物资源化国家地方联合工程研究中心（同济）、中科院上海有机化学研究所（盐城）新材料研发中心、中科院上海硅酸盐研究所（盐城）研发中心等平台载体建设。重点推动东台高新区与上海机器人产业技术研究院共建机器人研发中心，江苏金风科技有限公司与上海交通大学共建海上风电实验基地，江苏普美纺织有限公司与东华大学共建中国纺织面料技术教育部重点实验室建湖分中心，题桥（盐城）织造科技有限公司与东华大学共建国家染整工程技术研究中心射阳分中心，江苏射阳港经济开发区与远景集团共建远景大数据中心，阜宁环保产业园与上海纺织科学研究院共建产业技术研究院。加快推进盐南高新区与上海可可空间共建可可（盐城）科创中心，盐都摩度空间与上海应用技术大学共建众创空间，环保科技城与复旦大学共建环保产业孵化链条，盐城经济技术开发区与上海力贺邦共建科技孵化器，江苏建湖经济开发区与上海嘉定工业园共建科技孵化器。加快推进省级以上开发区与长三角地区合作共建科技孵化器和众创空间，盐城（上海）国际科创中心、中韩（盐城）产业园未来科技城、西伏河数字智能创新社区等建设。全年盐城市与上海市新建各类创新载体47个。

招引科技人才。推出领军人才生活、住房、落户、子女教育、研发支持、医疗健康等“八个一”服务，市县两级政府投入13.5亿元，建成110万平方米、1.03万套（间）人才公寓。放大盐城市在上海市举办沿海发展人才峰会的品牌效应，拓展“1＋N”集中引才活动，引进创新创业领军人才和各类专门人才，吸引大学生到盐城市就业创业。

强化企业引才主体作用，支持有条件的企业与上海高校院所联合建立研究生培养基地、博士后工作站、学生实习实训基地。鼓励企业引进专家教授担任科技副总或技术顾问。

加强对口交流。密切盐城市与上海市科技部门及高校联系。市科技局重点巩固深化与上海市科委以及杨浦、普陀等区科委的合作，各县（市、区）科技局与上海一个区科委建立合作关系，加强经常性的人员交往、工作交流和信息互通，以科技部门合作带动科技创新接轨上海。加强与上海高校院所科研处、校地办对接。通过组织企业走访对接、建立工作会商机制、定期邀请到盐城考察、选派科技镇长团成员等途径，密切校地校企联系，推动交流合作常态化、长效化。加强与上海科技创新协会对接。与上海市区两级科技创业中心、高新技术成果转化服务中心、科技孵化器协会、众创空间联盟等加强对接，促进科技创新融合。加强两地高校合作对接。盐城工业职业技术学院与东华大学共建联合技术转移中心，盐城工学院与上海大学、东华大学共建技术转移联盟，盐城工学院与中国科学院上海硅酸盐研究所、盐城师范学院与上海海洋大学及华东师范大学共建研究生院。驻盐高校与上海高校开展产教融合战略合作研发，聘请上海高校专家教授担任客座教授，选派优秀青年老师到上海高校深造。

·沪盐科创协同中心揭牌 8月15日，沪盐科创协同中心揭牌仪式在盐南高新区西伏河创新社区举行。活动现场，上海总工程师协会能效与环保专业委员会主任、特大城市研究院(上海)协同创新中心首席专家教授金贤就“数字智能产业与未来城市发展”做专题演讲，上海杨妈妈创新创业服务中心副主任王春辉畅谈沪盐科创协同中心运营发展的想法和思路，上海中魏郡文化发展有限公司创始人申迪围绕“让数字创意产业成为区域经济发展新动能”作项目路演。与会人员参观沪盐科创协同中心。

·盐城智能制造联合创新中心 年内，上海电器科学研究所、德国博世力士乐、德国卡尔斯鲁厄理工学院等共同建设的盐城智能制造联合创新中心建成运营。盐城智能制造联合创新中心立足江苏省工业互联网应用技术创新中心、江苏省制造业（智能制造）创新中心、服务区域中小企业智能化改造的非功利性功能型平台、中德智能制造合作示范工程、中韩工业机器人技术交流合作平台等定位，规划设置数字化能力发展中心、数字化企业创新实验室、数字化企业体验中心、创新能力孵化中心、智造学院五大功能模块。承接德国工业4.0和上海智创成果，开展工业互联网、工业智能、工业大数据等领域技术应用创新、示范推广、培训实践、咨询规划、工程交付等，推动服务制造业企业进行智能制造转型升级，从而帮助企业提高制造质量、降低制造成本、提升智能制造水平。至年底，中心与20多家企业达成合作，实现销售收入近2000万元。

·2020盐城—上海科创合作线上对接会 7月30日，由市科技局、盐南高新区管委会联合举办的2020盐城—上海科创合作线上对接会举行。活动现场，市科技局负责人作专题推介，同济大学的“智慧出行交通大数据平台项目”、上海理工大学的“智能化路轨两用电动汽车控制系统项目”、上海工程技术大学的“5G产业转化项目”3个项目参加线上路演。活动在线签约产学研合作项目30个，在线观看对接会现场直播8.8万多人次。

·2020盐城—上海科创合作洽谈会 10月16日，由市科技局、盐南高新区管委会联合举办的2020盐城—上海科创合作洽谈会在盐南高新区数字智能创新社区举行。市科技局负责人作专题推介；上海电力大学党委副书记、校长李和兴，华东理工大学科学技术发展研究院院长朱为宏，上海科学技术交流中心主任王震分别作交流发言；上海高校院所4个项目参加线上路演。洽谈会在线签约产学研合作项目40个，在线观看洽谈会现场直播10.4万多人次。（严志坚）

上海优质农产品供应基地

·概　况 2020年，盐城市主动对接上海标准、上海市场、上海模式，组织农产品生产经营企业与上海市电商平台产销对接，提升建设上海市外蔬菜主供应基地和盐城农产品上海配送中心（直销门店），开展农产品推介促销、农业招商活动。年内，全市上海市外蔬菜主供应基地辐射新增面积1.3万公顷、总面积2.34万公顷；建成上海市外蔬菜主供应基地37个、占上海市建成总数46%；建成盐城农产品上海配送中心13个；新建或改造盐城农产品上海市直销窗口140个、总数400个；新招引投资额5000万元以上的农产品加工项目10个，以上海农场为代表的盐沪农业合作园区成为接轨上海、承接上海产业转移的重要载体。11月20—26日，盐城市在上海市举行农业接轨上海系列活动。活动采取市、县（市、区）联动方式开展，包括盐城市农业接轨上海专场招商推介会、第十八届江苏名特优农产品（上海）交易会主场推介活动、考察拜访、盐城名特优农产品展示展销、“盐之有味”盐城农产品上海宣传推广周等。全年全市供应上海市场各类瓜果、蔬菜、食用菌等优质农产品200万吨以上，带动全市种植基地合作社、大户等3万多个，农产品进上海实现年销售340亿元。

·上海农场 上海农场隶属于光明食品（集团）有限公司，于1950年3月15日由上海市首任市长陈毅亲自批准建立，是上海市重要的战略“飞地”。农场地处大丰区境内，毗邻江苏省大丰麋鹿国家级自然保护区和江苏盐城湿地珍禽国家级自然保护区，占地面积307平方千米，其中耕地面积1.33万公顷、林地面积0.32万公顷、鱼塘面积0.53万公顷，是上海市域外最大的农业生产基地，也是光明食品集团现代农业板块的主力军，主要从事种粮、生猪、水产、禽蛋、菌菇等产业，打造以“种养结合，生态循环”

为特色的现代农业体系，建立从田头到餐桌的放心食品产业链。年内，农场调整农业种植结构，增加西瓜、蔬果等经济作物种植面积，非粮作物占比增加到40%，其中种植油菜面积1420公顷、蔬菜面积667公顷、西甜瓜面积1470公顷。完善生产管理体系，小麦亩均产量512.96千克，水稻亩均产量563.79千克；油菜亩均产量265千克，亩效益同比增加260元。集成应用“农机自动驾驶系统、苗情智能诊断系统、水肥一体化系统、无人飞防系统，智能灌溉系统”五大类新技术，构筑“无人农场”智慧农业体系，减肥、减药同比下降4.5%，用工同比减少80%，产量同比增加8%，实现“一人千亩”高效管控，探索出可复制、可推广的上海农场“无人农场”模式。实现商业模式转型。开拓线上线下渠道33个，基本实现线上主流平台全覆盖，实现品牌农产品销售4.98亿元。提升质量管控，成立食品安全管理中心，建立专业化品控队伍，初步制定8类产品的质量标准，全部高于行业标准。与大丰区市场监督管理局共同设立盐城市大丰区检测检验中心上海农场分中心，打造质量检测体系和追溯体系。提升生产组织能力，中垦种业域外繁种基地面积超过8000公顷，种源域外生产面积占比80%。光明禽业实现禽蛋产品集成销售的“双突破”，其中销售禽类产品119.9万只，销售集成品牌蛋1022.8吨。东穗农业南方小麦交易市场苏北分市场进入实质性运营，年成交量5万吨。至年底，农场实现年产粮食10万吨，年产淡水鱼5万吨，形成50万羽养殖能力，鲜蛋年销售7000吨；实现营业收入15.65亿元。

· 光明集团“一园一厨五基地”项目　7月18日，光明集团“一园一厨五基地”项目落户大丰区。光明（集团）有限公司在大丰区规划建设光明食品产业园、中央厨房及净菜加工配送项目、粮食储备加工基地、1000万羽蛋禽养殖及深加工基地、20万吨水产品生产加工基地、奶牛养殖及乳制品深加工基地、进口牛羊肉及深加工基地“一园一厨五基地”项目，总投资100亿元。项目发挥盐城粮食主产区综合优势，保障上海市等长三角地区安全优质农副产品供应。至年底，光明食品产业园项目形成战略规划；中央厨房及净菜加工配送项目投资额突破3000万元；1000万羽蛋禽养殖及深加工、20万吨水产品生产加工项目完成选址；1万公顷粮食储备加工项目新增水稻订单合作基地0.4万公顷；进口牛羊肉及深加工项目指定口岸报省政府审批；奶牛养殖及乳制品深加工项目报光明集团审批。

· 江苏光明银宝乳业有限公司开业　7月17日，江苏光明银宝乳业有限公司开业。江苏光明银宝乳业有限公司由光明乳业集团及江苏银宝集团共同出资，占地11.33公顷，总投资4.4亿元，设计生产能力为年产18万吨乳制品、年产值约15亿元的规模乳企。公司通过引进全球最先进的乳品生产设备，11条自动化生产线，实现生产全过程自动化控制。活动现场举行江苏银宝光明牧场揭牌仪式。牧场由江苏银宝光明牧业有限公司投资建设，占地面积80公顷，规模存栏9000头，其中娟姗牛5000头，是长三角区域最大的娟姗牛奶源基地。

· 2020长三角农产品新生态高峰论坛　4月29日，由光明食品集团上海农场有限公司联合大丰区政府共同主办的2020长三角农产品新生态高峰论坛在大丰区举行。长三角区域合作办公室、上海市商务委、江苏省商务厅、光明食品集团、盐城市、大丰区、上海农场的领导，行业知名的新零售平台、商超便利、餐饮连锁、膳食团购等企业的负责人以及相关媒体记者200余人参加高峰论坛。上海农场和大丰区政府分别举行品牌推介活动。高峰论坛期间，上海农场与上海农商行、大丰区农业农村局、本来生活网、清美鲜食、鱼非鱼、家乐福、金枫酒业等企业单位签订合作协议。与会嘉宾实地参观考察上海农场美好生活馆、首届西瓜文化节现场和西瓜种植基地、光明禽业蛋鸡养殖基地、光明渔业标准化水产养殖基地及鱼制品加工厂。

· 2020年盐城农业接轨上海专场招商推介会暨第十八届江苏省名特优农产品（上海）交易会主场推介活动　11月20日，2020年盐城农业接轨上海专场招商推介会暨第十八届江苏名特优农产品（上海）交易会主场推介活动在上海市举行。主场推介活动重点宣传推介盐城市农业农村发展成就、投资环境和“盐之有味”农产品，全力打造上海市及长三角地区优质农产品供应基地。交易会期间，盐城市、县（市、区）联动，与上海市农产品主供应渠道商合作，在100个超市门店、农贸市场、社区便利店和叮咚买菜等电商平台，组织开展为期一周的“盐之有味”品牌宣传推广活动。盐城市48家企业250种优质特色农产品参展江苏名特优农产品（上海）交易会，布展面积超450平方米，射阳大米、大丰海苔、滨海何首乌、盐都水牛肉、阜宁黑猪肉、响水西兰花等品牌集中参展，实现展区首日销售超150万元。活动现场签约项目20个，总投资85.27亿元，涉及农产品加工、仓储物流、种养殖、全产业链、农业综合体项目、现代农业园区等方面。（严志坚）

上海生态旅游康养基地

· 概　况　2020年，盐城市加快推进沪盐旅游区域合作。重点围绕以上海市为中心的长三角目标市场，加快休闲度假、旅游康养、亲子游和文旅融合类旅游产品发展，统筹全市旅游项目建设和旅游产品开发，推进观光类旅游产品转型升级。招引战略性投资主体，突出生态康养旅游、文旅融合，发展旅游全产业链项目，打造长三角生态休闲旅游目的地，重点县（市、区）争创国家全域旅游示范区。深化全市旅游园区等级建设，荷兰花海旅游度假区《只有爱 · 戏剧幻城》实现全球公演，江苏黄海海滨国家森林公园国家级康养基地成功获批，市区环高速圈生态廊道建设全面推进。构建“旅游”与“农业、文化、生态、海滨、互联网、交通、创意、绿色休闲、特色度假、运动养生”等相关产业的融合新模式，创新开发包括自驾旅游、互联网旅游、海洋旅游、低空飞行、文化创意、乡村旅游、候鸟式旅居等特色旅游新业态，全面拓展产业发展空间。在康养旅游产品方面，加快建设大洋湾、牡丹一村、花样年华城市花园等温泉康养项目，做大做强千鹤湾康养旅游产业，在洋马十里菊香景区、黄尖牡丹园建设中药种植观赏展示区、健康养生体验馆、中药文化一条街，打造中医药养生休闲小镇。在乡村旅游方面，培大育强大丰区、盐都区、东台市3个全国休闲农业与乡村旅游示范县，打造休闲农业精品村、创意农园，建设省星级乡村旅游区。在自驾旅游方面，重点规划建设大洋湾、金沙湖、东台西溪等自驾游基地。开通上海市旅游直通车，盐城旅游进入上海国际旅游节花车巡游，盐城旅游宣传进上海社区、居民小区，实现年均接待上海市游客人次增长率达到15%。主动对标上海、用好国际化语言讲好盐城故事，增进世界对盐城人文特征、历史底蕴、城市发展的了解。

·长三角康养基地落户东台市 12月16日，盐城市政府、东台市政府、上海地产集团三方在南京市举行长三角（东台）康养小镇项目战略合作协议签约仪式。项目选址在东台沿海经济区，东至弶东海堤及228国道、西至海城路、南至跃进河、北至352省道，规划面积17.1平方千米（一期9.7平方千米），规划人口约14万～15万人，总投资700亿元。项目发挥上海市品牌医疗资源优势，开发建设集健康医疗、养生养老、生态旅游、教育研学等于一体的康养基地。同时，以康养基地为核心，以“医、养、游、健、学”为重点，以“市场推介、政策创新、跨界融合、合作共赢”为纽带，引入并打造产业链齐全、闭环式发展的康养产业集群和康养产业集聚区，打造长三角区域康养服务一体化示范区、跨行政区康养政策协同试验区。

·2020盐城文化旅游（上海）推介会 8月16日，由盐城市政府主办，市文广旅局、上海春秋旅行社有限公司承办的2020盐城文化旅游（上海）推介会在上海市举办。推介会现场签约10个项目，项目涉及建设投资、运营管理、旅游市场开发等方面，总投资32.3亿元。活动推出盐城线路产品；现场公益拍卖青聪泉自闭症儿童中心儿童作的3幅“美丽盐城”画作；市演艺集团、省淮剧团、省杂技团的艺术家、专业演员们和江苏黄海海滨国家森林公园、大纵湖、大洋湾、条子泥、金沙湖等景区的演员们现场表演节目。

·沪动盐城·2020盐城（上海）宣传文化旅游周 12月22日，以“乘着高铁游盐城”为主题的沪动盐城·2020盐城（上海）宣传文化旅游周在上海市开幕。旅游周开展“融沪上——看看盐城”全媒体传播上线仪式、媒体采访采风、主题诗歌创作、上海人坐高铁游盐城、“中韩（盐城）产业园”高铁列车冠名及首发、国际摄影大赛等活动。开幕式首发盐城城市宣传片《LOVING YANCHENG》，现场签约15个文化产业项目，总投资116.1亿元，涉及文旅项目建设、创意设计、文化旅游、数字经济等方面。

·知青游盐城 12月30日，上海知青们乘坐首班上海至盐城的高铁，畅游盐城，参观大丰·上海知青纪念馆。大丰·上海知青纪念馆位于大丰区海丰农场元华场部旧址，占地面积5.87公顷，建成中国知青主题馆、北上海历史展陈馆、大丰上海知青纪念馆、海丰少年馆、中国知青图书文献馆五大特色展馆，同时配有素质拓展训练、餐饮、住宿、娱乐等项目设施，是国家AAAA级旅游景区、江苏省科普教育基地、江苏省未成年人社会实践基地、江苏省旅游行业诚信示范单位。该馆通过历史印痕、知青名录、生活实景、农场建设、连队缩影等展区，真实再现20世纪70年代至80年代上海市8.48万名知青在黄海滩涂上生活、劳动、学习的情景，收藏当年知青生活、生产实物4万余件。（严志坚）

全方位接轨

·上海金融资源引进 2020年，盐城市以上海股权交易托管中心盐城企业挂牌孵化基地为纽带，依托盐南高新区金融城、国际创投中心、南海未来城等载体平台，加快引进上海的银行、证券、期货、保险、基金、信托、租赁等金融机构。利用股权合作等多种形式引进上海创业投资基金、股权投资基金等各类风险基金，形成基金产业集聚区，培育孵化成熟的基金管理人和资产管理公司。主动对接上海金融开放创新资源要素，加快地方总部金融、民间金融、私募金融、科技金融等创新发展，差异化引进上海金融和类金融机构到盐城市设立分支机构、办事处。加强与上交所对接交流，为盐城企业在上海直接上市融资提供便利。围绕上海国际金融中心发展配套需求，主动承接上海国际金融中心辐射带动效用，发挥盐城交通区位和数据资源优势，建设金融后台服务基地，按照“前台在上海，后台在盐城”的分工协作模式，做好金融配套服务外包和承接转移，实现借势发展。全年全市吸引上海金融资源43亿元。

·教育接轨上海 年内，盐城市加快教育接轨上海。对接华东师范大学等上海知名师范院校，推动盐城市教师发展中心与上海市教科研机构对接，合作开展涵盖幼儿园、小学、初中、高中各学段各学科的中小学校长、教师专题培训。全年举办培训项目35个，班次160个，累计培训校长教师5万余人。引进名师，各地各校成立上海名师工作室71个，邀请上海名教师、名校长到盐城市开展专题培训20余场次。加强与上海市职业教育交流合作，主动与上海知名职业教育学校对接，盐城机电高等职业技术学校与上海市工业技术学校、上海市城市科技学校签订战略协议，盐城技师学院与上海杨浦职业技术学校建立校企合作关系。至年底，全市有62所学校与上海市学校建立合作联系，其中幼儿园10所、小学22所、初中9所、高中17所、职业学校4所。

·卫生接轨上海 2020年，盐城市围绕搭建科研攻关平台、远程会诊平台、专科建设平台，加快卫生接轨上海。全年，上海专家及其团队在盐城市开展门诊2182人次、会诊910人、手术250余台、远程会诊22例；开展学术讲座214次、开展教学查房584次、示范手术649台。加大人才共育，选派155名优秀骨干赴上海肿瘤医院、上海长征医院等对口医院进修，增强骨干医师的教科研能力。加快共建以居民健康档案为重点的全面健康信息平台和以数字化医院为依托的医疗协作系统，实现双向转诊、转检、会诊、联网挂号等远程医疗服务，逐步建立统一的急救医疗网络体系。盐城市各级医院先后与上海华山医院、瑞金医院、长海医院、上海红房子妇产科医院等医院建立合作关系。至年底，盐城市建成院士工作站5个、名医工作室122个，建成省级临床重点专科30个，引进新技术新项目38项，填补技术空白25项，填补科研空白8项。其中，盐城市第三人民医院在上海瑞金医院心胸外科教授赵强指导下施行保留主动脉瓣的升主动脉置换手术（David手术），为盐城地区乃至苏北地区首例。

·盐城市医疗卫生接轨上海恳谈会 11月7日，盐城市医疗卫生接轨上海恳谈会在上海市举行。中国科学院院士、复旦大学附属中山医院院长樊嘉等30多名上海各级医院的医疗专家莅临会议。会上盐城市与上海市医疗机构签订院科合作项目3个、名医工作室9个。

·盐城市政府与上海第九人民医院签订全面战略合作协议 12月28日，盐城市政府与上海第九人民医院全面战略合作协议签约仪式举行。根据协议，双方组建以上海第九人民医院为龙头，盐城市第三人民医院和盐城市口腔医院组成的跨地区医疗联合体。双方通过合作共建，把医联体内医院建设成为基础学科较为齐全扎实、特色专科优势较为明显、管理精细、服务优良，集医疗、科研、预防、保健为一体的区域医疗中心，综合实力达到省内同级同类医院先进水平。同时，双方建立国家口腔疾病临床医学研究中心盐城分中心，在盐城市“十四五”规划中进一步深化合作，推动长三角区域内医疗服务健康、持续和协调发展。

·盐沪青年菁英交流会 1月12日，由共青团盐城市委、共青团上海市普陀区委联合举办的盐沪青年菁英交流会在华东师范大学举行。复旦大学、同济大学、华东师范大学、华东理工大学、上海大学团委负责人参会。共青团上海普陀区委、驻沪高校学生代表、盐城籍在校大学生、盐城青商会企业家代表等80余人参加交流活动。活动聚焦“万民学子集聚计划”，推进“青春留盐”行动，探索与上海市地方、高校团组织在青年到盐创新创业、实习就业、生态研学等方面形成长效合作机制，吸引更多的青年学子在盐就业创业。共青团盐城市委现场推介盐城市情及盐城人才政策，与复旦大学、同济大学、华东师范大学、华东理工大学、上海大学团委签订校地合作备忘录，围绕青年实习见习、研学教育、创新创业及团学骨干培养等方面开展系列工作。

·盐城—上海法律服务战略合作协议 11月15日，在中国·盐城第十届沿海人才发展峰会上，盐城市司法局局长洪家宁代表盐城市律师行业与上海市律师协会以及上海联合律师事务所签订法律服务战略合作协议。根据协议双方发挥各自资源优势，在律所建设、法律服务、人才引进、文化建设等方面开展全方位的深度合作。盐城市引进上海名所和沿海高端法律人才，并提供法律服务资源和政策支持；上海市律师协会及上海联合律师事务所发挥上海律师在专业、人才、党建、律所文化等方面的优势，在盐城市设立分所，建立法治建设专家顾问团，为盐城市法治建设提供优质法律服务。 （严志坚）

12月28日，盐城市政府与上海第九人民医院签订全面战略合作协议 （郜野乔 摄）

中国共产党盐城市委员会

编辑　孟建民

综　　述

·概　况　2020年，盐城市委坚持以习近平新时代中国特色社会主义思想为指导，贯彻落实中央和省委部署，团结带领全市广大党员干部群众，践行新发展理念，实施“三市”（产业强市、生态立市、富民兴市）战略，坚定走好“两海两绿”（开放沿海、接轨上海，绿色转型、绿色跨越）路径，全面建设“四新盐城”（产业新盐城、开放新盐城、生态新盐城、幸福新盐城），各项事业迈上新台阶，完成“十三五”规划目标任务，全面建成小康社会。统筹推进疫情防控和经济社会发展，汽车、钢铁、新能源和电子信息四大主导产业全面起势，地区生产总值、规上工业增加值、一般公共预算收入等主要经济指标稳步增长，出口总额、注册外资实际到账等指标增速位居全省前列。做好稳产保供，盐城农业地位和影响力显著增强。融入国内国际“双循环”，通过中韩“快捷通道”保障韩资项目建设，承办江苏—韩国企业家交流会。盐通高铁开通运营，实现高铁、高速、高架、空港无缝对接，全面融入上海一小时经济圈。以全国第二名的成绩创成全国文明城市，城市等级显著提升。优化发展环境，推进国企改革，开展“三项清理”（僵尸企业、闲置土地、低效厂房专项清理），推动园区优化整合。践行“两山”理论，盐都区入选生态环境部公布的第四批“绿水青山就是金山银山”实践创新基地名单。长三角（东台）康养基地项目落地，长三角生态环保产业链联盟在盐城市成立。牵头成立淮河生态经济带生态环保联防联治专委会。落实长江大保护和长江禁渔工作任务，系统推进串场河等河道全流域治理。坚决打好污染防治攻坚战，全市地表水国省考断面优Ⅲ比例97%以上，建成区全面消除黑臭水体，空气质量持续保持全国前列，造林面积连续三年位列全省第一。打赢精准脱贫攻坚战，全面完成户脱贫、村达标、县摘帽“三大任务”。近80%公共财政支出用于民生保障，居民收入增速高于经济增速。全面推进棚户区、老旧小区改造、农村住房改善，加快构建高质量教育体系，建立优质高效的医疗卫生服务体系，人民群众获得感幸福感不断提升。开展“不忘初心、牢记使命”主题教育，严格落实意识形态工作责任制，用好红色资源，讲好盐城故事。配强干部队伍，夯实基层基础，加快集聚人才，各级党组织凝聚力、战斗力持续增强。持续保持惩治腐败高压态势，发挥巡察利剑作用，抓好中央纪委国家监委纪检监察建议整改。党管武装和双拥工作30条措施深入落实。完善深化改革委员会会议常态化召开制度，审议通过生态环境损害赔偿制度、食品安全、农产品保供等7个改革方案，印发《市委深改委2020年工作要点》，确定全年8大类32个方面改革任务。健全改革协调和督查机制，重点落实市、县层面的20项改革任务。全年开展专项督查3次，先后送达4张“提醒单”，压实主体责任，确保落地见效。组织召开4次市委财经委员会会议，提出市委财经委员会2020年工作建议，研究谋划应对疫情冲击、稳定外资外贸、中小企业运行、接轨上海、“十四五”规划、先进制造业发展等重点工作和重大事项，提升财经工作水平。

·“不忘初心、牢记使命”主题教育总结　1月14日，盐城市“不忘初心、牢记使命”主题教育总结大会召开。会议总结盐城市一体推进学习教育、调查研究、检视问题、整改落实的实践，将主题教育作为推动发展的强大引擎和重要机遇。全市102家单位、2.4万余个基层党组织、45万余名党员参加主题教育。主题教育中，盐城市利用本地纪念馆、烈士遗物陈列室、党员宣誓室等党性教育平台，教育引导党员守初心、担使命。搜集整理重要史料，编写红色书刊20多本，摄制烈士事迹系列微视频和短音频50多部，拍摄盐城96位老党员系列微视频或专题片。发扬主题教育形成的好作风，自觉站在群众立场上想问题、作决策、干工作，切实解决群众最关心最直接最现实的问题。用好主题教育形成的有效举措，把市委全会和市“两会”确立的各项工作抓细抓实，把“不忘初心、牢记使命”主题教育形成的认识成果、实践成果、制度成果运用到实际工作中。市委书记戴源为推进全市的农房改善，随机调研走访，了解群众对农房改善的具体需求、改善后农业农村走向等最真实的想法。市长曹路宝深入田间地头，与种养殖大户、经纪人共同探讨农产品品牌创建、村集体经济发展等问题。盐城市成立金光纸业等项目推进领导小组，由市委书记任第一组长、市长任组长，分别组建项目报批、国土规划、生态环境、港口航道、铁路高速五个工作专班，形成“1+5”的常态化工作推进机制，保证项目快速实施。市发改委助力项目快建设，主动对接上海，集中资源、集中要素落实重大项目。帮助盐城东山通信技术有限公司推进项目建设，3个月建成主体工程，6个月开工投产。做优服务软环境。市外事办结合服务对象诉求深入走访，为解决因公出国（境）的程序复杂困境，与省外办沟通协调，建立“同步办理”渠道，累计“同步办理”13批、21人次出国（境）手续。推出课后服务，提升社会满意度。市教育局在主题教育中发现社会办学机构乱收费、少数教师搞有偿家教等问题，采取切实措施，整治校外教育乱象。推进课后服务教育惠民工程，解决中小学生课后学习指导和生活照护问题。全市有近55万名学生参加，参与率85.5%。盐城市主题教育工作得到中央巡回督导组、省委领导和省委第四巡回指导组肯定，有关做法被《人民日报》、中央电视台《新闻联播》、中组部《党建研究》等刊载。　　（周　峰）

·脱贫攻坚　（参见《特载·脱贫攻坚》）

重要会议

·市委七届十次全会　7月31日，市委七届十次全会召开。市委书记戴源代表市委常委会讲话，市长曹路宝就经济工作作具体部署。全会要求，全市各层各级要坚定不移推动产业提质，攻坚重大项目，聚焦特色产业，助力实体成长，在转型升级上激发盐城动力；推动开放提速，丰富接轨上海的"开放内涵"，拓展沿海发展的"开放空间"，构建对标一流的"开放生态"，在对外合作中争创盐城优势；推动环境提优，建设人人共享的美丽城市，打造人人向往的美丽乡村，做优人人倾心的美丽生态，在美丽城乡上展现盐城形象；推动民生提标，让群众的口袋更殷实、日子更美满、生活更和谐，在冲刺小康上扛起盐城责任。

12月26—27日，市委七届十一次全会召开　（盐阜大众报社　供图）

·市委七届十一次全会　12月26—27日，市委七届十一次全会召开。全会审议通过《中共盐城市委关于制定盐城市国民经济和社会发展第十四个五年规划和二〇三五年远景目标的建议》《中共盐城市委常委会2020年度工作情况报告》《中共盐城市委常委会2020年度抓党建工作情况报告》。全会肯定"十三五"及2020年以来市委常委会工作，强调要在推动改革创新、高质量发展上争当表率，践行新理念，满足人民群众对美好生活的向往，树立绿色协调和共享发展的典范；在服务双循环格局上争做示范，全力融入新格局，深化对韩合作，打造东北亚经济圈和长三角一体化双向互动的样板，在建设现代化征程上走在前列；准确把握新阶段，加快农业农村现代化，探索新型城镇化和乡村振兴战略双轮驱动的新路。

·市委常委会会议　年内，市委常委会召开会议36次。会议学习贯彻习近平总书记关于新冠肺炎疫情防控工作的系列重要指示精神、关于安全生产重要论述和重要指示批示精神、关于国防和军队建设重要论述、关于统计工作重要讲话指示批示精神，学习习近平总书记在决战决胜脱贫攻坚座谈会上的重要讲话精神和中央农村工作会议、全国春季农业生产工作电视电话会议、全省农村工作会议、全省扶贫开发工作会议精神。传达全国、全省组织部部长会议精神，全国、全省宣传部部长会议精神，全国、全省统战部部长会议精神，中央纪委四次全会、省纪委五次全会精神，全省巡视巡察工作会议暨十三届省委第八轮巡视动员部署会精神。重点研究讨论《市委常委会成员、市政府领导班子成员2020年安全生产重点工作清单》《关于做好"三农"领域重点工作确保如期实现高水平全面小康的意见》《关于认真贯彻党管武装要求深入推进双拥工作的意见》《关于进一步优化全市营商环境的实施意见》《盐城市党政机关公务用车管理办法》《县（市、区）党委政府和市安委会成员单位履行安全生产工作责任考核评价指标》《关于推进全市新型基础设施建设的实施意见》《盐城市市属企业领导人员管理办法》《盐城市推进国有企业退休人员社会化管理工作实施方案》《盐城市贯彻落实国家统计局第六统计督察组督察反馈意见整改方案》《盐城市市级党政机关和事业单位经营性国有资产集中统一监管改革的实施方案》《关于提升"有事好商量"协商议事室建设水平推动政协协商与基层社会治理有机融合的意见》《盐城市建立更加有效的区域协调发展新机制实施方案》《关于省委巡视反馈意见整改工作方案》《关于加强新时代民营经济统战工作的实施意见》《盐城市全面加强危险化学品安全生产工作的实施方案》等文件。（周　峰）

深化改革

·概　况　2020年，盐城市委召开深改委会议2次，审议通过食品安全、农产品保供、生态环境损害赔偿制度等7个改革文件、方案，印发《市委深改委2020年工作要点》，确定8大类32个方面改革任务，重点抓好需市县落实的20项改革任务。打出优化营商环境组合拳，推出"两减五降"措施，将疫情对经济的影响降到最低。推进园区优化整合，组建12个市级工业园区，根本解决乡镇工业园"多、小、散"问题。深化国企国资改革，将市属国企数量进一步整合为9个，划转资产总额千亿元。农村集体产权制度改革基本完成，2214个涉改村全部完成规定工作。全面落实生态环境损害赔偿制度，牵头成立包含6省15市的黄（渤）海湿地检察保护联盟，湿地管理保护体制机制进一步完善。

·基层“三整合”改革 年内，盐城市推动全市121个镇（街道）整合审批服务执法力量，统筹设置7～9个职能机构，实现职能机构精简26%。打造审批服务窗口，下放县级权力事项1025项，下沉行政、事业等各类人员892人。打造综合执法队伍，镇（街道）综合执法局配备执法人员709人，配备执法辅助人员1214人。打造基层治理网格，全市划分并编码网格1.78万个，其中综合网格1.36万个，配备专职网格员5600余人。打造指挥调度中心，所有镇（街道）均建成审批服务综合执法一体化平台，通过省改革评估验收。完善“职责准入、资源下沉、权力调整、全员培训、考核评估、信息共享”六大机制，推动县（市、区）制定《县级部门向镇（街）交办事项准入制度》《属地管理主体责任和配合责任清单》《县级派驻机构及人员管理办法》《镇（街）权力清单和责任清单》。

·综合行政执法体制改革 年内，盐城市统筹推进市本级和县域综合执法改革，市场监管、文化市场、农业农村、生态环境、交通运输、城市管理等领域综合执法队伍全部组建到位，印发“三定”规定，拟定执法事项清单及职责边界，基本实现“一个领域一支队伍管执法”，解决多头多层重复执法问题。

·事业单位改革 年内，盐城市开展承担行政职能事业单位改革和从事生产经营活动事业单位改革“回头看”工作，督促交通系统完成机构挂牌、“三定”规定批复、人员定编定岗等扫尾工作，推动市城市资产经营公司、交通规划设计院、水利勘测设计研究院加快转企改制。按照“先易后难、急需解决”的原则，推进市本级28家“小、弱、散”事业单位先行深化改革，净减少事业单位17个，收回事业编制39名，核减领导职数19名。

·“放管服”改革 年内，盐城市编制发布建设工程规划许可豁免清单，明确2大类19项豁免内容，压减审批时间20个工作日。试点工业建设项目信用承诺审批，企业凭“承诺书”，代替节能审查、建设用地规划许可证等审批事项，缩减从立项到开工时间，开工全流程审批不超出20个工作日。实施环评告知承诺制改革，对22大类54个小类实施告知承诺制审批，1个工作日完成项目批复。推行“交房即发证、服务全集成”政务服务新模式，实现不动产权证书、抵押登记证明、水电气开户等8类证书（证明）一次性发放。推进工程建设项目审批制度改革，上线全市统一的工程建设项目审批管理系统，在全省率先开发电力工程审批管理子系统。放宽企业投资准入，贯彻落实市场准入负面清单，实现“非禁即入”。加强涉批中介管理，印发《盐城市开展中介机构培育计划活动实施方案》《关于进一步加强中介市场管理工作的通知》《盐城市涉批中介机构等级评价管理办法》等文件，健全中介市场体系，强化中介市场管理，建立和完善竞争有序、执业规范、服务高效的中介市场环境。推进中介机构入驻网上超市，探索中介服务“在线购”。

·农业农村改革 年内，盐城市完成农村集体产权制度改革工作，通过农业农村部和省农业农村厅验收，2214个涉改村全部完成集体经济组织成员身份认定、股份量化、赋码登记、系统录入等工作，折股量化集体资产54.65亿元，折股量化成员648.6万人。建成11个县级、133个镇级交易服务平台，实现集体资产产权交易“应进必进”。试点开展土地经营权融资抵押担保，累计发放经营权贷款2295笔、10.55亿元，贷款余额9.23亿元。推进农业新型经营主体创建工作，新创建41家省级农民专业合作社、8家农业产业化省级重点龙头企业和44家省级示范家庭农场。推进农村公共基础设施管护体制改革，逐步将城市改革基础设施管护资源、模式和手段延伸到农村。

·教育体制改革 年内，盐城市深化集团化办学改革，组建56个义务教育集团、82个城乡学校“办学共同体”，其中市区新组建教育集团教育联盟30个，校际均衡差异加快缩小，义务教育大班额现象基本消除，优质园覆盖率90%，普惠园覆盖率86.03%，新增学位近8万个。调整优化主城区义务教育学校布局，设立西城实验小学、天山路小学、希文小学、力行小学，将市第四中学、明达初级中学、文峰初级中学、田家炳小学划归亭湖区所属。加快推进义务教育阶段教师“县管校聘”改革，印发《关于推进全市义务教育学校教师“县管校聘”管理体制改革的实施意见（试行）（讨论稿）》。完善特殊教育办学体制，在市特殊教育中等专业学校增挂市特殊教育高级中学牌子，补充全市高中阶段特殊教育资源，整合市仁爱学校、市聋哑学校和亭湖区启智学校，组建市特殊教育学校。实施普高建设三年行动计划（2020—2022年），全年完成新建学校4所、改扩建学校8所，新增学位1.83万个，安排普高计划4.32万余人。优化职教资源配置，推进盐城技师学院和交通技师学院管理体制调整工作，将交通技师学院并入盐城技师学院，重新调整内设机构和人员编制结构。优化职教专业体系，改善职业教育办学条件和专业设置，成立汽车、纺织、工业自动化、装备制造等12个职业教育产教联盟。

·医药卫生体制改革 年内，盐城市推进紧密型医联体建设，累计建成各类医联体32个，涵盖各级各类医疗机构280余家。强化医改组织，推进二级及以上公立医院，特别是三级公立医院的党委书记、院长分设。深化人事薪酬制度改革，印发《关于创新公立医院人员编制管理的实施意见》《市直医疗卫生计生单位绩效考核实施办法（试行）》。加快医保支付方式改革，扩大按病种付费的病种范围，将按病种付费增加至309个结算病种、450个结算标准。加强公共卫生体系建设，推进市公共卫生临床中心新建和市疾控中心异地搬迁项目；推进医疗卫生机构卫生应急工作规范化建设，完善重大疫情防控体制机制。推进医保目录管理和支付方式改革，全市各地均实施基金预算管理、总额控制、复合式支付方式，所有统筹区均实施2种以上复合式结算方式。实施基本医疗保险和生育保险市级统筹，实现基本政策、待遇标准、基金管理、经办管理、定点管理、信息系统全市统一。

·生态文明体制改革 年内，盐城市开展生态环境高质量发展绩效评价考核，制定市湾（滩）长制工作协调联动、信息报送、督查办法、公示牌制作规范、巡滩记录等制度规范。市委编办印发《盐城市生态环境综合行政执法局职能配置、内设机构和人员编制规定的通知》，分步骤、分层级推进全市生态环境综合行政执法改革。建立健全生态环境损害赔偿制度，印发《盐城市生态环境损害赔偿制度改革实施方案》《盐城市生态环境损害赔偿现场调查办法》《关于加强生态环境损害赔偿制度改革和检察公益诉讼工作联动的意见》等文件。建立完善全市生态环境损害赔偿联动工作机制，建立重大案件会商、信息共享、业务培训等制度规范。

·安全生产管理体制改革 年内，市县安全生产委员会办公室实现实体化运作，83家市级机关单位分类设置安全生产内设机构，市县两级部门增设、增挂安全监管处室529个，明确安全生产工作人员985名，安全生产机构设置全覆盖。《盐城市安全生产条例》通过省人大常委审批。完成市应急指挥中心建设，实现国家、省、市、县四级应急管理系统上下联通。全市157个镇（街道、园区）全部由排名第一的副镇长（主任）以上负责人分管安全生产工作。基层宣传教育平台网络具备雏形，6580个市县镇村各类宣传阵地、3822名社会志愿者和3.5万余名安全生产持证人员共同推进安全宣传教育。推动盐城工学院成立应急管理与安全工程学院，盐城技师学院、建湖中专、阜宁中专、滨海中专4所学校开设化学专业。

·不动产登记交易纳税“不见面”改革 9月29日，全市域“互联网+”不动产登记交易纳税一体化平台上线试运行。该平台贯通20多个业务部门信息数据，对接全流程办理涉及的19个业务系统，推进不动产高频事项全程不见面办理。10月30日，盐城市发放全省首张全程不见面的不动产电子权证。（徐　豪）

组织工作

·概　况 2020年，盐城市有中共党员48.51万人，其中女党员10.7万人，发展新党员5431人，预备党员5487人，少数民族党员568人，中华人民共和国成立前老党员2072人。全年全市有党基层组织2.58万个，其中党委637个、总支部3268个、支部2.19万个。年内，市委组织部围绕新时代党的建设总要求和新时代党的组织路线，推进干部人才、基层组织、党员队伍和组织部门自身建设。加强党建工作，实施市委党建工作“七个一”任务清单，各单位联系一个县（市、区）、结对一个薄弱村、实施一个党建项目、形成一个调研成果、解决一些实际难题、走访一批党员群众、推广一批典型做法，全市累计开展走访慰问1200余人次，投入帮扶资金400余万元。组织实施“同心汇盐·石榴花开”“党史讲堂”“强基兴农”等党建项目，开展“‘青’字金融服务”“福利支农”“巾帼暖心助农”等助农活动，把党建优势转化为发展优势和治理效能优势。

·基层党建 年内，市委组织部织密基层党建推进体系，印发《关于实施盐城基层党建“铁军号角”五大行动的意见》，明确各领域、各板块党建重点目标和措施路径。编印《基层党支部标准化规范化建设指导手册》，细化党支部“标准+示范”建设实施方案和农村、社区、国企、“两新”组织（新经济组织、新社会组织）、机关、事业单位等领域党支部规范化建设标准体系。建立基层党建工作计划预审制度，对40家市直部门单位、9个行业（协会）党委2020年度党建计划逐一过会，研究确定全领域基层党建工作20个重点项目，形成区域联动、整体协同、同向发力的工作格局。年内，市委组织部“党的基层组织迎来‘最可爱的人’”案例获评第五届全国基层党建创新优秀案例；市委组织部被中国共产党新闻网评为2019年度基层党建宣传示范单位。

·机关党建 年内，市委市级机关工委下辖直属机关党组织73个，其中机关党委44个、机关党总支19个、机关党支部10个，有基层党支部548个，党员1.01万人，其中在职7199人，离退休党员2902人。疫情期间，市委市级机关工委在市级机关各级党组织成立疫情防控临时党组织35个，组织890名党员投入疫情防控，组织机关7700名党员累计捐款128万元，向社区捐赠口罩、消毒液等防疫物资近50万元，从留存党费中划拨100万元，支持疫情防控一线15个单位的抗疫工作。联合共青团盐城市委、市红十字会等单位，开展市级机关青年无偿献血志愿服务活动，近70名机关青年参与献血。开展党支部“规范化建设提升年”活动，推进阵地建设规范化，拨发建设补助资金142.5万元，建成高标准党建阵地40个。优化整合市级机关党员教育培训资源，建立市级机关“先锋师资库”。开展“正风肃纪看机关”专项行动，推进作风建设突出问题专项整治，组织专项检查3次，并在《盐阜大众报》开设作风建设突出问题专项整治专栏，刊载文章10余篇。履行市级机关党员干部违纪违法案件审理职能，构建完整的案件质量监督体系，全年审理案件82件，处理市级机关违纪违法党员干部87人。对市级机关2019年以来办结的94件党纪政务案件进行卷宗评审，对评审中发现的部分案件事实不清、调取证据不规范、个别案件定性处理不够精准、部分违纪案件处理偏轻、程序手续有瑕疵、文书质量不高等问题逐案反馈，督促及时整改落实。

·**国有企业党建** 年内，全市有国有企业党组织1735个，其中党委110个，总支部116个，支部1509个，党员3.51万人。年内，盐城市国有资产管理委员会召开全市国有企业党建工作座谈会，聚焦“六稳”“六保”，开展结对共建，服务稳企兴企，组建盐城市属国有企业党建联盟。深化国企党组织“标准＋示范”建设，编印标准化建设指导手册，细化党支部工作、组织生活等8个工作标准，确定20个特色鲜明、示范带动能力强的示范党支部进行重点培育，发挥示范引领带动作用。开展市属企业党员“三亮三比”活动，以“三亮”（亮身份、亮职责、亮承诺）树形象，以“三比”（比贡献、比作风、比业绩）求实效，激发各级党组织和党员创先争优的激情。

·**“两新”组织党建** 2020年，全市有“两新”党组织4977个，其中党委96个、总支部197个、总支4684个，党员5.77万人。以项目化的方式推动市委“两新”企业16个成员单位落实党建责任，选派“两新”党建指导员599名，全年新组建非公企业党组织302个、社会组织党组织59个。向84名优秀“两新”党组织书记发放67.2万元“红领津贴”。办好“红色传承班”，提升132名“五好”出资人队伍建设，系统推进“两新”党建扩面提质。在盐都区开展“两新”党务工作者专业化试点工作，打造专业“党务红领”。召开专题会议部署推进“红色物业”，实现市县物业服务行业党委全覆盖，新建物业企业党组织21个，培植“红色物业”示范点30个。

·**农村党建** 年内，全市有农村党组织1.38万个，其中党委206个、总支部2236个、支部1.14万个，党员27.35万人。农村党建系统以开展村书记专职化管理试点为契机，抓好村“两委”集中换届，全面落实“县镇共管”，集中研判村“两委”班子，健全完善村书记选拔任用、教育培训、考核激励等5项机制，调优配强村书记649名。加快构建“村党总支＋党支部＋党小组＋党员中心户”村级党组织“四位一体”管理服务网络，开展基层干部大轮训，设立“村书记论坛”，搭建“大比武平台”，发扬“老支书精神”，推动实现培训常态化、全覆盖。在全国率先探索退役士兵“村干部培养选聘千人计划”，先后开展3批次选聘工作，村社区“两委”换届中，退役士兵村干部当选村党组织书记、村委会主任266人，当选“两委”班子成员1466人，相关做法入选全国基层党建创新优秀案例。

·**城市党建** 年内，全市有城市党组织3062个，其中党委110个，总支部353个，支部2599个，党员5.22万人。盐城市健全市、区、街道、社区党组织四级联动体系，协同推进城市基层党建工作。做好各地社区“两委”换届工作，全面推行社区工作者职业体系建设，245个城市社区2400多名社区工作者纳入职业体系，建立“三岗十八级”职业薪酬体系，年平均报酬增幅31%。以“党建＋网格”深化基层治理，在全市1.86万个网格中设立党员服务站282个，实施便民惠民项目1789个。开展“党建共建月”等区域共建活动，疫情防控中，全市有848个辖区单位参与驻地“联防联控”。全面推行“在职党员进社区”，有3.7万名党员干部主动到社区报到，参与文明城市创建、基层治理、结对共建等志愿服务活动。

·**高校党建** 年内，全市有高校党组织384个，其中党委32个，总支部61个、支部291个，党员6237人，其中在职3294人、女党员2640人、学生党员2036人、少数民族党员57人，退休党员805人，新发展党员1409人，预备党员764人。年内，各院校推进两级中心组集体学习方法创新，对二级党组织开展巡学旁听，发挥院校两级理论学习中心组示范引领作用。各院校完成党支部换届工作，党支部书记“双带头人”（党建带头人、学术带头人）比例100%。实施党建“书记项目”，推进“一总支一品牌、一支部一特色”项目创建，开展优质党支部、特色党支部、样板党支部和“双带头人”教师党支部书记工作室建设。疫情期间，高校党组织组织党员为疫情防控捐款69.1万元，盐城技师学院公共实训中心主任、党员教师刘进峰个人捐赠1万元；江苏医药职业学院多名在校党员学生加入社区疫情防控志愿服务队，80余名毕业生逆行武汉疫情一线。

2020年，盐城市加强“党建+网格”基层党组织管理服务体系建设。图为阜宁县陈良镇新涂村党组织“四位一体”管理服务网格图（市委组织部 供图）

·**党员教育** 年内，市委组织部实施党员教育讲师“十百千”工程，从党校和大中专院校教师、领导干部、基层党组织书记、先进模范人物、科技人员、技术骨干、优秀实用人才带头人等群体中，市县联动推荐产生1050名党员教育讲师组成“先锋师资库”，评出234名县级“党员教育名师”和10名市级“党员教育名师”，涵盖理论政策、经济发展、人文社科、综合管理、技能素养、先进模范6大类型。市委组织部印发《关于加强市级党员教育名师管理促进作用发挥的实施办法》，组织党员教育名师结合基层党组织统一活动日、党的基本知识集中培训等，定期赴基层一线开展教育培训活动。

· **公务员管理** 年内,市委组织部加强公务员管理。在“盐城党建”“铁军号角”等盐城党建媒体推出“漫谈公务员”系列原创图漫。首次统一组织实施2020年度市级机关（单位）面向各县（市、区）直及以下机关（单位）公开遴选公务员工作,设置39个职位、62个公开遴选计划。采取“集中报名审核与分散组织考试相结合”“同意报考事项前置审批”等创新做法，在保持基层公务员队伍适度稳定的基础上，推动实现上级选人与基层留人总体平衡。

· **干部选拔任用** 年内，市委组织部紧扣“五突出五强化”（突出政治标准，强化各级责任落实；突出党建引领，强化党性积淀磨砺；突出问题导向，强化警醒震慑作用；突出典型引路，强化正风正气塑造；突出民意导向，强化社会评价监督）要求，印发《干部队伍建设实施办法》。超前谋划对接集中换届，对市级机关、县（市、区）领导班子逐一走访调研，加强综合研判，注重结构性干部选配，选用工作实绩突出、群众认可度高的乡镇（街道）党委书记进入县级领导班子。印发《市属企业领导人员管理办法》，规范国企选人用人行为。建立“一人一册”新录用公务员信息库，加强精准分析，着力夯实公务员考录工作基础。制定市级机关从事业单位调任科级公务员实施细则，科学务实推进职务与职级并行制度，着力破除“论资排辈、平衡照顾、到龄即升”现象。坚持按需培训、精准调训，开展县处级干部培训需求调研分析，探索推行“互联网+”干部教育工作新路径，举办全市接轨上海融入长三角一体化发展、开放经济与园区创新建设等专题研修班。在市委巡察期间同步开展选人用人专项检查，开展个人有关事项报告专项整治。

· **干部管理监督** 年内，盐城市委组织部加强干部管理监督，为建设高素质干部队伍提供坚强保障。聚焦主责主业,强化责任担当,推动全市干部管理监督工作提质增效。抓准“关键点”，抓好“关键人”，抓住“关键事”，把政治监督放在首位、履职监督落到实处、作风监督推向深入，把“严”的要求贯穿干部队伍建设全过程，以更实的措施推进干部管理监督工作。8月7日，全市干部监督工作联席会议召开，会议要求全市组织条线要聚焦目标任务，落实重点措施，互相协作配合，发挥联席会议高位谋划抓统筹、高效联动抓落实的作用，为盐城经济社会高质量发展提供坚强保证。

· **干部教育培训** 年内，市委组织部探索“互联网+”新路径,开设干部教育“微课程”专栏,定期推送学习内容，有效解决“工学矛盾”。开展“千名干部”培训需求调研，完成中央和省级37个班次、283人次的领导干部调训工作,举办党校主体班次12期,培训学员507名。紧扣市委、市政府中心工作，加大安全生产专题培训力度，举办长三角一体化、开放经济与园区建设等专题研修班，组织实施公务员任职和初任培训班4期，培训公务员879名。

· **公务员平时考核** 年内，市委组织部与省委组织部同步研究制定考核办法，组织各机关单位制定实施方案、明确正向激励和负面清单。开展季度考核结果备案工作和专项调研督查工作，对年度考核优秀等次人员平时考核为好等次的数量提出硬性要求。结合平时考核常态化开展公务员及时奖励工作，推荐市农业农村局被中组部确定为公务员绩效管理试点单位。完成省高质量发展重点研究课题“综合考核全过程激励机制研究”，在全省64个参评课题中获得优秀成果二等奖。

· **《盐城市属企业领导人管理办法》印发** 年内，市委组织部提请市委常委会讨论研究后印发《盐城市属企业领导人员管理办法》,策应坚定“两海两绿”、建设“四新盐城”需要，对选优配强企业正职、注重选配专业化干部、选拔配备年轻干部、加强企业领导人员交流等方面作出明确要求，明确市属企业领导人员管理工作的总体任务和目标方向。

· **“铁军号角”微党课大赛** 5月，市委组织部主办的全市“铁军号角”微党课大赛活动启动，大赛以基层党支部为基本单位，组织党员普遍参与。活动紧扣“吹响新时代奋进号角”主题，从政治理论、红色故事、身边榜样、工作案例、入党故事5个方面征集选题，开讲微党课千余场,线下参与党员超6万人次。经过基层报名、党委遴选、县级初赛、市级遴选等环节，有30部微党课入围复赛,11部微党课入围决赛。12月24日，全市“铁军号角”微党课大赛决赛在盐城市举行。11部微党课主讲人参加决赛。微党课决赛分“信念如磐一脉相承”“不忘初心方得始终”“志存高远奋发有为”三大主题篇章。《我的初心我的路》《三代人的初心故事》《爱就像蓝天白云》等优秀微党课得到在场评委和观众的好评。活动通过“铁军号角”App和“智慧盐城”App全程直播，在线观看人数42万人次。最终评选出精品微党课一等奖2个，二等奖3个，三等奖6个，最佳人气奖3名，并现场举行颁奖仪式。

· **党员“政治生日”“三三三”活动** 年内，市委组织部健全完善部机关党员“政治生日”制度，在党员“政治生日”中把握“三个节点”：当日当月当季；分出“三个层面”：机关党委、党支部、党员；落实好三项任务：机关党委牵头赠送一份生日礼物、组织重温一次入党誓词、进行一次党性教育，党员所在党支部送上一张“政治生日贺卡”、开展一次志愿服务、举办一次“微型党课人人讲”活动，过“政治生日”的党员重读一次入党志愿、汇报一次思想情况、提出一条合理化工作建议或创新设想，进一步增强党员身份认同感、组织归属感、集体荣誉感。（严士祖）

人才工作

·概　况　2020年，盐城市做好人才招引工作。开展“百名高校就业处长盐城行暨招才引智月”启动仪式、“名校优生汇盐”工程高校毕业生引进、江苏韩国企业人才合作对接会和江苏北京高校“四对接”（毕业生、高层次人才、创投资本、创新项目对接）活动。注重乡土人才培育，遴选全市第二批乡土人才“三带”（带领技艺传承、带强产业发展、带动群众致富）培养对象；实施全市首批乡土人才项目资助。年内，盐城市被省政府表彰为高技能人才培养工作做出突出贡献的设区市人民政府，盐城技师学院被表彰为高技能人才培养工作做出突出贡献的有功单位。

·人才培养引进　年内，全市累计引进高校毕业生2.82万人。其中，各类企业引进2.35万人，本科及以上学历1.36万余人；盐城籍高校毕业生1.81万余人；招募60名高校毕业生参加“三支一扶”（支教、支农、支医、扶贫）服务。开展补贴性职业技能培训34.26万人次，支出职业技能提升行动专账资金2.16亿元，新增高技能人才1.3万人，企业新型学徒制培训签约4091人。年内，盐城市职业技术人才在国家一类职业技能竞赛中获第一名5个、省级一类职业技能竞赛中获第一名16个；在第一届全国职业技能大赛上，获得1金1银和4个优胜奖。遴选第二批乡土人才标兵38名、“三带”（带领技艺传承、带强产业发展、带动群众致富）能手222名，获评正高级乡村振兴技艺师2名、高级乡村振兴技艺师11名、乡村振兴技艺师31名。抓住海外人才加速回流机遇，引进留学回国人员100人。紧扣教育、卫生等社会事业发展需求，引进社会事业人才4931人，新增专业技术人才5.06万人，实现知识更新19.12万人。年内，全市入选享受政府特殊津贴人员4名、省有突出贡献的中青年专家5名，入选江苏工匠6人、省企业首席技师6人。

·人才工作奖励政策　年内，市人力资源和社会保障局加大“515”引才政策兑现力度，新增发放人才绿卡3241张，发放补贴5691.8万元。优化人才金融支持，设立10亿元“科创投资基金”，促成20多个个人金融合作项目。实施全市首批乡土人才项目资助工作，35名优秀乡土人才获项目资助188万元。

·人才载体建设　年内，全市建成省级校企联合实训中心1家、省级技工院校特色专业1个、省级改革发展示范学校1家。申报入选2021年省级公共实训基地1家、省级技能大师工作室1家。新增国家级博士后科研工作站4家、省博士后创新实践基地3家，招收博士后研究人员5名。盐城环保科技城成功创建江苏省留学回国人员创新创业园。全市申报入选省乡土人才传承示范基地1家、省乡土人才大师示范工作室3家。

·中国盐城·第十届沿海发展人才峰会　11月15日，中国盐城·第十届沿海发展人才峰会在盐城市开幕。峰会邀请350余名“两院”院士、知名高校院所负责人、国家重大人才工程入选者、国家百千万人才工程入选者、长三角地区高层次人才等各类专家学者参加峰会。全国20所名校的近400名优秀学子在各分会场参加峰会主题活动。峰会期间，组织开展院士专家智汇盐城行、百所高校就业处长盐城行、盐城—上海科创合作对接会等系列子活动。现场累计签订产学研合作项目226个，引进人才创新创业项目192个。峰会现场举办盐城市创业创新领军人才资助发放仪式与产业人才合作项目签约仪式，并发布《主导产业紧缺人才需求目录》，共向207个领军人才（团队）发放资助资金1.65亿元。峰会期间，市、县两级事业单位和国有企业以及驻盐高校提供2800余个岗位，吸引报名5816人（次），1400余人签订三方协议。

5月19日，首届中国·盐城创新创业大赛启动仪式举行（市委组织部　供图）

·“沿（盐）海行、成（城）就你”引才品牌　年内，盐城以万名学子集聚计划、中韩人才合作、区域精准招聘等引才系列活动为抓手，实施“沿（盐）海行、成（城）

就你”引才品牌战略，打造开放沿海、接轨上海的长三角北翼人才新高地。延续实施“515”引才三年行动计划，制定人才引领十条新政、驻盐高校“校地协同”创新补贴政策，持续增强政策吸引力。对高层次、紧缺专业人才和农村义务教育学校、基层医疗卫生机构采取降低开考比例、现场面试签约、直接考核招聘等方式，简化人才招聘程序，开辟引才“绿色通道”。加快引才平台建设，构建一窗式、一网式、一线式、一卡通“四个一”人才服务体系，累计创成国家级博士后科研工作站17家、省博士后创新实践基地34家、省留学回国人员双创园5家。全年，盐城市县联动组织开展系列引才活动30场，引进大学生2.8万人。

·首届中国·盐城创新创业大赛 8月6—7日，由市委组织部、市科技局联合主办的首届中国·盐城创新创业大赛总决赛在盐城市举行。大赛自5月启动，吸引1590个项目报名参赛，涵盖新一代信息技术、高端装备制造、新材料、生物、节能环保、新能源和新能源汽车等行业。经过县（市、区）初赛、行业复赛和西安专场赛等环节，有49个项目入围总决赛，最终按人才（团队）、初创企业、成长企业3个组别分别评选产生一、二、三等奖和优秀奖（院校师生组单独组织决赛）。获奖项目享受盐城市落户资助、融资扶持、培育孵化、服务保障等配套政策，其中对获得大赛一、二、三等奖，符合盐城市创新创业领军人才申报条件并落户盐城市创业的人才（团队），分别给予100万元、50万元、30万元资助。（薛传刚）

宣传工作

·意识形态工作 2020年，盐城市意识形态工作强化“明职责”和“强责任”相结合、严格落实“一岗双责”要求，细化分解任务清单，完善意识形态专项检查流程。在市委第十轮、第十一轮巡察中同步对21家单位开展意识形态专项巡察，对存在问题及时通报反馈，督促问题整改，对5家单位开展约谈。强化各层各级对意识形态工作的认识，搭建“第一责任人”上专题党课、重点领域负责人开展专项培训、基层工作人员进行专题宣讲“三个讲台”，压紧压实各层级责任。全年市、县（市、区）两级党校开设意识形态专题课程261课时，组织开展巡讲120场次。健全完善意识形态分析研判、情况通报、检查考核、巡察督查等制度，每日上报最新动态，每月常态发布舆情热点。探索推行意识形态风险提示单、任务落实单、验收评估单“三张清单”，完善签订意识形态责任状、巡察通报约谈、典型案例通报“三项制度”，针对重点领域、重要环节发布风险隐患防范建议41条，督促8项重点任务落实。探索建立管网治网用网“日日清”机制，制定网络意识形态工作联席会议制度等规范15项。

·理论学习研究 年内，市委组建学习贯彻中共十九届五中全会精神宣讲团，47位宣讲团成员深入基层一线、企业社区、大学校园开展宣讲150余场。实施草根宣讲员和理论工作者“双向赋能”工程，发挥31家市级“百姓名嘴”和理论宣讲工作室引领作用，实现镇级“百姓名嘴”工作室全覆盖，开展理论宣讲8000余场。做优主题宣传，开设“五中全会精神在基层”“践行嘱托开新局——争当表率、争做示范、走在前列”等宣传专栏。印发《冬训工作意见》，推送“新思想　我来讲”冬训宣讲微视频45个。在全市县处级领导干部中开展专题读书调研活动，征集调研文章500余篇，评审表彰44篇。全年理论工作者发表理论宣传文章65篇，其中在《学习时报》《新华日报》《群众》等省级以上刊物发表6篇；向市委、市政府报送决策咨询报告7篇，有5篇报告获市委、市政府主要领导批示。

·政治思想教育 年内，市委宣传部印发《盐城市贯彻落实〈新时代爱国主义教育〉实施方案》《2020年盐城市国防教育工作要点》《运用抗击新冠肺炎疫情的实践成果深化爱党爱国爱社会主义宣传教育的工作方案》等文件，组织百名宣传思想文化干部担任全市百家爱国主义教育基地指导员，指导各级爱国主义教育基地开展党史、国史、改革开放史、社会主义发展史教育，举办全市烈士命名镇村宣讲员和爱国主义教育基地讲解员培训班。开展仪式感教育，组织“致敬·2020清明祭英烈”网上祭扫活动。联合省委宣传部举办纪念抗战胜利75周年盐城市向抗战烈士献花活动；举行“9·30”烈士纪念日盐城市社会各界向革命烈士敬献花篮活动，缅怀革命先烈、激发爱国热情。牵头成立江苏省新四军场馆联盟，提升新四军纪念馆展陈工程，修缮提升128个烈士命名镇村烈士纪念设施和烈士命名镇村烈士事迹陈列室等政治思想教育基地。

·核心价值观宣传教育 年内，市委宣传部做精做靓城市公益广告，营造文明有礼的生活场景。“社会主义核心价值观”“讲文明树新风”公益广告作品、中国好人公益宣传画、道德模范宣传短片和“盐城市民文明16条”创意作品，在城市空间广泛刊播宣传。开展“我们的节日”主题活动，围绕清明节“慎终追远缅怀先烈”、端午节“人与自然和谐相处”、七夕节“爱情忠贞、家庭和睦、社会和谐”、中秋节“团结团圆丰收”、重阳节“尊老敬老、厚德仁爱”、春节“辞旧迎新”等主题，设计活动载体，举办100余场群众性节庆活动，提升道德素养。印发《关于在全市组织开展道德讲堂巡听工作的通知》，重点对18家市级以上文明行业、机关、单位、校园、村镇的道德讲堂进行巡听，并结合实地检查，以点带面，推动各级各类道德讲堂建设提档升级。年内，亭湖区“道德云讲堂”线上线下助力新时代文明实践的做法被“学习强国”App江苏平台刊发推广。

·道德文明建设 年内，盐城市开展诚信缺失突出问题集中治理督查，发布盐城市民诚信公约，主流媒体宣传诚信典型100余篇（次）。开展“诚信建设社区行”主题宣传活动，推进诚信示范街区建设，推动餐饮行业开展诚信经营承诺，深化重点领域诚信缺失问题治理行动，常态开展“诚信建设万里行——盐城篇”主题宣传活动，加大对重点领域失信问题的联合惩戒力度，定期在主要公共场所发布诚信红黑榜，营造守信激励、失信惩戒的浓厚氛围。全面倡导使用公筷公勺，印发《公勺公筷使用规范》盐城标准，举办“公筷公勺”文明餐桌现场推广仪式，引导餐饮单位、宾馆饭店、机关食堂落实公筷公勺行动。开展“文明健康、有你有我”“厉行节约　反对浪费”主题宣传教育，制定餐饮消费厉行节约行为规范，举办健康知识讲座1400多场次，报纸、网络等媒体媒介累计刊播公益宣传8000余次，市区餐饮行业光盘率上升30%。

· 重大专题报道　年内，市委宣传部开设“五中全会精神在基层”“践行嘱托开新局——争当表率、争做示范、走在前列”等专栏，宣传贯彻落实习近平总书记重要讲话指示精神的生动实践。聚焦“四新盐城”建设生动实践，中央、省、沪40余家媒体聚焦盐城经济社会发展实践，推出访谈、综合类报道150余篇。服务“5·18”经贸活动、黄海湿地“申遗”成功一周年、中韩贸易投资博览会等重点活动，推出“聚力强富美高　决胜全面小康”“‘十三五’成就巡礼”“走向我们的小康生活”等专题专栏，全面展示盐城夺取“双胜利”的具体实践。《人民日报》《新闻联播》用稿75篇（条），《人民日报》头版报道农房改善相关工作，《瞭望东方》推出专刊《不负江海不负人》全网阅读量1000万人次以上。开展“学上海之长　创盐城之新”新闻行动，上海主流媒体宣传报道盐城动态超过500篇（次）、媒体专版28个。组织“中韩主流媒体走进盐城”“Show江苏摄影采风”“发现江苏体验非遗”等外宣活动。《人民日报（海外版）》以“头版+整版”报道盐城保护生态的实践做法。

8月13日，“传承红色基因　争做铁军传人”铁军小讲解员训练营开营

（共青团盐城市委　供图）

· 媒体发布　年内，市委宣传部开通“盐城发布”抖音号、视频号，组织“盐城发布”影响力提升行动，“盐城发布”微信粉丝增长2倍。推进县级融媒体中心建设，各县（市、区）全部挂牌运营，有8家分2批次通过或接受省专家组验收。疫情期间，及时启动突发事件舆论引导机制，建立“1+11”市县联动发布矩阵，发布权威通报、公告72篇。编发《国家部委政策速览》《外地战“疫”动态速报》《战“疫”看上海》等340余期。开设《万众一心抗击疫情》《全景盐城众志成城》等专题专栏，刊发防控疫情报道7500余篇，创作“抗疫防疫”文艺作品4000多件。

· 新闻出版行业监管　年内，市委宣传部加强新闻采编职业资格管理，严格落实新闻记者证的审核责任，累计审核新申领记者证人员材料184份。规范和加强内部资料性出版物管理，开展为期一个月的专项整治活动，制止和打击各种违法违规出版发行行为，维护出版发行市场秩序。严格规范行政许可审批程序，完成行政审批49件，为全市381家印刷企业、886家发行单位做好年检换证工作。指导服务新闻出版单位参加省级现代服务业（新闻出版）发展专项资金项目、省出版传媒融合发展优秀案例、省优秀版权作品产业转化重点培育项目遴选推荐等各类优秀评比、合作交流、项目申报工作，盐阜大众报众媒云平台入选江苏省出版传媒融合发展优秀案例，江苏华恒兄弟动漫制作有限公司徐海濛创作的《铜马》获第二届全国新闻出版行业平面设计大赛江苏赛区初赛职工组海报设计项目三等奖，“言+买书汇”、江苏生生包装印刷有限责任公司获评2020年省现代服务业（新闻出版）专项资金奖励。联合文化、工商、市监、环保等部门组织开展印刷复制发行暨内部资料性出版物“双随机、一公开”抽查和安全生产大检查，督促企业落实印刷业管理5项制度、内部资料内容审核制度、经营场所安全管理制度。全年全市抽查印刷企业153家、发行企业252家，内部资料编印单位55家，下发整改通知书6份，责成企业负责人限期整改。

· 未成年人思想道德教育　年内，全市举办抗疫人员与青少年学生面对面交流活动953场次，吸引36.14万名师生、19.31万名家长参与。盐城中学创作的《春风如初》音乐作品在“学习强国”App刊播，盐城《同心同德》《疫难中生》《用心点亮》等原创音乐作品广泛传播。紧扣“全面小康　追梦成长”“厉行节约反对浪费”“文明校园　从我做起”“致敬最美逆行者”等主题，上好上活“开学第一课”，70万余名学生参与。开展“新时代好少年”学习宣传、“传承红色基因争做铁军传人”看讲评等德育活动，激励引导青少年从小树立崇高理想和远大志向，4名学生获评省新时代好少年，27名学生获评市新时代好少年。成功举办千余场次“童”字系列美育活动，80万余名师生参与。举办未成年人心理健康教育宣传月活动，聚焦青少年关注话题，走进中小学集中宣讲627场次，开展团辅活动2176场；11个未成年人成长指导中心24小时开通咨询热线；滨海县投入280万元打造未成年人心理援助新阵地，构建心理健康教育云服务体系，初步实现中小学心理咨询室全覆盖；阜宁县承办苏北五市“情系留守儿童　共享温暖阳光”文明实践集中行动，引导全社会共同关爱留守儿童。巩固未成年人思想道德建设校外阵地，按照“一宫一品”原则，采取城乡共建、校校共建、企校共建等形式，推动建成215个乡村少年宫，实现镇一级全覆盖。

· **“好人之城”塑造**　年内，盐城市建立市、县、镇（街）、村（社区）四级“好人”推荐评选机制，建立候选人事迹申报诚信承诺制度，做好实地调查走访、信用联合审核、征求社会意见等方面的工作，增强选树工作影响力、公信力，让各类典型脱颖而出。全年先后推选“盐城好人”73人（组），27人（组）当选“江苏好人”,8人（组）当选“中国好人”。利用主流媒体开设“德耀盐城”等专题专栏宣传、建立线上线下“好人馆”、打造好人园和好人一条街、常态发布盐城好人榜、承办全省道德模范与身边好人现场交流会颁奖礼、张贴中国好人宣传海报、刊播21位道德模范宣传短片等方式宣传好人事迹，“网上好人馆”网友点击量20万余次。

· **网络阵地建设**　年内，市委网信办围绕市委、市政府中心工作，在人民网、“学习强国”App等重点新闻网站、商业网站、新媒体平台，组织推送盐城正能量信息6000余篇（条），《力推24条新政，盐城要种不一般的“热带雨林”》等110篇稿件，原创网评文章34篇被省委网信办全省推送。组建“盐阜正能量稿池”，设立“盐之有理”网络评论频道，组建全市网络评论员队伍。视频短片《念念不忘》入选全国第五届“五个一百”网络正能量动漫音视频作品。开展主题活动。举办“鼠你最美”网络贺新春主题作品征集活动，征集作品3135件。开展“新春走基层”活动，组织30多家新媒体同步上线“加油盐城”等网络主题，吸引208万名网民在线参与。发起“e起战‘疫’”抖音挑战赛活动，创建抖音话题“加油大盐城”，1000余条作品累计播放量1.3亿次。举办“苏货直播e起小康”盐城站活动，2小时直播销售额超210万元，网络观看总量超120万人次。举行“遇见美好生活，走进幸福盐城”短视频大赛，57件作品同步上线展播。

· **网络综合治理**　年内，市委网信办开展联合执法和专项整治工作，严格处置网上违法违规行为和有害不良信息。疫情期间启动全市互联网一级响应，联动查处网络大V无理辱骂援鄂护士事件，案例入选2020年度全省网络举报处置十大经典案例。实施“盐行e治”系列主题活动，开展网信普法活动，推进普法项目18个。构建微博微信、电视媒体、市内网站（论坛）、户外大屏“四位一体”普法矩阵，编印《网络信息内容生态治理规定》读本。构建网络举报工作协同处置机制，促进社会多方参与净化网络空间生态。开展“剑网2020”专项行动，约谈属地网站、自媒体52家（次），关停违法违规网站40余家。

· **网络安全管理**　年内，市委网信办与国家计算机网络与信息安全管理中心江苏分中心签署战略合作协议，挂牌共建盐城技术支撑中心，提升全市网络安全保障水平。实施“网安2020”盐城行动，推动网络安全责任制落实。开展App违法违规收集使用个人信息专项治理试点建设，印发《关于12款App存在个人信息收集使用情况的通告》。举办2020年全市网络安全宣传周活动，建成市新四军纪念馆、盐城工业职业技术学院、市图书馆、市第一小学、市初级中学等一批网络安全教育基地。年内，市委网信办在第二届江苏省App运营商网络安全知识竞赛中获优秀组织奖；课题“以‘四防三化’助力提升关基安全防护能力”获评江苏省网络安全课题研究三等奖；视频《服务大发展　构建大网安》获评全省网络安全知识普及宣传视频二等奖。

· **盐城红色故事宣讲大赛**　4月7日，由市委宣传部、市委党史办、盐阜大众报报业集团、盐城广播电视总台主办，新四军纪念馆承办的盐城红色故事宣讲大赛启动。大赛以“讲好红色故事、圆梦全面小康”为主题，分专业组和志愿组比赛。5月12日，大赛决赛在盐城市新四军纪念馆学术报告厅举行，盐城各县（市、区）纪念馆、事业单位22名选手参赛。经现场宣讲，评委现场打分，评选出盐城市红色故事宣讲大赛优秀故事奖、盐城市红色故事宣讲大赛金牌讲解员、盐城红色故事宣讲大赛金牌志愿讲解员、盐城红色故事宣讲大赛优秀讲解员、盐城市红色故事宣讲大赛优秀志愿讲解员等奖项。3名优胜者代表盐城市参加江苏省第二届红色故事宣讲大赛决赛，2人获评金牌讲解员，1人获评优秀讲解员。

· **“盐城地标”丛书出版**　8月13日，盐城市举行“盐城地标”丛书首发仪式。“盐城地标”丛书是一部记录盐城历史、反映盐城文化、展示盐城风采、弘扬盐城精神、讲好盐城故事的系列图书，其中首发的“盐城地标”丛书第一辑，讲述新四军纪念馆、中国海盐博物馆、丹顶鹤、麋鹿、大纵湖和大洋湾6个地标的故事，着重展现全市最具代表性的新四军红色文化、绿色生态文化和开放的海洋文化。

（唐登鑫）

统战工作

· **概　况**　2020年，盐城市统一战线学习贯彻习近平新时代中国特色社会主义思想，围绕中心，服务大局，提升统一战线各领域工作。开展“不忘合作初心，继续携手前进”主题教育活动，组织各党派团体主要负责人学习贯彻中共十九届五中全会精神和习近平总书记在中共中央全会、全国“两会”、党外人士座谈会等会议上的重要讲话精神，交流学习体会，组织各民主党派赴革命传统教育基地和统一战线教育基地学习并接受教育。围绕中央决策部署和市委战略目标以及各党派省委要求，协助各民主党派召开市委全体（扩大）会16次。指导各民主党派基层组织换届24个。举办盐城市民主党派代表人士培训班，提升学员政策理论水平和参政议政能力。举办党外人士智库“专家讲坛”2期，组织党外人士智库专家开展市情考察活动。全年市各民主党派和无党派人士中的人大代表、政协委员参加各级人大、政协会议，提交议案、提案150件，集体提案15件；提出建议10条。推进统战信息宣传工作，向省委统战部、市委办报送信息2500余条；全国“两会”期间，报送信息500余条，被省采用并上报中央统战部近400条。全年累计在《人民日报》、“学习强国”App、《中国统一战线》《人民政协报》《团结报》《新华日报》等中央和省级媒体用稿超过100篇，在省委统战部《挚友》《华人时刊》、微信公众号用稿超过100篇，在“江苏统一战线”网站用稿1600余篇。

· 政党协商　年内，市委先后召开4次政党协商会议，向市各民主党派、工商联负责人和无党派人士代表通报市委全会精神、全市经济社会发展、重要人事安排情况，征求《政府工作报告》和盐城“十四五”发展规划的意见建议，形成《党外人士建言专报》2期。市委常委与市各民主党派、工商联党外负责人和无党派人士开展联系交友活动。市委统战部召开各党派团体负责人联席会议2次，走访民主党派市委机关3次；制定《关于加强和完善市政府部门与市各民主党派、市工商联对口联系工作的实施意见》，召开市政府部门与市各民主党派、市工商联对口联系工作推进会，推进市政府18个部门与7个民主党派、市工商联对口联系工作。

· 无党派人士和党外知识分子工作　年内，市委统战按照省委统战部对“无党派人士”政治面貌认定和使用要求，整理并上报40名无党派人士认定材料，指导各县（市、区）对本地无党派人士进行政治面貌认定，推动部分县（市、区）对所属146名无党派人士进行认定。制订《2020年市委统战部同党外知识分子、民营经济人士谈心交流计划》。5月21日，组织市知联会围绕“加快发展乡村旅游，助力乡村振兴”课题开展市情考察活动。7月14日，召开市党外知识分子、非公有制经济人士谈心交流座谈会。召开市知联会三届四次、五次理事会，成立市级机关分会和非公经济专委会。年内，市知联会被省委统战部表彰为2015—2020年全省知联会工作先进集体。

· 非公有制经济领域统战工作　年内，市委统战部在非公有制经济人士中开展“同心汇盐 · 群英会”系列活动，推动民营企业开展比发展看转型升级、比安全看隐患排查、比贡献看纳税数额、比创新看科技成果、比爱心看慈善捐赠的“五比五看”活动，推荐近130家优秀民营企业参与“星级企业”“四好商会”“十佳商会”评选，举办全市民营制造业企业50强、服务业企业10强等评比活动。组织民营经济代表人士参与结对帮扶、对口支援、“万企联万村 · 共走振兴路”等精准扶贫行动，引导民营企业主动承担社会责任，提供帮扶资金、物品计500多万元，动员民营企业捐助支援抗疫一线近3000万元。开展理想信念教育，重点聚焦非公有制经济代表人士、年轻一代非公有制经济人士、商会负责人“三支队伍”，举办各类培训活动，提升非公有制经济代表人士综合素质。运用“薪尽火传”“疫情之下的企业生存宝典”等网络系列课堂、专题辅导讲座，分析经济形势，解读政策文件，引导非公有制经济人士提升发展信心。推进非公有制企业和商会党组织“两个全覆盖”，支持企业文化建设，组织商会党组织建设观摩、企业文化交流等活动，提升民营企业软实力。

· 新的社会阶层人士统战工作　年内，市委统战部组织近百名新阶层代表人士参加各类培训，提升新阶层代表人士队伍的政治能力和综合素质。开展“新春走基层，情暖农业园”捐资助学等暖心活动。指导市新联会举办“爱眼日”大型公益活动，向市慈善总会捐赠价值200万元的爱眼护眼服务和物资。组织新阶层代表人士慰问老党员、老革命、老模范108名，送去慰问金9万元；帮扶城市特困家庭54户，捐款捐物近17万元；引导网络人士推介盐城品牌，讲好盐城故事，传递网络正能量，助力盐城新发展。年内，市新联会被评为江苏新联工作先进集体。

· 党外干部工作　年内，市委统战部做好党外干部基础信息工作，加强“统战大数据”信息平台建设，采集、审核、汇总统战干部、党外干部基本情况资料，对全市县处级及以上党外干部、科级党外干部情况资料进行梳理汇总，并装订成册。完成“苏统云”市本级县处级及以上党外干部大数据录入工作。向省委统战部统计上报《盐城市党外干部配备落实情况和乡镇（街道）统战委员配备及专兼职情况表》《市、县（市、区）党委统战部部长、常务副部长基本情况信息表》《盐城市党外干部应配岗位配备情况表》等。印发《市统战系统档案审核工作计划表》，会同市各民主党派、工商联、侨联逐条逐项整改落实，完成干部人事档案专审工作。做好党外干部教育培训工作，向市委组织部提交《关于干部教育培训工作的自评报告》。组织并跟进部机关和民主党派机关县处级干部学习贯彻中共十九届五中全会精神网上专题班学习，并推荐2人参加全省第22期县处级党外干部培训班培训。联合市委党校和陕西省委党校举办盐城市统战部部长培训班，市、县（市、区）委统战部，市各民主党派、工商联、侨联等统战系统有关单位负责人40余人参加培训。组织举办第20期党外干部培训班，全市46名科级以上党外中青年干部参加培训。会同市委组织部对拟提拔晋升县处级的党外干部进行推荐、考察。会同民盟、民进、农工党、九三学社等民主党派机关制定实施《民主党派市级机关科级干部选拔任用工作方案》，严格按照程序做好民主推荐、组织考察、任职公示及相关会议、谈话的组织协调和保障工作。至年底，市级机关、市检察院和市中级人民法院及县（市、区）实配岗位 21 名党外干部；市政府其他部门、国有企事业单位配备 12 名党外领导干部；配备一级局及相关的国有企事业单位正职 2 名。（刘　星）

机构编制管理

·行政机构编制管理　2020 年，市委编办推进行政机构编制管理。建湖高新区、射阳港经济开发区获批副处级管理机构。市、县（市、区）安全委员会办公室实体化运作，实现市、县（市、区）两级机关和镇街（园区）安监机构全覆盖，强化应急管理、安全监管、危化品执法编制保障。印发《盐城市市级部门及驻盐有关单位安全生产工作职责任务清单》，全面厘清部门安全生产工作职责边界。

·事业机构编制管理　年内，市委编办受理市直部门（单位）、各县（市、区）各类事业机构编制事项 121 个。成立市湿地和世界自然遗产保护管理中心。对市本级参公事业单位进行全面梳理，收回 21 家参公事业单位 100 名编制，压降参公单位的事业编制比例 1.67 个百分点。撤销市城南医院，收回空余编制 561 名，专门用于全市公共卫生领域“补短板”。在全省率先实施事业编制周转池制度，印发《盐城市事业编制周转池制度实施办法（暂行）》，按照“重点保障、单列管理、周转使用”的思路，建立初期规模为 2000 名全额拨款事业编制的周转池，全年下达周转编制 959 名。

·事业单位登记管理　年内，市委编办贯彻落实《盐城市人民政府加强和创新事业单位法人登记与监管服务的意见》，着眼党政机构改革和事业单位改革，推进事业单位法人登记、事中事后监管、信用等级评价等工作，全市事业单位法人登记实现网络化、信息化、法制化、精细化、人性化。1—3 月，全面审核市直（包括盐城经济技术开发区和盐南高新区）458 家事业单位法人年度报告书并网上公示。市县联动抽取 22 家事业单位法人开展“双随机、一公开”实地核查。开展事业单位法人清理规范工作，清理全市 140 家“已冻结”和“已废止”事业单位法人。

·政府购买服务用工规范管理　年内，市政府办印发《关于进一步规范市级机关事业单位政府购买服务用工管理实施办法》，市委编办依据岗位职责、岗位性质，对部门使用的政府购买服务用工分为专业技术、辅助执法（管理）和工勤 3 个种类，分类定岗。论文《编外聘用人员管理的探索和思考》，被中央编办《中国机构改革与管理》和省委编办《机构编制理论研究动态参考》刊发。

·机关绩效管理　年内，市委编办完善机关绩效考核体系，优化考核细则，推动部门全面正确履职尽责。以市委全会报告、市政府工作报告等确定的年度工作任务为重点，指导机关单位将“三定”规定的主要职责全部融入常规工作，制定考核细则、完善指标体系。将考核的重心置于日常，对部门日常工作进行跟踪，实施季度监测和半年评估，将部门注意力由偏重“评时”引导到注重“平时”。注重量化考核与定性评价相结合，联合统计部门开展省、市机关单位社会工作满意度调查，对机关单位工作的“绩”与“效”、职能作用发挥与服务全局水平等进行综合评价。按职能相近的原则，将市级部门分为经济发展类、执法与管理类、社会事业类、党群部门类和省属驻盐单位等 5 大类进行考评，考评结果从各类别中按比例产生。（吴才宝）

巡察工作

·概　况　2020 年，盐城市委巡察机构先后开展市委第十、十一轮常规巡察和全市住建系统安全生产、化工行业领域安全生产、危化品安全生产、落实“六保”任务 4 次专项巡察，并围绕农村集体“三资”管理实施点题巡察，履行政治巡察职能职责。深化“四个一”（发现一批问责线索、提出一份制度建议、上好一堂专题党课、接受一次共同教育）、巡察报告和问题线索“双会商”（巡察报告组办联合会商、问题线索巡纪共同研判）等工作机制，提前实现本届市委任期巡察全覆盖，累计发现问题 3856 个，问题线索 563 条，推动给予党纪政务处分 76 人，移送司法 12 人。组织开展对村（社区）巡察业务巡回宣讲，各县（市、区）常规巡察覆盖率 94%，对村巡察覆盖率 74.41%，累计发现问题 2.81 万个，问题线索 5210 条，推动给予党纪政务处分 1415 人，移送司法 34 人。加强巡察整改和成果运用，提请市委将巡察整改纳入年度考核，建立市委书记专题会议点人点事跟踪督办机制，持续跟进省级以上开发区整改，推进国企共性问题系统整改，运用巡察整改督查系统对所有反馈问题进行销号管理。《人民日报》以《紧紧依靠群众、取信于群众》为题，对盐城巡察工作践行群众路线予以报道。中纪委网站以《聚焦六稳六保做实做细监督》为题，介绍盐城开展落实“六保”任务专项巡察工作经验。“学习强国”App 以《因巡制宜融合共建》为题介绍盐城巡察监督有效融入“三不”（不敢腐、不能腐、不想腐）一体推进工作格局的相关做法。《新华日报》以《精准发力做实做细巡察工作》为题，介绍盐城巡察高新区的有效做法。省委巡视办以《巡视巡察情况》专题推介盐城联动开展危化品安全生产专项巡察经验做法。

·省委巡视盐城市危化品安全生产反馈意见整改落实　8 月 31 日至 9 月 30 日，省委第八巡视组对盐城市开展危化品安全生产专项巡视。11月4日，省委巡视组向盐城市委反馈巡视意见，市委成立省委巡视反馈意见整改工作领导小组，全面加强对整改落实工作的组织领导。11月16日，市委常委会召开会议，传达学习习近平总书记关于巡视工作重要指示精神和中央、省委巡视工作相关会议精神，专题研究巡视反馈意见整改落实工作，提出巡视整改措施。11月27日，盐城市向省委巡视办报送《巡视整改工作方案》《专题民主生活会实施方案》。12月31日，《中共盐城市委关于〈省委第八巡视组对盐城市开展危化品安全生产专项巡视反馈意见〉整改工作方案》印发，确定12个方面31项任务89条整改措施。市委成立巡视整改工作办公室，从市委巡察办、市应急管理局、市工信局、市生态环境局、市公安局、市交通运输局、市市场监管局等牵头单位抽调8人集中办公，实行挂图作战、对账销号，各项整改任务按序时推进。至年底，盐城市报结省委第五轮巡视盐城反馈意见整改落实工作。

· **省委巡察指导督导** 11月17日至12月25日，省委第五巡察指导督导组对盐城市委巡察工作开展为期38天的跟进嵌入式指导督导。市委巡察机构配合指导督导组，参与专题培训辅导、现场跟进指导、工作调研督导、制度规范传导等工作，对巡察工作进行再审视、再规范、再优化。召开市委巡察办主任办公会、市委巡察机构月度工作例会并形成机制，印发《巡察机构档案管理办法》《巡察机构公文管理办法》等15项制度，深化固化市县两级经验做法11个。指导督导组对盐城巡察工作给予“组织有序、推进有力、创新有为、干部有位”肯定。

· **市委第十、十一轮巡察** 年内，市委开展第十、十一轮常规巡察，并对27个单位党组织实施政治监督，对11个副处级以上单位党组织进行延伸巡察，对29个单位党组织开展提级巡察，实现市委巡察全覆盖，发现各类突出问题2508个、问题线索129条。4月中旬至6月中旬，市委开展第十轮巡察，6个市委巡察组对市委统战部、市人大常委会机关、市政协机关等14个单位党组织开展常规巡察，对市应急管理局、市水利局2个单位党组织进行巡察“回头看”，同时延伸巡察其下属等5个副处级单位党组织。10月下旬至12月底，市委组织开展第十一轮巡察。5个常规巡察组对市委政法委、市委宣传部、市委网信办等13个党组织开展常规巡察，同步开展选人用人、落实意识形态责任制专项检查，与县级巡察组联动巡察自然资源和规划系统，对6个副处级单位党组织开展延伸巡察。3个提级巡察组对建湖县、响水县、大丰区的12个单位、3个镇及所辖9个村（社区）党组织开展提级巡察。

· **安全生产专项巡察** 年内，盐城市、县（市、区）两级巡察机构加强安全生产工作政治监督，先后开展专项巡察3次。4月13日至6月15日，市委巡察组对市住房和城乡建设局党委开展常规巡察，对市住房和城乡建设局、盐城经济技术开发区住房和城乡建设局、盐南高新区住房和城乡建设局开展安全生产专项巡察，9个县（市、区）分别成立联动巡察组，市县联动、开展交叉专项巡察，发现突出问题151个，问题线索4件9人。5月18日至6月8日，市县联动，同步对市县两级158个党组织，开展专项巡察，移交立行立改问题隐患325个，发现各类突出问题585个，形成巡察报告12个，专题报告20个，发现腐败和作风问题线索17条。9月1—15日，开展危化品安全生产专项巡察。组建5个专项巡察组，对除滨海以外县（市、区）10个板块党组织下辖相关党组织进行专项巡察，发现突出问题137个，问责线索1条，交办立行立改风险隐患220个。年内，盐城市危化品安全生产专项巡视经验得到省委巡视办肯定，并在全省专题作经验介绍。

· **“六保”任务专项巡察落实** 5月27日至6月26日，市委组织开展落实“六保”任务专项巡察。组建1个巡察组，与东台市、建湖县、亭湖区3个县（市、区）联动，对市本级和相关地区38个单位党组织开展落实“六保”任务专项巡察，并对与落实“六保”任务相关的单位、地区党组织进行延伸了解，累计发现突出问题171个，形成专题报告8份，督促立行立改13件。

· **巡察成果运用** 年内，市委巡察办建立书记专题会议点人点事跟踪督办机制，逐一梳理分析年内2次书记专题会点出的60个具体人、具体事、具体问题，分解到41个责任部门单位，推动相关部门重点重抓，强化整改。调研市委第六、七、八轮被巡察党组织整改情况，在全市面上予以通报，对尚未整改到位问题，提请市委、市政府分管领导逐一“过堂”。持续跟进省级以上开发区整改工作，梳理全市省级以上开发园区长期未整改到位的“疑难杂症”，将21个问题分解到16个责任单位，推动相关责任地区和部门持续跟踪问效。创新打造整改信息化系统，借助“清风盐城”履责监督平台，对整改情况进行在线审核、在线监督，实时掌握整改进程，动态提出整改要求，切实提升巡察整改工作信息化水平。实行“巡察组＋调研组”模式，紧盯结构性、基础性、倾向性问题，提交高质量专题报告30篇。总结梳理市委前9轮巡察国有企业存在的共性问题，印发《国有企业共性问题清单》，推进国有企业共性问题系统整改。针对党建工作中存在的共性问题，市委组织部会同市级机关工委印发《对巡察反馈机关党建问题开展排查整改工作的通知》，要求进一步深入查摆、销号整改，并对整改情况予以通报。（朱昭元）

老干部工作

· **概　况** 2020年，盐城市有离休干部1265人（不含部、省属单位），平均年龄为92岁。其中，机关395人、事业单位353人、企业单位517人。按级别和待遇分，副省

（部）级医疗待遇 2 人、厅局级 75 人、县（处）级 496 人、其他 692 人。按参加革命时间分，抗日战争前期 45 人，抗日战争后期 193 人，解放战争时期 1027 人。有离休干部党员 1028 人，占离休干部人数的 81.3%。有退休干部 7.9 万人，其中退休干部党员 4.6 万人，占退休干部人数的 58.4%。有 12 个离退休干部党总支，668 个离退休干部党支部。全市所有建制性离退休干部党支部达到省定标准，有 10 个支部被评为省级示范党支部、30 个支部获评市级示范党支部。

7 月 30 日，市委党校、盐城新四军干部学院联合举办“铁军号角”微党课竞赛

（市委党校　供图）

· 老干部政策待遇落实　年内，市委老干部局落实离退休干部各项待遇，制定“五必访”制度（重要节日必访、整寿生日必访、重病住院必访、特殊困难必访、临终去世必访）。结合抗日战争 75 周年和抗美援朝 70 周年等节日，开展走访慰问活动，全年走访慰问离退休干部 700 人次，其中走访特殊困难离休干部和遗属 30 人次，慰问易地安置离休干部 40 人次，发放慰问金 300 万余元。联合市卫健委、医保局等部门，开展离休干部看病就医和家庭医生服务项目，全市建成二级及以上医院离休干部就医绿色通道 21 条，有 1142 名离休干部参加家庭医生签约服务，其中市直签约离休干部 140 人。协助做好省直驻盐 12 个单位的离休干部家庭医生签约服务。健全离退休干部困难帮扶机制，将市直离休干部“双无”（无固定收入、无子女）遗属和易地安置离休干部全部纳入帮扶范围。推进改制破产企业、省属驻盐盐场离休干部的待遇落实。

· 老干部管理服务　年内，市委老干部局举办全市老干部工作者业务培训班，提升老干部工作者的政治、业务素质和工作能力。落实中组部“我看”系列活动要求，组织老干部开展“我看历史文化新传承”和“看变化、赞成就、助力高质量发展”考察调研和建言献策活动。开展“最美老干部、最美志愿者、最美老党员”推荐评选，全市有 8 个单位被评为全省离退休干部先进集体，有 16 位老干部被评为全省离退休干部先进个人，市教育局万年青志愿者工作站被评为全省最佳老干部志愿服务项目，东台市“东农银涛”服务团被评为全省最美老干部志愿服务团队。　（张　扬）

党校工作

· 概　况　2020 年，盐城市委党校举办各类班次 341 个，培训 3.44 万余人次。在抗击新冠肺炎疫情期间，组织开展爱国卫生运动，打造干净整洁和安全文明的校园环境，资助社区创文资金 6 万余元，组织 200 多人次的党校志愿者到社区开展环境整治、文明劝导、创文宣传等活动。11 月 20 日，中国文明网发布第六届全国文明单位名单，盐城市委党校获评全国文明单位。

· 党校教学　年内，市委党校深化教学改革，提升教学质量。开设习近平新时代中国特色社会主义思想和中共十九大、十九届四中、五中全会精神课程 616 场次。开发中共十九届四中、五中全会和省市委全会精神、马列主义经典著作导读、新四军铁军精神、“四新”盐城建设等教学专题 42 个，其中 20 门课程进入主体班课堂。围绕学习中国共产党党史、新中国史、改革开放史、社会主义发展史完善相关课程体系。1 门课程列入全省干部教育培训名师名课目录。在全省党校系统教学工作评比中，市委党校获得优秀教学组织奖，1 门课程获评优秀课程奖。

· 干部培训　年内，市委党校举办县处级干部进修班、乡镇（街道）党政正职专题研修班、科级干部进修班、青年干部（选调生）培训班和党外干部培训班等主体班次 16 个，培训学员 1366 人。与市纪委监委、市委组织部、市委宣传部、市级机关工委等部门单位联合举办专题班 44 个，培训 5500 余人次。承接委培班次 178 个，培训近 1.99 万余人次；市外班次 103 个，培训 7600 余人次。开展基层宣讲超过 100 场次，受众超过 2 万人次。中央党校《党校（国家行政学院）工作通讯》第 17 期以《实施“3+3”培训工程，充分发挥主力军作用》为题，对市委党校干部培训工作予以肯定。

· **科研资政** 年内，市委党校在省级以上刊物发表文章107篇，其中核心期刊14篇，《盐城“两海两绿”路径研究》和7篇决策咨询报告获市委、市政府主要领导批示肯定。围绕省、市委全会精神和市委、市政府重大决策部署，立项全市党校系统科研规划课题55个和专项课题19个。申报江苏省社会科学院省委书记省长圈定课题“长三角一体化背景下江苏经济社会发展一体化研究”1个并获立项，申报立项全省党校系统重点调研课题1个、学习贯彻中共十九届四中全会和省委十三届七次全会精神专项课题4个、一般调研课题4个，申报立项市政府奖励基金项目24个。在全市第十三次哲学社会科学优秀成果评奖中，市委党校科研成果获一等奖2项、二等奖2项、三等奖1项。书稿《盐城“两海两绿”路径研究》作为主体班学习材料。全年在《盐阜大众报》上《党校智库》专版发表理论宣传文章22篇。

· **新四军革命精神党性教育品牌建设** 年内，市委党校按照“办好用好新四军干部学院”要求，打造具有盐城特色的铁军精神党性教育品牌。深入研究新四军历史和新四军革命精神，《弘扬铁军精神传承红色基因——盐城市干部培训党性教育教材》正式出版，《铁的新四军》完成初稿。省社科联课题“新四军铁军精神的时代价值研究”获省、市协作研究项目立项。全年编印《铁军 · 纵横》杂志12期，刊发新四军历史文化研究文章近160篇。设置“黄桥决战胜利80周年”“八路军新四军白驹会师80周年”“东坎解放80周年”等纪念专栏，组织系列文章宣传和弘扬红色文化以及铁军精神。推出一批优质教学课程，其中“弘扬新四军革命精神，践行初心使命”被省委组织部列入全省干部教育培训名师名课目录，“传承新四军革命精神，增强斗争本领”获全省党校系统优秀课。开展“铁军号角”微党课竞赛，遴选3门课程参加全市评选，1门课程被评为精品微党课并参加全市决赛获二等奖，1门课程被评为优秀微党课。

· **新四军文化林项目开工** 11月底，新四军文化林项目开工建设。项目位于盐城经济技术开发区境内，北起团结河，南至盐渎路，东侧毗邻市委党校，西至通榆河坎。南北全长1.33千米，占地21万平方米，总投资2000万元，建设长100米，宽度2.4米的战壕体验区，北侧地块以党性教育为主，南侧地块以自然生态体验为主。新四军文化林以自然林带为背景，铁军文化为核心，整合四季景观，追忆新四军英雄史诗，与市委党校教育相辅相成。 （陈 怡）

关心下一代工作

· **概 况** 2020年，盐城市关工委开展爱党爱国主题教育、助力决战脱贫攻坚、关注青少年健康成长、加强校外教育辅导站点建设、关爱青少年弱势群体等活动。全年全市各级关工委组织3.57万名“五老”（老干部、老战士、老专家、老教师、老模范）宣讲员，进村（社区）、入校（辅导站）先后宣讲1371场次，受教育青少年167万人次。开展“众志成城抗疫情，浴火重生护生命”主题征文、“颂时代楷模，赞中国精神”老少同台讲好中国故事朗诵比赛等主题教育活动，弘扬爱国主义主旋律。年内，盐城市5人获评全国关心下一代工作先进个人，市教育局关工委获评全国关心下一代工作先进集体。

· **青少年助学** 年内，市关工委争取各类助学资金101.85万元。其中，向《扬子晚报》“阳光助学行动”申报困难大学新生158人，每人获助学金5000元；向省关心下一代基金会“千人助学计划”申报困难大中小学生105人，受助10.9万元；向《关心下一代周报》冰凌花奖学金申报困难中小学生239人，受助11.95万元。举行金秋助学行动，资助困难家庭子女110人，扶持资金12万元。全年市及各县（市、区）关工委资助大、中、小学困难生1.37万人，资助金1041万元。

· **校外教育辅导站（点）建设** 年内，市关工委建立校外教育辅导站（点）3954个，聘用“五老”专职辅导员1万余人、在职教师志愿者6823人、大学生村干部733人、其他社会志愿者4448人参与辅导站工作，参与活动青少年9.42万人次。校外辅导站建有电子阅览室的391个，拥有电脑9325台，参与网上文体活动青少年40.6万人次。在省文明办、省关工委联合召开的全省校外辅导站工作经验交流会上，东台市、建湖县、阜宁县、亭湖区关工委被表彰为校外辅导站工作先进集体；盐城市有12个辅导站被表彰为优秀辅导站，28名“五老”和在职教师志愿者被表彰为优秀辅导员。

· **“爱党爱国，立德立行”主题教育** 年内，市关工委利用网络平台，线上对宅家学生开展防疫抗疫宣传教育和“爱党爱国，立德立行”主题教育。印发由东台市、大丰区、盐都区、建湖县关工委编写的主题教育宣讲稿，供基层关工委参考。基层关工委利用校外教育辅导站的电子阅览室，组织开展网上升国旗，网上讲“四史”（党史、新中国史、改革开放史、社会主义发展史），网上演讲、征文、歌舞比赛等主题教育活动，参与青少年63.9万人次。年内，新四军纪念馆被中国关工委命名为“全国关心下一代党史、国史教育基地”并授予铜牌。

· **青少年法治教育** 年内，市关工委组织青少年法治教育报告团496个，参加老干部、老政法工作人员2290人，其中应聘兼任中、小学法治教育副校长、法治教育辅导员562人。全年开展进村、入校宣讲2567场次，受教育青少年183.6万人次。学习推广南京市在公安派出所建立关爱工作站的经验，全市192个公安派出所，建立关爱工作站115个。组织“五老”结对帮教小组1334个，参加结对帮教的“五老”3704人，结对帮教“五失”（失学、失管、失教、失足、失亲）青少年1421人，其中已转好1327人。开展创建未成年人“双零”（零犯罪、零伤害）社区（村）活动，全市94%的社区（村）达到“双零”目标。 （陆 舰）

盐城市人民代表大会

编辑　孟建民

综　述

· **概　况**　盐城市第八届人民代表大会及其常委会下设3个专门委员会、2个办事机构、8个工作机构。3个专门委员会分别是财政经济委员会、法制委员会、社会建设委员会。2个办事机构分别是办公室、研究室。8个工作委员会分别是监察和司法工作委员会、预算工作委员会、农村工作委员会、教育科学文化卫生委员会、环境资源城乡建设委员会、人事代表联络委员会、民族宗教侨务外事委员会、法制工作委员会。全年市八届人民代表大会召开会议1次，市八届人大常委会召开会议9次，市八届人大常委会召开主任会议14次。

· **代表构成**　市第八届人民代表大会有代表541名，其中公务员274名，企业单位负责人67名，事业单位负责人56名，工人44名，农民17名，村委会、村党支部组成人员30名，专业技术人员41名，解放军和武警12名。

· **人事任免**　2020年，市人大常委会坚持党管干部的原则，根据人大常委会主任会议和市委、市政府提请，任免国家机关工作人员88人次。其中，4月29日，市八届人大常委会第二十七次会议任命费坚为盐城市政府副市长（挂职），任命陈卫红为盐城市政府副市长，任命吴本辉为盐城市政府副市长。免去孙轶盐城市政府副市长职务，免去葛启发盐城市政府副市长职务。

· **代表履职服务**　年内，市人大常委会拓宽代表知情知政渠道，常态化组织代表参加人大立法、执法检查、视察调研等活动，落实代表列席市人大常委会会议制度。市委常委会、市政府常务会议专门邀请代表参会讨论议题、发表意见。依托人大代表之家（站），开展五级人大代表“走基层、进家站、联选民”活动，全市4800多名人大代表累计接待选民1.3万人次，收集关于港口和铁路建设、居民医保、就业创业、交通出行等方面意见建议1.34万条。推进“互联网+代表履职”平台建设，建立代表履职服务管理手机App、网上“代表之家”。开展“万名代表大走访”活动，对代表在大走访中收集到的群众反映问题，实行市县镇三级人大分类处理、分级交办、分级督查、定期反馈、定期回访，解决问题。全年全市各级人大代表围绕社会治理、富民增收、改善民生等方面，走访群众2.2万余户，帮助解决实际问题4300余个，帮扶困难家庭2700多户，市县镇三级人大处理代表各类意见建议5130多条。

· **驻沪代表之家建立**　年内，市人大常委会为拓展代表工作接轨上海的新空间，在上海市先后建成4个驻沪代表之家、4个驻沪代表小组。驻沪人大代表之家呈现出“行业引领作用强、代表交流范围广、桥梁纽带作用好、助力发展质量高”的特点，全年驻沪代表提出或起草推动长三角一体化发展的全国人大代表建议2件，省人大代表议案1件、建议3件，市人大代表建议2件。年内，上海市人大到盐城市考察调研1次、上海市区级人大和代表到盐城市考察调研5次，驻沪代表之间、沪盐两地代表之间直接或间接达成赴盐城市投资或相互合作事项16件。

· **全国人大《联络动态》刊载“盐城实践”**　6月11日，全国人大常委会在《联络动态》刊载《人大议案建议办理的“盐城实践”》，省人大常委会常务副主任李小敏作出批示肯定。市人大常委会在代表议案建议办理中坚持领导带头，注重考核激励，多方良性互动，实现“三个转变”（坚持领导带头，议案建议办理向“既重程序、并重结果”转变；注重考核激励，议案建议办理由“软约束”向“硬任务”转变；多方良性互动，议案建议办理由“背靠背”向“面对面”转变），议案建议的办成率稳步提升，走出一条代表议案建议办理的新路径。（陈文松）

重要会议

· **市八届人大四次会议**　2020年1月8—11日，市八届人大四次会议召开。大会应到代表545名，出席代表537名，符合法定人数。会议听取并审议市长曹路宝所作的政府工作报告；市人大常委会常务副主任倪峰所作的盐城市人大常委会工作报告；市中级人民法院院长王世华所作的盐城市中级人民法院工作报告；市检察院检察长葛冰所作的盐城市人民检察院工作报告。会议审议关于盐城市2019年国民经济和社会发展计划执行情况与2020年国民经济和社会发展计划草案的报告、关于盐城市2019年预算执行情况和2020年预算草案的报告。会议表决通过市八届人大四次会议关于盐城市人民政府工作报告的决议、关于盐城市2019年国民经济和社会发展计划执行情况与2020年国民经济和社会发展计划的决议、关于盐城市2019年财政预算执行情况和2020年财政预算的决议、关于盐城市人大常委会工作报告的决议、关于盐城市中级人民法院工作报告的决议、关于盐城市人民检察院工作报告的决议。会议通过市八届人大社会建设委员会组成人员人选名单。会议选举张礼祥为市八届人大常委会副主任，乐超为市八届人大常委会秘书长，尹贵尧、刘海峰、李晓明、邵开云、徐丹为市八届人大常委会委员。

· **市八届人大常委会会议**　年内，市八届人大常委会召开会议9次。

1月3日，市八届人大常委会第二十五次会议召开。会议审议并表决通过省人大代表补选事项、《盐城市第八届人民代表大会财政经济委员会副主任委员、委员名单》《关于盐城市人大常委会内务司法委员会更名为盐城市人大常委会监察和司法工作委员会的决定》，有关人事事项按规定等级备案。会议审议市八届人大四次会议建议议程（草案）、市八届人大四次会议主席团和秘书长建议名单（草案），决定提交市八届人大四次会议预备会议表决通过。会议听取并表决通过市八届人大常委会代表资格审查委员会关于部分补选代表的代表资格和终止部分代表资格事项的审查报告，审议并表决通过市八届人大四次会议列席人员范围，听取关于市八届人大四次会议筹备工作情况的报告。会议审议并通过市人大常委会工作报告（提请审议稿），决定修改完善后提请市八届人大四次会议审议。会议审议并表决通过有关人事任免事项，被任命人员进行宪法宣誓。

3 月 26 日，市八届人大常委会第二十六次会议召开。会议听取市政府关于统筹推进新冠肺炎疫情防控和经济社会发展工作情况的报告。会议听取和审议《盐城市政府关于我市与韩国忠清北道堤川市和蔚山广域市南区缔结友城关系的议案》，市人大财经委关于进一步优化营商环境促进民营经济高质量发展的议案处理意见的报告，市人大常委会教科文卫委关于加快黄海湿地旅游发展的议案处理意见的报告，市人大社会委关于加快全市养老服务体系建设的议案处理意见的报告。会议表决通过市八届人大常委会代表资格审查委员会增补副主任委员、委员名单，《盐城市人大常委会关于批准盐城市与韩国忠清北道堤川市和蔚山广域市南区缔结友城关系的决定》。

4 月 29 日，市八届人大常委会第二十七次会议召开。会议听取和审议市政府关于 2019 年全市高质量发展监测指标体系完成情况的报告，市中级人民法院关于全市法院商事审判工作情况的报告。会议听取市政府关于全市 2019 年度环境状况和环境保护目标完成情况的报告。会议审议市政府关于提请审议《盐城市安全生产条例（草案）》的议案，市人大常委会部分审议意见落实情况的反馈报告并开展满意度测评。会议审议并表决通过《盐城市授予荣誉市民称号办法》和有关人事任免事项，被任命人员进行宪法宣誓。

6 月 24 日，市八届人大常委会第二十八次会议召开。会议听取和审议市政府关于 2019 年市级财政决算草案情况的报告、关于 2019 年度市级预算执行和其他财政收支情况的审计工作报告，市人大常委会执法检查组关于检查《中华人民共和国传染病防治法》实施情况的报告。会议审议市政府关于提请审议《盐城市饮用水安全保护条例（草案）》的议案。会议审议并表决通过《盐城市人大常委会关于批准 2019 年市级财政决算的决议》。

7 月 29 日，市八届人大常委会第二十九次会议召开。会议听取和审议市检察院关于全市未成年人检察工作情况的报告。会议听取市八届人大常委会代表资格审查委员会关于终止个别代表资格事项的审查报告。会议审议并表决通过有关人事任免事项，被任命人员进行宪法宣誓。

8 月 18—19 日，市八届人大常委会第三十次会议召开。会议听取市政府关于城市黑臭水体整治情况的报告，专题询问市区黑臭水体整治情况并开展满意度测评。会议听取和审议市政府关于上半年国民经济计划和财政预算执行情况的报告、关于 2019 年度全市行政事业性国有资产管理情况的报告、关于中韩（盐城）产业园建设情况的报告。会议审议市政府关于 2019 年度全市国有资产管理情况的综合报告。会议审议市中级人民法院关于全市法院商事审判工作情况的审议意见落实情况的反馈报告并开展满意度测评。会议审议并表决通过《盐城市安全生产条例》《盐城市人大常委会关于推进中韩（盐城）产业园建设的决定》和有关人事任免事项，被任命人员进行宪法宣誓。《盐城市安全生产条例》待报省人大常委会批准后施行。

9 月 25 日，市八届人大常委会第三十一次会议召开。会议审议《盐城市人民政府关于提请授予王潮歌“盐城市荣誉市民”称号的议案》，审议并表决通过《盐城市人大常委会关于授予王潮歌“盐城市荣誉市民”称号的决定》；听取和审议关于全市规范性文件备案审查工作情况的报告。

10 月 28—29 日，市八届人大常委会第三十二次会议召开。会议听取和审议《盐城市人民政府关于提请审议 2020 年盐城市级预算调整方案（草案）的议案》、市政府关于进一步优化营商环境促进民营经济高质量发展的议案办理情况的报告、关于加快黄海湿地旅游发展的议案办理情况的报告、关于加快全市养老服务体系建设的议案办理情况的报告、关于全市决胜脱贫攻坚战工作情况的报告。会议听取市政府关于 2020 年民生实事实施情况的报告，关于全市安全生产工作情况的报告并开展专题询问和满意度测评；听取盐城市部分省人大代表履职情况报告并进行评议。会议审议市政府关于检查《中华人民共和国传染病防治法》实施情况的审议意见落实情况的反馈报告并开展满意度测评。会议审议并表决通过《盐城市人大常委会关于批准 2020 年盐城市级预算调整方案的决议》《盐城市饮用水安全保护条例》和有关人事任免事项，被任命人员进行宪法宣誓。《盐城市饮用水安全保护条例》待报省人大常委会批准后施行。

12 月 16 日，市八届人大常委会第三十三次会议召开。会议听取和审议市政府关于 2019 年市级预算执行和其他财政收支审计查出问题整改情况的报告，关于市八届人大四次会议代表建议、批评和意见办理情况的报告。会议听取市政府关于盐城市国民经济和社会发展第十四个五年规划和 2035 年远景目标纲要草案编制情况的报告，关于全市旅游业高质量发展情况的报告。会议审议并表决通过《盐城市人大常委会关于召开盐城市第八届人民代表大会第五次会议的决定》。会议审议关于中韩（盐城）产业园建设情况的审议意见、全市未成年人检察工作情况的审议意见落实情况的反馈报告并开展满意度测评，并对市八届人大四次会议大会议案办理情况进行满意度测评。会议审议并表决通过有关人事任免事项，被任命人员进行宪法宣誓。

（陈文松）

10月13日，省人大常委会执法检查组在盐城市检查《中华人民共和国土壤污染防治法》实施情况　（市生态环境局　供图）

人大立法

（参见《法治 · 人大立法》）

人大监督

· 概　况　2020年，盐城市人大常委会听取和审议专项工作报告及计划、预算、审计工作报告30项，开展专题询问2次、执法检查4次，组织代表视察调研33次，作出决议决定7项。年内，市人大常委会聚焦重点园区建设、重大项目推进、优化营商环境、企业复工复产、全域旅游、安全生产等重点事项，审议专项工作报告、开展专题询问、作出决议决定，推动做好“六稳”工作，落实“六保”任务，保障疫情防控和经济社会发展“双胜利”。听取和审议全市高质量发展监测评价指标体系完成情况、上半年国民经济计划执行情况、中韩（盐城）产业园建设情况等报告，重点督办优化营商环境等代表议案，提出加强经济运行监测分析，加快转型升级步伐。履行预算审查监督和国有资产监管职能，听取和审议财政预算执行情况、审计工作及审计查出问题整改情况、国有资产管理情况等报告，对农房改善资金使用绩效情况进行专题调研，推动优化财政资源供给，提高资金使用绩效，更好发挥财政资金、国有资产对促进高质量发展的支撑作用。围绕系统建设、运行、管理、考核“四个到位”，全面推进预算联网监督工作，打造预算联网监督“盐城特色”。围绕精准脱贫、乡村振兴、产业富民等方面，专题审议全市决胜脱贫攻坚战工作情况的报告，听取民族村小康社会建设情况的报告，推动紧盯重点环节、重点人群，完善政策措施、优化帮扶机制、落实帮扶责任，打赢脱贫攻坚收官战。

· 执法检查　年内，市人大常委会落实宪法宣誓制度，推动“国家宪法日”“宪法宣传周”等活动常态化开展，维护宪法权威。采取集中学习、座谈交流、举办讲座等形式，推动《中华人民共和国民法典》宣传普及、有效实施。听取和审议规范性文件备案审查工作情况的报告，将执法检查和听取专项工作报告、开展专题询问相结合，综合运用现场察看、随机抽查、制定问题清单、第三方评估等方式，对《中华人民共和国传染病防治法》《中华人民共和国科学技术进步法》《中华人民共和国土壤污染防治法》《中华人民共和国安全生产法》及相关条例的实施情况进行检查，督促有关方面切实履行法定职责，强化执法检查“法律巡视”作用。其中，省市县三级人大联动开展《中华人民共和国土壤污染防治法》实施情况执法检查。疫情期间，市人大常委会党组第一时间召开专题会议，调整监督计划，听取工作情况汇报，开展相关法律实施情况执法检查，支持政府及有关部门依法实施应对疫情的紧急措施。

· 司法监督　年内，市人大常委会听取和审议商事审判工作情况的报告，督促全市法院发挥司法职能，妥善化解矛盾纠纷，维护各类主体合法权益。听取和审议未成年人检察工作情况的报告，督促职能部门履职尽责。听取关于全市扫黑除恶专项斗争工作情况的报告，支持有关方面重拳出击、依法严惩。组织人大代表旁听行政诉讼案件庭审，专题调研全市律师执业情况和律师制度建设情况、“七五”普法工作、基层人民法庭建设情况，推进公共法律服务体系建设。

· 专题询问　年内，市人大常委会专题询问市区黑臭水体整治情况，8个部门负责人就基层反映突出的问题接受组成人员和人大代表的询问。专题询问全市安全生产工作情况，6个部门负责人围绕全市安全生产工作接受组成人员和人大代表的询问。

· 视察调研　年内，市人大常委会围绕市委农房改善“九条意见”贯彻落实情况，成立2个专题调研组，深入全市镇村实地调研形成相关报告。推进县镇民生实事项目人大代表票决制，组织专题视察，听取情况汇报，提升民生实事项目组织管理水平。常态化听取年度环境状况和环境保护目标完成情况的报告，视察调研农村河道生态治理情况，对市政府关于城市黑臭水体整治情况开展专题询问和满意度测评，促进标本兼治，助推全市生态环境质量持续向好。视察调研教育资源供给、养老服务体系建设、全民健身、医疗保障、社会救助等工作。围绕黄海湿地保护利用情况，调研和专题视察，推进“世遗”品牌效应，走好生态优先、绿色发展之路。（陈文松）

议案建议

· 概　况　市八届人大四次会议期间，收到代表议案和建议239件。其中，韦琴等10位代表提出《关于进一步优化营商环境，促进民营经济高质量发展的议案》（第130号）、殷凤山等11位代表提出《关于优化民营经济发展环境，推动民营企业高质量发展的议案》（第27号）、朱晓扣等12位代表提出《关于加快黄海湿地旅游发展的议案》（第24号）、李文婷等10位代表提出《关于加快全市养老服务体系建设的议案》（第137号）被确定为大会议案，经市人大常委会审议后交市政府办理；其余235件代表建议中（含转为建议处理的议案），由市政府及其有关部门主办214件，由党群部门主办21件。市委书记戴源重视议案办理工作，领衔调研督办，市长曹路宝召开政府常务会议专题研究，牵头督办。各承办部门规范办理程序，创新办理方式，与代表沟通协商，推进办理工作，办理质效得到明显提升。市人大常委会加强议案办理督查工作，进行集中督办和重点督办，提高办理质量。10月28日，市八届人大常委会第三十二次会议听取和审议市政府关于议案办理情况的报告。12月16日，在市八届人大常委会第三十三次会议上，市人大常委会组成人员和领衔提议案的代表对议案办理工作进行满意度测评，满意率均在97.7%以上。至年底，市八届人大四次会议期间提交的239件代表议案建议全部办结。

· 民营经济和民营企业高质量发展议案办理　在市八届人大四次会议上，韦琴等10位代表提出《关于进一步优化营商环境，促进民营经济高质量发展的议案》（第130号）和殷凤山等11位代表提出《关于优化民营经济发展环境，推动民营企业高质量发展的议案》（第27号），2件议案并案处理。议案提出资金、用工、手续办理是民营企业反映最为集中的热点和难点，审批服务信息化水平还不够高，部门“信息壁垒”尚未打破，各种审批要件、程序、环节仍然偏多等问题。议案建议优化政务服务环境，当好利企便民“店小二”，开展“材料瘦身、减证便民”行动，健全完善“一窗受理、按责转办、网上流转、统一督办、集中反馈”的集成服务模式；优化投资发展环境，减轻企业负担，破解融资难融资贵问题；优化法治营商环境，加强公正监管，强化体制机制创新，推进痛点难点堵点问题解决。该议案由市政府主办，市发改委、市工信局等单位承办，年内办结。

·《关于加快黄海湿地旅游发展的议案》办理　在市八届人大四次会议上，朱晓扣等12位代表提出《关于加快黄海湿地旅游发展的议案》（第24号）。议案提出盐城湿地旅游产业规划层次不够高，未形成“湿地＋旅游”的大格局，旅游景区的湿地特色尚需挖掘，“世遗”品牌效应未充分放大，盐城湿地自然遗产的LOGO的市场影响力、品牌辐射力有待提升，推动湿地旅游产业发展的活动形式相对单一等问题。议案建议拓展湿地旅游空间，牢固树立全市湿地旅游“一盘棋”的理念，强化湿地旅游规划的引领作用；致力湿地旅游保护，把“绿水青山就是金山银山”的生态思想在盐城黄海湿地落地生根；叫响湿地旅游品牌，打造全球湿地旅游有影响力的“盐城板块”，培育独具特色的湿地旅游业态；写好湿地旅游文章，讲好盐城湿地旅游好故事，使湿地旅游中更具乡土味、更加原生态，让更多的文化人、体育人宣传盐城湿地，推介盐城湿地，构建全市全域湿地旅游发展新格局。该议案由市政府主办，市文广旅局、市委宣传部等单位承办，年内办结。

·《关于加快全市养老服务体系建设的议案》办理　在市八届人大四次会议上，李文婷等10位代表提出《关于加快全市养老服务体系建设的议案》（第137号）。议案提出全市养老服务社会化格局没有从根本上形成，社会力量对兴办养老机构积极性不高，从事养老服务业的机构和服务人员偏少，养老服务网格体系尚不健全，社区养老服务产业连锁化还没有形成，养老机构服务内容较单一，养老机构组织机构不够健全等问题。议案建议改善养老服务发展环境，做好养老服务领域政策指引，加快养老服务机构建设，落实养老服务相关经费；加强养老服务能力，建立社区养老服务网络，推进服务设施建设，推行“互联网＋智慧养老”，加强养老服务从业人员培训；增加养老医护服务供给，将符合条件的医疗护理费用纳入医疗保险基金支付范围，鼓励有条件的医疗卫生机构托管、运营办公养老机构，鼓励符合条件的执业医师多点执业。该议案由市政府主办，市民政局、市卫健委等单位承办，年内办结。

（陈文松）

表3　2020年盐城市人大代表部分优秀建议一览表

序号	建议名称	建议人
1	关于稳步推进学前教育高质量发展的建议	倪习龙等9人
2	关于推动盐城市地方性法规全面实施的建议	周建业
3	关于调增机关事业单位编外人员工资待遇的建议	刘娅等3人
4	关于优化我市医疗资源配置提升服务能力的建议	马新玉等2人
5	关于更好施行《中华人民共和国土壤污染防治法》的建议	秦光蔚等12人
6	关于乡村文化振兴“四个一”微服务的建议	金继秀等3人
7	关于提升社会治安防控体系建设水平的建议	周　兵
8	关于进一步加大农房改善工作政策支持的建议	凌亚涵等10人
9	关于重视老旧小区改造个性化需求的建议	蒯乃华
10	关于清除204国道交通安全隐患的建议	薛　惠
11	关于加强食品源头管控的建议	李　响
12	关于开发淮河入海水道旅游的建议	刘彪等10人
13	关于加强学生外包集中供餐监管问题的建议	冯雷激
14	关于巩固脱贫摘帽成果，推进高质量发展的建议	朱建元
15	关于切实为基层减负的建议	周　波
16	关于进一步加大安全生产监管力度，强化应急处置能力的建议	沈　淦
17	关于持续加快发展农村经济，推进特色田园乡村建设的建议	季勇等11人
18	关于巩固“基本解决执行难”成果，建立长效机制促执行的建议	黄裕忠等12人
19	关于统筹教师编制，促进教育高质量发展的建议	李建国等14人
20	关于进一步规范医疗废物收集转运的建议	王萍等10人
21	关于提升城市服务能级，扮靓市区“北大门”的建议	谷远鹏等3人
22	关于大力推进医养结合型养老机构建设的建议	赵玉华等4人

盐城市人民政府

编辑　孟建民

综　述

·概　况　2020年，盐城市实施精准防控、联防联控，以保产业链供应链—保市场主体—保居民就业的工作主线，带动消费、投资、进出口，做好"六稳"工作，落实"六保"任务，推进疫情防控和经济社会发展，经济持续稳定复苏。全市地区生产总值5953.38亿元，一般公共预算收入400.1亿元，实现外贸进出口总额119.4亿美元。推进主导产业发展，金光纤维一体化、滨海港基础设施配套工程、长三角智能网联汽车试验场、新铠胜电子等企业开工建设，华人运通新能源汽车、SKI动力电池企业投产。主动融入"双循环"，通过中韩"快捷通道"保障韩资项目建设，新开工来自长三角地区亿元以上项目190个。坚持把粮食生猪稳产保供作为一项事关全局的头等大事紧抓不放，多次召开专题会议研究部署，建立恢复生猪生产保障市场供应工作联席会议制度，全面压紧压实"米袋子""菜篮子"责任制。加大政策扶持力度，市县两级落实生猪扩能增量奖补资金1.2亿元、粮食生产惠农资金17.4亿元。落实生猪存、出栏190.8万头、344.5万头目标任务。实施藏粮于地、藏粮于技战略，推进高标准农田建设和耕地质量保护与提升行动，累计建成高标准农田63.33万公顷。全市夏粮总产25.6亿千克、较上年增4800万千克；40.81万公顷秋粮水稻已全部收获。落实"市县镇"三级挂钩服务制度，重抓1081个千头以上生猪规模场恢复生产。全市创建省级粮食绿色高质高效示范片99个、部省生态健康养殖示范场406个。推进"万企联万村""国有农场与地方联动一体化发展"，强化龙头企业的招引，落地一批粮食烘干、农畜产品冷链、仓储、精深加工、物流园区等产业项目。提升就业保障能力，举办线上线下招聘活动438场次，减轻企业税费90多亿元，向1.39万家企业发放稳岗返还资金3.5亿元。新增养老保险参保64.5万人。发展夜间经济，社会消费品零售总额逐步回升。持续完善主城区功能，新洋港大道范公路至人民路段建成通车，建军路商圈改造提升，全省首条高架地面系统BRT环线建成使用，更换纯电动巡游出租车998辆。实施100个新基建重点项目，5G网络市区县城全覆盖。牵头成立淮河生态经济带生态环保联防联治专委会。落实长江大保护和长江禁渔工作任务，系统推进串场河等河道全流域治理，组织黄海湿地世界自然遗产保护宣传系列活动。启动84千米市区环城高速圈生态廊道建设。全市空气质量优良天数308天，$PM_{2.5}$年均浓度下降至每立方米33微克。大丰区创成国家全域旅游示范区，盐都区创成全国"两山"实践创新基地，长三角（东台）康养小镇签约落地。实施农村128所薄弱村撤并，144所镇寄宿制学校改善和普通高中教学质效提升工程，义务教育大班额现象基本消除。市儿童医院投入运营，市中医院南扩、公共卫生临床中心等一批医疗项目加快建设，全市核酸日单检能力5.5万份。落实安全生产专项整治"一年小灶"任务，完善社会治安防控体系，群众安全感进一步增强。

·"营商环境优化提升年"活动　年内，市政府聚焦"六保""六稳"目标任务，依法保障和服务民营企业健康发展，将优化法治化营商环境纳入依法治市工作要点和法治政府建设重点工作计划。开展"营商环境优化提升年"活动，建立产权保护联席会议制度，加强对产权保护，依法打击各类破坏营商环境违法犯罪，维护市场经济秩序。梳理盐城市涉及营商环境的规章、规范性文件和其他政策文件，合法性审查《关于进一步优化全市营商环境的实施意见》等规范性文件。坚持问题导向，对照年初省委依法治省办第九督察组反馈意见，印发《盐城市"营造法治化营商环境保护民营企业发展"存在问题整改措施落实表》，督察各责任单位对照整改。至年底，全部整改到位。

（谢　冰　郭本凯）

·政府新闻发布　年内，市政府召开新闻发布会19场次。

1月14日，全市鼓励职业技能提升促进返乡就业创业新闻发布会召开。

3月17日，优化营商环境新闻发布会召开。

3月30日，盐城市区环城高速圈生态廊道建设新闻发布会召开。

4月20日，盐城市河东片区规划建设新闻发布会召开。

4月28日，盐城市促进消费扩容提质相关政策新闻发布会召开。

5月13日，推进全市新型基础设施建设新闻发布会召开。

5月13日，韩风国际文化名城规划建设新闻发布会召开。

5月22日，盐城市第三届龙舟赛新闻发布会召开。

5月22日，集中开展全市企事业单位不动产补充办证工作新闻发布会召开。

5月26日，发挥融资担保作用助力小微企业和"三农"发展新闻发布会召开。

6月8日，关于推进高新技术企业高质量发展新闻发布会召开。

6月18日，关于进一步调整户口迁移政策加快推进农业转移人口市民化新闻发布会召开。

7月10日，盐城市深化"放管服"改革新闻发布会召开。

8月14日，关于加快渔港建设促进海洋渔业高质量发展的新闻发布会召开。

8月25日，"决胜全面小康"系列新闻发布会大丰专场召开。

9月4日，首届中国电子信息创新创业大赛新闻发布会召开。

9月18日，"决胜全面小康"系列新闻发布会盐都专场召开。

10月15日，“决胜全面小康”系列新闻发布会亭湖专场召开。

11月18日，盐城市“12345”企业服务“一企来”专线开通新闻发布会召开。（何求全）

重要会议

·市政府全体会议 3月17日，市政府召开全体人员会议暨营商环境优化提升动员会议。市长曹路宝出席会议并讲话，强调要认真学习贯彻习近平总书记关于优化营商环境工作的系列重要论述精神，坚持疫情防控和经济社会发展两手抓，对标最高标准、最好水平，全力打造一流营商环境，为加快建设“四新盐城”提供有力保障。

·市政府常务会议 年内，市政府召开常务会议21次。

1月19日，市政府第43次常务会议召开。会议传达学习国务院第二督导组安全生产专项整治督导工作反馈会精神，研究政府工作报告主要目标任务分解、生态环境损害赔偿制度改革、市级政府投资重大工程项目编排等工作。

2月3日，市政府第44次常务会议召开。会议贯彻落实市委常委会会议暨应对新型冠状病毒感染的肺炎疫情工作领导小组全体会议精神，听取疫情防控最新情况汇报，研究部署下一步工作，审议通过应对疫情支持中小企业共渡难关的政策意见。

2月20日，市政府第45次常务会议召开。会议审议突发事件应急预案等文件，研究农贸农批市场、市区环城高速圈生态廊道建设等工作。

3月13日，市政府第46次常务会议召开。会议研究应对新冠肺炎疫情对经济运行影响、办理“两会”议案建议提案等工作，审议进一步优化营商环境、做好“三农”领域重点工作等文件。

4月16日，市政府第47次常务会议召开。会议分析研判一季度经济形势，审议安全发展、消费扩容提质等文件，研究设立主导产业工作专班等工作。

4月30日，市政府第48次常务会议召开。会议传达部署“五一”假期安全防范和旅游管理工作，审议营商环境优化提升、推进“新基建”等文件，研究驻外办事机构转换职能服务发展等事项。

5月21日，市政府第49次常务会议召开。会议听取全市安全生产、扫黑除恶专项斗争等工作汇报，审议高新技术企业高质量发展、村庄河塘整治专项行动、推动地方和农场联动发展等文件。

6月2日，市政府第50次常务会议召开。会议审议地震应急预案等文件，研究深化“放管服”改革、城镇污水处理一体化等工作。

6月15日，市政府第51次常务会议召开。会议学习习近平总书记重要指示精神及上级文件要求等，学习《中华人民共和国民法典》，听取医疗卫生重点项目建设情况汇报，研究《饮用水安全保护条例》，审议公共资源交易目录等文件。

7月8日，市政府第52次常务会议召开。会议听取上半年全市经济运行、重大安全问题隐患整改、脱贫攻坚等情况汇报，审议跨境电商综试区建设、长江流域禁捕退捕、困难群众基本生活保障提标等文件。

7月21日，市政府第53次常务会议召开。会议听取2020年政府工作报告目标任务上半年实施情况汇报，审议社会信用体系建设、大面积停电事件应急预案、民用天然气事故应急预案等文件，研究SRT一号线建设等工作。

8月5日，市政府第54次常务会议召开。会议听取全市深化医改、信访工作情况汇报，审议推进健康盐城建设、夜间经济发展、建筑业发展、渔港建设等文件。强调各地各部门要深入贯彻习近平总书记系列重要讲话精神，抓好产业发展。

8月31日，市政府第55次常务会议召开。会议组织集中学习，审议民生补短板、食品安全、旅游园区建设、防御台风和重污染天气应急预案、国家知识产权工作示范城市建设等文件，听取环保督察交办问题整改销号工作汇报。

9月15日，市政府第56次常务会议召开。会议集中学习全国深化“放管服”改革优化营商环境电视电话会议精神，听取全市重点行业领域安全生产专项整治工作情况汇报，审议农业机械化、重要农产品保障、家政服务业提质扩容、既有住宅增设电梯、“世遗”品牌传播行动计划、气象灾害应急预案等议题。

9月23日，市政府第57次常务会议召开。会议研究建立更加有效的区域协调发展新机制实施方案，审议能源高质量发展、安全生产执法检查、国有资产管理、突发重大动物疫情应急预案和特种设备事故应急预案等议题。

10月10日，市政府第58次常务会议召开。会议听取全市重点行业领域安全生产专项整治工作情况汇报，研究公立医院改革及县级医疗卫生机构建设工作，审议美丽宜居城市建设等文件。

11月4日，市政府第59次常务会议召开。会议集中学习习近平总书记关于农村乱占耕地建房问题整治工作的重要批示和全国全省农村乱占耕地建房问题整治工作电视电话会议精神，传达学习省委书记娄勤俭在盐城考察调研和“十四五”江苏沿海高质量发展座谈会主要精神，听取全市第七次全国人口普查情况汇报，审议国土空间总体规划、推进中韩（盐城）产业园建设等文件。

11月24日，市政府第60次常务会议召开。会议学习贯彻习近平总书记视察江苏重要指示和全面推动长江经济带发展座谈会重要讲话精神，研究部署省委危化品安全生产专项巡视反馈意见整改任务分解等工作，审议《盐城市河道管理办法》等文件。

12月5日，市政府第61次常务会议召开。会议审议生产安全事故、突发环境事件等应急预案，研究常州盐城工业园区高质量发展总体方案等文件。

12月17日，市政府第62次常务会议召开。会议审议见义勇为称号评定实施办法和森林火灾、突发地质灾害、供水突发事件应急预案等文件，研究有关工作。

12月28日，市政府第63次常务会议召开。会议传达学习省市委全会精神，研究“十四五”全市重大项目编排、污染防治成效考核等文件，审议既有建筑安全管理等事项。（何求全）

实事工程

· 概　况　2020年，盐城市实施20件为民办实事工程项目，覆盖教育供给、医疗卫生、住房保障、文化体育、公共交通、市政公用、生态环境、惠民实事、社会保障领域。市委、市人大和市政协主要领导关心为民办实事项目进展，通过多种形式深入细致了解项目进展情况，提出工作建议和意见。各分管副市长多次召开专题协调会研究项目推进过程中存在的矛盾问题。市发改委建立为民办实事项目数据库，厘清项目中的步骤程序和责任部门。各牵头单位成立专门工作班子，分解落实项目任务，各配合单位围绕大局靠前服务，做好要素协调保障，保障项目工程落实到位。至年底，20件为民办实事工程项目投资233亿元。

· 幼儿园新建工程　年内，全市新建幼儿园22所。滨海县颐高广场幼儿园，盐南高新区盐幼专附属幼儿园2个子项目基础工程完成；东台市东关幼儿园，盐都龙冈桃花园幼儿园2个子项目主体竣工；射阳县人民东路幼儿园、达阳路幼儿园，盐都区朗达壹号院幼儿园3个子项目主体工程竣工；东台市康和花苑幼儿园，建湖县碧桂园幼儿园，阜宁县城河路幼儿园、澳门路幼儿园，滨海县实验幼儿园、学府壹号小区幼儿园，响水县开发区幼儿园、城东幼儿园、城中幼儿园，大丰外国语学校幼儿园，盐都区东进华都幼儿园，亭湖区在水一方幼儿园、嘉彭幼儿园，盐南高新区鹏润花园幼儿园，开发区雨露花园幼儿园15个子项目工程竣工。全年完成投资3.27亿元。

· 中小学校建设工程　年内，全市实施28所中小学建设工程。东台市沿海实验中学、射阳县新城初级中学、滨海县永宁路实验学校西湖校区、滨海县育才高级中学、亭湖区第一初级中学、市第八中学扩建、市田家炳小学扩建、开发区城东一号小学8个子项目工程开工建设；东台市唐洋镇小学，大丰区外国语学校高中部、盐都区东进路小学、东进路初中4个子项目主体工程竣工；射阳县新城小学、阜宁县城河路小学、北京路小学、滨海县坎北街道中心小学、滨海县西湖初中、东元高级中学、响水县城南高级中学、响水县开发区初级中学、城南小学、亭湖区西环路实验小学、亭湖区新区实验学校小学部、在水一方小区配建小学、亭湖区新洋实验学校初中部、盐南高新区串场河东小学、新都路小学、华师大盐城实验中学16个子项目工程竣工。全年完成投资43.44亿元。

· 市区卫生服务能力提升工程　年内，盐城市儿童医院一期工程对原市妇保院住院楼、门诊楼改建，开放床位220张。6月1日，市儿童医院一期工程投入使用。市第一人民医院二期工程建设外科楼、规培楼、科教楼等工程，建筑面积23万平方米，实施土方开挖、桩基工程施工。市第三人民医院南院二期工程建设内科综合病房楼和医疗辅助用房，建筑面积7.2万平方米，完成桩基工程，地下基坑围护桩施工。市中医院南扩工程建设门急诊病房综合楼、医研病房综合楼等，建筑面积15.44万平方米，主体项目工程竣工。新建盐城环保科技城社区卫生服务中心项目，建筑面积5000平方米，完成四楼层砌墙隔断，原平台基础开发出土。异地新建亭湖区永丰卫生院项目，建筑面积6800平方米，桩基工程开始施工。新建盐南高新区新河社区卫生服务中心项目，完成原开发区管委会大楼等资产回购，实施项目外立面拆除工程施工。全年完成投资10.8亿元。

· 农房改善工程　年内，全市改善农民群众住房条件4.34万户，其中东台市1511户、建湖县9126户、射阳县6500户、阜宁县5027户、滨海县5430户、响水县4030户、大丰区3796户、盐都区3524户、亭湖区1818户、盐城经济技术开发区1124户、盐南高新区1503户。全年完成投资114.24亿元。

· 老旧小区整治工程　年内，全市整治老旧小区74个314万平方米，实施老旧小区基础设施改善、开展适老化改造、整治环境卫生、完善停车设施、加固修缮房屋、落实长效管理等，其中东台市实施5个21.5万平方米、建湖县实施5个11.4万平方米、射阳县实施3个8.5万平方米、阜宁县实施5个23.5万平方米、滨海县实施2个2.9万平方米、响水县实施2个3.5万平方米、大丰区实施3个9.8万平方米、盐都区实施1个（片区）5.9万平方米、亭湖区实施43个169万平方米、盐城经济技术开发区实施1个24万平方米、盐南高新区实施3个30万平方米、市城投集团实施1个4.4万平方米。全年完成投资5.92亿元。

· 盐城古八景建设工程　年内，市政府启动杨楼翠霭、登瀛晚眺、平湖秋色、石桥春涨、龙祠胜概、瓜井仙踪、范堤烟雨、铁柱潮声盐城古时八景建设工程，主体项目工程竣工。全年完成投资389万元。

· 阅读新空间建设工程　年内，全市建成30个特色、功能多元，满足群众阅读、休闲、购书、活动体验于一体的阅读新空间，其中东台市4个，建湖县、射阳县、阜宁县、滨海县、大丰区、盐都区、亭湖区各3个，响水县、盐南高新区各2个，盐城经济技术开发区1个。全年完成投资1.48亿元。

· **健身设施建设工程** 年内，全市新建健身步道85千米。全市220个老旧小区安装新的室外体育健身器材，其中东台市、建湖县、射阳县、阜宁县、滨海县、响水县各有20个，大丰区、盐都区各有25个，亭湖区有30个，盐城经济技术开发区、盐南高新区各有10个。市区建成盐龙体育公园并对外开放，改建盐渎公园、世纪公园、法制廉政公园3个体育公园，在东亭湖公园、环保公园等10个公园内嵌入体育元素增加休闲功能，建设工程全部竣工。全年完成投资2.41亿元。

· **运动球场建设工程** 年内，全市实现95个镇、30个街道笼式多功能灯光球场全覆盖，其中东台市14个、建湖县14个、射阳县13个、阜宁县17个、滨海县14个、响水县8个、大丰区13个、盐都区12个、亭湖区13个、盐城经济技术开发区2个、盐南高新区5个。建成85片足球场地及附属设施，其中东台市15片、建湖县10片、射阳县13片、阜宁县13片、滨海县13片、响水县9片、大丰区2片、盐都区3片、亭湖区7片。全年完成投资1.6亿元。

· **妇女儿童活动中心建设工程** 年内，盐城市将原市双语小学改扩建为市妇女儿童活动中心，建筑面积1.5万平方米，为妇女儿童提供维权、教育培训、就业创业等服务。至年底，主体工程竣工。全年完成投资5000万元。

· **少年宫新建工程** 年内，盐城市在盐南高新区南环路北、人民路东区域新建市少年宫，建筑面积4万平方米，为青少年培养兴趣爱好、拓展能力素质等提供服务，年内开工建设。全年完成投资1亿元。

· **市文化馆和市少儿图书馆提升工程** 年内，盐城市将市中级人民法院原办公区改建提升为市文化馆，建筑面积8700平方米，市文化馆整体搬迁新馆并对外开放；将市文化馆原楼址及市图书馆少儿分馆扩建为市少儿图书馆，建筑面积1万平方米，建成开放。全年完成投资1.35亿元。

· **博物馆新建工程** 年内，盐城市在先锋岛区域建设综合性博物馆，建筑面积2.96万平方米，展厅面积1.2万平方米。博物馆设基本陈列厅、红色文化展厅、胡公石书法艺术展厅、赵太来文物展厅等，年内建成开放。全年完成投资170万元。

· **交通建设工程** 年内，盐城市建设高架地面系统BRT环线二期工程；改造提升解放路22座BRT站台，维修出新开放大道等13座岛式站台；市区新增更新150辆公交车辆，新增4条、加密5条公交线路，延长5条公交线路运营时间。至年底，全部实施完成。全年完成投资4.73亿元。

· **后街巷改造工程** 年内，盐城市对主城区背街小巷破损的市政设施进行维修改造、提升功能。市区维修南洋路、建洋路、建新巷等213条背街小巷49千米，其中大洋街道40条15千米、毓龙街道50条8千米、先锋街道44条7千米、文峰街道27条9千米、五星街道52条10千米，年内改造工程项目全部完成。全年完成投资2400万元。

· **"口袋公园"建设工程** 年内，全市建成30个功能齐全、配套设施完善的公园绿地，实现公园绿地服务圈全覆盖，其中东台市6个，建湖县4个，滨海县、盐南高新区各3个，射阳县、阜宁县、响水县、大丰区、盐都区、亭湖区、盐城经济技术开发区各2个，年内建设工程项目全部完成。全年完成投资1.17亿元。

· **黑臭水体综合治理工程** 年内，全市累计完成河道清淤62条91.3千米；完成26条河道截污，累计完成截污管道19.5千米；完成17条河道驳岸修复；完成新建管网54条，完成新建及修复管道79.6千米；完成5条河道水系连通，完成16条河道景观工程，累计完成污水管道视频检测280千米；完成东线及西线补水管道施工10.5千米；完成6座闸站建设，推进12座闸站工程建设，完工7项水生态工程，城南污水处理厂完成基础桩46.63千米，支护桩34.45千米，雨污分流工程开工9个小区，完成1个小区；泵站工程开工2座。全年完成投资20.96亿元。

· **农贸（农批）市场建设工程** 年内，全市新建、改造、提升100个农贸（农批）市场，其中东台市、建湖县、射阳县、阜宁县、滨海县、响水县、大丰区各10个，盐都区8个，亭湖区12个，盐城经济技术开发区3个，盐南高新区7个，建设工程项目全部完成。全年完成投资17.83亿元。

· **便民服务设施增加工程** 年内，全市在主要道路路口建设遮阳挡雨棚219座，其中东台市38座、滨海县16座、响水县24座、大丰区20座、盐都区30座、亭湖区63座、盐城经济技术开发区8座、盐南高新区20座。新建改造城市公厕186座，其中东台市7座、建湖县1座、射阳县12座、阜宁县10座、滨海县30座、响水县10座、大丰区12座、盐都区8座、亭湖区58座、盐城经济技术开发区3座、盐南高新区35座；拓展98座二类以上公厕提供手机充电、卫生服务箱、雨伞租借等功能，其中盐都区4座、亭湖区60座、盐城经济技术开发区15座、盐南高新区19座；新建改造农村公厕725座，其中东台市100座、建湖县88座、射阳县41座、阜宁县115座、滨海县95座、响水县60座、大丰区83座、盐都区94座、亭湖区39座、盐城经济技术开发区10座。全年完成投资1.91亿元。

· **助老托孤升级改造工程** 年内，市社会福利院综合楼及二期改造工程，新增建筑面积349.21平方米，完成综合楼功能改造，至年底，项目竣工。市儿童福利院生活区改造项目，对儿童楼、康复楼基础设施破损、消防设施老化等进行维修改造，至年底，项目竣工。全年完成投资1200万元。

（严志坚）

政务服务

·概　况　2020年，盐城市围绕“让群众没有不满意”目标，纵深推进“放管服”改革，健全政务服务体系，优化行政审批服务，加强公共资源交易管理，推进“12345”政府公共服务平台建设。全年市政务服务中心办理行政审批服务事项320.8万件，其中即办件92.1万件；完成各类交易项目8546项，交易总额1258.9亿元，节约资金131.6亿元，交易额同比增长89.5%；市“12345”在线平台受理群众来电来信83.52万件，派发成员单位工单30.85万件，办结率99.66%，回访群众29.72万余件，满意率99.01%。

·政策调研　年内，市委高度重视调查研究工作，健全政策研究体制机制，谋划“十四五”经济社会高质量发展的政策体系，形成一批事关长远发展的政策体系和理论规划研究成果，全年起草各类综合文稿150多篇、近200万字。组织党政代表团赴南通市考察，学习调研在重大产业项目建设、重点园区载体发展、城市建设管理、生态环境保护利用等方面的先进经验和做法。开展“十四五”等全局性重大专题研究，聚焦长三角一体化、对外开放、主导产业、国企改革等方面开展政策研究，形成研究报告10多篇。《“十四五”规划建议》在市委七届十一次全会顺利通过，《关于〈长江三角洲一体化发展规划纲要〉的解读》为全市接轨大上海、深耕长三角提供政策参考，《“十四五”盐城全方位高水平对外开放基本思路研究》在江苏省哲学社会科学第十四届学术大会上获优秀论文二等奖。

·政务公开　年内，市政府印发《关于加快落实政务公开工作年度任务的通知》《盐城市政务公开工作要点》等文件，对年度目标任务进行逐项分解，落实责任单位。做好财政预决算、公共资源配置、重大建设项目批准与实施和社会公益事业建设等重点领域信息公开。全年在市政府门户网站上公开以市政府和市政府办公室名义制作的文件152份、公告类信息112条，公开工作动态类信息3300余条。做好依申请公开工作，全年市政府办公室收到政府信息公开申请278件，办理254件，剩余24件结转下一年度处理。申请内容主要集中在土地征收、房屋征用、政府文件等方面。因政府信息公开被申请行政复议9件，复议维持7件，撤回申请2件，无一起纠错案件。复议后被提起行政诉讼4件，一审维持4件，无一起败诉案件。在案件办理过程中，针对性地健全完善依申请公开工作的登记、审核、办理、答复、归档流程。做好政府信息管理，推进文件公开属性认定工作，对以市政府或市政府办公室名义制发的文件应审尽审，应公开尽公开，对拟不公开的依法依规说明理由。加强已发布政府信息的管理，对于日常管理中发现的问题，督促相关部门及时核实、整改，确保所发布的信息内容权威、准确。做好基层政务公开标准化规范化推进工作，年底前全面完成基层政务公开事项标准目录编制工作。加强网站政务公开专栏建设，强化栏目更新时限、依申请公开接收提醒等具体功能。加强对全市政务新媒体的常态化监管，定期抽查检查并下发通报，全市梳理新媒体472个，经过3轮清理整合，剩余备案在系统中的政务新媒体291个，关停181个，关停率接近40%。打造“知政盐城”政策发布解读专栏，先后制作政策图解16篇，总阅读量超百万人次。

·政务服务体系建设　年内，全市加快政务服务线上线下一体化平台建设，不断健全完善市县镇村四级政务服务体系，推进政务服务“一门办理”“一网通办”，提升企业群众办事的便利度和满意度。加强政务服务中心建设，射阳县、响水县、盐城经济技术开发区新建政务服务中心，射阳县政务服务大厅获评全省“最佳政务大厅”。全市139个镇（街道）均建成为民服务中心，2421个村（社区）有2417家建立便民服务中心。推进一体化在线平台建设，加快市政务服务平台功能升级，对接35个市直部门的自建业务系统。建成全市电子印章系统，制作电子印章3623个。抓好市级电子证照库建设应用，归集电子证照数据154万条。推进掌上办，实现135个高频应用接入“江苏政务服务”App平台。推进“互联网+监管”平台建设，建成全市“互联网+监管”系统，归集各地、各部门监管数据31.44万余条，认领监管事项5488项，编制检查实施清单6061项。加强电子政务工作，加强基层电子政务外网建设运行，实现全市电子政务外网镇村两级贯通。

·行政审批服务　年内，盐城市围绕做好“六稳”工作，落实“六保”任务，改进和优化行政审批服务举措，创新行政审批服务方法，提升行政审批服务质效。在疫情防控期间推出保障企业复工复产10项举措，推行不见面审批（服务），开辟绿色通道，实行容缺预审等措施，助力企业复工复产。设立网上服务专栏、政务服务大厅服务专窗、“12345”服务专席，推动“苏政50条”“盐政20条”和盐城“汽车消费补助”等惠民利企政策落地。推进“一件事”集成服务，拓展“一件事”服务事项范围，编制跨层级、跨区域、跨部门的“一件事”办事指南和办事流程，实行“一窗受理、一网通办”。在全市开展自然人和法人全生命周期“一件事”10余个项目试点。至年底，市本级累计上线108件“一件事”，办理项目607件。做好全市重大项目、重点工程、重要事项，为民办实事项目和城北地区改造项目行政审批服务工作，实行提前协同、容缺预审、联合验收等，保证项目建设早日落地见效。

·公共资源交易管理　年内，盐城市理顺管理体系，加强制度建设，优化营商环境，提升工作效率，推进公共资源交易服务管理。对现有交易系统实施升级改造，市域范围内依法必招项目实现“一市一平台”，各县（市、区）均不再保留公共资源交易系统。开展公共资源交易制度规则清理，全市废止公共资源交易规范性文件8件，保留7件。修订完善市公共资源交易管理委员会联席会议制度等4项制度，制定招标代理机构及其从业人员负面信用信息记录管理规定、评标（评审）专家考核评价办法和加强公共资源交易领域信用建设的相关制度，进一步规范和完善各类交易活动。推进“不见面”开标，提升投标企业便利化，全市“不见面”开标2520个项目，总金额711.28亿元。在全市范围内取消政府采购投标保证金，其中市级政府采购免收投标保证金项目210个，帮助企业减少资金占用逾3500万元。强化信用承诺，取消投标企业诚信库线下审核环节，加强第三方信用报告使用，探索信用等级高的企业免缴或少缴履约保证金。在全市工程建设项目中全面推行投标保证金、履约保证金使用银行保函、保险等缴纳方式。联合相关行业主管部门严厉打击各类违法违规行为，对88家违法违规投标主体实施行政处罚，其中限制投标35起，没收保证金17起，罚款27起，移交司法机关2起。打造“专题会办、专门通道、专业指导、专项检查、专家把脉”和“优先审核、优先上网、优先开评标、优先处理异议投诉”的服务方式方法，全面提升全市公共资源交易管理服务水平。

·“12345”政府公共服务平台 年内，盐城市首次召开全市“12345”办理工作会议，发挥“12345”在线平台在建设服务型政府、推进社会治理等方面的“桥梁”和“纽带”作用，全力破解民生诉求难题，提升“12345”在线平台服务水平。在第三方评估公司组织开展的2020年全国“12345”热线典型案例评选中，市“12345”在线平台获评“服务之星奖”和“抗‘疫’争先奖”。优化“12345”在线平台服务，实行“12345”在线平台“一号对外、统一服务”，实现“12345”热线、网站、微信、微博、“全民e起管”App、电子邮件、市长信箱、人民来信、网民留言、国务院“互联网+督查”平台10个渠道，全天候受理群众诉求。建立快速办理响应机制，做到咨询投诉“一号答”、协同办事“一号知”、堵点痛点“一号通”、紧急与非紧急诉求“一号办”，切实解决群众反映的“急难愁盼”问题。11月18日，盐城市在市“12345”在线平台正式开通“12345”企业服务“一企来”专线，实现市直25家部门、市县两级政府的609名“政策专员”在线服务。（孙宏军）

外事工作

·概　况 2020年，盐城市外事部门牵头全市涉外疫情防控，服务“六稳”“六保”大局，推动“双循环”发展格局，履行对外交往职责，推动盐城高水平对外开放。全年保障因公出国团组42批142人次。4月，重启邀请外国人到盐城工作。全年办理外国人到华邀请函1991人次，其中“快捷通道”229人次、非“快捷通道”1762人次。年内，市外办被江苏省委、省政府评为全省抗击新冠肺炎疫情先进集体。

·国际抗疫合作 年内，盐城市与盐城市的国际友城、友好交流城市及海外社团协同抗疫。国际友城及盐城友好交流城市向盐城市捐赠口罩2万多只及防护用品若干；海外华人华侨向盐城市医疗机构捐赠口罩7.15万只、防护服5914件，帮助协调采购医用口罩18万只。盐城市先后向韩国全罗北道南原市、大邱广域市、光州广域市、蔚山广域市南区、仁川广域市桂阳区等7个城市捐赠18万只口罩、防护服200套；向现代汽车集团、起亚汽车株式会社、现代摩比斯株式会社、SKI株式会社4家韩国企业总部捐赠口罩30万只；向日本鹿岛市，美国圣地亚哥郡、盐湖城，罗马尼亚德瓦市等8个国际友城和克罗地亚查科韦次市等友好交流城市援助口罩12万只，防护服200套。分享抗疫经验。组织盐城市第一人民医院、市疾控中心8位抗疫专家，与罗马尼亚德瓦市省立应急医院和公共卫生部门的10位同行视频连线，开展疫情防控救治工作学术交流，成为中国第一个向罗马尼亚地方城市提供远程防疫技术支持的城市，境内外10多家媒体宣传报道。

4月，盐城市向克罗地亚查科韦茨市捐赠1万只医用外科口罩　（市外办　供图）

· **涉外疫情防控** 年内，盐城市外事部门第一时间设置疫情播报专栏，发布告在盐外籍人士书，并用中英韩日四语实时通报盐城市新冠肺炎疫情。建立“一对一”在盐城外籍人士档案，全市1200多名外籍人士无一人感染。制定境外进港航班疫情防控服务保障流程和应急预案，发布致韩国来盐旅客问候函，落实“新市民”理念。组建北京、昆山（上海）、南京转运专班，转运入境赴（返）盐人员153批972人次，完成北京、上海、南京等重点城市外防输入阶段性工作。在常态化防控阶段，实时掌握入境到盐城人员信息，确保工作闭环。落实“快捷通道”包机疫情防控工作，明确审批程序，优化流程，强化管理；强化日韩全货机疫情防控流程，保障国际航空物流运输通道安全及国际供应链稳定。

· **市委外事工作委员会第二次全体会议** 7月13日，市委外事工作委员会第二次全体会议召开。市相关领导和市委外事工作委员会委员参加会议。会议深入学习贯彻习近平总书记系列重要讲话精神，落实省委外事工作委员会第二次全体会议精神，围绕统筹疫情防控与经济社会发展大局，研究部署外事工作任务；听取2019年全市外事工作情况汇报，审议全年工作要点和《关于盐城市市属企业外事管理工作的实施意见》。会议要求优化涉外服务环境，提升外事管理的规范化水平，营造安定、有序、融洽、和谐的对外工作环境；要求做好涉外疫情防控工作，筑牢防范境外疫情输入防线，做好对入境盐城人员的防疫服务，稳住外资外贸基本盘，妥善做好友城对外援助工作。（李　全）

侨务工作

· **概　况** 2020年，盐城市广泛团结和联系海内外侨胞和归侨侨眷，重组盐城市海外联谊会，编印《盐城市海外联谊工作手册》，召开市海联会第四届会员代表大会，完成市留学生家长联合会第二届全体代表会议换届工作，新增泰国江浙沪总会、北美华人科技协会、泰国江浙沪总会、新加坡马六甲古镇联盟、柬埔寨江苏总会5个海外统战侨务工作联系点，扩大海外联络联谊。

· **基层侨务阵地建设** 年内，盐城市推动基层侨务阵地建设。按照“打造一批、申报一批、储备一批”的思路，开展市级侨务工作示范地评选和授牌活动。全年全市有2个侨务基地获评省级示范基地；明确37个市级侨务“进三区”基地和22个中华文化海外交流基地候选单位；成立苏北第一家“侨梦苑”级的华人华侨创新创业服务示范基地。

· **侨胞服务** 年内，盐城市在新冠肺炎疫情期间，组织开展“侨爱援助”专项行动，通过多种渠道向盐城籍侨胞和留学生相对较多的国家和地区捐赠口罩10万余只，防护服200多套，医用手套7.5万双，中医药礼盒、礼包防护用品300余套。开展“献给在海外奋斗的你们”主题海外华侨、青年留学生疫情防控线上宣传和心理调适“云服务”活动。市委统战部印发《关于华人华侨领军人物创新创业“十个一”》《疫情防控期间侨企复工复产相关法律问题解答》等政策文件，市侨联帮助协调5家侨企融资需求，牵线招商引资项目2个，推荐省侨联中餐文化海外推广中心（使者）4家（4人）。维护侨胞合法权益，化解澳洲侨胞老宅拆迁纠纷、挪威华人建设工程合同纠纷、美国华侨经济合同纠纷、朝鲜归侨拆迁纠纷、西班牙华侨贷款纠纷等，依法护侨维权追回经济纠纷款近300万元。

· **海外华文交流** 年内，盐城市加强海外华文教育与支教工作。首次召开全市海外华文教育汇报交流会和外派教师座谈会，加强与海外华文教育机构的联谊合作。扩大海外华文媒体的宣传推介工作，全年在韩国、美国、日本、泰国等海外国家华文主流媒体刊发专版7个，全方位宣传推介盐城经济社会发展成果。承担省委统战部《华人时刊》第11期专刊组稿，通过多种形式向海外推介盐城生态环境、绿色发展理念和改革发展新成就，持续讲好盐城故事，传递盐城发展的“好声音”。（刘　星）

港澳事务

· **概　况** 2020年，盐城市加强与香港、澳门的对接合作，开展联络联谊，促进盐港澳广泛交往、全面交流、深度交融。携手抗击新冠肺炎疫情，引导居港居澳乡亲及港澳代表人士凝聚合力，指导在盐城的港澳企业做好疫情防控和复工复产。以经贸、科创合作为重点，深化在医药技术、人才交流、科研成果产业化等方面的交流合作，推进盐港深度融合发展。其中，1月5—6日，香港科技大学霍英东研究院院长李世玮率团到盐城市考察，与市政府洽谈对接合作项目，双方共同举行香港科技大学百万奖金创业大赛（长三角赛区）签约仪式，盐城市成为长三角地区唯一与香港科技大学联合举办该专业赛事的城市。

· **2020香港科技大学百万奖金创业大赛（长三角赛区）在盐城市举办** 5月18日，“港科引航　智造不凡”2020香港科技大学百万奖金创业大赛（长三角赛区）启动仪式在盐城举行。大赛面向长三角城市，聚焦大数据、人工智能、新能源、新材料等科技领域，设奖项23个。177个创业企业及创新团队报名参赛，超500万人次观看线上直播。最终，12个创业企业及团队带来的参赛项目进入决赛。其中，南京昀光科技获初创组冠军、国科天讯获成长组冠军。8月29日，在盐城举行的2020盐城首届西伏河创新大会上，香港科技大学百万奖金创业大赛获奖团队进行60秒电梯演说，多个获奖项目集中签约落户盐城。

·香港金铢电子封测项目落户盐城（参见《工业 建筑业·香港金铢电子封测项目落户盐城》）

·香港物联网智能照明项目落户盐城（参见《信息服务业·香港物联网智能照明项目落户盐城》） （李 全）

对台事务

·概 况 2020年，盐城市先后举办上海台商产业投资说明会、台商台胞迎中秋联谊、盐台两地“疫情防控与救治”视讯交流、服务进台企等重点特色活动，推进盐台融合发展。疫情防控期间，市台办印发《促进台资企业复工复产的实施意见》，深入台资企业调研座谈，帮助台企解决用工、融资、市场等难题，帮助台企购买口罩18万余只，为40家台企100余名台籍员工购买专属防“疫”保险，助力台企复工复产。亭湖区在省内首家采用包机方式帮助日铠公司赴省外招工，两岸媒体作报道。全年全市台企销售收入100余亿元，同比增长6.14%，其中前20强台企同比增长17%。助力台资产业拓宽合作空间，“5·18”活动期间，市台办邀请台湾工商协进会、工业总会等30余名台商参加线上投资环境说明会。组织台企利用展销会、直播带货、电商平台等模式开拓市场，组织部分台企参加第三届中国国际进口博览会、江苏省线上国际展会、“台企拓内销”线上展会、长三角名优农展会，为台资企业产品销售和发展提供更大空间。市台办“聚焦台企服务，深化融合发展”“多措并举做好台青交流活动”等经验做法，在省台办《台湾工作动态》刊登。全年编印《涉台信息专报》6期，为市领导决策提供参考。加强信息宣传，国台办、省台办网站采用盐城涉台信息200余条，“盐城与台湾”微信公众号推送信息120余条，在市内主要媒体报道涉台新闻稿件30篇（次）。宣传盐城、推介盐城，制作以“手牵手、心连心、创未来”为主题的专题宣传片，由台商台胞讲述在盐城的生活感悟和心路历程，多次在涉台活动中播放。

·盐台合作 年内，全市新批台资项目15个，总投资3.32亿美元，实际使用台资5325万美元。东台雅森、滨海嘉钢、亭湖润禾等9个台资项目列为全市重点项目，其中3个项目列入全市“两重一实”投资计划。盐都台创园被农业农村部、国台办评定为“良好”格次。加强与台湾电电公会、工商协进会等工商团体的对接联络，拜访电电公会昆山办事处首席代表颜素秋，双方就加强交流合作达成意向。全年全市对台贸易额3.24亿美元，同比增长26.1%。

·盐台交流 年内，市台办推动盐台交流持续发展。组织台湾大学生、在盐台青少年开展“相约鹤乡·筑梦盐城”实习就业创业系列交流活动。针对新冠肺炎疫情影响，率先在全省开展盐台视讯交流活动，搭建盐台青少年中华传统文化交流“云平台”，开设“遇见盐城”“古诗鉴赏”等栏目，吸引200多名台湾青少年加入平台学习交流。组织在盐台商台胞开展“送温暖·献爱心”结对帮扶活动，展现两岸一家亲的同胞情谊。阜宁籍台商徐啟奇获第五届江苏慈善奖“最具爱心慈善行为楷模”称号。开展常态化的对台联络工作，加强与岛内知名台胞、重要台商联络。5月19日，市第一人民医院和台北市万芳医院举办新冠肺炎疫情防控与救治的视讯交流会议，盐台15位医疗专家参与交流，学习和分享抗击新冠肺炎疫情的经验做法。

·台胞服务 年内，市台办建立完善领导会办、归口协调、定期交流等7项服务制度和“一办受理，部门联动，分级负责，台商满意”的台商台胞咨询投诉服务协调机制。开展“服务进台企”“台商大讲堂”“台商健康服务月”等特色服务活动。推进惠台政策落实，全年全市累计减免台企养老保险金4324万元，减免税收3043万元，有30多家台企享受人才补贴、转型升级、创新创业各类奖励和补贴1025万元。联合市金融监管局印发《关于帮助台企金融服务的实施意见》，协助提供贷款2亿多元。联合市人力资源和社会保障局印发《关于做好台资企业用工服务的实施意见》，帮助解决用工3500余人。联合市公安局印发《关于进一步加强涉台服务工作的指导意见》，明确开辟紧急绿色通道、严格查办涉企案件、全力维护治安环境等6项具体措施，为台商台企创造一个优良的治安和服务环境。与市司法局、市律师协会联合成立盐城市台商台企法律服务团，聘请12名律师担任法律服务团成员，实行挂钩服务和定向服务制度。全年帮助台商台胞解决实事95件，受理投诉求助案件35起，结案率100%。全市台商服务工作获省台办创新创优项目优秀奖，国台办转发经验做法。

·“两岸情·一家亲”台商台胞中秋联谊会 9月28日，市台办举行“两岸情·一家亲”台商台胞迎中秋联谊会。海峡两岸关系协会原会长、中国外商投资企业协会会长陈德铭致辞，盐城市委书记戴源，省台办主任练月琴出席。戴源代表盐城市委、市政府，向在盐台商台胞及家属致以节日问候和良好祝愿。联谊会前，省台办在盐城市召开台商座谈会，盐城市和淮安市、泰州市等地部分台商代表应邀参加。座谈会上，陈德铭同与会台商座谈交流，共同探讨常态化疫情防控形势下、促进台资企业健康发展的思路举措。在盐城期间，陈德铭一行考察亭湖区日铠电脑配件公司、中鹰黑森林建筑模块化生产工厂、大丰区海水淡化项目、江苏黄海海滨国家森林公园。 （王宽存）

人事管理

·概 况 2020年，盐城市推进事业单位紧缺人才引进，调整完善全市事业单位公开招聘办法，组织参加全省事业单位统一公开招聘，分类组织实施教育、卫生、体育等行业事业单位公开招聘工作。开展全市首批乡土人才中级职称申报评审工作。加大技能人才培养力度，实施职业技能提升行动，大规模开展补贴性职业技能培训，强化高层次专业技术人才培养，打破户籍、档案、地域、人事关系限制，拓宽各类专业技术人才职称申报途径。

· **事业单位人事综合管理** 年内，市人力资源和社会保障局审核发布事业单位人员招聘公告113份，招聘7612人。印发全市卫健系统事业单位紧缺人才专业目录，全年卫健市直事业单位通过直接考察的方式引进高层次、紧缺专业等博士6名。落实关心关爱疫情防控一线医务人员政策。加大对一线医务人员关爱力度，优先兑现传染病防治一线医务人员岗位聘用，会同市卫健委组织开展疫情防控一线编制外医务人员定向招聘工作，当年组织编报全市定向招聘新冠肺炎疫情防控一线事业编制外医务人员岗位31个。

· **表彰奖励管理** 年内，市人力资源和社会保障局坚持“导向鲜明、正向激励、倾向一线”原则，编报并获批2个市级表彰项目、6个县级表彰项目。推荐抗击新冠肺炎疫情表彰人选和单位，全市获得国家表彰先进个人2名、先进集体1个；获得省级表彰先进个人65名、先进集体20个；全市表彰先进个人350名、先进集体100个。在全省试行“签订评选遵规守纪承诺书、部门初审和联合复审，单位推荐公示、复审地区公示、通报前置公示”的“一承诺两审查三公示”机制。组织16个行业系统部省级表彰推荐审核工作，最终获评先进集体33个、先进个人77名。

· **工资福利和退休管理** 年内，市人力资源和社会保障局审批市直事业单位3万人以上薪级晋升和事业单位新进330人工资定级工作，完成2019年度事业单位绩效工资总量和应休未休年休假报酬审批工作。提高教师待遇，有效增加绩效奖励。落实“临时性工作补助、核增绩效、卫生防疫津贴、休假安排”等关爱抗疫“一线”人员政策。核算做好涉及“事改企”人员待遇工作。做好2019年度事业单位工作人员增量奖励绩效工资审核。全年办理事业单位到龄退休手续365人、遗属补助61人、审批丧葬费、抚恤金102人，对2019年1月1日后300多名事业单位退休人员核增退休一次性补贴。

· **人事考试** 年内，市人力资源和社会保障局组织人事考试28次，涉及考试项目34个，处理报名信息13.1万人次，服务考生11.4万人，开考科次（人次）累计23.5万人，经办人事考试试卷、题卡47.1万份。组织2020年度国家和省考录公务员，全市事业单位、省属事业单位统一公开招聘等人事考试。首次启用盐城市人事考试指挥平台，全面推行人事考试告知承诺制，全年网签承诺书19.5万份，其中公务员网报网签8.2万份、事业单位招录网报网签2.5万份、专技类考试网报网签8.8万份。全年累计发放各类人事考试合格证书2900余本。在全省人事考试系统练兵比武中获团体一等奖，各项人事考试规范管理达标率100%、安全率100%。（薛传刚）

信访工作

· **概　况** 2020年，盐城市信访局开展全面排查化解信访矛盾，不断规范信访秩序，全市信访形势呈现稳中向好的态势。推进“人民满意窗口”创建活动，市信访局和9个县（市、区）信访局被省信访局认定为“人民满意窗口”。推进“争创人民满意信访部门、争当人民满意信访干部”活动，开展评选“岗位之星”“最美信访干部”活动，增强信访干部使命感、荣誉感和归属感，全市有8人被评为省级“岗位之星”。组织全市信访系统在职党员“七进社区”，将信访工作与服务基层相结合，省信访《简报》对盐城市“七进社区”活动进行经验介绍。举办全市信访工作业务培训班，市、县、镇三级共392名信访干部参加，解决信访工作中的突出问题，提高信访基础业务规范化水平。年内，市信访局被江苏省信访工作联席会议表彰为2020年度信访工作先进单位，获评市级机关单位综合考核第一等次。

· **信访工作机制** 年内，市信访局制定2020年市领导接待信访安排表，推动全市领导干部信访接待日活动正常开展。全年市委、市政府主要领导到市信访接待中心参加信访接待36人次，会办信访难题；各地党政领导接访下访1846人次。

· **信访积案化解** 年内，全市信访系统开展重点矛盾化解攻坚战、城乡建设领域信访矛盾专项整治等专项行动。围绕化解信访突出问题，采取联合督查、专项督查、实地督查等形式，先后组织开展4次重点专项督查行动，通过听取情况汇报、查阅工作台账、逐案研究，对重点事项、重点问题逐件分析、提出解决方法，明确责任落实。年内，国家信访局交办的13件信访事项全部化解，化解率100%；市级自排的569件，化解497件，化解率87.3%；城乡建设领域专项整治交办1134件，化解1051件，化解率92.7%。对难以解决的问题，各地提请主要领导或分管领导直接会办解决。对重点积案所涉信访人员，相关负责人登门走访，帮助理顺情绪，分析问题根源，解决其生产生活困难。按照有理解决、有效终结、合理救助、违法处置的原则，合理使用信访救助资金，对个别确有困难且符合救助条件的信访人，进行合理救助。全年使用省级以上救助资金115万元、市级救助资金198.4万元，化解52件疑难复杂信访事项。（沈亚军　马　凯）

中国人民政治协商会议盐城市委员会

编辑　孟建民

综 述

·概 况 2020年，盐城市政协坚持以习近平新时代中国特色社会主义思想为指导，牢牢把握团结和民主两大主题，紧扣中心大局，履职尽责。市政协党组会议、主席会议、常委会议集体学习24次，组织市各民主党派、工商联和界别委员每季度开展新思想学习座谈1次，举办专家讲座4期、委员学习培训7次。

发挥政协优势，做好疫情防控工作。印发《关于做好新型冠状病毒感染的肺炎疫情防控工作的通知》《关于发挥政协优势作用强化责任担当助力夺取疫情防控和经济社会发展"双胜利"的意见》等文件。全市政协系统捐款1900多万元，有1453名省、市、县政协委员参与一线疫情防控，166名医卫界委员前往抗疫一线。利用"智慧政协"等平台，宣传市委、市政府疫情防控决策部署、防疫知识和惠企便民政策，开辟《抗击疫情 · 政协人在行动》专栏，连续推出27期。在常委会议上6名政协委员宣讲"勇敢逆行、带头复产、帮扶企业、服务群众"的先进事迹。在第109个国际护士节举办"风雨同舟 翰墨情深"抗疫主题书画展，参展的129幅书画作品全部捐赠给盐城援鄂抗疫医务工作者。市政协智库专家顾海涛等人创作的歌曲《天使颂》入选全国抗疫优秀歌曲。市政协党组成员分赴挂钩联系学校检查开学复课和校园疫情防控工作，全市政协系统机关干部230多人参与"服务进万企"活动。专题调研疫情对农民工就业的影响，在省政协"稳就业保民生"专题议政会上提出建议。围绕优化营商环境组织开展专题民主监督，深入80多家重点企业和在建项目了解情况，推动落实市政府惠企20条政策。组织政协委员走访重点物流企业和农贸市场，为市场保供建言支招。103名企业家委员守牢企业防线、加快复工复产，发挥示范作用。年内，2名市政协委员被省委、省政府表彰为全省抗击新冠肺炎疫情先进个人。

建言献策，助推"四新盐城"建设。政协盐城市八届四次会议围绕"四新盐城"举行联组协商议政4场，委员们提供书面建议材料165篇，50多名委员作议政发言。全年市政协围绕事关全市发展大局重要课题、群众关注的热点难点问题，组织开展专题调研视察30次，参加委员近500人次。加强反映社情民意工作，报送《委员意见》和《社情民意信息简报》57篇，市委、市政府领导批示40件。组织全市政协系统、市各民主党派、工商联、各界别委员小组、广大委员和政协智库专家，开展"为谋划'十四五'献一策"活动，提供建言材料270多篇。围绕协助编制"十四五"规划举行常委会议专题协商议政。在省政协围绕编制全省"十四五"规划的协商议政会上，驻盐省政协委员提出支持中韩（盐城）产业园发展、支持盐城港建设、支持黄海湿地世界自然遗产科学保护利用等建议写入省政协向省委、省政府报送的建议案。连续五年围绕打赢精准脱贫攻坚战开展监督性调研，对落实省"富民33条"和市"富民10条"政策开展民主监督。发挥文史资料存史、资政、团结、育人的作用，开工建设市政协文史馆，围绕放大新四军纪念馆展陈提升项目效应、推动地域红色文化品牌建设和"盐城古八景"规划建设开展调研视察，编辑出版文史资料著作《串场河溯源》《名人与盐城》，深入挖掘盐城优秀传统文化，弘扬新时代新四军革命精神。

探索提案工作提质增效新办法，完善提案审查立案机制，把好提案质量关。全年征集提案486件，审查立案409件，立案提案办复率100%，委员满意和基本满意率100%。构建"建盐献策"协商议事平台，开展各项重点协商活动。聚合全市政协系统智慧，统筹发挥政协委员主体作用、专门委员会基础性作用、政协各参加单位和县级政协整体作用、政协智库"外脑"作用，开门协商、广开言路，做到建言资政有用、凝聚共识有效。全年市政协各专门委员会通过"建盐献策"协商议事平台，举行协商议政活动16次。

·委员构成 年内，政协盐城市第八届委员会有政协委员505人，常委会组成人员82人。其中，常委72人，占委员总数的14.3%；中共党员委员218人，占委员总数的43.2%；女性委员124人，占委员总数的24.6%；汉族委员493人，占委员总数的97.6%；回族委员6人，占委员总数的1.2%；蒙古族委员3人，占委员总数的0.6%；壮族委员1人，占委员总数的0.2%；满族委员1人，占委员总数的0.2%；土家族委员1人，占委员总数的0.2%。政协盐城市第八届委员会有中共、科技等26个界别。

·政协统一战线 年内，市政协建立健全各民主党派和各界别人士以本党派名义联合调研、专题议政、协同监督机制，定期商讨交流各党派参加政协工作的共同性事务情况。全年全市各民主党派、工商联提交集体提案39件、建言材料46篇。注重发挥政协团结教育引导各族各界代表人士的平台作用，贯彻民族宗教政策，切实维护民族团结、宗教和睦。邀请党外知识分子、非公有制经济人士、新的社会阶层人士参加政协协商议政、调研视察活动，定期联系香港、澳门籍市政协委员，开展"五侨"联动。深化长三角"三市一区""六市一区"政协协作机制，承办"三市一区"政协主席联席会议，加强与上海市闵行区、普陀区、徐汇区政协等友好政协联系，宣传推介盐城，促进区域合作。组织举行全市各界人士新年座谈会，凝心聚力开启"十四五"新征程。（许寅生）

重要会议

·政协盐城市八届四次会议 1月7—10日，政协盐城市八届四次会议召开。中共盐城市委、市人大常委会、市政府领导，盐城军分区、市中级人民法院、市检察院主要负责人，往届市政协领导，驻盐高校、盐城经济技术开发区、盐南高新区和市委各部委办、市各委办局、市各直属单位、省属驻盐部分单位主要负责人参加大会开幕式、闭幕式和联组协商议政。委员们听取并学习讨论市委书记戴源题为《万众一心加油干　决胜小康共圆梦》的讲话；列席盐城市八届人大四次会议，听取讨论市长曹路宝作的政府工作报告，讨论市中级人民法院工作报告、市检察院工作报告及其他报告；审议市政协常委会工作报告和提案工作情况报告。会议围绕市委、市政府提出的加快建设产业新盐城、开放新盐城、生态新盐城、幸福新盐城，分别举行4场委员联组协商议政，印发建议材料145篇，40多位委员发言。市委、市政府主要领导和分管领导分别到4个联组听取委员发言。会议选举增补潘道津、葛启发为市政协副主席，增补8人为市政协常务委员。会议收到提案455件，经初步审查，立案386件；编报《委员意见》12期。会议表扬优秀提案、"双岗双优"委员、社情民意信息工作先进单位和委员，通过《中国人民政治协商会议江苏省盐城市第八届委员会第四次会议决议》。

·市政协常委会议　年内，政协举行常委会议6次。

1月6日，市政协召开八届十七次常委会议。会议听取有关人事事项说明，审议通过增补市八届政协委员事宜。会议要求，全体市政协常委在即将召开的政协盐城市八届四次会议期间，要带头落实市委要求，带头履职尽责，带头严守会议纪律，示范和带动市政协委员，齐心协力开好会议，确保会议圆满成功。

1月9日，市政协召开八届十八次常委会议。会议审议通过关于授权主席会议审议政协盐城市八届四次会议期间有关事宜的决定。审议市政协有关人事事项，政协盐城市八届四次会议选举办法（草案），政协盐城市八届四次会议选举总监票人、监票人建议名单，政协盐城市八届四次会议决议（草案），决定将以上事项印发全体市政协委员审议。

4月10日，市政协召开八届十九次常委会议。省政协教卫体委员会副主任、南京中医药大学原党委书记陈涤平应邀作讲座。会议学习习近平总书记在中央政治局常务委员会会议上的重要讲话精神，贯彻落实市委常委会会议部署要求；听取市政府关于统筹推进疫情防控和经济社会发展情况通报；部分省、市政协委员结合各自战疫情、促发展经历作交流发言。陈涤平作"中医功效与疫情防护"专题讲座。

7月23日，市政协召开八届二十次常委会议。会议学习习近平总书记重要讲话和全国"两会"精神，传达贯彻江苏省政协十二届十一次常委会议、全省政协推进"有事好商量"协商议事工作座谈会和市委常委会会议、全市机关作风建设问题通报会精神，围绕"接轨上海、打造长三角北翼产业新高地"举行专题协商议政。全国政协常委、民建中央副主席、上海市政协副主席、上海社会主义学院院长周汉民应邀，围绕《长三角一体化高质量发展和自贸区新片区战略》，从长三角一体化高质量发展和上海自贸区新片区战略规划解读、推进重点领域一体化建设等方面作报告，并对盐城抢抓高质量发展新机遇提出建议。全市3000名市、县政协委员通过网络直播收听收看。会上，12位委员和智库专家围绕做强四大主导产业、打造"一区三基地"、推动重大项目落地、推进文旅融合建设康养小镇和优化营商环境等提出建议。

11月2日，市政协召开八届二十一次常委会议。会议学习贯彻中共十九届五中全会精神和习近平总书记重要讲话精神，传达省政协十二届十二次常委会议和市委常委会第一百三十三次会议精神，围绕"打造串场河、新洋港景观廊道，发展水岸经济"专题协商议政，审议通过市政协《关于制定我市国民经济和社会发展"十四五"规划的建议案》。

12月29日，市政协召开八届二十二次常委会议。会议学习贯彻中共十九届五中全会和习近平总书记视察江苏重要讲话指示精神，贯彻落实省委十三届九次全会和市委七届十一次全会精神。会议听取市政府关于政协盐城市八届四次会议提案办理情况的通报、政协盐城市八届五次会议筹备情况通报。审议通过市八届政协常务委员会工作报告和提案工作报告，审议召开政协盐城市八届五次会议决定等事项。市委组织部负责人到会作市八届政协委员调整的说明。会议审议通过市政协专门委员会通则和关于强化政协委员责任担当的意见。部分市政协常委作年度述职报告。

·市政协主席会议　年内，市政协举行主席会议17次。其中，政协盐城市八届四十二次、四十三次、四十四次主席会议在政协盐城市八届四次会议期间召开，会议研究全会有关事宜。

1月2日，市政协召开八届四十一次主席会议。会议决定将增补委员事项提交市政协八届十七次常委会议审议。会议审议通过市政协八届十七次常委会议议程、日程。

2月7日，市政协召开八届四十五次主席会议。会议学习习近平总书记在中共中央政治局常务委员会会议研究加强新型冠状病毒感染的肺炎疫情防控工作时的重要讲话精神；通报全市疫情防控工作情况；印发《市政协党组2020年工作要点》。

2月27日，市政协召开八届四十六次主席会议。会议学习习近平总书记在中共中央政治局常务委员会会议和统筹推进新冠肺炎疫情防控和经济社会发展工作部署会议上的重要讲话精神，传达贯彻市委常委会议部署要求，听取民盟盐城市委，农工党盐城市委、九三学社盐城市委和市工商联等参与全市疫情防控和服务企业复工复产情况介绍，听取政协盐城市八届四次会议提案审查立案情况汇报，研究确定2020年度重点提案。会议审议通过《市政协委员履职工作量化考核办法》。

3月30日，市政协召开八届四十七次主席会议。会议学习习近平总书记在中共中央政治局常务委员会会议上的重要讲话精神，研究贯彻落实市委常委会和市委、市政府疫情防控工作调度会议部署要求，研究审议市政协《关于加强和改进人民政协民主监督工作的实施意见》，审议通过《盐城市政协“有事好商量”协商议事室建设工作规范（试行）》《实施市政协委员“履职菜单”制度的工作方案（试行）》，听取搭建“建盐献策”协商平台情况汇报。会议审议市政协八届十九次常委会议有关事宜。

4月29日，市政协召开八届四十八次主席会议。会议研究审议“加快建设长三角北翼产业新高地”常委会议专题协商议政调研方案、“城西地区医疗资源布局发展”主席会议专题协商议政工作方案、第七期民生论坛方案和调研督查“有事好商量”协商议事室建设情况方案，研究市政协5月主要工作安排。

6月5日，市政协召开八届四十九次主席会议。会议学习贯彻习近平总书记重要讲话和全国“两会”精神，传达贯彻全市领导干部会议和市委常委会议精神，专题协商“优化城西地区医疗资源布局”议题，并研究工作安排。

6月29日，市政协召开八届五十次主席会议。会议传达学习省政协十二届十一次常委会议和市委常委会会议精神，研究讨论市政协“打造长三角北翼产业新高地”常委会议专题协商议政调研报告，研究召开八届二十次常委会议有关事宜及月度工作。与会人员讨论议题“打造长三角北翼产业新高地”，提出修改意见，完善后提交市政协八届二十次常委会议审议。

7月31日，市政协召开八届五十一次主席会议。会议学习贯彻习近平总书记在企业家座谈会上的重要讲话精神，传达学习省委十三届八次全会、市委七届十次全会和市委常委会会议精神，研究贯彻落实措施；传达市委听取第十轮巡察情况汇报专题会议和全市高质量发展项目观摩推进会精神，审议确定全市政协系统围绕“优化营商环境”开展专题民主监督的工作方案和近期重点工作安排。

9月2日，市政协召开八届五十二次主席会议。会议学习贯彻习近平总书记在扎实推进长三角一体化发展座谈会上重要讲话精神，围绕“放大‘世遗’品牌效应，打造长三角地区生态旅游目的地”开展“有事好商量”专题协商议事。与会省市县政协委员、职能部门和业界人士，围绕议题“放大‘世遗’品牌效应，打造长三角地区生态旅游目的地”讨论、协商议事、资政建言。会议审议通过《政协盐城市委员会提案质量和提案办理质量双向评价办法（试行）》。

9月29日，市政协召开八届五十三次主席会议。会议研究“提升新洋港、串场河功能，发展生态水岸经济”常委会议专题议政调研和第八期“建盐献策 · 民生论坛”工作方案，听取赴县（市、区）调研督查“有事好商量 · 民生专题协商议事月”活动情况的汇报，研究月度工作。

10月29日，市政协召开八届五十四次主席会议。会议还传达省政协十二届十二次常委会和市委常委会会议精神。审议《关于打造串场河、新洋港景观廊道，发展水岸经济的调研建议（征求意见稿）》和《关于助力我市国民经济和社会发展“十四五”规划编制的建议（征求意见稿）》，研究市政协八届二十一次常委会议、报省政协工作创新案例推选事宜。会议研究决定近期召开市政协八届二十一次常委会议。

11月27日，市政协召开八届五十五次主席会议。会议听取政协盐城市八届五次会议有关事项汇报，布置全会前委员集中视察、调研工作；研究协助市委督查市委政协工作会议及有关文件精神落实工作方案；原则通过市政协《专门委员会通则（草案）》《关于加强和促进凝聚共识工作的实施意见（草案）》《强化委员责任担当的意见（草案）》。

12月25日，市政协召开八届五十六次主席会议。会议学习贯彻习近平总书记视察江苏重要讲话指示、中共十九届五中全会和中央经济工作会议精神，传达学习全国政协《关于加强和促进人民政协凝聚共识工作的意见》，学习省委十三届九次全会、省政协主席务虚会和市委常委会会议精神。会议听取关于政协盐城市八届五次会议筹备情况的通报，审议关于召开政协盐城市八届五次会议的有关事项，讨论市八届政协常务委员会工作报告（征求意见稿）和提案工作情况报告（征求意见稿），决定将上述事项提请市政协八届二十二次常委会议审议。会议审议市政协《2021年度协商计划（草案）》，审议通过市政协八届二十二次常委会议议程、日程，研究“双岗双优委员”、优秀提案和社情民意信息表扬事项及工作安排。会议决定12月29日召开市政协八届二十二次常委会议。

12月29日，市政协召开八届五十七次主席会议。会议主要听取市政协委员调整和机关人事事项汇报。（许寅生）

政协履职

· **专题调研视察** 2020年，市政协围绕事关全市发展大局重要课题、群众关注的热点难点问题，组织开展专题调研视察30次，参加委员近500人次。

围绕市委、市政府中心工作调研视察。5月20—21日，市政协主席李驰带队围绕“打造长三角北翼产业高地”常委会议协商议政课题和文旅融合发展，赴上海市考察交流。考察组参观华人运通公司总部、研发中心和新能源汽车试制工场，观看工程技术样车演示，听取华人运通公司的发展规划和盐城新能源汽车项目建设进展情况介绍。考察组与闵行区、徐汇区政协共同研究议定深化两地政协联合开展活动和组织委员分界别对口互动的计划，并着重就发挥政协作用，助推长三角高质量一体化发展，助力盐城打造长三角北翼产业高地、建设上海“一区三基地”进行交流，商定计划安排。6月12日，市政协主席李驰带领部分省市政协委员赴响水县，调研响水县经济社会发展情况和政协基层民主协商、“有事好商量”协商议事室建设情况。委员们观看陈家港港城建设规划短片，察看陈家港金港大道改造提升段和老旧小区改造项目。在南河镇王集村“有事好商量”协商议事室，委员们听取协商议事情况介绍，建议围绕市委、市政府补齐民生短板的最新部署，深入开展基层协商活动，宣传政策、凝聚共识，助推民生改善。7月14日，市政协主席李驰带领部分港澳台侨界别省、市政协委员，调研考察滨海港工业园区建设工作。委员们先后考察中海油江苏滨海LNG一体化项目、国电投协鑫火电项目、滨海港码头、月亮湾港城和宝武盐城绿色精品钢基地项目选址现场、金光循环经济高科技产业项目，肯定滨海港工业园区打造国家级新区，创建国家级开发区，发挥深水良港、土地广阔和河海联运独特的资源优势，坚持项目立区，重点发展先进性能金属材料制造与加工、高端装备制造及配套服务、资源循环利用及再制造、现代物流等主导产业的做法，对加快重大项目建设步伐、提升园区建设水平，提出建议。7月15—16日，市政协主席李驰带队围绕“放大‘世遗’品牌效应，打造长三角地区生态旅游目的地”主席会议协商议政课题和推进政协基层协商民主建设，赴宿迁市和徐州市学习考察。15日，考察组到宿迁市三台山健康养生基地、宿迁农业园、古黄河生态富民廊道、政协乡贤馆等考察点，实地了解该市发掘水韵特色、弘扬乡土文化、建设生态大公园的经验和成效。16日，考察组考察徐州市潘安湖生态治理工程、户部山民宿博物馆、马庄村协商议事室、徐州市政协文史馆等地，详细了解潘安湖实施生态修复、走出绿色转型发展之路，以及马庄村坚持文旅融合发展、以乡村旅游富民惠民的成功经验。考察期间，考察组与宿迁市、徐州市政协交流政协工作情况，加强市际联系，深化交流合作，助推高质量发展。8月13—15日，市政协主席李驰带队赴广东省学习考察。13日，市政协主席李驰一行赴江门市考察学习历史文化资源保护利用和做好新时期政协港澳台侨工作的经验做法。考察组考察新会陈皮村、梁启超故居、陈白沙祠、五邑华侨华人博物馆、良溪古村等地。14日，市政协主席李驰走访驻深圳的市政协常委、赛博宇华公司董事长金红祥和在盐城投资兴业的吉祥星智能科技公司、聚泰科技公司负责人，了解企业生产经营情况。8月28日，市政协主席李驰带队考察贵州省安顺市美丽乡村建设情况。考察组先后到西秀区七眼桥镇、旧州古镇等地考察屯堡文化保护、美丽乡村建设、生态文明建设和山里江南项目情况。10月22—23日，市政协主席李驰率市政协考察组赴南京市学习考察都市经济发展、生态文明建设和文旅融合等方面情况，并开展政协工作交流。考察组察看老门东历史文化街区改造、大油坊巷历史风貌（小西湖片区）城市更新改造项目、大报恩寺遗址和牛首山文化园。

围绕经济建设产业发展调研视察。5月25日，市政协组织部分委员实地考察盐城高新区和悦达集团，察看华人运通、东山精密、智能终端产业园、中科院盐城高通量计算创新研究院、悦达智能农业装备、悦达专用车等项目现场，听取盐城高新区和悦达集团负责人有关产业发展情况介绍，紧扣盐城加快建设长三角北翼产业新高地，在科研创新、招商引资、营商环境等方面提出意见和建议。11月17日，市政协组织部分省、市政协委员视察荷兰花海风情小镇，并召开座谈会听取相关情况介绍。委员们就“发展夜间经济、提升城市品质”主题开展协商议事，建议加强谋划引导，打造夜间经济示范街区和特色品牌；加强服务配套，优化夜间经济发展环境；加强宣传引导，培养市民夜间消费习惯；加强城市能级建设，提升城市化水平。

围绕社会事业与社会管理调研视察。6月12日，市政协组织部分委员实地察看盐都区公安局盐渎派出所、刘朋警务室，市公安局盐南高新区分局、新都派出所云栖警务室。委员们详细询问警务工作平台、智慧平安网格建设等具体工作，对全市公安基层基础工作和信息化建设应用工作给予肯定。6月18日，市政协组织部分政协委员赴新四军纪念馆，围绕“放大新四军纪念馆展陈提升项目效应，推动地域红色文化品牌建设”专题视察。委员们实地察看新四军纪念馆展陈提升项目现场，并就盐城红色文化传承与发扬展开交流讨论。6月19日，市政协组织文化艺术等界别委员赴射阳县，围绕“公共文化服务均等化”开展界别协商和调研视察。委员们先后考察特庸镇王村综合文化服务中心、兴桥镇红星社区综合文化服务中心、千鹤湖文化园和文旅融合项目示范点安徒生童话乐园，并召开座谈会听取相关汇报。6月30日，市政协组织部分政协委员视察盐城海关服务高质量发展情况。委员们实地察看盐城南洋国际机场出入境监管中心，详细了解海关在出入境监管方面的流程和运行机制及日常工作情况，召开座谈会开展界别协商。7月27日，市政协组织部分政协委员视察红十字会志愿服务基地建设工作。9月28日，市政协组织部分政协委员视察射阳县检察院公益诉讼快检实验室和洋马镇食品安全工作，察看新洋港沿岸生态环境保护现状，听取全市检察机关公益诉讼工作情况介绍，就进一步做好公益诉讼工作提出意见建议。11月16日，市政协组织部分省市政协委员，围绕“推进体育公共服务体系均衡化发展”开展专题调研视察。调研组一行先后视察盐龙体育公园、大丰区足球训练基地和奥体公园等现场，并召开专题座谈会，听取全市体育公共服务体系建设相关情况介绍。

·民主监督 年内，市政协提升民主监督实效，发挥政协委员的主体作用和人民政协的专门协商机构作用。

开展“落实落细十没有、二十有，提高城市精细化管理水平”民主监督。3月24日，部分市政协委员实地察看鹿鸣路游园和双元西路项目现场。通过现场了解情况，委员们对鹿鸣路游园和双元西路精细化管理给予肯定。委员们听取相关部门工作情况汇报，就提高城市精细化管理水平，围绕户外广告牌整顿、停车位建设、城市绿化等方面提出意见建议。

开展“建立长效机制，巩固脱贫成果”专题民主监督。4月26日，部分市政协委员赴阜宁县实地察看东沟镇丁横稻麦种植股份合作社、新沟镇春华秋实现代农业示范园和阜城街道十里风光带林果扶贫基地等现场，详细了解阜宁县脱贫攻坚工作开展情况，并就如何建立长效机制，巩固脱贫成果召开座谈会。4月28日，部分市政协委员赴响水县实地察看洪南新型社区、九丰农博园、昌盛冷库、西兰花生产基地、老舍中天消防等现场，详细了解推进产业扶贫、增加村级积累、帮助低收入人群脱贫等情况，后召开座谈会，听取关于如何在脱贫攻坚工作中补短板、强弱项以及建立长效机制相关情况汇报。

开展“推进市区老旧小区整治和棚户区改造、加快城北地区改造步伐”专题民主监督视察。5月9日，部分省、市政协委员先后来到先锋岛征迁现场、盐兴路和蟒蛇河沿线征迁现场、新洋港大道西段施工现场、亭湖港项目作业区现场察看老旧小区整治和棚户区改造民生实事项目建设工程，详细了解初步规划和前期工作推进情况。委员们建议，做好规划衔接、征迁和安置房建设、工程质量管理等工作，把好事做好、实事做实，打造城北崭新形象，并围绕做好宣传发动、保留城北历史文脉和记住城北乡愁、和谐拆迁妥善做好群众工作，以及筹措建设资金、加大招商力度等提出建议。

开展化工行业安全生产专题民主监督。5月18日，部分市政协委员赴大丰区，就推进落实化工行业安全生产工作开展专题民主监督调研。委员们先后到江苏丰山集团股份有限公司、江苏兄弟维生素有限公司，详细了解各企业生产经营情况及安全生产保障措施，并召开座谈会。

开展水污染防治专题联动民主监督。5月21日，部分省、市、县政协委员和有关部门负责人赴大丰区，开展“长三角区域污染防治协作机制落实情况”联动民主监督活动，重点视察监督水污染防治工作落实情况。委员们先后察看四卯酉河退渔还湿现场和四卯酉河入海口断面水质、斗龙港河入海口断面水质状况，对大丰区水污染防治工作成效给予肯定，并就进一步加强水污染防治、水环境治理工作提出意见和建议。

开展优化营商环境专题民主监督活动。9月3日，部分市政协委员赴建湖县开展优化营商环境专题民主监督。委员们先后来到江苏润阳光伏科技有限公司、江苏睿昕汽车科技有限公司、江苏博克斯自动化控制工程有限公司和建湖县行政审批中心，实地调研了解情况，并召开座谈会，听取建湖县政府情况介绍和部分部门及企业负责人、政协委员的建议，双方进行互动交流。9月4日，部分市政协委员就优化全市营商环境开展专题民主监督。委员们先后实地察看新洋港景观大道和龙泰花园安置房建设等城北地区改造现场，并召开座谈会，听取相关区和有关部门优化营商环境情况汇报。9月9日，部分省、市政协委员赴滨海县围绕优化全市营商环境开展专题民主监督。委员们先后实地察看江苏华澳橡胶机械有限公司、滨海县行政审批局、盐城矽润半导体有限公司等现场，并召开座谈会，与相关部门面对面座谈交流，详细了解滨海县优化营商环境工作推进情况。委员们建议要推进信息系统整合共享，加强信用体系建设，完善生活服务医疗教育等配套设施，帮助企业解决生产经营建设中遇到的难题，增强企业获得感，形成企业“招得进、培得强、留得住”的长效机制。

开展“保居民就业”和富民政策落实民主监督协商议事活动。10月16日，部分省、市政协委员考察观摩盐都区潘黄街道新民农业创业园、盐城高新区人力资源服务产业园现场，听取市人力资源和社会保障部门的情况汇报，围绕“保居民就业”开展协商，为“六稳”“六保”建言献策。

开展围绕“城市新建居住小区教育设施配套”和“中小学课后服务”调研视察和民主监督活动。10月19日，部分省、市政协委员实地察看盐城经济技术开发区雨露幼儿园、市六一幼儿园松江路分园和新都路小学等新建配套教育设施，并召开座谈会。委员们听取市教育局相关情况介绍，就深化教育改革、优化教育资源供给、办好人民满意教育等方面建言献策。

9月21日，市政协在射阳港经济开发区开展“有事好商量·民生专题协商议事月”活动 （市政协 供图）

· **协商议政** 年内，市政协推进“有事好商量”协商议事工作，制定“有事好商量”协商议事室建设工作规范，坚持共建共享共用，突出基层协商。全市125个乡镇（街道）实现协商议事室全覆盖，433个村居（社区）、17个重点园区、43个企事业单位、48个界别建立协商议事室，全年政协牵头开展基层协商议事1352次。组织2960名省、市、县三级政协委员开展“民生专题协商议事月”活动，协助基层解决民生问题835个。协商民主，发挥政协委员主体作用、专门委员会基础性作用、政协各参加单位和县级政协整体作用、政协智库“外脑”作用，构建“建盐献策”协商议事平台。全年市政协各专门委员会通过“建盐献策”协商议事平台举行协商议政活动16次。围绕疫情给农民工就业带来的影响专题调研，在省政协“稳就业保民生”专题议政会上提出建议。围绕优化营商环境组织开展专题民主监督，深入80多家重点企业和在建项目了解情况，落实市政府惠企20条政策。组织政协委员走访重点物流企业和农贸市场，为市场保供建言。

· **民生论坛** 6月23日，市政协举行第七期民生论坛，围绕“策应高铁时代来临，优化城市公共交通”主题开展协商议政。与会人员体验市区高架地面系统BRT环线H1线，视察市公交智能调度指挥中心，详细了解市区公共交通运行情况。委员和市民代表围绕市区公交线网优化、强化公交互联互通、加强智慧公交建设、缓解高架交叉结点拥堵等群众和社会关切的热点问题，进行互动讨论交流。10月20日，市政协举行第八期民生论坛，围绕“加强城市小区物业规范化管理”开展协商议政。与会人员视察盐都区港龙华侨城、盐南高新区悦珑湾和黄海街道“红色物业”示范小区现场。委员和市民及物业、法律等界别人士围绕增强物业管理意识、推进物业精细化管理服务、建设“红色物业”示范小区、老旧小区物业管理升级等，互动交流和讨论。市政府相关部门负责人听取意见，客观回应关切，共商思路对策。（许寅生）

提案工作

· **概　况** 2020年，盐城市政协委员通过提案履行职能，提交提案486件。经审查，立案409件，占收到提案总数的84.2%；不立案提案77件，占提案总数的15.8%。所立提案中，集体提案42件，占10.3%；委员个人提案、联名提案367件，占89.7%。立案提案分别交由75个市直承办部门和9个县（市、区）政府办理。其中，围绕攻坚重大项目、打造特色产业、落实“六稳”“六保”、完善科技创新体系、实施人才强市战略等方面的提案110件，占26.9%；围绕全方位接轨上海、加快建设“一区三基地”、推动沿海高质量发展、深化对韩合作、构建开放生态等方面的提案85件，占20.8%；围绕促进经济与生态和谐共生、放大“世遗”效应、建设美丽城乡、打赢污染防治攻坚战等方面的提案101件，占24.7%；围绕建设高质量教育体系、提升公共文化服务水平、建设健康盐城、坚持就业优先、关注弱势群体、健全多层次社会保障体系、加强和创新社会治理等方面的提案113件，占27.6%。市委、市政府高度重视政协提案工作。市政府常务会议专题研究提案办理工作，逐件落实承办单位。市委、市政府领导与市政协主席会议成员共同督办重点提案，市委书记戴源牵头召开市政协重点提案督办协商会，督办《全面融入长三角一体化战略》重点提案，市长曹路宝督办《深化“放管服”改革，优化我市营商环境》重点提案，各位常委、副市长分别督办所领办负责的重点提案。市政府办加强对提案办理工作的督查推进，向市政协常委会议通报提案办理情况。各承办单位突出办理重点、加强沟通协商，采纳提案建议，推动解决实际问题。市政协制定《提案质量和提案办理质量双向评价办法》，选取22件民生热点提案，组织市各民主党派、工商联、政协委员、政协智库专家和提案承办单位开展双向评价，提升提案质量。至年底，立案提案办复率100%；解决采纳的提案199件，占48.7%；逐步解决的提案202件，占49.4%；作出解释的提案8件，占2%。

· **《全面融入长三角一体化战略》提案督办** 《全面融入长三角一体化战略》重点提案由《充分利用长三角一体化发展规划纲要政策红利、加快建设“四新盐城”》《关于全面融入长三角、促进盐城产业转型升级的建议》《发挥盐城自身优势、借鉴上海开放经验、助推“融入长三角建设新盐城”》3件提案组成，市委书记戴源领衔督办，市发改委主办，盐城华人运通新能源汽车有限公司生产制造基地等企业协办。督办采取现场调研和专题协商相结合方式。9月11日，市委书记戴源实地察看华人运通新能源汽车项目、SKI动力电池项目、沪苏大丰产业联动集聚区的正泰新能源光伏电池和组件以及奥为智能门窗项目；召开督办协商会上，市发改委汇报重点提案办理情况，各协办单位提交书面汇报重点提案办理工作情况。该提案年内办结。

· **《深化“放管服”改革，优化我市营商环境》提案督办** 《深化“放管服”改革，优化我市营商环境》重点提案，市长曹路宝领衔督办，市发改委、市工信局、市行政审批局主办。5月28日，市长曹路宝主持召开提案督办专题座谈会，就人才培养引进、金融支持、图审时效、能源价格等问题听取市发改委、市工信局、市行政审批局提案执行情况汇报。该提案年内办结。（许寅生）

表4　2020年盐城市政协委员优秀提案一览表

序号	提案名称	提案人
1	建立健全生态经济体系，推动盐城经济绿色跨越发展	民盟盐城市委员会
2	关于盐城港深入践行长三角一体化战略、接轨上海推进港产联动高质量发展的建议	民建盐城市委员会
3	大力实施消费扶贫，促进贫困人口增收	民进盐城市委员会
4	加大重点区域湿地保护力度，开展申遗后续保护开发工作	农工党盐城市委员会
5	加强产学研协同创新，促进科技型企业高质量发展	九三学社盐城市委员会
6	关于推动制造业转型升级，实现制造业高质量发展的建议	市工商联
7	关于兴建“非遗文化一条街”的建议	市政协学习文史委员会
8	关于加快推进全市职业教育高质量发展的建议	市政协社会法制（民族宗教）委员会
9	关于全面融入长三角、推动盐城产业转型升级的建议	万　宏
10	关于推进绿色发展转型升级的几点建议	俞进虎等4人
11	关于发挥资源优势、助力农村电商精准扶贫的建议	胡士华
12	建立建设项目审批综合网络平台，提升审批效率	卫　凯
13	关于大力推动城北地区改造的建议	汤征宁
14	关于加快推进棚户区改造、安置房建设的建议	杨红尉
15	关于繁荣建军路商业圈的建议	孙红艳等2人
16	关于加强农村生态保护的建议	吴洪春
17	关于加大儿科医生及护理专科人才培养和使用的建议	薛晓明
18	关于加强家庭文化教育体系建设的建议	张晓敏等2人
19	关于在我市发展康养结合养老机构的建议	徐兆军
20	关于发展盐城影视文化产业的建议	王艺之
21	放大名人故里效应，助推文旅融合发展	赵　军
22	垃圾分类收集，资源变废为宝	樊红芳等2人
23	关于进一步加强我市校园食品安全监管的建议	白金香等7人
24	关于进一步加强疫情期间心理疏导工作的建议	徐以利
25	关于加大乡村酒驾治理力度的建议	吴海燕等2人
26	关于提高我市城市公交车实载率的几点建议	姚　兵
27	关于加强全市电梯管理维护的建议	张冠华
28	深入推进网格化建设，不断增强服务群众功能	蔡晓钧
29	关于强化我市供水行业监管的建议	唐耀华
30	妥善处置家庭暴力案件，促进社会和谐稳定	陶正红

中国共产党盐城市纪律检查委员会
盐城市监察委员会

编辑　孟建民

综　述

·概　况　2020年，盐城市纪委监委紧扣监督、办案两个重点，以专业化、规范化、信息化为保障，注重以小数据形成大决策、小切口解决大问题、小制度养成大规矩，持之以恒正风肃纪，强化权力运行制约监督，一体推进不敢腐、不能腐、不想腐，全市党风廉政建设和反腐败工作不断取得新进展新成效。响水“3·21”事故盐城相关纪检监察工作受到中央纪委副书记刘金国充分肯定。响水“3·21”事故反思剖析、以“小切口”专项治理推动机关作风大转变相关做法得到省纪委书记王常松批示肯定。专项督导助力中小企业发展、“小清单”管住基层“微权力”等10多项特色工作被《中国纪检监察报》《新华日报》等媒体关注并刊载。

·政治监督　年内，盐城市纪委监委强化政治监督，推动党中央决策部署一贯到底。成立疫情防控监督工作领导小组，建立“1+3+N”协同监督机制，在市县两级组建171个督查组，紧盯防控责任落实、严防外部输入和内防反弹等工作，边督查、边指导、边纠正、边解难。深入开展落实“六保”任务专项监督，围绕复工复产达产、打好“三大攻坚战”、基本民生保障等4个方面14项内容，通过专班监督、立项监督、专项巡察等方式，着力查找并纠正有令不行、有禁不止等行为，先后对不担当、不作为的198名党员干部实施问责。市纪委监委领导班子成员带队，到发改、商务、农业农村等“六保”牵头部门及重点板块开展调研督导，面对面指问题、压责任。深化运用“阳光扶贫”监管系统，加强脱贫成果复查复核，共查处扶贫领域腐败和作风问题197个，处理323人。压紧压实管党治党责任。认真贯彻落实《党委（党组）落实全面从严治党主体责任规定》，协助召开落实主体责任述职会，深入开展履责记实监督审核、落实主体责任电视访谈等活动，持续拧紧责任链条。对市人力资源和社会保障局、城管局、信访局3个市直部门以及各县（市、区）进行政治生态监测评估，通过“评估—反馈—整改—再评估”闭环管理，进一步压紧压实政治责任。严把选人用人政治关廉洁关，共回复党风廉政意见31批1253人次，6人因党风廉政建设方面存在问题被取消评优资格或暂缓提拔。主动服务保障村（社区）“两委”换届，班子成员带队，组建3个督查组，全程跟进监督换届纪律教育、候选人资格审查、选风选纪等情况，从源头上加强基层党风廉政建设。精准稳慎有效做好问责工作，共对55个党组织、897人实施问责追究，敲响有权必有责、失责必追究的警钟。

·派驻机构改革　年内，市纪委监委撤销市纪委监委第二十一派驻纪检监察组，设立第九监督检查室和派驻机构工作联席会议办公室。研究制定派驻市级机关、市属重点基础设施建设投资类国有企业纪检监察组、市属商业类国有企业和市属事业单位纪检监察机构4个“40条”工作规定，组织派驻（派出）机构、市属企事业单位纪委向市纪委常委会述职，强化“两个为主”（查办腐败案件以上级纪委领导为主，各级纪委书记、副书记的提名和考察以上级纪委会同组织部门为主），增强监督效能。至年底，市纪委监委设立20个派驻纪检监察组，实现对68家党和国家机关监督全覆盖，其中综合派驻监督的17个组，单独派驻监督的3个组。设立2个派驻企业纪检监察组，对市城投集团、市海兴集团、市交投集团和燕舞集团4家市属重点基础设施建设投资类国有企业实施监督。设立5个派出监察专员办公室，分别对悦达集团、银宝集团、新光集团、盐城港集团和市国投集团5家市属商业类国有企业实施监察监督，派出监察专员办公室与企业纪委合署办公，监察专员由企业纪委书记兼任。全年全市派驻机构处置问题线索328件，其中在监督中发现问题线索31件，主动约谈811人次，立案109件。

·正风肃纪“镇村行”“看机关”专项行动　3月26日，市委、市政府印发《关于开展2020年度“正风肃纪看机关”专项行动的实施意见》《关于开展2020年度“正风肃纪镇村行”专项行动的实施意见》，推进2个专项行动落地见效。市纪委监委开展扶贫领域腐败和不正之风、养老机构消防审验不规范、人防车位违规租售等5个专项整治，将市县两级27个民生领域突出问题列入整治范围。试点打造村级小微权力智慧监管平台，全程跟进监督村（社区）“两委”换届，从源头上提升基层治理能力。全年查处群众身边腐败和作风问题1203起、处理2267人。开展“三个1000”（走访企业1000家、暗访服务大厅1000次、抽查投诉举报处理1000件）走访活动，召开2次全市机关作风建设问题通报会，推动解决“慵懒散拖”问题30多个，督促相关部门退还农民工工资保证金3.7亿元，更新轻量化商砼搅拌车1958辆。

·自身建设　年内，市纪委监委从严从实加强自身建设，全力锻造高素质专业化纪检监察铁军。深化开展“打铁必须自身硬”专项行动，推动纪检监察干部强化思想淬炼、政治历练、实践锻炼、专业训练，努力建设高素质专业化干部队伍。在全系统开展“学恩来精神、守初心使命”专题教育活动，通过集中学习研讨、接受现场教育等形式，教育引导纪检监察干部守初心、担使命。举办市属企事业单位纪检监察干部专题培训班，先后开展19期“我的业务我来讲”微讲堂活动，6名外聘专家、22名单位业务能手走上讲台，对监督检查、审查调查等业务进行授课，每季度组织一次全员测试。发挥新一届纪检监察学会作用，在全系统开展重难点课题调研，收集评选调研成果68篇，造浓学习思考、调查研究氛围。严格监督管理。在全市纪检监察系统组织开展作风建设突出问题专项整治，建立纪检监察干部接受宴请并饮酒情况报备规定，以严格的制度规范约束纪检监察干部交往行为。开展内部巡察，对4家县级纪委监委进行整改“回头看”，完成对响水县纪委监委内部巡察，发现并督促整改各类问题49个。举办纪检监察开放日活动，搭建特约监察员、百名纪检监察干部监督员、法律顾问履职平台，把更多力量汇聚到推动纪检监察工作高质量发展上来。坚持刀刃向内，依纪依规调查纪检监察干部信访举报，调离纪检监察系统3人，党纪立案2人。（李高凡）

重要会议

· **七届市纪委五次全会**　4月17日，市纪委召开七届市纪委五次全会。会议由市委常委、市纪委书记、市监委主任王小红主持，市委书记戴源出席会议并讲话。会议学习贯彻习近平新时代中国特色社会主义思想，落实十九届中央纪委四次全会和十三届省纪委五次全会精神，增强“四个意识”、坚定“四个自信”、做到“两个维护”，深化“清风盐城”建设，推进全面从严治党，为决胜全面小康、夺取新冠肺炎疫情防控和经济社会发展“双胜利”提供坚强保证。王小红代表市纪委常委会作题为《坚定扛起监督责任全面提升治理效能　为开辟盐城高质量发展新境界提供坚强保障》的工作报告。

· **全市安全生产领域警示教育大会**　3月10日，市纪委监委以视频会议形式召开全市安全生产领域警示教育大会。会议播放警示教育专题片《鲜血和生命的代价》，深入剖析查处的安全生产领域违纪违法案件，强调要深刻反思吸取教训，坚决做到守住边界、不碰红线、不触底线，确保惨痛的代价不白付。要加强自我革命，把权力“双刃剑”风险降到最低。要全面净化政治生态，自觉为高质量发展扫清障碍。要以敬畏之心抓好整改，推动安全生产形势稳定好转。市应急管理局、生态环境局领导班子成员、全体中层干部及相关派驻纪检监察组组长在主会场出席。市直部门、省属驻盐单位、各县（市、区）、盐城经济技术开发区、盐南高新区设分会场收听收看。

· **全市作风建设突出问题专项整治部署会**　4月8日，市纪委监委召开全市作风建设突出问题专项整治部署会。会议强调，要深入查摆反思作风问题反复滋生的病因病根，牢牢把握作风突出问题专项整治的方法路径，坚持领导抓与抓领导相结合、聚焦重点与举一反三相结合、提醒在先与从严惩治相结合、非常之举与长效管理相结合，重点整治吃喝上、交往上、车轮上三大类的突出问题。各级党组织要切实扛起专项整治工作主体责任，党组织书记要做到亲自安排部署、亲自督促检查，领导班子成员要在专项整治中冲锋在前、发挥作用。纪检监察机关要立足“监督的再监督”定位，紧盯党组织主体责任落实、重点职能部门作用发挥，开展不间断的明察暗访，坚决打好作风建设突出问题攻坚战。会议以电视电话会形式召开，市设主会场，各县（市、区）设分会场，响水县委、市公安局、亭湖区纪委监委在会上作表态发言。

· **全市领导干部“510”警示教育大会**　5月9日，市委召开全市领导干部“510”警示教育大会。会议要求全市各级领导干部要坚定理想信念，永葆对党忠诚的政治品格；要站稳人民立场，坚持秉公用权的政治操守；要严以律己，增强拒腐防变的政治定力；要扛起政治责任，营造山清水秀的政治生态。会议播放市纪委监委制作的《贪欲之祸》警示教育专题片。市四套班子成员、市各有关方面负责人、部分单位中层干部等1100余人在市主会场参加会议。

· **全市机关作风建设问题通报会**　7月20日、12月7日，市委先后召开全市机关作风建设问题通报会2次。会议对上轮通报会上曝光的作风建设问题整改情况进行“回头看”，对新发现的一批典型问题进行通报曝光，从发现问题入手，督促相关地区和职能部门找准差距、落实整改，推动全市机关作风再改进、服务效能再提升、发展环境再优化。会上，与会人员集体观看上轮通报的一批作风建设问题整改情况专题片和新发现的机关作风问题通报片。

· **全市公安机关警示教育大会**　7月22日，市纪委监委召开全市公安机关警示教育大会暨“坚持政治建警全面从严治警”教育整顿动员部署会。会议强调，全市公安机关务必要以案为鉴、反躬自省，做到警钟长鸣，加强自我革命，增强忠于事业的情怀，保持廉洁奉公的定力，守住人情交往的边界，树立珍惜当下的心态，切实把管党治党的政治使命担起来，把忠于职守、廉洁履职的岗位要求落实好。要以“坚持政治建警全面从严治警”教育整顿为契机，推动全市公安机关各级党组织进一步压紧压实领导责任，狠抓突出问题整治，加强内控机制建设，落实治病救人方针，主动接受外部监督，推进全面从严治警、净化系统政治生态，让警队更纯洁，让警徽更闪亮，让人民群众更满意。会议以电视电话会形式召开，市设主会场，各县（市、区）设分会场。会上，播放专题警示教育片《不容玷污的警徽》。（李高凡）

党风廉政建设

· **概　况**　2020年，盐城市纪委监委贯彻落实《党委（党组）落实全面从严治党主体责任规定》，协助召开落实主体责任述职会，开展履责记实监督审核、落实主体责任电视访谈等活动，持续拧紧责任链条。做好问责工作，对55个党组织、897人实施问责追究，敲响有权必有责、失责必追究警钟。把握政治生态状况，对市人力资源和社会保障局、城管局、信访局3个市直部门以及各县（市、区）进行政治生态监测评估，压紧压实政治责任。严把选人用人政治关廉洁关，回复党风廉政意见31批1253人次，6人因党风廉政建设方面存在问题被取消评优资格或暂缓提拔。

·群众身边腐败和作风问题整治 年内，市纪委监委集中整治群众反映强烈突出问题，让群众切实感受到公平正义。在全市160个基层单位推广运用纪检监察检举举报平台，健全完善“信、访、网、电”立体受理体系，全年，全市纪检监察机关共接待来访群众850批1035人次，受理信访举报4311件。会同市委政法委等部门开展非法金融活动和“黄赌毒”问题等专项治理行动，严肃查处涉黑涉恶腐败和“保护伞”人员207人。聚焦农村基层权力运行，监督推进农村集体三资“三大排查”、农村人居环境整治，试点打造村级小微权力智慧监管平台，以强有力监督护航乡村振兴。

·领导干部“五访四清两降”下访活动 年内，全市纪检监察系统开展领导干部“五访四清两降”下访活动，通过市、县纪委领导班子成员到一线接访、带信走访、综合研访、督导办访、压责处访，深入基层一线调研，摸清基本情况、摸清短板弱项、摸清队伍建设现状、理清工作思路举措，推动全员办信办访，及时回应群众关切。全年市、县纪委监委领导班子成员带队先后到镇村一线开展下访活动9个轮次，接待信访群众271批，推动解决信访问题153件。全市纪检监察信访总量同比下降38.5%，到中央纪委国家监委上访同比下降62%，到省纪委监委上访同比下降35.8%，重复信访同比下降15.6%。

·“清风盐城”廉政讲堂建设 年内，市纪委监委围绕“清风盐城”建设目标，打造“清风盐城”廉政讲堂，各地各部门综合利用现有场所设立廉政讲堂，建立廉政讲堂师资库，各级党组织负责人、纪检监察干部带头走上廉政讲台，推动做深做实各级各类廉政教育。市纪委监委在“清风盐城”廉政讲堂工作中摸索出学廉、讲廉、警廉、倡廉、话廉的“五廉”工作法，通过学纪法条例、讲红色廉政故事、观看廉政文艺作品、通报本地区违纪违法案例、围绕廉洁主题开展批评与自我批评等做法，强化党员干部和公职人员纪法意识和廉洁修养。注重把廉政讲堂与基层社会实践相结合，组织开展送廉下基层活动，拓展廉政讲堂社会覆盖面和影响力。建湖县纪检监察机关结合中共党史学习教育，运用红色文化资源加强廉洁文化建设，联合建湖县委党校、党史办，挖掘华中鲁艺抗日殉难烈士陵园等红色遗迹旧址中的廉政元素，编印相应红色廉政教材，在廉政讲堂上发放讲解；邀请老志愿军、老干部、老党员组建基层红色“廉政讲堂”讲师团，用老百姓较为熟悉的乡言土语，讲述身边的红色故事，让党员干部群众了解红色家谱。响水县纪委监委通过搜集本地村干部廉洁故事改编的小戏剧《方向盘》，由讲师团到镇村廉政讲堂演出，向基层党员干部传递清正廉洁风气。（李高凡）

执纪问责

·中央八项规定精神落实 2020年，市纪委监委继续落实中央八项规定精神，查处响水县公检法“三长”疫情期间违规聚餐饮酒事件，对19人进行问责处理。围绕吃喝、交往、车轮3个方面的不正之风，在全市开展作风建设突出问题专项整治，推行饮酒报备、分层分级约谈提醒等非常举措，遏制不正之风反弹回潮势头。压实各级党委主体责任，分层分级开展2轮次作风建设约谈提醒，县处级以上单位主要负责人累计约谈1970人次，重点岗位累计被约谈520人次，整治期间查处“吃喝、交往、车轮”上突出问题272起，处理464人，向相关党委（党组）发放提醒函33份。深入贯彻落实习近平总书记关于制止餐饮浪费行为的重要指示精神，在全市党政机关推行限制陪餐人数、限制用餐金额、限制饭菜分量、打包剩菜剩饭的“三限一打”工作，坚决杜绝餐饮浪费。

·反腐败斗争 年内，市纪委监委运用“四种形态”（党内关系正常化、批评和自我批评经常开展、党纪轻处分和组织处理成为大多数、对严重违纪的重处分，作出重大职务调整的应当是少数，严重违纪涉嫌违法立案审查的只能是极少数）处理1.49万人次，其中第一、二种形态占94.9%。全年全市纪检监察机关立案查处各类违纪违法案件3998件、给予党纪政务处分5487人、办理留置案件54件。依托信息化手段开展追逃追赃工作，成功抓获职务犯罪外逃人员2名，追回赃款70余万元。23名干部到纪检监察机关主动投案。守住办案质量和安全“双底线”，实施超期未结案案件专项清理，定期开展飞行检查、案件质量检查，实现留置调查、走读式谈话“零事故”。坚决防范一处了之，对1710名受处分人员开展教育帮扶。

·纪检监察整改督查 年内，市纪委监委制定实施8条“再监督”措施，建立定期督查制度，对市委制定的74条整改措施跟踪督办、压实整改责任。做好响水“3·21”事故责任人员处分决定宣布执行工作，开展教育帮扶工程，以有力度有温度的问责工作增强全市党员干部责任意识。牵头召开专题警示教育大会，组织开展向服务对象借贷、干预企业正常经营、园区政商交往不亲不清等5个专项治理，深化安全生产专项监督，累计开展19轮安全生产专项监督，对市县两级158个党组织开展专项巡察，累计发现并督促整改各类隐患问题2110个。监督推进违法违规“小化工”整治，全市排查50.39万家企业、小作坊和小窝点等生产经营单位，发现并整治违法违规“小化工”88家，先后对违法违规“小化工”日常监管中存在形式主义官僚主义问题的22人予以问责，查处背后官商勾结问题7起10人。（李高凡）

民主党派　工商联

编辑　孟建民

综　　述

·概　况　2020年，盐城市有民盟、民建、民进、农工党、九三学社5个民主党派市委会，致公党总支1个，民革支部1个。各民主党派新发展成员116名。至年底，各民主党派有成员2082名，遍及科技、教育、文化、卫生、农林、经济等领域。民主党派成员中担任全国人大代表1人、省人大代表2人、省政协委员7人、市人大代表17人、市政协委员131人。年内，各民主党派开展基层基础提升年活动，建立“党派之家”19个；实现市纪委第一派驻纪检组入驻各民主党派市委机关全覆盖。全年有24个民主党派基层组织完成换届。

·“不忘合作初心，继续携手前进”主题教育活动　年内，市各民主党派开展“不忘合作初心，继续携手前进”主题教育活动，分别召开市委（总支、支部）会、座谈会，举办培训班、专题辅导学习习近平新时代中国特色社会主义思想、习近平总书记系列重要讲话精神。11月25日，市各党派团体主要负责人交流学习中共十九届五中全会精神体会，并在盐城统战微信公众号上推送。各民主党派组织成员赴红旗渠、射阳廉政教育基地开展现场教学，加强会员思想教育。

·各党派团体负责人联席会议　11月12日，市委统战部召开第二十六次市各党派团体负责人联席会议。会议学习贯彻中共十九届五中全会精神，自觉把思想和行动统一到中共中央决策部署上，把智慧和力量凝聚到落实全会提出的重大任务上。会议交流2020年专题调研成果，围绕“建立健全生态经济体系，推动全市生态资源产业化、可持续化发展”“关于加快我市电子商务产业发展的建议”“关于加强智慧公交系统建设的建议”“高质量推进盐城湿地生态文明建设”“加强黑臭河道治理，建设生态宜居新盐城”“关于加快提升盐城农村基础教育水平的建议”“关于推进农村养老服务公司建设助力居家养老的建议”“发挥民营企业作用，推进精准扶贫工作”“关于推进全市乡村旅游发展的建议”9个课题，提出意见建议9条。意见建议被市委统战部列入《党外人士建议专报》报市委、市政府领导参阅。

（严志坚）

中国国民党革命委员会盐城市支部

·概　况　2020年，中国国民党革命委员会盐城市支部（以下简称“民革盐城市支部”）有党员16人，其中发展新党员4人，从淮安市转进1人，上年补报1人。全年支部组织党员政治学习活动3次。年内，民革盐城市支部党员捐款8000元，并发动社会力量筹集善款7万余元，购得国外品牌防护服331件，连同“皮卡丘武汉募捐群”赞助的国外品牌护目镜90个、保护帽72个，赠予盐城市第三人民医院援鄂医疗队。

·参政议政　年内，民革盐城市支部组织开展2项专题调研活动，向民革江苏省委和盐城市委提交调研报告和社情民意。其中，“关于推进农村养老服务公司建设助力居家养老”的社情民意经民革江苏省委推荐，被民革中央采纳；“关于盐城市高质量人才培养的建议”，在市委统战部组织的会议上交流。

·“博爱·筑梦”助学活动　8月23日，民革盐城市支部联合盐城世华公益组织在新弄里“言＋买书汇”书店开展2020年“博爱·筑梦”助学活动。民革盐城市支部与世华公益组织分别给20名困难中小学生送上1500元的助学金及书包、套装书、笔记本等文具用品，给2名刚考上大学的学子分别送上2500元的助学金和拉杆行李箱。民革党员李静为学生们讲解防性侵知识，民革党员单肖娟与学生们一起品读名著《平凡的世界》。

·“加快补齐苏北农村基础设施和公共服务短板”专题调研　8月24—25日，民革盐城市支部主委丁小娟、市司法局机关党委书记周平及民革盐城市支部党员徐森、王国军、史卫红、孙宗一，在淮安市淮阴区刘老庄镇郑河村和泰州市高港区许庄街道蔡庄村，就“加快补齐苏北农村基础设施和公共服务短板”开展专题调研。调研组分别就农村道路建设与管护、供水保障、生活污水处理、生活垃圾清运、农村教育、医疗卫生服务、公共文化服务、社会保障与法律服务等相关问题与淮安市、泰州市相关人员沟通交流，并实地考察特色田园建设、医疗公共卫生、污水收集处理情况。经专题调研，民革盐城市支部提交2个社情民意，其中“关于推进农村养老服务公司建设助力居家养老”由民革江苏省委推荐到民革中央并被采纳。

（于小娟）

中国民主同盟盐城市委员会

·概　况　2020年，中国民主同盟盐城市委员会（以下简称“民盟盐城市委”）有盟员481人，其中发展新盟员19人。盟员中有高等教育界盟员154人，普通教育界盟员151人，文艺界盟员36人，科技医卫界盟员40人，机关、团体中盟员36人，经济界盟员63人，平均年龄为53岁；有高级职称250人，中级职称170人；有全国人大代表1人，省政协委员2人，市人大代表4人，市政协委员25人，区人大代表4人，区政协委员19人。民盟盐城市委下设基层委员会4个：盐城工学院基层委员会、盐城师范学院基层委员会、亭湖区基层委员会、盐都区基层委员会；总支1个：盐城中学总支；支部10个：大丰区支部、机关一支部、机关二支部、盐阜中学支部、田家炳中学支部、农科院支部、文化支部、悦达支部、盐城幼儿师范高等专科学校支部、江苏医药职业学院支部。年内，民盟盐城市委通过微信公众号、网站，QQ群和微信群，搭建立体全方位平台，展现民盟好风采，发出民盟好声音，鼓励盟员学先进做先进。4月27日，市政协与盐城广播电视总台合作开办的《人民政协》专栏“民盟篇——烛光行动传大爱”在《盐城新闻》栏目播出。全年向民盟江苏省委微信公众号报送《苏盟人大代表陈澄在忙啥》《孙海燕：敬业奉献书写无悔青春》等5篇稿件，其中3篇入选《团结报》、团结网“民主党派微信热文展播”日榜、周榜、月榜。年内，民盟盐城市委被民盟中央表彰为民盟思想建设和宣传工作先进集体，亭湖基层委员会被民盟中央表彰为先进基层组织；盟员罗安琪被民盟中央表彰为民盟思想建设和宣传工作先进个人。

·参政议政　年内，民盟盐城市委在政协盐城市八届四次会议期间，提交集体提案6份，盟员个人提案30份。多位盟员建议被《委员意见》采用。在盐城“两会”期间提交的1份集体提案、1份个人提案被市政协表彰为优秀提案，2名盟员被表彰为“双岗双优”委员，《加大“后申遗时代”湿地保护力度　打造生态盐城金名片》《深度接轨上海　全面融入长三角》等7篇文章入选市政协联组发言。盟员陈澄在参加全国人大会议期间，提交议案《关于传统戏曲拓展“云端”直播的思考和建议》《关于地方戏曲非遗文化传承和发展的现状及建议》。

·专题调研　年内，民盟盐城市委组织和引导盟员开展专题调研，申报民盟中央调研课题，参加民盟江苏省委、市政协举办的主题研讨会、论坛等。组织《深挖红色文化资源，打造红色旅游经典》等5篇稿件报送民盟江苏省委文化发展研讨会，其中1篇获得一等奖。《在审美中育人，推动德育教育创新》等2篇稿件报送民盟江苏省委教育发展论坛，《城市居民参与社区治理的制度化渠道建设》等3篇稿件报送民盟江苏省委城镇化论坛，《守好一方碧水　共护美丽长江》报送民盟江苏省委生态文明建设研讨会并获二等奖。《提高我市城市公交实载率的几点建议》等2篇稿件报送市政协民生论坛，《关于进一步推动我市电子信息产业发展的对策建议》等2篇稿件报送市政协“长三角北翼产业新高地”征文，《丰富提升串场河历史文化资源　推动人文史话与水岸经济的有机融合》报送市政协“提升串场河、新洋港功能，加快发展城市经济”征文，《当协商民主遇到网络时代——浅谈“网络议政”的价值、困境与对策》报送市政协理论研讨征文。

·组织建设　年内，民盟盐城市委发展新盟员19人。组织开展骨干盟员暨新盟员培训班，并于11月17日召开2020年度新盟员座谈会，开展参政议政专题辅导、颁发盟员批准通知书、举行入盟宣誓仪式，强化新盟员的荣誉感和使命感。带领盟员深入学习领会习近平总书记新时代中国特色社会主义思想和关于人民政协、统一战线、多党合作系列重要指示精神，参加中共盐城市委召开的党外人士情况通报会；参加市政协、市委统战部组织的各类培训。带领全体盟员线上、线下学，集中学与个人自学相结合。通过全委（扩大）会、主题学习会、视频会议等形式，组织学习中共十九届五中全会精神、习近平总书记视察江苏重要讲话指示精神，实时传达学习全国和省、市“两会”精神、中共盐城市委七届十次、十一次全会精神等。在盟员微信群编发各类学习材料，巩固学习成果。组织盟员参加民盟江苏省委、市委统战部举办的盟员骨干、信息员等培训活动。

·社会服务　年内，民盟盐城市委向全市盟员发出倡议书，为疫区捐款捐物。全市盟员捐款6.43万余元，统一采购防控物资、转运湖北疫区。成立疫情防控工作组，内设心理咨询、医护咨询、宣传报道、爱心公益4个小组，组建疫情防控工作微信群，分享疫情防控和心理干预的最新知识。心理咨询小组累计接听各类心理咨询电话和在线咨询400余次，服务市民400多人次。鼓励和引导盟员为疫情防控创作优秀文学、音乐、书画等作品，其中诗歌13篇，音乐5首，书画13幅。抗疫心理咨询小组携手市心灵绿洲心理服务中心在大纵湖开展“驱逐疫霾，疗慰心灵”心理团辅活动；帮助盐城26户赴鄂抗疫医护人员及其家庭、12户本地抗疫一线医护人员及其家庭调适身心。开展其他社会服务。开设“5G时代要有创新思维”创业专题讲座，启发引导学员树立创新思维、做好创业准备。携手亭湖区委大洋街道工作委员会在大星村开展“民盟同心·社区服务站”授牌暨“同心聚力·共筑梦想”文化惠民演出活动。亭湖区基层委员会“活力基层天天行”文化惠民演出活动走进亭湖区人民医院，以“同心聚力，共筑梦想”为主题，向白衣天使们致以崇高敬意。盐都区基层委员会协同盐都区广场舞协会，举办“共圆小康梦、幸福舞起来”广场舞培训进基层活动。大丰区支部在大丰区少年体育学校挂牌成立“社会服务联系点”，助力学校建立图书角，在大丰区图书馆举办“亲子共读分享会及亲子关系”讲座。

（孙　波）

中国民主建国会盐城市委员会

·概　况　2020年，中国民主建国会盐城市委员会（以下简称“民建盐城市委”）有会员328人，其中发展新会员18人、外地转进2人、转出1人，平均年龄44.3岁。年内，民建盐城市委开展学习教育活动，召开民建盐城市委五届十次全体会议，学习贯彻习近平总书记系列重要讲话、全国“两会”精神，凝聚思想共识。讲好民建故事，全年在各级各类媒体刊发稿件60余篇次。做好理论研究工作，《新时代民主党派如何更好地参与政治协商的思考》《民建如何在新时代更好地发挥作用》2篇理论研究成果分别报送市政协和民建江苏省委。疫情发生后，民建盐城市委引导并组织会员开展募捐活动，民建盐城市委认捐5.14万元用于购买流量呼吸湿化治疗仪支援湖北黄石市；企委会对盐城市第一人民医院援鄂的59名医务人员每人充值话费1000元，返盐隔离期间送上人均价值600元的书籍。全市会员和会员企业捐款捐物300万余元。年内，民建盐城市委被民建江苏省委表彰为抗疫先进集体，会员季丹被民建中央表彰为抗疫先进个人；会员郭子贤、葛红雨被民建江苏省委表彰为抗疫先进个人。

· 参政议政 盐城“两会”期间，民建盐城市委作题为《乡村生态振兴从环境整治做起》的联组发言，并提交集体提案5件，民建政协委员提交个人提案30余件，其中民建盐城市委集体提案《关于盐城港深入践行长三角一体化战略，接轨上海推进港产联动高质量发展的建议》以及民建界别政协委员陈军和徐明的个人提案《关于加快我市沿海交通物流体系建设发展的建议》《系统性思维补短板突破加快构建现代交通运输体系》被列为市政协重点督办提案。组织骨干会员就“城市建设和智能经济”“加快建设中韩（盐城）产业园”“城市公交无缝衔接我市高铁客运枢纽”“推动我市电子商务产业发展”“提升串场河、新洋港功能，加快发展城市经济”等课题赴盐南高新区、市经济技术开发区、南京大学电子商务研究院等单位进行专题调研，形成6篇专题调研报告报送相关部门，其中5篇分别在市政协常委会、市委统战部召开的党派团体调研成果交流会和政协民生论坛上交流发言。反映社情民意，全年收到各基层报送的社情民意100余篇，民建中央采用1篇，民建江苏省委采用9篇，其中《关于加强我省沿海危化品和船舶污染管理的建议》等3篇调研报告被民建江苏省委采用为省政协集体提案。疫情期间，组织会员围绕疫情防控过程中的倾向性、苗头性问题开展建言献策活动，上报给民建江苏省委和市委统战部形成多篇社情民意信息，其中《关于疫情期间加强韩国入境人员合理管控，保障全市经济运行良好秩序的建议》被中共江苏省委办公厅采用。

· 组织建设 年内，民建盐城市委召开新会员座谈会，以会代训对新会员进行会章会史和民建基本知识教育。继续实施《民建盐城市委关于深化改革基层组织目标考核工作的意见》，对基层组织进行工作考评，民建盐城市委对4个优秀基层组织、8个参政议政工作先进集体进行表彰。开展“特色基层组织”评选活动，引导基层组织履行（总）支部职能，在某一方面作出探索创新，形成特色品牌。盐城工学院支部和盐都总支被评选为民建江苏省委特色基层组织。机关支部创新支部建设方法，与中共盐城大丰海事处党支部和中共盐阜大众报报业集团第三、第七党支部进行支部结对共建，并开展主题交流活动。推进民建会员之家建设，建成4个基层组织会员之家。完成盐城师范学院支部、财税支部换届工作，成立民建盐城市第一人民医院基层委员会。交通支部主委徐明撰写的《牢记责任，发挥优势，不断增强支部活力》在民建中央“坚持强基固本，推进基层组织建设”主题征文活动中被评为一等奖。年内，盐都总支被民建中央表彰为全国先进基层组织，亭湖总支、交通支部被民建江苏省委表彰为全省先进基层组织。

· 社会服务 年内，民建盐城市委组织妇委会成员参加市妇联、市女企协联合举办的办年货 · 送祝福——盐城市“巾帼消费助力脱贫攻坚百站行”走进妇女工坊活动，购买低收入妇女自主生产或参与生产的年货5000余元。参与民建中央扶贫点河北丰宁精准扶贫工作，捐款1.3万元援建当地爱心超市，同时发动会员购买当地特色农产品。在盐城工学院开展2020年度“思源工程——生育关怀行动”助学活动，向15名品学兼优、家庭经济困难学生发放3万元救助资金。民建法律服务工作站定期提供法律咨询、调处民事纠纷，为社区困难家庭无偿代理诉讼案件、提供法律援助。助推企业复工复产，民建盐城市委走访调研会员企业，及时了解、反映会员企业的诉求，组织会内法律、财税专家对相关政策进行解读，协助企业解决各类实际问题，帮助有序推进复工复产。开展送法律进企业活动，为建湖高新技术产业开发区30多名企业负责人作“企业经营风险防范”法律知识专题讲座；对会内企业会员开展“投融资、法律、税务处理”知识培训；组织“疫情下中小企业发展的机遇与挑战”主题交流研讨活动。

（唐修祥）

中国民主促进会盐城市委员会

· 概　况 2020年，中国民主促进会盐城市委员会（以下简称“民进盐城市委”）新发展会员20人，会员总数352人。会员中有省政协委员1人；市人大代表1人；市政协委员23人，其中副秘书长1人、常委2人；亭湖区、盐都区政协委员20人，其中常委3人。民进盐城市委下设基层委员会1个：民进亭湖区基层委员会；总支1个：盐都总支；支部15个：机关支部、经济支部、文化支部、教育支部、盐城中学支部、高级职业学校支部、明达高级中学支部、一小支部、盐城师范学院支部、盐城工学院支部、田家炳支部、新阶层支部、大丰区支部、盐南高新区支部、技师学院支部。全年民进盐城市委报送各类信息稿件100余条，其中多篇被民进江苏省委、市委办及市委统战部等采用。年内，民进盐城市委获评民进全国履职能力建设先进集体。

· 参政议政 年内，民进盐城市委在政协盐城市八届四次会议上提交的集体提案《发挥政府产业基金独特优势，助力我市海洋经济发展》及会员个人提案《关于防止全域旅游“盲动冒进”的建议》《关于发展文化旅游的几点建议》被表彰为优秀提案。中标民进江苏省委课题，完成调研报告《发挥城市公益书房作用　打通阅读“最后一公里”》。继续实行“一支部一课题”，17个支部（总支）参与投标，申报课题12项，形成调研报告20篇，其中《关于加强智慧公交系统建设的建议》《增强市民环保意识　高定位加大生态保护力度》《关于改造提升串场河景观带的几点建议》等建言材料在市政协会议作交流发言。

· 组织建设　年内，民进盐城市委推荐骨干会员参加省、市各级党外人士培训班。做好与市教育局、文广旅局、市场监管局的对口联系工作。搭建合理基层组织框架，成立民进盐城市大丰区、盐南高新区、技师学院、明达高级中学4家基层支部，并完成民进盐城中学、文化、经济等支部的换届工作。继续做好基层组织考核，对民进亭湖基层委员会等13个星级支部和52名民进先进会员进行表彰。打造基层平台，推进“民进会员之家”建设。民进盐都总支和盐城中学、师范学院、工学院3个基层支部举行“会员之家”揭牌仪式，至年底，全会有11个基层组织挂牌“民进会员之家”。全年全市有13个基层组织建立“虚拟机关”。

· 社会服务　年内，民进盐城市委助力疫情防控，发出疫情防控倡议书，缴纳“特殊会费”，捐款近10万元。号召会员利用自身优势，在各自领域为抗击疫情做贡献，医卫界13名会员坚守防控一线，文化界会员创作文艺作品20余篇。其中，会员朱义刚创作歌曲《逆行英雄》在《人民日报》海外网发表，《武汉是我家》被央视新闻网、全媒体实验室同时推出；《感恩有你》《众志成城》等诗歌和书画作品在省级媒体发表。新的社会阶层抗疫志愿者队伍加入红十字会救援队，深入企业、居民区防控排查。做好其他社会服务工作。参与民进江苏省委“同心·彩虹行动”系列脱贫活动，对贵州省毕节市金沙县沙土镇青山小学以“请进来”的方式，邀请青山小学校长、骨干教师到盐城，与民进盐城市一小支部结对，开展为期一周的跟岗学习、座谈交流等教学研讨活动。做好地方教育帮扶品牌，参与市委统战部“五送”（送医疗、送教育、送科学、送文化和送法律）活动，民进会员、家庭教育专家季贵林赴建湖实验小学开展“送讲座”进校园活动，举办“家校共育之孩子就是镜子中的你”公益讲座。搭建服务平台，成立盐城市叶圣陶研究会，促进经济界会员联谊会、书画工作委员会2个社会服务工作平台有序运行。搭建一对一长期资助的公益平台，开展“暑期七天乐”爱心公益演出、组织会内成员到爱心农场采摘义卖、开办跳蚤市场为大凉山的孩子筹集助学资金等系列活动，拓展民进盐城市委在微公益领域的服务项目。组织“春联万家·迈向小康”活动，民进盐城市委书画家走进盐都区仰徐村“迎春送福”，送出春联、福字共600余幅。举办2020年盐城市第八届百姓网络春晚，参加2020年全省书画精品巡展活动，会员曹万峰、季承业抗疫类和传统文化类书画作品参与展出。其中，由会员朱义刚作词、王丽霞编舞排练的儿歌《美丽盐城我的家》被市委宣传部、市文明办确定为盐城创文歌曲，在盐城宣传公众号、盐城广播电视总台、盐城市民网推出，网络点击量超20万人次。　　（石　惠）

中国农工民主党盐城市委员会

· 概　况　2020年，中国农工民主党盐城市委员会（以下简称“农工党盐城市委”）有党员407人，其中各级政协委员35人、市人大代表2人。农工党盐城市委下设参政议政、医卫与教育、人资环境与经济、社会服务和妇女5个工作委员会和1个法律援助中心；建有基层组织25个：盐都区基层委员会、市第一人民医院总支、亭湖区总支、江苏医药职业学院总支、机关支委、盐城生物工程高等职业技术学校支委、市疾控中心支委、市第二人民医院支委、市第四人民医院支委、市卫生监督所支委、市妇幼保健院支委、大丰区支委、盐城工学院支委、盐南高新区支委以及市中医院支部、盐城幼儿师范高等

1月11日，民进盐城市委开展“春联万家·迈向小康”书画家送春联活动

（民进盐城市委　供图）

专科学校（南校区）支部、盐城幼儿师范高等专科学校（北校区）支部、法律支部、农林支部、经济支部、综合支部、环保支部、盐城工业职业技术学院支部、新党员第一支部、新党员第二支部。

·参政议政 年内，在政协盐城市八届四次全会上，农工党盐城市委提交集体提案4件，委员个人提案28件，并作《全面接轨上海，加快我市生态旅游康养产业发展》联组发言。提案《进一步加大我市一般工业固体废物处置监管工作力度》被确定为重点督办提案，《关于实施健康扶贫工程的建议》被表彰为优秀提案。《关于加强江苏首项世界自然遗产——中国黄（渤）海候鸟栖息地保护的建议》被农工党中央提交全国“两会”。在市政协八届二十次、二十一次常委会议，农工党盐城市委先后作《构建“五大中心”打造长三角新能源产业标杆》《大力提升市区水环境 建设绿色生态新盐城》《立足市区水生态环境 做好水岸经济大文章》会议交流。农工党盐城市委围绕市委、市政府中心工作，召开参政议政工作会议，配合农工党江苏省委开展建立产才融合的江苏人口发展政策体系、生态环保、医疗卫生综合改革等专题调研，组织开展城西地区医疗资源布局发展、农产品电商发展等调研、视察活动10多次。在市政协“盐城政协·民生论坛”作《建议提升我市公共交通服务水平更好迎接高铁时代》《破解物业管理难题需加强“三个意识”》交流发言。完成农工党江苏省委“乡村振兴战略下的乡村公共卫生体系构建”“推动生物医药产业向更高层次攀升的路径探析”“关于促进苏北高新区与高新企业创新能力提升的建议”3篇调研课题，完成市委统战部“高质量推进盐城湿地生态文明建设”调研课题。组稿8篇文章参加农工党江苏省委“农工论坛”调研征文，其中《以疫情防控为契机的社区精准网格化管理研究》获得二等奖，《中国农村基层公共卫生服务体系建设现状及对策》《强化卫生健康行政执法体系 促进公共卫生体系健康发展》获得三等奖。做好社情民意信息工作，报送社情民意信息135篇。在盐城“两会”期间提交《关于修改民法典草案的几点建议》《建议重视农村老人和低收入群体的居家养老问题》等信息10篇，提交的《建议加强整改冷链食品采样监测乱象》被省政协采用。开展“我为‘十四五规划’献一策”参政议政专题，提交《完善我市基层公共卫生服务体系的建议》《整合大市区卫生健康行政执法资源助力健康盐城》《加强疾控队伍建设构建现代化疾病预防控制体系》等信息。开通“新型冠状病毒感染肺炎疫情”参政议政专题，主动和一线专家约稿，并在全市党员中开展“我为抗疫献一策”活动。其中，《复工复产相关法律法规亟待进一步细化落实》建议被全国政协、农工党中央采用。

·组织建设 年内，农工党盐城市委发展新党员19人，平均年龄37岁。其中，医卫、人口资源环境等主界别12人，硕士以上学历5人，高中级职称14人。4月，成立农工党盐城工业职业技术学院支部。5月，成立新党员第二支部并举行农工党盐城市委新党员入党仪式。11月，在南京市举办第十七期新党员培训班。12月，江苏医药职业学院支部委员会升格成立江苏医药职业学院总支部委员会。农工党盐城市委对全市基层组织进行年度考核，对成绩突出的14个基层组织和48名党员予以表彰。加强后备干部的梳理工作。根据农工党盐城市委换届选举的相关要求，推荐报送符合年龄条件的骨干党员为代表人士，形成代表人士后备队伍。5月，召开农工党盐城市七届十二次全会，完成第七届委员会届中调整选举，增补汤冬青为农工党盐城市委第七届委员会委员。印发《农工党盐城市委关于基层组织换届工作的意见》，为换届做好人才储备。加强“农工之家”建设。至年底，全市建成农工党盐城市委“农工之家”、6个基层组织“农工之家”，有7个基层组织完成选址。年内，大丰支部被农工党中央评为优秀基层组织，市第一人民医院总支被农工党中央评为参政议政先进基层组织；农工党员刘玲被农工党中央评为优秀党员，3名农工党员被农工党中央评为先进个人；5个基层组织被农工党江苏省委评为先进基层组织，6名农工党员被农工党江苏省委评为先进个人，4名援鄂农工党员被农工党江苏省委评为优秀党员。

·社会服务 年内，农工党盐城市委做好疫情防控。印发《关于进一步做好新型冠状病毒感染的肺炎疫情防控工作的紧急通知》及慰问信，及时在微信公众平台开通“阻击疫情”专栏，收集党员在疫情防控、救治等工作中的贡献和经历。4名农工党员赴武汉一线参与抗疫，63名医卫界农工党员奋战在全市抗疫一线。号召全体农工党员筹集善款、捐赠物资用于抗疫防疫，全市农工党员累计捐款38万元，其中21万元用于购买医用防护服、口罩、手套、酒精等物资，捐赠给武汉6家医院、盐城市定点医院等。做好其他社会服务。全年开展走访调研、慰问活动4次。9月，农工党盐城市委发挥界别优势，建立农工党市一院总支健康服务基地，开展义诊3次；组织“认识糖尿病”科普讲座1次，惠及当地群众200余人。组织农林支部党员赴一线指导春耕生产，协助农户渡难关。组织市第一人民医院、市第三人民医院农工党员专家赴建湖县九龙口中心卫生院开展“健康乡村行”品牌活动，受益群众200人次。市第一人民医院总支赴市康年颐养院开展科普宣传活动。江苏医药职业学院支部组织党员走进新都社区，开展主题为“医体融合，预防卒中”义诊活动。协助农工党江苏省卫健委综合支部、江苏省肿瘤医院支部赴东台市开展“健康江苏”巡讲、义诊活动。盐都区基层委员会走进亭湖区五星街道社区卫生服务中心开展“健康进社区”义诊活动，在社区建立“医院社区交流绿色通道”。综合支部组织党员前往市经济技术开发区中学开展“阳光心情 决胜高考”心理辅导活动。农工党大丰区支部开展“走进‘法典’新时代”宣讲活动。盐城工学院支部组织党员专家赴建湖县颜单镇为企业提供咨询服务。机关支部、盐城工业职业技术学院支部组织党员赴阜宁县东沟镇嵩乳村开展帮扶活动。

· 农工党市一院总支健康服务基地　9月8日，农工党盐城市委发挥医药卫生界别优势，对口帮扶阜宁县左范民族村，推进市第一人民医院总支与左范村签订“战略合作”协议，建立农工党市第一人民医院总支健康服务基地。农工党党员专家以村卫生室为服务平台，通过定期坐诊、科普讲座、业务培训和健康义诊等方式，无偿为左范村村民提供优质医疗服务，为当地居民提供预防保健、常见病多发病诊疗、病人康复和慢性病管理等服务，实现偏远村民家门口看病、优质资源下沉、与专家零距离。（戴舒婷）

9月8日，农工党盐城市一院总支在阜宁县芦蒲镇左范村举行“健康服务基地”揭牌暨签约仪式　（农工党盐城市委　供图）

中国致公党盐城市总支部委员会

· 概　况　2020年，中国致公党盐城市总支部委员会（以下简称“致公党盐城市总支”）有主委1人，副主委2人，党员105人，其中省政协委员1人、市政协委员5人。有基层支部10个：机关支部、综合支部、企业支部、卫生支部、盐都支部、亭湖支部、新区支部、大丰支部、盐城工学院支部和盐城师范学院支部。年内，致公党盐城市总支、致公党大丰支部被致公党江苏省委表彰为抗击新冠肺炎疫情先进集体。全年在中国致公党盐城市总支部委员会网站和盐城致公微信公众号上同步推送信息47篇，在网易新闻发布标题为《2020年致公党盐城总支工作会议顺利召开》《致公党无锡市委来盐城合作共建交流》2篇报道，点击量5.37万次。

· 参政议政　年内，致公党盐城市总支提交省政协提案3个，市政协提案7个，各级县（市、区）政协提案15个。申报省级课题10个，其中“完善我省化工安全生产制度体系”“国家级高新区（苏北）5G建设及智能化未来发展方向的调研”“青少年科技创新意识、创新能力现状的调研”3个课题获致公党江苏省委立项，盐城师范学院支部“关于加快提升盐城农村基础教育水平的调研”课题被致公党江苏省委评为三等奖。全年形成社情民意信息50余条，并汇编成《致公党盐城总支参政议政成果汇编》。

· 组织建设　年内，致公党盐城市总支新发展党员15人。新设海外联系、文体宣传2个专委会。新成立亭湖支部，同步建设“致公之家”支部工作站。推进主题教育活动，组织表彰奖励主题教育学习先进个人，开展“不忘合作初心，继续携手前进”大讲堂系列活动，举办第三、四期学习大讲堂。完成《致公党盐城总支党员风采录》编撰出版工作。

· 社会服务　年内，致公党盐城市总支做好疫情防控。致公党盐城市总支直接捐助资金14.82万余元，口罩等物资11.63万元，认捐价值5.44万元的“致公爱心小包裹”109件，对口支援湖北黄石医疗紧缺物资。在网站和微信公众号开辟“致公讲堂 · 抗疫科技篇”“致公科普 · 抗疫篇”专题版块，及时转载致公党中央网站关于抗击疫情的相关科普类知识，开辟“抗击疫情 · 致公在行动”专题栏。年内，党员胡定成被致公党中央表彰为致公党抗击新冠肺炎疫情先进个人、被致公党江苏省委表彰为抗击新冠肺炎疫情先进个人，党员周海华、李煌被评为致公党江苏省委表彰抗击新冠肺炎疫情先进个人。开展“引凤工程”“致福工程”“致爱行动”“致侨服务”“致愿服务”五大项目。协助各支部建立侨企服务基地，为侨资企业、侨眷侨属提供法律（权益保护）、财务、翻译、金融等服务。与市科技局联合举办知识产权政策宣讲，联合工学院产学研合作为侨资企业提供服务。赴射阳县千秋镇、大丰区草堰镇开展医疗健康知识的宣传、咨询和义诊活动，参加义诊200人。（秦　雨）

九三学社盐城市委员会

· **概　况**　2020年，九三学社盐城市委员会（以下简称“九三学社盐城市委”）有社员397人。其中，市级以上人大代表5人、政协委员31人；有高级职称238人，中级职称131人。下设专委会3个：提案工作专委会、妇女工作专委会、青年工作专委会；基层委员会3个：第一人民医院基层委员会、盐都区基层委员会、东台市基层委员会；支社15个：机关支社、环保支社、农林支社、科技支社、经济支社、水文支社、农科院支社、盐城师范学院支社、盐城工学院支社、中医院支社、妇幼保健院支社、亭湖支社、大丰支社、药监支社、燕舞支社；直属小组1个：生物工程高等学校直属小组。

· **参政议政**　年内，九三学社盐城市委在政协盐城市八届三次会议上提交的集体提案《关于加快推进我市近岸海域水环境整治的建议》被表彰为优秀提案，卫凯等5名社员被表扬为“双岗双优”委员。在政协盐城市八届四次会议上提交《加强产学研协同创新　促进科技型企业高质量发展》等4篇集体提案和30余件个人提案，多位委员的意见和建议被摘录进《委员意见》。在市政协第七期、第八期“盐城政协 · 民生论坛”上，九三学社盐城市委提交的《关于加快推进我市公交智能化建设的建议》《关于加强城市小区物业规范管理的建议》等建议被收入建言材料汇编。各基层组织和社员聚焦改革难点、发展重点、社会热点和民生痛点，紧密结合自身专业和熟悉领域深入调研，反映社情民意信息，共报送有价值信息40余条，其中《建议对进口冷链产品涉外国家或地区进行分级管理》被省委统战部采用，《幼儿教师队伍建设三大短板亟需补齐》被省委办公厅采用。新冠疫情发生后，九三学社盐城市委整理报送《关于新型冠状病毒防疫物资供应预约系统应用的建议》《关于倡导置换、捐赠N95等医用防护口罩的建议》等社情民意信息，供有关部门决策参考。

· **组织建设**　年内，九三学社盐城市委发展社员21人，新社员平均年龄36.6岁，其中高级职称的社员8人、主体界别17人。组织新社员和骨干社员赴常州市吴阶平纪念馆和青果巷历史文化街区开展“不忘合作初心，继续携手前进”主题教育活动，开展社章社史学习和参政议政工作培训。选派2名骨干社员参加九三学社江苏省委基层组织负责人培训班，组织6名骨干社员参加市民主党派代表人士培训。组织社员参加九三学社全国新闻宣传骨干网络培训班学习，参加九三学社中央专题政治辅导“网络课堂”学习。加强基层组织建设。东台支社升格为东台市基层委员会；一院基层委、亭湖支社、妇幼保健院支社完成换届选举；盐都区基层委建成社员活动阵地“九三之家”和少数民族员工法律援助工作站、健康服务基地、儿童启蒙工作室3个社会服务基地；亭湖支社社员活动阵地“九三之家”建成揭牌。

· **社会服务**　年内，九三学社盐城市委开展社会服务品牌提升年活动，组织实施“亮康行动”在盐城、“百名专家进乡村”“盐城九三公益课堂”“盐城九三普法讲堂”“盐城九三科普论坛”“盐城九三暖阳计划”等社会服务项目。其中，10年“亮康行动”送医下乡普查眼疾“村村到”3132村次，普查眼疾13.36万人次，开展免费、部分免费白内障手术8993台，普查幼儿园21所，为277名筛查出患有弱视的幼童实施免费康复治疗。面对新冠肺炎疫情，九三学社盐城市委向各基层组织和社员发出“为祖国早日渡过这次疫情难关，为疫情防控贡献一份力量，奉献爱心，同舟共济”的倡议，并向奋战在抗疫一线的医护界社员发出慰问信，同时委托各基层组织负责人逐一慰问直接参加防控疫情工作的21名医护界社员和1名驰援湖北的入社积极分子。全体社员捐款30万余元，分别汇入湖北省大冶市慈善总会、市红十字会、九三王选关怀基金会、爱德基金会。

· **“我们的9 · 3”主题活动**　8月30日，九三学社盐城市委举行“我们的9 · 3”主题活动，开展社章社史知识竞赛，各基层组织负责人、社员代表110余人参加活动，有16支代表队参加竞赛。竞赛题以《九三学社章程》和社史内容为依据，分A、B两组进行比赛，竞赛分必答题、抢答题、风险题和附加题。经过角逐，最终亭湖区支社、东台市基层委、科技支社获得一等奖，农林支社、经济支社、机关支社、大丰区支社、一院基层委获得二等奖，水文支社、盐都区基层委、药监支社、盐城工学院支社、盐城师范学院支社、妇保院支社、环保支社、中医院支社获得三等奖，社员赵连中、冯艳、武玲、陈建中、薛海峰、王磊获得最佳个人风采奖。

· **承办九三学社江苏省社会服务工作会议**　11月22—24日，由九三学社盐城市委承办的九三学社江苏省社会服务工作会议暨“亮康行动”现场推进会在东台市召开。全国人大代表、九三学社中央常委、社会服务部部长徐国权，省政协副秘书长、九三学社江苏省委专职副主委蒯建华，九三学社江苏省委秘书长朱凯丽，盐城市委统战部副部长、市侨办主任周俊出席会议。各社市委专职主委、专职副主委，省直工委副主任及全省社会服务工作骨干等40余人参加会议。会上，徐国权作题为《民主党派社会服务工作理论思考与实践探索》的主题报告。九三学社盐城、常州、南京、苏州市委以及为“亮康行动”做出突出贡献的东台光正眼科医院等5家单位就社会服务工作的具体做法、工作体会和取得的相关经验在大会交流发言。分组讨论中，与会人员就各市社会服务工作的亮点、成绩及存在的问题、困难等进行交流，并围绕如何更好地在全省开展社会服务工作提出意见建议。（王　瑶）

盐城市工商业联合会

·概　况　2020年，盐城市工商业联合会（以下简称“市工商联”）有会员2.06万家（人），其中企业会员1.7万余家、团体会员423家、个人会员3100人。全市有各类商会组织240个，其中行业商会72个、异地商会18个、乡镇街道商会111个、市场商会2个、园区商会13个、其他类商会24个。街镇商会实现全覆盖，行业商会涵盖主导产业和主要行业。全市商会中市工商联直属商会28个，其中行业商会18个、异地商会7个、其他类商会3个。

·参政议政　年内，市工商联在政协盐城市八届四次会议上提交集体提案4件。其中，《接轨上海，助推经济发展》受到市政府主要领导批示。引导工商联界别政协委员在市、县“两会”期间提交提案和社情民意信息、建议和意见153件。疫情期间，建立领导班子基层联系点制度，组织各县（市、区）工商联开展企业复工复产专题调研50余次。针对餐饮行业复工复产困难，经调研整理成社情民意信息报市政协，并向市政府提交《新冠肺炎疫情防控期间我市餐饮行业面临问题的汇报》，推进餐饮业加快恢复营业。组织工商联界别政协委员分组开展调研民营经济发展情况，通过实地走访考察撰写调研材料，并将调研材料汇编成册。

·组织建设　年内，市工商联印发《盐城市工商联加强和改进会员工作实施意见》《2020年度全市工商联会员发展和商会组织建设目标》等文件，优化会员结构，加强基层组织和规范行业组织建设。召开全市工商联所属商会“两个全覆盖”（党的组织全覆盖和工作全覆盖）现场推进会，规范组织建设。注销盐城市装饰材料同业公会等8家市工商联二级商会。新成立盐城市花木商会、盐城市陕西商会、盐城市河南商会、太原市盐城商会、山东省江苏商会盐城分会及合肥盐城商会。

·服务企业　年内，市工商联开展“营商环境优化提升年”行动。疫情期间，收集整理国家、省、市制定的相关惠企政策119条并及时向行业（异地）商会、会员宣传解读。帮助协调解决盐都区和建湖县多家口罩生产企业反映熔喷布采购困难等问题。开展“同心助企　三位一体”民营企业家季度沙龙，获评2020年度全省工商联创新工作实践创新奖。联合市发改委、市工信局发布“2020盐城市民营制造业企业”50强和服务业企业10强榜单。与市中级人民法院联合印发《关于深化商会调解机制促进民营经济领域纠纷多元化解工作共建方案》，推进成立商会调解组织。

·市民营企业进高校“三个一”活动　7月14日，市民营企业进高校“三个一”活动（一场创业创新分享会、一场企业人才招聘会、一场校企产学研对接会）在盐城工学院举办专场会。市政协、盐城工学院相关领导及部门负责人，各县（市、区）工商联主要负责人、盐城工学院师生代表、企业家代表参加活动。活动举办校企产学研对接会、企业人才招聘会和创业创新分享会，采用“线上＋线下”方式同步进行，10万余人次观看并分享活动直播。盐城书城、江苏仁禾中衡咨询集团等48家民营企业提供804条人才招聘需求信息，江苏长虹智能装备股份有限公司、盐城市兰丰环境工程科技有限公司等20家民营企业与盐城工学院现场签约产学研合作、人才需求协议。江苏军曼农业科技有限公司总经理鲁曼、江苏克胜集团总经理吴成伟、江苏仁禾中衡集团董事长梁泽泉3位优秀创业导师对青年学子进行创业辅导，分享他们的创业创新故事，并同与会大学生进行互动交流。　（秦　雨）

7月14日，盐城市在盐城工学院举办民营企业进高校“三个一”活动专场会

（市工商联　供图）

群众团体

编辑　孟建民

盐城市总工会

·概　况　2020年，盐城市有基层工会1.09万个，其中单独基层工会9988个、联合基层工会950个。全市职工总人数123.88万人，其中工会会员120.46万人。年内，市总工会组织劳模宣讲团进企业宣讲100场，组织168名劳模工匠、思政教师，开展“劳模工匠进校园　思政教师进企业”宣讲300场。举办职工读书月、职工思想政治调查活动，申报创建全国、省职工书屋、书香企业、最美职工书屋19家。组织开展41场职工职业技能竞赛，组织参加全国“安康杯”竞赛，促成全市2891家企业开展集体协商，签订、达成专项集体合同844份，涉及职工51万人。组织非公企业开展“三创争两提升”（创争先进党支部、创争模范职工之家和创争工人先锋号，提升党工组织对非公有制企业及其职工的政治引领力和群众组织力）活动，推进非公企业党工负责人“一肩挑”，推进“五好”出资人队伍建设，建成非公企业党工组织示范标杆360家。年内，市总工会获评市创建全国文明城市工作集体二等功，被表彰为全市抗击新冠肺炎疫情先进集体，连续五年被评为市级机关单位综合考核第一等次，在全省劳动保护技能大赛中获优秀组织奖。

·劳动竞赛　年内，市总工会围绕疫情防控和经济社会发展，开展盐通铁路、海上风电项目、盐城高铁枢纽等重点工程劳动竞赛和32个行业72个工种共41场职工职业技能竞赛。评选出盐城市职工十大科技创新成果：可取式坐挤一体桥塞项目、一种吸力筒式风电基础项目、陶瓷行业烟气超低排放控制技术与装备、一种安全的防爆胎汽车车轮、通用型电动式手车检修平台的研制、耐磨性聚氯乙烯绝缘电缆料及其制备方法、新型船用艉轴管轴承、参与机组协调控制有功功率变送器的优化、电梯场景LTE深度覆盖多手段创新方案应用、观赏葵花新品种选育与应用。评选出盐城市职工十大先进操作法：配电变压器高压引下装置“工厂化预制、现场装配化施工”操作法、一种激光诱导轮对表面强化与光整加工操作法、农网低压智能巡检系统、公司厂房节能灯改造方法、自动化设备内部元件除尘系统的研制、一种滚筒去毛刺法、挖入式港池水上漂浮物拦截法、IPTV卡顿原因定位操作法、水泵智慧冷却法、降低电除尘仓泵故障发生率操作法。评选出盐城市职工十大发明专利：一种合成3，3“—二甲基—4，4”—二氨基二环己基甲烷的方法、春卷制皮机印模式供料装置、厅门机械式的轿厢锁止机构、一种提高含有机氮化工废水氨化速率的方法、一种熔体过滤器的高温蒸汽水解清洁炉、一种轮胎序列对接运输车、用于砂纸成型生产线的自动退料机构、一种广谱性水稻恢复系杂交稻组合的选育方法、一种耐盐芦竹种苗的诱导驯化培育方法、一种喷药插秧一体机。

·产业工人队伍建设改革　年内，市总工会推进产业工人队伍建设改革，制定配套政策文件17项，培训职工36万人次，创建国家、省级高技能人才培训基地、技能大师工作室等48个，9家企业被确定为江苏省第一批产教融合性试点企业，2家试点单位做法入选《长三角改革优秀案例汇编》，2家企业参与省“产改直通车”。至年底，全市每万名职工中有高技能人才712人。

·劳动保护　年内，市总工会开展“五个一和五个微”（一场全员竞赛、一批线上网课、一次现场集中观摩、一个作品发布会、一台技能比武汇报和微心愿、微提醒、微竞赛、微讲堂、微创新）主题安全生产宣传教育活动，30万名职工参与。组织7家复工复产化工企业63名班组长，1500家非公企业2900名班组长参加安全生产专项培训。组织3800个单位63万名职工参加全国“安康杯”竞赛，139个集体和个人受到全国、省、市表彰，其中4个先进集体、1个最优组织单位、3个优秀组织单位和12个先进个人获得国家级表彰；9个优能单位、2个优秀单位、2个优胜班组和2个优秀个人获得省级表彰；16个优秀单位、29个优胜单位、30个优胜班组和29个优秀个人获得市级表彰。组织评选出盐城市职工优秀法律援助中心（站）10个，其中2个职工法律援助站被省总工会表彰。全年处理职工信访、法律援助和争议调解303人次。

·劳模先进评选　年内，全市获全国劳动模范人选6人、全国先进工作者人选3人；省五一劳动奖章11人、省五一劳动荣誉奖章2人、省五一劳动奖状7个、省工人先锋号24个；评选市五一劳动奖章181人、市五一劳动奖状46个、市工人先锋号130个。举办“以春天的名义向您致敬”公益诗会，宣传援鄂、抗疫英雄和劳模先进事迹。组织7批242名劳模先进休养考察，向1160名省、市劳模和困难劳模发放慰问金95万元，向650名援鄂、抗疫先进和劳模送鲜花。

·工会服务　年内，市总工会实施精准化服务职工活动。为25万名持有工会会员卡职工开展特惠活动30次，补贴经费36万元。夏季安康“三送”筹资482万元，慰问一线职工1.77万人。为全市188户创业企业和职工提供“创业贷”3186万元，工会贴息160万元，落实岗位800个。组织全市5000名一线职工疗休养。返还1.77万家小微企业工会经费5053万元。为1600名女职工免费体检。培训育婴师141人，指导350家爱心母婴室提档升级。联合举办“今世有缘文明同行”千名青年职工交友会。做好困难职工扶贫帮困工作。“四季送”、大病救助等帮扶困难职工家庭3090户，使用资金321.9万元。协助市委组织部认定2020年度市区党员干部结对帮扶城市特困家庭906户，发放帮扶资金183.8万元。

·市第二届金牌工人评选　11月5日，由市总工会与

11月5日，盐城市产业工人队伍建设改革工作现场展示推进活动暨第二届金牌工人颁奖仪式在东台市举行（市总工会 供图）

市人力资源和社会保障局、市科技局、市工信局联合开展的第二届金牌工人颁奖仪式举行。经过专家评审、社会公示等程序，全市战略性新兴产业、先进制造业、现代服务业企业直接从事生产、服务、技术、研发等工作的一线员工丁友明等15人被评为第二届盐城市金牌工人，同时，被授予盐城市五一劳动奖章，获“盐城市技术能手”称号。

·市第三届全民才艺大赛 5月25日至7月25日，市总工会、共青团盐城市委、市妇联、市文联、市教育局、市文广旅局、市体育局和盐城广播电视总台联合举办“新时代、梦飞扬”2020“长乐水世界杯”盐城市第三届全民才艺大赛。大赛分舞蹈、声乐、器乐、语言曲艺表演、书画和综合特长6类，参赛选手近千人，经5场海选、2场半决赛和2场决赛，最终决出一、二、三等奖和组织奖共100名。

·盐城智慧工会获评全国“互联网+”工会普惠服务创新型平台 10月11日，由全国总工会和中央网信办主办的“网聚职工正能量 争做中国好网民”“互联网+”工会普惠服务优秀平台评选活动获奖结果公示。盐城智慧工会获评全国“互联网+”工会普惠服务创新型平台。盐城智慧工会是以微信公众平台为前端、以工会组织和会员实名制系统为后台的融合性“智慧工会”云平台。平台有5.4万名订阅粉丝和495家直属工会及近2万名工会会员的实名注册，初步实现“线上线下相互赋能”的普惠服务形式，满足工会组织普惠职工信息的发布和传播需要，增加普惠活动的多样性、趣味性和普及性。（顾 进）

共青团盐城市委员会

·概 况 2020年，盐城市有14～35周岁青年194万人，其中14～28周岁青年100万人。新发展共青团团员1.4万人，团员总数23万人。共青团盐城市委下辖县（市、区）团委9个、经济技术开发区团工委1个、盐南高新区团委1个、市级机关团工委1个，市直属机关企事业单位团（工）委29个，直属院校团委8个，市青联、市青年商会，市学联、市青年书法美术家协会、市青年志愿者协会等14个会员团体。年内，共青团盐城市委在全市团员青年中开展“青年大学习”网上主题团课，建立“青年学习社”202家，团员青年参与“青年大学习”网上主题团课600万余人次。参与抗击新冠肺炎疫情，在疫情突发期间，成立临时团支部30个、青年突击队120余支，2700余名团员参与防控疫情募集资金161.1万元、物资370.5万元，拨付特殊团费33万元支援抗疫一线。开通企业金融服务直通车，助力企业复工复产。全国青年联合会、《中国青年报》《中国共青团》杂志相继报道盐城青年投身抗疫事迹，盐城籍青年志愿者许鹏被追授“中国青年五四奖章”。

·青年就业创业 年内，共青团盐城市委深化新生代企业家“新动力”计划，开展“青商大学习”“青税青商·携手成长”等系列活动。举办“创青春”盐城青年创业大赛，提供30万元扶持资金。开展全市青年创新创业成果展、盐城青年创意市集上海行等活动，为120多个青创项目搭建展销平台。举办第八届大中专生职业生涯规划大赛，开展“青春留盐 城就未来”大学生暑期社会实践暨海外留学生实习活动，1100余名大学生在盐城市实习见习。全年发布“青春留盐”招聘信息530余期，岗位7.56万个。举办直播荐岗等云招聘活动10余场，组织职业院校与工业园区开展供需对接26场次，打通人才培养和就业岗位对接渠道。

·青少年保护 年内，共青团盐城市委加强青少年法治教育。联合市检察院开展深入学校明察暗访4次，对学校团委制发建议函2次。在全市中学推广法律晨读，26所中学发放《中华人民共和国民法典》《中华人民共和国未成年人保护法》等读本。开展《中华人民共和国民法典》宣传教育20余场。开展特殊人群和特困家庭未成年子女“护苗”行动，联合司法系统组织全市9个县（市、区）

和盐城经济技术开发区、盐南高新区的司法行政机关工作人员、律师、团干部、志愿者、社会组织对服刑人员、强制隔离戒毒人员、安置帮教和后续照管对象特困家庭及未成年子女开展帮扶活动34场次，走访慰问家庭182户，服务474人次，发放助学金31.07万元，赠送书包等物品折合9万余元。实施全市青少年应急安全提升工程，建成青安岗“百岗名录”110家。印发《关于预防未成年人涉黑涉恶违法犯罪的实施办法》，完善预防未成年人犯罪防控体系。开展“青春自护 · 暑期安全”自护教育活动，覆盖2万余名中小学生。组织参加省中小学生自我保护情景剧大赛，获评中学组一等奖。开展共青团与人大代表、政协委员“面对面”系列活动，市县两级开展倾听活动25场次，形成28条提案、议案带上“两会”。

·“三青三促”行动 年内，共青团盐城市委推进“匠人匠心”计划，开展“三青三促”行动，培育青年技能人才。实施“青工礼赞”行动，促进青年职工思想道德修养提升，在企业、班组、车间建立“青年学习社”32家，累计表彰262名岗位先锋和技能典型。实施“青工赋能”行动，促进青年职工职业技能素养提升，组织参加青年职业技能比赛、技能比武，在世界技能大赛中获得1金、2银，在全国技能竞赛中获得19个第一名、16个一等奖，在全省技能竞赛中获80个第一名；开设“青工训练营”“青苗训练营”等，建立工学共育机制，推动青商企业与实训基地、职业院校建立深度合作。实施“青工留盐”行动，促进青年职工就业创业成效提升，实施大中专生“总经理助理见习计划”，在实习中育才；组织青商会企业家参加日本“匠人匠心”精益管理研修班，打造10家“匠心模范”青商企业；成立青年技能人才就业工作项目组，同全市重点乡镇（街道、园区）的青年团组织建立结对关系。

·助力“万企联万村”行动 年内，共青团盐城市委开展助力“万企联万村”行动。举办江苏青商企业“乡村行”走进盐城活动，召开企镇村对接洽谈会，省市青商企业家在盐城市深入调研。成立“青”字号金融服务联盟，推动“青”字号金融资本进乡村，联合市农担公司以及多家银行业金融机构，发放“新农菁英贷”5.07亿元。推进村企联建项目近80个，推动17款“新农菁英”产品入围省级金融产品名库，选拔2063名“振兴团支书”。举办助农直播活动110场次，累计帮助盐城市及对口支援地区362款农产品，实现销售795万元。

·“青春留盐”“十百千万”工程启动仪式举行启动 年内，共青团盐城市委聚焦盐城籍在外大学生和驻盐高校大学生群体，实施“青春留盐”“十百千万”工程。先后制作《盐城因你而更美》人才政策宣讲动漫、政策汇编手册，《青春留盐 城就未来》宣传片、纪念明信片等一批文创产品，宣传大学生人才政策、就业政策，向全国大学生发出诚挚邀请。推动成立东台市、响水县、大丰区等10个大学生驻外团工委，密切与在外大学生的日常联系，搭建大学生与家乡的联络平台，覆盖人数5000余人。从北京大学、南京大学、东南大学、上海大学、伦敦大学等国内外高校中选聘178名“青春留盐”校园宣传使者，打通宣传进校、政策进校的渠道。暑期组织1032名大学生到盐城市参加见习实践，开展“爱上盐城 · 青春实习生”文创作品征集比赛，开展“青春留盐——万名学子看家乡”系列活动72场次，参与学生超万人次。

·“青春留盐 城就未来”2020年大学生暑期社会实践暨海外留学生盐城实习活动 7月16日，“青春留盐 城就未来”2020年大学生暑期社会实践暨海外留学生盐城实习活动正式启动。启动会上播放宣传片《青春留盐 城就未来》，推介盐城人才政策。海归青年人才代表、2019年“返家乡”暑期社会实践活动先进个人代表、实习生代表和实习单位代表发言。活动募集政务、企业、公益等见习岗位1688个，968名学生报名参与活动。活动选聘17名“青春留盐”校园宣传使者并颁发聘书。

·第十一届“创青春”盐城青年创业大赛 4月30日，共青团盐城市委联合市科技局、市工信局、市人力资源和社会保障局、市农业农村局、市商务局、盐城农商银行等单位举办第十一届“创青春”盐城青年创业大赛。大赛参评创业项目按照农业农村组、商工产业组、创新创意组三

7月16日，“青春留盐 城就未来”大学生暑期社会实践暨海外留学生盐城实习活动启动仪式举行

（共青团盐城市委 供图）

大类分组。农业农村组重点关注先进种植养殖技术、农产品加工及销售、农业社会化服务、乡村旅游、互联网服务等涉农领域相关产业，对当地群众增收致富具有明显辐射带动作用，便于实施推广的项目给予重点倾斜。商工产业组重点关注汽车制造、新能源、电子信息、节能环保、人工智能、新材料等相关产业，对实体经济给予重点倾斜。创新创意组重点关注电子商务、教育、文娱、卫生医疗等相关产业项目，对有较好创意或较为成型产品、服务模式给予重点倾斜。大赛通过青年自荐、组织推荐、社会引荐等方式报名，经过县级预赛、复赛、项目实地考察、大赛特训营、决赛等环节，最终每组各评选一等奖1名、二等奖1名、三等奖1名及优秀奖若干名。盐城市对落户盐城获奖项目给予享受人才政策专项资金奖励。

·“传承红色基因　争做铁军传人”看讲评活动　年内，共青团盐城市委开展“传承红色基因　争做铁军传人”看讲评活动。组织全市中小学成立近1000个红领巾寻访小队，到烈士命名镇村、革命遗址、革命纪念场馆开展红领巾寻访“烈士命名镇村”活动。评选200余篇优秀红领巾寻访“烈士命名镇村”活动纪实，编印成《我们的英雄赞歌》。组织少先队员分享寻访心得和感人故事。主办“铁军小讲解员”训练营，招募优秀小讲解员，到新四军纪念馆等纪念场馆开展义务讲解活动。开展“学英雄精神、讲英雄故事、演英雄形象、唱英雄赞歌”等学习活动，引导少先队员以烈士的姓名为中队命名。分批次逐级评选出1000个校级、300个县级和100个市级少先队“英雄中队”，营造争创少先队“英雄中队”氛围。

·江苏—韩国青年企业家合作论坛在盐城市举办　10月30日，由共青团江苏省委和省青联主办，市青联承办的江苏—韩国青年企业家合作论坛在盐城市举办。江苏、韩国相关重点产业的企业和青年代表共100余人参会。论坛以“深化产业合作　青春共赢发展”为主题，聚焦韩国在苏投资较为集中的汽车及汽车零部件、电子信息产业成立合作组，通过建立联系联络机制，深化产业合作。大韩贸易投资振兴公社南京贸易馆馆长张炳松、SK海力士半导体（中国）有限公司首席副总裁郑银泰分别发言，东风悦达起亚汽车有限公司常务朴喜东、江苏恒隆通新材料科技有限公司董事长许云刚分别代表产业合作组韩国、江苏方成员单位作主旨演讲。活动现场举行“青春有约”签约仪式。（朱良军　王洁如）

盐城市妇女联合会

·概　况　2020年，盐城市有妇女332.98万人，设有县（市、区）妇联9个、盐城经济技术开发区妇联1个、盐南高新区妇联1个，乡镇（街道）妇联133个，村（社区）妇联2387个，市级机关妇工委1个，市直机关单位妇联14个、妇委会31个，省及市属高校妇女组织9个，民办高校妇女组织1个，“两新”妇女组织（新经济组织和新社会组织）和企业女工委、妇女小组1295个。年内，市妇联开展“巾帼大宣讲”700余场。联合市委宣传部实施“学习强国进家庭——十百千万种子家庭培育计划”，举办“同学习共进步、家和睦国富强”学习强国进家庭知识竞赛。联合市委宣传部举办“学习强国进家庭”活动启动仪式，现场播放“学习强国”App江苏学习平台宣传片，发出“用好学习强国平台，争创学习型家庭”倡议，发放“学习强国进家庭”推广达人聘书。组织开展学习成果征集展示、线下倡议、故事分享等活动。联合市委网信办印发《关于进一步加强网上妇女思想政治引领工作的实施意见》，联合省妇联Women+举办融媒体优秀作品训练营，建好“妇干队”“网红队”“专家队”，掌握意识形态工作主动权。全年培树巾帼战“疫”三八红旗手（集体）300个，45个集体及个人被表彰为省级以上巾帼建功先进典型、三八红旗手（集体）。

·基层组织建设　年内，市妇联组织开展县级妇联改革活力提升计划工作，深化妇联改革，成立试点工作领导小组，开展专题调研。联合市委组织部、市民政局、市工商联印发《关于在社会组织中加强妇联组织建设的意见》，联合市委组织部印发《关于进一步强化党建引领，实施“县级妇联改革活力提升计划”的意见》，联合市委组织部、市民政局印发《关于在2021年村（社区）组织换届中扎实推进女性进“两委”的意见》文件，划定任务“标准线”、明确推进“线路图”。推进市县镇村“四级”妇联组织集中换届，巩固镇（街道）妇联区域化建设、村（社区）“会改联”成果，开展“六好”（引领妇女思想好、服务高质量发展好、维护妇儿权益好、构建家庭文明好、夯实基层基础好、塑造作风形象好）县级妇联组织争创活动，实施“一县一品”“一县多品”改革创新集成项目，制作《党建带妇建、改革增活力》专题片，编印《改革——风动盐城》画册。全年新建“四新”（新领域、新业态、新阶层、新群体）妇联组织1295个，培树“服务企业优、服务妇女优”“四新”妇联100个。

·妇女儿童权益保护　年内，市妇联完成第四期中国妇女社会地位调查东台市等4个样本点的调查。召开全市平安家庭创建暨家事纠纷化解工作推进会，联合公安、检察、法院、司法等部门建立健全家暴告诫、临时庇护等10项制度，推进“幸福家”公证法律服务站市县全覆盖。建立标准化家事调解工作室26个，成立“鹤翔”家事法律服务律所联盟，与人大代表和政协委员面对面恳谈形成制度性安排，构建起社会化妇女维权工作机制。定期发布家事审判和妇儿维权典型案例，开展《中华人民共和国民法典》宣传，组织基层妇女开展反家暴、禁毒等主题议事活动2000余场次。开展民生关爱行动，实施市2020—2021年妇女儿童10件实事项目，全年为5557名困难儿童、1119

名单亲困难母亲办理平安健康保险。“把爱带回家”“守护童年”服务项目惠及1.2万名留守儿童。农村妇女“两癌”（乳腺癌、宫颈癌）筛查和罹患“两癌”的困难妇女救助实现全覆盖。

·妇女创业就业 年内，市妇联联合市政府扶贫办做实产业扶贫、就业扶贫、消费扶贫和关爱扶贫，优化盐城妇女扶贫公益店。联合市农业农村局等9部门开展“慧创新时代·她播赢未来”系列活动，举办巾帼主播带货训练营、直播创业大赛，开展巾帼带货直播活动36场，销售困难妇女参与生产的农产品和手工制品360万余元。实施“流动车间”进村入户工程，新创“妈妈车间”“巧手工坊”102个。在滨海县、响水县实施苏垦慧创·苏北农村留守妇女就近就地就业、脱贫增收项目；实体化运行上海市家协盐城办事处，实施巾帼家政培训工程。全年组织1300名盐城家政服务员考取上海市家政职业资格证书，向上海市输送家政服务员3310人，岗前培训、“回炉”培训2万名城乡妇女。募集12万元资金援建铜川“妇女之家”、扶贫车间，为其免费培训家政服务员200人。实施巾帼创新创业行动，举办女性创新创业大赛，每季度组织女性人才招聘会。开展女大学生创业护航行动，联合中国人民银行盐城市中心支行及盐城农商银行推出“巾帼荣誉贷”，发放3.03亿元，惠及96户企业及个人。

·家庭家风建设 年内，市妇联加强家庭家风建设，举办“厚德润盐城，文明美家庭”盐城市第三届文明家庭、第五届“最美家庭”颁奖礼暨第三届“家庭文化月”活动，表彰文明家庭20户、最美家庭标兵户20户、最美家庭80户。至年底，全市培树文明家庭、最美家庭、书香家庭等特色家庭1.1万户。做实家庭教育，联合市教育局印发《江苏省家庭教育促进条例》2万册，开设“家庭教育大讲堂”线上讲座，受益家长近5万人。联合市纪委监委深化“树清廉家风，创和美家庭”主题活动，召开领导干部家属廉洁教育大会，组织百名正处职领导干部家属参观廉政教育专线，筑牢家庭拒腐防线。

·市第五届“十佳好军嫂、十佳兵妈妈、十佳拥军优属模范”颁奖 7月22日，市妇联联合市退役军人事务管理局、盐城军分区政治工作处，在盐城广播电视总台演播大厅举行市第五届“十佳好军嫂、十佳兵妈妈、十佳拥军优属模范”颁奖仪式。省退役军人事务厅党组成员、副厅长陈旭，市委副书记陈红红，盐城军分区政委马小军，市妇联主席徐丹出席仪式并颁奖。经过前期层层推荐、严格筛选、网上公示，方秀丽等10人被评为“十佳好军嫂”，丁美香等10人被评为“十佳兵妈妈”，王志耘等10人被评为“十佳拥军优属模范”。

·全省妇联改革工作现场推进会在盐城市召开 11月2—3日，省妇联在盐城市召开全省妇联改革工作现场推进会。各设区市妇联分管主席、组织部部长，盐城各县（市、区）妇联主席、部分乡镇（街道）、村（社区）妇联主席、“四新”妇联组织负责人代表，以及各行业协会妇联主席等参会。南京、扬州、苏州、南通、盐城五市妇联作交流发言。与会人员观摩盐城“言+买书汇”妇女微家、江苏好百邻家庭服务有限公司妇联、上海市家协盐城办事处、伍佑街道龙园社区妇联、大丰荷兰花海联合妇联等；现场为江苏省妇女儿童安全教育实践基地——盐南高新区公安分局“蓉蓉课堂”揭牌。

·“慧创新时代·她播赢未来”系列活动 7月，市妇联联合市委网信办、市教育局、市科技局、市工信局、市人力资源和社会保障局、市农业农村局、市商务局和市市场监管局9部门共同启动“慧创新时代·她播赢未来”系列活动。活动先后举办巾帼带货主播培训、巾帼带货直播集中行和市巾帼直播创业创新大赛。8月8日，市妇联在响水县举办“慧创新时代·她播赢未来”——盐城市巾帼带货直播集中行启动仪式。大批基层妇联干部、巾帼典型、带货网红和知名网店微店主纷纷化身带货女主播，依托省妇联women+、鹤鸣亭传媒和盐阜大众报文化传媒等平台，为优质农产品代言、为“美丽乡村”代言、为受疫情影响的企业代言，拓宽农副产品销售的新渠道，开辟女性创业就业的新领域，打造妇联援企助农的新模式。至年底，36场巾帼带货直播总带货额134.6万余元，在线观

8月8日，市妇联在响水县举办“慧创新时代·她播赢未来”——盐城市巾帼带货直播集中行启动仪式
（市妇联　供图）

看297.7万人次。12月26日，市巾帼直播创业创新大赛决赛举行。沈苏等12名选手分别斩获得一、二、三等奖，顾薇薇、沈苏分别获评最佳人气王、最佳带货王。

（戴晓桐）

盐城市文学艺术界联合会

·概　况　2020年，盐城市文联有团体会员34个，包括22个市级文艺家协会、9个县（市、区）文联、3个行业文联；有国家级会员502人，省级会员1962人，市级会员6057人。主办文学内刊《湖海》，盐城文学艺术网站，“盐城文联”微信公众号。全年在盐城文艺网发布各类文艺信息200余条。

·协会管理　年内，市文联印发《盐城市文艺家协会工作指导意见》，明确协会组织架构、运行机制、监督管理等要求，通过制度建设提升治理能力。做好鹿鸣书社等到届协会换届工作，成立大丰区恒北文联、亭湖区诗词楹联协会、盐城市茶艺师协会。开展文联系统先进集体和个人、最美文艺志愿者等评选活动，鼓励进位争先。推选优秀人才，会员陈澄连任省剧协副主席，杨春任省美协副主席，唐鸣获评第二届江苏最美文艺志愿者。

·文艺活动　年内，市文联组织系列文艺活动。举办“画说湿地”盐城美术家沿海写生采风行。组织“走进世遗，深入老区”全国省级画院名家盐城采风活动。在省美术馆举办“湿地·家园”杨建生绘画作品展在南京市举办世遗题材电视剧《湿地卫士》剧本研讨会。与中国文联、省委宣传部联合主办“我们的中国梦”文化进万家中国文联文艺志愿服务队走进东台市活动。举办“新歌墨韵颂中华”江苏当代名家书法邀请展巡展。组织2020第三届中国盐都·全国乡村优秀曲艺节目交流展演暨优秀曲艺作品创作论坛。主办国际雕塑艺术惠民展、“墨韵汇流”江苏书法十六家惠民展。主办“童心筑梦翰墨传情”盐南高新区庆“六一”学生书画作品展。组织盐城市第九届端午诗会。举办“激情夏日”新弄里之声——海韵之声管乐团惠民音乐会、“新时代梦飞扬”2020“长乐水世界杯”盐城市第三届全民才艺大赛。举办“金鼠迎春”宋福生画展，“艺海拾贝”盐城十友书画作品展，“三伏晴柔”李承业、胡可书画展。组织致敬最美抗疫勇士书画作品捐赠活动、“金融战‘疫’·巾帼力量”征文、清明诗会。承办由中国文化进万家工作委员会指导的全国百位中国画名家手卷邀请展暨陶艺大师葛军紫砂创作汇报展。

·文艺交流　年内，市文联参与主办“共蘸一池水、齐书两国情”——2020中韩（盐城）书法作品交流展。与陕西省铜川市建立互访机制，举办盐城—铜川书法美术剪纸农民画作品展。接轨上海，在上海市举办郭列平书法艺术展、“羽霜秋妍”书画联展。赴杭州参加长三角文艺发展联盟2020年度“艺·江南”主题活动。举办“黔山滇水”盐城市美术家走进云贵写生创作展。

·《李敦甫作品集》首发式暨研讨会举行　6月24日，由市文联、市文广旅局主办的《李敦甫作品集》首发式暨研讨会在盐城市举行。李敦甫，滨海人，在书法艺术上具有很深的造诣，曾任中国书法家协会会员、省文史研究馆馆员、省书法家协会常务理事、市书法家协会名誉主席，其作品多次入选、入编海内外重大展览和重要书法集，“敦甫体”隶书为书法界所称道。为更好地保护、传承李敦甫书法艺术，盐城印社整理出版的《李敦甫作品集》，收录李敦甫各个时期的书法精品200多幅。研讨会上，参加活动的书法家从不同角度对李敦甫的书法艺术和创作成果进行研讨。

·承办“小康颂”江苏省第三届美术奖获奖作品特邀展　11月18日，由省委宣传部、省文广旅厅、省文联主办，市文联承办的“小康颂”江苏省第三届美术奖获奖作品特邀展在盐城市举办。展览收到投稿作品近3000件，包括中国画、油画、版画、水彩（粉）画、综合画种及美术理论6个类别。经评审委员会公开、公平、公正评选和监审委员会的全程参与，最终评出入选作品400件。包括：中国画203件，其中获奖提名作品38件、美术奖14件；油画76件，其中获奖提名18件、美术奖6件；版画26件，其中获奖提名5件、美术奖2件；水彩（粉）画24件，其中获奖提名5件、美术奖2件；综合画种54件，其中获奖提名10件、美术奖4件；美术理论17件，其中获奖提名4件、美术奖2件。

·“江苏银行杯”盐城小康故事征文大赛　9月24日，“江苏银行杯”盐城小康故事征文大赛启动仪式在江苏银行盐城分行举行。征文大赛由市地方金融监管局指导，市文联、盐阜大众报报业集团、共青团盐城市委、市银行业协会联合主办，市作家协会、盐城金融团工委共同协办，江苏银行盐城分行独家冠名。征文大赛以深刻展现江苏银行人质朴浓烈的家国情怀，“创造金融之美”的时代魅力和与人民同呼吸、与盐城共奋进的担当精神为主题，鼓励盐城文艺工作者和市民记录乡村振兴过程中一线干部和群众的心路历程，展现脱贫攻坚、全面建成小康社会壮举，呈现新时代真实感人、振奋人心的金融故事、小康故事。大赛收到市内外各界来稿425篇，最终评选出获奖作品28篇。

（季琳琳）

盐城市科学技术协会

·概　况　2020年，盐城市科协有市级学会（协会）45个、高校科协6个、市直科协25个。年内，市科协召开提升基层科协组织力工作推进会，吸纳“四长”（学校校长、医院院长、农技站长、科技型企业家）进入科协组织，全市各级科协兼挂职领导和委员中有“四长”1427人。指导符合条件的企业成立科协组织，全市新增企业科协30家，新成立盐城市抗癌学会等2家学会，吸纳市综合交通运输学会等3家学会为市科协团体会员，指导市计算机学会等6家学会完成换届改选工作。实施“党建强会”计划，指导盐城市发育生物学会等4个学会成立党组织。组织市级学会（协会）、市直科协党组织负责人，开展社会主义核心价值观暨规范守则教育实践活动，参加省委组织部举办的全省社会组织党组织书记党性教育示范培训班。举办庆祝“全国科技工作者日”系列活动，表扬盐城市优秀科技创新团队10个、十佳科技标兵10人和优秀科技工作者30人。

· **科普宣传** 年内，市科协参与抗疫应急行动，在“盐城科普”等公众号累计发布防疫科普信息近500条，619个科普中国e站不间断播放防疫科普信息，市区户外科普大屏每天滚动科普宣传12小时，提供的《科学预防新型冠状病毒肺炎》视频累计观看100多万人次。打造湿地科普品牌，组织编写《世界瑰宝：奇妙盐城黄海湿地》科普图书，举办黄海湿地科普知识竞赛、黄海湿地科普“写、讲、演”等系列活动。举办2020年江苏省安全应急科普环省行文艺巡演暨盐城市第32届科普宣传周主场活动，网易新闻、苏科家园等直播平台在线参与60万人次。承办全国科普日主场活动暨健康科普秀年度总决赛，11万人次观看网络直播。组织实施基层科普行动计划，奖补支持2个科普社区、2个农村科普先进单位和1个科普教育基地资金75万元。引领市级学会（协会）、市直科协和热心公益的企事业单位投身科普事业，奖补20万元资助失眠健康管理巡回公益讲堂等16个公益性科普活动。打造各类科普阵地，全市新增省、市级科普教育基地27个、省科学教育综合示范学校2个。推动全市科普中国e站转型升级，整改盘活109个站点，省级“科学教育综合示范学校”“科学教育特色学校”和STEM试点学校校园e站实现全覆盖。市科技馆建成生命与健康主题展馆，引进各类优质科普资源6项，编创科普节目80个，开展公益性科普宣传活动117场次。

· **科技服务** 年内，市科协举办多场企业科技信息服务培训会，全市200多名企业科技主管、企业专利应用工程师参加培训。全年新增中国科协平台注册企业210家，累计注册企业1015家，27家企业应用案例通过省级评估。邀请中国科协欧洲（比利时）海智创新创业基地多名海外专家，在相关学术活动中作线上学术报告。参加省科协牵头组织的30余场线上路演对接专场活动和南京—欧洲绿色技术投资峰会等系列海智活动，推送中国科协日本（东京）海智基地等5个国家级海外基地基本信息。指导盐南高新区发挥江苏省海外人才离岸创新创业（盐城）基地作用，通过省科协评估。

· **产学研合作** 年内，市科协组织开展院士专家智汇盐城活动，与上海市科普志愿者协会签订合作协议，把上海市优质科教资源引入盐城。邀请钱锋、万建民等院士专家参加盐城市沿海发展人才峰会，为经济社会发展提供决策咨询。邀请中科院南京分院专家为黄海湿地公园建设进行现场指导。邀请省人工智能学会负责人为盐南高新区人工智能产业发展把脉问诊。开展省会合作项目对接服务，邀请省汽车工程学会、江苏大学汽车学院专家就悦达汽车研究院建设等座谈交流，实现与市汽车工程协会签署战略合作协议。指导市物理学会等学会和有关企业结对协作，支持企业开展群众性技术创新活动。评选2019—2020年度企会协作优秀项目20个。

· **市第九届自然科学学术活动月** 11月14日，市第九届自然科学学术活动月启动仪式暨院士专家智汇盐城活动报告会在盐城市举行。学术活动月以“科技赋能，助力盐城高质量发展”为主题，聚焦学科发展、产业转型和经济社会发展的热点、重点问题，开展学术年会、教育培训等重点学术活动60多场，陈国良等6名院士和100多名专家作讲座或参与对话交流。吴培亨等3名专家分别围绕“创新型科技人才培养”“中国科技的升级之路”和“关注男性生殖健康，享受美好人生”等主题作报告。启动仪式现

8月13日，2020年江苏省安全应急科普环省行文艺巡演暨盐城市第32届科普宣传周活动启动仪式举行
（市科协 供图）

场举行盐城市第七届淮海科技奖颁奖仪式。

·第五届盐城市科协青年会员创新创业竞赛决赛 8月28日，由市科协和盐南高新区管委会联合主办，盐南高新区科城街道承办，交通银行盐城分行、盐南高新区团委、市生产力促进中心、市机器人学会协办的第五届盐城市科协青年会员创新创业竞赛决赛举行。竞赛有103个项目参赛，22支参赛团队参加决赛路演活动，评出一、二、三等奖20项。其中，推荐3个优秀项目参加省科协双创大赛，获得二等奖1项、三等奖1项。

·市2020年青少年科技模型大赛决赛 12月5日，由市科协、市教育局主办，盐都区科协、盐都区教育局、盐城高新区实验初中协办的盐城市2020年青少年科技模型大赛决赛在盐城高新区实验初中举办。决赛设有电子百拼、无心绘圆、七巧板3类6个组别项目，全市78所学校代表队、756名队员参赛。比赛设一、二、三等奖和优秀奖，615名学生分获不同奖项。

·第二十届盐城市青少年科技创新大赛 12月4日，由市科协联合市教育局、共青团盐城市委主办的第二十届盐城市青少年科技创新大赛举办。大赛收到参赛作品678件（项、幅），其中青少年科技创新成果竞赛项目64件（小学44件、中学20件），少年儿童科学幻想绘画591幅（小学530幅、初中61幅），青少年科技实践活动项目7项，科技辅导员创新成果竞赛项目16项。经竞赛评委会评审并向社会公示，评出青少年科技创新成果竞赛项目58项、青少年科技实践活动9项、少年儿童科学幻想绘画201幅、科技辅导员创新成果竞赛项目12项，评出优秀科技辅导员25人、优秀组织奖20家。

·2020年度盐城市软课题研究 6月16日，2020年度盐城市软课题研究工作启动。课题征集围绕践行“两海两绿”路径、加快“四新盐城”建设，促进科技创新与经济社会发展紧密结合等方面。经资格审查、开题答辩和专家评审，确定“盐城对沪绿色接轨的差异化竞争力研究”等8个立项资助项目和“长三角一体化背景下盐城市新能源汽车动力电池产业发展路径研究”等15个立项不资助项目，选报6个课题研究成果以政协集体提案形式建言献策。年内，《关于提升我市专利质效的几点建议》等4个2019年度软课题成果作为政协提案被采纳，其中《发展人工智能，打造智能盐城》被列为市重点提案，由市政府、市政协督办。（陈荣鑫）

盐城市哲学社会科学联合会

·概　况 2020年，盐城市社科联围绕“促进盐城高水平全面建成小康社会、高质量发展走在苏北苏中前列”加强理论研究、建言献策。市社科联印发《盐城市社科类社团管理办法》《盐城市社科类社团规范化建设考核评估办法》，通过召开座谈会、发提醒函、走访约谈等方式，摸清社团组织基本情况，采取强化一批、新建一批、淘汰一批的方式，优化社团组织结构，强化社团规范化管理。指导市人大工作理论研究会、市政协理论研究会、市纪检监察学会等社团完成换届，指导成立市沿海开发研究会、市场监管学会等，依法注销市广播电视高等教育研究会等长期未年检社会组织。

·社科优秀成果评选 年内，市社科联配合做好省第十六届社科优秀成果评奖成果推荐工作，同时争取市政府常务会议审议通过《盐城市哲学社会科学优秀成果评奖办法》。组织社科优秀成果评选，设置4个奖级150个奖额，奖金总额200万元。其中，省社科院夏锦文领衔的专著《设区市的现代化：以盐城为样本的探索》等5项成果获特等奖，常州大学教授朱成山的论文《“新四军铁军精神”的梳理辨析、内涵界定及其在新时代的传承》等15项成果获得一等奖，盐城市茆贵鸣的专著《盐城简史》等40项成果获得二等奖，90项成果获得三等奖。

·社科立项 年内，市社科联在课题立项中围绕市域治理体系和治理能力现代化、融入长三角一体化、建设“四新盐城”“十四五”发展思路4个专题，组织开展2020年度社科奖励基金课题立项工作。全年立项课题389项，立项数比上年增加105项。课题结项首次采取匿名评审，对2019年度立项的256项课题进行结项评审。加大成果转化力度，将2019年获得资助的项目成果汇编为《建盐献策（2020）》出版。年内，盐城市在省第十六届社科优秀成果评奖中有13项成果入围，其中市教育学会1部专著、市行政管理学会1篇研究报告获奖。全年全市有19项课题获省“精品工程”项目立项。

·智库建设 年内，市社科联推进盐城师范学院、盐城工学院、盐城工业职业技术学院3所高校建立盐城城乡融合发展研究院、盐城地域文化与社会治理研究院、盐城产业经济研究院、中韩（盐城）产业园创新发展研究院、盐城产教融合研究中心和盐城黄海湿地生态文明研究中心6家新型智库，牵头建立智汇盐城新型智库联盟，组织驻盐城高校围绕服务地方经济发展发挥思想库、智囊团作用。市社科联与3所高校、6家智库分别签订三方共建新型智库合作协议，制定智库建设绩效考核指标体系，搭建智汇盐城新型智库联盟理事会及学术委员会治理架构。

·社科普及 年内，市社科联制订社科普及计划和实施方案，强化对全市社科普及工作的统筹规划和组织协调，推进社科普及基地建设，全年组织开展各类活动近300次。组织开展群众性社科活动，动员群众参加第十七届江苏社科普及周主题知识竞答活动，全市参与56.2万人次，其中射阳县获评全省社科知识竞答最佳组织奖。指导有关单位实施15项获得省社科联资助社科普及项目，并首次组织开展市级社科普及项目资助活动，资助28个项目近20万元。

·承办江苏省社科界第十四届学术大会苏北区域专场 11月28日，市社科联承办的江苏省社科界第十四届学术大会苏北区域专场在盐城市召开。省社科院研究员丁宏、南京财经大学教授曹宝明、省城市经济学会副会长、江苏师范大学淮海发展研究院院长沈正平、苏北发展研究院院长史修松作专题发言。省社科界的100余位专家学者围绕"'十四五'时期苏北发展的新视野新路径"的主题展开交流探讨，为"加快建设'强富美高'新江苏、推动江苏高质量发展走在前列"营造良好思想理论氛围和提供智力支撑。会议征集到论文121篇，评选出一等奖10篇，二等奖27篇。 （沈碧云）

·水浒文化研究 年内，盐城市水浒学会开展施耐庵与《水浒传》研究学会活动。9月22—24日，学会专家应邀出席在山东省东平县承办的学术研讨会，论文《罗贯中与东平庐陵考》在大会上交流，编入会议论文集。11月1日，市水浒学会、大丰施耐庵研究会，市水浒文化博物馆、施耐庵纪念馆代表，在大丰区博物馆出席中国水浒学会换届选举大会（视频会议）大丰分会场，浦玉生、裘应元被选举成为中国水浒学会第七届理事会副会长。11月11日，市水浒学会与市社科联在中国海盐博物馆联合举办水浒地名在盐城新发现研究成果发布会。11月17—18日，学会专家出席在江苏兴化召开的2020年施耐庵与水浒研讨会。12月23—25日，学会代表应邀出席中国《三国演义》研究机构联盟工作会议。开展学术研究，年内，市水浒学会主持的市社科基金项目《水浒传地理原型的考探》通过结项，并刊载于中国水浒学会会刊《水浒争鸣》18辑（中州古籍出版社2020年7月出版）。陈仕祥、仓显《施耐庵遗存考》、王红花、戴艺飞《浅谈施耐庵的籍贯白驹场及其他》、李洪甫《水浒背景地沙浦寨遗址考订》等论文发表于同一期学刊。学家专家接受南京图书馆承办的国家项目——江苏名人文化数字化教学专家的聘请，录制《<水浒传>作者施耐庵》讲座视频，在江苏地方资源共享平台上播放。11月11日，市水浒学会与市社科联在中国海盐博物馆联合举办水浒地名在盐城新发现研究成果发布会。 （浦玉生）

盐城市归侨侨眷联合会

·概　况 2020年，盐城市侨联开展"践行新思想、建功新时代"侨联特色活动和参政维权工作，组织7名侨界代表出席市各界人士新年座谈会，组织侨企华商参加第三届上海进博会、"一带一路"南京华商会、侨青双创分享会、侨商射阳行等活动。加强对外联谊，与扬州市、镇江市缔结"友好侨联"，在中国侨联调研座谈会作《发挥桥梁纽带作用、助推联谊联络工作》经验汇报。加快华侨文化交流基地建设。全年全市创成省级新侨创新创业基地3家、省级华侨文化交流基地1家。

·参政议政 年内，市侨联撰写《做强盐城汽车产业，建设长三角北冀产业新高地》《强化"三个化"营商环境、深化"放管服"配套改革，推动盐城优化营商环境24条政策落地见效》《贯彻美好出行理念，提升公共交通服务质量》《规范物业管理，提高服务质量》《后疫情时期餐饮业突破困局的建议对策》等调研报告，其中《发挥盐城自身优势、借鉴上海开放经验，助推"融入长三角建设新盐城"》资政建言在市政协八届四次会议大会上发言，被列为第61号政协提案，成为2020年度市委书记领衔督办的3件市政协重点提案之一。

·"创业中华·筑梦江苏"侨商射阳行活动 8月4—5日，市侨联开展"创业中华·筑梦江苏"侨商射阳行活动，近50名侨商参加活动。活动现场观看射阳宣传专题片，参观华中工委纪念馆、千鹤湖市民公园、安徒生童话乐园等地，考察盐城海普润科技股份有限公司、电子信息产业园（天谷智能终端）等侨资对接企业。

·市侨联与扬州、镇江两市侨联缔结"友好侨联" 9月9—10日，市侨联开展"亲情中华·侨缘结对"互学互鉴活动。活动中，盐城市侨联与扬州市侨联缔结"友好侨联"，在盐城市签约"友好侨联"协议书，并就机构改革后侨联组织现状、服务地方经济、开展海外联谊、维护侨益侨权、建设"侨"字号基地等交流座谈。11月6—7日，市侨联开展"亲情中华·侨缘结对"互学互鉴活动。活动中，盐城市侨联与镇江市侨联缔结"友好侨联"，在盐城市签约"友好侨联"协议书，并就促进两市侨务资源共商共建共享，服务经济发展、加强组织建设、创建华文基地等交流座谈。

·亲情中华·江苏网上夏令营第八期盐城营 8月13—27日，由中国侨联主办，江苏省侨联、盐城市侨联承办的亲情中华·江苏网上夏令营第八期盐城营在盐城市开营。盐城外国语学校、瑞士苏黎世中国传统文化协会、西班牙乌兰语言学校、法国法中国际中文学校、西班牙中西文化艺术学校5家参营单位近千名华裔青少年通过语音视频、线上线下互动、课上课下联动，完成为期15天网上夏令营各项活动。市侨联为本期盐城营海外华裔青少年、优秀营员、5家参营单位和海外夏令营老师，分别颁发结营证书、"文化小使者"证书、"传播中华传统文化、情牵海外华裔少年"合作锦旗和感谢信。

·第四届"中国梦·侨联情"全市侨界建功立业新时代盐城最美侨星报告会 5月29日，市侨联举办第四届"中

国梦 · 侨联情”全市侨界建功立业新时代盐城最美侨星报告会暨市级华侨文化交流基地授牌仪式。盐城籍侨胞深圳南方科技大学教授夏志宏、市中医院呼吸科护士长董红娣、市第三人民医院胸外科护士长万淑华、盐城工学院烧伤专科门诊部医生沈慰平、射阳县人民路小学教导处副主任忽晖、大丰勃发智能自动化科技开发有限公司总经理黄波、盐城市新洋实验学校党总支书记孙美蓉7人被市侨联授予2020年度“盐城最美侨星”称号；盐城市中医院、盐城外国语学校、大丰东方桃花洲、盐都郝氏故里、大纵湖镇三官村、东台黄逸峰故居、射阳县淮剧团、建湖华中鲁艺烈士陵园、九龙口国家湿地公园和滨海吉尔多肽有限公司10家单位被市侨联命名为2019年度“盐城市华侨文化交流基地”并集中授牌。

·3家市级华侨文化交流基地揭牌　5月20日，市侨联在胡乔木故乡举行“亲情中华 · 胡乔木故居”市级华侨文化交流基地揭牌仪式。该基地位于盐都区鞍湖镇张丰村，设有胡乔木生平陈列馆和胡乔木纪念广场、胡乔木祖屋及“三胡故里”（胡乔木、胡公石、胡启东）展示馆等。6月19日，市侨联举办“亲情中华 · 七彩阜宁农业公园”市级华侨文化交流基地揭牌仪式。该基地位于阜宁县城南郊，有爱恋桃源、荷塘月色、知音花海、农田彩画、水晶花宫和童趣牧场等“十景”。12月3日，市侨联举办“亲情中华 · 东晋水城”市级华侨文化交流基地揭牌仪式。该基地呈现现世版“清明上河图”，发挥“生态＋旅游、文化＋旅游、生活＋旅游”优势，讲好东晋水城故事，增强中华文化自信，传播水荡特色文化。

· 参加省侨联“亲情中华 · 同心战‘疫’”主题书画作品征集　4月16日，市侨联组织市侨界书画会成员参加省侨联“亲情中华 · 同心战‘疫’”主题书画作品征集活动，盐城市5幅作品获参展证书，31幅作品被省侨联《江苏省侨界抗击疫情网上书画作品赏析》专辑采用刊发，包括胡志群中国画《众志成城》、郭列平书法《万众齐心》、曹万峰书法自撰联等书法作品4幅，李晓东中国画《战‘疫’必胜》、夏一栋中国画《大医精诚》等书画作品24幅，万载元篆刻《白衣天使》、王宗年书法《送瘟神》。

（乔　连　孙岩钢）

盐城市台湾同胞联谊会

· 概　况　2020年，盐城市台湾同胞联谊会印发《盐城市定居台胞爱心服务手册》，指导各县（市、区）委统战部核实全市定居台胞工作、学习、生活现状，与台湾重要社会关系联系情况，“一人一档”登记核实73名定居台胞基本信息情况。新冠肺炎疫情防控期间，市台联发挥自身优势，倡导会员支持抗疫，捐赠700多万元的物资；帮助科技型实体企业复工复产、解决企业口罩需求，宣传“盐政20条”政策服务指南。组织台籍政协委员积极履职，提交建议、提案2篇。年内，定居盐城台胞高手博当选中国少年先锋队第八次全国代表大会参会代表，成为全省唯一选送的台湾地区学生代表。

· 省台联第五届“台胞青年日”活动在盐城市举办　10月19—20日，由省台联举办的第五届“台胞青年日”活动在盐城市举行。南京、无锡、徐州、常州、苏州、南通、连云港、盐城、扬州、镇江、宿迁11个市的近30名青年台胞骨干参加活动。活动期间，与会代表参观中国海盐博物馆、东风悦达起亚第二工厂、大纵湖畔的柳堡村、江苏大丰麋鹿国家级自然保护区。

·“她的一天云联谊”活动开展　3月8日,市台联通过“盐城台胞之家”微信群，组织全市定居台胞家庭开展“她的一天云联谊”活动，在线展示动态视频、照片120多份。其中，台胞韩莹展示其作为市第一人民医院一名护士在疫情防控期间，做好病房防疫，开展病房老人心理疏导工作的一天；台胞朱雯雯展示其和同事们在大丰区公共资源交易中心为了确保疫情防控物资能够在第一时间送达，全力办好公共资源交易服务工作的一天。

（祝春燕）

盐城市残疾人联合会

· 概　况　2020年，盐城市残联落实《盐城市残疾人联合会改革实施方案》，优化残疾人工作运行机制，及时调整残工委成员单位，发文明确市政府残工委成员单位的工作职责。召开市残联主席团年度会议，执行理事会向主席团作工作报告。加强专门协会工作和基层残联组织建设，滨海县在镇（区）机构改革中，率先配备专职在编残联理事长。市残联会同市人力资源和社会保障局、市财政局联合发文，理顺镇（街道）残疾人专职委员管理体制，明确参照当地社区工作人员落实薪酬待遇，为专职委员搭建上升通道。做好残疾人救助工作，完善残疾人康复救助制度，实施残疾人“三项康复”（白内障、小儿麻痹后遗症矫治、聋哑康复训练）、残疾儿童抢救性康复、残疾儿童康复救助、辅助器具适配等救助工作，残疾人基本康复服务率100%，困难残疾人辅助器具适配服务覆盖率100%。

· 残疾人救助　全年全市有残疾人51.2万人，占全市总人口的6.4%，有持证残疾人17.78万人。年内，市残联落实开展各项残疾人救助事业。推动实施残疾人社会保险全覆盖工程，全年全市对6.27万余名成年无固定收入残疾人和重度残疾人参加城乡居民基本养老保险8.21万余名重度残疾人参加城乡居民基本医疗保险的个人参保费用，分别给予补贴和全额代缴，全市残疾人城乡居民养老保险和医疗保险参保率99%。降低疫情影响，市残联联合市财政局制定10项惠残措施，向有返贫风险的困难残疾人家庭赠送爱心礼包571个、价值18.3万元；发放辅助性就业专项补贴37.6万元；减免涉残服务机构房屋租金15.59万元；向986个残疾人自主创业实体、182个盲人按摩机构发放停业补贴125.3万元，19名困难残疾人发放临时生活救助0.95万元。造浓社会助残氛围，开展落实“家电圆梦”“阳光浴室”等项目，全市筹集206.6万元配套资金，向残疾人家庭捐赠太阳能热水器和基本家电6522台。资助“阳光学子”45人、资金13.5万元。开展“暖心盐城、积善助残”公益助残活动，24个单位和个人捐赠226.4万元资金和物资。开展“99公益日”网络募捐，全市20个机构筹集善款135.29万元。成立市级机关党建联盟“助残爱心驿站”，定期组织党员志愿者到残疾人服务阵地开展志愿服务。

· **残疾人康复服务**　年内，全市残疾人康复机构为3.73万名残疾人提供精准康复服务，有康复需求残疾人精准康复服务率100%。为3903名0~17周岁残疾儿童提供基本康复服务，完成辅助器具适配8762人、1.18万余件，实施白内障免费复明手术2577例，为1.34万余名精神残疾人提供基本用药，超额完成省政府为民办实事项目24个社区康复示范点改造提升任务。

· **残疾人司法援助**　年内，市残联联合市司法局等部门成立盐城市残疾人法律维权顾问团，设立盐城市残疾人法律维权服务工作站，代理残疾人民事诉讼，帮助残疾人追回欠款、房屋等价值120万余元，免费提供法律咨询17人次。推出盐城市助残惠残公证服务10项措施，为22名残疾人公证服务，为312名持C5驾照的残疾人办理“3小时无感免费停车”服务。

· **残疾人就业创业帮扶**　年内，市残联开展“春风送真情、就业暖民心”就业援助行动，常态化开展网上招聘活动，帮助残疾人与用人单位之间牵线搭桥。全年全市新增残疾人实名制就业1063人。实施“互联网＋职业技能培训”，打造“绿色庭院”增收项目，全市累计实名制培训3004人。参加2020年全国残疾人岗位精英职业技能竞赛江苏选拔赛，亭湖区和建湖县的2名选手分获数控加工和美容2个单项的第一名，东台市和盐都区的2名选手分获服装配饰设计第二名、数控加工第三名。打造“15分钟残疾人就业服务网”，让残疾人在家门口就可以享受到就业政策咨询、职业指导、就业援助等服务。继续推进按比例就业工作，全年年审单位1907家，安置残疾人5030人，协助征收残保金1.14亿元。落实企业减负和奖补政策，盐城市残保金征收比例在苏北苏中最低，降低企业负担。年内，市区向170家企业发放达比例补贴和超比例奖励108.7万元。

· **全市残疾人艺术作品展**　5月14日，市残联与市书画院联合举办的全市残疾人艺术作品展在市美术馆开幕。艺术作品展征集到书画作品136幅，展出80幅；征集艺术作品32件，展出20件。展出作品以精湛的艺术创造、独特的审美视角，展示残疾人“自尊、自信、自强、自立”的风采，传递出残疾人朋友自强不息、超越自我、向上向善的炽热情怀。

· **“奋进新时代、筑梦新征程”迎新年文艺会演**　12月31日，市政府残工委、市残联在市文化艺术中心举办“奋进新时代、筑梦新征程”迎新年文艺会演。全市各地的数百名残疾人工作者通过歌舞、情景剧、器乐等表演形式，展现广大残疾人自尊、自信、自强、自立的精神风貌。

（夏景涛）

盐城市红十字会

· **概　况**　2020年，盐城市红十字会落实《江苏省红十字会改革实施方案》，印发《盐城市红十字会改革任务分解方案》《盐城市红十字会监事会工作规则（试行）》，明确监事会工作职责，探索形成理事会决策、执委会执行、监事会监督的治理结构。推进改革措施落实落细，9个县

12月31日，“奋进新时代、筑梦新征程”迎新年文艺会演举行　（市残联　供图）

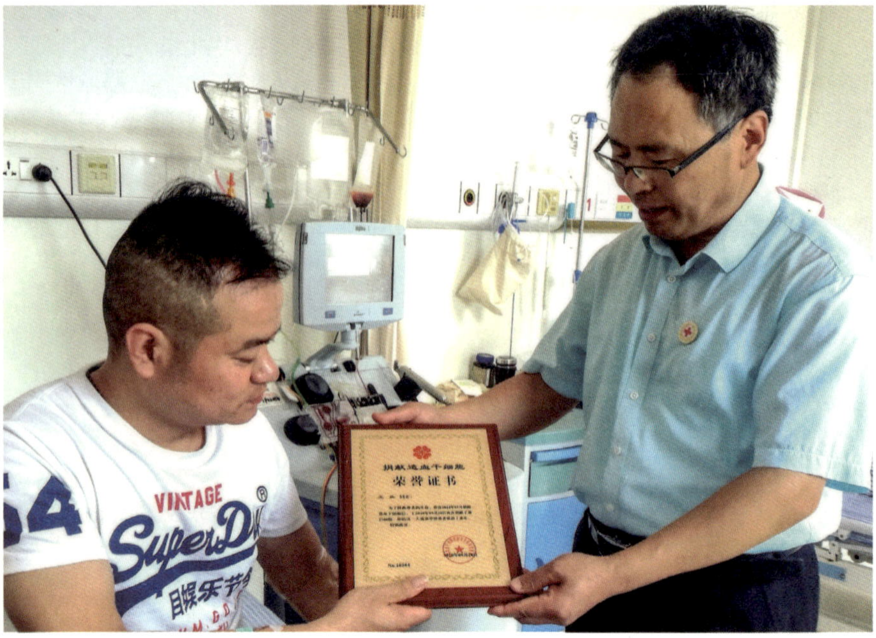

9月28日，志愿者王兵“二次捐献”造血干细胞并获荣誉证书

（市红十字会　供图）

（市、区）同步制定红十字会改革实施方案。年内，盐都区、阜宁县、响水县3个县级红十字会完成换届，并成立监事会。创新宣传方式，开展“云端博爱周，我与红十字”宣传活动，围绕“助力疫情防控，红十字救在身边”主题，组织红十字知识宣传、有奖知识竞答、“我心中的红十字”感言征集活动以及参加全国抗击新冠肺炎疫情暨红十字应急救护知识竞赛。开展常态化募捐筹资，全年全市红十字系统募集款物4039.67万元。其中，“99公益日”活动期间，全市红十字会“博爱光明行”“盐城市乡贤有爱”等项目募集爱心捐款21.01万元。年内，东台市红十字应急救援队常勇被评为中国红十字会抗击新冠肺炎疫情优秀志愿者；市红十字会、盐都区红十字会被江苏省红十字会表扬为抗击新冠肺炎疫情先进集体；吴海涛等12人被省红十字会表扬为抗击新冠肺炎疫情先进个人、优秀志愿者和优秀会员。

· 红十字会应急救援　年内，市红十字会加强应急救援队伍建设，举办应急救援队第五轮队长、副队长竞聘活动，公开选聘队伍“领头人”。开展应急救援演练和水上救援训练，参与疫情防控物资的搬运。受2020东风悦达起亚盐城马拉松赛事组委会邀请，组织34名应急救护师资参与赛事应急救援保障。1月，市红十字会应急救援队被中国红十字会总会评为全国红十字模范单位。

· 群众性应急救护培训　年内，市红十字会持续实施应急救护公益性培训项目，开展“助力疫情防控，红十字‘救’在身边”等公益性应急救护培训。举办“学习应急知识、共享平安健康”青少年暑期实践培训活动，增强青少年急救技能。建成大丰麋鹿AAAAA景区红十字救护站。参加全省红十字会应急救护技能大赛，取得团体第六名。开展寻找“最美救护员”活动，盐城市1名救护员被评为全省十佳最美救护员。全年全市红十字会系统完成救护员培训1.24万人、普及性培训13.4万人。

· “博爱送万家”活动　年内，市红十字开展“博爱送万家”活动，全年发放救助慰问款物827.9万元。元旦、春节期间，全市红十字会系统筹集308.2万元款物，慰问救助农村、社区低保户和孤寡失能老人、大重病困难患者、麻风残老康复村休养员等困难群众。做好中国红十字基金会“小天使”和“天使阳光”救助项目，为16名白血病、6名先天性心脏病患儿申请救助金64.5万元。主动向省红十字会争取人道项目支持，争取省级2020年重点项目8个，扶持经费24万元。参与“三下乡”活动，向盐都区尚庄镇吴滩街道发放价值13.09万元的毛绒大衣、夹克衫等慰问物资。对口支援铜川市红十字会20.62万元款物。

· 造血干细胞捐献　年内，市红十字会加强捐献造血干细胞宣传发动，采集捐献造血干细胞血样。做好捐献造血干细胞志愿者招募和再动员工作，扩大捐献造血干细胞志愿者队伍，做好新入库志愿者回访工作，严把入库关，提高再动员和捐献成功率。全年全市红十字会系统采集造血干细胞血样1001份，实现捐献64例。5月，联合市委宣传部、市委文明办表彰盐城市第六批造血干细胞捐献者“爱心大使”13人。

· 无偿献血、器官（遗体）捐献　年内，市红十字会与市级机关工委、共青团盐城市委联合印发《关于做好新冠肺炎疫情防控期间无偿献血工作的通知》，全市党员干部、团员青年、红十字会会员、志愿者参加无偿献血，助力疫情防控工作。建成盐城市人体器官遗体捐献者纪念设施，加强遗体和人体器官捐献宣传、登记和见证等服务工作。全年全市新增器官（遗体）捐赠登记志愿者5600人，12名爱心公民逝世后捐献器官30个，2名爱心公民逝世后捐献遗体。

（王　惠）

法　　治

编辑　孟建民

人大立法

·**概　况**　2020年，盐城市人大常委会发挥地方立法实施性、补充性、探索性作用，用高质量立法护航高质量发展，促进高效能治理。将上位法的一般性规定与本地实际需求紧密结合，开展创制性立法，印发《盐城市安全生产条例》，加强安全法治保障。坚持立法为民，印发《盐城市饮用水安全保护条例》，构建“从水源地到水龙头”饮用水安全保障体系。围绕社会治理、文化保护、生态文明建设等方面进行立法调研。全市立法工作得到全国人大常委会法工委和省人大常委会的肯定，中央电视台、《法治日报》等国家级媒体作专题报道。

表5　2020年盐城市人大常委会规范性文件备案审查情况一览表

序号	名　　称	备案号	文　　号	发文时间	制定机关
1	盐城市节约用水管理办法	盐人法工备〔2020〕1号	盐府规备〔2020〕1号	2020.01.03	盐城市政府
2	盐城市城镇排水管理办法	盐人法工备〔2020〕2号	盐府规备〔2020〕2号	2020.01.03	盐城市政府
3	盐城市城镇供水管理办法	盐人法工备〔2020〕3号	盐府规备〔2020〕3号	2020.01.03	盐城市政府
4	阜宁县人大常委会关于认真实施《全国人民代表大会常务委员会关于全面禁止非法野生动物交易、革除滥食野生动物陋习、切实保障人民群众生命健康安全的决定》的决议	盐人法工备〔2020〕4号	阜人规备字〔2020〕1号	2020.04.13	阜宁县人大常委会
5	盐城市人民政府关于修改《盐城市人民政府规章制定程序规定》的决定	盐人法工备〔2020〕5号	盐城府规备〔2020〕1号	2020.04.19	盐城市政府
6	盐城市无障碍环境建设管理办法	盐人法工备〔2020〕6号	盐城府规备〔2020〕2号	2020.05.08	盐城市政府
7	盐城市既有住宅增设电梯暂行办法	盐人法工备〔2020〕7号	盐府规备〔2020〕5号	2020.10.15	盐城市政府
8	建湖县人大常委会关于进一步推进防范化解金融风险攻坚战工作的决定	盐人法工备〔2020〕8号	建人常规备字〔2020〕1号	2020.05.08	建湖县人大常委会
9	盐城市港口岸线管理办法	盐人法工备〔2020〕9号	盐府规备〔2020〕6号	2020.11.27	盐城市政府
10	盐城市城镇新建居住区配建学校实施办法（试行）	盐人法工备〔2020〕10号	盐府规备〔2020〕7号	2018.08.13	盐城市政府
11	阜宁县人大常委会关于加强检察公益诉讼工作的决定	盐人法工备〔2020〕11号	阜人规备字〔2020〕2号	2020.12.08	阜宁县人大常委会
12	盐城市河道管理办法	盐人法工备〔2020〕12号	盐城府规备〔2020〕3号	2020.12.25	盐城市政府

·**《盐城市安全生产条例》施行**　《盐城市安全生产条例》由市八届人大常委会第三十次会议于8月19日通过，经省十三届人大常委会第十八次会议于9月25日批准，自12月1日起施行。条例分7章70条，对生产经营单位的安全生产保障、重点行业安全管理、安全生产的监督管理、生产安全事故的应急救援和调查处理等方面进行全面规范。

·**《盐城市饮用水安全保护条例》施行**　《盐城市饮用水安全保护条例》由市八届人大常委会第三十二次会议于10月29日通过，经省十三届人大常委会第十九次会议于11月27日批准，自2021年3月1日起施行。条例分8章54条，涵盖饮用水源头到龙头的各个生产与监管环节，明确地方政府及相关部门饮用水安全保护的职责分工，并结合盐城市实际，对水源保护、规划建设、日常监管等方面作出具体规定。

（陈文松）

政法委与综治

·**概　况**　2020年，盐城市政法系统贯彻落实中央、全省政法工作会议和市委七届九次、十次全会精神，全面推进平安盐城和高品质法治盐城“两大建设”，维护全市社会大局稳定。

开展平安盐城建设。成立市委平安盐城建设领导小组，加强社会治理创新，健全完善工作机制。在全省率先以市两办名义制定排风险长效机制文件，开展“排风险、建清单、除隐患、保稳定”专项行动。深化网格化社会治理。坚持和完善“大数据 + 网格化 + 铁脚板”治理机制，市县两级网格中心全部明确事业建制，126 个镇级社会治理局（综治中心）实现全覆盖。举办全民国家安全教育日等系列宣传，在全省率先实现人民防线组织市、县、镇（街道）三级全覆盖。加强社会治安打防管控。以打防管控“冬季攻势”和“六场专项攻势”为载体，向各类违法犯罪发起凌厉攻势。推进新一代“雪亮技防工程”建设，盐城市升级版技防城建设通过省技防城检查验收。织密补盲“平安灯箱”，全年新增补盲提档 1241 个灯箱，建成使用 1265 个、总数 5245 个。持续配强专兼职巡防队伍，推进警务工作站建设和巡处一体化改革，优化力量布局，强化警灯闪烁，街面见警率明显提高。2020 年度公众安全感 98.71%。

推进高品质法治盐城建设。全面深化政法领域改革，深化执法规范化建设，对群众反映强烈问题和热点部门岗位开展专项执法检查，组织开展涉法涉诉信访案件评查活动，对发现问题逐一交相关部门落实整改，促进严格规范公正文明执法司法。完善执法司法公开机制，加强审判公开、检务公开和警务公开平台建设。加强执法司法联动。在全省率先建立安全生产行政执法与司法联动机制，召开全市联动工作推进会，印发《关于建立安全生产行政执法与司法联动机制的实施意见》，坚持依法严管，及时发出执法、司法建议，推动落实部门监管责任和企业主体责任，坚决遏制重大事故发生。创新法治宣传方式，组织开展《中华人民共和国国家安全法》《中华人民共和国民法典》等主题宣传活动，做好“七五”普法终期评估验收。创新开展基层依法治理。制定“援法议事”工作方案，各县（市、区）发掘亮点、打造品牌。深化“法耀盐阜”品牌建设的做法，受到省“七五”普法终期评估验收组的好评。推进法治乡村建设，组织对全市 10 个国家级“民主法治示范村”，1113 个省级“民主法治示范村”全面检查复核，对照最新标准要求，全面提质增效。强化德治、法治、自治融合，“无访无诉镇区、村居（社区）”建设工作先进率分别达到 80% 和 90%。

· **政法领域改革**　年内，市委政法委推进全市政法领域改革工作，印发《关于政法领域全面深化改革实施方案》。健全完善党对政法工作的领导、司法权执法权运行、矛盾纠纷化解、维护安全稳定工作机制等八大体系，推进司法责任制改革、诉源机制改革、“分调裁审”改革等各类改革任务，提高司法公信力。常态化开展专项督查工作，协调解决改革中遇到的困难和问题，合力推进司法体制综合配套改革、政法机构职能体系建设、执法权制约监督制度、市法学会建设等重点领域改革。年内，市中级人民法院全流程信息化管控平台入选最高院司法改革案例选编，《人民法院报》头版头条重点推介；市检察院探索建立跨区域公益保护联动机制，得到最高人民检察院、省委政法委和省检察院肯定。

· **网格化建设**　年内，盐城市深化“大数据 + 网格化 + 铁脚板”治理机制，全面推进网格“五化”（网格阵地实体化、网格队伍专职化、网格流程信息化、网格主业重点化、网格联动社会化），推动全市基层社会治理现代化建设。全年全市有网格 1.78 万个（其中综合网格 1.36 万个），在 1.36 万个综合网格的网格员中，城镇社区专职网格员 5605 名。在抗击新冠肺炎疫情期间发挥网格化优势，全市网格员按照“四包一”网格防控要求，严格落实联防联控、群防群治措施，江苏“微网格—疫情防控”模块网格防疫积分排名前 100 名网格员全省领先，全市 16 名基层网格员获评全省“双胜利”平安卫士。网格工作群众满意率 98.34%，相关做法和工作经验被《新华日报》头版、“学习强国”App 等媒体平台刊载推广。

· **社会矛盾纠纷化解**　年内，盐城市学习借鉴新时代“枫桥经验”，市县两级非诉讼服务中心全部建成投入使用。开展重点矛盾、疑难案件化解和越级进京访、城乡建设领域信访矛盾专项整治行动，推进重复信访集中治理化解，采用解决实际问题、教育疏导等方法，化解风险隐患。年内，国家信访局交办的 13 件复杂疑难案件全部成功化解，进京到省访批次、人次，同比分别下降 68.3%、22.2%。

· **风险防控**　年内，盐城市印发《健全社会稳定风险排查长效机制》，开展“排风险、建清单、除隐患、保稳定”专项行动，依托“苏稳通”平台，搭建社会稳定重大风险隐患数据池，建立健全重大风险清单动态管理制度，对风险清单实行项目化管理、挂图作战，集中化解。分类推进重点领域专项整治，防范化解各类涉稳风险。严格落实重大决策风险评估制度，推进“两重一实”建设、大市区高排放车辆限行、出租车更换使用新能源车辆等事项稳评工作，从源头上最大限度预防化解风险。

· **扫黑除恶**　年内，市扫黑除恶领导小组及其办公室先后召开 4 次会议，组织开展扫黑除恶专项斗争“百日会战”，开展“一十百千万”和“六清”行动。中央督导组交办的 367 条线索和全国扫黑办交办的 205 条线索全部办结，13 名省挂牌督捕重点逃犯全部抓获归案。推进 10 个重点行业领域专项整治，开展非法金融活动专项治理，打掉 18 个“套路贷”团伙，全市法院新受理一审民间借贷案件同比下降 31.89%。全市检察系统受理的 167 件黑恶案件审结率 100%，审查把关黑恶案件 50 件，依法监督立案 2 件，纠正漏捕漏诉 3 人，排除涉恶认定 10 件，改变定性 9 件。全年全市打掉黑社会性质组织 8 个、恶势力犯罪集团 29 个，专项斗争成效群众满意率 97.21%。

·**盐城市安全生产行政执法与司法联动机制建立** 年内，盐城市建立安全生产行政执法与司法联动机制，市委办、市政府办印发《关于建立安全生产行政执法与司法联动机制的实施意见》，市政法委召开全市安全生产行政执法与司法联动工作推进会，推动落实部门监管责任和企业主体责任，坚决遏制重大事故发生。年内，全市政法系统聚焦重点行业组织开展安全生产专项整治，开展违法违规“小化工”百日专项整治行动，发现违法违规“小化工”125家，排查安全隐患452处，从源头减少安全隐患、筑牢安全屏障。全年全市司法机关联动办理安全生产类刑事犯罪案件50件102人。省安全生产第九督导组将此项工作列为盐城市安全生产典型经验做法。

·**政法队伍建设** 年内，盐城市推动过硬政法队伍建设。加强政治建设。深入贯彻落实《中国共产党政法工作条例》，制定全市政法系统政治督察实施细则、重大事项请示报告制度实施办法、纪律作风督查巡查工作实施办法等配套制度。组织召开政法系统党建工作会议和抗疫先进事迹报告会，成立市委政法委机关党委、机关纪委，首次对全市镇（街道）政法委员开展为期一周的政治轮训。提高履职能力。突出实战、实用、实效导向，组织教育培训，加强训练基地建设与应用，开展轮值轮训、实战练兵、技能比武。持续正风肃纪。贯彻中央八项规定精神，推进作风建设突出问题专项整治，坚决整治“吃喝”“交往”“车轮”上的不正之风，组织开展三轮政治督察，配合省委政法委对市检察院的督察工作，排查整改问题，营造风清气正的良好政治生态。（郭本凯）

法治政府建设

·**概　况** 2020年，盐城市落实《党政主要负责人履行推进法治建设第一责任人职责规定》，将法治建设列入党政“一把手工程”。市委常委会、市政府常务会多次专题研究法治建设工作，研究解决推进工作中存在的具体问题。市委中心组带头学法，市政府常务会议集中学法，全面落实政府法律顾问制度。明确法治政府建设年度工作任务。制订《中共盐城市委全面依法治市委员会办公室2020年工作计划》，确定30件法治为民办实事项目。印发《法治政府建设“补短板、强弱项”暨依法行政五年巡检专项活动实施方案》和任务分解表，组织24个牵头部门开展问题集中排查。以全省首批法治政府建设示范县（区）建湖县、盐都区为试点，推动形成一批可复制、可推广的依法行政工作做法。开展法治建设监测评价组织实施工作。对照省“互联网+”监测评价项目中考核项目，抓好工作责任分解。围绕《江苏法治环境指数（2020年）》确定的23项工作指标，逐一落实牵头单位责任。开展督察考核。将法治建设成效纳入衡量各级领导班子和领导干部工作实绩的重要内容，每年底将领导干部述法与述职述廉一起安排。将“深化依法治国实践”和“法治建设”分别列入对县（市、区）和市级机关部门（单位）综合考核的专项内容。将法治政府建设督察工作纳入《盐城市市级2020年度督查检查工作计划》，并将考核事项纳入市委市政府年度综合考核。委托第三方机构组织开展全市法治满意度调查，向各县（市、区）党政一把手及时通报调查结果。落实依法行政推进机制。落实《法治政府建设责任落实与督察工作规定》，市委专门听取法治政府建设情况汇报。严格执行《重大行政决策程序暂行条例》《江苏省重大行政决策程序实施办法》，全年累计召开市政府常务会议21次、规委会会议17次，所有“三重一大”事项均集体讨论研究，所有规范性文件都经合法性审查。加强行政复议应诉规范化建设，行政诉讼败诉数和败诉率连续三年全省最低，市政府无败诉案件，全市行政机关负责人出庭应诉率100%。

·**立法制规** 年内，盐城市贯彻落实中共中央关于加强党领导地方立法工作的意见和省、市委实施意见，市委常委会专门召开会议讨论通过《盐城市人大常委会2020年立法计划》，市政府常务会专题研究《2020年度市政府规章立法计划》，进一步完善党委领导、人大主导、政府参与的立法工作格局。做好立法制规工作。年内，市政府提请市人大常委会制定《盐城市安全生产条例》《盐城市饮用水安全保护条例》。制定政府规章《盐城市无障碍环境建设管理办法》《盐城市河道管理办法》，制定规范行政性文件《盐城市节约用水管理办法》《盐城市城镇排水管理办法》《盐城市城镇供水管理办法》《全市城镇污水处理设施一体化建设运营管理实施意见》等6件。推动地方性法规贯彻实施。强化地方性法规的普法宣传、法规解读和舆论引导。协助中央电视台摄制黄海湿地保护立法专题节目，在《法制日报》《人民与权力》杂志刊发专稿对《盐城市黄海湿地保护条例》解读阐释。做好人大代表《关于推动盐城市地方性法规全面实施的建议》办理工作，推动地方性法规全面正确有效实施。

·**重大行政决策程序制度化** 年内，市政府召开常务会议21次、城市规划委员会会议17次，所有重大行政决策事项都经集体讨论研究，所有行政规范性文件都经合法性审查。对《盐城市中心城区声环境功能区划分方案》等涉及经济社会发展和人民群众切身利益的重大行政决策事项都严格执行公开征求意见、专家论证、风险评估和合法性审查等程序制度，全力推动依法决策、科学决策、民主决策。

表6　2020年盐城市法治为民办实事项目一览表

序号	项目名称	项目简介	责任单位
1	推进诉讼与非诉讼纠纷解决方式对接工作	提升诉讼与非诉讼对接中心、非诉讼服务分中心实体化运行水平，实现诉讼和非诉讼纠纷解决方式的无缝对接，通过平台对接共享案件信息、整合调解资源、在线化解纠纷、分析评估成效，实现矛盾纠纷在线申请、咨询、调解、管理等功能；会同司法行政机关壮大各种非诉解纷力量，促进矛盾纠纷在非诉分中心得到有效化解，推进与网格社会治理体系衔接融合，形成防范化解社会矛盾纠纷的工作合力，从源头上减少诉讼增量	市中级人民法院
2	畅通检企沟通渠道，营造法治营商环境	履行检察职能，依法打击破坏经济秩序、侵犯产权等违法犯罪，平等保护民营企业和企业家合法权益，通过精准释法说理、召开服务民营企业座谈会、举办“检商对话”等形式，有针对性地开展民营企业经济犯罪预防工作，构建常态化诉求传导平台，主动对接、回应民营企业的司法需求	市检察院
3	畅通交通违法申诉通道	盐城交警针对广大群众在交通管理及交警执法过程中遇到问题时打造申诉项目“我要申诉”；群众对盐城交警执法工作有任何问题，均可通过盐城交警微信、微博、头条、抖音等新媒体平台提出申诉，同时要求对群众提出的问题实现“一小时响应、一日内解决、一支专业队伍处置”	市公安局
4	联合开展“家事调解社区工作室”试点工作	在全市创建10家规范化家事调解社区工作室，联合市中级人民法院、市妇联开展家事调解社区工作室试点工作；在原来家事调解中心的基础上，以东台市、建湖县和阜宁县为试点，联合市中级人民法院和市妇联制定文件，细化具体工作方案，推动家事调解工作室下沉到村（社区），邀请地方能人、名人参与，最大程度缩小服务半径；全市培训800名家事调解员，强调专业调解技能的训练，加强与律师、公证等其他法律服务方式对接，提升群众对公共法律服务的满意度	市司法局
5	实施法援工程和一村（居）一法律顾问全覆盖	整合律师、基层法律服务工作者资源，为全市2386个村（居、社区）全部选优配强法律顾问，明确法律顾问服务职责、范围、内容，建立“法润民生”微信群，实现一村（居）一法律顾问全覆盖；开展法援惠民生系列活动，推动法律援助覆盖由低保人群逐步扩大至低收入人群，确保常住人口受援率在万分之十以上，法律援助覆盖人群达到7200人以上；开展法律援助服务质量年活动，深化法律援助名优工程，优选承办律师，确保名优律师办案量不低于案件总量20%	市司法局
6	校园安全法治行	以“学法律守规则、防风险除隐患”为主题，以系列活动和安全教育平台为载体，开展学校安全主题法治宣传教育，深入宣传《中华人民共和国食品安全法》《中华人民共和国消防法》《中华人民共和国传染病防治法》《校车安全管理条例》《中小学幼儿园安全管理办法》《学校食品安全与营养健康管理规定》等法律法规和规章，增强师生安全法治意识，提升安全风险防范和自我保护能力	市教育局
7	全市工信领域安全生产主题法治宣传	在全市工信领域开展以《中华人民共和国安全生产法》等为重点内容的法治宣传，指导相关行业加强安全生产管理，在专项资金方面统筹考虑安全生产，加大政策宣传力度等；开展安全生产法治宣传教育进工业企业活动	市工信局
8	加强第三方服务机构监督管理，营造公正规范法制市场环境	发挥监督职能,加强生态环境第三方服务机构及人员的监督管理，通过强化日常监管、严肃查处违法行为，纳入信用管理、落实信用惩戒政策措施等，推动建立公平竞争、公正服务、守法经营的工作机制	市生态环境局
9	生活垃圾分类系列宣传活动	围绕城市生活垃圾分类知识，以社区、广场为宣传场地，通过讲解城市生活垃圾分类知识、展板展示、发放宣传品等方式开展系列宣传活动	市城管局
10	建立全市知识产权维权援助机制	依托国家知识产权局授牌的中国（盐城）知识产权维权援助中心，加强市、县两级维权援助中心和分中心的建设，市市场监管局成立维权援助专业团队，开展知识产权保护盐城行；加强全市知识产权维权援助联动，开展知识产权送法上门、企业维权成功实例剖析等系列活动；推广利用行政调解、仲裁调解、人民调解、行业调解等方式快速解决纠纷，对接行政执法、司法保护、仲裁等保护渠道和环节，提供精准、高效、便捷、专业的维权援助指导服务	市市场监管局（知识产权局）

续表6

序号	项目名称	项目简介	责任单位
11	落实减税降费	发挥职能作用，支持企业复工复产，让广大纳税人实实在在享受到税费优惠，提供高效便捷安全的办税缴费服务	国家税务总局
12	贯彻《江苏省献血条例》，确保“三免”政策落实	宣传贯彻《江苏省献血条例》，完善“三免卡”的申报、颁发和补办程序，各相关部门督促下属单位执行“三免”（国家无偿献血奉献奖获得者、无偿捐献造血干细胞志愿者享受免费游览政府投资主办的园林、风景名胜区等场所；到非营利性医疗机构就诊免交普通门诊诊察费；免费乘坐城市公共交通工具）措施，确保“三免”政策落实	市中心血站
13	建设东鸣湖宪法主题公园	建设东鸣湖宪法主题公园运用宪法亭、雕塑、标牌、宣传墙、竹风卷、宪法书、宣传栏等作为载体，将法治元素合理、巧妙地嵌入到公园整体设计中，总投资100万元，12月底建成	响水县司法局
14	优化动产抵押登记服务	以动产抵押登记为服务创新点，帮助企业盘活存量资产，服务企业快速融资，解决企业在复工复产中的融资难题；以“一网通办”为目标，实现“零接触”“零跑路”，动产抵押登记在线指导、在线申请、在线审核、在线公示、在线查询，让企业在最短时间内取得资金，把经济存量转变为经济能量；加强同银行和中小企业之间的沟通与协调，形成互通信息、多位互动的“三位一体”的动产抵押登记服务体系，让抵押企业诚信资质成为融资资本，帮助守信企业获得资金支持；宣传法律法规，普及动产抵押登记办理相关知识，使企业经营者充分了解动产抵押登记的内容和流程	响水县市场监管局
15	法律援助	向经济困难和低收入群体提供法律援助不少于700件	滨海县司法局
16	优化营商环境政务服务提升工程	推行审批服务便民化，提升政务服务效能，全面优化营商环境；对照省营商环境指标体系，优化服务流程，精简材料，压缩时限，提高效率，全面降低市场准入门槛，降低企业交易成本；全面推动投资建设项目“一窗”受理全链条代办，建立重大项目服务“专员”制，公布代办事项目录清单，实现项目从设立登记到竣工验收的全流程代办帮办服务,让企业客商不跑腿；推进企业群众线上线下“一网通办”，推动镇村服务事项“网上办”，建设24小时政务自助服务区，提供“不打烊”政务服务	滨海县行政审批局
17	让文明之花绽放新时代江淮乐地	发挥各级人大代表示范引领作用，组织省市县镇四级人大代表到选民中宣讲《盐城市文明行为促进条例》；动员媒体、群体及志愿者组织投身《盐城市文明行为促进条例》宣传活动，推动《盐城市文明行为促进条例》进校园、进村居，全面打通文明养成“最后一公里”，提升群众的文明素质，让文明之“法”化于心践于行	阜宁县人大常委会
18	法治文化润万家	将法治宣传融入农村文化大院中，形成由县文化馆出节目，乡镇艺术团排节目，农村文化大院宣传节目，实现农村文化资源的综合利用	阜宁县文广旅局
19	实施“法律明白人”工程	每村（社区）培养至少5名“法律明白人”骨干，并将在群众中有一定威信的村（居）民、致富能手、“五老”人员等作为培养对象，建成一支覆盖全县的“法律明白人”队伍，有序服务法治宣传、矛盾调解等，推进法治宣传社会化建设	射阳县司法局
20	开展优化营商环境专项监督	坚持明察暗访、通报曝光常态化，畅通信访举报渠道，构建发现问题、受理投诉、协调解决、查处问责的工作闭环机制；全年召开机关作风建设问题通报会不少于2次；对《盐城市亲清政商关系“十要十不准”清单》《射阳县政商交往暂行规定》等执行情况进行专项监督检查，滚动整治政商交往中存在“不亲”“不清”等问题	射阳县委纪委监委
21	建湖县人民法院建立“一站式”多元化解机制	建湖县人民法院投入使用诉讼与非诉讼对接中心、非诉讼纠纷解决分中心；依托与行政、司法等机关成立的物业、道交、劳动争议、人民调解、公调诉调对接、医患纠纷等7个诉调对接工作室资源，实现行政、行业、诉讼“三调联动”；构建24小时自助诉讼服务终端，确保让数据多跑路、群众少跑腿，享受“一网通办”的“指尖诉讼”便利；拓宽多元化解矛盾机制运用领域，全面在民间借贷、道路交通事故等民商事领域进行运用，引导群众共同致力于社会治理体系和治理能力现代化的推进	建湖县人民法院
22	“一站式”综合服务窗口建设	探索推进公安派出所和交警中队“一站式”综合服务窗口建设，通过将户籍、身份证、出入境、车管、交通违法处理等高频公安服务事项下放至基层所队，让老百姓在“家门口”实现“进一门、多办事”，切实解决服务群众、服务发展“最后一公里”问题	建湖县公安局

续表6

序号	项目名称	项目简介	责任单位
23	黄海湿地环境资源案件巡回审理	市黄海湿地环境资源法庭管辖盐城市（不含滨海县、响水县），启东市、如东县的环境资源案件，受理案件为基层人民法院审理的第一审环境资源刑事、民事、行政案件，含环境行政公益诉讼案件、刑事附带民事公益诉讼案件；强化对破坏野生动物资源等违法犯罪打击，保护黄海湿地生物多样性和生态环境，为美丽盐城保驾护航；针对非法猎捕野生、非法捕捞水产品案件，常态化开展巡回审理活动，提高广大老百姓保护生态、爱护环境的意识；持续“做好申遗后半篇文章”，擦亮世界自然遗产金名片；开展补种复绿、劳务代偿、增殖放流等环境修复工作，恢复受损生态环境	东台市人民法院
24	围绕企业群众办事便利化推进“一件事”改革	实施“一件事”改革，通过整合事项、流程再造、信息共享，线上一个平台或线下一个窗口统一办理，形成“一窗受理、一次告知、一表申请、一套材料、一次提交、一次反馈、一次分办、一窗出件、一号服务、一键评价”的办理模式，提升企业群众办事便利化水平和营商环境	大丰区行政审批局
26	“公民全生命周期权利义务清单”进社区活动	公民出生以后，即成为法律意义上的“人”，享有各项法律所赋予的权利，“公民全生命周期权利义务清单” 分为未成年人阶段、成年人阶段（生活篇）、成年人阶段（婚姻家庭篇）、成年人阶段（工作篇）、成年人阶段（住房篇），将公民在整个生命周期所享有的权利以及人生中关心关注的大事件中的法律权益，条理清晰地展示给群众	亭湖区
27	新建宪法教育阵地	在盐都区实验小学建立“宪法展示馆”，加强宪法宣传教育，提高人民群众宪法意识，使宪法精神深入人心	盐都区司法局
28	开展法治节目巡演	组织创作一批法治教育小品、小戏等节目，深入基层巡回演出不少于500场次，送戏到村居、到企业、到学校，以法治文艺宣传的形式，增强广大干群的法治意识	盐都区文广旅局
29	法治广场升级改造	升级改造阳光世纪园小区法治广场，为小区居民营造良好的法治氛围，使群众在休闲娱乐中感受到法治的力量	市开发区工委
30	开展法律援助	全年完成法律援助案件100件，为经济困难群众和农民工办理法律援助案件开辟“绿色通道”	市司法局盐南高新区分局

· 政府法律顾问制度　2020年，市政府推行政府法律顾问制度，组建以中青年骨干法律人才、相关行业专家为主的合法性审查专家库，首批入库专家51名，分设安全生产及环境保护组、人力资源及社会保障组、投融资及金融风险防范组等6个组，为市政府决策提供咨询论证。至年底，全市262个党政机关、人民团体建立公职律师制度，616名党政机关、人民团体的在职公职人员和16名国企单位法务人员分别担任公职（公司）律师。

· 行政执法监督　年内，市政府严格规范执法，实现行政权力监督常态化。做好行政执法主体和人员管理。完成市县两级交通、城市管理、农业、文化市场、生态环境、市场监管等领域的综合行政执法改革，组建行政执法队伍。建立全市行政执法人员信息库。全年完成36家行政执法主体、2900多件行政执法证件申领审核与办理工作。以学习贯彻《中华人民共和国民法典》为重点，市县两级普遍开展行政执法人员业务培训与考核工作。研究制定《盐城市行政执法争议协调处理办法》，加强行政执法争议协调工作。研究制定《关于贯彻实施健全行政裁决制度加强行政裁决工作的意见》，规范行政裁决程序。向社会公布市级行政裁决事项清单，包括8个市级行政执法部门的18项行政裁决事项。确定市市场监管局和大丰区为行政裁决工作试点单位。推进行政执法“三项制度”（行政执法公示制度、执法全过程记录制度、重大执法决定法制审核制度），实现市县两级全覆盖。

· 行政权力制约监督　年内，市政府加强行政权力制约监督，自觉接受人大、政协民主和司法监督。全年办理市人大代表议案建议218件、市政协委员提案378件，办结率100%。严格履行法治政府建设年度报告制度，年初将市县两级政府及市各有关部门2019年度法治政府建设工作报告通过网络向社会公示，接受社会监督。全年以市政府为被告的行政诉讼案件99件，已结案72件。在已结案的行政诉讼案件中，市政府胜诉率100%。

· 行政复议　年内，市政府推进行政复议基层联系点工作，全市139个镇（街道、园区）行政复议联系点全部挂牌运行。全流程规范行政复议申请、受理、决定作出、执

10月20日，盐城市第二届“十佳法治惠民实事项目”发布仪式举行（市司法局　供图）

行4个环节，形成工作闭环，减少人为裁量空间，确保办案公平公正。全年全市各级行政复议机关审结行政复议案件679件。其中，维持251件，驳回行政复议申请89件，申请人撤回申请、和解调解等终止288件，确认违法21件，撤销19件，变更1件，责令履行职责10件。

·**规范性文件合法性审查**　年内，市司法局完成规范性文件合法性审查工作。全年审核各类送审事项289件，事项涉及经济发展、城乡建设、生态环境、安全生产、人民生活等方面。做好政府规章和行政规范性文件备案工作。年内，市司法局向国务院、省人大常委会、省政府和市人大常委会报备市政府规章3件，向省政府、市人大常委会报备市政府行政规范性文件6件；收到各地、各部门报备的行政规范性文件21件，报备率、及时率、规范率100%。

·**矛盾纠纷调解机制**　年内，市政府加强行业性专业性调解组织建设，完善人民调解、行政调解、司法调解“三调”联动体系。推动知识产权、电子商务等领域建立调解组织，成立盐城银行业保险业人民调解委员会、市知识产权人民调解委员会，构建非诉纠纷化解多元机制。4月8日，全省首家具有非诉服务职能的全额拨款事业单位——盐城市非诉讼服务中心揭牌运行。全年全市非诉讼服务中心接待来访咨询7459次，提供建议6781个，办理案件678件。

·**盐城市第二届“十佳法治惠民实事项目”评选**　7—10月，市委依法治市办举办盐城市第二届“十佳法治惠民实事项目”评选活动。经申报推荐、初评审核、网络投票、专家评审等程序，26个候选项目进入网络投票环节，网络投票总点击量超过536万人次，累计投票数超过230万票。10月20日，盐城市第二届“十佳法治惠民实事项目”发布仪式举行。《高质量立法精心呵护黄海湿地》《市区停车问题整治》《“一村（社区）一法律顾问”工作》《“五步”规范妇女议事》《盐南高新区法治文化广场》《创新网格化管理 提升法治服务水平》《开展平安法治宣传“百村万户行”活动》《法媒银三方联手“惩治老赖”在行动》《创新行政审批模式》《“工地大讲堂”活动》10个项目获评盐城市第二届“十佳法治惠民实事项目”；《“一庭三所+”多元解纷机制》《儿童关爱之家》《社会组织“两个全覆盖”工程》《构建多元调处机制推进行政争议实质化解》《法律援助惠民生，扶贫济困解民忧》《“123”工作法助力防控金融风险》《掌上公共法律服务平台》《家暴维权维护妇女权益》《法治护航强保障，社保扶贫惠民生》《“互联网+公证”助金融防控风险》10个项目获评盐城市第二届“十佳法治惠民实事”提名奖；《设立跨区域的黄海湿地环境资源法庭》《建立跨地区检察生态环境公益诉讼协作机制》获评盐城市第二届“十佳法治惠民实事”特别奖；阜宁县民政局、盐都区民政局、射阳县司法局、响水县司法局获评优秀组织奖。其中，“十佳法治惠民实事项目”分普法惠民、执法惠民、司法惠民、立法惠民4个篇章，以短视频的形式发布，发布仪式在“智慧盐城”App网络同步直播。　（谢　冰　郭本凯）

公　安

·**概　况**　2020年，盐城市公安机关全面抗击新冠肺炎疫情，履行找人、查车、守点、控面、清源、管网“六大主责”，筑守进出盐城防线、打击涉及疫情的违法犯罪、保障复工复学，实现全市监所“零感染”。向北京、上海、青岛等地派出前方工作组转运境外到盐城人员，实现转运“安全零事故、秩序零滞堵”目标。开展打防管控集中行动，刑事案件、通讯网络诈骗案件破案率分别同比上升15.6%、27.9%，抓获网上逃犯同比上升148%；打掉一批黑社会性质组织、恶势力犯罪集团和涉恶团伙，中央督导组和部、省督办等重点线索全部办结；全市道路交通运输事故起数、死亡人数分别同比下降72.5%、72.3%，道路交通伤亡事故起数、死亡人数分别同比下降12.34%、38.45%，未发生较大以上致人死亡交通事故。建成市、县两级执法办案管理中心并投入实战应用。开展全国文明城市创建和文明养犬专项整治，深化“放管服”改革，做精“一站式”综合服务窗口，做优“互联网＋公安政务服务”，户政、车驾管、出入境等高频服务项目搬至“线上”“掌上”，公安服务更便捷、更高效、更贴心，市车管所连续三届获评全国优秀车辆管理所。开展“坚持政治建警全面从严治警”教育整顿，探索实践并总结固化“七个在一线”（领导干部、表彰慰问、宣传发动、督察问责、排忧解难、后勤保障、防护应急）政治工作机制，推进全警实战化、训练实战化、考核实战化，组织开展“善战铁警训练月”活动、首届职业技能大赛。年内，盐城市公安局机关党委被中共中央、国务院、中央军委表彰为全国抗击新冠肺炎疫情先进集体；盐城市公安局疫情防控专班被公安部表彰为全国公安系统抗击新冠肺炎疫情先进集体。

· **刑事案件侦查**　年内，全市公安机关向严重暴力犯罪、盗抢骗犯罪发起强大攻势，19起现行命案、302起八类案件侦破，传统“盗抢骗”侵财案件破案率41.8%。严打整治非法开办贩卖手机卡、银行卡等违法犯罪行为，集中摧毁一批跨省、跨境重大电诈团伙，破获电信网络诈骗案件同比上升11.5%，抓获电信网络诈骗嫌疑人1413人，止付被骗资金4.4亿元。发起打击整治跨境赌博暨净网专项行动集群收网，年内侦破11起案件，赴全国17个省、市抓获犯罪嫌疑人员200余人，涉案资金6亿余元，直接承担国家“122”机制办交办的“亚游”“双龙”2项专案侦办任务。

· **经济案件侦查**　年内，全市公安机关侦破全国首起利用大数据技术侵公案、打击信用卡套现和垫还程序App案件、国内代理勾结境外黑客解密勒索病毒案件以及“3·13”跨国网络传销案、“11·15”非法经营地下钱庄案等多起大要案件，获得中央政法委和部厅领导充分肯定。侦破悦达南方公司被合同诈骗案，追赃挽损近6亿元。侦办各类食药环案件382起，抓获犯罪嫌疑人925人，同比分别上升63.2%和33.7%。

· **网络案件侦查**　年内，全市网安部门开展打击整治跨境赌博暨净网专项行动集群收网行动，11起目标案件全破，赴全国17省抓获犯罪嫌疑人员200余人，查清涉案资金6亿余元。侦破“资讯云”侵公案，案件涉及公民个人信息20万余条，获评全省“净网2020”典型案例。侦破全国首起利用大数据技术侵公案，从“汇法网”犯罪团伙处查获涉及盐城本地公民个人信息数据66万条。牵头侦办“彩虹小马”传播淫秽物品牟利案，查获淫秽视频2000万余个，被省“扫黄打非”办评为2020年全省“扫黄打非”优秀案例。侦破全国首起打击信用卡套现、垫还程序App案件，抓获“可道公司”相关犯罪嫌疑人91人，对全国30余个实施信用卡非法套现犯罪的第四方支付平台进行“大起底”。侦破部督“网络水军”专案，捣毁利用微信“引流”技术自动定位、精准推送非法链接的“网络水军”团伙，关停涉案微信公众号110个，取缔非法网络推广公司5家，涉案金额4000万余元，央视进行了专题报道。开展针对装饰装修公司、教育培训机构等重点行业单位的侵公违法行为专项整治，查处相关违法单位22家（次）、处罚责任人员27人。依法查办本地网民非法使用VPN实施违法犯罪活动案件13起，依法处理涉案单位5家、违法行为人8人。

· **禁毒工作**　年内，全市公安机关开展“禁毒除患”专项攻势，持续深化禁毒重点整治，扎实推进示范城市创建，共破获部、省目标案件6起，打掉13个犯罪团伙，缴获毒品约60千克、制毒物品约1.6吨、毒资1000万余元，公诉涉毒人员390人。破获的“2020—119”和“2020—269”号公安部毒品目标案件被公安部禁毒局贺电表扬，整治外流制贩羟亚胺犯罪活动取得显著成效，国家和省级重点地区全部“摘牌脱帽”，经验做法被国家禁毒办通报推广。年内，盐城市公安局禁毒支队被国家禁毒委评为全国禁毒工作先进集体。

· **治安管理**　年内，全市公安机关组织开展打击整治黄赌毒百日攻坚行动、打击治理跨境赌博专项行动、治安部门打假利剑行动、打击整治枪爆专项行动等严打行动，破获涉娼涉赌和制假贩假案件，其中公安部挂牌督办案件2起、省公安厅挂牌督办案件7起，打掉10人以上犯罪团伙15个。整治危险物品、出租房屋、物流寄递、基层消防等安全隐患。会同市委政法委印发《关于全面加快推进“网格＋警格”联动融合建设工作的通知》、召开全市网格“五化”建设暨警网融合工作现场推进会。围绕创建全国文明城市，全面查禁网吧吸烟、不文明养犬等违法违规行为，建成盐城市犬只留检所，推进《盐城市养犬管理办法》落地落实。完成市级公安机关22类治安业务受理审批事项进驻市行政服务中心窗口。推行“证照分离”改革，依托江苏政府服务网，实现公章刻制在线备案，旅馆业行政许可实行告知承诺制。

· **道路交通安全管理**　年内，全市公安交警部门以建设智慧平安大道为主线，开展道路交通事故预防“减量控大”行动，推进道路交通安全专项整治。推进智慧平安大道“两网两带”建设，重点打造204国道盐城段示范样板路，织密智能前端设备，建成建湖县上冈镇、大丰区草堰镇2个数字化中队，升级管控服务能力，强化“图控、数控、风控、巡控”四控大道效能，打造“智慧、平安、畅通、文明”的示范样板路，形成《盐城市智慧平安大道建设指南》权威发布。该工作在第四届中国·盐城城市交通治理论坛上作经验介绍。紧盯事故规律特点，坚持问题导向，靶向攻坚整治，采取控隐患、控违法、控冲突、控流量“四控”策略，提升事故预防针对性和实效性，提升道路交通安全管理。推进“告别交通违法”文明畅行工程，依托路长工作室、街头学习教育点，矫治行人、非机动车不文明交通违法行为。推进道路交通安全“百日大整治”、混凝土搅拌车整治，严查不合格车辆、禁行车辆，先后查扣各类问题车7500余辆，在全国文明城市测评中，盐城市道路交通秩序实现“零扣分”目标。

·**边防管理** 年内，盐城公安边防部门探索“警网融合”的港口码头管理模式，在重点港口码头，将边防民警和渔政、司法等部门，以及船管员、网格员、村居干部等群防群治力量统筹起来，联合开展执法检查、巡逻防范和矛盾化解等工作，组织开展基础大排查，全面摸清涉海治安要素底数，提升综合治理效能。严厉打击涉海违法犯罪，全年破获非法捕捞案件7起，查获走私案件11起，查获冻品和成品油等货物3500余吨、国家禁止进口松木116株，累计涉案价值近亿元，抓获犯罪嫌疑人百余人。

·**出入境管理** 年内，全市公安出入境管理部门通过“平安盐城”“盐城公安出入境微警务”等媒介载体，定向发送短信71.5万余条、微信公众号30余篇，宣传疫情防控知识、出入境政策，科学合理安排出入境事务。印发《盐城公安出入境管理部门助力疫情防控、服务复工复产八项措施》，走访在盐常住韩籍人员，了解涉外企业需求，给予证照办理便利。主动对接铜马广场等警务工作站自助服务大厅和派出所综合服务窗口建设，延伸服务触角，织密服务网点，打造出入境3千米便民服务圈。全年全市签发中国公民入境证件2.84万件，外国人签证证件1901件。

·**治安防控体系建设** 年内，全市公安机关推进“智慧平安网格”和现代社会治安防控体系建设。印发《全市公安机关推进现代社会治安防控体系建设实施意见》，推进防控体系重点项目建设。牵头实施场所“慧盾”计划，利用科技手段加强社会管理，围绕“场所行业、公共交通、重点单位、危险物品、大型活动”五大领域，全面建成全市治安管控“慧盾”平台，搭建150个实战化应用模型，初步实现对治安管控要素及异常行为特征的全项采集、全程掌控。全面推进前端感知体系建设，按照可观全域、可察毫厘的标准，建设全域视频监控网络，新建高清视频监控3.1万路、重点部位智能监控1289路，9个“110”接警区全部通过省级升级版技防城验收。在全市主城区建成33座全天候运转的全功能街面警务工作站，建成8座高速服务区警务工作站、5个市际水上检查站，布建机动智能卡口车，形成街面、水域科学布防、区域联动、整体锁控的巡防网。至年底，全市建成市县、镇（街道）、社区（村）警网联勤指挥中心；社区民警、社区辅警与城镇社区专职网格员实现一体化“多员融合”。推进“枫桥式公安派出所”创建活动，提升派出所打防管控能力。全市社区民警全部进社区班子，派出所警力占县级公安机关总警力、社区民警占派出所总警力均超过40%。年内，东台市城东派出所、亭湖区新洋派出所、盐都区盐龙派出所被评定为省级学习“枫桥经验”优秀派出所。

·**盐城铁骑队** 年内，盐城市公安局交警支队铁骑中队开展全国文明城市创建交通秩序排查整改、“杂车”整治、市区“护城河”“冬季攻势”等专项整治，净化道路通行秩序，提升疏堵保畅最大效能。完成全市“两会”安保、上级领导在盐城考察、大洋湾盐城马拉松等交通警卫保障任务126项。探索建立常态勤务与高峰勤务、夜间勤务、铁骑勤务等模式相结合的“1+X”勤务机制体系，全年接处各类警情1.1万余起，其中事故警情8752起，治安警情110余起，引导至快赔点处理2866起，提升群众出行安全感、获得感和满意度。全年查处交通违法2.08万起，采取强制措施189起，查处炸街车23起，查处故意遮挡号牌、未按规定悬挂号牌各1起；劝阻各类交通违法3.05万余起，违停取证1.1万余起。在全市范围内查获酒驾、醉驾108起，无证驾驶15起，抓获逃犯1人、犯罪嫌疑人1人。

·**全国首例利用大数据侵犯公民个人信息案侦破** 6月，市公安局接群众举报“汇法网”非法收集个人交通违法信息并向第三方机构提供，影响个人征信。7月，市公安局对“‘汇法网’涉嫌侵犯公民个人信息案”立案侦查，查清北京汇法正信公司利用大数据技术，非法出售牟利的犯罪事实。此案涉及盐城本地公民个人信息数据66万余条。8月，市公安局会同滨海县公安局赴北京市，将汇法正信公司李某某等9名嫌疑人抓捕归案。

·**特大跨境地下钱庄案侦破** 年内，市公安局经侦部门从银联POS机数据入手，组织跨境地下钱庄案件侦破工作。12月27日，市公安局与澳门警方组织专案集中收网行动，累计抓获嫌疑人94人，冻结涉案银行账户2200多个，非法资金汇兑总值逾1300亿元，摧毁位于澳门的特大跨境“地下钱庄”犯罪集团。

·**承办全国公安机关社会治安防控体系建设业务培训班** 12月22日，由公安部治安管理局主办、盐城市公安局承办的全国公安机关社会治安防控体系建设业务培训班在盐城市警校举行开班仪式。各省、各自治区、直辖市和新疆生产建设兵团公安机关100余名专家领导参加培训。培训班代表实地察看盐南高新区分局大数据合成指挥中心、市公安局亭湖分局铜马警务工作站等地，对盐城公安机关推进社会治安防控体系建设予以肯定。

（束东升　程晓丽）

检　察

·**概　况** 2020年，盐城市检察系统履行法律监督职责。全年办结各类案件9099件，其中刑事案件7810件、民事案件672件、行政案件169件、公益诉讼案件448件。年内，市检察院推进落实认罪认罚从宽制度，与市中级人民法院联合会签协作意见，全年制度适用率93.37%，确定刑量刑建议采纳率98.33%。做好控告申诉检察，对待群众信访，接收群众来信1678件次、来访717人次，3个月内实质性答复率100%。按照“需听证、尽听证”要求，邀请代表、委员、律师等参加公开听证50余起，促进息访息诉，办理的高某刑事申诉公开听证案，入选最高检公开听证典型案例。加大未成年人保护力度，依法批捕侵害未成年人犯罪161人、提起公诉299人。教育、感化、挽救涉罪未成年人，对犯罪情节较轻的不批捕68人、不起诉173人。常态化开展“法治进校园”，疫情期间创设“空中法治课堂”，开展法治宣讲260余场，市检察院获评法治进校园全国巡讲活动表现突出单位。加大对农民工、刑事被害人的帮扶力度，支持起诉变更监护权、追索抚养费、农民工讨薪等案件103件。强化司法救助，办理司法救助案件291件，发放救助金156.6万元。发挥法治参谋作用，针对社会治理薄弱环节，发出检察建议55份，推动相关问题妥善解决。强化基层基础建设，完成检察办案中心、检察普法中心和“12309”检察服务中心建设，建成覆盖市县两级的高仿真远程视频会商系统。自觉接受社会监督，全年举办检察开放日活动36场，向同级人大常委会专题报告未检、公益诉讼等工作17次，办结代表委员建议提案15件，完成特约检察员换届工作。深化检务公开，依法保障律师执业权利，公开程序性信息1.16万条、法律文书5319份、重要案件信息1477条。全年全市检察机关有52个集体、95名个人受到市级以上表彰，3名干警获评全省“业务标兵”“业务能手”，14件案例入选全国、全省检察机关精品案例、典型案例，4项课题获最高检、省检察院立项。

· **刑事检察**　年内，全市检察系统严惩各类刑事犯罪，依法批准逮捕2702人，提起公诉7582人。依法提起公诉暴力伤医、非法买卖野生动物等犯罪155人。助力化解金融风险，依法提起公诉非法集资等犯罪146人，办理的陆某等人违规披露重要信息案，入选全国证券违法犯罪典型案例。打击危害群众安全犯罪，提起公诉严重暴力、盗抢骗、黄赌毒等犯罪3115人。参与安全生产专项整治，依法提起公诉重大责任事故等犯罪81人。推进反腐败斗争，提起公诉职务犯罪70人。参与生态环境整治，开展打击破坏野生动物资源违法犯罪专项行动，提起公诉破坏环境资源犯罪255人。

· **民事检察**　年内，全市检察系统完善民事诉讼结果监督、审判行为监督等多元化监督机制，发出再审检察建议86件，对民事生效裁判提出抗诉27件、再审改变率100%。协同法院打击防范虚假诉讼，办理“套路贷”虚假诉讼73件。强化民事审判违法监督，针对法律文书送达不规范等情形，发出检察建议72件。加大民事执行监督力度，依法发出执行监督检察建议81件，助力破解“执行难”。

· **行政检察**　年内，全市检察系统针对行政案件集中管辖特点，加强统筹指导，构建市县一体的行政检察监督模式，依法提请抗诉5件，发出纠正行政审判违法检察建议4件、行政执行监督检察建议39件。推进“行政争议实质性化解”专项行动，化解行政争议案件12件，其中1起历时8年的拆迁领域行政争议案，获评全省检察机关化解行政争议典型案例。

· **公益诉讼检察**　年内，全市检察系统开展公益保护专项行动，依法履行诉前程序409件，提起公益诉讼39件。拓展案件范围，紧盯公共安全、文化遗产等领域，办理“等”外领域案件132件，发出检察建议127件。组织开展“保护革命遗址和纪念设施”专项行动，推动修缮遗址、设施20余处。与环保、公安、法院等部门建立协作配合机制，推广“公益观察员”制度。健全九龙口、大纵湖湿地保护协作机制，开展联动执法4次，督促拆除湖荡湿地围网养殖设施，入选省、市“法治惠民实事项目”。

· **诉讼监督**　年内，全市检察系统加大侦查监督力度，依法监督立案63人、撤案397人，纠正漏捕42人、漏诉43人。指导办理传销案1起，依法查明遗漏犯罪事实1.8亿元、追捕3人。深化审判活动监督，提出刑事抗诉11件，针对审判违法提出书面纠正意见83件。开展刑事执行监督，依法纠正减刑、假释、暂予监外执行不当230人。持续监督“判实未执”问题，依法将利用怀孕逃避刑罚的罪犯李某某交付执行。加大财产刑执行监督力度，监督核查2268人，针对财产刑执行不当提出书面纠正意见325件。

· **2020年黄（渤）海湿地公益保护检察研讨会**　9月22日，由省检察院、检察日报社主办，市检察院承办的2020年黄（渤）海湿地公益保护检察研讨会在盐城市召开。研讨会上，黄（渤）海沿岸的辽宁、河北、天津、山东、江苏、上海6省（市）15设区市检察院检察长共同签署黄（渤）

9月22日，2020年黄（渤）海湿地公益保护检察研讨会召开　（市检察院　供图）

海湿地生态环境保护跨区域检察协作框架协议，共建黄（渤）海湿地检察保护联盟，确立跨区域线索移送、联合办案等13项工作机制，凝聚湿地司法保护共识，打造联动式、一体化保护格局。在专题研讨中，与会人员围绕湿地生态环境保护和区域检察治理、检察公益保护和环境问题治理、刑事司法与环境问题治理3个专题进行探讨，形成湿地公益保护研究成果。（杨　震）

法　院

·概　况　2020年，盐城市法院系统受理案件13.17万件，审执结12.07万件。其中，盐城市中级人民法院受理案件1.13万件，审执结1.06万件。抗击新冠肺炎疫情期间，制定司法指导意见9项，建成互联网审判法庭86个、看守所科技法庭12个，惩治涉疫情犯罪案件51件54人，唐某暴力伤医案入选全国法院首批妨害疫情防控犯罪十大典型案例。会同相关部门探索新型环境侵权责任承担方式，施某劳役代偿案入选全国法院环资审判典型案例。强化黄海湿地环境资源法庭职能，牵头组织9部门签订生物多样性保护协作协议。研发启用破产案件管理、执行案款监管等信息化平台，确保司法权力规范高效运行。在全国首创审判执行流程节点信息化管控系统，实现执法办案全程留痕、实时监督，入选全国法院年度司法改革创新案例。开展优化法治营商环境专题调研，形成25项调研成果并转化为裁判规则指导审判实践。年内，市中级人民法院2篇案例入选《最高人民法院公报》；在全国法院年度学术讨论会上，1篇论文获得一等奖，2篇论文获得二等奖。全年全市法院系统25个集体、34位个人受到省级以上表彰。其中，大丰区人民法院获评全国优秀法院，滨海县人民法院创成全国文明单位；建湖县人民法院罗海峰获评全国法院先进个人，射阳县人民法院侯建伟获评全国法院办案标兵。

·刑事审判　年内，市中级人民法院开展扫黑除恶专项斗争，审结涉黑涉恶案件42件273人，实现“案件清结”。开展打财断血执法行动，执行到位金额1687.9万元，推动“黑财清底”。移送违法犯罪和“保护伞”线索17条，推动“伞网清除”。参与重点行业专项整治，发送司法建议39份。打击“套路贷”和虚假诉讼，民间借贷案件受理数同比下降25.4%，推动“行业清源”。推进平安建设，审结故意杀人、“两抢一盗”（抢劫、抢夺、盗窃）等犯罪案件5108件7472人。审结毒品犯罪案件138件195人，组织集中宣判9场次。审结危害食品药品安全犯罪案件37件59人。参与“净网”专项行动，审结微信赌博、电信诈骗、网络传销等犯罪案件121件486人。审结职务犯罪案件66件。

·民商事审判　年内，市中级人民法院审结买卖合同、财产租赁、劳动争议等案件1.07万件。审结教育、就业、医疗等案件2.49万件。审结全市首起减肥产品消费者权益保护公益诉讼案，依法判决被告承担10倍惩罚性赔偿。审结股权纠纷、公司治理等案件305件。审结涉外商事案件25件。审结金融借款案件3010件。审结破产案件81件。服务“三项清理”工作，有效处置“僵尸企业”85家、盘活闲置土地220公顷、低效厂房98万平方米。审结知识产权案件898件。审结侵犯双灯、TCL等知名商标案件234件。审结44件音乐作品著作权系列侵权案、畅某等40人非法侵入知名影视网站犯罪案。审结涉大数据、网络交易等案件312件。审结环境资源案件1399件。

·行政审判　年内，市中级人民法院审结行政诉讼案件2035件，一审行政案件协调撤诉率38.3%。推动行政机关负责人出庭、出声、出彩，出庭应诉率100%。针对房屋征收协议不规范、老旧加油站安全隐患较大等问题，及时发出司法建议，做好矛盾风险源头预防。连续15年向市委、市政府报送行政审判年报，协助行政机关开展培训、组织旁听庭审2800余人次。投身城北改造，主动靠前服务，化解征地拆迁纠纷152起，保障新洋港大道、环城高速圈生态廊道等重大项目建设。参与老旧小区整治，妥善化解涉及棚户区改造、安置房建设等群体性纠纷32起。

·审判监督　年内，市中级人民法院严格落实司法责任制，细化院庭长对案件的监督管理责任，院庭长带头办结案件6.82万件，占结案总数的56.5%。强化审计监督纠错功能，二审改判、发回重审案件847件。推行类案和关联案件强制检索。完善法官会议和合议庭议事规则，防范同案不同判。成立案件质量评查委员会，评查案件6072件，对不合格案件承办法官予以严肃问责，实现放权放到位、监督不缺位。接受社会监督，召开新闻发布会52场，裁判文书上网10.37万篇，互联网直播案件4.44万余件，市中级人民法院庭审直播数居全国中级人民法院第23位。

·案件执行　年内，市中级人民法院开展服务“六稳”“六保”集中执行行动256次，执行到位金额14.7亿元。与相关部门升级不动产实时查控、失信被执行人通关联查联控等工作机制，破解“查人找物”难题。建立涉府执行案件联动机制，113件涉府执行陈案全部清结，工作经验被省高级人民法院推广。开展“盐阜利剑”专项执行行动，实施搜查1242次、拘留189人次、以拒执罪追究刑事责任7人，执结案件4.41万余件，到位金额107.7亿元。参与根治欠薪专项行动，追回农民工工资2.9亿元。开展民营企业债权专项执行行动，执结案件7985件，涉案标的额12.3亿元。

·便民诉讼　年内，市中级人民法院全面深化“一站式”

建设，依托非诉讼纠纷化解综合平台，诉前调解案件1.63万件。深化"分调裁审"机制改革，速裁程序审结案件2.92万余件。全面整合诉讼服务职能，跨域立案、网上立案4.47万件。对两级人民法院"12368"诉讼服务热线实行集中统一管理，建成全市法院集约送达平台，电子送达14.8万件次。实现"一窗通办、一站全办、跨域联办"。东台市人民法院、响水县人民法院被评为全省诉讼服务和多元解纷示范法院。组织"法官进网格"，参与"无讼村居（社区）"创建，推动基层社会治理与法治德治相融合。全年新收民事一审诉讼案件数同比下降11.3%。

· **妨害疫情防控犯罪案**　2月6日，被告人唐某某在新冠肺炎疫情防控的特殊时期，在镇卫生院肆意殴打值班医生周某及其他劝解人员，造成周某等人轻微伤。其行为不仅非法损害医生身体健康，更扰乱正常医疗秩序和疫情防控工作正常开展。2月28日，建湖县人民法院以寻衅滋事罪依法判处被告人唐某某有期徒刑一年。案例入选最高人民法院首批发布的妨害疫情防控犯罪十大典型案例。

· **非法侵入知名影视网站犯罪案**　2017年6月，被告人畅某某等人购买未经授权能够绕过腾讯、爱奇艺等视频播放平台VIP会员鉴权机制的解析程序，非法制作"影视联盟"App。发展代理销售，发展用户19万人，销售金额135万元。10月，盐城经济开发区人民法院依法作出判决，以提供侵入、非法控制计算机信息系统的程序、工具罪追究40名被告人刑事责任。案例入选最高人民法院全国侵犯著作权十大典型案例。

· **特大跨国网络传销犯罪案**　2018年5月至2019年6月，Plus Token传销平台有注册会员账号269万个，最大层级3293层，收取会员缴纳比特币、比特现金、达世币、莱特币、以太坊等8种数字货币折合148亿元。2020年9月22日，盐城经济技术开发区人民法院经审理，以组织、领导传销活动罪判处主要被告人陈某有期徒刑11年，其他14名被告人分别被判处2年至8年8个月不等有期徒刑，并处罚金2968万元，没收赃款5068万元，没收比特币等8种数字货币折合总额148.55亿元；对以赃款购买的17套房产、3辆汽车以及其他作案工具依法拍卖处置，所得款项上缴国库。2020年11月，盐城市中级人民法院二审维持原判。案例被省高级人民法院评为2020年度十大典型案例。

· **盐城市首起消费者权益保护公益诉讼案**　2017年4月至2018年4月，被告人殷某某将含有国家禁止添加物质的胶囊包装成减肥产品在淘宝网公开销售，销售金额89.4万元。2020年11月，市中级人民中院依法判决被告殷某某承担销售价款10倍的惩罚性赔偿金894万元，并要求其在媒体上赔礼道歉；市中级人民法院同步发起消费警示。

· **南京海事法院盐城巡回审判基地揭牌**　11月10日，南京海事法院盐城巡回审判基地在大丰区人民法院大丰港法庭正式揭牌。南京海事法院每周定期到基地就地办案，巡回审理盐城地区涉海案件，推进巡回审判工作，加强工作协作，形成工作合力。同时，利用基地平台开展执法普法活动，为中外市场主体提供及时有效的海事司法保障。

· **全省"生态环境法治"研讨会在盐城市召开**　12月10—11日，由省高级人民法院、人民法院新闻传媒总社、省法学会生态法学研究会主办的"生态环境法治"研讨会在盐城市召开。会议以加强环境资源的刑事司法保护为题，就树立绿色司法理念，发挥刑事制裁的威慑力，用好用足司法解释和《关于办理环境污染刑事案件有关问题座谈会纪要》，重视司法大数据的分析，重视个案在推动环境审判中的作用，推进环境资源审判的惩罚性赔偿等方面进行探讨。与会人员围绕生态司法能力现代化、环境资源审判现代化、生物多样性保护法律规则等专题进行研讨。

（李　丹）

司法行政

· **概　况**　2020年，盐城市司法局完成《关于应对新冠肺炎疫情支持中小企业共渡难关的二十条政策意见》《关于进一步优化全市营商环境的实施意见》等289件重要文件的合法性审查，提供意见80余条。配合市人大制定《盐城市安全生产条例》，组织开展行政执法"三项制度"和部分重点领域行政执法专项监督检查，对"小化工"百日专项整治活动中尚未立案查处的52家违法违规"小化工"，逐一明确立案查处部门。推出《盐城市司法局关于支持中小企业抗击新型冠状病毒肺炎疫情的十条措施》，编发《新型冠状病毒感染的肺炎疫情防控相关法律、政策五十问》《防护知识手册》等宣传资料5.5万多份，走访服务企业2000多家，解决法律问题7300个，律师帮助外资企业解决租赁纠纷的典型案例被司法部推广。做好"七五"普法终期评估验收，组织对全市1112个省级民主法治示范村（社区）进行复核，推荐射阳县盘湾镇南沃村等3个村争创全国民主法治示范村。打造区域法治文化集群，确定东台市安丰镇为全省法治特色小镇建设先行试点单位。全面推进司法所分类建设，完善大中小型司法所运行规范，建成大型司法所13家，中型司法所31家，小型司法所94家。加强司法队伍建设。实施"青蓝结对"工程，制定《关于鼓励激励全市司法行政系统中青年干部参加国家统一法律职业资格考试的五条措施》，创办"司法夜校"，组织全系统167人参加"法考"，23人通过考试。零差错完成法律职业资格考试，2020年法律职业资格客观题考试报名2630人，实际参考人数1947人，主观题考试报名797人，实际参考人数789人。年内，市司法局获全省司法行政系统进位争先奖。

· **普法宣传** 年内，市司法局印发《2020年度全市普法依法治理工作要点和重点项目联动事项》，召开落实普法责任制联席会议，开展“谁执法谁普法”履职评议活动。组织全市22.17万名党员干部参加法律知识考试，组织市县两级青年普法志愿者赴校园开展法治讲座53场。开展“送法下乡”“农民工学法活动周”“4·8”司法日、“4·15”国家安全日、“6·26”国际禁毒日、“12·4”国家宪法日和“宪法宣传周”等主题宣传活动。组织开展“美好生活·法典相伴”倡议接力、“民法典进景区、进宾馆”、《中华人民共和国民法典》普法短视频征集等活动，举办专题法治讲座970余场次，开展法治文艺基层巡演87场次，创作漫画、剪纸、书画等法治艺术作品80余幅。

· **人民调解** 年内，全市司法行政系统受理各类矛盾纠纷13.43万件，调解成功率99.98%，防止民间纠纷激化1013件，劝阻群体性上访523批次6762人次，未发生因调处不及时或调解不当而引起自杀事件和“民转刑”案件。

· **公共法律服务** 年内,市司法局推进公共法律服务“网上办”工作。在全市2个国家级园区、11个省级园区建立融合公证、仲裁、律师、法援等业务的公共法律服务中心。组织研发企业全生命周期法律服务产品26个，“与法同行、化育天工”等7个产品在省司法厅评选中获奖并在全省推广。

· **法律援助** 年内，市司法局开展“法援惠民生”系列活动，全年办理法律援助案件9880件，为困难群众挽回经济损失5152万元，3件援助案件入选司法部法律服务案例库。其中，办理的“王某工伤赔偿保险待遇纠纷援助案”获评江苏省2020年度法律援助“十大优秀案件”。

· **律师管理** 年内，全市有注册执业律师1772名。全年全市律师办理各类案件3.89万件。开展律师业务培训模式，先后举办专题培训18个，1500余人（次）参加培训。实施推动“律师万人比”监测项目落实，建成海外法律服务中心9个，引进江苏永衡昭辉、钟山明镜等7家外地规模品牌律所，并与上海市联合律师事务所共同签订战略合作协议，“律师万人比”提升至2.46。

· **公证管理** 年内，市司法局开展家事公证领域的创新合作，联合市妇联开设“幸福家”公证法律服务站，办理继承、遗嘱、家庭财产分割等家事公证1636件，提供家事法律咨询意见和建议1800余人次，被《现代快报》、法制网等省级媒体报道。全年全市各公证机构办理公证事项9.1万余件。

· **司法鉴定** 年内，市司法局全面启用司法鉴定阳光系统，推动鉴定机构在线鉴定、接受评价。全市13家司法鉴定机构受理各类司法鉴定委托8922件，出具司法鉴定意见书8245份，采信率99.5%以上。

· **全省司法行政刑罚执行一体化建设高质量发展会议在大丰区召开** 11月19日，省司法厅在盐城市大丰区召开全省司法行政刑罚执行一体化建设高质量发展会议。会议总结2017年以来，全省司法行政刑罚执行一体化建设工作从启动，到推进，再到深化的过程，加快构建依法履职、分工负责、工作联动、相互贯通的刑罚执行一体化建设工作格局。全省司法行政系统刑罚执行一体化办公室人员，厅机关和省监狱管理局、省戒毒管理局，各设区市、县（市、区）司法局相关人员参加会议。会议期间，与会代表实地参观盐城市大丰区社区矫正中心、南阳社区矫正分中心、损害修复基地和花海阳光就业帮扶基地，盐城市、苏州市、无锡市、盐城市大丰区、南京市栖霞区和宿迁市沭阳县6地司法局作交流发言。

· **社区矫正与安置帮教** 全年全市接收刑满释放和解除社区矫正的安置帮教对象6084人，在册2.48万人，其中重点帮教对象1589人。在册解除强制隔离戒毒后续照管对象928人，后续照管率和保持操守率超过99%。在全省率先建立市级社区矫正委员会，社区矫正“RNR”智能互联网精准矫治项目获法治江苏创新奖。 （谢 冰）

仲 裁

· **概 况** 2020年，盐城市仲裁委受理各类仲裁案件1005件，案件争议标的额16.5亿元。其中，盐城网络仲裁院受理案件6261件。审结案件857件，案件裁决自动履行率90%，调解、撤回申请率55%。全年未发生因案件实体判断错误而被法院裁定仲裁裁决撤销或不予执行的案件。

· **仲裁办案** 年内，市仲裁委印发《仲裁员指定办案管理办法》，细化仲裁员指定办案规范。根据案件类型设立指定办案首席（独任）仲裁员专业名册，同时扩大边裁指定范围，推动仲裁员全员参与仲裁办案。印发《仲裁员办案规范》《办案秘书工作规范》《涉案鉴定管理办法》，健全办案标准和流程管理制度，提升办案质效。实行仲裁员办理案件每案必考评制度，制作仲裁庭办案考核评分表，作为仲裁员日常考核和年度考核的重要依据。组织召开2019年度仲裁卷宗质量评审会，就仲裁员办案存在的问题提出9项整改措施。注重发挥专家咨询作用，形成常态化、规范化专家咨询机制，全年组织专家咨询会议10场次，研究讨论案件25起。年内，新增案件类型6个，案件争议标的额在1000万元以上案件21件，最大争议标的额3亿元。

· **仲裁服务** 年内，市仲裁委仲裁立案中心入驻市非诉讼服务中心大厅，与公证、法律援助、医患矛盾调处中心等非诉讼工作机构形成合力。针对受新冠肺炎疫情影响产生的租赁纠纷、实施政府民生实事工程项目引发的补偿矛盾等，运用仲裁调解和裁决手段，帮助中小企业和个体工商户解决困难，协助房屋征收部门化解补偿争议。推动仲裁诉讼良性互动，加强与市中级人民法院相关职能庭（局）沟通联系，建立仲裁与诉讼常态化对接机制，促进诉讼与仲裁互相支持，合力化解民商事法律纠纷。

4月28日，市劳动人事争议仲裁院组织当事人就解除劳动合同争议进行调解

（市人力资源和社会保障局　供图）

· 仲裁宣传推广　年内，市仲裁委改进仲裁制度宣传推介方式，由面上普及宣传转向重点行业重点人群推介。与中国海事仲裁委员会、中国仲裁法学研究会在北京和盐城两地通过线下线上联动的方式同步举办第三届中国互联网仲裁论坛，宣传与推介互联网等新技术在仲裁中的应用，提升互联网仲裁的社会影响力和公信力。加大各类媒体宣传力度，全年在《法治日报》、司法部网站、法制网、《江苏法制报》等媒体刊登各类文章、新闻报道以及图片 50 余篇（张），发布宣传贴片 102 张（次），省市两级广播电台播放仲裁公益宣传语 104 分钟。

· 盐城知识产权仲裁院设立　年内，市仲裁委与市司法局、市市场监管局、市知识产权局联合印发《关于在知识产权领域进一步推行仲裁法律制度的实施意见》，依托市知识产权局和中国（盐城）知识产权维权援助中心，设立盐城知识产权仲裁院，面向社会公开选聘知识产权专业仲裁员，受理知识产权纠纷案件。全年受理知识产权仲裁案 15 件，标的额超 1 亿元，就地开庭调解 16 场次。　（谢　冰）

· 劳动人事调解仲裁　年内，全市各级劳动人事争议仲裁机构和调解组织接处案件 1.12 万件。其中，仲裁机构立案受理案件 3884 件，仲裁终结率 81.82%，调解成功率 86.68%，仲裁结案率 99.69%，实现网上运行率 100%。全年办理江苏省劳动人事争议调解服务平台受理案件 7306 件，调解平台案件量占仲裁机构立案受理案件量比例为 213.29%，调解成功率 96%；调解服务平台调解成功率、调解平台案件量占比均列全省前列。创新人事仲裁调解路径，在全市 11 家仲裁机构设立法律援助工作站，为劳动者提供法律维权服务近 2 万次，为千余家企业处置劳动关系专业指导，参与 4000 多件劳动人事争议案件案前调解，为 431 位困难劳动者的仲裁案件提供法律援助。

（薛传刚）

军　　事

编辑　孟建民

盐城军分区

· 概　况　2020年，盐城军分区强化政治引领、抓好政策落实、聚力练兵备战、推进改革创新、打牢基层基础、从严正风肃纪。加强干部队伍建设，推进干部、文职人员、士兵和职工队伍建设，组织新交流招录文职人员岗前培训；开展职工队伍建设专项调研，做好岗位能力提升。联合市委组织部，组织全市部分专武干部集训，同步组织部分文职人员跟训，提升专武干部业务工作以及解决实际问题的能力。协调完成军分区和部分人武部营院整修，将人武部机关饮食、营院管理纳入同级政府保障范围，推进解决干部职工住房问题，推动军用土地置换。持续开展敬老、学老、为老等活动，老干部服务测评满意度100%。开展学生军训工作，协调空军飞行试验训练基地训练团完成10所学校、1.93万余名学生军训任务，指导各人武部完成13所学校、1.09万余名学生军训任务。

· 思想政治教育　年内，盐城军分区深入学习中共十九届五中全会精神，学习研读《习近平谈治国理政（三）》，贯彻全军思想政治教育工作会议精神，召开军分区思想政治教育工作研学推进会。贯彻《中国共产党军队党的建设条例》，调整规范全区党组织设置，组织党委书记、“武常委”培训，提升党务工作能力。严明政治纪律政治规矩，整治官僚主义，定期分析党风廉政建设形势，组织开展作风纪律教育整顿；从严推进巡视巡察和作风督查反馈问题整改，严肃查处违规违纪问题。

· 练兵备战　1月，盐城军分区组织开训动员，军分区机关干部、人武部干部、文职人员、专武干部、基干民兵代表分别作表态发言。组织各人武部带值班分队战备拉动。落实军分区首长机关、人武部军事训练，参加省军区指挥训练，围绕平时工作开展周训练。采取先岗位自训后集中强化的形式，综合运用个人自学、专题辅导、集中组训、考核验收等方法，围绕理论知识、业务工作、军事技能、军事体能等内容，组织全市专武干部集训。依托县（市、区），分批组织教练员和民兵干部训练。5月19日起，分批次组织各县（市、区）民兵分队基地化训练，突出防汛抗洪、陆上搜救、防护伪装、安全警戒等任务性训练。组织新冠肺炎疫情防控，出动民兵协助做好走访调查、消毒杀菌和交通管制工作，检查过往人员6.9万余人、车辆1.8万余辆。与盐城海事局、市农业农村局对接协调，围绕海上突遇险情应急救援等健全常态值班联络、动态信息共享、应急救援响应和日常工作运行机制。会同地方海事、渔政等部门对全市2158艘渔船和运输船逐一调查核实，协调任务民船做好海上应急搜救任务准备。对接海事、渔政、卫生、宣传及沿海人武部等相关单位部门，提供海域使用、保交护路（航）、安全警戒、应急救援等方面的服务保障。召开军地联席会议，发挥海上民事力量作用，细化任务分工，建立协作机制。密切与地方公安、海事等部门沟通协调，加强信息交流与情报会商。

· 部队管理　年内，盐城军分区加强财经秩序和资金安全规范管理。坚持部队安全管理工作，召开电视电话会议4次，召开党委常委会2次，讲评部署安全管理工作；组织专题安全教育3次。强化安全防范意识，开展严肃纠治违规饮酒问题教育整顿2次。通过党委带队查、机关联合查、各家相互查、自身拉网查等方式，以查促改，以查促安。对全区战备值班、安全管理等工作进行抽查，采取直奔现场的方式，对全区安全管理工作进行“逐家过”检查督导。细化安全检查内容，梳理近两年上级安全检查通报问题清单，每季度开展安全隐患排查，在发现问题解决问题上下功夫。对机关各处、人武部的安防设施逐项进行现场核对，投入经费16万元对缺漏、损坏的安防设施设备进行购置补充。开展安全检查、“条令法规学习月”“百日安全活动”等专项活动，印发各类读本手册、辅导资料、应知应会题库和案例典型教材16份，结合单位实际和训练任务开展以防火灾、防触电、防煤气中毒和车辆交通安全、武器装备操作安全为重点的安全训练。　（季　明）

武警盐城支队

· 概　况　2020年，武警盐城支队围绕“服务决胜大局”任务主线，做好疫情防控，部队建设发展稳步推进。紧抓思想政治建设，严格落实党委会议教育和政工例会制度；推进战备建设，组织开展方案推演；加强部队管理，开展安全管理领域专项整治活动。注重强军文化熏陶，打造特色文化队伍，组织军队联谊等活动。

· 思想政治教育　年内，武警盐城支队紧抓思想政治建设，落实党委中心组学习制度，深入学习习近平总书记系列重要讲话精神，坚持读原著、学原文、悟原理，开展专题式辅导、通俗化解读和研讨式交流，先后举行专题学习6次、心得展评5次、学习交流4次。严格落实党委会议教育和政工例会制度，开展“深入学训词、奋斗决胜年”和“传承红色基因、担当强军重任”主题教育，组织“重温初心担使命、彻纠彻改做表率”主题党日活动。2名干部分别被武警总队表彰为十佳政治教员、优秀“四会”政治教员。

· 练兵备战　年内，武警盐城支队坚持每月党委议战议训、每周通报执勤情况。推进战备建设，严密组织“修方案、学方案、推方案”活动，组织开展方案推演，修订完善支队各类行动预案，严格落实加强部署下的战备值班制度，常态开展全员全装全要素全时段不打招呼拉动检验，每月拉动检查覆盖基层。坚持每月党委议战议训、每周通报执勤情况，推进“智慧磐石”工程建设。指挥技能和专业技能训练，参加武警江苏总队半年年军事考核，机关总评优秀。用好监督检查这把戒尺，落实军事训练“一票否决”制，表彰奖励70%以上用于军事训练、中心工作和执行重大任务的基层，落实每日训练检查、每周交班讲评制度；组织军人运动会、军事训练“当尖子、破纪录”和“龙虎榜”评比活动。

· **部队管理** 年内，武警盐城支队部署开展“条令年”暨安全管理领域专项整治活动。组织专题辅导授课，培植官兵安全理念和法治思维。党委每季、支部每月坚持集中讲评干部，采取突击查和经常查相结合的方式，整治违规使用手机、精力外移、不正当交往和违规饮酒等歪风。全年召开安全形势分析会6次，研究制定抓安建安举措，建立部队、家庭联管机制。采取拉网式、网格化方式，逐个单位、逐个部位、逐个库室进行安全隐患排查，整治安全隐患4大类36处。做好利兵惠兵实事。协调9名子女入学，拿出20万元救济困难家庭和特困党员，开展官兵大家访活动和看望慰问住院官兵。举办警官晋职晋衔和警官、士兵退役仪式，评选表彰“好军嫂”“好战士”。

· **后勤管理** 年内，武警盐城支队注重“实战化”训练，落实后勤战备工作，及时调整补充战储物资。严格落实防疫规定，精准掌握人员动态，开展防控专题教育，组织疫情负面信息讨论辨析，健全人员管控机制，有序组织官兵返营，实现零感染、零输入。严把经费预算、审批核销关，严格执行采购模式，严格经费管理。延伸纪委监督触角，全程介入经费开支、物资采购、工程建设，确保敏感领域工作依法依规。坚持立足官兵需求和任务需要，高质量落实伙食模式，每季度组织卫生队巡诊，每年组织全员官兵健康体检，建立健康档案。投入28万元帮助阜宁县三灶镇建设冷库、水电站，定期到大丰区聋哑学校开展捐资助学，到福利院、困难户、残疾人和孤寡老人家中看望慰问。

（葛　伟）

人民防空

· **概　况** 2020年，盐城市加强对人防工程监督管理，审批人防易地建设项目，收缴人防易地建设费用，同时做好历史遗留项目竣工验收、应建面积和易地建设费核算征缴工作。开展人防宣传教育。5月11日，市人防办会同市有关部门单位在盐渎公园等地，开展第13个全国“5·12”防灾减灾日宣传，以“普及防空防灾知识，保护人民生命安全”为主题，现场发放人防应急宣传手册3500份。

· **人防工程监管** 年内，市人防办开展人防工程质量监督，抓好新竣工人防工程技术交底、主体结构验收、竣工验收以及工程底板、顶板、侧墙等关键部位质量监管，严格监督工程的主体验收和竣工验收。对新建人防工程按照《江苏省人民防空工程标识技术规定》《关于做好人防工程标识设置的补充通知》要求做好标识标注工作；对2019年以前（含2019年）竣工的人防工程，加快推进标识标注工作。建立和完善人防工程使用和维护管理制度，严格执行人防工程使用登记等规章制度。加强对市区人防工程的日常检查和对县（市、区）人防工程的抽查，发现问题督促整改。制定实施《盐城市住宅小区结建人防地下停车位违规交易专项整治方案》《关于开展盐城市居住小区依法配建人防地下室违规使用情况排查的通知》《关于进一步规范防空地下室停车位使用的通知》，全年全市查处清退出售人防车位28个、长期租赁人防车位203个。

· **人防演练** 5月13日，市人防办组织市人防机动指挥所参加全省人民防空机动指挥所实战化演练。7月28日，组织人防指挥部成员、人防专业队、人防志愿者队伍等参加盐城军分区组织的国防动员演习。11月25—27日，组织市、县（市、区）人防部门有关领导、应急通信保障队伍，动用通信指挥车和机动指挥信息系统，赴宿迁、连云港市等地开展跨区域、多课题应急通信协同支援演练。

· **防空警报试鸣** 9月18日，全省防空警报统一试鸣活动开展。全市3.2万名机关干部、中小学生、企业单位职工和多支人防专业队伍以及装备参加防空防灾知识宣传和多个科目演练。

（杜阿金）

双拥共建

· **概　况** 2020年，盐城市委、市政府、盐城军分区联合印发《关于认真贯彻党管武装要求深入推进双拥工作的意见》，合力推进党管武装和双拥工作，全国双拥模范城实现“六连冠”。推进军地融合发展，开展“结对子、办实事，我为双拥争贡献”活动，建立军地互办实事清单，并逐项落实到位，市本级投入经费900万余元，帮助部队办结实事54件。做好随军家属服务，对驻市区部队符合政府安置条件的随军家属全部发放自谋职业补助金或进社区工作，帮助协调驻盐市区部队军人子女69人入学。推进部分退役士兵社保接续工作，全市初审符合补缴条件退役士兵系统办结率100%，缴费人员资金入库率100%。研究制定《全市自主择业军队转业干部住房补贴发放方案》，11月底全部发放到位。协调推进市军供站建设，为过境部队提供优质服务。全面落实拥军政策，在全市各地双拥工作领导小组成员单位中编配拥军支前力量，军地主要领导和骨干力量主动参加，形成横向配合、纵向和区域联动的拥军支前组织体系。开展送文艺、送政策、送法律进军营，组织“最美盐城 · 最美军人 · 最美书店”迎新春读书分享会、“致敬八一 · 芳华永驻”音乐导赏会、“情暖八一 · 致敬老兵”惠军月、“迎接退役老兵光荣返乡”等活动。

· 全国双拥模范城“六连冠” （参见《专记 · 盐城市实现全国双拥模范城“六连冠”》）

·“盐城舰”官兵代表回盐“探亲” 7月23—24日，海军“盐城舰”官兵代表回盐城市“探亲”。盐城市委书记戴源和“盐城舰”政委仲东等军地领导欢聚一堂，共叙鱼水深情。12月17—19日，海军“盐城舰”再次组织官兵代表到盐城市，市委书记戴源、市长曹路宝会见舰长郭希宾一行，对“盐城舰”全体官兵常年扎根海疆、建功大洋致以崇高敬意。在盐城市期间，海军“盐城舰”官兵代表带着礼物到盐南高新区敬贤路小学开展“敬贤娃 · 海军梦”为主题的扶贫助学活动，并设立“盐城舰贤娃班”。（陈　伟）

退役军人事务

· 概　况 2020年，盐城市退役军人事务局坚持以退役军人为中心，建立保障体系，提升服务效能，维护其合法权益。在新冠肺炎疫情防控期间，全市退役军人捐款捐物100万余元。市退役军人事务局官方网站和微信公众号连续推送50期《抗“疫”一线，盐城退役军人在行动》并编辑成书，制作《向盐城籍军队抗疫英雄学习致敬》宣传片，在全市38个地标建筑、100个巨屏LED滚动播放。加强128个烈士命名镇村烈士纪念设施建设。联合市委宣传部做好讲解员队伍培养，讲好红色故事，弘扬先烈精神。做好“9 · 3”抗战胜利75周年纪念和“9 · 30”烈士纪念日公祭活动。阜宁县芦蒲烈士陵园入选国家级抗战纪念设施、遗址名录，盐都区燕子阁抗战七烈士被退役军人事务部列入著名抗日英烈、英雄群体名录。

· 退役军人安置 年内，市退役军人事务局制定军队转业干部安置方案。筹集岗位，安置岗位比例1 ∶ 1.2以上，采取“积分选岗、双向选择”模式，提升人岗相适度。坚持“公开透明、公平公正”原则，实施“阳光安置”，符合政府安排工作条件的退役士兵全部进入事业单位和县级以上国有企业。加强军休服务管理，完成军队移交政府安置离退休人员接收工作，办结移交安置手续。完成管理机构补助资金发放工作，拨付军休经费。落实好军休干部政治、生活“两个待遇”，完成军队离退休干部换证工作。

· 退役军人就业创业 年内，盐城市退役军人事务局加强退役军人职业技能培训，建设市、县退役军人就业创业示范基地。召开全市退役军人就业创业现场会，观摩退役军人就业创业示范基地。组织线上线下退役军人及军嫂专场招聘30余场。建设“盐城退役军人就业创业”微信公众号，发布相关政策文件20个，宣传退役军人就业创业典型23个、就业创业示范基地8个、退役军人就业创业导师5名。

· 优待抚恤 年内，盐城市退役军人事务局调整发放优待抚恤补助标准。开展部分重点优抚对象走访慰问、医疗巡诊、健康疗养等活动。规范各类对象审核认定，对申报优抚待遇严格把关，确保应享尽享，不符不享。开展重点优抚对象数据核查，确保数据真实准确，防止优抚资金“跑冒滴漏”。召开全市优抚事业单位建设和重点优抚对象档案管理现场会，推动优抚医院、光荣院等优抚事业单位建设，加强和规范重点优抚对象档案管理。为抚恤定补对象支付各类抚恤补助资金，为老复员军人遗孀发放生活补助。

· 市烈士陵园改造提升工程完成 年内，市烈士陵园改造提升工程完成。新建烈士事迹陈列室、英烈墙、巾帼英烈园、正红广场等烈士纪念设施，增设科技全息剧场、VR设备和立体声光电项目，建设用于现场教学的初心讲堂。年内，盐城市革命烈士陵园开展“9 · 30”烈士纪念日公祭、“致敬老兵”暑期实践、“红色文化进校园”“为烈士寻亲”“收集口述抗战史”“为困难烈属捐款”等活动。

· 盐城市退役军人关爱基金设立 年内，盐城市设立退役军人关爱基金1000万元，用于帮扶援助困难退役军人及其他优抚对象。市、县退役军人事务部门发挥退役军人关爱基金作用，加强对困难退役军人的关心关爱工作。

（陈　伟）

经济管理

编辑　徐　昊

宏观经济运行管理

·概　况　2020年，盐城市加快融入长三角步伐。加强与国家、江苏省和上海市发改委以及长三角区域合作办公室的对接沟通，盐城长三角“飞地经济”发展示范区等重要事项初步纳入国家和沪、苏“十四五”有关规划。举办长三角一体化沪盐合作发展暨“飞地经济”投资对接等推介活动60多场次，全年新开工长三角地区亿元以上项目190个，沪盐合作共建园区销售收入680亿元、税收20亿元，正泰新能源5吉瓦电池组件等项目开工建设，光明集团大丰“一园一厨五基地”项目加快推进。组织企业对接上海高校院所，新建校企联盟22家，各类创新载体30个，实施产学研合作项目200项。加强农产品生产经营企业与上海电商平台产销对接，组织“苏心游·最盐城”等23项主题游。长三角（东台）康养基地项目成功签约。加快建设“一带一路”节点城市。全年全市新增境外备案投资项目10个，盐城方投资额3.36亿美元。组织企业申报国外优惠贷款2021—2022年规划备选项目、世界银行贷款2020—2022年规划备选项目等优惠贷款项目；帮助廉能等外资企业申请进口设备免税，累计免税设备总额7500万美元。推进淮河生态经济带出海门户建设。制定印发2020年盐城市淮河生态经济带出海门户城市建设工作要点，参加淮河生态经济带第二次城市合作市长会商会，推动基础设施互联互通、港航一体化发展等列入淮河生态经济带城市重点合作事项，与安徽省港航集团达成战略合作，共同打造淮河生态经济带黄金水道和出海门户。实施长江经济带战略。制定印发2020年盐城市推动长江经济带发展年度工作要点，将德龙镍业不锈钢二期项目参照长江经济带发展负面清单兜底条款支持建设，为项目实施提供政策保障。

·经济运行分析　年内，盐城市强化经济运行分析，落实“六稳”“六保”要求，围绕关键指标运行、主导产业发展、重点企业运营，加强经济形势分析研判，保持经济运行在合理区间，根据市场主体需求及时完善政策、精准预调微调，巩固高质量发展的良好态势。市发改委按季调度重点企业运营情况，先后12次向市委常委会、市委财经委会议、市政府常务会议、设区市发改委主任座谈会汇报，全市经济运行呈现“先降后升、逐季企稳、稳中向好”态势。统筹发展和安全，聚焦实体经济发展、项目招引、金融等重点领域，做好经济领域风险研判和经济安全总结。加强运行监测分析，完善煤电油气运监测研判体系，加强对重点行业、重点领域发展态势把握。

·经济结构调整　年内，盐城市加强培育引导，推动产业转型升级。保持主导产业持续增长。牵头制定主导产业工作专班方案，重点推进钢铁、新能源产业发展。举办2020年中国新能源高峰论坛，打造新能源领域具有影响力行业盛会。推动德龙镍业不锈钢二期、联鑫钢铁3号高炉及钢产品升级项目纳入省钢铁产业重点项目库。推进战略性新兴产业发展。组织实施战略性新兴产业“211”工程，开展市级战略性新兴产业专项资金受理和核查工作，全年支持项目33个，资金1492万元。新建成11家省级工程研究中心，盐城高新区被国务院批准为苏中、苏北首家国家级“双创”示范基地。华人运通盐城智路、中汽中心5G智能网联等项目入选省5G典型应用场景及优秀案例。现代服务业提速发展。加快现代服务业集聚区建设，新增省级生产性服务业集聚区3家、总数9家。推动先进制造业和现代服务业深度融合发展，累计创建省级生产性服务业领军企业7家、互联网平台重点企业8家。帮助全市331家受疫情影响较大餐饮、住宿、旅游、商贸等服务行业中小企业，给予流动资金贷款贴息补助2706万元。帮助13家企业（单位）争取省级服务业发展专项资金1477万元，24个项目（事项）奖补981.45万元。推进现代物流建设，射阳港港口物流园、建湖里下河物流园区获批省级示范物流园区总数6家，数量列全省第三位。农村三产融合发展。以申报国家农村产业融合发展示范园为切入口，推动全市农村三产融合发展，东台现代农业产业示范园和滨海现代农业产业园列入第三批国家农村产业融合发展示范园创建名单。　（张锦锋）

·固定资产投资　全年全市固定资产投资比上年下降7.4%。其中，国有投资同比增长31%，基础设施投资同比增长27.3%。分产业看，第一产业投资同比增长58.6%，第二产业投资同比下降22.5%，第三产业投资同比增长15.1%。服务业投资占全部投资的比重48.1%，拉动全部投资增长5.8个百分点，其中科学研究和技术服务业投资同比增长34.7%、教育投资同比增长34.5%、卫生和社会工作投资同比增长10.3%。　（张　静）

·项目审批　年内，盐城市严格目标分解和责任落实，对标省、市重大项目年度目标任务，围绕公司注册、项目备案、用地取得、环评审批、施工许可证办理、桩基施工、厂房封顶、设备进场、调试生产9个关键环节，逐项制定“时间表”“路线图”，明确责任单位和服务人员，确保任务分解到位、责任落实到位。开展亲商重商、公平诚信、审批提效、作风整治4个专项行动20项重点任务，形成19个专项行动活动方案和14个对标工作方案。

·重大项目建设　年内，盐城市推进重大项目服务。14位市委常委、副市长挂钩服务25个省市重大项目，解决SK韩方技术人员包机到盐城、德龙135万吨不锈钢连铸板坯环评审批、华人运通大基金募集等重大问题34项。建立市直部门服务事项清单，累计帮办解决金光纤维项目备案、SKI动力电池项目110千伏供电外线工程施工等服务事项45项。申请重点项目用能指标，协调用能指标需求。加强“两重一实”（重大项目、政府重点工程和为民办实事项目）项目、地方政府专项债券和市级政府投资项目调度，协调自然资源、生态环境、住建等部门，合力服务项目建设，在建项目于2月底前全面复工复产，盐射高速、盐通铁路盐城段节后在全省率先复工。加大项目推进力度，全年组织全市高质量发展项目观摩活动10场次、观摩项目85个，计划总投资1029.6亿元，完成投资580.1亿元。全年18个列省重大项目累计完成投资508.5亿元，金风海上风电整机实验中心、长三角智能网联汽车试验场等9个项目开工建设。154个市重大项目完成投资626.5亿元，占年度投资计划89.8%；87个计划开工项目中，85个项目开工，开工率97.7%。全年69个重点工程项目完成投资1110.6亿元，94个市级政府投资项目完成投资696.6亿元。推进“新基建”项目，实施新基建重点项目100个，计划总投资2384.9亿元，年内完成投资676.7亿元。全年累计新建5G基站3739座，基本实现主城区和各县级主城区5G网络连续覆盖。列入新基建重点项目投资计划的12个海上风电项目，累计完成投资218.9亿元。特高压、中高压输电项目加快落地，沿海二通道射阳、丰海两个500千伏输变电工程取得核准。在建的18个新能源配套电网项目中，国信东台弶港农场风电配套220千伏送出加强工程等9个项目年内投产使用。

·“四大主导产业”战略布局 年内，盐城市聚焦四大主导产业，强化产业研究分析。制定主导产业工作专班方案，重点推进钢铁、新能源产业发展，组织编制全市“十四五”新能源、钢铁产业发展规划。建设沿海钢铁大基地，完善钢铁产业布局规划，做好产业规划与招商引资、项目策划、园区建设、企业培育有机衔接。编制产业链招商项目清单，定期对在手洽谈项目全面梳理，筛选一批投资规模大、市场前景好的有价值项目信息，特别对50亿元以上的重特大项目，市领导拜访对接，在重特大项目招引方面取得突破。全年新开工亿元以上产业项目270个，新竣工亿元以上产业项目180个。协调要素资源，优化提升现有企业发展，服务推进德龙镍业、联鑫钢铁做优做强，加快配套项目集聚和产业链延伸，打造全国高品质不锈钢产业集群和优质高强建筑钢材产业集群；印发《2020年钢铁产业专班工作计划》，推动德龙镍业不锈钢二期、联鑫钢铁3号高炉及钢产品升级项目纳入省钢铁产业重点项目库。全市42家规模以上钢铁企业实现销售收入1155亿元，占全市规模以上工业销售收入比重22.2%。举办2020年中国新能源高峰论坛，打造新能源领域具有影响力行业盛会，全年全市新能源产业销售收入625.2亿元，电子信息产业销售收入653亿元，实现三年翻番。汽车产业销售收入589亿元，华人运通、SKI动力电池项目顺利投产。（张锦锋）

国有资产监督管理

·概　况 2020年，盐城国有及国有控股企业资产总额1.35万亿元，净资产4871亿元，实现营业收入934亿元，利润总额40.91亿元。市属监管企业资产总额4218亿元，净资产1652亿元，实现营业收入578亿元，利润总额23.8亿元。全年全市市属企业承担“两重一实”项目50个，项目总投资225亿元，年内全部开工建设，全年完成投资349亿元。至年底，纳入全市企业国有资产统计报表汇编范围的国有企业（第一级次）141户，其中市直企业12户、县（市、区）企业129户。

·国有企业改革 年内，盐城市调整优化国有资本布局，加强市属企业内部资源整合，组建文旅公司、净水集团等专业化、市场化公司，完成市区国有企业污水处理设施整合工作，推进城镇污水处理设施一体化建设运营。开展市区公交资产整合、市属企业所属小贷公司担保公司重组整合，支持悦达集团汽车研发资源整合、银宝集团围绕生猪全产业链优化食品科技板块，提升市属企业专业化、市场化经营水平。市级党政机关和事业单位经营性国有资产集中统一监管改革方案经市委常委会、政府常务会审议通过，按照“一企一策”分类推进。压减市属企业非主业项目、亏损企业、企业层级，全年累计压减子企业28户。完成市区公交资产整合工作，涉及产权单位31家、公交场站40座、公交站台1581个、车辆84台，资产总值2.56亿元。推进国有企业信用等级提升工作，城投集团、悦达集团先后获评AAA资信评级，交投集团、黄海金控集团获评AA+主体信用评级。

·国有资产战略性重组 年内，盐城市优化调整市属企业国资布局，加大国企整合重组力度，组建盐城港集团，平稳整合沿海和内河9个港口，划转资产近600亿元，形成全市港口投资、建设、运营、管理一体化发展新格局。组建黄海金控集团，发挥集聚金融资源优势，开拓“绿色金融+生态建设”，推进生态环保业务发展。将新光集团、产投集团整建制并入国投集团，实现平稳过渡，为新光集团转型发展奠定基础。

·企业法人治理结构调整 年内，盐城市完善法人治理，重新修订《市属企业外部董事管理办法》，突出外部董事履职过程监督和履职效果评价，探索实行专职外部董事制度，试点部分企业派出2个以上外部董事，达到“外大于内”效果。推进国发公司等2家企业实施全面预算管理试点，促进企业合理调配内部资源，提高内部管理绩效。实施对标一流企业管理提升行动，推进市属企业总部“去机关化”改革，优化部门职能配置，按照“大集团、小总部、高效率、优服务”原则，推动集团管控模式变革，加大扁平化管理和分级授权，提升决策效率和应变能力。

·债务风险防控 年内，盐城市印发《市属企业资产负债约束工作方案》，明确市属企业资产负债率不高于65%。建立“随时能用”的还贷过桥资金池，与市财政资金池分级运作，形成防资金风险“双保险”联动机制，提升市属企业整体应对金融风险的能力。编制并及时修订《市国资委审批事项清单（2020年版）》。规范发债行为，印发《盐城市市属企业债券发行管理暂行办法》《盐城市市属企业债券发行主承销商采购管理暂行办法》，要求发行债券规模在5亿元以上的，采用公开招标方式选择主承销商，降低融资成本。借助监管预警系统，及时发现问题，跟踪落实保证措施，避免重大经济损失，全年排查疑点问题线索1.24万条，发出疑点问题通知38份、提示函6份、纠正函2份。

· **借出资金清收** 年内，盐城市加强信息化监管，升级国资监管信息化系统，增加企业“三重一大”事项、对外借出资金、对外担保等监管模块。做好市属企业对外借出资金清收工作，市属企业清收对外借出资金3.24亿元。清理整顿大宗贸易业务，化解贸易风险，向企业下达整改通知2份。

· **“制度落实年”活动** 年内，盐城市开展“制度落实年”活动，组织制度落实情况综合检查，向有关企业下达整改通知8份。加大高成本融资清退力度，将压降任务完成情况纳入企业年度经营业绩考核内容。强化制度建设，制定市属企业全面预算、财务管理工作意见、市属区管企业管理办法等加强国资监管的文件制度，督促企业利用财务公司和企业资金结算中心，强化资金预算管理。加强对市属区管园区平台公司的监管和考核，促进规范运营。

（董维山）

延伸阅读：国有企业选介

· **盐城市国有资产投资集团有限公司** 盐城市国有资产投资集团有限公司成立于2006年12月，由盐城市人民政府出资组建，为市属国有一档企业，注册资本金22亿元。集团管理盐城国能公司、新光集团、联孚石化、产投集团，下设盐城国投置业公司、江苏国新新能源乘用车公司、盐城招商场、盐城迎宾馆等55家全资公司，盐城国投环境公司、盐城国投中科公司等52家参控股企业。年内，先锋国际广场改造工程竣工，盐城八佰伴正式开业。盐城国能公司实现风电参股权益规模（131万千瓦）和控股规模（115万千瓦）双超百万千瓦目标。全国首个由地级市国企开发建设的海上风电场——国能大丰H5#海上风电项目开工建设。江苏国新新能源乘用车公司获工信部准入，成为获得“双资质”的新建纯电动乘用车企业。盐城国投环境取得全国第一张危废经营许可证，全国首套氯化钠/硫酸钠混盐类危废资源化利用生产线调试运行成功。全年集团总资产达565亿元，实际开票收入223亿元，利税9.5亿元。年内，集团入选中国服务业企业500强、江苏服务业企业50强。盐城招商场获评江苏省放心消费创建活动先进企业、江苏省市场行业值得信赖企业30强。盐城国投中科公司、盐城国投新材料公司获国家高新技术企业。国能渔光互补农业示范园被授予国家大宗淡水鱼产业技术体系核心示范点。

（徐 叙）

· **盐城市城市建设投资集团有限公司** 盐城市城市建设投资集团有限公司于2006年9月筹建，2007年2月正式挂牌运营。2019年初市属国企战略重组后，市城投集团定位为“城市综合性投资建设平台”，属功能性国企，与盐城市城市资产经营有限公司（市城资公司）两块牌子、一套班子，协同运营。2020年12月31日，经市委、市政府批准，盐城市城市资产经营公司更名为盐城市城市资产投资集团有限公司（市城投集团），注册资本增至50亿元，是盐城市最大的专业性综合性资产投资运营集团和全市首家获得AAA评级的国有企业。至年

7月30日，盐城八佰伴购物中心开业 （市国投集团 供图）

底，市城投集团总资产达862亿元，净资产289亿元，营收53.8亿元。18个市"两重一实"项目按期完成，实际投资196.4亿元，超额完成项目建设任务。年内，市城投集团完成代建项目，市老年大学改扩建工程主楼、报告厅主体验收完成。市儿童医院改扩建工程二期、市第二人民医院改扩建工程办理前期相关手续。新组建市净水集团、市体育产业集团，初步形成市政公用、水务环保、地产置业、文旅体育、城市服务等五大产业格局。强化水源管理和供给，完成16.8千米河东片区供水主管网建设，全年实现安全供水1.55亿立方米。加强污水处理质效，科学处理污水3165万吨。（印玉庆）

· 江苏银宝控股集团有限公司 江苏银宝控股集团有限公司组建于2015年7月，注册资本金20亿元人民币。集团拥有土地资源21.8万亩，下辖农业水利、水产养殖、盐业物流、创业投资、粮油储贸、资产管理、食品科技、乳牧业生产八大产业板块，主要从事农业、盐业、渔业、粮油、畜牧业、饲料、资产管理、新能源、电力工程、仓储物流、餐饮酒店等业态。年内，江苏银宝大地禾农业股份有限公司与各县（市、区）签订土地流转战略合作协议2.8万公顷，签订土地流转正式协议1.2万公顷，实际交付土地1.1万公顷，组建连锁农场21个，实现粮食总产量3785千克，销售收入8996万元，归母净利润271.94万元，全年秋播种植小麦8933公顷，种植油菜547公顷。设立江苏银宝食品科技有限公司，采取投资建设、收购等方式，构建生猪养殖、生猪屠宰加工、冷链物流、饲料加工、有机肥生产的全产业链业务模式。全年集团实现营业收入达56.64亿元，实现利税2.4亿元，归母净利润8037万元，上缴税金1.08亿元。至年底，集团资产总额254.17亿元，落地建设项目30余个。年内，集团跻身农业产业化国家重点龙头企业第89位、中国农业企业500强第92位，获评"苏垦杯"首届江苏省农业企业知名品牌30强。集团连续两年获评盐城市农业产业化五星级企业。（黄正旺）

· 江苏盐城港控股集团有限公司 江苏盐城港控股集团有限公司成立于2020年6月16日，注册资金50亿元，总资产650亿元，下辖10个二级版块、1家事业单位，是盐城市属一档国有企业。盐城港集团的成立是盐城市委、市政府为推进按照海河联运一体化发展总要求，推进市域沿海、内河港口高质量融合发展。全年实现全口径货物吞吐量1.2亿吨，集装箱26.4万标箱，主营业务收入19.7亿元，主营业务收入形成的利税1.84亿元。盐城港进出港货物以大宗干散货为主，其中矿建材料、煤炭、金属矿石、粮食为主要货种，基本稳定在总量的75%左右。聚焦抓航道、抓港口、抓码头、抓航运、抓揽货、抓报关报检"六抓"主业，先后与上港集团、安徽省港航集团、河南周口、营口港、大连港、上海郁州海运等10多家国内知名港口物流企业签订战略合作协议，与福建省港集团达成合作意向，新开辟至亭湖、阜宁、周口中心港、蚌埠、营口等地集装箱班轮航线，班轮密度从48班每月提升到60班每月（每周15班），集装箱作业效率从两台桥吊26自然箱每小时提升到35自然箱每小时。推进政企联动，先后与阜宁、响水、射阳、大丰和滨海工业园签订战略合作协议。（刘　凯）

· 燕舞集团有限公司 燕舞集团有限公司成立于2019年9月，由市政府出资组建，为市属国有一档企业，注册资本金10亿元。集团下设燕舞航空产业投资有限公司、燕舞文化发展有限公司、燕舞润海置业有限公司、燕舞物业管理有限公司、燕舞冠辉国际物流有限公司5家全资公司，江苏永宁国际汽车城管理有限公司、盐城南洋国际机场公司2家参控股企业。推进空港经济区规划发展，《盐城空港经济区概念规划研究及城市设计》方案编制完成并通过审查，空港经济区功能布局、发展定位、发展路径初步形成。完成30平方千米空港经济区（以南洋国际机场为核心，东至15国道沈海高速，南至青年路，西至东环路，北至新洋港）内基础设施建设、土地整理开发，重点推进空港物流园国际功能区建设，南洋镇南侧土地一级开发整理，安置房、住宅项目及相关教育配套项目。发展跨境电商项目，燕舞全球购跨境电商平台实现保税电商模式第一单。9月，盐城第一家跨境电商销售服务中心——燕舞全球购跨境电商销售服务中心开业。完善航材拆解租赁，全年实现航材租售收入1.07亿元（不含税）。至2020年底，集团实现营业收入5.47亿元，纳税947万元，合并资产62.08亿元。（杨　超）

自然资源管理

· 概　况 2020年，盐城市自然资源和规划局开展盐城国土调查，规范征收土地，加强土地保障供应，做大土地储备规模，实施经营性用地出让，开展各类土地专项执法行动。全年全市出让经营性用地896.6公顷、成交金额486.9亿元，其中大市区402.3公顷、305.4亿元。全年清理闲置土地141宗、581.67公顷，再开发城镇低效用地866.67公顷，消化批而未供土地933.33公顷。

· **土地征收与供应** 年内，市自然资源和规划局开展征地区片综合地价制定工作，成果经省政府批准同意，并向社会公布。强化征地报批审查，会同市人力资源和社会保障局联合督导，推进全市被征地农民社会保障工作。至年底，全市被征地农民社保安置率98%。全年征收集体土地625.32公顷。合理编制全年土地供应计划，加强土地供应结构、规模和节奏控制。全市供应土地3400公顷，其中工业仓储1080公顷，基础设施、公用设施项目1426.67公顷，经营性土地893.33公顷。划定大市区战略性储备地块5666.67公顷，推进区域储备地块的征迁整理工作，投入资金57.14亿元，征迁小马沟生活组团3156户、91.55万平方米，形成净地330.67公顷。邀请港龙、碧桂园、海伦堡、万科、悦达地产、银城集团等房地产企业到盐城市考察原肉联厂、八十间、原江动老厂区、原东悦化纤等地块，组织2020盐城市城市资源规划合作推介会，在南京召开专场土地推介恳谈会。全年市区出让经营性用地65宗、占地面积402.33公顷，成交总价305.38亿元。

· **地籍管理** 年内，全市开展第三次国土调查数据库接边和权属界线复核工作，市县两级自然资源和规划局按期完成国家核查整改任务。全市调查图斑255万个，其中统一时点更新调查10万个图斑，调查面积、图斑数量均位居全省第一，形成涵盖13个一级地类、46个二级地类的基础调查成果。全市9个县（市、区）和盐城经济技术开发区调查成果均通过国家三调办数据库质检，初步建立集田、林、湿、水、草于一体的全市自然资源调查家底账册。市自然资源和规划局组织阜宁县水资源调查申报省级自然资源专项调查试点，开展全市森林蓄积量调查、森林资源调查。水资源调查以已有第三次国土调查、地表水资源调查评价、水利普查、河湖管理范围划界和地下水资源调查评价、水文地质调查等调查成果为基础，结合行政分区和地表水、地下水资源分区，开展水资源专项调查试点。查清区内地下水资源的范围、分布、水资源量、水资源可利用量（可开采量）、水质、水位等现状情况，结合水利部门第三次地表水评价成果，融合形成研究区水资源调查评价总体成果。通过试点，探索水资源专项调查的方法、路径和三维调查模式，形成同类县域行政单位水资源专项调查技术方法、工作流程、指标体系和数据库标准等，为形成长效的水资源调查、评价、管理体制提供基础支撑。

· **土地执法检查** 年内，市自然资源和规划局开展土地卫片执法检查，确认全市2019年土地卫片检查系统认定违法用地161宗、占地面积206.73公顷，完成2020年上半年土地卫片检查1165个图斑的核查上报，发现违法用地52宗、占地面积50.98公顷。开展违法用地综合整治三年行动，梳理2013—2018年发生的且未依法处置到位的违法用地问题，完成整改185宗、占地159.39公顷，分别占总数62%、74.7%；抓好2019年耕地保护督察整改工作，整改1230宗、占地面积1680公顷，分别占总数的95%、96%；开展2020年土地例行督查问题整改工作，市政府印发《2020年土地例行督察问题整改工作实施方案》《盐城市“挖田造湖”类问题整改工作方案》《关于坚决制止耕地“非农化”行为的紧急通知》，整改23宗、占地面积106.67公顷。

· **企事业单位不动产登记补充办证** 年内，市政府印发《关于集中开展全市企事业单位不动产补充办证工作的意见》，明确不动产登记历史遗留问题处理的基本原则、申请条件、推进措施、办理程序和实施步骤。5月22日，市政府召开全市企事业单位集中补充办证工作新闻发布会，发布会现场举办颁证仪式，为市区第一批10家企事业代表现场颁证，新华社新华网、交汇点、“学习强国”App等10多家媒体平台宣传报道。全年市自然资源和规划局依法分类解决326家不动产登记历史遗留问题。

（吕景林）

财　　政

· **概　况** 2020年，盐城市实现一般公共预算收入400.1亿元，实现一般公共预算支出973.6亿元，其中用于民生支出789亿元。全市争取特殊转移支付和特别国债58.62亿元，资金全部用于民生重点项目建设。保障疫情防控资金，全市财政拨付经费1亿元支持全市采购防疫抗疫物资，拨付预备费18批7137万元，拨付防疫资金9.9亿元。推进产业基金投资，推动组建江苏黄海金融控股集团，提升金融服务实体经济能力。加快产业基金组建步伐，规模10亿元的化工产业结构调整基金、12.1亿元的乡村振兴基金签约落地。支持中小微企业，整合设立规模6亿元的中小微企业信用保证基金，为609户中小微企业新增授信17.28亿元；将苏微贷、苏科贷、小微创业贷资金池纳入信保基金范畴，为企业发放贷款1775笔、金额37.21亿元；全市政策性担保公司为1240户企业提供担保资金124.7亿元，为333户企业提供过桥资金71.65亿元。支持重点产业项目建设，15支市本级基金新增投资项目13个，金额4.18亿元。合规推广使用PPP模式，年内落地项目22个、总投资303亿元，市区第Ⅲ防洪区水环境综合治理等城建重点PPP项目推进实施。做好财政领域社会信用体系建设工作，全省率先推广涉企类财政专项资金“信易贴”应用场景，加大信用信息应用力度，对存在失信行为的企业扣减专项扶持资金213.35万元。年内，市财政局连续九年被评为省法治财政标准化管理先进单位。

· **财政体制改革** 年内，市财政局调整完善市区财政管理体制。梳理市本级和各市辖区财政收支数据，立足市区经济社会发展实际，制定并实施以“税收属地征管统计、统一增量分成比例、实施财力递进分成、完善转移支付制度”为主要内容的市区财政体制调整方案，规范市区财税

表7　2020年盐城市财政收入、支出情况统计表

单位：万元

指　　标	总　额	指　　标	总　额
一、一般公共预算收入	4001031	一、一般公共预算支出	9736039
增值税	1283776	一般公共服务	892414
营业税	—	外交	—
企业所得税(40%)	350102	国防	8956
个人所得税(40%)	143686	公共安全	516472
资源税	1014	教育	1449956
城市维护建设税	171117	科学技术	267503
房产税	147195	文化体育与传媒	216849
印花税	55538	社会保障和就业	1579946
城镇土地使用税	147227	医疗卫生	985633
土地增值税	209463	节能环保	185281
车船税	28691	城乡社区事务	897281
耕地占用税	81232	农林水事务	1169700
契税	360715	交通运输	359520
专项收入	157262	资源勘探电力信息等事务	281995
行政性收费收入	160451	商业服务业等事务	67564
罚没收入	258599	金融支出	8564
国有资源（资产）有偿使用收入	343955	援助其他地区支出	11426
其他收入	101008	国土资源气象等事务	82162
二、政府性基金收入	6389497	住房保障支出	422746
三、国有资本经营收入	130633	粮油物资储备管理事务	39148
四、社会保险基金收入	3224242	债务付息支出	202160
五、上划中央收入	2212569	灾害防治及应急管理支出	33183
国内消费税	174000	其他支出	57580
国内增值税（50%）	1283778	二、政府性基金支出	6496270
企业所得税（60%）	539257	三、国有资本经营支出	39824
个人所得税（60%）	215534	四、社会保险基金支出	3500627

表8　2020年盐城市各地区财政支出情况统计表

单位：亿元

地　区	合计	一般公共预算支出	政府性基金预算支出
盐城市	1623.20	973.60	649.60
盐城经济技术开发区	59.00	35.50	23.50

续表8

地 区	合计	一般公共预算支出	政府性基金预算支出
盐南高新区	60.80	27.30	33.60
亭湖区	101.40	48.20	53.30
盐都区	118.30	74.60	43.70
大丰区	135.80	112.60	23.20
响水县	117.90	71.40	46.50
滨海县	122.20	91.10	31.00
阜宁县	145.90	91.40	54.40
射阳县	194.70	96.20	98.50
建湖县	145.60	91.40	54.20
东台市	178.70	118.40	60.40

征管秩序，促进市区财政收入水平总体提升。健全公用经费定额标准体系，按照“规模不减、调整结构”原则，调整运转经费保障办法，提高定额公用经费标准，将公用经费分为2类6档，规范编制职能项目经费，按照政府收支分类功能科目确定，区分集中办公和非集中办公单位，推进市级单位基本公共服务均等化。建立重点工作协同推进机制，打破以往市与县制定财政补助政策各自为政的格局，强化全市各级财政“一盘棋”的意识，建立市、县（市、区）重点工作协同推进机制。全市域财政补助政策调整和重大项目优惠等实行报备制度，提高财政统筹管理水平。

·财政收支管理 2020年，盐城市优化财政支出结构，加大对县（市、区）“三保”预算编制审查力度，确保人员工资、机构运转和基本民生所需资金优先支出、足额兑现，压减一般性开支，全市共压减10亿元以上，其中市本级1亿元。提升财政支出监管水平，组织对60个预算部门单位开展财经纪律执行情况、生态保护等9个专项资金项目专项检查，对10个财政专项资金开展财政核查，对存在问题及时下发整改或处理意见，对财政违法行为严格实施行政处罚。支持精准脱贫工程，全年财政投入扶贫资金35.71亿元，其中市本级投入3.64亿元；筹集资金155.3亿元，完成2.56万户危房改造任务；全市农业保险（含涉农）保费收入7.3亿元，完成“消费扶贫”3178万元。支持就业和人才引进，全年发放各项培训补贴1.8亿元，培训超30万人次；投入就业补助资金5500万元，兑付各类引才补贴5600万元，资助高层次创新创业领军人才项目132个，拨付资金2016万元。支持社会事业发展，全年全市财政完成教育投入19.2亿元，安排债券资金16.26亿元支持重点公共卫生项目建设，建成并使用核酸城市检测基地。支持提高社会保障水平，全市城乡居民最低生活保障标准提高至每人每月670元；安排城乡居民医保补助1.8亿元，市区城乡居民基本医疗保险补助标准提高至每人每年680元，比省标高出100元；按每人每月150元标准向全市4082名成年无业肢体三级残疾人发放困难生活补贴。支持污染防治和生态修复，全市各级财政拨付专项资金21亿元；安排5亿元资金，支持黄海金控集团成立黄海生态环境建设有限公司，向省国开行申请低息项目贷款20亿元。支持保障安全生产工作，全市财政投入安全生产资金17.45亿元，其中市财政预算安排资金5.96亿元、拨付开展安全生产专项整治资金1000万元。

·财政预算绩效管理 年内，盐城市健全绩效管理制度体系，制定《盐城市本级财政支出事前绩效评估管理暂行办法》《盐城市市级预算绩效管理结果应用暂行办法》，修订《盐城市本级项目绩效评价管理办法》，实现预算绩效闭环管理。推动市公安局、市农业农村局等35个部门建立部门整体预算绩效管理机制；建成覆盖市级62个重点部门，包含核心个性指标1624条的市级部门预算绩效指标管理库。推进事前绩效评估，全年对28个预算部门年度拟新增项目、37个执行期已满5年申请重新设立或继续执行的专项资金和市委、市政府《关于积极应对疫情影响促进消费扩容提质的实施意见》重大政策开展事前绩效评估。拓展专项资金绩效管理范围，对“四本预算”143.67亿元专项资金项目实施绩效目标管理；对“三本预算”102.55亿元专项资金绩效目标实现程度开展绩效运行“双监控”；对“两本预算”96.22亿元专项资金项目实施单位自评和部门评价，实现专项资金覆盖率100%。全年全市财政评价17个重点政策项目，涉及资金27.24亿元。

·非税收入管理 年内，盐城市落实减税降费政策，更新文化事业建设、教育费附加和地方教育附加等基金的减免优惠政策，调整民航发展基金、国家重大水利工程建设基金征收标准；降低 8 项行政事业性收费标准和减免 6 项行政事业性收费项目。全年全市实现非税收入总额 752.7 亿元，实现国有土地使用权出让收入 622.13 亿元，其中市区（不含大丰区）实现国有土地使用权出让收入 106.76 亿元。全年市区（不含大丰区）实现福利彩票公益金收入 6414.4 万元，实现体育彩票公益金收入 2883.3 万元。

· 政府性债务管理 年内，市财政局统筹预算安排、资产处置、平台转型等多元路径推进债务化解，拨付化解债务资金 46.5 亿元，市级平台 2015 年底前政府隐性债务全部清偿，100 万元以下小额债务全部清理，争取新增政府债券 217 亿元，保障交通综合枢纽、棚户区改造、公共医疗卫生等重点项目加快实施。超额完成化解隐性债务年度目标，全口径债务规模和债务率持续压降。搭建信息互通平台，组织政银企对接、重点项目推介等专题活动，推动到期债务平稳接续，全年全市实施债务平滑置换 196 亿元，融资成本压降 1.3 个百分点，债务期限拉长至 5 年以上。用好政府新增债券，发行债券总额 217.4 亿元，保障重大补短板项目实施。加强债务常态化监管，建立市属企业防资金风险联动机制，市财政局、国资委分别设立债务风险化解周转金、“易企银”还贷过桥资金池，形成联防联控、互补互保机制，保障市属企业不出资金风险；实行市县联动、部门联控、政企联防，压紧压实各地、各部门单位债务风险管控责任；强化平台公司债务“清单式、目录化”管理，动态开展到期还款提示预警，实现全口径管理、全过程跟踪、全方位监督。

· 财政政策支持 年内，盐城市完善财政帮扶政策，支持重大项目建设，安排“两重一实”项目资金 152 亿元，支持高架三期、盐通高铁、市一院二期工程、市区棚户区拆迁改造等民生实事工程。调整完善产业扶持政策，制定支持汽车、新能源、电子信息等重点产业发展的激励措施，发挥财政专项资金引导作用，全市统筹支出 2.3 亿元促进汽车产业发展，市本级拨付 3 亿元资金支持四大主导产业发展；落实市级工业和信息化转型升级、战略性新兴产业、服务业等专项资金 4.6 亿元，支持项目 455 个。落实减税降费政策，减轻全市企业税费负担 90 亿元以上，其中减轻企业税收 36 亿元以上、免收企业社保费 54 亿元。支持企业复工复产，加大扶持力度，拨付涉企类资金 38.2 亿元，拨付企业稳岗补贴 3.5 亿元，减免中小微企业房屋租金 1.3 亿元，发放餐饮、住宿、旅游等服务业企业贷款贴息 2706 万元。优化营商环境，加大财政涉企政策对民营经济支持力度，做好清理拖欠民营企业、中小企业账款工作。落实政府采购支持中小微企业政策，全年市本级小微企业中标项目 180 多个；市级政府采购免收投标保证金项目 200 多个，总金额 6.33 亿元。精准分配资金，省下达市区的 6.3 亿元特殊转移支付，全部用于支持各区“三保”支出；省下达市区的 16.98 亿元特别国债，市本级 8.48 亿元资金全部用于市中医药传承创新工程等重点项目建设。

· 会计管理 全年全市会计师事务所 18 家，其中 AAAAA 级分所 1 家、AAA 级 4 家。会计师事务所业务范围包括财务报表审计、注册资本验证、高新技术企业认定、绩效考核评价、涉税鉴证、工程预决算审核、经济案件司法鉴定、企业清算（破产管理人）、管理咨询、政府和企业投融资服务、会计审计咨询和会计培训等。全年全行业实现业务收入 9000 万元，缴纳税费 800 多万元。全市会计行业注册会计师有执业会员 127 人，其中中国注册会计师协会资深会员 6 人；有非执业会员 430 人，其中中国注册会计师协会资深会员 1 人；有各级人大代表、政协委员和党代表 14 人；有中国共产党党员 82 名，设党支部 11 个。全年全市有 4935 人报名参加注册会计师专业阶段考试，45 人取得全科合格证；有 1.83 万人报名参加会计专业技术资格（初级）考试，4097 人成绩合格；有 6479 人报名参加会计专业技术资格（中级）考试，1137 人取得合格证；有 218 人报名参加会计专业技术资格（高级）考试，89 人取得合格证。有 72 人申报高级会计师资格评审，62 人取得高级资格证书；有 1 人申报正高级会计师资格评审，1 人取得正高级资格证书。

表9　2020年盐城市会计师事务所基本情况一览表

名　　称	地　　址	注册会计师（人）	综合评价等级
江苏苏亚金诚会计师事务所（特殊普通合伙）盐城分所	盐城市人民南路5号国际创投中心南楼3A01-3A09室	34	AAAAA
江苏中信仁华会计师事务所	东台市八达城C-405	7	AAA
盐城天翔丰华会计师事务所	大丰区人民北路纺织大楼3F	11	AAA
盐城山川会计师事务所	盐城市人民南路华邦国际东A503室	5	AAA
盐城安顺会计师事务所	盐城市紫薇曼哈顿A区1幢616-619室	7	AAA

续表9

名　　称	地　　址	注册会计师（人）	综合评价等级
盐城正源会计师事务所	建湖县兴建东路22号	6	AA
盐城友信会计师事务所	滨海县新建南路237号	7	AA
盐城金穗联合会计师事务所	盐城市建军东路86-1号景福大厦805室	2	AA
盐城中博华联合会计师事务所	盐城市解放南路157号4F	8	AA
盐城兴阳会计师事务所	射阳县合德镇双拥路163号	7	AA
建湖苏盛联合会计师事务所	建湖县冠华路盈佳经典花苑1号楼303室	4	AA
盐城天则会计师事务所	阜宁县上海路35号10幢201室	3	AA
盐城方天园会计师事务所	建湖县东方御花园D4-108室	3	AA
盐城立信如良会计师事务所	东台市海陵北路7号唯诚七号公馆7幢12-01室	5	AA
盐城信盛会计师事务所	射阳县朝阳街医药公司2F	6	A
盐城正信联合会计师事务所	盐城市康乐路1号	4	A
盐城正中联合会计师事务所	盐城市迎宾南路29号5F	2	A
盐城天方会计师事务所	盐城市人民中路188号飞驰国际918室	6	A

· **国家先进制造产业投资基金专场对接会**　10月28日，市财政局联合黄海金控集团召开国家先进制造产业投资基金专场对接会。对接会现场，市财政局相关负责人介绍盐城市与国家先进制造产业投资基金的合作优势和前景。黄海金控集团、国投招商投资管理有限公司、市工信局、盐城经开区和盐城高新区相关负责人分别介绍盐城市资源优势、交通区位、产业特色，先进制造业基金具体运作现状，汽车和电子信息产业规划与发展，以及区域特色产业布局及发展规划等情况。华人运通、摩登汽车、丰华生物等6家企业进行现场路演。先进制造产业投资基金由国家发改委、财政部、工信部牵头发起，中央财政资金与其他投资主体共同出资设立。基金一期、二期合计规模700亿元。国投招商投资管理有限公司作为普通合伙人负责基金的投资及运营管理。盐城市出资1亿元，参与二期基金的组建，实现直接参投国家级基金。　（曹志康）

税　　务

· **概　况**　2020年，全市税务系统组织入库收入761.59亿元，其中实现一般公共预算收入300.42亿元、税收收入539.74亿元、社保费收入204.85亿元、其他基金（费）收入17亿元。全年增值税、企业所得税、个人所得税三大主体税种合计入库382.59亿元，“地方五税”（房产税、土地使用税、契税、耕地占用税、土地增值税）合计入库94.58亿元。

表10　2020年盐城市税务系统组织入库收入情况统计表

单位：万元

项　　目	本年累计收入额	项　　目	本年累计收入额
合　计	7615965	9. 城市维护建设税	171118
一、税收收入	5397400	10. 印花税	55537
中央级收入	2383927	11. 车船税	28691

续表10

项　　目	本年累计收入额	项　　目	本年累计收入额
一般公共预算收入	3004172	12. 资源税	1013
1. 增值税	2567966	13. 环境保护税	26398
2. 企业所得税	898761	14. 营业税	-4404
3. 个人所得税	359221	15. 消费税	174000
4 土地增值税	209464	16. 车辆购置税	173267
5. 房产税	147193	二、非税收入	2218565
6. 城镇土地使用税	147228	社会保险费	2048518
7. 契税	360715	其他基金（费）	170047
8. 耕地占用税	81232	—	

· 减税降费　年内，盐城市全面落实党中央国务院各项支持疫情防控和复工复产税费优惠政策。全年全市减税降费90亿元，全年为纳税人新增减税35.9亿元，其中对受疫情影响严重行业和增值税小规模纳税人暂免征收上半年房土两税等，合计减税9.15亿元。年内，全市为纳税人办理阶段性减免社保费54.1亿元，增值税税率调整、增值税留抵退税等合计减税26.75亿元。全市重点税源企业的百元主营业务收入成本同比降低0.8个百分点。

· 税收征收管理　年内，市税务局加强新征管体系建设，印发《关于进一步推进新税收征管体系建设的实施方案》，创建综合改革示范点和税收协同共治示范点，建设网络安全防控规范体系。探索“结合不动产登记代码，建立房产土地税源基础数据信息库”试点，强化土地增值税项目基础管理。加强跨区域企业管理，辅导企业预缴税款，完善跨区域建筑事项管理环节。开发上线税源监管平台、岗责体系平台、任务管理平台，提升信息化支撑能力。推进非税收入划转，完善城乡居民两险“网格化”协同共治体系，社保非税收入管理水平持续提升。制定《关于做好疫情防控房土两税困难减免工作的通知》，建立高效的政策执行和反馈机制。

· 纳税服务　年内，市税务局对标优化税收营商环境指标体系，落实便民办税春风行动99项措施和最佳体验区60项措施。全面落实简化流程、优化服务各项举措。强化盐通合作，共同推进税收服务长三角一体化发展。推出“红黑榜”等信用产品，强化纳税信用结果应用。推行“不见面”服务，推广“盐税通”公共服务平台。落实电子税务局线上办税一揽子提升项目，线上办税占比超过91%。推行出口退税“e速退”服务，正常退税不超过2个工作日，全市办理出口退（调）库55.4亿元。规范特服号管理，提升全市咨询服务水平，全年“12366”及特服号人工接听量23.56万次，满意率99.96%。规范不动产交易税收政策和业务流程，打造不动产交易阳光办税惠民工程。

· 税收执法　年内，市税务局全面梳理税务机关权责事项，发布全市税务系统权责清单，完善权责清单动态调整机制。对申报、发票类19项违法行为，执行长三角区域统一处罚裁量基准。健全税警、税银、税关协作机制，推进全市稽查由“打击型”向“治理型”转变。全年立案检查案件527件，其中“双打”案件300件、重点税源130件、举报等其他案件97件，各类案件查补入库税款4.22亿元；发出虚开证明7.03万份，认定虚开发票案件价税82.85亿元，向公安机关移送“双打”案件136件，被司法机关采取刑事强制措施51人。

· 纳税风险管理　年内，市税务局加强风险管理，全省首家试点运用智能审核系统，建立防范虚开7类风险监控指标，全面遏制暴力虚开风险。聘请特约监察员145人，监督税务人员执法、作风、廉洁等情况，化解问题5类15项。利用综合治税平台拓宽数据采集范围，推行税收风险项目制，形成年度风险分析重点项目16个，全年实现风险应对总成效29.06亿元，入库税款18.79亿元。加强对废旧物资、网络货运代开发票、平台经济等重点事项调研力度。印发《社保费舆情应对和信访处理案例汇编》，防范化解社保费舆情信访风险。强化税收执法督察和内部审计，开展现金缴费专项整治及“回头看”、收入质量、税费优惠政策落实等专项督察，推进税收执法责任制。加强网络信息安全建设，完成全市税务系统网络安全监控预警及处置，建设市县一体化网络监管运维体系。

（杜　彦）

金融监管

·概　况　2020年，盐城市地方金融监管局、中国人民银行盐城市中心支行、盐城银保监分局等强化对金融行业监管。市地方金融监管局开展金融普法教育，建立法律顾问制度，聘请专业律师为执法工作提供指导。加强“7+4”类（7是指负责小额贷款公司、融资担保公司、区域性股权市场、典当行、融资租赁公司、商业保理公司、地方资产管理公司等金融机构实施监管，4是指强化对投资公司、农民专业合作社、社会众筹机构、地方各类交易所等监管）。机构现场监管和非现场监管，根据不同监管对象和风险点，建立白名单制度，做到分类监管、重点监管相结合。全年全市经批准设立地方金融从业机构198家，其中新发展6家、关闭整顿15家。规范地方金融机构行业年审和分类评级工作，委托第三方机构对农民资金互助合作社、典当行、融资租赁、商业保理、转贷公司等机构进行专项审计，下发整改通知书24份，督促整改存在问题，提升合规经营水平。

·金融服务　年内，市地方金融监管局牵头制定《盐城市中小微企业信用保证基金管理暂行办法》《有效发挥融资担保体系作用助力小微企业和“三农”发展的实施意见》等政策文件，全面落实国家省市关于金融支持疫情防控和复工复产各项政策，落实减税降费等纾困解难措施，全力保障中小微企业融资需求。印发《金融惠企政策及产品汇编》《证券机构特色业务及产品汇编》等宣传手册，利用报纸、手机App、网络等媒体进行宣传，帮助企业了解政策、用好政策。开辟受疫情影响小微企业融资绿色通道，支持企业1358户，授信44亿元，其中首贷企业309户。扩大实体经济信贷投放规模，推动农业银行、兴业银行、工商银行三家省级分行与盐城市签订总额2500亿元的战略合作协议，争取国开行江苏省分行为响水化工园区生态修复、海上风电等项目授信64亿元。推动普惠金融实现量增面扩，全市普惠型小微企业贷款余额854.4亿元，贷款户数近12万户，全市制造业贷款余额626.8亿元。发挥保险保障功能，制定《关于进一步做好小额人身保险工作的通知》，推进盐城市小额人身保险试点工作。中国人民银行盐城市中心支行落实稳健的货币政策，围绕疫情防控、复工复产和稳企业保就业各项工作要求，组织直达实体经济政策督查督办，开展多层次银企对接服务，加大支持稳企业保就业力度。加大逆周期调节力度，巩固货币政策传导盐城模式，推动印发《信保基金管理办法》《应对疫情“盐城20条”意见》，设立6亿元信用担保基金，加大对中小微企业的信贷支持。推动移动支付便民工程，移动支付金额同比增速全省第一。发布“跨境人民币优质可信企业名单”等3类白名单，联系中韩产业园推动SKI项目开展资本项目收入支付便利化新政，全年为名单内企业办理收付汇46亿元，资本项目收入便利化结汇1892万美元，各项政策累计为企业节约汇兑成本700万元以上。盐城银保监分局印发金融支持疫情防控和助力复工复产的“银十条”“保六条”等硬核政策措施，引导银行保险机构推出“复工复产”信贷产品和“复工保”产品，全年全市银行机构向3661户目标企业新增贷款65.51亿元，办理转续贷及展期49.87亿元，为1.72万户中小微企业办理临时性延期还本还息贷款277.51亿元；引导银行业支持地方交通、农田水利、环境综合整治、重点公共设施、文化旅游等领域重大工程和重点项目建设，至年底，全市银行机构对223个重大项目贷款余额976.84亿元。

·金融风险管控　年内，盐城市全面落实中央省市关于打好防范重大金融风险攻坚战的决策部署，加大统筹协调、组织指挥和督促检查力度。市地方金融监管局开展互联网金融专项整治，督促P2P网贷机构“盐城贷”终止业务，实现注册在盐城市的P2P网络借贷机构全部出清。打击非法集资活动。全年全市新发非法集资刑事案件35起、涉案金额2.2亿元、参与集资人数0.2万人，非法集资案件数、涉案金额、涉案人数分别同比下降30%、26%和43%，连续四年实现下降。处置非法集资陈案，至年底，结案37件，结案率84%。化解政府性债务，全口径债务

9月24日，盐城市反假货币培训金牌讲师评选暨第六届银行业金融机构点钞识假技能决赛举行

（人民银行盐城市中心支行　供图）

规模和债务率实现“双降”目标。及时处置地方法人银行风险，农民资金互助社清理整顿进入扫尾阶段，总体规模和数量得到压降。化解上市公司风险，丰山集团股票摘除“ST”警告，智慧农业撤销退市警告，辉丰股份可转债违约风险基本化解。强化经济金融风险监测。中国人民银行盐城市中心支行密切监测疫情对辖区实体经济和金融稳定的影响，做好地方法人机构及银行分支机构、小贷公司、融资性担保公司、农民资金互助合作社等非金融机构融资风险状况监测。成立专项工作领导小组，配合做好9家金融机构接管工作。对辖区法人机构开展偿付能力和流动性压力测试，实现首个三年测试辖区法人机构全覆盖。处置重点领域风险，细化风险化解实施方案，联合市银保监局对风险机构发出风险提示函。建立健全与公检法多方联动机制，推动“币圈第一大案 PlusToken 平台”传销案和江苏首起毒品洗钱案等5起案件成功宣判。盐城银保监分局强化完善债委会工作机制，加快大额授信风险协调处置力度，稳定江动集团、华祥集团等企业银行授信108.89亿元，通过会诊帮扶机制相继帮扶博汇集团、中科建工等企业走出困境。对接地方政府，帮助建湖县2家高风险机构优化股权结构、化解处置不良资产。打造金融纠纷多元化解机制，整合设立江苏省首个银行业保险业人民纠纷调解委员会，指导调委会与亭湖区、盐城经济技术开发区等法院合作成立道路交通事故保险纠纷、银行纠纷诉前调解工作室，全年累计受理调解1012件，调解成功363件。年内，在全省金融生态环境综合评估中，盐城市9个县（市、区）平均排名比上一年提升3.8个位次，大丰区、盐都区、东台市被评为金融生态优秀县。

· **银行业监管** 年内，市地方金融监管局、中国人民银行盐城市中心支行、盐城银保监分局等强化对银行业监管。中国人民银行盐城市中心支行联合市银保监局对风险机构发出风险提示函，处置重点领域风险，通过加强内控、加大不良清收等方式，推进建湖中成村镇银行提升资本充足率、建湖农商行化解信用风险。开展存款保险暨防范非法集资宣传活动，推进县域金融生态环境建设。盐城银保监分局开展地方政府背景类企业融资情况监测，督促银行机构开展政府隐性债务风险排查、制订隐性债务清单和整改计划，规范银行机构市场化承接政府隐性债务，全年推动全市银行业发放置换隐性债务贷款379亿元。整治银行业市场乱象，全年开展现场督查41次，涉及机构30家，新创建检查模型10个，发现问题69个，涉及金额14.61亿元。至年底，对辖内15家机构、35名责任人实施行政处罚，罚金合计913万元。

（王 慧 李 宵 乐 珊）

· **保险业监管** 年内，盐城银保监分局持续强化保险行业监管。推进车险综合改革，优化市场环境，优化车险监管监测指标体系，指导行业提前做好车险综改宣传工作，制定应急预案，防范集中退保，推动行业协会组织签订自律协议，规范手续费率。至年底，商业车险单均保费由改革前的3054元下降到2615元，单均保费价格低于全省均值106元。年内，盐城市辖内车险综合成本率97.59%，车险利润7482.32万元。推进人身险高质量发展，组织召开人身险高质量发展推进会，探索建立人身险高质量发展评估指标，建立月度和季度监管分析制度，对存在突出问题的利安人寿、中融人寿、太平人寿3家人身险公司和9名责任人员实施行政处罚，金额合计133万元。推动市扫黑办印发《关于开展人伤、车损保险非法活动专项整治工作实施方案》，联合公安部门开展保险反欺诈专项行动，借助第三方信息科技企业大数据分析技术，深挖保险领域诈骗黑恶势力，抓获犯罪团伙8个、犯罪嫌疑人33名。规范寿险市场经营，组织开展“利剑”行动，净化保险公司内勤人员和营销员队伍，排查发现刑事犯罪人员23名、失信“老赖”人员324名，清退虚挂人员、高风险从业人员5254人。印发中介市场专项整治工作方案，摸排辖内保险中介机构基本情况和经营管理状况，定期公开中介机构“白名单”，扫清监管盲点，全年排查出弱体经营机构48家，未备案机构15家，督促20家分支机构市场退出。

（乐 珊）

· **融资担保监管** 年内，市地方金融监管局牵头印发《有效发挥融资担保体系作用助力小微企业和“三农”发展的实施意见》，贯彻实施《江苏省融资担保公司监督管理实施细则》，落实国家省市关于金融支持疫情防控和复工复产各项政策，引导融资租赁公司对实体经济支持力度，帮助企业渡过难关。拓展资本市场，扩大直接融资规模，落实民营企业融资会诊帮扶机制，构建常态化金融走访、帮扶、顾问机制，提供针对性、差异化融资方案，助力经济发展。

（王 慧）

· **金融消费权益保护** 年内，中国人民银行盐城市中心支行完善金融消费者投诉处理与风险防范机制，维护金融消费者权益。探索建立辖内金融机构金融广告行业自律公约，推进金融广告和金融营销宣传违法违规行为治理。开展金融教育基地建设工作，构建常态化宣传阵地，有针对性地对特定群体普及金融知识。开展金融知识普及教育活动，对电信诈骗、消费者权益保护、非法集资等重要领域的金融知识进行普及，提升金融消费者风险责任意识和金融知识素养。推进金融知识纳入国民教育体系，促成30余所学校签订长期合作协议。盐城银保监分局以保护消费者权益为中心，构建全流程消保体系，畅通投诉渠道、化解矛盾纠纷。全年接收各类投诉咨询2186件，成功引导分流830件，提供咨询服务461件，转送各类消费投诉895件，“12345”投诉处理满意度回访100%。

（李 宵 乐 珊）

· **盐城市银行业金融纠纷诉前调解中心揭牌** 11月10日，盐城银保监分局、盐城经济技术开发区法院、市银行业协会在邮储银行盐城市分行联合举办盐城市银行业金融纠纷诉前调解中心揭牌仪式。盐城市银行业金融纠纷诉前调解中心、盐城经济技术开发区法院巡回法庭、盐城市银行业保险业人民调解委员会第二工作室现场揭牌。盐城市银行业金融纠纷诉前调解中心是江苏省首家银行业金融纠纷诉前调解中心，是盐城市银行业落实监管部门关于金融机构加强消费者权益保护工作的有益尝试，旨在为人民群众提供更加高效、经济、便捷的"一站式"金融纠纷解决服务。 （乐 珊）

价格监督管理

·概　况　2020年，盐城市打击捏造散布涨价信息、哄抬价格、囤积居奇、相互串通操纵市场价格等违法违规行为，全年全市受理疫情方面咨询投诉举报9061件，查办涉疫价格案件68件，加强涉企收费专项治理和民生领域价格监管，重点查处商业银行、协会商会、不动产登记、民航、转供电价格和教育、医疗、电子商务等领域收费问题。全年全市查处罚没金额在10万元以上的价格行为违法案件16件，其中罚没100万元以上的5件，责令退还的价格行为违法所得1441万元。

·价格管理改革　年内，盐城市持续提升价格工作水平，推进价格改革，完善价格管理政策措施，服务企业和民生。开展价格认定、监测工作，加强价格总水平的调控，落实价格调控目标责任制，做好保供稳价各项工作，落实转供电价格降价传导工作，将降价红利及时传导到终端用户。

·价格调控　年内，盐城市开展保供稳价和价格认定工作，化解价格争议纠纷矛盾。印发《盐城市关于加强生猪市场调控工作实施方案》《冻猪肉储备工作方案》，完成省下达储备任务。开展价格监测工作，加强价格总水平的调控，全年全市居民消费价格指数为2.3%，完成控制在3%左右的调控目标。

·价格监督检查　年内，市市场监管局围绕保供稳价，组织实施疫情防控期间防疫用品、生活必需品及后疫情时期的价格监管。围绕服务发展，组织开展对行政审批中介、行业协会、商业银行、电力价格、口岸等涉企收费的专项检查，组织实施对全市涉企税费减免优惠政策执行情况、专业市场转供电价格、5G建设中的转供电收费等10批次的专项检查。围绕保障民生，强化重点领域价费治理。组织实施公立医疗机构和非公立医疗机构的医疗服务价格专项检查；联合教育部门组织开展教育收费专项治理，对全市78所中小学（幼儿园）、中等职业学校教育收费情况进行抽查；对涉及33个学校存在的50个违规问题予以通报。组织实施对审计署2020年1号公告中涉及盐城的违规收费问题线索的调查。组织部署环保电价政策检查，对13个电网企业和燃煤发电企业罚没20.8万元。

·价格惠民　年内，盐城市及时启动社会救助和保障标准与物价上涨挂钩联动机制，全年发放价格临时补贴2.12亿元，惠及低收入群体22万人。推进降本清费减负，降低一般工商业、大工业及其他用电价格，降低企业用电成本7.6亿元。组织全市4052户电力用户参与市场化售电业务，交易电量175亿千瓦时，减少企业支出5.43亿元。降低非居民用气价格，制定印发市区管道燃气配气价格，非居民用气价格每立方米降低0.17元，减少企业支出1300多万元。 （戴鹏辉）

审　　计

·概　况　2020年，盐城市审计系统完成审计和审计调查项目273个，促进整改落实问题资金26.83亿元，通过实施政府投资审计节约财政资金21.22亿元。审计综合报告、调研信息等材料获市级以上领导批示76篇次（其中省委、省政府主要领导批示6件），审计工作成效和经验在《人民日报》、人民网、新华社《瞭望周刊》、"学习强国"App等国家级媒体宣传11篇次。年内，市审计局被省委审计委员会、省人力资源和社会保障厅、省审计厅表彰为全省审计机关先进集体。

·政策措施执行跟踪审计　年内，市审计局围绕疫情防控、"六稳""六保""三大攻坚战"、乡村振兴、"放管服"改革、重大项目推进等重大政策措施落实情况开展审计，促进政令畅通、政策见效和制度完善。对本地区应对疫情保持经济平稳健康发展相关政策落实情况进行跟踪审计，重点关注审计市本级及9个县（市、区）在减轻企业负担、财政支持、金融支持和对企服务政策落实等方面情况，抽查85家单位，涉及各级财政资金1.34亿元。实施乡村振兴、农房改善、53个经济薄弱村审计，推动巩固脱贫成果，规范村集体财务和"三资"管理，苏北农房改善等做法在人民网专栏和《中国审计》封面文章刊载。对13个地区和部门开展自然资源资产审计，特别关注黑臭水体整治情况，助力绿色发展。

·财政和预算执行审计　年内，市审计局重点关注部门预算绩效、财政资金盘活、专项资金清理、政府基金运行、公交运营效益等情况，反映37类68个问题。持续跟踪存量债务化解和债券资金使用情况，建议做好新增专项债券项目的统筹衔接，完善风险管控措施。运用自主研发的部门预算执行审计系统，对市本级416家预算单位实行"三公两费"全覆盖监督。

·民生审计　年内，市审计局实施公立医院综合改革政策落实情况专项审计，揭示控费指标不达标、医保结算监管不到位、收费行为不合规等问题。开展企业职工养老保险基金审计，查出部分人员重复参保、重复领取待遇等问题。服务城北地区改造，重点审查征迁政策执行合法性、补偿方案合规性、资金管理效益性，年度审计资金总量215亿元。对综合交通枢纽、内环高架、市中医院、先锋岛生态组团、盐东公交回车场等重点民生工程实施跟踪和决算审计，节约财政资金10多亿元。

· 经济责任审计 年内，市审计局开展经济责任审计，按照3~5年轮审一遍、突出重点与消灭盲区相结合的原则，市本级安排对11个机关单位主要负责人进行审计。审计结果获市委、市政府主要领导批示22件，促进相关主管部门和被审计单位制定长效机制46件。

· 国有企业审计 年内，市审计局对银宝集团、海兴集团等大型国有企业实施审计，推动相关国有企业完善治理、突出主业、提质增效、防控风险和转型升级。向市政府上报7户小贷公司审计结果综合报告，提出促进地方金融行业健康发展的审计建议，市委、市政府主要领导分别作出批示。

· 投资审计 年内，市审计局严把投资审计立项关，对不符合投资审计转型要求的项目不予立项，全市投资审计项目从76个压缩到53个。印发《关于深入推进政府投资项目审计工作转型发展的函》，围绕投资审计转型发展，在原政府投资项目审计监督平台获国家版权认证和“全省法制创新奖”的基础上，建设“投资审计BIM模块”，推动全市政府投资审计转型发展。印发《工程造价审计常见问题暂行处理原则》等投资审计规范性文件，采取审前调查进点、审计限时作业、“跟”“审”分离、重点项目自审、中介参与审计集中办公等创新举措，规范投资审计行为，提高投资审计质量，防范投资审计风险。

· 疫情防控专项资金审计 年内，市审计局将疫情防控政策审计作为重大政治任务，推动疫情防控专项补助合理分配、直达资金直接惠企利民、援企稳岗政策有效落实、工程领域保证金制度改革，获评全省审计系统疫情防控先进集体。在新增直达基层财政资金专项审计中，揭示个别地区超政策范围安排使用新增财政资金等问题。

· 企业审计动态监督分析平台 年内，市审计局围绕国有企业监事会职能有机融合，以信息化推动企业监事会职能有效履行，在省内率先建成“企业审计动态监督分析平台”。通过监督分析平台，定期采集企业业务数据和财务数据，制定统一标准，对数据分析整理，对企业历年数据进行纵向趋势分析和企业之间横向比较，对数据异常现象自动分析生成疑点记录，通过平台进行预警，及时反馈信息。年内，该平台获评“智慧江苏审计信息化应用示范工程”。

· 审计“两统筹”经验在全国推广 年内，市审计局分项目计划、组织方式、资源整合、数据利用和成果运用5个方面，形成21项统筹方式指标及18项统筹内容指标体系，科学推进审计监督全覆盖，被审计署《审计工作通讯》《中国审计》、省政府《信息专报》等载体刊载，获评省政府发展研究成果奖。（李永鑫）

统　　计

· 概　况 年内，市统计局推进统一核算改革，建立地区生产总值统一核算推进工作机制，加强专业联动、市县联动。执行部门联席会议制度，明确25个成员单位推进相关行业经济发展的工作职责。组织业务培训，制定《盐城市地区生产总值统一核算改革工作方案》《盐城市季度地区生产总值统一核算方案》，编印《地区生产总值统一核算改革解读》读本，开展业务培训和广泛宣传。组织开展“三送一解”（送法律、送业务、送温暖、解难题）统计服务进千企活动，编印法律宣传资料和专业服务指南。开展统计守信企业评定；对全市1018家新增“四上”企业统计人员进行统计法律和业务培训。强化地区生产总值统一核算改革组织建设，成立推进工作领导小组，建立部门联席工作会议制度，制定规范方案，集中举办专题业务培训，编印《GDP核算改革解读》读本。完善统计信息化平台，建成盐城宏观经济数据管理应用系统，实现统计工作多用户参与、全业务覆盖、全流程管理、全过程监控、多层级协作、可扩展服务的一体化功能，实现统计行政管理与统计数据生产在线化、数字化、网络化、云端化和智能化，发挥统计大数据价值，为社会各界提供精准化服务。

· 产业监测 年内，市统计局面对新冠肺炎疫情，加强监测预警和经济运行监测，创新开展四大主导产业监测工作，对全市四大主导产业等重点行业和疫情影响较大重点企业跟踪监测，了解企业经营状况，准确分析预判全市经济运行走势，制定统计监测分析制度，及时监测发展态势，与市政府四大工作专班交流信息、沟通工作，形成合力。全年市统计局报送统计专报32篇，撰写分析报告200篇，信息411篇，两办信息采用90余篇，市委、市政府领导批示各类分析汇报27篇。

· 第七次人口普查 年内，盐城市及各县（市、区）政府及时成立第七次人口普查机构，落实普查经费物资，组织“两员”培训，亭湖区局开展普查试点，主动作为、创新方法，为全市推进人口普查工作提供经验。开展普查宣传，提高普查对象对人口普查的知晓度，营造了解普查、参与普查、配合普查的社会氛围，市主要领导参加人口普查现场登记。市统计局开展普查登记，注重普查数据质量，对登记情况进行复查比对，分析主要指标上报情况，及时处理存在问题。东台市统计局、建湖县统计局分别接受国家和省检查，相关工作得到肯定。截至 2020 年 11 月 1 日零时，全市常住人口为 670.96 万人，有家庭户 260.98 万户，集体户 6.97 万户，家庭户人口为 644.99 万人，集体户人口为 25.97 万人。（张　静）

· **统计调查**　年内，国家统计局盐城调查队关注源头数据控制，推动全流程痕迹化管理，提升数据质量。累计撰写调查分析 224 篇、信息 424 篇，其中 1 篇次被国务院领导批示，1 篇次被省领导批示，2 篇次被市主要领导批示，3 篇次被国办采用，17 篇次被省委办、政府办采用，133 篇次被市委办、政府办采用，207 篇信息被政府门户网站采用。4 篇课题在省市社科联和国家统计局江苏总队立项、5 篇获奖。

· **民情民意调查**　年内，国家统计局盐城调查队围绕百姓关注的热点问题，组织开展全面从严治党、乡村振兴、营商环境等民意调查工作。与地方党政部门合作，利用现有调查网络，先后开展旅游调查、法治建设群众满意度调查和体育产业调查等专门调查或调研，反映社情民意。新冠肺炎疫情期间，及时开展节后疫情对盐城市区就业情况影响、盐城居民应对新冠肺炎疫情认知情况、疫情期间农民工监测、疫情期间企业复工复产情况等快速调查。组织开展盐城居民“五一”期间外出旅游意愿情况、“互联网 + 教育”存在的短板和不足、高校应届毕业生就业创业调查、“互联网 + 医疗”情况调查等经济社会重点、热点问题专题调研活动 30 余次。

· **住户调查**　年内，国家统计局盐城调查队与市人力资源和社会保障局、农业农村局等 16 家部门建立城乡居民增收联席会议制度，灵活开展“1+1+1”的入户模式，住户样本轮换换户率全省最低，录制住户调查 e 记账操作视频，指导记账户记好每一笔账。

· **数据质量“回头看”专项行动**　年内，国家统计局盐城调查队开展数据质量“回头看”专项行动，对疫情期间上报的数据进行核实性筛查，防惩疫情期间出现数据“闭门造车”现象，此项行动被国家统计局江苏总队微信推广。强基固本推动双基建设，畜禽调查工作连续两年在全国会议上交流，工价电子台账建设被《中国信息报》微信号推广，双基工作在全省会议作交流发言。规范执行统计执法检查，探索市县联动执法，与东台市、建湖县等调查队联合开展统计执法检查，采取“1+3 统计执法检查模式”，对 21 家样本企业开展执法检查，对其中 5 家企业下发责令改正通知书。（丁祺晋）

市场监督管理

· **概　况**　2020 年，盐城市获各类认证证书 1.27 万张，有 8 家法定计量技术机构，建立社会公用计量标准 301 项。新设外资企业 214 户，办理医疗器械网络销售备案 160 家，计量标准器具核准 88 家，发放特种设备作业人员证 7154 张、机动车检验检测资质认定证书 80 张、食品生产许可证 246 家、重要工业产品生产许可证 27 家。有网络经营主体 3.51 万家，其中网站 1.08 万家、网店 2.05 万家、公众号 2173 个、移动 App104 个、微博 1499 个。获评江苏省工业企业质量信用 A 级企业 969 家、AA 级企业 59 家、AAA 级企业 23 家。全市营商环境在全国 100 个经济活跃城市综合排名第 14 位，4 家企业入选全省首批 50 家江苏精品；5G 智能终端电磁兼容检测能力提升项目入选全省“十四五”重大项目；“大米质量提升”项目获“长三角质量提升示范试点（第一批）”项目立项；新培育 3 个行业、50 家企业成为 2020 年全省质量提升行动重点行业和重点企业；3 家企业获评 2019 年度市长质量奖。年内，盐城市建成统一的电梯应急处置平台，食品生产企业自查率、自查报告率和校园食堂“互联网 + 明厨亮灶”覆盖率 100%，全市公共安全等领域公共服务质量列全国 160 个监测城市第 8 位。

表11　2020年盐城市私营企业基本情况统计表

行　业	新发展户数（户）	新增注册资本（万元）	按组成形式分类（户）					注册资本总数（万元）
			独资企业	合伙企业	有限责任公司	股份有限公司	合计	
合　计	34761	17855537.88	32769	1403	161165	448	195785	117515389.80
农、林、牧、渔业	836	336187.30	3250	32	3237	6	6525	2170714.68
采矿业	1	100	1	0	5	1	7	26224
制造业	4090	1984903.12	11079	513	27261	104	38957	22696852.86

续表11

行业	新发展户数（户）	新增注册资本（万元）	按组成形式分类（户）					注册资本总数（万元）
			独资企业	合伙企业	有限责任公司	股份有限公司	合计	
电力、热力、燃气及水生产和供应业	66	50580	50	5	422	0	477	649789.74
建筑业	6174	4796852.10	653	8	24990	23	25674	29219564.54
批发和零售业	10638	2407334.25	11228	122	45704	26	57080	16799947.36
交通运输、仓储和邮政业	911	286675	619	20	6060	3	6702	2294098.40
住宿和餐饮业	205	51411	204	10	1010	2	1226	419645.35
信息传输、软件和信息技术服务业	560	158799.70	813	31	1903	5	2752	927219.22
金融业	18	1020660	1	33	257	174	465	2240617.21
房地产业	922	1647428.80	66	3	5513	4	5586	4651255.05
租赁和商务服务业	4332	1791002.39	2583	426	16476	18	19503	12231614.19
科学研究和技术服务业	4143	2845175.58	481	121	21288	77	21967	20625030.59
水利、环境和公共设施管理业	57	40878	18	2	342	1	363	284614.69
居民服务、修理和其他服务业	602	98605.40	894	29	3065	2	3990	781522.16
教育	291	28001.94	127	8	1016	1	1152	129447.50
卫生和社会工作	125	145285.80	60	5	249	1	315	430804.58
文化、体育和娱乐业	790	165657.50	642	35	2367	0	3044	936427.68

表12　2020年盐城市个体工商户基本情况统计表

行业	新增户数（户）	新增注册资本（万元）	总户数（户）	注册资本总数（万元）
合计	90862	1100942.36	555265	5781056.73
农、林、牧、渔业	3695	114101.68	17219	669146.21
采矿业	0	0	7	93
制造业	2863	44884.40	27407	332720.71
电力、热力、燃气及水生产和供应业	6	105	67	1167.20
建筑业	539	12832.30	1674	31489.87
批发和零售业	58975	614666.58	354094	3073882.09
交通运输、仓储和邮政业	3882	61341.40	24372	346068.89
住宿和餐饮业	8884	110492.22	52649	592250.71
信息传输、软件和信息技术服务业	1538	12201.40	3112	29088.33
金融业	12	164	25	488

续表12

行　　业	新增户数（户）	新增注册资本（万元）	总户数（户）	注册资本总数（万元）
房地产业	96	1525.66	361	4729.96
租赁和商务服务业	3396	45991.61	15731	190981.97
科学研究和技术服务业	307	3874.50	975	12650.90
水利、环境和公共设施管理业	13	384	60	1305.43
居民服务、修理和其他服务业	5766	61839.81	51541	414622.14
教育	342	5401.20	1576	19690.55
卫生和社会工作	106	2129.20	437	6801.39
文化、体育和娱乐业	442	9007.40	3958	53879.38

表13　2020年盐城市私营个体经济基本情况统计表

地　区	私营企业（户）		个体工商户（户）		注册资本（亿元）	
	总数	新发展数	总数	新发展数	总数	新增资本
合　计	195795	34763	555351	90929	12329.76	1895.71
市本级	3952	1	7	0	507.97	0.12
亭湖区	31397	4294	72922	7071	1708.29	329.01
盐都区	16592	2541	46586	5675	1286.58	187.22
大丰区	17296	2829	55154	4931	1181.29	143.86
盐南高新区	17797	4056	19577	4293	1433.94	270.44
盐城经济技术开发区	2964	410	4909	656	420.95	47.46
东台市	26481	4198	85908	26555	1223.39	211.00
射阳县	13843	3354	66322	15611	757.66	137.58
建湖县	16281	4829	47103	5276	985.90	117.80
阜宁县	20925	3018	63939	8438	1272.21	207.04
滨海县	17056	3530	54199	7159	888.80	135.05
响水县	11211	1703	38725	5264	662.77	109.12

· **市场登记注册**　2020年，盐城市指导各地依托江苏省“全链通”企业登记服务平台，在登记窗口增设综合服务专区，将企业登记、公章刻制、银行开户和税务登记四个环节整合为一个环节、一套材料、一个窗口受理，免收材料复印、公章刻制、证件送达等费用，将企业开办时间原则上压缩至0.5个工作日，实现企业开办工作流程最优、材料最少、费用最省、用时最短。至年底，全市企业开办当日办结率99.63%，半日办结率98.55%。市市场监管局对新兴行业、企业经营范围个性化登记的需求，先后向江苏省市场监督管理局、国家市场监督管理总局上报10条需求，其中有4条被国家市场监督管理总局纳入全国经营范围规范化字典库。

· **信用监管** 2020年，盐城市印发《盐城市部门联合“双随机、一公开”监管工作规范（试行）》，发挥市、县（市、区）两级双随机监管联席会议办公室牵头作用，召开联席会议和联络员会议，组织业务培训17次，全面启动部门联合随机检查，全市市场监管领域部门联合开展随机抽查190次。强化涉企信用信息归集、共享，全市295个部门应用江苏省市场监管信息平台归集431.79万条涉企信息，其中安委会成员单位归集18.53万条涉企信息。持续深化信用约束、规范开展信用修复。至年底，全市列入经营异常名录企业4.9万户，严重违法失信企业4228户，依法对法定代表人及相关负责人黑名单实施632次企业任职资格限制，信用修复46户。

· **公平竞争审查** 年内，盐城市推进公平竞争审查工作，调整盐城市公平竞争审查联席会议成员单位并组织召开市公平竞争审查联席会议全体会议，印发《盐城市公平竞争审查联席会议工作规则》《全市落实公平竞争审查制度2020年工作重点》，全市梳理文件总数合计4097件，符合废止条件的文件数33件，协助有关单位开展和推进公平竞争审查6件。

· **反不正当竞争监管** 年内，盐城市组织开展“三查一保”及重点领域反不正当竞争执法专项行动，全市查结各类不正当竞争案件23件，罚没255.05万元，案值24.02万元，其中虚假宣传案件11件（含1件组织虚假交易案件）、违法有奖销售案件11件、混淆行为案件1件。加强直销监管，落实防疫要求，疫情期间，取消已经报备会议4场次，涉及会议人员940人次，常态化防控后，按要求落实好防控措施，受理直销企业会议报备15次。

· **商品交易监管** 年内，市市场监管局组织开展农贸市场活禽、野生动物交易检查10.17万个次，298个农贸市场在规定时间停止活禽销售，立案查办野生动物违法违规经营案件3件。实施农贸市场创文“三规范、两提升”工程，推进落实“三个一”实事项目，协调落实260万元专项资金，督查大市区农贸市场358个次，查纠不规范、不文明事项229个次，推进大市区40个农贸市场完成水污染排放整治。

· **商品合同监管** 年内，市市场监管局以校外培训机构格式合同为重点，组织开展集中整治，检查格式合同1254份，纠正规范不公平格式条款18条。推广使用长三角电商平台、集体林地承包和林权流转等领域合同示范文本。发挥合同监管职能作用，主动协调沟通，助力服务业小微企业和个体工商户减免284万元房屋租金。开展“深化动产抵押登记、助力企业融资发展”活动，全系统助企融资额202.8亿元。

· **网络交易监管** 年内，盐城市加强网络交易监管执法。全市组织网络交易监测12次，监测各类网络经营主体12.11万次、相关商品信息76.13万次，开展规范指导约谈3次。开展网络市场专项行动（网剑行动），全市市场监管系统查处网络违法案件153件，罚没款253.5万元。

· **消费者权益保护** 年内，市市场监管局“12315”投诉举报中心接收、登记消费者咨询、投诉、举报信息5.52万件，其中投诉9903件、举报1.15万件、咨询3.38万件，投诉按期处结率、举报按期办结率100%，为消费者挽回经济损失1144万元。年内，盐城市开展放心消费创建活动，全市100多家企业、协会、商圈、区域参与创建活动，47家单位被省放心办表彰为江苏省放心消费创建先进示范单位。开展“伴手礼”系列评选活动，42家企业产品入围首届“盐城伴手礼”名录，5家企业产品入围江苏省“伴手礼”名录。年内，市消费者协会被中消协表彰为全国消协组织消费维权先进集体；盐城市“12315”投诉举报中心被市政府评为全市在线平台群众诉求办理工作先进集体。

· **广告监管** 年内，盐城市开展涉及疫情防控的互联网广告监测，发现“预防新型冠状病毒肺炎1号方”“不要等到地图一片红再购买除菌消毒产品”“欧标N94等于国产N95”等违法广告线索9件，查办涉及疫情虚假违法广告案件4件，罚没5.43万元。制定印发《广告监测工作规范》《违法广告线索处置工作规范》，全面再造广告监测和线索处置工作流程。开展“软色情”“特供专供”、非法集资、长江渔获物、产权式商铺等领域广告专项整治，查办各类广告违法案件158件，罚没187.54万元。

· **计量监管** 年内，盐城市有8家法定计量技术机构，建立社会公用计量标准301项。各技术机构有69名注册计量师，其中一级24名、二级45名。推进强制检定计量器具工作，全市免费检定计量器具31万台（件），免征费用1851万元。年内，市市场监管局配合省市场监管局完成东台市、射阳县、阜宁县、滨海县、响水县综合检验检测中心法定机构授权考核，对东台市、大丰区、射阳县、建湖县、滨海县、阜宁县6家县（市、区）级技术机构开展监督检查工作。做好能源计量审查工作，组织重点耗能企业及审查人员参加培训，通知企业登录省市场监管局能源计量管理系统，录入相关报表及资料；配合省市场监管局完成7家年30万吨标煤企业能源审核，开展4家企业能源审查工作。

· **标准化管理** 年内，市市场监管局指导基层培育申报标准化项目，新获批省级标准化项目4个，8个到期项目全部通过国家市场监督管理总局和江苏省市场监管局验收，响水青花菜种植获批国家级标准化示范项目，是全省种植业唯一一个。制定口罩企业标准模板，帮助转产口罩企业解决技术困难；组织企业参加国家、省举办的标准化系列讲座，240人次参加培训，印发《标准化知识100问》300本；制定盐城市地方标准16个，全市企业主导制定国家标准2个。

·食品安全监管 年内，盐城市加强食品生产安全监管，对食品生产条线938家获证食品生产企业和1273户食品小作坊实施全覆盖监督检查，其中对食品生产企业按照风险分级管理要求，检查1656家次，发现问题1461个，问题整改1461个，立案查处29件；对1273家食品小作坊检查1380家次，取缔“黑作坊”6个。加强食品经营安全监管，全年全市创建省级餐饮安全示范街8条、示范店580家。开展放心超市、餐厅自我承诺活动，全市396家大中型食品超市、1870家餐饮单位开展承诺活动。强化疫情防控管理，劝停群体性聚餐8.46万桌、农村集体聚餐8.45万桌；对73家农贸市场食用农产品快速检测，快检28.3万个批次，合格率99.49%，对检测结果呈阳性产品做下架、退市或销毁处理。加强食品安全风险监测，开展农产品质量安全风险监控专项行动，严厉打击非法添加用药行为，全市化学污染物和微生物致病因子监测实现全覆盖；开展打防管控专项攻势，侦办食品犯罪案件67件，公诉140人；多部门联合组织“亮剑2020”打假治劣、农产品质量安全整治、餐厨废弃物集中执法等专项治理，查办食品违法案件383件。加强食品安全抽检监测，全市市场监管系统完成食品安全抽检任务3.48万批次，抽检量达到每千人4.82批次，检测发现不合格样品479批次，合格率98.62%。推进省级食品安全示范城市创建，盐城经济技术开发区获江苏省食品安全示范城市命名；大丰区、东台市示范城市创建工作在省级跟踪评价中被列为A档地区，大丰区跟踪评价得分列全省第2位。推进食品安全责任保险试点工作，食品安全责任保险“苏食卫士”项目工作成效居全省第一位。

·药品和医疗器械安全监管 全年全市检查零售药店2839家次，检查医疗机构（药品质量管理）3234家次，检查疾病预防控制机构和疫苗接种点240家次，检查实施三级监管的医疗器械经营企业1528家次，检查二、三级医疗机构（医疗器械质量管理）108家次，检查发现问题缺陷和风险隐患3311个，查处违法案件23件。市市场监管局、市卫健委于5月18日印发《疫苗质量联合执法监管工作机制》；10月23日，《盐城市药品和医疗器械安全突发事件应急预案》经市政府第58次常务会议审议通过正式实施。年内，市政府印发《2020年药品抽检工作计划》并组织实施，全年完成药品抽检任务900批次。加强药品、医疗器械不良反应（事件）监测工作和药物滥用监测工作，报告数量在全省均排名第二位。

·产品质量安全监管 年内，盐城市围绕“六稳”“六保”要求，推进质量整治活动。聘请21名专家作为质量监管技术支持力量，协助完成184张工业产品生产许可证获证企业检查任务。新冠肺炎疫情防控期间，创新“驻厂监管”制度，向60多家转产口罩企业派驻“驻厂员”，保障口罩等防疫产品质量安全，先后组织疫情防控相关产品和民用口罩、口罩用熔喷布产品的专项质量整治，排查69家民用口罩生产企业名单，组织承检机构开展监督抽查。围绕安全生产、污染防治、放心消费、质量整治、“两会”议题等重点、焦点，全年组织市级产品监督抽查56种产品967个批次，处理114例国家、省、市三级产品质量监督抽查发现的不合格产品，为不合格产品生产企业提供质量诊断书。推进化肥、燃气具、成品油、危化品及其包装物和容器、电线电缆和防爆电气、儿童和学生用品等产品质量专项整治。

·特殊食品安全监管 年内，市市场监管局对全市生产许可的67个（其中委托加工49个品种）保健食品注册与备案品种证书有效期届满延续注册情况进行追踪了解，同时对无生产许可的保健食品注册证与备案证书情况进行梳理，梳理出持有人11家，18个品种，并对证书的有效期及委托生产情况进行调查，下发两期风险提示函。开展保健食品行业专项清理整治行动和婴幼儿配方乳粉质量提升行动，检查经营主体2753家次，检查发现问题245个，及时实施闭环整改。服务指导企业，年内新增1家保健食品（原料）生产企业，江苏正大丰海制药有限公司素乾特殊医学用途碳水化合物配方和恬能特殊医学用途电解质配方两个特殊医学配方食品，于8月通过国家市场监管总局组织的注册现场核查。

·化妆品安全监管 年内，全市立案查处化妆品案件9件，涉案货值4.1万元，没收违法所得、产品货值2.9万元，累计罚款金额3.7万元。化妆品不良反应监测每百万人员报告数列全省第二位，市第三人民医院获批省化妆品不良反应监测评价基地。年内，市市场监管局完成国产非特殊用途化妆品备案344种次，全年全市网上备案企业达127家。开展百家重点化妆品企业服务零距离活动，服务企业103家，提出帮扶意见和建议60条，帮助解决具体问题43个。强化化妆品日常监督检查，完成50批次化妆品抽检任务，对5个批次不合格产品进行后续处置。组织开展婴幼儿护肤品专项检查，全市出动执法人员2043人次，检查化妆品经营主体1056家，责令限期整改化妆品经营企业95家。支持中韩（盐城）产业园化妆品备案审核能力建设，该项目被列入省市场监管局与盐城市政府高质量发展合作协议。

·特种设备安全监察 年内，市市场监管局牵头开展特种设备安全生产专项整治，检查使用单位1.31万家，发现隐患7947条，其中重大隐患10条，重大隐患整改率100%，其他隐患到期整改率100%。服务复工复产，对45家复产化工企业特种设备进行全面体检，帮助企业排查问题隐患，指导整改达标，实现设备数量见底，未检设备清零，全年检验设备7369台、压力管道213.3千米。96333电梯应急处置平台实现“六统一”，3.5万台电梯轿厢全部更换新版救援标识牌，全年接警1153起，解困人员2303人次，一级响应救援响应率100%，平均到达时间为10分钟。全年全市未发生特种设备事故。年内，市市场监管局特种设备安全监察处被盐城市总工会授予盐城市工人先锋号，被江苏省人力资源和社会保障厅、江苏省市场监管局表彰为先进集体。

· **认证监管** 年内，全市共获认证证书1.27万张，涉及组织数4370家。其中，自愿性管理体系认证证书7941张，涉及组织数3859家；强制性认证证书1005张，涉及组织数147家；食品农产品认证证书416张；有机产品认证证书72张。

· **认可和检验检测监管** 年内，盐城市获国家级资质认定和省级资质认定（CMA）并进入国家统计直报系统的机构262家，其中国家级检验检测中心2家、省级检验检测中心7家。年内，市市场监管局受江苏省市场监管局委托实施综合类“双随机、一公开”检查，联合市生态环境、交通运输部门实施市本级机动车车检机构“双随机、一公开”检查。其中，省级双随机检查机构40家，17家机构自行整改通过、20家机构责令改正、3家机构责令整改；市本级检查机构为9家，其中5家机构自行整改通过、4家机构责令改正。全年受理投诉、举报、转办案件线索11件、双随机监督检查责令整改相关机构案件线索7件。

· **市场监管执法稽查** 年内，盐城市推进市场监管综合执法改革，减少执法层级，整合执法职能、归并执法机构、提高执法效率；制定《综合执法运行管理办法（试行）》，构建完善执法稽查管理机制。推行“3+X”执法模式，紧盯安全、知识产权、产品质量三大领域，紧扣民生热点，强化行业整治，全年市场监管系统查办各类违法案件1808件，同比增长19.89%。与公安部门联合查办的王某某等人制售劣质口罩案入选市场监管总局“联合双打行动”典型案例，并在国务院联防联控机制新闻发布会上进行通报；联合查办的“3·25”特大销售走私冻品案，涉案金额1390万余元，被省市场监管局评为年度食品安全十大典型案例。

（戴鹏辉）

知识产权保护

· **概　况** 2020年，盐城市专利申请量3.45万件，专利授权量2.15万件，PCT国际专利申请量149件。全年全市有效发明专利1.04万件，同比增长54.08%，增幅列全省第一位；10年（含）以上高维持年限有效发明专利1154件，万人发明专利拥有量14.37件。全市有效注册商标9.16万件，驰名商标69件，地理标志商标和产品63件，产值规模230亿元。

· **知识产权发展** 年内，盐城市实施知识产权战略，推进区域知识产权示范建设，先后获批国家级知识产权强县工程示范县1家、知识产权示范企业3家、优势企业107家，获批省级知识产权示范园区2家、知识产权战略推进项目6个、地理标志注册运用促进项目3个、知识产权“贯标”绩效评价合格企业57家。大丰区、响水县通过国家知识产权强区（县）工程试点县验收，盐城经济技术开发区成为国家知识产权试点园区，亭湖环保科技城通过省知识产权试点园区验收，盐南高新区进入省知识产权示范园区行列。

· **知识产权服务** 年内，盐城市新增专利代理机构14家，本土专利代理机构有17家。制定《盐城市知识产权质押融资以奖代补实施办法》，首次规定对全市企业知识产权质押融资实施奖补政策，全市知识产权质押融资项目43个，合计金额11.79亿元，项目数列全省第8位，资金数目标完成率全省第一位。年内，全国首单地理标志被侵权损失保险业务在盐城市落地。盐城师范学院参加第四届江苏省大学生知识产权知识竞赛活动并获得二等奖。

· **知识产权维权** 年内，市市场监管局按照“严保护、

表14　2020年盐城市新增地理标志商标注册情况一览表

序号	商标名称	注　册　人	核定商品	商标类型	注册时间
1	九龙口冲浪鱼	建湖县水产技术指导站	草鱼	集体商标	2020.04.07
2	盐城大米	盐城市粮食行业协会	大米	集体商标	2020.04.07
3	东台鳗鱼	东台市地方特产行业协会	鳗鱼	证明商标	2020.06.14
4	大丰梭子蟹	大丰区三龙镇海洋捕捞专业技术协会	梭子蟹	证明商标	2020.07.14
5	大丰蟛蜞	大丰区三龙镇海洋捕捞专业技术协会	蟛蜞	证明商标	2020.07.14
6	马家荡小龙虾	阜宁县马家荡螃蟹协会	小龙虾	证明商标	2020.10.14
7	东台文蛤	东台市地方特产行业协会	文蛤	证明商标	2020.10.07
8	便仓枯枝牡丹	亭湖区便仓镇枯枝牡丹协会	牡丹	证明商标	2020.10.07

大保护、快保护、同保护”总要求，举办全市知识产权保护执法业务培训班，立案查处专利、商标违法案件计550件，立案审理专利侵权纠纷行政裁决案件40件。开展“知识产权百日维权援助”系列活动，主动对接服务277家企业，并为46家企业提供知识产权维权援助服务。“建立知识产权维权援助机制”被市委全面依法治市委员会确定为“2020年度法治为民办实事项目”。派员进驻2020中国东部沿海（盐城）国际汽车博览会和第二届中韩投资贸易博览会，开展驻场知识产权保护和维权援助工作。年内，市市场监管局知识产权保护行政执法案卷在全省评查中获得提交合格率和质量合格率两个100%，名列全省设区市第一位。

· **知识产权纠纷案件诉调对接工作机制**　年内，市市场监管局成立盐城知识产权仲裁院和盐城市知识产权人民调解委员会及9个县（市、区）、盐南高新区和盐城经济技术开发区调解工作室，并在市、县所属行业协会或街区成立24个知识产权调解工作室。新设立4家知识产权维权援助分中心和6家知识产权维权援助园区工作站，实现维权援助机构县（市、区）全覆盖。与市中级人民法院建立知识产权纠纷案件诉调对接工作机制，办理知识产权纠纷人民调解、行业调解、仲裁调解和行政调解案件134件，出具119份专利电商侵权判定书面意见。

· **版权管理**　年内，市委宣传部与市公安局、市场监督管理局等部门联合开展执法行动，收缴各类侵权盗版制品7900余件。畅通投诉举报渠道，打击各类侵权盗版行为，全年查办侵权著作权案件23件，市版权局被国家版权局表彰为全国查处侵权盗版案件有功单位。开展版权宣传活动，统筹线上线下，以电视、报纸、微信公众号等多种形式，在公交站点、学校、社区、企业等公共场所开展版权保护宣传，营造保护正版、鼓励创新的社会文化氛围。挖掘盐城戏剧、杂技、农民画、发绣、木雕、剪纸、瓷刻等传统、非遗项目和特色版权作品，推动版权运用和价值转化，打造一批自主版权品牌，滨海木雕壁画《国画富贵》入选全省首批优秀版权作品产业转化重点培育项目。深入版权示范园区、版权产业集聚区及版权相关企业，针对性开展版权指导服务，打造版权企业样板，江苏星月测绘科技股份公司被评为江苏省版权示范单位。与市知识产权局联合开展“正版正货”示范街区及示范行业创建活动，筛选具备代表性的商业体，培育双优诚信示范单位。

（唐登鑫）

· **全国首单地理标志被侵权损失保险业务在盐城落地**　3月28日，全国首单地理标志被侵权损失保险业务在人保财险江苏盐城东台支公司落地。江苏东台三仓润丰现代农业产业园有限公司为地理标志商标“东台西瓜”投保160万元风险保障。地理标志被侵权损失保险是保障该类知识产权的专属责任保险，对地理标志所有方因被侵权造成的直接经济损失、调查取证费用、诉讼费用等提供风险保障，支持主动维权、积极维权，转移维权过程中可能带来的经济损失，从而起到保护地理标志使用、促进产业健康发展的积极作用。此次投保方案中，共有15家企业获得“东台西瓜”的官方使用授权。

（戴鹏辉）

· **“加强知识产权保护，促进民营企业创新”法治宣传活动**　4月24日，市工商联联合市中级人民法院、市知识产权局、市版权局等单位共同组织的“加强知识产权保护，促进民营企业创新”法治宣传活动在盐城华旭光电技术有限公司举行。市中级人民法院，市知识产权局分别向民营企业家介绍全市知识产权案件审判情况和全市知识产权保护工作情况，解读相关法律条文。盐城华旭光电技术有限公司、江苏双菊风机有限公司等参会企业介绍在新形势下遇到的法律问题，并与参会法律界人士共同探讨解决措施。

（秦　雨）

沿海开放

编辑　徐　昊

综　述

·概　况　2020年，盐城市抢抓国家战略机遇，坚持生态优先、开放带动，坚定走好“两海两绿”路径，以陆促海、以海带陆，加快建设沿海经济带、城镇带、风光带。全年全市沿海地区实现地区生产总值3643亿元，一般公共预算收入225亿元，完成全口径工业销售收入4445亿元，占全市68.7%，沿海地区成为全市经济活力最强、增长最快的重要板块。构建沿海现代产业体系，打造沿海特色产业集群，钢铁产业销售收入超千亿元，德龙镍业首次入选中国民营企业500强。海上风电装机容量超过350万千瓦，占全省三分之二、占全国近二分之一，规模居全国地级市之首。现代农业综合发展水平连续保持苏北第一，设施农（渔）业面积居全省首位，渔业总产值居全省前列。完善沿海基础设施，形成以港口为龙头的现代综合交通集疏运体系，盐城港“一港四区”累计建成万吨级以上码头泊位24个，滨海港区一类开放口岸通过国家验收，“沪盐通”完成进出口26万标箱，为企业节约物流成本2亿元。大丰港、滨海港铁路支线开工建设，盐通高铁建成通车，盐城全面接入长三角高铁运输网络，进入上海“1小时经济圈”。构建以滨海风貌为特色的沿海城镇体系，建成黄海国家森林公园旅游度假区、滨海月亮湾旅游度假区等标志性亮点。拓展沿海开放空间，推进中韩（盐城）产业园建设，成功获批国家跨境电子商务综合试验区，举办第二届中韩贸易投资博览会、江苏—韩国企业家交流会等系列活动，总投资10.5亿美元的SKI动力电池盐城基地项目一期建成投产。融入长三角区域一体化、淮河生态经济带等国家战略，增强城市区域竞争力。沪苏大丰产业联动集聚区、常州盐城工业园等共建园区提质增效，总投资700亿元的长三角（东台）康养基地成功落户。启动建设以滨海港工业园为核心的河海联动开发示范区，推进中海油LNG等一批重大项目建设。发挥沿海生态优势，组织黄海湿地世界自然遗产保护宣传系列活动，牵头成立淮河生态经济带生态环保联防联治专委会、长三角生态环保产业联盟，扩大生态“朋友圈”。市区空气质量综合指数连续多年全省第一，连续四年被省政府表彰为大气污染防治优秀城市，建成区全面消除黑臭水体。推进千里海堤防护林带和万亩新林场建设，造林面积连续三年列全省第一位，江苏黄海海滨国家森林公园创成国家森林康养基地。　（张锦锋）

·盐城市设立跨境电子商务综合试验区　4月27日，国务院批复同意盐城市设立跨境电子商务综合试验区，明确由所在地省政府负责印发具体实施方案。年内，盐城市推进“互联网＋外贸”，发挥盐城综合保税区平台功能，复制推广优秀综合试验区成熟经验做法，推进盐城跨境电子商务综合试验区建设。打造信息共享、智能物流、金融服务、电商诚信、风险防控、统计监测六大体系，建设线上综合服务平台和线下产业园区平台，促进跨境电商线上线下联动发展，打造跨境电商完整的产业链和生态链。结合各地区位优势和产业基础，按照协同发展、突出特色的思路，推进形成“1+4+N”覆盖全市的整体布局。“1”即1个核心区，依托盐城综合保税区和盐城港大丰港区保税物流中心（B型）发展中韩（盐城）产业园为综合试验区发展核心区；“4”即4个特色产业园区，重点建设燕舞航空产业园、顺丰盐城智慧电商物流园、大丰跨境电商产业孵化中心、盐城大数据产业园4个特色产业园；“N”即多个产业园，由先行先试的产业园带动全市产业园创新发展，渐次推进，逐步形成“N”园并举、错位发展、优势互补的跨境电商产业发展格局。全年全区实现跨境电商9610业务货值17万美元，1210业务货值100万美元，9710业务货值1.78亿美元，其中1210和9710是盐城市跨境电商新增业务模式。　（陈　军）

·“一港四区”国家一类开放口岸全覆盖　1月28日，《国务院关于同意江苏盐城港口岸响水港区和射阳港区对外开放的批复》正式下发。至此，盐城港大丰港区、射阳港区、滨海港区、响水港区全部经国务院批复为国家一类开放口岸，实现全覆盖。　（成　扬）

招商引资

·概　况　2020年，盐城市开展外资促进行动，编制2021年全市重大境外投资促进线上线下活动计划表，利用线上线下方式，加快引进一批龙头型、旗舰型外资项目和总部型、功能性外资机构，吸引资金流、信息流、人才流等优势资源向盐城汇聚。组织开展第十三届海盐文化节、第三届中韩贸易投资博览会、上海和北京跨国企业专题拜访等重大投资促进活动。创新开展平台招商，发挥现有驻外招商机构作用，加强与国际组织、商协会、咨询公司、龙头企业等合作，实行委托招商、中介招商、定向招商、以商引商，探索实行“标准厂房＋产业基金＋平台合作＋创业资助”招商模式。服务外资企业、服务招商引资、服务项目落地，贯彻《中华人民共和国外商投资法》等法律条规政策，落实《鼓励外商投资产业目录》，提供“直通车”服务，全面优化营商环境。

·利用外资及港澳台资　全年全市新设外商及港澳台商投资项目157个，其中新设（增资）总投资3000万美元以上项目49个；协议注册外资及港澳台资36.78亿美元，实际使用外资及港澳台资10.12亿美元。其中，全年新设韩资企业23个，协议注册韩资4.72亿美元，实际使用韩资1.7亿美元；新设新加坡投资企业9个，协议注册外资2.45亿美元，实际使用外资1.14亿美元。全年全市新设合资企业25家，实际使用外资2.12亿美元；新设外商及港澳台商独资企业131家，注册外资及港澳台资实际到账8亿美元。　（潘志飞）

表15　2020年盐城市外商及港澳台商直接投资情况统计表

地　区	实际使用外资及港澳台资		协议注册外资及港澳台资		新设外商及港澳台资投资企业数		
	当年累计（万美元）	同比（%）	当年累计（万美元）	同比（%）	当年累计（个）	同比（%）	其中：总投资3000万美元以上项目（个）
合　计	110100	10.01	361412	–14.34	157	12.14	49
东台市	11121	11.20	22442	–37.77	15	–21.05	3
建湖县	2186	–38.21	4932	187.92	7	16.67	1
射阳县	9114	7.02	45296	157.69	22	83.33	11
阜宁县	2268	–36.04	13738	–25.02	8	–33.33	2
滨海县	6067	121.02	12744	32.64	14	75.00	1
响水县	3883	454.71	10360	58.29	12	200.00	2
市　区	66579	5.74	258295	–22.23	79	0	29

表16　2020年盐城市外商及港澳台商直接投资分国别（地区）情况统计表

国别（地区）	中国香港	中国台湾	韩国	日本	美国	新加坡	菲律宾	印度尼西亚	马来西亚	印度	泰国
项目数（个）	87	17	23	2	5	9	0	0	0	1	0
合同外资及港澳台资（万美元）	179981	20600	47157	858	358	24482	0	0	0	1189	2187
实际外资及港澳台资（万美元）	52232	1085	16977	755	57	11437	100	900	850	0	0

国别（地区）	以色列	土耳其	也门	塞舌尔	英国	法国	意大利	卢森堡	葡萄牙	瑞士	拉脱维亚
项目数（个）	1	2	1	2	0	1	0	0	0	0	0
合同外资及港澳台资（万美元）	300	721	29	–33	1147	2113	1521	0	0	4320	0
实际外资及港澳台资（万美元）	22	0	0	100	41	995	1521	10	83	0	100

国别（地区）	乌克兰	开曼群岛	英属维尔京群岛	加拿大	澳大利亚	萨摩亚	投资性公司投资	盐城市境外机构投资	创业投资公司投资
项目数（个）	1	2	2	0	2	0	1	0	0

续表16

合同外资及港澳台资（万美元）	1000	1706	3048	85	578	451	74209	100	-300
实际外资及港澳台资（万美元）	0	999	2396	0	104	4203	5984	100	167

·组织盐城企业参加中国第三届进口博览会 11月6—7日，中国银行盐城分行组织盐城地方企业参加由中国国际进口博览局、国家会展中心（上海）和中国银行共同举办的第三届中国国际进口博览会贸易投资对接会。中国银行盐城分行发挥跨境业务专业化优势，助力地方经济发展，通过线上分会场视频连线，线下现场会场的方式，线上线下累计组织60余家盐城当地企业参加中国第三届进口博览会，其中15家企业和国外展商现场签约，签约金额4495万余美元。（戴登来）

·"深耕长三角·逐梦新盐城"线上投资环境说明会 （参见《接轨上海·"深耕长三角·逐梦新盐城"线上投资环境说明会》）

·盐城市经贸代表团赴韩国考察访问 8月23—27日，盐城市经贸代表团赴韩国考察访问。在韩国期间，代表团先后拜访中国驻韩国大使馆、韩国产业通商资源部、现代汽车集团、SK集团和LG集团；盐城经济技术开发区、华人运通公司分别与LG集团、SK集团、韩国区块链研究教育院等就有关事项签订合作协议。

·江苏—韩国企业家合作交流会在盐城市举行 10月30日，由省商务厅、省外事办、盐城市政府和韩国产业通商资源部通商协力局共同主办，以"畅通产业循环，携手合作共赢"为主题江苏—韩国企业家合作交流会在盐城举办。活动主要包括江苏—韩国企业家合作交流会、第二届中韩贸易投资博览会开幕式、中韩产业园合作发展研讨会、江苏—韩国企业人才合作对接会、江苏—韩国青年企业家合作论坛、"一带一路"商协会圆桌会议（盐城）峰会4场平行论坛及"韩国企业江苏行"产业考察等。交流会上举行合作项目签约仪式，盐城经济技术开发区的中韩（盐城）产业园与新万金韩中产业园战略合作项目、韩国IA株式会社新能源汽车半导体项目参加集中签约。

·2020盐城城市资源规划合作推介会 10月19日，盐城市举行"新盐城·新地标·新魅力"2020盐城城市资源规划合作推介会。活动推介盐城市城市发展和城市规划情况，发布城市优质地块和服务业招商项目，集中签约先锋岛组团新洋港北侧片区、潮声路片区开发，特来电新能源汽车充电桩，先锋大岛片区基础设施、公共配套设施建设，城市燃气综合能源服务，串场河文化集聚区文旅综合体等重大项目。（潘志飞）

对外及对港澳台贸易

·概　况 2020年，盐城市实现进出口贸易总额119.36亿美元，同比增长24.2%。其中，出口贸易总额80.21亿美元，同比增长25.1%；进口贸易总额39.15亿美元，同比增长22.3%。全年全市进出口、出口、进口实现连续八个月正增长，增幅均居全省第二位，年度进出口总额突破百亿元，位居全省第八位。全市出口商品销往203个国家和地区。其中，对欧盟出口同比增长18.6%，占全市出口比重19.13%；对"一带一路"沿线国家和地区出口27.23亿美元，同比增长32.8%，占全市出口比重33.9%。全市进口商品主要来自96个国家和地区。

全年全市出口商品销往203个国家和地区。其中，对欧盟出口同比增长18.6%，占全市出口比重的19.13%；对"一带一路"沿线国家和地区出口27.23亿美元，同比增长32.8%，占全市出口比重33.9%。全市进口商品主要来自96个国家和地区。

全年全市有进出口实绩企业2100余家，其中超亿美元企业20家。全市进出口前30位企业实现进出口贸易50.98亿美元，其中江苏英信达半导体有限公司、江苏辉丰农化股份有限公司、百通达科技（东台）有限公司、盐城天合国能光伏科技有限公司和江苏华源医疗科技有限公司5家企业进出口成倍增长。全市有出口实绩企业超1800家，其中超亿美元企业10家，比上年同期增加3家。全市出口前10强企业实现出口贸易18.25亿美元。全市有进口实绩企业超800家，其中超亿美元企业9家。

·展销洽谈 年内，盐城市组织668家单位2778人参加2020年第三届上海进博会，其中企业报名人数占比84%。展会期间，全市达成意向成交额2.1亿美元。

·11家外贸企业入选2020—2022年度江苏省重点培育和发展的国际知名品牌 9月24日，江苏省商务厅公示2020—2022年度江苏省重点培育和发展的国际知名品牌名单，421个品牌入选。其中江苏农华智慧农业科技股份有限公司等11家企业名列其中。此次入选的品牌名单根据《省商务厅关于开展2020—2022年度江苏省重点培育和发展的国际知名品牌评选工作的通知》有关要求，经组织申报、初审、评审、信用筛查、征求部门意见等程序后确定，旨在推进品牌建设，凝聚企业发展力量，提升企业核心竞争力。 （潘志飞）

表17 2020年盐城市进出口贸易完成情况统计表

地 区	进出口贸易		出口贸易		进口贸易	
	贸易额（亿美元）	同比（%）	贸易额（亿美元）	同比（%）	贸易额（亿美元）	同比（%）
全 市	119.40	24.20	80.20	25.10	39.20	22.30
东台市	12.50	21.70	11.80	21.70	0.70	21.40
建湖县	4.30	10.70	3.60	5.60	0.60	51.70
射阳县	7.50	20.10	5.40	14.80	2.10	6.30
阜宁县	5.20	19.10	4.60	13.10	0.60	94.80
滨海县	5.40	9.40	5.00	11.70	0.40	-11.80
响水县	8.90	64.90	7.70	67.10	1.20	51.60
大丰区	28.70	21.80	14.30	26.70	14.40	17.30
盐都区	12.40	44.40	6.30	47.90	6.10	41.10
亭湖区	5.70	-15.80	4.70	-6.50	1.00	-42.50
盐城经济技术开发区	25.90	33.90	14.50	33.90	11.40	33.90
盐南高新区	2.90	31.20	2.30	39.00	0.60	7.00

表18 2020年盐城市进出口贸易主要国家（地区）情况统计表

单位：万美元

国别（地区）	出口贸易	进口贸易	进出口贸易
美 国	161734	17354	179088
韩 国	54809	80479	135288
英 国	38103	1181	39284
印度尼西亚	37105	14633	51738
越 南	36491	7333	43824
新加坡	35026	3601	38627
日 本	31502	38970	70472
德 国	25752	5771	31523
澳大利亚	20459	7570	28029
荷 兰	18015	77	18092
俄罗斯联邦	17061	495	17556

续表18

国别（地区）	出口贸易	进口贸易	进出口贸易
巴　西	16253	44713	60966
印　度	15823	1880	17703
马来西亚	14011	8680	22691
墨西哥	12982	561	13543
泰　国	12865	6251	19116
意大利	12620	3332	15952
加拿大	12352	6556	18908
西班牙	11973	498	12471

表19　2020年盐城市进出口贸易国际市场分布情况统计表

单位：万美元

地　区	出口额	进口额	地　区	出口额	进口额
合　计	802137	391471	北美洲	174089	23911
亚　洲	346823	254301	大洋洲	22180	12449
非　洲	28712	268	其中：东　盟	152439	70260
欧　洲	179268	24639	欧　盟	153479	22358
拉丁美洲	51066	75903		—	

对外及对港澳台经济技术合作

·概　况　2020年，盐城市实施“请进来”“走出去”战略，加快对外及对港澳台经济技术合作。市商务局组织盐城市企业参加2020年江苏企业“走出去”系列线下培训2场次和2020中国企业走出去风险发布会“云论坛”等线上培训活动30场次，带领企业组团参加第十七届中国—东盟博览会、江苏省跨国投资研讨会等活动。至年底，全市新批境外投资项目10个，盐城方协议投资3.27亿美元，盐城方协议投资额列苏北第一位、全省第六位。新签劳务人员实际总收入680万美元；全市对外承包工程新签合同额1.94亿美元，对外承包工程总额位居苏北第一位、全省第五位。年内，江苏德龙镍业有限公司在印度尼西亚投资的境外投资项目，盐城市协议投资额2.96亿美元，是全市最大的境外投资项目，也是江苏省当年最大单体境外投资项目。

·服务外资企业　联合“优投网”赴大丰、东台、建湖和滨海等重点县（市、区），对全市重点外经企业开展走访调查活动，走访企业近百家，为企业提供相关信息和服务。完善境外投资备案（核准）无纸化管理，制定企业境外投资申报指南（新版），并指导县（市、区）商务部门和企业做好境外投资备案工作。推进行政审批服务便民化，压缩3项行政许可事项承诺办理时限，其中1项变为即办件（办理时限1天）、2件压缩至法定办结时限的一半。

·德龙印尼不锈钢冶炼一体化综合项目　2014年德龙印尼不锈钢冶炼一体化综合项目经国家发改委、商务部批准，一期项目与中国一重合作，总投资9.29亿美元，年产60万吨高镍铁，建设15条RKEF生产线，配套自备电厂及码头，2019年5月全部投产。该项目被列入江苏省“一带一路”国际产能合作重点项目，是江苏省第二大境外投资项目。二期项目与厦门象屿集团合资，总投资28亿美元，实施年产350万吨不锈钢冶炼综合体，项目建设内容为35条镍铁冶炼生产线、6台100吨AOD炉、3条连铸生产线，以及自备电厂和码头等，2020年项目全部建成投产，该项目被列入国家“一带一路”国际产能合作重点项目。三期项目总投资2.96亿美元，年产60万吨镍铁合金，建设8条生产线，用于配套德龙响水总部不锈钢二期项目和戴南项目。　（潘志飞）

表20　2020年盐城市新批对外及对港澳台投资企业情况一览表

序号	地　区	境内主体企业名称	境外企业名称	总投资（万美元）	盐城市协议投资额（万美元）	国别（地区）	行业类别
合　计				38000.10	32673.44	—	—
1	响水县	江苏德龙镍业有限公司	纳德思科里克工业有限公司	29600.00	29600.00	印度尼西亚	制造业
2	大丰区	江苏爵格工业设备有限公司	爵格安全新加坡有限公司	15.00	15.00	新加坡	批发业
3	盐都区	江苏中恒宠物用品股份有限公司	派维亚宠物用品有限公司	1500.00	500.00	柬埔寨	制造业
4	盐城经济技术开发区	江苏江淮动力有限公司	江淮动力（越南）有限公司	500.00	500.00	越南	制造业
5	盐城经济技术开发区	江苏农华智慧农业科技股份有限公司	江动（越南）机械有限公司	930.00	360.00	越南	制造业
6	盐城经济技术开发区	盐城斗源模具有限公司	印度尼西亚斗天汽车配件有限公司	200.00	200.00	印度尼西亚	制造业
7	盐南高新区	纬景储能科技有限公司	威众能源系统有限公司	2083.33	500.00	美国	研发与试验
8	盐南高新区	纬景储能科技有限公司	威众能源系统有限公司	2871.77	788.44	美国	研发与试验
9	建湖县	江苏金秆农业装备有限公司	永久防护品有限公司	200.00	110.00	美国	制造业

开发园区

・・・园区发展・・・

・概　况　2020年，盐城市省级以上开发区实现使用外资9.27亿美元，进出口总额92.4亿美元，一般公共预算收入152亿元，税收收入265.5亿元，规上工业销售收入3117.3亿元。全年全市省级以上开发区组织各类招商推介活动149次，新签约亿元以上工业项目183个，其中总投资87.5亿元的阿特斯9.5吉瓦光伏电池+10吉瓦光伏组件项目、总投资65亿元天合7.6吉瓦光伏电池项目等项目签约落户。新开工总投资亿元以上工业项目150个，当年完成投资128.1亿元。新竣工总投资亿元以上工业项目102个，当年完成投资212.9亿元。年内，全市纳入省重点项目7个，当年完成投资118.5亿元；纳入市重点项目72个，当年完成投资370.3亿元。长三角智能网联汽车试验场、新恺胜电子开工建设，SKI动力电池、华人运通新能源汽车建成投产。加快发展新能源产业，规上工业企业销售收入达591.1亿元。盐城经济技术开发区电池、组件、硅片产能已分别实现20.5吉瓦、7吉瓦、1吉瓦，其中电池产能占全球市场十分之一，新能源产业实现销售收入超150亿元。江苏大丰经济开发区新能源产业连续两年销售超百亿元，江苏中车电机有限公司首次突破70亿元，江苏金风科技有限公司、盐城阿特斯阳光能源科技有限公司分别突破40亿元、30亿元。电子信息产业快速集聚，规上工业企业销售收入342.3亿元，同比增长32.7%。盐城高新技术产业开发区构建起从核心部件到品牌整机、从硬件生产到软件研发的全电子信息产业链条。东山精密LED小间距封装全球排名第一，FPC柔板全球排名第三、国内第一，5G滤波器全球排名前五。江苏东台经济开发区内江苏科森光电科技有限公司、俫木电子（江苏）有限公司、江苏广谦电子等项目列入省工信局重点项目计划。智能穿戴及通信终端、精密电子、电脑组件、电子元器件、智能装备等重大项目开工建设。东台德创精密科技有限公司获评省示范智能车间，科森科技东台有限公司获批盐城市唯一一家国家信息化大数据采集中心。

・创新创业　年内，盐城市加快园区发展。盐城市贯彻落实国家、省关于推进开发区创新提升的实施意见，开展区域评估工作，制定印发盐城市省级以上开发区区域评估实施细则和应用指南，提升审批效率、降低审批成本。推动载体平台创建，全年获批国家级载体品牌14个，省级载体品牌26个。其中，盐城经济技术开发区获批国家跨境电子商务综合试验区、国家外贸转型升级基地；盐城高新技术产业开发区获批国家火炬智能终端特色产业基地、大众创业万众创新示范基地；江苏省盐城环保高新技术产业开发区获批全国绿色产业示范基地、中国产学研合作创新示范基地、省留学回国人员创新创业园；江苏大丰港经济开发区内的江苏盐城港大丰港区保税物流中心（B型）获批设立进境肉类、水果监管场地，江苏射阳港经济开发区获批设立公用型保税仓库；中韩（盐城）产业园创成江苏省国际合作园区；江苏阜宁经济开发区、江苏省建湖高新技术产业开发区创成省级知识产权示范园区；江苏东台经济开发区创成省级特色创新（产业）示范园区。推进招商引资。全市省级以上开发区有驻点招商机构130个，其中境外驻点招商机构24个；拥有招商人员798个，其中专职招商人员730人、新增专业招商人才136人，英语专业299人，韩语专业36人，其他语种专业15人。全市推进接轨上海工作，组建接轨上海联络处、招商队伍、招商小组等142个，组织各类活动95次，集中拜访企业4866家。签约与上海合作项目157个，项目计划总投资518.9亿元；在手跟踪项目264个，项目计划总投资1384.8亿元。全年金融合作项目46个，资金规模109.3亿元，新招引科技创新平台33个，引进高层次人才185人。加强人才队伍引进和建设。至年底，全市省级以上开发区有高级职称2251人、高级技师3382人、研发人员数2.4万人、硕士生以上4261人，其中“两院”院士59人、国家杰出青年25人、省“双创”人才185人。全年全市省级以上开发区新增入选国家、省和市人才125名。

（潘志飞）

表21　2020年盐城市省级以上开发区主要经济指标完成情况统计表

园区名称	一般公共预算收入（万元）	实际使用外资（万美元）	进出口总额（亿美元）	规上工业销售收入（亿元）	税收收入（万元）
盐城经济技术开发区	256904	30158	25.90	629.40	403075
盐城高新技术产业开发区	194473	9783	7.90	270.40	345385
江苏省盐南高新技术产业开发区	289009	5211	2.90	39.00	462129
江苏省盐城环保高新技术产业开发区	112223	9352	3.10	164.40	206963
江苏大丰经济开发区	103557	4199	10.70	400.30	182531
江苏大丰港经济开发区	111459	5567	16.30	374.80	188520
江苏东台经济开发区	89033	9729	5.70	345.30	167475
江苏建湖经济开发区	70394	998	2.20	212.60	132612
江苏省建湖高新技术产业开发区	28163	1187	1.40	88.60	52376
江苏射阳经济开发区	64111	4708	3.80	84.80	128124
江苏射阳港经济开发区	50269	3145	2.50	178.20	95498
江苏阜宁经济开发区	59920	1538	3.90	143.20	136800
江苏滨海经济开发区	70806	4157	4.20	111.50	117135
江苏响水经济开发区	20143	2982	1.90	74.80	36456

・・・中韩（盐城）产业园・・・

·概　况　中韩（盐城）产业园总体规划面积50平方千米，空间布局为产城融合核心区和临港产业配套区，重点发展汽车（包括新能源汽车、智能网联汽车）、电子信息和新能源装备产业，培育临港产业和现代服务业。其中，产城融合核心区依托盐城经济技术开发区，规划面积42平方千米；临港产业配套区依托大丰港区一类开放口岸和大丰港保税物流中心（B型），规划面积8平方千米。加快中韩（盐城）产业园建设。1月6日，盐城市政府与江苏省商务厅在南京市召开中韩（盐城）产业园建设工作联席会议第五次会议，学习贯彻第八次中日韩领导人会议和省外商投资企业座谈会精神，加快打造高水平对外开放平台。7月15日，省政府在南京市召开中韩（盐城）产业园发展工作协调小组第三次会议，协调解决产业园发展问题。年内，盐城市政府承办中韩产业园年度工作会议，举办自贸试验区政策与中韩产业合作培训会，召开3次中韩（盐城）产业园建设专题会议，学习开放型经济、跨境电商综合试验区等重大政策，研究推进第二届中韩贸易投资

5月21日，盐城海关对“中韩快捷通道”进境旅客进行流行病学调查现场

（盐城海关　供图）

博览会、在盐韩资企业复工复产、中韩快捷通道开通等重点工作。建立中韩（盐城）产业园建设月度例会制度，定期召开专题会议，研究产业园建设重点工作，加快建设临港产业高地。加强基础设施建设，韩风国际文化名城项目启动建设。年内，中韩文化广场中央水体开挖，未来科技城南区、城东宝龙广场建成运营。加密航线网络，解决盐城到首尔航权问题并增加釜山海运新航点，大丰港区实现与韩国多地直航航线，实现东南亚（越南海防港）航线首航。9月，正式开通至河南周口港内河航线。口岸环境不断优化，大丰港区进境肉类、进境水果指定监管场地获海关总署批复设立，成为全国首个集约化综合指定监管场地示范项目。推进复工复产。开通“中韩快捷通道”。盐城成为全国第三家、地级市第一家成功申请到重大项目复工复产包机的城市。全年通过“中韩快捷通道”为811名韩籍技术专家和员工提供11架次包机服务，率先帮助SKI、IA等重大韩资项目实现复工复产。推动省市共建驻韩经贸代表处，围绕三大主导产业，成立3个招商专班和3个专业招商机构，创新招商方式、提高招商成效，落实专班专人专门跟踪对接。年内，百佳封装胶膜、台湾半导体光刻机、香港存储芯片等32个超1亿美元或10亿元项目签约落户；华人运通新能源汽车、SKI动力电池、IA汽车半导体等8个超1亿美元或10亿元项目投产。加强对韩交流。8月，盐城市经贸考察团赴韩开展经贸交流活动，与LG集团、SK集团、现代汽车集团、韩国区块链研究教育院签订一批合作协议。10月，举办江苏—韩国企业家交流会、第二届中韩贸易投资博览会。与韩国蔚山南区建立公务员互派机制，韩国新万金形成合作备忘录，韩国产业通商资源部、大韩贸易投资振兴公社等建立常态化合作交流机制。引进市直最优教育资源，整体托管园区中小学。与韩国延世大学、首尔大学附属医院合作规划建设中韩友好医院，临港配套功能加强。复制推广上海自贸区等改革试点经验，实施“2330”审批改革、“三书合一”改革、不见面审批改革，成功获批国家跨境电商综试区、国家外贸转型升级基地全省首批中日韩（江苏）产业合作示范园区。全年引进高层次创新创业人才162名，江苏新能源汽车研究院建成运营，润阳光伏研究院、天合光能国家实验室等加快建设，韩国机器人研究中心、华能海上风电研究院等6家研发机构入驻中韩（盐城）产业园未来科技城。

· **第二届中韩贸易投资博览会**　10月30日，由中国国际商会主办，中国国际商会会展部、盐城市政府、盐城经济技术开发区管委会等承办，以“畅通产业循环、携手合作共赢”为主题的江苏—韩国企业家交流会暨第二届中韩贸易投资博览会在盐城国际会展中心开幕。博览会为期5天，重点展示江苏对韩合作交流、中韩产业园建设与发展成果，集中展示汽车及零部件、光电光伏、电子信息、智能制造、金融基金等领域最新产品。博览会主要由江苏—韩国企业家合作交流会、开幕式、“一带一路”商协会圆桌会议（盐城）峰会、平行论坛、展览展会、中韩合作交流周系列活动6个部分组成。展会设有中韩产业园形象主题展区、中韩贸易展区、中韩投资展区3个展区。参加本次博览会的参展商、采购商、专业观众超过3万人次，其中774家专业采购商参会洽谈，贸易成交额19.3亿美元，签约产业项目127个、总投资720.8亿元。

· **“中韩快捷通道”开通**　5月1日，为中韩重要急需人员往来所设的“中韩快捷通道”正式开通，盐城市成为全国第三家、地级市第一家成功申请到复工复产临时包机的城市。盐城市推进中韩(盐城)产业园建设,利用两个市场、两种资源，助推企业转型升级重塑产业链，加强与韩国优势产业对接互补，强化资金、技术、人才等要素衔接配套。全年办理来华签证邀请函1300余人,为911名(韩籍811名)技术专家和员工提供11架次包机来盐，并为韩国包机航班乘客来盐进行集中医学观察和闭环管理。韩资企业急需技术人员及时投入工作，保障SKI、IA、DYK新车型技改等重大韩资项目实现复工复产，保障SKI、华人运通新能源汽车等8个超1亿美元或10亿元项目投产。

· · · 盐城经济技术开发区 · · ·

· **概　况**　2020年，盐城经济技术开发区实现地区生产总值317.4亿元，一般公共预算收入25.7亿元，进出口总额25.9亿美元，注册外资实际到账3亿美元。全年签约重大项目88个，新开工亿元以上项目54个，新竣工亿元以上项目38个。年内，盐城经济技术开发区成功创建国家知识产业试点园区，国家高新技术企业增至88家，省级示范智能车间认定数全市第一。构建中韩（盐城）产业园未来科技城功能格局，东方兴宇国家级孵化器新增科技项目35个，黄海湿地研究院、江苏新能源汽车研究院建成开放。推动韩风国际文化名城建设，中韩文化广场完成中央水体开挖，中韩迎宾苑、燕舞亚朵酒店运营良好，中韩迎宾苑获评2020年度江苏省餐饮质量安全示范街，步凤镇获评省级生态镇。新能源装备产业发展迅速，初步建成以盐城天合国能光伏科技有限公司、盐城阿特斯阳光能源科技有限公司、江苏润阳新能源科技股份有限公司为龙头，集聚易事特集团（盐城）新能源有限公司、九天新能源科技(盐城)有限公司一批产业链项目的光伏全产业链。电子信息产业加速集聚，光耀高端摄像头、IA汽车半导体等项目投产，中国电子、芯宇科技等项目加快推进，实现销售收入突破50亿元。加快汽车产业转型升级，全新K5上市3个月销售突破万台，华人运通高合新能源汽车试生产下线，北汽摩登首款车型正式面市，总投资20.1亿美元的SKI动力电池盐城基地一期1栋厂房投产。

·获批国家外贸转型升级基地 12月7日，商务部公示2020年国家外贸转型升级基地认定名单，盐城经济技术开发区名列其中，成为全市第一家国字号外贸转型升级基地。近年来，盐城经济技术开发区加快培育开放型经济发展新动能，打造开放型经济产业集群，为外经贸产业的发展提供全方位、高效率的产业配套和营商环境，推动基地不断培育外贸竞争新优势，打造一流开放型经济发展高地。全年全区实际利用外资3.02亿美元，完成外贸进出口25.9亿美元。盐城经济技术开发区国家外贸转型升级基地的获批，标志着盐城市外贸转型升级进入新的发展阶段，对进一步优化提升外贸结构、加快转变外贸发展方式、促进优势出口产业集聚发展具有重要指导意义。

（陈　军）

···盐城高新技术产业开发区···

·概　况 盐城高新技术产业开发区总规划面积116平方千米，包括45平方千米的高新产业区、46平方千米的融合发展区和25平方千米的生态涵养区。2020年，全区实现地区生产总值315亿元，一般公共预算收入19.45亿元，全口径工业销售收入308亿元，规上工业销售收入270.4亿元，实际使用外资9783万美元，外贸进出口7.9亿美元。全年全区有11家企业入选省级上云企业，其中五星级上云企业1家、4星级上云企业2家、3星级上云企业8家。土地集约节约利用水平在全国430个国家级开发区中位列第51位，处于全省领先位置，连续四年获评全市AAAAA级园区。加快电子信息产业发展。组建成立100亿元康佳盐城电子信息产业基金，重点在手跟踪10亿元以上项目9个，新签约得润电子、博盛新材料等重大项目20个，新开工普天5G储能、康佳芯片封测、聚力成半导体等项目15个，新竣工永创滤波器、群力摄像头、氢能集卡等项目14个。推进装备智能化，推广智能装备互联互通、自动识别等智能化生产，全年实施智能装备改造项目28个，累计完成投入21.5亿元，创成省级智能工厂1家、省级智能车间9个。加快平台建设。中科院上硅所新能源中心建成试运营，西安电子科技大学研究院签约落户。盐城大学科技园完成科技部火炬中心答辩和现场考核。成功签约海创人才国际创新中心、东南大学技术转移中心，精准导入各类顶尖人才资源和项目。至年底，全区有国家高新技术企业174家，获批国家“双创”示范基地、国家火炬智能终端特色产业基地。加快智能终端产业发展。招引智能终端产业项目110个，其中竣工投产项目83个，产品覆盖智能手机、智能穿戴、智能视听、智能安防、智能家居等领域，初步构建起从核心部件到品牌整机、从硬件生产到软件研发的全产业链，全年产业规模200亿元。年内，智能终端设备集中控制系统研发及产业化、大功率高亮度LED驱动电源技术研究与开发、智能雨刮器控制系统研发、汽车零部件拉削刀具产品研发4个项目获省产学研合作项目立项，园区获批江苏省智能终端产业产学研协同创新基地。

·获批国家“双创”示范基地 12月24日，国务院办公厅发文公布第三批国家级“双创”示范基地名单，盐城高新技术产业开发区名列其中。盐都区以盐城高新技术产业开发区为主阵地，坚持创新驱动发展。至年底，全区全社会研发投入占地区生产总值比重2.6%以上，高新技术产业产值占规上工业产值比重60%，国家高新技术企业总数增加到271家，主要科技指标排名均列全市第一位。

·参与设立康佳盐城电子信息产业基金 9月27日，康佳集团股份有限公司（下称：深康佳A）发布关于参与设立康佳盐城电子信息产业基金的公告。盐城高新区投资集团有限公司与深圳市康佳投资控股有限公司、全资孙公司深圳康佳资本股权投资管理有限公司、江苏黄海金融控股集团有限公司共同发起成立康佳盐城电子信息产业基金，基金规模不超过30亿元，其中深圳市康佳投资控股有限公司和深圳康佳资本股权投资管理有限公司拟合计出资不超过12亿元。该基金投资方向为电子信息、半导体、互联网、人工智能、物联网、5G通信、大数据、新型显示、电子材料、通信、安防、集成电路等。（张伟业）

···盐城综合保税区···

·概　况 盐城综合保税区辖区面积6.65平方千米，其中封关区规划面积2.28平方千米、封关区外配套区规划面积4.37平方千米。2020年，全区实现规上工业销售收入58亿元，一般公共预算收入1.92亿元，注册外资实际到账4957.7万美元，实现外贸进出口额6.5亿美元。年内，盐城综合保税区贯彻落实国务院“21条”创新新政和抢抓跨境电商综合试验区获批机遇，“一般纳税人”试点成效显著，分类监管、检测维修、跨境电商等业务规模增大，创新监管模式、保税货物流转、推广创新制度等新政落地，货物通关时间缩短，营商环境明显优化。年内，新签约落户东导半导体、芯宇半导体、微影半导体、源盛智能终端、方寸科技等工业项目19个以及中通云仓、格兰美等创新业态项目8个，新开工微影半导体、源盛智能终端、茂盛冷链保税加工等工业项目12个，新竣工科锐奇新能源材料、煜昇科技、亭晋电子、飞亚同创保税检测维修等工业项目8个。加快发展以集成电路为主导的电子信息产业和以国际贸易、国际检测维修、仓储物流、跨境电商为主的现代服务业。至年底，有“四上企业”82家，其中规上工业定报企业45家、市三星级以上企业4家；拥有日本TIC孵化中心、江苏省汽车零部件进口贸易中心、跨境电商集聚区等功能平台5家。

·增值税一般纳税人资格试点推广　年内，盐城综合保税区深入贯彻落实关于促进国家高新技术产业开发区高质量发展的若干意见。全面推广增值税一般纳税人资格试点工作。区内企业自行申请，试点企业在继续适用保税政策的前提下，内销货物（包括销售给其他试点企业的货物）可以按规定开具增值税专用发票，并按规定申报缴纳增值税、消费税，便于企业开拓国际、国内市场。3月，开出第一张增值税发票，至年底，全区有5家企业正式获批资格试点。

（陈　军）

···省级开发区···

·江苏省盐南高新技术产业开发区　2020年，江苏省盐南高新技术产业开发区辖区面积103平方千米，人口23.79万人。实现一般公共预算收入28.9亿元，服务业增加值完成169亿元，注册外资实际到账5211万美元。助力企业复工复产。先后帮助66家企业新增授信32.79亿元，提前拨付各类涉企纾困资金1.17亿元。年内，数梦小镇连续两年获评省级优秀特色小镇，西伏河数字智能创新社区成功获批省级众创社区，新弄里创成省级生产性服务业集聚示范区。推动重大产业载体建设，中韩机器人产业园、无人装备产业园、3D打印国际科创园和智能芯片产业园取得突破，西伏河科创走廊4万平方米启动区基本竣工，启用“盐南企业服务通”智慧服务平台，推行经济网格化服务。设立50亿元产业投资基金，组建4个大数据产业公司，新签约赛特斯5G产业基地、大唐网络等项目18个，新落户极智嘉、中交兴路、莫比嗨客等都市产业项目47个，新竣工达斯琪科技、微邦电子、行深智能无人车等项目24个，15个列市“两重”项目完成投资87亿元。激发科创动能，全年申报国家高新企业80家，新增省、市高新企业培育库企业分别为65家、60家，新获批国家科技中小企业168家；健全完善“众创、孵化、加速”全链条企业育成体系，培育江苏霆善科技有限公司、江苏地北网络工程有限公司等潜在“瞪羚”企业2家。举办全市首届西伏河创新大会，承办港科大创业大赛、第八届“创业江苏”科技创业大赛等活动，设立10亿元科创人才基金和1亿元科技孵化器基金，引进省市级“科技副总”14名，签约产学研合作项目67个，成功获批省科技金融创新试点基地。

（陈　浩）

·江苏大丰经济开发区　年内，江苏大丰经济开发区完成一般公共预算收入10.36亿元、增值税10.88亿元，实现规上工业销售收入400.3亿元、规上工业总产值330.36亿元，完成固定资产投资27.65亿元，实现外贸进出口10.68亿美元、注册外资实际到账4199万美元。全年签约亿元以上项目23个，新开工亿元以上项目20个，投产亿元以上项目12个。其中，龙马、耀德、弈博太、双瑞等6个10亿元以上重大项目开工建设。实施“筑巢引凤”工程，建设国新深通产业园高标准厂房，银泰福、香港志阳、丰迪科技等项目“拎包入住”，实现当年投产。全年新培植规上企业16家，其中江苏中车电机有限公司销售收入70亿元、江苏金风科技有限公司销售收入40亿元、盐城阿特斯阳光能源科技有限公司销售收入近30亿元。规上企业税收贡献率超40%，其中江苏正大丰海制药有限公司、江苏金风科技有限公司纳税超亿元，江苏正大丰海制药有限公司连续八年、江苏金风科技有限公司连续六年保持税收过亿元，杰思比风电技术（盐城大丰）有限公司纳税超6000万元，另有纳税千万元以上企业21家。加快平台载体建设。国家火炬盐城大丰海上风电装备特色产业基地通过国家复核，成为国内唯一一家海上风电装备国家火炬特色产业基地；科技孵化园被授予苏北首家华侨华人创新创业服务中心，成为全市唯一获得优秀等次的孵化园；江苏省海上风电设计制造与优化并网工程研究中心在江苏金风科技有限公司挂牌；与上海交通大学签订协议，共建上海交通大学材料科学与工程学院——大丰精密成形制造联合研究中心。

·江苏大丰港经济开发区　年内，江苏大丰港经济开发区完成一般公共预算收入11.15亿元，全口径工业销售收入470亿元，规上工业销售收入374.8亿元，规上服务业营业收入20亿元，进出口总额16.3亿美元，注册外资实际到账5567万美元。全年培植规上工业定报企业10个，规上服务业定报企业4个，实现全社会固定资产投资102亿元。提升港口等级，大丰港区入列盐城港“一港四区”组团，万吨级以上泊位9个，作业货种实现除液化天然气外全覆盖；建成10万吨级深水航道，实现“沪丰通”通关模式，对韩主要港口集装箱航线全覆盖，获批进境肉类、水果和木材、粮食等特色口岸，B型保税物流中心封关运行，大丰港铁路支线加快建设，全年完成货物吞吐量5293.56万吨、集装箱26.19万标箱。加速转型升级，签约域潇锆钛矿、中天科技海缆等亿元以上项目19个，新开工天合光能10吉瓦光伏组件、悦达汽车（大丰）科创园、金风科技16兆瓦六自由度试验台、中汽汽车测试服务中心、昆仑绿建木结构、海力风电设备等亿元以上项目20个，竣工国投工业盐处理、诚康固体片剂、环球木结构、兴农大宗农产品一期等亿元以上项目12个。年内，长三角（盐城）智能网联汽车试验场项目被列为省重点项目，世界500强企业金光集团、中化集团分别与辖区博汇集团、辉丰农化达成战略重组；石化新材料产业园通过全省首批化工园区验收认定。（陈志伟）

·江苏省盐城环保高新技术产业开发区 江苏省盐城环保高新技术产业开发区下辖盐城环保产业园、青洋工业园、盐东科技产业园、新洋科创园、便仓建材园、永兴工业园、城北装备产业园、江苏亭湖文化创意产业园8个功能园区，以及江苏海瀛集团、江苏嘉亭实业投资有限公司、江苏东亭环保科技有限公司3个实体化国有企业。主要产业方向为环保科技、电子信息、高端装备、轨道交通以及现代服务业等。全年全区实现一般公共预算收入11.22亿元，税收收入9.97亿元，实现规上工业开票164.4亿元。新开工亿元以上项目26个，新竣工亿元以上项目12个。全年招引各类项目241个，成功签约亿元以上工业项目40个，日铠电子、中天特种光缆、和阳智能装备等重大项目成功落户，并建成投产。坚持以科创增动力，集聚中国科学院、清华大学、南京大学等30多家大院大学大所，建成以“两室两所一中心”为核心的绿色创新体系，涵盖水、气、土、固废综合防治环保全领域，可持续发展能力稳居江苏所有高新技术开发区首位。年内，引进张全兴院士工作站和南京大学研究生协同培养基地项目。清华大学盐城烟气多污染物国家工程实验室李俊华团队项目获得环保领域唯一的国家科技进步一等奖；开发区获批中国产学研合作创新示范基地和省留学回国人员创新创业园。推动16家实体化研发平台逐步提升孵化、转化、产业化和市场化水平，获批江苏省环境综合治理产业创新中心。研发平台及孵化企业全年实现销售收入6.4亿元。重点打造环境服务业，拥有环境服务业企业128家，形成集工程总包、设计研发、检测认证、工程运营、展示交易、环境金融、信息服务、教育培训为一体的高端环境服务业全产业链。至年底，全区建成国家级孵化器1家、省级孵化器2家、孵化企业139家；累计引进18名国内外院士、国家高端领军人才35名、博士研究生学历人才342名。成功举办第九届中国盐城环保产业博览会，发起成立长三角生态环保产业链联盟，吸引43家大型国有环保企业、上市环保企业、知名高校、科研机构加盟。（余卫兵）

·江苏东台经济开发区 年内，江苏东台经济开发区完成规上工业销售收入345.3亿元、外贸进出口总额5.7亿美元、实际利用外资9729万美元。至年底，全区工业销售收入超亿元企业41家，其中超10亿元6家；纳税超千万元企业11家，其中超2000万元7家。全年新签约亿元以上项目14个，其中10亿元以上项目6个、5亿~10亿元项目4个；新开工亿元以上项目15个，其中10亿元以上项目3个、5亿~10亿元项目5个；竣工亿元以上项目12个。全年实施转型升级项目34个，完成4家企业合作重组，盘活低效用地26.8公顷。新批国家高新技术企业15家，新增省工程技术研究中心2家、省企业技术中心3家，新申请发明专利320件、授权73件。江苏金科森电子科技有限公司获批国家工业互联网标识解析二级节点建设单位，东台德创精密科技有限公司精密电子零配件制造车间获评省示范智能车间，“生辉Sunwea”商标入选省重点培育和发展的国际知名品牌，领胜城科技（江苏）有限公司被认定为盐城市瞪羚企业。8月28日，省商务厅发布2019年度全省经济开发区科学发展综合考核评价情况通报，江苏东台经济开发区综合得分排名升至省级经济开发区第9位。年内，开发区获评盐城市AAAAA级园区，电子信息产业园获评第三批省级特色创新（产业）示范园区。（顾 君）

·江苏建湖经济开发区 江苏建湖经济开发区区域面积92.96平方千米。推进“一园三中心”建设，电子信息产业园新建标准化工业厂房4万平方米，邻里中心、科技孵化器开工建设，盐海电镀中心投入运营。2020年，全区完成地区生产总值62.3亿元，一般公共预算收入7.04亿元，其中税收收入3.2亿元；实现规上工业销售收入212.6亿元，规上工业应税销售122.5亿元。新增规上工业企业11家、高新技术企业16家、私营企业456户、农业专业合作社3家，新登记个体工商户1895户。新开工超亿元项目18个，其中超10亿元项目2个，超5亿元项目3个。年内，重亚盾构机、科隆威光伏设备制造、正田SMT贴片等3个项目开工建设；润阳悦达光伏科技公司投资6吉瓦高效PERC太阳能电池项目投产，实现销售收入11亿元；新签约新能源电池极耳、聚合物锂离子电池、温泉度假酒店产业项目3个，与深圳市跨银资本投资管理有限公司签订建湖（深圳）“双招双引”工作站。年内，里下河物流园区被认定为省级示范物流园区，上海嘉定建湖工业园在全省南北园区共建中列第13位。

·江苏省建湖高新技术产业开发区 江苏省建湖高新技术产业开发区区划面积30.16平方千米。2020年，全区完成地区生产总值45.28亿元，一般公共预算收入2.82亿元，其中税收收入2.54亿元；实现规上工业销售收入88.6亿元，规上工业应税销售48.65亿元。全年全区招引超亿元工业项目27个，在建工业项目41个按序时推进到位。其中，睿昕项目实现“百日投产进规上”，合信工业机器人、宏元达铝边框、双龙石油阀门等项目开工建设，希来尔防爆电机、优舒膜材料等项目竣工投产。推动江苏悦阳光伏科技有限公司加快主板上市，服务江苏博克斯科技股份有限公司科创板上市。实施创新驱动，全年获批国家高新技术企业11家，签订产学研合作协议15个，引进各类人才15名，新授权发明专利63件，有效发明专利257件，发明专利申请158件，实用新型专利申请256件，PCT专利申请6件。协调企业解难题，帮助9家企业办结不动产权证、新增用工1200人、协调银行放贷1.5亿元；新增定报企业10家、13个新增长点新增开票20亿元、新申报星级企业7家。完善园区功能，启动建设高端装备、新能源、电子信息3个专业产业园，设立5000万元孵化器专项资金，入孵科技型企业40家，争创国家级科技企业孵化器。（周星辰）

·江苏射阳经济开发区 江苏射阳经济开发区辖区面积138平方千米、规划面积60平方千米，重点打造电子信息产业园、南京大学科技园、航空科技城、生物科技产业园、新能源汽车及零部件产业园等特色园区。全年全区实现固定资产投资110亿元，其中工业投资70.17亿元，规上工业销售收入84.76亿元，一般公共预算收入6.4亿元，利用外资4708万美元，外贸进出口总额3.84亿美元。新签约亿元以上项目32个，其中国阳智能装备产业园、恒远新材料项目投资达30亿元，科阳5G精密、科羿通讯项目投资达10亿元；新开工项目21个，新竣工项目14个，新达产项目6个。江苏膜芮环保科技有限公司等9家企业获批国家高新技术企业，江苏晶裕成光电科技有限公司等14家企业获批省高企培育入库企业，农垦麦芽公司获批省工程技术研究中心，江苏天谷数字等9家企业获批市工程技术研究中心，新增江苏七彩国虹精密制造有限公司等规上工业企业12家。年内，开发区获批省级农产品加工集中区。

·江苏射阳港经济开发区 江苏射阳港经济开发区核准面积6.18平方千米。全年全区实现一般公共预算收入5.03亿元，全口径销售收入180亿元，全口径应税销售收入127.8亿元，规上工业销售收入178.2亿元，规上工业入库税收7.69亿元；完成全社会固定资产投资140亿元，其中工业固定资产投资122亿元。利用外资、外贸进出口分别实现3145万美元、2.53亿美元。全年全区开工重大项目14个、竣工项目10个；新增发明专利205件，新增国家高新技术企业5家。年内，射阳港区获批国家一类开放口岸；开发区获评盐城市AAAA级园区。（别立雄）

·江苏阜宁经济开发区 江苏阜宁经济开发区规划面积56.2平方千米。全年全区完成一般公共预算收入5.99亿元，实现全口径工业应税销售161亿元，完成外贸进出口3.9亿美元，全年项目总投入达30亿元。园区入驻企业300多家，其中有5家央企和13家上市公司，国内外知名企业投资重大项目50多个，国家高新技术企业32家。全年新开工亿元以上项目12个，其中10亿元以上项目4个、20亿元以上项目2个；新竣工亿元以上项目11个，其中10亿元以上项目3个；新签约亿元以上项目11个，其中10亿元以上项目3个。年内，园区建成2.5平方千米的风电装备产业园和38.67万平方米的阜宁协鑫新能源科技产业园，加快建设3平方千米的智能制造产业园一期标准厂房，完成18万平方米的中小企业园水、电、路、气等基础配套建设。拥有1个国家级博士后工作站、1个国家级科技孵化器、20家省级以上企业研发机构、9家企业研究生工作站。加强人才引进，先后在上海市、苏州市、深圳市等地组织线上+线下“招才引智”活动，年内引进领军人才15人、大学生425人，累计申报省双创人才1人、市“515”领军人才5人、县双创人才项目4个。年内，园区成功获批省级知识产权创新试点园区和全省开发区统计工作先进单位。（曹征霞）

·江苏滨海经济开发区 2020年，江苏滨海经济开发区实现公共财政预算收入7.08亿元，规上入库税收实现2亿元，注册外资实际到账1189万美元，完成外贸进出口4.2亿美元。全年新签约项目45个，总投资149.41亿元，其中10亿元以上项目3个，5亿~10亿元项目8个。新开工项目16个，其中超5亿元项目3个，实现新竣工投产项目5个。年内，开发区17家企业进入国家高新技术企业省级培育库，新增规模以上企业8家。完成“三项清理”167万平方米。开展环保263专项整治行动，处理环保隐患250条，查处高能耗、高污染企业4家。推进“产业+项目+人才”双招双引新模式，成功引进市“双创”人才2人。年内，开发区获评盐城市AAAA级园区。

·江苏响水经济开发区 江苏响水经济开发区规划面积50平方千米。全年全区累计完成地区生产总值53.68亿元，一般公共预算收入2.01亿元，全社会固定资产投资45.42亿元；实现规上工业销售收入74.8亿元；外贸进出口1.9亿美元。年内，全区优化招引项目扶持政策，加大招商引资考核奖惩力度，全年签约亿元以上项目16个。年内，汇业锂电池组、美达通蓝牙音箱、鸣恬光LED灯具、元邦医疗器械、亿柔家纺、新思维纺织、费氏食品等10个签约项目开工；汇业锂电池组、美达通蓝牙音箱、鸣恬光LED灯具、景萱服饰、喜可织造、元邦医疗器械等10个项目建成投产。全年全区完成企业技改投入6500多万元，29家规上企业研发经费投入5922.3万元；新增发明专利96件，与南京励行集团签订建设科技孵化器项目。年内，开发区5家企业获批国家级高新技术企业；14家企业获批国家中小型科技企业；江苏荣生电子有限公司获批省级技术中心，响水县瑞丰重型轴承座制造有限公司、响水县海源轴承制造有限公司、江苏金天马纱业3家企业获批市级技术中心。（杨 帆）

···特色园区···

·滨海港工业园区 滨海港工业园区规划面积约616平方千米，东至黄海、南至淮河入海水道、西至临海高等级公路（228国道）及响水县相关区域、北至灌河，主要包括灌东盐场、新滩盐场、响水工业经济区、滨海沿海工业园、滨海港经济区和陈家港镇、滨海港镇等相关区域。年内，园区围绕产业定位招引基地型项目，印发《滨海港工业园区招商引资工作实施意见》《滨海港工业园区整合人员聚力招商工作方案》，重点围绕钢铁、能源、再生纸、港口物流等核心产业，驻点北京市、上海市、深圳市等地开展招商引资活动。发挥金光、中海油LNG、国电投、德龙等产业龙头项目带动作用，推动产业基地做大做强。加快中海油一期扩建、国家电投火电二期、风电产业园等百亿级项目建设，德龙200万吨不锈钢管材加工项目正式签约，一期项目开工建设。围绕服务重大项目、完善功能配套总体定位，全年编排重点基础设施项目30项，先后开工14项，滨海港钢铁基地9项重点配套工程开工建设。年内，省政府正式批复滨海港区总体规划，推进主港池10万吨航道疏浚工程，滨海港区一类开放口岸通过国家级验收，滨海港区北区通用码头一期、国电投煤炭码头实现对外开放。（吴庭虎）

12月2日，滨海港钢铁基地重大基础设施配套工程签约仪式在滨海港工业园区举行（郜野乔　摄）

·盐城市城西南现代物流园区　盐城市城西南现代物流园区地处盐都区，是盐城高新技术产业开发区的重要组成部分和重点产业板块。园区规划用地2.84平方千米，西侧边界紧邻204国道和宁靖盐高速，距高速路口、盐城客运西站仅千米，距盐城南洋国际机场、盐城高铁枢纽10千米。至年底，园区有注册企业超700家，形成以悦达摩比斯、悦达包装等为代表的汽车整车及零部件物流，以苏宁、格力等为代表的家用电器物流，以华晓医药、万佳医药等为代表的医药物流，以神龙公路港、亚邦等为代表的公路港物流，以邮政、顺丰等为代表的快递物流五大产业集群。国家级众创空间1家、江苏省电商众创试点1家、江苏省众创空间4家，国家级电商示范企业1家、省级电商示范企业4家、省数字商务企业1家。全年园区实现营业收入超80亿元，税收超3.7亿元，年内，园区通过江苏省服务业综合改革试点评估，获评江苏物流园区智慧化改造综合改革试点。（刘　菲）

·大丰风电产业园　大丰风电产业园规划面积10平方千米，建成面积3.5平方千米，全年园区实现销售收入160.51亿元，税收4.5亿元。总投资25亿元的龙马风电项目当年签约当年开工建设，总投资1亿元的新三为复合材料项目当年签约当年竣工投产，总投资10亿元的双瑞叶片项目主体工程完工。至年底，园区拥有规模以上企业13家，形成整机及配套发电机、塔筒、机舱罩、组件、叶片、叶片成套芯材等方面风电装备产业链条较为完整的特色产业园区；拥有金风科技大型直驱永磁海上风电机组检测技术国家地方联合工程实验室、江苏中车国家企业技术中心分中心等国家、省级科技创新平台14个，国家高新技术企业6家。（陈志伟）

·射阳县高新科技创业园　射阳县高新科技创业园总体规划面积12平方千米，建成区5平方千米，重点发展机械装备、汽车配件、电子电器三大产业，先后被评为国家级科技企业孵化器、全省首批20家中小企业创业示范基地、省高端装备制造业特色产业基地、盐城市AAAAA级园区。全年园区获批发明专利授权51件，新培植国家高新技术企业13家，完成无损检测产业园8幢2万平方米标准厂房建设，新上5层1.4万平方米的智能检测中心项目，组建射阳县高新投集团有限公司；组织召开2次银政企对接活动，帮助86家企业落实贷款1.6亿元，组织开展线上网络专场招聘活动，帮助31家缺工企业招聘员工1100多人。年内，园区获评国家火炬无损探伤设备特色产业基地。

·盐城市现代高端纺织产业区　盐城市现代高端纺织产业区规划面积17平方千米，核心区面积4平方千米，是江苏省唯一的国家级绿色染整研发生产基地。全年全区实现一般公共预算收入1.9亿元，全口径销售收入84亿元，全口径应税销售收入52亿元，规模以上工业销售收入30.1亿元，规上应税销售收入27.8亿元，固定资产投资29.2亿元，外贸自营出口8100万美元，注册外资实际到账2000万美元。全年累计签约项目36个，新开工菲利克斯纺织等项目16个，新竣工项目8个，新增定报企业11家、国家高新技术家企业2家、省级企业研发中心3家。至年底，园区有纺织类企业45家，形成纺纱、织造、印染、服装等纺织品全产业链。（别立雄）

·新洋经济区（盐城市现代物流园区）　新洋经济区位于盐城城北核心区域，面积31平方千米。全年实现一般预算收入4.58亿元，实现地区生产总值48.75亿元，完成固定资产投资50.76亿元，完成外贸进出口总额4500万美元。年内，新增“四上企业”62家，新增规上工业企业4家，实现规模以上工业增加值5.24亿元；新增市级星级企业3家。全年销售收入超亿元工业企业5家，其中超5亿元企业2家；纳税超百万元企业57家，其中超千万元企业4家。加快项目推进速度，编排“两重一实”项目80个，新开工亿元以上产业项目12个，新竣工亿元以上产业项目6个；新签约项目15个，达成意向投资40亿元，其中10亿元以上项目2个。开展“三项清理”，清理闲置土地面积10.35公顷、低效厂房3.6万平方米、僵尸企业4家。（余卫东）

· 东台高新技术产业开发区 年内，东台高新技术产业开发区实现工业销售收入128亿元，外贸进出口1.8亿美元。新增规上工业企业5家、规上和限上服务业企业15家，创成三星级以上企业7家、省三星级以上云企业6家。全年工业销售收入超亿元企业16家，其中10亿元以上企业3家；纳税超千万元企业8家，其中超2000万元企业6家。新签约亿元以上项目11个，其中20亿元项目1个、10亿元以上项目2个、5亿元以上项目1个和亿元以上项目7个，竣工亿元以上项目8个。全年盘活闲置资产12处，总投资47.3亿元，实现销售收入5.2亿元；盘活闲置办公用房1.5万平方米，入驻企业126家，形成总部经济税收1.1亿元。新申请发明专利100余件，新增授权发明专利20余件、有效发明专利123件。新增国家高新技术企业9家，进入省高新技术企业培育库5家。

· 东台市合金材料产业园 东台市合金材料产业园位于东台市西南部，处于盐城、南通、泰州三市交会处。园区按照产业集聚“龙头＋配套”、产业链“补链强链延链”发展思路，以合金材料为主导产业，发展中高端特钢产业。时堰片区以新材料产业、先进制造产业为主，其中新材料产业重点发展特种合金新材料，围绕特种合金的研发及其精密结构件的设计制造；先进制造产业重点发展重点CNC等自动化成套设备、汽车关键零部件等。溱东片区重点发展不锈钢制造、机械加工、工程机械装备、车用船用及电子元器件。全年园区实现工业销售收入135.7亿元、税收5.57亿元，金属合金材料企业销售收入121.6亿元、税收4.79亿元。全年园区有工业企业数434家，其中合金材料产业企业269家，规模以上的企业74家。年内，园区获评盐城市AAA级园区。

· 东台市精密制造产业园 东台市精密制造产业园位于沿海高速安丰南沈灶出口东西两侧，由原安丰、南沈灶2个园区整合而成，以沿海高速为临界线，形成“一轴两区”空间布局。园区规划用地5.49平方千米，主园区东至红安路，西至财富西路，南至安许路，北至352省道；分园区围绕352省道沿线布局。园区定位电子信息和高端机械装备产业，重点发展以3C精密电子智能终端为主体的电子信息全产业链和高端机械装备，全年全区实现全口径销售收入73.8亿元、入库税金4.95亿元，其中规上企业销售收入37.88亿元、入库税金1.96亿元。全年园区有入园企业135家，其中规上企业35家。年内，园区举办专题推介活动6场，签约亿元以上特色产业项目15个，其中5亿元项目2个。（顾　君）

· 盐城市响水工业经济区 年内，盐城市响水工业经济区完成工业销售收入955.7亿元，其中不锈钢产业实现销售收入890亿元；完成财政总收入10.3亿元，一般公共预算收入6.8亿元，固定资产投资62.54亿元；新增规上企业7家，纳税超2000万元企业7家。全年实施各类项目35个，其中10亿元以上项目13个，总投资196亿元；新投产项目14个，其中10亿元以上项目2个，亿元以上项目5个。推进不锈钢全产业链发展，聘请北京科技大学编制不锈钢产业发展规划，德龙二炼钢年内开工建设。金属新材料、智能装备制造2个产业片区初具雏形，建成标准厂房50万平方米，同步配套酸洗、热处理、模具加工、开平中心等功能项目，降低企业生产成本。全年全区有10家企业获批国家级科技型中小企业，2家企业获批国家高新技术企业，8家企业进入省培育库，16家企业进入市高新技术企业培育库。与东北大学合作，实现不锈钢研究院实体化运作，已成功孵化不锈钢精密薄带和精密管材2个亿元以上产业项目。其中，不锈钢精密薄带项目采用东北大学自主研发的高精度、多轧程、动态板形控制技术，产品主要应用于折叠显示屏、压力传感器膜片、电子产品核心部件等领域。年内，园区获批盐城市AAAA级园区，获评中国产学研合作创新示范基地。（杨　帆）

· 常盐合作共建园区 年内，盐城市围绕“优势互补、互惠互利、共同发展、实现双赢”原则，盐城、常州两市政府签署2020年度挂钩合作计划，深化共建园区建设、科技协同创新、产业协作发展、社会事业交流以及县区结对挂钩等合作。常州市先后推荐20家参与南北合作的协会和企业，组织5批企业负责人赴盐城市考察，参与盐城市举办的重大经贸洽谈和推介活动。全年全市合作共建园区完成销售收入1106.6亿元，实现税收31亿元。其中，常州高新区大丰工业园完成销售收入137.5亿元、税收3.2亿元；武进高新区阜宁工业园完成销售收入71.4亿元、税收2.8亿元；武进经济开发区射阳工业园完成销售收入79.5亿元、税收5.3亿元。年内，常州高新区大丰工业园在全省南北共建园区考核评价中名列第二位，连续十一年位列全省南北共建园区综合实力第一方阵，累计获得省财政奖补资金1.65亿元。至年底，全市合作共建园区累计落户亿元以上产业项目超300个。（张锦峰）

· 中海油滨海港LNG一体化项目 中海油滨海港LNG一体化项目是中国海洋石油集团有限公司和盐城市落实天然气“产供储销”体系、保障天然气稳定供应的国家战略而实施的重大基础设施工程。该项目一期总投资约144亿元，其中接收站投资约70亿元，输气管线投资74亿元（江苏省境内输气管线投资约54亿元），主要建设4座22万立方米LNG储罐、1座8万～26.6万立方米LNG船舶接卸泊位及相关配套接卸、气化、外输管道等设施（15万吨LNG码头、陆上储罐区、输气管网和防波挡沙堤）。苏皖输气管线（自盐城、淮安、滁州至合肥）总长度约533.4千米，江苏省境内约实现328千米，其中盐城段管线160千米，设计输气量每年59.5亿立方米。一期工程LNG接卸能力每年300万吨。项目陆域部分用地约42公顷。项目气源来自澳大利亚BG柯蒂斯项目资源、卡塔尔增量资源等。2018年6月28日，项目开工建设。2019年，LNG接收站完成场平施工、储罐桩基工程，码头工程开展施工招投标。至年底，4座储罐升顶作业完成，项目主体工程建成。（吴庭虎）

开放口岸

· · · 口岸管理 · · ·

· 概　况　2020年，盐城市拥有空港、海港5个国家一类开放口岸。盐城南洋国际机场是国家一类航空开放口岸机场，开通航线38个。开通全省唯一的韩日全货机航线。盐城港大丰港区、射阳港区、滨海港区、响水港区是国家一类开放口岸。至年底，盐城水运口岸已开通至韩国仁川港直达集装箱航线；至俄罗斯等国家和地区的木材、粮食等散杂货国际航线；至印尼、菲律宾的红土镍矿航线。与上海港集团合作开通“沪盐通”集装箱航线、上海—盐城—周口集装箱运输班轮。全年全市水运口岸完成外贸运输量1974.46万吨，基本与上年持平；空运口岸外贸货运量增加，盐城南洋国际机场完成外贸运输量5746.7吨。

· 口岸营商环境　年内，盐城市全面贯彻落实国务院、江苏省政府优化口岸营商环境促进跨境贸易便利化工作要求，推进全市口岸提效降费。全年口岸整体通关时间进口为44.01小时、出口为2.11小时。推进口岸收费清理整顿和清单公示工作，督促口岸收费主体按照统一清单模板格式和内容，将口岸收费目录清单进行公示。做好口岸疫情防控工作，各口岸建立疫情防控制度，“中韩快捷通道”、韩日全货机疫情防控措施到位，全年无安全、走私、污染等事件。

· · · 盐城南洋国际机场 · · ·

· 概　况　盐城南洋国际机场位于中国江苏省盐城市亭湖区南洋镇境内，距市中心8.3千米，是国家一类航空开放口岸机场。至年底，机场有T1航站楼1.3万平方米、T2航站楼3.02万平方米，飞行区等级4C，跑道2800米，机坪15万平方米，停机位20个，可保障波音737、空客320等中等机型全载起降。至年底，有国内航点34个，周航班量538架次。全年保障各类飞行起降1.88万架次，旅客吞吐量169.19万人次，货邮吞吐量1.36万吨。

· 空港发展　年内，盐城南洋国际机场策应长三角机场群规划建设，完善机场运营和服务功能设施，推动机场基础设施提档升级。编制完成机场“十四五”规划初稿、飞行区等级提升工程可研报告，不停航施工，跑道道面注浆、老滑行道和老机坪大修工程。T1航站楼改造工程项目建议书报省发改委审批。12月31日，《盐城南洋机场总体规划修编》（2020年版）正式获民航华东地区管理局批复。总规围绕盐城南洋国际机场发展现状，近期规划目标年设为2035年，远期规划目标年为2045年，近、远期飞行区指标均为4E。近期按年旅客吞吐量880万人次、年货邮吞吐量4万吨、年运输飞机起降7.6万架次规划，远期按年旅客吞吐量1200万人次、年货邮吞吐量15万吨、年运输飞机起降9.58万架次规划。

· 机场对外开放口岸功能强化　年内，盐城市提升盐城南洋国际机场综合功能，争取纳入长三角机场群布局，加强与上海浦东、虹桥机场合作，优化航班航线网络，拓展中转航线。提升航空货运、跨境物流等航空货运服务功能，设立国际快件监管中心和国际邮件互换分局，加密至韩国等东北亚地区、中国香港、中国澳门、中国台湾地区的航线网络，培育经营好对韩日全货机航线，打造江苏对韩航空物流基地、江苏沿海航空货运中心、日韩进口商品集散转运中心和长三角北翼国际航空货运中转机场。

· · · 盐城港 · · ·

· 概　况　盐城港下辖大丰、射阳、滨海、响水4个港区。至年底，盐城港建成国家一类开放口岸4个，拥有生产性码头泊位94个，其中万吨级以上泊位24个，泊位年综合通过能力1.12亿吨，集装箱年通过能力10.7万标箱；拥有国内外航线28条，其中大丰港区集装箱航线有11条。全年盐城港完成货物吞吐量7953.97万吨、外贸吞吐量1974.46万吨、集装箱吞吐量26.43万标箱。

· 大丰港区　大丰港区是国家一类开放口岸，首批对台直航口岸，江苏省委、省政府确定重点建设的三大深水海港之一，获批进口粮食指定口岸，全国沿海第二个进口粮食海进江减载口岸，进境肉类、水果指定口岸，全国风电叶片出口三大基本港之一，全省唯一的国家级进口木材检疫处理区，苏北首家县级保税物流中心。大丰港区被23家国际干线船公司纳入其全球集装箱运输网络，至上海港集装箱直达航线航班每周3班，件杂货航线可经上海港、宁波港转至欧美各大港口，自主运营集装箱船舶3艘、汽车滚装船舶2艘。至年底，建成生产性码头泊位35个，其中万吨级以上泊位9个，码头总延长4712米，泊位年综合通过能力3162万吨。全年完成货物吞吐量5293.56万吨，集装箱26.19万标箱，外贸吞吐量1703.79万吨，装

大丰港区 （大丰区政府办　供图）

输局批复，南港池防波堤于10月开工建设，码头部分12月开工建设；20万吨级航道、30万吨级码头、主港池通用码头、海河联运作业区码头、LNG码头2号泊位等配套设施启动前期研究及报批工作。

· **响水港区**　响水港区是国家一类开放口岸，位于灌河南岸，依托灌河建港，基本形成电力能源、金属冶炼、环保化工、再生造纸、船舶修造五大支柱产业。至年底，建成生产性码头泊位24个，其中万吨级以上泊位6个，泊位年综合通过能力2669万吨。全年完成货物吞吐量1403.39万吨，外贸吞吐量256.91万吨。主要货种有金属矿石、煤炭、矿建材料、水泥、粮食、钢铁等。年内，灌河口5万吨级航道整治工程争取省级配套补助资金，建成先导段东西围堰、先导段工程；小蟒牛作业区2万吨级公用重件码头基本建成；小蟒牛作业区码头二期工程4号、5号泊位和大桥作业区中联水泥码头通过验收并投入运行；响水港现代物流园一期工程开工建设。全年完成基础建设投资7.24亿元。年内，响水港区宏海港务有限公司等码头获批第13期、第14期临时开放。

卸货种涵盖风电大件、汽车配件、粮食、煤炭等30多个种类。年内，10万吨级深水航道一期工程完工，二期工程开启前期工作，集装箱堆场工程围填海竣工验收，堆场建设已完成30%；大宗农产品项目一期工程竣工验收，二期平房仓主体结构完成；木材熏蒸仓二期项目开工建设。全年完成基础设施建设投资3.5亿元。

· **射阳港区**　射阳港区是国家一类开放口岸，位于中国南北地理分界线东部起点，是盐城港开港最早的港区，是省级示范物流园、公共型保税仓库。至年底，建成生产性泊位28个，其中万吨级以上泊位4个，泊位年综合通过能力1031万吨。年内，港区实施通用码头岸电、航道维护疏浚、纬二路东延、保税仓库等25项基础设施工程，启动风电大件码头、5万吨通用码头、5万吨进港航道、风电堆场等12项配套项目，全年完成基础设施建设投资3364万元。全年完成货物吞吐量746.66万吨，集装箱2342标箱，实现主营收入5357万元。年内，射阳港区锦程港口有限公司通过码头获批第7期、第8期临时开放。

· **滨海港区**　滨海港区是国家一类开放口岸，地处江苏东北部最凸出岸段，-15米等深线距岸仅3.95千米，是江苏沿海建设10万～30万吨级航道码头的深水良港，淮河流域和淮河生态经济带出海门户。至年底，建成生产性码头泊位7个，其中万吨级以上泊位5个，有2个煤炭卸船泊位和2个通用散货泊位，泊位年综合通过能力4367万吨。全年完成货物吞吐量510.36万吨，完成基础设施建设投资5.3亿元。年内，港区“一关两检”（海关、边防检查站、检验检疫局）查验设施全部建成并投入使用；3号、4号物流园基础设施工程地基处理施工完成总工程量的60%；中海油LNG码头工程施工图设计获得市交通运

· **港口一体化**　年内，盐城港集团全面整合盐城港“一港四区”及内河港资源，建有生产性泊位94个，其中万吨级以上泊位24个。大丰港区、射阳港区、滨海港区、响水港区均获批国家一类口岸，阜宁港区、建湖港区、亭湖港区、东台港区、步凤港区是主要的内河作业区。

· **《盐城港滨海港区总体规划（2020—2035年）》获省政府批复**　2019年初，滨海港工业园区会同盐城市交通运输局开展《盐城港滨海港区总体规划（2020—2035年）》编制工作。2019年11月18日，盐城市政府在南京市组织召开规划咨询会；2020年3月16日，省交通运输厅组织召开规划审查会；7月28日，省生态环境厅批复港区规划环评；9月7日，交通运输部回函同意规划内容；10月17日，省政府正式批复《盐城港滨海港区总体规划（2020—2035年）》。滨海港区规划方案明确港区码头岸线26.2千米，可布置各类生产性泊位78个，港口通过能力可达2亿吨，近期主要为临港工业开发服务，成为打造临港产业集聚区的基础平台，逐步拓展为淮河流域腹地物资运输以及物流服务功能，发展成为规模化、集约化、专业化的现代化港区。

· **滨海港区一类口岸通过开放验收**　年内，滨海港区做

好开放验收工作，查验口岸联检中心、码头现场查验中心以及配套的前置拦截作业区、后方查验区和信息化系统等。9月3日，滨海港区水运口岸通过国家口岸办、交通运输部海事局、海关总署、国家移民局、联合参谋部军需局组织的国家级验收，正式对外开放。

· 大丰港区获批全国第一家进境肉类、水果综合型指定监管场地　10月14日，海关总署发布《关于同意在江苏盐城港大丰港区保税物流中心（B型）设立进境肉类、水果指定监管场地的批复》，盐城港大丰港区正式获批全国第一家进境肉类、水果综合型指定监管场地。该项目是海关总署自《海关指定监管场地管理规范》新规定发布后，打造的全国首个集约化综合指定监管场地示范项目。该项目将两个指定监管场地统一规划，合并建设优势明显，可以充分发挥监管资源的集聚效应，实现“一站式”通关和“集约化”监管，且有助于指定监管场地经营企业集约化管理，实现企业集合人力、物力、财力、管理等生产要素统一配置，从而达到降低成本、高效管理，满足进出口企业进口多元化“一站式”服务的需求。

· 盐城港—周口港集装箱航线合作签约仪式举行　8月5日，盐城港—周口港集装箱航线合作签约仪式在盐城港大丰港区举行。周口港口物流产业集聚区与盐城上港国际港务有限公司签订合作协议，双方在海河联运通道建设上加强合作。通过培育公共、高效、可持续发展的航运物流服务平台，深度开发运输市场，每月开行周口港—上海港、周口港—盐城港集装箱航线不低于8个航班，船型为54TEU或72TEU。同时提高运行效率、降低物流成本，将周口港—上海港、周口港—盐城港单程运输时间从14天缩短至7天以内。9月，周口港—盐城大丰港区、周口港—上海港集装箱航线同时开航。

· 港口监管　年内，市交通运输局（盐城港口管理局）强化跨区域港口经营备案管理，规范港口收费，推进诚信港口体系建设。实行分级分类安全监管，督促港口危险货物企业开展自动化改造，沿海港口从事装卸可燃液体、液化烃的装车台全部安装定量装车系统，73个危化品储罐均设置紧急切断、高低液位报警装置和高液位联锁装置。4家沿海港口危险货物码头、仓储企业通过一级标准化达标考评，3家一级重大危险源企业制定风险辨识评估手册，27名主要安全管理人员和55名装卸管理人员通过考试并取得从业资格，4次联合大丰区交通运输局委托第三方对大丰港区4家危险货物企业进行安全检查，发现隐患317条，形成16份问题隐患清单，发放整改通知书16份。开展港口安全监管信息平台建设调研，实现对全市港口危险货物企业的实时监测、动态评估、及时预警。实施船舶污染物接收、转运、处置联合监管和联单制度。大丰港区绿色循环低碳主题性项目建设通过交通运输部验收。实施“油改电”工程，19台门机实行岸电回馈技术应用项目，完成“油气混合燃料动力”自卸车改造。完成港口粉尘在线监测系统建设55套，并接入省交通运输厅监控平台。开展危化品码头整治提升工作，石油化工码头和港口危化品储罐视频监控覆盖率100%。严格危险货物作业网上申报审批制度，督促仓储企业开展在役储罐检测，推进码头油气回收治理改造工作。规范港口岸电设施使用管理，建成港口岸电系统23套，覆盖44个泊位，投入使用15套。

· 引航体制改革调整　年内，市交通运输局（盐城港口管理局）按照交通运输部“一市一个港口一个引航机构”的设置规范、市领导批示“学习借鉴上海经验”的要求及市委编办《关于整合盐城港引航站和盐城港大丰引航站的通知》，将盐城港大丰引航站整建制划转并入盐城港引航站。整合后的盐城港引航站委托盐城港集团管理，仍为市交通运输局下属公益二类自收自支事业单位。

· 港口周边绿化美化行动　年内，市交通运输局（盐城港口管理局）编制沿海港口专项整治任务清单，推进港口码头堆场粉尘污染综合治理工作。至年底，全市1071艘400总吨以上运输船舶，全部安装生活污水处理装置；新建和改造港口码头岸电设施72套，安装粉尘在线监测系统226套；内河持证码头企业建成船舶污染物接收设施482套；建成4套密闭装卸运输系统、2座20万吨煤炭球形仓和5000米左右防风抑尘网，全市沿海港口大型煤炭矿石码头堆场全面实现有防风抑尘设施或实现封闭储存。

（成　扬）

· · · 海关监管 · · ·

· 概　况　2020年，盐城海关强化口岸商品检验，检出不合格货物373批、货值31.7亿元。全年监管进出口货运量1255.6万吨，监管进出境货物总值53亿美元，监管集装箱4.65万箱次，监管进出境运输工具1773辆（艘/架）；验放出入境人员3万人次，税收入库34.36亿元，备案加工手册293份区外加工贸易手册、账册，实际进出口总值15.4亿美元。检验检疫进出境货物1.56万批、164.5亿元；检出不合格货物473批、货值36.3亿元。签发原产地证书2.04万份、15.4亿美元；截获有害生物220种、4718种次。开展进出境人员健康检查1780人次、艾滋病监测1780人次、预防接种517人次。

· 海关服务　年内，盐城海关服务稳外贸稳外资工作，支持地方复工复产，设立专用窗口和绿色通道，推行“互联网+”申报模式，确保企业生产急需物资“不延迟一票”。主动服务开放平台载体建设，助力滨海港区口岸通过国家级验收；指导大丰港区肉类、水果进口指定口岸建设，完善口岸功能。运用“区港园联动”模式，帮助企业解决进口设备缓税、仓储等困难。优化口岸营商环境，针对受疫情影响辖区通关时间反弹情况，督促相关部门迅速行动，找准问题“症结”，并迅速采取措施扭转局势。制定“双稳”服务举措，支持开放型经济高质量发展，研究印发4大类17项支持“双稳”服务举措，鼓励企业用好优惠政策。宣传减免内销缓税利息政策，指导合法合规内销。助力优势食品和农产品出口，辖区1家水产企业完成对巴西水产品注册。

·**检疫执法** 年内，盐城海关加强口岸检验检疫，加大对港口、机场非贸渠道的查验力度，坚决防范外来物种入侵，截获各类有害生物220种、4718种次。开展进出口食品安全、动植物检疫监管岗位练兵活动，其中2人入选江苏海关总署代表队参加集训备战全国海关技能竞赛。加强疫情防控工作，畅通“中韩快捷通道”，优化监管流程，监管“中韩快捷通道”临时航班14架次，完成SKI、东风悦达起亚等韩企技术人员入境、盐城市政府对韩经贸团回盐、第二届中韩投资贸易博览会韩方企业代表团出入境等保障任务。统筹调配海关卫检人员，保障各水运口岸疫情防控工作不断，强化闭环管理，做好船员换班工作。加强内部疫情防控，加大公共区域保洁和消毒频次，严格落实办公场所进出人员登记信息、佩戴口罩等要求，建立核酸检测常态化工作机制，累计检测729人次。做好进口冷链食品监管工作，通过技术手段，从源头上掌握企业进口冷链食品相关情况，并实施全流程跟踪管理，全面掌握货物流向，确保来源可溯、流程可控。

·**打击走私** 年内，盐城海关保持打击走私高压态势，开展“国门利剑2020”打私专项行动，推动地方政府履行反走私综合治理主体责任，查获“10·1”香烟走私案。打击“洋垃圾”和濒危物种走私，对辖区内进口“固体废弃物”的7家企业开展专项稽查8次，后续监管实现全链条、全覆盖。（刘莹莹）

···港口边检···

·**概　况** 盐城出入境边防检查站前身为盐城边防检查站，2010年12月16日挂牌成立，武警部队正团级建制。根据国家和军队改革统一部署，2018年底，全国公安边防部队集体退出现役，公安部边防局与出入境管理局进行整合，组建国家移民管理局。盐城边防检查站同步改革转制，于2019年1月1日挂牌，更名为盐城出入境边防检查站，隶属江苏出入境边防检查总站，党组织关系实行属地化管理，为省垂直管理的正处级单位。盐城出入境边防检查站主要职能为捍卫国家政治安全，维护盐城“一港四区”开放口岸出入境秩序，担负出入境人员、交通运输工具边防检查，口岸限定区域管理，审核签发外国人临时入境许可，防控查处非法出入境活动等任务，同时承担市打击走私综合治理领导小组成员单位、涉外疫情联防联控指挥部口岸工作组成员单位等职责。全年全站共检查出入境（港）船舶940艘次，员工1.22万人次，办理各类证件5621份。

·**“一港四区”边检执法** 年内，盐城出入境边防检查站严格落实省、市疫情防控部署要求，完善“四四六”管控机制，强化风险评估预警、数据推送核查、执法联合协作，从严审批临时入境许可、人员登轮和船舶搭靠申请，闭环办理船员入境。规范疫情防控勤务组织，制定《盐城水运口岸边检疫情防控工作指南》，细化窗口办检、码头巡查、船体检查、船员换班、接送船流程。全年推送核查入境船舶336艘次、入境人员6490人次、上下外轮人员5711人次；联合驻地部门开展海上专项整治6次，闭环办理紧急救助临时入境船员9名、中国籍船员换班手续1020人次，协助驻地转运上海机场入境来盐人员155人次。加强口岸反恐维稳，严密封堵各类有害政治宣传品、敏感物资，严防敌对势力从盐城口岸潜入潜出、制造事端。部署开展妨害国（边）境管理犯罪专项斗争、“三非”外国人专项治理，严厉打击海上偷渡、走私、非法出入境等违法犯罪活动，加强与公安、海关、海事、海警警务协作，形成口岸管控强大合力。

7月15日，“海巡0616”轮在大丰港区开展巡航检查（王　坤　摄）

·**边检“放管服”改革** 年内，盐城出入境边防检查站深化边检“放管服”改革，优化“互联网+政务”服务，减少服务对象办理手续时间。紧扣“六稳”“六保”工作，主动服务企业复工复产，保障口岸安全运营和企业正常生产，为国家电投集团协鑫滨海发电有限公司、悦达起亚集团、江苏德龙镍业有限公司等重点企业116艘进出口船舶提供通关便利，帮助企业节约成本6000余万元。紧跟“一带一路”“长三角一体化”等战略机遇，研究制定贯彻落实国家移民管理局服务促进长三角航运枢纽建设意见九项措施，跟进盐城“一港四区”发展战略，主动服务盐城港滨海港区、射阳港区、响水港区口岸开放，助推盐城港滨海港区通过国家级验收。每月向市政府和各县（市、区）政府报送《口岸出入境数据分析报告》，市政府领导7次批示肯定检查站相关工作，多项工作建议被市涉外疫情联防联控指挥部采用。（徐清华）

・・・机场边检・・・

・概　况　2020年，盐城机场出入境边防检查站前身为盐城机场边防检查站，2007年7月4日经国务院批准在盐城空港设立边检机构，全称中华人民共和国盐城机场边防检查站，隶属江苏省公安边防总队，2008年3月4日开始组建，2010年8月31日正式揭牌成立。2019年1月1日，根据《深化党和国家机构改革方案》，由公安边防部队转改为人民警察序列，并更名为中华人民共和国盐城机场出入境边防检查站，隶属江苏出入境边防检查总站，为正处级单位。全年做好出入境边防检查工作，落实疫情防控措施，查验出入境航班807架次、人员42万人次。年内，盐城机场出入境边防检查站在《人民公安报》《中国移民管理报》等16家媒体和央视频、“学习强国”App等23家平台共刊发新闻稿件187篇，疫情防控组图《战“疫”边检姐妹花》入选“2020人民公安战‘疫’摄影作品征集大展”，并在全国各地巡展。

・机场边检执法　年内，盐城机场出入境边防检查站与市公安局监管、网安、出入境支队等4家单位建立24小时情报交流和会商研判机制。协调口岸联检单位、机场公安，建立反走私、疫情防控和反恐安保合作机制。与海关、公安等单位联动，开展打击跨境涉赌、空港口岸涉毒、“三非”（指未经合法手续在中国非法就业、非法入境和非法居住）外国人等专项治理，推送涉嫌从事境外赌、诈人员数据信息105人次，形成专项分析报告7期。研发前台查验生肖提示辅助软件，升级口岸限定区域员工自助通道，增加面相识别功能。年内，查处入境目的与签证种类不符案2起，移交线索协助查获非法入境案1起1人次、非法就业案2起2人次，跨境涉赌人员2名，发现失信被执行人82名并协助相关法院实际控制9名。

2月26日，盐城机场出入境边防检查站民警对货机进行清舱查验

（盐城机场出入境边防检查站　供图）

・边检服务　年内，盐城机场出入境边防检查站率先在全省空港口岸开展爱民固边模范空港创建活动，创新推出“旅客我爱您，边检520”服务品牌，创建工作被盐城市政府纳入“政府争先创优十大实事”之一。跟进盐城外向型经济发展，制定服务中韩（盐城）产业园建设6项措施、利企惠企8项措施，开展“深化边检服务、促进企业发展”走访活动，营造良好营商环境。落实30分钟通关政策，设立“一带一路”岸线国家人员和在华永久居留外国人专用通道，安装启用自助查验通道7条、入境外国人生物特征采集前置终端2台。（周征仁）

・・・海事管理・・・

・概　况　2020年，盐城海事局组织海上巡航执法382次，巡航时间671小时，出动执法力量3184人次，保障载运危险货物船舶安全进出港129艘次，查处海上违规违法行为141起。完成水工审批28起，航标行政许可8件、效能验收备案3件。组织海区巡航382次，巡航时间671小时。实施行政处罚141起，179件，罚款金额135.7万元。年内，辖区发生水上交通事故5起，同比下降37.5%。全年处置各类险情39起，救助遇险人员101人。严防水路疫情输入，妥善处置国际来港船舶“极速”轮、“普拉通”轮等船舶船员疫情，保障63艘次船舶、843人次船员在盐城港换班上下船。年内，盐城海事局指挥中心交管班组被评为江苏省水上搜救先进集体。

・通航管理　年内，盐城海事局筑牢疫情防控水路防线，帮助航运、施工企业复工复产，制定《盐城海事局新型冠

状病毒疫情防控应对预案》，协助地方开展水陆联合执法。压缩政务办理时限，推行网上办理、邮寄办理等非接触式政务服务，为相对人提供证书、材料邮寄服务950余次。落实国家减税降费政策，会同地方发改委、海关等7部门联合印发《关于规范海运口岸收费工作通知》，减免港建费3500万元。提升设施设备装备水平。盐城大丰海事监管基地码头、趸船工程通过交工验收。完成海事执法船艇更新，新造"海巡06167"艇入列使用。启动"海之翼"海事监管应用平台建设，完成系统测试版本开发。燃油检测、易流态货物含水量检测、污水化验设施设备配齐到位，推进防污实验室建设。

· **船舶管理** 2020年，盐城海事局实施船舶现场监督检查113艘次，船舶安全检查121艘次，滞留船舶4艘次；办理各类船舶登记422件，审批船舶开展抵押登记26艘次，帮助航运企业融资近5亿元；通过盐城船舶交通管理系统（VTS）累计接收各类船舶进出港报告信息2.76万次、播发各类安全信息1477次，处置各类船舶动态异常45次，安全保障3767艘次船舶进出盐城港；打击船舶配员不齐、招用无证人员上船服务、内河船涉海运输等严重违法行为，治安管理移送5人次。至年底，盐城登记在册海上船舶437艘次。

· **航运公司管理** 年内，盐城海事局推动航运企业落实安全生产主体责任，组织开展航运公司安全生产大检查和安全生产典型事故进航运公司等活动。全年派出安全管理体系审核员139人次，审核航运公司11家、审核船舶49艘次，签发公司安全管理证书（DOC）、船舶安全管理体系符合证明（SMC）等证书53份。

· **海上搜救** 年内，盐城海事局修订《盐城市海上搜救应急预案》，推动国内首架风电应急直升机入驻盐城南洋国际机场，实现无人机、智能救生圈等救助新装备、新手段应用。组织射阳电煤过驳海上突发事件应急演练、华能大丰海上风电场直升机救援应急演练，举办海上风电突发事件专项应急演练。全年处置各类海上险情39起，协调出动各类搜救船舶66艘次，飞机7架次，成功救助遇险人员101人，海上搜救成功率91.82%。

· **"辽营渔13333"轮导堤搁浅险情处置** 7月30日21：03时，盐城海上搜救中心接报警，"辽营渔13333"轮在射阳港区门导堤附近搁浅，船上16人请求救助。盐城海上搜救中心立即指派"海巡06165"艇赶往现场救助。22：40，"海巡06165"艇抵达现场并成功接下11名遇险船员，其余5名船员留守。10月31日4：30，搁浅渔船在拖轮协助下成功脱浅，16名遇险渔民全部获救。

· **"鲁岚渔61858"轮沉没事故处置** 9月27日6：09，"鲁岚渔61858"轮在大丰正东约85海里处被不明船舶碰撞沉没，船上1人获救，6人失踪。盐城海上搜救中心先后调集"海巡0611"艇、"海巡0616"艇、"中国海监4035"艇、"东海救151"艇、"中国海警11601"艇、"中国渔政32530"艇、"中国渔政32528"艇以及东海救助局救助直升机"B-7357"、风电场运维直升机"B-7130"等参与搜寻，委托国家海洋局制作落水人员漂移模型，协调东海航海保障中心设置沉船警示标，协调江苏省、山东省等农业农村部门指挥附近作业渔船协助搜寻。同时迅速查找肇事船，最终锁定肇事船舶巴拿马籍"NEW FACE"轮。结合搜救情况和气象海况，经评估失踪人员生存可能性已不存在。根据《盐城市海上搜救应急预案》相关规定，自9月30日12：00，终止搜救。

· **"安泰山"轮船员伤病险情处置** 10月24日15:30，"安泰山"轮一船员手指断裂，急需上岸手术治疗。盐城海上搜救中心立即调派大丰港"丰港8"拖轮前往救援，同时协调风电场运维直升机"B-7130"前往救助。18：02，直升机起吊伤员飞回上岸，及时送医治疗。

· **"苏滨渔19888"轮翻扣事故处置** 12月1日7：45，江苏籍渔船"苏滨渔19888"轮翻扣遇险，船上共3人，其中2个人被附近渔船"苏滨渔11108"轮救起、1人失踪。根据现场情况，盐城海上搜救中心初步判断失踪人员仍在翻扣渔船船舱内。翻扣渔船经拖带至滨海港池内的浅水缓流水域后，将东海救助局潜水员成功将被困船内渔民救出，随后翻扣渔船被起重船"海工99"轮打捞出水。

（王　坤）

农　　业

编辑　徐　昊

综　述

·概　况　2020年，盐城市农业农村经济总体平稳运行，农业总产值1207.2亿元，农林牧渔增加值706亿元，是长三角地区农业经济总量唯一超千亿元的城市。全市粮食总产量714.31万吨，连续七年超过70亿千克。全年生猪出栏358.3万头、存栏270.3万头。盐城市粮食生猪保供成效列全省第一位。推进农业农村重大项目建设，全市农业农村单个投资1000万元以上项目135个、总投资214.4亿元，其中报省重大项目80个、总投资174亿元。至年底，列入年度计划的项目建设全部完成任务，8成以上重大项目投产运营。加快设施农业建设，示范推广一批新型日光温室、标准宽体大棚，加快老旧设施的宜机化改造，推广应用自动化、智能化灌溉、施肥、控温、视频监控、数据采集等技术，推动设施装备向高质高效升级。全年全市新增设施农（渔）业面积1.33万公顷，总面积21.87万公顷，规模总量位居全省第一位。推进农产品加工业发展，全年全市农产品加工产值2800亿元，农产品加工业产值与农业总产值之比为2.32 ∶ 1。实施百家龙头企业农业产业化提升行动，百家龙头企业全年实现销售380亿元，实现利税16.4亿元。全年全市新开工千万元农产品加工项目102个，总投资102.43亿元，其中亿元以上项目25个。至年底，102个项目中，投产项目69个，占总数的67.6%。加快撤并乡镇工业园区，推动农产品加工园区发展，至年底，全市有农产品加工集中区9个，其中射阳县农产品加工集中区创成省级农产品加工集中区。全市建成农业产业化联合体82家，其中省级联合体24个，带动农户就业51.17万人。加快农业现代化建设，江苏大地九丰现代农业科技有限公司等企业创成全国一流产业发展标杆。至年底，全市建成全国绿色食品原料标准化生产基地5个、省级优质农产品基地85个。休闲观光、农产品电商等新业态模式发展迅速，至年底，全市新创办家庭农场5868家，经营总面积9万公顷，创成省级示范家庭农场241个、市级示范农场552个。

·粮食生猪保供成效全省第一　（参见《特载·共筑抗疫铜墙铁壁》相关内容）

表22　2020年盐城市主要农副产品产量统计表

指　　标	产　量	指　　标	产　量
粮食总产量（万吨）	714.31	猪年末存栏数（万头）	270.3
夏粮产量（万吨）	256.27	家禽年末存栏数（万只）	9014.52
秋粮产量（万吨）	458.04	猪肉产量（吨）	278483.00
棉花产量（万吨）	0.03	禽肉产量（吨）	197645.00
油料产量（万吨）	13.59	禽蛋产量（吨）	925877.00
水果产量（万吨）	45.35	水产品总产量（万吨）	120.19
蚕茧产量（万吨）	1.74	—	

·农业行政许可服务　年内，全市推进农业行政许可服务建设，认领行政权力清单496项；编制政务服务事项清单112项，公共服务事项清单39项，动态更新清单内容近2万项；完成5个划出许可事项的工作交接，制定部门合作审批备忘录。认领部厅监管事项目录清单109项，组织编制抽查事项实施清单50项，标准化定义四类监管行为近1500个行业控制节点。规范实施信用差异化频率监管和“双随机一公开”监管，全年归集推送行业监管行为信息472项。制定《关于推行行政许可信用承诺制度的实施办法（试行）》，推进信用承诺审批和容缺审批制度，鼓励主动承诺；按照先照后证、照后减证原则，启动“证照分离”改革全覆盖试点工作，分类推进审改备和告知承诺审批；按照“一件事一窗办一次办”要求，梳理编制“一件事”清单；对接全国政务服务“一张网”，有序拓展线上“一网通办”受理范围；放大“不见面审批”品牌效应；编制农业“一号答”事项清单包含服务内容76项。全年受理办结行政许可2570件，许可事项承诺办结时限压缩30%以上，承诺期限内办结率100%。实现行政许可“双零双百”目标（零投诉、零差错，办结率百分百、满意率百分百）。

·农业行政执法　年内，市农业综合行政执法机构共查办1754起案件，出动执法人员3.78万人次，移送司法机关案件32件。开展“联动执法周”行动、春季农资打假“春雷”行动、农资打假“夏季百日行动”、农产品质量安全“利剑1号”行动、秋冬季农资打假行动、违法违规调运生猪专项整治行动、畜禽屠宰环节肉品质量安全专项整治行动、渔业安全生产专项整治行动、海上联合执法行动、海洋伏季休渔执法、内陆“打非”专项执法行动、水生野生动物执法行动等，抽检农药样品471个、肥料样品129个、农产品样品354个、海洋伏季休渔渔船1525艘。

（花　露）

种植业

·概　况　2020年，盐城市农作物播种面积138.93万公顷，其中粮食作物播种面积99.12万公顷、粮食总产量714.31万吨，水稻种植面积40.85万公顷。蔬菜播种面积28.07万公顷次，总产量1284.22万吨，总产值335亿元。至年底，全市建设粮食绿色高质高效示范片99个，建成省级绿色防控示范区34个,其中8个被评为A类示范区。年内，盐城市被评为绿色防控推进先进市。

·粮食生产　年内，全市落实粮食市、县长分级负责制，层层签订稳产保供“军令状”，超额完成粮食生产目标。市县两级发放耕地地力补贴、秸秆还田补贴、稻谷补贴、农机补贴等惠农资金18.6亿元。全年全市粮食作物播种面积99.12万公顷、粮食总产量714.3万吨。其中，小麦播种面积41.02万公顷、总产量239.3万吨；大麦播种面积2.49万公顷、总产量13.9万吨；玉米播种面积9.89万公顷、总产量66.5万吨。粮食亩产480.4千克，粮食面积和产量分别占全省总量的18.3%、19.2%。

·油料棉花生产　全年全市油料作物播种面积4.42万公顷,比上年增加2300公顷,油料总产量13.59万吨。其中，花生播种面积7560公顷、花生总产量2.51万吨；油菜籽播种面积3.61万公顷、油菜籽产量10.95万吨。全市棉花播种面积280公顷,比上年增加33.33公顷,总产320吨。

·蔬菜生产　全年全市蔬菜园艺播种面积28.07万公顷，总产量1284.22万吨，总产值335亿元。年内，全市新增万亩蔬菜特色基地面积5900公顷，共有万亩特色蔬菜基地面积4.8万公顷。打造沿海绿色产业集聚带，推进“1050”工程，壮大蔬菜百亿元级优势产业，推进50个万亩以上特色优质农产品基地建设。

·蚕桑生产　年内，全市新拓和更新桑园面积273.3公顷，出圃桑苗2100万株，年末桑园面积1.2万公顷。全年发放蚕种41.3万张，生产蚕茧1.74万吨，蚕茧产值7亿元，桑园综合利用产值1.27亿元。全年生产一代杂交蚕种33.23万张。

·花卉苗木　全年全市新创建省级园艺作物标准园14个。全年新增、调整花卉苗木生产基地面积800公顷，全市花卉苗木面积1600公顷，销售额11.9亿元。年内，东台市梁垛红芳花卉种植家庭农场等14个企业（合作社、家庭农场等）被列为2020年园艺作物标准园创建单位。

·果　树　年内，全市建有成片果园面积1.91万公顷，其中苹果园面积445公顷、梨园面积9505公顷、其他果园面积9129公顷。新拓果园面积1200公顷，改造果园面积213.3公顷，新拓果园、新植果树良种率95%。全年果品总产量45.35万吨，产值20.25亿元，列全省第二位，其中柿和梨的规模、产量、产值均列全省第一位。至年底，全市形成一批果树优势特色生产区域，主要包括优质梨、葡萄生产区域（亭湖区、盐都区），优质日韩系梨生产区域（射阳县、亭湖区），早熟梨生产区域（东台市、大丰区），黄河故道优质梨和苹果生产区域（阜宁县、滨海县、响水县），沿海地区银杏、柿鲜食和干果兼用经济林生产区域（大丰区、东台市、射阳县等）。

·稻田综合种养　年内，盐城市以粮食绿色高质高效示范建设为抓手，加快推广综合抗性好、优质稳产的主导品种，扩大单品种规模化连片种植，集成绿色高质高效生产技术模式，推进化肥农药减量增效，持续推广稻田综合种养、稻菜（瓜）轮作模式，提升粮食绿色高质高效生产能力。全年全市新增稻虾、稻鱼、稻蟹等稻田综合种养面积1.75万公顷，新增规模列全省第一位，稻田综合种养种面积3.98万公顷。

·高标准农田建设　年内，全市开展高标准农田建设，实施“藏粮于地、藏粮于技”战略，加强农田基础设施建设。全市实施高标准农田建设项目102个，建设面积4.15万公顷，总投资11.3亿元。其中，推广高效节水灌溉面积3933.3公顷，总投资4425万元。项目新建排灌站743座，疏浚渠道151.16千米，衬砌渠道492.47千米，新建机耕桥1009座、水闸44座、渡槽107座、倒虹吸52座、涵洞6928座等渠系建筑物，新建机耕路904.34千米，新建农田防护林网20.12万米。

·病虫防害　年内，全市病虫害发生面积436.57万公顷次，防治面积745.3万公顷次，挽回损失粮食214.9万吨、蔬菜41.8万吨、油料3.1万吨。采取重大病虫防控工作“政府出资、分散采购、联防联控，第一次用药全覆盖”模式，筹措资金5248万元,防治小麦赤霉病。采购药剂380多吨，实现一次用药全覆盖，最终病穗率为0.08%。实施农药使用量零增长行动。开展绿色防控示范区建设。全年全市建立省级示范区34个、市级示范片9个，病虫害绿色防控技术覆盖率为49.28%，绿色防控产品使用面积占比达到84.31%。完成盐城市东亚飞蝗蝗区核查勘测。在全国首创盐城市东亚飞蝗蝗区勘查系统，绘制1999年和2020年盐城全市蝗区分布图（2套）、2020年盐城乡镇级蝗区分布图（17套），确定蝗区边界及蝗区等级，统计各蝗区土地利用的面积及变化。

（黄婷婷）

延伸阅读：盐城农业品牌产品

· **东台西瓜** 东台西瓜果型端正、口感细腻、水分充足、甘甜爽口，回味无穷。主打产品既有皮薄多汁的“爆炸瓜”，小兰、8424等，也有果皮韧性十足，能站人，甜度高的“不炸瓜”全美4k等。东台西瓜深受广大消费者欢迎，市面上素有“品东台西瓜，享人间口福”的美誉。东台西瓜先后获评中国名牌农产品、地理标志证明商标、全国最具综合价值地理标志产品、2017年度全国名特优新农产品、江苏省著名商标、我最喜爱的江苏商标、江苏十大人气地理标志等。

· **盐城油菜籽** 油菜籽是十字花种作物油菜的种子，是盐城市主要油料作物，分布全域。具有低芥酸、低硫苷、出油率高的品质特点。压榨菜籽油具有“瓶开满屋香”的特色，具有一定软化血管、延缓衰老的功效。1953年，盐城油菜籽被纳入国家计划收购（统购）。到20世纪80年代中期之后，统购政策取消，盐城油菜籽进入市场化运作机制。盐城油菜籽逐步形成规模种植，至年底，全市有5.33万公顷种植面积，亩产200千克左右。

· **盐城大米** 盐城大米历史悠久，米粒椭圆饱满，外观晶莹透亮，口感松软黏香，富含钙、碘、镁、磷、钾、钠、锌等多种人体必需的微量元素，淀粉值达90%，食之不厌，品质俱佳。据《盐城市粮食志（1992年版）》记载，民国六年（1917年）盐城就有小型轧米厂。盐城大米在临海地域选种、种植，核心稻谷品种有南粳9108、南粳46、淮稻5号等，形成品牌“盐田稻牌”。2020年10月，盐城大米获中国国际粮油产品金奖；12月，获第二届好吃“苏米”品鉴大赛金奖。

· **盐城红小麦** 盐城红小麦是红皮小麦，具有农药残留含量低（抗病害能力强）、不完善粒含量低（抗自然灾害能力强）、高筋率的品质特点，蕴藏着50多种人体所需的丰富营养价值和药用价值。1953年，盐城红小麦被纳入国家计划收购（统购）。到20世纪80年代中期以后，统购政策取消，盐城红小麦进入市场化运作机制，主要进入国内南方市场。至2020年底，盐城市红小麦种植面积25.92万公顷，亩产400千克左右，主要品种为郑麦9023、扬麦23、扬麦16、镇麦12、镇麦10，盐城红小麦商品粮率达70%以上。

· **射阳大米** 射阳大米晶莹剔透、纯糯绵甜、营养丰富，食味口感独特、冷饭茶泡不硬。先后被评为江苏名牌产品、中国名牌产品、中国驰名商标、江苏省著名商标、地理标志产品保护商标、消费者最喜爱的中国农产品区域公用品牌、最具影响力中国农产品区域品牌，品牌价值245亿元。

· **界牌小花生** 界牌小花生生长于滨海县界牌镇黄河故道片区，该地区沙壤土土层深厚，土质疏松，透水和保水性能好，利于花生根系的生长和荚果增重，加之滨海县气候冬冷夏热，四季分明，光照充足，无霜期长，降水丰沛，雨热同季，特有的土壤与气候环境有助于花生品质提升。自20世纪七八十年代开始，界牌镇选育珍珠豆型直立中熟中粒品种培育，果实颗粒长约1~1.2厘米，直径约0.5~0.6厘米，形成天府系、黑珍珠、白参果、血丝玉、红牡丹等种植品种。小花生荚果为茧型，荚果网纹清晰，壳薄籽饱，粒浅红色，生食入口无渣、清香微甜，炒制后色泽金黄，脆而不硬，入口香酥，具有香、甜、脆、酥的口感。

· **洋马菊花** 洋马菊花是农产品地理标志产品，中国农业国际博览会“名牌产品”，是“中国药材之乡”射阳县洋马镇的支柱产业。洋马十里菊香园是全国最大的菊花生产基地，建有鹤乡菊海现代农业产业园，展示中外各种菊花品种800余种。鹤乡菊海生产的药用菊花、胎菊具有养肝明目、清心补肾、健脾和胃、润喉生津、调整血脂等功效。

· **响水西兰花** 响水西兰花因响水县独特的土壤、适宜的气候条件，畅销北京、上海、日本、美国等国内外市场。全县西兰花生产规模达6700公顷，其中核心区连片面积2700公顷，形成东西长10千米的西兰花海。“响水西兰花”先后获得无公害农产品和绿色食品认证，获评全国名特优新农产品、地理标志证明商标，农产品地理标志产品。

· **沈灶青椒** 沈灶青椒最早起源于明代天启年间，种植区域为东台市南沈灶镇、许河镇、三仓镇、头灶镇4个镇34个村居，种植品种包括水果椒、五彩椒、观赏椒、薄皮青椒等10余个品种，在长三角地区特别是江浙沪一带拥有较高的市场知名度。

·滨海何首乌 何首乌、灵芝、人参、冬虫夏草历来被称为中草药中的四大仙草。据李时珍《本草纲目》记载，首乌止心痛、益血气、乌须发、悦颜色，久服令人长筋骨、益精髓、延年益寿。相传清咸丰年间滨海就有种植。滨海沿海地区古为黄河故道，由黄河夹带的黄土高原沙土冲积而成，海岸又为侵蚀性地域，海洋性气候昼夜温差很大，生长首乌得天独厚。滨海县拥有国家级白首乌标准化示范基地1000公顷，正在建设全国最大的白首乌万亩生态种植园，是全国白首乌唯一集中产地，产量占全国市场比例达95%。

·恒喜食用油 江苏佳丰粮油工业有限公司是一家从事粮油生产加工的国家农业产业化龙头企业，是中国食用油加工企业50强、全国放心粮油示范工程示范加工企业。公司现有恒喜压榨菜籽油、浓香菜籽油、欧盟芥花籽油、玉米油等多个品种，其中"恒喜菜籽油"通过绿色食品认证，荣获第十八届中国绿色食品博览会金奖、江苏省名牌产品。"恒喜"商标被评为中国驰名商标。

·"FUAN牌"白厂丝 "FUAN"牌白厂丝是由江苏富安茧丝绸股份有限公司生产的高档白丝。AAAAAA级高等级生丝的比例占75%，占有国际、国内高端市场40%的市场份额。"FUAN"牌桑蚕丝先后获评中国名牌产品、中国驰名商标。

·射阳县白菊花产地入选2020年江苏省首批特色农产品优势区 9月，江苏省农业农村厅、省林业局、省发改委、省财政厅、省科技厅、省自然资源厅、省生态环境厅、省水利厅联合发布2020年江苏省首批特色农产品优势区名单，射阳县白菊花产地成功入选。射阳县规模种植菊花有60多年历史，是全国最大的药用菊花产地，洋马"鹤乡菊海"园区已先后与江苏省农科院、南京农业大学、南京中医药大学等科研院校建立紧密合作关系。

林 业

·概 况 2020年，全市新造成片林面积7169公顷，其中用材林面积3830公顷、经济林面积991公顷、防护林面积2348公顷。改造提升现有林面积6500公顷，迹地更新面积304公顷，总量居全省第一位。至年底，全市造有成片林面积25.83万公顷，成林抚育面积2.25万公顷。新拓果园面积1200公顷，改造果园面积213.3公顷，新拓果园、新植果树良种率95%。

·林木苗木培育 全年全市育苗面积1.43万公顷，在圃苗木2.7亿株。年内，鼓励国有场圃和育苗大户推广种植中山杉、薄壳山核桃、榉树等"三化"树种苗木。开展新品种试验工作，对2019年建立的30.33公顷试验示范林进行跟踪调查，掌握试验树种的耐盐碱性、生长量等。对辖区内现有苗木培育的面积、品种、规格进行全面调查统计，建立档案，为沿海防护林建设做好苗木余缺调剂工作。

·科技兴林 年内，盐城市与南京林业大学、省林科院等科研院所合作，引进新技术、新品种。邀请南京林业大学的教授到盐城市沿海地区做课题研究，将成熟的技术应用到生产中。选出弗吉尼亚栎、中山杉、无絮杨树等一批耐盐优良品种在沿海地区推广种植。 （韩成钢）

畜 牧 业

·概 况 2020年，盐城市应对新冠肺炎疫情和非洲猪瘟等灾情，稳定恢复生猪生产，统筹家禽、牛羊等畜牧生产。全年全市生猪出栏358.3万头，存栏270.3万头；家禽出栏1.2亿只，存栏0.9亿只；肉类总产量49.84万吨，其中猪肉总产量27.85万吨，禽蛋总产量92.59万吨。

·生猪恢复生产 年内，盐城市委、市政府建立恢复生猪生产保障市场供应工作联席会议制度，将生猪恢复生产目标写入市委一号文件，并纳入高质量发展考核体系。印发《关于进一步促进恢复生猪生产政策举措的通知》《盐城市促进恢复生猪生产扶持政策实施细则》，细化落实促进非洲猪瘟强制扑杀补助、生猪良种补贴、种猪场和规模猪场临时贷款贴息等政策。建立"市、县、镇"三级挂钩联系服务制度，引导大型生猪养殖企业通过"公司+农户"、租赁兼并等方式合作经营，扩大生产规模，推进牧原集团等8个新建规模猪场年内投产运行。年内，生猪稳产保供工作获全省综合考核第一名。

·畜禽生态健康养殖 年内，全市继续深化标准化生态健康养殖普及行动，开展标准化生态健康养殖与示范创建工作，新建成部级标准化示范场1个、省级生态健康养殖示范场30个，复检合格省级生态健康养殖示范场122个。

至年底，全市有效期内的部、省级畜禽养殖示范场总数达428个，累计通过市级考核评估的畜牧生态健康养殖基地3544个，畜禽生态健康养殖占比97.4%。

· **非洲猪瘟防控** 年内，全市加强非洲猪瘟防控力度，落实养殖、运输、屠宰、无害化处理等环节的生物安全措施，加强生猪产地检疫，实行市县乡分级管理，年出栏万头以上的生猪规模养殖场由市级负责监管，年出栏千头以上的生猪规模养殖场由县级负责监管，千头以下规模的由镇级负责监管。农业农村、公安、交通运输三部门开展打击生猪违规调运专项行动2次，在高速出入口设置检查卡口28个，对过往运猪车辆进行检查消毒，累计检查运猪车辆1136辆，生猪12.46万头。建设生猪运输车辆洗消网络，建成生猪运输车辆洗消中心66家，占全省建成数的22.7%。加强动物疫病防控能力建设，建成具备非洲猪瘟检测资质的县级实验室7个，江苏正大苏垦猪业有限公司建成国家级非洲猪瘟无疫小区。

· **动物疫病防疫** 年内，全市实行重大动物疫病防控网格化管理，全年新增1823名网格员，对全市1.31万家生猪养殖场进行动态监管。开展重大动物疫病集中免疫行动3次，指导养殖场户做到常年免疫和程序免疫。集中开展城乡犬只狂犬病免疫统一行动，重点管理区免疫密度95%以上，农村地区90%以上。开展“三灭一消毒”（灭蚊灭蝇灭鼠和大消毒）专项行动，全年全市使用消毒药50吨，对15万个场所进行消毒。首次组织牛结节性皮肤病排查和免疫，排查1.77万头牛，发放羊羔疫苗10万头份，免疫接种奶牛、水牛和黄牛1.59万头次。

· **畜禽屠宰管理** 年内，全市有生猪定点屠宰企业15家，盐城市天惠食品有限公司、东台市千禧福冷冻食品有限公司、东台市天安食品有限公司、东台市天鹏食品有限公司4家企业获得生猪定点屠宰许可证并投产，银宝集团与滨海汇利肉类加工有限公司合作恢复屠宰生产。开展打击牛羊禽私屠滥宰百日行动，统一牛羊家禽集中屠宰验收标准，开展不合格牛羊禽屠宰场清理工作，对大丰区华贸六川山羊养殖场华贸肉羊屠宰场、亭湖区庆丰山羊专业合作社、大丰鼎丰牛业交易中心、江苏桂花养殖有限公司、新洋禽业有限公司、盐城温氏佳和食品有限公司、东台市腾龙畜禽食品加工厂7家牛羊禽集中屠宰企业进行授牌，推进全市牛羊禽集中屠宰管理工作。

· **畜禽粪污资源化利用** 年内，盐城市继续开展养殖场污染治理三年行动，开展小型以上养殖场粪污处理设施配套和治理认定工作，全市小型规模场治理率100%，行政村治理率100%，规模场治理率和配套率100%。至年底，全面完成养殖场污染治理三年行动，继续实施中央畜禽粪污资源化利用项目、非畜牧大县整县推进项目，完善畜禽养殖废弃物资源化利用体系，在全省2019年度畜禽养殖废弃物资源化利用工作考核中，盐城市获得优秀等次，总分排名列全省第一位。 （王伯高　周　超）

渔　业

· **概　况** 2020年，盐城市水产养殖面积12.1万公顷，其中淡水养殖面积6.93万公顷、海水养殖面积5.17万公顷。全年实现水产品总产量120.19万吨，渔业总产值300.2亿元。年内，盐城市优化渔业渔港产业布局，建设渔港经济区，打造沿海特色渔业产业带，实施以渔兴港、港城联动战略，探索建设近海渔业可持续发展试验区。

· **水产养殖** 年内，全市有159家水产苗种繁育场，其中省级良种繁育场17家、省级原良种场2家、市级水产良种繁育场19家，入选首批江苏特色优势种苗中心11家。全年全市繁育鱼苗22.34亿尾、各类虾苗123.83亿尾、河蟹大眼幼体54.97万千克、紫菜苗种2.82亿贝壳。新增日本对虾、罗氏沼虾、加州鲈、黄金鲫等新特品种养殖面积2000公顷，提升大宗淡水鱼、河蟹、南美白对虾、小龙虾、海水养殖5大水产品生产基地建设，名特优养殖面积10.55万公顷，名特优养殖产量87.7万吨。开展水产养殖污染整治，新建养殖尾水处理设施或配套净化区32个，涉及养殖面积2666.67公顷；推广浒苔防治新技术、新材料应用，无筏架浮床式紫菜养殖示范面积533.33公顷。

· **水产捕捞** 年内，全市有海洋渔业乡镇4个、海洋渔业村28个，从事捕捞、养殖、渔具生产、水产品收购加工等作业1.03万户3.21万人。全年全市有7379艘渔船开展捕捞生产，渔船吨位12.85万吨，动力23.68万千瓦，其中，海洋捕捞渔船1180艘、捕捞产量7.44万吨，淡水捕捞渔船5113艘、捕捞产量6.21万吨。全年捕捞获物中，主要有鱼类3.81万吨、虾蟹类1.44万吨、贝类1.01万吨、头足类0.15万吨、海蜇类0.97万吨。

· **水产品加工流通** 全年全市有水产品加工企业204家，其中规模以上加工企业59家，水产冷库183座。新增正源创辉有限公司、射阳怡美食品有限公司水产品规模加工生产线10条。全年全市水产品加工产量66.71万吨，其中海水产品加工量29.96万吨、淡水产品加工量36.75万吨、制冰17.79万吨；用于加工的水产品76.12万吨，其中海水产品34.58万吨、淡水产品41.54万吨。全年实现水产品加工产值113.55亿元。

· **水产市场** 全年全市有63个水产品批发市场、1.41万名经纪人参与水产品交易，实现水产品交易量50万吨、交易额56.36亿元。年内，东台弶港泥螺、弶港文蛤新获农产品地理标志，九龙口“冲浪鱼”、东台鳗鱼获国家地理标志证明商标。

· **水生动物疫病防控** 年内，盐城市加强水生动物疫病防控。市水生动物疫病预防控制中心组织开展鲤春病毒血症、草鱼出血病、鲫造血器官坏死病、白斑综合征、虾肝肠胞虫病、传染性皮下和造血器官坏死病、桃拉综合征、虾虹彩病毒病、河蟹颤抖病等水生动物重大疫病专项监测，全年分7个监测月度，在161个采集点监测采集样品170个，其中阴性167个、阳性3个，阳性处理率100%。

· **渔业资源保护** 年内，盐城市坚持生态补偿与增殖放流并举，在东台市、大丰区、射阳县、滨海县、响水县等地海域放流海蜇、半滑舌鳎、黑鲷、大黄鱼、梭子蟹等渔业资源苗种8.79亿尾（只）。盐都区在大纵湖增殖放流河蟹苗种100万只及鲫鱼、四大家鱼1000千克。全市新增水生野生动物经营主体5个，水生野生动物许可证换证13本。滨海农旅集团与大连海洋牧场研究院完成海洋牧场建设签约。

· **渔港建设** 年内，全市推进渔港、渔区、渔村基础设施建设，组织对原有22个渔港进行重新规划布局，升级、维护现有主要渔港，淘汰、关停基础设施薄弱和保障能力不足的小渔港（河汊）和渔船集中停泊点，报省备案确认建设重点渔港6个，分别是射阳县黄沙港国家中心渔港、射阳县双洋渔港、大丰区斗龙国家一级渔港、滨海县翻身河渔港、响水县陈家港二级渔港、东台市弶港渔港（梁垛河闸下游）。年内，响水县陈家港二级渔港完成地址变更后重新规划论证，滨海县翻身河渔港完成建设规划论证，东台市弶港渔港成立专班，组织渔港选址确认。加快建设滨海县月亮湾海滨风情小镇、射阳县黄沙港特色小镇、大丰区三龙渔业休闲小镇等渔港经济区，推动港城联动发展。

· **水产生态健康养殖示范场** 年内，全市新增江苏顺安渔业科技有限公司、江苏三圩盐场、滨海县李承烨家庭农场、江苏临海农场渔场有限公司、盐城市永新水产有限公司、江苏银宝达阳现代农业有限公司、盐城市海浪大闸蟹养殖有限公司、江苏田盛源生态农场有限公司等农业农村部健康养殖示范场8个，总数46个。至年底，全市生态健康养殖面积8.32万公顷，占全市水产养殖面积的68.8%。

· **“盐阜银宝”水产品** “盐阜银宝”渔业品牌系列水产品由江苏银宝控股集团有限公司出品，养殖面积9073.3公顷。主要从事四大家鱼、鲈鱼、鳜鱼，蛏、蛤、虾、蟹等系列淡海水产品养殖，企业重点围绕打造“盐阜银宝”品牌，深化“银宝渔业”战略，实施“五统一”（统一生产标准、统一种苗、统一饲料、统一渔药、统一销售）养殖管理，打造集育苗、养殖、饮料、加工、冷藏、物流、科研为一体的国家级现代渔业示范区，并利用一号水库“人放天养、自然增殖”试验产品，引进有机鱼养殖技术，为广大消费者提供鲜活、绿色、生态、健康的“盐阜银宝”系列海淡水产品。

· **2020首届盐城黄海渔业发展论坛暨盐城水产科学研究院成立** 11月23日，2020首届盐城黄海渔业发展论坛暨盐城水产科学研究院成立大会召开，大会正式成立盐城水产科学研究院，组建盐城市渔业发展专家咨询委员会和渔业高质量发展高端专家智库。首届盐城黄海渔业论坛邀请中国科学院水生生物研究所桂建芳院士等国内渔业行业知名专家教授及盐城市各相关单位代表近500人参加，围绕科技创新促进渔业可持续发展、绿色生产与水产品疾病防治、海洋牧场建设等主题进行探讨。活动现场签约一批渔业科研、育苗、养殖、加工、销售等项目，发布“盐城市十佳水产企业”名单。 （汤亚高 朱 林）

农业产业化

· **概 况** 2020年，盐城市规模以上农业产业化企业总数1761家，其中国家级农业产业化重点龙头企业7家、省级82家、市级303家，省级以上重点企业数列全省第一位。年内，盐都区、响水县现代农业产业示范园获批创建省级现代农业产业示范园；射阳县洋马镇被列入全国农业产业强镇示范建设名单；盐都区大纵湖镇三官村、滨海县滨海港经济区三港村、东台市弶港镇被评为全国一村一品示范村镇；阜宁县春华秋实现代农业示范园被评为省级融合发展先导区。市政府联合农民日报社成功举办2020（首届）中国农业企业家峰会，银宝集团跻身中国农业企业前100强。

· **现代农业园区** 年内，盐城市开展现代农业园区等级创建工作，评定AAAAA级园区6个、AAAA级园区8个、AAA级园区12个。开展市级现代农业产业示范园创建工作，评定五星级园区7个、四星级园区10个、三星级园区16个。至年底，全市建成各类现代农业产业园区186个，其中国家级农业园区6个、省级示范产业园7个、省级产业园13个。全年市级以上园区新招引项目164个，投资总额64.7亿元。

· **粮食绿色高质高效示范基地** 年内，全市以粮食绿色高质高效创建示范项目为载体，推广优质高产良种和绿色节本增效集成技术，创建水稻绿色高质高效示范片99个、面积1.79万公顷，创建小麦绿色高质高效示范片64个、面积1.1万公顷。

· **农产品出口示范基地** 年内，全市继续推进出口示范基地建设与管理，盐城市怡美食品有限公司出口梭子蟹示范基地被认定为江苏省第 11 批出口农产品示范基地。至年底，全市有效期内的省级农产品出口示范基地有 14 个。

· 智能农业示范基地 年内，盐城市组织实施智能农业现代农业产业园区全覆盖工程，强化农业物联网技术应用，新建和提升建设智能农业示范点 106 个，打造滨海县朗坤农科园、阜宁县大鹤蛋业、盐都区潘黄都市产业园等高端智能农业应用典型，新建射阳县和滨海县智慧农业大数据平台 2 个，提升农业生产经营、服务管理智能化、数字化水平。

· 农业科技示范基地 年内，省财政下达 1180 万元项目经费用于盐城市现代农业产业体系基地建设。全市承担省级现代农业产业技术体系示范基地项目 30 个，建成核心基地 30 个、示范基地 150 个，试验示范新技术 97 项、集成示范新技术 16 项、新增优良品种 78 个，开展各类产业技术培训 1.05 万人次。年内，盐城市创成省级产业技术体系基地 31 个，新建和改造智能农业示范点 116 个。

· 绿色优质农产品基地 年内，盐城市 7 个县（市、区）44 个乡镇申报创建省级绿色优质农产品基地，总面积 2.6 万公顷；10 个 2019 年进入创建期的省级绿色优质农产品基地通过省市验收。推进市域内沿海，里下河、渠北三大农区协调发展，推动境内国有农场与地方一体化联动发展，加强县域之间统筹发展，形成区域共同发展格局。至年底，全市累计建成省级绿色优质农产品基地 85 个。

· 职业农民 年内，市农业农村局联合市委组织部、市人力资源和社会保障局、市教育局、市财政局印发《关于印发〈盐城市农业农村人才培养百千万工程三年行动计划方案〉的通知》，启动实施盐城市农业农村人才培养百千万工程三年行动计划，从 2020 年起每年定向委培农业类全日制专科以上学生 230 名，每年培训基层农技人员和科技带头人 5000 人，每年培育新型职业农民不少于 4.5 万人。全年全市开展全日制农业类专科以上定向委托培养 230 名，其中本科 3 人，初步构建稳定的农业农村基层人才培养渠道；培训基层农技人员及农村科技带头人 5073 人；创新推进高素质农民“线上云培训”和“线下分类集中培训”模式，全年全市累计开展线上培训 8.62 万人、线下培训 8.35 万人。

· 农民培育实训基地 年内，盐城市建成国家级农民培育实训基地 2 家、省级农民培育实训基地 9 家。至年底，全市有国家级培育实训基地 2 家，有省级农民培育实训基地 11 个。年内，盐城市农业农村局被中央农广校评为农民教育培训信息宣传工作先进单位和省农民教育培训工作先进集体。

· 家庭农场 年内，全市新创建省级示范家庭农场 44 个，市级示范家庭农场 150 个。至年底，全市纳入农业农村部家庭农场名录管理的家庭农场超过 3.2 万个。

·《关于推动地方和农场联动发展的意见》出台 5 月 26 日，盐城市政府在全国率先印发《关于推动地方和农场联动发展的意见》，全年全市集中签订区域一体化、场地共建等战略合作协议 2 个，陆续落地生产基地建设、优质粮食种植、烘干仓储配套、现代农业产业园区共建等系列项目 18 个，全面开启农业农场化、规模化发展新征程，推动优势叠加，促进地方与农场联动发展，实现由农业大市向农业强市转变。至年底，全市有沪属、省属、市属和县属农场 69 个。

东台三仓现代农业产业园　　（东台市志办　供图）

· 联办 2020 年（首届）中国农业企业家峰会 12 月 12 日，由农民日报社与盐城市政府联合举办的，以“国内国际双循环与农业企业新机遇”为主题的 2020 年（首届）中国农业企业家峰会在北京市举行。北大荒农垦、中粮集团、中国融通、中华联合保险、国家农业信贷担保联盟、伊利、阿里巴巴、水发农业集团、山东纽澜地等企业负责人及与有关专家参加会议。峰会活动分为 2 个阶段进行，第一阶段为大会开幕式和主论坛，现场举办全国农业企业发展联盟成立仪式；第二阶段为 4 个专题高峰论坛，主题为“优先发展农业农村，全面推进乡村振兴”，围绕“区域特色农业与产业集群”“畜牧渔业稳产保供与产业升级”“金融创新赋能乡村振兴”“科技强农、数字乡村与新型基础设施建设”4个专题分别举办圆桌论坛。现场设立盐城各县（市、区）特色优质农产品展示区。（花　露）

农产品质量安全

·概　况　2020年，盐城市开展农产品质量安全县创建工作，实施常态化监测强化风险管控，试行合格证制度，推进农产品质量全程追溯，提升绿色优质农产品比重，农产品质量安全水平保持稳定向好。全年全市农产品质量安全监测合格率99.73%，新增绿色食品、有机农产品195个，总数404个；新增农产品地理标志3个、总数13个，种植业绿色优质农产品比重70.4%；全年创成国家级农产品质量安全县3个、省级6个，农产品质量安全县在全省率先实现全域覆盖。

·农产品质量安全监管　年内，全市普及农产品质量安全监管信息平台、质量追溯平台应用，推进“网格化+精准监管”，实行农产品质量安全信息化监管，实时、实地、实景上传各级监管巡查、采样监测等数据记录。监管平台全年更新重点监管对象6160个、中小散户5777个，上传督查巡查记录1.46万次、快速检测49.3万批次，发布监管动态3745条。继续实施乡镇监管站能力再提升工程，完成27个标准化乡镇站建设。开展“星级”评定，评选认定68个三星级、24个四星级乡镇监管站。推进村级服务站建设，通过购买服务充实一线监管力量，新建村级服务站点46个。

·畜产品质量安全　年内，盐城市进一步规范生猪产地检疫工作，强化养殖源头监管，推进全市病死动物无害化处理。全年全市产地检疫生猪342.5万头，屠宰检疫生猪产品9.8万吨，核查有效生猪运输备案车辆985辆，登记生猪收购贩运主体581个，市、县两级核查生猪产地检疫动物A证1079张，B证5.27万张。全年完成部级畜禽产品风险监测抽检样品21份；省级畜禽产品质量安全例行抽检取样品589份；省级禽类产品专项风险监测抽检样品140份；省级动物及动物产品兽药残留监控抽检样品39份；省级畜禽监督抽检样品86份；市级畜禽产品例行抽检101份。

·水产品质量安全　年内，盐城市完成国家产地水产品监督抽查15批次、省重点时段产地水产品监督抽查84批次，药物残留风险监测产地水产品12批次、饲料4批次，完成4个季度产地水产品例行监测260批次，完成养殖尾水监测采样86份、养殖环境水土采样96份。组织开展水产苗种生产经营企业专项检查行动，抽查全市16家省、市、县三级水产良种（繁育）场，发现问题4起，责令整改4起。全年印发各种水产品质量安全宣传资料2130份，媒体宣传12次、指导培训11场次。

·质量安全监测　年内，全市组织产品质量安全例行监测、专项风险监测和监督抽检，做到国家、省、市、县四级质量安全监测采样全覆盖。全年全市完成定量监测抽样8125批次，针对本地主产农产品开展市级专项风险监测4项，开展地产蔬菜上市前快检49.3万批次。及时通报监测结果，组织协调相关部门对问题产品依法依规开展追溯查处。发出监测情况通报6期、预警信息处置单8份、隐患预警4份。组织开展专项整治“利剑”行动，累计出动监管执法人员3.53万人次、检查生产经营主体2.68万个次，发现质量安全问题80个、行政立案39起，移交司法9起。

·质量安全追溯　年内，市农业农村局、市场监管局联合印发《盐城市试行食用农产品合格证制度实施方案》，推动建立生产经营主体自我质量控制、自我出具合格证和自我质量安全承诺的制度体系，完善质量安全全过程追溯管理。全年全市在线开证35.3万张，印制发放纸质用证超50万张；农产品质量追溯平台在线追溯主体2132家，溯源产品3843个，生产档案上网4255个，溯源产品6356批次，累计打印使用溯源标签91.6万张。（戚晓春）

12月12日，全国农业企业发展联盟成立仪式在盐城市举行　（郜野乔　摄）

农产品市场流通

·**概　况**　2020年，盐城市坚持以农业为基本依托，延长产业链、增强创新链、提升价值链、完善利益链，促进增产增效增值增收，推动农村二三产业交叉联动、融合发展。配套完善农产品精深加工链，投资8亿元建设仓储保鲜冷链设施，建立线上线下、生产消费高效衔接的新型农产品供应链。盐城市加快推进农业接轨上海，盐城农产品在上海市场的销售份额和经营效益持续扩大，全年全市农产品进上海市场销售340亿元。打造农业品牌。年内，12个农业品牌入选江苏2020年农业品牌目录，射阳大米、东台西瓜入选《美味中国——2021年全国优质农产品品牌日历》，射阳白菊花入选江苏省首批特色农产品优势区，佳丰粮油公司恒喜食用油、银宝集团盐阜银宝水产品入选"苏垦杯"首届江苏省农业企业知名品牌30强，"谷投味道"射阳大米、乾宝湖羊获得首届"江苏精品"认证。全年全市拥有地理标志农产品13个，中国驰名商标11个，地理标志证明商标47个，全市绿色食品、有机农产品总数404个。

·**"互联网+"农业**　年内，盐城市组织开展"互联网+"农产品出村进城工程，推动特色农产品基地对接阿里、京东、苏宁易购、叮咚买菜等大型电商平台，扶持发展"直播带货""基地直采"新模式，打造阜宁"七彩阜宁"、大丰"梦幻迷宫"、射阳"鹤乡菊海"等直播基地，拓宽网销渠道。全年全市建成地方特产馆19个、上线2100多个产品，全年农产品网上销售额186亿元。至年底，全市有销售额超千万元农业电商平台100家。年内，东台市入选全国"互联网+"农产品出村进城工程试点县，建湖县和盐都区获评全国县域数字农业农村发展先进县，9家单位获评江苏省数字农业农村基地，13家益农信息社入选全省"互联网+"农业典型案例。

·**"盐之有味"品牌打造**　"盐之有味"是盐城市打造的盐城市级区域公用品牌。年内，盐城市成立江苏银宝电子商务有限公司和盐城市"盐之有味"供应链管理有限公司具体负责"盐之有味"品牌推广营销，搭建"盐之有味"农产品营销中心和盐阜银宝微商城电商平台实现线上线下运营。年内，盐城市在上海市举办"盐之有味"农产品宣传推广周活动和第十八届农产品交易会暨盐城农业招商推介活动、在北京市举办中国农民企业家峰会，在盐城市举办盐城黄（渤）海湿地研讨会，活动期间设置"盐之有味"农产品展示区，推介盐城农产品。全年"盐之有味"农产品实现在上海市场销售总额330亿元。

·**承办第十八届江苏省名特优农产品（上海）交易会主场推介活动**　（参见《接轨上海·2020年盐城农业接轨上海专场招商推介会暨第十八届江苏省名特优农产品（上海）交易会主场推介活动》）

·**2020铜川市扶贫产品（盐城）展销推介会**　10月16—18日，由铜川市政府主办，铜川市供销合作社、盐城市供销合作总社共同承办的2020铜川市扶贫产品（盐城）展销推介活动在盐城市举行。开幕式上，铜川市供销合作社对铜川市扶贫产品进行专题推介，盐铜两市供销社共同为铜川市在盐扶贫产品展销馆授牌。现场举行盐铜两地企业签约仪式，签约合同项目9个，协议项目15个，涉及金额1.02亿元。展会占地面积800余平方米，设37个展位，盐铜两地生产企业带来印台苹果、宜君核桃、葡萄酒饮、杂粮、药膳羊肉、东台西瓜、亭甜冬桃等多种优质扶贫产品进行展销。

（王珍梅　杨文伟）

11月22日，"盐之有味"农产品亮相第十八届农产品交易会暨盐城农业招商推介活动

（市农业农村局　供图）

农业机械化

·**概　况**　2020年，盐城市农机总投入13.93亿元，农机总动力740.89万千瓦。全年实现农机服务收入46.77亿元，其中农机作业服务收入39.73亿元。新增拖拉机2190台，总数2.81万台；新增联合收割机2076台，总数2.62万台；

新增插秧机 1302 台、乘坐式插秧机 1127 台，总数 1.96 万台；新增自走式喷杆喷雾机 840 台、粮食烘干机 709 台、植保无人机 445 台、农业用北斗终端（智能农机装备）771 台；申领拖拉机、联合收割机驾驶证 2685 个。至年底，农业机械化水平 91.92%，特色农业机械化水平 50.98%。拖拉机运输机组交强险投保率 100%，轮式拖拉机、联合收割机综合险投保 1.7 万台。

农业机械化收割　　（市农业农村局　供图）

·秸秆机械化还田　年内，全市争取省级农作物秸秆机械化还田作业补助资金 1.68 亿元，秸秆机械化还田面积 690.8 千公顷，秸秆机械化还田率 87.31%。

·农机合作社　年内，全市新发展农机合作社 56 个，总数 1245 个，其中拥有农机原值 50 万元以上的农机合作社 985 个，农机社会化服务组织作业面积占农机作业面积的 60% 以上。

·农机跨区作业　年内，全市发放跨区作业证 5608 张，跨区作业收入超过 7 亿元。全市农业农村部门及时查看全国农机作业平台发布作业信息，提前做好跨区作业机手培训、机械检修、机械检审和安全警示教育等工作，在农机检审现场为符合条件的机手免费发放联合收割机插秧机跨区作业证。及时协调解决过路过桥和跨区作业中的各种矛盾和问题。

·农机扶持政策实施　年内，盐城市政府印发《加快推进农业机械化和农机装备产业转型升级的意见》、市政府办印发《关于印发加快推进农业机械化和农机装备产业转型升级实施方案》，推动农业机械化和农机装备产业转型升级。全年全市落实农机购置补贴资金 3.04 亿元，受益户数 8895 个，购置机具 1.96 万台。

·农机安全监管　年内，全市加强基层农机安全网络建设，明确村级农机安全协管员 1648 人，建立多部门协作的农机安全监管协调联动机制。开展农机安全专项整治行动，全市累计出动检查人员 6760 人次，检查服务主体 4181 个（次），排查隐患 1284 项，整改到位 1284 项，整改率 100%；摸排出无牌机械 5037 台，逾期未检机械 6367 台，挂外地牌照变型拖拉机 979 台；实施行政处罚 834 起，注销变型拖拉机 113 台，实现在册变拖清零。全市农机安全生产形势总体平稳，接报农机道路外人身事故 1 起，伤 1 人，实现事故起数、死亡人数“双下降”。累计签订农机安全生产责任状 4.2 万份，全年检验机具 2.41 万台；投保农机综合险 2.27 万台，参保率 94%。全市报废更新拖拉机、联合收割机 539 台。全市“平安农机”示范合作社（家庭农场）数量达 105 个。

·获评全国整建制率先基本实现主要农作物生产全程机械化示范市　年内，滨海县、阜宁县、射阳县、建湖县、盐都区、大丰区通过省级粮食生产全程机械化整体推进示范创建县考核验收，在全市实现县级全覆盖。滨海县、阜宁县、建湖县创成全国主要农作物生产全程机械化示范县（市、区）。盐城市被农业农村部认定为全国整建制率先基本实现主要农作物生产全程机械化示范市。

（陈焕国）

工业　建筑业

编辑　徐　昊

工业综述

·概　况　2020年，盐城市统筹推进疫情防控和工业经济发展，做好“六稳”工作，落实“六保”任务，各项工作稳步推进，全年全市工业实现全口径销售收入6467.5亿元，实现工业增加值1924.52亿元，比上年增加27.92亿元。全面保障防控物资生产。市工信局派驻驻厂工作组、成立企业保障组，在全省率先组织动员企业转产口罩，2—3月，盐城市50家转产企业累计生产口罩3500万只。在全省率先制定印发《盐城市企业复工复产及疫情防控“十有五达标”工作方案》，通过“我的盐城”App、盐城发布公众号宣传企业防控要求，指导督促企业落实常态化防控措施，至年底，全市工业企业未发生疫情传播病例。推进产业链协同复工复产。先后协调11个省40个市70家企业恢复生产。服务全国产业链供应链大局，协调盐城市17家企业复工复产，有效解决华为关键结构件缺口、宇通支援武汉负压救护车零配件供应问题。开展“服务进万企”活动。全市挂钩干部联系企业和项目1.25万个，走访联系企业近20万次，发挥挂钩干部政策资源、部门资源、人脉资源优势，帮助企业解决问题4951个。开展银企对接活动4场，为215家企业新增授信51.5亿元。全面落实惠企减负政策。全年降低企业用电成本7.6亿元，减免社保费超40亿元，降低企业融资成本2.3亿元。提前实现拖欠中小企业账款“清零”，累计清理拖欠账款5.93亿元。开展送政策资金进企业活动，快拨快投市级资金7171万元，争取国家资金6716万元、省级资金6879.7万元。组织开展中小企业精准服务活动。依托市中小微企业服务联盟，针对企业需求开展线上讲堂30场，累计在线学习18万人次。线下开展大型论坛1次、组织进园区活动4次、服务企业近600家。年内，新闻联播、人民网、新华社等媒体多次宣传报道盐城企业复工复产工作做法，国务院督导组给予肯定。

全面落实产业强市战略，四大主导产业销售收入占全市工业销售收入的50%以上。全年实现钢铁产业销售收入1154.6亿元；新能源产业规模居全省首位，实现销售收入117.59亿元，年均增长25%；电子信息产业销售收入653亿元，实现三年翻一番；汽车制造业实现销售收入589.1亿元，华人运通、SKI动力电池项目投产。培育龙头骨干企业。开展企业“争星创优”活动，认定工业星级企业111家，实现工业星级企业入库税收74.3亿元。其中，销售收入超10亿元工业企业80家，比“十二五”末增加54家，其中50亿~100亿元4家、超百亿元企业6家。加快项目建设。全市有42个项目列入省重点工业项目计划，数量居全省第三位。列入“三百工程”的142个项目全部开工建设，完成投资394.7亿元；157个计划竣工项目完成投资402亿元；106个重点新增长点实现新增销售收入597.7亿元，拉动增长9.2个百分点。围绕主导产业开展精准招商，举办2020盐城电子信息产业发展大会，签约5亿元以上项目40个，总投资391亿元。

·“互联网+”工业　年内，盐城市加快工业互联网建设应用。开展工业互联网标杆培育行动，入库培育企业38家，新获评省重点工业互联网平台4家，省工业互联网标杆工厂3家。实施“千企上云”计划，新获评省星级上云企业292家，较上年净增202家。年内，盐城CNC产能协同共享工业互联网平台上线运营，接入企业72家、设备1300多台。

·工业转型升级　年内，盐城市推进工业产业绿色集约发展。开展“三项清理”（闲置土地、低效厂房、“僵尸”企业集中清理工作）工作，累计盘活再利用闲置土地1666.67万平方米，闲置低效厂房292.3万平方米，利用闲置资源新上项目646个，全年实现新增销售收入245.6亿元。建立工业企业资源集约利用综合评价系统，5347家工业企业纳入评价体系。加强节能降耗工作，构建绿色制造体系，新创建国家级绿色工厂2家、国家级绿色产品1个、省级绿色工厂3家。做好去产能工作。淘汰化解纺纱3000吨、印染3000吨、染料600吨、织布4.08万米、铸造1万吨。加速制造业智能化服务化转型。新创省级工业设计中心6家、总数16家。新创建省级智能示范车间13家、总数47家。年内，盐城智能制造联合创新中心建成运营。　（薛阳春）

汽车产业

·概　况　2020年，盐城市有汽车整车及零部件企业300多家，其中规模以上工业企业184家。全年全市汽车制造业销售收入589.1亿元，同比增长2%。其中，东风悦达起亚汽车有限公司全年销售汽车24.9万辆，实现出口销售2.5万辆，累计销售汽车突破580万辆。至年底，全市累计推广新能源汽车1.58万辆，其中公交车2084辆、私人乘用车6073辆、专用车3560辆、公务车309辆、共享车930辆、其他用车（企业用车、出租车等）2846辆。

·汽车整车行业　年内，盐城市有整车企业7家，分别是东风悦达起亚汽车有限公司、华人运通有限公司、江苏中车电机有限公司、国唐汽车有限公司（原江苏登达汽车有限公司）、江苏悦达专用车有限公司、江苏国新新能源乘用车有限公司、江苏奥新新能源汽车有限公司。全市整车制造形成既有乘用车又有商用车、既有常规汽车又有特种汽车、既有传统汽车又有新能源汽车的产品格局，制造覆盖乘用车、货车、客车、专用车等全系列产品。年内，东风悦达起亚汽车有限公司全新车型凯酷成功上市，累计销售1.75万辆，新一代智跑、傲跑、KX5等主力车型销售 17.3 万辆；华人运通 L3 级别的高合 HiPhiX 智能网联汽车实现批量生产，创始版订单超 3000 辆。江苏国新新能源乘用车有限公司新车型达福迪列入工信部产品公告。

·汽车零部件行业 年内，盐城市汽车零部件有规模以上汽车零部件企业 177 家，包含摩比斯、瑞延理化、斗天配件等韩系企业，江森座椅、东风李尔、佛吉亚等国际供应商以及本土汽车铸造、注塑、模具、涂装企业。其中本土汽车零部件企业产品覆盖发动机、变速箱、传动系统、制动系统、转向系统、结构件、内饰件、电子器件等领域，实现汽车关键和基础零部件的本土化配套。全年全市汽车零部件企业实现销售收入 381 亿元，同比增长 16.1%。

·新能源汽车 年内，盐城市新能源汽车保有量 1.58 万辆，有新能源整车生产企业 4 家，分别为东风悦达起亚汽车有限公司、江苏国新新能源乘用车有限公司、国唐汽车有限公司（原江苏登达汽车有限公司）、江苏奥新新能源汽车有限公司。其中，乘用车企业为东风悦达起亚汽车有限公司和江苏国新新能源乘用车有限公司，产能规模分别为 10 万辆、7 万辆。东风悦达起亚汽车有限公司先后上市 KX3、华骐 300E、K3 纯电动乘用车和 K5、K3 插电式混合动力乘用车。商用车企业为国唐汽车有限公司，产能规模为 2500 辆，国唐智能网联公交在全国示范推广。专用车企业为江苏奥新新能源汽车有限公司，产能规模 5000 辆。年内，盐城大市区 988 辆出租车更换为纯电动出租车（新 K3 纯电动汽车）、推广新能源公交车 214 辆、专用环卫车 74 辆。全年全市推广新能源汽车 3542 辆，其中乘用车 3232 辆、客车 298 辆、专用车 12 辆。

·高合 HiPhiX 首批试生产车下线 10 月 30 日，华人运通新能源汽车项目暨高合 HiPhiX 首批试生产车下线，实现全球首个无人驾驶车辆全自动下线。高合 HiPhiX 是基于全球领先的 HOA 开放式电子电气架构开发的新一代可进化汽车，实现软硬件分离，可以通过不断自主学习和远程软件迭代，在不改变硬件的前提下带来性能和体验的持续进化，实现“软件定义汽车”。通过自主研发的车路协同自动驾驶技术，车辆从产线下线后全程自动驾驶至指定发运区，实现无人移库、无人提取车等智能化停车场景，是车路协同高阶自动驾驶场景的实际应用。2017 年 9 月，东海岸（上海）股权投资管理有限公司与江苏悦达集团等共同成立华人运通（江苏）技术有限公司，依据盐城新能源产业基础，引入国际一流团队、技术和资本，布局新能源全产业链，致力于突破新能源汽车核心技术研发，实现智能交通出行方式领域的新变革。2019 年 6 月 15 日，悦达集团、东风悦达起亚汽车有限公司、华人运通三方签订战略合作协议书，东风悦达起亚汽车有限公司和华人运通签订汽车产能合作协议等。2020 年 8 月 25 日，高合 HiPhiX 车型经工信部批准公示；9 月 23 日，高合 HiPhiX 产品公告获工信部认可；9 月 24 日，高合 HiPhiX 在北京时尚设计广场 79 罐举行全球首发上市发布会。

·东风悦达起亚凯酷量产下线 8 月 14 日，东风悦达起亚凯酷量产下线，9 月上旬上市。凯酷由起亚韩国总部涵盖质量控制、车辆性能、部件设备等领域的 80 名顶级专家，基于起亚第三代 i-GMP 平台开发，车身主要位置采用超高强度钢材，车身平均强度提高 10% 以上；多重骨架结构的发动机舱可有效分散撞击冲击力，安全度达到世界领先水平；车身重心降低，提高凯酷行驶性能和动力性能；配置方面，新车搭载 L2+ 级智能驾驶辅助，拥有前碰撞预警制动系统（FCA）等 6 项安全辅助、高速公路驾驶辅助等 4 项舒适配置，搭载百度智能互联 3.0 系统，一键启动智能蓝牙钥匙等智能科技。东风悦达起亚凯酷全年实现销售 1.75 万辆。

·长三角（盐城）智能网联汽车半封闭测试示范运行区 （参见《接轨上海·长三角（盐城）智能网联汽车半封闭测试示范运行区》）

·2020 新能源汽车下乡盐城站 11 月 28 日，2020 新能源汽车下乡盐城站活动在盐城市万达广场举行。活动旨在培育壮大新能源汽车产业，推进新能源汽车推广应用，建设绿色美丽新盐城。现场参展汽车品牌 26 个，参展车型近 60 款，售价从 2 万元到 100 多万元不等。

11 月 28 日，2020 年新能源汽车下乡盐城站活动启动　　（市工信局　供图）

·东风悦达起亚汽车有限公司 年内，东风悦达起亚汽车有限公司销售汽车24.9万辆，实现销售收入205.2亿元，其中出口销售2.5万辆，汽车销售突破580万辆。先后上市全新一代K5（凯酷）、K3纯电动和2021款K3等新车型。年内，公司拓展海外市场，产品销往"一带一路"沿线国家，新开发适销实施车辆靠左行驶交通法规的国家适用的车型，全年出口整车2.5万辆，出口发动机2.27万台，实现创汇2.25亿美元。公司荣获J.D.POWER中国新车质量研究（IQS）以及售后满意度（CSI）主流汽车市场第一名。在印度尼西亚投资建设总投资9.29亿美元的年产60万吨镍铁合金冶金项目。

·江苏摩比斯汽车零部件有限公司 年内，江苏摩比斯汽车零部件有限公司实现销售23.2万台，销售额68亿元，纳税3000万元。年内，公司实现产业布局调整。将电装工厂中音响业务移至天津摩比斯，I/P工厂移至沧州摩比斯，并将上海摩比斯安全气囊工厂移至盐城公司，安全气囊项目年产可达180万台，销售7.5亿元，利税7000万元。

（薛阳春）

钢铁产业

·概　况 2020年，盐城市有规模以上钢铁冶炼、压延加工、后道制品企业42家，钢铁产业资产总计612.6亿元，资产增量95.2亿元。全年钢材产量438.4万吨，销售收入1154.6亿元，高于全市规模以上工业销售收入增速8.8个百分点。年内，全市重点钢铁企业、园区与北京科技大学、上海大学、东北大学等高等院校、科研院所产学研合作持续深化。响水德丰金属材料有限公司、盐城市联鑫钢铁有限公司通过省级企业技术中心认定。江苏德龙镍业有限公司2名领军人才入选2020年度省高层次创新创业人才引进计划，年内新增授权专利14项，其中发明专利7项。江苏德龙镍业有限公司建成省级稀土高强度耐蚀热轧钢筋工程研究中心，公司入选2020年国家工业企业知识产权运用试点企业，公司制定的"钢筋混凝土用热轧耐火钢筋"国家标准、"微晶化钢筋混凝土用热轧钢筋"团体标准和参与制定的"再生钢铁原料"国家标准正式印发实施。年内，总投资337.2亿元的滨海港铁路支线、滨海港区10万吨级航道疏浚、滨海港港口物流园等9个沿海钢铁基地重大基础设施配套工程集中开工建设；德龙镍业不锈钢二期、巨合高合金钢压延制品等26个项目加快推进。

·135万吨钢铁精炼项目开工 10月28日，江苏德龙镍业有限公司在响水县投资建设的135万吨精炼项目暨不锈钢产业链10个项目开工仪式在盐城市响水金属新材料产业园举行。该项目被省发改委列入全省钢铁重点项目库后，项目总投资35亿元，新建炼钢车间和新增配套设施，配置2台85吨高功率电弧炉、4台35吨中频炉、3台120吨AOD精炼炉、2台120吨LF钢包精炼炉、1台120吨VOD真空精炼炉、1台R9米板坯连铸机和1台R12米板坯连铸机。项目建成后德龙镍业的不锈钢连铸板坯产能将从112万吨每年增加至247万吨每年。

·滨海港钢铁基地重大基础设施配套工程签约 12月2日，滨海港钢铁基地重大基础设施配套工程签约仪式在滨海港工业园区举行。集中开工9个重大基础设施配套工程，分别是滨海港铁路支线、滨海港10万吨级航道疏浚、滨海港港口物流园、中海油LNG防波堤及码头、德龙不锈钢制品产业园、盐城钢铁职业技术学院、金光大道及路网工程、港城片区综合开发、产业区公辅设施建设，涵盖基础交通、物流运输、产业培育和城市建设等领域，9个开工项目计划总投资337.2亿元。仪式现场签约港产城片区开发合作项目和滨海港铁路支线代建项目，部分建设单位和合作单位代表作交流发言。

·盐城市联鑫钢铁有限公司 盐城市联鑫钢铁有限公司成立于2000年6月，是一家以精品棒材、线材为主导产品的国家级高新技术企业。拥有集烧结、炼铁、炼钢、连轧及相应配套公辅设施于一体的生产线，主要生产装备有3台烧结机、3座高炉、2台120吨转炉、1台70吨电炉及4条轧机生产线。公司全年营业收入150.2亿元，实现利税7亿多元。公司先后与北京科技大学、上海大学、钢铁研究总院、冶金工业信息标准研究院等国内知名科研院所建立战略合作关系，共同成立联鑫新材料研究中心、海沙红土镍矿研究中心、细晶粒新材料工程技术研究中心，稀土耐蚀新材料工程技术研究中心，提高技术创新和新产品研发能力。参与GB/T 1499.2-2018《钢筋混凝土用钢》国家标准的修订工作，主导耐火钢筋国家标准的制定工作，填补耐火钢筋国家标准空白，促进全国耐火钢筋的研发与应用。年内，公司主编《微晶化钢筋混凝土用热轧钢筋》江苏精品团体标准，规范钢筋混凝土用热轧钢筋的生产、销售和使用的行业标准，引领热轧钢筋产品的技术创新。年内，公司位列2020年度中国民营企业制造业500强第343位，迈入中国钢铁企业综合竞争力B+行列。先后被评为盐城市五星级企业、盐城市科技创新奖、中国卓越钢铁企业品牌，获得省级企业技术中心、省级工程技术中心认证。

·江苏德龙镍业有限公司 江苏德龙镍业有限公司成立于2010年8月，注册资金2亿元，是一家专业经营镍铁合金冶炼、不锈钢冶炼、热压延、冷压延生产与销售的民营企业。全年实现销售收入890.2亿元，利税5.6亿元，连续三年被评为盐城市"五星级企业"。年内，公司全面整合炼钢产能资源，与徐州宝丰特钢有限公司达成合作协议，投资20亿元在响水县实施年产135万吨的精炼项目。10月，该项目取得环评批复并开工建设。至2020年底，建成年产50万吨镍铁合金，装备20条RKEF（回转窑+矿热炉）生产线；

建成年产 112 万吨不锈钢铸坯生产线，装备 4 台 60 吨 AOD 炉、2 台 LF 炉和 1 台 80 吨保温电炉；建成年加工 200 万吨高合金钢材料的 1450 热轧项目，装备 1 条 1+7 热连轧生产线和 3 条配套的固溶酸洗线；建成年产 200 万吨高合金钢压延材料的 1450 冷轧项目，装备 1 套 18 辊 6 连轧机组、1 套 18 辊 5 连轧机组、3 套冷酸洗退火线。加快推进德龙印尼不锈钢冶炼一体化综合项目建设。其中，与中国一重合作一期项目——总投资 9.29 亿美元、年产 60 万吨高镍铁项目建成投产，与厦门象屿集团合资二期项目——总投资 28 亿美元、年产 350 万吨不锈钢冶炼综合体项目建成投产；该项目被列入国家“一带一路”国际产能合作重点项目；三期项目——总投资 2.96 亿美元、年产 60 万吨镍铁合金项目处于建设之中。（张锦锋）

新能源产业

·概　况　2020 年，盐城市新能源规上企业实现销售收入 625.2 亿元，入库税收 18.27 亿元。全年新能源发电实现销售收入 117.59 亿元。年内，盐城市组织编制全市“十四五”新能源产业发展规划，推动全市海上风电基地、国家海上风电研究与试验基地等项目纳入国家、省“十四五”新能源专项规划。重点围绕建设千亿元产业的目标，建立新能源重点企业滚动培育名录，推动国际合作，主动融入全球新能源产业供应链，打造行业品牌。18 个新能源配套电网项目中，国信东台弶港农场风电配套 220 千伏送出加强工程等 9 个项目投产使用。正泰新能源 5 吉瓦电池组件等项目开工建设。构建“高端装备制造体系、规模化资源开发体系、多元化应用体系、协同创新支撑平台体系”四大新能源体系。推动互联网、大数据和新能源产业融合发展，实施“新能源 +”战略，加强能源物联网、分布式能源、微电网的示范推广。推进资源有序开发，带动研发设计、装备制造、检验检测、运行维护等相关产业落户，打造新能源全产业链。发挥长三角新能源产业专委会作用，加强与上海电气等龙头企业及上海交大、同济等高校合作，探索沪苏新能源产业共享区建设，重点开展与张江高科技园区、漕河泾开发区、南汇工业园区等合作，主动对接布局受上海空间制约的新能源装备项目。与上海合作共建光伏、风电等新能源应用检测和认证公共服务平台，强化研发服务能力。

·新能源发电　年内，盐城市新能源发电装机容量 984.77 万千瓦，占全省新能源发电装机容量的 28.17%。其中，风电装机容量 737.98 万千瓦，占全省风电装机容量的 47.7%；光伏发电装机容量 215 万千瓦，占全省光伏发电装机容量的 12.77%；生物质发电装机容量 31.79 万千瓦，占全省生物质发电装机容量的 13.14%。风电装机容量中，

江苏德龙镍业有限公司生产车间　（盐阜大众报社　供图）

海上风电并网装机容量351.68万千瓦，占全省海上风电并网装机容量的61%，占全国海上风电并网装机容量的39.1%，占全球海上风电并网装机容量的10%；陆上风电并网装机容量386.31万千瓦。全年全市新能源累计发电量178.8亿千瓦时，占全省新能源发电量的34.25%。其中，风力发电139.71亿千瓦时，光伏发电23.38亿千瓦时，生物质发电15.71亿千瓦时。

· **新能源装备** 年内，全市新能源装备实现销售收入507.61亿元。其中，风电装备企业销售收入287.22亿元、光伏装备企业销售收入220.39亿元。全年全市销售收入超10亿元企业14家，其中超20亿元9家、超30亿元6家、超50亿元的1家，入库税收超千万元的企业22家。

· **2020中国新能源高峰论坛** 9月6—8日，由中电联（售电与综合能源服务分会）、中国国际商会、中国海洋工程咨询协会海上风电分会共同主办的2020中国新能源高峰论坛在盐城市召开。论坛主题为"绿色转型、赋能未来"，1000余位全球新能源资深专家学者和知名企业家参加论坛。论坛针对新能源产业投资如何多元化、风电光电如何应对平价时代、综合应用如何抢抓"新基建"机遇、产业创新如何补齐短板等热点难点，设置主论坛和资本市场、海上风电、智慧能源、光伏产业4个分论坛，会议安排可再生能源发展"十四五"规划海上风电发展座谈会、长三角新能源专委会年度工作会议、新能源产学研专场活动等8项主要议程。与会专家学者研讨交流新能源发展现状，企业家现场对话交流。论坛期间，举办首届"新能源产业云上展览"。

· **盐城国能大丰H5#海上风电项目** 8月8日，全国首个由地市级国有企业开发建设的海上风电场——盐城国能大丰H5#海上风电项目在大丰港区开工。项目由盐城市国能投资有限公司自主开发建设，工程总装机规模206.4兆瓦，建成后年发电量6.1亿千瓦时。项目位于江苏大丰近海海域，大丰港区水域港界外，场区中心离岸距离约67千米，规划海域面积约37.4平方千米，是国内核准建设离岸距离最远的海上风电场。风电场拟安装32台单机容量为6.45兆瓦的风力发电机组，配套建设2座220千伏海上升压站、1座陆上集控中心、8回35千伏场内集电线路和1回220千伏送出海缆，风机全部采用单桩基础结构，其中最大单桩重量1432吨，最长单桩98米，单桩基础尺寸及重量为江苏海上风电之最，工程总投资约40亿元。该项目是全国首个海上施工现场实现无线网络全覆盖、视频远程实时传输的项目；首个实施"一场双站"、通过三端进行高抗补偿的项目；首个创新采用储能应急电源的项目。

· **江苏金风科技有限公司** 江苏金风科技有限公司系金风科技全资子公司，成立于2009年11月，注册资本7.6亿元。公司主要从事大型风力发电机组及零部件研发、生产、销售、安装及技术咨询服务等业务，是金风科技集团下业务功能最齐全的集生产制造、研发实验、海上国际培训、海上服务、国际出口为一体的大型海上风电基地，唯一可以生产金风全系列机组的生产基地，是金风唯一的综合试验基地。公司牵头国家先进能源技术领域"863计划"项目、国家能源自主创新和能源装备专项、省科技成果转化项目。年内，金风科技16MW传动实验室项目开工建设，计划总投资3亿元，年内完成投资1.6亿元。公司先后获评国家高新技术企业、省级技术创新示范企业等，公司研发团队获批2016年度江苏省双创团队。

· **江苏润阳悦达光伏科技有限公司** 江苏润阳悦达光伏科技有限公司成立于2017年7月，公司注册资本4亿元。年内，公司实现销售收入44.8亿元，税收967.01万元。加快项目建设。建设高效PERC太阳电池片生产线8条，总投资15亿元，占地面积17.33万平方米，形成2.5吉瓦的年生产能力，项目竣工投产；投资13.75亿元生产转换效率23%以上的高效PERL电池，产能3.5吉瓦，项目满产运行；年产太阳能电池片9吉瓦项目试生产，总投资22.5亿元，征地19.13万平方米。年内，公司针对新结构太阳能电池需求，加快建设总投资3.66亿元的润阳光伏研究院，研究院包含高效电池实验室、物理表征实验室、化学测试实验室、可靠性实验室等在内的研发平台，聚焦新结构太阳能电池的研发与产业化，突破下一代高效PERC电池量产技术、新型结构的太阳电池等关键技术。

（张锦锋）

电子信息制造业

· **概　况** 2020年，盐城市电子信息产业实现销售收入653亿元，产业规模列全省第八位。其中，盐都区、东台市、盐城经济技术开发区电子信息产业规模超百亿元。全市电子信息行业除雷达设备制造外，有11个细分行业、46个细分门类。至年底，全市规模以上电子信息企业350家，其中销售收入超10亿元企业15家，超亿元企业108家，拥有盐城东山精密制造有限公司、盐城维信电子有限公司、领胜城科技（江苏）有限公司、日铠电脑配件有限公司、江苏贺鸿电子有限公司等一批技术含量高、成长性好、具有较强竞争力的骨干企业，多家企业成为华为、苹果、中兴、小米、特斯拉等终端品牌的一级、二级供应商。全市电子信息企业主要产品初步形成以领胜城科技（江苏）有限公司、科森科技东台有限公司、日铠电脑配件有限公司、江苏赛博宇华科技有限公司、江苏大丰和顺电子有限公司等为代表的智能终端整机和零部件产业链，以盐城东山精密制造有限公司、江苏生辉光电科技有限公司、江苏米优光电科技有限公司为代表的LED显示产业链，以盐城维信电子有限公司、江苏博敏电子有限公司、江苏贺鸿电子

11月18日，2020盐城电子信息产业发展大会开幕 （市工信局 供图）

有限公司为代表的印制电路板产业链。全年全市有吉林大学智能终端产业研究院（盐城高新区）、中科院高通量创新研究院（盐城高新区）、清华大学智能控制装备联合研究院（盐城高新区）、5G智能网联车研发中心（盐城高新区）、上海机器人产业技术研究院东台分中心（东台高新区），盐都区建成省级智能终端产品检验检测中心。全年全市有盐城高新区智能终端产业园、东台经开区电子信息产业园、高新区电子信息产业园、盐城经济技术开发区光电产业园、大丰经济技术开发区电子信息产业园、亭湖区、大丰区、射阳县、滨海县、响水县电子信息产业园等10个电子信息产业专业园区，规划建设面积超100平方千米，厂房建设面积近500万平方米。盐都区引进落户近百家智能终端企业，东山精密LED封装、FPC柔性线路板、5G滤波器已成为行业单项冠军；东台市打造5G通信、智能终端、新型显示、智能装备等应用电子产品（组件）的电子信息制造全产业链；大丰区重点发展印制电路板产业；盐城经济技术开发区、阜宁县、建湖县等地重点发展太阳能电池、组件、LED等产业；亭湖区、射阳县、滨海县、响水县等地重点发展基础电子元器件产业。加快电子信息产业重点项目建设。年内，盐城东山通信技术有限公司滤波器相关产品项目完成投资10亿元，新增建筑面积38万平方米，12月竣工投产。东台润田精密科技有限公司智能手机连接器和新能源汽车线束连接器项目完成投资6.5亿元，新增建筑面积20万平方米，11月竣工投产。日铠电脑配件有限公司3C精密结构件项目完成投资2亿元，新增建筑面积12万平方米，4月竣工投产。科森科技东台有限公司高精密电子产品金属结构件及组件项目完成投资2亿元，新增建筑面积25万平方米，11月竣工投产。江苏科森光电科技有限公司液晶显示屏项目完成投资2亿元，新增建筑面积25万平方米，12月竣工投产。江苏广谦电子有限公司精密印制电路板项目完成投资6亿元，新增建筑面积14.6万平方米，10月竣工投产。

·香港金铢电子封测项目落户盐城　11月18日，在盐城电子信息产业发展大会上，香港金铢电子封测项目落户盐城。金铢芯片封装测试项目主要从事芯片封装测试、国际贸易等业务，IC和圆晶产品主要配套三星、华为、海力士等知名品牌，全年实现销售收入13亿元。

·康佳存储芯片封装测试项目投产　康佳芯云半导体科技盐城有限公司存储芯片封装测试项目由康佳集团投资20亿元建设，运营主体为康佳芯盈半导体科技（深圳）。年内，康佳存储芯片封装测试项目完成投资10亿元，新增建筑面积5万平方米，12月竣工投产。

·2020盐城电子信息产业发展大会　11月18日，2020盐城电子信息产业发展大会在国际会展中心开幕。会上，东台市、盐城高新区、盐南高新区作专题推介，康佳集团、深圳华强半导体集团、华为集团、中国电子信息产业集团相关负责人作交流发言。活动现场，盐城市政府与中国电子信息产业集团签订战略合作协议；与华为信息与网络技术学院和西安电子科技大学盐城研究院签约2个产业人才培养项目；签约康佳盐城电子信息产业基金首批投资的深圳博盛新材料、铢电子等6个项目；集中签约5亿元以上电子信息制造业项目40个、总投资391亿元，签约项目涵盖人工智能、5G、半导体、集成电路、智能终端、高端精密制造及先进基础材料等领域。大会期间，盐城市举行创新创业大赛、高峰论坛、交流恳谈会、项目集中开工等12项系列活动。

·盐城东山精密制造有限公司　盐城东山精密制造有限公司创立于1980年，由深A上市公司苏州东山精密制造股份有限公司投资建设，是一家专注半导体应用和精密钣金制造的技术企业。拥有LED封装、TV显示、手机LCM、触摸屏、柔性线路板、PCB、精密钣金、智能设备等业务模块。集团与华为、苹果、三星、LG、利亚德企业签订长期战略合作协议。2017年7月，盐城高新区开工建设盐城东山精密产业园。盐城东山精密园区总规划面积100万平方米，分三期规划建设。一期项目于2017年7月开工，2018年3月投产，占地面积32.8万平方米，建成盐城东山精密制造有限公司和盐城维信电子有限公司，厂房建筑面积60.8万平方米，容积率1.86，总投资130亿元，其中固定资产投资100亿元，分别新上LED封装和FPC柔性线路板项目。二期总投资30亿元，占地面积25.33万平方米，厂房建筑面积30万平方米，新上通讯电子等项目，于2019年8月投产。年内，盐城加快东山精密三期建设，占地37.33万平方米，LED封装和FPC柔板项目处于建设之中。公司获高新技术企业证书。

·领胜城科技（江苏）有限公司 领胜城科技（江苏）有限公司成立于2013年12月，位于东台经济开发区，由领益科技（深圳）有限公司投资，公司主要产品金属结构件、各类材质的模切件向无线充电模组等系统集成方向拓展，产品广泛应用于智能手机、电脑等领域。企业建有工研院、工程部、自动化技术中心等研发部门，与南京理工大学、盐城工学院等实施产学研合作，拥有发明专利10项、软件著作权1项，无线充电模组车间被认定为省示范智能车间，连续三年被评为盐城市五星企业。至年底，公司一期精密电子制造项目投资10亿元，2015年建成投产。二期智能制造及电子组件项目投资10亿元，2018年建成投产。年内，三期新型电子元器件和电子材料项目完成建筑面积30万平方米，新上自动化模切设备2000台（套）、CNC加工中心1500台（套）、高精密冲压机及SY加工设备2000多台（套），建设3C金属件研发中心。年内，公司获评盐城市瞪羚企业。

·日铠电脑配件有限公司 日铠电脑配件有限公司成立于2017年9月，注册资本2亿美元，项目总投资6亿美元，为铠胜集团旗下子公司。公司位于亭湖区青洋工业园内，占地面积80万平方米，主要生产笔记本电脑外壳。年内，总投资10亿元年产6000万件3C精密结构件项目竣工投产。至年底，公司B区、C区厂房全面投产，最大日产能约35K（片）。

·科森科技东台有限公司 科森科技东台有限公司成立于2014年12月，位于东台经济开发区，由昆山科森科技股份有限公司投资兴建，先后投资58亿元，新上精密金属结构件、3C智造项目和科森光电液晶显示屏项目。精密金属结构件项目于2015年开工建设，2016年竣工投产，总投资10亿元，建筑面积10万平方米，新上CNC智能数控加工中心1600台（套）、PVD生产线6条，以及高精度锻压冲压设备等，主要生产精密金属结构件和高端医疗器械零部件两大板块产品。项目年产精密电子部件9000万件、数控医疗器械配件450万件。3C智造项目主体工程于2017年1月开工建设，6月建成投产，总投资35亿元。液晶显示屏项目由科森科技东台有限公司与昆山龙力达光电科技有限公司共同投资，于2018年4月开工建设，总投资20亿元，规划新建25万平方米无尘车间、研发中心等，从韩国三星引进CP贴附生产线、OLB外引脚接合自动线、TP显影生产线，年可生产7～55英寸液晶显示屏6000万片，一号厂房已投入运行。金科森消费电子配件项目于2020年2月启动建设，总投资3亿元，租用科森光电、科森3C厂房，购置CNC、冲床、注塑机、激光焊接机等设备，年产精密电子产品（笔记本、手机外壳、耳机等电子产品金属结构件）1亿件。至年底，科森光电内厂房已启动装修，20台重型注塑机进场。（薛阳春）

节能环保产业

·概　况 2020年，盐城市节能环保产业实现营业收入278亿元，同比增长9.6%。至年底，全市有规模以上节能环保企业150余家，其中销售收入达5000万元以上企业84家。全年全市有亿元以上在建项目12个，完成投资15.1亿元。有国家级节能环保技术中心1家、省级技术中心13家。

·2020第九届中国盐城环保产业博览会 11月3日，由江苏省生态环境厅、中国环境保护产业协会、盐城市政府共同主办，江苏省环保集团有限公司、生态环境部对外合作与交流中心联办，由亭湖区政府、江苏盐城环保科技城管理委员会承办的以“坚持绿色创新导向、贡献环境治理力量”为主题的2020第九届中国盐城环保产业博览会在盐城市举行。46家环保上市公司、112家知名企业、9名院士和22家环保研发机构负责人以及联合国环境组织、国家相关部委、长三角区域生态环境部门1600人参会。会上，长三角生态环保产业链联盟正式成立。联盟由江苏省环保集团有限公司、上海电气环保集团、浙江省环保集团有限公司、安徽环境科技集团股份有限公司以及江苏盐城环保科技城5家单位联合发起，长三角区域43家环保企业、研发机构以及相关部门加入。博览会期间，举办创新发展大会、第四届“绿巢”环保创业大赛、系列分论坛、项目集中签约等活动，签订环保类产业项目41个，投资金额326.9亿元。

·盐城市兰丰环境工程科技有限公司 盐城市兰丰环境工程科技有限公司创办于2008年，注册资本1.18亿元，拥有环保科技城、盐城国家高新区智能环保装备生产基地两大载体，是一家专业从事新一代除尘、脱硫脱硝、VOCs净化等技术研发、设备制造及工程总承包业务的综合型环保科技企业。公司建有江苏省工程技术研究中心、省企业技术中心、省工业设计中心、省博士后创新实践基地等研发平台；专注细分领域技术创新和突破，成为国内矿用干式除尘设备的倡导者和先行者、碳素等行业烟气综合治理领军企业，率先在石灰窑炉、生物质发电等行业超低排放上实现突破。先后承担国家、省科技项目5项，累计获得33件发明专利、88件实用新型专利及4件国际专利，参与制订10项行业标准。公司自主研发的窑炉烟气多污染物协同净化技术与成套装备经鉴定达国际先进水平，在全国碳素细分领域市场占有率列前三位。年内，公司加强钢铁、铝业、生物质

表23　2020年盐城市节能环保产业重点项目完成情况一览表

县　区	企　　业	项目名称及主要建设内容	完成投资（亿元）	项目进度
亭湖区	江苏山森环境工程有限公司	年产2500台（套）山森环保设备项目，租用厂地1万平方米，进行厂房改造及办公研发大楼等建设，购置等离子切割机、活性炭废气处理设备等设备62台（套）。	1	竣工投产
亭湖区	江苏恒瀛环保新材料制造有限公司	年产50台（套）环保设备、1万台（套）智能物联无线传感器项目。征地2.3万平方米，新增建筑面积约2万平方米，购置剪板机、切割机、焊机、组装生产线等设备50台（套）	1	竣工投产
射阳县	盐城海普润膜科技有限公司	年产5万只分离膜、组件及设备制造项目；占地7.67万平方米，新增建筑面积约9.2万平方米，购置自动化排线机、布线定型器等设备180台（套）	1.5	研发楼已建成，厂房规划及单体已报审
阜宁县	凯杰福（江苏）新材料科技有限公司	年产1200吨玻璃纤维布项目。先租赁厂房、办公用房5000平方米进行生产，再征地4万平方米，新增建筑面积3万平方米，购置喷气织布机、整经机、膨体机、后处理等设备80余台（套）	1.5	竣工投产
阜宁县	江苏蓝天环保集团有限公司	年产380万平方米双超细面层梯度耐腐复合针刺毡材料项目。征地2万平方米，新增建筑面积2.2万平方米，购置2200型梳理机、2600型异位对刺等设备92台（套），建设高效催化剂纤维高温复合针刺毡生产线	1.1	竣工投产
阜宁县	江苏飓风环保科技有限公司	年产1000台风机、100套废气净化设备项目，征地2万平方米，新增建筑面积1.5万平方米，购置动平衡机、雕刻机、裁板机、接板机、折弯机、缠绕机、叉车、风机外壳成型模具，电焊机、空压机、风量压力检测系统、便携式动平衡检测系统等设备100台（套）	1	竣工投产
阜宁县	江苏瀚林滤材有限公司	年产500万套滤袋、3000吨高性能玻璃纤维项目，征地3.73万平方米，新增建筑面积4万平方米，购置德国高速拉丝机、高速捻线机、开棉机梳理机、针刺机等设备210台（套），建设日本自动缝纫生产线、瑞典全自动吊挂系统等生产线	1.3	竣工投产
大丰区	江苏台祥自动化科技有限公司	年产20套大气污染防治设备、5套水污染防治设备、50套制冷及空调设备项目，占地2.67万平方米，新增建筑面积2万平方米，购置数控激光切割机、数控车床、液压剪板机、折板机等设备	1	竣工投产
大丰区	盐城市国投环境技术股份有限公司	年处置3万吨盐类危废项目，占地6.67万平方米，新增建筑面积2.3万平方米，购置盐类危废上料系统、催化裂解前处理装置氧化除杂装置等	1	竣工投产
滨海县	江苏源丰达科技有限公司	年产30套蓄热式焚烧炉（RTO）项目，占地2.2万平方米，新增建筑面积约1.8万平方米，购置激光切割机、剪板机、折弯机、卷板机、车床、钻床等设备68台	1	竣工
滨海县	盐城鑫港环保科技有限公司	年再生3万吨活性炭项目，购置水洗系统以及活化再生炉4台（分别为改进式回转炉1套，多段耙式炉2套，蜂窝炭脱附床1套）、废气处理系统等设备	1.9	竣工
滨海县	光大绿色危废处置（盐城）有限公司	年处理3万吨危废综合利用项目，新增建筑面积5677平方米，采用顺流式回转窑技术，同时建设配套的公用工程包含废液罐区、卸车栈台、污水处理站、循环水站、综合水泵房及空压站以及刚性填埋场等	1.8	竣工

等行业的超低排放，先后设计多项烟气脱硫除尘系统工程、生物质发电烟气净化工程，其中石灰窑炉干法脱硫低温脱硝超低排放工程、生物质尘硫硝一体化治理工程、飞灰综合利用项目为国内首创。公司先后获评国家高新技术企业、国家知识产权优势企业、工信部“专精特新小巨人”企业、江苏省“科技小巨人”企业等。

11月3日，2020第九届中国盐城环保产业博览会举行　（亭湖区志办　供图）

· 江苏瑞达环保科技有限公司
江苏瑞达环保科技有限公司创立于2011年，注册资本1.08亿元，位于阜宁县环保滤料产业园区，主要为工业企业提供“三废”（废水、废气、废渣）治理及资源化综合利用工程服务。公司设有废水处理事业部、废气治理事业部、节能蒸发事业部、危险废物处置及资源化事业部4个事业部，可为客户提供从设计咨询到设备生产、安装、调试整套EPC工程技术的服务。公司建立水处理研发中心（阜宁）、气治理研发中心（南京）2个研发中心；与南京林业大学共建江苏省企业研究生工作站，2018年江苏省高盐有机废水处理工程技术研究中心获批成立，2019年与天津大学国家工业结晶工程技术研究中心联合共建实验室。公司开发用于VOCs治理的新型复合结构吸附材料、用于高有机物废水治理的湿式氧化处理技术、用于高含盐废水治理的盐硝 & 纳钾分质结晶技术，以上材料和技术均处于行业技术发展领先地位。2020年，公司实现销售税后收入1.38亿元，全年缴纳税收1040万元。

· 江苏中科双鑫环保设备有限公司　江苏中科双鑫环保设备有限公司成立于2016年11月，注册资本2000万元，位于建湖县建阳工业园区，是一家运用MVR技术专业治理工业废水的一家科技型公司，由中科院“百人计划”人才领衔打造，汇集一批高水平的专家学者，主营蒸发浓缩结晶的设备制造、技术开发、工程承包等业务。公司MVR机械蒸汽再压缩热泵蒸发系统具有能耗低、运行费用低、占地面积小、公用工程配套少，工程总投资少、运行平稳、自动化程度高、无须原生蒸汽、冷凝器和冷却水等技术特点，比传统工艺节能30～70%，可实现循环经济、可持续发展，技术达到国内领先水平，可广泛应用于节能环保、大型生产、食品饮料等领域。公司参与国家《水污染防治行动计划》的制定工作，承担国家“十三五”重大水专项课题“精细化工行业高盐、高浓有机废水无害化处理与废盐资源化集成技术工程示范及产业化推广”的研究任务。2020年，公司实现营业收入3560万元。

（薛阳春）

装备制造业

· 概　况　2020年，盐城市机械装备制造业全口径销售收入达2757.1亿元，占全市工业总产值的42.6%，比上年提高3.8个百分点，产业体量列全市第一位。计算机及通信等电子设备制造业实现销售收入292.1亿元；电气机械和器材制造业实现销售收入514.2亿元。建湖石油机械产业实现销售收入60.61亿元。年内，3个装备被认定为江苏省首台（套）重大装备及关键部件。推动龙头企业、重点项目发展。新能源装备行业江苏中车电机有限公司全年销售收入69.2亿元，盐城金风电子科技有限公司全年销售收入47.6亿元。主产涂装、机床的盐城市高精机电装备有限公司全年销售收入1.1亿元，盐城市长虹涂装机械厂全年销售收入3.16亿元。智能制造装备行业的江苏长虹智能装备股份有限公司全年销售收入3.16亿元。高端风电装备行业的盐城金风电子科技有限公司全年销售收入47.6亿元。有规上石油装备行业企业百余家，主要集中在建湖县，生产如井口装置、采油树、节流压井管汇、防喷器、油管钳等石油机械关键零部件，是全国最大的油田井口装置生产基地。年内，建湖县石油机械产业实现销售收入60.61亿元。航空装备产业主要集聚在射阳县和建湖县，其中射阳县新签约落户航空产业项目7个，包括元南航空三角翼制造和普雷恩胜利者T300直升机制造2个制造项目。

· 智能制造　年内，盐城市举办全市人工智能产业发展座谈会，在全市范围内开展全市机器人及人工智能产业发展调研，形成产业链图谱，对接重点产业园区推动迪信通机器人生产。推动盐城智能制造联合创新中心建成运营，集聚上电科、博世力士乐、卡尔斯鲁厄理工学院等领先服务机构，建设智能示范产线、实训产线、国家机器人及工业互联网系统实验室、数字化转型展厅。组织中国信通院、电标院、工信部电子五所等机构专家，对50多家企业咨询诊断，对标引导企业智能化提升，年内新增1家省示范智能工厂，组织10多家工业企业赴南京市参加世界智能制造大会。

· 新型城市轨道交通装备产业项目 年内，盐城市加快实施新型城市轨道交通装备产业项目，包括超级智能电车总装项目、中速磁悬浮车总装项目、轨道交通产业基地建设项目。超级智能电车总装项目规划用地3.07万平方米，总投资3亿元，建设厂房面积2万平方米，用于车辆组装、车辆调试，零配件均为外购。中速磁悬浮列车总装项目利用原有超级智能电车项目厂房、调试场地、生产线，用于车辆组装、车辆调试，零配件均为外购。轨道交通产业基地由江苏远致达轨道交通发展有限公司打造，其中一期项目研发大楼占地面积1.3万平方米、2号生产楼占地面积6100平方米、3号生产办公楼占地面积4700平方米、6000平方米生产车间已建成并投入使用，具备现代化办公和标准化生产条件；二期厂房建设项目已启动，新征地3.07万平方米，规划建设5号、6号两个标准厂房，各5000平方米，预留7号厂房建设用地，用以承载超轨SRT、中速磁浮项目总装。项目建成后，可实现200列磁浮列车、200列超轨SRT年产能，在盐城市建起从产品研发、零部件加工、大部件制造、车体生产、涂装、总装、调试、售后服务、检修到维护独有的整体磁浮和超SRT全产业链结构，打造轨道交通千亿产业集群。

· SKI动力电池盐城基地项目 年内，韩国SK集团旗下SK innovation株式会社在盐城经济技术开发区投资90亿美元，建设100亿瓦时新能源动力电池生产基地，并规划培育覆盖研发中心、正极材料、隔膜、动力电池、电池回收利用等环节的全产业链生态。该项目一期产能27亿瓦时，总投资约20.1亿美元，固定资产投资约94亿元，规划用地40.33万平方米，建筑面积31.8万平方米，主要进行锂离子软包动力电池生产和销售，同时进行包括固态电池等未来技术研究和储备。2019年8月，一期工程开工；2020年4月，主体竣工、设备进场调试；10月30日，一期项目竣工投产。

· 昆岳互联环境技术（江苏）有限公司 昆岳互联环境技术（江苏）有限公司是一家专业从事生态环境领域第三方环境服务和数字化转型升级的高科技企业，通过大数据、物联网、人工智能以及5G等新一代信息技术与环境基础设施深度融合，打造环保产业工业互联网平台，推动环境保护和生态文明建设的“思维革命”，构建未来环保产业“新赛道”。该公司为环保企业、排污企业和工业园区提供“环保岛智慧改造、第三方运行维护、企业数字化转型、园区智慧化管理”等服务。公司自主打造的环保产业互联网平台（INECO平台）是国内首个环保产业互联网平台，2020年，公司获评江苏省工业互联网平台。

（薛阳春）

新材料产业

· 概　况 2020年，盐城市新材料产业主要产品集中在特种金属材料、新型纤维、节能环保材料、化工新材料、高性能复合材料、功能性高分子新材料等新材料，实现销售收入1083亿元，占全市工业开票的16.7%。年内，以江苏富乐德石英科技有限公司总投资5.5亿元的高纯精密石英半导体新材料产品项目、盐城维旺新材料有限公司总投资5.5亿元的光学级树脂板材项目和东台市正祥金属制品有限公司总投资5亿元的不锈钢制品项目为代表的重点项目加快建设。

· 高纯精密石英半导体新材料项目 2018年7月19日，江苏富乐德石英科技有限公司半导体项目一期工程投产。项目占地3.33公顷，新建厂房3.8万平方米，新上高精度晶锭激光切割机、日本MAZAK加工中心、大型石英旋盘机等加工、检测设备400多台套，主要生产石英舟、石英管、石英窗、石英环、石英槽等高纯精密石英新材料产品。产品主要出口美国、日本、新加坡等地。2020年，项目完成投资建设并投产，年产高纯精密石英新材料产品30万枚，实现销售收入10亿元，利税1.8亿元。

· 盐城优和博新材料有限公司 盐城优和博新材料有限公司成立于2018年4月，位于射阳县黄沙港镇228国道西工业园区内，注册资本6000万元。一期占地666.67平方米，主要从事高强度高模聚乙烯纤维及其他纤维制品生产、研发和销售等业务。公司经营范围包括聚乙烯纤维及其他纤维制品销售；纤维制品生产技术研发；无纬布制品、化纤、化工产品销售（危险化学品及其他国家有专项规定的除外），纺织机械销售，纺织技术开发与服务，塑料制品销售，化工设备（压力容器除外）、通用机械设备制造、安装，道路货物运输（按许可证经营），计算机信息技术服务，手套、床上用品、塑料窗、铝合金窗、建筑材料（砂石除外）销售等。公司主打产品为超高强聚乙烯纤维，是世界三大高科技纤维（碳纤维、芳纶、超高强聚乙烯纤维）之一，广泛用于国防、航天、航空和民用事业。年内，公司加快总投资6亿元年产6000吨高模聚乙烯纤维项目建设，该项目占地6.67公顷，建筑面积4万平方米，建设高模聚乙烯纤维生产线4条，采购设备500多台（套）。

· 盐城维旺新材料有限公司 盐城维旺新材料有限公司成立于2019年10月，位于盐城市大丰经济开发区，注册资本1亿元。公司经营范围包含光电子材料、手机零部件、计算机零部件、模具研发、制造、销售，通用设备（除特种设备）研发、制造、销售、租赁，光电子器件、电光源、显示器件制造、销售；显示屏、电子产品销售，自营和代理各类商品和技术的进出口业务（国家限定企业经营或禁止进出口的商品和技术除外）等。年内，公司加快总投资5.5亿元、年产1万吨光学级树脂板材项目建设。该项目占地66.7公顷，建筑面积5.5万平方米，购置挤出机、热压机、抛光机等设备，建设热压导光板生产线、光学板材挤出生产线。至年底，项目试投产。

· 江苏宏泰纤维科技有限公司 江苏宏泰纤维科技有限公司成立于2010年10月，注册资本2.7亿元。公司位于东台经济开发区，北临纬七路，南至纬六路，西至开放大道，东依通榆运河，总占地面积41.33万平方米，总建筑面积15万平方米。实现销售收入10.7亿元，利税893万元，年产涤纶长丝18万吨。（薛阳春）

轻工工业

· 概 况 2020年，盐城市轻工行业实现销售收入1013.6亿元，其中造纸和纸制品业销售收入155.9亿元、农副产品加工业销售收入662.2亿元。全年全市轻工（食品）工业主要产品产量：机制纸及纸板208.49万吨、人造板27.18万立方米、皮鞋（靴）191.25万双、白酒118.75万升、原盐69.14万吨。年内，江苏富星纸业有限公司、世目特种防护用品科技（江苏）有限公司、盐城顶益食品有限公司、江苏厚睦莱照明科技有限公司、江苏省农垦麦芽有限公司5家企业获2020年江苏省工业企业技术中心认定。益海（盐城）粮油工业有限公司“金元宝”牌大米、江苏射阳大米集团有限公司“谷投味道”牌大米、盐城市怡美食品有限公司“鲜怡”牌淡干虾皮和鲳鱼、江苏仁康蛋业有限公司“苏康达”牌仁康蛋液、盐城市健桥乳业有限公司“健桥”牌鲜牛乳获江浙沪皖三省一市食品工（行）业协会颁发的“2020年度长三角名优食品品牌”称号。全年全市实施亿元以上轻工（食品）工业项目49项，总投资135.3亿元。其中，金光集团年产溶解浆200万吨、纤维素纤维200万吨、纺织产品60万吨项目，年内完成投资12亿元；江苏华庆农业发展有限公司年产5000吨优质蜂产品、3000吨营养保健食品等系列产品项目，占地5公顷，新建厂房及办公用房3万平方米，购置蜂产品、营养保健食品生产线，年内完成投资2亿元，实现竣工投产。年内，江苏博汇纸业有限公司被评为盐城市五星级企业，江苏超威电源有限公司、中恒宠物被评为盐城市四星级企业，江苏荣威娱乐用品有限公司、江苏富星纸业有限公司等10家企业被评为三星级企业。

· 金光盐城纤维素纤维一体化产业基地奠基 10月31日，金光盐城纤维素纤维一体化产业基地奠基仪式在滨海港工业园区举行。该项目由印尼金光集团投资，总投资776亿元，占地面积6.67平方千米，计划年产纤维素纤维200万吨、溶解浆200万吨、纺织产品60万吨。其中，一期项目占地面积2平方千米，投资388亿元，年产纤维素纤维100万吨、溶解浆100万吨、纺织产品30万吨，第一阶段投资约117.8亿元，建设年产50万吨纤维素纤维、50万吨溶解浆生产线及相关配套设施。项目建成后年可实现产值70.33亿元、税收10.8亿元、用工约1900人，形成以纤维素纤维为主要原料的高端纺织企业集聚，带动下游织布、家纺、服装、卫生用品、化妆用品等产业发展，为盐城纺织工业带来千亿级可持续增长极。项目遵循“绿色发展、特色发展、互动有序”发展理念，采用的全无氯漂白工艺、浆纤一体化工艺及先进环保技术，使用12.5万吨精炼机及烘干设备，大幅降低燃煤等能耗指标、减少污染物排放。

· 江苏博汇纸业有限公司 江苏博汇纸业有限公司是江苏博汇集团有限公司下属子公司，成立于2010年10月，位于大丰港经济区临港工业区，注册资本12.2亿元。公司主要经营包装纸板（限涂布白卡纸）制造、纸张销售、自营和代理各类商品及技术的进出口业务，从事公司自身造纸生产项目预备期内的服务。年内，公司二期75万吨涂布白卡纸项目投产后，公司2台纸机实现产能150万吨，销量160万吨。全年公司实现销售收入83.9亿元，入库税收1.95亿元。年内，公司被评为盐城市五星级企业。

· 江苏中恒宠物用品股份有限公司 江苏中恒宠物用品股份有限公司成立于2009年11月，注册资本6237万元，位于江苏省盐城市盐都区，是一家专业从事宠物用品研发、生产和销售的公司，生产销售尿垫、链具、箱包等六大系列、800多种规格宠物用品。公司分别在江苏盐城、美国威斯康星、柬埔寨设有制造和销售基地，在比利时设有分支销售机构。公司通过ISO 9001：2000质量管理体系认证。2020年，公司实现销售收入9.28亿元，利税7901万元。

· 射阳港健康食品产业园 射阳港健康产业园总体规划面积8平方千米，分三大板块。园区根据国家健康产业重点发展定位，结合射阳现有健康产业基础和资源禀赋，主要划分公共服务区、产业集聚区、冷链物流区、生态工业旅游区四大功能区。年内，园区加快推进水稻循环经济、华润汉蓝生物科技、捷康三期、广州海大生物科技、金源能源等在建项目建设；对接上海旭梅食品、江苏鸿浩即食食品、苏州昆承食品包装等重点项目；总投资5亿元的科技孵化园正在建设，汇佳科技、美林果蔬、丰艾医疗等项目落户，其中丰艾医疗开辟健康医疗器械新的产业方向，拓展健康产业内涵。至年底，园区拥有企业17家，其中投产16家、在建1家，规模以上企业15家。全年实现销售收入33.3亿元，其中重点企业益海（盐城）粮油工业有限公司实现销售收入16.79亿元。（薛阳春）

纺织工业

·概　况　2020年，盐城市纺织工业实现销售收入486.2亿元，其中棉纺织行业实现销售收入348.8亿元，纺织服装行业实现销售收入104.5亿元，化纤行业实现销售收入32.9亿元。全市纺织（茧丝绸）工业主要产品产量：纱产量42.69万吨、布6.85亿米、蚕丝1009.53吨、服装9360.98万件、化学纤维18.74万吨。年内，阜宁环保滤料产业集群获评2020年度中国纺织工业联合会产品开发推动奖，是全国唯一一家获评单位；江苏今达纺织实业有限公司技术中心、江苏新金兰纺织制衣有限责任公司技术中心获得2020年江苏省工业企业技术中心认定；悦达家纺有限公司的高支高混比汉麻色织大提花床品套件获评中纺联“2020年度十大类纺织创新产品”称号；悦达纺织集团与江南大学合作的喷气涡流纺高支高混比汉麻家纺面料生产关键技术及应用项目，东方滤袋、蓝天环保参与的GB/T35754—2017“气体净化用纤维层滤料”项目，丝利得茧丝绸参与的原位聚合聚苯胺复合导电纱线制备关键技术与产业化项目获中国纺联科技进步奖二等奖。全年全市实施亿元以上纺织工业项目22项，总投资49.8亿元。年内，海聆梦家纺、江苏瀚隆家纺有限公司等9家企业被评为2020年三星级企业。

·海汇高端服饰项目　2019年5月19日，海汇高端服饰项目开工活动在盐城市现代高端纺织产业区举行。海汇高端服饰项目由盐城海汇纺织科技有限公司投资，项目总投资5亿元，其中设备投资1.5亿元。项目用地9.33万平方米，首期用地5.33万平方米，建筑面积5.4万平方米。项目购置高速节能数控丝光机、高速节能定型机、烧毛机、打卷机、磨毛机、各类织机及配套设备共计400台（套），2020年项目竣工投产，实现年产6000万米中高档衬衫面料及9000万米高档衬布，销售6亿元、税收1500万元。

·交通工具内饰面料及相关内饰项目　2018年4月，川岛汽车部件江苏有限公司在江苏大丰经济开发区投资年产800万米汽车、高铁、飞机等交通工具内饰面料及123.8万枚相关内饰项目。项目总投资3亿元，占地8.67万平方米，新增建筑面积5万平方米，购置捻线机、并线机、开反机等设备300台（套），2020年项目竣工投产。

（薛阳春）

化工产业

·概　况　2020年，盐城市化工行业实现销售收入402.6亿元，其中化学原料和化学制品制造业实现销售收入180.9亿元、医药制造业以及石油加工实现销售收入57.4亿元、炼焦和核燃料加工业实现销售收入26.5亿元、橡胶和塑料制品业实现销售收入137.8亿元。年内，盐城市对照省化工园区认定标准，滨海沿海工业园、大丰港石化新材料产业园完善基础设施，提升园区管理水平。10月，2个园区通过省政府认定保留化工园区定位，按照“总体规划、分步实施”原则，滨海、大丰化工园区加快智慧管理平台建设，并通过省市专家验收。

·化工生产企业转型重组　年内，盐城市按照省统一部署，推进化工产业安全环保整治提升、化工行业安全生产专项整治等工作，关闭退出低端落后化工生产企业，推进整治达标停产化工生产企业复产，规范提升化工园区发展水平，促进全市化工产业结构调整和转型发展。全市列入省市整治目录范围的288户化工生产企业中，年内关闭退出84户化工生产企业，至年底，关闭退出企业总数135户，超额完成省下达的年度目标任务。

·大丰港石化新材料产业园　大丰港石化新材料产业园于2012年4月由盐城市政府批复设立，规划面积24.6平方千米，以王港河为界，分南、北两个片区，北片区为石化新材料产业板块，规划面积16.2平方千米；南片区为精细化学品产业板块，规划面积8.4平方千米。园区集中供水、供电、供气、供热，污水处理、危废处置等公共配套设施齐全，满足规划建设要求和未来发展需要，基础设施配套项目均已建成并投入运行。全年园区实现销售收入63.1亿元，利税2.84亿元。10月，园区通过省政府认定，保留化工园区定位。（薛阳春）

船舶工业

·概　况　2020年，盐城市船舶修造企业有在产企业41家，其中东台市24家、响水县8家、射阳县5家、大丰区和亭湖区各2家，从业员工约1400人（不包括季节性临时用工人员）。全市船舶修造业务涉及30米以上80米以下的一般干货船建造、内河作业渔船建造、少数沿海工程船建造和船舶年检、维修工作。船舶产业配套方面，主要以提供船舶推进、方向、减摇、管道等辅助系统的配套部件和船用消防救生产品为主。全年建造船只310艘，实现造船完工量约24万吨，其中内河作业渔船185艘（20

米以上渔船50艘），完成船舶年检和维修1700余艘。全年全市有船舶配套企业160余家，其中规模以上企业17家，年度内配套产品销售收入21.5亿元。其中，年销售超亿元有4家，分别是东台市远洋船舶配件有限公司、东台浪鲨船舶设备有限公司、盐城神力制绳有限公司、江苏神力船舶设备有限公司。

·东台市远洋船舶配件有限公司 东台市远洋船舶配件有限公司成立于1975年，占地总面积8.67万平方米，建有各类厂房3560平方米，资产总额1.89亿元。公司从事各类船用轴系、舵系、管系（各种阀门、接头及其附件）产品研制和生产专业厂家。公司拥有质量检测中心和计算机局域网，配备卡套接头振动试验机、脉冲静压试验机、爆破真空试验机、光谱分析仪、金相分析仪、磁粉、超声波探伤等先进检测设备。拥有各种机械加工设备250余台（套）。公司具有国家船舶工业总公司颁发的"生产许可证"。年内，公司与江苏科技大学能源与动力学院举行校企合作签约仪式。全年公司产品销往全国各大船厂，在广州市、福建省等沿海大城市均设立办事处，实现年销售额3亿元。

·东台浪鲨船舶设备有限公司 东台浪鲨船舶设备有限公司成立于2014年6月，注册资本300万元。公司长期致力于消防及船舶救生、水上运动事业的发展，公司产品包括船舶救生设备、消防器材、个人呼吸保护设备、个人防护设备、潜水装置、水上运动等产品。消防产品由消防装备质量监督检验中心进行年度监督检验，船用产品经中国船级社型式认可，部分船用产品获欧盟EC和CE证书。年内，占地2.2万平方米的现代化厂房竣工使用。公司产品远销日本、韩国、欧洲、澳大利亚、美国等地，实现年销售1亿元以上。 （薛阳春）

建材行业

·概　况 2020年，盐城市建材行业完成全口径销售收入376.9亿元。全市水泥产量1676.17万吨，人造板产量27.18万立方米。全市建材行业亿元以上项目14个，总投资24.1亿元。其中，新开工亿元以上项目6个，年内完成投资14.6亿元；江苏新时代建筑节能科技有限公司年产8万吨铝合金型材及部分高端门窗项目、奇颉新材料（江苏）有限公司年产125万平方米铝单板等项目、上海建工股份有限公司年产100万立方米装配式建材项目、江苏中鹰国际装配式建筑科技股份公司装配式绿色建材产业园项目、江苏宇山红建材科技有限公司年产100万立方米装配式建筑用蒸压加气混凝土板（块）和300万米管桩项目、江苏卓悦景华声学材料有限公司年产12万平方米聚酯纤维吸音板项目、江苏金佰纳建筑装配有限公司年产10万立方米PC装配式建筑新材料等项目加快建设。全年全市有建材行业星级企业8家，其中五星级企业1家、四星级企业1家、三星级企业6家。

·东台中玻特种玻璃有限公司 东台中玻特种玻璃有限公司成立于2008年6月，注册资本2亿元。公司是由中国玻璃控股有限公司和江苏苏华达新材料有限公司联合江苏玻璃集团有限公司共同投资兴办的一家以在线low-e玻璃及浮法玻璃基片制造为主业的新材料高科技企业。公司主要经营浮法玻璃、镀膜玻璃、在线low-e玻璃制造，玻璃深加工；浮法玻璃制造所需的纯碱、石英砂、白云石粉、长石粉、方解石粉以及备品备件的批发。公司年产730万重量箱在线low-e玻璃及优质浮法玻璃基片，实现销售收入10亿元。东台中玻生产的"subo"牌4～12毫米厚的各类在线low-e浮法玻璃及优质浮法玻璃基片主要销往国内华东、华南地区，以及国外40多个国家和地区。至年底，公司实现销售收入6.5亿元。

·江苏博拓新型建筑材料有限公司 江苏博拓新型建筑材料有限公司成立于2011年2月，坐落于盐城市盐都区，注册资本5103万元。公司主要从事新型建筑材料如预制构件、加气板材、加气砌块和各类预拌混凝土的研发、生产和销售。公司是国家高新技术企业、江苏省民营科技企业、江苏省科技型中小企业和江苏省建筑现代化示范产业基地，设立有中鼎集团新材料研究院、江苏省企业技术中心、江苏省研究生工作站，先后获评江苏省科学技术三等奖和盐城市星级企业等。年内，江苏博拓新型建筑材料股份有限公司生产的蒸压加气混凝土板材和蒸压加气混凝土砌块系列产品通过公示，成功获得国家三星级绿色建材评价标识证书，成为盐城地区首家获得该证书的企业。至年底，公司实现销售收入3.6亿元。 （薛阳春）

电力工业

·概　况 2020年，全市火电企业38家（其中生物质发电企业8家、垃圾发电企业5家、沼气发电企业4家）、风电企业44家、光伏企业125家。全年全市总装机规模1520.1万千瓦，其中火电535.1万千瓦、新能源984.8万千瓦、水电0.2万千瓦；在新能源装机中，风电738万千瓦（海上风电371.8万千瓦、陆上风电366.2万千瓦）；光伏电215万千瓦（集中式光伏电108.6万千瓦、分布式光伏电106.4万千瓦）；生物质电31.8万千瓦。全市电网有500千伏变电站6座、主变14台，容量1325万千伏安；220千伏变电站46座、主变75台，容量1308万千伏安；110千伏变电站155座、主变308台，容量1581.2万千伏安；35千伏变电站84座、主变170台，容量205.3万千伏安。全市境内有500千伏线路29条，线路长度1350.6千米；220

千伏线路180条，线路长度4084.2千米；110千伏线路305条，线路长度4129.1千米；35千伏线路201条，线路长度2071.2千米。全市电网保障能力达780万千瓦，全年用电调度最高负荷651.2万千瓦。全年全市发电量419.6亿千瓦时，其中新能源发电178.8亿千瓦时，新能源发电占比42.6%；新能源发电量比上年增长20.5%，占全省新能源发电量的34.25%；全年全市用电量358.2亿千瓦时，列全省第七位，同比增长9.3%，列全省第一位，用电量占全省电量总数的7.6%。其中，全市工业用电量242亿千瓦时，列全省第六位，同比增长12.5%，列全省第一位；全市6个高铁牵引站全年用电量2920万千瓦时。

（陆春光　王福泉）

·盐城发电有限公司　年内，盐城发电有限公司完成自发电量5.77亿千瓦时，合同转让和替代电量7.41亿千瓦时。全年完成供热8.82万吨。全年采购煤炭45.63万吨，标煤入库价为每吨795.45元，同比每吨降低67元。在8月底公司运行方式转为调峰运行的情况下，减少燃料采购成本约56万元。采购0.2万吨进口经济煤种掺烧，减少燃料采购成本约14.8万元。协调中转煤炭多采取“水转水”方式，全年减少物流成本约41.2万元。年内，10号炉脱硫效率99.1%，脱硝效率94.9%；11号炉脱硫效率98.2%，脱硝效率89.9%，确保安全环保设施设备健康运行，各项污染物达标排放。截至12月31日，公司实现安全生产5998天。

（苏红民）

·盐城供电公司　年内，盐城供电公司完成全社会用电量358.22亿千瓦时，售电量337.34亿千瓦时，电网最高负荷661.8万千瓦；完成电网发展投入29.62亿元，完成35千伏及以上线路541.26千米、变电容量89万千伏安，线损率3.07%；固定资产原值450.14亿元。年内，盐城供电公司开工输变电工程32项、投产38项，新增变电容量333万千伏安、线路长度802.85千米，其中500千伏龙口输变电工程建成投运。完成配电网投资8.87亿元、项目1877个。完成无线专网二期工程，实现市县全覆盖，建成投运数据中心站10座。成立市县两级不停电作业中心，220千伏及以上电网设备连续两年“零外破”。服务棚改安置房建设、城北改造等民生工程，城乡同质化推进配套建设，降低工商业客户电费支出7.6亿元。推广“网上国网”App线上办电模式，在全省率先实现电力行政审批“一网通办”“线上报规”“限时办结”，高低压业扩接电时间分别压降至29.5天、3.4天。加快发展新能源，实现风电和光伏装机总容量952.98万千瓦，占盐城市电源总装机的62.69%；新能源发电量178.8亿千瓦时，占全市全社会用电量的49.91%；风电装机规模及新能源发电占比均列全省第一位。

（宗　耀）

·江苏射阳港发电有限责任公司　年内，江苏射阳港发电有限责任公司完成发电量60.08亿千瓦时、供热量24.33万吨，实现营业收入19.53亿元，上缴税收1.3亿元；自主协商获得电量48.15亿千瓦时；累计参与电网深度调峰55台次深调任务，获得补偿收益近3250万元。全年抢抓江苏沿海开发、长三角一体化等国家战略机遇，协调推进与江苏永泰2台66万项目整合事宜；5月29日，射阳港电厂2台100万千瓦燃煤发电机组扩建工程获批并开展前期工作；12月11日，项目获省发改委核准批复。开展科技成果评优活动，QC成果荣获1项国优、7项省优，2个班组获评全国电力行业质量信得过班组。截至12月31日，公司连续安全生产7490天。

（甄玄玄）

建筑业

·概　况　2020年，盐城市建筑业实现总产值2502亿元，经济总量列全省第六位。全年实现建筑业增加值638.11亿元，年吸纳农村劳动力40多万人次；外出施工产值1639.77亿元。至年底，全市有建筑企业3920家，其中施工总承包特级资质企业3家、施工总承包一级资质85家、专业承包一级资质196家，全年全市规上建筑企业完成产值1411.97亿元。至年底，盐城市建立以京津冀、长三角、中西部、东北三省为重点的集约型市场布局，施工队伍分布全国29个省、市、自治区，施工队伍达万人以上规模市场6个、施工队伍达千人以上规模市场50多个。其中，北京市场已发展成为盐城市外出施工主阵地；长三角市场继续保持领军地位，施工队伍规模近20万人；东北、山东省等传统市场实现恢复性增长；“一带一路”沿线以及中西部市场开拓成效明显。全年全市建筑企业先后参与承建冬奥会国家高山滑雪中心、国家跳台滑雪中心、北京冬奥村、雄安新区商务服务中心等国家级重点工程项目。

·建筑星级企业　年内，盐城市有30家建筑企业被认定为三星级以上企业，星级企业总数比上年增加19家。其中，江苏金贸建设集团有限公司、江苏明华建设有限公司、江苏盐城水利建设有限公司等7家企业获评五星企业，蓝盾建设集团有限公司、盐城市苏厦建设集团有限公司、江苏翔远建设集团有限公司等7家企业获评四星企业，东台市泓泰建设工程有限公司、成盛建设集团有限公司、盐城市大成建筑工程有限公司等16家企业获评三星企业。全年全市建筑业星级企业完成利税9.74亿元。

·建筑工程创优　年内，盐城市建筑工程获国家级优质工程奖6项、省级优质工程奖12项、省标准化工地41项。其中，江苏明华建设有限公司承建的盐城枫叶国际学校工程和盐城市兴都市政工程建设有限公司承建的盐城南洋机场T2航站楼及配套工程、航站区道路工程获国家优质工程奖，江苏跃发建设工程有限公司承建的大兴科技钢结构厂房工程和江苏中鹰国际装配式建筑科技产业园1-2号车间工程获中国钢结构金奖，江苏联合建设有限公司承建的盐城高新区科技广场幕墙装饰工程和燕铭华庄28号楼外墙幕墙装饰工程获中国建筑工程装饰奖。

·行业监管 年内，市住房和城乡建设局加强建筑施工安全管控，组织全市安全大检查5次，抽查项目194个，发现安全隐患840余条；开展建筑施工企业安全生产主体责任“回头看”行动，抽查企业24家，查出存在问题135条，整改率100%。强化建筑施工扬尘治理，检查建筑工地336项次，下发督办单94份。落实农民工工资专用账户等4项制度，推行施工从业人员实名制信息化管理，468个项目进入盐城市建筑工人信息管理服务平台，涉及农民工10万余人，全年代发工资31.63亿元，从源头上防范治理农民工工资拖欠问题。开展招投标领域优化营商环境专项整治，严厉打击围标串标、弄虚作假骗取中标等违法违规行为。强化代理机构从业人员日常行为监督，推行投标保证金、履约保证金保函等多种缴纳方式，为企业减负。探索“不见面”开标新模式，最大限度提升工作效率，建设工程招投标实现全过程无纸化，施工、监理、设计电子化率达100%。

·T2航站楼成为全市首个获绿色三星运行标识建筑 12月29日，盐城南洋国际机场T2航站楼被江苏省住房和城乡建设厅科技发展中心认定为三星级绿色建筑标识公共建筑，成为盐城市首个获绿色三星运行标识的建筑，也是江苏省内继南京禄口机场之后第二个获得绿色三星运行标识的机场航站楼。

·盐城国贸中心建成 盐城国贸中心项目位于先锋岛，由盐城国投集团投资开发。项目总投资12亿元，总建筑面积13.8万平方米，建筑总高度216米，为盐城已建成建筑第一高楼。项目于2015年6月开工建设，2018年12月主体结构封顶，2020年底建成。创下盐城建筑工程史上的“九项第一”，获中国钢结构金奖。

·全市建筑业发展工作会议 9月29日，盐城市委、市政府召开全市建筑业发展工作会议。会议现场推介盐城建筑市场、发布重大工程、建设项目，公布2019年度建筑业星级企业名单、2019年度全市建筑业发展第一等次县（市、区）和企业名单、盐城建筑业30强企业名单，现场签约项目16个。全市建筑业综合甲级、施工总承包一级及以上资质企业主要负责人、市外大型企业集团代表等约600人参加会议。 （杜阿金）

盐城南洋国际机场T2航站楼夜景图 （市交通运输局 供图）

商贸服务业

编辑　徐　昊

综　　述

·概　况　2020年，盐城市完成服务业增加值2912.8亿元，同比增长4.3%，增速居全省第四位，高于全市地区生产总值增速0.8个百分点、全省服务业增加值的增速0.5个百分点。服务业增加值占地区生产总值的48.9%，较上年提高1.4个百分点；服务业固定资产投资同比增长15.1%，较上年提高9.8个百分点；实现服务业税收收入319.4亿元，同比增长5.7%，服务业税收收入占税收总收入比重59.2%。

推进服务业集聚集约发展。大丰港现代物流中心、新弄里科创服务集聚区、国际汽车试验服务中心被评为省级生产性服务业集聚示范区、总数9家，居全省第四位。射阳港港口物流园、江苏里下河物流园区被评为省级示范物流园区（总数6家），居全省第三位。推动先进制造业和现代服务业深度融合发展，盐城高新区被评为省“两业”深度融合试点阶段绩效评价优秀单位。

加强服务业龙头企业培育。大丰江苏金风科技有限公司、江苏丰东热技术股份有限公司、中汽研汽车试验场股份有限公司3家企业被认定为省级生产性服务业领军企业（总数7家），创建数量列全省第四位。盐城鹤鸣亭、江苏宠银电子商务有限公司2家企业被认定为省级互联网平台经济重点企业（总数8家），创建数量列全省第五位。发起全市服务业星级企业、10强民营企业评选，激励和引导企业做大做强做优。盐城国投集团连续两年入选中国服务业企业500强。落实市政府支持中小企业共渡难关20条政策意见，对全市331家受疫情影响较大的餐饮、住宿、旅游、商贸、客运等服务行业中小企业，在2—4月期间发生的流动资金贷款给予贴息补助2706万元。

加快服务业重点项目建设。全年全市编排服务业重点项目102个，其中16个被列入省服务业重点投资项目，均按进度完成目标任务。通过2020盐城城市资源规划合作推介会，向社会推介100个服务业重大招商项目，现场集中签约重大项目10项，总投资439亿元，项目类型涉及房地产、商务商贸、文旅康养、现代物流、科技服务等领域。发挥市级服务业专项资金的引导作用，对盐城烟气多污染物控制技术与装备国家工程实验室等24个项目（事项）给予981.45万元奖补支持。争取省级服务业发展专项资金支持，大丰港大宗农产品仓储物流、建湖军曼智慧农商旅融合等13个项目（事项）获省级服务业发展专项支持资金1477万元。

推动新兴服务业高品质多样化升级。推动全市家政行业提质扩容，全年培树16个省“好苏嫂”家政服务联盟旗舰店和示范点。推进老年健康服务体系建设和医养结合发展。推进人力资源服务业集聚发展，全年帮助就业27.81万人次。

·市场保供　年内，盐城市针对年初防疫物资急缺的情况，紧急动员雅家乐和大润发超市，在市区平价投放7万只口罩，帮助企业通过市场化方式购销口罩20万余只。市商务局指导企业广开采购渠道，会同市农业农村局整合全市蔬菜资源，加强蔬菜保供基地和商贸企业的对接。严格执行市场监测日报告制度，及时掌握市场动态，有效平抑物价。全年全市生活必需品一直保持货源充足、价格平稳。

新弄里商圈　　（盐南高新区　供图）

·消费市场复苏 年内，盐城市全面保障消费市场复工复产，多措并举助推消费市场复苏。帮助37家企业出具民生保供企业资质证明，协调交通运输部门办理通行证326张，解决交通运输难的问题。为市区大型商超协调解决口罩4万余只、额温枪28支、消毒液80公升。组织发布3批共107家团餐保供企业名单，推动餐饮企业尽快复工营业。组织开展消费促进月活动，通过《盐阜大众报》、“我的盐城”App、电视、网络等进行集中宣传报道，造浓舆论氛围，吸引全市51家重点商贸企业参与，累计实现销售额13.7亿元。动员全市45家商贸企业参加江苏省促流通扩消费竞赛季活动，盐城金鹰国际购物中心、盐城苏宁易购和江苏雅家乐集团被评为江苏省2020年销售竞赛第一季优胜单位，均获奖金50万元。紧抓“假日经济”契机，深挖假日消费潜力，组织开展促销活动。五一、端午和国庆中秋3个长假期间，重点商贸企业销售（营业）额分别同比增长21.4%、5.7%和11%。加快培育夜间经济消费新业态。盐城市政府制定《关于推进全市夜间经济发展的实施意见》，市政府分管领导召集发展夜间经济联席会议，对全市夜间经营主体开展摸排，编制盐城市夜生活指南和夜间经济发展规划。引导行业发展促进消费增长。制定《关于促进家政服务业提质扩容的实施意见》，建立部门联席会议制度。市商务局会同市烹饪、家政、美容美发等行业协会，组织开展职业技能大赛8场，获得高级工以上职业资格3000多人。

·农贸市场建设 年内，盐城市政府制定《2020年盐城市农贸农批市场建设工作方案》，推进全市农贸市场建设改造。各县（市、区）成立农贸市场建设推进工作领导小组。至年底，全市纳入省、市民生实事项目中的23个农贸市场和101个农贸农批市场全部建成，全年完成投资17.8亿元。

·商圈经济 年内，盐城市编制印发《盐城市市区商业网点规划（2015—2030）》，形成“一主两副七次”为主，城市综合体、商业街、商品交易市场均衡布局的体系。年内，大市区初步形成市级、区级、社区级三级同生共存、协调互补的商圈体系。在重点商圈加快升级建设方面，建军路商圈是老城区的核心区域，西侧以先锋岛为核心，集聚盐阜人民商场、中茵海华、陆公祠文化街等，包含艺术品经营广场、特色文化建筑、文化和艺术书店等。聚龙湖商圈内金鹰聚龙湖购物中心、凤凰金宝广场等商业网点合理分布，欧风花街被列为省级高品位步行街试点培育街区。区级特色商圈加快形成，东进路美食街以餐饮为特色，汇聚盐城八大碗、上海人家、北京餐厅等特色餐饮，东联水街，实现商旅文有机融合；新弄里以“潮玩·艺术·音乐·时尚”为品牌内涵，集潮玩休闲、创意文化、精致餐饮及生活娱乐为一体；城东片区以中韩（盐城）产业园建设为契机，加快韩风国际文化名城建设，打造韩国特色街区。加快完善社区便民商圈，社区电商迅速发展、壮大。将新建、改造、提升农贸市场作为为民办实事项目，推进鲜活农产品直供店、社区便利店建设基本达到“居民出家门步行5分钟到达便利店，10分钟到达超市、餐饮店，驱车15分钟可到达购物中心”的总体目标。

·品牌建设 年内，市商务局推荐江苏雅家乐集团有限公司成功申评全国商贸流通服务业先进集体，指导盐城万达广场创成国家级绿色商场。指导并推荐东台市被省政府认定为开展消费促进工作、推动高品位步行街建设、推进农产品流通现代化及产销对接、积极发展农村电商和社区电商成效明显的地方。按照省高品位步行街示范目标标准，指导欧风花街和东台安丰古街制订《街区三年改造提升计划》，欧风花街通过省考评组阶段性评估。

（潘志飞）

批发零售·住宿餐饮业

·概　况 2020年，盐城市实现社会消费品零售总额2216.1亿元，其中城镇零售额546.4亿元、乡村零售额27.3亿元。全年全市批发和零售业实现销售额3817.43亿元，其中批发业销售额2276.26亿元、零售业销售额1541.17亿元。住宿和餐饮业营业额232.2亿元，其中住宿业营业额29.7亿元、餐饮业营业额202.5亿元。做好餐饮燃气安全生产工作。市商务局会同住建、应急、市场监管和消防救援等部门联合印发《关于倡导推广餐饮行业燃气“瓶改管”工作的通知》《关于进一步在全市推广使用燃气预警系统工作的通知》，督促餐饮企业加大设备设施投入，从硬件上加强防范，减少和杜绝餐饮燃气安全事故的发生。至年底，全市1.79万家持证且使用燃气餐饮单位全部安装燃气预警系统。开展餐饮企业安全生产检查，检查餐饮企业5746家，其中“住改商”场所62家，发现安全隐患3691个，按期整改率100%。

·全市“消费促进月”活动 4月28日至5月28日，盐城市组织开展“消费促进月”活动，通过《盐阜大众报》、“我的盐城”App、网络等集中宣传报道，造浓促消费的舆论氛围，吸引全市661家综合体、商超、4S店等商家开展形式多样、内容丰富的促销活动，实现销售额13.7亿元，同比增长1.3%。

·组织盐城企业参加“品质生活·苏新消费”2020年销售竞赛第一季活动 6—8月，江苏省开展2020年销售竞赛第一季活动，盐城市商务局动员全市45家商贸企业参加“江苏省促流通扩消费竞赛季”活动。12月4日，江苏省商务厅在南京市召开全省重点商贸流通企业座谈会，对2020年第一季销售竞赛获奖单位授牌。盐城金鹰国际购物中心、盐城苏宁易购和江苏雅家乐集团被评为江苏省2020年销售竞赛第一季优胜单位，分别获奖50万元。

表24　2020年盐城市批发零售·住宿餐饮业基本情况统计表

单位：亿元

指标名称	数　值	指标名称	数　值
批发和零售业销售额	3817.43	家用电器和音像器材	29.97
限额以上企业	1916.40	中西药品	99.05
粮油、食品	175.83	文化办公用品	4.24
饮料	9.60	家具	1.58
烟酒	105.74	通信器材	12.15
服装、鞋帽、针纺织品	45.60	煤炭及制品	170.18
化妆品	24.85	石油及制品	137.19
金银珠宝	6.34	建筑及装潢材料	69.60
日用品	30.46	机电产品及设备	44.60
五金、电料	6.41	汽车	185.68
体育、娱乐用品	2.89	棉麻	11.00
书报杂志	0.78	住宿和餐饮业营业额	232.2
电子出版物及音像制品	0.09	限额以上企业	48.22

表25　2020年盐城市社会消费品总额情况统计表

单位：亿元

地　区	总　额	地　区	总　额
全　市	2216.10	响水县	105.00
东台市	245.60	大丰区	205.90
建湖县	187.90	盐都区	230.80
射阳县	222.30	亭湖区	235.90
阜宁县	229.10	盐城经济技术开发区	136.50
滨海县	227.20	盐南高新区	190 .00

·盐城驿都金陵大酒店　盐城驿都金陵大酒店总投资2.5亿元，于2007年4月28日正式开业，楼高22层，有客房总数346间（套），是盐城第一家五星级酒店。酒店与盐城市政府大楼同街毗邻，和宁靖盐高速与沪宁高速公路盐城市区出口相近。酒店有800平方米宴会大厅，宴会大厅可容纳600人。有9间会议室组成的国际会议中心，14个时尚餐厅、健身娱乐中心、绿化休闲广场等服务设施。年内，酒店接待住宿餐饮超万人次。

·盐城金鹰购物中心　盐城金鹰购物中心成立于2007年2月，注册资本2.4亿元。位于建军中路169号，建筑面积6.2万平方米，有8个营业楼层。经营范围包括食品零售、蔬菜、五金产品、工艺品、生活日用品、金银制品、照相器材、通信设备、体育用品、建材批发、柜台租赁、市场信息咨询、市场调研，设计、制作、代理、发布国内户外广告、印刷品广告，代理国内报刊、影视广告业务、第二类医疗器械销售、第三类医疗器械经营等。盐城金鹰具有丰富的业态组合、齐全的品类，引入近500个国内外知名品牌，汇聚购物、国际连锁快餐、主题餐饮、美容美发、影院等多元化机能，最大限度满足人们消费需求。全年实现商品销售10亿元。

· **江苏永辉超市有限公司（中南店）** 江苏永辉超市有限公司（中南店）位于解放路与海洋路交会处中南世纪城购物中心地下一楼，建筑面积1.83万平方米，员工200余人，主营预包装食品兼散装食品、乳制品的批发与零售，图书、期刊、影像制品零售，日用品、家用电器及电子产品、通信器材、针纺织品、服装、文化体育用品及器材、珠宝首饰、汽车摩托车配件、自行车、电动自行车、五金交电、仪器仪表、家具、室内装修材料、花卉、玩具等共2万余种商品的零售批发业务。2020年，实现商品销售1.6亿元，实现利税473万元。（潘志飞）

延伸阅读：盐城美食

· **阜宁大糕** 阜宁大糕是农产品地理标志产品，至今有700多年历史，具有“白如雪、甜如蜜、软如绵、薄如纸”的特点，乾隆皇帝曾赐名为“玉带”糕。2016年，阜宁大糕制作技艺入选江苏省第四批省级“非遗”名录。阜宁大糕因卷得起、放得开、烧得着、上口香甜、滋润细软等特性，加之营养丰富、老幼皆宜，寓意吉祥等优势，深受人们喜爱。

· **四鳃鲈鱼** 四鳃鲈鱼产于响水县灌河中下游，嘴大、鳞细、体侧扁，鱼身呈青灰色，两侧和背鳍上有黑色斑点，因鳃盖上有一条较深的折皱，因外观像是四个鳃而得名。常见每条约1.5～2.5千克，大者可达数十斤。每年芒种前后，为四鳃鲈鱼最肥美季节。四鳃鲈鱼肉质洁白肥嫩，烹调后肉似蒜瓣，汤汁呈乳白色，色、香、味俱佳，可与“松江鲈鱼”媲美。

· **东台鱼汤面** 东台鱼汤面源于清乾隆三十三年（1768年），至今有200多年历史。东台鱼汤面的独特品质缘于主要原料和该地特定水质。东台市地处江苏沿海，地跨里下河和沿海区域，地理位置和自然条件优越，拥有优质的淡水资源，气候水土非常适宜中筋小麦生长，小麦理化加工品质好，面团强度适中，耐揉性强，弹性和延展性协调，特有的面粉和水资源为东台鱼汤面中面条的制作提供了优质原料，东台鱼汤面细软爽滑、鲜美不腻、口感极佳。

· **建湖藕粉圆** 建湖藕粉圆有百年历史，以上等藕粉为原料，用白糖、枣泥、芝麻粉拌以荤素油脂及桂花为馅丸，在开水中多次汆制而成。形如弹丸，呈淡紫色，娇嫩肥泽，柔软丰满，甜而不腻，桂香满口，享誉中外。

· **溱东老鹅** 溱东老鹅放养于东台市溱东河内，其全身洁白，生长活力强，生长速度快，鹅肉肉质细嫩、色泽美观、香味浓郁、肥而不腻、深受群众喜爱。溱东老鹅的历史可追溯到北宋天圣年间，相传晏殊在西溪任盐官时，喜食当地老鹅，赞其味美如雁，古时鹅又称雁，与天鹅同为一族，又为家养，寓意美好吉祥，故名“晏溪家雁”。溱东老鹅在溱东镇人民的继承发扬之下逐渐声名远扬。

· **溱东簖蟹** 东台市溱东镇盛产簖蟹。每逢秋季，渔民在河港设簖捕蟹，洄游长江入海口交配产卵的螃蟹一碰上簖，便纷纷改道向两边高处爬去，翻过簖后一只只落在篾篓之中——只有那些翻过簖的螃蟹，才叫簖蟹。溱东镇境内河大水深，水流平缓、水质清纯、气候温和、草食丰茂、港汊密布，适宜螃蟹生长。东台溱东簖蟹个个青壳白肚、金爪黄毛、肉质腴嫩、蟹黄丰满。蒸熟之后的雌蟹蟹黄红中带金，雄蟹蟹膏透明软腻，不用加调料，就能吃得满嘴留香。东台溱东簖蟹品质优良，年年丰产，远销海内外。

· **板湖黑鱼** 板湖镇位于阜宁县腹部，紧依苏北灌溉总渠东侧，气候温和，地势平坦，河网纵横，雨水充沛，民便河、潮沟河贯穿其中，有“金湖乐地”之称。板湖黑鱼，又称乌鳢，生长于板湖镇当地水草丛生或淤泥底质的水域中，营底栖生活，性情凶猛，属肉食性鱼类，摄取水体中自然生长的水生昆虫、鱼、虾，其肉味鲜美，营养丰富。板湖镇从环境条件、苗种繁育、饲养管理、病害防治和捕捞方法等方面实现无公害生产，使阜宁板湖黑鱼成为名副其实的绿色产品，远销各地，深受客户青睐。

· **乾宝湖羊** 湖羊肉鲜嫩，味鲜汁多，无抗生素、无激素、无膻、性温，具有极高的营养价值，深受消费者喜爱。乾宝湖羊是由乾宝牧业公司投资建设，中国科学院、中国农科院提供技术支持，实现年出栏湖羊50万只，是亚洲单体最大的湖羊养殖基地。

·盐城大闸蟹 盐城地处里下河水网地区，辖区内河流众多，水草丰富，生态良好，水产资源丰富。河蟹产业是建湖、盐都的特色优势产业，其中以大纵湖、九龙口尤为突出。盐城大闸蟹各具特色，除“青壳、白肚、金爪、黄毛”之外，大纵湖大闸蟹更有“劲、大、肥、满、鲜、腥、甘、脆”八大显著特征，九龙口大闸蟹还具有“膏红肉鲜”的明显特征。盐城大闸蟹已经形成育苗、饲料加工、养殖、营销、水产品加工一体化经营的产业链。其中，大纵湖周边大闸蟹养殖面积近1.33万公顷，年产量达1.2万吨，年产值超10亿元；九龙口周边大闸蟹年养殖规模10000公顷，产量过万吨，年产值超10亿元。

电子商务

·概　况 2020年，盐城市拥有规模电商园区16个，本土电商平台23个。年内，发挥电子商务线上作用，引导电商企业做好自身疫情防控工作，强化快递、外卖等配送人员防护，确保供应链安全。调整电商培训方式，灵活举办各类电商培训，全年组织22期线上培训课、共计7000人次参加。开展电商促消费活动，支持主流电商直播平台和本地自建平台开展“盐之有味”等电商促消费行动，推介射阳大米、阜宁大糕、滨海白首乌等盐城名优产品，扩大全市老字号和名特优产品的网上知名度。全面深化与上海自由贸易试验区、虹桥商务区战略协作关系，借助虹桥商务区长三角贸易中心的平台优势，加快实现虹桥报关、盐城通关，加强与跨境电商合作，鼓励企业借助世界电子贸易平台走向国际市场。年内，江苏宠银电子商务有限公司、江苏军曼科技有限公司2家公司入选2020年省级数字商务企业。

·农村电商 年内，盐城市创建示范品牌，推进电子商务进农村示范项目建设，响水县获批省级电子商务进农村综合示范县，滨海县获批国家级电子商务进农村综合示范县。实施“互联网+”农产品出村进城工程，促进电子商务与农业优势特色产业嫁接，发展创意农业、定制农业等新业态，开辟农村就业空间和消费市场。

·盐城电商快递产业园 盐城电商快递产业园位于盐都区，2013年12月经盐城市政府批准成立，是盐城国家高新技术产业开发区的重要组成部分和三大重点产业板块之一，是江苏省首家融电商、快递于一体的专业园区。园区的核心区规划面积82万平方米，分快递和电商两大组团，重点招引快递物流企业、电商交易企业及互联网技术研发等电商服务企业。至年底，园区有快递企业、电子商务销售企业、电子商务服务企业、大数据与云计算企业、制造企业、农产品企业等企业超过200家，从业人员达到1.2万余人，电子商务年交易额累计突破110亿元。年内，园区创建国家级电子商务示范基地1个、国家级电子商务示范企业1家、江苏省电子商务示范企业4家；与南京大学合作共建全省唯一的电子商务智库——南京大学盐城电商研究院；与共青团中央、江苏大学等单位合作建立创新创业实训基地，创成青年创业社区；创建盐渎商城、南大创梦工厂、农特电商园等市级众创空间。

·东台镇电商产业园 东台镇电子商务产业园是依托东台镇中小企业园，立足“大众创业、万众创新”的背景，以发展“互联网+”经济为主线，聚焦电子商务、智慧产业建立的创新创业平台。园区规划总面积5平方千米，核心启动区于2015年初步建成运营，占地4万平方米，建筑面积2.5万平方米。园区共有电商企业100多家，其中百度推广、阿里巴巴等平台运营企业10家，森虎等专业从事电子商务的企业34家，百科、君梦美等开展电商拓市的传统企业有37家，百世汇通、圆通等物流企业28家，各类个体网店近百户。全年全区电子商务交易额突破30亿元，从事人员近3000人。

·滨海县互联网双创基地 滨海县互联网双创基地位于滨海县城明达北路101号，占地面积4.5万平方米，建筑面积3.5万平方米，集电商、创业、培训、产业提升及示范带动于一体，设有电商集聚区、EGO互联网+双创基地、农村淘宝服务中心、菜鸟物流服务中心、邮政仓储中心、快递物流中心、创客咖啡、众创空间、颐居草堂、大学生创业示范基地等功能区。2015年8月，滨海县首个大型电子商务示范基地滨海县互联网双创基地正式对外营业，基地先后被评为省级电子商务示范园区、省级大学生创业示范园区、省级电子商务众创空间试点单位、省级众创空间。年内，滨海互联网双创基地党支部获评2019—2020年度江苏省互联网行业先进基层党组织。（潘志飞）

物流业

·概　况 2020年，盐城市实现物流业增加值441亿元，实现社会物流总额1.65万亿元。全市完成货物运输量2.46亿吨，其中公路运输量完成1.19亿吨、水路运输量完成1.26亿吨、铁路运输量完成120万吨、航空运输量完成1.36

万吨，航空货邮吞吐量首次突破1万吨。年内，盐城市全面统筹全市物流业发展，首次召开全市现代物流业发展大会，编制首个《盐城市现代物流体系发展规划》，明确全市各区域、各重点物流园区发展定位、功能和方向，形成错位发展、竞合发展格局。各地、各相关单位加快物流规划编制工作，盐城城北物流园区、空港物流园区等重点物流园区规划和大丰区、射阳县、滨海县物流业发展规划已经编制完成或完善之中，全市“1+N”的物流规划体系初步建立。全年全市完成物流项目投资111.67亿元，其中20个基础设施项目完成投资60.97亿元；大丰港保税物流中心等8个项目竣工。

·**物流载体建设** 年内，盐城市现代物流园区、江苏中运物流园区被认定为全国优秀物流园区。射阳港港口物流园、建湖里下河物流园区获批省级示范物流园区。射阳大米物流园被认定为省级粮食产业物流园，大丰港保税物流中心获批进境肉类、水果指定监管场地。年内，盐城市整合重组全市海港、内河港，成立盐城港控股集团，形成港口一体化运营发展新格局。支持物流园区和物流企业进行智慧化升级。盐城城西南物流园区被列为全省4家智慧化物流园区改革试点之一，采用普洛斯智能云仓引入物联网、云计算等新一代信息技术打造仓配一体化服务体系。中运物流公司加强和聚盟等网络货运平台战略合作，实现与全国上千家物流园区、物流企业的无缝对接，实现下单订单、货物运输、运费结算、跟踪监测和保险理赔等一网覆盖，为客户提供个性化、高效率的物流服务。江苏伟运物流公司、江苏通四海物流公司和江苏悦达包装储运公司分别被评定为国家AAAA级、AAA级物流企业。至年底，盐城市有6家省级示范物流园区，数量列全省第三位。有国家AAAA级物流企业8家、国家AAA级物流企业3家和省重点物流企业17家、省重点物流基地6家。

·**物流网络建设** 年内，盐城市加快构建物流枢纽通道，盐城南洋国际机场开通对韩日全货机航班，全年机货邮吞吐量5720吨。盐城市政府加强与重点地区、重点港口和重点企业合作，与安徽省港航集团签订合作协议；组织开展沪盐港航合作活动，盐城港与上海港合资成立盐城港上港国际港务公司，拓展物流对外合作空间。盐城港开通至仁川港、上海港、青岛港、日照港、连云港港、营口港、周口港等国际国内集装箱航线11条，全年盐城港集装箱吞吐量26.4万TEU、其中沪盐通集装箱吞吐量9万TEU。推广多式联运、共同配送等先进运输方式，全市建成19个多式联运型、通用集散型和专用型货运枢纽场站，大丰港多式联运项目列为全省首批示范工程，大丰港物流甩挂运输和江海河联运、公水联运列入省交通运输厅试点。城乡货运配送绿色高效，建成以县（市、区）、镇、村三级物流节点为支撑的农村物流基础设施网，实现村村通邮，乡镇快递网点覆盖率100%。

·**江苏中运物流集团有限公司** 江苏中运物流集团有限公司成立于2009年1月，注册资本3000万元，为省重点物流企业。拥有园区面积20万平方米，仓储面积12万平方米，各类自有运输车辆210台套，联盟运输车辆超过3000台套。公司主营业务包括公路运输、铁路联运、仓储租赁、电商服务、基础工程运输处置、宾馆酒店等。年内，中运物流园依托盐城城北物流集聚区和毗邻铁路货场的便利条件，发挥智能平台和园区的双重优势，实现线上平台与线下节点的资源整合、多种运营模式之间的资源整合、各入驻物流公司运载能力和货源流向的资源整合，综合服务层次和品牌知名度不断提高。至年底，公司获评全国优秀物流、全国智慧物流创新服务优秀平台企业。

（张锦锋）

会展业

·**概　况** 2020年，盐城市会展业形成政府或相关部门、国有会展企业、民营会展企业、中外合资会展企业等多方主体办展的格局。年内，中韩投资贸易博览会、盐城市“5·18”投资环境说明会、中国新能源峰会、中国电了信息产业大会等共计18场会议活动在盐城国际会议展览中心成功举办。

·**盐城国际会议展览中心** 盐城国际会议展览中心位于盐城经济技术开发区黄山路9号，2010年由盐城东方投资开发集团有限公司建设，项目投资资金6亿元。中心占地面积14.6万平方米，主体一层、局部二层，展厅均为大跨度钢结构建筑，建筑面积4.2万平方米，按照A、B、C3个馆分布。A馆建筑面积9750平方米、B馆建筑面积21300平方米、C馆建筑面积4100平方米、中央大厅建筑面积6850平方米，3个展馆既相对独立，又融为一体，可容纳1000个标准展位，均能独立对外开放。盐城国际会展中心以会展经济产业化为目标，服务主导产业发展。盐城国际会议展览中心先后获优秀展览场馆创新奖、中国展览馆TOP20、最具品牌价值会展场馆、十大会展场馆创新奖、中国十佳品牌会展中心等奖项。年内，中心举办家装建材展等消费展、中国东部沿海（盐城）国际汽车博览会等专业展览活动，年均场馆利用率为13%。

（陈　军）

·**盐城迎宾馆会展中心** 盐城迎宾馆会展中心位于盐城经济技术开发区中心地带，占地20万平方米，建筑面积8.5万平方米，配套齐全，设施完善。设有1500平方米无柱型多功能会议中心，最多可同时容纳1000人；大小会议室共12个，会议场地近3000平方米。年内，盐城迎宾馆承接重大会议40场，重大活动48项。

·2020 中国东部沿海（盐城）第九届国际汽车博览会 9月10—14日，2020中国东部沿海（盐城）第九届国际汽车博览会在盐城国际会议展览中心召开。汽博会以“时尚、环保、消费、智能”为理念，展出面积4万平方米，近70家厂商、400款热门车型参加展销。东风悦达起亚全系车型，奔驰、宝马、奥迪等品牌携最新车型亮相汽博会，保时捷、蔚来、威马等品牌首次参加盐城国际车展。中国东部沿海（盐城）国际汽车博览会已经连续成功举办八届，累计成交新车8万多台、接待观众125万余人次，成为中国东部沿海地区规格最高、参展品牌最全、影响力最广的顶级室内国际车展。（严志坚）

9月10日，东风悦达起亚第三代K5“凯酷”亮相2020中国东部沿海（盐城）第九届国际汽车博览会（部野乔 摄）

粮食流通

·概　况 2020年，盐城市收购粮食382.7万吨，其中最低价收购粮食87.6万吨，收购秩序平稳，总量居全省第一位；夏季托市收购87.6万吨。粮油工业总产值332.23亿元，同比增长40.11亿元；销售收入336.71亿元，同比增长48.69亿元；利润总额6.91亿元，同比增加1.24亿元；粮油工业生产突破300亿元，全市粮食产业经济运行稳步提升。年内，盐城市推进优质粮食工程建设，完成投资4.87亿元。其中，建设完成“中国好粮油”示范项目5个，完成投资2.23亿元；建设完成产后服务中心项目52个，完成投资2.35亿元，实现全市粮食产后服务全覆盖；建设完成粮食质检体系项目10个，完成投资0.28亿元。扩大品牌效应，年内“盐城大米”获国家知识产权局颁发的地理标志集体商标。推进大米品牌整合工作，印发《盐城大米质量标准》《盐城大米核心企业管理办法》。“盐淮大米”“飞业小麦粉”“恒喜菜籽油”获选2020年度“江苏好粮油”产品。年内，盐城市被国家粮食和物资储备局表彰为全国粮食和物资储备系统先进集体。在省组织的2019年粮食安全责任制考核中，盐城市获优秀等次。

·仓储设施建设 年内，盐城市加快粮食仓储设施建设，全年获批以奖代补项目3个，建设仓容7.5万吨，总投资1.06亿元，获得上级补助资金2577万元。加快园区建设。大丰港物流园区规划投资30亿元，完成投资21.9亿元，规划占地面积110.31万平方米，建成面积109.6万平方米。完成大丰大宗农产品物流、良友2个特大型仓储项目，建设现代化仓容72.4万吨。射阳大米集团粮食物流产业园规划面积20万平方米，总投资2亿元，年内完成项目建设。至年底，园区总仓储规模20.15万吨，年加工能力达到47.5万吨。

·粮食安全监管 年内，盐城市加强监督检查，印制《盐城市发展和改革委员会行政执法案件办理程序规定（试行）》《关于建立发改系统监管行业安全生产有奖举报奖励办法的通知》《盐城市市级储备粮油监督检查制度》，加强市级储备监管，落实质量季检数量半年检查工作。强化在库储备粮管理。落实储备粮油轮换管理办法，确保在库储备常换常新。严格执行架空期管理制度，在全国政策性粮食库存大清查中，没有发生一笔超架空期粮油轮换，得到国家粮食和物资储备局肯定。加强轮换入库质量监管，坚持实行粮食部门、财政部门和农发行三方联合验收确认的办法，把好轮换粮油入库质量关。落实《盐城市超标粮食处置实施意见》，加大执法检查力度，依法履行监管职责，全年市、县两级粮食行政管理部门依法受理举报投诉9例，件件有落实。督促各县（市、区）粮食行政管理部门会同农业农村、财政、市场监管、农发行和中储粮等部门单位，对超标粮食出入库实行全面监管，超标粮食出入库需书面报告所在地职能部门，并向上级主管职能部门备案。加强对划转处置或定向销售超标粮食的全过程监管，全年实施超期储存、定向销售出入报备案5起，实施专项检查工作2次，行政主管部门主动跟踪粮食流向情况12次。开展行业企业守法诚信评定工作，对全市218家粮食流通行业守法诚信企业进行等级评定并实施分类监管。开展粮食质量监管专项行动，开展涉粮问题“回头看”，组织实施2020年度地方储备粮库存检查工作。通过检查准备、企业自查、市级“双随机”交叉督查、市纪委监委派驻纪检监察组现场督查

5个步骤，抽样37份，完成全市库存检查工作。印发《盐城市粮食和物资储备行业安全生产专项整治三年行动实施方案》《关于开展全市粮食行业危险化学品安全综合治理的通知》，开展持续三年的安全生产专项整治和危化品综合治理，确保行业生产安全得到有效管控。（张锦锋）

供销合作

·概　况　2020年，盐城市供销系统实现商品销售总额629亿元，农副产品购进总额337亿元，实现利润2.6亿元。举办市供销合作总社首届公益助农直播活动，在线销售额1613万元。推广"时堰模式"，射阳县供销社助力产业融合发展的经验做法被《中国合作经济》、江苏省供销总社《简报》宣传推广，东台三仓供销社被全国总社评为"金扁担改革贡献奖"。

·农资供应　年内，盐城市供销系统助力抗疫保供。全市供销系统20个农产品交易市场、62个日用品超市、4个日用品配送重点企业、11个农资经营企业和555个农资供应网点正常营业，日销售额2500万元以上。

·基层社建设　年内，盐城市供销系统推进机制创新，建立健全联合社"三会"制度试点任务，全省率先实现市、县两级社全覆盖，52个基层社实行全国供销合作社代表大会领导下的理事会、监事会制度。全市有4个县级社被评为全国百强县级社、34个基层社被全国供销总社评为标杆基层社、29个基层社创建成省新型基层社。东台市民星蚕业专业合作社、阜宁县沟墩禽蛋专业合作社被农业农村部认定为国家级示范农民专业合作社。

·农业社会化服务　年内，盐城市供销系统推广"保姆式""菜单式"等土地托管服务模式，全年实现农业社会化服务面积15.13万公顷。推进农药零差率统一配供，全年配供面积6.27万公顷。参与农业面源污染治理，在盐都区等6个县（市、区）探索推进农药包装废弃物回收，全年回收211万件。发展农产品电商、农村电商，建成"网上双代店""电商投递站"服务点601个，全年全系统电商销售额突破40亿元。对口协作拓展新路径，与陕西铜川联办2020铜川市扶贫产品（盐城）展销推介会，实现订购销协议额1.02亿元。（荣海勇）

专项经营

·烟草专卖　江苏省盐城市烟草专卖局（江苏省烟草公司盐城市公司）设职能部门15个，下辖响水、滨海、阜宁、射阳、建湖、大丰、东台7个县（市、区）局（分公司）和31个基层客户服务站。全年全市销售卷烟22.81万箱，实现利税23.17亿元，其中实现入库税收15.67亿元。至年底，全市有持证卷烟零售客户4.1万户。年内，江苏烟草商业系统跨区域物流建设推进会在盐城市召开，"盐淮"分拣、配送业务按区域物流模式正式运行。加强专卖管理，全年查处各类违法违规卷烟经营案件2271起，查获各类涉案卷烟4395.6万支，总案值5049万元。参与烟草专卖打假打私"利剑行动"，共查获各类涉案卷烟2513万支，总案值2836万元。协助盐城海关缉私局查获"10·1"海上特大卷烟走私案件，涉案金额达1.23亿元。年内，市烟草专卖局被省烟草专卖局和省公安厅表彰为全省卷烟打假工作特殊贡献单位。（杨鑫仪）

·食用盐专营　盐城市盐业有限公司承担保障全市食盐供应主渠道和政府食盐储备等职能，是盐城市范围内唯一一家取得市级食盐定点批发资质的食盐专营单位。公司全年实现营业总收入8334万元，其中主业经营收入6087万元。全年销售各类盐产品10.29万吨，其中销售小包装食盐1.63万吨、大包装食盐2.19万吨、工业盐6.47万吨。助力疫情防控，做好食盐保供工作，成立食盐保供领导小组，启动食盐保障供应应急预案，落实储备食盐的数量、品种、运输等事项，投入食盐储备资金超过600万元，紧急调运储备的3000袋小包装食盐，确保全市人民群众用盐量库存，同时密切关注区域内食盐销售和价格稳定动向，全年全市食盐市场供应稳定，未发生抢购食盐现象。强化普法和政策宣传，严守国家盐改政策和食品安全、食盐专营有关法律法规规章文件，配合市场监管等部门，向制盐、用盐企业，食盐零售终端及社会公众正面宣传《盐业体制改革方案》《食盐专营办法》《食品安全法》等相关内容。推进"淮盐"品牌宣传和食盐安全宣传活动，与区域内银行、保险等金融机构深度合作，在建行52个网点全面开展"淮盐"品牌宣传活动，受众人次超过10万人。（靖　江）

·成品油销售　年内，市商务局对从事石油成品油批发、仓储经营活动的市场主体要求，依据企业登记注册、国土资源、规划建设、油品质量、安全、环保、消防、税务、交通、气象、计量等方面法律法规和管理规定实施经营监管。提升审批许可工作效率，对成品油零售资格审批项目的承诺办结日期进行科学压缩，全年完成成品油零售资格审批571件。推动非法流动加油专项整治，开展全市非法流动油车和非法油站（点）专项整治行动，明确各板块、各有关部门工作责任。4—12月，全市累计打击查处非法加油站和流动加油车、船59起，其中取缔非法加油站（点）20个、流动加油车30辆、流动加油船9艘，查处行政执法案件17起，处罚金额21.78万元。全年全市有367家民营加油站（点）与国有（中石化、中石油、中海油、中化）加油站（点）"一对一，结对子"，通过对标帮扶，社会民营加油站设备、制度、台账管理、隐患排查等方面得到明显改善和提升。做好危险化学品安全生产综合治理工作，排查隐患 3199 条，整顿 3168 条。

·中国石油天然气股份有限公司江苏盐城销售分公司 中国石油天然气股份有限公司江苏盐城销售分公司（盐城分公司）前身为中国石油响水石油储运有限公司，成立于1996 年 11 月，由江苏销售公司与张家港保税区共同投资兴建，位于盐城市响水经济开发区灌河南岸、陈家港码头第二作业区与国家粮食储备库东侧。1998 年 8 月 18 日，正式对外营业，主要负责中国石油在盐城地区和连云港地区的成品油的仓储、运输、批发、零售业务以及油库、加油站网络的开发等工作。2004 年 3 月 19 日，因企业发展需要，经盐城市工商局注册批准成立盐城分公司，办公地点由响水县迁至盐城市区。2009 年 3 月 18 日，作为江苏销售公司所属二级地区公司，盐城分公司升格为副处级单位。2011 年 9 月，盐城分公司党总支经盐城市委企业工委批准成立党委。2012 年 10 月，盐城分公司经江苏销售公司批准升格为正处级。全年公司累计销售 12.52 万吨、直批销售 4.22 万吨；拥有加油站 41 座，运营站 40 座。

·中国石化销售股份有限公司江苏盐城石油分公司 中国石化销售股份有限公司江苏盐城石油分公司的前身为始建于 1953 年的中国石油公司江苏盐城供应站，现为中国石化驻盐分支机构，主要从事成品油、天然气、非油品（易捷便利店）三大主营业务。作为盐城地区成品油供应的主渠道，盐城石油分公司下辖 8 个县（市、区）级分公司、2 个在营油库、1 座在建管道油库、169 座在营加油站。公司设立 12 座环卫驿站，其中 5 座油站被评为江苏最佳环卫驿站。公司年销售成品油 70 多万吨，每日服务消费者 10 万多人次。公司全年实现销售额 45.6 亿元，累计上缴税款 1.5 亿元，全年项目投资近 6 亿元，综合竞争力在中国石化销售系统列全国第 24 位。年内，公司被盐城市委、市政府表彰为盐城市创建全国文明城市先进集体。

·中海油销售盐城有限公司 中海油销售盐城有限公司于 2016 年 10 月 14 日由中海油华东销售有限公司和盐城交通投资有限公司、中海油江苏天然气利用有限公司共同出资组建，注册地为盐城经济技术开发区希望大道南路 18 号，公司注册资本 2000 万元。公司主要负责盐城市和连云港市加油加气站、储油储气库的开发、建设、运营、管理工作。2020 年，公司销售成品油 3.39 万吨，实现营业收入 1.34 亿元；有经营的加油站 9 座、加气站 1 座。

·中化道达尔油品有限公司 中化道达尔油品有限公司由中国中化集团和法国道达尔集团共同出资，于 2005 年 12 月 12 日在上海市注册成立。中化道达尔油品有限公司具有从仓储、批发到加油站终端全环节的成品油销售网络，成为在上海、浙江、江苏地区较具影响力的成品油批零一体化企业。公司在盐城市有 2 座加油站，分别为中化道达尔油品有限公司盐城世纪大道加油站、中化道达尔油品有限公司大丰白驹新农加油站。中化道达尔油品有限公司盐城世纪大道加油站，位于盐城市盐都区世纪大道与神州路交叉口（老神龙客运站对面）。2020 年，油站销售汽油约 2500 吨，油品日均销量 1 万升左右；中化道达尔油品有限公司大丰白驹新农加油站，位于盐城市大丰区通榆北路 8 号，油品日均销量 4000 升左右。（潘志飞）

新兴服务业

·家政服务 年内，市商务局引导行业发展促进消费增长，推动全市家政行业提质扩容，印发《关于促进家政服务业提质扩容的实施意见》，建立部门联席会议制度。会同市烹饪、家政、美容美发等行业协会组织开展 8 场职业技能大赛，3000 多人获得高级工以上职业资格，推动行业技能和服务水平提升。全年组织 1300 名盐城市家政服务员考取上海市家政职业资格证书，向上海市输送家政服务员 3310 人，2 万名城乡妇女参与岗前培训、“回炉”培训。（潘志飞）

·健康养老服务 年内，盐城市有养老机构 177 家，其中公办养老机构 130 家（城市福利院 12 家、农村敬老院 118 家）、民办养老机构 47 家。各类养老床位 8.33 万张（机构养老床位 4.15 万张、居家养老床位 4.18 万张），其中护理型床位 2.57 万张，占养老机构床位的 62.03%。每千名老人拥有养老床位数 40.46 张（按户籍老年人口计算）。市民政局制定印发《盐城市建立完善老年健康服务体系实施方案》和《盐城市深入推进医养结合发展实施方案》，推进老年健康服务体系建设和医养结合发展。开展人口老龄化国情教育，切实增强广大老年人的获得感、幸福感和安全感。全年全市有老年（病）医院 2 个、康复医院 11 个；医养结合机构 57 个，其中养老护理院 8 个，其他养老机构均以不同形式与就近的医疗机构开展签约合作，为入住老年人提供医疗卫生服务。（王启顺）

·律师服务 年内，盐城有律师事务所 136 家、执业律师 1772 名，每万人拥有律师数 2.46 人。全年全市律师办理各类案件 3.9 万件，解答法律咨询 2.15 万人次，全年实现业务收入 3 亿元。年内，市律师行业协会组织律师参加大市区改造项目整治法律服务团，为城北、先锋岛等大市区改造项目整治提供优质法律服务；编印《棚改工作政策解答汇编》，服务优化营商环境；组建中小微企业法律服务团，搭建全市中小微企业法律服务专业平台；组建市环保法律服务团，聚焦解决生态环境保护突出问题；成立残疾人维权工作站，搭建残疾人法律服务平台；组建台商台企法律服务团，依法维护台商合法权益。开展“法治体检四进四送”“盐阜律师进网格 · 法律服务零距离”等主题活动及“律师惠企”专项行动，全年对接 16 个市级重大项目，有520余名律师进网格、进企业、进园区、进顾问单位，出具法治体检意见书近200份，帮助企业避免和挽回经济损失近5000万元。（刘小玲）

· 人力资源服务 2020年，盐城市人力资源服务机构237家，从业人员3429人，服务用人单位9.68万家次、服务从业人员近140万人次，帮助实现就业和流动人数27.81万人次，全年实现营业收入55亿元。推动人力资源服务业集聚发展，至年底，建成省级人力资源服务产业园2个（江苏沿海人力资源服务产业园、东台市人力资源服务产业园）、市级人力资源服务产业园1个（盐城高新区人力资源服务产业园）。推进人力资源服务业诚信建设，完善盐城市人力资源服务机构诚信等级评定办法，印发“红黑名单”管理办法，评定市级AA级诚信机构14家、省级诚信机构3家。（薛传刚）

· 广告服务 年内，盐城市开展全省广告领域智慧监管示范行动试点，提升大数据监管能力。推动长三角（沿海）广告创意产业园项目落地，项目总投资2亿元。规范全市广告市场。开展2021广告硬核力量整治行动，严肃查处内容严重失实、包含违规承诺、格调庸俗低下和导向存在问题的广告，打击借重大政治活动进行商业炒作的违法行为，净化重点领域广告市场环境。开展硬核力量2020互联网广告专项整治行动，立案查处各类虚假违法广告案件158起，罚没187.5万元。（戴鹏辉）

· 汽车服务业 年内，盐城市拥有汽车服务企业4000多家，覆盖研发试验、展会赛事、二手车交易、文化旅游、车辆改装、装饰美容等领域。中汽汽车试验场试验道路总长超过60千米，是亚洲面积最大、设施最全、技术指标最先进的第三方汽车试验场，核心服务为汽车产品道路试验和测试服务，涵盖汽车整车和零部件系统的法规检测试验、研发试验和出口认证试验，除传统汽车外还同时兼顾新能源汽车和智能网联汽车的测试，具备智能网联汽车L2级（共4级）的测试能力并承接行业委托试验，规划建设L4级（完全自动驾驶）模拟城市道路、乡村公路、高速公路、高等级公路及各种气象条件的场景。年内，长三角（盐城）智能网联汽车半封闭测试示范区正式启用。（薛阳春）

· 上海市家政行业协会盐城办事处挂牌运营 6月16日，上海市家政行业协会（上海市家协）会长张丽丽、盐城市妇联主席徐丹共同为上海市家协盐城办事处挂牌，上海市家协盐城办事处正式实体化运行。上海吉额翎集团董事长于海群、上海市家协会员部主管吴淦茵等出席挂牌仪式，盐城巾帼家政企业代表参加活动。上海市参会人员参观盐城市家协会长单位江苏好百邻家庭服务有限公司，与盐城巾帼家政企业代表座谈交流。年内，办事处坚持“五共模式”（组织共建、人员共培、规范共推、平台共享、合作共赢）原则，设立独立办公场所、建立组织机构、明确工作职责、谋定年度计划。邀请上海市家协到盐城市调研，开展盐城巾帼家政示范企业上海研学活动。组织企业代表参加上海家庭服务行业博览会，学习上海家政服务行业先进的管理经验、运营模式和服务标准，推进两地家政服务行业协会及企业开展交流互访、项目合作、劳务对接，集聚上海要素、上海资源、上海标识，推进盐城巾帼家政服务提质扩容增信，搭建促进家政服务创新发展全新平台。

· 盐城市第六届家庭服务业职业技能大赛 11月26日，市妇联联合市商务局、市人力资源和社会保障局、市总工会、共青团盐城市委、江苏省盐城技师学院联合举办盐城市第六届家庭服务业职业技能大赛决赛。各县（市、区）10支代表队，近百名家政服务员参赛。大赛采取现场专业理论知识书面测试和实操技能竞赛结合的方式进行，围绕育婴、家政服务、养老护理3个项目展开，全面考核参赛选手的职业素养。大赛根据各代表队总成绩排名设立团体奖，射阳县代表队获评团体一等奖。9名选手获评个人单项一等奖、18名选手获评个人单项二等奖、27名选手获评个人单项三等奖。个人单项一等奖获奖选手由市人力资源和社会保障局、市总工会分别授予“盐城市技术能手”和“盐城市五一创新能手”称号。其中，年龄在35周岁以下的由共青团盐城市委授予“盐城市青年岗位能手”称号；女性选手由市妇联授予“盐城市巾帼建功标兵”称号。为各项目专业理论知识书面测试和实操技能竞赛均合格者核发高级工职业资格证书、专项能力证书。（戴小桐）

信息服务业

编辑　徐　昊

综　述

·**概　况**　2020年，盐城市加强信息化基础设施建设，加快信息产业发展，智慧城市建设成效显著。加速布局新基建，编制发布大市区“十四五”信息基础设施空间布局规划，组织召开5G网络建设和推广应用招商推介会，签订5G网络应用项目18个。建设5G基站3739个，实现市县主城区5G网络连续覆盖、重点园区精准覆盖。金科森获批工业互联网标识解析体系二级节点建设，华人运通“智路”应用项目、中汽中心5G智能网联项目、荷兰花海智慧文旅项目被评为省5G典型应用场景优秀案例。加大以商引商力度，组织相关人员实地考察上海市、苏州市、南京市等地软件、大数据产业园区，全面了解先进地区园区的运作模式及产业情况。以申报江苏省软件名园试点为契机，建立入园企业常态化座谈会工作机制，发挥以商引商优势，在上海市、重庆市等地区先后举办签约仪式、专题推介等大型活动5次，签约国科智算、盈普三维、上海增材制造研究院盐城分中心、中科院虚拟经济与数据科学研究院、江苏威宝仕3D打印、南京航空航天大学盐城创新中心等项目32个，开工移动IDC数据中心、江苏威宝仕、励智心理大数据、上海盈普三维等项目20个。建立人才引培机制，对接并落实“育鹰计划”人才培训及省市专题培训班，先后组织相关企业负责人11人次赴无锡等地参加“育鹰计划”培训，为企业人才充电蓄能。以实施“黄海明珠人才引进计划”为契机，招引软件行业高端人才到盐城创业就业。深化校企合作，鼓励盐城工学院、盐城师范学院等相关院校，与上电智联、星月测绘、霆善科技、地北网络等本地企业合作，建设一批软件应用类培训基地，建立校企联合培养人才新机制，畅通从就学到就业的流动通道。

·**基础设施建设**　年内，盐城市完成信息基础设施建设投资16.9亿元，实现电信业务总收入57.3亿元。开展光网城市、5G网络等重点工程建设，加快光纤宽带、广播电视网等网络升级改造，提升网络整体容量和综合业务承载能力，加快推进千兆城市建设，在主城区和产业园区推广千兆服务应用。在全市主城区行政中心、商业中心、旅游景点、机场、高铁、医院等重点场所布局5G设备，全年建成5G基站3739个，其中室外宏站3392个、室分系统347个。至年底，基本实现主城区和各县级主城区5G网络连续覆盖。全年全市有通信基站数3.65万个，其中4G基站数1.9万个、3G基站数2076个、2G基站数1.18万个；移动电话用户数776.2万人，其中4G用户数614.86万人；移动互联网用户数633.4万人，其中IPv6用户206万人。全市城域网出口总带宽8600Gbps、光纤线路长度72.5万皮千米；有固定电话用户数59.3万户、互联网固定宽带用户数265.2万户、FTTH覆盖家庭数338.3万户、FTTH用户数255.6万户。年内，盐城市加快推进农村有线电视网络双向化和光纤化改造，广电网络双向化改造完成率达到100%，基本实现有线电视光纤进村入户，建成城乡一体的新一代广播电视网，实现三网融合全面普及。

·**无线电管理**　年内，市工信局加强无线电管理工作。全年累计办理无线电行政许可11件，办理业余无线电台执照，换证、发证24件，举办业余无线电台操作技术能力A类考试、B类考试。做好无线电保障工作。保障高考中考、研究生考试、公务员考试、司法考试等考试活动，打击利用无线电通信技术进行考试作弊的非法活动，全年累计开展考试无线电保障22次，出动保障人员150人次，移动监测车45次，发现并处置作弊信号5起。加强重点单位无线电保障，会同盐城南洋国际机场召开机场无线电安全保障联席会议，做好春运期间民航机场无线电安全保障工作，组织开展航空频率干扰隐患专项排查和执法查处工作；协助省无线电监测站查找民航干扰，协助民航站做好南洋机场校飞电磁环境测试工作。调研了解全市高铁站无线电用频安全保障基本情况，探讨建立盐城高铁无线电干扰协调机制，协调处理盐城高铁站调度频率干扰源现场排查。全年全市无线电安全有序。推动打击“黑广播”工作常态化，全年全市无线电管理部门启用固定站8个对调频广播频段监测监听累计1580小时，出动车辆15车次，人员60人次，移动监测车行程2000余千米，在全市范围内取缔“黑广播”11起。推进基础设施建设，完成5座港口3类固定监测站建设。推进5G干扰协调工作，建立广电5G干扰协调机制，协调处理盐城广播电视总台、盐城南洋国际机场受5G基站干扰核查排除工作，全年共接收无线电干扰申诉7起，全部找到干扰源并及时进行查处，保障全市电波秩序安全。　　（薛阳春）

软件和信息技术服务业

·**软件产业**　2020年，盐城市抢抓5G和新一代信息技术机遇，持续推进软件和信息服务业稳定发展。全年全市实现软件业务收入30.4亿元，其中软件产品收入2.09亿元、信息技术服务收入23.6亿元、信息安全收入0.89亿元、嵌入式系统软件收入3.77亿元。围绕全市四大主导产业，加大配套软件开发和应用，形成“软—硬件”产业互利互促的发展格局。促进机器人、智能装备、无人设备等智能终端产品发展。新能源产业发展远程运维、在线分析等信息技术应用，延伸产业链条。加大汽车操作系统、各模块操作软件研发，促进汽车产业智能化、网联化发展。依托盐城市软件行业协会、上电智联CNC产能共享平台等载体，组织引导软件企业运用信息技术服务制造业，改造提升企业生产经营管理效率。加强产业组织推进，定期调度各地软件业发展情况，并通报相关指标完成情况，压实各地发展责任。落实工信部、国家统计局《软件和信息技术服务业统计调查制度》，加强数据统计工作，动态调整列统企业库，及时将新增企业纳入统计范围，做到应统尽统、如实填报。组织企业及高校参加软博会、i 创杯等赛事峰会，拓宽企业视野，促进企业对标提升竞争力。全年全市现有传统规上软件企业 113 家，其中通过“双软”（软件企业、软件产品）评估企业 64 家、国家高新技术企业 19 家，3 家企业“新三板”挂牌。

9 月 1 日，盐城国家高新区与启迪物联网集团签订战略合作协议　（陈雁程　摄）

· 大数据产业　2020 年，盐城市重点推进大数据基础设施建设、政务数据资产创新应用、信息化项目开发运营、数字产业投资发展、数字经济生态打造等产业业态，有序推进重点项目，产业培育成效明显，全市大数据产业发展持续向好。优化顶层设计，构建“六个一”（一个领导小组、一个管理局、一个中心、一个公司、一个专业园区、一个联盟）大数据工作组织体系，调整大数据工作领导小组，在市工信局增挂大数据管理局牌子。合并市政府信息资源监管中心和市大数据产业服务中心，组建正处级建制大数据管理中心，市政府拨付 180 万元专项经费，公开招标专业机构编制全市“十四五”数字政府建设规划以及大数据发展规划。推动政务数据跨层级、跨地域、跨系统、跨部门、跨业务共享应用，归集全市 60 家部门政务数据，整合数据资源 931 类，14.2 亿余条；向省平台申请数据回流资源 256 类，其中回流库表资源 147 类。成立盐城市大数据集团有限公司、盐城市大数据联盟，营造盐城市大数据与云计算产业良好的市场环境，推进盐城大数据与云计算产业的健康快速发展。年内，盐城市依托盐城大数据产业园，加快发展数据标注、数据交易等延伸应用，构建数据采集、清洗、标注、挖掘、分析、可视化为一体的数据加工服务体系，推动华为、移动、电信等新型数据中心加快建设，打造成为华东地区重要的绿色云计算中心基地和云业务承接中心。依托华东大数据交易中心，发展数据商品交易、数据服务交易、数据衍生品交易等交易品种，全年完成固定投资 5 亿元，其中 5000 万元以上项目当前完成 5 个，累计完成投资额 4.01 亿元，组织遴选通软科技、科易达环保、金堤科技等 35 家企业成功递交高企申报材料，累计贡献技术合同额 3500 万元，新增发明专利授权 25 家、软件著作权 400 余件。

· 政务云建设　年内，盐城市同华为签订战略合作协议，通过单一来源采购方式明确，华为公司为全市政务云服务提供商，双方签订三年政务云服务合同，在云服务能力、安全保障、数据融通共享、大数据产业发展 4 个方面深化合作。至年底，华为建成机房 9450 平方米，累计投入机柜 919 个，投入服务器 1020 台、存储设备 471 台、网络安全设备 782 台，驻场专业人员 15 人提供咨询、管理、实施、运维等服务。全市有 52 家 159 个信息化业务部署上云，实际使用云主机 1445 台（CPU16741 核，内存 118124GB），存储约 30.9PB。

· 市政府信息资源中心二期项目启动　年内，盐城市启动市政府信息资源中心二期项目，把基础库建设和融合应用拓展作为重点，丰富数据共享交换模式，加强业务协同。至年底，完成目录管理系统、数据交换系统、数据归集系统、数据治理系统、数据共享开放管理系统等 17 个系统的研发部署工作，具备数据交换和治理能力。

· 工业信息安全防护　年内，市工信局组织第三方服务机构对全市化工、供水、制造业等重要工业企业的网络安全进行检查，督促企业做好网络安全隐患整改，落实企业网络安全主体责任，提升网络安全能力和防护水平。推荐领胜城科技（江苏）有限公司、江苏高精机电装备有限公司、阜宁协鑫光伏科技有限公司等 8 家单位部署工业企业网络安全态势感知探针。开展盐城市网络安全应急支撑单位遴选和工业信息安全防护星级企业培育工作，江苏悦达棉纺有限公司、盐城维信电子有限公司入选 2020 年度工业信息安全防护星级企业工控安全防护 2 星级企业，江苏正大丰海制药有限公司入选 1 星级企业。　（薛阳春）

· 盐城第一创客大数据众创平台　盐城第一创客大数据众创平台由微软（中国）有限公司和盐南高新区管委会于 2016 年 6 月共同发起设立，是针对云计算、大数据、移动互联网、电子商务和智能制造等高科技领域的创新型孵化器平台，2017年4月25日孵化器运营场地正式投入运营。2017年，平台被评为江苏省省级众创空间及江苏省中小企业星级服务平台、江苏省巾帼创业孵化示范基地、盐城市创业孵化示范基地等。2020年3月获批国家级众创空间。至年底，平台累计引进企业数80余家，累计拓展投资人300人左右，项目涵盖机器人、大数据、物联网、人工智能、智能硬件等行业。

·香港物联网智能照明项目落户盐城 2月28日，在盐城经济技术开发区新能源汽车产业园区举行的项目集中签约仪式上，香港物联网智能照明项目签约落户盐城。该项目由香港启明智云科技有限公司开发，项目总投资3000万美元，注册资本2000万美元，设备投资7000万元，租赁东方汽车电子产业园1.55万平方米厂房，主要从事物联网智能照明系统的研发、生产和销售等活动。

（李 全）

·盐城高新区与启迪物联网签订战略合作协议 9月1日，盐城高新技术产业开发区与启迪物联网（江苏）有限公司签订战略合作协议。根据协议，双方遵循“政企协作、精准施策、协同创新、合作共赢”的原则，重点在园区建设运营、产业基金共建、智慧城市发展、人才体系建设、科技产业导入、孵化体系构建等领域开展战略合作，通过引入物联网、大数据等新兴技术，促进产业转型升级，推动经济提质增效。（张伟业）

·盐城市获评2020中国领军智慧城市 11月12—13日，第二十二届中国国际高新技术成果交易会（高交会）在深圳市举办。会上揭晓2020亚太智慧城市评选结果，盐城市凭借“我的盐城”App项目获评2020中国领军智慧城市。“我的盐城”App，汇聚政务服务、公共服务和生活服务等公共服务资源，涵盖教育、医疗、文旅、公积金等领域的418项便民服务，市民只需一个账户，即可随时随地享受智慧、方便、快捷的公共生活服务。（薛阳春）

·江苏霆善科技有限公司 江苏霆善科技有限公司成立于2015年，是一家以人脸识别技术、机器视觉处理技术、人工智能技术为核心的高科技企业，集研发、设计、生产、落地建设为一体，打造以人工智能终端、5G信息通道、大数据云计算、云空间防护为关键业务模块的全产业链智慧生态体系。公司拥有知识产权近200项，先后获评省民营科技企业、国家双软认证、省工程技术研究中心等。公司全年实现销售额1.6亿元，业务主要涉及智慧安防、智慧校园、智慧街区、智慧旅游、智慧社区等领域。年内，公司推出业内第一套大容量人脸库离线人脸识别执法设备，作为公安部重点推荐产品，在全国警务系统使用。

·江苏地北网络工程有限公司 江苏地北网络工程有限公司于2014年9月3日成立，坐落于盐城市盐南高新区，是一家系统集成服务商，主要产品有监控系统、终端控制系统、智慧城市系统以及全息显示系统等。公司全年实现销售收入3957万元，入库税收153万元。至年底，公司拥有发明专利3项，实用新型专利2项，软件著作权20项，科技成果年平均转化5项以上。

·盐城优易数据有限公司 盐城优易数据有限公司成立于2016年，由国信优易数据有限公司与盐南高新区共同投资成立。公司建成以数据采集、清洗、挖掘、分析、数据标准化入库的全流程数据生产加工基地，聚焦于数据服务、平台建设、应用开发、技术咨询、知产转化及人才培养六大服务体系，致力于打造全国乃至全球的数据采集清洗加工中心。公司全年实现入库税收18万元。至年底，公司有发明专利1项，实用新型专利3项，软件著作权登记证书22项，获批国家高新技术企业。（薛阳春）

互联网信息与广播电视传输服务

·概　况 2020年，盐城市加快互联网信息服务业发展。依托建湖5D智造谷、科行INSEE环保智云、盐城智能制造联合创新中心等，共同打造沪盐产学研异地协同、先进制造能力供需对接交易、工程技术在线服务、产业链协作的工业互联网平台。对标学习上海“互联网+政务服务”和城市网格化管理平台经验，完善盐城城市智能门户和政务服务平台，打造新型智慧城市。探索智慧应用共享共建，以智慧医疗、智慧交通、智慧政务等为重点，与上海相关领域对接，推动健康大数据平台互通、智慧交通综合信息服务平台共建、食品安全可追溯平台共享。盐城鹤鸣亭、宠银电子商务2家企业被认定为省级互联网平台经济重点企业、总数8家，创建数量列全省第五位。加快工业互联网建设应用，开展工业互联网行业标杆培育行动，入库培育企业38家，新获评省重点工业互联网平台4家，省工业互联网标杆工厂3家，数量居苏中苏北第一位。实施“千企上云”计划，新获评省星级上云企业292家，比上年净增202家。盐城CNC产能协同共享工业互联网平台上线运营，盐城智能制造联合创新中心建成运营，新创省级工业设计中心6家，累计16家。

·网络App应用服务 年内，盐城市加强网络App应用服务。信息资源中心和政务云二期项目投入运营，建成人口、法人、电子证照等5大基础数据库，归集59个部门、1090类14亿条数据资源，上报电子证照建设模板176个，居全省前列。推进“我的盐城”App建设，上线418项便民服务，用户下载量超220万人，注册量超155万人，日活跃量最高达32万人。

·标识解析二级节点 年内，市工信局开展标识解析二级节点建设，选择市内行业龙头企业、工业互联网平台企业等具有建设潜质的单位申报。其中，江苏金科森电子科技有限公司通过信通院专家评审，获电子信息产业类二级节点建设权，建设包含基于工业互联网标识解析的设备管理、产品全生命周期管理、生产制造管理等应用。节点将整合产业链资源，协同发展，利用二级节点标识解析优势，为供应链上下游提供各项服务，可实现年接入企业200家，完成标识注册量1个亿次，标识解析量日均80万次。

· **盐城CNC产能协同共享工业互联网平台**　12月，由盐城智能制造联合创新中心投资开发的盐城CNC产能协同共享工业互联网平台SUPLINK发布。该平台是全省首个面向市级区域的产能共享协同制造平台，主要面向盐城机加工产业集群，运用工业互联网、工业大数据、5G、AI、物联网等新一代信息技术，推动市内CNC及其产线、应用企业接入平台，在平台汇聚和整合研发设计、生产制造、仓储运输、采购销售等制造资源，提供产能供需匹配、产业链协同、远程运维、产业云图、上云改造等应用服务，构建良性协同共享工业生态体系，促进盐城制造业转型升级。平台根据工厂数据沉淀出工业云图，展现盐城市域产业链布局，实时掌握行业产能综合利用，迅速研判产业运行动态，指导引进补足产业链短板，帮助企业获得更多订单信息，降低采购成本，加快数字化、网络化、智能化升级。至年底，该平台已与部分企业开展合作，计划2年内发展生态合作伙伴50家以上，注册企业数达3000家，帮助合作企业平均产能利用率提升10%~20%。

· **智慧盐城项目**　年内，盐城市滚动推进智慧政协系统、盐城市一体化公共信用信息系统、市信息资源中心二期、自然资源和规划管理信息平台、盐城市生态环境监测监控平台一期、市工程建设项目审批系统、互联网＋不动产登记交易纳税一体化平台、公积金“一张网”信息化建设项目、盐城宏观经济数据管理应用系统、智慧住建、公交大数据平台、社会治安防控体系、智慧教育本地化“名师空中课堂”、智慧停车管理系统14个智慧盐城项目，全年完成投资1.02亿元。　（薛阳春）

· **广播电视传输服务**　年内，江苏省广电有线信息网络股份有限公司盐城分公司实现营业收入4.28亿元，累计发展高清互动用户40.67万户，宽带用户29.1万户。年内，公司开展“3·15”现场咨询、重要节假日特价促销、驻点地推、续费提醒、送电影到社区、志愿者上门服务等活动，并通过“我的盐城”App、公司网站、微信客户端，加大名师空中课堂、三包一带、4K机顶盒、广联合家欢、学霸宝盒推介力度，在省公司组织的“春雷行动”“冲刺季”“大干一百天”营销活动中，分别获二等奖、三等奖、二等奖；在“冲刺季”专项营销活动中，分别获得企业微信拓展二等奖、“学霸宝盒”业务推广三等奖。强化服务保障，先后保障视频会议145场次，推进“名师空中课堂”进校园、进班级，并成功上线承载盐城乃至全国优质教育资源的《盐城教育》栏目，满足疫情期间中、小学生“停课不停学”的在线学习需求。其中，东台市、盐都区所有中小学及教室、教师办公室分别安装有线电视终端1760个和1569个，实现所在区域全覆盖。发挥数字电视平台优势，主动参与盐城市创建全国文明城市、结对帮扶射阳县海河镇永坛村困难群众，慰问社会福利院等活动。强化工程管理、合同签订、材料领用环节管理，规范配套费征收程序，主动对接、提前介入每一个工程项目，盐城地区配套费收入较上年增长近20%。参与智慧乡镇、新时代文明实践中心、应急广播等项目。其中，市公司与电视台等进行融媒体合作，签订广告合同769.42万元，实际到账560.92万元；东台市、射阳县、滨海县公司分别中标新时代文明实践中心项目。东台市、射阳县等地公司完成应急广播项目建设，基本实现盐城地区全覆盖；市公司强化投入产出比分析，做好3960万元潘黄小学、潘黄初中和潘黄成人教育中心等智能化项目建设。　（胡中耕）

电信业

· **概　况**　2020年，盐城通信行业管理办公室助力疫情防控，推动行业稳步发展，协助政府发送公益短信4200万条。配合旧城改造及老旧小区整治，推进城市基础设施建设，牵头三家基础运营企业和铁塔公司配合城北指挥部完成城北先锋大岛、人民北路、城南串场河景观带、盐丰快速通道等区域内通信基础设施迁改，拆除通信基站47处，迁改通信管道21孔千米，割接传输光缆212根，迁改传输光缆2492芯千米。推进网络基础设施建设，牵头协调各级政府部门，争取政策支持，全市9个县（市、区）政府全部完成加快5G网络基础设施建设的政策发文和全市5G通信基础设施空间布局规划编制工作。至年底，建成5G基站3739个，基本实现盐城市主城区和各县级主城区5G网络连续覆盖。推动市住房和城乡建设局下发《关于支持住宅小区5G网络基础设施建设的通知》，要求全市各地住建部门加强宣传引导，确保5G基础网络建设有序推进。联合市发改委、盐城供电分公司、市市场监管局下发《盐城市转供电环节收费政策告知书》，降低通信行业建设成本和建设难度。

· **铁塔通信服务**　年内，中国铁塔股份有限公司盐城市分公司完成3532个5G站点的配套基础设施建设。协调推动各县（市、区）印发政策支持加快5G网络基础设施建设，各级政府共开放521个公共资源助力5G建设，大市区、五县一市2020—2025通信基础设施空间布局专项规划年内完成批复。全年完成转改直站点343处，节约5G电费成本780万元，确保全市5G通信基础建设发展。加强5G+智慧社区建设，铁塔5G智慧低速充电桩入驻147个小区，安装2万个充电端口。为社区提供集5G基站、共享换电柜、监控、电梯禁入、高空抛物、消防通道监控等多位一体的小区安全保障服务；布局5G换电柜200余座，为快递小哥、外卖小哥提供基于5G网络电瓶智能置换服务，实现电池车辆实时定位、实时电量显示。配合政府推进旧城改造及新城通信专项规划，累计投资3000万余元，拆除并新建站点114处。年内，与公安、环保、水利、海事、电力、交通等行业合作，累计开放3267个杆塔房站址，在能源环保、交通物流、生态环境、自然资源、消防应急等领域提升城市管理服务智能化水平。承建江苏黄海海滨国家森林公园高空防火监控工程，实现森林防火技防目标；完成省生态环境厅$PM_{2.5}$大气网格监测工作，通过376个通信铁塔环保监测站点，为环保监测提供实时大数据在线分析。完成盐通高铁、盐城南洋国际机场等重大民生工程的5G通信基础设施配套建设，助力信息经济发展“加速跑”。完成疫情防控、“两会”、防汛抗台、抗寒潮、第三届大洋湾龙舟赛、2020年盐城马拉松等重大事项及赛事的通信应急保障任务，被江苏省通信管理局评为2020年度全省应急通信保障工作先进集体。 （崔 岩）

·电信通信服务 中国电信股份有限公司盐城分公司下辖7个县分公司、1个农村营销中心、5个区局，设农村、城市和行商客支局267个，服务机构覆盖所有乡镇和街道。公司有天翼手机用户214万户、宽带用户127万户、网络电视用户103万户、固定电话用户45万户，同时服务11万个政府及企业客户。全年实现收入20.6亿元，年缴税3.2亿元。至年底，公司固定资产净值24.88亿元。助力城市建设，做好通信设备、杆线迁移工作，全年投入1259.5万元，涉及管道61.9孔千米、光纤线路1.88万纤芯千米。完成疫情电话装移修157部、专线82条，保障疫情防控会议110场次；开通云课堂账户6.8万个、翼填报156家；搭建测温系统服务54家单位，云会议支撑146个重点客户；投入382万元扶持合作代理商，为市民线上办理业务5.37万笔，中小企业减免租金47万元。强化网络信息安全工作，配合开展网络安全宣传周、网安2020专项行动等活动，协助公安开展“断卡”行动。年内，公司推动地方信息化建设，推进综合执法审批服务一体化平台建设，为94个乡镇提供服务；助力市政府信息资源中心（二期）项目建设，满足部门信息互联互通和共享交换需求；搭建全市餐饮场所燃气预警监管平台，助力建设燃气预警监管中心，保障全市餐饮场所燃气使用安全；与盐南高新区合作开发全国首个地区定制ITV平台“活力盐南”；助力东台市率先在全省实现远程医疗全覆盖；与上电智联、炯为智能、海宝公司、钰明公司等企业开展战略合作，共同打造5G+工业互联网新生态；阜宁阿特斯5G工厂项目获批工信厅“5G工业互联网融合应用”，成为省内光伏行业5G工厂试点。 （邹湘彬）

·移动通信服务 中国移动通信集团江苏有限公司盐城分公司有5G客户35.4万户、4G客户330.3万户、手机上网用户359万户、宽带用户119.2万户、Volte用户350万户、掌厅客户端用户194.3万户。公司有自有营业厅65家，合作营业厅1345家，各级服务网点遍及城区、乡镇、村（社区），覆盖率100%。全年运营收入34.46亿元，企业固定资产25.46亿元。年内，新建4G站点2003个，精细实现FDD连续覆盖项目部署；启动5G建设，完成高铁、市县政府大楼、沟通100店等首批重点场景的5G覆盖。驻地网全年完成新增覆盖28万户，累计覆盖337万户。新建管道工程共计225条，合计181沟千米，累计1.1万沟千米。新建各类光缆3701千米，累计达12.26万千米，4G网络覆盖率98.5%以上，网络接通率持续保持在99.99%以上。至年底，盐城移动物联网总连接数突破700万户，携手地方政府联合打造远程抄表、智能路灯、燃气预警、数字环卫、医疗随访、智能充电、智慧小镇、后视镜抓拍举报等标杆项目，形成示范效应，助力当地民生应用与经济转型。年内，公司投入盐城智慧城市项目建设，参与智慧旅游、行政执法平台、大气网格化平台、应急管理平台等各行各业信息化建设。完成盐城市电子政务外网IPV6改造、东台市电子政务外网延伸到村建设，助力“智慧政务”开展。建设大丰区全域旅游大数据中心建设、荷兰花海大数据机平台及南海公园大数据客流检测和环境检测平台，助力盐城“智慧旅游”发展。建立公安社会治安防控体系，涵盖平安网格、社会治安面升级补盲、高铁沿线监控等，助力“智慧安防”建设。组织开展教育、“企业上云”等行业信息化推进会，推进教育、企业行业信息化发展。完成校园智能化、校园周界报警、教育城域网、录播教室、云机房、教学一体机等项建设，助力“智慧校园”发展。

（朱栋材）

·联通通信服务 中国联合网络通信有限公司盐城市分公司建有2G基站3009个、3G基站1983个、4G基站5269个，室内覆盖楼宇2588栋。全年完成主营业务收入5.11亿元，其中移网收入3.84亿元、固网收入1.27亿元、创新收入0.75亿元。市营业利润同比增加2991万元，新增标准移网用户32万户。年内，公司强化服务树口碑，打造“联通小燕”品牌，启动“长辈模式”，推出老年智能手机，协助老年客户升级高速网络。助力通信助残，与盐城市残联携手为听障残疾人士赠送话费并免费安装小沃无障碍通话助手软件，实现无障碍AI通话服务。组织党员先锋队参与社区疫情防控工作，发送抗疫短信500万人次；依托基层服务网络体系，推进钉钉课堂停学不停课、热成像无接触疫情防控测温系统、小鱼易连远程办公等云技术助力复产提质。成立联通产业互联网公司。6月，中国联通江苏分公司与盐城市政府签署关于盐城市5G网络建设与应用战略合作协议，助力盐城打造江苏新型智慧城市标杆市；与中国电信共同打造5G精品网，基本实现市区、县城主城区及重点乡镇连续覆盖。致力5G新基建，推进5G融合应用，搭建各种5G行业应用场景，提升“5G+物联网+大数据+AI”融合应用能力，推广“5G+智慧城市”“5G+智慧医疗”“5G+智慧工业互联网”“5G+智慧交通”“5G+新媒体”等领域应用。与阜宁县人民医院通过联通5G网络，与南京鼓楼医院对接，成功开展全国首例依托5G+穿刺手术项目。提升5G惠及民生能力，打造全国首家智能消费设备行业二级解析节点、东台大和热磁5G+MEC全连接工厂、世界自然遗产地智慧管理平台等标杆项目。助力城市宣传，与盐城广播电视总台策划中华麋鹿园鹿王争霸、2020年盐城马拉松的全程5G+VR现场直播活动。（杨雯莉）

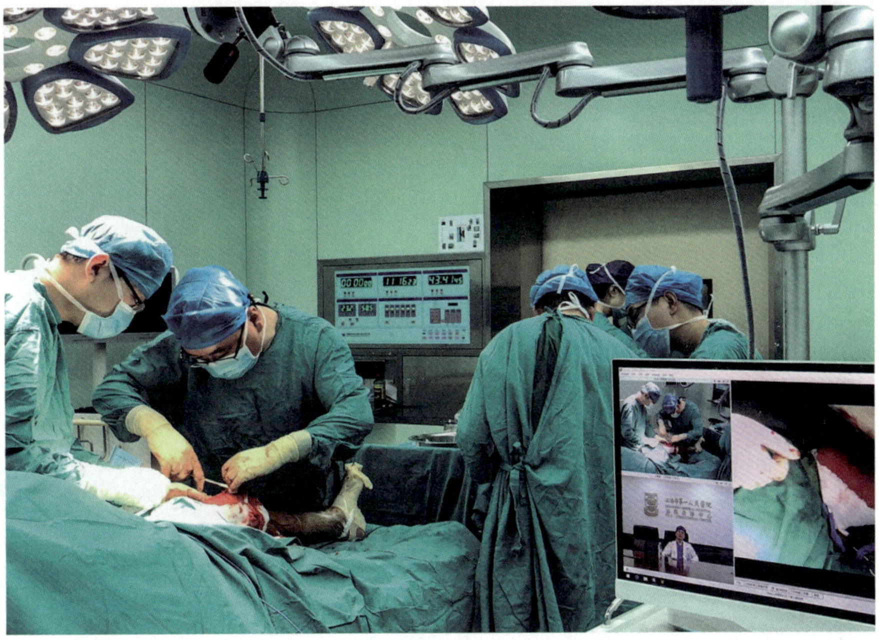

10月30日，东台市人民医院利用移动5G直播盐城市首例5G外科骨科指导手术

（朱栋材 摄）

·电信通信参与5G智慧城市建设

2020年，中国电信股份有限公司盐城分公司成功割接上线5G网络核心设备MER。推进5G新基建布局，全年投资4.4亿元，建设5G基站1653个，FTTH覆盖住户达316.6万户，实现市区、县城城区基本连续覆盖，完成盐城高铁站等交通枢纽的室内覆盖。成立“数字政府”“智慧城市”“工业互联网”“交通能源”等创新中心。在盐南大数据产业园建有数据中心机房2个，建筑面积1960平方米，机架数335架，带宽能力2160G，为政府部门、企事业单位提供安全灾备服务。推动5G+产融结合，与盐城市政府、盐南高新区及30余家行业知名企业签约5G+战略合作协议，联合政府部门、合作伙伴开展5G论坛、展会、推介会等26场次，全年新增5G+DICT项目14单，其中5G+示范应用项目3个。（邹湘彬）

·2020年5G生态合作伙伴大会 11月27日，中国移动通信集团江苏有限公司盐城分公司以夯实新基建，打造合作共赢5G生态圈，推动5G应用和产业的协同、融合、高效发展为目的，举办2020年5G生态合作伙伴大会。活动中，中国移动物联网公司、中国移动上海产业研究院、江苏移动信息通信集成运营中心、江苏移动云能力中心以及部分盐城移动合作伙伴单位的专家结合最新的5G技术和信息化应用进行演讲。中国移动通信集团江苏有限公司盐城分公司与24家企业签署5G生态合作协议，进一步明确在盐城DICT项目领域的合作意愿和方向。

·移动5G直播全市首例外科骨科指导手术 10月30日，中国移动通信集团江苏有限公司盐城分公司利用5G+4K/8K+VR，成功实现东台市人民医院与上海市第一人民医院的远程联合手术，完成盐城市首例5G外科骨科手术直播指导手术。年内，公司接到东台市人民医院与上海市第一人民医院的跨区联合手术直播需求，公司对东台市人民医院5G信号进行测试与整改，启动现场5G室分建设工作，在手术间新建室分锚点站进行室内网络优化和提升，实现电平值提升一倍，下载速率达700Mpbs，满足实时5G数据传送和高清直播要求。手术过程中，东台市人民医院利用5G网络带动手术直播设备，全程直播手术实施细节，上海市第一人民医院会议室医护人员通过超高清大画面直播视频了解手术情况并进行实时指导，手术圆满完成。（朱栋材）

金融业

编辑　徐　昊

综　述

·概　况　2020年，盐城市银行业金融机构43家，营业网点953个，全年银行业金融机构本外币各项存款余额8426.78亿元、本外币各项贷款余额6969.34亿元。全市有保险机构75家，全年实现保费收入209.74亿元，全年保险赔付56.43亿元。全市有上市企业9家，累计在资本市场融资142.3亿元；“新三板”挂牌企业27家，累计在资本市场融资12.9亿元。全市有融资担保机构30家，注册资本66.5亿元，全年新发行直接融资项目162个，新增直接融资742.4亿元；新增担保金融199.7亿元。全市有小额贷款公司45家，资产总额50.52亿元，全年实现净利润1.2亿元、纳税0.78亿元。至年底，全市金融业实现增加值365.4亿元，实现税收46.4亿元。

·金融助力复工复产　年内，盐城市金融业落实国家省市关于金融支持疫情防控和复工复产的各项政策，制定金融支持疫情防控和助力复工复产的“银十条”“保六条”等政策措施，引导银行保险机构推出“复工复产”信贷产品和“复工保”产品，落实减税降费等各项纾困解难措施，保障中小微企业融资需求，开辟受疫情影响小微企业融资绿色通道。至年底，向3661户目标企业新增贷款65.51亿元、办理转续贷及展期49.87亿元，为1.72万户中小微企业办理临时性延期还本还息贷款277.51亿元。支持企业1358户，授信44亿元，其中首贷企业309户。深化供给侧结构性改革，聚焦先进制造业和战略性新兴产业，支持协鑫科技、大丰海上风电、射阳光伏、海洋发电配套设备制造等海陆风电、光伏发电项目193.95亿元，开展“百行进万企”升级扩面行动等活动，突出对小微金融、科技金融等重点领域信贷支持。至年底，全市制造业贷款余额626.8亿元。

·盐城金融城　盐城金融城位于盐南高新区，东至串场河景观带，北至世纪大道，西至人民路，南至紫薇花园，占地面积18.2万平方米，由3个地块构成，有建筑15幢，100米以上的超高层建筑居多，最高建筑为153米，总建筑面积近100万平方米。盐城金融城功能布局涵盖各类金融机构总部、区域性总部、功能性中心，大型企业集团地区总部、决策中心、利润中心、研发中心，法律、咨询、会计、投资管理等中介机构的分支机构和营销中心，被称为苏北区域性国际金融中心，具备金融机构、总部经济、商务办公、后台服务及管理、信息平台等功能。至年底，入驻金融和准金融机构21家，全年实现税收7.8亿元。

（王　慧　李　宵　乐　珊）

盐城金融城　　（王亚洲　摄）

银　行

·概　况　2020年，盐城市银行业金融机构43家，营业网点953个。全市银行业资产、负债规模分别为9495.73亿元、9160.37亿元，实现净利润132.08亿元。全年全市银行业金融机构本外币各项存款余额8426.78亿元，比年初增加1388.59亿元。其中，非金融企业存款比年初新增加683.33亿元，同比多增562.29亿元；住户存款4232.93亿元，年内新增557.37亿元，同比多增63.64亿元。全年全市银行业金融机构本外币各项贷款余额6969.34亿元，比年初增加1098.26亿元。全年全市表外融资余额1208.72亿元，比年初增加11.3亿元。

全年全市大小额支付系统处理往来业务2700.69万笔，金额11.4万亿元。其中，大额支付发起325.17万笔、金额5.03万亿元，大额支付接收316.49万笔、金额5.34万亿元；小额支付发起902.41万笔、金额4373.38亿元，小额支付接收1156.61万笔、金额6022.98亿元。全市新开立人民币银行结算账户6万户，其中基本存款账户4.06万户、专用账户2882户、临时存款账户439户、一般存款账户1.61万户。全市个人征信查询38.09万次，企业征信查询1.17万次。

全年全市跨境收支总额128.08亿美元。其中，跨境资金流入81.5亿美元，跨境资金流出46.58亿美元，跨境资金净流入34.92亿美元。全市银行结售汇总额79.9亿美元。其中，结汇54.64亿美元，售汇25.26亿美元，结售汇顺差29.38亿美元。全市跨境人民币结算总量为20.34亿美元。其中，跨境人民币流入12.02亿美元，跨境人民币流出8.32亿美元，实现净流入3.7亿美元。

（李　宵　乐　珊）

·中国农业发展银行盐城市分行　年内，中国农业发展银行盐城市分行年末贷款余额231亿元，比年初增长40亿元，其中林业贷款余额19.6亿元，比年初净增7亿元。全年发放贷款111亿元，其中中长期贷款余额100亿元、年末项目储备金额109亿元。支持生猪稳产保供，全年全行生猪产业链贷款累计投放3.1亿元，推广“润猪贷”专项产品，阜宁牧原农牧有限公司等4家企业生猪全产业链获批贷款4.2亿元，实现投放3.7亿元，该产品成功入选“2020年盐城市十大支农金融产品”。助力粮食稳保，发挥粮食收购资金供应主渠道作用，全年全行累计投放粮食贷款63亿元，其中夏粮投放36.7亿元，支持收购小麦16.25亿千克；秋粮投放贷款12.7亿元，支持稻谷收购4.25亿千克；推动粮食去库存，累计政策性粮食220万吨，发放价差亏损挂账贷款9.8亿元。做实粮食信用保证基金，推动设立信用保证基金，推进市场化收购，解决农民“卖粮难”和收购贷款的风险防控问题，全年累计筹集共同担保基金1.02亿元，其中财政注资7500万元。助力脱贫攻坚，全年累计投放扶贫贷款10.8亿元，与陕西耀州、广西隆林等地村委会签订“产业扶贫帮扶协议”，东台扶贫模式得到总分行和江苏驻陕西扶贫工作队的充分认可；推动定点扶贫，累计购买西藏、云南等困难地区农副产品28.3万元，捐赠云南马关、新疆等困难地区资金34万元，帮助困难地区引进投资42万元。服务苏北农房改善，累计审批贷款41亿元，实现投放22亿元。助力复工复产，印发《关于开展防疫应急信贷业务劳动竞赛的通知》，建立复工复产绿色通道，疫情期间向北大荒油脂、江苏银宝盐业等9个企业投放应急贷款2.4亿元；扩大减费让利，减免金融服务相关费用，降低企业融资成本，免收结算业务手续费、国际结算手续费等五大类46项费用225万元；支持小微企业发展，年末小微企业贷款余额6950万元，比年初净增4450万元。开展不良贷款清降，印发《2020年盐城市分行不良贷款处置推进意见》，全年全行不良贷款余额1.07亿元，现金清收不良贷款5547.1万元，江苏荣华纺织有限公司不良贷款全部结清。助推国际业务增长，全年办理国际业务345笔，国际业务结算量达1.49亿美元，累计向北大荒油脂等企业开立进口信用证8笔、1.35亿美元，支持企业进口大豆30万吨、玉米3万吨、葵粕1.2万吨。

（肖景元）

·中国工商银行盐城分行　年内，中国工商银行盐城分行实现营业收入18.76亿元，拨备前利润14.37亿元，净利润9.57亿元。年末人民币全部存款余额481.43亿元，各项贷款余额448.29亿元。其中，贷款比年初增加47.93亿元、个人住房贷款余额比年初增加21.7亿元。支持全市“两重一实”项目，全年累计投放项目贷款53.6亿元，制造业贷款比年初新增8.88亿元。推进转型经营，率先实行“行长+店长、外拓+阵地”营销体制改革，在全辖53个网点成立外拓团队。全年网均存款9亿元，净增2.14亿元；总存款低于5亿元网点减少8个，低于3亿元网点减少10个，低效网点提升经验做法在省行作经验交流。完成3个网点布局调整和迁址改造，“工行驿站”公益惠民功能得到发挥。开展“百行进万企”活动，不断升级扩面。全年累计向521户小微企业及小微企业主投放9.73亿元“e抵快贷”。优化融资方式，增加信用贷款投放，累计发放小微信用贷款7.4亿元，比年初增加3.43亿元。全年为408户中小微企业实施626笔延期还本操作，累计金额29.17亿元（包括展期、无还本续贷、借新还旧、贷款重组和三个工作日内的还旧借新）；为38户企业办理68笔延期付息，累计金额291.18万元。打造“互联网+金融”服务场景，提高线上服务能力，推进服务规范化，开展“2020服务先行”活动。做好风险管理，全年不良贷款余额（全口径）3.24亿元。12月，推动盐城市政府与江苏省分行签订“工行助力三项清理”政银战略合作协议。

（周泽汤）

·中国农业银行盐城分行　中国农业银行盐城分行全年实现营业净收入28.34亿元，实现中间业务收入6.16亿元。

年末各项存款1059亿元，各项贷款余额649亿元，为小微客户发放线上普惠贷款627户、18.35亿元。全年全行线上贷款客户1.24万户，比年初增加5134户；线上贷款余额40.3亿元，比年初增加26.4亿元。服务农产品稳产保供。对12家农产品稳产保供重点企业发放贷款2.55亿元，向农户发放复工复产信贷资金3.2亿元。全年投放乡村振兴类贷款30亿元，支持项目15个。帮助3万户农民改善住房条件，改善民房面积超360万平方米。新投放化肥农药经营户、粮食种子经营户、粮食种植户、粮食经纪人、粮食加工企业贷款525户、5.9亿元，粮食全产业链客户达到2035户、贷款16亿元，投放生猪贷款6亿元。至年底，全行涉农贷款余额335.4亿元，比年初净增54.17亿元。加快推进数字化转型。全年新增掌银注册客户25.2万户，新增掌银活跃客户总量17.1万户。全年新增场景商户485户，场景批量获客16.7万户，实现场景流量65亿元。其中，新增学校缴费类场景17个，累计实现缴费46万笔、金额2.4亿元；新增个人掌银活跃5.8万户、新开Ⅰ、Ⅱ类卡2.7万张、新注册短信通2.2万户。盐城旅游年卡项目投产上线，发卡4万张，吸收存款1.5亿元，带动掌银3.1万户。为防疫重点领域提供信贷支持，支持重点防疫企业76户，合计贷款10.6亿元，成功落地盐城市首单新冠定点医院贷款业务。办理防疫资金划转86笔、金额5900万元，为企事业单位及个人办理捐款3569笔、金额1.7亿元。投行业务取得突破。办理资管新规后，盐城悦达保理ABN2亿元项目成全省首单理财融资业务。成功运作全国银行间首单电信消费分期应收账款资产支持票据注册金额15亿元；创新国泰并购贷款SPV收购模式，发放并购贷款2.7亿元；办理全国首笔“债市宝”转托管业务，并办理质押担保贷款1.16亿元；金融市场交易类业务交易量达41亿元，对公“债市宝”业务网点覆盖率100%。 （肖立春）

·中国银行盐城分行 年内，中国银行盐城分行实现营业净收入23.89亿元，其中实现净利息收入18.85亿元，中间业务收入5.04亿元。实现拨备前利润18.05亿元，实现净利润11.14亿元。年末全行人民币一般性存款（含结构性理财）余额638亿元，其中储蓄存款290亿元、公司存款348亿元；人民币贷款余额668亿元，其中公司贷款393亿元、个人贷款274亿元。不良贷款余额5.67亿元，比年初减少0.83亿元；银保监口径普惠金融贷款余额70.01亿元，比年初新增17.72亿元。个人加权客户新增8.38万户，对公基础客户新增5210户，单位结算账户完成8254户。发展普惠金融，支持实体经济发展，全年开展35场营销定策会，累计为220个项目现场商定授信合作方案。推进高企直通车活动，累计对接81家地方企业，实现批复落地41户，金额2.08亿元。加强风险管控，推动不良贷款清收化解工作。至年底，长海化工累计现金清收5000万元，宇达环保3000万元、康宝触控1200万元实现全额本息现金清收，苏亚机电4000万元完成核销。推进贸易投资便利化，为江苏摩比斯汽车零部件有限公司、领胜城科技（江苏）有限公司2家企业成功申请货物贸易便利化试点，成功争揽国家能源集团东台海上风电、盐城富力科创发展等项目资金8.8亿元。 （戴登来）

·中国建设银行盐城分行 年内，中国建设银行盐城分行实现中间业务收入4.89亿元、拨备前利润14.74亿元。全年投放个人贷款63.5亿元，还原公转商贷款后新增23.3亿元；新增单位大额存单12.16亿元、结构性存款1.7亿元。年末个人日均余额256.74亿元，时点余额269.18亿元。推进普惠金融，年末实现普惠金融贷款余额64.55亿元，新增24.11亿元；实现普惠客户数余额6808户，新增1871户，其中首贷客户数为420户、首贷金额2.42亿元。服务实体经济，加大重大项目营销力度，全年审批项目63个、审批金额169.8亿元，累计投放基础设施贷款42亿元、绿色信贷10.83亿元、PPP贷款2.84亿元、置换39亿元政府隐性债。跨境联动，国际业务信贷发生额65.49亿元，国际业务信贷余额16.26亿元。推进涉农领域信贷投放，全年全行涉农贷款余额128.07亿元，精准扶贫贷款余额2.38亿元；开展善融扶贫工作，帮助销售国家扶贫目录产品交易额374万元，全年分行善融扶贫交易总额2.5亿元。支持企业复工复产，引导小微企业客户通过线上渠道申请贷款4935笔，贷款余额18.31亿元。商户拓展成绩突出，全年对公商户客户新增643户，个人商户新签约2343户；高贡献对公商户新增225户，高贡献个人商户新增3956户；全年全行商户累计收单交易2750万笔，收单交易资金109亿元。推进住房租赁，盐城高新区投资集团汇文花苑人才公寓存房项目获得总司批复，签约房源共计612套；协助市住房和城乡建设局完成新版本公租房系统上线工作，住房租赁平台与“我的盐城”App系统对接成功，上线数字房产项目3个。 （邓红卫）

·民生银行盐城分行 年内，民生银行盐城分行各项存款226.46亿元，其中公司存款210.05亿元、个人存款16.42亿元；各项贷款175.50亿元，其中公司贷款146.36亿元、个人贷款18.70亿元。全年个人经营性贷款余额10.26亿元，比年初新增1.22亿元；为受疫情影响较大企业累计投放贷款747笔，累计金额6.67亿元。落实延期还本付息，全行个人经营性贷款办理免还本续贷业务290笔，金额3.27亿元。服务地方经济发展，利用现金管理和交易银行产品，帮助企业实现现金增值和财务优化，累计上报各类实体企业授信项目59笔、金额72.21亿元，获批实体项目33笔、金额37.98亿元，实体项目累计投放28笔、金额15.45亿元。助力中小企业融资，设立盐城市中小微企业信用保证基金，实地走访各区域工业园区，跟踪摸排企业金融需求，投放7户，金额2950万元。落实纾困惠企政策，为存量小微客户和新增客户降低贷款利率，全年为591户小微客户下调贷款利率，节约融资成本498万元。助力企业复工复产，给予江苏悦达专用车有限公司发放贷款3000万元；为东台市国贸大厦有限公司办理抗击疫情票据再贴现业务，金额1600万元。开辟绿色服务通道，为盐城怡乐商贸有限公司开通绿色通道，以简化手续办理外汇汇款支持企业进口防疫口罩；打造中小企业专属服务平台“民生财运”，为客户在线提供云账户开户、财富管理等25类金融服务。沟通投资人参与盐城区域债券，助力实体经济发展，年末分行发行债券9支、金额41亿元。引入创新发债服务方案，成功注册首单增强型并购中期票据。支持盐城地方经济发展，为客户提供新的融资渠道，通过“资信通”平台投放项目9笔，金额20.4亿元。推动票据贴现线上产品，线上累计办理自助贴现业务6.03亿元。通过省综合金融服务平台累计办理“小微e贴”35笔、金额2.18亿元，其中通过“小微e贴”申报再贴现业务金额2.06亿元。（李　雪）

·华夏银行盐城分行　2020年，华夏银行盐城分行各项贷款余额181.06亿元，一般性存款余额187.23亿元，存贷款规模稳定在150亿元以上。至年底，全市有普惠金融贷款余额11.48亿元，有普惠金融贷款户数315户。小微企业贷款余额40.09亿元，小微企业贷款客户336户。加快实体经济与制造业信贷投放，年末制造业贷款余额10.75亿元，比年初新增1.49亿元。为22户普惠小微企业办理延期还本和延期付息系统操作贷款金额1.29亿元。推进绿色金融业务，年内绿色金融贷款新增26.89亿元，年末绿色金融贷款余额48.59亿元。助推沿海开发步伐，提供信贷支持，年末沿海区域开发贷款余额68.63亿元。开展2020年“抢机遇、抓投放、上台阶”春季项目会战活动，活动通过审批公司条线项目38个，新增公司条线授信金额47.8亿元，投放贷款23.17亿元。组织开展2020年秋季财富分享会沙龙和“普及金融知识万里行”等公众教育服务活动。年内，分行获评江苏省放心消费创建先进单位、盐城市创建全国文明城市先进集体、盐城银行业普及金融知识万里行活动先进单位和2020年度盐城市银行业消费者权益保护先进单位。（陈旭东）

9月16日，盐城农商银行“盐阜e贷”产品正式上线　（盐城农村商业银行　供图）

·招商银行盐城分行　年内，招商银行盐城分行实现营业净收入3.57亿元。其中，净利息收入2.65亿元，非利息净收入0.93亿元，累计实现考核利润2.76亿元。全年新增零售资产达标基础客户1.06万户，信用卡客户2.78万户，新老代发客户1.42万户。至年底，分行存款日均余额87.98亿元，比年初增长15.29亿元；人民币一般性贷款时点余额78.37亿元，其中公司贷款34.73亿元、零售贷款43.64亿元；实现AUM日均余额43.41亿元，FPA表内外融资总量143亿元。支持地方重大项目建设，为盐城国能大丰H5#海上风电场工程项目、三峡新能源江苏大丰H8-2#300MW海上风电场工程项目、年产20GWh新能源汽车动力电池一期设备项目等重大项目累计授信30多亿元。支持实体经济，推动普惠金融发展，推广系列针对小企业融资的信贷产品。至年底，小微企业贷款余额10.13亿元，其中小微企业中长期贷款余额4亿元、小微企业信用贷款余额2.2亿元。加大商圈建设成效，围绕宝龙、中南、吾悦广场、万达广场、新弄里等核心商圈拓展合作特惠商户，新增合作特惠商户门店数90家。推广“智慧党建”“闪电贷”“缴费云”“票据大管家＋在线贴现”等产品，为实体企业经营和市民日常生活提供便利。控制不良贷款生成，对公表内贷款无不良新增、无欠息逾期，不良贷款余额1035万元，全年拨备回吐利润约1825万元。（刘　昱）

·江苏银行盐城分行　年内，江苏银行盐城分行各项存款余额629.59亿元，比年初增加67.47亿元；各项贷款余额510.15亿元，比年初增加60.48亿元。加大小微金融拓展力度，年末小微贷款余额271.95亿元，比年初增加38.03亿元，其中普惠口径、资本节约口径小微贷款分别较比年初增加8.52亿元、4.11亿元。推进场景金融，新增信用卡发卡量3.37万张，“e融支付”交易量9.24亿元。加强国际业务，全年实现国际结算量8.86亿美元、跨境投融资业务量12.82亿元、营业收入5489万元、代客交易收入1479万元，新增国际结算有效户19户。紧扣乡村振兴战略实施规划，年末涉农贷款余额176.94亿元，比年初新增28.03亿元，其中普惠涉农贷款比年初新增3.7亿元。加大疫情防控信贷投放，成功落地盐城市首单疫情防控债，办理普惠小微贷款延期18.93亿元，普惠小微信用贷款比年初增加3.77亿元。服务实体经济，年末制造业贷款余额66.69亿元，比年初增长2.89亿元，其中制造业中长期贷款与信用贷款余额比年初新增9.98亿元；绿色信贷余额51.7亿元，比年初新增5.05亿元；累计投放投行类业务项目127.24亿元，其中新增非标业务投放41.78亿元、非金融企业债

务融资工具发行42.46亿元、一般信用债投资26.55亿元。（曹敏智）

· **盐城农村商业银行** 年内，盐城农村商业银行各项收入19.11亿元，实现净收入11.77亿元，金融增加值10.94亿元、拨备前利润7.9亿元，账面利润3.39亿元。年末总资产408.74亿元，比年初增加64.16亿元；资本净额42.41亿元，比年初增加3.64亿元；各项存款余额314.31亿元，比年初增加37.27亿元；各项贷款余额260.21亿元，比年初增加39.87亿元。全年入库税收1.49亿元，其中企业所得税1.06亿元、增值税0.34亿元、其他各类税费0.09亿元。支持“菜篮子”民生工程，发放各类养殖、种植类贷款3633笔，金额4.43亿元。加快业务创新，研发线上全流程自助贷款“盐阜e贷”，全年线上贷款产品累计授信1.52万户，比年初增加1.2万户；授信金额19.64亿元，比年初增加13.39亿元。其中，“盐阜e贷”产品累计授信5561户，授信金额1.93亿元。助力复工复产，运用人行支农支小再贷款政策，争取再贷款余额15.5亿元，其中抗“疫”专项再贷款8.7亿元；与省国开行、省进出口银行合作办理3亿元小微企业转贷款业务；运用到期贷款“应延尽延”、信用贷款“能贷尽贷”政策，全年累计延期偿还贷款7.14亿元。联合市地方金融监管局、市财政局和市中小企业融资担保有限公司开展“信保贷”业务，全年累计发放“信保贷”74笔、金额2.1亿元。支持稳企业保就业，贯彻各项金融纾困惠企政策，年末贷款客户3.22万户，比年初增加5931户。普惠型小微企业信用贷款9.4亿元。年内，分行被中国新型金融机构论坛组委会评为十佳普惠金融创新银行，被省总工会授予“江苏省工人先锋号”称号。（陈　健）

· **中国邮政储蓄银行盐城市分行** 年内，中国邮政储蓄银行盐城市分行实现票据贴现收入2775万元；全区实现自营收入9.47亿元，利润5.31亿元；自营储蓄存款余额116.84亿元，比年初增长15.92亿元；公司存款余额98.47亿元，比年初增长17.83亿元；公司存款日均余额94.04亿元，比年初增长14.99亿元。至年底，全行不良贷款余额1.21亿元，各项贷款余额320.66亿元，信用卡新客户发卡累计4.7万张，信用卡收入4062.1万元。全年分行代缴代发养老金、新农保等15.7万笔，开办水费、电费、煤气费、通信费、有线电视费、交通罚没款等多项公共事业代缴费业务，实现民生代缴费项目全面上线，柜面办理业务近100万笔，全年累计代收付金额150亿元。全年全行年化人均收入123.46万元，年化人均利润69.3万元，年化点均收入2958万元，年化点均利润1660万元，单点收入超1000万元20家。助力疫情防控，全年发放抗疫贷款1.82亿元。助力乡村经济发展，加大涉农金融创新力度，探索“三农”风险共担机制，打造“富农贷”“农保贷”“农担贷”“政银担”等银政合作产品，为农业生产主体增信，降低涉农贷款门槛。至年底，分行各类银政合作产品累计投放1819笔、金额7.6亿元；发放个人涉农贷款3.4万笔、余额129亿元，其中小额贷款的笔均金额由银行成立初期的5万元提高到50万元。助推小微企业发展，全年全行累计发放小微企业贷款超过134亿元，累计服务法人小微企业客户1094户。推行普惠金融，借助手机银行、移动展业等手段，开展客户金融服务需求调查，及时提供信贷、结算等全方位“零距离”金融服务，形成“乡村全覆盖、服务无盲区、管理零缝隙”的农村金融服务网。（王　俊）

· **建行苏北首家“创业者港湾”在盐城市挂牌** 中国建设银行盐城分行在普惠金融品牌下，为中小微企业提供创业创新相关服务，与盐南高新区管委会联系，和盐城励行空间企业孵化器有限公司达成合作协议，与励行空间共同打造“创业者港湾”联盟店。8月7日，中国建设银行盐城分行和盐城励行空间企业孵化器有限公司“创业者港湾”联盟店合作签约仪式暨挂牌仪式在盐城市举办，这是苏北首家成功落地的“创业者港湾”。（邓红卫）

· **全市首单“园区保”业务落地** 11月18日，民生银行盐城分行举行“园区保”业务签约仪式。由民生银行盐城分行与江苏盐城环保科技城、江苏省信用再担保集团有限公司三方共同合作，向凯斯博电梯有限公司投放贷款1800万元。“园区保”业务是盐城地区首单“园区保——政银担”金融服务模式业务，帮助企业解决抵押难和担保难等问题。

· **全市首单世界银行转贷款落地** 4月23日，华夏银行盐城分行成功投放响水县沿海生态防护林项目500万欧元世界银行转贷款项目，并由华夏银行配套投放贷款1.11亿元，投放总额达到1.5亿元。此转贷款是驻盐股份制银行落地世界银行转贷款第一单。（陈旭东）

· **盐城国能大丰H5#海上风电场项目银团贷款** 5月22日，盐城国能公司举办银企对接座谈会暨大丰H5#海上风电项目银团贷款签约仪式。由国家开发银行江苏省分行牵头，联合招商银行盐城分行、交通银行盐城分行、招商银行盐城分行、工商银行盐城分行、民生银行盐城分行等共同向盐城国能大丰H5#海上风电项目提供总额32亿元、期限20年的银团贷款。盐城国能大丰H5#海上风电项目是由盐城市国能投资有限公司全资子公司盐城国丰海上风力发电有限公司投资建设，项目总投资40亿元，项目总装机容量20万千瓦，安装32台6.45兆瓦风电机组及海上升压站、陆上集控中心等配套设施。该项目是盐城市离岸最远、单机容量最大的海上风电项目，也是首个由地方市属国有企业独资建设的项目。（刘　昱）

· **江苏省首单ABCP业务发行** 8月21日，江苏省首单资产支持商业票据（ABCP）完成发行，悦达融资租赁有限公司为发行人，发行规模2亿元，期限127天，江苏银行盐城分行担任主承销商。本期ABCP基础资产为悦达融资租赁有限公司已投放的个人汽车融资租赁资产，单期产品到期时可灵活选择以基础资产回款、续发新一期ABCP或以外部流动性支持作为偿付来源，通过创设滚动发行机制，年化融资成本下降近100BP，为发行人节约近200万元融资成本。募集资金主要用于新增个人汽车融资租赁资产投放，为悦达起亚汽车销售提供资金保障。

· **全市首单“疫情防控债”落地**　3月5日，由江苏银行盐城分行独立承办的盐城市首单疫情防控债“盐城东方投资开发集团有限公司2020年度第二期超短期融资券（疫情防控债）”成功发行，发行金额2亿元，期限270天。部分募集资金用于盐城经济技术开发区工业园内492户中小企业疫情期间部分租金减免，支持中小企业复工复产。

（曹敏智）

· **盐城市“巾帼荣誉贷”集中签约暨授信仪式举行**　7月28日，由盐城农村商业银行、中国人民银行盐城市中心支行和市妇联联合举行的盐城市“巾帼荣誉贷”集中签约暨授信仪式在盐城农村商业银行举行。集中签约暨授信仪式上，市妇联、各县（市、区）妇联分别与所在地农商行签订“巾帼荣誉贷”合作协议书；与会女企业家代表与所在地农商银行签订“巾帼荣誉贷”意向授信书，完成“巾帼荣誉贷”授信5.6亿元。

（陈　健）

证券期货

· **概　况**　2020年，盐城市有40家证券分支机构，4家期货分支机构，17家私募基金管理人。年内，盐城市金融监管局印发《证券机构特色业务及产品汇编》手册，利用报纸、手机App、网络等媒体进行宣传，帮助企业了解政策、用好政策。定期组织债券路演、银企对接等活动，为企业提供高效融资服务。组织金融机构和重点企业赴上海沟通汇报，推进盐城市重点项目建设融资工作。

表26　2020年盐城市市区证券（期货）机构一览表

序号	证券（机构）机构名称	序号	证券（机构）机构名称
1	华泰证券	12	银河证券
2	国联证券	13	国泰君安
3	海通证券	14	国盛证券
4	东吴证券	15	中信证券
5	东海证券	16	安信证券
6	宏源证券（南）	17	东北证券
	宏源证券（北）	18	华林证券
7	国元证券	19	长江证券
8	光大证券	20	弘业期货
9	南京证券	21	国联期货
10	国信证券	22	华泰期货
11	东方财富证券	23	华闻期货

· **华泰期货有限公司盐城营业部**　华泰期货有限公司盐城营业部成立于2017年6月，是经中国证监会江苏省监管局核准，在江苏省工商行政管理局登记注册的专业期货经营机构，经营范围包括商品期货经纪、金融期货经纪、基金销售等。年内，营业部开展生猪产业“期货+保险”项目，该项目是盐城市首单纯商业模式的“期货+保险”业务，业务分6期进行，帮助农户对冲价格下跌风险、控制养殖成本。至年底，营业部有客户1608万户，年内新开有效户119户、激活客户40户。全年营业部成交量10.52万手，净利润49.32万元，年日均权益3784万元。

· **弘业期货股份有限公司盐城营业部**　弘业期货股份有限公司盐城营业部成立于2009年7月，是经中国证监会江苏省监管局核准，在江苏省工商行政管理局登记注册的专业期货经营机构，经营范围包括商品期货经纪、金融期货经纪、期货投资咨询、资产管理等。营业部位于华邦国际东厦，东临金融城，地理位置优越，交通方便，面积300平方米，配备多种行情软件及交易软件，服务设施完善。至年底，营业部在郑州交易所成交5万余手180亿元，大连交易所成交8万余手428亿元，上海交易所成交3万余手179亿元，金融交易所成交7000余手82亿元，能源交易所成交6000余手16亿元。

· 国联期货股份有限公司盐城营业部 国联期货股份有限公司盐城营业部成立于2003年，是盐城市第一家经中国证监会批准，具有营业部期货经纪业务许可证，并在江苏省工商管理机构注册登记的期货经营机构，是上海期货交易所、郑州商品交易所、大连商品交易所全权会员，中国金融期货交易所交易结算会员。营业部经营规范、运作稳健，可代理国内所有商品及金融期货品种的交易、结算、交割。年内，营业部利用股东金融和产业的平台优势，提供“私人定制”套保服务，特别是黑色金属、棉花、PTA、“期货+保险”等，为各类客户提供泛金融多样化服务。至年底，营业部交易金额年度交易金额429亿元，日均客户权益1.3亿元。

· 华闻期货有限公司盐城分公司 华闻期货有限公司盐城分公司成立于2019年6月，2020年9月取得中国证券监督管理委员会经营证券期货业务许可证，经营范围包括商品期货经纪、金融期货经纪等。年内，公司依托上海期货交易所CTP综合交易平台、中金飞马极速交易平台，研究涵盖有色、宏观、黑色、农产品、化工、期权六大板块特色产品研发，提供个性化的专题、策略深度报告及套期保值方案。强化客户服务，特别是对高净值客户提供专业服务，从持仓布局到品种调换、建仓、移仓、平仓、现货月减仓等实时点对点跟踪服务，该客户全年实现净盈利2.21亿元。至年底，盐城分公司客户峰值权益4.36亿元，期末权益1.93亿元，日均权益2.59亿元。 （王　慧）

上市企业

· 概　况 2020年，盐城市新增排队待审企业3家，新增进入上市辅导企业2家，新增“新三板”挂牌企业1家，新增进入“新三板”精选层辅导企业1家。至年底，全市有上市公司9家，“新三板”企业27家，IPO排队待审企业4家，进入上市辅导期企业4家。年内，盐城市建立上市、发债专家资源库，向企业遴选推荐优质中介机构，提高企业上市发债效率。发挥全市企业上市工作联席会议制度综合协调能力，采取“一事一议”直通式服务，帮助企业协调化解上市难题。邀请专家团队到盐城市，举办上市培训、股权融资等专题活动组织优质投资机构现场调研服务重点后备企业，促进投资机构积极参与后备企业股改，协助企业引进优质战略投资者。

· 江苏悦达投资股份有限公司 江苏悦达投资股份有限公司是一家综合类投资型公司，1993年11月经江苏省政府、中国证监会批准，向社会公开发行股票，于1994年1月3日在上海证券交易所挂牌交易，总股本8.5亿股。

表27　2020年盐城市上市公司情况一览表

序号	公司名称	地　区	证券简称	上市时间	证券代码
1	江苏悦达投资股份有限公司	市　区	悦达投资	1994.01.03	600805
2	悦达国际投资有限公司	市　区	悦达国际控股	2001.11.29	00629
3	中国疏浚环保控股有限公司	盐都区	中国疏浚环保	2011.06.20	00871
4	江苏农华智慧农业科技股份有限公司	盐城经济技术开发区	智慧农业	1997.08.18	000816
5	江苏辉丰农华股份有限公司	大丰区	辉丰股份	2010.11.09	002496
6	金财互联控股股份有限公司	大丰区	金财互联	2010.12.31	002530
7	大丰港和顺科技股份有限公司	大丰区	大丰港	2015.06.17	8310
8	江苏丰山集团股份有限公司	大丰区	丰山集团	2018.09.17	603810
9	升立化工控股有限公司	响水县	升立化工	2007.02.05	A7S

公司经营范围涵盖实业投资、资产管理、财务顾问、社会经济咨询服务、机械设备、纺织品的技术开发、技术转让、技术服务、技术咨询和国内贸易。至年底，公司旗下拥有汽车、纺织、拖拉机3家在盐城制造业企业，拥有西铜、京沪、徐州通达3家公路企业，拥有卡特新能源、悦达新材料2家高科技企业，陈家港电厂1家发电企业以及西蒙悦达1家煤矿企业。公司入选央视财经50指数样本股，获评央视财经50指数回报维度“十佳公司”称号。

· **悦达国际控股有限公司**　悦达国际控股有限公司（原悦达矿业控股有限公司）于2001年6月在开曼群岛注册成立，并于当年11月29日在香港交易所成功上市，是江苏省在香港发行红筹股的首家上市公司。2007年11月，悦达控股正式更名为悦达矿业控股有限公司。2018年12月，悦达矿业控股有限公司经董事会决议，股东大会投票，正式更名为悦达国际控股有限公司。至年底，公司主营业务为管理及营运中华人民共和国境内的若干矿业采选项目，主要业务包括锌、铅、铁及金矿石的勘探、开采、加工及销售。

· **中国疏浚环保控股有限公司**　中国疏浚环保控股有限公司是大型疏浚服务企业，公司于2011年6月20日在香港联交所主板成功上市，并于2013年12月13日由翔宇疏浚控股有限公司更名为中国疏浚环保控股有限公司。集团中国总部位于江苏盐城市，有员工520余人，拥有各类船只50余艘，在国内近10个省份运营超过20余个大型项目。至年底，公司业务范围主要是提供基建疏浚、填海疏浚、环保疏浚及海上工程服务。海上工程包括风电设备吊装、港口码头和桥梁建设大件安装、抛石围堰、水下工程及打捞工程等。

· **江苏农华智慧农业科技股份有限公司**　江苏农华智慧农业科技股份有限公司（原江苏江淮动力股份有限公司）成立于1945年，前身为新四军枪械修理所，是国内较早专业研制动力装备的企业，1997年8月在深圳证券交易所挂牌上市。公司业务覆盖动力装备、农机装备、农业信息化、零部件研制，兼营矿业与国际贸易。至年底，公司拥有比较完善的研究、开发、试验体系，并通过国家企业技术中心认定，拥有自主知识产权的核心技术。

· **江苏辉丰农化股份有限公司**　江苏辉丰农化股份有限公司成立于1989年，注册资本15亿元，是国家农药定点骨干生产企业、国家火炬计划重点高新技术企业，是集研发、生产、国内国际贸易于一体的全国知名农药企业，具有合成原药、加工、复配制剂数万吨的生产能力，成为行业领先的咪鲜胺原药、辛酰溴苯腈原药、氟环唑原药等研发和产业化基地。至年底，公司在行业内率先通过ISO 9001标准质量体系认证、ISO 14001环保管理体系认证以及OHSAS 18001职业健康安全管理体系认证，成为亚太地区率先通过跨国公司着力推行的以Q/EHS为核心的责任关怀体系认证的企业，并与多家全球性农药行业跨国公司建立战略合作关系。

· **金财互联控股股份有限公司**　金财互联控股股份有限公司成立于1988年，是一家利用互联网、云计算、大数据、人工智能、区块链等技术，赋能财税服务机构、金融机构、财税从业人员，数字化企业及家庭个人用户，提供智能财税、风控信用、合规增值、金融服务于一体的平台型科技公司，是热处理行业中领先的综合解决方案供应商，世界知名的热处理设备制造商。至年底，公司热处理板块业务涵盖热处理设备制造、专业热处理加工、热处理设备售后服务及热处理技术咨询服务四大块，产品广泛应用于航空航天、汽车、工程机械、轨道交通、船舶、化工机械、机械基础零部件等行业。

· **江苏丰山集团股份有限公司**　江苏丰山集团股份有限公司成立于1988年，于2018年9月在上交所A股成功上市，是集农药研发、生产、销售为一体的国家农药定点生产企业，国家高新技术企业。公司先后在行业内率先通过ISO 9001 ：2008质量管理体系认证、ISO 14001 ：2004环境管理体系认证以及职业健康卫生安全管理体系GB/T28001 ：2001标准认证。公司主要产品为氟乐灵、精喹禾灵、烟嘧磺隆、毒死蜱等，拥有13个江苏省高新技术产品，“丰山农药”覆盖国内34个省、市、自治区，拥有自营进出口经营权，产品远销世界各国和地区。“丰山”商标被国家市场监督管理局认定为中国驰名商标。公司先后获评全国石油和化学工业先进集体、中国农药行业责任关怀优秀企业等。至年底，公司拥有省级工程技术研究中心和企业院士工作站，拥有全国大的氟乐灵，精喹禾灵生产基地，具有年生产合成原药2万吨，加工、复配制剂5万吨的生产能力。（王　慧）

保　险

· **概　况**　2020年，盐城市拥有各类市场主体75家，其中财险公司23家、寿险公司41家、保险专业代理法人机构11家；保险分支机构及营销网点534个，从业人员约4.6万人。全年全市保险业实现保费收入209.74亿元，其中产险公司实现保费收入52.15亿元、寿险公司实现保费收入157.59亿元。全年保险业各项赔偿和给付金额56.43亿元。年内，盐城银保监分局强化权益保护，推动保险保障功能发挥，召开盐城银行保险业金融服务“万企联万村共走振兴路”行动工作会议。助力复工复产。新冠肺炎疫情期间，全市保险行业累计减免企业保费372.21万元，延长保单缴纳期限1.99万份，“复工保”产品累计为699家小微企业和个体工商户提供4.72亿元风险保障。聚焦“食品安全”“生产安全”“生命安全”服务实体经济，推动食品安全生产责任险高效落地，全市保险机构累计办理食品

表28　2020年盐城市保险业务情况统计表

单位：万元

项　　目	金　额	项　　目	金　额
一、承保额财产险	917441154.70	人身险	1575894.82
企业财产	30896600.78	人身意外伤害险	34905.28
家庭财产	134650872.60	三、赔偿支出	564304.04
二、保费收入	2097431.99	财产险	336808.48
财产险	521537.17	企业财产	16480.75
企业财产	15050.24	家庭财产	788.17
家庭财产	4504.58	人身险	227495.56

安全生产责任险941笔，规模列全省第一位。"智慧＋服务"助力安全生产责任险提质增效，全年为1282户企业提供88.79亿元的安全生产风险保障。助力打赢脱贫攻坚战，协同地方政府推进居民大病保险、托底救助民生系列三项保险、残疾人意外伤害保险，现覆盖全市8个县（市、区），11.49万名持证残疾人。　（陈　珊）

·中国人民财产保险股份有限公司盐城市分公司　中国人民财产保险股份有限公司盐城市分公司是中国人民财产保险股份有限公司的地市级分公司，经营范围主要包括车险、非车非农险和农险三大板块。全年实现全险种保费收入23.82亿元，累计支付赔款2.96亿元；缴纳各项税费5504万元，代收车船税1.19亿元。全年支付各类赔款共计16.28亿元，处理各类赔案39.05万件，其中支付单笔赔款超100万元的赔案37件。年内，公司新开区域水稻收入保险、罗氏沼虾养殖保险、政策仔猪养殖保险、螃蟹养殖气温指数保险，为48.37万户次减少损失2.25亿元。

·中国人寿保险股份有限公司盐城市分公司　中国人寿保险股份有限公司盐城市分公司是中国人寿在江苏地县的重点分支机构之一，下辖9个县支公司、8个营业部、119个营销服务部，在全市各乡镇均设有服务机构，向个人及团体提供人寿、意外和健康保险产品，涵盖生存、养老、疾病、医疗、身故、残疾等多种保障范围。全年公司实现总保费47.2亿元，比上年增长3.3亿元。

·中国太平洋财产保险股份有限公司盐城中心支公司
中国太平洋财产保险股份有限公司盐城中心支公司成立于1997年4月，公司先后承保三峡集团、国电集团、大唐集团等大型海上风电项目工程保险、运营保险业务，且多年来承保金风集团风电设备货物运输保险项目。公司首席承保盐城市民生托底救助公共人身伤亡保险、参与承保盐城市困难人员护理保险、养老服务机构（设施）综合保险、安全责任保险、环境污染责任保险等政保项目。

·中国太平洋人寿保险股份有限公司盐城中心支公司
中国太平洋人寿保险股份有限公司盐城中心支公司成立于1997年，为中国太平洋保险（集团）股份有限公司下辖公司。公司围绕客户需求，打造责任、智慧、温度的"太保服务"品牌，加快人工智能和大数据等新技术应用，推进投保、核保、理赔、客服等运营服务全流程的数字化、智能化，提升客户服务体验和运营效能。产品覆盖人寿保险、年金保险、健康保险、意外伤害保险等领域。全年公司实现保费收入8.2亿元，其中团险保费收入1.42亿元。

·中国平安人寿保险股份有限公司盐城中心支公司　中国平安人寿保险股份有限公司盐城中心支公司为平安集团旗下寿险系列三级机构，1995年以中国平安保险公司南京办事处盐城代办处为名进驻盐城市，2003年2月更为现名。平安人寿以"平安金管家"App为核心的移动金融生活平台，连通线上、线下多场景客户经营，为客户提供保险保单、财富增值、丰富活动和健康管理等全方位的金融生活服务。在业内首创"智慧客服"，依托集团海量客户数据和AI技术，构建业务甄别、风险定位、在线自助、空中门店四大能力，提升保全、理赔、核保的服务时效。全年公司实现保费收入27.41亿元，累计纳税2409.51万元，全年完成赔付支出3.78亿元。　（蔡中源）

其他非银行金融机构

·融资担保　2020年，盐城市有融资担保机构30家，注册资本66.5亿元。其中，政府性融资担保机构11家，注册资本43.5亿元，机构数量和资本金规模列全省第一位。全年全市融资担保机构新增担保金额199.7亿元，在保户数5338户，在保余额203.9亿元，其中小微企业和“三农”在保余额156.7亿元。推广盐城市综合金融服务平台。至年底，平台注册企业突破2.8万家，当年累计获批授信6190笔、金额283.4亿元。全年全市融资担保机构发行直接融资项目162个，新增直接融资742.4亿元。年内，全市融资担保服务实体经济发展作用明显，市、县地方金融监管部门引导全市融资担保机构聚焦“支小支农”主业，帮助缓解小微企业和“三农”融资难、融资贵问题，印发《关于有效发挥融资担保体系作用助力小微企业和“三农”发展的实施意见》，召开政府新闻发布会，并在中新网、《现代快报》等主流媒体进行融资担保政策解读。

· **典　当**　2020年，全市有正常经营典当行32家（含分支机构1家），实收资本5.5亿元，资产总额6亿元。年内，全市典当行业总额为6.9亿元，其中动产1.6亿元、房地产4.3亿元、财产权利1亿元。典当利息及综合费收入合计2617万元，利润总额844万元，全市典当行业发展保持平稳。年内，盐城市推进“僵尸企业”市场出清，净化典当市场环境，注销典当行1家，收回典当许可证4家。支持典当行股权重组，6家典当行股权重组，股东实力增强，资本实力和抗风险能力得到提升。

· **信贷服务**　年内，盐城市扩大信贷规模，鼓励和引导银行机构争取信贷额度，创新开展信用贷款业务，拓宽企业融资渠道，实现信贷投放持续增长。优化信贷结构，引导金融机构主动融入全市发展大局，加大对重大工程、重点项目的资金供应，支持小微金融、农村金融、科技金融发展，实现金融与产业深度融合。推动农村小额人身保险扩面和涉农信贷保证保险工作深化银保合作，发挥保险机构融资增信功能，完善“信贷+保险”服务模式。

· **小贷公司**　年内，盐城市有小额贷款公司45家，纳入正常统计的36家（9家处于非正常经营状态），其中农贷公司33家，科贷公司3家，累计发放贷款400.76亿元。全市小贷公司资产总额50.52亿元，净利润1.2亿元，纳税0.78亿元，超出全省平均水平0.25个百分点。全年全市小贷公司发放贷款24.67亿元，年末贷款余额26.23亿元，贷款客户数4595户，平均单户贷款余额57万元。年内，全市小贷公司累计服务“三农”客户1.68万户，金融普惠性特色明显，对“三农”和小微企业扶持力度较大。至年底，全市新增6家小贷公司申请监管评级、其中A级及以上机构20家、总数24家。

· **盐城市中小微企业信保基金**　年内，盐城市建立健全融资增信体系，加大金融对实体经济支持，发挥财政资金杠杆作用，缓解全市中小微企业融资难、融资贵问题。2月17日，市地方金融监管局、市财政局联合印发《盐城市中小微企业信用保证基金管理暂行办法》，设立运行盐城市中小微企业信保基金，基金规模6亿元。盐城市中小微企业信保基金主要以融资增信方式，与符合条件的银行、担保公司等金融机构合作，引导银行等金融机构加大对全市符合条件的中小微企业的信贷支持，为符合条件的全市中小微企业提供信用保证，并分散合作银行、担保等金融机构的风险。至年底，全市开展“信保贷”业务594笔、授信金额17.3亿元，支持中小微企业603户，户均287万元，平均利率4.61%。（王　慧）

· **电子信息产业基金**　年内，盐城高新区投资集团有限公司联合江苏黄海金融控股集团有限公司以及东台市、盐城经济技术开发区和盐南高新区国有平台公司，与康佳集团股份有限公司合作组建总规模100亿元的电子信息产业股权投资基金。中韩产业基金二期30亿元主要用于支持电子信息、汽车等项目。西伏河数字智能创新社区设立10亿元机器人专项基金，扶持人工智能产业。至年底，全市有电子信息产业相关基金13支，总规模208亿元。

（薛阳春）

· **康佳盐城电子信息产业基金**　9月27日，康佳集团股份有限公司发布关于参与设立康佳盐城电子信息产业基金的公告，公司以全资子公司深圳市康佳投资控股有限公司、全资子公司深圳康佳资本股权投资管理有限公司拟与江苏黄海金融控股集团有限公司、盐城高新区投资集团有限公司等多家合作方共同发起成立康佳盐城电子信息产业基金，基金规模不超过30亿元，其中深圳市康佳投资控股有限公司和深圳康佳资本股权投资管理有限公司拟合计出资不超过12亿元。该基金投资方向为电子信息、半导体、互联网、人工智能、物联网、5G通信、大数据、新型显示、电子材料、通信、安防、集成电路等。

（王　慧）

· **江苏疌泉黄海穗禾乡村振兴投资基金成立**　年内，中国农业银行盐城分行借助总行资金优势，与农行全资二级子公司农银资本管理有限公司共同发起成立全省最大规模的乡村振兴基金——江苏疌泉黄海穗禾乡村振兴投资基金。基金认缴出资总额12.1亿元，基金注册在盐城市，存续期限为7年。其中，投资期不超过5年，存续期届满经基金合伙人会议批准可延长不超过2年。基金主要以股权投资方式投资江苏省内乡村振兴项目，主要用于现代农业园区、畜牧养殖、新型城镇化建设、文化旅游等领域，其中直接投资企业的金额比例不低于基金认缴出资额的70%。

（肖立春）

旅游业

编辑　徐　昊

综　述

·概　况　2020年，盐城市拥有世界自然遗产1处，国家级自然保护区2个，A级旅游景区60个。其中，国家AAAAA级旅游景区1个、国家AAAA级旅游景区17个、国家AAA级旅游景区30个、国家AA级旅游景区12个。全年全市有旅行社148家，有旅游星级饭店27家。年内，盐城市加快全域旅游构建，整合提升19个市级旅游园区。加快旅游项目建设，推出新四军廉政文化、悦达工业旅游、欧风花街、新弄里城市新景等特色线路，荷兰花海创AAAAA级，条子泥、草房子乐园、安徒生童话乐园创AAAA级，分别通过国家、省景观质量专家评审，大纵湖东晋古城、东台西溪犁木街建成开放，欧风花街河道改造工程完成，盐城古八景、市博物馆改造等项目加快推进。文旅融合步伐加快，荷兰花海《只有爱》成为江苏省文旅融合标杆项目，《印象大纵湖光影秀》《天仙缘》《镜花缘》《船说海棠》等演艺项目陆续运营。年内，大丰区创成国家全域旅游示范区，东台市创成省全域旅游示范区。江苏黄海海滨国家森林公园创成省级生态旅游示范区，是全省唯一一家创成单位。东台市甘港村、盐都区杨侍村创成全国乡村旅游重点村，盐都区三官村、东台市巴斗村、射阳县贺东村创成省乡村旅游重点村。

·文旅消费集聚区建设　年内，盐城市全面加快旅游市场建设，落实惠企利民、市场复苏等措施，制定《盐城市促进消费扩容提质实施意见》，发放旅游消费券2000万元，以夜经济、文旅促销活动带动消费回补。东台市天仙缘小镇、荷兰花海旅游风情小镇被省文旅厅列为省级夜间文旅消费集聚区建设单位。全年全市接待游客2407万人次，实现旅游收入175亿元。

·全域旅游创建　年内，盐城市加快构建全域旅游发展。编制全域旅游发展规划，形成“1+5+19+N”全域旅游发展格局。其中，“1”是集中力量打响世界自然遗产金字招牌；“5”是打造“探秘自然遗产，解码古老串场，戏水湖荡湿地，寻踪黄河故道，传承红色基因”五大精品线路；“19”是整合提升全市19家旅游园区，以点带面促进区块升级；“N”是在把握双循环格局下，外需转移、内需放大趋势，加快“旅游+”“+旅游”工作统筹，特别是推进文旅商融合，打造荷兰花海、欧风花街、新弄里等消费集聚区，加快构建全域旅游、全景“世遗”发展新格局。坚持项目化推进。将全域旅游纳入高质量发展综合评价体系，推进工作目标化、目标项目化。加快文旅重点项目建设。东线放大“世遗”效应，加快丹顶鹤生态文化体验园、东台条子泥“世遗”小镇、黄海森林公园特色酒店、中华麋鹿园中央梦幻岛、黄沙港渔文化景区、月亮湾度假区等项目建设，打造“世遗”生态康养主题线路。中线加强串场河人文底蕴挖掘，加快盐城古八景复建、串场河产业集聚区等项目建设，打造海盐文化主题线路。在新四军纪念馆年初试展基础上，整合停翅港、华东工委纪念馆等资源，打造红色铁军主题线路。西线以构建湖荡集结地为目标，加强大纵湖、九龙口、马家荡等资源整合，加快九龙口淮剧小镇、马良古城等项目建设，打造湖荡湿地主题线路。坚持市场化导向。围绕游客需求，加快配套升级。加快盐城八大碗、纵湖十鲜、九龙九鲜等美食创塑，丰富“盐之有味”品牌；提升东台西溪梨木街、大丰原乡温泉、亭湖鹤影里等特色民宿品质；发挥农业大市、百年制盐等历史人文优势，开发盐雕文创系列产品，蓄力“盐之有礼”支撑；引导拓展智能导游、智能景区、电子商务等建设发展，回应“盐之有数”需求。（李志伟）

旅游资源

·概　况　盐城市生态旅游资源丰富。市域东部拥有太平洋西海岸、亚洲大陆边缘最大的海岸型湿地，被列入世界重点湿地保护区，湿地保护区内建有世界上第一个野生麋鹿保护区和国家级珍禽自然保护区。市域西部地处里下河地区腹地，大纵湖、九龙口、马家荡等湖泊水域面积近百平方千米，为典型的潟湖型湖荡湿地，原始生态环境保存较好，被誉为“金滩银荡”。盐城是革命老区，新四军重建军部在盐城。抗战时期，新四军的足迹遍布盐阜大地，由此形成许多重要的革命遗址遗迹，以及在此基础上打造的重大纪念场馆。盐城市拥有248处革命遗址、128个以英烈名字命名的镇村，其中新四军纪念馆是国内最全面、最系统反映新四军抗战史的综合性纪念馆，是全国100家红色旅游景点景区之一。盐城是海盐历史文化名城，串场河由北向南，从古串联起盐城的大小盐场，从今串联起盐城的生态绿色走廊，中国海盐博物馆、串场河沿河风光带等旅游资源加快整合。至年底，全市有世界自然遗产1处、国家级自然保护区2个；国家AAAAA级旅游景区1个、国家AAAA级旅游景区17个、国家AAA级旅游景区30个、国家AA级旅游景区12个，其中年内新增国家AAAA级旅游景区1家、国家AAA级旅游景区7家；至年底，全市有国家级乡村旅游重点村3个、省级乡村旅游重点村3个；全国重点文物保护单位3个、全国农业旅游示范点5个、国家森林公园1个、国家湿地公园1家、国家水利风景区3个；省五星级乡村旅游区4个、省四星级乡村旅游区20个、省三星级乡村旅游区14个、省二星级乡村旅游区4个，有省级风景名胜区1个、省级旅游度假区6个、省级工业旅游示范点6个、省级重点文物保护单位20个。

·江苏盐城湿地珍禽国家级自然保护区　江苏省盐城湿地珍禽国家级自然保护区成立于1983年，位于亭湖区黄尖镇新洋港线。1992年10月，经国务院批准成为国家级自然保护区，并先后加入联合国教科文组织盐城生物圈保护区网络、东亚—澳大利亚西亚迁徙涉禽保护区网络、国际重要湿地3个国际公约组织。是中国最大的滨海湿地类型保护区，是全球最大的野生丹顶鹤种群保护地，国际重要生物多样性富集的热点地区，享有东部沿海"国家重要湿地基因库"之誉，其主要保护对象为珍稀野生动物及其赖以生存的北亚热带边缘的典型淤泥质海涂湿地生态系统。年内，景区成功孵化丹顶鹤25只。至2020年底，保护区内有各类动物1676种，其中鸟类416种。保护区内有国家一级重点保护的野生动物14种：丹顶鹤、白头鹤、白鹤、东方白鹳、黑鹳、中华秋沙鸭、遗鸥、大鸨、白肩雕、金雕、白尾海雕、白鲟、中华鲟和麋鹿；二级国家重点保护野生动物有84种；国家重点保护野生植物5种：野大豆、珊瑚菜、野菱、莲、中华结缕草。全年景区接待游客60万人次。

· 江苏省大丰麋鹿国家级自然保护区 国家级自然保护区，其中中华麋鹿园景区为国家AAAAA级旅游景区。保护区创办于1985年10月，1997年12月晋升为国家级自然保护区，2002年被联合国列入国际重要湿地名录，并作为永久性保护地。保护区核心区面积2700公顷，是迄今世界上第一个也是最大的野生麋鹿自然保护区。2020年，麋鹿种群增加到5681头，其野生种群总量1820头，繁殖率和存活率均居世界首位。这里同时生存着1800多种野生动植物，构成了原始古朴、奇异斑斓的湿地景观。在保护区中华麋鹿园内，不但可以看到百鹿奔腾的壮观场面，还能观赏到丹顶鹤、天鹅、大雁、白尾海雕、大白鹭等30多种国家一、二级保护动物。保护区先后被中国科学院、南京大学等科研院所和高校定为科研、教学、实验基地。2008年，被国际休闲产业协会、国际生态安全合作组织、中国管理科学研究名牌与市场专家委员会联合推荐为"中国十佳湿地旅游目的地"。2009年，中华麋鹿园新建"世界麋鹿分布图""麋鹿奔腾"群雕等项目，并创建成为江苏自驾游基地试点单位。2010年，保护区获评国家环保科普教育基地、全国湿地科普教育示范区、全国科普教育基地、长江湿地保护与管理先进集体和中国低碳旅游示范区，并成功建立博士后科研工作站。2011年，景区完成麋鹿文化园二期工程建设，鹿神亭、鹿神铭、神鹿雕塑、麋鹿岩画、麋鹿还家纪念碑等景点对外开放，获评"江苏最美的地方""中国生物多样性保护与绿色发展示范基地"。2015年10月8日，中华麋鹿园获批国家AAAAA级旅游景区。2016年，保护区举办麋鹿回归30周年大型庆典活动，其中30头麋鹿野放南黄海湿地，中央电视台、《新华日报》等百家媒体予以报道。2018年，"鹿鸣呦呦"被评为新"盐城十景"之一。2020年6月，2020鹿王争霸大型融媒体直播在保护区举办。至2020年底，景区麋鹿种群增殖到5681头，其中野生麋鹿1820头。全年保护区接待40多个国家近100万人次游客。

· 新四军纪念馆 国家AAAA级旅游景区，位于市区建军东路159号，是全国唯一一家以新四军为题材的全史馆，全国重点文物保护单位，全国100个红色旅游经典景

中华麋鹿园中的麋鹿　　（市林业局　供图）

区和30条红色旅游经典线路之一。全馆由主馆区、新四军重建军部纪念塔、新四军重建军部旧址和中共中央华中局旧址（泰山庙）3个部分组成，占地面积约8公顷，建筑面积约1.5万平方米，展陈面积约1万平方米，馆藏文物、史料、图片、书画作品等1.7万余件（套）。主馆区有东进雕塑、新四军重建军部纪念碑、新四军军史陈列馆和新四军人物馆、碑林、抗日纪念苑、兵器苑、游客服务中心等设施；以新四军骑兵铜像为主体的新四军重建军部纪念塔，是盐城的地标性建筑；新四军重建军部旧址（泰山庙）位于市区建军西路118号，有刘少奇、陈毅等领导人的旧居，为国家级重点文物保护单位。纪念馆主馆区广场正中立有一座高11.75米的国民革命军新编第四军重建军部纪念碑，碑的正面为李先念的题字，背面刻有黄克诚撰写的《盐城会师记》碑文。展厅展出新四军在华中坚持敌后抗战八年的近千余幅照片、大批文物史料及发绣、铁画、木雕、油画等艺术作品。其中，人物馆展示刘少奇、陈毅、李先念等近千名新四军代表人物的光辉人生和叶挺、项英、彭雪枫等先烈的英雄业绩。自1986年10月开馆以来，累计接待国内外观众3000万余人次。2014年，纪念馆被列入国务院公布的80处国家级抗战纪念设施、遗址名录。2020年，“铁军忠魂——新四军历史陈列”工程入选国家文物局2020年度向社会重点推介“弘扬优秀传统文化、培育社会主义核心价值观”主题展览。年内，景区接待游客超10万人次。

·海盐历史文化风景区 国家AAAA级旅游景区，由中国海盐博物馆、盐镇水街、盐渎公园、串场河景观带以及东进路文化休闲美食一条街5个部分组成，总占地面积约106公顷，总投资13亿元。中国海盐博物馆是经国务院批准的全国唯一一座全面反映中国海盐历史文明的专题博物馆，多层次展现中国古代海盐生产与盐民生活的文化场景，系统地反映海盐发展史。盐镇水街是海盐历史文化风貌区的重要组成部分，是展示传统民俗风情的大型临水建筑群。景区内建有水城门、烟雨桥、水云阁、漂舟戏苑、翰墨阁、八卦盐田、永兴寺等特色景点，展现盐城的水乡风情和海盐历史文化风貌。盐镇水街又是每年元宵灯会市民的集中活动场所。盐渎公园是市区第二大综合性水绿湿地生态公园，园区内以大面积湖泊、绿地、树林为主体，是大型水文化主题公园。串场河是贯穿盐城市区的母亲河。2016年，串场河水上游线开通。串场河因运盐而修凿，串场河景观带，是一条流动的历史文脉和水绿交汇、生态宜人的城市景观轴。2020年，景区内中国海盐博物馆晋升为国家二级博物馆。年内，景区接待游客12万人次。

·大纵湖旅游景区 国家AAAA级旅游景区、省级旅游度假区、省级湿地公园，位于盐都区大纵湖镇，面积30平方千米，是苏北里下河地区最大最深的湖泊。湖水清冽甘甜、水草丰茂、野鸟翔集、水产品极为丰富，“大纵湖清水大闸蟹”闻名四海，“盐城八大碗”“纵湖十鲜湖鲜宴”誉满江淮，八方食客慕名而来。湖区内有各种植物120种，野生动物50余种。大纵湖不仅物华天宝，更具人杰地灵，“建安七子”之陈琳、明末清初的大书法家宋曹、“扬州八怪”之一郑板桥均在此留下墨宝。这里有“二十四孝”之“王祥卧冰求鲤”“宗保救母”的美丽传说、近400年历史的水上古刹——龙兴寺、高达25米的苏北水乡第一佛——湖中观音、吉尼斯世界之最——芦荡迷宫等。景区东侧新建的东晋古城，占地面积65公顷，由综合服务区、历史人文主镇区、旅游商品餐饮购物区、特色会所集中区、酒店休闲娱乐区等组成。环湖景观大道围绕在景区的东侧，沿路有亲水平台、水晶花苑、滨湖公园，建成后成为大纵湖又一道靓丽的风景。景区西侧的悦达大纵湖影视城，占地面积6.67公顷，一期工程建成并对游客开放，电视剧《我的绝密生涯》等影视作品在此拍摄。2009年，被评为国家AAAA级旅游景区，获评“国家水利风景区”“江苏省自驾游基地”“江苏省房车露营地”等称号。2015年6月，大纵湖旅游景区获省政府批复为省级旅游度假区。2017年，大纵湖绿露营基地获评江苏省房车旅游标准化示范营地和长三角房车旅游标准化示范营地。2018年，“纵湖秋色”被评为新“盐城十景”之一。2020年3月23日，景区内江苏盐城大纵湖国家湿地公园通过试点验收晋升为国家湿地公园；12月26日，“大纵湖东晋小城杯”2020第五届盐城坐标城市定向赛开启，主题为“奔跑盐城·遇见美好”。全年景区接待游客60万人次。

·大洋湾生态旅游景区 国家AAAA级旅游景区，位于市区东部，邻近南洋国际机场。景区依托大洋湾优美的自然环境，融合地方传统文化，围绕“水、绿、古、文、秀”等特色元素，建成集城市观光、休闲度假、游乐观赏、健康养生为一体的综合性景区。核心景区占地面积约400公顷，有樱花园、盐渎古镇、沙滩嘉年华、唐渎里美食街、东环路商业街等片区。景区以樱花为主题特色，栽植50余种樱花苗木4万余株，并辅以广玉兰、桂花、香樟等常绿植物作为背景，绿化覆盖率超60%。除樱花之外，景区以水体为血脉，水域面积103.87公顷，水上巴士、画舫、自驾船、摇橹船为景区重要交通工具。景区还拥有丰富的温泉资源，成功钻探出水温度达62℃、出水量每小时100吨的温泉井，经检测鉴定为偏硼酸、偏硅酸的温泉，可用于洗浴和浴疗。2020年，景区举行2020大洋湾国际樱花月活动，景区樱花乔木有50多种6万株，基本涵盖国内大部分樱花品种，成为春游赏花胜地。年内，景区接待游客30万人次。

·阜宁金沙湖旅游景区 国家AAAA级旅游景区、省级旅游度假区、省生态旅游示范区。位于阜宁县西南2千米处，总面积22.61平方千米，其中核心区8.09平方千米。2012年，景区创成省级旅游度假区。2013年，景区创成国家AAAA级旅游景区。2014年，景区被评为江苏省十大旅游避暑胜地。2015年，景区被评为江苏省生态旅游示范景区。2019年，景区被评为全省首批生态样板河湖。2020年11月，“金沙湖杯”江苏省第九届农民运动会在景区举办，运动会设20多个比赛项目，全省1500多名运动员参加比赛。景区全年接待游客50万人次。

· **大丰上海知青纪念馆** 国家AAAA级旅游景区，位于大丰区海丰农场元华场部旧址。2008年，由大丰区政府和上海市海丰农场联合建设，占地面积5.87公顷，建成上海知青馆、海丰少年馆、知青文史院、北上海历史展陈馆、中国知青主题馆5个特色展馆。馆藏当年知青生活、生产实物及资料4万余件。建成知青影视创作院，知青礼堂，知青宿舍。初步形成独具特色的“知青文化”。2010年，景区建设大丰知青影视拍摄基地并开拍知青题材电视剧《北上海1950》三部曲，2014年电视剧《两个女人的战争》完成拍摄。2014年，景区创成国家AAAA级旅游景区。2019年，景区创成江苏省社会科学普及基地。年内，景区接待游客5万人次。

· **东台西溪旅游文化景区** 国家AAAA级旅游景区，位于东台市区西郊古运盐河畔，是东台历史文化的发祥地，两淮海盐文化的起源地，国家级非物质文化遗产“董永传说”的源头地，素有“东台之根”的雅称。景区内有董永七仙女文化园、西溪古城、海春塔苑、犁木街等景点，并与北面的西溪乐园、西溪植物园形成互动串联。其中，董永七仙女文化园是以生态景观风貌为基地，以孝贤文化和爱情传说为特色的休闲文化主题公园；西溪古城和犁木街是以宋朝三宰相、海盐文化、民俗展示、市井体验等为主体的古镇文化商业集聚城；海春塔苑是以唐塔宋寺为核心，以传统礼佛、素食养生、佛学展示为主体的佛教文化体验园。西溪乐园以活泼、欢乐、探险、奇幻为主题，建有摩天轮、海盗船、丛林飞鼠、激战鲨鱼岛、海啸冲浪等近30种娱乐项目；西溪植物园以40公顷人工湖为中心，集农业生产、科研培训、试验示范、展示展销和生态旅游等功能于一体，是东台的“绿色之肺”“天然氧吧”。景区文化底蕴深厚、主题特色鲜明，是一个集文化休闲、古镇游览、佛学体验于一体的综合性文化旅游景区。2014年景区创成国家AAAA级旅游景区，2015年被评为盐城市首批风景名胜区。2017年，获“江苏品牌”称号。2020年4月，2020东台西溪半程马拉松赛举行。年内，景区创成省级夜间旅游消费集聚区，景区接待游客42万人次。

· **大丰荷兰花海** 国家AAAAA级旅游景区、省级四星级乡村旅游点，位于盐城市大丰区新丰镇境内。民国八年（1919年），张謇聘请世界上围海造田经验最丰富、技术最先进的荷兰水利专家到新丰规划农田水利工程，建立了区、匡、排、条四级排灌水系，新丰因此获得了“中华民国”村镇规划第一镇的美誉。荷兰花海项目，就是深度挖掘“中华民国”村镇规划第一镇的历史底蕴，依据原有地形，在不变动原有地貌的基础上加以修整，以“田园、河网、木质建筑、风车、花海”为设计元素，以荷兰名花郁金香为主题特色，打造集观光、娱乐、餐饮、种植于一体的颇具荷兰风情的花海，成为新丰文化旅游的一张靓丽名片。2013年荷兰花海创成省级四星级乡村旅游点，2015年10月创成国家AAAA级旅游景区。

大丰荷兰花海 （邱 鹏 摄）

2017年被省政府列为全省旅游风情小镇创建培育单位。2018年，荷兰花海被评为新"盐城十景"之一。2020年，荷兰花海创建国家AAAAA级景区通过景观质量评审。9月，2020荷兰花海百合花文化月活动举行。年内，景区接待游客超百万人次。

· **江苏黄海海滨国家森林公园** 原东台黄海森林公园（前身为东台林场，成立于1965年，一大批上海、无锡、苏州等地的知青曾参与建设），国家AAAA级旅游景区、省级旅游度假区，是华东平原最大的生态林园，总面积2800公顷，森林覆盖率86%，是人与自然和谐共处的"天然氧吧"。园内有600多种植物，鸟类等动物近百种。广袤的人工成片林为建设森林公园提供了森林景观，林相整齐，空气清新，环境宜人，景观优美。2014年景区创成国家AAA级旅游景区，2015年12月31日，经国家林业局批准，东台黄海森林公园升格为国家级森林公园，更名为江苏黄海海滨国家森林公园。2016年创成国家AAAA级旅游景区。2017年，景区风景道创成省旅游风景道。2018年，"黄海叠翠"被评为新"盐城十景"之一。2020年，创成国家森林康养基地。年内，景区接待游客60万余人次。

· **东台安丰古镇** 国家AAAA级旅游景区，位于苏北首家中国历史文化名镇安丰镇。历史上安丰七里长街拥有九坝十三巷七十二庙堂千家店铺，安丰古街是"七里长街"南段保留较为完好的一部分，全长约500米。2012年起，安丰镇启动保护性修缮工程，遵从"修旧如旧"的原则，整治改造古街区周边环境，使古街表现出特有的历史沧桑感。重修大悲庵寺庙、古戏台及广场，再现显卿古井等景点，有鲍氏大院、吴氏家祠、戈湘岚故居、盐课司4个公益展馆，以及中华壶文化博物馆、稠州钱庄、观珍古瓷馆、毛泽东像章珍藏馆、华夏烟标馆、刘用明麦秸画展示馆、吉宝轩7个私家珍藏馆，有安丰特产、老字号何氏理发店、海产品专卖、特色鱼汤面、虎头鞋手工坊等40多家店铺商户在景区经营。9月21日，2020年中国农民丰收节开幕式在景区举行。年内，景区接待游客6万多人次。

· **大丰施耐庵故里** 国家AAAA级旅游景区，位于大丰区白驹镇，景区主要分为三块：花家垛核心文化展示区（约2公顷）、施家垛水浒文化体验区（约5.33公顷）、古镇历史文化保护区（约6.67公顷）。核心景区主要由施耐庵纪念馆、施耐庵书院、施氏碑林、水浒文化体验馆、徐培晨艺术馆等主要景点组成。施耐庵纪念馆是以施耐庵故居旧址为依托打造，馆藏《施氏家簿谱》、"施让地照""苏迁施氏宗木主"等多件国家级文物。施耐庵书院，建筑面积980平方米，主要介绍施耐庵在此讲学、会友、祭祀、藏书等生活轨迹，突出"收授罗贯中、会友刘伯温、兵起张士诚"等内容。施耐庵碑林，占地面积为0.67公顷，由108米碑廊和远观榭、长啸亭、莲池等景观组成。著名书画家徐培晨艺术馆展陈面积1000平方米，馆内有徐培晨先生精心创作的书画作品及其个人收藏的杨建侯、贺敬之、喻继高等名家书画珍品近150幅，并无偿赠予景区永久展出。2018年9月，创成国家AAAA级景区。2020年5月，今日头条"吃喝玩乐"节目第125期走进中华水浒园，向世人展示"施公故里、水浒原乡"独特的文化魅力。年内，景区接待游客2万余人次。

· **陆公祠** 江苏省级文物保护单位，位于市区儒学街陆公祠巷内，是为纪念南宋末期丞相、爱国民族英雄陆秀夫而设的祠堂，建于明代嘉靖十年（1531年）。陆公祠占地面积1500平方米，建筑面积554平方米，为"三进两厢"式，整个建筑和面饰充分体现了明、清古建筑的风格和特点，庄严素雅，古朴大方。一进为门厅，正中保留了原"宋丞相陆公祠"碑刻；二进为仰止堂；三进为浩然堂。浩然堂内主匾"海岳忠贞"系原国务委员兼国防部部长张爱萍题写。祠内还有许多古今碑刻、历代古井陈列、名人楹联和有关陆秀夫的史料、研究资料等。陆公祠总占地面积约6750平方米，修复、扩建面积2680平方米，其中祠堂等占地3375平方米，文化街区占地2250平方米，总投资3000多万元。2009年11月24日，经过修扩建后的陆公祠在陆秀夫诞辰771周年纪念日开馆。年内，景区接待游客2万余人次。

· **宋曹故居** 宋曹故居位于市区儒学街。宋曹（1620—1701年），字彬臣，号射陵，明朝崇祯时官至中书舍人，后辞官隐居。宋曹居山林隐逸，屡招不就；性好游，善书法，工诗文，有真草书石刻、书法约言、会秋堂诗集等行于世，是古盐城唯见史册的著名书法家。宋曹故居庭院奇石抱水拥竹，屋宇亭廊古朴典雅，更有书碑墨迹之古今大观，是别具明清风貌的人文景观。

· **九龙口旅游度假区** 2020年8月，九龙口度假区和九龙口镇合署办公，区域总面积75.51平方千米。全年全区完成地区生产总值26亿元，一般公共预算收入5705万元，其中税收收入5478万元；社会消费品零售总额5.6亿元，规上工业销售收入4.45亿元，规上工业应税销售4.45亿元。全年全区新登记个体工商户1221户，新办私营企业152户；接待游客191.71万人次，实现旅游收入1.16亿元。全年实施各类重点项目24个，淮剧小镇游客中心、村民中心主体竣工，沙庄戏苑开苑演出，温泉度假文旅游综合体酒店进入内装，收成文旅小镇村口组团项目建成，渔樵耕读综合体红色展馆、九龙渔肆、廉政展馆主体框架开工建设，梅苏久悦康养中心三栋主体封顶。加强旅游业态植入，瀑布台阶、音乐喷泉、遮阳休憩、水上拓展、美食售卖等配套设施建成投用，建成九龙奇境VR体验项目。建成开放玲珑三岛民宿。打造淮剧小镇"廉政文化基地"、景区"湿地研学基地"和渔樵耕读"红色党建基地"三大红色品牌。

（周星辰）

表29 2020年盐城市AA级及以上旅游景区一览表

序号	单位名称	景区等级	地址
1	江苏省大丰麋鹿国家级自然保护区	AAAAA	大丰区草庙镇
2	海盐历史文化风景区	AAAA	盐城市世纪大道与开放大道交叉口
3	大纵湖旅游景区	AAAA	盐都区大纵湖镇
4	新四军纪念馆	AAAA	亭湖区建军东路159号
5	阜宁金沙湖旅游景区	AAAA	阜宁县城南新区
6	东台西溪旅游文化景区	AAAA	东台市西溪景区
7	大丰上海知青纪念馆	AAAA	大丰海丰农场元华旧址
8	射阳息心寺	AAAA	射阳县海通镇射阳岛
9	大丰港海洋世界	AAAA	大丰区盐土大地海洋生物产业科技园内
10	大丰荷兰花海	AAAA	大丰区新丰镇淮海路
11	盐城市丹顶鹤湿地生态旅游区	AAAA	亭湖区黄尖镇
12	江苏黄海海滨国际森林公园	AAAA	东台市弶港镇新曹社区
13	大丰梅花湾	AAAA	226省道和通港大道交汇处向北1公里
14	建湖县九龙口	AAAA	建湖县九龙口镇
15	东台安丰古镇	AAAA	东台市安丰镇
16	大丰施耐庵故里	AAAA	大丰区白驹镇花家垛
17	大丰梦幻迷宫	AAAA	大丰区草堰镇
18	大洋湾生态旅游景区	AAAA	盐城市亭湖区湖滨路88号
19	盐城市科技馆	AAA	盐南高新区
20	盐城护国永宁禅寺	AAA	市区永宁路11号
21	盐城市世纪公园	AAA	市区盐都新区
22	江苏永丰林农业生态园	AAA	东台市新曹镇
23	大丰东方湿地公园	AAA	大丰区新丰路
24	盐城大丰港动物园	AAA	大丰港经济区青岛港路6号
25	射阳县后羿文化园景区	AAA	射阳县城新客运站对面
26	阜宁庙湾古城景区	AAA	阜宁县射河外滩
27	阜宁县铁军纪念馆	AAA	阜宁县城河路47号
28	东台甘港旅游景区	AAA	东台市五烈镇甘港村
29	建湖西塘河景区	AAA	建湖县城南新区
30	盐都郝氏故里旅游景区	AAA	盐都区葛武社区党群服务中心
31	亭湖千鹤湾温泉风情小镇	AAA	亭湖区盐东镇
32	阜宁县盘龙古寺	AAA	阜宁县合利社区大街北首
33	滨海县南湖文化主题公园	AAA	滨海县人民南路191号
34	阜宁县马家荡旅游景区	AAA	阜宁县马家荡居委会
35	欧风花街景区	AAA	盐城市聚龙湖畔

续表29

序号	单位名称	景区等级	地　　址
36	盐都区三胡故里	AAA	盐都区鞍湖街道
37	大云山佛教文化园	AAA	盐都区大冈镇新冈南路
38	东台条子泥	AAA	东台市弶港镇东部
39	盐都草房子乐园	AAA	盐都区学富镇周伙村
40	盐都龙冈桃花园	AAA	盐都区龙冈镇
41	射阳千鹤湖公园景区	AAA	射阳县幸福大道
42	射阳安徒生童话乐园	AAA	射阳县幸福大道89号
43	阜宁县桃花源景区	AAA	阜宁县羊寨镇黄河堆堤
44	亭湖乾宝湖羊牧隆湾	AAA	亭湖区乾宝路
45	建湖渔乐大世界	AAA	建湖县恒济镇
46	康森生态园	AAA	盐城经济技术开发区步凤镇三龙村
47	中华海棠园	AAA	盐南高新区南海未来城中心胜利路
48	响水九丰农博园	AAA	响水县南河镇昌盛村
49	盐城市通榆河枢纽国家水利风景区	AA	滨海县现代农业产业园套坎路北侧
50	亭湖便仓枯枝牡丹园	AA	亭湖区便仓镇
51	东台黄逸峰故居	AA	东台市台城东亭南路广济桥旁
52	大丰施耐庵公园	AA	大丰区幸福东大街21号
53	建湖陆秀夫纪念馆	AA	建湖县建阳镇
54	射阳县华中工委纪念馆	AA	射阳县后羿公园西侧
55	建湖县延寿寺	AA	建湖县颜单镇兴颜路西首
56	东台市龙王古寺	AA	东台市弶港镇
57	大丰银杏湖公园	AA	大丰区常新路和益民路交会处
58	东台市通海湖公园	AA	东台市弶港镇通海大道
59	东台市弶港文化展示馆	AA	东台市弶港镇港龙广场
60	射阳县农建四师暨淮海农场陈列馆	AA	射阳县淮海农场

旅游业态

·乡村旅游　2020年，盐城市加强乡村旅游建设，加快全市千里风景廊道建设，推动美丽乡村旅游公路成网成环、景点之间便捷联通。至年底，建成1436千米美丽乡村公路。加快黄尖牡丹园、大地乡居、鹤影里等为代表的一批成长型乡村旅游与民宿典范建设。加快乡村旅游重点村建设，东台市甘港村、盐都区杨侍村入选全国乡村旅游重点村，至年底，全市有国家级乡村旅游重点村3个、省级乡村旅游重点村3个；省五星级乡村旅游区4个、省四星级乡村旅游区20个、省三星级乡村旅游区14个、省二星级乡村旅游区4个。

·湿地旅游　年内，盐城市围绕“遗产+”新经济，推进黄海湿地生态旅游业发展，打造集“世遗”保护、研学科普、生态旅游、文化休闲等功能于一体的世界级生态旅游目的地。以构建湖荡集结地为目标，加强大纵湖、九龙口、马家荡等资源整合，加快九龙口淮剧小镇、马良古城等项目建设，打造湖荡湿地主题线路。

·康养旅游　年内，盐城市放大“世遗”效应，加快丹顶鹤生态文化体验园、东台条子泥“世遗”小镇、黄海森林公园特色酒店、中华麋鹿园中央梦幻岛、黄沙港渔文化景区、月亮湾度假区等项目建设，打造“世遗”生态康养主题线路。年内，条子泥景区创成国家 AAA 级旅游景区。

·红色旅游 年内，盐城市整合新四军纪念馆停翅港、华东工委纪念馆等资源，打造红色铁军主题线路。推出“红色盐城威名扬 英雄无敌新四军”“悠悠串场河 铮铮铁骨情”“沿黄河故道 寻红色足迹”“念念不忘革命史‘红帆之港’谱新曲”“重燃革命情 会师狮子口”“聆听红色故事 不忘初心使命”“正红故居瞻先烈 八滩战斗留英名”“云梯关口捍海疆 军旗高扬陈家港”“穿林海赏花海 感受乡村巨变”“传承鲁艺基因 彰显文化魅力”等红色旅游主题线路。

·江苏黄海海滨国家森林公园入选首批国家森林康养基地 6 月 5 日，国家林业和草原局、民政部办公厅、国家卫健委办公厅、国家中医药管理局办公室联合公布国家森林康养基地（第一批）名单，江苏黄海海滨国家森林公园入选其中。江苏黄海海滨国家森林公园始建于 1965 年，前身为国营东台林场，森林覆盖率 86%，是全国沿海地区最大的平原森林，东亚—澳大利西亚重要的候鸟栖息地，森林里负氧离子含量平均每立方厘米 4000 个。2017 年 6 月 13 日，中国林业产业联合会公布第二批开展全国森林体验基地建设试点单位，江苏黄海海滨国家森林公园入选其中。公园围绕“绿色、生态、养生”主题，整合周边滩涂湿地、风光带沿线可开发资源，以人与森林、森林与海洋的相互联动为主线，以森林生态、海滨风情为特色，开发科普教育、湿地观光、生态度假、养生康体、运动健身、商务会展等休闲度假产品。坚持“生态优先、利用与保护并重”的理念，高度重视林业经济可持续发展。针对病虫害侵蚀林木自然现象，形成繁育与造林良性循环、造景与生态相得益彰。累计栽植榉树、水杉等耐盐抗逆树种 20 万余株，累计造林 413.33 公顷，森林活立木蓄积量 21.6 万立方米。实施智慧旅游、老海堤路风景道、核心区水系循环工程、生态停车场等工程 22 个，基础设施功能不断完善。建成森林清吧、花漾森林、迷雾森林、森活集装箱街区等项目 15 个，业态持续丰富。新建沐林美居酒店、木屋群落、野奢杉宿等餐饮住宿设施 5 个，功能配套显著增强，康养服务接待能力显著提升。引入马迭尔、DQ、三只松鼠、肯德基、仙踪林、盒咖啡等品牌业态加盟入驻，有效补齐消费业态短板。2020 年接待游客 240 万人次，旅游经营收入超亿元。

·甘港村、杨侍村入选全国乡村旅游重点村 8 月 26 日，文旅部与国家发改委联合发布《关于公布第二批全国乡村旅游重点村名单的通知》，东台市甘港村与盐都区杨侍村入选全国乡村旅游重点村名录。甘港村位于东台市五烈镇，地处东台、大丰、兴化三市（区）交界，204 国道纵贯全境，全村总面积约 10 平方千米。甘港村处于苏北里下河地区，被称为“盐文化的摇篮”，始建于唐朝，连接古盐场的串场河和车路河在此交汇。甘港村村级特色产业为乡村旅游和西瓜、甜瓜新品培育。先后被评为全国文明村镇、全国生态文化村、中国乡村旅游模范村、全国美丽宜居乡村、江苏省文明村、江苏最美乡村、江苏省五星级乡村旅游区。甘港村以东台甘港村史馆、百坊园、百果园、百草园“一馆三园”为核心景区，与“甘港人家民宿”、甘港农家乐、现代观光农业示范园、甘港湖百亩桃园、甘港草莓农场共同构成独具特色的省五星级乡村旅游区，让游客在了解中国农村发展变迁的同时，可以体验农耕文化、欣赏地方戏曲、品味传统美食、享受采摘乐趣、饱览田园风光。甘港老家自建成开放以来，成为东台近郊乡村游的新亮点，吸

东台市五烈镇甘港村　　（盐阜大众报社　供图）

引上海、苏南和周边地区的游客纷至沓来，2014 年 12 月创成国家 AAA 级旅游景区。杨侍村位于苏北里下河水乡盐城市盐都区腹部，郭猛镇北端，距盐城市区 20 千米。杨侍村依托里下河水乡特色，发展生态旅游，是一个独具特色的生态主题乐园。园内含美食餐饮、温泉度假、休闲娱乐、儿童游乐、生态康养、农耕体验、户外拓展等特色资源与设施；另配有 8 个会议室、1 个游客中心、可容纳 500 多人入住的游客驿站，满足游客的吃、住、行、游、购、娱等各类需求。杨侍村以生态农业为主体，休闲观光农业为核心发展乡村旅游，成立杨侍旅游公司，引进旅游专业人才，充实景区管理力量，提升专业化管理水平，与大型策划运营公司和旅行社合作，开通上海—盐城盐都杨侍直通车，举办草莓节、葡萄节、草地音乐节、美食节等节庆活动。

·2020 全国乡村旅游与民宿投资大会开幕式举行 12 月 18 日，2020 全国乡村旅游与民宿投资大会开幕式在盐城市举行。围绕“十四五”期间中国乡村旅游发展、逆城镇化带给乡村旅游的机遇、乡村旅游的投资变化、乡村闲置资产的委托运营四大主题举行演讲比赛，成立乡村旅游（民宿）投资与运营联盟，举办 2020 第二届中国民宿 30 人论坛、第五届全国旅游规划同行大会、乡村创业创新论坛、乡村旅游＋体育赛事产业融合论坛、乡村旅游（民宿）运营论坛、2020 第二届京师文旅论坛六大平行论坛，举行年度乡村旅游与民宿榜单发布盛典。12 月 19 日，参会省市文旅主管部门、行业社团、企业代表等 150 余人赴丹顶鹤生态湿地旅游区进行黄尖镇乡村振兴创新实践考察，并与相关镇、村、企业开展座谈交流。（李志伟）

表30 2020年盐城市旅游线路一览表

主题	线路
“世遗”探秘游	一日游： （线路一）游览中华麋鹿园—黄海森林公园—条子泥景区—返程 （线路二）游览丹顶鹤湿地生态旅游区—中华麋鹿园—条子泥景区—返程
	二日游： （第一天）条子泥景区—黄海森林公园—中华麋鹿园—返程 （第二天）游览荷兰花海—丹顶鹤湿地生态旅游区—返程
城际休闲游	一日游： （线路一）游览大洋湾风景区—荷兰花海—返程 （线路二）游览大洋湾风景区—中华海棠园—返程
	二日游： （第一天）游览大纵湖旅游景区—中华海棠园—水街—返程 （第二天）游览大洋湾风景区—梦幻迷宫—返程
红色传承游	一日游： 游览新四军纪念馆—抗大五分校旧址—新四军重建军部纪念塔—新四军重建军部旧址泰山庙—廉政文化公园—返程
趣味亲子游	一日游： （线路一）游览梦幻迷宫—中华海棠园—水街—返程 （线路二）游览大纵湖旅游景区—大洋湾风景区—返程
	二日游： （第一天）游览杨侍生态园（采摘）—欧风花街—水街—中华海棠园—返程 （第二天）游览荷兰花海—梦幻迷宫—返程
湖荡湿地游	一日游： （线路一）游览九龙口风景区—马家荡景区—返程 （线路二）游览大洋湾风景区—大纵湖旅游景区—东晋水城—返程
	二日游： （第一天）游览马家荡景区—九龙口景区—东晋水城—返程 （第二天）游览大纵湖旅游景区—大洋湾风景区—返程
演艺文化游	一日游： 游览黄海森林公园—条子泥景区—安丰古镇—西溪风景区（天仙缘）—返程
	二日游： （第一天）游览中华麋鹿园—荷兰花海—荷兰花海观看《只有爱·戏剧幻城》—天仙缘景区—返程 （第二天）游览黄海森林公园—条子泥景区—返程

旅游推广

·**概　况**　2020年，盐城市加大旅游推广力度。举办中国盐城丹顶鹤国际湿地生态旅游节、荷兰花海郁金香文化月、大洋湾樱花节等品牌活动，组织开展“苏心游·最盐城”旅游活动和中韩贸易投资博览会盐城文旅推介会。深度接轨上海，举办“乘着高铁游盐城”沪动盐城主题活动和2020盐城文化旅游（上海）推介会。组织各县（市、区）文广旅局和重点旅游景区等参展第二届大运河文化旅游博览会（城市文化旅游精品展、美食展、非遗展、行大运骑行等）、2020中国国际旅交会、世界遗产旅游推广大会等。参加水韵江苏赴浙江、安徽、福建和河南等客源地推介活动，展示“盐城美”。随江苏旅游新干线联合体参加南京国际休闲度假旅展、苏州国际旅展。全年全市接待游客2407万人次，实现旅游收入175亿元，其中旅游外汇收入2987万美元。

·**《只有爱·戏剧幻城》云首演**　《只有爱·戏剧幻城》是中国当代具有创新精神的导演王潮歌继“印象”系列实景演出、“又见”系列情境体验剧之后“只有”系列戏剧幻城的第二部导演作品。《只有爱·戏剧幻城》融合花卉、创意、爱情等创新主题，舞美设计富有特色，500多名演职人员参演，演员年龄跨度从18岁到72岁，展现全年龄段中国人的爱情观和爱情故事。《只有爱·戏剧幻城》由如月剧场、如心剧场、如花剧场、如歌剧场、如故剧场、如意剧场六大剧场组成，坐落于大丰荷兰花海，占地面积近200公顷。6月19日，《只有爱·戏剧幻城》正式云首演，610万人在线观看，微博阅读量超5亿人次，成为长三角文旅融合标杆项目。

·**2020“苏韵乡情”乡村休闲旅游农业（盐城）专场推介活动**　8月7日，2020“苏韵乡情”乡村休闲旅游农业（盐城）专场推介活动在大丰区恒北村举行。期间，常盐农旅合作示范基地揭牌；盐城市与常州市签订文化和旅游战略合作协议书，围绕互设窗口、互推线路、互送游客、互享年卡等方面进行深度合作。通过系列推介活动，乡村休闲旅游农业成为带动消费市场加快复苏、提振农村经济、促进农民增收新亮点，大丰区恒北村将生态农业与乡村旅游有机结合，围绕“梨园风光、生态宜居、乡村旅游”定位，以早酥梨产业为主要支撑，打造“恒北恒美，梨缘天下”旅游品牌，形成“春赏花、夏有荫、秋摘果、冬泡泉”的恒北村乡村旅游的丰富内涵。

·**2020盐城文化旅游（上海）推介会**　（参见《接轨上海·2020盐城文化旅游（上海）推介会》）

·**沪动盐城·2020盐城（上海）宣传文化旅游周**　（参见《接轨上海·沪动盐城·2020盐城（上海）宣传文化旅游周》）

·**“苏心游·最盐城”主题游活动**　9月19日，由市文广旅局主办、市城投集团承办的“苏心游·最盐城”主题游活动，在大洋湾生态旅游景区登瀛阁瀑布广场启动，省内外30余家主流媒体参加活动。“苏心游·最盐城”主题游活动时间从9月19日起至11月19日结束，全市

《只有爱·戏剧幻城》剧场　　（盐阜大众报社　供图）

近50家旅游景点、旅游饭店、餐饮、旅行社推出优惠政策。启动仪式上，盐城市文化旅游投资发展有限公司发布“苏心游 · 最盐城”主题游线路产品，分别是“世遗”探秘游、城际休闲游、红色传承游、趣味亲子游、湖荡湿地游和演艺文化游六大主题产品。活动现场，盐城旅游直通车——盐都线正式发车；市文广旅局、市文化旅游投资发展有限公司、春秋集团、携程、中华麋鹿园景区、东郊迎宾馆和风光国际旅行社进行合作签约。活动累计接待游客974万人次，实现收入113.6亿元。

· 2020新时代江苏旅游发展论坛在盐都区举行 9月22日，由江苏省旅游协会、盐都区政府、市文广旅局、新华报业传媒集团主办，盐城市旅游协会、盐都区旅游协会协办，盐都区文广旅局、大纵湖旅游度假区、新华日报传媒有限公司承办的“2020新时代江苏旅游发展论坛”在盐都区举行。全省各市旅游协会、文旅局、旅行社、景区代表、旅游媒体等150余人参加。此次论坛激发江苏旅游的发展活力，推动江苏旅游高质量发展。（李志伟）

旅游市场管理

· 概 况 2020年，盐城市加强旅游市场管理。年初，针对新冠肺炎疫情，迅速关闭所有景区，立即停止一切经营活动，特别是餐饮、住宿经营项目。疫情紧急状态解除后，全面保障旅游市场复苏，制定《盐城市促进消费扩容提质实施意见》，发放旅游消费券2000万元，以夜市经济、文旅促销活动带动消费回补。净化旅游市场环境，全年全市文旅系统出动执法人员2.09万人次，检查经营单位7749家次，立案108起，办结102起。常态化监管旅行社，与市交通运输局、公安局等部门形成合力，开展旅游市场专项检查10多次。打造星级旅行社、旅游饭店，至年底，全市有星级旅行社20家、旅游星级饭店29家。

· 旅行社管理 2020年，市文广旅局根据疫情常态化防控要求，加强对旅行社市场监管，强化对旅行社的事中、事后监管，做好旅游质保金日常监管工作，做好140家旅行社质保金申退工作，定时跟踪质保金信息。与市交通运输局、公安局等部门召开旅游包车专题部署会、座谈会3次，开展旅行社旅游包车专项行动，联合各县、市、区文化市场综合执法支队开展旅行社旅游包车、“不合理低价游”等旅游市场专项检查10多次，查处涉嫌违法违规旅行社1家。督查旅行社及时完善全国旅游监管服务平台信息，系统填报率、使用率达100%，位居全省第一位。规范旅行社经营行为，带团导游App使用率60%以上，推动旅行社健康有序发展。

· 旅游市场监管 年内，市文广旅局继续加强旅游市场管理，加快推进旅游诚信体系建设，加大对旅游领域严重失信行为的惩戒力度，联合相关部门、单位对盐城市旅游领域严重失信相关责任主体实施联合惩戒的合作备忘录。惩戒对象为根据《旅游经营服务不良信息管理办法（试行）》和相关法律、法规、规章及规范性文件等有关规定公布的存在严重失信行为的相关责任主体（以下简称“失信当事人”），包括旅行社、景区以及为旅游者提供交通、住宿、餐饮、购物、娱乐等服务的经营者及其从业人员。对“失信当事人”采取限制或禁止市场准入、行政许可，限制融资、消费、享受优惠政策、评优表彰和相关任职等惩戒措施。

· 旅游基础设施建设与管理 年内，盐城市加强旅游基础设施建设。推进旅游公路驿站建设，与市交通运输局共同印发《乡村旅游公路服务驿站建设指导意见》，指导各地制订实施方案。旅游公路1号线、2号线、7号线等主题旅游线相继建成通车。全年全市建成旅游服务驿站37个，其中一级驿站6个、二级驿站14个、三级驿站17个。完善驿站功能，收集各方对旅游驿站的反馈意见和建议，分析游客需求，提升驿站的布局和服务功能，使布局更合理、功能更全面。同时，推动旅游公路景观节点、标识标牌等建设达标，合理设置观景台和停车场，连通大动脉，打通“最后一公里”。推进旅游厕所建设，全年新增旅游厕所71座，其中乡村旅游厕所21座。年内，全市653座旅游厕所被纳入全国旅游厕所管理系统，旅游厕所地图标注率100%。推动旅游厕所管理常态制，盐城市要求各旅游厕所管理单位做到“标识标牌、卫生保洁、设施维护、安全管理和人员安排”五到位。根据《江苏省旅游厕所等级评定的划分与评定细则》和《江苏省旅游厕所建设与管理指南》，每年组织实施厕所等级评定，建立月报工作制，每月动态了解各地厕所建设进展，对未达到序时进度的，及时进行通报。组织开展全市A级景区集中检查，对多家AAAA、AAA级景区旅游厕所建设管理情况进行督查，并对其中不达标厕所进行明察暗访，限期整改。至年底，完成整改。

· 导游管理 年内，市文广旅局加强导游队伍建设。完成2020年度520名导游资格考试网上报名资格审查和核准工作，审核通过475人，参考398人，完成导游资格考试笔试、面试的现场组织和巡考工作。审核发放2019年度导游资格证书76张，审核通过导游证换证申请1936例，打印电子导游证身份识别卡573张，办理导游证转移手续44例，其中外地转入高级导游1例。处理“12345”平台涉导游员申诉案例2例。开展导游培训工作。6月20日，组织2020年新导游员及三年以上未年审导游员共75人参加岗前培训班，新导游员现场领取导游证，三年以上未年审导游员参加闭卷考试，与在“全国旅游监管服务平台”注册申请电子导游证，签订承诺书。（李志伟）

房地产业

编辑　徐昊

房地产市场监管

·**概　况**　2020年，盐城市全面贯彻落实中央、江苏省房地产调控政策和目标要求，统筹兼顾调控政策的连续性和稳定性，促进房地产市场平稳健康发展。落实《中央办公厅　国务院办公厅关于建立房地产市场平稳健康发展城市主体责任制的通知》《省委办公厅、省政府办公厅关于落实城市主体责任制促进房地产市场平稳健康发展的通知》精神，针对盐城市房地产市场状况，制定《盐城市房地产"一城一策"工作方案》，推进"一城一策"工作落实。全面应对新冠肺炎疫情，保障房地产市场复苏。1月28日，市住房和城乡建设局印发《关于做好我市房地产行业新型冠状病毒感染的肺炎防控工作的紧急通知》，暂停全市商品房及二手房交易。2月11日，市住房和城乡建设局印发《关于配合做好疫情防控工作加强住房公积金服务保障的通知》，对受疫情影响较大的缴存人给予政策支持，减轻受疫情影响较大的缴存单位负担和加强全市住房公积金线上线下服务保障。2月21日，印发《关于恢复全市房地产销售经营活动的通知》，恢复房产销售。至6月底，盐城市房地产销售全部恢复至正常水平。10月，举办2020盐城房产交易博览会，推出房源4000多套，实现总成交326套。全年全市商品房批准预售1183万平方米，其中市区（不含大丰，下同）商品房批准预售529.23万平方米。年内，全市商品住房销售合同备案均价为每平方米8378元，其中，市区商品住房销售合同备案均价为每平方米10151元。全市二手住房成交均价为每平方米7419元，其中市区二手住房成交均价为每平方米10071元。至年底，全市商品住房库存面积792.4万平方米，其中市区商品住房库存面积405.5万平方米。全市商品住房库存去化周期9个月，同比缩短3.7个月，其中市区商品住房库存去化周期9.4个月，同比缩短6个月。至年底，全市房地产业实现增加值453.35亿元，占地区生产总值的7.6%，人均住房面积增至43平方米。"十三五"期间，全市建成商品住房6804.53万平方米，实现房地产业增加值1337亿元。

·**房地产市场管理**　年内，盐城市按照"房住不炒"总定位和"稳地价、稳房价、稳预期"总要求，强化房地产市场监管、预期引导、服务保障等工作。开展"双随机"检查，强化对房地产开发企业和中介机构经营行为监管，规范新建商品房和二手房销售行为。密切关注可能出现资金紧张或延期交付等风险的房地产开发项目，加大督促检查和跟踪帮扶力度，强化风险防控。严格实行商品房预售管理机制。3月3日，市住房和城乡建设局、市人行、市银保监局联合印发《关于规范市区商品房预售资金监管中使用银行保函的通知》，在保证工程建设前提下，开发企业可使用商业银行保函等额替换监管资金，减少开发企业资金占用，全年有8个企业申请使用银行保函2.59亿元。12月，通过政府购买服务，委托有资质的会计师事务所随机选择10家银行监管的10个项目的监管情况进行审计核查，对发现的问题进行通报，促进监管银行履职尽责做好预售资金监管工作。全年全市房地产供需基本实现平衡，商品房销售价格继续控制在合理区间。

·**房产交易信息数据报送**　年内，市住房和城乡建设局做好房产交易信息数据报送工作。每日向住房和城乡建设部、省住房和城乡建设厅报送盐城市房产交易日报数据，通过发送手机短信的方式向市政府领导、局领导报送盐城市和市区房产交易日报数据。每月向住房和城乡建设部、省住房和城乡建设厅报送盐城市和各县（市、区）商品房批准预售、销售、库存等相关数据；向市委、市政府主要领导报送盐城市房地产市场月度运行情况报告；向各县（市、区）政府（管委会）主要和分管领导邮寄盐城市房地产市场月度快报，通报各县（市、区）房地产市场运行情况；向国家统计局盐城调查队提供市区月度商品房和二手房销售明细。

·**房地产市场监测分析**　年内，市住房和城乡建设局做好盐城市房地产市场监测分析工作。密切关注市场动态，监测跟踪房价上涨幅度较大和供不应求的区域，对房价增幅过高、过快的区域，及时预警提示，把握商品房上市交易节奏，落实调控措施，积极稳控房价。加强房地产市场监测分析和研判，按月向市委、市政府主要领导报送当前房地产市场运行情况汇报，受到市政府主要领导批示9次。持续加强房地产市场信息化建设，针对现有问题，整合全市房地产市场监测分析系统，提升房地产市场监测分析能力。（杜阿金）

房地产开发经营

·**概　况**　2020年，盐城市房地产开发投资737.5亿元，其中住宅投资完成695.7亿元。全市房地产实现增加值453.35亿元，人均住房面积增至43平方米。全市房地产开发新开工建筑面积1399.43万平方米，累计办理商品房竣工验收面积1314万平方米。年内，市区（不含大丰区）房地产新开工建筑面积799.26万平方米。

·**商品房预销售**　年内，盐城市商品房批准预售1183万平方米，实现全市商品房销售1239.8万平方米，其中新建商品住房销售1047.3万平方米。全市商品住房销售合同备案均价为每平方米8378元，全市商品住房库存去化周期为9个月。年内，市区办理预售许可256件，批准预售总面积529.23万平方米，其中住宅面积389.99万平方米、办公面积14.63万平方米、商业面积32.88万平方米、其他面积91.73万平方米；办理商品房现售备案8件，现售备案总面积6.42万平方米。市区商品住房销售合同备案均价为每平方米10151万元，市区商品住房库存去化周期9.4个月。

·二手房交易 年内，盐城市实现二手房成交612.3万平方米，其中二手住房成交462.2万平方米。全市二手住房成交均价为每平方米7419元，其中市区二手住房成交均价为每平方米10071元。

·房屋征收 年内，市住房和城乡建设局做好房屋征收监管，印发《关于切实做好房屋征收补偿协议商谈、签订、履行相关工作的通知》，保障公共利益和被征收群众合法权益不受侵犯，确保房屋被征收群众的征收补偿协议依法高效履行。全年全市完成房屋征收搬迁655.4万平方米，涉及住宅4.17万户，非住宅1107个。其中，房屋征收完成113.1万平方米，涉及住宅9073户，非住宅335个；完成协商搬迁542万平方米，涉及住宅3.26万户，非住宅772户。盐城市区房屋征收搬迁完成416.7万平方米，涉及住宅2.16万户，非住宅690户。其中，市区房屋征收完成79.4万平方米，涉及住宅6812户，非住宅143个；协商搬迁完成337.4万平方米，涉及住宅1.48万户，非住宅547个。

·房产开发规划设计 年内，盐城市推进成品住房开发建设，将成品住房开发建设比例纳入土地出让规划设计条件，提高市区成品住房新开工量。注重“绿色、生态、低碳、环保”理念，住宅房型平面设计主力面积在100～150平方米之内，设计动静分区合理，南北通透性良好，避免暗厨暗卫。提升基础配套设施和公共服务配套设施，配建功能齐全的健身、娱乐、餐饮和文化休闲会所，部分新建住宅小区设立居家养老服务站，增添康复、护理、精神慰藉等助老服务功能。提升住宅小区功能配套，住宅小区技术防范系统采用高清监控设备，实施住区地上地下无盲点全覆盖；原住宅信报箱逐步被智能信包柜取代；5万平方米以上规模住区建设雨水收集利用系统，用于住区道路、停车场冲洗和绿化灌溉，满足节水型城市和海绵城市建设要求；新建住区实施人车分流，住区人行道、活动广场、公共绿地均进行无障碍设计。

·房屋产权产籍登记 年内，盐城市按照放管服改革要求，优化各项房产政务服务，推进不见面审批，提升服务群众满意度。建成不动产登记交易一体化综合平台，上线运行新建商品房、存量房等业务，实现常规不动产登记2个工作日内办结，抵押登记等业务1个工作日内办结，二手房转移+抵押登记和新建商品房转移登记及实体企业不动产登记当场办结，探索形成“一次交费、后台分账”的“不见面服务”新模式。至年底，盐城市完成不动产房屋产权产籍登记95.3万件，其中市本级办结不动产权属证书13万本、不动产登记证明11.8万份，发放电子证照21万份。全年全市完成宅基地登记发证181.5万宗，集体建设用地登记发证1.4万宗。开展“交地交房即发证”工作，全市有190宗土地、2600套房屋实现即时发证。

·房地产开发企业 全年全市有房地产开发企业721家（不含四级资质）。其中，一级资质企业6家、二级资质企业（含暂定二级）458家、三级资质企业（含暂定三级）257家。招引知名品牌房地产企业，先后引进万科、中海、保利、绿城、富力、万达、恒大等企业，注册资金合计100多亿元，实现年开发能力200万平方米以上。本地通银实业、悦达地产、江苏德惠、欧堡利亚等房地产开发企业连续五年被评为江苏省房地产开发行业综合实力50强。其中，盐城悦达交控置业有限公司开发建设的万科悦达·翡翠云台一期获得第九届（2019—2020年度）房地产开发项目广厦奖。

·房地产评估机构信用评价 年内，市住房和城乡建设局指导房地产行业协会开展房地产评估机构信用评价工作，向社会公示21家房地产评估诚信执业机构和人员名单。指导行业协会组织从业人员参加培训2次，共培训559人次。

·2020盐城房产博览会 10月17—18日，由市住房和城乡建设局、盐城经济技术开发区管委会、盐阜大众报报业集团、盐城广播电视总台联合主办的2020年盐城房产博览会在盐城会展中心举办。活动采取线上线下同步展示的方式进行30家品质房企、近4000套房源亮相博览会，1.2万人参观博览会，实现房产政策服务区到访咨询5600多人次、房企到访意向客户2192组，金融装饰中介服务区到访意向客户3800多人次，各类型房屋网签合同187份，草签议定书139份，总成交326套。（杜阿全）

房地产租赁与中介服务

·房屋租赁管理 年内，市住房和城乡建设局规范房屋租赁经营行为和住房租赁企业经营行为，加强房屋租赁服务机构管理，落实房屋租赁中介机构登记公示制度，加大中介机构双随机检查力度，多频次向社会发布出租房屋风险提示和租赁托管企业高进低出风险提示，提醒群众关注房屋租赁风险。与公安、消防等部门联合开展住房租赁安全隐患专项整治行动，定期组织租赁相对集中区域用水、用气安全检查，全年供水检查1382户租户、供气检查1909户租户。开展群租房安全整治情况专项督查，发挥基层网格化服务管理作用，落实街道社区物管条线人员配合综治和公安条线做好调查摸排工作；发动物业服务企业参与住宅小区群租房摸排工作。年内，市住房和城乡建设局对市区摸排的群租房1116户逐一分类登记，对省住房和城乡建设厅反馈的9户租赁房屋安全隐患现场核查整改。落实房屋租赁登记备案制度，宣传推广住房租赁监管服务平台系统，督促中介机构及时在系统上登记备案房屋租赁情况。加强部门联动，为公安部门、街道分别提供平台权限并组织培训，方便基层协管员及时将租赁信息录入平台。至年底，通过租赁监管平台进行租赁登记的商品住房3.75万户。其中，市区办理房屋租赁备案登记2.89万户。

· **房地产中介机构管理** 年内，市住房和城乡建设局做好房地产中介机构日常监管工作。落实“多证合一”和经纪机构及从业人员登记及公示制度，公示新登记房地产经纪机构53家。加强事中事后监管，印发行业监管制度，规范行业业务委托、房源信息发布、合同文本使用、交易资金托管以及服务等程序，制作发放市区经纪机构登记牌204块。开展房地产中介行为日常巡查、“双随机”抽查活动，针对群众反映强烈的销售代理加价行为，开展销售代理加价行为专项整治行动，联合房管处、房产监察支队、征开处督查市区20家销售现场。印发《2020年全市房地产中介机构“双随机”检查工作实施方案》，开展经纪机构、估价机构“双随机”检查，全年全市检查中介机构268家，约谈45家。联合市场监管局组织对市区经纪机构进行“双随机”抽查，抽查比例35%。至年底，市住房和城乡建设局办结各类信访117件，其中“12345”热线92件、“阳光信访”13件、私房政策落实答复3件、上级交办3件、依申请信息公开4件、承办行政复议2件。

· **房地产中介服务机构信用评价** 年内，盐城市开展房地产中介服务机构信用评价工作，开展2019年度房地产经纪机构信用评价工作，经各房地产经纪机构申报、检查人员实地抽查、行业专家小组评分，并征求税务、公积金和各区住房和城乡建设局等单位意见，结合江苏省市场监管平台、“12345”平台及日常投诉处理情况，在市住房和城乡建设局网站公示向社会公开征求意见后，公布2019年房地产经纪机构信用评价结果。参评经纪机构239家，其中确定信用等级B级的194家，C级11家，D级24家（其中一般失信20家、较重失信2家、严重失信2家），评价结果录入信用平台。（杜阿金）

物业管理

· **概　况** 2020年，盐城市强化物业企业信用监督考核，制定《加强全市物业服务企业监督检查工作意见》，落实企业周自查、街道半月查、县（市、区）月查制度，551家物业企业和1206个项目接受监管。全年发布全市物业服务行业信用“红黑榜”2次。加强市区物业管理招投标管理，规范前期住宅项目招投标行为。成立盐城市物业服务行业党委，召开全市物业行业党建工作座谈会，指导各县（市、区）成立物业服务行业党委。开展市党建引领“红色物业”示范点创建工作，至年底，全市创建党建引领物业管理服务工作省级示范点6个、市级示范点22个。重抓物业行业安全管理，市住房和城乡建设局制定印发《加强全市物业管理住宅小区安全管理工作的通知和加强高层住宅消防安全专项整治行动方案》，组织对市区高层住宅消防安全进行专项抽查。组织各县（市、区）住房和城乡建设部门开展安全业务学习培训2次，组织市区物业企业负责人安全生产业务培训1次。成立现场督导服务小组，分片区对市区近440个物业小区安全生产进行现场督导。培育壮大行业示范典型，指导创成市级物业管理示范项目24个、省级物业管理示范项目7个。会同市文明办开展市区星级文明示范小区评比活动，评定星级文明小区22个，其中四星级小区8个、三星级小区7个、二星级小区3个、一星级小区4个。

· **房屋专项维修资金管理** 年内，市住房和城乡建设局制定印发《关于加强全市住宅专项维修资金监管工作的通知》，明确全市维修资金交存、使用、核算等管理工作规范。完成省住房和城乡建设厅下达的审计署对南京市、扬州市等地维修资金审计中发现的共性、个性问题的整改工作。与“我的盐城”App对接，实现维修资金线上缴存，实现业主交存资金“零跑腿”。将维修资金交存业务纳入不动产登记交易一体化流程、摆在不动产转移登记环节前，确保通过一体化平台办理登记的房屋的维修资金不漏交。公开建立维修资金使用应急维修第三方专业队伍备选名录，细化款项划转程序，明确材料受理和办结时限，确保资金使用安全便捷。

· **物业矛盾纠纷调解** 年内，市住房和城乡建设局抓好物业矛盾纠纷调处工作，发挥房产物业巡回法庭与盐城市区物业服务纠纷人民调解委员会合署办公的“双平台”优势，提供便捷高效的诉讼调解绿色通道，接待群众来访1000余人次，组织送法进社区小区37次，成功调解物业纠纷1239件，累计印发宣传资料4万余份。年内，盐城市区物业服务纠纷人民调解委员会被司法部评为全国模范人民调解委员会。

· **盐城市物业“金牌管家”职业技能竞赛** 6月5日，由市住房和城乡建设局、市人力资源和社会保障局和市总工会主办，市物业管理行业协会承办的2020年盐城市物业“金牌管家”职业技能竞赛启动仪式在国际会展中心举办。全市30支参赛队伍共131名参赛选手参加电工和物业管理员2个类别的理论考试，选拔出30名电工和30名物业管理员进入实操竞赛。最终按照竞赛成绩排名，6人获评盐城市技术能手，10人获评盐城市五一创新能手。（杜阿金）

城市建设

编辑　裴力民

城市规划

·规划编制 2020年，盐城市政府制定《盐城市国土空间总体规划（2020—2035）编制工作方案》，形成市级双评价、空间开发现状评估、风险评估、现行规划实施评估和规划初步方案5个专题核心规划结论。市自然资源和规划局深化盐丰一体化、市域城镇化路径研究，提升磁悬浮线路、SRT线路、BRT环线二期等7个重点市政交通规划方案，编制完成滨海港工业园区、河东片区、城北片区、建军路核心商圈等10多个重点区域总体规划、概念规划，更新完善大市区先锋大岛、串场河东、环保科技城等23个单元控制性详细规划，印发盐渎公园、青年路南、聚龙湖组团、串场河以东、职教园组团、海洋路组团、盐城经济技术开发区新城组团、盐城经济技术开发区工业片区、盐城经济技术开发区河东片区、西南片区盐渎路南侧地段、盐都高新区11个控制性详规。

·规划审批 年内，市自然资源和规划局核发“一书三证”9409本。其中，核发建设项目用地预审与选址意见书505件次，选址面积1522.42万平方米；核发建设用地规划许可证801件次，用地面积2514.47万平方米；核发建设工程规划许可证4354件次，建筑面积2522.49万平方米；核发乡村建设工程规划许可证3749件次，建筑面积188.75万平方米。印发建设工程规划许可豁免清单，明确更新改造、装修维修、水电气接入等无须办理事项14类，以及环境整治、老旧小区改造提升等免于办理的豁免事项5类，成为继南京市之后、全省第二家实施建设工程规划许可豁免清单的地级市。

·规划监察 年内，市自然资源和规划局收到“12345”平台及各类平台违建案件举报2500起。其中，新增违建案件208起、处理违建案件204起、拆除面积9448.72平方米。全年立案查处违建案件48起，发出行政处罚事先告知书和行政处罚决定书各48份，均已处理结案，收缴违建罚款170.65万元。全年大市区范围内存量违法建设治理30.38万平方米；新增违法建设案件473起，处理违建案件469起，拆除面积2.31万平方米，拆除率超99%；协助各区拆违166次，处理违建1406起，拆除面积6.8万平方米。（吕景林）

延伸阅读：城市规划

1995年1月，《盐城市城市总体规划修编纲要》通过专家论证，明确盐城市的城市性质为：江苏省沿海中心城市，滩涂、海洋工程开发基地，新四军抗日革命胜利纪念地。2003年9月，《盐城市总体规划纲要（2003—2020）》通过专家论证，明确盐城市城市性质为：江苏沿海中心城市、新兴工业城市、海洋经济服务基地。2012年，编制完成《盐城市市区蓝线规划》《盐城市市区紫线规划》，优化中心城市跨越发展的空间布局。2013年，《盐城市城市总体规划（2013—2030）》确定盐城的城市性质为：沿海新兴中心城市、现代工商贸易城市、湿地生态旅游城市。2014年，《盐城市城市总体规划（2013~2030）》通过省政府批准实施。2019年，印发《盐城市镇、街道高质量规划建设指导意见（试行）》，明确城市卫星镇、县域副中心、现代农业强镇、工业特色镇、商贸旅游大镇、历史文化名镇以及一般镇的功能定位、发展布局。

城建重点工程

·概　况 2020年，盐城市实施城乡建设重点项目10大类708项，完成投资1581.06亿元。市区（含大丰区）实施项目320项，完成投资1045.65亿元。东台市实施项目122项，完成投资144.85亿元。建湖县实施项目62项，完成投资72.22亿元。射阳县实施项目47项，完成投资81.44亿元。阜宁县实施项目44项，完成投资39.91亿元。滨海县实施项目67项，完成投资108.93亿元。响水县实施项目46项，完成投资88.06亿元。亭湖区实施项目21项，完成投资41.5亿元。盐都区实施项目23项，完成投资126.66亿元。盐城经济技术开发区实施项目29项，完成投资49.06亿元。盐南高新区实施项目64项，完成投资172.02亿元。市直各有关部门实施项目141项，完成投资567.26亿元。其中，改善农民群众住房条件、综合治理黑臭水体、老旧小区整治、建设“口袋公园”、实施后街巷道改造5项市政府为民办实事项目，完成投资142.53亿元；串场河沿线整治和环境提升工程，通榆河生态景观廊道，蟒蛇河、新洋港沿线环境综合整治，棚户区改造及安置房建设，赣江路—海洋路连接大桥等6项市重点工程完成投资453.56亿元。

·南海未来城组团 南海未来城组团东至串场河、南至盐淮高速、西至西环路高架、北至南环路高架，总面积16平方千米。年内，南海未来城组团累计完成投资25亿元，开工建设公园绿地、市政道路、公共配套、水利水系4大类16个项目，单项工程300个。编制完成概念规划、产业策划等规划38项，实现规划全覆盖。华东师范大学盐城实验学校教学楼、实验楼及宿舍楼完成建设，高中部秋季招生入学；南海公园“船说海棠”项目推出。

· **大洋湾组团** 大洋湾组团位于亭湖区境内，东距东环路西红线32米、西至西侧规划道路东红线、北至北侧规划道路东红线、南至南侧规划道路北红线，占地面积290公顷，其中陆地面积222.07公顷、水域面积68.47公顷。年内，大洋湾组团累计完成投资15.64亿元。东环路地下停车场及配套商业项目竣工验收，盐渎古镇完成主体验收，部分楼栋完成装饰工程，希尔顿酒店主体结构完成，地下室、别墅区墙体完成50%，颐和湖畔酒店内装及唐渎里街区提升工程收尾；新城安置房桩基开始施工，景区滑板场地、高尔夫青少年培训基地、古钱币馆、老电影机馆等场地、场馆完成建设并对外开放，完成9个地块摘牌工作。

· **高铁枢纽组团** 高铁枢纽组团位于通榆河畔，北起建军路、南至世纪大道、西起文港路、东至天山路，区域面积5.3平方千米、占地面积530公顷。年内，高铁枢纽组团累计完成投资26.9亿元。盐南高新区开发建设投资有限公司、中信建设投资发展有限责任公司签订盐城高铁新城战略合作协议，组团核心区4宗合计18.33公顷的商办用地挂牌出让，综合客运枢纽西广场及配套集疏运道路、湿地公园项目建成，湿地博物馆启动建设，火车站西侧地块商业开发推进。

· **先锋岛组团** 先锋岛组团东至范公路高架、南至小洋河—沿河路—蟒蛇河、西至西环路—蟒蛇河、北至北环路—盐湾河。年内，先锋岛组团完成投资161亿元。新洋港大道及景观带（范公路至人民路段）建设完成，投入使用。人民北路改造、蟒蛇河风光带等17个基础设施项目开工建设，香江枫景、博雅文苑2个安置房处建设之中，二院西侧、白马西侧等6个安置房准备开工。

· **斗龙港生态组团** 斗龙港生态组团位于大丰区境内，东临181常新路北延线，南接通港大道、西至江界河、北至港城高速，占地面积21平方千米。年内，斗龙港生态组团累计完成投资23.3亿元。实施生态旅游、休闲度假、旅游地产3大类6个重点项目，开工5项，开展前期工作1项。

· **小马沟组团** 小马沟组团东至西环路、南至世纪大道，西至204国道、北至蟒蛇河，占地面积16平方千米，盐都区潘黄街道占14.6平方千米。年内，小马沟组团富力科创城产业项目占地面积83.2公顷，累计投资60多亿元，一期项目开工建设，实现投资超百亿元产业项目“零的突破”。盐龙体育公园建成，小马沟景观绿廊全线贯通。盐城高新技术产业开发区人力资源服务产业园竣工并获批筹建市级园区。全年小马沟组团完成搬迁住宅1586户，实现除集镇以外区域的征迁“清零”。完成65个老旧小区改造提升工作，完成18栋宿舍楼、572户的酒厂宿舍社区“共同缔造”整治项目。

· **城北地区改造** 年内，城北地区改造编制完成城市总体规划、控制性详细规划和各类专项规划，组织实施6大类155个项目，总投资616亿元，完成年度投资360亿元。12月27日，市委、市政府举行城北地区改造29个项目集中开工仪式。全年城北地区改造项目开工建设项目137个、竣工项目45个。全年城北地区完成棚改住宅征迁1.65万户，非住宅征迁项目536个、131万平方米。探索“拿地快开工”机制，城北地区11个安置房地块、1.6万户，建筑总面积152万平方米，完成开工建设10个、完成土地挂牌1个。年内，新洋港大道及景观带建设完成；水城路主路建设、烈士陵园改造等8个老旧小区整治出新以及10多条河道水环境整治等工作完成；人民北路、先锋大岛环岛路、城北区域生态绿地等项目开工建设。

· **韩风国际文化名城** 年内，盐城市启动建设韩风国际文化名城。韩风国际文化名城位于盐城经济技术开发区北部，北至世纪大道、西抵嵩山路、南至盐渎路、东至崂山路，规划总面积6.4平方千米。整体规划设计融入绿色、生态、海绵城市等现代设计理念，涵盖高端商贸组团、韩风名城核心组团及生态水岸社区三大功能组团。至年底，完成核心区中韩文化广场景观方案和中韩文化交流中心建筑方案设计，以及韩风国际文化名城各地块编研方案和出让指标，出让经营性用地3宗，面积37.6公顷，获得土地出让金33.75亿元；完成中韩文化广场17.33公顷中央水体开挖，城东宝龙广场建成开业。

· **建军路商圈建设** 年内，市委、市政府推动建军路商圈建设。5月18日，市政府下达建军路商圈建设推进工作任务，从地块规划开发、文化资源挖掘等7个方面24项具体工作部署建军路商圈建设。浠沧商业街、剧场路改造开工，累计拆除违建2万平方米、修补建筑墙体3万平方米。实施建设华兴步行桥北侧、浠沧商业街地下2个机动车库（场），新增近300个机动车位。盘活闲置空间，利用拆违腾出空间，新建非机动车库（场）4处，新增非机动车位1500个，确定瓢城绿廊景观提升方案和劝业场、八十间、金鹰东侧地块结合招商项目优化设计方案。组织“重走建军路，还是最盐城”“缤纷十月，乐嗨最盐城”“牛年打卡建军路，从来此处最盐城”等活动提升建军路商圈影响力。利用原竹林商业城阵地资源，建成老盐城文化展示馆。10月1日，对外免费开放。全年商圈内商超营业额69.5亿元。

·老旧小区设施改造 年内，盐城市继续开展老旧小区设施改造工程。成立盐城市老旧小区整治工作领导小组，建立联席会议制度，强化组织保障。完善市、区两级财政经费支持保障机制，促进老旧小区长效管理有效落实，安排老旧小区长效管理以奖代补资金1200万元。制订《盐城市老旧小区综合整治三年行动计划（2020—2022）》，明确到2022年底基本实现老旧小区综合整治全覆盖。推进落实多层住宅增设电梯试点工作，制订《盐城市市区既有住宅增设电梯暂行办法》《盐城市区既有住宅增设电梯试点工作实施方案》《市区既有住宅增设电梯推进工作计划》，完成既有多层住宅增设电梯70台。至年底，盐城市完成投资近6亿元，整治老旧小区74个314万平方米，惠及居民3.2万户。其中，纳入国家改造计划47个，纳入省政府目标任务70个。年内，盐都区潘黄酒厂片区老旧小区连片整治被住房和城乡建设部列为全国第一批城市社区开展"美好环境与幸福生活共同缔造"活动试点；亭湖区万户新村老旧小区改造项目获批全省美丽宜居街区示范典型。

·棚户区（危旧房）改造 年内，盐城市实施《盐城市老旧小区综合整治三年行动计划（2020—2022）》，计划到2022年底基本实现老旧小区综合整治全覆盖。成立市老旧小区整治工作领导小组，建立联席会议制度，强化组织保障。完善市、区两级财政经费支持保障机制，全年安排老旧小区长效管理以奖代补资金1200万元。（杜阿全）

公用事业

·供　水 2020年，盐城市有水厂17座，年供水总能力6.9亿立方米，深度处理总能力每日184.5万立方米，自来水深度处理率97.36%。其中，市区建有盐龙湖、城东2座水厂，均采用深度处理工艺，总供水能力每日60万立方米。全年全市新建管网259.23千米，改造管网62.1千米。全市完成老旧小区二次供水设施提升改造177个。阜宁县凯发水厂完成深度处理改造。市区饮用水源智能调度管理平台建成并投入使用，委托第三方检测单位，对全市供水企业的原水、出厂水、管网水、管网末梢水、二次供水水质定期检测，并公开检测结果，提高供水质量。做好供水安全保障工作，印发《盐城市城镇供水管理办法》《盐城市供水突发事件应急预案》《盐城市饮用水安全保护条例》。组织市自来水公司、盐城粤海水务公司和新水源受益地区供水主管部门、供水企业进行模拟新水源原水异常突发事件的应急演练，加强应急处置能力。9月，盐城市区、射阳县、阜宁县通过省住房和城乡建设厅专家考核，市区供水安全保障考核结果优秀。

·供　电 年内，盐城市居民生活供电量合计57.84亿千瓦时，其中响水县居民生活供电量3.99亿千瓦时、滨海县居民生活供电量6.83亿千瓦时、阜宁县居民生活供电量6.58亿千瓦时、射阳县居民生活供电量6.54亿千瓦时、建湖县居民生活供电量5.37亿千瓦时、大丰区居民生活供电量6.01亿千瓦时、东台市居民生活供电量7.57亿千瓦时，市区居民生活供电量14.95亿千瓦时。

·供　气 全年全市有管道燃气企业30家，天然气管道总长5000多千米，供气量约每年7.1亿立方米。有液化石油气站78座，主要采用液化石油气卧罐储存。加强天然气管理。推进非居民用户，特别是餐饮场所安装燃气预警装置，联合盐城电信开发建设全市餐饮场所燃气预警平台。推进城镇燃气瓶装液化气安全监管信息系统建设，运用制度化、信息化手段强化瓶装液化气市场监管，加强从储配站充装到用户使用全过程监管。开展燃气行业从业人员培训考核工作。6月初，盐都区、亭湖区、盐城经济技术开发区、大丰区22家瓶装燃气经营企业432名送气工参加培训；10月，全市400多名从业人员参加省住房和城乡建设厅燃气经营企业从业人员无纸化考核。加强应急演练。6月，在盐城经济技术开发区新奥燃气加气站开展天然气储罐泄漏燃气事故应急处置现场演练。

全国老旧小区改造示范社区——盐都区潘黄酒厂片区（市住房和城乡建设局　供图）

·污水处理 全年全市新增、扩建、改建城镇污水处理厂9个，污水处理规模每日5.8万吨，投资约1.4亿元；新建、改建污水管网296千米，投资约15.8亿元。年内，射阳县新建完成每日100吨污泥干化焚烧项目，市区污泥处理处置设施投产试运行。全年市区管网排查检测410千米，消除管网空白区1处、0.8千米，消除污水直排口50个，全市污水达标区建成32.09平方千米。进水低浓度的污水处理厂加快改造升级，市区城南污水处理厂进厂生化需氧量浓度从每升65毫克提升到每升101毫克。启动“小散乱”排水整治工作，其中市区完成5850户“小散乱”排水户、545户月用水量300吨以上用户排水污水整治工作。启动阳台与单位庭院排水整治工作，建成市区污水管网GIS系统。全年城市污水处理厂进水化学需氧量浓度从每升210毫克提高到每升223毫克，生化需氧量浓度从每升87毫克提高到每升94毫克。全市有乡镇污水厂78座，污水处理规模每日18.33万吨。至年底，全市实现乡镇污水厂全运行目标。全年全市处理污水约2650万吨，总体负荷率约40%。

· **城市照明** 年内，市住房和城乡建设局加强市区13万余盏照明设施维护管理，日均巡查检修辖区线路153千米（其中高架40千米），受理各类维修工单8294件。其中，自查发现故障6473件、巡查发现故障1821件，全部按期办结。市区主干道路灯设施亮灯率99%以上，后街巷道亮灯率99%，装灯率100%。

· **园林绿化** 年内，全市新增绿地面积1293.1公顷，改造绿地面积672.02公顷，新增公园绿地面积386.87万平方米，至年底，全市人均公园绿地面积达15.3平方米。其中，市区新增公园绿地面积190.03万平方米，市区人均公园绿地面积15.19平方米。年内，各县（市、区）及市直有关单位为解决绿化养护用水问题，实施河道、再生水取水口建设工程79个。

· **厕所革命** 年内，盐城市新建改造城乡公厕1009座，其中城市公厕186座、农村公厕725座、拓展二类以上公厕服务功能98座，新增道路两侧指示导向牌809块，优化调整导向牌257块。在“我的盐城”App和“盐城城管”微信公众号开发市区公厕位置查询功能，方便市民查询就近厕所。

· **道路维修养护** 年内，市住房和城乡建设局组织对市区主次干道维修，维修路面7.83万平方米。抓好大庆路、建军路、盐马路、人民路等市区主次干道日常养护，累计

表31 2020年盐城市园林绿化建设情况统计表

单 位	项目数（个）	新增绿地面积（公顷）	改造绿色面积（公顷）	新增公园绿地面积（公顷）
合 计	145	1293.10	672.02	386.87
大丰区	20	44.76	16.70	0
盐都区	12	248.13	0	90.00
亭湖区	40	222.67	213.92	52.53
盐城经济技术开发区	13	34.55	392.00	0
盐南高新区	22	168.80	5.50	47.50
东台市	4	33.00	7.00	18.08
建湖县	8	267.70	3.10	112.20
射阳县	5	81.70	0	23.30
阜宁县	5	12.50	12.00	12.50
滨海县	4	93.76	0	30.76
响水县	3	12.60	4.80	0
市城乡和住房建设局	3	0	0	0
市城投集团	4	15.30	17.00	0
市交投集团	2	57.63	0	0

维修沥青路面3.3万平方米、混凝土路面5200平方米，更新荷兰砖3.24万平方米、大理石6400平方米。完成建军东路人行道、滨河路路面等道路改造工程。完成新都路（解放南路—人民南路）等城市道路大中修项目4个。配合2020盐城马拉松赛事部署，加强跑道沿线巡查维修，修复建军路、八营路等沥青路面2100平方米、路牙200余米、人行道荷兰砖1600平方米。

· **后街巷道改造** 年内，盐城市区实施后街巷道改造，对主城区背街小巷破损的市政设施进行维修改造、功能提升。维修5个街道巷道213条49千米。其中，大洋街道40条15千米、毓龙街道50条8千米、先锋街道44条7千米、文峰街道27条9千米、五星街道52条10千米。全年完成投资2400万元。

· **桥梁维修养护** 年内，市住房和城乡建设局对市区辖区范围内182座桥梁加强日常巡查维修。完成桥梁栏杆维修450米、石材维修750平方米、人行道维修1050平方米、桥面沥青铺装层维修4800平方米、伸缩缝维修5000米，清掏泄水孔2100个，油漆工程约1万平方米。完成182座桥梁的常规定期检测和14座桥梁结构的定期检测。完善市区主河道桥梁限载标志，对下穿道路增设限高门架，对西环路蟒蛇河桥、台山路蟒蛇河桥等进行栏杆升级改造。完成六合桥拆除新建项目。

· **排水设施管理** 5月底前，市区完成主次干道雨水管网的疏通工作，总长度478千米。完成17座泵站机电设备检修维护和运行调试工作，完成青年路下穿通道雨水泵站、世纪大道下穿通道雨水泵站以及附属管道清淤工作，实现清淤量786立方米。修改完善《防汛应急预案》，划分8个责任片区，成立14支防汛抢险队伍。储备足额防汛物资，组织防汛预演。完成解放路、凌桥路、旭日路等37处零星积水点改造，改造支管长度1317米，增设雨水井118座。解放北路（黄海路—潮声路）新建雨水主管738米、污水管道600米。（杜阿金）

· **城市公共交通** 年内，盐城市有城市公交企业10家，运营216条公交线路，运营线路总长4576千米；有公交车3146辆，其中清洁能源及新能源车2394辆；建有公交场站61座，全年客运量1.26亿人次；市区公交运营线路116条，公交车保有量1623辆，城市公交客运量7624万人次；全市103个乡镇全部开通镇村公交，开通镇村公交线路310条，投放镇村公交车辆517辆，镇村公交开通率100%。至年底，市县"公交一卡通"与市区公共自行车、部分出租车实现"互联互通"。全市有出租汽车企业22家，拥有出租汽车3114辆，其中市区出租汽车企业7家、出租车1320辆。全年全市更新及新增纯电动汽车巡游出租车995辆，同时配套建设充电桩1239根。至年底，市区有13家网约车平台公司取得经营许可，45辆网约车取得道路运输证，6.39万名驾驶员取得从业资格证。

全年市区建成公共自行车一期、二期工程，布设站点424个，投放公共自行车1.05万辆。至年底，投放共享单车3.6万辆。市区高架地面系统BRT环线二期工程建成通车，解放路18座BRT站台由侧式改建为岛式，13座BRT站台改

4月16日，全国首条SRT虚拟轨道公交一号线在盐城开通试运行 （市交通运输局 供图）

造出新，构建以B1线（南环路至公交三公司）为主线，H1（高铁站至西环路南环路口）、H2（高铁站至希望大道南环路出口）、B2（盐城招商场环线）为三环，B支1至B支8为8条支线的“一主三环八支”快速公交骨架网络，线路总长225千米，日均客流量占市区公交客流总量的32%。12月28日，盐城市区开通至东台、建湖、射阳、阜宁、滨海、响水6个县（市、区）及东台市弶港镇、建湖县九龙口镇、射阳县海河镇、阜宁县益林镇、滨海县滨海港经济区、响水县陈家港镇等10多个乡镇的市域公交，投入车辆113辆3285座。盐城市成为全省首家开通全域公交的城市，该做法被省交通运输厅在全省推广。

12月22日，中国·盐城第四届城市交通治理论坛在盐城市举行 （市公安局 供图）

·全国首条SRT虚拟轨道公交开通 全年江苏兴盐超轨公司开通运营SRT一号线，线路起自青年路与跃进路交叉口，沿青年路高架地面车道向西布置，止于青年路与宝兴路交叉口，总长度约为13千米，设站17座，线路平均站距约820米，列车由4节车厢编组，采用地面虚拟轨道运营，是国内首条超级虚拟轨道交通线。该列车融合轨道交通与常规公交的优点，集低成本、中运量、智能、环保、便捷于一身，是介于有轨电车与BRT之间的新型公交形式，也是新一代5G智能城市轨道交通产品，具有无污染、无噪音、载客量大、建设流程短等特点。 （成 扬）

·中国·盐城第四届城市交通治理论坛 12月22日，由中国智能交通协会、盐城市综合交通运输协会主办、盐城市道路交通安全协会承办的2020年中国·盐城第四届城市交通治理论坛在盐城市举行。论坛以“深化公共交通服务，畅享智慧平安出行”为主题，旨在进一步提升城市交通治理水平，深化全市智能交通建设。国内智能交通领域的权威专家、领军企业、行业精英和全省公安同行近500名嘉宾参加论坛。高峰论坛为城市交通发展相关的政府部门、智能交通行业和企业之间提供合作平台，畅通城市之间围绕政策设计、技术分享及描绘城市交通治理发展蓝图等方面沟通交流的渠道；智慧平安大道论坛、公共交通论坛、智慧停车论坛、自动驾驶论坛4个分论坛同步开展。

城市管理

·概　况 2020年，盐城市城管局推进城市精细化管理，为盐城以三年综合排名全国第二的优异成绩跻身全国文明城市行列奠定坚实基础，市城管局被市委、市政府记集体二等功、市城管执法支队和亭湖区城管局被记集体三等功，37人受表彰或奖励。东台市、射阳县、阜宁县、滨海县4地进入新一轮全国文明城市创建提名城市。年内，市委、市政府在《致敬，盐城人》中，特别提出“致敬城管队员和广大环卫工人，是他们不辞劳苦，用辛勤汗水扮靓城市容貌，用无私奉献焕发城市风采”。

·市容秩序管理 年内，市城管局拆除城北白马市场、建军路核心商圈、新四军纪念馆等片区违规门头招牌和大型广告牌941块。完成建军路、世纪大道等4条道路店招标牌统一出新工作。解决金融城等11家单位13个商业综合体职工非机动车“入地入库”停放问题，施划停车线8.5万米，施划绿色停车位1700平方米，建设彩色沥青渗水停车位850平方米。取缔、疏导瓢城夜市、剧场路和双元路经营点，引导2800名业主入室经营，整治出店经营4300处，流动摊点4900个。

·环境卫生管理 年内，市城管局加强环卫设施建设。新建城市公厕25座，改造提升公厕161座，拓展二类以上公厕服务功能98座，新建改造农村公厕725座；新增扫洗一体车、护栏清洗车、雾炮抑尘车等机械化车辆186辆，市区道路机械化清扫率93%，县城道路机械化清扫率85%以上；新（改）建垃圾中转站75座、新建渗滤液处理设施16个，新增垃圾清运车辆约1200多台，补充一线保洁人员2040名；实施街区“撤桶行动”，撤除解放路、人民路等主干道垃圾收集点位181处、垃圾桶2260只，集中清理市区54个点位、62.8万吨积存建筑垃圾。

9月13日，市城管行政执法支队行政中心中队在紫薇国际广场沿街商铺开展市容环卫整治　　（市城管局　供图）

· **城市景观管理**　年内，市城管局按照《盐城市市区新建建筑亮化设计导则》要求，审查西城实验小学、市综合档案馆、天辰府小区等18个新建项目亮化方案。推进市直管范围内楼宇亮化安全隐患专项排查整改工作，摸底排查出灯具损坏、线槽松动、失去亮化功能等问题64处，并督促相关责任单位整改到位。建立市、区联动巡查反馈机制，全年巡查发现问题点575处，修复率达95%以上。

· **城管执法**　年内，市城管局以出店经营案件为试点，推行“零口供＋循环处罚”执法模式，累计办结行政处罚案件1629起。深化执法体制改革，城市管理综合行政执法局挂牌成立，承接市住房和城乡建设局划转的城市道路、照明、绿化3个领域34项执法事项，重新核定城管执法支队的主要职责、内设机构和人员编制，完成城市管理领域综合行政执法体制改革全部任务。组织实施户外广告专项整治行动，完成围挡广告牌、楼顶广告招牌、高立柱广告以及存有安全隐患的各类广告招牌拆除任务。

· **城管服务**　年内，市城管局深化“放管服”改革，完成户外广告审批、公共厕所查询等高频事项移动App的开发运用，压减行政许可办理时限，6类行政许可事项全部进窗口办理，2个行政许可事项压减为即办件，在江苏政务服务网实现“一门一窗一网”、全年无假日服务。至年底，办理各类政务服务事项3074件，其中即办件3063件，“不见面审批”110件、“不见面发证”79份、帮助设计900余次；规范办理人民来信来访和各类投诉4619件，主动减免建档立卡户、困难户及全年使用不足3吨水用户城市生活垃圾处理费416.88万元。

· **遮阳挡雨棚建设获央视点赞**　2020年，市城管局新建遮阳挡雨棚292座。至年底，全市累计建成遮阳挡雨棚422座，并配套投放公益广告。盐城市遮阳挡雨棚作为盐城城管为民服务的典型案例在“学习强国”App上推广，江苏城市频道和央视《今晚关注》栏目作专题报道。

· **“网红街区”打造**　年内，市城管局创成精细化示范社区32个、示范街区39个、示范小区74个。打造盐都区腾飞路、盐南高新区戴庄路、东台市天仙缘小镇、射阳县趣伏里商业步行街等15个集特色、人气、商业、文明于一体的“网红街区”，成为城市微旅游新目的地。

· **建军路商圈街景打造**　年内，市城管局邀请设计公司对老城区瓢城绿廊沿线店招标牌及建筑立面进行高品质规划设计，拆除广告招牌203处，实施建军路店标牌改造提升工程，开展新四军纪念馆周边环境综合整治，重振建军路商圈的风貌特色。

· **垃圾分类治理**　全市有42个镇（园区）开展全域垃圾分类治理，年处理生活源有害垃圾约20吨，创成省级垃圾分类达标小区103个，完成率124%。建成4座垃圾焚烧发电厂、4座餐厨垃圾处理厂和8座建筑垃圾资源化利用厂，实现市域范围生活垃圾全量焚烧、城市餐厨垃圾统筹处理全覆盖，形成以市静脉产业园为代表的垃圾综合处理集中区3个，累计用地面积333.33公顷。

（丁介玉）

乡村振兴

编辑　裴力民

农村综合改革

·农村土地经营制度改革 年内，盐城市推进农村承包土地“三权分置”，实行土地流转“一站式”服务，全市土地流转面积稳定在33.33万公顷左右，占承包面积的60%以上。规范土地流转方式，引导县、镇、村三级联动，推动土地流转平台交易，全市通过产权交易市场规模流转土地面积3.35万公顷。推进土地信用融资，与银行合作，以土地流转为基础，直接授信，优惠贷款利率，降低新型经营主体融资成本。推进农村产权交易市场建设，各县（市、区）实现线上交易银行账户开设任务全覆盖。射阳县完成全国首笔“云签约”，实现全流程不见面农村产权交易，人民网、《农民日报》、“强国论坛”等主流媒体宣传报道。根据全省农村产权交易市场监测评价，盐城市综合监测结果在设区市排名由第12位上升至第4位，盐都、射阳、亭湖、东台4县（市、区）均列县级排名前30强。

·农村集体产权制度改革 年内，全市农村集体产权制度改革工作全面完成，清核农村集体资产239.58亿元。其中，经营性资产66.65亿元；所有涉改村全部完成集体经济组织成员身份认定、股份量化、赋码登记、系统录入等工作，折股量化集体资产54.65亿元，折股量化成员645万人。

·减轻农民负担政策落实 年内，全市建立健全村级公益事业建设“一事一议”财政奖补长效管护机制，组织实施村级公益事业“一事一议”财政奖补项目342个。开展农民负担大排查大整改，全市政策性负担5234.07万元，比上年下降33.9%。

·“小田变大田”改革试点 年内，全市为解决土地零碎不利于规模经营难题探索新路径，在亭湖区选择两镇三村，开展“小田变大田”改革试点，通过农户田块互换的方式，让有种地意愿的农民能够集中种地、种最好的地，并田渗溢出土地增加集体收入。至年底，1123块土地“变”为147块，共涉及431户农户。（王　倩）

农村经济

·概　况 2020年，盐城市加快发展农村经济，实施农民收入新增万元工程，市委办、市政府办印发《关于促进小农户和现代农业发展有机衔接的若干措施》，巩固完善农村基本经营制度，提升小农户发展现代农业能力。全市农村常住居民人均可支配收入2.37万元，较上年增长6.3%。至年底，全市所有村集体经营性收入全部达到18万元。“十三五”期间，达标的经济薄弱村（含涉农社区）972个，其中年内新增达标214个。全市2183个村集体经营性总收入13.23亿元，平均每村60.6万元；村级实质债务8.32亿元，较上年净减4.47亿元，全市1217个村实现无实质性债务。全年全市35位市领导挂钩帮扶35个经济薄弱村，市、县两级财政向每村扶持1个150万元集体经济项目，其中市级财政每村扶持70万元。市级财政对未享受市级及以上财政扶持的185个经济薄弱村实行全覆盖扶持，大市区每村70万元、区级每村配套80万元，其他县（市、区）每村30万元，县级按1：1配套。全年市级财政安排扶持资金5880万元，省级财政安排扶持盐城经济薄弱村58个、4900万元。

·创意休闲农业 年内，全市实施休闲农业与乡村旅游提升工程，开展休闲农业疫后重生系列宣传报道，举办“苏韵乡情”乡村休闲旅游农业（盐城）专场推介活动和荷兰花海郁金香文化月、“瓜儿熟了”东台西瓜节等农事节庆活动，提升休闲农业景点知名度和影响力。年内，盐城市创成省级主题创意休闲农园9个；9条休闲农业旅游线路入选江苏省休闲旅游农业精品线路推介名单；盐都区仰徐村被评为中国美丽休闲乡村。全年全市新增休闲农业景点29个，总数663个，实现综合收入173亿元。

·“万企联万村、共走振兴路”行动 6月，省委、省政府部署“万企联万村、共走振兴路”行动。盐城市参与联建村（涉农社区）2028个，1971个村（涉农社区）启动项目，联建覆盖率97.19%，实现启动村企合作项目1829个。年内，全市“万企联万村、共走振兴路”工作综合排名、村企联建启动项目数、联建覆盖率三项指标列全省第一位，有关做法先后在《江苏农村要情》《全省万企联万村工作动态》刊载推广。（王书奎）

镇村建设

·小城镇（重点镇）建设 年内，盐城市推进小城镇基础设施配套建设，完善城镇公共服务功能，提升城镇集聚力和综合承载能力。开展美丽宜居小城镇培育，鼓励具有特色产业、文化积淀、生态魅力的小城镇个性化发展。东台市安丰镇、阜宁县益林镇、建湖县上冈镇入选省级美丽宜居小城镇试点。

·农房改造与改善 年内，全市推动农房改善2.0版建设，提升规划设计、综合配套、服务质量、产业层次、城乡共享水平，完成农民住房改善4.1万户，盐都区尚庄镇民胜新型农村社区等12个小城镇和村庄项目被列入省级农房改善示范创建项目。5月，建湖县、盐都区农房改善工作被省政府通报表扬。7月，盐城市、大丰区被省政府表彰为农房改善工作绩效评价优秀市、县。

·农村人居环境整治三年行动收官 年内，全市继续推进农村人居环境整治，印发《2020年盐城市农村人居环境“四治理、四提升”工作任务分工方案》，明确部门职责、重点工作和目标任务，市农村人居环境整治工作联席会议办公室制定跟踪调度、定期通报、问题线索发现处置等相关制度。坚持督查考核，省委农办将“农村人居环境长效管护行政村占比”纳入乡村振兴战略实绩考核，市委、市政府将农村人居环境整治有关指标纳入高质量发展考核指标体系，并设立农村人居环境整治工作评估专项考核。至年底，完成31项指标年度任务。其中，农村生活垃圾集中收运处理率100%，新增开展镇村全域垃圾分类的镇（园区）36个；完成中央财政奖补资金改厕任务1万座，新建改造农村公厕725座、乡村旅游厕所21座；建有生活污水处理设施的行政村占比61.59%，疏浚农村河道土方5893万立方米，完成打造农村生态河道200条；畜禽粪污资源化利用率98.7%，小型以上规模养殖场治理率100%，农作物病虫害绿色防控产品使用面积占比84.31%，化肥使用量连续十年下降，比2015年削减7.04%，废旧农膜回收利用率85%，秸秆综合利用率97.92%，种植大户、散户农药包装废弃物回收率分别为87%、53%，农药零差率配供试点面积完成6.21万公顷；完成旅游公路建设713千米、危桥改造200座、农村公路生命安全防护工程520千米，创建省、市级特色田园乡村67个，美丽宜居村庄998个，森林村庄119个，培育38个市区城郊村农村人居环境整治示范村。至年底，盐城市农村人居环境整治三年行动收官。

·特色田园乡村建设 年内，全市围绕特色田园乡村建设标准，从规划建设、产业发展、生态环境、特色塑造、乡村治理等方面，推进全市特色田园乡村创建。加强项目建设全过程跟踪指导，建立设计师全程“陪伴式”服务机制。立足村庄自然条件、特色风貌和田园景色，挖掘盐阜地区特色内涵，延续地方建筑风貌，打造盐都区佳富村、大丰区恒北村、射阳县王村村等特色田园乡村。至年底，47个村庄被命名为江苏省特色田园乡村、23个村庄被命名为盐城市特色田园乡村。

·美丽宜居乡村建设 年内，全市结合农村住房条件改善，优化镇村布局规划，加强新老村庄融合，推进村庄基础设施建设，提升公共服务保障水平。全年全市培育美丽宜居村庄976个。

·“美丽庭院”创建 年内，全市坚持共建共享，发挥农民主体作用，尊重民意、维护民利、强化民管，引导广大农民参与建设自己的美丽家园。实施“乡村振兴巾帼行动”，将“美丽庭院”创建作为提升农村人居环境的“细胞工程”，动员“千村妇女”争创“美丽庭院”。全年全市新创成“美丽庭院”示范户7677户。

·3个村镇入选全国“一村一品”示范村镇 12月14日，农业农村部发布第十批423个全国“一村一品”示范村镇，盐都区大纵湖镇三官村（大纵湖生态大闸蟹养殖）、滨海县滨海港经济区三港村（白首乌）、东台市弶港镇（弶港甜叶菊）入选其中。至年底，全市创成全国“一村一品”示范村镇13个，分别为射阳县洋马镇药材村（菊花）、东台市富安镇（干桑蚕茧）、大丰区大中街道恒北村（早酥梨）、响水县张集社区韩荡村（浅水藕）、盐都区楼王镇（异育银鲫）、大丰区丰华街道海防村（裕华大蒜）、东台市三仓镇（三仓西瓜）、响水县南河镇（西兰花）、东台市新街镇（苗木）、建湖县恒济镇苗庄村（大闸蟹）、盐都区大纵湖镇三官村（大纵湖生态大闸蟹养殖）、滨海县滨海港经济区三港村（白首乌）、东台市弶港镇（弶港甜叶菊）。

·20个村入选国家森林乡村 3月12日，国家林业和草原局发布第二批国家森林乡村名单，盐城市20个村入选其中。国家森林乡村要求乡村自然生态风貌保存完好、乡土田园特色突出、森林氛围浓郁、森林功能效益显著、涉林产业发展良好，人居环境整洁。盐碱地植树造林是绿化的难题，因地处沿海滩涂和历史上黄河夺淮而在盐城境内形成的大片盐碱地，经过数十年几代人坚持不懈的奋斗，不仅形成独创的盐碱地造林新技术，提升林木成活率，而且把城市绿化理念延伸到乡村，让乡村各具特色，因地制宜开展围村林、防护林、乡村公园、庭院绿化及小微湿地建设，形成“村外绿树环绕，道路林木成荫、庭院花果飘香”的田园美景。至年底，全市累计有35个村入选国家森林乡村。

·2个镇入选省级特色小镇 8月20日，省发改委、省文旅厅、省体育局公布21家旅游类、体育类省级特色小镇创建名单，大纵湖湖荡风情小镇和荷兰花海风情小镇入选其中。大纵湖旅游度假区坚守生态底线，坚持绿色发展理念，实施引江入湖、退渔还湖、生态修复等工程，创建成国家水利风景区、国家AAAA级景区和省级旅游度假区等；大纵湖湿地公园成功创成国家级湿地公园。荷兰花海风情小镇被誉为中国郁金香第一花海，景区内有田园、河网、木屋、风车、哥特式建筑，构筑荷兰花海浓郁的异域风情。景区以“花”为媒，以“郁金香”为特色，打造四季有花，具有异域、浪漫特色的花海。演出大型沉浸式的实景互动戏剧《只有爱 · 戏剧幻城》，实现文旅融合发展。

·17个村入选江苏省传统村落保护名单 年内，盐城市落实《江苏省传统村落保护办法》，按照“保护优先、兼顾发展、合理利用、活态传承”的原则，加大传统村落、建筑组群和盐阜特色民居保护力度，将历史文化名村、传统村落、建筑组群和盐阜特色民居优先纳入特色田园乡村和美丽宜居村庄建设范围。至年底，大丰区草堰村等17个村入选江苏省传统村落保护名单。（周保华　杨　超）

水利建设

编辑　裴力民

综　述

·概　况　2020年，盐城市水利系统完成建设投资24.3亿元，其中用于省水利重点工程10.24亿元、农村水利11.56亿元、城市防洪工程1.1亿元、串场河环境整治防洪排涝工程1.4亿元。做好水旱灾害防御工作，成功抵御严重春旱、42天超长梅雨期、第4号台风“黑格比”正面袭击等影响。推进河湖长制，市政府印发《盐城市河道管理办法》。承办全国农业水价综合改革工作座谈会，完成农业水价综合改革任务。完成全市农村河道整治三年行动计划（2018—2020年），疏浚土方1.52亿立方米，建成县乡级生态河道327条；实施全市村庄河塘整治专项行动，疏浚土方5782万立方米，建成村级生态河道100条。加强水政执法，全年市水利局执法巡查1326次，制止各类水事违法行为246起。年内，盐城市被省政府表彰为水利建设投资落实好、省水利基本建设投资计划完成率高、年度工作考核成绩优异的市；市水旱灾害防御调度指挥中心被省人力资源和社会保障厅、省水利厅、省应急管理厅联合表彰为2019年度全省抗旱抗台抗洪工作先进集体；大丰区川南灌区农民用水者协会、阜宁县硕集社区用水协会获评全国农民用水合作示范组织；射阳县河闸管理所通过国家级水利工程管理单位复核验收。

·水利规划　年内，市水利局组织开展全市“十四五”水利发展规划和盐城市水利基础设施空间布局规划、盐城市市级骨干水利工程国土空间规划编制工作；配合省水利厅开展全省“十四五”水利发展规划编制工作。编制完成《盐宝河航道提升改造的必要性和可行性研究》《滨海港工业园区水系专线完善建设和灌河与淮河河海联动规划思路报告》《盐城市串场河沿线整治提升中的水位控制、水量调度、闸站管理等工作措施情况汇报》。完成《盐城市城北片区发展战略规划》《盐城市区城北地区水系规划》等30余项专项规划的评审工作。完成市本级城市防洪工程凤西河闸站、中心河闸站、龙灶河闸站及青墩中心河南闸站4座闸站可研性报告批复和初步设计批复前期工作。东台市、大丰区、盐南高新区、亭湖区、建湖县、阜宁县开展串场河环境整治防洪排涝工程实施方案编制工作，实施方案通过市水利局技术审查。开展黄沙港闸拆建工程设计方案论证报告编制工作，初稿通过省水利厅审查。编制的淮河流域及沂沭泗地区2019年旱涝灾后应急治理盐城市境内工程初步设计报告获省水利厅批复。修改完善斗龙港上段整治工程可研性报告。年内，淮河入海水道二期工程可研性报告由水利部淮河水利委员会组织编制完成，可研性报告及各项支撑性文件通过水利部审查。

·全国农业水价综合改革工作座谈会在盐城市召开　9月24日，水利部在盐城市召开农业水价综合改革工作座谈会。全国35个地区的代表参加会议。会前，与会人员实地考察阜宁县板湖镇用水协会孔荡分会、板湖镇镇西7组泵站、古黄河堆地改革及阜宁县智慧水务平台等农业水价综合改革现场。

·《盐城市河道管理办法》颁布　11月24日，市政府

7月11日，大丰区川东港新闸开闸排涝　　（臧滨城　摄）

第60次常务会审议通过《盐城市河道管理办法》。12月17日，市长曹路宝签发盐城市政府2020年第8号令，向社会公布《盐城市河道管理办法》。办法明确制定依据、实施范围，以及各级政府、河长制机构、市相关部门的河道管理工作职责；对河道管理体制，河道保护、开发利用、管理范围内建设项目、河道日常监督管理等提出明确要求；就水行政处罚委托事项做出规定。该办法自2021年2月1日起施行。

· **水利基础设施建设获省政府表彰** 5月29日，省政府办公厅印发《关于对2019年落实有关重大政策措施真抓实干成效明显地方予以督查激励的通报》，盐城市2017—2019年连续被省政府表彰为水利建设投资落实好、省水利基本建设投资计划完成率高、年度工作考核成绩优异的市，并明确优先安排水利基建项目审查审批，优先下达省水利基本建设投资计划的激励措施，优先落实盐城新洋港闸下移工程省级补助资金。2018年起，盐城市实施全面水利基础设施建设三年行动计划，累计完成投资约104亿元。新洋港闸下移工程前期工作取得突破性进展，黄河故道治理工程等流域性工程建成，新洋港整治、中小河流治理和川东港影响处理等区域治理工程完成，四卯西闸下移等区域骨干工程建成并发挥效益，里下河洼地治理盐城境内工程建设，城市防洪市本级永新河闸站、三英闸站、新兴北闸站等项目全部完成。（臧滨城）

水利重点工程

· **概　况** 2020年，江苏省水利厅下达盐城市省水利重点工程8项，年内完成投资10.24亿元。大丰区四卯西闸下移工程、川东港影响处理完善工程全部完工；梁垛河工程上段工程完成、下段工程开工建设；里下河洼地治理盐都区、滨海县、射阳县境内工程和建湖县、阜宁县2019年度工程接近尾声；建湖县、阜宁县2020年度工程开工建设；射阳县夸套南北匡海堤防汛道路、滨海县振东闸以北海堤水毁修复、射阳县双洋闸北侧剩余海堤保滩工程完成过半；滨海县西坎套闸和2019年灾后旱涝应急治理工程开工建设。市区城市防洪三英闸站、新兴闸站完成，凤西河等4座闸站开工建设。

表32　2020年盐城市实施省重点水利建设项目统计表

单位：万元

序号	项目名称	当年完成投资
	合　计	102406
一	国家节水供水重大水利工程	68000
（一）	江苏省淮河流域重点平原洼地近期治理工程	68000
二	国家专项规划建设项目	13351
（一）	大中型病险水闸除险加固	2500
	滨海县西坎套闸（四类）	2500
（二）	海堤巩固工程	8051
	射阳县夸套南北匡一线海堤新建防汛道路工程（桩号5+680–27+102）	3000
	滨海县岳堆至振东闸段主海堤水毁工程修复	3500
	射阳县双洋闸北侧海堤保滩剩余工程	1224
	盐城市射阳河闸启闭机房处理工程	327
（三）	淮河流域及沂沭泗地区2019年旱涝灾后应急治理工程	2800
三	省重点区域水利项目	21055
（一）	盐城市大丰区四卯西闸下移工程	1956
（二）	东台市梁垛河整治工程	17500
（三）	盐城市川东港影响处理完善工程	1599

· **大丰区四卯酉闸下移工程** 年内，大丰区四卯酉闸下移工程完工投运，工程完成投资1956万元。新建四卯酉挡潮闸1座，疏浚、开挖新闸之间引河3.9千米，新筑堤防7.8千米。

· **大型灌区续建配套与节水改造工程** 年内，市水利局实施大型灌区续建配套与节水改造工程。工程年度总投资2300万元，主要对滨海县三层灌区内骨干工程更新配套建设。至年底，建设任务全部完成。

· **中型灌区节水配套改造工程** 年内，市水利局实施中型灌区节水配套改造工程，项目投资300万元，主要对响水大寨渠中型灌区内骨干工程更新配套建设。至年底，建设任务全部完成。

· **中小河流治理重点县工程** 年内，市水利局实施中小河流治理重点县工程。工程涉及建湖县、盐都区，工程投资6000万元，主要对建湖建阳项目区、盐都秦南项目区内部分农村河道进行综合整治。至年底，建设任务全部完成。（臧滨城）

沿海水利

· **概　况** 2020年，盐城市水利局围绕“两海两绿”发展路径，针对性研究长远规划，实施新洋港闸下移工程、黄沙港闸拆建工程、丁堡河江海河接通工程、海堤完善巩固工程4个沿海水利项目，前期工作加快推进，配合省水利厅、淮委做好淮河入海水道二期工程可研性报告报审、临海引江调水工程可研性报告编制相关工作。完成滨海县振东闸以北段主海堤水毁修复工程，拆除重建海堤原平台下全部护坡、原平台及平台上护坡局部破损部位；完成射阳县夸套南北匡一线海堤新建防汛道路工程，新建双洋闸至总渠南堤段21.42千米海堤防汛道路；完成射阳县双洋闸北侧海堤保滩剩余工程，对射阳县双洋闸北侧未防护的2840米海堤实施保滩修复。全年完成沿海水利项目投资1.59亿元。

· **射阳河闸** 射阳河闸位于射阳县海通镇境内，距黄海15千米，是国家“一五”计划重点工程、淮河治理序幕工程，也是江苏沿海运行最久的大型挡潮排涝工程，于1956年5月竣工放水。射阳河闸闸身总宽410.1米，总长148.8米；全闸35孔，其中33孔为排水孔，两边各设一通航孔；排水孔净宽10米、净高5.5米，通航孔净宽10米、净高10米。射阳河闸于2012年被评为苏北首家国家级水管单位，主要承担苏北里下河地区淮安、宝应、建湖、阜宁、滨海、射阳6个县（市、区）4036平方千米的挡潮御卤、泄洪排涝、蓄淡灌溉、交通航运等任务。2020年，该闸所执行运行调度指令60次，累计开关闸353潮次，排水56亿立方米。

· **新洋港闸** 新洋港闸位于盐城市亭湖区黄尖镇，距新洋港入海口约15千米处，于1957年5月竣工放水。新洋港闸闸身总宽200.09米，总长154.5米；全闸17孔，其中16孔为排水孔、左岸边孔为通航孔；排水孔净宽10米、净高5.5米，通航孔净宽11.84米、净高6.3米。新洋港闸是里下河地区排水入海的主要控制工程之一，主要任务是挡潮御卤、排涝、控制河网水位、蓄淡灌溉，结合平潮通航。2020年，该闸所执行运行调度指令65条，累计开关闸344潮次、排水35.16亿立方米。

· **黄沙港闸** 黄沙港闸位于射阳县黄沙港镇，1972年6月竣工放水。黄沙港闸闸身总宽96.6米，总长117米；全闸16孔，其中15孔为排水孔、南岸边孔为通航孔；排水孔净宽5米、净高5.3米，通航孔净宽8米、净高7.8米。黄沙港闸是苏北里下河地区四大港排涝挡潮控制工程之一，主要担负着里下河地区865平方千米的挡潮御卤、排涝、蓄淡、通航等任务。2020年，该闸所执行运行调度指令34条，累计开关闸358潮次、排水17.9亿立方米。

· **斗龙港闸** 斗龙港闸位于盐城市大丰区三龙镇，距黄海12～13千米，1966年6月竣工放水。斗龙港闸闸身总宽90.6米，总长105米；全闸8孔，其中7孔为排水孔、左岸边孔为通航孔；排水孔净宽10米、净高5.5米，通航孔净宽10.3米、净高9米。斗龙港闸是里下河地区外排入海的重要控制工程之一，具有挡潮御卤、排涝降渍、蓄淡灌溉、交通航运等作用。2020年，该闸所执行运行调度指令55条，累计开关闸332潮次、排水13.39亿立方米。

城市水利

· **串场河疏浚** 年内，盐城市完成串场河干河疏浚28.5千米、土方49.98万立方米，支河口疏浚140条、土方156.42万立方米，完成生态防护8.5千米，完成工程投资1.44亿元。其中，东台市完成串场河干河疏浚14.54千米、土方20.15万立方米，支河口疏浚5条、土方25.10万立方米；大丰区完成串场河干河疏浚1千米、土方3.46万立方米，支河口疏浚47条、土方21.15万立方米；盐南高新区完成河道防护建设3千米，基本完成4座闸站拆建改建工程；亭湖区完成串场河干河疏浚3.5千米、8.05万立方米，支河口疏浚42条、36.66万立方米；建湖县完成串场河干河疏浚1.84千米、土方3.32万立方米，支河口疏浚2条、1.51万立方米；阜宁县完成串场河干河疏浚7.62千米、土方15万立方米，支河口疏浚44条、土方72万立方米。

· **串场河三英闸站续建工程** 串场河三英闸站续建工程位于市区第一防洪区亭湖区皮岔河与串场河交汇处的串场

河上，工程概算总投资8493.32万元。工程等别为三等，主要建筑物级别二级，次要建筑物级别为三级，临时建筑物级别为四级。工程设计排涝流量每秒30立方米，引水流量每秒10立方米，闸站中间设通航孔1孔，防洪闸单孔净宽20米，并配套建设清污机桥、生产设备用房等管理设施。2019年2月15日工程开工建设，2020年8月10日完工。

·串场河新兴闸站续建工程 串场河新兴闸站续建工程位于市区第一防洪区亭湖区草堰河与串场河交汇处的串场河上，为市区第一防洪区防洪排涝骨干工程。工程概算总投资7358.75万元。新兴闸站工程等别为三等，主要建筑物级别二级，次要建筑物级别为三级，临时建筑物级别为四级。工程设计排涝流量每秒20立方米，闸站中间设通航孔1孔，净宽20米，抽排孔4孔，并配套建设清污机桥、生产设备用房等管理设施。2019年1月16日开工，2020年6月24日完工。

·串场河防洪闸闸门改造工程 串场河防洪闸闸门改造工程位于市区第三防洪区盐南高新区串场河与三墩港交汇处的串场河上。工程概算总投资540.44万元，主要建设内容及任务是将串场河防洪闸人字门改造成直升门，使其具备双向挡水和带水位差启闭功能。5月1日工程开工，7月20日完工。

·通榆河河道水面漂浮物专项清除行动 年内，市水利局开展通榆河河道水面漂浮物专项清除行动，通榆河市区段打捞公司投入人员3850工日、全自动保洁船620台班、小挂桨船320台班、拖草船615台班（5条），清理处置漂浮物35.6万立方米。（臧滨城）

农村水利

·概　况 2020年，盐城市完成农村水利投资11.56亿元，主要实施农村河道生态治理、村庄河塘整治、大中型灌区、农村饮水安全巩固提升、水土保持重点工程、中小河流重点县等项目。加强农村河道长效管护，完成资金1.6亿元，落实管护人员1.02万人、管护船只4988条。12月15日，大丰区川南灌区农民用水者协会、阜宁县硕集社区用水协会被水利部、农业农村部、国家发改委、财政部、国家税务总局、国家市场监管总局等9部委评为全国农民用水合作示范组织。

·农村饮水安全巩固提升工程 年内，盐城市实施农村饮水安全巩固提升工程，涉及东台、大丰、亭湖、建湖、射阳、阜宁、滨海、响水8个县（市、区）12个项目，总投资4.56亿元。至6月底，全年农村饮水安全巩固提升工程全部完成。

·农业水价综合改革 年内，盐城市继续按照管理服务、水价核定、水费收缴、政府监管、节水奖励和精准补贴“五个到位”的改革目标，将落脚点放在工程管护良性运行和减轻农民负担上，通过“管水、分水、量水、水价、水补”等措施，完成农业水价综合改革工作。12月7—8日，盐城市农业水价综合改革以96.38的平均分通过省水利厅验收。“十三五”期间，盐城市累计完成农业水价改革面积61.33万公顷，组建100个镇级农民用水者协会、8个灌区农民用水者协会、1个渠系（射阳县五岸灌区十一支渠）农民用水者协会，实现改革实施区域管护组织全覆盖；配备计量措施1.41万台（套），实现应改面积计量设施全覆盖；累计投入管护经费8.9亿元，实现水利工程良性运行。（臧滨城）

水利管理

·概　况 2020年，盐城市政府印发《关于进一步加强全市饮用水水源地管理与保护的意见》《盐城市节约用水管理办法》。市水利局联合市有关部门印发《全市河湖联勤巡逻联合执法实施办法》《关于进一步加强全市涉水行政执法机关与公安机关执法衔接工作的实施意见》等文件。市水利局印发《盐城市水土保持区域评估工作方案》《盐城市洪水影响评价区域评估工作方案》，制定区域评估工作实施细则、成果应用指南等配套文件；印发《盐城市水利局关于部分生产建设项目水土保持方案审批实行承诺制管理的通知》，对22件符合条件的生产建设项目水土保持方案审批实行承诺制管理。印发《盐城市水利监督规定（试行）》，制订年度监督计划，实施监督事项28项，开展监督活动125次，按季度通报监督情况。执行法律顾问制度，合法性审查合同460份，实现水利涉法事务审查全覆盖。强化规范性文件管理，对《盐城市2020年农村村庄河塘整治专项行动方案》《盐城市乡村地区河道规划管控规定》等文件进行合法性审查。

·水利工程管理 年内，市水利局印发《盐城市水利工程建设从业社会法人信用管理实施办法》，对不同质量失信行为进行界定。市水利局对13家具有失信行为的单位约谈，并根据《江苏省水利工程建设信用管理实施细则》，对5家单位进行一般失信行为认定。印发《关于加强水利工程建设安全生产管理和质量管理的指导意见》，要求项目法人把质量、安全管理相关要求列入合同中，明确违规违约条款。全年全市完成1个国家级水利工程管理单位、5个省级水利工程管理单位复核验收，新创1个省三级水利工程管理单位。至年底，全市有国家级水利工程管理单位2个、省级水利工程管理单位38个。

· **闸站管理** 年内，盐城市有过闸流量每秒5立方米以上水闸6674座，其中大型水闸8座、中型水闸34座（含2座市直属船闸）、小型水闸6632座。其中，东台市1203座、大丰区770座、射阳县595座、滨海县264座、响水县83座、阜宁县804座、建湖县1200座、盐都区1048座、亭湖区590座、盐城经济技术开发区96座、市属工程21座。年内，市水利局完成省水利厅下达的南八滩闸等9个大中型闸站安全鉴定任务，完成运棉河闸等5个大中型闸站、南洋中心河闸等14个小型闸站、响水船闸及大套船闸安全鉴定工作。完成6674座5个流量以上水闸信息核实填报工作。启动大中型闸站安全警戒区设立工作，对闸站运行和上下游水政巡查提出明确要求，杜绝管理范围内钓鱼捕鱼现象发生。市通榆河枢纽工程管理处及东台市、大丰区、射阳县、响水县大中型闸站设立安全警戒区。市射阳河闸管理所及市通榆河枢纽工程管理处等单位率先启动工程精细化管理试点工作。12月12日，在江都水利工程处精细化管理验收及全省精细化管理工作推进会上，盐城市作先进典型交流发言。

· **水行政审批** 年内，市水利局做好审批权限承接下放工作，将原市级审批河道40条（不含省下放）调整为20条，年度办理原省级审批事项46件。对接服务市重点工程，开展现场勘察，提供技术方案优化等服务，为盐通高铁供电线路、范公路高架、新洋港大道（人民路至范公路）道路工程、梁垛河整治及串场河沿线整治等工程项目的实施提供涉水审批优质服务。深化"放管服"改革，构建高效审批体系。完善"互联网+政务服务"工作模式，通过网络及时上传申请书、服务指南、相关规划、技术报告编制导则及规范要求等材料。市水利局全年办结政务服务事项215项，其中行政许可事项158项。

· **水政执法** 年内，市水利局开展水政执法巡查1326次，出动执法巡查人员1.04万人次，出动执法车船3304次，巡查总里程5.15万千米，制止各类水事违法行为246起。会同市公安局等部门开展联合执法巡查9次，联合处置涉河违法行为3起。开展全市水产养殖行业违法开凿浅层井取水专项执法行动、全市水土保持专项执法行动，立案查处各类水事违法案件23起，办结20起，罚款80.23万元；查处未依法编报水土保持方案擅自开工建设项目110个；查处违法凿井292眼、封井94眼，罚款12.5万元；追缴水资源费10.6万元。在盐南高新区探索区域水利综合执法，统筹推进处罚、许可、检查和征收等执法事项，对区内8个项目进行执法检查，处罚2个项目，清除1.9万立方米施工坝埂，3条河道恢复原状，编制2份河道补偿方案，补办各类水行政许可手续11个。市水政监察支队对2018—2019年开展的全市涉河违建别墅开展专项整治，对全市骨干河道违法设置鱼罾、鱼簖、养殖网箱专项整治等专项执法行动成果组织开展"回头看"，未发现整治成果反弹现象。市水政监察支队对江苏正源创辉农业科技发展射阳有限公司违法开凿浅层井取水案启动执法监督程序，发出全市首份水行政执法监督意见书，责令射阳县水利局限期纠正不当执法行为。全年市水政监察支队举办业务培训3期，组织参加省水利厅业务培训2期，水政监察员累计参训200多人次。

· **水利安全生产管理** 年内，市水利局加强水利安全生产管理，将原安全生产监督管理处从基本建设处分离独立设置，并配备5名工作人员专职从事水利安全生产综合监督管理工作。开展安全生产专项整治，先后印发《盐城市水利局关于盐城市水利行业安全生产专项整治实施方案》《盐城市水利系统危险化学品安全综合治理方案》《全市水利系统工程建设领域安全生产执法专项行动》等文件，全年开展检查111次，下发安全检查意见书13份，列出隐患清单389条，全部整改到位。开展水利行业"百团进百万企业"安全生产学习宣讲和安全生产宣讲"五进"活动，推动水利生产经营单位主体责任的落实。推进安全生产标准化达标建设，创成安全生产标准化二级单位3家、三级单位4家。

· **水利科技管理** 年内，全市水利系统组织申报省2020年度水利科技研究"基于复式秸秆体系的排泥场增容及快速复耕技术研究""生态护坡与生态净化结合的河岸净化槽技术研究及示范"等6个课题。配合省水利厅开展研究课题评选工作，同时督促各在研课题研究项目承担单位，严格按照水利科技项目合同规定要求，完成课题项目，并开展课题验收评定工作。至年底，盐都区水务局"生态护坡与生态净化结合的河岸净化槽技术研究及示范"和阜宁县水务局"农业水价改革背景下灌溉流量监测装置研究"2个项目被列入省水利科技项目。（臧滨城）

交通　邮政

编辑　裴力民

交通综述

·**概　况**　2020年，盐城市重点实施铁路、公路、港口航道、客运枢纽、快速路网、运输服务6大类45个交通项目，完成交通基础设施建设投资183.2亿元。全年新增干线铁路90千米、一级公路138千米，市区综合客运枢纽西广场和东台综合客运枢纽北广场、大丰铁路综合客运枢纽建成投入使用。至年底，全市拥有公路总里程2.6万千米，是全省唯一一个公路总里程超过2万千米的地级市。其中，按技术等级分，高速公路396千米、一级公路1808千米、二级公路2842千米、三级公路1586千米、四级公路1.94万千米；按行政等级分，国道997千米、省道1176千米、县道3000千米、乡道7277千米、村道1.35万千米。全市铁路总里程424千米，运营铁路包括徐宿淮盐铁路、盐通铁路、连盐铁路、新长铁路。全市内河航道通航总里程4346千米，其中二级航道25千米、三级航道283千米、四级航道209千米、五级航道297千米、六级航道296千米、七级航道466千米、等级外航道2783千米。全年全市空港保障航班1.88万架次，完成旅客吞吐量169.16万人次，完成货邮吞吐量1.36万吨；完成公路客运量4585万人，货运量1.19亿吨；完成铁路客运量390.27万人次，货运量120.21万吨。全年全市道路运输交通事故起数和死亡人数同比分别下降70.3%和69.9%，水上交通、港口作业、交通工程建设等领域未发生安全生产责任事故。2020年，盐城市交通运输局加强交通运输管理。市交通运输局党委被评为全省交通运输系统“三个在一线”突击行动先进基层党组织；市交通运输局被省委、省政府评为全省抗击新冠肺炎疫情先进集体，被市委、市政府授予创建全国文明城市工作集体二等功；市交通运输综合行政执法支队获得全国交通运输行业道路货运汽车驾驶员职业技能选拔赛优秀组织奖，获评全国职工劳动安全健康知识普及教育竞赛活动优秀组织单位、全省水上搜救先进集体。李武生被表彰为全省抗击新冠肺炎疫情先进个人。

·**交通重点工程**　2020年，全市共实施铁路项目、快速路网、公路项目、港口航道项目、客运枢纽、运输服务6个大类和45个小类交通重点工程。其中，公路项目分为高速公路及通道项目、国省干线公路、路网连接公路、农村公路4个类和21个小类，投资占比28.66%。全年完成投资183.2亿元，累计完成投资341.79亿元。

表33　2020年盐城市交通重点工程项目进度一览表

序号	项目名称	建设内容	建设年限	2020年完成投资（万元）	累计完成投资（万元）	项目进度
合　计				1831953	3417854	—
一	**铁路项目**			**588100**	**1295800**	—
1	盐城至南通铁路盐城段	盐城境内90千米	2017—2020	573100	1275800	开通运营
2	大丰港铁路支线	建设50.3千米铁路，国铁二级单线	2020—2022	5000	10000	获得用地预审批复，完成初步设计编制待审查，完成下穿盐通高铁段主体工程，开展征地拆迁
3	滨海港铁路支线	建设50.84千米铁路，国铁三级	2020—2022	10000	10000	征地拆迁工作基本完成，施工单位完成项目部建设
4	盐泰锡常宜城际铁路盐城段	新建每小时350千米客运专线，其中盐城境内33千米	2020—2024	0	0	工可报告通过国铁集团、上海铁路局审查
二	**快速路网项目**			**80000**	**85000**	—
5	盐丰快速通道	建设盐城至大丰快速公路，分三期实施	2019—2024	80000	85000	范公路南段二期工程完成桥梁下部结构70%、上部结构30%；范公路南段三期工程下穿盐洛高速段初步设计通过市行政审批局审查；343国道大丰至盐都段改扩建工程工可报告通过省发改委审查

续表33

序号	项目名称	建设内容	建设年限	2020年完成投资（万元）	累计完成投资（万元）	项目进度
6	盐阜快速通道	建设盐城至阜宁快速公路	2021—2023	0	0	工可通过省公路中心行业预审，同步开展各相关前期工作
三	**公路项目**			**525036**	**976146**	—
（一）	高速公路及通道项目			83070	133070	—
7	盐城至射阳高速公路	新建22.5千米高速公路	2019—2022	83070	133070	盐城至射阳高速公路完成软基处理、基本完成沟塘回填、路基92区填筑、管涵，桥梁下部结构，全面开展箱梁、板梁预制；房建工程开展地基处理
8	东台至兴化高速公路	东台段新建约25.5千米高速公路	2021—2023	0	0	用地预审获省自然资源厅批复，工可报批稿报省发改委待批复；初步设计通过省交通运输厅内审，开展施工图设计；跨越新长铁路和下穿盐通铁路的立交工程设计方案通过中铁上海局集团公司审查；完成房屋征收测量、评估，各镇进入协议洽谈阶段
9	阜兴泰高速建湖至兴化段	新建35千米高速公路	2021—2023	0	0	施工标段完成开标评标，监理标段发布招标公告
10	盐城至临沂高速公路滨海至盐城段	新建约75千米高速公路	2020—2023	0	0	省交通运输厅启动项目前期工作，省交通工程建设局开展设计招标工作
11	滨淮高速滨海段	新建约65千米高速公路	2020—2023	0	0	完成工可报批稿，开展初步设计
（二）	国省干线公路			123646	304875	—
12	125省道盐城段改扩建工程	新建45.6千米一级公路	2012—2020	5123	132594	建成通车
13	229省道东台段改扩建工程	新建5.7千米一级公路	2017—2020	6461	20180	完成基层78%、面层75%、桥梁84%、交通工程70%
14	226省道大丰南段改扩建工程	新建41.5千米一级公路	2019—2021	50500	90539	完成路基回填82%、涵洞92%、桥梁76%
15	328省道滨海段改扩建工程二期工程	新建37.7千米二级公路	2020—2022	6000	6000	完成施工招标，组建项目部，开展征地和清表工作
16	204国道响水绕城段改扩建工程	改扩建12.3千米一级公路	2020—2022	18800	18800	路基回填完成；除一帆河桥完成下部主体外，其他桥梁全部完成
17	326省道响水西段改扩建工程	改扩建4.14千米一级公路	2020—2022	7600	7600	完成路基回填85%、涵洞100%、桥梁55%
18	352省道东台西段	新建12.3千米一级公路	2020—2022	5000	5000	施工图设计获批，确定代建单位，完成施工招标和拆迁工作，组建项目部
19	329省道射阳南环段	新建15千米一级公路	2020—2022	0	0	初步设计获批，施工图设计通过审查，准备施工招标工作，开展征地拆迁
20	337省道响水段路面改造工程	58.4千米二级公路路面改造	2020—2021	24162	24162	建成通车
（三）	路网连接公路			112800	220321	—

续表33

序号	项目名称	建设内容	建设年限	2020年完成投资（万元）	累计完成投资（万元）	项目进度
21	盐城内河港建湖港区里下河作业区至徐宿淮盐高铁建湖站集疏运道路工程	新建9.8千米一级公路	2019—2020	7500	24500	建成通车
22	连盐铁路响水火车站连接线公路	新建5.7千米一级公路	2018—2021	—	8400	开展工程招投标
23	海港大道二期	新建7.28千米一级公路	2018—2020	17600	28000	建成通车
24	盐城市铁路综合客运枢纽道路工程	集疏运道路约14.9千米	2018—2020	87700	159421	建成通车
（四）	农村公路			205520	317880	—
25	盐城市乡村旅游景观公路	按照三级公路以上标准实施乡村旅游景观公路，实施道路工程1436千米	2019—2021	161500	273210	建成乡村旅游景观公路1号线海堤公路、5号线，7号线射阳段黄沙港至兴桥段完工，建湖段完成路面施工
26	农村公路及桥梁改造	农村公路提档升级300千米，桥梁改造200座	2020	42400	42400	完成农村道路300千米，桥梁200座
27	撤渡建桥	射阳西坝大桥	2019—2020	1620	2270	完成桥梁下部结构，道路完成底基层50%
四	**港口航道项目**			**168773**	**355893**	—
28	盐城港滨海港区20万吨级航道、30万吨级码头工程	开挖36.4千米20万吨级航道，新建11千米防波挡沙堤；建设30万吨级泊位1个，3.5万吨级辅料泊位1个，4万吨级成品泊位1个，5000吨级成品泊位5个	2020—2022	0	0	滨海港区总体规划获省政府批复；北港池防波堤一期工程通航安全取得批复，完成用海征求意见、湿地方案编制和评审工作，召开工程波浪、潮流泥沙等水文相关专题专家咨询会
29	盐城港大丰港区深水航道一期工程	5万吨级兼顾10万吨级散货船乘潮单向通航航道，全长79.9千米	2016—2020	43243	98213	完工
30	江苏滨海液化天然气（LNG）项目码头工程	新建LNG泊位1个，码头结构设计船型为26.6万立方米LNG船舶；新建工作船兼大件码头1个	2019—2022	40000	94500	开展防波堤抛石施工
31	盐城港响水港区灌河口5万吨级航道整治工程	航道全长29.15千米，按5万吨级散货船乘潮单向通航标准建设，通航有效宽度170～230米，设计水深14.73米	2018—2021	34330	86780	先导段进行验收，导堤工程进行构件预制

续表33

序号	项目名称	建设内容	建设年限	2020年完成投资（万元）	累计完成投资（万元）	项目进度
32	盐城港响水港区小蟒牛作业区公用重件泊位	新建1个2万吨级重件泊位及相应配套设施	2017—2021	51200	76400	水工部分完工
33	盐城港射阳港区5万吨级进港航道工程	航道全长2万米，有效宽度150米～290米，航道设计底高程-15.2～-15.5米，疏浚土方约2738万立方米	2020—2022	0	0	初步设计通过审查
34	连申线大套至响水段整治工程	按二级航道标准整治响水灌河口至淮河入海水道段30千米	2021—2024	0	0	响水船闸扩容工程年底通过工可审查
35	盐宝线航道整治工程	通榆河口至宝应界段50千米按三级航道标准整治	2021—2025	0	0	工可通过审查
36	淮河入海水道二期配套通航工程盐城段	新建船闸1座及引航道	2021—2023	0	0	开展工可报告退堤方案优化调整，同步复核征拆投资估算
五	**客运枢纽项目**			**252824**	**455995**	—
37	盐城南洋国际机场改造提升工程	建设通用航空服务区（通航综合楼和FBO固定基地运营商），飞行区跑道、滑行道向东延长600米，T1航站楼改造，配套建设相关设施	2019—2022	9658	10158	总体规划完成评审意见回复工作，提前实施项目跑道基础注浆及老滑行道、机坪大修工程完成机坪部分主体工程，T1航站楼改造工程完成项目建议书报批，盐城南洋国际机场通用航空服务区设施工程完成工可报批
38	江苏建湖通用机场2号机库建设	建筑面积5000平方米	2020	816	816	主体工程竣工
39	大丰通用机场	占地面积43.33公顷，建设A1类通用机场，用于直升机和小型固定翼飞机起降	2020—2022	0	0	选址报告通过上海民航华东管理局评审
40	盐城市铁路综合客运枢纽工程	占地面积42.26公顷，建筑面积42.86万平方米	2018—2021	72300	239971	西广场建成投入使用
41	东台站铁路综合客运枢纽	包含公交站、地下停车场、站前广场等，其中公交客运站约4000平方米，地下停车场约6000平方米，站前广场约1.5万平方米	2019—2020	75050	105050	北广场建成投入使用

续表33

序号	项目名称	建设内容	建设年限	2020年完成投资（万元）	累计完成投资（万元）	项目进度
42	大丰站综合客运枢纽	站前广场占地面积约20.67公顷（含站南路、站北路，其中站前广场占地面积14公顷），3个下穿通道	2019—2020	95000	100000	建成投入使用
六	**运输服务项目**			**217220**	**249020**	—
43	国省干道服务区建设	在国省干道建设24个服务区	2019—2023	15400	45400	228国道射阳临海服务区综合楼封顶；228国道大丰三龙服务区完成综合楼二层地板混凝土浇筑；228国道东台条子泥服务区审批土地挂牌手续
44	BRT公交改造提升	建设BRT站台34座，改造维护出新BRT站台58座，配套建设BRT环线公交车配套场站、调度用房等	2019—2021	26620	28420	完成
45	城北物流基地	规划面积28.4平方千米，其中核心区面积6平方千米，重点推进公铁水联运基础设施建设	2020—2027	175200	175200	花木市场初步确认设计方案；钢材市场启动建设，一期完成机动车道及非机动车道沥青摊铺及标志、标线、路灯等配套设施，二期完成立项，编制勘界报告，办理规划选址

·交通规划　年内，盐城市加强交通规划建设。10月，《盐城港滨海港区总体规划（2020—2035年）》获省政府批复；《盐城市综合立体交通网布局规划（2021—2050年）》市级规划报审稿完成，各县（市、区）综合立体交通网布局规划形成中间成果。盐城市“十四五”综合交通运输发展规划和交通强国江苏方案盐城行动计划形成征求意见稿。编制完成《盐城市黄河故道地区综合交通规划》，开展《盐城市沿海渔港交通专项规划》研究。（成　扬）

公路建设与运输

·概　况　2020年，盐城市实施国、省干线公路建设项目9个，完成年度投资12.2亿元，建成通车一级公路8.6千米，二级公路58.4千米。全年全市提档升级农村公路1131千米、桥梁759座，完成投资19.42亿元。至年底，全市公路总里程2.6万千米，公路网密度为每百平方千米153.8千米、每万人30.4千米。全市有桥梁1.53万座，其中国道桥梁289座、省道桥梁554座、县道桥梁2007座、乡道桥梁6598座、村道桥梁5877座。

·125省道滨湖至兴化段　7月31日，125省道滨湖至兴化段建成通车。该工程于2019年4月5日开工建设，项目起自231省道与125省道交叉处，向西经大纵湖旅游景区北门后向西南改线，终点位于盐都区与兴化市交界处，路线全长8.6千米，工程总投资3.07亿元。

·337省道响水段路面改造工程　10月16日，337省道响水段路面改造工程建成通车。该工程于2020年3月23日开工建设，项目起自228国道交叉处，向西利用304县道改造，终点位于响水县与涟水县交界处，路线全长58.4千米，工程总投资1.68亿元。

·328省道滨海段　1月16日，328省道滨海段项目一期工程（一级公路）建成通车。12月31日，328省道滨海段项目二期工程（二级公路）开工建设。项目起自228国道交叉处，向西改造102县道至滨海港镇，与规划226省道交叉后，经滨海县陈涛镇南，上跨沈海高速公路、下穿连盐铁路，经滨海县城南，上跨204国道、通榆运河，经天场镇南，止于滨海县和阜宁县交界处，接规划328省道阜宁段，路线全长60.6千米，累计完成投资9.6亿元。

·229省道东台段　至年底，229省道东台段工程全线除泰东河大桥右幅外，主体工程全部结束，累计完成投资 2.02 亿元。该工程于 2017 年 1 月 20 日开工建设，项目起自东台市与泰州市姜堰区交界处的溱东镇西北，沿老路跨泰东河后，于溱东镇工业集中规划区西侧改线向南，与 610 省道交叉后，止于东台市与泰州市姜堰区交界处的沈高镇北侧，路线全长 5.74 千米。

·226 省道大丰南段 至年底，226 省道大丰南段工程完成绕城段主体工程，其余路段路基和涵洞施工基本结束，路面和桥梁施工进行中，累计完成投资 9.05 亿元。该工程于 2019 年 3 月 16 日开工建设，项目起自 226 省道大丰北段与 343 国道交叉口，向西改造 343 国道，折向南，经大丰经济开发区，跨老斗龙港，折向东，至规划春柳路，折向南，经西团镇、小海镇、万盈镇，止于大丰区与东台市交界处，接规划 226 省道东台段，路线全长 41.52 千米，工程总投资 15.62 亿元。

·204 国道响水绕城段 4 月 20 日，204 国道响水绕城段工程开工建设。项目起自响水县与灌南县交界处的一帆河北，接 204 国道灌南段，向南跨唐响河、佃响河，在响水县城南与 326 省道交叉后折向东，利用原有 326 省道进行扩建，跨通榆河，止于与 204 国道响水南段交叉处，路线全长 12.31 千米。至年底，路基工程基本结束，桥涵施工除大桥外全部结束，累计完成投资 1.88 亿元。

·326 省道响水西段 5 月 1 日，326 省道响水西段工程开工建设。项目起自 326 省道与 204 国道响水西绕城段交叉处，利用原有 326 省道进行改扩建，跨越红卫河、佃响河、唐响河，止于灌南县与响水县交界处，路线全长 4.14 千米。至年底，路基工程基本结束，涵洞全部结束，桥梁施工过半，累计完成投资 7600 万元。

·阜溧高速建湖至兴化段 阜宁至溧阳高速公路建湖至兴化段起自盐洛高速公路交叉处的九龙口枢纽，终点位于兴化南互通，全长 72 千米。其中，建湖段全长 16.31 千米，途经九龙口、颜单、沿河 3 镇。该项目设计速度每小时 120 千米，路基宽度 27 米，桥涵设计汽车荷载等级为公路一级。年内，阜溧高速建湖至兴化段路基桥涵施工单位全部进场，推进征地工作。

·盐丰快速通道 盐丰快速通道分三期实施。一期工程起自步湖路北侧，顺接范公路高架与南环路高架交汇的伍佑枢纽，向南利用老 204 国道线位穿越伍佑街道，终点止于盐淮高速北侧的规划科创路，路线全长 4.62 千米，总投资 23.88 亿元，2019 年 12 月 28 日开工。二期工程起自规划科创路北侧，顺接范公路高架与盐城市区范公路南段工程（二期），沿老 204 国道向南，终点止于 343 国道大丰至盐都段，路线全长约 1.89 千米，总投资 6.67 亿元。三期工程（343 国道大丰至盐都段建设工程）起自大丰城西在建 226 省道交叉处，向西与沈海高速公路、盐通高铁交叉，跨通榆河、新长铁路、串场河后折向北，经便仓镇、伍佑街道，与规划盐泰锡常宜铁路交叉后折向西，止于与 125 省道交叉处，路线全长约 25 千米。至年底，盐丰快速通道一期工程完成投资 8.5 亿元；二期工程完成稳评备案、用地预审、规划选址、环评批复、航评批复等前期工作；三期工程开展前期工作。

·盐阜快速通道 年内，盐阜快速通道（204 国道阜宁花园至亭湖新兴段）启动前期工作。该项目起自阜宁县花园街道 204 国道与香港路交叉处北，向南经沟墩镇，与 233 省道、黄沙港镇交叉，经上冈镇，与 232 省道、新长铁路交叉，经新兴镇，与徐宿淮盐高铁、盐靖高速公路交叉，止于与 349 省道交叉处，全长约 41.4 千米，总投资 71.3 亿元。

·盐射高速 盐射高速起自沈海高速既有兴桥互通北约 4 千米处，向东北方向布设，经射阳县城南侧，终点位于规划 329 省道射阳县南环路段，全长 22.5 千米，双向四车道。至年底，该项目完成投资 13.3 亿元，完成软基处理，基本完成路基 92 区填筑、桥梁下部结构和涵洞、通道等，全面开展箱梁、板梁预制，房建开始地基处理。

·城市快速路网 盐城市区内环高架快速路网工程于 2009 年开始前期论证，2010 年开展方案设计，总体布局为内部成网，通过连接周边高速环线互通的外向射线实现“内联外通”。2016 年底，市区内环高架一、二期工程建成通车，总里程合计 57 千米，初步构成大市区“一环五射”内环高架快速路网。2019 年 12 月，市区内环高架三期工程通车仪式举行。盐城市区高架里程达到 90 千米，合围面积约 90 平方千米，“高快一体化”基本实现，市民由主城区内任意一点出发，基本都可在 15 分钟内抵达城市外围高速公路环线的最近出入口。

·331 省道盐城西段改扩建工程获“扬子杯”优质工程奖 331 省道盐城西段（建湖段）改扩建工程起自建湖县、盐都区交界处的盐河（盐宝线），经沿河镇、向西跨越西塘河（建口线），继续向西经颜单镇、向西跨越粮棉河、恒东河后，在恒济镇南侧向西，止于与宝应县交界处。路线全长 16.74 千米，工程采用双向四车道一级公路标准，设计速度每小时 100 千米，路基顶宽 26 米，桥梁设计荷载为公路一级，桥面净宽 2×11.5 米，总投资 6.01 亿元。该项目按照“预防为主，先导试点”的原则，对每一分项工程实行首件认可，获评 2020 年度江苏省“扬子杯”优质工程奖、2020 年度江苏交通“苏畅杯”优质工程，其中 JH-LQ1 标段作为盐城市创建示范点典型，施工经验做法被全市推广交流。

·美丽乡村旅游公路 年内，盐城市推进美丽乡村旅游公路建设。根据沿线自然生态及旅游景观特色，规划建设 7 条旅游公路主题线及 8 条旅游公路支线，分别是旅游公路 1 号线（东台市、大丰区、亭湖区、射阳县、滨海县、响水县海堤公路)、旅游公路2号线(盐都区大纵湖至响水县古云梯关黄河故道)、旅游公路3号线(东台市富安镇至亭湖区便仓镇)、旅游公路4号线(阜宁县328省道与304县道交点处至射阳县228国道与328省道交点处)、旅游公路5号线(盐都区尚庄镇至丹鹤线)、旅游公路6号线(老204国道至大丰港经济开发区,)、旅游公路7号线(射阳县黄沙港镇至建湖县九龙口镇),旅游公路支线(黄沙港支线、黄海森林公园支线、七彩花田支线、羊羊薰衣草支线、九龙口支线、西塘河支线、金沙湖支线和黄尖牡丹园支线),总里程1436千米,配套建设公路服务驿站36个。至年底,建成1036千米,旅游公路1号线、7号线、2号线等主题线路建成。江苏盐城湿地珍禽国家级自然保护区、中华麋鹿园、江苏黄海海滨国家森林公园、黄沙港、斗龙港、月亮湾、射阳息心寺、东台条子泥、大纵湖国家湿地公园、九龙口国家湿地公园等一批景区实现旅游公路连通。

旅游公路1号线 (市交通运输局 供图)

・公路客运 年内,全市有道路客运企业59家,其中班车客运企业39家,专营包车、旅游客运企业20家,比上年增加12家。有道路客运车辆2131辆6.5万客位,营运客运班线辐射全国9个省、市,其中包车、旅游客车319辆1.4万客位(旅游包车99辆)。全市有在营等级客运站47个,其中一级客运站7个,二级客运站4个,三级客运站1个,四、五级客运站35个。全市列入全省联网售票系统的汽车客运站24个,其中一级客运站7个、二级客运站3个、三级及以下客运站14个。全年全市完成公路客运量4585万人次,客运周转量39.98亿人次。

・定制客运 年内,全市开通定制客运线路13条,包括盐城市至苏州市、南京市、南京禄口国际机场、无锡市、连云港市、常州市6条市际线路17辆车,盐城市至大丰区、响水县、建湖县、东台市、阜宁县、滨海县、射阳县7条县际线路63辆车。全年客运量12.77万人次,其中市际班线全年客运量5846人次,县际班线客运量12.19万人次。

・公路货运 年内,全市有道路货运企业2.04万家,货运量1.19亿吨,其中营运货车5.3万辆,车辆平均吨位14.18吨。有道路危货运输企业33家,运输车辆698辆,核定载质量1.63万吨。

・路政管理 年内,全市办理路政管理许可155件,协助省交通综合执法局办理大件运输许可1.36万件;累计清除障碍物2130立方米、非标悬挂物1370余块,取缔马路摊点280余处;查处超限车辆3048辆,其中“百吨王”134辆,监督卸驳载7万吨;征收车辆通行费3658万元。印发安全生产文件57份,召开安全专题会议15次,开展安全检查162次;完成204国道交通安全隐患排查整改和国省道穿越村庄、镇区部位安全隐患整治2045项,农村公路四、五类危桥、无防护设施临水路段等安全隐患整改1763项。完成公路限高限宽设施和检查卡点排查整改506处,县乡道桥梁限载标志设置7963座;完成328省道张家河、329省道上跨沈海高速桥梁紧急处置和维修加固;完成干线公路和农村公路生命安全防护工程1233千米;在331省道、327省道、市区内环高架分别开展交通阻断抢通应急演练和突发冰雪灾害市县联合应急演练,完成入冬第一场大雪的应急处置工作。完成分带开口、路侧搭接道口合理归并、处理,其中204国道封闭中分带开口159处,实施3处平交口改造;开展331省道、349省道、410省道、610省道四条线路安防工程建设,9月底施工完成。

・公路运输管理 2020年,盐城市加强交通运输安全管理。全年全市18家涉及省际班线客运、省际旅游客运企业和10家涉及剧毒、爆炸、放射性物品运输企业全部达一级标准,城市公交车辆全部安装封闭式驾驶区域隔离设施。至年底,全市道路运输交通事故起数和死亡人数呈“双下降”态势。年内,盐城市6家重点大宗货物运输企业铁路、水路运输比例超过省交通运输厅规定50%的目标,4个货运场站列入省“十四五”建设项目库。全市1513辆“两客一危”(从事旅游的包车、三类以上班线客车和运输危险化学品、烟花爆竹、民用爆炸物品的道路专用车辆)车辆全部安装主动安全智能防控系统,市区公共自行车原有的408个站点控制器全部由2G升级为4G；全市甄别“两客一危”车辆1635辆，清理挂靠车辆871辆，查处各类道路运输违章案件1490件，查纠营运违章及不规范营运行为600多起、停运整改车辆44辆，行政处罚营运违章40起、非法营运47起。全市无渡县（市、区）由“十二五”期末的1个增加到5个，实际渡运的乡镇渡口由106个下降至8个，水上辖区未发生一般等级以上交通事故和航道严重堵塞事故。开展“江河碧空”蓝天保卫行动、扬尘粉尘治理等污染防治行动，开展单壳油船和单壳危险化学品船舶淘汰拆解和禁航工作，推动港口全面完成船舶污染物接收转运处置设施建设；完成4425艘小吨位船舶防污改造，超过省下达任务的10%。至年底，检验各类船舶9643艘次、培训考试船员818人。实施行政处罚1328起。推动“示范工程”“示范工地”创建，重点公路水运工程质量优良率100%。

·收费管理 全年全市征收车辆通行费3574.59万元，查处车辆12辆次，加收通行费0.21万元。落实各项收费优惠政策，免费放行7座及以下小型小客车4.06万辆次，免收通行费39.76万元；免费放行运输鲜活农产品车辆0.74万辆次，免收车辆通行费14.19万元；对22.83万辆持有运政苏通卡的货车实行优惠，优惠金额98.16万元；对58.01万辆安装ETC的车辆实行优惠，优惠金额64.02万元。

·养护管理 全年全市实施沥青路面维修3.84万立方米，路面贴缝67.02万米、灌缝29.47万米，桥梁锚固区混凝土122.38立方米，公路机械化清扫31.43万千米。完成普通干线公路养护大中修工程项目18个，折算里程81.03千米，完成投资2.09亿元。完成桥梁独柱墩加固1座，桥梁支座专项维修66座，桥梁伸缩缝专项维修27座，桥头跳车处置项目21座，桥梁安全运行监测系统项目3个。建成二类工区1个、服务设施7个，228国道黄沙港停车区获评省公路驿站。（成　扬）

铁路建设与运输

·概　况 2020年，盐城市铁路总里程424千米，其中盐通铁路盐城段90千米、徐宿淮盐铁路盐城段72千米、连盐铁路盐城段105千米、新长铁路盐城段157千米。全年完成铁路客运量390.27万人次，货运量120.21万吨。年内，盐通高铁建成通车，“1+8”铁路综合客运枢纽盐城市综合客运枢纽以及县区的东台、大丰、建湖、射阳、阜宁南、阜宁东、滨海、响水综合综合客运枢纽建成运营。新增直通上海市、南京市、杭州市、宁波市、郑州市等地

12月30日，盐通高铁建成通车　（市交通运输局　供图）

高铁线路。12月，滨海港铁路专用线开工建设，大丰港铁路支线完成下穿盐通铁路先导段建设工作，盐泰锡常宜城际铁路完成可研编制和部分评审工作。

· **盐通高铁开通** 12月30日，盐通高铁建成通车现场会在盐城市举行。盐通高铁是中国“八纵八横”干线铁路网中“一纵”——沿海通道的重要组成部分，线路自徐宿淮盐铁路盐城站高速场引出，向南经盐城市大丰区、东台市、南通市海安市、如皋市，终至沪苏通铁路南通西站，正线全长约156.6千米，设计速度每小时350千米，其中盐城段长90千米。全线设盐城、盐城大丰、东台、海安、如皋南、南通西6个车站，其中盐城、海安、南通西为既有车站，盐城大丰、东台、如皋南为新建车站，另设置南通动车所。2017年12月开工建设，2020年12月建成通车。

· **徐宿淮盐铁路（盐徐高铁）** 徐宿淮盐铁路总里程314千米，总投资414.9亿元，其中盐城段里程72千米，技术标准为双线电气化客运专线，设计时速每小时250千米，桥梁所占比例为79.33%。徐宿淮盐铁路于2015年12月开工建设，2019年12月正式运营。盐城市境内设有阜宁南站、建湖站、盐城站。2020年，徐宿淮盐铁路阜宁南站客流量22.52万人次、建湖站客流量24.81万人次。

· **连盐铁路（盐连高铁）** 连盐铁路总里程234千米，总投资额260亿元，其中盐城段里程105千米，桥梁所占比例为63.6%，技术标准为客货共线双线电气化快速铁路，设计时速每小时200千米。连盐铁路于2013年开工建设，2018年建成通车。盐城市境内设有响水站、滨海港站、阜宁东站、射阳站、盐城北站。2020年，盐连铁路射阳站客流量8.08万人次、阜宁东站客流量8.14万人次、滨海港站客流量16.31万人次、响水站客流量12.08万人次。

· **大丰港铁路支线** 大丰港铁路支线是全市规划建设港口支线的重要组成部分，项目线路总长50.3千米，国铁二级单线铁路，建设年限2.5年，投资估算38.96亿元。年内，项目完成下穿盐通铁路先导段建设工作。

· **滨海港铁路支线工程** 8月29日，滨海港铁路专用线（滨海港铁路支线）可研性报告获得省发改委批复。滨海港铁路专用线（滨海港铁路支线）是国家发改委等5部门联合印发《关于加快推进铁路专用线建设的指导意见》中明确须在2019—2020年先行实施的铁路专用线重点项目之一，是支撑盐城港滨海港区建设的重要集疏运基础设施。该铁路专用线起自青盐铁路滨海港站，经盐城市滨海县界牌镇、滨淮镇、滨淮农场，止于滨海港工业园区，新建线路全长50.84千米，桥梁总长45.25千米，采用国铁三级设计标准，正线数目为单线，设计速度每小时120千米，批复建设工期为2年。

· **盐泰锡常宜城际铁路盐城段** 盐泰锡常宜城际高铁是国家中长期铁路规划的重要建设项目，是贯通苏北、苏中、苏南的重要区域干线铁路。线路起自徐盐铁路、青盐铁路既有盐城站，向南经兴化市、泰州城区、泰州市、靖江市、江阴市、无锡市、常州市、宜兴市，止于宜兴站。新建线路全长319.61千米，设计时速每小时350千米，双线、高速铁路标准，其中盐城段长33千米。年内，该项目完成可研性报告编制和部分评审工作。

· **沪苏通铁路** 沪苏通铁路是连接上海市与江苏省南通市的国家一级客货共线双线电气化快速铁路，以承担上海、江苏城际旅客交流为主，兼顾货物运输和中长途旅客交流的铁路通道。2014年3月1日，沪苏通铁路开工建设；2020年7月1日，沪苏通铁路一期工程开通运营。沪苏通铁路由赵甸站至安亭西站，全长143千米，设9座车站（其中6座办理客运业务），设计速度每小时200千米。

· **盐城市综合客运枢纽** 盐城市综合客运枢纽占地面积约113.33公顷，是徐宿淮盐、连盐、盐通、盐泰锡常宜等高速铁路在盐城市区的一个中心枢纽站，同时也是新长铁路、长途大巴、出租车、城市公交、城市候机楼、旅游集散中心（预留地铁）等多种交通方式实现“零换乘”的综合交通客运枢纽。其中，盐城高铁综合客运枢纽由高铁站，长途客运、城市公交、出租、旅游集散等设施，集疏运体系及广场、地下停车场等配套设施3部分组成。12月30日，盐城高铁站投入运营。

· **铁路客运** 年内，盐城市境内铁路客流量390.27万人次，有东台站、盐城大丰站、盐城站、建湖站、射阳站、阜宁东站、阜宁南站、阜宁站、滨海港站、响水县站10个客运站，开通运营盐通铁路、徐宿淮盐铁路、连盐铁路、新长铁路盐城段。

· **铁路货运** 年内，盐城市境内铁路货运量120.21万吨，有东台站、伍佑站、盐城北站、建湖站、阜宁站5个货运站。铁路货运由新长铁路承办货运业务，发送货物主要以粮食为主，占铁路发送货物的40%，主要发往成都市、昆明市、广州市等。铁路到达货物主要以化肥、皮棉、化工产品为主，分别占铁路到达货物的20%、35%、18%；货物来源东北、西北、山西省、河南省等地区。（成 扬）

空港建设与运输

· **概 况** 2020年，盐城市有盐城南洋国际机场、江苏射阳通用机场和江苏建湖通用机场。年内，盐城南洋国际机场搭建“中韩快捷通道”，保障韩国复工包机11架次；采取定制包机等方式，保障国内复工包机4架次，其中2月21日复工包机为省内首架复工包机。全年盐城南洋国际机场实现货邮吞吐量1.36万吨，首次突破万吨，比上

内河港口码头——步凤港　　（盐阜大众报社　供图）

年增长56.9%，机场主要运输防疫物资和汽车配件、电子产品等高附加值产品以及国际快件和跨境电商产品。

· **盐城南洋国际机场**　盐城南洋国际机场位于中国江苏省盐城市亭湖区南洋镇境内，距市中心8.3千米，是国家一类航空开放口岸机场。机场有T1航站楼1.3万平方米、T2航站楼3.02万平方米，4C级飞行区，跑道2800米，机坪15万平方米，停机位20个，可保障波音737、空客320等中等机型全载起降。至2020年底，机场有国内航点34个，周航班量538架次。全年保障各类飞行起降1.88万架次，旅客吞吐量169.19万人次，货邮吞吐量1.36万吨。年内，《盐城南洋机场总体规划》（2020年版）获得民航华东地区管理局批复；飞行区等级提升工程可研性报告编制基本完成，跑道道面注浆和老滑行道、老机坪大修工程不停航施工；T1航站楼改造工程项目建议书报省发改委审批。

· **江苏射阳通用机场**　江苏射阳通用机场位于江苏射阳经济开发区伍份村境内，总占地面积43.33万平方米，场内分为飞行区、站坪区和生产及辅助设施区3个功能区。飞行区为2B等级，跑道长800米、宽30米，小型固定翼机位8个，直升机机位站坪6个，站坪区和生产及辅助设施区包括4800平方米业务综合楼、4800平方米食宿楼、6000平方米机库、仪表导航工程、灯光站、配电房等设施。机场主要满足运-5B、运-12等小型固定翼通用飞机驻场使用，兼顾S-76D和EC135型直升机起降需求，可提供抢险救护、海事救援、农业航空、气象探测、空中测绘、飞行培训、观光旅游、航空物流等服务，以及为航空产业园区航空器制造、维修、试飞等提供服务，是华东地区首个A1类仪表导航通用机场。7月，障碍灯安装工程通过省民航监管局验收。7月25日，机场实现夜航首飞，成为华东地区第一家具备全天候飞行条件的通用机场。全年实现安全飞行7230小时，保障飞行3.48万架次。

· **江苏建湖通用机场**　江苏建湖通用机场位于江苏省建湖高新技术产业开发区内，飞行用地约40万平方米，按照B级机场规划建设，跑道长800米、宽30米，包括场道设施、空管工程、综合指挥楼、维修机库、特种车库、动力中心、消防站、通航展示中心、航空加油站等附属配套设施，可为小型通用航空器制造企业提供试飞、转场基地，并广泛应用于应急救援、城市环保、农林作业、气象探测、科学实验、短途运输、低空旅游、公务飞行和飞行培训等通用航空飞行任务。年内，建成2号机库，建筑面积5000平方米，实现安全飞行1944小时，保障飞行8781架次。

· **全省首架复工包机降落盐城南洋国际机场**　2月21日，160名云南籍务工人员乘包机抵达盐城南洋国际机场。这是新冠肺炎疫情发生后，江苏省首架企业复工包机。为服务企业复工，盐城南洋国际机场铺设“复工空中通道”，提前部署，制定方案，确保所有复工人员和物资运输安全、有序、快速出港。

· **盐城南洋国际机场引进2架过夜驻场飞机**　10月22日，盐城南洋国际机场和重庆航空公司签署战略合作框架协议。冬春航班换季后，盐城南洋国际机场引进重庆航空公司2架过夜驻场飞机。该驻场运力执飞航班每周77班，实现盐城市飞往武汉市、哈尔滨市、大连市、烟台市等12个城市航班机场始发。（成　扬）

内河航道建设与运输

· **概　况**　2020年，盐城市境内有内河航道287条，通航总里程4346千米，其中二级航道25千米、三级航道283千米、四级航道209千米、五级航道297千米、六级航道296千米、七级航道466千米、等级外航道2783千米。有内河通航建筑物12座，有刘庄船闸、滨海船闸、运盐河船闸、阜宁船闸4座交通管辖船闸。

· **内河港区**　盐城内河港八大港区分别为：市区港区、

响水港区、滨海港区、阜宁港区、射阳港区、建湖港区、大丰港区和东台港区。加快内河港区建设，年内，盐城市开展内河港口岸线资源整合五年规划研究，盐城内河港市区港区新兴作业区完成交工验收，推进内河水运“散改集”，新增盐城内河港市区港区步凤作业区—盐城内河港大丰港区、盐城—河南周口2条内河集装箱航线。全市内河港口150家持证码头企业船舶污染物接收设施全部提升到位，建成生活垃圾接收设施169套、生活污水接收设施158套，含油污水接收设施156套。完成省干线航道沿线61家扬尘企业121套粉尘在线监测系统安装任务并接入省交通运输厅平台。新建港口岸电49套。至年底，全市内河港区有生产性泊位447个、泊位总长度27.55千米，全年货物吞吐量4082.67万吨、完成集装箱1.92万个标箱。

·航道运输　至年底，全市有水路运输企业148家，船舶管理企业7家，经备案的国内船代货代企业26家，其中运力规模5万吨以上水运企业14家；沿海运输企业16家，沿海运输船舶105艘、51.79万载重吨、36.63万总吨。全年全市有营运船舶6036艘、352.6万载重吨、213.18万总吨。全年全市水运货运量1.26亿吨，水运货物周转量326.84亿吨千米。全市完成内河集装箱量1.92万标箱，其中，步凤港作业区1.13万标箱，阜宁内河港区2699标箱，大丰内河港区5189标箱。

·连申线东台段航道整治工程　连申线东台段航道整治工程，起点为通榆河与泰东河交界处，终点止于通榆河盐城市、南通市交界处，按三级航道标准整治航道里程25.73千米，设计最大船舶吨级为1000吨，航道底宽不小于45米，水深3.2米，口宽不小于60米，最小弯曲半径480米。工程新建、改建桥梁通航净空不小于60×7米，主跨一孔跨过通航水域；新建护岸46.14千米，新建服务区1处，改建桥梁7座，配套建设航道绿化、标志标牌和信息化项目，完成总投资6.87亿元，2011年4月开工建设，2013年12月建成通航，2020年4月29日通过竣工验收。

·盐渎路通榆河大桥通车　4月28日，盐渎路通榆河大桥通车。盐渎路通榆河大桥位于市区东南部，横跨通榆河，东西连接盐渎路，是畅通盐南高新区与盐城经济技术开发区片区的重要交通性主干路大桥。大桥整体呈东西走向，起点位于盐渎路与范公路交叉处，终点止于盐渎路与天山南路交叉处，全长1.46千米，采用双向八车道，是盐城市第一座双向八车道桥梁、第一座全钢结构市政桥梁。全桥钢结构重量8400吨，桥面宽度50.5米，创下全国最宽的市政钢桥纪录。

·阜宁船闸及小中河航道改造工程获“苏畅杯”优质工程奖　12月9日，阜宁船闸及小中河航道改造工程获江苏交通“苏畅杯”优质工程奖。小中河航道连接通榆河至京杭大运河，是盐城沿海航运西向拓展的重要通道。阜宁船闸及小中河航道整治工程项目分为船闸改造、航道护岸、航道拓浚、桥梁改造、农田灌溉、小水电站、2个公共码头7部分。阜宁船闸按四级水工建筑兼顾三级标准，建设规模为180×23×4米（闸室长 × 口门宽 × 槛上水深）。小中河航道整治里程17.35千米，新建重力式混凝土护岸30.6千米，生态护岸5.7千米，疏浚土方114万立方米，由阜宁县负责改建桥梁10座，总投资3.6亿元。2015年8月开工建设，2016年11月12日建成通航。2020年1月17日通过竣工验收。

·航道建设　年内，全市内河航道建设完成投资7900万元。连申线响水船闸扩容工程可行性报告通过省发改委审查。淮河入海水道二期配套通航工程可行性报告通过省交通运输厅内审，完成社会稳定性评估报告备案和环评第一次公示。阜宁船闸及小中河航道改造工程、连申线东台段航道整治工程通过竣工验收。滨海港区疏港航道船闸工程通过环保专项验收。连申线通榆河航道四期护岸工程开工建设，五期护岸工程完成施工图设计。完成建口线航道建湖县城段护岸墙前土疏浚工程和滨海船闸上游引航道水毁修复工程。推进连申线航道市区新都路大桥段护岸修复及临水景观提升工程建设。《盐城港航“十四五”发展规划》通过中间成果审查。完成《通榆河沿线码头规划布局完善研究》。更新完善航闸设施改造专项资金项目库（2021—2023年）。完成连申线、刘大线、盐邵线30.9千米绿化提升工程。

·航道管理　全年全市航道系统巡航10万千米，审核航道通航条件影响评价29起，收取航道赔（补）偿费145.9万元；维护发光航标82座388人次，完成扫床里程2752.57千米，清除水中碍航物27处136.5吨，拆除非法码头29座，清除违法设置渔网鱼簖18处，设桥涵标106座，设桥梁防撞设施100座；参与法制宣传36次200人次，发放宣传资料2100余份。加强标志标牌管理，执行省内河航标细则，保证等级航道上非法渔具清零。加强航道执法指导，对滨海县响坎河、张家河航道等5座违建桥梁进行现场勘验，实行并案处罚。建立水利、公安、环保、渔政等部门联动执法机制，对辖区航道上违法违建和破坏航道设施的行为依规范程序处置。　（成　扬）

邮 政 业

·概　况　2020年，盐城市邮政行业完成业务总量58.94亿元，完成邮政行业业务收入27.96亿元。加强邮政市场管理。全年累计出动检查1024人次，立案17起，处罚金额27.7万元。完成快递经营许可实地核查96家，处理快递末端网点备案审核875次，新增通过备案481个。全年累计检查营业场所134个，建制村74个。答复“12345”市长热线申诉253起，举报21件，答复省邮政管理局申诉平台转办申（投）诉666起，申诉答复满意率95%。

· **快递业务** 年内，全市邮政快递业有法人企业76家、分支机构115家、备案快递末端网点1274个。全年全市快递服务企业完成业务量2.04亿件，完成业务收入16.02亿元。年内，全市4个快递末端网点获评省级快递标杆网点。市邮政管理局在江苏医药职业学院开办全市首家校园智能快递服务中心，邮政、申通等8家快递企业进驻。

· **快递安全监控平台建设** 年内，东台市邮政管理局建成139个快递末端网点寄递业安全监控中心，同时接入公安安全监管平台，后续备案网点将陆续加入监控中心。射阳县邮政管理局将全县125家末端网点营业场所视频监控全部纳入智能安全监控平台，通过平台实现收寄验视的信息化监管，并制定相应的视频监控管理制度，要求每日抽查网点数量不低于5个，将不规范的收寄行为及时记录在案。大丰区邮政管理局督促全区135个快递网点按要求安装监控并与局监控平台联网。建湖县、阜宁县、盐都区邮政管理局开展安全监控平台前期相关准备工作。

· **“快递进村”“邮快合作”“交邮合作”工程示范点打造** 年内，盐城市推动“快递进村”工作。大丰区邮政管理局在大丰区万盈镇沈灶村试点成立大丰区沈灶电商快递综合服务中心，整合中通、申通、百世汇通、韵达等快递业务，并代办邮政业务。推进“邮快合作”，邮政企业与全市11家快递品牌企业在7个县（市、区）16个乡镇、35个村村邮站、邮乐购、苏邮便民店等末端进行合作，累计代收快递1.77万件，代投快递97.66万件。推进“交邮合作”。射阳县邮政管理局推动县邮政公司、县三维交通集团开展“交邮合作”试点工作，利用镇村公交代运邮件，摊薄、节省双方运输成本，提高双方经济效益，同时协调江苏三维交通集团将闲置公交停车站场盘活，改造为邮件处理中心，构建县城、乡镇、村组三级物流体系。东台市邮政管理局与东台市交通运输局签订交邮战略合作框架协议。

· **“快递＋特色农产品”金牌项目建设** 年内，市邮政管理局参与建立射阳县快递、电商平台与本地特色农产品对接渠道和桥梁，打造“快递＋特色农产品”千万级金牌项目。利用“农民丰收节”连接国庆、中秋假日市场，结合“互联网＋”，创新线上直播带货形式，将射阳优质特色农产品通过电商平台进行促销，“农民丰收节”当日在微赞、淘宝、拼多多、天猫、抖音、百度等专场开展20小时直播，近30万人观看，35款产品参与活动，成交订单数超5万单，销售额140万元，其中射阳大米、洋马菊花等扶贫产品销售额约为37万元。全年洋马菊花通过快递渠道销售超1000万件。 （柏天奇）

· **中国邮政集团有限公司盐城市分公司** 中国邮政集团有限公司盐城市分公司全年实现业务收入12.28亿元，其中寄递业务实现收入2.64亿元，完成业务量6036.03万件。开通警邮便民服务点87个，建成税邮合作服务点12个，办理税邮业务超30万笔，代征税额1.55亿元。投入360万元，改造营业投递部12处；投入470万元，改造市公司进口邮件处理场地2300平方米，配置小件分拣机等设备。完成射阳县、建湖县邮件处理场地改造。加快推进总投资3亿元电商物流园项目，构建现代化电商物流产业园和大型综合邮运枢纽。拓宽农产品销售渠道，线上组织“抖音”“腾讯”双平台直播带货、打造“邮乐食堂”销售平台，上线销售家庭农场滞销时令农产品53款，配送3万余单；线下新拓展“新农菁英”等渠道销售农产品，推动青创品牌走进乡村，全年实现销售2362.25万元，同比增长54.88%。深化经营管理机制改革，在速递部、大学城营投部试点实体化运作，全年实现收入3685万元，同比增长17.8%；大学城营业投递部现费散户业务量同比增长264.3%，人均揽收量从每日2件提升至每日7件，收入同比增长296.7%，月均用工成本下降3.8万元。响应停课不停学号召，配送中小学教材，盐都区分公司协同城区寄递事业部投递2.49万件。 （王 悦）

表34 2020年盐城市邮政行业基本情况统计表

指 标	数值	指 标	数值
一、邮政行业业务收入（亿元）	27.96	订销报纸（万份）	10925.49
1.邮政寄递服务（亿元）	1.82	订销杂志（万份）	293.43
2.快递业务（亿元）	16.02	汇兑（万笔）	2.67
二、邮政行业业务总量（亿元）	58.79	2.快递业务（万件）	20428.82
1.邮政寄递服务（万件）	16873.32	其中：同城（万件）	3264.64
其中：函件（万件）	106.86	异地（万件）	17151.21
包裹（万件）	7.31		

生态建设

编辑　裴力民

综　述

·概　况　2020 年，盐城市以生态文明示范创建为抓手，践行“两海两绿”路径，助力生态盐城建设，不断创优生态品牌，实现生态创建品位、数量“双提升”。发挥生态示范创建在生态环境保护工作中的示范引领作用，开展国家、省生态示范创建工作。盐都区被生态环境部命名为“绿水青山就是金山银山”创新实践基地。全市 12 个镇、15 个村获批省第三批生态文明示范镇村，全市省级生态文明建设示范镇覆盖率 70%。坚持将生态示范创建与环境保护工作实际相结合，制定盐城市生态文明建设示范镇、村、工业园区创建工作实施意见、创建规程、指标体系，开展市级生态示范创建活动，创成市生态文明建设示范镇 1 个、市生态文明建设示范村 14 个、市生态文明建设示范工业园区 1 个。

推进生态资源保护。在严格执行《江苏省生态补偿转移支付暂行办法》的基础上，研究《盐城市区生态红线转移支付暂行办法》等文件，对大市区生态红线区域进行补偿，确保生态资源得到有力保护、有效利用、有序开发。推进生态保护与修复工程。推动亚行贷款盐城湿地保护项目，加大督查推进工作力度，实行周通报工作制度，配合省亚行项目办推动项目实施。

提升生态环保水平。组织开展“云科普”活动，通过线上线下相结合的方式，推动环境素质教育进机关、进学校、进企业，提升全民科学素质和环境意识。推广环保科技平台。贯彻落实生态环境部《关于促进生态环境科技成果转化的指导意见》，鼓励企业利用平台提出生态环境科技需求，加强供需对接和交流合作，让平台成为助力企业治污的好帮手。推动环保科技工作。开展企业清洁生产审核，定期对列入省第十六批强制性清洁生产的 36 家企业清洁生产工作情况进行督查，切实加强跟踪问效。

·国家节水型城市建设　年内，盐城市加快国家节水型城市建设。印发并完善供水、排水和节水管理办法等规范性文件，制定节约用水奖惩管理办法、节约用水资金管理暂行办法等节水财政投入制度，落实居民用水阶梯水价政策，通过价格杠杆鼓励居民节约用水。发布《盐城市节约用水规划》，为节水工作和水资源的可持续利用提供依据。督促城市用水大户强化节约用水意识，发挥示范引领作用，重抓工业企业节水管理，鼓励加大节水投入，工业用水重复利用率达 93.59%。定期开展用水器具检查，在售用水器具全部为节水型器具。先后创成省节水型企业 44 家（覆盖率 36.83%）、节水型单位 34 家（覆盖率 24.26%）、省节水型居民小区 68 个（覆盖率 10.16%）。推进海绵城市建设，保证已建成海绵城市的区域内无易涝点。做好水源地水量调配、饮用水水源地污染防治，加强蟒蛇河（盐龙湖）、通榆河等城市水源地保护，城市水环境质量达标率 100%、城市集中式饮用水水源水质稳定。加快城市供水管网改造，做好供水管网的巡检改造，降低供水损耗和管网漏损，推进城市供水管网分区计量工作和老旧小区二次供水设施改造。新建、改造园林绿化地表水取水口，利用再生水和雨水，严格控制自来水用于绿化灌溉和市政洒扫。利用世界水日、中国水周、世界环境日、全国城市节水宣传周等活动，组织开展一系列节水宣传活动，增强市民“水患”意识和节水意识。

·黑臭水体治理示范城市建设　年内，盐城市对照国家黑臭水体治理示范城市黑臭水体治理绩效目标情况表要求，按期完成 34 条黑臭水体整治工程建设任务，整治河

江苏黄海海滨国家森林公园　　（盐阜大众报社　供图）

道51.63千米，新建污水管道66.7千米，消除污水排口96个。油坊沟、跃进河、东干渠、丰收河、小马沟、前进河、盐塘河7条河道，达到"水清岸绿、鱼翔浅底"的要求。

· 农村村庄河塘整治专项行动 6月5日，市政府办公室印发《盐城市2020年农村村庄河塘整治专项行动实施方案》，按照每个行政村一条的原则，疏浚整治村庄河塘，建成村级生态河道。至年底，疏浚整治村庄河塘2875条，疏浚土方5782万立方米，建成村级生态河道100条。

· 农村河道生态治理工程 年内，盐城市继续实施农村河道生态治理工程。至年底，农村河道生态治理三年行动（2018—2020年）完成，疏浚土方1.52亿立方米，建成农村生态河道327条。（臧滨城）

· 盐都区获批全国"绿水青山就是金山银山"实践创新基地 10月9日，生态环境部公布第四批"绿水青山就是金山银山"实践创新基地名单，盐都区入选。盐都区牢固树立"绿水青山就是金山银山"理念，在创成国家生态区和生态文明建设示范区的基础上，开展"绿水青山就是金山银山"实践创新基地建设。组织编制《盐城市盐都区"绿水青山就是金山银山"实践创新基地建设实施方案》，探索将生态禀赋转化为绿色财富、生态高颜值转化为发展高质量的科学路径，因地制宜将区域生态环境优势转化为生态经济优势。构建绿色产业体系，形成以智能终端、高端装备、新能源为代表的三大新兴产业。发展绿色生态农业，打造"鲜之都 · 盐都"农产品区域公用品牌,"盐都草莓""大纵湖大闸蟹""龙冈茌梨"等国家地理标志证明商标；创成全国渔业健康养殖示范县（区）、江苏省农产品质量安全县（区）。依托优良的生态环境、深厚的人文底蕴、浓郁的水乡风情，发展生态旅游，创成国家AAAA级景区1家，获批全国休闲农业与乡村旅游示范县（区）。3月23日，大纵湖湿地公园创成国家级湿地公园。

· 市区环城高速圈生态廊道建设 年内，市政府启动市区环城高速圈生态廊道建设，以通榆河、环城90千米高速公路两侧保护空间为纽带，串起沿线城市绿地、水面、林地和基本农田，构建主城"中"字形生态廊道空间格局。全年全市补种林带面积83.03公顷，腾退企业40家、占地面积30.05公顷，搬迁农房4880户，土地流转面积1428.15公顷，疏浚河道65条，建成生态河道58条。（王亚云）

环境状况

· 空气环境质量 年内，盐城市环境空气质量综合指数3.52，居全省第一位，同比改善11.3%；$PM_{2.5}$年均浓度每立方米33微克，居全省第二位，同比下降17.5%；优良天数308天，优良天数比例84.2%，居全省第三位，同比提高6.1个百分点；降尘量每月每平方千米3吨，居全省第二位。盐城市成为全省率先达到环境空气质量二级标准的城市。年内，各县（市、区）空气质量均好于2019年水平。二氧化硫年均浓度每立方米5～9微克，平均每立方米7微克，较2019年下降22.2%，好于国家二级标准；二氧化氮年均浓度每立方米16～24微克，平均每立方米20微克，较2019年下降9.1%，好于国家二级标准。PM_{10}年均浓度每立方米46～67微克，平均每立方米57微克，较2019年下降14.9%，各地均达到国家二级标准；$PM_{2.5}$年均浓度每立方米30～35微克，平均每立方米32微克，较2019年下降15.8%，各地均达到国家二级标准；一氧化碳日均值无超标现象；臭氧日最大8小时第90百分位数浓度均值每立方米140～162微克,平均每立方米151微克。年内,各县(市、区）空气质量优良天数比例82.9%～90.4%，除响水县同比下降，其他地区较2019年均有一定幅度提升，射阳县最高。

· 水环境质量 年内，全市9个国考断面全部达标，三类水质比例100%，无四类、五类和劣五类断面，水质较2019年改善，三类断面比例上升11.1个百分点。其中，国考断面大庆路桥断面水质提升为三类。

34个省考以上断面（含9个国考断面）中达到或好于三类水质的断面33个，占97.1%，四类断面1个，占2.9%，无五类和劣五类断面，所有断面均达到年度目标，水质较2019年改善，三类断面比例上升8.9个百分点。其中，省考断面黄海大桥、斗龙港闸、川东闸、民主村、盐城大桥断面水质提升为三类。

全市14个县级及以上城市集中式饮用水水源地达标率为92.9%，盐城市通榆河伍佑水源地超标，超标指标为溶解氧、高锰酸盐指数、生化需氧量、化学需氧量、总磷，未达年度目标。

全市52个省级重点水功能区达标率为82.7%，优于年度目标5.7个百分点。射阳县、阜宁县、大丰区、滨海县省级重点水功能区达标率均超过90%，建湖县、亭湖区未达年度目标。

全市10个主要入海河流断面达到或好于三类水质的断面8个，占80%；四类断面2个，占20%；无五类和劣五类水断面。

全市5个主要跨市河流断面达到或好于三类水质的断面4个，占80%；四类断面各1个，占20%。淮安市流入的入海水道排渠断面、淮安市流入的苏北灌溉总渠断面、泰州市流入的泰东大桥断面水质、扬州市流入的黄土沟断面水质均为三类，南通市流入的通榆河富安梁一大桥断面水质为四类。与2019年相比，市界断面水质总体有所好转。

表35　2020年盐城市优良天数比例和$PM_{2.5}$年均浓度达标情况一览表

地　区	优良天数比例		$PM_{2.5}$年均浓度	
	百分比	是否达标	浓度（微克/立方米）	是否达标
全　市	84.2%	是	33	是
东台市	86.3%	是	34	是
建湖县	87.7%	是	32	是
射阳县	90.4%	是	31	是
阜宁县	83.1%	是	33	是
滨海县	87.2%	是	34	是
响水县	83.6%	否	32	是
大丰区	85.0%	是	31	是
盐都区	84.9%	是	31	是
亭湖区	82.9%	是	35	是
盐城经济技术开发区	84.8%	是	31	是
盐南高新区	84.7%	是	30	是

表36　2020年盐城市国家考核断面水质情况一览表

序号	断面名称	所在水体	责任地方	年度目标	2019年水质	2020年水质	同比水质变化情况
1	灌河大桥	灌河	响水县、灌南县	Ⅳ	Ⅲ	Ⅲ	→
2	大庆路桥	串场河	亭湖区、盐南高新区	Ⅳ	Ⅳ	Ⅲ	↑
3	龙冈凤凰桥	蟒蛇河	盐都区	Ⅲ	Ⅲ	Ⅲ	→
4	富民桥	东台河	东台市	Ⅲ	Ⅲ	Ⅲ	→
5	草堰大桥	通榆河	东台市、大丰区	Ⅲ	Ⅲ	Ⅲ	→
6	大团桥	斗龙港	大丰区	Ⅲ	Ⅲ	Ⅲ	→
7	新洋港闸	新洋港	射阳县、亭湖区	Ⅲ	Ⅲ	Ⅲ	→
8	城北大桥	通榆河	阜宁县	Ⅲ	Ⅲ	Ⅲ	→
9	六垛闸	灌溉总渠	滨海县	Ⅲ	Ⅲ	Ⅲ	→

注：灌河灌河大桥断面国家考核目标为Ⅳ类，省考核目标提升为Ⅲ

表37　2020年盐城市省级以上考核断面水质情况一览表

地　区	考核断面数（个）	省年度Ⅲ类水质断面约束性目标	2020水质达到或好于Ⅲ类断面比例	2020水质达标断面比例
全　市	34	79.4%	97.1%	100%

续表37

地　区	考核断面数（个）	省年度Ⅲ类水质断面约束性目标	2020水质达到或好于Ⅲ类断面比例	2020水质达标断面比例
东台市	6（1）	83.3%	83.3%	100%
建湖县	3	100%	100%	100%
射阳县	3（1）	100%	100%	100%
阜宁县	3	100%	100%	100%
滨海县	3	100%	100%	100%
响水县	4（2）	100%	100%	100%
大丰区	5（2）	40%	100%	100%
盐都区	5（2）	80%	100%	100%
亭湖区	5（3）	40%	100%	100%
盐城经济技术开发区	1（1）	100%	100%	100%
盐南高新区	2（1）	50%	100%	100%

注：括号内的数值是该地区与相邻县（市、区）共同考核的断面数

表38　2020年盐城市省级重点水功能区达标情况一览表

地　区	省级重点水功能区个数	2020年达标情况	
		比例	是否达标
全　市	52	82.7%	是
东台市	9	88.9%	是
建湖县	12	66.7%	否
射阳县	8	100%	是
阜宁县	11	90.1%	是
滨海县	9	100%	是
响水县	6	83.3%	是
大丰区	7	100%	是
盐都区	6	83.3%	是
亭湖区	7	71.4%	否

注：省级重点水功能区个数中含共同考核水功能区数

表39　2020年盐城市入海河流断面水质情况一览表

河流名称	断面名称	省年度目标	2019年水质类别	2020年水质类别	同比水质变化情况
灌河	陈港	Ⅲ类	Ⅲ类	Ⅲ类	→
中山河	头罾闸	Ⅲ类	Ⅲ类	Ⅱ类	↑
苏北灌溉总渠	六垛闸	Ⅲ类	Ⅲ类	Ⅱ类	↑
射阳河	射阳河闸	Ⅲ类	Ⅲ类	Ⅲ类	→
新洋港	新洋港闸	Ⅲ类	Ⅲ类	Ⅲ类	→
黄沙港	黄沙港闸	Ⅲ类	Ⅲ类	Ⅲ类	→
斗龙港	斗龙港闸	Ⅳ类	Ⅲ类	Ⅲ类	→
王港河	王港闸	Ⅳ类	Ⅳ类	Ⅳ类	→
川东港	川东闸	Ⅳ类	Ⅲ类	Ⅲ类	→
东台河	川水港闸	Ⅳ类	Ⅳ类	Ⅳ类	→

· **声环境质量**　全年全市声环境质量总体较好，盐城市中心城区声环境昼间平均等效声级51.2分贝，区域声环境质量总体达到二级（较好）水平，道路交通声环境质量总体达到一级（好）水平。盐城市中心城区各功能区昼间、夜间年均值均达标。居住、文教机关区（1类区）：中心城区功能区噪声昼间年均值为49.76分贝，夜间年均值为39.97分贝；居住、商业、工业混杂区（2类区）：中心城区功能区噪声昼间年均值为51.82分贝，夜间年均值为43.66分贝；工业区（3类区）：中心城区功能区噪声昼间年均值为53.29分贝，夜间年均值为44.39分贝；交通干线两侧区域（4类区）：中心城区功能区噪声昼间年均值为59.37分贝，夜间年均值为48.62分贝。

· **土壤环境质量**　年内，全市土壤环境质量总体保持稳定，污染地块和污染耕地安全利用率实现双100%，超额完成省定双90%目标，位于全省前列。

· **海洋环境质量**　年内，盐城市近岸海域优良海水面积比例34.6%。全市沿海地区实现湾（滩）管理全覆盖，设立市级湾（滩）长2名、县级湾（滩）长11名、镇级湾（滩）长29名、村级湾（滩）长40名、巡湾员60名、湾（滩）长公示牌56块。根据2019年全市入海排口专项排查结果，全市境内有全口径入海排口686个，包括工业企业排口、农业农村生产生活排口、雨水排口、溪流、沟渠、涵闸等，其中响水县41个、滨海县119个、射阳县146个、东台市48个、大丰区324个、亭湖区8个。

· **辐射环境质量**　年内，盐城市印发《盐城市核与辐射安全风险隐患排查治理三年行动方案》，完成203家核与辐射利用单位安全风险隐患排查。推进放射性废渣安全处置及废放射源和放射性“三废”管理，处置废旧放射源6枚。对全市68家销售、使用Ⅱ类射线装置与放射源的市管核与辐射利用单位开展辐射年度安全检查，配合省生态环境厅完成对全市18家省管辐射单位监督检查，完成80家核与辐射建设项目的审批会签。

· **《盐城市中心城区声环境功能区划分方案》发布**　1月4日，《盐城市中心城区声环境功能区划分方案》经市政府第64次常务会议审议通过。盐城市中心城区声功能区划分以中心城区范围为基础，以《盐城市城市总体规划（2013—2030）》中心城区规划图为底图进行划分。盐城市中心城区声环境功能区分4大类，其中1类声环境功能区面积48.76平方千米、2类声环境功能区面积80.86平方千米、3类声环境功能区面积62.47平方千米、4类区域为盐城市中心城区内主要主次干道、快速路、高速公路、铁路等两侧一定距离范围内区域，另外还包括公交综合枢纽、公路客运枢纽、铁路客运枢纽、铁路货运枢纽范围。

（王亚云）

水资源保护

· **概　况**　2020年，盐城市水利局牵头完成2019年度最严格水资源管理制度省技术核查和综合考核，获优良等次。全面落实水资源用水总量和强度双控管理，全市用水总量控制在49.2亿立方米，较省控指标压缩8亿立方米。万元地区生产总值用水量较2015年下降31%。加强计划用水管理，将自备水源用水户和年用水量0.6万立方米以上的公共供水用水户纳入计划用水管理。严格定额用水管理，市水利局与市市场监管局联合制定盐城市工业和城市生活用水定额。组织开展区域可用水量确定、非常规水源利用、地下水开发利用和节约保护等专项规划，严守水资源开发利用控制。强化地下水压采，完成封井 331 眼，超额完成省政府下达的地下水封井压采任务，地下水压缩近 4600 立方米。新水源地及引水工程取水项目扩容增量，取水量 2.8 亿立方米。全年完成 3447 个取水工程（设施）信息核查及 1511 个取水项目登记工作。

· 节约用水 年内，市水利局推进国家节水行动，贯彻落实《盐城市节约用水管理办法》，市水利局机关建成省级节水型机关，并通过省水利厅和省住房和城乡建设厅等部门联合验收。东台市、大丰区等 8 个县（市、区）水利（务）局建成“节水意识强、节水制度完善、节水器具普及、节水标准先进、监控管理严格”节水机关。推进国家级县域节水型社会达标建设。东台市、大丰区获批成为全国第三批全国节水型社会达标县。建湖县完成国家级县域节水型社会达标建设工作，通过水利部技术评估和行政验收。亭湖区完成省级节水示范区创建任务，通过省水利厅验收。全年全市累计创成全国节水型社会达标县 5 个，创成省级节水示范区 8 个。开展学校、园区、高速公路等节水型载体创建，创成各级各类节水型载体 118 家，遴选市委党校等 3 家公共机构申报省级水效领跑者，沈海高速公路东台服务区创成省级节水型高速公路服务区。推进高校节水，盐城工学院浴室、生活开水、直饮水系统等 5 个项目实施合同节水，盐城师范学院、盐城工学院等 3 所高校对标申报典型节水示范案例。全年全市开展节水评价 20 次、用水审计 20 次。组织评选全市首批市级节水大使 50 名，聘请市级节水志愿者 77 名。东台市、建湖县创成省级节水教育基地。推进农业节水，全年新增节水灌溉面积 1.6 万公顷，安装计量设施 1.11 万台（套），计量节水 3.54 亿立方米。射阳县在全省首家建立农业水量监测系统，全县 1972 个站点农业灌溉水量监测实现全覆盖。

· 水源保护 年内，市水利局巩固推进水源地达标建设成果，推进乡镇区域供水水源地达标建设。阜宁县苏北灌溉总渠板湖水源地，滨海县通榆河东坎应急水源地，响水县、滨海县中山河大有（滨淮）水源地响水侧，阜宁县潮河益林水源地达标建设通过省水利厅技术核查。建湖县通榆河上冈水源地获省政府同意核销。完成全市 12 个县级以上集中式饮用水水源地达标建设，加强已达标水源地长效管护，完成年度评估。推进生态河湖行动计划，完成生态河湖建设情况总结评估。配合省水利厅做好通榆河、苏北灌溉总渠、泰东河、淮河入海水道、废黄河 5 条河道生态评估工作，完成射阳河生态状况评估。开展生态水位确定工作，编制完成全市生态流量确定重点河湖名录，确定射阳河、串场河生态水位，启动生态水位保障方案编制工作。

· 水土保持 年内，市水利局实施水土保持重点工程。项目年度总投资 3720 万元，涉及东台市、亭湖区、射阳县、响水县。至年底，治理水土流失面积 37.2 平方千米。加强对水土保持工作的监督力度，审批水土保持生产建设项目 78 个，开展事中事后专项检查 10 次，监督检查生产建设项目 18 个，对各县（市、区）开展水土保持监管履职监督检查，严格图斑核查工作，查出未批先建生产建设项目 87 个。至年底，市级征收水土保持补偿费 535 万元。

整治后的大纵湖风光带 （盐阜大众报社 供图）

· 退圩还湖 年内，市水利局推进退圩还湖规划编制工作，盐都区完成大纵湖退圩还湖规划及实施方案编制；盐都区“五荡”退圩还湖规划、建湖县“一湖六荡”退圩还湖规划、阜宁县境内射阳湖退圩还湖规划通过省水利厅专家审查，报省政府待批。推进大纵湖退圩还湖工程建设，4月2日，《大纵湖（盐城市域）退圩还湖工程补充完善实施方案》获省水利厅批复实施。至年底，大纵湖退圩还湖工程累计完成投资3.5亿元，其中2020年度完成投资3378万元，完成引江入湖通道工程、湖区切滩工程0.94平方千米、岸线调整防洪圈构筑护岸4.1千米、水面置换1.1平方千米，水域面积由8.2平方千米扩大至13.7平方千米。

· 生态河湖管理 年内，盐城市围绕“水清、岸绿、河畅、景美”的总体目标，因河制宜、因地制宜、因城制宜，开展样本河道打造和生态河道治理工作。印发《盐城市河道日常巡查管理办法（试行）》，指导各地加强对侵占河道行为、河道堤防安全、管理设施情况日常巡查，及时发现制止违法占用湖泊湖荡行为；印发《2020年全市生态河湖工作要点》，从健全完善河湖管理体制机制、强化水域岸线规范管理等5个方面19条条款明确全年全市生态河湖工作重点。盐都区蟒蛇河、射阳县小洋河入选《江苏河长制样本（一河一策）》图册，盐都区蟒蛇河入选江苏省2020年度生态河道建设示范样板。

· 河长制湖长制工作 4月，盐城市河长制领导小组办公室印发《2020年全市河长制工作要点》《市河长办2020年工作计划》，细化明确年度河长制工作计划安排；10月，印发《盐城市河湖长制工作高质量发展实施方案》，明确全市河湖长制高质量发展任务，推动全市河湖长制工作和河湖治理保护工作。联合盐阜大众报社策划推出《河长论坛》专栏，9位县级河湖长、18位镇村级河湖长发表河长制工作署名文章；在盐城广电移动数字电视和盐城电视台一套滚动播放河湖长制工作视频、图片，全面宣传河长制、湖长制。市水利局配合省水利厅开展里下河湖泊湖荡、通榆河、苏北灌溉总渠、淮河入海水道保护规划编制工作，完成16条市领导担任河长的河道保护规划，其中新洋港、蟒蛇河、串场河3条河道保护规划完成内容合理性审查及征求意见。各县（市、区）全面展开其他省骨干河道保护规划编制工作。盐城市各级河长履职尽责，市、县、乡、村四级河湖长累计巡河30万余次，其中县级以上河湖长累计巡河882次，根据巡河发现问题，下发问题交办单895份。年内，射阳县洋马镇贺东村等5个村（居）率先设立村级河长工作站；射阳县民间河长李泉获评全国民间河湖卫士，射阳县洋马镇贺东村党总支书记徐金生获评第二届江苏省十大河湖卫士。

· 河湖“两违三乱”专项整治 年内，盐城市河长制领导小组办公室通过交办、督查、通报等方式，推进全市“两违三乱”（违法圈圩、违法建设，乱占、乱排、乱建）专项整治，下发市级河湖长交办单27份、督办单4份，组织专项督查活动5次，印发“两违三乱”专项整治进展情况、“两违三乱”专项整治项目验收销号情况、水利部淮委暗访发现问题整改进展情况、通榆河“两违”专项整治情况等督查通报18期，联合市纪委监委第七派驻纪检监察组开展联合检查督办3次。全年排查整治“三乱”问题1051个、“两违”问题1840个，完成“两违三乱”专项整治任务；完成淮委暗访交办问题146个、水利部“清四乱”问题298个；整治商混、建材等企业153家，整治非法码头、砂石场340处44.97万平方米，拆除违建房屋662处10.25万平方米，清理畜禽养殖场534处41.56万平方米，清理圈圩养殖塘口211处9.36万平方米。

· 市县取水许可电子证照推广应用 年内，市水利局开展取水许可电子证照应用推广工作，市、县两级制作电子印章11个，同步启用取水许可电子证照系统，实现“让数据多跑路、让企业少跑腿”，提升水资源管理政务服务规范化、便利化水平。

· 新一轮国普河道管理范围划定工作 年内，盐城市9个县（市、区）和盐城经济技术开发区、盐南高新区新一轮国普河道管理范围划定工作通过县级验收，完成205条（段）国普河道管理范围划界工作，划界总长5280千米。

· 生态调水运行 年内，市水利局组织对市区第三防洪区实施常态化生态调水，运行51轮218天，翻水约8.15亿立方米，改善市区水环境，通过国考、省考断面水质达标考核。（臧滨城）

海洋资源保护

· 概　况 2020年，盐城市加强海洋保护工作，以国家海洋经济发展示范区建设为主线，实施海岸线修测、围填海历史遗留问题的处置等重点工程。加强浒苔防治、海洋预报等工作。市自然资源和规划局按照自然资源部、省自然资源厅要求，全面启动盐城市海岸线修测工作。

· 海域保护 年内，市自然资源和规划局开展海岸带侵蚀和盐渍化监测工作。分别在6月、9月和12月对响水县、大丰区、东台市布设的断面进行实地监测。与2019年相比，大丰区海水入侵最大距离减小4.24千米，入侵面积减小640平方千米，整体入侵范围有所减小；最大重度入侵距离增加5.16千米，最大氯度值增加每升562毫克，重度入侵程度有所增大；土壤盐渍化最远距离减小1.12千米，盐渍化面积增加779平方千米，最大全盐量增加0.67%，土壤盐渍化程度有所增大。东台市海水入侵最大距离6.2千米，入侵面积451平方千米，最大氯度值每升451毫克；土壤盐渍化最远距离13.4千米，盐渍化面积8平方千米，最大全盐量0.96%。响水县2.8千米离岸距离范围内监测站点海水入侵均为重度入侵，最大氯度值每升2780毫克，土壤盐渍化最大全盐量2.29%。开展浒苔防治，除藻作业、筏架管理等关键环节，清退紫菜养殖面积8300多公顷，压减面积超过一半。整改江苏盐城湿地珍禽国家级自然保护区内违规养殖用海问题，38宗9955公顷养殖区域内人工设施全部拆除，养殖活动全部终止，通过省自然资源厅现场销号。处理围填海历史遗留问题，小蟒牛作业区、南港高涂养殖规划区处理方案报自然资源部审查。

· **海岸线整治修复三年行动** 2018年5月，市政府印发《盐城市贯彻落实国家海洋督察反馈意见整改方案》，要求到2020年全市应累计完成海岸线整治修复127.3千米（省下达任务为121.3千米）。至2020年底，沿海五县（市、区）按整改要求完成辖区内海岸线整治修复任务，东台市完成20.4千米、大丰区完成37千米、射阳县完成37.8千米、滨海县完成19.2千米、响水县完成12.9千米，累计完成127.3千米，超额完成省下达的整治修复任务，得到国家海洋减灾中心的肯定。

· **渔业资源增殖放流** 年内，盐城市开展渔业资源增殖放流活动，放流各类渔业资源苗种8.8亿尾（只、颗）。放流的品种主要包括海洋鱼类的海蜇、半滑舌鳎、黑鲷、大黄鱼、中国对虾、三疣梭子蟹、菊黄东方鲀及淡水鱼类的草鱼、鲢鱼、鳙鱼、河蟹等水产苗种。海洋渔业资源的放流地点主要集中在沿海的东台、大丰、射阳、滨海、响水5个县（市、区）近岸海域，淡水渔业资源的放流地点为全市各县（市、区）的主要河道。通过渔业增殖放流，维护全市内陆水域和近岸海域的生物种群多样性和生态平衡，保护和恢复鱼类生态资源。（吕景林）

土地资源保护

· **概　况** 2020年，盐城市土地面积1.69万平方千米，其中耕地面积8378平方千米、园地面积155平方千米、林地面积123平方千米、草地面积66平方千米，城镇村及工矿用地面积2288平方千米、交通运输用地面积522平方千米、水域及水利设施用地面积4817平方千米，其他土地面积581平方千米。

· **耕地保护** 年内，盐城市严守耕地保护红线，实行永久基本农田特殊保护。实施土地整治、耕地占补平衡、工矿废弃地复垦、城乡增减挂钩项目345个，新增耕地面积2000多公顷。清查增减挂钩项目问题地块1.3万个、占地面积473.33公顷，全部通过等量置换整改到位。实施土地综合整治、耕地占补平衡项目2508个，新增耕地面积1.34万公顷，全市耕地保有量为81.54万公顷、永久基本农田面积为72.17万公顷，实现省定目标。

· **土壤污染防治** 年内，盐城市开展土壤污染遥感核实、重点行业企业污染状况遥感核实，完成搬迁关闭重点行业企业用地再开发利用情况专项调查，涉及全市搬迁关闭重点行业企业18家。完成土壤遥感调查1370余次、化学品生产使用情况调查365次和镍、锑、铊污染源调查98次以及汞污染源调查。组织农用地土壤污染状况详查，推进农用地土壤污染状况详查，对全市225个详查单元，布设农用地土壤详查点位1881个、农产品协作采样点位1168个，并及时将调查成果集成上报。根据农用地土壤污染状况详查结果，通过开展耕地土壤环境质量类别划分，建立优先保护类、安全利用类和严格管控类分类清单，绘制分类图件。组织重点行业企业污染状况调查，按照工作要求和技术导则，开展地块基础信息采集工作，收集地块基本信息、污染特征、扩散迁移特性和敏感受体等资料。按照筛选原则，合理增补企业名单，核实删减不查企业，最终确定812家企业开展基础信息采集，确定全市高、中、低关注度地块清单，开展地块空间信息整合工作，绘制全市重点行业企业地块空间信息分布图，编写风险筛查和纠偏工作报告。全年107家重点行业企业开展并完成初步采样调查，上报数据通过部、省核定。推进建湖县土壤污染综合防治先行区建设，编制完成先行区建设方案，完成先行区试点工作。围绕涉重金属产业结构调整和优化升级、提升涉重金属园区规范化管理水平、排查整治威胁群众健康和农产品质量安全的突出重金属污染问题等目标任务，开展涉重金属行业污染防控工作。对全市43家涉重企业，初步建立涉重金属全口径清单。开展钢铁、印染、铅蓄电池等行业隐患排查，以耕地重金属污染问题突出区域为重点，聚焦涉镉等重金属行业企业，全面开展排查整治，排查重点污染源38个、村庄306个。编制《盐城市重金属重点防控区专项整治方案》，确定东台市、滨海县、大丰区为重金属重点防控区试点地区，相关地区也分别编制重金属重点防控区专项整治工作方案并开展相关试点工作。强化耕地重金属污染监管，围绕污染耕地安全利用率达到90%的目标，督促整改盐都区1块耕地污染地块，完成省级农产品产地重金属污染安全利用和治理修复试点示范项目，阜宁县、滨海县、响水县编制三年治理修复方案。年内，阜宁县、滨海县、响水县安全利用类耕地上出产的粮食，经检测，达到食品安全标准，污染耕地安全利用率100%。（吕景林）

· **耕地质量建设** 年内，全市创建部省级耕地质量提升示范区5个，示范面积1700公顷，示范推广“有机类肥料+配方肥+水肥一体化”“秸秆还田+机械深耕+配方肥”“稻绿轮作+配方肥”等耕地质量提升技术。建立“测土配方、化肥双减”示范区63个，覆盖行政村102个；推广应用农家肥168.18万吨（实物）、商品有机肥11.5万吨（实物）、沼渣沼液49.8万吨（实物）。全年全市主要农作物测土配方施肥技术覆盖率94.9%，化肥使用量48.14万吨（折纯）。

实现耕地质量保护与提升技术推广全覆盖，全市耕地质量等级达5.06等。（花　露）

森林资源保护

·概　况　2020年，盐城市巩固国家森林城市建设成果，加大植树造林力度，严查滥砍滥伐案件，加强美国白蛾等林业病虫害防治，加大林场建设。市自然资源和规划局印发《2020年盐城市植树造林和国家森林城市建设工作考核办法》，坚持目标导向和问题导向相统一，重点突出栽植质量管理。全年全市新造成片林地面积7133公顷，改造提升面积6466公顷，分别超省定目标的21.2%、2.4%，造林总量居全省第一位。至年底，全市林木覆盖率24.7%，119个村庄达到市级森林村庄建设标准，建成省级绿美村庄65个。

·林业防治　年内，全市投入高射程喷雾机、弥雾机、烟雾机、喷雾喷粉机、高枝剪、捕虫网、杀虫灯等应急防治药械1500多台（套），购买苦参碱、甲维盐、氯氰菊酯等农药20多吨，组织防治人员1300名，成立专业防治队伍100多个，完成林业有害生物防治面积7.85万公顷，其中美国白蛾防治面积约6.99万公顷，剪除网幕近5万个，投放生物天敌周氏啮小蜂0.75亿头(1.5万个柞蚕蛹)。开展越冬蛹、幼虫等虫情调查工作，定期发布虫情测报。全年全市设立固定监测样地122个、临时样地159个，发布病虫情报53期1万多份，监测覆盖率96.53%。全年全市累计签发调运检疫证书6000多份，实施苗木产地检疫6666.67公顷。

大丰区沿海林场护卫队巡逻执勤　　（盐阜大众报社　供图）

·林业执法　年内，市自然资源和规划局严查滥伐林木违法行为，全年受理查处滥伐林木案件20起，林业行政处罚4起，移送涉林案件线索3条，移交公安机关追究刑事责任10起，配合地方公安机关抓获犯罪嫌疑人4人。全年开展森林防火督查检查56次，参加检查督查328人次，检查重点森林经营单位105个次，发现并完成整改重大隐患3项，排查并整治一般隐患40项。

·盐城林场　盐城林场创建于1959年9月，原称射阳林场，2012年4月区划调整后更名为盐城林场。盐城林场地处苏北沿海中部，毗邻江苏盐城湿地珍禽国家级自然保护区，紧依入海河道新洋港、西潮河，省级沿海公路、海堤公路贯穿其中。盐城林场是全国沿海防护林体系工程的重要组成部分，承担沿海防护职能和自然生态保护职能，栖息的鸟类263种，其中国家一级珍禽12种、二级珍禽68种，兽类30多种。至2020年底，林场土地总面积2033.33公顷，林地面积1940公顷，省级生态公益林1740公顷，森林覆盖率92%，栽植的品种有薄壳山核桃、中山杉、落羽杉、水杉、柳树、苦楝、榆树、柳杉、银杏、刺槐、池杉、朴树、广玉兰等10多个品种苗木，共计约155.56万株，林木总蓄积量7万立方米。

·射阳县林场　射阳县林场成立于1972年4月，原称射阳县黄沙港林场，2013年更名为射阳县林场。射阳县林场坐落在黄沙河两侧的堆堤和青坎上，境内东西总长35千米，东至黄沙港入海口，西与建湖县毗邻，沿途经过黄沙港镇、合德镇、兴桥镇、新坍镇4个镇和新洋农场，是射阳县境内东西一条主要防风林带、沿海防护林重要组成部分。至2020年底，林场土地面积903.93公顷，其中生态公益林面积624公顷；林场主要树种为水杉、意杨、银杏、中山杉、榉树、薄壳山核桃树等，其中水杉树种为林场主要乡土树种。

·射阳县金海林场　射阳县金海林场成立于2012年3月，位于海堤公路西、幸福大道南侧。林场地处沿海，因土壤含盐成分较高（3‰～7‰），先后与南京林业大学、吉林大学等科研院所合作，采取完善进排水系、地膜覆盖、开沟起垄抬高地面等沿海造林技术，造林成活率、保存率均在85%以上。至2020年底，林场区域总面积933.33公顷，完成造成片林733.33公顷，森林覆盖率78.6%；栽植中山杉、榉树、红叶石楠、东方杉、弗吉尼亚栎、榆树、国槐、女贞等36个耐盐树种，植树总量近100万株，最大树木胸径30厘米，平均胸径13厘米左右，林木总蓄积量 3.5 万立方米。

·建湖县林场 建湖县林场成立于 1972 年 1 月，位于建湖县境内东部黄沙港两岸，西端从建湖县城向东与射阳县接壤，全长 37.5 千米，横跨近湖、开发区、庆丰、冈西、上冈 5 个镇区，场部设在上冈镇，所有林地全部为省级生态公益林。至 2020 年底，林场区域总面积 373.33 公顷，林地面积 316.77 公顷，其中杨树种植面积 186.82 公顷、榉树种植面积 66.97 公顷、水杉种植面积 15.57 公顷、银杏种植面积 7.14 公顷、中杉山、榉树、美国红点红枫混交林 5.93 公顷、其他硬阔类种植面积 7.25 公顷，活立木总蓄积量 3 万余立方米，森林覆盖率 84.85%。

（吕景林）

节能减排

·概　况 2020 年，盐城市根据《关于开展 2020 年度暨“十三五”能源消耗总量和强度“双控”考核评价工作的通知》要求，对照《2020 年度暨“十三五”设区市政府能耗总量和强度“双控”目标责任评价考核指标及打分标准》开展自查工作，经自查盐城市总得分为 102 分。“十三五”期间，盐城市能耗强度下降大于 2.5%，完成省下达全市下降 2.5% 的年度节能目标；全市能耗强度下降比例大于 19.3%，超额完成“十三五”能耗强度总目标。2020 年，全市能源消费总量 1762 万吨标煤，完成 2020 年度及“十三五”能耗总量控制目标 1802.7 万吨标煤的任务。

·节能管理 年内，盐城市加强节能管理工作。明确 2020 年度节能目标，完成省政府对盐城市 2019 年度能耗总量和强度“双控”目标责任的评价考核工作，获评优秀。加强节能目标考核。将年度能源消费总量和强度控制目标纳入国民经济和社会发展年度计划，列入全年目标责任综合绩效考核，按季度对各县（市、区）进行节能预警，发布节能目标完成情况“晴雨表”，公布节能目标进度情况，组织实施节能应急调控预案。对全市重点工业企业能耗标准执行情况、落后设备淘汰情况进行节能专项执法。配合省节能监察中心对 1 家企业开展工信部重大工业节能专项监察，完成 5 家企业省级日常节能监察、完成 78 家企业市级日常节能监察企业，完成 16 家燃煤发电企业专项节能监察。强化节能宣传。通过报纸、电视、网络等媒体联合开展节能宣传周宣传活动，组织 2020 黄海国家森林公园“地球一小时”大型生态节能公益系列活动，组织市相关部门开展“绿水青山、节能增效”节能宣传周集中宣传活动，市工信局联合多部门组织志愿者现场进行节能知识普及讲解，分发各类节能宣传资料，组织机关工作人员在节能倡议书上签字承诺。

·节能财税扶持 年内，盐城市安排节能专项引导资金 500 万元，主要用于支持节能降耗项目、工业循环经济项目和绿色制造体系项目、企业淘汰过剩和落后产能等。严格落实节能税收支持政策，推行合同能源管理政策，“十三五”期间共有 1070 户次纳税人享受落实节能双控方面优惠政策，累计即征即退增值税 17.95 亿元，其中 2020 年即征即退增值税 4.82 亿元。

·能源消费结构调整 年内，盐城市严格执行固定资产投资项目审查制度，市发改委印发《盐城市固定资产投资项目节能审查实施办法》《盐城市固定资产投资项目节能报告委托评审暂行办法》，提高项目准入门槛，实行能耗强度与能耗总量“双控”审查。加强事中事后监管，组织对重点用能项目节能审查意见实施情况进行现场检查，对未完成年度节能减煤目标和能耗预警地区，市发改委、市工信局会同行政审批部门采取高耗能项目限批措施。省发改委下达盐城市“十三五”能源消费增量目标的通知、各县（市、区）2019—2020 年能源消费增量控制目标。发展非化石能源。全年全市可再生能源装机容量 985 万千瓦，占全省可再生能源装机容量 28.17%；可再生能源年发电量 178.8 亿千瓦时，占全省可再生能源发电量 34.2%；新能源发电量占全市用电量的 49.91%，比全省平均 8.19% 高 41.72 个百分点。全年全市可再生能源年发电量可折合替代标煤近 540 万吨，减排二氧化碳近 1400 万吨。削减煤炭消费总量，全面推进减煤专项行动。2017—2020 年，分别完成 73 万吨、107.7 万吨、126 万吨和 148 万吨，完成省下达各年度减煤任务。

·绿色经济 年内，盐城市推进绿色制造体系建设。益海（盐城）粮油工业有限公司、中材科技（阜宁）风电叶片有限公司被工信部列入第五批绿色工厂名单，江苏悦达家纺有限公司的涤纶高收缩丝单层凹凸床品面料纳入绿色设计产品名单。江苏博拓新型建筑材料有限公司、阜宁协鑫集成科技有限公司、上海电气风电设备东台有限公司列入省第一批绿色工厂名单。“十三五”期间，盐城市有 1 家园区、7 家企业、1 项产品分别被工信部列入绿色园区、绿色工厂、绿色设计产品名单，3 家企业列入省级绿色工厂。开展企业能效提升。印发《关于组织推荐 2020 年度重点用能行业能效“领跑者”工作的通知》，组织企业申报工信部和国家市场监管总局开展的能效“领跑者”企业。做好 2020 年度能源计量审查工作，开展重点耗能单位能源计量审查。推进能源计量体系建设，组织企业申报省优秀 AAA 测量管理体系评选，江苏东强股份有限公司被省市场监督管理局表彰为优秀 AAA 测量管理体系认证企业。

·建筑领域节能 年内，盐城市印发《2020 年全市绿色建筑工作任务分解方案》，明确本地绿色建筑工作发展年度目标。全年全市既有居住建筑节能改造面积 96.16 万平方米，既有公共建筑节能改造面积 46.01 万平方米，可再生能源建筑应用面积 415.94 万平方米，均完成年度目标任务。执行城镇新建民用建筑100%节能强制性标准，全年新增城镇绿色建筑总面积1086.96万平方米，实现节能14.29万吨标煤。全年新开工装配式建筑250.44万平方米。全年全市农村新墙材使用8.78万立方米，装配式部品部件（轻质板材）7.32万块标砖。至年底，全市新墙材产量、节能利废量分别为37.31亿块（折标砖）181.67万吨。推进盐城迎宾馆合同能源管理项目完成，通过省住房建设厅验收。淘汰盐城市烧结砖瓦行业落后产能，优化墙材行业结构，转型升级新墙材、预拌混凝土企业20家，关停轮窑77家。全年全市新增二星级及以上绿色建筑标识项目41个、面积428.91万平方米，其中获得绿色建筑运营标识项目4个、面积41.84万平方米，新增可再生能源应用建筑面积415.94万平方米。

· **交通领域节能**　年内，盐城市加快交通领域节能工作。市交通运输局印发《盐城市“十三五”交通运输节能环保发展规划的通知》，加快交通基础工程设施建设，开通全省首条高架地面BRT环线，建成总长225千米“一主三环八支”BRT快速公交网络，试运行SRT虚拟轨道交通示范线。至年底，市区城市公交万人标台数17.87、出行分担率29.57%，分担率较“十二五”末提高近10个百分点。全年全市新建港口岸电设施36套，累计建成岸电设施71套。全市内河港口累计安装岸电48套，使用岸电2762千瓦时；沿海港口累计安装岸电23套，使用岸电17885千瓦时。全市有城市公交企业10家，拥有公交车3146辆，其中新能源及清洁能源2394辆，占比76.1%。

· **公共机构节能**　年内，盐城市将公共机构节能工作纳入市委、市政府年度考核内容，分值0.5分。发挥每年100万元公共机构节能改造专项资金作用，推动公共机构实施节能改造工程。全年全市公共机构人均综合能耗84.62千克标煤，公共机构单位建筑面积能耗为5.19千克标煤。开展2020年度公共机构能源资源消费统计工作，鼓励、支持公共机构应用合同能源管理，实施合同能源管理项目16个，年节能量约2900吨标煤。

· **碳排放管理**　年内，市生态环境局印发《2020年全市生态环境系统应对气候变化工作要点》，确保完成全市“十三五”碳强度降低约束性目标。市政府调整市应对气候变化工作领导小组组成人员，强化与市应对气候变化领导小组成员单位间的协调配合。开展“全国低碳日”宣传活动，完成全市纳入全国碳市场重点单位碳排放核查工作。全年全市单位地区生产总值二氧化碳排放降低率在4%左右。“十三五”期间累计单位地区生产总值二氧化碳排放降低率在30%左右，超额完成省下达盐城市19.5%的单位地区生产总值二氧化碳排放降低率目标任务。

· **盐城国投环境废盐类危险废物收储及资源化利用处置项目投产运行**　盐城国投环境废盐类危险废物收储及资源化利用处置项目总投资5亿元，于2019年11月底建成。2020年2月取得全国第一张危废经营许可证，7月16日，全国首套氯化钠/硫酸钠混盐类危废资源化利用生产线调试运行成功，首批分离提纯的洁白晶莹的再生精制硫酸钠产品产出。

· **盐城高比例新能源电力系统示范工程**　12月3日，全国首个“清洁能源高比例消纳”综合示范典型项目、国家电网公司能源互联网城市重点示范项目——盐城高比例新能源电力系统示范工程成功落户大丰区。该项目由国家电网公司战略部署，联合中国电科院、南瑞集团等科研单位共同参与设计、开发与实施。工程集自同步电压源并网控制、集群优化协调控制等5项电网前沿技术应用于一体，一期选取大中街道、大丰经济开发区2条典型线路进行科研攻关，首次综合应用智能分布式一二次融合设备、增强型台区智慧网关、V2G直流充电桩等7种新型设备，综合运用虚拟同步、边缘计算等前沿分析方法，对线路上的17个分布式光伏用户电源点进行精准改造和技术验证。

（张锦锋）

污染防治

· **水污染防治**　2020年，盐城市加大水环境整治力度，按期完成整改并销号省、市人大常委会交办的问题51个。“千吨万人”饮用水水源地整治任务完成，响水县、滨海县中山河大有（滨淮）水源地、阜宁县潮河公兴水源地保护区划分方案均经省政府批复同意，建湖县通榆河上冈水源地经省水利厅同意核销。完成16个省级以上工业园区污水处理设施整治核查并形成整改报告，核查发现的9个问题全部整改。推进大庆路桥国考断面水质升类工作。1—10月，国考串场河大庆路桥断面水质为四类，市生态环境局、水利局、住房和城乡建设局、城管局、市城投集团和黄海金控会同盐南高新区、亭湖区开展攻坚工作。市住房和城乡建设局结合市区第三防洪区整治，会同亭湖区、盐南高新区开展串场河沿线治污项目，组织沿线排口专项排查，理顺排污走向，截断污水来源，增加河道动力。市水利局组织对市区第三防洪区实施常态化生态调水，运行51轮次218天，翻水8.15亿立方米。市城管局做好串场河市区段沿线保洁管护工作，打捞河面水草等漂浮物10余吨，清除岸坡两侧废弃物16处。亭湖区、盐南高新区对串场河沿线水环境巡查实施网格化管理，建立区抽查、街道督查、社区巡查的三级管护机制，全员参与，确保问题第一时间发现、第一时间处理。动态掌握串场河水质状况，市生态环境局会同亭湖区、盐南高新区制定专项监测方案，开展平交河道调研监测、大庆路桥上游重点断面比对监测、通榆河汇水水质监视性监测，为精准治水提供数据支撑。至年底，大庆路桥国考断面水质提升为三类。

· **海洋污染防治** 年内，盐城市开展近岸海域水环境质量达标建设工作。全市近岸海域布设监测点位41个，市生态环境局委托第三方开展水质监测工作，加强对全市近岸海域水质状况的研判，及时掌握全市近岸海域水质变化并加强预警，为近岸海域水污染防治工作提供数据支撑。调研全市近岸海域海水水质状况，印发《全市2020年上半年近岸海域水质状况形成报告》《关于全市近岸海域污染防治工作情况的报告》，对影响近岸海域水质的原因进行分析，对下一步工作提出建议，并组织对近岸海域水质目标攻坚工作进行督查指导。推进湾（滩）长制工作。推进构建海洋生态环境现代治理体系，加快在全市范围内多层级推动湾（滩）长制，研究制定盐城市湾（滩）长制2020年度重点工作目标任务，形成市、县、乡镇三级湾（滩）长名单，在市打好污染防治攻坚战指挥部办公室增设湾（滩）长工作组，负责组织实施湾（滩）长制日常工作，印发《盐城市县级湾（滩）长制工作评估考核办法（试行）》。对省生态环境厅关于湾（滩）长制日常通报的问题，督促沿海各县制定方案及时整改，并加强跟踪检查，确保通报问题及时整改。全面推进入海排污口溯源整治。印发《盐城市入海排污口监测溯源整治工作方案》《关于进一步加强企业直排入海排污口监督管理工作的通知》，加强对企业直排入海排污口管理，组织巡滩员对直排口定期巡察。对入海排污口监测溯源整治工作开展定期调度，实施周通报制度。启动编制"十四五"海洋生态环境保护规划。完成《盐城市"十四五"海洋生态环境保护形势与任务研究报告》《盐城市"十四五"海洋生态环境保护"问题在哪里"清单》《盐城市"十四五"海洋生态环境保护美丽海滩选划方案》3项前期成果，通过生态环境部太湖流域东海海域生态环境监督管理局组织的专家审查，形成《盐城市"十四五"海洋生态环境保护规划（初稿）》。

· **大气污染防治** 年内，盐城市以改善空气质量为目标导向，量化考核措施，研究制定国省考站点和乡镇（街道）环境空气质量管理考核办法，编制20个国省控站点空气质量提升方案，实施清单式管理，推动重点区域工业企业、机动车等污染源排查、整治和建档工作。建立国省考站点点位长责任制，推动点位长履职尽责。组织挥发性有机物、餐饮油烟、机动车及非道路移动机械、船舶污染及油品质量、工业炉窑、散乱污整治6个专项整治行动。开展扬尘污染专项治理，成立市扬尘办，市住房和城乡建设局、城管局、生态环境局等部门联合驻点办公，加强建筑工程、市政工程、拆除工程、公路工程、高铁（高架）、水利工程等施工工地各类扬尘污染治理，建立健全扬尘污染防治制度化、规范化、常态化长效管理机制，提升扬尘精细化管理水平。推进全市标杆工地和扬尘管控建筑工地建设，实施市区扬尘管控"红黑榜"制度，认定"红黑榜"建筑工地10家。深化建筑施工扬尘专项治理，提高扬尘治理工作成效，促使企业提升扬尘管理水平，评选出20个市级标杆工地。制定并实施市区道路抑尘工作方案，结合温度、湿度等气象条件，研究划定市区晒水、雾炮作业线路，通过采取降温增湿等措施，改善空气质量。开展动力用煤专项抽检，组织对全市20家火电、钢铁、水泥等重点企业、40批次煤质专项抽测，巩固煤炭质量整治成果。推动港口粉尘在线监测系统建设，推广滨海港区中电投集团协鑫滨海发电有限公司港口粉尘在线监测系统，全市累计建成174套粉尘在线监测系统。推动环境基础设施能力建设，督促各地加快乡镇（街道）空气监测站建设，并将该工作列入市委市政府"两重一实"项目。至年底，全市121个乡镇空气监测站全部建成运行。推动滨海县、大丰区化工园区及大丰港大气自动监测站建设，结合特征因子开展精准监测监控。强化秋冬季大气综合管控，开展"百日攻坚"行动，围绕工业企业、扬尘、移动源、面源等污染，市县镇三级联动，推进28项攻坚保障措施，确保实现年度环境空气质量目标。全年下发问题整改交办单312份，交办排查问题530个，并跟踪督查完成整改。做好移动源排放监管工作，加强对市区高排放车辆限行管理工作，建成非道路移动机械摸底调查和编码登记、加油站油气回收自动监控、重型柴油车远程在线监控3个监控平台，建成固定式遥感监测点12个、移动式遥感监测点1个，全年遥感监测机动车330万辆次。

· **农村生活污水和黑臭水体治理** 年内，盐城市围绕省定行政村农村生活污水治理设施覆盖率2019年40%、2020年60%的目标和农村黑臭水体排查治理任务，建立健全组织领导机制，明确责任和分工，形成"市、县、镇、村"四级联动推进态势，坚持"责任与任务同步、规划与建设同步、治理与管护同步"，强势推进农村污染治理工作。全市有1270个行政村生活污水得到有效治理，全市行政村农村生活污水治理覆盖率64.53%。9个县（市、区）《县域农村生活污水治理专项规划》全部编制完成并报省级认定。全年根据省住房和城乡建设厅安排，完成农村黑臭水体排查与筛选，最终报省级审定全市有80条农村黑臭水体，完成43条农村黑臭水体治理任务。

· **工业固废处理** 年内，盐城市推动小微企业危险废物收集贮存试点工作，建湖县环弘再生资源有限公司取得收集经营许可证，形成收集能力。大丰区江苏好山水环保科技有限公司通过市级现场核查。东台市弘涛环保科技有限公司建设工作推进之中。探索盐类危险废物利用和处置新模式，全年全市先后审批盐城市国投环境技术股份有限公司每年3万吨、杰林环保每年5万吨的废盐综合利用项目，新增盐类危险废物综合利用能力8万吨，盐城市成为全国第一个废盐处置先行先试的地级市。（吕景林）

环境监管

· **概　况** 2020年，盐城市生态环境局全面落实生态环境保护行政执法三项制度，印发《盐城市突发环境事件应急预案》《盐城市核与辐射应急预案》《盐城市集中饮用水源地应急预案》，开展蓝天行动、船舶污染物、畜禽养殖企业环保“三同时”，大市区工地噪声、挥发性有机物整治、秋季生态环境执法、集中式污水处理厂、危险废物处置安全生产专项整治、核与辐射安全隐患排查治理等专项执法行动20余次。全年全市生态环境系统办理行政处罚案件483起，罚款金额4517.76万元。查处环境违法案件50起，其中实施查封扣押17起、责令限产停产3起、移送公安机关实施行政拘留5起、涉嫌环境犯罪刑事移送25起。

·淮河生态经济带生态环保联防联治专委会成立 4月，盐城市印发《2020年盐城市淮河生态经济带出海门户城市建设工作要点》，围绕打造绿色生态廊道、构建现代化基础设施网络、推进产业转型升级、推动城乡统筹发展、完善公共服务体系、构建全方位开放合作新格局6个方面，加快盐城市淮河生态经济带出海门户城市建设。7月5日，盐城市牵头淮河生态经济带规划范围内的29个市、县（市、区），成立淮河生态经济带生态环保联防联治专委会。同日，举行成立大会。大会审议通过《淮河生态经济带生态环保联防联治专委会章程》《淮河生态经济带生态环保联防联治专委会专家库专家名单》，发布《淮河生态经济带生态环保联防联治专委会宣言》，举行沿黄海城市带与淮河生态经济带高质量发展高峰对话。

·重点污染企业监测 2020年，市生态环境局印发《2020年全市生态环境监测工作要点》，编制《盐城市生态环境应急监测预案》《盐城市生态环境监测监控系统建设方案》《2019年全市环境质量状况公报》。全市生态环境监测监控平台项目先后完成可研性报告、立项、绩效评估、资金申请等程序。在全省范围内遴选5家第三方检测机构，弥补市级监测能力短板。加强社会检测机构监管，对江苏易达检测科技有限公司、江苏中聚检测服务有限公司、江苏天宇检测技术有限公司3家社会化环境检测机构开展污染源执法监测质量专项检查，对江苏恒誉环保科技有限公司开展“双随机、一公开”监督检查，明确整改措施。全年全市重点排污单位联网率和排污许可证重点管理单位联网企业数分别为159家和216家，联网率分别为100%和98.78%。全年督促各地按时完成各级平台超标异常督办单累计1132条。全年全市完成自动监控数据超标、设备不正常运行等行政处罚案件9件。

·环境执法监管 年内，市生态环境局加强环境执法监管。开展环境安全隐患排查整治，发现并整改突发环境事件隐患问题101个。做好安全生产平台管理工作，录入平台信息852条问题隐患，办结846条，办结率99.3%。参加全省百日会战企业环保专项执法检查，出动执法人员4700余人次，检查企业5214家次，发现625家企业存在环境问题，立案查处147家。开展全市秋季生态环境综合执法检查行动，对9起涉危废的环境违法行为进行立案查处，处罚金额110万元。开展“双随机”执法检查，严格执行生态环境保护行政执法公示制度、执法全过程记录制度、重大执法决定法制审核制度。推动全市化工行业环保整治提升，执行化工行业发展负面清单、化工项目联合会审制度；对照规划环评要求，强化专家技术评估，对所有化工项目审查废水、废气、危废治理方案可行性，不能做到稳定达标排放、环境安全风险可控的项目，环评一律不予审批。推进“小化工”百日专项整治，完成全市88家违法违规“小化工”环保整治任务。配合做好违法违规“小化工”企业关停工作，督促地方政府切实防范“小化工”风险，督促地方政府对已关停企业开展污染地块环境治理修复工作。开展危险废物处置安全生产专项整治，组织企业自查、地方排查、市级核查、专项督查。至年底，立案查处违法违规行为为58起，处罚451.3万元，追究刑事责任8人；排查各类企业5539家次，排查问题隐患4446条，完成整改4433条。加强环境风险日常巡查，督促推进园区废水处理、危险废物安全规范处置和损害评估等工作。全年处理完成河道废水、爆坑废水、企业废水等废水649.3万立方米，转移危废4.72万吨。

·中央环保督察及“回头看”交办问题整改销号 年内，盐城市推进中央环保督察及“回头看”交办问题的整改销号工作，市政府研究会办重大难点问题，解决整改销号过程中存在的困难和问题。按照《盐城市生态环境局中央环境督察交办环境问题销号现场核查工作方案》进行现场核查，每月调度各地交办信访问题整改进展、每季度调度总体整改进展情况、对各地完成情况不定期通报等举措，强化工作调度，掌握整改进展，形成“月报告、季通报、年考核”的工作制度。围绕中央环保督察交办环境信访问题进行梳理，涉及市相关部门和单位的环境信访问题，以市督察整改办名义发函至相关部门和单位，联系其牵头或参与现场核查，规范销号流程，建立地方申报、形式预审、部门核查、研究会办、市领导审查“五级核查”工作机制，确保整改取得实效。全年对6个县（市、区）环境信访问题发出督办单11份。至年底，中央环保督察及“回头看”反馈意见指出的全市10项具体问题、532件环境信访问题全部完成整改。

·省级环保督察交办问题整改 年内，市生态环境局印发《盐城市贯彻落实江苏省第二生态环境保护督察组督察反馈意见整改方案》。制定《省级生态环境保护督察交办问题整改销号工作办法》，印发《盐城市生态环境保护督察交办问题整改销号工作办法（试行）》，明确省级生态环境保护督察交办问题整改销号的内容、原则、标准、流程等，推进省级环保督察交办问题的整改销号工作。全市第一轮省生态环境保护督察整改任务48项。至年底，完成整改销号32项，立行立改的10项取得成效，整改的6项按照整改方案有序推进，298件环境信访问题中完成整改并申请销号33件。 （王亚云）

科学技术

编辑　裴力民

综　述

·**概　况**　2020年，盐城市推动科技企业高质量发展，市政府印发《关于推动高新技术企业高质量发展的意见》，市科技局印发《推进高新技术企业高质量发展意见实施细则》《盐城市瞪羚企业入库及评估办法（试行）》《盐城市潜在独角兽企业和独角兽企业入库及评估办法(试行)》《盐城市高新技术企业培育库管理办法（试行）》等配套文件，建立健全覆盖企业初创、成长、发展等不同阶段的政策支持体系。至年底，全市有高新技术企业1511家，盐城市成为苏北首个高新技术企业数量突破千家的设区市。推进产学研合作，全年开展产学研活动30多场次，签订合作协议项目累计1207个。年内，市科技局联合市人才办开展2020年度市科技副总申报工作，认定市科技副总152人，省科技副总160人，认定数居全省第二位。加快科技成果转化，支持科技中介机构发展，新组建市技术产权交易市场，成立盐城市首家技术经纪人专业事务所，全年完成技术合同成交额54.42亿元。

·**农业科技**　年内,盐城市获省重点研发计划(现代农业）项目立项9项，被认定省农业科技型企业15家、省级星创天地7家，新认定市级农业科技型企业40家，建湖水产加工产业技术创新战略联盟获得省级联盟认定。加快农业科技园区建设。响水农业科技园获批国家农业科技园区，东台（五烈）优质稻米园区、射阳（洋马）菊花园区获批省级农业科技园。至年底，全市有国家级农业科技园2家、省级农业科技园14家。

·**工业科技**　年内，盐城市按照“培育一批、申报一批、创成一批”原则，完善“国家—省—市”三级企业技术中心梯度培育机制，新认定省级企业技术中心45家，省级以上企业技术中心突破200家。新增市级企业技术中心58家，全市规模以上企业市级以上研发机构覆盖面33.7%，较“十二五”末提高近10个百分点。全年全市工业有64个新产品（技术）通过省级专家鉴定，其中三分之一达到国内领先水平以上；累计有204个新产品（技术）列入省重点推广应用的新技术新产品目录，恒力F型钢轨数控加工智能成套设备、神鹤耐热抗蠕变高强高模聚乙烯纤维生产线、天一新能源航空食品车、兰丰LTLS焙烧炉烟气净化系统等重大战略新产品投入示范应用。新认定省首台（套）重大装备3个，新创建省级专精特新“小巨人”企业13家，4家企业获评国家级专精特新“小巨人”，实现盐城市零的突破。

·**科技人才**　年内，盐城市全面招引科技人才。市科协成功创建中国科协“海智”计划（海外智力为国服务行动计划）工作基地和东台市、阜宁县、大丰区3个省级“海智”工作基地、盐南高新区1个省海外人才离岸创新创业基地。申报外国专家引进项目，获批国家重大人才工程外专项目1项，国家高端人才项目5个，省引进外国人才3个；江苏新能源汽车研究院等6家单位获批江苏省外国专家工作室。组织开展庆祝全国科技工作者日活动，邀请优秀科技工作者召开座谈会，交流经验、畅谈发展、提出意见建议。推荐表彰优秀科技工作者。年内，市委组织部、市人力资源和社会保障局、市科协联合评选表扬科技创新团队、十佳科技标兵和优秀科技工作者。至年底，全市有从事科技活动人员3.4万人。　（薛文星）

科技项目

·**概　况**　2020年，盐城市有105个科技计划项目获上级立项，获得国家、省财政资金4934.7万元。其中，盐城高新区参与申报的国家重点项目“水资源高效利用——工业园区工业废水近零排放”获专项资金1827万元；江苏苏力机械股份有限公司“高效精细喷涂监测系统和可扩展自动涂装线研发及产业化”项目获批省科技成果转化项目,争取资金1500万元。加强科技计划项目管理,制定《关于强化苏北科技专项管理的意见（试行）》，组织专家现场察看2019年立项的30家企业，指导毓龙街道等3个街道社区的省重点研发计划（社会发展）项目结题，获省考核通过。兑现2019年度聚力创新十条政策，奖励单位1333家，各类项目1435项，奖励资金1.3亿元，其中市财政安排6543.41万元。

·**科技成果转化**　年内，盐城市加快科技成果转化工作。江苏苏力机械股份有限公司承担的“高效精细喷涂监测系统和可扩展自动涂装线研发及产业化”项目获省重大科技成果转化专项资金立项。盐城海普润科技股份有限公司作为第一完成单位的项目“内支撑增强型聚偏氟乙烯中空纤维膜的关键技术与产业化”和江苏坤泰机械有限公司作为第一完成单位的项目“高性能耐高温烟气过滤材料热压贴合关键技术与装备研发”获得江苏省科学技术奖三等奖，江苏正大丰海制药有限公司获得省企业技术创新奖。举办江苏省首届专利拍卖季盐城先进制造领域专场活动，36件专利成果现场达成意向竞拍。支持科技中介机构发展，提高服务能力，新组建市技术产权交易市场，引进专业团队加强市场化运营，全年发布高校科技成果4000多条，发展技术经纪人175人。成立盐城市首家技术经纪人专业事务所，完成技术合同成交额54.42亿元。对2017年建设的150个市工程技术中心进行绩效考评，收到考评材料114份，40家被评定为优秀。

·**盐城技术产权交易市场**　年内，盐城技术产权交易市场围绕技术合同登记、技术需求挖掘、征集高校科研成果、发展技术经理人、产学研对接等方面开展工作，先后组织培训40多场次，发布高校科技成果2500条，发展技术经纪人40余人、总数175人，征集和发布企业技术需求和难题140余条，服务省高企培育库新入库企业20家，服务市高企培育新入库企业40家。（薛文星）

科技平台

·概　况　2020年，盐城市创新平台载体建设。推进14个省级以上开发区对标建设孵化器建设，举办全市科技创新载体建设现场推进会、科技金融进孵化器融资对接会、孵化器建设家家到现场观摩、全市科技企业孵化器协会成立大会等活动，67家孵化器加入市科技企业孵化器协会。盐城市科协与省生产力促进中心、南京银行签订科技金融支持孵化器高质量发展合作协议，推进成立3个孵化基金，助力科技型中小微企业快速成长。年内，盐城射阳无损探伤设备特色产业基地和盐城高新区智能终端特色产业基地获批国家火炬特色产业基地；盐城高新区获批国家大众创业万众创新示范基地、省产学研协同创新基地；盐南高新区获批省科技金融创新试点基地、省产学研协同创新基地；盐城环保高新区获批国家绿色产业示范基地；响水农业科技园获批国家农业科技园区；盐城第一创客大数据众创平台、灌河创客通过国家级众创空间备案。

·高新技术企业认定　年内，盐城市有1078家企业申报高新技术企业，获批536家、总数1511家。至年底，盐城市有683家企业进入省高新技术企业培育库，742家企业进入市高新技术企业培育库，形成梯次培育、压茬申报的工作格局。

·科技企业孵化器　年内，盐城市新建科技企业孵化器8家，改造提升科技企业孵化器6家。其中，盐南高新区、盐城环保高新区孵化器达到省级孵化器建设标准，盐城经济技术开发区、盐城高新区孵化器基本达到国家级孵化器建设标准，建湖高新区、大丰经开区、阜宁经开区孵化器基本达到省级孵化器建设标准。开展2019年度全市科技企业孵化器绩效评价，评选优秀等次1家、良好等次4家。组织省级以上科技企业孵化器做好2019年度省科技企业孵化器绩效评价，2家获评A类、13家获评B类，获得省级269万元奖补资金。年内，盐南高新区励行科创空间、盐城环保科技城创新中心、射阳县南大励行科创园通过市级科技企业孵化器认定。

·西伏河数字智能创新社区　年内，西伏河数字智能创新社区实施创新驱动发展战略，把加快众创社区建设作为聚力创新的重要举措，结合区位特色、产业基础、资源禀赋，以规划引领建筑形态、自然景观、生态河道、都市产业、城市管理的提质，打造科技创新高地、都市经济新城、品质生活家园先行示范区，将西伏河数字智能创新社区打造成国内一流的城市更新示范区、数字经济集聚区、产城融合标杆区。8月29日，2020盐城首届西伏河创新大会在此召开。

·盐城市科技企业孵化器协会　年内，盐城市科技局推进盐城市科技企业孵化器协会成立，确定5家发起单位，起草协会章程，并与省科技企业孵化器协会进行对接。12月9日，协会成立。至年底，67家孵化器加入协会。（薛文星）

科技交流与合作

·概　况　2020年，盐城市加强科技交流与合作。市科技局运用互联网技术助力企业精准对接技术需求，组织企业参加省第七届跨国技术转移大会、第十八届中国国际人才交流大会、2020年省海外人才招聘会，韩国、德国、新西兰重点国别线上对接会等15场，云洲科技、港赢科人工智能等项目落户盐城。申报国际合作项目，获批国际科技合作项目4个，获得481万元资金支持。举办盐城汽车产业线上产学研对接会、盐城—上海科创合作线上对接会、2020盐城—上海科创合作洽谈会等活动30多场次，签订产学研合作项目1207个。组织全市企业代表、科技部门负责人、签约嘉宾参加2020年高校院所服务苏北五市产学研合作对接活动，达成90多项合作意向。申报2020年省产学研合作项目，全市85个产学研合作项目获得省立项，立项数居全省第三位。年内，盐南高新区、盐城高新区获批省产学研产业协同创新基地。

·2020盐城首届西伏河创新大会　8月29日，由盐城市政府主办，市科技局、盐南高新区承办的2020盐城首届西伏河创新大会在盐南高新区西伏河数字智能创新社区举行。大会围绕盐南高新区"科技创新高地、都市经济新城、品质生活家园"发展定位，解读盐南创新实践、分享盐南创新理念、探讨科技发展愿景。大会举行香港科技大学百万奖金创业大赛（长三角赛区）获奖团队电梯演说，集中签约获奖项目；举行"江苏省科创服务业集聚示范区""江苏省众创社区"授牌仪式。中国科学技术发展战略研究院研究员高志前，华为云全球合作伙伴生态部副部长蒋国文，中国信息通信研究院产业与规划研究所网络部主任董建军分别作"中国式创新的挑战""AI赋能制造业""数字新基建创新赋能的认识与思考"主题演讲。

·参加2020年高校院所服务苏北五市产学研合作对接活动　10月22日，2020年高校院所服务苏北五市产学研合作对接活动在宿迁市举办。此次对接活动由江苏省科技厅、宿迁市政府联合举办，旨在实施创新驱动发展战略，

8月29日，2020盐城首届西伏河创新大会举行　　（郜野乔　摄）

推动创新资源向苏北集聚，促进高新技术企业培育和提升企业产品竞争力，40多所高校院所参加此次活动。盐城市科技局专题推介盐城市基本市情、科技创新、产学研合作情况及有关扶持政策，邀请与会的高校院所的嘉宾、专家教授到盐城合作交流。盐城市6个项目参与集中签约仪式。盐城市参会企业与在场专家教授对接洽谈，通过前期的线上、线下对接以及现场洽谈，达成合作意向94项。

·首届中国·盐城创新创业大赛　8月6—7日，由市委组织部、市科技局联合主办的首届中国·盐城创新创业大赛总决赛举行。大赛自5月启动，吸引1590个项目报名参赛，涵盖新一代信息技术、高端装备制造、新材料、生物、节能环保、新能源和新能源汽车等行业。全国各地和美国、德国、日本、新加坡等16个国家和地区的选手参赛。经过县（市、区）初赛、行业复赛和西安专场赛等环节，共有49个项目入围总决赛，5个项目在省科技创业大赛总决赛获奖，获奖数居全省第五位。

·2020年盐城汽车产业线上产学研对接会　6月23日，由市科技局、盐城新能源汽车产业园主办的2020年盐城汽车产业线上产学研对接会举办。华南理工大学、湖南大学、重庆大学等高校作推介交流，同济大学"引导式自动驾驶物流车系统"、上海工程技术大学"汽车振动噪声测控技术研究"、江苏大学"节能与新能源汽车动力总成——低摩擦技术研究"3个项目路演展示。对接会在线签约11个合作项目，参与线上观看互动达5.4万多人次。

（薛文星）

科技管理

·概　况　2020年，盐城市科技局加强科技管理。印发《关于疫情防控期间进一步为科技企业提供便利化服务的通知》，为各类科技企业提供便利化服务。优化"苏科贷"备案流程，实现线上登记办理。优化外国专家管理服务。结合疫情防控调整外国人到华工作许可办理流程，实现全流程网上办理，结合悦达起亚公司等重点企业研发生产需要，开辟韩国人到华工作绿色通道。加强科技经费管理，全年科技研究和发展（R&D）经费支出131.57亿元，同比增加9.93%；R&D经费支出占地区生产总值比重2.21%。

·科技金融　年内，盐城市优化"苏科贷"备案流程，实现线上登记办理，全年帮助257家企业"不见面"审批办理"苏科贷"7.94亿元。至年底，盐城市累计向科技型中小微企业发放"苏科贷"71.27亿元，居全省第二位。开展科技金融进孵化器活动，组织市外6家风投机构、5家银行进孵化器，9家企业进行项目路演。推动科技型企业上市，6家企业获批纳入省科技型企业上市培育计划。

·科技服务农业　年内，盐城市科技局开展农村科技服务超市考评工作，9家分店、3家便利店获评优秀等次。做好科技特派员工作，新认定自然人科技特派员86人、法人科技特派员6人，李建斌等3人获评省优秀科技特派员。省级星创天地新认定7家、省级农业科技型企业新认定15家，新认定市级农业科技企业40家；建湖水产加工产业技术创新战略联盟获省级联盟认定。

·科技服务企业　年内，盐城市科技局持续优化为企服务质效。加大研发费用加计扣除、高企所得税优惠和省"科技创新40条""科技改革30条"以及市"聚力创新十条政策"等政策宣传落实力度。下达2019年度、2020年度第一批省高新技术企业培育资金，兑现市"聚力创新十条政策"等，累计安排资金2.6亿元。　（薛文星）

教　　育

编辑　裴力民

综　述

· **概　况**　2020 年，盐城市有普通高校 6 所，在校生 7.21 万人；普通中专 3 所，在校生 3.1 万人；职业高中 9 所，在校生 2.39 万人；普通中学 286 所，在校生 34.72 万人；小学 312 所，在校生 44.11 万人；特殊教育学校 10 所，在校生 2029 人。年内，全市各类教育保持协调发展，学前三年幼儿入园率 99.66%，全市初中毕业生升学率 99.59%，在校生年巩固率 100%；小学毕业生升学率 100%，在校生巩固率 100%；高中阶段毛入学率 99.59%。全市 18 周岁高等教育入学率 61.74%。全市全年教育经费总投入 210.7 亿元，其中预算内教育经费投入 183.05 亿元。

· **招生考试**　年内，市教育局争取市财政高考中考专项经费 100 万元，用于高考、中考各项工作。严格按照专业化能力提升工作方案要求，将省下拨 202 万元专项经费全部用于标准化考点建设等。编制高考中考疫情防控指导规程和各类教育考试疫情防控工作方案。全市中考首次采用“手机端”填报志愿方式，依托“我的盐城”App、微信小程序等信息平台，在市招生平台统一填报。采用修正志愿模式，由家长或家长委托的法定监护人向市招考中心提出书面申请，经审核后在规定期限内登录系统完成志愿修正。全年市普通高校招生 2.38 万人，普通中专招生 1.11 万人，职业高中招生 8801 人，普通中学招生 11.88 万人，小学招生 6.81 万人，特殊教育学校招生 326 人。全年高考本一、本二达线率居苏北五市之首。全市 400 分以上达 312 人，居全省第七位，江苏省盐城中学 400 分以上人数列全省同类学校第二位。中考优秀率比 2019 年提高 0.74%，及格率继续保持 70% 以上。

· **教师队伍**　年内，市教育局加强师德师风宣传教育，组织 5 万多名教师参加省师德师风及法律法规知识网络竞赛，1118 名教师参加省中小学教师师德自选课程网络培训，组织市直 400 多名新教师开展从教宣誓活动。开展全市教育工作先进集体、优秀教育工作者、模范教师、师德标兵评选活动，表扬全市教育系统先进集体 59 个、模范教师 10 名、师德标兵 20 名、优秀教育工作者 146 名。年内，全市招聘中小学和幼儿园教师 3162 人，其中研究生 412 人；市直学校招聘教师 390 人；完成 48 名 2016 级免费男幼师和 354 名 2017 级乡村教师定向生教育实习工作；申报乡村教师定向培养计划 374 名；有 1078 人通过教师资格认定；推荐 31 人参加省级正高级教师职称评审，有 20 人被评为正高级教师。加强“四有”（有理想信念、有道德情操、有扎实学识、有仁爱之心）好教师团队建设。组织对 72 个“四有”好教师申报团队进行材料评审、面试答辩和现场考察。经审定，35 个团队被评为市级“四有”好教师团队。直接参与的学校有 35 所、教师有 1100 多人，辐射 94 所学校，间接参与的教师达 1.2 万多人。各县（市、区）建设县级“四有”好教师团队 165 个，直接参与县级团队建设的教师有 3300 多人，辐射 300 多所学校。设计盐城市名校长培养工程和盐城市领航名师工作室 2 个重点项目，至年底，首批 50 名市级名校长培养对象进入培养阶段，并辐射 50 所学校，带动 7000 多名教师发展。全年建设 39 个领航名师工作站，辐射 39 所学校，带动 39 名特级教师、312 名名校教师和 624 名骨干教师协同发展。组织实施省教育家型校长创新培育计划，推选省卓越教师培育计划（2020）学员，做好省卓越校长创新培育计划培育对象推选工作。5 人被确定为省教育家型校长创新培育计划培养对象，4 人被确定为省卓越校长创新培育计划培养对象人员，8 人被确定为省乡村义务教育领军教师培养百人计划培养对象。做好全省乡村优秀青年教师培养奖励计划人选推荐工作，10 人被确定为江苏省乡村优秀青年教师培养奖励计划人选，1 人被确定为教育部乡村优秀青年教师培养奖励计划人选。精准开展名师送培，开展 11 个名师送培项目、3 个专项支持项目。其中，响水县 5 个、阜宁县 2 个、建湖县 2 个、滨海县 1 个、射阳县 1 个、亭湖区 1 个、大丰区 1 个、东台市 1 个。全年投入专项资金 86 万元，培训总人数 2800 人次。做好省级中小学教师短期出国培训遴选工作，组织 119 名符合要求的教师完成报名工作。组织 8948 名校长、教师参加省级网络培训项目，组织 871 名校长、教师参加国

盐城市串场河小学　　（盐阜大众报社　供图）

家和省级集中培训。全年举办市级培训项目40个，培训2.4万人次，举办县级培训项目309个，培训2.09万人次。

·校园建设 年内，盐城市加快推进江苏省盐城中学高品质高中创建、盐城市明达高中四星级高中创建、盐城市伍佑中学四星复审、盐城市新洋高中三星级复审工作。完成盐城市经济管理干部学校校园整体改造、盐城市文峰高级中学移址搬迁和校园改造；完成市属小学、初中大班额化解改造工程；完成市特殊教育学校食堂、宿舍、教学楼改造。市区启动实施盐城市新都路小学、盐城市希文小学、盐城市鹿鸣路初级中学新建工程，以及盐城机电高等职业技术学校新建、经贸高等职业技术学校扩建等60个教育重点工程项目。总投入超100亿元，其中市直15个项目，投入50亿元。

·教育信息化建设 年内，全市80%以上的高中实现1000兆宽带进校，70%以上的义务教育阶段学校实现500兆宽带进校，70%的中小学教学班级实现100兆宽带到班，70%的中小学实现无线网络全覆盖。全市初中、高中、职业学校中教师和学生实名制学习空间覆盖率95%以上；教育资源公共服务平台和教育管理公共服务平台应用率90%以上。468所中小学通过省级"智慧校园"审核认定，完成60%的中小学通过省"智慧校园"审核认定的年度目标。全年全市新增市级"智慧校园"66所，至年底，全市70%的中小学通过市级"智慧校园"审核认定。义务教育阶段学生全部注册使用省网络语音学习系统。开展信息化教学。在2020年全省"领航杯"信息化教学能手现场比赛中，盐城市5位参赛教师获得1个特等奖、4个一等奖。在全省教师教学软件、信息化教学论文等比赛中，全市有20多名教师获一等奖、30名位教师获二等奖。有4名学生在全省首届中小学生人工智能比赛中获一等奖、8名学生获二等奖。在2020年省"领航杯"中小学生电脑制作比赛中，盐城市有6名学生获得一等奖、8名学生获得二等奖。

·教育惠民 年内，盐城市调整全市中小学、幼儿园生均公用经费标准。将公办幼儿园年生均公用经费财政拨款标准提高到650元，普惠性民办园年生均公用经费财政拨款标准提高到1000元；将公办普通高中年生均公用经费财政拨款标准提高到1000元；将公办中等职业学校年生均公用经费财政拨款标准提高到1500元。学前教育奖补专项经费从200万元调整至1000万元；设立高校发展协同创新基金1亿元；向市政府争取设立市属高中高考质量奖。投入3000万元，完成新上划高中及中职校食堂改造、体育设施对外开放改造、电力增容及线路改造工程。加强中小学校食堂管理，继续对食堂大宗食材进行集中招标，市属公办学校食堂全部收回自办。所有公办学校教室空调全部投入使用。开展扶贫助学，全年全市资助家庭经济困难学生10.7万人，发放助学金1.65亿元。

·教育科研 年内，市教育局组织专家对全市各地各学校上报的219项校本教材进行评审，有172项校本教材获准立项。对各县（市、区）上报的182项立项的校本教材进行评审，有125项校本教材获准结项。组织全市"让学引思"课堂教学改革优秀论文、研究报告、案例评选工作。做好职业教育"做学教合一"教学改革实验，开展"现代学徒制"教学改革，创新技术技能人才培养模式，职业教育教学新生态加快形成。全年全市在职教技能大赛中获得省赛14金24银58铜；在省职业教育教学大赛中获得一等奖2人、二等奖3人、三等奖9人；在2020年省优质课大赛中获得一等奖8人、二等奖13人；在2020年省青年教师教学基本功大赛中获得一等奖10人、二等奖27人。

·教育交流合作 年内，盐城市加快教育接轨上海，全市有62所学校与上海学校建立合作联系，其中幼儿园10所、小学22所、初中9所、高中17所、职业学校4所。推动盐城市教师发展中心与上海教科研机构对接，合作开展涵盖幼儿园、小学、初中、高中各学段各学科的中小学校长、教师专题培训。市教育局举办培训项目35个，班次160个，累计培训校长、教师5万余人。先后全职或柔性引进多位上海等地名师，各地各校成立上海名师工作室71个，邀请上海名教师、名校长到盐城市开展专题培训20余场次。开展教育对口帮扶。选派35名教师赴新疆察布查尔县开展为期1年半的支教，根据省委组织部计划，选派5名教师赴新疆察布查尔县开展为期1年半的支教。同时，选派2名职教教师赴新疆察布查尔县柔性支教。选派15名教师赴新疆克州开展为期1年半的支教。选派3名教师赴西藏拉萨开展为期1年半的支教。从东台、大丰、亭湖选派18名教师赴陕西铜川开展为期3个月至1年的支教。选派5名教师赴青海省海南州开展为期1年的支教。

·语言文字工作 年内，市教育局加强语言文字法律法规学习宣传，组织学习《中华人民共和国国家通用语言文字法》，举办第23届推广普通话宣传周系列活动，推广和规范使用国家通用语言文字，提升语言文字工作的影响力。贯彻省语委《关于印发县域国家通用语言文字普及情况监测指标体系的通知》精神，组织学习省语言文字普及情况监测相关工作文件，制定普及攻坚实施方案，开展普通话基本普及县域验收，做好县域语言文字使用情况监测调查工作。加快普通话水平测试考场标准化建设，开展普通话测试，全年累计测试3900人次。

·线上教育 疫情防控期间，盐城市普通高中、初中、小学通过省"名师空中课堂"、市"中小学网络课堂"或微信群、QQ群等平台，为学生提供课程点播或在线答疑、学业指导等服务工作。全市中小学1.77万个班级全部组建"虚拟班级"，教师通过班级"微信群""QQ群""录播教室"多形式开展在线学习指导，学生覆盖率97.79%。全年全市中小学生全部注册省"名师空中课堂"（留守儿童等困难学生由老师代为注册），列全省第一位，1272名中小学名师参与省"名师空中课堂"在线答疑，实现全市教师在省"名师空中课堂"答疑1.21万人（次），居全省首位。年内，盐城市12名教师入选省名师网络工作室领衔名师，累计自建微课9000节，覆盖从幼教到高中各个学段和学科。

· 教育管理 年内，市教育局推动教育行政决策规范化，落实公众参与、专家论证、风险评估、合法性审查、集体讨论决定等程序要求，促进教育行政决策科学化、民主化、法治化。推进教育行政执法改革，及时清理规范性文件，按照规范性文件立、改、废、释要求，对2019年6月30日前市教育局制定或与其他部门联合制定的规范性文件进行清理，予以保留的规范性文件47件，予以修改的规范性文件6件。深化依法治校，加强学校章程实施监督，推动学校以章程为核心，加强内部制度建设与执行。深化依法执教，通过教师普法网、教师岗位培训、新教师入职培训、法治教师专业培训等途径和形式，开展教师全员法治培训，增强依法执教意识，提升广大教师法治素养和依法执教能力，规范从教行为。强化校园安全源头防控，及时排查整治安全隐患。采取学校自查与校际互查相结合、日常巡查与督导检查相结合，检查学校1.11万次，排查出安全隐患5131项，整改4737项，整改率92%。聚焦学生乘车需求，推动扩大校车服务供给和集中统一运营，全市新增标准校车50辆，新开通定制公交164辆，满足96%以上学生的安全乘车需求。推进校园阳光餐饮工程，对学校食堂实行立体式全过程、全方位、全覆盖监管。制定中小学课后服务收费文件，指导各地规范开展课后服务工作。聚焦学校化学品安全，建立完善校园危险化学品清单及分布档案，统一规范处置学校实验室危险化学品废弃物，完成50所学校的燃具改造，实现学校食堂燃气使用常态化监管。聚焦学校防溺水工作，开展防溺水教育，强化源头预防、堵塞管理漏洞，在河网密集地区和危险水域增设安全警示标牌26处，安全隔离带、防护栏56处。选拔6名选手参加省“学宪法讲宪法”法治知识竞赛和演讲比赛，获得一等奖2个、二等奖4个和优秀指导老师奖6个。组织参加“全民禁毒宣传月”活动，开展中小学毒品预防教育，创成市级毒品预防教育示范校58所。

· 教育督导 年内，市教育局开展县域学前教育普及普惠监测。推动县域学前教育普及普惠水平提升，启动全国学前教育普及普惠县（市、区）创建工作。开展消除“大校额”“大班额”专项督导。推进化解“大校额”“大班额”专项督导，督促各地规划新建扩建一批学校和幼儿园，逐步解决部分学校办学规模和班额过大的问题。存量大班额现象得到有效化解，全市小学班额超56人的班级占比控制在0.13%，初中班额超56人的班级占比控制在0.16%，全市小学和初中班额均没有超66人的班级。学校办学规模得到较好控制，全市312所小学、194所初中，绝大部分学校校额控制在2000人以内。45所九年一贯制学校，近95%的学校校额控制在2500人以内。53所普通高中，96%以上学校校额控制在3000人以内。全市2010年之前规划并建成的小学、初中98%以上校额控制在2400人以内，所有2010年之前规划并建成的九年一贯制学校校额均控制在3000人以内。督促落实义务教育教师工资待遇。全年全市义务教育教师工资足额纳入预算，义务教育教师年均工资预算支出8.77万元。建立义务教育教师工资随当地公务员待遇调整联动机制，统筹考虑义务教育教师奖励性补贴，2019年同步增加教师人均绩效工资每人1.5万元。全年财政预算按公务员标准安排义务教育教师奖励性补贴，确保义务教育教师平均工资收入水平不低于当地公务员。开展省标教育技术装备先进校专项督导，完成全市第六批108所申报学校材料评审工作，对81所材料审核合格的学校进行现场实地评估。市责任督学挂牌督导工作启动。开展全国中小学校责任督学挂牌督导创新县（市、区）创建。全市968名责任督学挂牌到所有幼儿园、中小学、中职学校和特教学校，实现督学到岗、督导到校的全覆盖。东台、建湖、射阳、阜宁、大丰、盐都、亭湖7个县（市、区）创成全国中小学校责任督学挂牌督导创新县（市、区）。响水县、滨海县、盐城经济技术开发区、盐南高新区接受省和国家级材料审核、网络测评和实地核查，创成江苏省责任督学挂牌督导创新县（市、区）。（陈富裕）

学前教育

· 概　况 2020年，盐城市有各类幼儿园734所，学前教育资源配置率超过每万人口1所的标准，在园幼儿18.56万人，学前三年幼儿园入园率99.66%。全年新建、改扩建幼儿园38所（新建31所、改扩建7所），新增学位1.3万个。创建省市优质幼儿园52所(其中省优22所，市优30所)，省、市优质幼儿园覆盖率90.1%。全市新认定普惠性民办幼儿园112所、总数251所，在园幼儿5.71万人。至年底，全市有公办及普惠性民办幼儿园628所，在园幼儿16.11万人，普惠性幼儿园覆盖率87.58%。全年全市进编幼儿教师396人，聘用教师452人。落实《3～6岁儿童学习与发展指南》，推进区域课程游戏化建设，盐都区、建湖县区域课程游戏化建设项目被确认为省级项目。全年全市遴选1320篇论文和180篇案例参加省学前教育学会优秀幼儿教育论文及幼儿园班级管理案例评选活动，最终873篇论文获奖，其中一等奖59篇、二等奖210篇、三等奖604篇。省学前教育学会立项的60个“十三五”规划研究课题顺利结题。

· 盐城市幼儿园 盐城市幼儿园创办于1949年6月，1983年更名为盐城市幼儿园。2012年，在盐南高新区创办格林分园。至2020年底，市幼儿园总园占地面积5500平方米，建筑面积5993平方米；分园占地面积3.33万平方米，建筑面积1.6万平方米。总园、分园分别有6轨、18班、601名幼儿和9轨、27班、735名幼儿；分别有教职工107人、105人。全园共有正高级教师1人，高级教师26

人，一级教师 37 人，其中省特级教师 2 人，省“333”工程培养对象 1 人，市级教学名师 2 人，市学科带头人、教学能手等 25 人。年内，市幼儿园申报的省前瞻性项目“幼儿科学关键经验的建构”结题，获评盐城市教学成果一等奖；申报的探究型“四有”好教师团队成为省级重点培育团队；格林分园获评盐城市教科研先进单位。

·盐城市人民政府机关幼儿园 盐城市人民政府机关幼儿园创建于 1978 年 5 月，隶属于盐城市市级机关事务管理局。至 2020 年底，有班级 23 个，幼儿 1100 余人，教职工 100 余人，其中中共党员 20 人。年内，幼儿园深化幼教改革，深入实施素质教育。（陈富裕）

义务教育

·概 况 2020 年，盐城市建立义务教育招生入学信息平台，实行公办和民办义务教育学校同步招生，推进“阳光招生”，促进教育公平，规范办学与招生行为，保障适龄儿童少年接受义务教育的权利。做好招生改革工作，制定市区义务教育学校招生工作实施意见，加强对民办学校招生计划审核，做好线上报名流程把关及政策宣传解读工作。全市乡镇中心小学以上学校教育装备均达省二类标准，基本实现宽带网络“校校通”，优质资源“班班通”，城乡、学校之间办学条件差距进一步缩小。强化对主城区 20 个小学教育集团管理与督查，召开市区小学集团化办学工作推进会，推动全市小学集团化办学，实现小学教育集团化办学城乡全覆盖，推进全市小学教育优质均衡发展。在全省小学青年教师基本功和省优质课比赛中，获奖高于全省平均水平，在省教学成果奖评比和基础教育前瞻性项目评比中获奖位次提升。全年创建省小学特色文化项目 4 个、市内涵建设先进学校（新优质小学）39 所。全市继续推进义务教育学校校长教师交流，确保年度交流比例不低于两个 15%。全年全市交流校长教师 5424 人，交流比例 16.45%，其中骨干教师 1307 人，骨干教师交流比例 24.1%。

·中小学德育 年内，市教育局强化基础教育学校思政课程建设。实施全市中小学（幼儿园）教师政治品格提升工程，提高教师政治理论修养。探索思政课程与课程思政有机结合的新方式、新途径。打造中小学社会实践大课堂，达到校校都有 2 个以上爱国主义、革命传统、劳动实践教育基地。组织开展在国旗下成长、红领巾寻访先烈事迹、童心向党等活动，引导青少年坚定理想信念，厚植爱国情怀。结合全国第 57 个“学雷锋纪念日”暨第 21 个“中国青年志愿者服务日”，在全市中小学开展“学雷锋 敬先锋 战疫情”主题活动。结合全面建成小康社会和抗击新冠肺炎疫情的伟大斗争，组织讲好教育系统革命故事、小康故事、抗疫故事。组织开展“全面小康 追梦成长”教育实践活动。“盐渎风”第八届读书节、“童心里的诗篇”少儿诗会、“童话里的世界”童话故事创作大赛等活动。加强德育特色品牌建设。开展 2020 年江苏省中小学生品格提升工程申报工作，盐城市第一中学等 4 所学校通过第二批工程结项；组织盐城市明达高级中学等 3 所学校参加第三批省中小学生品格提升工程中期汇报会；遴选盐城市第二小学等 4 所学校为 2020 年度省中小学生品格提升工程第四批申报学校。依托红色文化、生态文化、好人文化等资源，开发德育课程、校本课程和地方课程 560 多种，26 类课程获全省校本课程优秀成果奖。

·体育卫生艺术教育 年内，市教育局会同市体育局组织中小学生田径、篮球、排球等比赛，近 3000 名中小学生运动员参加各项目比赛。推进校园足球工作，举办全市第九届“市长杯”青少年校园足球联赛市级总决赛。组队参加“省长杯”校园足球联赛，松江路小学获得小学女子甲组亚军，东台市第二实验小学获得小学男子甲组季军的好成绩。组队参加江苏省青少年足球教练员技能大赛，盐城市第一小学教师倪娜、盐城市新河初级中学教师王康分别获小学高段组、初中组个人综合奖一等奖。组织开展学生体质监测工作，开展各类体育特色校、示范校创建工作。全市全年创成 29 所全国足球特色学校和 1 所省校园足球后备人才示范校、5 所全国篮球特色学校、4 所全国排球特色学校、5 所全国艺术特色学校。

强化学校卫生工作，做好全市教育系统新冠肺炎疫情防控工作，先后制定印发各类文件 90 多个，指导各地各学校有序开展疫情防控，落实落细疫情防控各项措施，统筹推进其他重点传染病防控，确保校园零感染，确保校园教育教学秩序平稳有序。围绕“食品安全 人人有责”活动主题，开展全市校园食品安全宣传周活动。部署全市疫情防控常态化形势下高考、中考期间的疫情防控和食品安全工作，为中高考保驾护航。开展 2 次全市教育系统卫生大扫除活动，各地各学校把卫生大扫除作为精准开展疫情防控、落实文明城市创建工作的重要举措，全年有 1381 所学校组织 83 万名余师生员工参加此项活动。

推进高雅艺术进校园，惠及全市 44 所学校、5 万多名师生，大冈中学协同盐城市曲艺家协会举办大型文艺会演“曲艺名家进校园”。开展学生艺术素质测评，贯彻落实《中小学生艺术素质测评办法》，组织实施初中艺术素质过程评价和终期评价，并首次将测评结果计入中考成绩、运用于普通高中招生中。开展艺术特色学校创建工作，建湖县上冈镇中心小学、盐城市腾飞路小学、滨海县东坎实验小学、射阳县第二中学、东台市实验中学教育集团城东分校被评为第六批江苏省中小学艺术教育特色学校。其中，盐城市腾飞路小学、盐城市建湖县上冈镇中心小学考评成绩达到优秀。开展少年军校创建工作，会同盐城军分区政治工作处印发《关于在全市中小学开展新时代“少年军校”创建工作的实施方案》，召开全市“少年军校”创建现场推进会，命名东台市第二实验小学、大丰高级中学、大丰区城东实验小学、大丰中等职业学校、建湖县第一中

10月18日，“百十光华 颂歌成达”盐城市第一小学（教育集团）建校110周年办学成果汇报会举行（盐城市第一小学 供图）

学、射阳县初级中学、滨海县正红初级中学、阜宁县陈良中心小学、盐城市盐渎实验学校、盐城机电高等职业技术学校10所学校为盐城市首批“少年军校”。

·盐城市第一小学 盐城市第一小学（盐城市实验小学），创办于2003年，东、西校园共占地6.93万平方米，建筑面积近5万平方米。至2020年底，有班级123个、学生6200余人、教职工360余人。专任教师322人，其中享受国务院特殊津贴专家1人，正高级教师2人，省人民教育家培养工程培养对象（苏教名家）3人，省特级教师7人，市名教师、市学科带头人、教学能手等近80人。年内，学校举行盐城市第一小学（教育集团）建校110周年办学成果汇报会暨江苏省“教海领航·相长课堂”课堂教学观摩研讨活动，举行省小学语文名师工作室活动，承办省数学“数的运算”专题研讨活动、省青少年冬夏令营开营仪式。获评江苏省青少年科技创新基地、江苏省十佳科技创新学校、盐城市科普阵地、盐城市青少年科技教育工作先进集体；学校少科院被评为第五届江苏省优秀少年科学院；学校“STEM创客工作室”被评为江苏省青少年特色科学工作室。

·盐城市新都路小学 9月1日，盐城市新都路小学正式开学，首批新生入学报到。新都路小学建筑面积约4.2万平方米，设计办学规模12轨72个班（另预留2轨）。至年底，有在校学生1399人；专任教师70人，其中江苏省人民教育家培养对象1人、正高级教师3人、江苏省特级教师6人、盐城市学科带头人11人，研究生学历37人。学校建有剧场（696个座位）、报告厅（300个座位）、千人餐厅、图书馆、室内篮球馆、空中运动场、少儿电视台、录音棚等设施。功能教室26个，包括创客中心、计算机教室、劳动技能训练室、3D设计室、科学探究实验室、美术创作室、书法教室、国画室、素描室、舞蹈排练厅、合唱室、打击乐室、心理咨询室等。学校以“直办一体”方式纳入盐城市聚亭路小学教育集团管理。

·盐城市鹿鸣路初级中学 盐城市鹿鸣路初级中学前身为盐城市初级中学鹿鸣路校区（隶属于江苏省盐城中学教育集团）。至2020年底，有教学班级94个，学生5087人。专任教师287人，其中正高级教师4人，江苏省特级教师5人、盐城市“名教师”6人、盐城市学科带头人21人、盐城市教学能手41人。学校尊重学生个性发展规律，挖掘学生个体潜能，开设特色社团50多个，创新延时服务机制，创成盐城市“依托黄（渤）海世界自然遗产地的湿地文化建设”课程基地。年内，学校招生1558人，毕业1675人。

·盐城市康居路初中教育集团 9月1日，盐城市康居路初中教育集团正式成立。集团有教师266人，其中特级教师5人、市名教师1人、市学科带头人15人、市教学能手31人，学生近3100人，实行一体化办学，统筹配置学位资源和师资力量。12月31日，盐南高新区管委会和盐城市教育局签订合作办学协议，将学海路初级中学纳入康居路初中教育集团，正式挂牌为康居路初中教育集团南校区。年内，学校北校区招生934人，毕业722人；南校区招生254人，毕业182人。

·盐城市实验小学“三学一练”线上教学方式 年内，盐城市实验小学以“三学一练”（自学、互学、助学、练一练）的方式指导学生开展线上学习。自学——学生根据学校推荐的课程和老师提出的建议进行自主学习。学校对延假期间线上教学课程统筹安排，省名师空中课堂课程、市中小学生在线点播课程、集团微视频，分时段有序推荐给学生，教研组统一提出学生自主学习要求和任务清单，学生按照老师的建议观看视频、自主学习。互学——自主学习后，学生在班级群分析所得，讨论疑惑，互帮互学。任课老师鼓励学生独立思考、自主探究；利用学习群交流共享，以文字、语音或微视频的方式进行互动，质疑问难、解答疑问。助学——教师在线跟踪学生的自学、互学情况，适时答疑解惑，引导点拨。对学生学习过程中出现的共性问题，教师在群中统一指导助学；对学生学习中的个性问题，采用一对一的方式点拨指导。最后对学生自学、互学的表现进行有针对性的评价，鼓励学生更好地自学、互学，不断提高学生的学习力。练一练——学生独立完成问卷或练习，老师进行反馈、点评。各年级根据线上学习内容，统一设置问卷或练习，各班任课老师通过问卷或其他方式，了解学生参与线上学习的情况，教师对学生的表现作点评和反馈，不断提高学生学习效果。

· 盐察两地线上教学研讨活动　6月18日，盐城市聚亨路小学教育集团与新疆察布查尔县盐城实验学校开展线上语文教学研讨活动。活动前，两所学校组织教师观摩学习盐城市聚亨路小学副校长蔡绪稳执教的四年级小古文《铁杵成针》及新疆察布查尔县盐城实验学校的语文学科组组长季佩璇执教的四年级《巨人的花园》录像课。授课教师说课，再现课堂风采。研讨活动中，两地教师们从不同的角度进行评课议课，分享听课感受。

· 线上微运动　疫情期间，盐城市第一小学教育集团何灿名师工作室组织开展“线上微运动”。挑战内容为“一分钟颠毽球”，要求每次颠球的高度要超过头顶，取总成绩前八名和各个年级前八名。参与方法为通过手机录像并发送到班级QQ群。近千名学生参与活动，更有不少学生多次练习，不断录制新的视频并上传。

· 盐城市初级中学线上班会　年内，盐城市初级中学为做好疫情防控和学生居家学习指导工作，组织1次“线上班会”。全校1万多名师生、家长通过QQ视频参与。学校根据视频家访的反馈内容，关注学生近期亟待解决的问题，以“自主管理——承担责任与使命”为主题，科普防治新冠肺炎疫情的相关知识；引导学生自我防范，遵守社会规则；指导学生掌握调节不良情绪的方法；帮助学生合理规划时间，养成健康的生活习惯，在“停课不停学”期间，精神饱满地进入“上学”状态。班会课在班主任指导下，学生们分成若干小组，围绕“你所知道的新型冠状病毒知识”“在家及未来上学时，我们应如何自主防范”“长期居家，你是如何规划自己的学习”等4个话题，交流讨论，组长做好发言记录，各组依次展示交流成果，班主任适时给予专业指导和总结。

· 盐城市中小学延迟开学期间网络课堂　盐城市中小学延迟开学期间网络课堂设有观看路径6个，通过提前发布科目预告，满足拥有各类终端的观看需求，有效化解网络拥堵问题。其中，电脑端、手机端直接扫码登录点播和回看；有线互动电视端、移动网络电视端、电信网络电视端3个观看路径均可以点播和回看。江苏有线（数字）电视端采取直播的形式，增设2频道、6频道2个专用频道，满足学生通过电视端观看的需求。2月6日，以盐城市中小学延迟开学期间网络课堂为载体，开通播放以省特级教师、人民教育家培养对象为主的学生在家学习与生活专家指导讲座，点播学生数68.98万人，点播量153.67万次。2月10日，播放全市省特级教师、市学科带头人等骨干教师录制的1023节优质课程资源，覆盖从小学至高中所有学段和主要学科，内容包括学法指导、学科教学、文化艺术、体育健康等方面供学生点播学习，日均点播学生数超60万人，日均点播量近190万次。

· 边远农村学生上网课难题化解　年内，全市有农村边远地区、薄弱地区不具备在线学习条件的学生1.7万人。各地各校通过教育扶贫资金、学生资助经费、党员“一日捐”、寻求企业赞助等方式，帮助有困难的学生配置学习终端。2月8日起，各地各校为2.74万名学生配置智能手机、有线电视等在线学习终端（其中包括新增的1.04万名因家长要外出务工而没有学习终端学生）。在延迟开学期间，由教育部门、学校或社会企业为学生购置的智能手机，确保给学生免流量费使用，有线电视确保免费安装并免收资费。各地还向经济困难家庭赠送流量包，解决资费困难。对于其他经济困难的学生家庭，市教育局争取电信、移动、联通等运营商支持，在延迟开学期间适当降低学生网课学习流量的收费标准，让更多的家庭和学生受益。

（陈富裕）

普通高中教育

· 概　况　2020年，盐城市安排普高招生计划4.32万人，比2019年计划数增加4610人，同比增长11.95%；主城区计划招生1.15万人，比上年增加1190人，同比增长11.53%。推进普通高中选科评估指导，印发《盐城市关于进一步做好普通高中选科评估和指导工作的实施方案》，加强对高考政策特别是再选科目保障机制培训解读，分类别、分层次开展培训。全年全市组织教育部门人员学习培训25次，高中校长学习培训会102次，教师学习培训会126次，学生及家长政策宣传解读会109次。开展高中阶段入学新生军训工作，全市4.61万名高一新生参加军训，近800名官兵参与军训任务。

· 优质学校创建　年内，盐城市推进优质学校创建，开展江苏省盐城中学、江苏省东台中学省高品质示范高中建设，做好迎接省中期评估准备。江苏省亭湖高级中学、阜宁县实验高中分别创成省四星级和三星级高中，指导响水县第二中学、东台创新高级中学等学校创建四星，盐城市伍佑中学、射阳县第二中学等学校做好四星复审工作，组织东台市富腾学校三星复审、南京师范大学盐城实验学校二星评估等。

· 江苏省盐城中学　江苏省盐城中学创办于1927年，初名为“国立第四中山大学盐城中学”，1928年改名为“国立中央大学区立盐城中学”，随后改名为“江苏省立盐城中学”，后因抗战等原因校名校址多次更迭；1953年，学校更名为“江苏省盐城中学”。江苏省盐城中学是江苏省首批重点中学、首批四星级高中和首批国家级示范性普通高中。2020年，学校有在校生3110人、专任教师245人。实现当年招生1012人、毕业760人。2020年高考400分以上161人，居全省第二位，学生尹行健、顾好好分别夺得全市理科、文科第一名。在数理化生、信息学、英语和作文等学科竞赛中，获得全国一等奖20人，全国二、三等奖32人；获得省特等奖2人，另有370人次获得省一、二、三等奖。年内，学校教师在各级各类期刊发表论文近200篇；出版《高考作文习作引导》《好作文是这样生成的》2本专著；《指向核心素养——中学化学教与学的重构》获得第五届江苏省教育科学优秀成果一等奖；初高中有4项课题获得省、市立项，7项省、市级课题结题，6项省级课题开题。（陈富裕）

特殊教育

·概　况　2020年，盐城市推进第二期特殊教育提升计划。实施主城区特殊教育资源整合，成立盐城市特殊教育学校。完善特殊教育体系，推动特教向学前教育和高中教育阶段延伸。加快发展学前三年特殊教育，提高残疾幼儿学前三年入园率。发展中等以上职业教育，基本普及残疾少年儿童15年免费教育。强化特殊教育学籍管理。确保将每一个适龄残疾儿童纳入数据统计和教育管理，做到应入、能入者尽入学，对重度与多重残疾儿童送教上门，做到全覆盖、零拒绝。各地认真落实特殊教育专任教师配备、财政性生均教育和康复经费下达、特教津贴发放、资源教室建设等系列保障政策。改善特殊教育办学条件，落实特殊教育学校建设标准，推进特殊教育学校现代化建设，改善特殊教育办学条件，全市所有特殊教育学校均达到国家规定建设标准和设施设备配置标准。

·特殊教育发展工程　年内，盐城市实施特殊教育发展工程，创建省特殊教育发展工程建设项目2个。加强特殊教育融合资源中心建设，贯彻落实《关于加强普通学校融合教育资源中心建设的指导意见》，基本实现所有乡镇（街道）学前、小学、初中和县域中等职业学校融合教育资源中心全覆盖。提升特殊教育办学质量，组织特殊教育青年教师教育教学技能比赛，开展特殊教育教学观摩和经验交流活动，提升特殊教育学校教学质量。做好随班就读视障学生筛查及帮助工作，调研残疾儿童随班就读的实施情况及效果，督促特教学校对随班就读工作加强巡回指导。

·盐城市特殊教育学校　年内，盐城市整合盐城市仁爱学校、盐城市聋哑学校和盐城市亭湖区启智学校三校资源，合并组建一所综合性九年一贯制义务教育特殊教育学校——盐城市特殊教育学校，校址位于东仓路32号。秋学期，三校整合到位并按时开学，有启行部、启爱部、启智部和启音部4个部别，25个教学班，在籍学生306人，教职工88人，专任教师学历全部达标，其中市学科带头人、教学能手10人。学生生均公用经费为普通学生的8倍，所有学生享受困难家庭学生生活补助，实现残疾儿童全免费入学。学校坚持“有爱无碍　共享未来”的办学理念，走补偿（康复）教育与素质教育相结合、文化教育与职业教育相结合、学校教育与家庭教育相结合的办学之路，坚持以“让家长放心，使社会满意”为服务宗旨，打造以康复、职业技能和传统工艺为主的特色项目，培养学生一技之长，为残障学生将来的幸福生活奠基。开设有手工剪纸、服装设计、十字绣、食雕、烘焙、语言、行为康复等校本课程，七年级以上学生每人至少掌握1～2种职业技能。年内，学校启音部繁星舞蹈队排练的舞蹈《追梦》参加省、市残疾人文娱会演，并入选盐城市少儿春晚。（陈富裕）

职业教育

·概　况　2020年，盐城市有职业学校14所，在校生5.31万人。全年全市职校师生在技能大赛国赛中获得2金，省赛获得14金24银58铜，共98枚奖牌。组织参加省级创新创业大赛，获得一等奖1个、二等奖2个、三等奖4个，其中盐城生物工程高等职业技术学校的“基于多源信息融合的陆空两用环境勘探机器人项目”获得创意大赛中职组第一名。3196名中等职业学校毕业生参加全省普通高校面向职业学校单独招生考试，本、专科上线人数3196人，达线率100%，其中本科达线320人，达线率10.01%。推进现代职教体系项目试点，扩大联合培养规模，组织申报2020年中职与高职“3+3”、中职与本科“3+4”贯通培养项目，获批中职与普通本科“3+4”分段培养试点项目7个，中职与高职院校“3+3”分段培养试点项目60个。做好中职与本科“3+4”中高职衔接班质量检测和分析工作，281名“3+4”学生转段进入本科院校学习。组织教师参加全省职业学校教学大赛，获得一等奖2个、二等奖3个、三等奖9个。组织全市320名职业学校教师参加国家级、省级培训。通过课题研究提升教师的教科研能力，开展第四批全市职业教育教学改革研究课题申报50个。跟踪管理12个江苏省职业教育教学改革研究课题，做好“江苏省职业教育名师工作室”建设管理和考核组织工作。加强与上海职业教育交流合作，与上海知名职业教育学校对接，在学前教育、养老服务、健康服务、现代服务业等领域，借鉴和嫁接上海职教先进办学经验，加强专业建设、人才培养和体制改革等方面合作，引进国际通用职业资格证书考试，提升办学水平。年内，盐城机电高等职业技术学校与上海市工业技术学校、上海市城市科技学校签订战略协议，盐城技师学院与上海杨浦职业技术学校建立校企合作关系，滨海中等专业学校和上海中冶宝钢公司建立战略合作关系。

· **职业教育教学改革**　年内，市教育局组织职业学校开展“聚焦让学引思，开展做学教合一”课堂教学观摩活动，评选认定市第三批职业教育“做学教合一”教学改革实验项目10个。市教育局指导全市14所三星级以上职业学校编制并向社会发布《2019年盐城市中等职业教育质量年度报告》。构建职教发展新机制，推进产教深度融合服务地方发展行动计划，深化校企协同育人，发挥12个产业职教联盟联结教育链、产业链作用，企业参与职业教育的政策、环境不断优化。召开2020年盐城市产教融合校企合作洽谈会，推进职业院校与新能源、电子信息、汽车、钢铁四大主导产业对接合作，每校建立2个以上产教融合基地（项目），促进各职业院校改革发展，提升职业教育服务地方主导产业的能力和水平，新签约合作项目79个。盐城机电高等职业技术学校、盐城生物工程高等职业技术学校通过现代学徒制省级试点项目验收。全市有9家企业被确定为江苏省第一批产教融合型试点企业，并纳入产教融合型企业培育库，入选企业数量列苏中苏北第一位、全省第四位。盐城市被省政府表彰为2019年职业教育改革发展成效明显的设区市。

· **盐城机电高等职业技术学校**　年内，盐城机电高等职业技术学校录取新生1760人，其中五年制高职9个专业录取新生500人，连续三年实现“三增三超”，生源质量逐年提高。全年新申报并通过五年制工业机器人技术应用等2个专业。全年全校师生在各级各类技能大赛中屡创佳绩，获得国赛银牌1枚，省赛金牌9枚、银牌8枚、铜牌14枚。学校连续12年承办全省职业学校技能大赛部分赛项，连续12年获评全省职业学校技能大赛先进集体。组织学生参加职业生涯规划大赛。在“中国联通杯”盐城市大中专生职业生涯规划大赛中，1名学生获得特等奖，3名学生获得一等奖，2名学生获得二等奖，学校获得优秀组织奖。全年学校发放国家奖学金3.6万元，困难学生资助9.63万元；发放国家励志奖学金9.63万元，国家助学金46.53万元；1名学生获得江苏现代职教图书发行有限公司资助6000元。教育科研成果丰硕，成功立项2个省教育科学规划重点课题，1个省联合职业技术学院立项课题，在省级以上期刊发表论文47篇。校企合作得到深化，签订园区与学校、企业与学校合作协议18个，新增校企共建校内实训基地4个，企业捐赠设备价值超1000万元。拓宽实习就业渠道，学校和部门在前期实地考察和调研基础上，遴选多家市内外知名企业进校宣讲，通过“校园双选会”等活动，搭建学生与实习单位交流平台，拓宽学生实习就业渠道。至年底，安排2021届五年制大专学生顶岗实习120人，三年制中专班学生顶岗实习350人，2020届毕业生就业率98.1%。

· **盐城市经贸高级职业学校**　盐城市经贸高级职业学校组建于2019年5月，是市教育局直属中等专业学校。学校占地面积9.98万平方米，建筑总面积近5万平方米。至2020年底，学校有班级74个，在校学生3218人，当年招生1203人，毕业1010人，就业率98.5%。有教职工380人，其中正高级教师2人，全国职业院校名师、特级教师、省领军人才12人，省、市职业教育教科研中心组成员46人，省、市学科带头人、教学能手65人，省级名师工作室3个，市级名师工作室12个。学校先后被评为江苏省高水平示范性中等职业学校、江苏省现代化示范性职业学校、江苏省智慧校园、江苏省职业技术教育先进单位、江苏省职业学校学生管理30强、盐城市教育工作先进集体。2月，学校成为江苏省首批中等职业学校领航计划建设单位。

· **盐城钢铁职业技术学院开工建设**　12月2日，由盐城工学院、盐城技师学院共同筹建，江苏银宝控股集团有限公司代建的盐城钢铁职业技术学院启动建设。学院总占地17.87万平方米，建筑面积16万平方米，总投资约8.6亿元，可容纳5000名学生，计划于2021年9月竣工并满足办学要求。学院主要通过产品检测、技术创新推进不锈钢、钛等合金新材料研发，为不锈钢产业链条提供技术支撑。

（陈富裕）

· **盐城生物工程高等职业技术学校**　盐城生物工程高等职业技术学校（江苏联合职业技术学院盐城生物工程分院）是市政府直属单位，正处建制。有亭湖区南洋镇、建湖县上冈镇2个校区，校园占地面积58.2万平方米，建筑面积18.1万平方米。设植物工程系、动物工程系、环境与建筑工程系、机电工程系、汽车工程系、信息工程系、经济管理系、本科管理部7个系1个部29个专业，有高职、中职2个办学层次。11月7日，学校成立盐城水产科学研究院，研究院集水产科学研究、技术创新、技术合作与推广于一体，是科技创新基地、转化推广平台和高端专业智库融合发展的新型研发机构。至年底，学校有在校生6000余人，有教职工359人，专任教师309人，其中教授、副教授127人，博士、硕士研究生121人，“双师型”教师179人，有省市名师工作室17个，全国职业院校技能大赛优秀指导教师4人，省领军人才和“333”工程培养对象5人，江苏最美职教老师1人，省市中心教研组成员12人，盐城市有突出贡献的中青年专家1人。学校招收各类新生3477人，其中全日制1927人，农民“双提升”1210人，退役士兵291人，定向委培生49人，五年制高职生源首次突破1000人。学生本省就业率为92.91%，对口就业率为90.38%，总就业率为98.82%。　（许　涛）

普通高等教育

· · · 盐城工学院 · · ·

· **概　况**　2020年，盐城工学院面向全国30个省、市招生，设有教学院部18个，本科专业76个，有在校全日制普通本科生2.2万余人、研究生455人。学校占地面积152.13万平方米，校舍建筑面积60.52万平方米，固定资产总值23.03亿元，教学科研仪器设备总值3.33亿元。学校在本科教学工作水平评估中获得优秀等级，是教育部“卓越工程师教育培养计划”试点高校，是国家“十三五”产教融合发展工程规划项目实施高校。拥有国家级一流专业建设点7个、国家级特色专业建设点3个、本科专业综合改革试点1个、教育部“卓越计划”试点专业4个、省级重点专业（类）7个、江苏高校品牌专业3个、江苏省一流本科专业建设点10个、江苏省“卓越计划”专业4个、专业通过中国工程教育专业认证（评估）6个；拥有国家级一流本科课程6门、国家级精品视频公开课1门、国家精品在线开放课程（金课）2门；建有国家级工程实践教育中心1个、国家级大学生校外实践教育基地1个、全国高校学生科技创业实习基地1个。

· **学科建设** 2020年，学校申报的硕士点全部通过省学位委员会审核，报送国务院学位委员会备案。ESI学科培育工作成效明显，工程学科、化学学科、材料学科潜力值增长率均超过22%，化学学科、材料学科潜力值均居同类型高校第一位，工程学科潜力值居同类型高校第三位。新增省级研究生工作站15个、省级产业教授8人。材料科学与工程、环境工程2个专业第二次通过中国工程教育专业认证，工商管理等4个专业通过教育厅综合评估。获批江苏省本科优秀培育教材4部，获省级重点立项建设教材8部，获批数位于全省同类高校前列。新能源学院获批江苏省重点产业学院，并被江苏省推荐申报国家级现代产业学院；与国家电投集团江苏公司签订产学研共建协议，国家电投海上风电技术江苏分中心、国电投江苏公司培训中心入驻学校产教融合大楼，双方共建三大虚拟仿真等系统。31个项目获得盐城市首批校地协同创新专项经费资助，资助总额5229.32万元。

· **科研立项** 年内，学校获批国家自然科学基金项目23项，国家社科基金项目5项，国家重点研发计划子课题2项，省部级各类项目69项。科技总经费2.52亿元，较上年同期增长87.85%，其中横向到账经费9300万余元，较上年同期增长51.5%。师生发表高水平收录论文824篇，较上年同期增长21.63%，其中SCI收录论文477篇、CSCD收录论文8篇。获批省级以上科技奖励10项，其中省政府科技进步奖1项。学校为第一单位获批省部级及以上科研成果奖6项，发表SSCI、CSSCI来源期刊论文51篇。获批教育部高校科学研究优秀成果奖1项、江苏省社科应用精品工程奖二等奖3项。智库建设迈上新台阶，“盐城黄海湿地生态文明建设研究中心”“盐城产业经济研究院”获批市新型智库，承办智汇盐城新型智库联盟成立大会，当选为联盟第一届轮值理事长单位，2家智库成为创始会员，4人当选联盟专家委员会成员。

· **开放办学** 年内，学校拓展与国外高水平大学的合作，新增俄罗斯叶列茨基大学等国外友好学校3所。中外合作办学项目可持续发展，在校生742人。全年赴海外学习交流学生173人，赴江苏大学等国内高校交换学习学生47人。招收在籍语言生、学历生等各类留学生69人，新增学历生20人。与中国留学服务中心江苏办事处合作开展的韩国国民大学经营学博士项目、韩国京福大学专升本多语种留学项目正式启动，加州大学河滨分校硕博留学项目、东南密苏里州立大学硕士留学项目继续开展。举办各类非学历教育培训1.5万人次。

· **应急管理与安全工程学院成立** 8月21日，学校成立应急管理与安全工程学院，设立化工安全工程、应急技术与管理和应急管理3个专业。化工安全工程专业主要培养符合化工及相关行业发展和区域社会经济建设需求，具备解决复杂化工安全工程问题的“知工艺、懂安全、精技术、会管理”的化工安全复合型人才。应急技术与管理专业主要培养掌握应急技术与管理理论知识和实践能力，能够在公共安全、建筑、机械、化工、信息等行业和领域，从事应急技术与管理方面的研究与开发、分析与设计、管理与评价、检测与监控、教育与培训、应急救援与事故处理工作，并能解决实践中复杂应急技术与管理问题的应用型高级专门人才。应急管理专业主要培养掌握现代管理学、安全管理、应急管理、信息科学等基础理论知识，了解各种突发事件的形成和成灾机理以及应急管理活动的一般规律，具备危机监测与预警、风险管理与灾害评估、应急处置与组织协调能力，能够在政府管理部门、社会组织及服务机构、科研院所等企事业单位从事安全管理和应急管理相关工作的高素质应用型专门人才。学院配备教师53人，其中教授15人、副教授24人、讲师20人、高级工3人、高级实验师1人，拥有博士学位39人。 （张炜炜）

· · · 盐城师范学院 · · ·

· **概　况** 盐城师范学院是江苏省属公办本科院校，有通榆和新长2个校区，占地面积100万平方米。学校有全日制在校本科生2.2万余人，设有二级学院18个。本科专业79个，其中师范类专业14个、非师范类专业65个。其中，国家级一流本科专业建设专业点6个、国家级特色专业建设点3个、国家级综合改革试点专业2个、国家级一流本科课程6门、国家级虚拟仿真实验项目2项、国家级大学生校外实践教育基地1个；省级一流本科专业建设专业点16个，省高校品牌专业建设工程一期项目4个、二期项目5个，省重点专业（类）7个，省级实验教学示范中心12个。学校是国家级语言文字规范化示范校、国家级教师培训基地，省级卓越教师和卓越工程师教育培养计划试点校、省级人才培养模式创新实验基地、省级国际服务外包人才培训基地，是省教育厅指定的驻盐城市高校教学联合体牵头单位。学校是江苏省也是全国首家接受中学教育全科认证的试点高校。至2020年底，学校14个中学教育专业全部通过教育部师范专业认证复评。学校有10个学科门类，建有省部级科研创新平台16个，沿海发展智库是江苏省首批15家重点培育智库之一。

·学科科研 年内，学校遴选教育、体育、生物与医药3个专业申报硕士学位授权点，推进申硕工作。新增MPACC招生专业，招收研究生220余人。获批国家级科研项目21项，获批省部级科研项目60余项，获批市厅级项目近80项，获批省高校哲社优秀创新团队1个，省高校哲社重点研究基地1个。

·合作办学 年内，学校继续与英国、俄罗斯、韩国、法国、澳大利亚等国家及地区的80所高校建立友好合作关系，开设中外合作办学项目，推动学分互认、学位互授，开展国际教育文化交流。与南京师范大学、苏州大学、南京工业大学、河海大学、天津师范大学等高校联合培养博士和硕士研究生。（董 雪）

···盐城工业职业技术学院···

·概 况 盐城工业职业技术学院是盐城地区第一所省属公办高职学院，也是一所省级示范性综合型高职学院。学校设有纺织服装学院等10个二级学院，在校生1万余人，其中留学生400余人，教职工500余人。学校建筑面积21万平方米，资产总值近8亿元，仪器设备总值1亿余元。建有国家及省财政资助的实训基地7个、省产教深度融合实训平台2个、省级技术转移中心4个、省级创业示范基地1个、专业实验实训室200余个，创建国家和省级品牌骨干专业、精品在线开放课程、重点教材、优秀教科研团队50余项。学校是江苏省首批高等教育人才培养模式创新实验基地、江苏省沿海经济带高职院校技术转移联盟牵头单位，获省级以上优秀教科研成果奖50余项。学校跻身全国优秀高职院校和省级示范高职学院行列，先后获评全国纺织行业人才培养示范单位、江苏省文明单位、江苏省职业教育先进单位、江苏省高等学校和谐校园、江苏省平安校园建设示范高校、江苏省智慧校园等省级以上荣誉50余项。2020年，学校在全国高等职业院校“发明杯”大学生创新创业大赛、省职业院校技能大赛、省第十五届大学生职业规划大赛等比赛中获一等奖6项。在江苏省2019年度地方普通高校综合考核中荣获第一等次。承办全国职业院校学生纺织面料设计大赛，获得团体一等奖1项。完成人才培养工作状态数据采集，2个案例入选省职业教育质量年度报告。525人获得本科毕业证书，328人获得学士学位，录取成人大专生1641人。8门省成人高等教育精品资源共享课程获得验收。全年累计社会培训收入300万余元。

·科研立项 年内，学校立项省科技厅产学研合作项目、省自然科学基金、省政策引导苏北专项项目等省部级以上项目27项，立项市厅级项目79项。获批省工程研究中心1个，实现纵横向到账经费863万元。设立高校产业教授工作站和企业科技副总（博士）工作室，江苏省生物质功能纺织纤维开发与应用工程研究中心获得省发改委立项；获批市工程技术研究中心2个，市优秀科技创新团队1个。立项省科技厅外国专家工作室1个、省政策引导类项目——引进外国专家项目2个。

·合作共建 年内，学校与江苏科技大学、盐城师范学院联合开办“4+0”本科专业2个，与本科院校合作共建“3+2”项目2项，获批2020年现代职业教育体系贯通培养项目20项。实施中德SGAVE项目，获批“1+X”证书制度试点项目23项。获评国家规划教材1部、留学生英文授课省级精品课程1门。

·《全球心连心，携手战疫情》获江苏省外国人短视频大赛优秀奖 8月6日，由江苏省人民对外友好协会联合新华报业传媒集团共同举办的“携手战‘疫’·江苏情”在江苏省外国人短视频大赛颁奖仪式暨视频发布会在南京市举行。盐城工业职业技术学院哈萨克斯坦籍留学生米拉斯提交的短视频作品《全球心连心，携手战疫情》获“携手战‘疫’·江苏情”在江苏外国人短视频大赛优秀奖。米拉斯是学校2017级物流管理专业留学生，参赛短视频以在华留学生的视角，从“携手共抗疫”“在线勤学习”和“思念返校园”3个维度展示他与学校、教师和学生一起抗击新冠肺炎疫情、共渡难关的亲身经历和深切感受，传递同舟共济、守望相助的抗疫精神，也展现学校留学生乐观、向善的良好精神风貌和“知华、友华、亲华、爱华”的国际情怀。（汪滢滢）

···江苏医药职业学院···

·概 况 江苏医药职业学院是省卫健委直属全日制公办专科层次普通高等学校，是江苏省示范性高职院校和省市三方共建学校。有护理学院、医学院、药学院、国际教育学院等9个教学单位，开设护理学、临床医学、预防医学、中医学、药学等医药卫生大类专业19个。学校有校内外专、兼职教师944人，校内专任教师404人，其中教授32人、硕士学位以上教师324人，博士学位教师46人。推进以“教学育人结合、线上线下混合”为重点的教育教学改革，在江苏省职业院校教师教学能力大赛和江苏省高校微课教学比赛中获得一等奖2项、二等奖10项、三等奖6项，教学能力综合得分位居全省同类考核院校之首。推动在线开放课程提档升级，立项省精品在线开放课程培育项目14门。遴选“课程思政”示范课程17门，并在全校开设示范公开课。年内，学校临床医学、预防医学专业执考通过率位居全国本专科院校之首。专业建设水平引领全国，骨干专业在2020年中国高职院校综合竞争力排行榜中，全部排名全国前五且均获评五星级专业。2020年，学校计划招生3240人，录取率100%，报到3175人，报到率98%，面向社会人员招生100人，录取率100%。全年学校毕业生人数2585

人，2020届毕业生就业率96.87%。新增引培高层次人才55人。学校先后入选教育部“1+X”证书试点项目推进首批优秀试点院校、全国职业院校校园文化建设“一校一品”学校。在全国职业院校技能大赛改革试点赛高职组护理技能赛项中获一等奖1项；在第十六届“挑战杯”全国大学生课外学术科技作品竞赛江苏省选拔赛决赛中获得省赛特等奖、一等奖、二等奖各1项，成为全省唯一一所入围国赛的高职院校；在江苏省职业院校技能大赛中获得一等奖2项、二等奖2项、三等奖3项，在江苏省“互联网+”、大学生职业生涯规划大赛中获得11个奖项。

·学科建设 年内，学校推进4个高水平专业群和9个校级项目建设任务。对照教育部新颁布的高等职业学校医药卫生大类专业教学标准，修订2020级人才培养方案和课程标准，注重将“课程思政”元素融入教学内容，实现课程思政教学改革全覆盖。学校入选国家规划教材4部、省重点教材1部，立项校本活页式、立体式、手册式等新形态教材24部。学校临床医学、预防医学专业执助考试通过率位列全国本专科院校第一，护理专业执业资格考试成绩连续五年生均分保持在90分左右，医学检验技术、康复治疗技术专业职业资格考试通过率在90%以上。

·合作共建 年内，学校构建现代职教体系，与南京中医药大学、徐州医科大学开展中药学、预防医学“3+2”“5+0”贯通培养项目，新增康复治疗技术、医疗设备应用技术中高职“3+3”分段培养项目。继续与南京医科大学和徐州医科大学开展临床医学、康复治疗技术、药学、医学影像技术4个专业高职本科“3+2”分段培养项目。全年学校与中国药科大学、苏州大学、南京医科大学高校加强联合办学，录取成人学历教育本专科新生2299人。与扬州大学、南通大学合作培养同等学力硕士研究生119名。开展职业技能培训“百日会战”活动，培训养老护理（健康照护）职业技能学员400余人。全年社会培训近1.2万人次，社会培训收入217万元。 （马冬云）

···江苏省盐城技师学院···

·概　况 2020年，江苏省盐城技师学院下设信息、智能制造、汽车、幼护、电气、环境、商贸、交通、建筑及继续教育10个二级学院。1月16日，市政府召开盐城技师学院和盐城交通技师学院管理体制调整大会，正式宣布两校隶属关系调整。盐城技师学院由人力资源和社会保障局管理调整为市政府直管，盐城交通技师学院由交通运输局管理调整为技师学院管理。至年底，学校拥有技师、高职、高技、中技等办学层次，全日制在籍生1.8万余人，其中高技能人才培养96%以上，就读成人高等教育85%以上。年内招收新生4202人，安置顶岗实习毕业生2237人，39人考取天津职业技术师范大学本科。毕业生就业率常年保持100%，就业情况企业满意率98%以上。

·学科建设 年内，学院投入1000万元专项资金用于专业建设，加快建设服务地方战略性新兴产业和支柱产业的专业体系。完成3个省级项目、2个2020年江苏省技工院校重点项目申报，启动华人运通智能网联实训中心和数控加工特色专业建设，申报2021年精密检测工程师培训中心省级专项公共实训基地。完成省厅6个、联院2个课题结项，联院3个课题开题论证立项，学校24个课题完成评审。成功申报江苏省技工院校特色专业——数控加工（智能制造应用技术）和江苏省技工院校校企联合实训中心——华人运通2个省级项目。

·盐城国际家政学院成立 6月16日，学院与上海吉额翎集团共同组建成立盐城国际家政学院。盐城国际家政学院设家政服务、健康与社会照护、幼儿教育3个专业方向，精准对接地方产业和行业发展需求。至年底，有教师102人，校外特聘专家10人，在校生近1800人。（陈建华）

···盐城幼儿师范高等专科学校···

·概　况 盐城幼儿师范高等专科学校是2016年经省政府批准、教育部备案的全日制公办普通高校。学校位于盐城高等职业教育园区，分学海路（南）、海洋路（北）2个校区，占地面积73.53万平方米，设学前教育学院一部、学前教育学院二部、鲁迅艺术学院、人文教育学院、建筑工程学院和城市管理学院6个二级学院。学校有25个三年制专科层次专业和10个五年制专科层次专业。学前教育专业群为江苏省高职院校高水平专业群，艺术设计专业群为江苏省高职院校高水平专业群培育点。2018年开始与南京晓庄学院、盐城师范学院等本科高校合作开展学前教育专业和美术教育专业专本分段培养项目。至2020年底，学校有在校学生1.04万人，有教职员工600余人，其中专任教师450人。专任教师中硕士研究生以上学历52%以上，高级职称200余人，获批省高校优秀教学团队、优秀青年教师等“青蓝工程”培养对象10多人。学校坚持“立德树人”根本任务，坚持“五育”并举全面育人，坚持产教融合，工学结合，理实一体的办学模式和人才培养模式，不断进行教育教学改革，人才培养质量不断提高。年内，全校师生创作演出的大型民族音乐剧《华中鲁艺记》获得2020年江苏省紫金文化艺术节戏剧展演活动一等奖。

·学科建设 年内，学校建立专业动态调整机制，申报建设工程管理等3个新专业。推进已获批试点的5项“1+X”证书制度建设工作，启动学生学分银行建设工作。3门校级在线开放课程在中国大学慕课平台上线供教学使用，新启动11门校级在线开放课程建设工作。学校新增全国大学英语四、六级考试、江苏省中等职业院校学业水平测试学前幼儿发展与健康管理技能考试、省幼儿园教师资格证面试3个考点，并成为江苏省职业院校技能大赛学前教育专业比赛承办学校。

· 科研立项　年内，学校获得49项省哲社精品和市厅级项目立项，科技服务总成交额近450万元。获得第五届省教育科学优秀成果二等奖1项，省高教科学研究成果二等奖2项。市哲社成果二等奖2项、三等奖3项，市政府文艺奖一等奖1项、三等奖1项，校内首建10个科研平台。

· 创新创业教育　年内，学校加强创新创业教育，构建"基础实践—能力训练—专业创新—创业实践"一体化的创新创业实践教育体系，使学生在实践中培育创新精神与创业意识，提升创新创业能力。全年获得江苏省大学生创新创业训练计划立项15个，在江苏省第六届"互联网+"大学生创新创业大赛获得二等奖1项、三等奖3项，学校首获"优秀组织奖"；第十一届"挑战杯"江苏省大学生创业计划竞赛获得1银1铜，首届中国盐城创新创业大赛获得三等奖4项，学校获得"优秀组织奖"；2020"西伏河"创新创业大赛暨首届"汇智盐南　创赢未来"创青春大赛中荣获9个奖项，特等奖1项、一等奖1项、二等奖1项、三等奖3项、优秀奖3项。学校创新创业工作在省市比赛中获得21个奖项。（张丽丽）

成人教育

· 概　况　2020年，盐城市按照《盐城市职业技能提升行动实施方案（2019—2021年）》任务安排，面向未升学初高中毕业生、农村青壮年劳动力、退役军人等重点群体及家政服务业提质扩容等产业需求，扩大培训规模，提升培训效能。培训农村转移劳动力、城镇登记失业人员等1.7万人次。实施技能提升行动"互联网+职业技能培训计划"，提升劳动者素质和技能水平。推进全市产业工人队伍建设改革试点工作，全年培训职工36万人次。加快发展社区教育。全年全市建成省级社区教育示范区3个，省级标准化社区教育中心20个，省教育服务"三农"高水平基地3个。入选省教育厅2020年老年教育学习资源库子库项目1个，建成江苏省社会教育学习体验基地3个，省级优秀成人继续教育院校（培训机构）2个。

· 盐城市老年大学　年内，盐城市老年大学成立于1986年，是一所为广大老年人增长知识、丰富生活、陶冶情操的一所综合性学校。学校设有政治、文史、书法、国画、保健、文艺、家政、体育8个系，开办电脑、英语、中医、西医、诗词等26个专业，设立专业班52个，近1000名在籍学员。年内，市委老干部局推进可同时容纳1500名学员授课和2000平方米报告厅的盐城市老年大学改扩建工程项目。该项目由市城投集团聘请深圳市建筑设计院和东南大学建筑设计研究院"双院士"团队设计。项目位于亭湖区文峰路39号，2019年12月开工建设。工程项目占地1.36万平方米，改扩建总面积1.43万平方米，其中地上建筑面积1.06万平方米，地下3700平方米。主楼建筑面积8400平方米，比原老年大学教学楼提升改造面积7500平方米，项目总投资9603万元。至年底，工程主楼及报告厅主体结构封顶，主楼三层墙体和报告厅一层墙体砌筑完成，原教学楼内墙粉刷完成，钢结构屋面、楼梯进场安装。

· 盐城开放大学　盐城开放大学是一所以现代信息技术为支撑，面向成人开展远程开放教育、服务全民终身学习的新型学校，前身是盐城市广播电视大学。盐城市广播电视大学创办于1979年2月。1985年6月与新成立的盐城职业大学合署办学。1996年8月盐城职业大学与盐城工业专科学校合并建立盐城工学院后，盐城市政府决定保留盐城市广播电视大学建制委托盐城工学院代管。2011年11月，盐城市广播电视大学与盐城工学院继续教育学院合署办学，统一管理盐城市全市电大教育教学工作和盐城工学院成人继续教育工作。2014年9月23日江苏省开放大学建设领导小组批准盐城开放大学建设方案，2015年11月7日盐城开放大学正式揭牌，2016年10月18日经盐城市事业单位登记管理处批准，盐城市广播电视大学更名为盐城开放大学，获得盐城开放大学事业单位法人资格，仍保留原建制。学校位于建军东路211号，占地面积27.4公顷，校舍建筑面积14.84万平方米，教学科研仪器设备总值近3亿元，图书馆建筑面积4.7万平方米，图书馆藏书160多万册。至2020年底，学校设有二级学院19个、本科专业65个。有专兼职任课教师1200人，高级职称600余人，博士505人（含在读），研究生导师135人。有国务院和省、市政府特殊津贴获得者、省"333工程""青蓝工程""六大人才高峰"培养人选等160多人，省级教学名师、省市有突出贡献中青年专家等15人。学校下设东台、大丰、建湖、射阳、阜宁、滨海、响水、盐都、亭湖9个县（市、区）分校。全年全市开放大学系统有开放教育在籍生近1.5万人。（陈富裕）

文　化

编辑　裴力民

公共文化服务

·**概 况** 2020年，盐城市提升公共服务设施硬件建设，实施市文化馆整体搬迁、市少儿图书馆提升改造工程，加强文化馆、图书馆总分馆建设。至年底，全市有文化馆11个、公共图书馆11个、博物馆14个、档案馆10个；建成镇（街道）综合文化站126个、村（社区）综合文化服务中心2423个；全市公共图书馆有藏书598万册。年内,阜宁县文化馆、大丰区图书馆和10个乡镇文化站、121个村综合文化服务中心创建省级基层公共文化服务效能提升示范点。完成30个阅读新空间建设，市区新开业盐南高新区"言+买书汇"、盐都区盐渎书城、盐城经济技术开发区大众书局高教公寓店3家大型实体书城。鼓励和引导实体书店转型升级，打造体验式阅读服务空间，凤凰新华滨海县分公司滨海书城被评为2020江苏最美书店。年内，盐城市组织开展公共文化活动。开展全市文化艺术中心成立10周年系列演出（13场）及市歌舞剧院成立60周年惠民演出，承办第八届江苏省淮剧艺术展演月，开展"万场文化活动进农村"活动，全年全市送演出2756场次、开展艺术普及宣传897场次、举办文艺人才培训197场次。疫情期间，市、县文化馆、图书馆推出线上文化活动、阅读活动；全市文艺工作者、文化志愿者在全省率先创作文艺作品线上发布，宣传疫情防控知识、赞美抗疫典型人物。实施全民阅读"十百千万"工程，全年市县镇村开展阅读活动7200余场次。年内，盐城市群众文化工作蝉联省五星工程奖亚军。

···文化场馆···

·**盐城市图书馆** 年内，盐城市图书馆有持证读者13.9万余人，新增读者证5800余份。全年总接待读者247.9万余人次，书刊借还63.9万余册次，古籍及特藏图书查阅近1000人次，回复网络参考咨询2.3万余条。抓好馆藏资源建设，购买纸质图书近11万册、订阅报刊1880余种、征集地方文献280余册。推行"你选书、我买单"读者荐购服务，荐购300余人次，700余册次。加强数字图书馆建设，订购知网硕士论文数据库、维普期刊库等，参加全省少儿数字资源联合采购。推进国家数字图书馆推广工程的红色文化专题数据库和地方文献数字化项目建设，协助做好国家基层数字文化推广工程"盐城文化云"建设。强化阅读空间建设，新建分馆6个，书吧4个，流动服务点3个。全年举办线上线下读者活动520场，参与读者101.64万余人。打造"盐渎风"盐城市第八届读书节，多举措为读者提供线上服务，一大批内容丰富、形式新颖的线上阅读活动和文化服务与读者"云上相约"。举办长三角地区阅读马拉松盐城赛区活动，"世遗精灵 吉祥麋鹿——杨国美麋鹿摄影展"走进崇明区、宝山区图书馆。年内，市图书馆先后获2020年全省红领巾读书征文活动优秀组织奖，被江苏省全民阅读办表彰为首批江苏省家庭亲子阅读体验基地；抗疫短片《愈"毒"愈"图"》被中国图书馆学会评选为"星级人气作品"。

·**新四军纪念馆** 年内，新四军纪念馆推进展陈提升配套工程建设。开展文物史料征集，全年文物征集59件、资料征集42份、新增图书334册、新增手印47份、新增口述历史视频36份，其中有新四军重要将领、开国中将吴信泉文物史料19件，航天英雄许公民烈士的笔记本、家书，新四军被服厂班旗等。完成文物库房预防性保护工程，并通过省文物局专家验收。完成新四军纪念馆基本陈列画册《铁军忠魂——新四军历史陈列》《走进新四军纪念馆》编撰工作。"铁军忠魂——新四军历史陈列"入选国家文物局2020年度向社会重点推介"弘扬优秀传统文化、培育社会主义核心价值观"主题展览。"铁军忠魂——新四军历史陈列"展览分为"民族危急 铁军诞生""抗日战旗 遍插华中""重建军部 浴火重生""兵民鏖战 坚持敌后""战胜困难 建设根据地""局部反攻 扩大解放区""走向胜利 铸造辉煌"7个部分，基本陈列展线1600米，展出图片2000余张，文物藏品1500余件，其中400多件珍贵文物首次展出。组织实施青少年研学实践社教活动，利用新媒体平台开展"清明祭英烈""铁军少年话文物""忆峥嵘岁月 诵红色经典""品读红色经典

盐城市图书馆流动图书车进校园 （市文广旅局 供图）

讴歌伟大复兴”等线上系列研学活动以及开展“红领巾心向党”“我是铁军传承人”“海军溯源　扬帆起航”等线下馆内外青少年研学实践教育活动40多期。深化文旅融合和文创产品开发，设计开发文创产品20种。开展学术研究，全年在省市级以上刊物发表论文23篇，受邀参加各类研讨会10批次。组织参加江苏省第二届红色故事宣讲大赛，1人获评江苏省金牌讲解员，新四军纪念馆获组织奖。开展主题纪念活动，举办送展、引展、云展览12场。其中，与南京雨花台烈士纪念馆、周恩来纪念馆、淮海战役纪念馆在南京市联合举办江苏四种革命精神联展，与中国人民抗日战争纪念馆联合举办中国共产党领导下的抗日根据地展览，与东北烈士纪念馆联合主办不忘初心、牢记使命——党旗、党徽、党章专题展，与全国33家革命纪念馆联合举办革命文物的保护与利用专题展览。全年场馆接待观众近110万人次，提供讲解服务近1800场次。

· **中国海盐博物馆**　12月21日，中国海盐博物馆成功晋升国家二级博物馆。年内，中国海盐博物馆通过微信公众号推出“居家防疫——中国海盐博物馆邀您在线鉴赏馆藏文物”13期，“宅家看世界——世界盐俗”6期，“创意声援度元宵”博物馆战“疫”之元宵特别活动1期；通过“云课堂”介绍“吴盐胜雪雕绿韵——盐雕DIY”学习等系列云讲解13期。开展学术研究，出版《海盐华章——中国海盐文明》。年内，“盐城 · 盐事——中国海盐博物馆”云导览系列活动入选省文物局公布的2019—2020年江苏省博物馆教育示范项目名单；“市井相依——寻找城市的脉络”教育活动入选2020年第七届“紫金奖”博物馆文化创意设计大赛。

· **盐城市博物馆**　盐城市博物馆主馆址位于市区建军西路118号，江苏省文物保护单位——新四军重建军部旧址（泰山庙）内。附属胡公石书法艺术馆、陆公祠（南宋丞相陆秀夫祠堂）、赵泰来文物馆。总建筑面积3800平方米，其中陈列面积2400平方米，文物资料库房面积400平方米。收藏文物及资料1.6万件，多为从新石器时代至明清时期盐城地区有代表性的历史文物，还有反映抗日战争和解放战争时期盐城地区革命斗争史的革命文物4000多件。博物馆展陈有反映盐城历史的“盐城历史文物陈列——从海涂走向城市”“赵泰来捐赠文物陈列”“赵泰来捐赠宗教文物陈列”“胡公石书法艺术展”“南宋丞相陆秀夫史料陈列”“海盐文化苑”。开展学术研究，出版《盐城市博物馆馆藏清代扇面探究》《盐城市博物馆馆藏唐卡研析》专著2部。全年实施考古勘探调查项目169个，发现古墓葬13处、古遗址3处；考古发掘项目2个，其中大松林墩考古发掘项目发掘墓葬141座，出土文物400多件（套），通过省文物局验收。江动厂古墓葬发掘项目共发掘墓葬100多座，出土文物300多件（套），其中出土精美文物唐三彩小罐、葵花形青铜镜，宋“凤”字砚、定窑白瓷碗等。

· **盐城市水浒文化博物馆**　盐城市水浒文化博物馆，位于盐城市盐南高新区盐渎明城，占地面积3000平方米，于2016年2月5日开馆。市水浒文化博物馆展陈面积近3000平方米，展览定位为“一本书（《水浒传》）、三个人（施耐庵、张士诚、罗贯中）、一座城（盐城）”。展览内容分仰望经典《水浒传》、文坛巨匠施耐庵、宋江原型张士诚和湖海散人罗贯中4部分组成，通过对《水浒传》的创作背景、社会影响以及重要人物、重要事件等研究，系统地再现《水浒传》作者施耐庵当年在家乡盐城市大丰区白驹镇的茅草屋中，历时数载、饱经风霜，写就不朽巨著的过程，重点表现宋江原型张士诚、施耐庵、学生罗贯中与《水浒传》及盐城有关的一段段引人入胜的生动故事，揭示《水浒传》中无论方言土语、地貌特征，还是人物塑造等方面无不渗透着盐城元素。展厅还展示国家二级文物施氏家簿谱（长门谱）、1959年复制本陈老莲《水浒叶子》、戴敦邦艺术馆水浒人物画等重要实物。年内，市水浒文化博物馆专题拍摄短视频《水浒与盐城》《紫石街》《狮子桥》，展现水浒文化与盐城的关系。11月11日，召开新闻发布会专题推介短视频，省市媒体集中报道和转载，其中江苏广电总台三天之内点击量达12万多人次。

中国海盐博物馆　（盐阜大众报社　供图）

· **盐城市美术馆**　盐城市美术馆（书画院）位于府南路1号，采用下沉式建筑，占地面积6.87万平方米，总建筑面积4.07万平方米。2019年9月，正式向公众免费开放。年内，市美术馆接收著名军旅画家陈其捐赠的美术作品1077件，举办“戎马丹青、桑梓情怀”著名军旅画家陈其艺术作品展、“共蘸一池水 齐书两国情”2020中韩（盐城）书法作品交流展等大中型展览等各类书画展览、活动16场次，接待观众近6.2万人次。

· **盐城市科技馆**　年内，盐城市科技馆开展《生命健康》《爱眼卫生》公益科普讲座2场，开展“镜子世界”“智在古今”“魔术大幻象”临时展览3个，在微信公众号上连续推出家庭科学实验小视频53个。完善科普场馆建设，改造三楼东生命科学主题展厅和大楼广播系统。开展“科学碰碰乐”品牌科普活动，策划暑期专场活动57场，通过科学实验秀、深度讲展品等方式向大众传播科学，受众6万人。开启馆校合作，与盐都区实验小学、神州路实验小学、串场河小学等学校合作科普课程，受众1万人次以上。9月19日，开展“微生物大学问、玩转身边的科学”“镜子的奇妙之旅”“展开科学翅膀、放飞科学梦想”等活动。全年接待观众26.72万人次。12月，市科技馆被省科普场馆协会评为2020年全国科普日活动先进集体。

· **新华书店**　年内，全市新华书店以推动全民阅读，丰富社会群众精神文化生活，加快实体书店转型升级为目标，做好各类读物的宣传和发行工作，全年实现营业收入1.51亿元。全年销售各类政治读物12万册、码洋365万元，其中《习近平谈治国理政（第三卷）》实现销售2.2万册、码洋176万元。完成“课前到书，人手一册”任务，做好教学用书保障工作。全年全市新华书店开展文化活动20余次。其中，“绿书签”优惠购书活动中，销售图书5589册；“朗读者活动之致敬最美逆行者”“树下童年之绿书签护苗行动”获得社会各界的好评。年内，盐城市新华书店根据省委宣传部关于全力推进新华书店农村发行网点建设的要求，新增加黄尖镇、新兴镇2家农村网点。建湖县新华书店在颜单镇精神文明实践所、冈西镇文化中心建设乡镇书屋，并于12月正式开放运营。东台市新华书店完成时堰镇、头灶镇2个农村发行网点建设任务并开放运营。

· · · 全民阅读 · · ·

· **农家书屋**　2020年，盐城市做好农家书屋出版物更新和与公共图书馆通借通还工作，提升数字农家书屋注册数、使用数，推动农家书屋提质增效。至年底，全市有农家书屋2221家。年内，东台市安洋村农家书屋等3个农家书屋获评江苏省五星级示范农家书屋，9人被评为江苏省优秀农家书屋管理员。

· **“天天悦读1+X”全民阅读服务模式创成国家公共文化服务体系示范项目**　12月7日，在北京市召开的第四批国家公共文化服务体系示范项目创建工作评审会议上，盐城市“天天悦读1+X”全民阅读服务模式以评委全票赞同的成绩通过评审，创成国家公共文化服务体系示范项目。“天天悦读1+X”全民阅读服务模式围绕书香盐城建设目标，以“互联网+”为依托，搭建数字云服务平台，线上线下相结合，形成全方位、综合性的多元化服务内容和服务方式，扩大公共文化资源共享范围，提高公共阅读服务效能。

· **全民阅读“十百千万”工程**　年内，盐城市实施全民阅读“十百千万”工程，推动全民阅读活动进农村、进社区、进家庭、进学校、进机关、进企业。加强阅读阵地设施建设，援建乡村中小学图书室（图书角），建设图书馆智能化终端借还设备，推动建设县级图书馆、乡镇（街道）分馆和基层书屋互联互通的公共阅读设施群。推动农家书屋共建共享，优化书屋设施和图书配备，增加数字化视听产品和服务供给，开展主题性和常态化活动，提升农家书屋服务效能。关爱重点阅读群体，动员全社会力量，向农村留守儿童、城市流动儿童和困难家庭儿童捐赠图书和学习用品，满足儿童群体基本阅读需求。开展“带一本好书回家过年”活动，为进城务工人员子女捐赠图书报刊。动员公共图书馆、社会阅读组织和个人，向视障人员提供盲文出版物、大字出版物、数字有声读物和定制化阅读服务。依托新时代文明实践中心（所、站）和各类图书馆、农家（社区）书屋、全民阅读新空间等阵地，以培育和践行社会主

5月，“书香亭湖·阅读美好”系列活动——绿书签行动在盐城市新华书店举行

（市新华书店　供图）

义核心价值观、传承中华优秀传统文化、弘扬新四军精神为重点，举办盐城市第八届“盐渎风”读书节各项活动，组织开展“初心传承　踏寻足迹”——红色经典阅读走访、“全面建成小康社会　我们在行动”——美丽乡村行阅读活动、市级机关第十一个“读书月”暨清风读书活动、“书香飘万家”第二届家庭亲子阅读活动、第十一届“盐城职工读书月”、第四届“草房子”国际儿童阅读周、第五届书报刊“悦”读节等主题阅读活动。借助县级融媒体中心全媒体传播平台，推送视听产品给基层群众。组织阅读志愿服务，动员党委政府部门、群团组织、企事业单位和热心阅读推广的社会团体，与农村中小学、幼儿园、农家（社区）书屋开展结对帮扶活动。壮大全民阅读专业志愿者队伍，组织教师、作家、在校大学生、“百姓名嘴”等，在春节前后深入乡镇（街道）和村（社区），向基层群众传播阅读理念、开展阅读活动、提供阅读指导。培育选树接地气、有活力、正能量的全民阅读先进典型，以品牌战略、项目推进带动全市全民阅读各项工作。全年市县镇村开展阅读活动7200余场次，参与人员近数百万人次。

·2020年“全民阅读春风行动”　1月14日，2020年“全民阅读春风行动”启动仪式和主场活动在盐都区尚庄镇举行。2020年“全民阅读春风行动”自1月14日开始至2月中旬结束，为期一个月。全市围绕“推广全民阅读、共建书香盐城”主题，以“全民阅读春风行动”“盐渎风读书节”等重点活动为主要内容。新建3000平方米以上大型“阅读+”实体书店两家；完成2200个农家书屋出版物更新采购工作；新建120个阅读新空间和200处便民阅读设施，建成书香盐城建设示范点190个。组织开展系列全民阅读活动，参与人员百万人次。活动以基层群众特别是乡村困难儿童群体为重点，广泛动员社会力量走进基层，开展阅读阵地援建、阅读关爱、阅读推广、阅读志愿服务等系列惠民阅读活动。（李志伟）

文学艺术

·戏　曲　2020年，盐城市加强优秀艺术作品的推介与宣传，通过线上线下多种形式，推动艺术精品“上去”“出去”“下去”。淮剧《赵五娘》参加2020戏曲百戏（昆山）盛典展演，并入选文旅部中国戏曲像音像工程项目；淮剧《小镇》入选文旅部“百年百部”舞台艺术精品创作工程传统精品复排计划；淮剧《小城》入选2020年度国家舞台艺术精品创作扶持工程重点创作剧目并作为2020紫金文化艺术节优秀剧目巡演；淮剧《首乌花开》入选2020年江苏省舞台艺术精品创作扶持工程重点投入剧目，并获江苏省紫金文化艺术节优秀剧目奖；淮剧《马家荡里唱大戏》获江苏省紫金艺术节剧目奖并参加原创舞台剧目会演，音乐剧《华中鲁艺记》获江苏省紫金文化艺术节大学生戏剧展演一等奖并参加“戏梦风华 · 大学生戏剧展演”；淮剧《送你过江》《十品半村官》2部作品获第八届江苏省淮剧艺术展演月特别奖，淮剧《小城》《谷家大事》《首乌花开》3部作品获第八届江苏省淮剧艺术展演月优秀剧目奖；现代戏《荡湖船》、话剧《婚书》、戏曲《新台殇》、现代戏《乡村好官》、现代戏《雪枫卖马》、淮剧《味 · 道》、戏曲《诗案冤魂》、现代戏《惠山泥人》8部大戏剧本获江苏省戏剧文学奖。淮剧《小镇》《送你过江》通过2020年高雅艺术进校园拓展项目，开展校园演出10多场，惠及师生6000余人。全年全市新创大戏剧本25部，小戏剧本30个，有5个剧本由外地院团上演。年内，市文广旅局、江苏省淮剧团、盐城市淮剧团、阜宁县淮剧团被省文旅厅评为全省艺术创作先进单位。

·文　学　年内，全市创作各类抗疫主题文艺作品1200多件。张晓惠、赵永生、殷毅等创作的抗疫题材报告文学收入省作协主编的《又见遍地英雄江苏——抗疫实录》一书；徐向林创作的抗疫报告文学在《人民日报》大地副刊发表；曹有成、陆应铸、陈义海、管国颂、徐社文、邓洪卫、范进、姜桦、张大勇等创作的抗疫作品在“江苏文学”等平台推送和《盐阜大众报》《盐城晚报》等报刊发表；朱义刚创作的抗疫歌曲在央视网、人民日报海外网等平台推送。全年全市作协会员出版各类作品集25部，120多名作协会员和文学爱好者创作乡村题材文学作品600多篇（件），在国家和省市报刊发表。张晓惠、徐向林创作的盐城全面奔小康的报告文学《黄海合唱》收入省作协主编的《向时代报告：中国全面小康的江苏样本》。杨铁平长篇小说《世界的光》、陈义海散文集《从老欧洲到新英格兰》、曹文芳儿童文学《牧鹤女孩》获得第七届紫金山文学奖；张晓惠长篇报告文学《北上海》获得第四届江苏报告文学奖荣誉奖，《生死兄弟》获得第四届江苏报告文学奖优秀奖，徐向林长篇报告文学《白方礼，一个人的爱心长征》，殷毅长篇报告文学《黄海行动》获得第四届江苏报告文学奖；汪洋诗集《醒来》获第六届中华宝石文学奖；陶林评论《人间何处写值得》获得第九届江苏文学评论奖三等奖；嵇绍波的组诗《在一本书里耕耘》获得第五届《儿童文学》金近奖；张晓惠、吴万群等参创的“雨花忠魂”系列丛书获得省精神文明建设“五个一工程奖”。

·书　画　年内，市书协举办盐城市首届楷书书法作品展、盐城市首届篆隶书法展、盐城市首届行草书法展、笔墨丹青贺国庆——盐城书画名家作品展等系列主题展览。全年全市书画作品入展国家级书法美术展27次，入展省级书法美术展95次，其中19幅美术作品入选江苏省全面小康主题优秀美术书法作品展，9件作品入选全省抗疫主题美术书法精品展。发挥市美术馆平台作用，组织书画展览活动。1月，盐城市书画名家季承业、胡可120余幅书画作品亮相上海市吴淞国际艺

表40　2020年盐城市部分出版书目一览表

序号	作品名称	作　者	序号	作品名称	作　者
1	《再论书法之美》	嵇绍玉	29	《黄海明珠》	浦玉生
2	《水木流韵》	徐莲华	30	《放牛郎》	孙　山
3	《在或近或远处》	袁同飞	31	《草根书记》	夏学海
4	《看水东流》	吴开岭	32	《爱好眼睛和耳朵/每一个日子孕沙成珠》	颜巧霞
5	《尘埃里的花朵》	郭苏华	33	《平原之爱》	韦江荷
6	《在水之湄》	邹　进	34	《去哪里都在风的方向里》	吴　瑛
7	《调色师》	姜　桦	35	《想起》	汤昌军
8	《原色土》	曾寿春	36	《我在春光里，等你》	高东芹
9	《张謇一生》	邹迎曦　陆碧波	37	《范公堤》	姞　文
10	《女儿吟》	孔令玉	38	《红色经典》	杨翠娟
11	《春天里》	程立祥	39	《不一样的春节》	欧阳夏天
12	《故乡的河》	孙克平	40	《曲苑闲笔》	邵秀华
13	《感恩》	董树印	41	《走不出的村庄、风不住的吹》	水怀中
14	《盲点》	周加军	42	《生命至上——盐城公安战疫记》	一　禾
15	《山水间》	朱生旺	43	《少年海的漫长回家路（5本）》	陈　晨
16	《鲁迅艺术学院与新中国文艺规范建构》	孙晓东	44	《小麋鹿醒醒》	张小华
17	《风行大地》	徐卫凤	45	《槐花自妍》	洪仁忠
18	《长相思》	吕远洋	46	“盐城地标”丛书	盐城市委宣传部
19	《红楼梦故事精讲》	王　坚	47	《盐城年鉴（2020）》	盐城市地方志办公室
20	《一担岁月》	贾秀全	48	《大丰年鉴（2020）》	大丰区地方志办公室
21	《辋川集》	风　子	49	《滨海年鉴（2020）》	滨海县地方志办公室
22	《零的突破》	张　锋	50	《射阳年鉴（2020）》	射阳县地方志办公室
23	《魂系漕河四月奇》	赵永生	51	《建湖年鉴（2020）》	建湖县地方志办公室
24	《大年夜》	邓洪卫	52	《盐都年鉴（2020）》	盐都区地方志办公室
25	《爬满状语从句的房子》	陈义海	53	《东台年鉴（2020）》	东台市地方志办公室
26	《士别三日》	陈　煜	54	《响水年鉴（2020）》	响水县地方志办公室
27	《彤史外纪》	徐于斌	55	《阜宁年鉴（2020）》	阜宁县地方志办公室
28	《想心事的小字母》	陶天真	56	《亭湖年鉴（2020）》	亭湖区地方志办公室

术城艺术之路系列展之“羽霜秋妍”书画联展。1月，庚子大吉——2020年盐城市迎春书画展开展。5月，市文联、盐城黄淮海湿地“申遗”办公室主办黔山滇水——盐城市美术家走进云贵写生创作展，展出20位画家47幅云贵写生作品。5月12日，“风雨同舟　翰墨情深”抗疫主题书画展暨捐赠活动举行。5月14日，

全市残疾人艺术作品展开展。6月1日，盐南高新区庆“六一”书画展暨学生书画作品展启动。6月，翰墨百川——全国百位中国画名家手卷邀请展暨葛军紫砂创作汇报展、盐城广播电视总台《盐城书画》栏目开播仪式在市美术馆举行。7月，盐城·铜川书法美术剪纸农民画作品展开展，《盐城铜川书法美术剪纸农民画作品集》出版。8月，市油画学会祁亚康《渔家女》、戴国禾《晨曦》、夏国海《乐土》入选第二届深圳国际水彩画双年展复评名单。8月21日，青春盛绘——2020江苏省青年美术家协会年度大展（盐城站）开展。9月，由省美术馆、省美协、省油画学会、盐城工学院和市文联联合主办的“湿地·家园”——杨建生绘画作品展在省美术馆开幕；盐城市31件作品参展第十二届江苏省新人书法篆刻作品展，1人获奖；“大纵湖杯”2020盐城首届硬笔书法精品联展开展，展出100多位书法家创作的140余件硬笔书法作品，以及40名市硬笔书法协会少儿会员的优秀作品。9月27日，“大纵湖杯”2020盐城首届硬笔书法精品联展开展。9月28日，“戎马丹青　桑梓情怀”——著名军旅画家陈其艺术作品展开展。10月15日，“雅健清逸”——李刚中国画展开幕。11月12日，小康颂——第三届江苏美术奖获奖作品特邀展开展。11月，市油画学会戴国禾《潮声》和王晶晶《老宅》入选中国美协第三届全国小幅水彩画展复评名单；市油画学会15位会员作品入选第十一届江苏省油画展复选名单，其中杨建生《踏雪》为特邀作品，朱顺传《高原盛会》、王晶晶《凌云戈壁生》分获优秀作品奖、凤凰艺术奖；盐城市6名画家作品获评第三届江苏美术奖，其中薛勇油画《忆》获美术奖，金城君中国画《春风熏得禽鸟醉再歇一会》、孟臻中国画《人勤春早》、曹兆龙中国画《浴火》、王晶晶油画《胡杨林·06》、夏国海油画《惊蛰》获提名奖。12月3日，“大美湿地”2020盐城市花鸟画研究会作品展开展；12月18日，“云水东亭”江苏省青年书画家采风写生作品展开展。12月29日，君子如玉——沿海城市梅兰竹菊诗书画名家作品展开幕。年内，书画家李晓东的《李晓东作品精选——中国高等美术院校教学范本精选》上市。

·摄　影　5月，孙华金盐城湿地野生动物作品集《春日观察》第三集《盐城》在央视纪录频道播出；孙华金摄影作品《湿地“森林”》被2020年第五期《中国国家地理》封面用图。8月，孙华金摄影作品《世界遗产湿地“森林”》获人民摄影“金镜头”（2019年度）自然环境新闻类组照银奖。10月，杨国美摄影作品《拓展之美》《梅龙游春》分获华夏艺术金鸡奖年度创作成就奖、华夏艺术百花奖金鸡奖创作奖。12月，孙华金摄影作品《鹿王的饰物》（组照）获得2020年中国三门峡“天鹅湖典藏奖”金奖。

·杂　技　2020年，杂技《荷塘月色》参加CCTV-3《我要上春晚》特别节目《直通春晚》的晚会录制工作，并在

11月10日晚，淮剧《赵五娘》参加2020年戏曲百戏（昆山）盛典演出　　（江苏省淮剧团　供图）

央视三套黄金时段播出。杂技《登上凌寒独自开——集体杆技》在第二届“世界语言”国际青少年马戏节比赛中获银奖,获2019年度盐城市政府文艺奖金奖。杂技报告剧《芦苇青青菜花黄》、杂技《登上凌寒独自开——集体杆技》入选江苏省庆祝中国共产党成立100周年舞台艺术精品创作工程。

·江苏省淮剧团　年内，江苏省淮剧团创作抗疫主题淮歌《牵挂你那么多天》,创排抗疫小品《双城记》、小品《日子》、廉政小品《情理之间》,排演《金水桥》《舍妻审妻》《赠塔》《一家人》《打碗记》《奇婚记》《太阳花》《青豆与红豆》《一江春水向东流》《唢呐声声》《王玉莲》《祥林嫂》《小镇》《小城》等系列在全国和全省产生重大影响的优秀剧目。1月8日晚，淮剧《小城》在盐城市文化艺术中心大剧院演出。5月26日，云首演大型古装淮剧《狸猫换太子》。6月，完成“中国戏曲像音像工程”古装淮剧《赵五娘》的像音像录制工作。9月6日,淮剧《小镇》在九龙口沙庄戏苑分会场惠民演出。10月10—12日，淮剧《小镇》随着2020年高雅艺术进校园拓展项目活动，走进盐城经济技术开发区实验学校、盐城市串场河小学、盐城市聚亨路小学。10月28—29日，淮剧《小城》在泰州梅兰芳大剧院参加2020紫金文化艺术节优秀舞台剧目展演活动。11月10日晚,淮剧《赵五娘》在昆山文化艺术中心参加2020年戏曲百戏（昆山）盛典演出。11月23日晚，团成员中国戏剧梅花奖演员陈澄、陈明矿应邀参加百戏盛典闭幕式演出淮剧《赵五娘·别家》。12月11—31日，淮剧《小城》入选2020年度“江苏戏曲名作高校巡演”活动。12月，江苏省政府授予淮剧《小镇》剧组“集体一等功”。年内，演员梁国英、陈澄、陈明矿获中国戏剧“梅花奖”；陈澄、陈明矿获上海戏剧“白玉兰”奖。

·江苏省杂技团　年内，江苏省杂技团组织排演《肩上芭蕾》《转碟》《登上凌寒独自开——集体杆技》等杂技节目。8月，杂技《肩上芭蕾》、魔术《幻彩》参加市文广旅局“世界遗产，自然盐城”上海推介活动。9月，杂技《转碟》等10多个杂技节目参加第二届大运河文化旅游博览会文艺演出；同月，杂技团参加“神奇五谷树·戏在九龙口”——建湖文化旅游（上海）招商推介会文艺演出。11月13日，杂技报告剧《芦苇青青菜花黄》举行新剧新闻发布会；12月4—8日，举行首轮展演；12月21日，应邀参加中国第四届城市交通治理论坛专场文艺演出。年内，省杂技团创成中华文化海外交流基地、省级“非遗”旅游体验基地，建成并迁入占地面积1.96万平方米，建筑面积1.42万平方米的集训练、演出、展陈、体验于一体的杂技综合体。全年完成“建湖杂技周末剧场”惠民演出23场次,“建湖杂技村村到校校到”惠民演出177场次，累计演出200场次。年内，省杂技团被中宣部、文旅部、国家广播电视总局评为第八届全国服务农民、服务基层文化建设基层文艺院团先进集体。

·“2020大美湿地”盐城市花鸟画研究会作品展　12月3—17日，由市文联、市社科联主办的“2020大美湿地”盐城市花鸟画研究会作品展在市美术馆开展。展览展出75位书法家联袂创作的90余件作品。此次画展继承和弘扬传统艺术，推进整体创作水平，推动全市当代花鸟画创作艺术的发展。

·承办第八届江苏省淮剧艺术展演月活动　8月20日至9月8日，由江苏省文旅厅、盐城市政府主办，盐城、淮安、扬州及泰州市文广旅局共同承办的第八届江苏省淮剧艺术展演月在盐城市举办。展演月自江苏省淮剧团《小城》开幕演出始，至9月8日上海淮剧团《闯上海》闭幕演出终，历时20天，全国15个淮剧院团演出20台代表作品，其中现实题材12部、古装戏7部、经典折子戏1场。展演期间，首次尝试场内观看与线上直播相结合的看戏模式，通过央视频、江苏公共文化云、一通文化、盐城V直播等方式，累计线下观众9500多人，线上观看1526.8万人次。展演月上，盐城市淮剧《送你过江》《十品半村官》获得特别奖,《小城》《谷家大事》《首乌花开》获得优秀剧目奖，市文广旅局获得优秀组织奖。

·《华中鲁艺记》公演　10月21日，由盐城幼儿师范高等专科学校精心打造的大型民族音乐剧《华中鲁艺记》亮相紫金文化艺术节。皖南事变后，新四军在盐城重建军部。为培养文化艺术人才，刘少奇、陈毅创立鲁迅艺术学院华中分院（简称“华中鲁艺”）。华中鲁艺作为新四军艺术的摇篮、华中抗日根据地的文化堡垒，在其短暂的办学时间里，吸引无数中华好儿女从海内海外奔赴盐城。他们传播革命真理，鼓舞抗战斗志，凝聚革命力量，他们用青春铸就精神大厦，用热血谱写一曲曲红色的生命之歌。陈毅曾说：“我情愿少要一个旅，也要去上海礼聘文学艺术界知名的先进人士来华中根据地办鲁迅艺术学院。”80年后，这段历史首次以音乐剧形式搬上舞台。该剧以1941年鲁迅艺术学院华中分院的历史发展为背景，以丘东平、许晴、王海纹、方清萍等鲁艺师生的真人真事为原型，创造性地选取华中鲁艺招生、开学、“北秦庄遭遇战”等史实中一个个坐标点，聚焦、定格、延伸……再现华中鲁艺血染的峥嵘岁月，讴歌华中鲁艺师生浴血青春、无怨无悔的爱国情怀，塑造中华儿女的艺魂、军魂、民族魂。《华中鲁艺记》以音乐剧为载体，融入话剧、舞蹈、民歌、地方戏剧等多元成分，挖掘苏北民歌小调和盐城地方戏剧素材，充满浓郁的地方风味。该剧追求写实与意向的灵动结合，在对时空的处理、画面与格调的营造、方言童谣的植入等方面均体现本剧对中国气派、当代审美的探索和追求；融合先进的科技手段，构建民族音乐剧的新模式，增强舞台艺术的视觉冲击力。该剧获得2020年度中国文学艺术基金会、中国文学艺术发展专项基金、江苏艺术基金的项目资助。在省2020紫金文化艺术节大学生戏剧展演活动中该剧获一等奖，学校获得优秀组织奖。（李志伟）

文化遗产保护

·**概　况**　2020年，全市有不可移动文物点526处，各级文物保护单位182处，其中国家级文物保护单位3处、省级文物保护单位20处、市级文物保护单位64处、县级文物保护单位95处；全国历史文化名镇2处（东台市安丰镇、富安镇）、省级文化保护区1处（大丰区草堰镇）；国有博物馆12处、非国有博物馆2处，馆藏文物4.02万件，其中一级文物33件、二级文物168件、三级文物798件。

·**文物保护单位修缮**　年内，市文广旅局实施新四军重建军部旧址（泰山庙）环境整治和修缮提升工程，其中安防、防雷工程通过省文物局组织的专家验收。同时，对新四军八路军白驹狮子口会师旧址、五条岭烈士墓等一批省、市级文物保护单位，实施修缮保护和周边环境整治工程。联合市消防支队印发《关于转发〈关于进一步加强文物消防安全工作的指导意见〉的通知》《关于印发盐城市文物消防安全专项整治三年行动实施方案的通知》，联合市公安局、市消防支队印发《关于开展全市文博场馆安全专项整治行动的通知》等规范性文件，要求全市博物馆（纪念馆）、文保单位将安全任务分解到具体部门、岗位和人员，扎实开展文物安全工作，同时开展自查并整改。12月，省、市文物行政部门联合公安、气象、消防等部门开展文博场馆安全专项整治行动，对部分重点文保单位进行现场检查，并要求相关单位针对此次检查中发现的隐患和问题，落实好文物安全主体责任，按照相关规范要求迅速整改，立即解决安全隐患。（金龙华）

·**非物质文化遗产普查**　年内，全市完成非物质文化遗产普查，建立国家、省、市、县四级非物质文化遗产代表性项目名录。至年底，全市有国家级非物质文化遗产3项、省级非物质文化遗产29项、市级非物质文化遗产142项、县级非物质文化遗产295项。整理更新市级非物质文化遗产代表性传承人名单，对已去世、已免除资格的传承人进行核实，确定市级非物质文化遗产代表性传承人共136人。4月，公布第四批市级非物质文化遗产代表性传承人名录。并在年初组织开展盐城市第五批非物质文化遗产代表性项目申报工作，完成专家评审，11月向社会公布。

·**非物质文化遗产保护传承**　年内，全市整理更新市级非物质文化遗产代表性传承人名单，首次对市级非物质文化遗产代表性项目传承人进行补助，全市130名市级非物质文化遗产代表性项目传承人每人获得补助2000元。开展部分非物质文化遗产抢救性保护、生产性保护和数字化保护工作，通过采用先进的多媒体和虚拟现实技术，实现非接触测量技术、三维成像技术，经过实地摄影、数据采集、三维动画合成实现对景象的三维模型，实现非物质文化遗产的保护。

·**非物质文化遗产展示**　至年底，全市共有中国海盐博物馆、江苏淮剧博物馆等公共非物质文化遗产展示场所19个和1处民营的巨匠艺术馆。年内，市文广旅局评定公布第一批市级非物质文化遗产传承示范基地10个、生产性保护示范基地10个。年内，"华夏一绝 巧夺天工 江苏省非物质文化遗产——东台发绣艺术展"入选省文物局全省巡回展项目。

·**盐城大运河文化遗产保护传承专项规划编制座谈会**　4月22日，市文广旅局在市图书馆组织召开盐城大运河文化遗产保护传承专项规划编制座谈会。盐城大运河文化遗产保护传承专项规划是大运河文化带建设规划的重要组成部分，盐城市认真做好相关文化遗产的挖掘梳理，配合做好规划编制工作。会上，市文广旅局介绍盐城市文化遗产的基本情况，盐城大运河文化遗产保护传承专项规划项目组汇报规划编制的工作重点，包括省级层面江苏运河文化遗产认定、运河文化遗产的分级分类、现存主要问题及相关规划的实施情况、现有重点项目及资金政策、调研工作安排等。（李志伟）

表41　2020年盐城市非物质文化遗产普查情况一览表

序号	批次	项目类别	所属地区	项目名称	保护单位	传承人	备注
1	第一批（共19项）2008年	民间文学	大丰区	施耐庵与《水浒》传说	大丰施耐庵纪念馆	窦应元、张袁祥	省级

续表41

序号	批次	项目类别	所属地区	项目名称	保护单位	传承人	备注
2	第一批（共19项）2008年	民间文学	东台市	董永传说	东台市文化馆	程可石、刘竹	国家级
3			亭湖区	枯枝牡丹传说	亭湖区便仓镇文化站	卞祥	市级
4			盐都区	沈拱山传说	盐都区郭猛镇文化站	倪广兴（去世）	省级
5		传统音乐	东台市	弶港渔民号子	东台市弶港镇文化站	陆加友	省级
6		传统舞蹈	盐都区	义丰龙舞	盐都区大纵湖镇文化站	王谱、宋万春	
7		传统戏剧	盐城市	淮剧	江苏省淮剧研究会（江苏省淮剧团、盐城市淮剧团、建湖县淮剧团、射阳县淮剧团、滨海县淮剧团、阜宁县淮剧团）	张云良、裔小萍、陈澄、王书龙、曹阳、戴建民、李栋林、王宗珍、王花兰、凌顺武、陈明矿、程红、吕辅国、陈志宽、梁锦忠、孙伯荣	国家级
8		传统美术	盐都区	盐城老虎鞋	盐都区尚庄镇文化站	周纪珍、王华	省级
9			大丰区	麦秆画	大丰区南阳镇文化站	沈社国	省级
10			阜宁县	面塑	阜宁县文化馆	邱为奇	省级
11		传统技艺	盐城市	海盐生产技艺	盐城中国海盐博物馆	邹迎曦、孙宜来、范永祥	省级
12			东台市	东台发绣	东台市发绣协会	王琼、陈伯余	国家级
13			盐都区	八桅立式大风车	盐都区龙冈镇文化站	陈心林	省级
14			盐都区	柳编	盐都区龙冈镇文化站	储如华	省级
15			东台市	东台鱼汤面制作技艺	东台市磊达宾馆	徐正宽、徐用军、章国荣	省级
16			东台市	东台陈皮酒制作技艺	东台市天成酒业有限公司	朱凤祥	省级
17			阜宁县	阜宁大糕制作技艺	阜宁县文化馆	张为民	省级
18			盐都区	藕粉圆制作技艺	盐都区张庄街道文化站	周保凤	市级
19		传统体育、游艺与杂技	建湖县	建湖杂技	江苏省杂技团	卜树权、孙贵荣、卜金宽、杨同根、祁海洪、王玉干、颜美琴	国家级
20	第二批（共12项）2010年	民间文学	大丰区	张士诚传说	大丰区草堰镇文化站	姜鸿愚	省级
21			阜宁县	马良传说	阜宁县文化馆	孙迅	市级
22		传统音乐	响水县	五大宫曲	响水县文化馆	许进城、李松山	省级
23		传统舞蹈	建湖县	九狮图	建湖县文化馆	顾星群、刘步雄	市级
24			盐都区	打莲湘	盐都区楼王镇文化站	王会	市级
25			盐都区	三人花鼓	盐都区大冈镇文化服务中心	刘旭	市级
26		传统美术	东台市	溱湖刻纸	东台市溱东镇文化站	宋月秋	省级
27			盐都区	剪纸	盐都区北龙港文化站	王柏林、孙小艳、冯金华	市级

续表41

序号	批次	项目类别	所属地区	项目名称	保护单位	传承人	备注
28	第二批（共12项）2010年	传统技艺	亭湖区	齐老太花样鞋	亭湖区文化馆	齐红芬	市级
29			建湖县	建湖花炮制作技艺	建湖爆竹烟花实业有限公司	商岳新	省级
30			亭湖区	合成昌醉螺制作技艺	盐城合成昌食品有限公司	潘桂山	省级
31		曲艺	响水县	淮海锣鼓	响水县文化馆	成素花	省级
32	第三批（共25项与1项扩展项目）2013年	民间文学	建湖县	朦胧塔传说	宝塔镇文广服务中心	徐建萍	市级
33			响水县	古云梯关传说	响水县文化馆	周德新	市级
34			建湖县	九龙口传说	九龙口镇文广服务中心		省级
35			阜宁县	凤凰墩停翅港的传说	阜宁县文化馆	孙建刚	市级
36			射阳县	张謇与棉花状元县故事	射阳县文化馆	邹勇	市级
37		传统音乐	阜宁县	阜宁牛歌	阜宁县文化馆	顾宝华	省级
38		传统舞蹈	阜宁县、建湖县	盐城龙舞（东沟龙舞、恒济龙舞）	阜宁县文化馆、恒济镇文广服务中心	郭泰	市级
39			盐都区	跑旱马	盐都区楼王镇文化站	金正华	市级
40			盐都区	花担舞	盐都区学富镇文化站	周红霞	市级
41		传统戏剧	响水县	南派淮海戏	响水县淮海剧团	曹守湖	市级
42		传统美术	射阳县	射阳农民画	射阳县文化馆	王复军	省级
43			大丰区	大丰瓷刻	大丰瓷刻世家工艺厂	陈银付	国家级
44			东台市	时堰木雕	时堰镇文化广电服务中心	高大中	市级
45			大丰区	草堰木刻	草堰镇文化站	刘鸿宾	市级
46		传统技艺	盐城市	海盐煎制技艺	中国海盐博物馆（申报单位）	邹迎曦	省级
47			滨海县	何首乌古法制作技艺	陈氏食品有限公司	陈华文	省级
48			射阳县	苇、蒲、草、麻编织技艺	江苏桃园家饰有限公司	戴元军	省级
49			盐都区	盐城凤鹅制作技艺	盐都区学富镇文化站	杜金柱	市级
50			盐都区	大纵湖醉蟹制作技艺	盐都区滨湖文化站	朱红根	市级
51			阜宁县	益林酱油制作技艺	阜宁县文化馆	顾梅芬	市级
52			阜宁县	硕集姜氏卜页制作技艺	阜宁县文化馆	姜乃梅	市级
53			盐城经济技术开发区	步凤麦酒制作技艺	盐城市步凤纯粮酿酒厂	柏爱梧	市级
55		传统体育、游艺和杂技	东台市	许河杂技	许河镇文化广电服务中心	姚辉	市级
54		传统医药	亭湖区	盐城新兴场膏药（徐氏膏药、吴氏膏药）	亭湖区文化馆	徐海、吴登清	吴氏膏药省级

续表41

序号	批次	项目类别	所属地区	项目名称	保护单位	传承人	备注
56		民俗	盐都区	里下河渔民婚俗礼仪	盐都区大纵湖镇文化站	吴应龙	市级
22		曲艺	滨海县	五大宫曲（滨海五大宫曲）	滨海县文化馆	沈宝华	市级
57	第四批（共34项与5扩展项目）2018年	民间文学	阜宁县	射河传说	阜宁县文化馆		市级
58			大丰区	斗龙港的传说	新丰镇文化广电服务中心、三龙镇文化广电服务中心	蔡正林	市级
59			亭湖区	施维贤筑圩传说	新兴镇人民政府		市级
60		传统音乐	盐都区	江淮口哨	盐都区文化馆	唐鸣	市级
61		传统舞蹈	大丰区	利民木兰龙舞	大中街道文化广电服务中心	周井江	市级
62			盐都区	秦南青狮舞	盐都区秦南镇文化站		市级
			东台市	打莲湘（东台打莲湘）	溱东镇文化广电服务中心	王明华	市级
		传统戏剧	建湖县	淮剧（建湖淮剧）	建湖县淮剧团	何敏星、李志芬、吴宏波、吴满淦	市级
63		传统美术	东台市	彩绘葫芦	东台市文化馆	王东元	市级
64			东台市	安丰麦秆画	安丰镇文化广电服务中心	刘用明	市级
65			滨海县	陈正彪木雕	盐城国艺工艺品有限公司	陈成	市级
66			亭湖区	钱氏木雕	亭湖区文化馆	钱万春	市级
67			盐都区	水泥雕塑	潘黄街道文化站		市级
			盐都区	面塑（龙冈面塑）	龙冈镇文化站	许根洋	市级
			建湖县、亭湖区	剪纸（冈西剪纸、钮氏剪纸）	冈西镇文化广电服务中心、毓龙街道办事处文化站	唐进文、施君君	市级
68		传统技艺	东台市	弶港排斧	弶港镇文化广电服务中心	崔广明	市级
69			东台市	后港王宜茶干制作技艺	时堰镇文化广电服务中心	王迎春	市级
70			东台市	富安酥儿饼制作工艺	富安镇文化广电服务中心	陈永如	市级
71			东台市	里下河糖塑	五烈镇文化广电服务中心	张从惠	市级
72			射阳县	制秤工艺	射阳县文化馆		市级
73			射阳县	臧家豆腐制作工艺	射阳县新坍镇文化站		市级
74			射阳县	纹银制作工艺	射阳县文化馆		市级
75			滨海县	滨海香肠制作技艺	江苏滨海陶氏食品有限公司	陶亚明	市级
76			滨海县	允大糟坊白酒制作技艺	江苏允大酒业集团	王为国	市级
77			滨海县、响水县	粉丝制作技艺（陈涛老祁粉丝制作技艺，响水粉丝制作技艺）	滨海县吉龙食品科技有限公司、响水县文化馆	祁茂华、何政明	市级

续表41

序号	批次	项目类别	所属地区	项目名称	保护单位	传承人	备注
78	第四批（共34项与5扩展项目）2018年	传统技艺	滨海县	梁字五粮粥制作技艺	梁字五粮粥坊	沈钰梁	市级
79			响水县	刻挂廊技艺	响水县文化馆		市级
80			大丰区	白驹三腊菜	白驹镇文化广电服务中心	杨启根	市级
81			盐都区	何家笛箫制作技艺	张庄街道文化站		市级
82			盐南高新区	糖麻花制作技艺	盐城合成昌食品有限公司		市级
83		传统体育、游艺与杂技	大丰区	抖空竹	刘庄镇文化广电服务中心	姜文保	市级
			射阳县	杂技（射阳杂技）	射阳县杂技团		市级
84		曲艺	建湖县	建湖方言	建湖县文化馆	肖公章	市级
85			盐都区	盐城方言快板	盐都区文化馆	王红专	市级
86		传统医药	东台市	梅氏骨科	东台同仁医院	梅沛生	市级
87			建湖县	戚氏膏药	颜单祖传伤骨科门诊	戚太根	市级
88			阜宁县	张接骨膏药制作技艺	阜宁县文化馆	张子坤	市级
89			响水县	单氏耳灸技艺	响水县文化馆	单豪杰	市级
90			亭湖区	赵凤赵氏正骨	亭湖区文化馆		市级
91	第五批（共52项与6项扩展项目）2020年	民间文学	东台市	富安民间故事	富安镇文化广电服务中心		市级
92			东台市	弶港海边故事	弶港镇文化广电服务中心		市级
93			东台市	安丰民间传说	安丰镇文化广电服务中心		市级
94			阜宁县	马躲寺的传说	阜宁县马躲寺		市级
95			阜宁县	燕子街的传说	阜宁县金沙湖街道办事处		市级
96		传统音乐	东台市	渔鼓道情	三仓镇文化广电服务中心		市级
97		传统舞蹈	东台市	富安狮舞	富安镇文化广电服务中心		市级
98			东台市	里下河龙舞	五烈镇文化广电服务中心		市级
		传统戏剧	阜宁县	淮剧（阜宁淮剧）	阜宁县淮剧团		市级
99		传统美术	亭湖区	刘氏泥塑	盐城市亭湖区城北金典雕塑服务部		市级
100			大丰区	万盈根雕	大丰区万盈镇文化广电服务中心		市级
101			东台市	烙画	东台镇文化广电服务中心		市级
102			建湖县	马群棕编	建湖县文化馆		市级
103			滨海县	印石微雕	滨海县文化馆		市级
104			滨海县	鸟书桃符	江苏省滨海现代农业产业园区党群工作局		市级
105			响水县	景泰蓝掐丝珐琅画	响水县文化馆		市级
			盐都区	面塑（学富面塑）	盐都区学富镇文化广电服务中心		市级

续表41

序号	批次	项目类别	所属地区	项目名称	保护单位	传承人	备注
106	第五批（共52项与6项扩展项目）2020年	传统技艺	盐都区	葛武嫩姜片	盐都区台创园文化服务中心		市级
107			盐都区	大冈脆饼	盐都区大冈镇文化广电服务中心		市级
108			亭湖区	盐城八大碗制作技艺	八大碗餐饮管理有限公司		市级
109			大丰区、东台市	松花蛋制作技艺（翔鸿松花蛋制作技艺、堤西松花蛋制作技艺）	大丰区草堰镇文化广电服务中心、溱东镇文化广电服务中心		市级
110			大丰区	小海香肚	大丰区小海镇文化广电服务中心		市级
111			大丰区	白驹桂森果子制作技艺	大丰区白驹镇文化广电服务中心		市级
112			东台市	真丝地毯织造技艺	东台市通鑫地毯有限公司		市级
113			东台市	溱东古砖古瓦制作技艺	东台市溱诚仿古建筑材料有限公司		市级
114			东台市	东台书画（发绣）装裱技艺	东台市文化馆		市级
115			东台市	许河猪头肉制作技艺	许河镇文化广电服务中心		市级
116			东台市	东台六大碗烹制技艺	东台镇文化广电服务中心		市级
117			东台市	蚕丝被制作技艺	富安镇文化广电服务中心		市级
118			东台市	弶港近海扳坞	弶港镇文化广电服务中心		市级
119			东台市	唐氏酥糖制作技艺	东台市红旺食品制造有限公司		市级
120			东台市	溱东老鹅烹制技艺	溱东镇文化广电服务中心		市级
121			东台市	堤西咸鸭蛋制作技艺	东台市兴凤家禽养殖专业合作社		市级
122			东台市	花灯制作技艺	安丰镇文化广电服务中心		市级
123			东台市	裕德昌八珍糕制作技艺	东台市宏运食品厂		市级
124			东台市	溱东丫须笼制作技艺	溱东镇文化广电服务中心		市级
125			建湖县	恒济大鱼圆制作技艺	江苏源泉渔业有限公司		市级
126			建湖县	周庵冶铁技艺	建湖县华丰金属制品有限公司		市级
127			建湖县	何老大酱油、土酱酿制技艺	江苏何老大酱醋业有限公司		市级
128			射阳县	陆师傅古法小榨油技艺	江苏陆师傅粮油科技有限公司		市级
129			阜宁县	豆铁坊蒲包茶干制作技艺	江苏豆铁坊食品有限公司		市级

续表41

序号	批次	项目类别	所属地区	项目名称	保护单位	传承人	备注
130	第五批（共52项与6项扩展项目）2020年	传统技艺	滨海县	五醍浆酒酿造技艺	滨海县八滩镇人民政府		市级
131			滨海县	二胡制作技艺	滨海县文化馆		市级
132			滨海县	滨海捆蹄制作技艺	滨海县天场镇人民政府		市级
133			滨海县	山芋团子制作技艺	江苏山芋腔餐饮有限公司		市级
134			滨海县	大套无名梨梨膏糖制作技艺	江苏省滨海现代农业产业园区管理委员会		市级
135			响水县	蔡氏玻璃工艺	响水县文化馆		市级
			建湖县	藕粉圆制作技艺（建湖藕粉圆制作技艺）	建湖福禧食品有限公司		市级
			东台市	醉螺制作技艺（巴斗黄泥螺制作技艺）	东台市天海食品厂		市级
			阜宁县	里下河糖塑（阜宁糖画）	阜宁县文化馆		市级
		传统体育、游艺和杂技	阜宁县	杂技（阜宁杂技）	阜宁县杂技团		市级
136		曲艺	射阳县	射阳评书	射阳县文化馆		市级
137		传统医药	盐都区	学富戚氏膏药	盐都区学富镇文化广电服务中心		市级
138			建湖县	徐氏太极神贴膏药	建湖县文化馆		市级
139			射阳县	杨氏膏药	射阳杨氏骨伤专科医院		市级
140			响水县	顾氏接骨散	响水县文化馆		市级
141		民俗	东台市	时堰庙会	时堰镇文化广电服务中心		市级
142			阜宁县	打春牛	阜宁县文化馆		市级

史志档案工作

···党史工作···

·概　况　2020年，盐城市委党史办推进党史“三卷本”和新时期党史专题编纂工作，承办省委党史办在盐城市举办全省党史干部培训班暨全省党史三卷本现场推进会。挖掘新四军革命精神在新时代的丰富内涵、强化资政服务职能，开展党史重大理论课题研究成果丰硕。在全市党史系统开展纪念抗战胜利75周年论文征集活动，收集优秀论文26篇并编印文集。回复市长信箱关于抗大五分校等历史问题的争议，答复政协盐城市八届四次会议第23号关于保护盐城红色文化的提案，完成苏皖边区政府时期历史遗迹、历史人物、历史故事的汇总、报送工作等。年内，《新四军领导人论铁军精神》（上、下册）获评“全省党史优秀成果著作类一等奖”，《新中国70年盐城经济发展纵览》《关于加强宋公堤遗址保护与开发的建设》两项成果分获论文和资政报告类一等奖。《盐城党史纪事·2019》交付出版。

·新时期盐城党史专题编纂　年内，市委党史办推进新时期党史专题编纂工作。组建“盐城党史专题工作群”，编制辅导手册，明确文稿进度安排，邀请党史专家线上教学，线下“小班化”“菜单式”辅导，举办4场（次）座谈会，逐一点评市委政法委等20多个部门大事记和纲目，赴响水、滨海、盐都等地举办党史专题培训班或召开业务交流会，累计200余人参加。至年底，全市上报专题初稿60余篇，完成初稿近140万字。

·《新四军领导人论铁军精神》获全省党史部门优秀成果著作类一等奖　年内，省委党史工办评出2017—2019年度全省党史部门党史优秀成果125项，其中市委党史办编纂出版的《新四军领导人论铁军精神》被评为全省党史部门党史优秀成果著作类一等奖。全书分上下两册，近82万字，收录叶挺、项英、陈毅、刘少奇等17位高级将领对新四军革命精神的论述。

·《红色盐城百年记》编纂　年内，市委党史办启动《红色盐城百年记（1921—2021）》编纂工作。该书深入挖掘盐城红色资源，通过100件典型事件讲好红色故事，展现在中国共产党的领导下盐城百年红色历史、盐城人民百年接续奋斗取得的辉煌成就和盐城每个历史时期建设成就和地方特色。市委党史办搭建专门写作班子，强力推进，做到"人员、责任、措施、任务、经费"五落实，三个月完成《红色盐城百年记》100篇30万余字初稿撰写任务。

·中国共产党在盐城百年百件重要历史事件评选　12月7—11日，市委党史办组织开展中国共产党在盐城百年百件重要历史事件评选活动。在《盐阜大众报》和盐城史志网站同步发布评选活动，广泛征求专家、读者和网友意见建议，收到各类建议600多条。最终，"《海日》杂志发表《马克思小传》——五四运动和马克思主义在盐城的传播"等100件重要历史事件入选。

·党史资政研究　年内，市委党史办加强党史资政研究，完成中央党史和文献研究院布置的全国党史、文献和经典编译成果调研材料。完成省委党史办《江苏国家级开发区》《江苏党史专题》《江苏扶贫开发实录》纪实篇和亲历篇四本书的组稿任务，同步推进扶贫一线征文活动。参加"红色滨海"主题研讨会，指导滨海红色文化定位。参与并指导滨海县与上海顾正红纪念馆签订合作协议，建立常态化联系机制，定期互派人员参观学习、交流研讨，推动顾正红烈士精神研究及"五卅运动"研究向更高层次发展。年内，论文《新中国成立后盐城经济社会发展与改革实践研究》获得全省党史优秀成果论文类一等奖；资政报告《宋公堤遗址考证》获得全省党史优秀成果资政报告类一等奖。

·党史宣传教育　年内，市委党史办持续优化"一网一平台"载体建设，做好盐城史志网日常维护管理的同时，重点打造盐城史志微信公众号，构建网站与公众号互补联动的宣传载体，拓展史志文化宣传和资源利用的广度和深度，严格落实意识形态工作责任制，旗帜鲜明反对历史虚无主义。扎实做好信息工作，发布史志工作动态109条、通告及图片新闻19条，推送245期492篇，获评全省党史信息工作先进集体。发挥党史资源优势，选派党史专家为盐南高新区解读红色电影、上微党课。

···地方志工作···

·概　况　2020年，盐城市志办全面实现"完成地方志书全部出版"和"一年一鉴，公开出版，实现市、县两级综合年鉴全覆盖"的"两全"目标。开展史志文化"六进"（进机关、进农村、进社区、进校园、进企业、进军营）活动，召开座谈会6次，赠送书籍3000余册。落实《盐城市志》《盐城图志（1978-2018）》《盐城简史》《盐城历代旧志》等志书发行工作。推进方志馆建设，先后赴南通、常州、镇江、扬州等地进行方志馆立项调研考察工作，形成《关于立项并启动建设盐城方志馆的建议》并上报市政府。继续开展特色志、专业志编纂工作，推进《盐城援疆建设志》及名镇名村志编纂工作，完成《"6·23"特大龙卷风冰雹盐城抢险救灾重建志》终审，指导《大丰接轨上海实录》编纂工作，推动《世遗湿地　中国盐城》编纂，编纂《盐城年鉴》。统筹推进各县（市、区）地方综合年鉴编纂，重点指导支持江苏精品年鉴《射阳年鉴（2019）》编纂工作。同时，组织东台发绣参加非物质文化遗产展演，微视频《万缕青丝绣美卷，千年技艺永传承》等被方志江苏、交汇点新闻等转载。9月21日，2020年全省综合年鉴质量评定结果公布，《盐城年鉴（2019）》获评省级一等综合年鉴，《建湖年鉴（2019）》获评省级三等综合年鉴。组织参与第十届"江苏书展"参展工作，选定53部（套）127册参加书展。课题研究成果丰富，《新中国成立后盐城经济社会发展与改革实践研究》申报2020市政府社科课题顺利结项。

·全市镇村志编纂工作现场推进会　11月18日，全市镇村志编纂工作现场推进会在大丰区召开，副市长费坚出席活动。大会下发《盐城市人民政府办公室关于在"十四五"期间开展镇村志编纂工作的通知》，明确2020年启动全市镇村志编纂工作，确立"十四五"期间，实现乡镇（街道）志编纂全覆盖，重点村、特色村、历史文化名村、经济强村等编纂全覆盖的目标任务。大丰区人民政府就镇村志编纂工作进行经验介绍。会前，与会人员实地观摩大丰区大中街道和恒北村镇村志编纂现场点。年内，市志办指导镇村志编纂工作，审阅《三仓镇志》《溱东镇志》，从编纂体例、文字规范等方面提出修改意见。

·《盐城年鉴（2020）》及配套市情手册出版　年内，市志办顺应年鉴事业发展趋势，根据《地方综合年鉴编纂出版规定》要求，科学谋划《盐城年鉴（2020）》纲目，完善和提升文稿组织形式，对全书体例进行转化调整，实现内容与形式的创新。根据2019年全市经济社会、部门职能、行业变化及时调整篇目大纲，落实《盐城年鉴（2020）》组稿任务。全书采取责编组稿编纂、责编互校审稿、主编审稿的方式，严格质量标准，组织编校。9月，《盐城年鉴（2020）》出版，全书115.3万字。同步编纂出版配套读物《盐城年鉴·市情手册（2020）》和《盐城年鉴（2020）》手机版，形成手机版阅读、纸质版资料记述、精简版传阅三位一体传播模式，实现地情资料的积累、便捷化阅读的有机结合。

·“盐城文脉”工程获评江苏省市县地方志特色创新十大项目 年内，市志办打造“盐城文脉”工程。推出“一套《盐城市志》、一套《盐城历代旧志》、一部《盐城图志》和一部《盐城简史》”的“四个一”文脉系列成果，实现地方文化精品集成效应，展现城市文化底蕴，提高城市文化品位。开展“盐城文脉”工程宣传工作，赴南京参加省地方志办公室组织的地方志创新项目评选会议，专题汇报“盐城文脉”工程。年内，该工程被省志办评为2019年市县地方志特色创新十大项目。

·6部志书获评2020年度江苏省地方志书质量评定优秀成果 年内，市志办落实2020年度江苏省地方志书质量评定工作，推荐《盐城市志》等8部参评书目，其中《盐城市志（1983—2005）》《响水县志（1988—2008）》《阜宁县志（1986—2010）》《盐城图志（1978—2018）》《响水方言民俗》《万历盐城县志》6部获评2020年度江苏省地方志书质量评定优秀成果。

·《“6·23”特大龙卷风冰雹盐城抢险救灾重建志》通过终审 年内，市志办继续组织编纂《“6·23”特大龙卷风冰雹盐城抢险救灾重建志》，形成46万字完整样书并送省志办专家评审。10月21日，《“6·23”特大龙卷风冰雹盐城抢险救灾重建志》终审会议召开，经专家审定，志稿通过终审。

·《盐城援疆建设志》编纂 年内，市志办继续组织《盐城援疆建设志》编纂工作，先后经过三次校改，将盐城援建尼勒克与援建察布查尔有机结合。筛选援疆图片百余幅，编辑图版及内文插图。将《盐城援疆建设志》的下限从2017年延至2019年，启动2018—2019年援疆资料收集整理工作。最终形成近60万字的《盐城援疆建设志》样书并征求援疆工作组、援疆单位、援疆干部意见，全面核实、增补史料，优化排版设计。

·全市年鉴工作研讨会暨《响水年鉴（2020）》点评会召开 12月30日，市志办组织召开第七届全市年鉴工作研讨会暨《响水年鉴（2020）》点评会。会议全面总结全市2020卷年鉴编纂情况，各县（市、区）志办就2020年年鉴工作特色亮点做法和2021年年鉴工作打算作汇报交流，围绕年鉴编纂过程中存在的困难展开讨论。响水县地方志办介绍响水县2020年地方志工作情况和年鉴编纂情况。市志办和9个县（市、区）评审人员分别对《响水年鉴（2020）》专项点评。 （严志坚）

···档案工作···

·馆藏档案 2020年，盐城市档案馆总馆藏28.6万卷56万件。年内，市档案馆新增9.6万卷27.5万件，接收21家单位档案，其中文书档案522卷1.96万余件；会计档案4677卷；业务档案4765卷；退休职工档案2811卷；死亡干部档案196卷；实物档案19件。完成市纺织厂、市无线电厂等破产企业档案整理验收入库，共计2.9万余卷（件）。持续做好档案数据建设，馆藏80万页纸质档案数字化项目按期完成，补充扫描318幅照片档案。

·征集编研 年内，市档案馆做好专项档案征集工作，收集疫情防控档案资料，完成全市253名援鄂医务人员档案资料的收集整理，指导相关单位做好材料归档及阶段性移交工作，挖掘疫情防控档案，编撰《盐城市新冠肺炎疫情防控实录》。加强与市级单位联系，征集市政协、市统计局等单位及个人捐赠的地方文献资料79件，重大建设项目视频29个。做好“家·国小康”图片故事征集工作，整理出“城乡边际线”“城，进还是不进”“此心安处是吾乡”三个精品图片故事。市档案馆坚持编写《盐城大事记》，忠实记录盐城发生的重大事件。申报全省档案开发利用成果精品奖，报送《〈初心〉——盐城城乡建设70年画册》《黄海前哨剿特记》等档案文化精品22件，获得一等奖1个、三等奖3个。配合长三角珍贵档案布展工作，《华中行政办事处训令—交通建设类》、华中大学公函、苏北区奖励节约反对贪污暂行条例3件档案入选长三角珍贵档案展。

·档案指导服务 年内，市档案馆召开档案协作组组长会议，推进协作组开展档案业务学习、经验交流等活动。加强对重大工程项目档案整理、非公星级企业建档、出生医学证明数字化等档案工作的跟踪指导。推动机关、企事业单位档案工作规范化建设。射阳县审计局等4家单位通过省档案工作五星级规范测评，亭湖区人民法院等2家单位通过五星级复检，4家县（区）公安局通过AAAAA级数字档案室评估。

·查档接待 年内，市档案馆继续推广全省民生档案异地查档便民服务平台，加快推进长三角区域民生档案“跨馆查档、便民服务”，实现与周边省市档案共享利用。为工作性查考、退伍老兵享受国家补助、职业病鉴定、办理房产过户、户口迁移、特殊工种提前退休等提供档案利用服务。疫情期间，采取电话查档、网络查档等无接触查档方式，使用拍照或快递寄送为查档者提供档案利用服务。全年接待查档3257人次，提供档案利用3.58万卷（件）次，复印档案材料5.68万页。 （王冬梅）

大众传媒

・・・盐阜大众报报业集团・・・

・**《盐阜大众报》** 年内，《盐阜大众报》始终聚焦市委、市政府中心工作，坚持正确政治方向和舆论导向，坚决守好意识形态主阵地，通过实施综合改革，建成新型主流媒体区域平台“众媒云”，构建全媒体传播体系，打好媒体深度融合“组合拳”，在融媒体传播语境下讲好盐城故事，扩大主流价值影响力版图，探索“新闻＋政务服务商务”的运营模式，建立融媒中心宣传机制，整合各种媒介资源、生产要素，按条线建立多个行业融媒中心，实行采编融合、纸媒新媒融合，做精做透条线新闻。成立时政融媒中心，生产全媒体产品，服务全媒体平台。在沪成立上海融媒中心，与《解放日报》、澎湃新闻签订战略合作协议，提升沪盐两地新闻合作层次。设置技术中台、数据中台和运营中台，提供智能媒资、视音频处理、资源管理、媒体大数据、创意策划等服务。建立全媒体指挥调度中心，打造指挥统筹、协调联动、融通共享的工作机制，重构“策调采编发传管”采编流程，形成集约高效的内容生产体系和全媒体传播链条。成立“众媒云”栏目工作室18个，以个人或团队组成跨部门、跨媒体的柔性组织，集文字、摄影、技术、运营等方面人才，成为集团创意互动领域的主力军。全年《盐阜大众报》实现广告收入7600万元，发行收入6300万、产业收入3000万元、营业外收入1600万元，总营收1.85亿元。11月，《盐阜大众报》摄影作品获得中国新闻奖新闻摄影类奖项，是全国唯一入选本届中国新闻奖的地市报摄影作品。网络新闻专题《黄海湿地，申遗成功了》获得江苏新闻奖。

・**《盐城晚报》** 年内，《盐城晚报》实现转型，由普通编辑部转型为新型融媒中心。实施新一轮改版，以新闻策划前端化、内容表达深度化、网端导流交互化、呈现方式杂志化，打造专属盐城人的新闻IP，每周88版。新增《老爸老妈特刊》，为在盐老年人服务，周日出版，每期6版。深耕文旅、教育、警方、商业新闻，发展小记者1.4万余名，每周出版一期《花季雨季》小记者特刊，全年刊出教育新闻80多版。开辟《万众一心，抗击疫情》专版专栏，持续3个月，刊发200多个版面1000多篇（幅）相关稿件。策划举行“结婚要拜老槐树”“盐城新地标，网红打卡地”等地方文旅线上线下活动。开辟官方抖音号，作品半年点赞量超500万人次，单个视频最高阅读量近亿人次。官方微博年度阅读量突破1.2亿人次，创作发布143条视频，播放量104万人次。其中，为抗击新冠肺炎疫情而注册的微博#加油，大盐城#阅读量超4550万人次；年度中考、高考微博话题阅读量双双接近600万人次；地方正面报道两次登上微博热搜。

・**研发建成“众媒云”** 年内，《盐阜大众报》和中国报业融媒研究中心联合研发，建成新型主流媒体区域平台“众媒云”，打造集团媒体融合“总枢纽”。“众媒云”拥有媒体、内容、产品、服务四个子平台，分别形成七大媒体平台、七大内容品牌、七大产品矩阵、七大盈利模式的“七字系列”。七大媒体平台构建全立体传播矩阵，畅通全方位传播渠道，形成全天候传播态势。打造“登瀛观察”时政公号、“我的盐城”头条频道等新媒体平台，并与新华社客户端、学习强国、澎湃新闻、抖音等平台合作。盐城市新闻发布厅全年举办“决胜全面小康”系列等新闻发布会24场。做优视频直播，全年直播69场，800万人次在线观看。“众文、众视、众智、众趣、众听、众图、众漫”七大内容品牌，生产内容精品。《盐阜大众报》打造《深度》《智库》《热线》《长三角》《沪动盐城》等专版，解读市委、市政府重大决策部署。生产全息报纸、视频快讯、H5、MG动画、手绘、长图，以及数据新闻、舆情报告、决策参考、内参、知政盐城等全媒体产品。新冠肺炎疫情发生后，上线战“疫”频道，推出战“疫”特刊，刊发战“疫”报道2500多篇，H5作品《@盐城人！共抗疫情，一起承诺》，得到超过300万人次的响应。“能量正、政务通、屏端秀、创意活、技术控、线下拼、文产炫”七大产品矩阵，满足不同客户需求。《盐阜大众报》推出百版珍藏特刊，包括108个整版、4个四联版，为创刊77年来单日出版版面之最。新闻摄影图片展在盐城高铁站和各县（市、区）高铁站开展。高铁宣传情景剧《盐城，我来了！》由集团融媒体记者自编、自导、自拍、自演。手绘产品《“米小鹿”“盐小勺”带我们一起乘高铁”》阅读量破百万。年内，七大产品为集团创收600多万元。“2G、2C、2B、2C2G/2C2B、O2O、2G/2B/2C、2G2C/2B2C”七大盈利模式，找到用户，留住客户，让用户成为广告客户的消费者，让广告客户为媒体用户买单。“盐城新地标　网红打卡地”百万市民推选活动，综合社群营销、评比营销、话题营销、现场活动等活动产生协同效应，通过线上线下互动变现。活动平台累计访问超千万人次，获得730万人次投票，抖音话题关注度170万人次。策划“结婚要拜老槐树”话题营销，通过设置开放性问题“不知道为什么结婚要拜老槐树”，用交互式广告的形式，打造一个与众不同的话题营销点，通过“悬疑式广告＋新媒体二次传播＋纸媒解密”模式，实现广告创收近100万元。

・・・广播电视・・・

・**广电宣传** 年内，盐城广播电视总台推进“新闻宣传、舆论监督、决策服务”三位一体媒体矩阵体系建设，面对突如其来的新冠肺炎疫情，采制播出防疫报道和公益广告3万多条（次），居民自发在小区倡议“在家收看《盐城新闻》”，“智慧盐城”客户端日活量上升35%以上。围绕服务“六稳六保”“两海两绿”“决战脱贫攻坚”等中心工作大局，组织各类新闻行动、主题报道30多个，解读、评论100多篇，中共盐城市委七届十次、十一次全会精神宣传专题点击量超30万人次，盐通铁路开通、中韩贸易投资博览会、沿海发展人才峰会等重点活动网络观看累计超百万人次。围绕讲好盐城高质量发展故事，全年在央视用稿146条，其中《新闻联播》30条。深化主题教育、成功创建全国文明城市等一批重点稿件在央视主频道主栏目播出。全新打造“看看盐城”外宣载体，在长三角27个中心区城市中率先入驻上广电“看看新闻”客户端，形成媒体跨域合作的新样板。围绕当好参谋助手、打造智库媒体，全新创办《民情报告》，采写、编报相关调研、资讯类文章50多篇，供市四套班子领导决策参考。创新推出大型问政栏目《12345督办面对面》，每期网络播放量和点击量均过万次。优化整合《政风热线》《今日民声》《88400000民生热线》等栏目资源，全年接收群众各类诉求信息近6000条，推动办结95%以上。围绕弘扬盐城红色文化，打造“红色大讲堂”，在全国主流媒体中首家推出24小时“铁军红色电台”，线上线下受众超千万人次，成功入选“2020年度江苏广电十件大事”，也是全省唯一作为实施主体入选的城市台，最大化释放盐城红色资源的传播效应，红色文化宣传成为全省乃至全国闪亮品牌。全年广播电视节目获得省级政府奖一等奖6个、二等奖11个、三等奖20个，其中获评江苏新闻奖1件。盐城新闻广播和《清风盐城》栏目在行业权威评比中，分别获评中国十大影响力广播和年度影响力广播节目，报业中心好稿创优获省级政府和全国广电协会一等奖7个。

·播出保障 年内，盐城广播电视总台强化安全播出重要保障期和日常安全播出管理，加强网络安全管理，梳理节目生产、制作、传输、播出和发射等流程。抗击新冠肺炎疫情期间，全台各技术部门全面筛查管理漏洞，排查设备隐患，加强人员管控，协调值班调度，落实安全保障工作责任制，确保人员安全、设备安全和播出安全。5月，组织各技术部门对供电系统、信号源系统、信号调度系统、主备切换系统等影响安全播出关键设备进行全面演练；11月，参与全省网络攻防演练，完成演练任务。年内，盐城广播电视总台圆满完成盐城第十届沿海发展人才峰会、第九届中国盐城环保产业博览会、盐城信息产业大会等党委和政府部门大型视频会议，以及大型峰会的直播技术服务。全年完成102次大型直录播和会议服务。全年安播时长28.22万小时，发射安播时长15.54万小时。全年安全播出无事故。

·移动直播 年内，盐城广播电视总台实施大型融媒直播近200场，累计观看超过4000万人次。其中，“盐城马拉松”赛事宣传启用9路直播信号、16个机位、市区18个电视大屏全程播放，成功实施电视、客户端视频和图文三重直播，全网观看人次累计近千万。

·应急广播 7月25日开始，盐城广播电视总台承担盐城市市级应急广播平台项目的建设。该项目遵循“政府主导、统一实施、统一规划、分级负责、资源共享、安全可靠、快速高效、平战结合”等设计原则，并依托盐城市现有广电网络资源，采用省、市、县（市、区）、乡镇（街道）、村（社区）五级联网、四级联动可控的总体架构，全部依据最新国标建设。借助市级应急广播播控平台，将应急广播信号与地面数字电视、调频无线广播覆盖系统节目一并接入社区、道路公交站点、公园景区、教育集团、公共场馆、医疗卫生、农贸市场、商场、KTV、网吧图书馆等公共广播系统，实现日常节目转播和应急广播信号播出按应急优先的自动切换，同时在上述区域有视频监控的条件下，实现监控和应急广播的融合。年底，该平台建成，实现应急广播信息全天候、全方位、全时段及时快速精准发布，提高政府应对突发事件的应急管理能力。

···融媒体···

·盐城发布 年内，盐城发布保持每日推送、滚动发布，及时传递政务要闻和民生热点信息。盐城发布微信公众号影响力持续上升，月度排名最高位列全省第三。全年盐城发布微信公众号累计发布1460次、推送文章1981篇，近46%的内容为原创或本地首发；阅读量（发布当日）2793万人次，点赞量16万人次，有37篇文章阅读量10万人次。其中，盐城市最新城市宣传片《LOVING YANCHENG》，点击量56万人次、点赞量1.9万人次，均创历史新高；月度排名持续上升，10月列全省第三位，11月、12月列全省第四位。微信订阅数从年初的11.7万人次增长到38.7万人次。盐城发布微博关注超22万人次，全年发布5855条，阅读量8000万人次，有46篇文章阅读量10万人次，其中2篇阅读量100万人次。

·“智慧盐城”App 年内，“智慧盐城”用户量达365万人。建成启用全媒体采编指挥中心，推进驻区融媒体中心建设，盐南融媒体中心建成为全市首家“5G+AI+大数据”技术全覆盖的县（区）级融媒体中心、全省首家三级联动平台。探索建立“一体策划、一体采集、多元生成、多渠道分发”的融媒机制，打造“盐视听+”为统一标识的融媒矩阵，推动内容深度创新、放大融合集聚效应。全年实施大型融媒直播近200场，累计观看超过4000万人次。“盐城马拉松”赛事宣传启用9路直播信号、16个机位、市区18个电视大屏全程播放，成功实施电视、客户端视频和图文三重直播。创制《把爱传出去》《2020爱你盐城》等原创视频内容产品，全网点击量累计超过5000万人次。《勾画不留缺憾的幸福拼图》等产品被中央网信办、国家广电总局在相关专栏中采用并全网推送。组建融媒技术研究院，并进入实体化运营。争取4100万元财政资金支持，实现主频道高清播出系统建成启用、第二条高清制作线开工建设、采编制播、等保运维等技术设备迭代升级。

·“我的盐城”App 年内，“我的盐城”App发布版本更新15次，其中发布重大改版1次。至年底，上线便民服务418项，用户下载量超220万人次，注册量超155万人次，日活跃量最高达32万人次，月活跃量最高达到86万人次。打造“疫情防控专区”，上线各类功能服务21项，发布重要政策、公告、通知30多条，宣传“不出门”服务300多项。开发上线口罩预约功能，96天累计发放376万只；上线学生健康申报功能，日申报数最高32万人次；接入“苏康码”服务，点击量累计77万人次；接入进口冷链食品追溯功能，为冷链食品运输货主提供网上预约渠道；上线新冠病毒疫苗接种查询服务，提供全市94家新冠病毒疫苗接种点地图展示和导航、个人新冠病毒疫苗接种信息查询等服务。新接入不动产、公共信用、新能源、公共法律、交通等政务和便民服务88项；升级优化社会保障、公积金、公共法律援助、全流程医疗、智慧停车等高频服务功能板块；优化新闻头条板块，汇聚《盐阜大众报》、盐城电视台等官媒文字、视频新闻，接入“盐城发布”“知政盐城”“光影盐城”“12345”督办面对面等特色专栏。推动平台服务能力向县（市、区）延伸，滨海县、响水县和盐南高新区入驻平台，并开设特色专区；开展市县服务一体化建设，推动市级部门新建服务向县（市、区）延伸服务，逐步改造后实现向县（市、区）延伸服务。全年为16个部门和单位发布重大活动、重要赛事、重点事项102条；先后发放“文化旅游”“商圈”消费券1500万元和江苏省体育消费券5000万元；累计举办创文、抗疫科普和文化和自然遗产知识竞答活动5期，开展文明积分兑换门票活动4期，发放各类旅游景点门票。年内，“我的盐城”App入围2020年智慧江苏重点工程名单。

·盐阜大众报报业集团上海融媒中心　12月22日，盐阜大众报报业集团在沪成立上海融媒中心，实现接轨上海宣传工作提档升级，进一步讲好盐城故事、传播盐城声音，对外宣传盐城、展示盐城。盐阜大众报报业集团上海融媒中心构建“新闻＋政务服务商务”平台，发挥长三角宣传的“桥头堡”作用，大力度、多层次、全方位宣传盐城经济社会发展新思路、新举措、新成就，精心策划宣传好盐城在奋斗“十四五”、奋进新征程中取得的亮点和成绩，为全市高质量发展注入强大动能。盐阜大众报报业集团各媒体平台深度解读以上海为龙头的长三角城市发展的好思路好经验、新政策新举措，报道外地经验、他山之石；统筹谋划，为各地各部门在上海的宣传推介、包装策划、品牌打造开展全方位服务，进行全媒体推广，为盐城全面接轨上海、深度融入长三角，营造浓厚的舆论氛围。

·盐城城市宣传片《LOVING　YANCHENG》发布　12月22日，由中共盐城市委宣传部、盐城市人民政府新闻办公室拍摄制作的盐城城市宣传片《LOVING YANCHENG》正式推出。该视频时长5分36秒，更加直观地向大家展示盐城这座人文荟萃、生态独特、开放包容、宜业宜居的幸福城市。（王春明）

文化产业

·概　况　2020年，盐城市文化产业单位实现营业收入411.63亿元；全市实现文化产业增加值241.1亿元，增加值占地区生产总值比重4.05%。实施文化产业项目，全年扶持大市区23个重点文化产业项目1000万元。组织文化企业走出去，参加南京融交会、长三角文博会、深圳文博会等线下线上产业展会。加快文旅融合。将文化惠民活动融入旅游节庆活动、大型体育赛事、招商推介活动等，把惠民演出、阅读活动送进旅游景区。举办大洋湾唐渎里美食节、黄海森林音乐节、森林奇遇记儿童剧、水街中秋主题庙会等主题节日活动；参加2020悦达起亚盐城马拉松赛事，在赛事起终点及沿途特色补给点等30个点位开展宣传表演，展示地方特色文化和民俗文化；完成第二届大运河文化旅游博览会、第二届中韩贸易投资博览会、盐城市资源规划合作推介会、盐城文化旅游上海推介会等文旅演出活动。推进九龙口淮剧小镇建设，都天庙沙庄戏苑建成开放。年内，《只有爱·戏

12月22日，沪盐融媒宣传座谈会暨盐阜大众报报业集团上海融媒中心成立仪式举行
（盐阜大众报社　供图）

剧幻城》实现云首演，成为长三角文旅融合标杆项目，东台西溪《天仙缘》、南海未来城《船说海棠》、东晋水城《印象大纵湖光影秀》等文旅项目相继推出。推进新型文化消费模式，“我的盐城”App、携程旅行网同步上线旅游消费券2000万元。

·沙庄戏苑开苑 8月25日，第八届淮剧展演月的分会场——沙庄戏苑在建湖县九龙口淮剧小镇开苑。沙庄戏苑先后推出《小镇》《五女拜寿》《母子情》等淮剧大戏5场。活动现场人头攒动，演出赢得观众掌声连连，好评一片。沙庄戏苑位于九龙口沙庄村的东端、主街北侧，历史上此处附近曾有文昌宫和都天庙，其整体建筑风格采用砖木结构的仿古建筑形式，是九龙口淮剧小镇十八景中第一个建成开放的景点，标志着九龙口旅游度假区开发建设向前迈了一大步。淮剧小镇的发展理念独特而别具风貌。在外部形态上，利用沙庄独特的芦荡湿地氛围地形特征，形成“村在荡中，荡在村中”的独特空间风貌；在文化内涵上，沙庄定位为淮剧《小镇》的“原型地”，把《小镇》剧情场景以及诚信文化元素植进其中，将淮剧起源发展、唱腔流派、名剧名家等剧种元素融入村庄，形成“戏在村里，村在戏里”的独特精神内核。在淮剧的家乡，打造一个以国家文华大奖获奖剧目——淮剧《小镇》为背景的文旅融合产品，对推广全市全域旅游具有非常重要的意义十大平台同步直播，累计线下观众9500多人，线上观看达1526.8万人次。其中，江苏省淮剧团的《小城》《狸猫换太子》，上海淮剧团的《闯上海》在线观看都达到120万人次，其他每部剧目都达到80万人次，创下盐城文艺演出网络收视新纪录。

·2020年中国文旅创作与产业发展峰会 9月26日，2020中国文旅创作与产业发展峰会在盐城市召开。《只有爱·戏剧幻城》总导演王潮歌、中国舞台美术学会会长曹林、中国戏剧家协会副会长韩生、北京交通大学现代旅游研究院院长张辉、中国舞台美术学会副秘书长胡耀辉等专家、学者、企业家参加峰会。与会专家围绕贴近当下生活的文旅演艺、旅游景区发展方向、舞台灯光语言使用、艺术表现形式与市场需求的关系等方面内容分别作主题演讲。与会嘉宾就《只有爱·戏剧幻城》如何在文旅融合发展中发挥积极作用、盐城如何全方位高质量打响长三角文旅品牌等进行深入探讨并提出建议。（李志伟）

文化市场管理

·概　况 2020年，盐城市文旅市场安全生产无事故。市文广旅局获得全国文明城市创建工作集体二等功，新四军纪念馆获集体嘉奖。市文化市场综合执法支队被国家版权局表彰为查处侵权盗版案件有功单位，被省广播电视局表彰为全省广电系统普法先进单位，被省“扫黄打非”领导小组表彰为全省扫黄打非先进集体；“6·12”销售侵权盗版小学教辅图书查封案列入全国“扫黄打非”办“护苗2020”专项行动第一批7起典型案件，义丰网吧地点变更违规案获得江苏省文化和旅游厅“十佳”卷宗。

·行政执法 年内，盐城市规范全市文旅市场经营秩序，保障文旅市场安全稳定。4月，市综合行政执法支队开展文旅市场无证经营专项行动，梳理无证经营问题清单29条（取缔19家、关停10家、立案2件、办结1件）。8月，市综合行政执法支队依法查处全市体育行政执法职能划入文化执法机构后的首例体育违法案件，给予行政相对人罚款3.1万元的行政处罚。全年市县两级出动执法人员2.09万人次，检查文化经营单位7749家次，立案108件，办结102件，责令改正40家次，警告44家次，罚款84家次，罚款金额22.17万元，责令停业整顿3家次，吊销许可证1家。

·扫黄打非 年内,全市“扫黄打非”工作重点抓好“清源”“净网”“秋风”“固边”“护苗”五大专项行动，推动专项行动与常态化监管有效结合，做到重点区域反复查、举报案件及时查、非法窝点彻底查。市文化行政综合执法支队全年收缴非法、盗版出版物2821册（件、张），责令整改34家，约谈8家，立案查处23件。“6·12”销售侵权盗版小学教辅图书案由省“扫黄打非”办挂牌督办，列入全国“扫黄打非”办“护苗2020”专项行动第一批7起典型案件。

·“6·12”销售侵权盗版小学教辅图书查封案入选全国典型案件 6月12日，市文化市场综合执法支队，对滨海县某镇一日用品商店进行突击检查，现场查获《快乐英语阅读升级版（三年级上册）》等涉嫌侵权盗版图书62种1606册,《小学生必读名著检测题（一年级上）》等非法出版物12种421册。文化执法部门对非法出版物进行查封(扣押）。7月，全国“扫黄打非”办公室公布“护苗2020”专项行动第一批7起典型案件简要案情，盐城市“6·12”销售侵权盗版小学教辅图书查封案入列。（李志伟）

卫生健康

编辑　裴力民

综　　述

·概　况　2020年，盐城市有卫生机构3303个。其中，医院167个，卫生院136个，社区卫生服务中心27个，门诊部、诊所、卫生所、医务室614个；卫生防疫监督机构20个；妇幼保健机构11个；村卫生室2175个，社区卫生服务站91个；其他卫生机构62个。全市有病床4.33万张，每千人口床位数为6.46张；卫生行业在职职工5.97万人，其中卫生技术人员4.93万人，占职工总数的78.42%，每千人口卫技人员数7.35人，每千人口执业（助理）医师数3.15人。年内，盐城市深化公立医院改革，加强医疗质量管理力度，提升医疗服务能力，保障医疗质量安全。全市新创成三级综合医院2所，新签约院际合作3个，名医工作室17个。新确认省级临床重点专科8个（含三个建设单位被重新确认），列为建设单位2个。加快基础设施建设，市儿童医院投入使用，市中医院南扩工程主体封顶，市第一人民医院二期、市公共卫生临床中心、市第二人民医院改扩建等项目加快推进。实施县级医疗卫生机构建设三年行动计划，建成县级三级综合性医院6所。盐城市与南京大学、南京医科大学、上海第九人民医院签署全面战略合作协议，新建成名医工作室17个；新建成省级临床重点专科8个；新建成省首批农村区域性医疗卫生中心4个、省社区医院10个；在全省基层卫生技能大赛中盐城总得分第四名、获得二等奖，"全国优质服务基层行"推荐单位19个。全年全民免费健康体检413.9万人。年内，盐城市获评全国无偿献血先进城市；基本公共卫生服务项目省级考核成绩列苏北苏中第一位；在健康江苏建设技能大赛中，盐城市总得分第一、获得团体一等奖。

·健康盐城建设　8月18日，市政府印发《关于落实健康中国行动推进健康盐城建设实施方案的通知》，明确指导思想、总体目标、主要任务、保障措施、任务分工、考核办法以及考核指标，从10个方面推进实施25个专项行动，对36项考核指标和142项监测指标进行量化，实现健康服务体系从以"治病"为中心向以"健康"为中心转变。市卫健委印发《推进健康盐城建设2020年重点工作任务》，协同市各相关部门对各地36项指标完成情况进行考核。12月中旬，在省政府召开的健康江苏建设现场推进会上，东台市作大会交流发言。

·公共卫生体系建设　年内，市卫健委推进公共卫生体系建设，形成"十四五"公共卫生体系建设规划，在市委财经委第四次会议上讨论通过，并列入全市"十四五"专项规划。加强公共卫生机构基础设施建设，将市公共卫生临床中心新建项目、市疾控中心异地搬迁项目纳入为民办实事工程，市公共卫生临床中心新建项目一期工程竣工运行，市疾控中心年底项目竣工。推进市及县（市、区）疾控中心扩编工作，增加核定编制数，均达到省规定要求。加大疾控人员招录力度，采取定向校园招聘、面向社会招聘、到西北东北边远地区招录、特殊人才直接面试录用等方式提高招录效率。全年市县两级疾控中心年内分别增加在编在职人员190人、166人。

·卫生改革　年内，盐城市推进分级诊疗制度建设，制定《盐城市医联体建设发展规划（2019—2020年）》。至年底，全市建成各类医联体（医疗集团、专科联盟等）32个，涵盖医疗机构280余家。深化公立医院综合改革成效，加强公立医院党的建设，12家二级及以上医院实行党委领导下的院长负责制，32家试点医院完成章程制定工作。健全完善补偿机制，全市各级财政安排医疗卫生专项资金53.5亿元，比上年增加9亿元。改进医疗服务质量，推进胸痛、创伤、卒中、高危孕产妇、高危新生儿救治五大中心建设，建成区域级救治中心1个（市第一人民医院）、省级危急重症孕产妇救治中心（市第一人民医院）、危急重症新生儿救治中心（市妇幼保健院），建成中国卒中中心联盟认证挂牌单位3个、中国创伤救治联盟建设单位1个。

·健康扶贫　年内，市卫健委联合市政府扶贫办、医保局等六部门印发《2020年全市健康扶贫工作要点和任务分工》，召开健康扶贫工作推进会议，了解核实各地健康扶贫工作进展情况。建立"先诊疗后付费""一站式"结算等扶贫工作落实日报制度，对进度偏慢的及时提醒督促。完善低收入人口医疗保障机制，印发《关于进一步做好建档

5月，盐城市儿童医院改扩建工程二期项目建设现场　（市城投集团　供图）

表42 2020年盐城市卫生健康基本情况统计表

	数量	与上年比增长数	与上年比增长率		数量	与上年比增长数	与上年比增长率
卫生机构（个）	3303	33	1.01%	卫生人员（人）	59700	4267	7.70%
医院（卫生院\社区卫生服务中心）（个）	330	1	0.30%	卫生技术人员（人）	49332	4974	11.21%
床位（张）	43324	3023	7.50%	乡村医生（人）	2240	–220	–8.94%
医院（卫生院\社区卫生服务中心）床位（张）	42348	2702	6.82%	个体诊所开业人员（人）	1585	434	37.71%
平均每千人口医院（卫生院、社区卫生服务中心）床位（张）	6.46	0.51	9.27%	平均每千人口卫生技术人员（人）	7.35	0.33	5.37%

户籍人口	总数（万人）	814.49	卫生费用（政府办）	医疗卫生经费（亿元）	53.50
	出生率	7.20‰			
	死亡率	9.39‰			
户籍人口	自然增长率	–2.19‰	卫生费用（政府办）	卫生系统固定资产（万元）	1396290
医疗服务	诊疗总人次（万）	4347.04		卫生系统基建投资（万元）	84787
	门诊人次（万）	4003.10		平均每一门诊人次医疗费用（元）	193.26
	急诊人次（万）	223.26			
	住院总人次（万）	106.90		平均每一出院病人医疗费用（元）	9314.32

立卡低收入人口医疗保障工作的通知》，明确将民营医疗机构纳入实施范围，实现“先诊疗后付费”信息化强行控制和“一站式”结算，严格将个人负担费用控制在住院总费用的10%以内。建立商业补充保险理赔包保机制，明确商业承保机构和医疗机构职责，确保“一站式”人工结算便捷高效,在阜宁县召开全市“一站式”结算工作会议，就商业补充保险纳入“一站式”结算作明确要求，并组织开展全市健康扶贫领域突出问题“回头看”自查。开展健康扶贫突出问题整改情况“家家到”督查,采取各县（市、区）交叉互查方式，市级各部门派员参与，设立9个核查组，围绕年初要点明确的各项任务和政策措施，重点核查低收入人口托底医疗保障、“先诊疗后付费”“一站式”结算、健康管理服务、大病专项救治等方面工作落实及存在问题整改情况，配合市扶贫领导小组脱贫攻坚“过筛式”回头看专项核查，通过省脱贫攻坚检查组检查。

（陈昌帅　单发令）

院前急救

· 概　况　2020年，市急救医疗中心做好新冠肺炎疫情防控、完成各类医疗保障，组织急救专家走进机关、企业、学校、社区、家庭培训及社会福利单位开展“六进”活动40多期，参加大规模应急救援演练2次，独立开展突发公共事件医疗救援应急演练1次。年内，市急救医疗中心被盐城市委、市政府表彰为全市抗击新冠肺炎疫情先进集体。

· 急救培训　年内，市急救医疗中心推广普及急救技能，培训群众2900多人次；为县区急救站、急救点医务人员开展岗前培训11期、培训350余人；为盐城马拉松赛事医疗保障人员开展培训8期、培训150余人；为市第一人民医院120余名规培生和市妇幼保健200余名医务人员开展急救操作培训。

· 急救演练　9月18日，市急救医疗中心参与盐城市防空演练指挥部组织开展的防空应急处置演练，调派救护车2辆、急救人员6名。演练模拟防空警报响起，人员疏散过程中，1名群众倒地心跳骤停，急救人员现场给予心肺复苏术及AED胸外除颤，抢救成功后转送模拟医院；1名群众右下肢骨折及头部外伤，急救人员给予右下肢夹板固定、头部加压包扎止血后转送医院。12月7日，独立开展2020年突发公共事件医疗救援演练，集结10组急救单元参演。演练模拟本地某高速路段发生突发交通事故，致十余人受伤，需短时间集结中心所有力量开展应急医疗救援工作，分为心肺复苏与电除颤、外伤固定与包扎、气管插管、防护服穿脱4个场景。12月20日，参与盐城南洋国际机场以“航空器空中故障”为课题的应急救援演练。演练模拟航空器前起落架空中故障，迫降后偏出跑道，前起落架部位起火，有多名人员受伤，伤情分别为颈椎骨折和前臂开放性骨折等，参演人员到达现场后，按照应急程序，在医疗指挥官指挥下给予伤员包扎、固定和搬运，避免伤员因不科学的搬运造成的二次伤害，在快速有效伤情处理后转送模拟医院。（陈昌帅　单发令）

疾病预防与控制

· 重点传染病防控　年内，市卫健委加强重点传染病监测，严格规范传染病疫情报告，全年全市累计报告甲、乙类传染病15种，报告病例总数6829例，报告发病率94.73/10万，同比下降13.67%。

· 计划免疫　年内，市卫健委根据新冠肺炎疫情防控形势，第一时间恢复预防接种，落实防控措施，开展迟种、漏种疫苗的补种工作，全市适龄儿童基础免疫接种率95%以上。东台市、响水县、射阳县、滨海县等地各新增1个儿童预防接种门诊。全年建成狂犬病暴露预防接种信息系统、医院产房预防接种信息系统。

· 慢性病防治　年内，市卫健委印发《盐城市推进癌症防治工作实施方案（2020—2022年）》，推进慢性病综合防控示范区建设，阜宁县通过省慢性病综合防控示范区复评审。推动慢性病监测信息系统建设，建成115个慢性病综合防控门诊，乡镇覆盖率80%。开展淮河流域癌症综合防治、脑卒中高危人群筛查和干预等项目工作，大丰区被国家心血管病中心表彰为心血管病高危人群早期筛查与综合干预先进项目点。

· 严重精神障碍患者管护　年内，市卫健委加强与政法、公安等部门配合，共同做好易肇事肇祸严重精神障碍患者管理工作，举办覆盖到乡镇精防医生的市级精神卫生工作培训班、心理干预能力培训班，东台市社会心理服务体系建设试点工作成效显著。全市严重精神障碍报告患病率4.48‰、在册患者规范管理率96.8%、面访率87.82%、服药率84.74%、精神分裂症患者服药率90.65%。

· 血吸虫病、结核病、麻风病、艾滋病防治　年内，市卫健委印发全市慢病防治、艾滋病防治、结核病防治和精神卫生工作等规划，实施综合防控策略，传染病发病率稳中有降，实现血吸虫病消除目标。开展结核病、麻风病防治规划终期评估，病原学阳性率完成年度目标任务，新发现麻风病例1例，对5例现症病人随访、复查。开展艾滋病防治和梅毒控制规划终期评估工作，印发《盐城市遏制艾滋病传播实施方案（2020—2022年）》等文件，加强HIV检测咨询网络建设，开设自愿咨询检测门诊65个。加强青年学生艾滋病防控工作，对新发现艾滋病疫情的学校实施“点对点”防控指导。举办盐城市青年学生艾滋病宣传干预师资培训班，在8所学校安装HIV快速检测和干预服务一体机。全市HIV抗体检测率15.55%，治疗覆盖率94.08%，治疗成功率97.09%。

· 卫生应急　年内，市卫健委推进医疗卫生机构卫生应急工作规范化建设，完善重大疫情防控体制机制建设，强化监测预警和风险评估。市政府常务会议审议通过《盐城市突发公共卫生事件应急预案》《盐城市突发公共事件医疗卫生救援应急预案》《盐城市新冠肺炎疫情防控应急预案（试行）》。强化多部门协作配合，组织流调队伍和消杀队伍集中培训和实操训练，开展新冠肺炎疫情确诊病例应急处置工作，年内成功处置23起水痘暴发疫情、3起手足口病暴发疫情、2起诺如病毒感染暴发疫情等突发公共卫生事件。（陈昌帅　单发令）

基层医疗卫生

· 概　况　2020年，盐城市推进农村区域性医疗卫生中心建设，新建成省首批农村区域性医疗卫生中心4个、总数4个。推进社区医院建设，新建成省社区医院10个、总数14个。各县（市、区）均制定县域紧密型医共体实施方案，国家试点县大丰区、滨海县已经运行县域紧密型医共体。提高人均基本公共卫生服务项目补助标准至每年80元，为全市724.22万名居民免费提供14类55项基本公共卫生服务。年内，射阳县接受基本公共卫生服务项目省级考核，成绩列苏北苏中第一位。

· 县级医疗卫生机构建设三年行动计划　年内，盐城市实施县级医疗卫生机构建设三年行动计划，将县级医疗卫生机构“升等晋级”工作纳入各县（市、区）年度目标任务考核，组织督查考核，建立通报制度，加快建设进度。10月30日，市政府在建湖县召开全市县级医疗卫生机构三年行动计划现场推进会，通报各地情况，部署下一阶段任务，与扬州市、南通市等地高等院校和医院签订合作共建协议6个。至年底，各县（市、区）新建、改扩建医疗机构项目37个，累计投入资金93亿元，新增（改造）建筑面积151.72万平方米，购置大型医疗设备133件（套），引进本科以上人才932人，县域内就诊率91.2%。年内，大丰区人民医院、阜宁县人民医院晋升三级医院。至年底，全市建成县级三级综合性医院6所。

·家庭医生 年内，市卫健委开展以“携手家医，同心抗疫”为主题的“5·19”世界家庭医生日宣传活动，宣传推广家庭医生。组织1661个家庭医生服务团队与35.01万名低收入人口签订年度家庭医生服务协议，并为每名签约人员建立动态管理的电子档案。各家庭医生团队按照签约协议，提供全程连续性健康综合服务，全市一般人群签约率40.64%，重点人群签约率74.82%。开展家庭医生团队感控知识竞赛活动，组织1.6万名基层人员在省“感控家园”平台学习，东台市获得省家庭医生团队感控技能竞赛二等奖。加快家庭医生示范创建工作，东台市、大丰区、大丰区三龙中心卫生院被评为省家庭医生签约服务模式创新单位，亭湖区3个家庭医生工作室被评为省星级家庭医生工作室，东台市家庭医生签约服务工作受省政府表彰。

·示范创建 年内，盐城市推进“优质服务基层行”活动，全市19个基层医疗卫生机构达到国家“优质服务基层行”推荐标准，达国家“优质服务基层行”基本标准以上单位112个，达标率71.79%，列全省第四位。加快社区医院示范创建，东台市创成首批社区医院建设示范市。新申报省基层特色科室建设单位8个，创成市级特色科室35家。

·基层卫生队伍建设 年内，全市基层医疗卫生机构新招录人员876人，招录农村订单定向医学生免费培养218名。市卫健委遴选250名基层医疗卫生机构人员为省第三批优秀基层骨干人才，各县遴选县级骨干人才478人。组织人员培训，全年在26个实训基地培训人员5.1万人次；继续开展“务实进修”培训工作，组织90名乡镇卫生院人员和400名乡村医生到上级医疗机构务实进修；参加国家组织的县乡村卫生人才能力提升项目培训，县级医院骨干专科医师3人、镇卫生院和社区卫生服务中心骨干15人、骨干全科医生16人、乡村医生30人参加。

（陈昌帅　单发令）

妇幼保健

·概　况 2020年，盐城市加强妇女儿童健康保障工作，探索及早发现高危、专案专群管理、省市县乡四级联动、共同干预救治的母婴安全保障路径。做好儿童近视防控工作，全市在园儿童建档人数15.14万人，0~6周岁儿童眼保健和视力筛查率95.7%。年内，市第一人民医院被评为2020年省级母婴安全优质服务单位，市妇幼保健院通过省PAC（流产后关爱）优质服务医院评审。

·妇女保健 年内，市卫健委组织专家开展全市“两癌”检查质控工作，提高检查质量。推进建档立卡户“两癌”检查工作。全年全市农村妇女叶酸补服2.57万人，完成率109.04%；农村妇女宫颈癌检查21.53万人、乳腺癌检查21.84万人，完成率分别为105.02%、106.52%；免费孕前优生健康检查4.66万人，完成率100%。盐城市在全省生殖健康技术服务技能竞赛中获团体第二名、二等奖。

·出生缺陷综合防治 年内，市卫健委联合市财政局、市政府妇儿工委办公室推进2020年出生缺陷综合防治民生实事项目实施，免费提供29项新生儿遗传代谢性疾病筛查。全市孕妇产前筛查率92.63%，新生儿遗传代谢性疾病筛查率100%、听力筛查率97.7%，先天性心脏病筛查率99%，其中筛查阳性患儿心超检查率98.77%。依托省级出生缺陷防治培训基地，重点加强超声诊断、产前筛查和诊断、遗传咨询、新生儿疾病筛查人才的培养，加快出生缺陷防治技术骨干培养和专业化防治队伍建设。组织出生缺陷市级评审工作，邀请产科、心胸外科、超声科、儿外科等专家对全市复杂疑难出生缺陷个案进行评审。定期开展全市出生缺陷综合防治民生实事项目半年质控工作，并通报质控结果，督促各地整改落实。

·母婴安全保障 年内，市卫健委成立母婴安全保障工作领导小组，实行母婴安全保障工作“一把手”负责制。建立孕妇首诊登记，促进基层早孕建册，提高早孕建册率，夯实孕产妇系统管理。组织全市孕产妇危急重症救治演练家家到活动，覆盖市县两级孕产妇危急重症救治中心和部分助产机构21家。开展母婴安全专项督导，围绕助产机构保健管理、医疗质量、服务质量、技术水平等内容，对督导存在问题现场反馈并要求限期整改。组织全市孕产妇危重症评审，举办孕产妇危急重症救治能力提升培训班，提升市县两级孕产妇和新生儿危急重症救治能力。完善救治网络，公布全市所有助产机构产安办人员信息，实行保健救治全程管理、无缝衔接，实现市县联动、发现一例、紧盯一例、干预一例、严防死守。至年底，全市孕产妇死亡率5.67每10万，婴儿死亡率2.72‰。

·出生医学证明管理 年内，市卫健委开展出生医学证明管理督查工作，完成全市出生医学证明电子印章相关信息收集工作，联合市档案馆举办全市出生医学证明档案管理视频培训班，推进出生医学证明档案进档案馆工作。督促各地及时完成母婴保健技术服务人员资格考试发证（加注）及机构执业许可校验工作。

·县级妇幼保健院建设 年内，市卫健委将县级妇幼保健院建设列入市对县级高质量发展个性指标考核，坚持妇幼保健机构独立建制，争取省级资金补助，协调解决建设难点，完成省对市高质量发展考核所转院建设任务。年内，东台市、射阳县妇幼保健院正式运行；滨海县妇幼保健院门诊楼住院楼封顶内装；大丰区妇幼保健院开工建设；响水县妇幼保健院完成立项工作；建湖县政府下发妇幼保健院建设实施意见，改扩建建湖县人民医院北院区，确保实现独立建制、独立运行；阜宁县人民医院南院区二期工程结束，县人民医院整体搬迁至南院区后，按照二级妇幼保健院标准将其改建为阜宁县妇幼保健院。推进基层医疗卫生机构妇幼健康规范化门诊建设，至年底，建成基层医疗卫生机构妇幼健康规范化门诊 141 家，建成率 91%。年内，盐城县级妇幼保健院建设通过省政府高质量发展个性化指标考核。

（陈昌帅　单发令）

老年健康

·概　况　2020 年，市卫健委印发《盐城市建立完善老年健康服务体系实施方案》和《盐城市深入推进医养结合发展实施方案》，推进老年健康服务体系建设和医养结合发展，为全市 82 万 65 岁以上老年人提供免费健康体检，推进“安康关爱”新行动，承保覆盖率 55%。围绕“弘扬养老孝老敬老传统，共建共享老年友好社区”活动主题，广泛开展形式多样、内容丰富的养老孝老敬老活动，全市共投入资金 650 万元，发放慰问品 1.8 万件，走访慰问老年人 3.5 万人，群众性文体活动参与老人超 10 万人次。射阳县养老中心等 5 家单位获全国“敬老文明号”荣誉称号，李文杰等 9 人被评为全国敬老爱老助老模范人物。在省老年书画摄影作品展中，7 件作品入围，获奖等次位居全省前列，并获优秀组织奖。推进“安康关爱”行动，老年人意外伤害保险参保人数突破 100 万。推进老年健康服务体系建设和医养结合发展。全年全市有老年（病）医院 2 个，康复医院 11 个，医养结合机构 57 个，其中养老护理院 8 个，其他养老机构均以不同形式与就近的医疗机构开展签约合作，为入住老年人提供医疗卫生服务。

·《盐城市建立完善老年健康服务体系实施方案》印发　年内，市卫健委印发《盐城市建立完善老年健康服务体系实施方案》，建立完善老年健康服务体系，促进健康老龄化，满足老年人日益增长的健康服务需求。实施方案坚持积极老龄、健康老龄的发展理念，以维护老年人健康权益为中心，以满足老年人健康服务需求为导向，发展老年健康事业，构建覆盖生命全过程、便捷可及、综合连续、更高品质的老年健康服务体系。方案要求全市 80% 以上的二级及以上综合性医院设立老年医学科；90% 以上的综合性医院、康复医院、护理院 和基层医疗卫生机构成为老年友善医疗卫生机构；每个县（市、区）建成 1 所以上护理院，基层医疗卫生机构康复、护理床位占比达到 30%，老年护理人员基本满足老年人护理服务需求。老年健康服务资源配置更趋合理，服务内容更加丰富，服务质量明显提升，服务队伍更加壮大，基本建立综合连续、覆盖城乡的老年健康服务体系，老年人的健康服务需求得到更好满足，健康获得感不断增强，健康老龄化水平明显提高。

·医疗养老结合　年内，市卫健委推进镇（街）卫生院医养结合工作，首批试点的 11 家镇（街）卫生院全部成立养老护理院（护理部），新增养老护理床位 362 张。二期面上推进项目 9 个，规划床位 381 张。全年新增医养结合机构 20 家，养老护理床位 743 张。贯彻落实《医养结合机构管理指南（试行）》《医养结合机构服务指南（试行）》，规范医养结合机构内部管理，提高医养结合机构服务质量，助推养老服务业高质量发展。（陈昌帅）

职业健康

·概　况　2020 年，市卫健委对涉及采矿业、制造业等三个门类行业的 5 人以上工业企业进行职业病危害现状调查工作。组织市、县疾控机构对全市 161 家镇区涉害企业进行全面的职业病危害因素现状调查，完成录入国家系统 8556 家，摸排率 92%。推进全市涉及职业病危害企业职业病危害项目申报工作，先后通过职业病危害项目申报工作和宣传指导，开展全市职业病危害项目专项检查工作，全市有 8241 家用人单位完成职业病危害项目申报工作。

·职业病危害调查　年内，市卫健委印发《关于在全市工业企业开展职业病危害摸底调查工作的通知》，文件要求全市对涉及采矿业、制造业以及电力、热力、燃气及水生产和供应产业等三个门类行业的 5 人以上工业企业进行职业病危害现状调查工作。市卫健委成立职业病危害现状调查领导小组，在市疾控中心成立技术指导组，负责全市职业病危害现状调查工作的联络，调查实施方案的制定，调查技术骨干和质量控制人员的培训，调查工作的技术指导和质量控制，数据资料的收集、审核、管理、分析及调查报告的撰写等工作。经调查，全市存在职业病危害因素企业数量 8484 家；从业人员 109.82 万人，其中女职工 17 万人，劳务派遣工 1.46 万人。

·尘肺病救助　年内，市卫健委完成中华人民共和国成立后职业性尘肺病患者有关信息核查工作，对全市 3132 名患者建立随访档案。围绕“粉尘危害专项治理”“尘肺病患者救治救助”“职业健康监督执法”“用人单位主体责任落实”“防治技术能力提升”五大行动，推进全市尘肺病攻坚行动计划的实施。（陈昌帅）

爱国卫生

·概　况　2020年，市卫健委组织开展“防疫有我，爱卫同行”爱国卫生月主题活动，先后印发《关于进一步开展冬春季爱国卫生运动的通知》《关于开展第32个爱国卫生月活动助力打赢新冠肺炎疫情阻击战的通知》《关于进一步深入开展爱国卫生运动的通知》《关于开展全市农贸市场环境卫生集中整治周活动的通知》《关于深入开展秋冬季爱国卫生运动的通知》等文件。深化健康科普宣传，通过广播、电视、报纸、微信公众号等形式，及时发布疫情防控等卫生健康知识，提高市民防控意识和自我防护能力。聚焦“从严防人、精准防物、快打疫苗、普戴口罩、正常生活”5点要求，加大农村地区疫情防控力度，面向返乡务工人员开展健康宣教，倡导村民养成“戴口罩、勤洗手、多通风、一米线”等良好卫生习惯，落细落实各项疫情防控措施。

·卫生城镇和健康镇村创建　年内，市卫健委推进卫生镇村创建工作，召开全市爱国卫生工作现场推进会，组织现场观摩，开展业务培训，发挥示范引领作用，全年新增国家、省卫生镇8个，省卫生村106个。开展健康城镇村建设，东台市以及安丰镇被确定为健康江苏建设示范点，亭湖区新兴镇、盐都区龙冈镇、大丰区西团镇、射阳县黄沙港镇、东台市新街镇5个镇建成省健康镇，亭湖区南洋镇青墩村等35个村建成省健康村，亭湖区五星街道五星社区等11个社区建成省健康社区。

·卫生健康宣传教育　年内，盐城市重点加强社区、机关、企事业单位、学校和媒体协同的健康教育工作，提高群众健康意识。聚焦抗疫重点时段和市民健康需求，围绕新冠肺炎疫情传播途径、个人防护、居家隔离、家庭预防性消毒、复工复业复课后防控等方面，迅速制作下发各类健康科普知识宣传资料。建立多部门协作机制，以专家访谈、现场连线等形式，与《盐阜大众报》、盐城市广播电视总台等主流媒体协作开辟卫生健康专栏，定期向社会宣传健康科普知识。强化各级各类医疗卫生机构主阵地和医务人员健康科普主力军作用，建立起覆盖城乡居民的健康科普网络。规范开展居民健康素养监测工作，全年全市居民健康素养水平26.09%。年内，射阳县被推荐为2020年全国健康促进县（区）建设单位，大丰区被确定为2020—2021年度省健康促进区建设单位；市第四人民医院、市口腔医院、大丰区中医院、盐都区第二人民医院、阜宁县第三人民医院5家医院建成省健康促进医院。12月20—21日，在省卫健委、省人力资源和社会保障厅、省总工会联合举办的江苏省健康促进与健康教育技能竞赛决赛中，盐城市代表队获团体一等奖，3名参赛选手分获得健康促进专业奖、健康促进科普奖，并获得省卫健委授予“江苏省健康促进与健康教育岗位能手”称号。

·开展环境卫生整治集中行动　年内，盐城市重点治理城乡接合部、城中村、老旧居民小区、小餐饮店、车站、港口、集贸市场、建筑工地、公共厕所等环境卫生，按照专业技术机构推荐的方法开展日常消毒工作，确保各项工作的科学性、规范性、有效性。在农村，重点清理垃圾、粪便、污水，集中开展村庄清洁行动，规范畜禽养殖和卫生管理，减少畜禽粪水污染。发挥乡镇、街道、单位等基层爱国卫生组织作用，把环境卫生治理措施落实到每个社区、单位和家庭，动员群众开展家庭卫生大扫除，发动职工开展单位大扫除，清除庭院积水，消除病媒滋生环境。实施以环境治理为主、药物消杀为辅的综合防治策略，加强人员聚集场所、易滋生病媒生物场所的病媒生物防治工作，防止登革热、寨卡病毒等病媒生物传播疾病的发生。各地结合卫生城市卫生村镇创建、健康城市健康村镇建设、文明城市文明村镇创建以及脱贫攻坚等工作要求，梳理问题清单，落实整改措施，改善环境卫生，提升群众健康水平。

·农村改厕　年内，市卫健委做好全国农村人居环境整治会议改厕现场各项工作，组织人员到盐都区、大丰区等地实行驻点指导，加强改厕工作规范化、标准化。7月24日，在全国农村人居环境整治工作推进现场会上，大丰区恒北村实施农村户厕改造等相关视频作播放展示，全国农村人居环境微信公众号推介盐城市农村改厕相关做法。在盐都区召开全市农村改厕工作现场推进会，落实上级改厕新要求，实地观摩现场，进行业务培训，部署下一步任务。组织农村改厕工作“家家到”督查，下发督查整改通知单，通报有关情况。至年底，完成省下达盐城的中央财政奖补资金改厕任务1万座，并通过省级现场验收，全市农村无害化卫生户厕普及率95%以上。

·“防疫有我，爱卫同行”爱国卫生月活动　3月30日，盐城市启动“防疫有我，爱卫同行”爱国卫生月活动，通过网络公开课、在线访谈、广播及电视栏目等形式宣讲新时代深入持久开展爱国卫生运动对于疾病防控、健康促进的重大意义，弘扬爱国卫生运动优良传统，扩大爱国卫生运动社会影响力和公众参与度，营造全民参与、共建共享的良好社会氛围。各地结合本次爱国卫生月主题，以“改善环境共享健康”“向不卫生不文明的饮食陋习宣战”“和谐心态快乐生活”等为重点专题，组织开展爱国卫生运动进机关、进企业、进社区、进乡村、进学校等活动，调动广大干部群众参与爱国卫生运动的主动性和创造性。宣传卫生健康及传染病防控知识、个人防护指南等，引导群众正确认识疾病、科学自我防护，养成良好的个人卫生、饮食卫生、厕所卫生等习惯，摒弃不文明、不卫生的陋习，坚决杜绝食用野生动物的陋习。关注疫情后期不同人群心理健康，指导群众科学缓解焦虑、紧张等不良情绪。推广合理膳食知识、科学健身方法，普及宣传烟草危害，强化“每个人都是自己健康第一责任人”的理念，倡导群众养成文明健康、绿色环保的生活方式。（陈昌帅　单发令）

中医药事业

·概　况　2020年，盐城市中医药工作以“传承精华、守正创新”为主题，落实《中华人民共和国中医药法》和新颁布施行的《江苏省中医药条例》，完善机构体系，提升技术能力，紧扣群众需求，拓展健康服务。加强基层中医阵地建设，基本实现中医馆（阁）建设全覆盖，全省中医药传承创新工程项目现场推进会在盐城市召开，盐都区通过全国基层中医药工作先进单位复评。

·中医队伍建设　年内，市卫健委加快培养中医药领军人才和重点青年人才，6位专家被评为省名中医，遴选青年优才跟师传承名老中医药专家学术经验，规范发展中医师承教学，2位传统医学师承人员合格出师。至年底，全市拥有省名中医16人、市名中医89人，建有全国和省名中医工作室11个。举办中医经典大讲堂活动2期，159位中医骨干参加经方集训，盐城经济技术开发区、射阳县、阜宁县、大丰区、建湖县等地组建传承团队研习运用名老中医独特技术。搭建并运用14个中医药适宜技术推广机构网络，设置名中医工作室基层工作站5个，推广运用传统医药技术。

·中西医结合　年内，市中医院牵头47家医疗机构组建中医医疗联合体，东台市中医医联体、大丰区杏林集团建成区域远程会诊系统。市第一人民医院和东台市、射阳县、建湖县、响水县人民医院组织开展临床医师学习中医经典知识、跟师临证实践活动。各地组织基层乡镇（社区）医疗卫生服务机构中医药适宜技术推广培训88期次，培育发展中西医结合技术服务能力；全市150名基层医卫技人员参加中医药知识技术培训，进行96学时的脱产临床实训和72学时的线上学习。（陈昌帅　单发令）

卫生监督

·概　况　2020年，盐城市卫生监督机构全面应对新冠肺炎疫情防控，完成国家“双随机一公开”监督抽查工作，完成省、市下达的各项年度任务目标。至年底，全市立案查处各类卫生健康违法案件844起，罚没金额309万元，未发生行政复议撤销或行政诉讼败诉案件。全年处理投诉举报471起，投诉举报办结率、满意率100%。年内，市卫生监督所被省卫生监督所表彰为2020年度全省卫生监督工作先进单位，被盐城市委、市政府评为全市抗击新冠肺炎疫情先进集体，1件行政处罚案卷获2020年度市级行政执法优秀案卷，市卫生服务窗口获评2020年度红旗示范窗口。

·饮用水安全监督　年内，市卫健委加强水质在线监测和现场快检能力建设，完善生活饮用水卫生监督监测网络建设，加强供水单位和涉水产品生产企业的监督检查，覆盖率100%。全市饮用水水质每月通过政府网站向社会发布水质监测结果通告。开展饮用水卫生国家“双随机”监督抽检工作，受领任务清单62件，任务完成率、完结率均为100%。加强对二次供水和现制现售饮用水的监督监测，二次供水抽检水样81份，现制现售饮用水抽检水样109份，合格率均为100%。开展以水处理材料为重点的涉水产品生产企业专项监督抽检，抽检产品样品7份，合格率100%。

·传染病防治监督　年内，市卫健委开展以预防接种、传染病疫情报告和控制、医疗机构消毒隔离制度落实等为重点的日常监督。开展医疗机构医疗废物和医疗污水专项整治行动，实施医疗污水废物规范管理和处置承诺自查整改，与大市区162家医疗机构签订医疗废物、医院污水规范管理处置承诺书，落实医疗机构自我管理主体责任，规范医疗废物和医疗污水管理。实施医疗污水专项整治“双随机”抽查，对所有直管医院做到督查“全覆盖”，行政处罚3家处置不规范和6家污水抽检不合格的医疗机构。开展传染病防治、餐饮具集中消毒、采供血机构3个专业的“双随机”抽查，检查医疗机构89家（3家停业）、餐饮具集中消毒单位1家。开展餐饮具集中消毒服务单位专项监督，检查单位45家，抽检餐具421套，抽检合格率96.44%。开展艾滋病检测、疫苗接种等专项执法检查。开展消毒产品专项监督检查和抽检工作，在元旦、春节、三八节、儿童节和重阳节等重要时间节点，对市场上销售的妇女、婴幼儿和老年人卫生用品进行监督抽检，抽检产品115件，抽检产品合格率98%。

·校园健康　年内，市卫健委联合县（市、区）教育主管部门对所有市属学校开展实地督查30余次。全面做好校园防疫工作。先后印发《全市各级各类学校春学期开学及疫情防控工作方案》《关于做好延迟开学期间在线教育教学服务工作的通知》《关于全力防控疫情确保开学安全的通知》等文件17个，指导各地各学校有序开展疫情防控。各学校在开学前完成本校所有教职员工防疫知识培训，开展全过程、全流程疫情防控与开学工作模拟演练，确保人人知晓、个个熟练掌握。开学前通过在线课堂组织所有学生及其家长开展一次“开学一日流程”培训，告知错峰错时返校时间、进校程序、上课及就餐、活动等各环节规范要求。各学校按照“全覆盖、无遗漏、精准化”的工作要求，对全市大中小学师生和在武汉就读的盐城籍学生开展全面筛查，做到“落实100%的学生由专人负责联系，掌握每一个学生及家长的健康状况”。

（陈昌帅　单发令）

医政药政管理

4月13日，东台市第一小学利用开学第一课，指导学生做好疫情防护

（市卫健委　供图）

· 医疗机构管理　年内，市卫健委严格医疗机构准入，审核10余家医疗机构备案材料。开展医疗机构依法执业检查，实现直管183家医疗机构监督全覆盖。开展以打击非法牙科诊所为重点的打击非法行医专项行动，印发《2020年打击非法行医实施方案》，成立专项督查组，对各地打非工作进行实地暗访，形成通报，并以交办函的形式交办至各地卫生健康主管部门，要求严肃查处非法行医行为并及时上报查处情况。12月，组织各地以问题为导向开展推磨式互查，发现问题、交流经验、互学共进，提升打击非法行医能力水平。聚焦“非法口腔”问题，开展专项行动，全年立案查处134家，罚款70.69万元，没收器械199箱（件），自动关门74家。开展大市区联合打击非法行医行动4次，突击检查非法行医钉子户7家，其中4家关门停业，3家被立案查处；查处外市一医疗机构在盐城市非法开展医疗美容行为，罚没款7.57万元。

· 医疗技术管理　年内，市卫健委严格医疗技术准入，严格执行限制类医疗技术备案管理、超范围手术审批管理，规范限制类技术备案管理和手术分级管理，将医疗技术备案和手术分级管理纳入依法执业检查范围，审核10余项限制类医疗技术备案材料，审批50余家医疗机构申报使用毒麻药品事项。

· 医疗服务管理　年内，市医疗保障局印发《盐城市医疗服务项目价格文件汇编》《盐城市医疗服务项目价格手册》，调整54个中医诊疗类服务项目。落实国家、省药品（医用耗材）阳光采购政策，持续推进国家药品集采三批112个品种落地，参与落实省高值医用耗材集采三批8个品种，参加苏盐宿“三市联盟”3个品种带量采购，全年节约资金2.03亿元。组织开展普通医用耗材和检验检测试剂备案采购，实现141条申请备案产品在省平台挂网采购。推进省阳光平台建设，基本实现三级医院与平台数据的互联互通，二级医院完成对接96%。推行总额控制下多元复合式医保支付方式。全市定点医疗机构按病种付费基金占比为31%，实施病种数309个。推进按疾病诊断相关分组（DRG）付费方式省级试点工作。

（裴银川）

· 医师管理　年内，市卫健委组织1826名考生参加实践技能考试，其中临床类1437人、口腔类63人、公卫类117人、中医类196人，通过率70.09%。组织1192名考生参加综合笔试一试，464名考生参加综合笔试二试，依法完成2372名医师的首次注册。

· 医教科研　年内，全市获得省自然基金项目立项1项、省医学科研课题立项8项、省新技术引进奖获奖5项。市卫健委公布市级医学新技术获奖项目96项、市级医学科研课题立项117项，加强对18名省医学青年人才及1名省市共建医学重点人才跟踪管理；组织全市医学重点学科、创新团队、医学重点人才、青年人才终期考核，启动新一轮学科人才遴选评审工作。推进校地合作，分别与南京大学、南京医科大学、上海第九人民医院签订合作协议，市第一人民医院成为南京大学医学院附属盐城第一医院，市第三人民医院成为南京医科大学盐城临床医学院，上海第九人民医院与市第三人民医院、市口腔医院组成跨地区医疗联合体。组织参加住院医师规范化培训公共课、全科医学理论考试，275名学员参加国家理论统考。开展农村订单定向医学生培养工作，招录185人。开展助理全科医生培训，招录118名学员到全市9个助理全科医生培训基地参加培训。规范继续医学教育管理，组织实施市级继续医学教育项目371项。组织对55个病原微生物实验室进行验收发证，其中一级病原微生物实验室13个、二级病原微生物实验室42个（新冠PCR实验室35个），举办实验室核酸

5月13日，南京医科大学盐城临床医学院揭牌仪式举行　　（市卫健委　供图）

检测技术与生物安全培训 4 期、病原微生物实验室生物安全培训 2 期，共 646 人。

· **重点学科建设**　年内，全市新确认省级临床重点专科 8 个（含 3 个建设单位被重新确认），列入省级临床重点专科建设单位 2 个。至年底，全市有省级临床重点专科 38 个（含省级临床重点专科建设单位 2 个）。推进市级临床重点专科建设，新确认和复审市级临床重点专科 110 个，市级临床重点专科建设单位 12 个。组织专家对黄牌警告的临床重点专科进行复核，做到以评促改、以改促升，提升各县区专科建设能力。

· **平安医院建设**　年内，市卫健委开展平安示范医院创建活动，联合市委政法委、市公安局、市司法局、市市场监管局等部门，成立平安医院考评督导工作组，对盐城市大丰区人民医院、东台市人民医院、阜宁县人民医院进行现场市级平安医院复核，全部通过现场复核。盐城市中医院通过省平安示范医院现场考核。

· **基本药物制度**　年内，全市 161 家政府公办基层医疗卫生机构和 2253 家村卫生室全部实施基本药物制度，在省平台统一采购并零差率销售基本药物，全年采购基本药物 4.22 亿元，基本药物采购金额占比 59.38%、基本药物品种占比 64.89%。规范基本药物目录外药品配备，满足基层常见病、慢性病防治和疾病康复治疗的需要。推进 33 家二级以上医疗机构将基本药物作为首选，按标准配备使用，将二级以上医疗机构执行基本药物制度列入对县（市、区）、市直医疗机构综合目标考核，全年二级以上医疗机构采购基本药物 10.46 亿元，基本药物采购金额占比 30.24%、基本药物品种占比 46.02%。发挥国家级短缺药品监测哨点和省级药品流通企业监测哨点监测职能，全面实行短缺药品信息“每月零报告”制度。按照国家、省部署，全市公立医疗机构开展国家短缺药品信息直报工作。严格执行国家医保目录，规范准确执行 2019 年国家药品目录，及时更新数据库，新增 118 种国家谈判药全部实现落地。做好谈判药品分类管理，加强医保限定支付范围的药品使用管理，落实国家集中采购和使用药品医保支付标准配套措施。

· **医疗安全专项检查**　年内，市卫健委对全市 52 家二级以上医院病历、处方质量开展专项检查，医院平均抗菌药物使用率 8.29%，平均处方合格率 92.5%，平均甲级率 86.2%。对出现丙级病历、甲级病历率低于 80% 及处方合理用药合格率低于 80% 的医院进行约谈。开展全市二级以上医院高值耗材合理使用情况检查，对 11 所医院的高值医用耗材临床应用情况进行抽查，推动临床高值医用耗材使用、高值耗材知情同意书告知、高值医用耗材品规和数量手术记录等问题整改。

（陈昌帅　单发令）

医疗机构选介

· **市第一人民医院**　2020 年，市第一人民医院有职工 3470 人，其中高级职称 574 人、中级职称 1178 人、博士 79 人、硕士 657 人。全年出院病人 12.87 万人次，门、急诊病人 125.6 万人次（其中体检 6.83 万人次）。落实省级临床重点专科建设，重症医学科、放疗科、内分泌科、眼科、医学检验科 5 个科室确认为省级临床重点专科，妇科、康复医学科确认为省级临床重点专科建设单位。至年底，医院有省级临床重点专科 18 个，省级临床重点专科建设单位 2 个；有院士工作站 2 个、名医工作室 12 个。召开创新发展暨专科联盟成立大会，有以市第一人民医院为牵头单位的专科联盟单位 283 个。全年获得省自然科学青年基金 1 项，省卫健委资助课题 4 项，盐城市科研课题 28 项，江苏省医学新技术引进奖 3 项，其中 1 项获得江苏省医学新技术引进奖一等奖，是盐城市首次获得医学新技术引进奖一等奖。全年全院获省市科研立项 33 个、发表各类论文 378 篇。年内，医院被评为江苏省疫情防控先进集体；获得中国房颤中心联盟确认，被省卫健委评为 2020 年度江苏省母婴安全优质服务单位；被中华护理学会评为京外呼吸专科护士临床教学建设基地。

· **市中医院** 至年底，市中医院实际开放床位800张，设病区21个；有职工994人，其中高级职称238人、中级职称267人、博士10人、硕士156人；全国名老中医药专家学术经验继承指导老师4人，省“333”工程第二层次培养对象1人、第三层次11人，省名中医12人，市名中医11人，院级名医35人，市政府有突出贡献专家和享受政府特殊津贴专家7人；全国优秀中医临床人才2人，全国中药特色技术传承人4人，全国中医护理骨干人才3人，省优秀中医临床人才5人，柔性引进医学博士、学科带头人23人。医院开设临床及医技科室41个，其中国家级重点专科2个、省级重点专科6个、省级重点学科1个、市级重点专科19个；国家名老中医传承工作室4个、国内知名专家名医工作室10个和国家住院医师规范化培训基地2个。年内，完成门、急诊63.53万人次，出院2.09万人次；获得省中医药科学技术奖三等奖1项、中国中医药研究促进会科学技术进步奖三等奖1项。全年医院发表论文93篇，其中以第一作者和通讯作者发表的SCI论文4篇。

· **市第二人民医院** 至年底，市第二人民医院实际开放床位436张，有职工487人，具有高级职称129人。肿瘤放疗科、肿瘤化疗科、感染科及结核科为市级临床重点专科，感染科为市级医学重点学科。医院是江苏省肿瘤医院盐城分院，设有上海市肺科医院“肖和平名医工作室”和上海市公共卫生中心“卢洪洲名医工作室”。全年诊疗8.95万人次，出院7396人次。开展省部级合作科研立项9项，5项获市新技术、新项目二等奖，3项获得市医学科技项目立项。年内，医院被评为全省抗击新冠肺炎疫情先进集体。

· **市妇幼保健院** 至年底，市妇幼保健院实际开放床位450张，有职工821人，其中卫技人员673人，高级职称159人，博士、硕士75人，省“333”工程培养对象第二层次1人、第三层次2人，省名中医1人，市各类人才7人。全年医院门诊32.29万人次，出院1.35万人次。儿科为省级临床重点专科，新生儿科为省妇幼保健重点学科、省级新生儿危急重症救治中心，有市级重点专科、学科11个，设有上海市红房子妇产科医院“徐丛剑教授工作室”、江苏省人民医院“王水工作室”、南京市儿童医院“赵德育教授工作室”、中大医院“任慕兰名医工作室”、华东医院“唐健雄江苏省盐城工作站”。

· **市第四人民医院** 至年底，市第四人民医院设有门诊1个、病区11个，实际开放床位400张；有职工数311人，其中卫技人员145人，有高级职称70人，硕士7人。全年全院收治门诊病人9.88万人次，出院病人2592人次。年内，医院通过省健康促进医院评审，承办江苏省医学会精神科分会抑郁学组抑郁症专题研讨会，主办省级继续教育项目2项，举办市级继续教育项目6项，开展规培业务讲座40多次；完成全科医学住院医师规范化培训34人次、精神科住院医师规范化培训19名；完成市级科研课题立项2项，在省级以上期刊发表论文22篇。

· **市口腔医院** 至年底，市口腔医院有在职职工198人，其中卫生技术人员174人，中高级专业技术人员62人，硕士9人，入选省“333”工程培养对象3人，省优秀科技工作者1人，盐城市名医生1人，盐城市医学重点人才2人，盐城市医学青年人才1人。医院有口腔综合治疗台120台（套），病床50张，拥有所需的各类国内外先进的口腔医疗设施设备，能够开展三级口腔专科医院的各类临床技术。医院设职能科室11个，业务科室13个，上海第九人民医院博士团队名医工作室1个。其中，医院口腔种植科、口腔内科、口腔正畸科为市级临床重点专科，口腔颌面外科是南京市口腔医院口腔颌面外科协作科室。医院是上海第九人民医院“国家口腔疾病临床医学研究中心”核心单位、“口腔种植临床与研究专科联盟”单位；南京市口腔医院“口腔颌面外科”“口腔颌面影像”“口腔黏膜病”3个专科联盟合作单位；南京医科大学附属口腔医院“远程医疗和远程培训合作联盟”核心单位。全年门诊9.6万人次，住院352人次。 （陈昌帅　单发令）

体　　育

编辑　裴力民

综　述

·概　况　2020年，盐城市围绕完善功能，加强健身设施布局优化和建设运营。新建一批健身场所，增加城市绿地公园，更新老旧小区体育设施，推动学校体育场馆对外开放，促进镇街笼式多功能球场全覆盖，解决好群众“健身去哪里”问题。注重全民参与，关注青少年、老年人、残疾人等群体，组织融入湿地、海盐、铁军等文化旅游元素的特色活动赛事，让大众参与面广的全民健身赛事成为主流，实现竞技体育和群众体育同步发展。发展体育产业，围绕做粗拉长体育产业链条，招引体育关联企业集团，推动体育康养产业发展，强化文体旅协同推进，壮大新业态、新模式，带动城市能级融合提升。加强培育引导，构建完善社会服务体系，建立运动协会、俱乐部等体育社会组织，用好知名运动员和教练员，加强社会体育指导员队伍建设，提升体育公共服务能力。按照“品牌引领、科技支撑、融入时尚、提升层级”的思路，以科技创新引领体育用品制造业转型升级。至年底，创建国家全民运动健身模范市取得阶段性成效，群众体育、竞技体育和体育产业融合发展，体育事业迈上新台阶。

·国家全民运动健身模范市创建　年内，盐城市继续推进国家全民运动健身模范市创建工作。全面实施“八大”工程。实施体育场地设施建设工程，建设便民惠民利民的中小型体育场馆设施，推动镇、街道足球场地建设，在大市区219个社区和18个街道建成城市社区“10分钟体育健身圈”，提档升级全市1802个行政村的“村村有体育健身工程”。实施体育赛事活动工程。培育和打造马拉松、龙舟赛、国际湿地自行车赛、航空航模、广场舞等群众体育十大品牌赛事。实施体育社会组织改革工程。推进“单项体育协会—单项俱乐部—社会体育指导员—社区健身俱乐部”改革试点工作。实施科学健身指导工程。打造集运动能力评估、体质健康测试、运动处方提供、科学健身指导、业余等级评定、健身志愿服务于一体的体质测试与运动健身干预指导综合服务平台。实施体育文化建设工程。利用短视频平台、微博等宣传阵地，营造全民运动健身模范市创建的浓厚氛围。实施体育协调发展工程。通过群众体育的发展，培养竞技体育的后备人才；通过全民健身发展，拉动居民体育消费，助力体育产业高质量发展。实施体教融合发展工程。以青少年技能培训和校园足球为切入点，以赛事活动、俱乐部联赛和户外活动为着力点，完善覆盖全市青少年足球活动体系，提升体教融合质量，促进青少年提高身体素养和健康水平。实施“活力健康”盐城品牌打造工程。推进活力健康服务平台建设，构建活力健康服务中心，拉长生态体育产业链，与地方高校合作共建活力健康研究院，建立活力健康中韩研究协会，全方位打造“活力健康”盐城品牌。年内，对照创建国家全民运动健身模范市5个一级指标、12个二级指标、27个三级指标，结合打造并提炼的特色案例，盐城市基本达到创建标准要求。

·体育社会组织管理　年内，市体育局加强体育社会组织管理，制定《关于推动体育社会组织“四位一体”改革指导意见》《进一步促进市属体育协会健康发展的指导意见》，建立起“4+3”模式（“4”指单项体育协会、单项俱乐部、社会体育指导员、社区健身俱乐部，“3”指体育社团规范化、社会化、实体化试点）。至年底，全市有市级体育总会1个、县级体育总会9个、市级单项体育协会45个，均为AA以上等级。其中，市保龄球运动协会是全市唯一的AAAAA级体育类社会组织，有AAAA级社会组织7家、AAA级社会组织6家、县级单项体育协会217个，实现体育总会、老年人体育协会延伸到所有镇（街道），并逐步向社区、行政村延伸。至年底，全市拥有各级各类社会体育指导员3.73万人，其中职业社会体育指导员3619人。

·健身俱乐部管理　年内，市体育局、市体育总会制定《盐城市购买全民健身赛事活动服务的实施办法》《盐城市体育俱乐部联赛实施意见》，加强和扶持社会俱乐部发展。组织2020年单项俱乐部联赛，通过“全民大联赛·今年你最帅”竞赛项目全民投票活动，选择群众参与度高的19个项目，政府投入270万元扶持俱乐部专项引导资金，激发业余俱乐部联赛活力。开展家庭健身指导员5500名，覆盖125个社区居委会。至年底，全市建成国家级和省级青少年体育健身俱乐部49个，建成市级社区健身俱乐部125个，建成社区居委会和行政村体育健身俱乐部1838个。年内，盐城市盐南高新区涵邦乒乓球俱乐部（乒乓球）、东台市鹏威网球俱乐部（网球）等8所俱乐部分别被省体育局命名为第十二、第十三批江苏省级青少年奥林匹克体育俱乐部。

（金青宇）

体育设施

·概　况　2020年，盐城市利用城市疏解腾退空间、老旧厂房、仓库、老旧商业设施以及公园、绿地等“金边银边”建设嵌入式体育设施。从点—线—面，在市、县、镇（街道）、行政村（城市社区）基本实施四级体育设施全覆盖。市区实施老旧小区改建、笼式灯光多功能球场、健身步道、足球场等设施建设。新建健身步道85千米，累计建成健身步道（自行车道）75条1250千米；为220个老旧小区安装新的室外体育健身器材；建成开放盐龙体育公园，改建盐渎公园、世纪公园、法制廉政公园3个公园体育设施，在东亭湖公园、环保公园等10个公园内嵌入体育元素增加休闲功能。至年底，市区人均体育场地面积为2.56平方米。各县（市、区）累计建成体育场地1.85万个，其中，室外

聚龙湖健身步道　　　　（李思远　摄）

体育场地 1.32 万个、室内体育场地 5264 个，9 个县（市、区）省级体质测定与运动健身指导站的创建工作全面完成。实现全市 95 个镇、30 个街道高质量笼式多功能灯光足球场全覆盖，新建社会足球场地 85 片，总数 157 片。对全市 1802 个行政村的“村村有体育健身场地”提档升级，建设不低于 1000 平方米的多功能运动场和健身公园。

·盐城市全民健身中心　盐城市全民健身中心地处盐城市解放南路 108 号，建设规模 3 万平方米，建筑高度 70.5 米，主体 13 层，内部设置游泳、保龄球、网球、乒乓球、台球、瑜伽、飞镖、沙弧球、棋院、体育舞蹈、跆拳道等 10 多个运动健身专业服务场所，配套实施国民体质监测中心、运动保健理疗、运动水疗、餐饮、休闲服务等服务项目。7 月，盐城市全民健身中心被认定为江苏省第三批体育服务综合体。

·盐龙体育公园　盐龙体育公园位于盐都区潘黄街道境内，东至小马沟东支路、南至青年路、西至开创路、北至大庆路，占地面积 60.92 公顷，有户外运动场（7 人制足球场 4 块、标准足球场 1 块、标准篮球场 8 块、半边篮球场 3 块、室外羽毛球场 14 块、标准网球场 4 块、标准门球场 3 块等）、极限场地、老年人活动场和室内游泳馆、形体馆和室内综合健身场馆。年内，公园建成对外开放。　（金青宇）

群众体育

·概　况　2020 年，盐城市围绕创建国家全民运动健身模范城市工作，全面推进群众体育发展。市体育局组织运动员参加省第八届全民健身运动会、国家体育锻炼标准达标赛、江苏省家庭趣味运动会等赛事，组织“奔跑吧·盐城”2020 迎新年长跑、第十二个“全民健身日”、盐城市第三届广场舞大赛等群众性体育赛事。实施免费低收费开放大型体育场馆政策，安排 700 多万元专项资金用于场馆免费低收费开放补助。年内，全市有响水县体育馆、滨海县体育馆、建湖县体育中心体育馆、大丰区奥体中心体育馆、东台市体育馆 5 个丙类场馆，盐城市全民健身中心游泳馆、盐城市温泉游泳馆、射阳县体育馆、射阳县全民健身中心游泳馆、建湖县体育中心体育场、建湖县体育中心游泳馆、盐都区体育馆、盐都区游泳馆、大丰区体育场、大丰区游泳馆、悦达健身广场游泳馆 11 个丁类场馆实现免费低收费开放。

·第十二个“全民健身日”　8 月 8 日，由市体育局主办，盐都区体育局承办的第十二个“全民健身日”活动在盐都区腾飞路小学体艺馆举行。活动现场进行健身腰鼓、健身气功等全民健身活动展示，近万人参加活动。

·盐城市第三届广场舞大赛　12 月 19 日，由市体育局、市体育总会主办，市体总秘书处、市广场舞运动协会承办的盐城市第三届广场舞大赛在盐城市体育馆举行。全市 13 支广场舞队伍参加比赛，盐都区广场舞协会俱乐部、响水县职工广场舞俱乐部分别获得规定套路和自选套路的第一名。

·2020 年盐城城市业余俱乐部联赛　6—11 月，由市体育总会主办，18 个市体育协会承办的 2020 年盐城城市业余俱乐部联赛举行。联赛设置乒乓球、羽毛球、足球等 23 个项目比赛，2 万余人次参加联赛。

·参加江苏省第八届全民健身运动会　10 月 10—12 日，江苏省第八届全民健身运动会广场舞比赛在盐城市盐南高新区新弄里洛克公园篮球馆举行。盐城市代表队参加江苏省第八届全民健身运动会的健身腰鼓、健身秧歌、健身气功、广场舞、乒乓球、羽毛球、门球等 22 个项目的比赛，获得 10 多个优胜奖和体育道德风尚奖。盐城市体育舞蹈运动协会、射阳县体育局、市广场健身舞运动协会分别承办江苏省第八届全民健身运动会体育舞蹈、健身气功和广场舞项目的比赛，其中体育舞蹈运动协会、射阳县体育局获得最佳赛区奖。　（金青宇）

学校体育

·概　况　2020年，盐城市鼓励各类重点学校与市级各项目运动队联合办队，为学生参与省级、国家级青少年赛事搭建平台。市教育局邀请市游泳馆、网球中心、小球中心专业教练员进校园开展游泳、网球、高尔夫球等项目的技能教学，其中有20多名专业教练进行长期驻校指导。免费提供体育中心网球场、游泳馆等专业场馆作为学校体育课教学场地，每年参加校外体育课学生近2万人次。至年底，全市有16所中小学校联办田径、足球、篮球等12个项目21个组别的运动队，成功创建江苏省体育传统项目学校24所、特色学校186所、青少年体育俱乐部67家。

·校园足球　年内，东台市富安镇富东学校、射阳县四明小学、盐城市龙冈小学、盐城市大丰区第一小学、阜宁县东沟中学、建湖县实验小学教育集团北校区成功创建江苏省第五批青少年校园笼式足球场地。盐城市新河实验小学被省教育厅、省体育局确定为2020年江苏省足球后备人才示范学校。至年底，全市建成校园足球特色学校160所，其中全国校园足球特色学校42所。

·青少年体育比赛　年内，盐城市教育部门与体育系统共同举办田径、游泳、足球、篮球等13项市级青少年体育比赛，3000多名运动员参赛，亭湖区、大丰区、盐都区分获团体总分前三名。组织青少员参加全国青少年校园足球大学生女子足球暨中国足球协会女子乙级联赛、“省长杯”江苏省青少年校园足球联赛暨全国青少年校园足球夏令营选拔赛、江苏省青少年俱乐部足球精英联赛、省青少年足球锦标赛（女子13岁组），中国乒乓球协会国青、国少集训队选拔赛等省级以上赛事。其中，盐城市校园足球队获得“高原杯”全国青少年足球邀请赛2007年和2008年两个年龄组别的冠军、江苏省足协青训俱乐部联赛2008年组冠军和“省长杯”小学甲组亚军。

·“省长杯”江苏省青少年校园足球联赛在大丰区开幕　9月3日，2020“省长杯”江苏省青少年校园足球联赛暨全国青少年校园足球夏令营选拔赛在江苏盐城大丰足球训练基地开幕。比赛设高中男子、女子组，初中男子、女子组，小学男、女子甲组精英训练营以及小学男、女子乙组精英训练营在内的8个组别的总决赛。比赛采用集中赛会制比赛形式进行，设盐城大丰、常州武进和扬中3个赛区，比赛时间为9月2—19日。其中，盐城大丰足球训练基地承接高中组、初中男子组、小学乙组精英训练营5项比赛，常州洛阳初级中学承接初中女子组的比赛，扬中奥体中心举办小学甲组精英训练营的比赛。全省117支代表队的2100名校园足球运动员进行237场比赛，打入1274粒进球。

·盐城市首届亲子运动会　6月，盐城市举办首届亲子运动会。此次运动会采取线上、线下活动相融合的形式，有4893组家庭约1.5万名儿童青少年和家长参与，赛事规模居全省第二位。（金青宇）

竞技体育

·概　况　2020年，盐城市竞技体育水平全面提升。盐城市乒乓球运动员蒯曼夺得年度全国青少年乒乓球锦标赛女单、女双和混双3项冠军；网球运动员陈烨入围国家网球青少年队；轮滑运动员顾艳青获得全国少年速度轮滑锦标赛女子500米冠军、1000米亚军，金子瑜获得男子300米季军。盐城市运动队参加15项省青少年锦标赛，获得金牌28枚、银牌22枚、铜牌28枚。提升竞技水平能力，专门聘请国家中长跑队现役教练李国强、国家投掷项目专家委员会成员隋新梅，指导盐城中长跑、投掷项目发展，提升项群训练比赛的层次水平。全年向省级运动队输送运动员12名。完善竞技体育训练基础设施建设。射阳县投资7000万元新建占地面积2.19万平方米的业余体校，建筑总面积1.3万平方米。东台市投资6000万元新建可承办国家单项比赛的自行车轮滑训练场地。

·教练员培训　年内，市体育局承办江苏省乒乓球项目和基础体能知识、通识知识3项教练员培训，培训179人次。组织开展全市少儿体适能、快乐体操、青少年体能训练、通识知识4个项目的基层教练员和体育教师培训，培训百余人次。举办反兴奋剂宣讲培训班1次，培训369人次；指导有关协会举办篮球、田径、网球、钓鱼、羽毛球、门球、航模7个项目晋升二级裁判员培训班，培训882人次。

·人才输送　年内，市体育局向省体育运动学校输送4名优秀体育学生，分别为：李潇逸（乒乓球），刘茗月（排球），马正阳（散打），陈德润（田径）。向省优秀运动队输送12名优秀体育人才，分别为：沈烽、谢雨彤（乒乓球），陈俊吉（击剑），陈诺钰、吴亦菲（游泳），陆玮、甄越清（田径），刘苏宝、王建华、曹君雅（自行车），成昊（射击），陶俊廷（棒球）。

·15人被授予“国家一级运动员”称号　年内，徐翊云、毛仪（乒乓球），朱超、孙嘉宸、王思睿、刘宇轩（羽毛球），马新宇（击剑），陈哲宇、刘畅（跆拳道），薛洁（射击），郑耀宇（游泳），丁普昊（柔道），杨静雯、张艾煊、孙贝宁（艺术体操）15人被授予“国家一级运动员”称号。

·25人晋升为国家一级裁判员　年内，刘文方、李晓霞、孟文涛（羽毛球），谢玉蓉、鲍网宝、鲍靖婷（围棋），朱磊（国际象棋），崔杨欣、陈信军（象棋），肖伟、陈浩、葛媛媛、薛惟奇（游泳），许吉、刘静（健身气功），宋红霞、宋爱林、陆微微、陈静、曾桂霞、钱德梅（门球），刘汝芳、魏原野、朱广全、张海燕（广场舞）25 人晋升为国家一级裁判员。

·盐城籍运动员蒯曼获全国青少年乒乓球比赛双冠军
（参见《人物　荣誉·蒯曼》）

·盐城市第三届龙舟赛　6 月 20—21 日，由市政府主办，市体育局、盐南高新区管委会共同承办的盐城市第三届龙舟赛在盐南高新区南海公园举行。赛事使用大龙舟，设 100 米、200 米、500 米 3 个直道项目，分 12 人和 22 人混合组、男子组、女子组 6 个组别 18 项。各县（市、区）、省属驻盐单位、驻盐高校、市直部门、企事业单位组成 16 支代表队参赛。经过激烈角逐，东台市代表队获得男子组 12 人 100 米、200 米、22 人 200 米，女子组 12 人 500 米，混合组 12 人 100 米、22 人 100 米、200 米、500 米 8 项第一名；大丰区代表队获得男子组 12 人和 22 人 500 米，混合组 12 人 500 米 3 项第一名；盐城市体育奥星代表队获得女子组 12 人 100 米、200 米 2 项第一名；响水县农村商业银行代表队获得女子组 22 人 100 米、200 米 2 项第一名；滨海县代表队获得女子组 22 人 500 米，混合组 12 人 200 米 2 项第一名；盐城市公安代表队获得男子组 22 人 100 米第一名。东台市代表队以总成绩 8 金 1 银勇夺“龙王”桂冠。

·2020 东风悦达起亚盐城马拉松赛　10 月 25 日，2020 东风悦达起亚盐城马拉松在盐南体育中心举行。赛事由市政府主办，市体育局承办，东风悦达起亚为冠名单位，南京魔盒信息科技有限公司为赛事运营推广单位，省田径运动协会为指导单位，以“盐城，一个让人打开心扉的地方”为主题，以“奔跑吧 盐城”为口号，设置全程马拉松、半程马拉松以及迷你马拉松 3 个项目，是疫情后国内首场万人马拉松比赛。全国各地 1.5 万多名跑友参加。经过激烈角逐，马猛和李淑云分别获得全程马拉松男女组冠军；王佩林和张新艳分获半程马拉松男女组冠军。

·2020 中国盐城黄海湿地公路自行车赛　11 月 26 日，以“骑越湿地　逐梦盐城”为主题的 2020 中国盐城黄海湿地公路自行车赛在东台市举行。比赛由市政府主办，东台市、大丰区、亭湖区、江苏省自行车运动协会、市体育局、市城投集团共同承办，盐城大洋湾生态旅游景区有限公司独家冠名，省体育局为赛事指导单位。比赛分为精英组、挑战组、欢乐骑行组 3 个组别，1200 多名来自全国各地的选手参加比赛。最终，精英组男子第一名被孔文生以 4 小时 22 分 31 秒的成绩夺得；精英组女子冠军被王学丽以 5 小时 24 分 11 秒的成绩夺得，何光远以 2 小时 29 分 13 秒获挑战组男子冠军；挑战组女子冠军被于广冬夺得，成绩是 3 小时 13 分 02 秒。　（金青宇）

体育产业

·概　况　2020 年，盐城市政府印发《关于促进全民健身和体育消费推动体育产业高质量发展的实施意见》等文件，培育新兴体育产业业态的市场运营主体，形成较为完善的业态体系。盐城市 10 个体育产业项目获批省体育产业发展专项资金，资助总金额 550 万元。体育彩票加快体育服务综合体建设。盐城悦达体育服务综合体被国家体育总局评为国家体育产业示范项目。盐城市全民健身中心成功入围省第三批体育服务综合体名单。推进“体育 + 旅游”融合发展。射阳县千鹤湖公园、射阳县日月湖生态旅游区、盐南高新区南海未来城 AI 智慧跑道 3 条线路获评省十一黄金周体育旅游精品线路。盐都区大纵湖绿丘房车营地建设被写入《长三角地区汽车运动产业发展规划（2020—2025 年）》，盐城大纵湖体育旅游、大丰梦幻迷宫景区两家单位获评 2020—2022 年省体育产业示范单位。全年全市实现体育彩票销售 10.86 亿元，整体销量保持全省第六位。

·体育运动经营　年内，盐城市新增体育用品个体工商户 115 户，新增注册资金 1870.5 万元。至年底，全市体育产业有个体工商户 1317 户，注册资金总额 1.17 亿元。新增体育用品私营企业 83 户，新增注册资金 2.63 亿元。其中，有限责任公司 69 户，注册资金 2.63 亿元；独资企业 14 户，注册资金 37.5 万元。至年底，全市有体育产业私营企业 319 户，注册资金 11.85 亿元。其中，独资企业 35 户，注册资金 4787.5 万元；合资企业 2 户，注册资金 12 万元；有限责任公司 282 户，注册资金 11.37 亿元。

·盐城悦达体育服务综合体获评国家体育产业示范项目
8 月 19 日，盐城悦达体育服务综合体被国家体育总局评为国家体育产业示范项目。盐城悦达体育服务综合体由江苏悦达集团下属的悦达健康管理服务有限公司投资建设，建筑面积约 3.6 万平方米，开设篮球、足球、游泳、乒乓球、羽毛球、击剑等体育项目，年培训近万人次，先后承办 CAAU 全国青少年篮球赛、NSBA 全国中学生篮球联赛等比赛。

·盐城市首届体育消费节　6 月 18—22 日，由市体育局、盐南高新区管委会、盐城广播电视总台联合举办的盐城市首届体育消费节在南海未来城中华海棠园举行。现场按照县（市、区）划分，展区分为 11 个区域，另设汽车展区。参展商户有 220 多家，涵盖体育服饰、体育教育、体育培训、体育场馆等方面，享受满 100 元减 50 元政府优惠补贴。消费节共计发放体育消费券 200 万元，拉动盐城市体育市场消费 3000 万元。　（金青宇）

收入与分配

编辑　裴力民

就业创业

·概　况　2020年，盐城市贯彻落实省、市稳就业各项政策措施，印发《战“疫”情保就业、惠民利企十项行动》，争取调整省级稳岗返还裁员率利好政策，上线“留乡就业惠”微信程序，开发盐城市高校毕业生供需网络平台，实现4项就业工作在全省率先开展。全年全市组织职业技能培训56万人次，其中补贴性职业技能培训34.26万人次，居全省第六位；支出职业技能提升行动专项资金2.11亿元，居全省第七位；企业新型学徒制开班人数4665人，居全省第一位。全年向1.58万家企业发放稳岗返还资金3.57亿元，惠及职工38.7万人。举办网络招聘活动84场次，4200家单位提供就业岗位13.58万个，复工企业在线新录用员工5.62万人。举办线下招聘会207场次，5281家单位提供就业岗位14.85万个。“点对点”劳务协作。为93家企业“点对点、一站式”集中送工8449人。开展“就业援助月”活动，累计发放宣传资料18.05万份，举办综合型、专业型、定制型等各类网络招聘活动63场次，走访就业困难人员和零就业家庭1275户，帮助1961名就业困难人员实现再就业。至年底，全市新增城镇就业7.06万人，下岗失业人员实现再就业6.91万人，帮助就业困难人员实现再就业1.99万人，新增农村劳动力转移就业2.67万人，年末城镇登记失业率控制在4%以内。加快人社基层服务平台建设。为镇（街道、园区）人力资源社会保障服务中心配备工作人员291名，为村（社区）人力资源社会保障服务站聘用专（兼）职工作人员819名。至年底，全市建成镇（街道、园区）人力资源社会保障服务中心48个。其中，亭湖区11个，盐都区21个，盐城经济技术开发区2个，大丰区14个；建成村（社区）人力资源社会保障服务站765个，其中亭湖区214个、盐都区260个、盐城经济技术开发区29个、大丰区262个。年内，盐城市就业扶贫工作被《人民日报》刊载，“春来归盐留乡乐业”、援企稳岗等工作3次被《新华日报》头版头条刊登。盐城市稳就业工作在省政府会议作经验交流，“千名人社专员服务重点企业”特色做法被省人力资源和社会保障厅、市政府主要领导批示肯定。年内，盐城市加强劳动保障工作。全面化解劳动纠纷，清理整顿人力资源市场秩序，在全省创新开展保障农民工工资“互查互比家家到”活动。全年随机检查用人2861家，覆盖全市所有重点行业。劳动保障监察举报投诉案件结案率100%，拖欠农民工工资举报投诉案件结案率100%。年内，市劳动监察支队被人力资源和社会保障部、工商总局联合通报表彰为清理整顿人力资源秩序专项行动突出成绩单位。

·创　业　年内，盐城市将服务企业引才用工和促进就业有机结合，实施创业带动就业，促进返乡创业就业。组织2.18万人参加创业培训，扶持3.06万人实现自主创业，通过扶持创业带动9.26万人就业。推进富民创业担保贷款发放工作，向4495人次创业人员发放创业担保贷款6.08亿元。利用各类创业示范载体，为城乡创业人员提供政策和资金支持，向1364人次发放各项创业补贴1501.65万元。充实和完善创业项目库，举办盐城市省级创业示范基地、大学生优秀创业项目评审活动，全年全市新增省级创业示范基地4家，省级大学生优秀创业项目30个。

·留乡就业　年内，市人力资源和社会保障局围绕乡村振兴战略，把加快农村劳动力转移作为农民持续增收、农村持续发展的重要举措。在全省率先推出“留乡就业惠”微信小程序，向38.9万名返乡人员推送留乡就业岗位信息。实施服务乡村振兴推进农村劳动力转移就业“四百活动”（百场招聘“家门口”实现稳就业、百场送教“村田头”培训强技能、百场恳谈“请回头”点亮桑梓路、百场对接“手牵手”合作助共赢），培训城乡劳动者7.76万人，吸引7.38万人留乡就业创业。全年累计帮助10.2万名返乡农民工享受就业指导，推介500多个优质创业项目，发放富民创业贷款8500万元，帮助陪读家长就近就地就业近7000人。

11月14日，百所高校就业处长盐城行暨招才引智月启动仪式举行　（薛传刚　摄）

·高校毕业生就业　年内，盐城市推进高校毕业生就业工作。举办百所高校就业处长盐城行活动，复旦大学、南京大学等74所高校108位就业处长走进盐城市。上线运行盐城市高校毕业生供需网络平台，按照小规模、多频次、精准化组织要求，常态开展线下招聘活动，全年组织驻盐高校国企招聘、新能源产业专题招聘、卫健系统南京专场招聘等各类招聘活动30场，4352家用人单位参加招聘活动，提供就业岗位2.7万个。鼓励高校毕业生参加网络直播带货等渠道自主就业创业，招募60名高校毕业生参加“三支一扶”服务。开发就业见习岗位1.28万个，组织2439名大学生及失业青年参加就业见习。汇总高校就业网站1081个，梳理汇总184所高校校园招聘活动信息，发放人才绿卡3241张、各类人才补贴5691.8万元。

· **职业技能培训** 年内，市人力资源和社会保障局以就业前培训和创业培训为重点，加快政策落实，提升城乡劳动者就业创业能力。紧扣就业重点群体、新生代农民工、下岗失业人员培训需求，集中开展线上线下职业技能培训，通过市县联动持续开展技能培训进园区、进乡村、进社区。全年市人力资源和社会保障局组织城乡劳动者职业技能培训7.77万人，新生代农民工职业技能培训4.5万人，创业培训2.18万人。

· **公共就业服务** 年内，市人力资源和社会保障局提升公共就业服务功能，创新公共就业服务模式，开展人社专员服务重点企业用工百日行动，组织招聘活动，促进就业和服务企业用工。全年全市举办各类线上招聘会480场次，进场招聘企业1.11万家，提供招聘岗位31.43万个，进场求职24.77万人。

· **民营企业招聘月** 7月，市人力资源和社会保障局开展民营企业招聘月活动，组织线上线下招聘洽谈会48场，720家企业（其中民营企业676家）提供就业岗位1.5万个，网络点击浏览量5.01万人次，线上线下签订就业意向协议人数2420人，其中高校毕业生637人、困难劳动力261人、失业人员726人、困难企业职工413人。

· **劳动工资水平** 年内，盐城市加强对工资分配宏观调控力度，引导企业合理确定职工工资水平，建立健全企业职工工资政策增长机制，抽样调查全市企业薪酬情况，发布全市企业薪酬调查部分职位工资价位和人工成本水平。同时，根据省人力资源和社会保障厅《关于印发2020年省属企业工资指导线的通知》要求，结合盐城经济和社会发展状况，发布企业工资增长指导线7%。

· **劳务协作** 年内，盐城市深化外省劳务协作成效，建立劳务招聘联盟，共享各地劳务协作基地和资源。开展“劳务助共赢，幸福盐城行”系列活动，邀请河南省、云南省、辽宁省、中西部地区职技院校、人力资源服务机构等到盐城市重点园区、重点企业实地考察。全年全市新建劳务协作基地10家，组织线上线下劳务协作招聘活动69场次，参加企业339家，提供招聘岗位1.43万个，协议录用5297人。

· **劳动保障事务代理** 年内，市人力资源和社会保障局免费为下岗失业人员提供代管档案、代办退休、代发代缴等劳动保障事务代理，拓展就业服务空间，完善市场就业机制。全年为失业人员代管档案4.79万份，查询档案6238份，代办退休1644人，同时为改制企业提供内养职工代发生活费和代缴社保等服务。

· **劳动纠纷处理** 年内，市人力资源和社会保障局综合运用网络、电话、窗口、“我要工资”掌上小程序等多种“绿色通道”和中移舆情监控平台、全省联动举报投诉平台，快速受理劳动纠纷案件，就近就便为职工提供高效维权服务，做到“有报必查，有案必究、有欠必追、追必有果”。全年调处案件1.12件，同比增幅40%，调解成功率86.68%。其中在省厅调解服务平台运行案件6902件，立案受理案件3240件，调解案件占比213%、调解成功率96%，均居全省首位。

· **劳动监察执法** 年内，市人力资源和社会保障局推行“大数据＋网格化＋铁脚板”工作法，清理整顿人力资源市场秩序，开展根治欠薪夏冬季专项行动、农民工工资“互查互比家家到”执法大检查。全年随机检查用人单位2861家，覆盖全市所有县（市、区）、重点行业；接待来访咨询1.8万人次；受理投诉举报案件787件，同比下降28%；对工程建设领域案件一律“双查双处”，其中，向人民法院申请强制执行案件21起，向公安部门移送涉嫌拒不支付劳动报酬类案件34起，依法纳入失信“黑名单”欠薪企业9家。

· **维护农民工合法权益** 年内，盐城市印发《盐城市治欠保支工作定期督查制度》，创新重大欠薪线索“属地政府、市级行业主管部门”同步交办模式，市根治拖欠农民工工资工作领导小组专门督办“双交办、一督办”制度。市信访部门设立农民工维权专柜，人力资源和社会保障部门设立工作专班，通过联合执法、联合办案，快速解决“两节”欠薪问题。推动市中级人民法院快速执行37起拖欠工资案件，遏制农民工“赢了官司拿不到钱”的情况。深入园区企业，走进工地现场，发放《保障农民工工资支付条例》手册、折页近10万份，在高铁站、客运站等人员密集场所大屏滚动播放宣传片，在广大镇区（街道）悬挂宣传标语。至年底，全市实名制考勤、开设工资专用账户、银行直接发放、工资保证金“四项制度”实现全覆盖目标，全市467个在建工程，通过工资专户直接向农民工发放工资35.2亿元。（薛传刚）

收入消费

· **城镇居民收入** 2020年，盐城市城镇常住居民人均可支配收入为4.04万元，同比增长4.1%，扣除物价上涨影响，实际增长1.8%。从增幅看，位居全省第五位，比全省平均水平高0.1个百分点；从总量看，位居全省第九位，比第八位的扬州市低6799元。各县（市、区）城镇居民人均可支配收入水平依次为亭湖区4.8万元、盐都区4.37万元、东台市4.31万元、大丰区4.1万元、建湖县3.9万元、射阳县3.54万元、滨海县3.51万元、阜宁县3.38万元、响水县3.36万元。各县（市、区）城镇居民人均可支配收入增幅依次为射阳县4.4%，盐都区4.3%，亭湖区4.2%，东台市4.1%，滨海县和阜宁县4%，大丰区和建湖县3.9%，响水县3.8%。

工资性收入。人均工资性收入为2.21万元，同比增长2.9%，占可支配收入的比重为54.7%，拉动可支配收入增长1.6个百分点，是推动收入增长的核心力量。工资性收入增长原因：全年全市发放稳岗返还金3.5亿元，覆盖1.39万户企业，惠及职工34万人；全年全市城镇新增就业超7万人，城镇登记失业率控制在4%以内。

经营净收入。人均经营净收入为7542元，同比增长0.7%，增幅较上年下降6.6个百分点，占可支配收入的比重为18.7%，拉动可支配收入增长0.1个百分点。年初疫情爆发后，生产工人聚集程度较高的制造业、建筑业企业停工停产，批发零售、住宿餐饮等行业同样受到较大影响。全年居民经营净收入实现正增长，主要原因：市委、市政府制定支持中小企业共渡难关的二十条政策意见，全年全市减免社保费37.87亿元，惠及3.38万家企业；实施发放消费券等一系列刺激经济、促进消费的政策，促进住宿餐饮和旅游文化产业恢复发展，提高相关私营企业和个体工商户收入。

财产净收入。人均财产净收入为3164元，同比增长8.5%，增速较上年提高4.2个百分点，占可支配收入的比重为7.8%，拉动可支配收入增长0.6个百分点。城镇居民财产净收入增长主要由储蓄利息增长和房租价格上涨带动。年末，全市金融机构住户存款3677亿元，同比增长15.6%。居民人均存款达到5.1万元，位居苏北第一位。

转移净收入。人均转移净收入为7593元，同比增长9.7%，拉动城镇居民可支配收入增长1.7个百分点，在四项收入中增速最高。转移净收入快速增长主要来源于增收政策发力。全年全市城乡低保标准从每人每月620元提高至670元，标准为苏北最高。全市企业退休人员基本养老金完成第16次连续上调，调整后企业离退休人员人均养老金每月2750元，全市53万名企业退休人员受益。全年启动价格补贴联动机制9次，发放价格临时补贴2.12亿元，惠及困难群众183.2万人次。

· 农村居民收入 年内，盐城市农村常住居民人均可支配收入为2.37万元，同比增长6.3%，扣除价格因素实际增长3.9%。从增幅看，盐城市位居全省第九位，比全省平均水平低0.4个百分点；从总量看，盐城市位居苏北第一位、全省第九位，比第八位的泰州市低945元。各县（市、区）农村居民人均可支配收入水平依次为东台市2.7万元、亭湖区2.68万元、大丰区2.68万元、盐都区2.6万元、建湖县2.35万元、射阳县2.29万元、阜宁县2.13万元、滨海县2.1万元、响水县1.98万元。各县（市、区）农村居民人均可支配收入增幅依次为响水县6.9%，亭湖区6.7%，大丰区6.5%，阜宁县6.4%，滨海县、射阳县和建湖县6.3%，盐都区6.2%，东台市6.1%。

工资性收入。人均工资性收入1.05万元，同比增长6.6%，占可支配收入的比重为44.5%，拉动可支配收入增长2.9个百分点，对可支配收入增长的贡献最大，达46.3%。随着疫情防控形势向好，全市复工复产加快推进，农村务工人员收入稳中有升。全市农民工工资专用账户、工资保证金覆盖率实现100%，银行代发项目覆盖率95.8%，实名制系统成功代发工资34.1万人次、24.35亿元，实现农民工工资基本无拖欠。

经营净收入。人均经营净收入7506元，同比增长1.2%，占可支配收入的比重为31.7%，拉动可支配收入增长0.4个百分点。疫情期间，农村畜牧业因物流不畅，原材料购进和产品销售受到一定影响，但全年粮食产量达714.3万吨，比上年增产2万吨，农民粮食种植效益明显提升，秋粮水稻亩均纯收入965.3元，夏粮小麦亩均纯收入536.5元，分别比上年增加137.7元和9元。

财产净收入。人均财产净收入936元，同比增长12.4%，占可支配收入的比重为4%。财产净收入快速增长主要得益于土地流转收入增加。全年全市通过产权交易市场规模流转土地面积4.47万公顷，全市农民财产净收入约增加5.7亿元。

转移净收入。人均转移净收入4696元，同比增长13.7%，增速在四大项收入中最快，占可支配收入的比重为19.8%，拉动可支配收入增长2.5个百分点，对可支配收入增长的贡献仅次于工资性收入。转移净收入增长主要原因：离退休人员养老金平均上调5.4%；最低生活保障标准上调8.1%；全市城乡居民基础养老金最低标准从每人每月148元提高至180元，月人均基础养老金达213元，同比增长22.3%。

· 城镇居民消费 年内，盐城市城镇居民人均消费支出为2.08万元，同比下降0.7%。八大类消费五增三降，其中人均食品烟酒消费6031元、人均衣着消费1725元、人均居住消费4311元、人均生活用品及服务消费1224元、人均交通通信消费2804元、人均教育文化娱乐消费2756元、人均医疗保健消费1439元、人均其他用品和服务消费504元。

基本生活消费。疫情期间，居民外出消费活动受到限制，但居家时间增加，吃、住等刚性支出不降反增。全年城镇居民人均食品支出4555元，同比增长14.1%。其中，人均消费肉类同比增长40.8%、谷物同比增长17.9%、薯类同比增长15%、蔬菜和食用菌类同比增长7.8%。城镇居民人均水电燃料及其他支出833元，同比增长9.3%。

健康消费和线上消费。疫情背景下，体育健身、健康保健类的消费需求激增。全年城镇居民人均购买体育户外用品支出同比增长48.2%，人均体育健身活动服务支出同比增长 25.4%，人均购买医疗卫生器具同比增长 14.3%，人均购买保健器具同比增长 34.4%。“宅经济”火热，生鲜电商爆发式增长，线上消费成为提振消费扩大内需的重要力量。全年全市城镇居民人均通过互联网购买的商品和服务支出同比增长 42.8%。

教育文化娱乐消费。由于教育文化娱乐活动普遍存在的社交性、聚集性特点，相关行业复工复市时间普遍较迟，一季度盐城城镇居民教育文化消费降幅 47.9%，受疫情影响最为严重。随着疫情得到有效控制，下半年各类教育培训机构、电影院、景点人气逐渐恢复，全年全市城镇居民

表43　2020年盐城市居民收入消费支出构成情况统计表

指　　标	总量（元）	占比（%）	增幅（%）
城镇居民可支配收入	40403	—	4.10
（一）工资性收入	22104	54.70	2.90
（二）经营净收入	7542	18.70	0.70
（三）财产净收入	3164	7.80	8.50
（四）转移净收入	7593	18.80	9.70
城镇居民生活消费	20794	—	−0.70
（一）食品烟酒	6031	29.00	1.70
（二）衣着	1725	8.30	−3.90
（三）居住	4311	20.70	6.20
（四）生活用品及服务	1224	5.90	2.10
（五）交通通信	2804	13.50	2.00
（六）教育文化娱乐	2756	13.30	−14.70
（七）医疗保健	1439	6.90	0.50
（八）其他用品和服务	504	2.40	−7.60
农村居民可支配收入	23670	—	6.30
（一）工资性收入	10532	44.50	6.60
（二）经营净收入	7506	31.70	1.20
（三）财产净收入	936	4.00	12.40
（四）转移净收入	4696	19.80	13.70
农村居民生活消费	14994	—	−3.30
（一）食品烟酒	4688	31.30	4.70
（二）衣着	1197	8.00	−2.90
（三）居住	3001	20.00	−5.80
（四）生活用品及服务	721	4.80	−1.70
（五）交通通信	1968	13.10	−9.70
（六）教育文化娱乐	1999	13.30	−12.90
（七）医疗保健	1130	7.50	3.70
（八）其他用品和服务	290	1.90	−5.40

表44　2020年盐城市居民消费和商品零售价格指数统计表

项目名称	上年同期=100	项目名称	上年同期=100
居民消费价格总指数	102.30	四、生活用品及服务	99.00
一、食品烟酒	108.30	五、交通和通信	95.40
1.食品	110.70	六、教育文化和娱乐	103.30
（1）粮食	98.80	七、医疗保健	99.60
（2）薯类	115.50	八、其他用品和服务	104.00
（3）豆类	109.60	商品零售价格指数	101.70
（4）食用油	104.30	一、食品	110.40
（5）菜	107.30	二、饮料、烟酒	103.20
（6）畜肉类	137.90	三、服装、鞋帽	97.10
（7）禽肉类	97.80	四、纺织品	97.30
（8）水产品	105.10	五、家用电器及音像器材	98.50
（9）蛋类	91.10	六、文化办公用品	102.90
（10）奶类	99.40	七、日用品	98.00
（11）干鲜瓜果类	91.90	八、体育娱乐用品	99.30
（12）糖果糕点类	100.80	九、交通、通信用品	98.50
（13）调味品	103.60	十、家具	98.00
（14）其他食品类	103.10	十一、化妆品	101.30
2.茶及饮料	102.50	十二、金银饰品	122.10
3.烟酒	103.10	十三、中西药品及医疗保健用品	99.90
4.在外餐饮	103.90	十四、书报杂志及电子出版物	105.50
二、衣着	97.10	十五、燃料	91.50
三、居住	100.80	十六、建筑材料及五金电料	101.90

教育文化娱乐消费降幅较一季度收窄33.2个百分点，回升态势在八大类消费中最为突出。

·农村居民消费　年内，盐城市农村居民人均消费支出为1.5万元，同比下降3.3%。八大类消费两升六降，其中人均食品烟酒消费4688元、人均衣着消费1197元、人均居住消费3001元、人均生活用品及服务消费721元、人均交通通信消费1968元、人均教育文化娱乐消费1999元、人均医疗保健消费1130元、人均其他用品和服务消费290元。

食品烟酒消费。人均食品烟酒支出4688元，同比增长4.7%，增速位居八大类消费之首。其中，人均食品支出增长18%、人均烟酒支出同比增长5.8%、人均在外饮食支出同比下降17%。农村居民恩格尔系数为31.3%，比上年上升2.4个百分点。

居住消费。人均居住支出3001元，总量仅次于食品烟酒消费，占生活消费的比重为20%，比上年下降5.8个百分点。受疫情影响，农村劳动力外出时长明显缩短，租房支出相应减少。

教育文化娱乐消费。人均教育文化娱乐消费1999元，同比下降12.9%，在八大项消费中下降最为明显。疫情期间，各类文化娱乐营业场所和教育培训机构处于关闭状态，农村居民外出娱乐活动大为减少，导致农民教育文化娱乐消费受到明显抑制。

医疗保健消费。人均医疗保健支出1130元，占生活消费的比重为7.5%，较上年上升3.7个百分点。随着农村卫生所基础设施的完善和医疗水平的提高，村民就医更为方便。疫情推动医疗保健知识在农村地区的宣传普及，农民卫生保健意识不断提高。

·消费价格　年内，盐城市居民消费价格指数同比上涨2.3%。其中，食品价格同比上涨8.8%，非食品价格同比下跌0.1%，消费品价格同比上涨2.9%，服务项目价格同比上涨 1.3%。

全年八大类商品和服务消费价格涨价面为 50%。与上年同期相比，计算居民消费价格指数的八大类商品和服务消费价格“四涨四跌”。其中，食品烟酒类同比上涨 8.3%、其他用品和服务类同比上涨 4%、教育文化和娱乐类同比上涨 3.3%、居住类同比上涨 0.8%；交通和通信类同比下跌 4.6%、衣着类同比下跌 2.9%、生活用品及服务类同比下跌 1%、医疗保健类同比下跌 0.4%。

食品烟酒类是居民消费价格指数上涨的主要因素。全年食品烟酒类价格同比上涨 8.3%，高于 CPI5 个百分点，影响总指数同比上涨 2.47 个百分点，对 CPI 涨幅的影响 108.3%。其中，猪肉价格同比上涨 47.8%，影响总指数上行 1.46 个百分点；鲜菜价格同比上涨 8.8%，影响总指数上行 0.2 个百分点；水产品价格同比上涨 5.1%，影响总指数上行 0.12 个百分点；鸡蛋价格同比下跌 10.8%，影响总指数下行 0.05 个百分点。

居民消费价格持续走高。全年盐城市场消费价格水平处于高位运行，以 2011 年 1 月为基期，全年每月消费价格水平均在 130 元以上，即在盐城地区消费，2020 年 12 月的 131.5 元只相当于 2011 年 1 月的 100 元使用。

CPI 涨幅低于全省与全国。全年盐城年 CPI 涨幅为 2.3%，比全省低 0.2 个百分点，比全国低 0.2 个百分点。

（夏建东　许　欣）

社会保险

·概　况　2020 年，盐城市实施全民参保扩面提升行动。全年全市养老保险新增参保 64.5 万人，扩面规模列全省第一位，先进经验被省政府《江苏政务督查》刊载推广，《新华日报》头版头条关注报道。建立人力资源和社会保障、市场监管、医保、税务等 10 多个部门数据共享机制，瞄准灵活就业人员、劳务派遣人员、新业态从业人员、大龄城乡居民等重点群体，建立人力资源和社会保障、财政、税务、银行“四方联席”会议制度，开展千名人社专员服务行动，组建基层网格员扩面“小分队”，组织劳务派遣单位参保专项检查、社保交叉稽核、合同规范整顿，做到查不漏户、户不漏人、人不漏项。在全省率先开发被征地农民社会保障“不见面”审批系统，在全国创新推出征地保障刚性进保标准化、部门协作一体化、经办审批信息化、全程服务便民化、督查考核常态化“五化”服务新模式，获人力资源和社会保障部农保司通报肯定。全面提升城乡居民基本养老保险公共服务标准，盐城“四个不出村”（参保登记、信息查询、保费缴纳、待遇领取）城乡居保服务标准化模式先进做法被人力资源和社会保障部在全国推广。

·企业职工养老保险　年内，市人力资源和社会保障局执行国家和省关于疫情防控期间阶段性减免社会保险费用部署，做好与税务部门的衔接，优化服务流程，实行“免审即办”。2—12 月，对中小微企业和个体工商户雇主免征养老、工伤、失业三项保险单位缴费部分；2—6 月，对大型企业、民办非企业单位、社会团体减半征收 3 项保险单位缴费部分，全年减免保险费 37.87 亿元。全年全市 53.14 万名企业退休人员调整养老金。全市企业退休人员月人均养老金水平比上年每月增加 135.1 元，比“十二五”末提高 27.87%。至年底，全市参加企业职工养老保险人数 123.47 万人，实际缴费人数 118.66 万人，比 2019 年末净增 2.81 万人；全市企业离退休人数 56.08 万人，全市全年支付企业离退休人员养老金 136.37 亿元，社会化发放率 100%。其中，市区参加企业职工养老保险人数 59.61 万人，实际缴费人数 58.29 万人，比 2019 年末净增 2.79 万人；企业职工养老保险基金总收入 48.57 亿元；市区企业离退休人员 20.84 万人，市区全年支付企业离退休人员养老金 55.88 亿元。

·机关事业单位养老保险　年内，市人力资源和社会保障局完成 2018 年底前退休“中人”待遇计发扫尾工作，推进 2019 年退休人员基本信息申报审核工作。强化各县（市、区）指数修正工作业务指导，全市 2019 年退休人员待遇实现“应发尽发”。严格执行国家和省制定的各项职业年金政策，规范职业年金征收、归集、划拨等各环节管理，及时记账、匹配和归集，向省上缴职业年金 55.55 亿元。常态化办理各地省内机关事业单位之间养老保险关系转移手续。至年底，全市机关事业单位在职缴费职工人数 13.27 万人，退休人数 8.84 万人。其中，市直在职缴费职工人数 1.72 万人，退休人数 9177 人。

·城乡居民养老保险　年内，全市城乡居民基本养老保险参保 241.2 万人，新增扩面 58.5 万人，人均年缴费 780 元；60 周岁以上领取养老待遇 142.79 万人，基础养老金发放率 100%。全年全市城乡居民基本养老保险基础养老金最低标准每人每月 180 元，月人均待遇水平 214.47 元，被征地农民社会保障覆盖率 95%。

·医疗、生育保险　年内，全市基本医疗保险参保人数 735.55 万人。其中，职工医保参保人数 142.15 万人，城乡居民医保参保人数 593.4 万人。全市生育保险参保人数 81.29 万人，比上年末净增 3.06 万人。全市职工、城乡居民医保基金收入分别为 64.67 亿元、57.51 亿元，基金支出分别为 55.41 亿元、54.67 亿元，累计结余分别为 74.21 亿元、9.48 亿元，可支撑能力分别为 13 个月、2 个月。

·工伤保险　年内，全市参加工伤保险人数 93.41 万人，比上年末净增 3.15 万人，其中市区参加工伤保险人数 46.4 万人，比上年末净增 2.37 万人。全市工伤保险基金总收入 2.02 亿元，其中市区工伤保险基金总收入 0.97 亿元。全市工伤保险待遇支出 3.19 亿元，其中市区工伤保险待遇支出 1.75 亿元。年内，盐城市在全省率先探索由商业保险公司承办职业伤害部分待遇保险保障，实行市场化的事故补偿机制，成为现行工伤保险制度的有效补充。保障采取自愿投保原则，由投保人视情况自行选择缴费标准，分为三个档次：每人每年保费360元、540元、720元，高危行业保费标准上浮20%。

· 失业保险 年内，全市失业保险参保人数80.02万人，征收基金3.2亿元；全年发放失业保险金2.5万人2.22亿元，发放失业补助金1.76万人3345万元，发放失业保险职业技能提升补贴2242人次269.5万元。年内，盐城市作为全省唯一获批享受失业保险稳岗返还调整企业裁员率计算标准的设区市，向1.57万家企业发放失业保险稳岗补贴3.57亿元，惠及职工38.69万人，其中为1180家困难企业和应急企业发放稳岗补贴2.19亿元，惠及职工3.82万人。

· 医疗保障基金监管 年内，市医疗保障局加强医疗保障基金监管力度。实施智能监管，对市区三级公立医疗机构医生端信息系统进行延伸改造，即时提醒违规行为，实现监管方式由事后监管向事中、事前监管转变。推动信用监管，建立定点医药机构信用承诺制度。强化社会监督，建立全市医保基金社会监督员队伍，推进政府监管与媒体监督、舆论监督良性互动。组织开展医保基金源头治理行动，集中全市基金监管一线人员驻点医疗机构实施现场检查，提升基金监管队伍能力素质。至年底，全市2587家定点医药机构实现现场检查全覆盖，处理1473家，暂停医保服务协议60家，解除医保服务协议14家，移交司法机关1家，认定失信单位3家，处理参保人员17人，移交司法机关13人，公开曝光典型案例88件，发放举报奖励1.08万元，追回医保基金1.09亿元，为上年度追回金额的2.5倍，打击欺诈骗保专项治理综合排名位列全省第二名。

· 医疗保障待遇政策落实 年内，全市按照基本政策、待遇标准、基金管理、经办管理、定点管理、信息系统“六统一”要求，从1月1日起实施医疗保障市级统筹。对全市城乡居民筹资标准、市内外就医和转诊、职工医保最高支付限额、职工医保个人账户划入标准、公务员医疗补助5个方面差异进行调整统一，实现全市医保结算平台统一和医保数据市级集中。发挥政策调控杠杆作用，逐步调整完善医保待遇。建立城乡居民高血压、糖尿病“两病”门诊用药保障机制；初步建立罕见病保障机制，对9种罕见病开展门诊专项保障；建立城乡居民医保稳定可持续的筹资机制。全市城乡居民医保人均财政补助在省定最低标准580元基础上，对各县（市、区）分别提高50和100元，同时对2019年末城乡居民医保累计亏损统筹区分别由各级财政予以弥补，基本实现全年城乡居民医保基金收支平衡，保证基金良性运行。 （裴银川）

· 工伤预防新模式构建 年内，全市在推行部门会商确定项目、专业单位申报承办、社保机构跟踪管理、预防专家评估验收、工伤基金支付费用“工伤预防五步法”基础上，推动工伤预防进企业、进工地。开发全省首家工伤预防培训云平台，建立移动在线培训模式，打造“云课堂”，让企业和职工自助学习，扩大培训覆盖面，提升培训针对性。制作《戴盔亮尾安全伴随》《建筑工程工伤事故预防》动漫宣传片，在各级媒体和公共场合滚动播放。印发电动车工伤预防宣传单13万余册，推送工伤预防公益短信60万多条。邀请一线交警和安全专家，深入园区和重点企业开展巡讲，指导培训409家企业，培训职工2.25万人次。面向全市组织“学条例、抓预防、保安全”安全生产月网上答题活动，先后吸引数十万市民关注参与。试点推行“八个一”（签订一份工伤预防责任合同，履行一份安全生产承诺书，举办一堂工伤预防教育课，制作一组工伤预防宣传栏，建立一个安全教育微信群，设立一个工伤保险权益公示栏，人手一份工伤预防手册，观看一场工伤预防警示教育片）工伤预防工作清单，制定企业和在建工程项目可复制、推广的标准。全年工伤案件认定数同比下降23.6%，基金总支出同比下降38.5%。

· 江苏省工伤预防省市联动“走进建设工地”专场活动在盐城市举行 9月28日，江苏省工伤预防省市联动“走进建设工地”专场活动在盐城高铁站建设现场举行。省人力资源和社会保障厅、省工伤预防联席会议单位代表，市人力资源和社会保障局、亭湖区政府和交通投资集团、中铁建工集团等部分工程建设企业负责人及建筑工人代表等200多人参加活动。江苏省人力资源和社会保障厅对盐城市实施工伤预防“五步工作法”，推广落实“八个一清单”，开设全省首家工伤预防培训“云平台”的做法给予肯定。活动现场设置VR体验区，工伤预防专家介绍体验式培训项目。

· 退休审批信息化管理服务平台建成 年内，盐城市开发建成退休审批信息化管理服务平台，建立退休审核、数据查询、数据预录、政策法规、参考档案五大模块，设置在线审核、跨区推送、信访预警、预录预审、线上培训五大功能，形成前台统一接件、内部高效流转、材料免费寄送、结果短信告知经办模式，其中大市区采取即到即办和预审预录，建立全流程递进式四级审批方式，在线实时审核，加快退休审批进度，确保退休人员当天领到退休证。市人力资源和社会保障局加强退休审批岗位业务培训，引导传统培训模式向网络化、集约化方向发展，打破条线“新手难上手，人走政策走”困境。至年底，平台实现一键申请、同城通办、实时审核、随到随办，比法定审批时限提速约80%。

· 城乡居民养老保险服务 年内，在全市“四个不出村”服务品牌（参保登记、信息查询、保费缴纳、待遇领取不出村）成为国家级城乡居保服务标准的基础上，盐城市在全省率先印发《基层平台城乡居民基本养老保险公共服务规范》地方标准。升级盐城智慧城乡居保、被征地农民社会保障审批服务两大智慧服务“云平台”；建立综合便民服务大厅、中心村便民服务站、城乡居保便民服务点“厅、站、点”3种便民服务“实体店”新模式，为基层群众提供70多项政府惠民服务，推行“一站式”24小时自助服务。至年底，95%人社服务事项实现网上办理，社会保障卡覆盖率100%。（薛传刚）

社会救助

·概　况　2020年，盐城市有城乡低保对象5.9户10.1万人，其中城市低保5570户9079人，农村低保5.35万户9.18万人。城乡低保人均补差水平分别为每人每月485.5元和515.3元。全年累计发放最低生活保障金5.97亿元。全年全市保障农村特困供养对象2.92万人，其中集中供养对象5658人、分散供养对象2.36万人、集中供养率19.4%；城市特困供养对象581人。全年支出特困人员救助供养资金3.06亿元。全市各地累计实施临时救助3.72万人次，支出临时生活救助金3389万元。

·社会救助标准调整　7月1日起，盐城市调整提高部分困难群众基本生活保障等社会救助标准。其中，城乡低保标准从每人每月620元提高到670元，最低月补差不低于每人每月380元；城市特困供养标准维持每人每月1600元的标准不变，农村特困分散供养标准从每人每月800元提高到1000元，集中供养标准从每人每月1100元提高到1250元，60年代初精减退职老职工生活困难补助标准从每人每月1800元提高到1900元。

·临时价格补贴发放　年内，全市民政系统应对物价上涨，做好困难群众基本生活保障工作，精确测算价格临时补贴标准，全年启动临时价格补贴机制9次，发放临时价格补贴资金1.4亿元，惠及困难群众125.5万人次。

·教育救助　年内，盐城市对建档立卡家庭孩子就读普通高中一律免收每名学生学费800元，全年减免学费560万元。继续对困难家庭中职学生一律免收每名学生学费2200元，全年减免学费1.36亿元。对学前教育和义务教育阶段家庭经济困难学生发放生活费补助1.1亿元。对高中阶段就读的家庭困难学生发放助学金2500万元，并对考取大学、家庭经济困难的应届高中毕业生发放一次性生活补助51万元。帮助全市3700名大学生办理生源地助学贷款，贷款总额3100万元。全年全市资助家庭经济困难学生10.7万人，发放助学金总额1.65亿元。年内，盐城市学生资助工作在全省学生资助绩效考评中获得优秀。

·医疗救助　年内，市医疗保障局等七部门联合印发《关于统一做好我市医疗救助工作的通知》，制定全市统一的医疗救助政策。加强与相关部门信息比对、数据交换工作，及时做好参保登记、身份标识和动态管理工作，全市所有定点医疗机构全面实现自动识别低收入人口功能，确保其住院时享受“先诊疗、后付费”，出院时“一站式”结算。全年全市建档立卡人员参保个人缴费部分实行全额资助，资助金额1.18亿元。严格落实低收入人口大病保险起付标准下降一半、各段报销比例提高10个百分点、在县域内住院个人负担费用控制在总费用10%以内的规定。全年全市低收入人口中，有28.47万人就诊，发生医疗费用累计补偿10.69亿元。做好重病人员春节救助慰问工作，市区慰问4162人，发放重病人员救助慰问金954.6万元。全年全市医疗救助资金全额资助54.07万人，参加城乡居民基本医疗保险，资助金额1.84亿元。至年底，全市发放医疗救助费用4.98亿元，其中门诊救助19.48万人240.32万人次1.77亿元，住院救助9.06万人19.42万人次3.21亿元。

·红十字会救助　年内，市红十字会以项目筹资为渠道做好募捐筹资工作，做好专项基金设立和管理工作，新设立盐城倍美口腔医院、盐城顾泽朝聚眼科医院2个博爱基金。全年全市红十字会系统募集款物4039.67万元，其中疫情防控捐赠款物3067.73万元。推进全市红十字会“9·9”公益日项目网上宣传筹资工作，活动期间，全市红十字会“博爱光明行”“盐城市乡贤有爱”等项目募集爱心捐款21万元。元旦、春节期间，开展“博爱送万家”活动，筹集308.2万元款物，慰问救助农村、社区低保户和孤寡失能老人、大重病困难患者、麻风残老康复村休养员等困难群众。开展“博爱助学”“博爱助医”“博爱助老”等救助活动，做好对口支援铜川“博爱项目”落实工作。全年发放救助慰问款物827.9万元。做好中国红十字基金会“小天使”和“天使阳光”救助项目，为16名白血病、6先天性心脏病患儿申请救助金64.5万元。向省红十字会争取人道项目支持，争取省级2020年重点项目8个，扶持经费24万元。

·慈善救助　全年全市慈善系统募集款物1.08亿元；支出救助款物0.81亿元，受益近5.12万人次。春节期间，市慈善总会开展“大爱盐城·情暖万家”项目，在省支持120万元基础上链接近千万元，帮扶困难边缘户、因病因灾户。“9·9”公益日期间，组织策划20个项目，募集资金339.48万元。实施“护苗行动”儿童大病救助项目、“心悦晚霞”助老项目、“帮特困·助急难”慈善再救助行动、光彩慈善安居工程、慈善精准扶贫保险等项目。全年市慈善总会发放助学救助金28.11万元，惠及学生150人次；发放助医救助金87.28万元，惠及大病患者358人次；募集130万元，扶持滨海县困难群众危房改造；出资善款15万元，助力残疾人脱贫奔小康。全年发放慈善特药价值5007万元，受惠5071人次。年内，东台市慈善基金会设立“扶贫助困·情暖东台”“志愿花开·情暖雏鹰”“爱心接力·助学圆梦”等项目，3.6万人次参与网上捐赠，募集资金219.23万元；盐都区慈善总会扩大“爱心超市”功能，投入资金55万元，扶持各镇（街道）村居（社

区）将“爱心超市”建设成为困难群众“两不愁三保障”的阵地。（王启顺）

社会福利

·**儿童福利** 年内，盐城市加强儿童福利工作。1月，市政府印发《关于盐城市农村留守儿童关爱保护和困境儿童保障工作联席会议制度的通知》。至年底，全市近4万名农村留守儿童，全部签订委托监护责任书。全年全市建成省级农村留守儿童和困境儿童“关爱之家”26家。明确乡镇（街道）儿童督导员159人、村居（社区）儿童主任2439人。开展省级层面“政策宣讲进村居（社区）”宣讲活动1次，县级、乡镇（街道）层面13次，村居（社区）层面98次。

·**困境儿童生活保障标准提高** 年内，市民政局根据省民政厅等八部门《关于落实困境儿童分类保障制度有关问题的补充意见》和市政府办《关于加强孤儿保障工作的意见》《关于推进适度普惠型儿童福利制度建设的实施意见》要求，建立困境儿童养育标准自然增长机制，已经建立困境儿童基本生活保障标准逐年自然增长机制，实现城乡一体化。至年底，全市机构内孤儿每月2700元、散居孤儿每月2000元，监护缺失儿童每月1600元、监护无力儿童每月1200元、重病重残儿童每月1000元。

·**儿童关爱服务** 年内，盐城市加强儿童关爱服务工作。滨海县连续两年采用“专业社工＋专业服务”模式，公开引进专业社会组织，开展专业服务，实现专业服务全覆盖和服务监管全覆盖。亭湖区、盐都区、东台市、响水县采用购买专业组织服务方式开展儿童关爱服务。暑期，市民政局与共青团盐城市委合作，开展“爱心暑托班”，实现儿童关爱连续化。

·**落实残疾人两项补贴** 年内，市民政局完善残疾人两项补贴制度，发放信息全部录入信息管理系统，及时处理存疑数据，实现精准发放率100%。全年全市为9.96万名困难残疾人（含扩面对象）发放生活补贴5.45亿元，为9.33万名重度残疾人（含扩面对象）发放护理补贴9982万元。

·**福利彩票** 年内，全市福利彩票实现销售收入4.4亿元，位居全省第七位。其中，电脑票销售2.13亿元，同比下降4.8%；快3销售收入1.54亿元，同比下降5.5%；中福在线销售收入4896万元（7月底停止销售）；即销售收入2517.51万元，同比增长23.11%。除即开票比上年同期增长外，其他福彩品种销售受新冠肺炎疫情和国家彩票政策性调整的影响，分别有所下降和停销。（薛传刚）

住房保障

·**概　况** 2020年，盐城市新开工棚户区改造2.79万套，基本建成1.18万套。其中，市区新开工棚户区改造1.67万套，基本建成5320套。全年完成棚户区征收（拆迁）2.95万户428万平方米，其中市区2.05万户311万平方米。全年全市新增开户职工7.01万人，归集80.21亿元。全年全市提取住房公积金66.86亿元，发放个人住房公积金贷款25.52亿元，个贷比103.74%，个贷逾期率0.15‰。

·**保障性住房** 年内，盐城市区累计向上争取资金2677万元，其中中央财政城镇保障性安居工程专项资金2210万元、省级建设引导资金467万元。城北地区袁河新苑安置房项目获批省农行信贷资金9亿元，盐都区宝馨花园（东进路安置房）项目获批银行贷款6亿元，高新嘉园获得银行授信额度3亿元，盐城市区获得棚改专项债15.8亿元。年内，市区中等偏下收入住房困难家庭申请公共租赁住房保障准入条件中，人均收入标准由原来的每年3.18万元调整至每年3.6万元，其中低收入家庭人均收入标准由原来的每年2.22万元调整至每年2.52万元；市区中等偏下收入家庭和低收入家庭公租房租赁补贴标准分别由原来的每月每平方米3.5元和每月每平方米10元调整至每月每平方米10元和每月每平方米16元。推进住房保障诚信管理，制定《盐城市区住房保障失信行为管理办法（试行）》，对公租房申请、使用、退出等环节失信主体实行分级分类管理，存在严重失信行为的列入失信联合惩戒对象名单予以联合惩戒，确保政府公共资源的公平善用。（杜阿金）

·**公积金管理** 年内，市住房公积金管理中心对受疫情影响生产经营困难的企业、个体工商户、自由职业者、公积金贷款职工等不同类型主体实施差别化缴存、还贷政策。全年缓交住房公积金单位2802家，涉及缴存职工8.76万人，阶段性减轻企业负担6150万元，免除176户逾期贷款罚息，清退开发商按揭贷款保证金4600万元。排查所辖范围内非公企业建制情况，深入未建制单位走访了解，开展说服式执法。对单位实际用工较多，缴存公积金人员偏少的单位进行“挖潜”排查，督促其全员建制。重点关注部分单位聘用制工作人员未缴存住房公积金情况，维护好职工的合法权益。制定《住房公积金缴存细则》，放宽个人缴存者限制条件，推进新增城镇人口建制扩面。运用住房和城乡建设部双查工具，深入排查住房公积金管理中存在的政策执行不到位、岗位职责不落实、管理运作不规范等问题。加大对违规提取住房公积金打击查处，多渠道核实业务申请人信息及证明材料真实性，对违规提取、骗贷情节，列为失信行为，依法依规向相关部门报送失信信息。（杨惠媛）

社会事务

编辑　裴力民

人口管理

· 概　况　2020年，盐城市户籍人口为814.49万人，比上年末减少6.86万人，其中城镇人口506.38万人，农村人口308.11万人。全年人口出生率7.20‰，死亡率9.39‰，自然增长率–2.19‰。年末常住人口670.96万人，城镇化率64.11%。

· 户籍管理　年内，全市公安机关深化户籍制度改革，进一步调整户口迁移政策，放开有合法稳定住所、有合法稳定就业以及各类人才、优秀农民工等重点群体落户限制，引导支持有条件的农业转移人口进城入镇落户，保障进城入镇居住后与城镇居民享有同等权利、履行同等义务。至年底，全市户籍人口为814.49万人，户籍人口城镇化率为62.17%。组织开展第七次全国人口普查户口整顿工作，解决户口应落未落1.03万余人、户口应销未销3.97万余人、无户口人员53人，变更更正户口项目9.78万人次。全年全市户籍窗口累计办理户口63.3万人次、办理居民身份证32.5万张、制发临时身份证7.8万张，发放港澳台居民居住证63人次。

· 流动人口管理　年内，全市公安机关推进流动人口和出租房屋安全管理工作。定期对基层社区中存在的房屋、人员、隐患复杂区域，按照“一人不漏、一户不漏”原则，逐一采集信息，建档造册，确保做到出租房屋、房内结构、租住人员、安全隐患“四个见底”。组织“清房见底、整肃治安”联合整治行动，对全市专项整治工作开展前已登记群租房上门核查，重新认定群租房1733户，整改安全隐患5800余处，并向住房和城乡建设、消防救援、电力、自然资源和规划等成员单位集中移交安全隐患2347处。全年全市新登记出租房屋信息10.09万条、流动人口信息53.68万条，办理不按规定登记承租人信息案件6671起，整改出租房屋安全隐患6.85万处，实现不发生涉及群租房的重大安全事故、重大违法犯罪活动及个人极端案（事）件“三个不发生”工作目标。

· 生育管理　年内，盐城市人口出生政策符合率99%，孕前优生健康检查覆盖率90%以上，出生人口性别比趋向于正常。全年建设母婴室398个，其中医疗单位143个、用人单位133个、商业中心34个、旅游景区45个、其他43个。至年底，全市11个二级及以上客运站、盐城南洋国际机场、盐城火车站全面建有母婴室，全市医疗、车站、商场、用人单位做到应配尽配。开展普惠性托育民生实事项目建设，制定《盐城市推进3岁以下婴幼儿照护服务工作实施方案》，亭湖区后关路托儿所、盐南高新区郑乔予儿童之家、盐都区恩吉拉教育咨询有限公司3家托育机构被评为省级普惠托育项目，亭湖区后关路托儿所被省卫健委评为示范托育机构。简化和规范计划生育证件管理，全年受理生育登记3万对夫妻，再生育审批1300对。加强全员人口信息平台和生育服务登记系统建设，信息入库率及准确率98%以上。开展新一轮计划生育全国优质服务先进单位创建活动，东台市、盐都区被评为全国计划生育优质服务先进单位。落实计划生育家庭奖励扶助政策，全年全市奖扶26.61万人，特扶1.32万人，帮扶出现手术并发症1.1万人。推进持“独生子女父母光荣证”退休企业职工一次性奖励工作，按月兑现市属企业持证退休职工一次性奖励金，全年兑现2936人，发放奖励金704.64万元。开展计划生育特殊家庭联系人制度、家庭医生签约服务、优先便利医疗服务“三个全覆盖”专项行动，实现100%落实双岗联系人，100%落实协议医院、家庭医生应签尽签。年内，市财政安排人口和计划生育公益金50万元，救助大市区计划生育困难家庭500户；安排专项资金59.78万元，为大市区2989名失独父母购买人身意外伤害综合保险。　（王启顺）

婚姻家庭

· 婚姻登记　2020年，盐城市办理结婚登记4.81万对，离婚登记1.99万对。年内，市民政局为做好疫情防控工作，满足新人个性化服务需求，尽可能减少人员聚集、“扎堆登记”，联合盐南高新区举办“20200202 · 爱你爱你恩爱恩爱”免费爱情婚誓卡及礼品发行活动，200多对新人参与。开展婚姻登记机关行风建设专项行动，解决婚姻登记领域群众反映的问题，增强人民群众的获得感和幸福感。推进登记窗口服务标准化建设，大丰区民政局婚姻登记处被确定为第二批全省民政标准化示范单位。开展婚俗改革试点，树立良好社会风尚，促进婚姻幸福、家庭和谐、社会稳定，东台市被确定为全省婚俗改革试点地区。

· 收养登记　年内，市民政局根据《盐城市收养子女家庭收养能力评估实施办法》，全面实施收养评估工作，规范收养行为，全年评估80例，切实保障被收养儿童的生存、发展权，体现党和政府对困境儿童的关心、爱护，最大限度地实现儿童利益最大化。

· 家庭状况　年内，全市常住人口670.96万人，家庭户260.98万户，集体户6.97万户，家庭户人口644.99万人，集体户人口25.98万人。全年人口出生率为7.2‰，死亡率为9.39‰，自然增长率为–2.19‰。全体居民人均可支配收入33707元，比上年增长5%。城镇常住居民人均可支配收入40403元，比上年增长4.1%；人均消费支出20794元，比上年下降0.7%。农村常住居民人均可支配收入23670元，比上年增长6.3%；人均消费支出14994元，比上年下降3.3%。　（王启顺）

老龄事业

· 概　况　2020年，盐城市健全老龄工作机制，推动为老政策落实，优化为老服务环境，做实为老服务工作。调整充实市老龄委成员单位，构建大老龄工作格局。推进“安康关爱”行动，老年人意外伤害保险参保人数突破100万人。落实《医养结合机构管理指南（试行）》《医养结合机构服务指南（试行）》，印发《盐城市建立完善老年健康服务体系实施方案》《盐城市深入推进医养结合发展实施方案》，推进老年健康服务体系建设和医养结合发展。至年底，全市有百岁老人1632人。

· 养老服务　年内，盐城市有公办养老机构131家、民办养老机构47家。有各类养老床位8.33万张（机构养老床位4.15万张、居家养老床位4.18万张），其中护理型床位2.57万张，每千名老人拥有养老床位数41.48张（按户籍老年人口计算）。

· 医养结合服务　年内，盐城市推进镇（街）卫生院医养结合工作。首批试点的11家镇（街）卫生院全部成立养老护理院（护理部），新增养老护理床位362张；二期面上推进项目9个，规划床位381张。全年全市新增医养结合机构20家，养老护理床位743张。至年底，全市有老年（病）医院2个，康复医院11个，医养结合机构57个，其中养老护理院8个，其他养老机构均以不同形式与就近的医疗机构开展签约合作，为入住老年人提供医疗卫生服务。

· 养老机构服务质量日常监测试点工作　年内，市民政局开展全市养老机构服务质量日常监测试点工作，覆盖9个县（市、区）和盐南高新区、盐城经济技术开发区30家养老机构（城市养老院13家、农村敬老院17家），其中6家养老机构（养老院5家、敬老院1家）获评优秀，18家养老机构（养老院5家、敬老院13家）获评良好，6家养老机构（养老院3家、敬老院3家）获评一般。此次监测，全市试点养老机构平均得分75.2分，总体良好。其中平均得分排名前三名依次为：大丰区、盐都区、射阳县。不同运营模式的养老机构监测情况为：公建公营优于公建民营。其中，公建民营优于民建民营。公建公营得分最高的是盐城市社会福利院，公建民营得分最高的是盐都区康年颐养院，民建民营得分最高的是射阳县养老中心。市民政局通过养老机构服务质量日常监测试点工作，探索建立全市养老机构服务质量的监测指标体系，建立健全动态监测、持续改进机制，提升全市养老机构“安全、优质、诚信”的服务品质。

· “敬老月”活动　年内，市民政局围绕“弘扬养老孝老敬老传统，共建共享老年友好社区”活动主题，开展养老孝老敬老活动，开展十佳“最美健康老人”和十佳“孝亲敬老之星”评选表彰活动，举办省第九届老年春节联欢会盐城地区海选活动。至年底，全市投入资金650万元，发放慰问品1.8万件，走访慰问老年人3.5万人；群众性文体活动参与老人超10万人次。　（王启顺）

殡葬管理

· 概　况　2020年，盐城市有殡葬服务设施194个，其中殡仪馆9个、殡仪服务站1个、经营性公墓9个、镇级公益性公墓175个。落实惠民殡葬政策，惠及5万余人，全年免除基本殡葬服务费用5500万元，火化率100%。年内，市民政局提请市规委会会办研究市区殡葬设施布局规划，并根据要求对规划修改完善。配合市自然资源和规划局制定盐城市殡葬设施布局规划导则，提请市政府常务会议会办研究。联合市公安局、市交通运输局、市卫健委颁发市区遗体接运车辆管理通告，规范市区遗体接运车辆管理。以市疫情防控领导小组名义印发《关于疫情期间清明祭扫服务管理的通告》，确保清明祭扫工作安全有序。规范殡仪馆管理服务工作。召开全市殡仪馆管理工作座谈会，提高殡仪馆管理服务水平，杜绝搭车收费、诱导收费、

老人在盐城市社会福利院生活　（市民政局　供图）

强行收费等问题。

·农村公益性公墓领域突出问题整治 年内，市民政局开展农村公益性公墓领域突出问题整治，印发《农村公益性公墓经营管理方面突出问题专项整治方案》。5月，盐城市召开全市公益性公墓突出问题专项整治工作会议，对全市公益性公墓领域突出问题排查整治进行动员部署，联合派驻纪检监察组对各地工作开展情况督查。至年底，全市收回社会资本投资运营的公益性公墓54个，关停13个，整治各类超标墓1.36万座。（王启顺）

社区建设

·基层自治组织建设 2020年10月至2021年2月8日，盐城市第十二届村民委员会和第七届居民委员会换届选举。9月，按照市委组织部的统一部署，市民政局严格候选人联审，开展多轮业务培训，推进试点重抓难点，开展多层次督导推进村（居）换届选举工作。全市2386个村（居）委会换届选举工作全部完成，村（居）应选尽选率和选举成功率均达100%。

·社区治理 年内，盐城市加强新型农村社区建设，印发《关于加强新型农村社区治理与服务工作的通知》。大丰区以“健全村务监督机制,提升乡村治理水平”为主题，创建省现代社区治理创新实验区，是全市首家。建立城市社区工作者职业体系，各县（市、区）发布城市社区工作者职业体系建设文件，建立社区工作者“三岗十八级”薪酬体系，社区工作者培训、管理、考核、晋升管理进入规范化轨道。

·省级现代社区治理创新实验区创建 年内,盐都区以“四全”社工职业体系推进“响应式”社区治理为主题，创建省现代社区治理创新实验区。该区不断完善“一委一居一站一办”社区治理模式，印发《盐都区社区自治服务工作者管理办法（试行）》，探索建立社区自治服务专职工作者队伍，解决社区工作者没有时间做，没有精力开展自治服务的问题，变社区工作“自上而下”部署为“自下而上”传导推动。（王启顺）

社会组织管理

·概　况 2020年，盐城市登记社会组织9226个，其中社团4189个、民办非企业单位5026个、基金会11个，有2626家社会组织获得等级评定。年内，市民政局推动社会组织成立党组织，督促社会组织正常开展党建工作，指导社会组织发挥党组织政治核心作用，增强社会组织党建工作的责任感和使命感。至年底，全市社会组织中有中共党员6190人、党组织248个。

·社会组织监管 年内，市民政局推进行业协会商会与行政机关脱钩工作，完成市属行业协会商会脱钩工作。建立健全社会组织综合监管体系，加大执法监察与整改处罚力度，加大对“僵尸型”社会组织清理力度，依法开展处罚工作，提升全市社会组织总体水平。开展社会组织年检工作。本级社会组织参检率为75.38%，未参检社会组织136家，年检结论以及未参检名单在市民政局官网对外进行公告。对连续两年以上不参加年检的“僵尸型”社会组织，依法启动行政处罚程序，依法撤销14家社会组织。

·社会组织培育 年内，盐城市有社会组织孵化基地15家。其中，市级社会组织孵化基地规模600平方米，重点孵化特色亮点组织。加快培育社区社会组织，指导初创期的公益性社会组织，促进社会组织规范发展。完善“三社联动”机制，提升社会组织参与社区治理的服务水平。全市民政部门通过年度检查、常态化抽查、不定期专项检查、等级评估、换届审核等方式引导社会组织健康有序发展。（王启顺）

志愿服务

·概　况 2020年，盐城市将学雷锋活动与志愿服务相结合，建立统筹规划、共同参与、协调推进的宣传工作机制。指导督促各县（市、区）学习《志愿服务条例》《关于推进志愿服务制度化的意见》等文件精神，发挥广播报刊、电视网络、短信微信等传媒作用，运用新闻报道、公益广告、文艺会演、发放宣传单等形式，普及志愿服务知识。将志愿服务工作纳入精神文明建设工作考评体系，与各县（市、区）、市直部门评先评优和文明单位创建挂钩，拓展志愿服务领域覆盖，提升服务水平。市委办、市政府办公室印发《关于加强乡镇政府服务能力建设的实施方案的通知》，明确要求加强政社互动，落实国务院《志愿服务条例》精神，保障志愿者、志愿服务组织和志愿服务对象的合法权益，规范志愿服务行为。坚持以需求为导向，让志愿服务制度更好地服务于城乡社区治理体系建设，市民政局印发《关于组织开展“讲好志愿故事　共创美好生活”志愿服务主体实践活动的通知》《关于开展“志愿服务社区行”活动的通知》等通知，建立健全各项志愿服务制度。开展“文明盐城·月月行”主题志愿服务活动，全年在主流媒体发布176个重点志愿服务项目。开展“抗击疫情志愿同行”专项行动，为253名援鄂医护人员送上生日礼物、解决后顾之忧，13

万名志愿者参与疫情防控、复工复产工作。全市77位道德典型成立的志愿服务组织和1000余名各级各类典型在新冠肺炎疫情防控和决胜全面建成小康社会、决战脱贫攻坚等领域发挥示范带动作用。举办2020盐城市“学雷锋志愿服务月”云启动仪式，表彰40个盐城市学雷锋志愿服务先进典型。年内，全市有6名志愿者获评省疫情防控优秀志愿者，葛敬军当选全国最美志愿者，许鹏获评全国疫情防控优秀志愿者。

·“银发志愿者”服务 年内，盐城市有老干部志愿者6000余人、老干部特色服务团队20余支。市委老干部局组织医疗、农业等方面的老干部专家，赴响水县、滨海县、阜宁县等部分经济薄弱村和种植帮扶点开展志愿服务活动。在疫情防控中，1万余名老干部、老党员志愿者服务在社区、农村的防疫一线，帮助企业复工复产、协助学校复学复课。市老干部艺术团围绕战“疫”抗疫主题，联合大丰区、响水县、东台市、市卫健委等地区和部门下基层开展慰问演出。

·“五心”志愿者服务 年内，共青团盐城市委开展向最美逆行者致敬—“五心”（一名热心志愿者、一份暖心礼包、一套爱心保险、一位贴心老师、一辆省心顺风车）志愿服务活动，为270位抗疫一线工作人员子女提供超3.5万小时志愿服务。为援鄂医护人员家庭配送60万余元“新农菁英”暖心礼包，为其家庭成员提供20万元保额的爱心保险，并开展复学接送、应急帮助等服务193次。开通“12355”心理服务贴心热线，推出抗击疫情心灵连线特别节目41期，累计覆盖近10万人。

·红十字会志愿服务 年内，市红十字会组织“仁爱妈妈”“仁爱之子”“南丁格尔”、应急救援、捐献造血干细胞和无偿献血志愿服务队，开展学雷锋志愿服务和助力疫情防控志愿服务活动。组织基层红十字会和红十字志愿者开展“云端博爱周，我与红十字”等志愿服务进社区活动，将健康送到老百姓家门口，助推文明城市创建。联合驻盐高校实施“博爱青春”暑期志愿服务项目10个，有5个项目入选省支持项目，盐城师范学院红十字会数统学院分会“博爱，让疫情不再冰冷”项目获2020年全省高校红十字会“博爱青春”暑期志愿服务优秀项目奖，市红十字会被表彰为2020年高校“博爱青春”志愿服务活动组织奖。年内，全市红十字会系统推进养老服务工作，面向志愿者、老人及家庭护理员普及养老照护知识，建立志愿者结对服务机制，常态开展养老照护志愿服务工作。全年全市红十字会系统完成养老照护知识培训1.12万人、入户志愿服务3127户。

6月16日，盐城市红十字会组织医务人员和市红十字会“仁爱之子”志愿服务队志愿者到伍佑街道洋桥社区开展“关爱健康”进社区活动 （市红十字会 供图）

·“紫薇花开动盐城”巾帼志愿服务集结行动 5月22日，市妇联在新弄里南广场举办“紫薇花开动盐城”决战决胜全国文明城市巾帼志愿服务集结行动启动仪式。盐城市组建“紫薇花开”巾帼志愿服务总队1支、市直及各县（市、区）分队12支、每个村（社区）理论宣讲、扶弱帮困、维护权益、整洁家园4支小分队，为创建全国文明城市贡献巾帼力量。活动现场发出“紫薇花开动盐城，决战决胜文明城”倡议，巾帼志愿者代表领誓。 （王启顺）

民族宗教事务

·概　况 2020年，全市经登记开放宗教活动场所680处，信教群众约30万人；有爱国宗教团体24个，其中市级宗教团体4个，分别为市佛教协会、市道教协会、市伊斯兰教协会、市基督教协会。做好民族村脱贫攻坚工作。市委统战部指导左范民族村牵头第一帮扶小组制订帮扶计划，新建6.67公顷泓森槐苗圃项目。射阳县、阜宁县、滨海县、响水县获2020年度中央和省级财政专项扶贫资金350万元。全市5个少数民族村无新增建档立卡低收入户，已经脱贫的无一返贫。开展全市城镇少数民族人口情况专题调研，市委统战部向省委统战部提交《关于我市少数民族人口情况的报告》，调研并撰写《根植民族团结　深化嵌入融合　彰显和发挥统一战线助力脱贫攻坚优势》的实践创新文章上报省委统战部。开展民族团结进步创建活动，推进民族村小康建设步伐，完善民族宗教工作机制，宣传宗教政策法作法规，抓好宗教活动场所安全专项整治和常态化疫情防控工作。市民宗局组织召开市级宗教团体务虚会、学习会、联席会等会议集中学习中共十九届五中全会精神、《江苏省宗教事务条例》以及民族宗教方针政策和法律法规，推进民族宗教工作法治化。

·民族团结进步创建　年内，市委统战部印发《关于全面深入持久开展民族团结进步创建工作铸牢中华民族共同体意识的实施办法》，推进民族团结进步创建工作。在创建全国文明城市活动中，会同市民宗局协调联系盐都区、亭湖区、盐城经济技术开发区、盐南高新区同步组织开展民族团结进步系列宣传教育活动。会同市民宗局在盐城工学院、盐城师范学院和盐城田家炳中学举行“盐城市民族团结进步教育基地”揭牌仪式，并组织召开全市民族团结进步工作交流座谈会、“民族团结一家亲·同心共创文明城”座谈会。盐城师范学院体育学院、射阳县桃园民族村2个模范集体被表彰为全省民族团结进步模范集体；哈爱华、王盐平、火旭东、苗久成4人被表彰为全省民族团结进步模范个人；盐城师范学院被国家民族事务委员会命名为第八批全国民族团结进步示范单位；阜宁县芦蒲镇左范村、射阳县新坍镇、射阳县合德镇虹亚社区、建湖县宝塔镇、东台市头灶镇下舍村、盐都区郭猛镇、亭湖区五星街道五星村7家单位获评全省首批民族工作红石榴家园。市民宗局深入社区、宗教活动场所开展民族团结进步宣讲10余场次。大丰区举办首届青少年民族团结进步创建征文暨颁奖活动；阜宁县创新设立少数民族村婚嫁妇女专项省亲资金；东台市开展“助力小康·奋斗有我”微视频创意大赛。加大外来少数民族流动人口职业技能培训力度，举办少数民族普通话培训5期、法律专题讲座8场次，培训水产养殖、育婴员、面点师等210人次。

·民族村小康建设　年内，市民宗局开展“同心汇盐·石榴花开”活动，联合市人大、市政协等单位，深入开展民族村小康建设专项课题调研，为民族村经济社会发展出谋划策。向上争取少数民族发展资金350万元，全部用于5个少数民族村小康社会建设，重点实施民族村地面分布式农光互补发电、文化广场、职业技能培训中心配套等惠民项目建设。至年底，民族村的村集体平均收入27.18万元，民族村年人均可支配收入1.75万元。滨海县专门印发《关于加强和改进新形势下全县民族工作的意见》，建立“携手助村5+1”挂钩联系帮扶机制，即1个牵头单位、1个国有企业、1个金融机构、1个统战团体、1个领导小组组长或副组长负责联系1个民族村，县财政每年安排每村不低于100万元的专项扶持资金，助力民族村经济社会全面发展。

·宗教事务管理　年内，盐城市统一规划全市宗教活动场所，编纂制定全市宗教活动场所专项规划方案。推动6个市直宗教活动场所归口到所在辖区管理，理顺宗教事务管理体制和机制。年内，盐都区协助市基督教堂办理消防手续；亭湖区整治完成永宁寺周边环境，帮助清真寺解决消防通道问题，帮助基督教灵恩堂拆除周边棚户区。在“12·4”国家宪法日暨全国法制宣传日、“政策法规学习月”等活动中，加大宗教政策法规宣传力度，发放《江苏省宗教事务条例》《宗教政策法规汇编》1000册，接受群众咨询300多人次。

·宗教活动场所安全管理　年内，盐城市开展宗教活动场所安全生产专项整治，引入第三方专业机构对宗教活动场所建筑、消防安全进行评估鉴定。市委统一战线工作领导小组会同市住房和城乡建设局、市消防救援支队联合制定《盐城市解决宗教活动场所安全隐患问题专项整改工作方案》，通过统战、民宗、住房和城乡建设、消防四部门议定的方式解决宗教活动场所消防审验问题。全年全市680处宗教活动场所，除拆迁重建、关停整改和撤并取缔的46处场所外，其余634处场所全部完成建筑消防安全鉴定并进行整改。至年底，全市宗教活动场所消防安全标率96.4%，建筑安全达标率96.8%。省民族宗教委员会在全省推广盐城市宗教活动场所安全专项整治工作经验做法。

·宗教团体建设　年内，市民宗局加强规范管理，指导市级宗教团体建立健全各项管理制度，提高教务管理的规范化、制度化水平，提升宗教团体工作效能。依托市、县两级宗教团体培训中心加强对基层教职人员的轮训，支持市佛教协会办好江苏佛学院启慧学院。阜宁县基督教三自爱国会、射阳县基督教三自爱国会、盐都区基督教三自爱国会3个县级宗教团体完成换届。在全市推广基督教活动场所财务统管模式，进一步规范财务收支流程。

·“唱响新时代·和谐新盐城”2020迎新春文艺演出进宗教场所活动　1月11日，市民宗局联合市文广旅局共同组织“唱响新时代·和谐新盐城”2020迎新春文艺演出进宗教场所活动。市基督教堂、市基督教灵恩堂、市基督教真道堂3家基督教堂首次实现唱诗班同台演出。

（陆　伟）

应急管理

编辑　裴力民

综　述

· **概　况**　2020年，盐城市加强应急体系建设。市应急管理局建立健全市级和县（市、区）级应急预案体系，修订编制《盐城市突发事件总体应急预案》以及其他专项预案。完成市应急指挥中心建设工作，市县全面建成视频调度室，实现国家、省、市、县四级应急管理系统上下联通。将应急避难场所建设列入市、县级两级城乡建设计划，根据城市抗震防灾规划，按照国家、省级标准加快推进实施，全年建设完成20个应急避难场所，累计建成应急避难场所66个。协调有关部门将各项信息接入应急指挥中心，整合共享各类资源，实现同步应急响应。调整盐城市应急管理委员会，严格落实领导带班和24小时应急值班值守制度，加强应急预案演练，建立健全预测、预报、预警、监测机制，前置监管救援力量，保持应急响应状态，全年组织各类应急演练328场次。加快应急避难设施建设，做好应急物资储备。

· **应急物资储备**　年内，市发改委摸排新冠肺炎疫情防控物资保障情况，推动秋冬季疫情防控重要医疗物资政府储备的落实。全市各县（市、区）政府重视“十四五”物资储备规划编制工作，加快物资储备基础设施建设，做好疫情防控重要医疗物资储备，确保经费落实到位。建立市内毗邻县（市、区）之间物资储备应急保障合作机制，加强物资储备信息对接衔接，实现资源共享、物资共保。加快职责清晰、运行规范、保障物资储备体系建设，在做好实物储备的同时，根据盐城企业的生产、运输、储藏能力，协商签订应急物资产能、运输、储藏等协议储备，提高物资储备保障能力和水平。

· **应急救援能力建设**　年内，市应急管理局落实24小时值守和重点时段领导带班值班制度，建成应急救援基地大楼和特勤消防站综合楼，推进滨海县、大丰区、阜宁县化工园区消防站提档升级。开展事故风险和应急资源调查，修订生产安全事故应急预案，分层开展危险化学品、交通运输、建筑施工、海洋渔业、燃气管道、冶金工贸、火灾、电梯等行业领域的实战演练，提升应急救援能力。至年底，全市有国家综合性消防救援队伍14个，队员253人，配备各类救援车辆106台；政府专职消防队15个，各类执勤消防车51辆，消防队员246人；重点行业企业专职安全生产应急救援队伍14个，专职人员279人。

· **风险监测预警**　年内，市应急管理局落实部、省关于安全生产风险监测预警系统工作部署，做好全市安全生产风险监测预警系统一期项目建设的收尾工作。完善日常分类监测预警。完善自然资源、水利、住建、农业农村、气象等部门专业监测站网布局，扫除监测盲区；加强地质、水文、海洋、病虫害、森林火险、气象、地震等监测预警制度体系建设。构建综合监测预警平台，推进各地自然灾害综合监测预警信息化平台建设，实现上、下级平台互联互通。全面落实自然灾害监测预警信息共享机制，逐步将气象、地震、水利等部门监测预警信息接入各级自然灾害综合监测预警信息化平台。其中，盐城市应急管理局与市气象局签订合作框架协议，做好气象预报预警服务工作，守好防灾减灾救灾“第一道防线”。建立涉灾部门、专家团队等多方参与的灾害形势会商机制，对自然灾害发生的可能性及其可能影响范围、损失和影响等开展综合研判评估，并制作监测预警形势分析产品，对次生和衍生灾害提出分析预判。建立重特大自然灾害快速综合研判机制，对重特大自然灾害发生发展全过程跟踪监测研判，及时组织有关部门综合监测、研判、发布预警信息。发布自然灾害预警的涉灾部门根据灾害发展态势，统一预警信息发布渠道，整合预警信息发布渠道和资源，提高信息发布效率和覆盖率。构建基层预警信息发布服务体系，提高社区、人员密集场所和偏远区域预警信息传播接收设施普及率，加大培训力度，推进基层AB角灾害信息员队伍建设。扩展社会传播节点，构建集技术、装备和队伍于一体的基层预警信息发布服务体系，提高信息覆盖率和播放频度。　（孙成刚）

9月24日，盐城市危险化学品生产安全事故应急救援综合演练活动在江苏滨海沿海工业园区举行　（市应急管理局　供图）

防灾减灾

· · · 自然灾害灾情管理 · · ·

· 概　况　2020年，盐城市加强防灾减灾工作，做好自然灾害灾情管理工作。市应急管理局调研编制2020年自然灾害救助物资采购计划26类3.67万件，对全市生活保障类、抢险救援类、队伍保障类等应急物资生产商进行信息采集，全市有19家生产企业备案在册，储备救灾物资30种1.2万件。建立由27名专家组成的市级防灾减灾救灾专家库，编制全市自然灾害应急管理体系“一图一表”，创建全国综合减灾示范社区40家，市、县、镇、村四级注册AB角（无缺位）灾害信息员5255人。全市有国家综合性消防救援队伍14支，政府专职消防队伍15支，重点行业企业专职应急救援队伍14支。年内,盐城市全面应对“4・12”“6・1”强对流、“6・29”洪涝、“7・22”大风等自然灾害，开展救灾救助、灾后修建工作和保险理赔、保险救助的协调工作，保证受灾群众生产生活秩序正常。

· 防灾减灾救灾联动工作机制合作协议签订　年内，市红十字会与市应急管理局签订防灾减灾救灾联动工作机制合作协议，建立信息、调度、协同、合作工作机制，明确红十字会在灾害事故救援中的角色定位，加强信息共享、强化应急救援联动、提升应急救援能力。

· 全省自然灾害灾情管理工作现场会在阜宁县召开　11月27日，全省自然灾害灾情管理工作现场会在阜宁县召开。全省各设区（市）应急管理局分管负责人、负责灾情管理工作的处室负责人和灾害信息员代表，徐州市铜山区和盐城市所辖县（市、区）应急管理局负责人、负责灾情管理工作的科室负责人、减灾委成员单位负责人出席会议。盐城市应急管理局、徐州市铜山区应急管理局和阜宁县基层信息员代表作交流发言。　（孙成刚）

· · · 防汛防旱 · · ·

· 概　况　2020年，盐城市市本级城市防洪工程完成投资1.1亿元，串场河三英闸站、串场河新兴闸站2座续建工程建设完成，开工建设串场河防洪闸闸门改造工程。市防汛防旱指挥部加快优化防汛防旱指挥决策系统。至年底,全市建有水位测报站点231个、雨量测报站点141个、风情测报站点160个、工程视频监控655个，市、县两级全部建成高清视频会商系统，东台市、大丰区、射阳县、阜宁县、盐都区、亭湖区等地建成省、市、县、乡四级联通的防汛视频会商系统。修订完善《盐城市防汛防旱工作导则和盐城市防汛抗旱预案》。盐城市修订完善《盐城市防汛防旱工作导则和盐城市防汛抗旱预案》，东台市、大丰区、射阳县、滨海县、响水县组织实施农村基层防汛预报预警体系建设项目。全年调引境外来水121.25亿立方米，其中引江79.83亿立方米、引淮41.42亿立方米（含行洪水量）。全年全市防汛抗旱减灾效益28.71亿元。

· 防汛调度　2月7日，市防汛防旱指挥部向全市发出开展水利工程汛前大检查的通知。各地、各单位按照部署要求，组织成立防汛检查工作组，明确各类工程汛前检查行政责任人和技术责任人，按照“谁检查、谁负责”的原则，对河湖堤防、涵闸、泵站、船（套）闸、蓄滞洪区、城市防洪工程、涉水工程、在建工程、防汛防旱非工程设施等开展拉网式检查。3月中下旬，市水利局派出4个督查工作组，督查指导各地备汛工作。4月26日，市防汛防旱指挥部印发《关于明确市区易淹区域防汛责任的通知》《关于明确市区第Ⅲ、Ⅳ防洪区防汛工作责任的通知》，明确、细化、分解落实易淹区域的防汛责任。5月12日，市委、市政府召开全市防汛防旱工作会议，推动防汛防旱各项工作任务的落实。5月13日，市防汛防旱指挥部办公室将督查中发现的75个安全度汛主要问题通报至各地防指、各单位，并督促整改落实。5月25日，市、县、乡、村四级5167名防汛行政和技术责任人全部落实到位。至年底,市、县两级水利系统储备块石7.9万吨、编织袋371.3万只、土工布14.05万平方米、木材691.9立方米，建成7.76万人的防汛抢险抗旱服务队员库。全年沿海“五大港”闸（射阳河闸、新洋港闸、黄沙港闸、斗龙港闸、川东港闸）开闸1439潮次、累计排水120.97亿立方米。

· 抗旱保水　4月，全市面均降雨量为117.2毫米，比常年同期偏少约29%。淮河上中游来水稀少，洪泽湖蓄水严重不足，处于旱限水位线以下。随着总渠、废黄河灌区逐步进入水稻栽插期，用水需求急剧上涨，用水形势紧张。为保证总渠、废黄河灌区用水，市防汛防旱指挥部办公室先后调度启用大套一站、大套二站、北坍站等补水泵站向废黄河、总渠、通榆河北段翻水。截至6月10日，大套一站累计补水1.4亿立方米，大套二站累计补水0.14亿立方米。北坍翻水站累计翻水0.81亿立方米。5月14日起，沿海、沿灌河涵闸全部实行关闸保水。同时，市防汛防旱指挥部办公室与省防汛防旱指挥部办公室沟通协调调引上游水源，利用江都枢纽江都东闸、高港枢纽高港节制闸引江水入里下河，合计引水32.47亿立方米。废黄河杨庄电站累计来水量1.35亿立方米，苏北灌溉总渠大引江闸累计来水量1.37亿立方米。5月14日，市防汛防旱指挥部发出通知，要求各地加强用水管理，严格执行下达的供水调度计划和调度指令，实行计划用水、节约用水。5月22日，召开用水管理工作会议作专题部署。6月4日，分别召开总渠灌区、废黄河灌区用水工作会商会议，加强农业用水高峰期用水管理工作，保障夏插期间用水需求。

· 防御梅雨期　6月9日盐城市入梅，7月21日出梅。入梅偏早（常年6月18日）、出梅偏迟（常年7月10日），梅雨期持续42天（常年23日）。其中，雨日30日，梅雨期面雨量529.4毫米，比常年多143%；全市5天日雨量超过50毫米；梅雨期最大点雨量656.6毫米（响水县南河站）。梅雨期间全市主要有7场强降水过程，分别出现在6月12—13日、6月16—18日、6月22—23日、6月28日、7月2—3日、7月11—12、7月17—19日，降水量分别为69.3毫米、123.3毫米、44.2毫米、95.6毫米、54毫米、53.6毫米、63.2毫米。降水空间上呈北部多南部少的特征，各行政分区中响水县面雨量最大，为586.2毫米，比常年多209.3%；其次是滨海县，为579.5毫米，比常年多193.6%；最小的是建湖县，为465.1毫米。受强降水影响，里下河河道水位三涨三落，盐城站最高超警0.34米、建湖站最高超警0.43米、阜宁站最高超警0.65米。6月14日，全市处于38.67万公顷夏插水稻用水高峰期，市防汛防旱指挥部在里下河北部水位很低的情况下，启用里下河南部沿海涵闸提前预降水位。6月15日，调度里下河沿海18座大中型涵闸一天两潮全力排水，提前腾空河道库容，迎接强降雨。6月16日，调度封闭盐城市区10个防洪区外围口门，开启所有排涝泵站，控制市区内河水位。6月29日，调度大套一站、北坍站开机排涝。6月30日，调度大套船闸、响水船闸断航，大套二站开机，抽排里下河涝水。梅雨期间，沿海“五大港”闸开闸337潮，累计排水30.42亿立方米；大套一站、大套二站、北坍站合计调水0.8亿立方米，抽排水0.65亿立方米。

·防御台风 年内，第4号超强台风“黑格比”正面袭击盐城市，造成风雨影响。6月15日起，市防汛防旱指挥部提前调度沿海“五大港”闸一天两潮全力排水。至8月12日，“五大港”闸排水11.7亿立方米。8月3日，市防汛防旱指挥部调度封闭盐城市区第三、四防洪区外围口门，预降市区内河水位至0.7米。全市各地做好圩区、次高地封闭工作，及时开机排涝，市防汛防旱指挥部连夜派出10个工作指导组，分赴各地指导防汛防台工作。建立由水利、气象、水文等单位专业技术人员组成的防汛防台专家组加强预测预警，及时会商研判防汛防台形势，提出防灾减灾应对措施。8月4日12：00，启动防台风四级应急响应。8月6日6：00，第4号超强台风“黑格比”离开盐城境内。台风期间，全市9支水利专业防汛抗旱服务队，群众性防汛抗旱服务队伍，以及消防支队组建的1支抗洪抢险专业队、11支抗洪抢险突击队，共计232人参与防御台风“黑格比”；停航回港避风在外船只713艘，转移人员1370人，停工工地632个，加固、拆除户外广告牌1032处，出动巡查人员4888人。（臧滨城）

···气象测报···

·概　况 2020年，盐城市气象局完成盐城市新一代天气雷达升高和双偏振改造，大丰区、盐都区和阜宁县3部X波段双偏振天气雷达组网运行。成立市突发事件预警信息发布中心，建成市、县两级，多部门共享共用的突发事件预警信息发布平台。推进《江苏省气象灾害防御条例》执法检查反馈问题的整改落实，至年底，整改到位。年内，市气象局加大气象安全监管力度，与市应急管理局、市商务局、市文广旅局共同更新防雷重点监管对象信息库。开展防雷安全专项整治，对易燃易爆场所、防雷装置检测公司和旅游景区开展“拉网式”检查和“双随机”抽查。年内，盐城1件案例被评为全国气象服务优秀典型案例。市气象局获评2020年度江苏省气象部门综合考评优秀单位、2020年江苏省气象局重大气象服务先进集体，1人获评中国气象局重大气象服务先进个人和江苏省气象局重大气象服务先进个人。

·气象应急 年内，盐城市加强气象应急管理工作。全市各级气象和应急管理部门深化资源共建共享，全部签订合作框架协议；市、县气象灾害应急预案修订率100%。按照盐城市基层基本公共服务配置工作要求，气象灾害信息传播预警“四有”（有职责、有设施、有制度、有名库）建设完成率100%。提升气象设施建设水平，高标准建成集预报预警、科技展示和气象科普于一体的江苏黄海区域海洋气象预警中心；建湖县、阜宁县、射阳县、响水县等地气象重点项目有序推进。完善综合气象监测体系。在大丰区、盐都区、阜宁县各建成1部X波段双偏振雷达。加密城市自动监测站网，在大市区新建20个自动气象站、1个专用业务平台和6个显示屏。气象、文广旅游局合作实施气象应急广播“村村通”工程，为村民群策群防成功抵御暴雨、强对流天气等灾害提供支撑。建成“全媒体”气象预警发布体系，通过利用突发事件预警信息发布平台、“两微一端”、通信运营商、社会媒体等途径，全年全市气象部门启动应急响应78次，发布预警信号826期。

·应对灾害性天气 全年全市农业农村系统按照灾前防、灾来抗、灾后救基本思路，完善预测预报、应急响应、抗灾指导和灾情处置工作机制，提升防灾减灾应对能力。应对自然灾害天气，密切联系气象、水利等部门，提前发布预警信息，多渠道发布救灾减灾技术意见，灾害发生后第一时间调度灾情，及时向省、市汇报受灾情况，迅速组织农技专家深入受灾一线开展救灾服务，指导农民生产自救，帮助参保农户开展理赔，最大程度减轻灾害损失。

2月17日，受大风暴雪天气影响，全市受灾面积2.11万公顷，其中小麦面积1.1万公顷、油菜8370公顷、蔬菜630公顷、其他作物1100公顷，设施大棚棚架受损面积27.73公顷，棚膜受损面积18.53公顷。主要集中在大丰区、射阳县、响水县和滨海县。

4月13日，受大风天气影响，全市设施大棚棚架倒塌面积2公顷，棚膜受损面积16公顷。主要集中在滨海县和大丰区。

5月8日，受强风雷雨天气影响，全市受灾面积3470公顷，其中倒伏面积2070公顷，分别为小麦1330公顷、油菜740公顷；受淹面积1400公顷，分别为小麦1390公顷、油菜10公顷。主要集中在阜宁县、滨海县。

6月17—19日，受强降雨天气影响，全市受灾面积

1.68万公顷，其中受淹面积1.66万公顷，分别为水稻1.34万公顷、玉米890公顷、大豆210公顷、蔬菜瓜1900公顷、其他作物200公顷；倒伏面积200公顷，其中玉米70公顷、林果30公顷，其他作物100公顷。主要集中在阜宁县、射阳县、滨海县和响水县。

6月28—30日，受强降雨天气影响，全市受灾面积1.85万公顷。受淹面积1.84万公顷，其中水稻1.41万公顷、玉米2090公顷、大豆300公顷、蔬菜瓜果190公顷、其他农作物90公顷；倒伏面积1600公顷，有10公顷水稻田漂秧；园艺设施受损面积1公顷，毁坏面积0.2公顷。灾情主要集中在射阳县、阜宁县、大丰区和滨海县。

7月11—12日，受局部大到暴雨天气影响，全市受灾面积1950公顷，其中水稻960公顷、玉米920公顷、大豆30公顷、蔬菜瓜果40公顷。主要集中在响水县、射阳县、滨海县和阜宁县。

7月20日，受大风强降雨天气影响，全市受灾面积1950公顷，其中玉米1400公顷、蔬菜530公顷、园艺设施损毁面积20公顷。主要集中在射阳县、阜宁县和滨海县。

7月22日—23日，受大风降雨天气影响，全市受灾面积7680公顷，其中受淹面积7390公顷，分别为水稻4310公顷、玉米2110公顷、大豆910公顷、蔬菜瓜果40公顷，其他作物20公顷；倒伏面积190公顷，分别为玉米70公顷、林果落果120公顷；园艺设施受损100公顷。主要集中在响水县、射阳县和阜宁县。

12月29—31日，受雨雪、大风和冰冻天气影响，全市受灾面积500.65公顷，其中设施农业受灾188.51公顷，露地蔬菜受灾面积245.2公顷。主要集中在东台市、响水县和大丰区。

·全省首家开发气象预警信息靶向发布平台 年内，市气象局与中国移动盐城公司联合开发气象预警信息靶向发布平台，实现对指定区域内社会公众快速推送预警。该平台是全省首家开发的气象预警信息靶向平台，实现对指定区域内社会公众快速推送预警。市气象局在2020年黄海湿地公路自行车赛气象保障中，利用靶向发布平台向赛道周边的居民、用户靶向发布赛事天气提示。

·江苏黄海区域海洋气象预警中心 江苏黄海区域海洋气象预警中心由盐城市政府和江苏省气象局合作共建，建成公共气象服务系统、气象灾害预警预报系统、综合气象观测数据处理系统、气象信息网络支撑系统、气象科普教育基地、人工影响天气业务系统等，并成立江苏沿海气象装备保障分中心。年内，该中心针对黄海区域关键区、敏感区的天气气候变化及其相关的大气物理、大气化学、生态环境影响等过程开展观测试验和综合研究，挖掘地方气候资源优势，对黄海区域气候资源和与之相关联的生态环境的宜居性等进行科学评估。（陈晓明）

专业监测龙卷等中小尺度灾害性天气的大丰区X波段雷达 （耿 建 摄）

···防震减灾···

·概　况 2020年，盐城市及邻区发生2.0级以上地震48次（北纬32°～35°，东经119°～122°），其中3级以上地震4次，均发生在东部黄海海域。盐城市地震局做好地震监测预报、震害防御工作，强化抗震设防要求事中事后监管，组织超限高层抗震设防专项审查，提供地震动参数等技术服务。开展防震减灾科普宣传活动，全面落实《江苏省加强新时代防震减灾科普工作的实施意见》，利用“5·12”防灾减灾日、“7·28”唐山地震纪念日、国际减灾日等时机，通过报刊、广播电视、门户网站、广场宣传等形式开展防震减灾知识宣传。参加全省应急科普环省行活动，在市文化艺术中心演出防震减灾快板节目。市科技馆成功申报创建国家级防震减灾科普基地。

·地震监测预报 年内，盐城市新增痕量氢观测手段3个、总数7个，初步形成断层气观测网络格局。对地震台站进行改造提升，完成大丰区地磁观测房和东台市弶港地磁房改造，采购质子矢量磁力仪，恢复东台市弶港地震台地磁观测手段，提高地震前兆观测能力。实施国家地震烈度速报与预警工程项目，完成8个基准站、3个基本站和6个一般站配套设施建设任务。全年各监测台网运行正常，地震观测资料连续可靠，信息传输及时准确，资料连续率98%以上。年内，盐城市地震应急灾情获取与预评估系统项目获得全省防震减灾优秀成果评选二等奖，盐城市强震动台站综合管理与资料应用项目获得省防震减灾优秀成果评选三等奖；在全省地震观测资料质量评比，盐城市获奖8个，其中大丰区台电磁波、东台市强震台分获得各类别一等奖，全市测震学科、信息网络节点和强震台管理等分获得各类别二等奖。总投资3350万元的防震减灾中心项目于11月份开工建设。

·**地震灾害防御** 年内，盐城市推进区域性地震安全评价工作，印发《关于推进地震安全性区域评估工作通知》，制定实施细则。年内，全市8家开发地块评估完成投入约3000万元；盐南高新区、盐城经济技术开发区30平方千米地块完成评估并经省地震局批准进入成果应用；滨海县、响水县、射阳县等地开发区地块确立评估项目。做好专项探测。活断层探测项目完成深部地震构造条件研究专题和标准钻孔探测、第四纪地层剖面建立专题、浅层地震勘探详细探测专题等完成验收工作；地震小区划完成场区的地震活动性和地震危险性分析，场地地震动参数评价中完成原状土样的动三轴动力学参数测试，场地反应分析计算模型建立和场地工程地质条件评价。年内，盐城市住房和城乡建设局（地震局）被评为全省防灾减灾能力提升先进集体和江苏省防震减灾工作综合考核先进单位。

（杜阿金）

安全生产监督管理

·**概　况** 2020年，盐城市实现市县镇三级安全生产机构设置全覆盖，增设（挂）安全处（科）室529个，新增各行业安全监管人员985人；镇（街道、园区）均由排名第一的副镇长（副主任）以上领导分管安全生产；市县安委办全部实体化运作，核定行政编制38名，配备人员42名。年内，盐城市全面落实安全生产责任制，加大安全生产培训宣传力度，落实安全生产责任险，全年全市有504家企业参保安全生产责任险，总保费1238.75万元。加强安全生产领域监督管理，全面防范安全生产领域危险，市应急管理局制定《安全生产领域举报奖励办法》，启用全市“12350”安全生产有奖举报平台，全年处置各类举报346起，奖励1.72万元。加强安监队伍建设，市应急管理局组织市、县两级安全监管监察人员参加应急部网络培训4期，培训961人次。与中国矿大、常熟理工学院、市委党校、南京金陵石化等联合举办全市领导干部安全生产专题研究班11期，培训1208人次。依托盐城工学院、盐城工业职业技术学院开展学历培训和技能培训，提高全市安全监管人员的专业素质。至年底，全市发生各类生产安全事故162起，同比减少335起，同比下降67.4%；死亡81人，同比减少212人，同比下降72.35%。全年未发生较大以上事故。

·**安全生产责任制** 年内，盐城市全面落实安全生产责任制。市政府印发《盐城市党政领导干部督办安全生产重大隐患问题工作制度（试行）》《市委、市政府领导安全生产任务清单》《市级部门及驻盐有关单位安全生产工作职责任务清单》，将安全生产工作纳入全市年度综合考核，分值由2分提高到4分。市委、市政府班子成员带头督办16项安全生产重大问题隐患，各县（市、区），盐城经济技术开发区、盐南高新区党政班子成员牵头督办推进安全生产重大风险隐患167个。全面部署安全生产工作，市委、市政府主要领导带队检查督查化工园区和重点项目工程安全生产工作，其他常委、副市长按照“常委包片、市长包线”的原则，对挂钩联系地区、分管行业领域开展安全生产检查督查。

·**安全生产培训宣传** 年内，盐城市开展安全生产“百团进百万企业”学习宣讲活动，16位市级、185位县级党政领导班子和870位市县安委会成员单位主要负责人参与宣讲活动，累计宣讲3269场，覆盖3011家规上和10573家规下企业，累计宣讲18.7万人次。盐城市应急管理局在盐城广播电视总台开设安全警示专栏，播出节目132期；发布安全生产专项整治微信专题86期。基层宣传教育网络平台具备雏形，6580个市县镇村各类宣传阵地、3822名社会志愿者和3.5万余名安全生产持证人员共同推进安全宣传教育。培养专业人才，全年全市培养化工专业人才332人次，培训特种作业人员3.42万人次，培训“三项岗位人员”（单位主要负责人、安全管理人员和特种作业人员）4.31万人次。

·**安全生产专项整治行动** 年内，盐城市制定《全市安全生产专项整治行动“1+2+10”的三年行动方案》，组织开展安全生产专项整治行动。市级组织10个督导组对11个板块和11家安全生产监管重点职能单位开展督导巡查，检查企业（单位）513家，约谈569人，排查整改问题和隐患1547条。各县（市、区）成立106个督导组进驻镇街、园区开展督导工作，巡查177家单位、镇（园区、街道）。开展重点工业行业安全生产专项整治。排查化工行业非危化品生产企业风险点和问题隐患951条，至年底，风险点全部整改销号。做好东台市福利烟火信号厂关闭退出工作，清理东台市福利烟火信号厂镁粉、高氯酸钾、硝酸胍、硝酸锶、乌洛托品等生产原料11.95吨，成品1678箱。8月底，企业关闭退出。开展船舶修造行业安全生产专项整治工作，组织开展网格化大排查、大整治，排查发现风险隐患2127条，关停38家违规生产企业。年内，国务院督导组交办江苏省四批次问题隐患涉及盐城市的全部整改到位。

·**危化品专项整治** 年内，滨海县、大丰区2个化工园区智慧园区管理平台、重大危险源集中监控系统建成使用，42家重大危险源企业212个重大危险源全部接入监控系统。推进违法违规“小化工”百日专项整治行动，排查家企业、小作坊和小窝点等生产经营单位50.39万，发现违法违规“小化工”88家。全年立案查处89件（涉及77家），实施行政处罚98.7万元、没收违法所得2.4万元，收缴汽油7.6吨，移送司法机关15人。监督检查化工（危化品）企业5309家次，排查整改隐患1.87万条，关闭取缔5家，停产整顿7家。其中，市应急管理局会同部分县（市、区）对45家化工（危险化学品）生产企业开展“体检式”安全检查，排查完成整改7031条，处罚485万元，暂扣安全生产许可证1家。

·**农业安全生产专项整治**　年内，盐城市开展“百团进百万企业”安全生产学习宣讲活动，市、县农业农村部门负责人到所属行业领域企业开展专题宣讲，市本级累计开展专题宣讲19次，宣讲企业580家次，人数1333人次。开展农业安全生产专项整治行动，渔业、农机条线出动安全检查人员2.18万人次，检查各类生产经营单位1.82万家次，排查安全隐患3532个。其中，开展执法检查1232家次，立案查处违法行为524起，罚款108.31万元，责令8家生产经营单位停产整顿。全年全市排查出涉渔“三无”（无船名号、无船籍港、无船舶证书）的船舶（浮子筏、快艇）1134艘，经过整治，拆解浮子筏326条、“三无”渔船12艘，查扣“三无”渔船18艘，规范管理778艘紫菜养殖、海洋捕捞船用辅助类浮子筏。打击农药违法生产经营活动。全市有农药生产企业32家，农药经营单位4068家。全年累计指导培训农药生产、经营、使用单位1902场次，指导培训1.6万人次；检查农药生产企业350家次，查处整改问题45起；检查农药经营单位5193家次，查处整改问题506起，销毁问题农药0.38吨，接受群众投诉举报4条，查处问题3个；检查种植基地3915家次，查处整改问题61起；抽样送检农药产品465个，合格产品452个，合格率97.2%。年内，全市农业安全生产形势保持稳定，渔业领域发生生产安全事故4起，死亡3人，同比分别下降55.6%、50%；农机领域发生生产安全事故1起，无亡人，同比分别下降93.8%、100%，实现年度事故防控“双下降”目标。

·**安全隐患防控**　年内，市应急管理局挂牌督办重大隐患50条，解决斗龙港河闸闸体安全隐患等问题。组织专家组对全市42家冶金等工贸企业进行安全生产标准化运行质量审计，对12家企业给予三级标准化摘牌。对全市7家深井铸造企业开展“家家到”检查，发现问题和隐患106条。联合安责险承保机构聘请省级专家12人，分6组对全市50家金属冶炼重点企业和50家重点粉尘涉爆企业开展安全生产风险评估服务，发现问题或提出建议892条。全年全市检查工贸企业（场所）2.81万家次，出动检查人员6.52万人次，排查整改隐患12.33万条（重大隐患97条）。组织开展烟花爆竹安全专项检查、县级互查、执法检查，组织开展烟花爆竹批发企业家家到检查，全年全市烟花爆竹领域立案查处19起，处罚15万元。

·**安监执法**　年内，市应急管理局落实年度监督检查计划，采取暗查暗访、双随机、集中执法、专项执法等方式，立案9817起，实施行政处罚8562万元，停产整顿企业329家，关闭取缔企业100家，追究刑责1117人，曝光136家企业非法违法行为。组织开展全市安全生产异地交叉执法，全市11个检查组检查企业45家，发现隐患和问题570个，当场下达执法文书69份，事前立案38件，占检查企业比例84.4%。市应急管理局会同市生态环境局开展环境安全联合执法督查，对6家建有治污设施的重点排污单位和重大环境风险源企业进行检查，发现整改环保设施安全隐患67条。

·**安全事故调查处理**　年内，市应急管理局加大安全事故调查处理力度，提级调查响水县“4·27”事故，调查盐城经济技术开发区、盐南高新区3起事故，追究负有责任的生产经营单位7家，追究企业责任人员15人，移送司法机关的企业责任人1人，追究政府及部门责任单位5家，追究政府及部门责任人员9人（其中诫勉谈话3人、提醒谈话6人）。

·**市级危化品生产安全事故应急演练**　9月24日，市安委会在江苏滨海沿海工业园区举行2020年盐城市危险化学品生产安全事故应急救援综合演练活动。演练共调集应急、消防、公安、环保、气象、电力等11个部门和单位180人参演，动用各类消防车14辆、灭火机器人1台、200毫米2千米远程供水泵组1套和各类应急救援抢险保障车11辆。　（孙成刚）

消防安全

·**概　况**　2020年，盐城市加强消防安全管理，试行重点单位消防安全责任人、管理人持证上岗制度。加强消防应急演练能力建设。对标“主力军”“国家队”职责定位，对照“全灾种”“大应急”救援要求，提升消防指战员和政府专职队员实战打赢能力。提升消防宣传能力，建成高标准全媒体中心并实体化运行。围绕火灾防控专项整治“一年小灶”行动，开展打通“生命通道”、高层建筑、大型商业综合体等消防安全专项整治，召开住宅小区、重大火灾隐患整治和化工企业消防安全管理等现场会，提升消防安全治理水平。全面加强消防基础设施建设，制定《盐城市主城区2021年消防站规划建设方案》《盐城市镇级政府专职消防队站建设三年规划（2021—2023）》，构建所有城镇建成消防救援力量“全覆盖”体系。开展消防培训，全年免费培训社会人员489人次，发放结业证书366份。年内，盐城市消防救援支队被应急管理部记集体三等功、被省减灾委评为防灾减灾能力提升先进集体，西环路特勤站、响水县黄海路消防救援站被应急管理部记集体一等功，滨海县永宁路消防救援站团支部获评江苏省五四红旗团支部；西环路特勤站站长蒋永伟被评为全国青年岗位能手，响水县消防救援大队陈家港政府特勤消防站队长李井泉被评为全国119消防先进个人，西环路特勤站班长崔慕、响水县黄海路消防救援站副班长严庄伟被评为江苏省优秀共青团员。

· 火灾态势 2020年，全市发生火灾起数255起，死亡1人，受伤3人，直接财产损失694.4万元。与2019年同期相比火灾起数下降41.91%，直接财产损失下降63.65%。

从发生火灾的原因上看，电气火灾和生活用火不慎是引发火灾的主要原因。全年因违规用电引发的火灾127起，占火灾总起数49.8%；生活用火不慎引发火灾38起，占火灾总起数14.9%；另外生产作业不慎引发的火灾22起、遗留火种引起的火灾11起、自燃引发的火灾8起、吸烟引发的火灾2起、各类放火引发的火灾2起、烟花爆竹引发的火灾4起、其他原因引起的火灾41起。

从起火场所上看，住宅、宿舍类火灾仍居高不下，垃圾及废弃物类火灾明显减少。全年发生住宅、宿舍类火灾72起，占火灾总起数28.23%；垃圾及废弃物类火灾3起，占火灾总起数1.18%，同比减少20个百分点；交通工具类火灾51起，占火灾总起数20%；物资仓储场所火灾21起，占火灾总起数8.24%；商业及公共场所火灾11起，占火灾总起数4.31%；厂房火灾15起，占火灾总起数5.88%；交通工具类火灾51起，占火灾总起数20%，造成直接经济损失348.5万元，占总经济损失39.61%；其他原因引起的火灾31起，占火灾总起数12.16%。

从行业类别上看，第一产业火灾12起，第二产业火灾29起，第三产业火灾19起，其中第二产业火灾损失较大。从火灾发生的时间看，6：00—22：00发生火灾201起，火灾数量占火灾总起数的78.82%，比各时段均值高出50.34%。

· 消防救援 年内，盐城市加强消防应急演练能力建设。提档升级市级地震、水域、化工3支专业消防队伍，组建11个建筑消防设施操作专业班组，新建1支防疫处置机动队和11支防疫突击队，深化"桌面推演+实战演练"研训机制，结合有影响火灾案例开展集中战评3次，针对"高低大化"建筑火灾、森林灭火及疫情防范等典型灾害事故开展课题研训5次、实战演练12次，组织各类考核、比武竞赛5次。参与抗洪抢险，抽调75名指战员、9辆消防车、5艘舟艇，先后前往沂沭泗、太湖及淮河流域，转战4地900余千米，连续奋战30天，完成抗洪抢险任务。年内，盐城市消防救援支队在全省第二届"火焰蓝杯"岗位练兵比武竞赛中获得团体第二名，在全省地震救援跨区域增援拉动演练中获得团体第六名。至年底，全市消防救援队伍接警出动8252次，出动车辆1.2万辆次、指战员6.17万人次，抢救被困人员298人，疏散被困群众294人，抢救财产价值5378万元。

· 消防宣传 年内，市消防救援支队建成高标准全媒体中心并实体化运行，全年在中央级媒体发稿15条，其中"消防开展机场防疫工作""妈妈做的饭"等策划选题被央视新闻网、应急管理部、新华网、中国消防等各类媒体转载；全年在微博、微信、抖音等平台上发布优质原创作品1194条。坚持社会化消防宣传，建立消防宣传服务队12支，开展消防宣传"五进"（进社区、进学校、进企业、进农村、进家庭）工作，在学校、企业、社区、农村设立消防宣传"特色站点"21个，建成集教育性、宣传性、科学性、科普性为一体的专业消防科普教育基地11处并免费对公众开放；签约地方媒体开展媒体隐患曝光环盐行动，定时发布消防稿件、曝光火灾隐患、发布消防安全提示，实现消防影响力、消防吸引力和消防宣传普及率的"三个持续提升"。开展指挥长宣讲消防安全活动2轮，累计宣讲28场次，受众11.5万人。

· 消防执法 年内，市消防救援支队检查单位1.4万余家、督改隐患1.4万余处、受案查处1381起、罚款1373.86万元，临时查封626处、责令"三停"（停产停业、停止使用、停止施工）114家、拘留268人，火灾总量实现"六年六连降"。排查建立2.1万家13类场所"底数、隐患、整改、责任"四个清单，督促整改隐患2.5万处。严格化工企业消防安全治理，组织召开化工企业消防安全管理达标创建现场会，会同应急管理部门对42家重大危险源单位开展专项督导，44家化工企业通过消防复产复验，全部建立"消防安全交底箱"。聘请第三方专业机构开展主城区消防安全风险

11月9日，盐城市首届最美消防员颁奖仪式举行　（胡万春　摄）

评估，整改销案51处重大和区域性火灾隐患；会同民政、民宗等部门整治129家养老机构和680家宗教场所消防安全问题。

· 消防设施建设 年内，盐城市加强消防基础设施建设。市政府制定《盐城市主城区2021年消防站规划建设方案》《盐城市镇级政府专职消防队站建设三年规划（2021—2023）》，明确2021年大市区拟建成4座一级消防站，7座二级消防站，7座小型消防站，至2023年全市所有乡镇（街道）分批建成107座政府专职消防站，实现全市所有城镇建成区消防救援力量"全覆盖"。年内，市区补建市政消火栓740只，推广安装简易喷淋设施667套、独立式烟感火灾报警探测器6173只、电气火灾监控系统758套、电动自行车智能充电装置886套、电动自行车电梯监控系统531个、消防车道监控305套。

· "3·11"剑桥公寓火灾处置 3月11日17：38，市消防救援支队"119"指挥中心接到报警，位于盐城市盐马路23号剑桥公寓电线起火。接警后，市消防救援支队指挥中心先后调动3个消防救援站，8辆消防车40名指战员到场处置。经过近两个小时的救援处置，成功将火扑灭，营救出被困人员51人，无人员伤亡。

· "4·6"东台市舒问科技有限公司仓库火灾处置 4月6日18：33，东台市消防救援大队"119"指挥中心接到报警，位于东台市东台镇三灶大街向西300米仓库着火。东台市消防救援大队同时向盐城市消防救援支队汇报。接警后，盐城市消防救援支队、东台市消防救援大队两级指挥中心先后调集2个消防救援站、7个政府专职队，14辆消防车、53名指战员赶赴现场处置。东台市政府组织公安、医疗、电力、燃气、环保、建设等应急联动部门及大型机械设备到场处置。19：45，火势得到控制。22：19，火势基本扑灭。此次火灾主要燃烧物质为内衣及袜子，过火面积约500平方米，无人员伤亡。 （崔　健）

表45　2020年盐城市火灾伤亡、损失情况统计表

地　区	火灾数（起）	死亡（人）	受伤（人）	直接经济损失（万元）
全　市	255	1	3	694.39
盐城经济技术开发区	9	0	0	19.42
盐南高新区	9	0	0	20.87
亭湖区	47	1	0	130.04
盐都区	26	0	0	67.93
大丰区	17	0	0	49.43
响水县	13	0	0	70.28
滨海县	38	0	0	173.71
阜宁县	21	0	3	46.64
射阳县	18	0	0	67.21
建湖县	23	0	0	28.78
东台市	34	0	0	20.08

市县发展

编辑　徐　昊

东台市

· **概　况**　东台市地处长江三角洲北翼、江苏沿海中部，位于盐城、南通、泰州三市交会处，新长铁路、沈海高速公路、204 国道、344 国道、228 国道、通榆河贯穿境内。市域总面积 3176 平方千米，辖镇 14 个及经济开发区、沿海经济区、高新区、西溪景区，年末总人口 107.22 万人。全年实现地区生产总值 893.4 亿元，一般公共预算收入 54.6 亿元，完成固定资产投资 483 亿元，外贸进出口总额 12.5 亿美元，城乡居民人均可支配收入分别为 43070 元、27023 元。2020 年，东台市通过中国长寿之乡创建评审，获评全国健康城市建设示范市、国家级节水型社会达标县。

· **农业经济**　年内，东台市实现农业总产值 237 亿元、农业增加值 132 亿元。全年完成粮食播种面积 15.28 万公顷，总产量 102.26 万吨；生猪年出栏 77 万头，存栏超 53 万头。建成 5 条高效农业示范带，形成西瓜、蔬菜、茧丝绸等 6 个超 30 亿元主导产业。全年全市新签约千万元以上农产品加工项目 31 个，新增江苏盐城源耀生物科技有限公司、江苏省翠源食品股份有限公司 2 家省级农业产业化重点龙头企业。至年底，全市有省部级以上龙头企业 16 家，规模农产品加工企业 313 家。获批创建国家绿色食品原料（西瓜）标准化生产基地，新创富安蚕茧、许河冬瓜、东台鳗鱼等 5 个国家地理标志（商标），总数 16 个。东台现代农业产业园创成国家现代农业产业园，弶港镇被认定为全国“一村一品”示范镇，三仓镇、富安镇成为全国乡村特色产业十亿元镇，富安镇获评江苏省味稻小镇。年内，东台市乡村振兴实绩考核位居全省县级综合排名第一等次。

· **工业经济**　年内，东台市实现全口径工业销售收入 1170 亿元，规上工业销售收入 739 亿元。新增销售收入超亿元企业 10 家、总数 150 家；新增规上工业企业 77 家。有纳税超千万元企业 38 家，盐城三星以上企业 26 家。培育新兴产业，电子信息、高端装备、新材料、大健康四大主导产业规模超 700 亿元；电子信息产业连续五年保持 30% 以上增幅，45 家企业开展 5G 产品研发制造。开展全员全域全年招商，设立 30 亿元产业投资基金，新开工亿元以上项目 70 个、新竣工亿元以上项目 42 个，总投资 700 亿元长三角（东台）康养基地项目签约落户，国内首个中外合资国华 50 万千瓦海上风电项目投运，3 个省重大项目、12 个省重点工业投资项目完成年度投资计划。推进创新转型，新创国家高新技术企业 88 家，建成国家级科技孵化器 2 个，创成省级研发中心 11 家、省级科技孵化器 39 家、省智能车间 4 个。开展“三项清理”，全年清理盘活僵尸企业 30 家、低效厂房 12 家、闲置土地 77.13 公顷，新增销售收入 60.2 亿元。年内，东台市在全国工业百强县（市）排名中列第 56 位。

· **第三产业**　年内，东台市完成服务业增加值 452.5 亿元，社会消费品零售总额 245.63 亿元，服务业增加值增速超地区生产总值增速 0.7 个百分点。城市消费商圈全面升级，中南城、吾悦广场等商业综合体建成运营，苏宁易购广场加快建设。全年接待游客 543.6 万人次，实现旅游收入 70.5 亿元，东台市创成省级全域旅游示范区，江苏黄海海滨国家森林公园创成国家森林康养基地、国家生态环境科普基地、省生态旅游示范区，西溪景区创成省级夜间文旅消费集聚区，甘港村、巴斗村分别创成全国乡村旅游重点村、江苏省乡村旅游重点村。金融行业稳步发展，年末各项存款余额 1071.5 亿元，各项贷款余额 728.3 亿元，东台市连续十年获评省金融生态优秀县（市）。

· **城乡建设**　年内，东台市加快实施城乡基础设施建设，综合交通体系日趋完善，盐通高铁东台站开通，高铁综合交通枢纽同步投入使用；建成北海路、金海路、老 204 国道铁路下穿工程 3 个，改造提升市域骨干道路 20 千米、四级公路 70 千米、危窄桥梁 85 座，建成旅游公路 1 号线。推进城市有机更新，推进七里漾主题休闲片区、串场河生态河景廊道建设，新建改造海棠路等城市道路 10 条，完成市区 25 个交通堵点治理和 18 条背街后巷整治。东亭一村、和平小区等 5 个老小区旧貌换新颜，新坝小区创成

东台市城市一隅　　（东台市政府办　供图）

省级宜居示范小区。建成口袋公园18个，新增、改造绿化面积13.4万平方米。建成污水管网23千米，完成5条黑臭水体治理，城市公厕被列为全省美丽宜居城市建设试点项目。组织实施城镇化项目175个，建成新型农村社区14个、改善农房1579户，甘港村获评全国文明村，4个村获评省特色田园乡村，5个村入选省传统村落，建成美丽宜居村庄220个。

·社会民生 2020年，东台市实施20件为民办实事工程，完成6个小区二次供水改造、9个村管道天然气配套、8个农贸市场改造提升，开通5G基站209个，建成融合教育资源中心14个。实验小学启平分校扩建工程、沿海实验幼儿园、高新区第一幼儿园投入使用，10所中小学完成基础设施配套提升。创成国家卫生乡镇12家，三仓镇、安丰镇被确认为全省首批农村区域医疗卫生中心，创成省社区医院4家。建成20片社会足球场，完成20个老旧小区室外体育设施安装，新增城市健身步道10千米。新建24小时书吧2个，举办“我为你诵读”活动30场，东台发绣入选国家非物质文化遗产名录，少儿二胡《湿地映画》、江淮说唱《相伴一生》创成省五星工程奖。三仓镇文化站和20个村综合文化服务中心入选省基层公共文化服务效能提升“十百千”工程，组织送戏下乡97场，开展惠民演出114场，“文化惠民轻骑兵”志愿服务项目获评省文明实践志愿服务重点项目。全力打好脱贫攻坚战，1.44万户建档立卡农户全部稳定脱贫，6个省定经济薄弱村全部达标摘帽，村集体经营性收入均突破20万元。组织引才用工活动58场，新增“陪读家长”生产线9条，新增就业再就业2万人，培育自主创业2971人，扶持农民创业1681人。推动全民参保，新增投保2.6万人，城乡基本养老、失业保险覆盖率超98%。

·获评国家级节水型社会达标县 11月25日，水利部公布第三批节水型社会建设达标县（区）名单，东台市获评国家级节水型社会达标县。东台市坚持“节水优先、空间均衡、系统治理、两手发力”治水方针，完善节水管理制度，实施节水减排工程，开展节水型载体建设，用水效率逐年提高。先后建成各级节水型载体99个，城镇节水器具推广实现全覆盖；完成农业水价综合改革面积1234平方千米，农业灌溉水有效利用系数提高到0.63；执行定额用水与计划用水相结合制度，所有自备水用户、自来水大户均纳入计划用水管理范围；推进雨水收集利用项目试点建设，水重复利用率不断提高。

·通过中国长寿之乡创建评审 年内，东台市创建中国长寿之乡工作通过专家评审。2019年，东台市启动中国长寿之乡创建工作，营造宜居宜业绿色环境，建成全国绿色食品原料标准化生产基地，绿色优质农产品比重超86%。健全康养体系，将健康融入政策，率先在省内编制健康城市发展规划。强化健康教育宣传，实施百岁老人健康管理行动，建立90岁以上老年人档案库，实施家庭医生签约，定期随访，跟踪管理，提供健康指导和健康保障。制定系列惠老政策，常态化开展高龄老人祝寿走访慰问、老年人免费体检等活动。连续多年举办“董永杯·孝亲敬老之星”评选活动和“敬老文明号”创建活动，尊老敬老孝老蔚然成风。至年底，东台市全域人口平均预期寿命82.59岁，高于全国5.29岁，80岁以上高龄人口占60岁以上人口的15.2%，有百岁（周岁）老人152人，平均每10万人中有百岁老人13.96个，均超过中国长寿之乡评选标准。

·创成江苏省全域旅游示范区 6月25日，东台市被江苏省文旅厅确定为全省第二批省级全域旅游示范区。东台市坚持“大旅游、大市场、大产业”定位，推进“全域旅游全景东台”建设，构建东部“世遗”风光、西部人文历史、中部田园乡村为主的环形旅游格局，逐步成为长三角知名生态休闲度假胜地。至年底，东台市建成国家AAAA级景区3个、AAA级景区3个，国家森林公园和国家森林康养基地各1个，全国生态环境科普基地和全国乡村旅游重点村各1个，省乡村旅游重点村、省级旅游度假区、省级生态旅游示范区各1个。

·入选首批全国儿童青少年近视防控适宜技术试点市 11月11日，国家卫健委发文公布首批全国儿童青少年近视防控适宜技术试点区县名单（2020—2021年度），东台市入选其中。东台市着眼影响学生视力健康的主要因素，探索、推广、应用儿童近视防控适宜技术，构建综合防控体系，压降儿童近视率。成立市儿童近视防控中心，新增各类设备85台，每年2次对1.8万名儿童开展视力筛查。新增散瞳验光免费项目，定期邀请省专家团队坐诊，“一人一策”个性化制定预防治疗方案。每年邀请省、市专家开办“开学第一课”，编排录制儿童近视防控动画视频，先后开展近视防控的讲座和巡诊52场次。实施教学环境焕新工程，更新升降课桌椅500套。

·国内首个中外合资海上风电项目落户东台 10月20日，由国家能源集团与法国电力集团（EDF）合资建设的国华东台50万千瓦海上风电项目揭牌。该项目是全国首个中外合资海上风电项目，项目总投资80亿元，一期项目总装机30.24万千瓦，建设75台机组，填补全球单桩基础风电机组整体安装施工技术空白；二期项目总装机20万千瓦，建设50台机组，是国内具有潮间带施工特点的离岸最远、露滩施工规模最大的海上风电场。项目年发电量14亿千瓦时，可节约标煤44.19万吨，减排二氧化碳93.75万吨、二氧化硫1704吨。

·东台现代农业产业园创成国家现代农业产业园 12月23日，东台现代农业产业园通过农业农村部、财政部验收，创成国家现代农业产业园。园区总面积1.77万公顷，重点发展以西瓜为主，甜叶菊和其他果蔬为辅的产业格局，形成“1+1+N”的复合种植模式。依托吴明珠院士工作站，成立东台西甜瓜产业研究院，创成“两品一标”

产品47个，建成特色农产品品牌馆。培育多元化新型主体，创新联农带农利益分配模式，引进农业龙头企业17家、合作社组织69家，带动就业超3.7万人。全年园区总产值59.33亿元。

·弶港镇获评全国“一村一品”示范镇 11月11日，农业农村部公布第十批全国“一村一品”示范村镇，东台市弶港镇获评全国“一叶一品”示范镇。甜叶菊为弶港镇农业特色项目和农民增收支柱产业，“弶港甜叶菊”被农业农村部认定为国家农产品地理标志产品。弶港甜叶菊科技园集优质种苗繁育、示范种植和产品展示于一体，年生产优质种苗1亿株以上，形成集育种、育苗、种植、加工、复配、有机肥于一体的全产业链。至年底，弶港镇甜叶菊产业规模面积533.33公顷，辐射带动东台市1万多农户，“甜叶菊＋蔬菜”复种模式亩产收入达万元，全产业链收入突破5亿元。

·蹲门湾湿地修复 蹲门湾湿地位于江苏盐城湿地珍禽国家级自然保护区南实验二区内川水港周边，毗邻条子泥湿地公园和江苏省大丰麋鹿国家级自然保护区，湾内湿地水草丰美，物种多样，约有50头野生麋鹿和数千只鸟类在湿地内栖息生活。为进一步修复生态环境，推行永久性退渔还湿，3月，东台市启动蹲门湾湿地修复项目，一期项目投资5000万元，修复总面积466.67公顷，其中示范区面积253.33公顷、辐射区面积213.33公顷。湿地修复整合后分为淡水区、麋鹿区、鸟类栖息区、盐蒿草种植区四大功能区域，并配套路道、绿化、观鹿台、观鸟台等设施。至年底，一期项目竣工。 （顾 君）

表46 2020年东台市各镇（区）基本情况统计表

镇（区）	土地面积（平方千米）	耕地面积（公顷）	年末人口（万人）	行政村（居）（个）	地区生产总值（亿元）				财政收入（万元）	粮食总产量（万吨）	人均可支配收入（元）
					合计	一产	二产	三产			
东台镇	180.53	10015	22.12	41	158.72	8.37	34.70	115.65	101215	9.74	33610
溱东镇	75.74	3403	4.01	14	51.21	3.93	27.18	20.10	29365	3.49	39760
时堰镇	102.26	5735	6.47	30	51.53	5.03	23.72	22.78	25323	5.63	33870
五烈镇	129.27	7840	8.21	22	47.01	8.02	14.62	24.37	20951	7.74	29050
梁垛镇	132.17	7552	7.57	31	61.30	6.15	29.40	25.75	53293	7.13	32550
安丰镇	71.27	3762	4.61	18	46.94	5.93	15.04	25.97	22364	3.99	32150
富安镇	170.00	8334	8.59	34	59.98	10.92	21.25	27.81	20916	8.83	32350
三仓镇	157.25	8857	6.40	26	45.96	11.29	7.92	26.75	11247	4.35	32370
头灶镇	206.74	13964	6.90	24	48.46	10.21	17.06	21.19	14587	11.99	31610
南沈灶镇	103.21	6714	4.77	14	27.83	7.17	7.94	12.72	8464	5.32	29050
许河镇	106.90	5613	4.40	20	26.25	8.07	5.53	12.65	7529	4.44	32480
唐洋镇	107.43	5283	4.46	21	28.33	6.10	7.89	14.34	8465	3.53	30050
新街镇	102.88	3965	3.82	12	26.65	9.66	4.64	12.35	6888	0.73	29640
沿海区（弶港镇）	1617.47	15337	4.68	20	51.66	11.24	18.55	21.87	83163	6.26	34470
经济开发区	71.67	3219	4.73	11	107.57	2.30	69.70	35.57	168085	2.77	33640
高新区	38.47	1671	3.73	8	34.75	1.43	10.22	23.10	86227	1.44	33640
西溪景区	11.05	397	1.53	5	7.58	0.65	1.08	5.85	17958	0.15	33610

建 湖 县

· 概　况　建湖县地处盐城市中西部，土地总面积1157.07平方千米，辖镇11个、街道3个，总人口76.47万人。其中，建湖经济开发区和钟庄街道、建湖高新技术产业开发区和塘河街道、九龙口旅游度假区和九龙口镇实行区（街道）镇合一行政管理体制。全年完成地区生产总值593.88亿元，其中第一产业增加值53.89亿元、第二产业增加值247.06亿元、第三产业增加值292.94亿元。实现一般公共预算收入31.66亿元，其中税收收入23.4亿元；固定资产投资189亿元，社会消费品零售总额完成188亿元，外贸进出口总额4.3亿美元；城镇居民人均可支配收入39023元，农村居民人均可支配收入23481元。2020年，建湖县获评中国虾稻米之乡，创成国家卫生县城、国家级节水型社会达标县、全国主要农作物生产全程机械化示范县、全国县域数字农业农村发展先进县、江苏省粮食生产全程机械化整体推进示范县和江苏省农房改善工作先进县。

· 农业经济　年内，建湖县实现农林牧渔业总产值95.44亿元，其中农业产值42.34亿元、林业产值1.37亿元、牧业产值16.08亿元、渔业产值27.98亿元、农林牧渔服务业7.67亿元。全年全县农产品网上零售1.71亿元。粮食播种面积9.51万公顷，产量72.2万吨。全年新发展稻虾综合种养面积3333.33公顷，新发展稻田综合种养面积1880公顷。大闸蟹成为水产业优势主导产业，河蟹年产量1.3万吨，产值超10亿元，九龙口大闸蟹有限公司被认定为第一批省特色优质种苗中心。全年生猪饲养量16.8万头，出栏10.5万头，年末存栏6.3万头，能繁母猪存栏0.62万头。创建水稻绿色高质高效示范片15个，其中5000亩以上示范片3个、千亩示范方12个。年内，全县新培植农业龙头企业14家、总数185家；有新增省级农民合作社4家、总数1143个；有新发展家庭农场51家、总数680家。年内，"遇建湖鲜"区域品牌发布，"建湖大米"获省好吃苏米品鉴大赛金奖，"九龙口冲浪鱼"获国家地理标志证明商标。

· 工业经济　年内，建湖县全口径销售收入505.68亿元，规上销售收入408.87亿元，规上应税销售370.87亿元，规上工业入库税金10.37亿元，工业用电量17.48亿千瓦时。高端装备、电子信息、新能源三大主导产业完成规上销售收入263.4亿元。传统产业规上销售收入145.5亿元，其中纺织服装行业规上销售收入37.3亿元；建材行业规上销售收入36.3亿元，3家皮鞋及鞋材行业规上企业销售收入3.94亿元，入库税金4570万元。70家纺织服装行业规上企业中，23家实现正增长。全年实施"两重一实"工业项目84个、重点技改项目30个、新增长点项目80个。入库税金超千万的工业企业25家，销售超亿元企业88家。新培育"四上"企业133个，其中规上工业企业59个、资质等级建筑业企业41个、限额以上批零住餐企业30个、限额以上服务业企业3个。实施"三项清理"项目85个，新增销售收入58.5亿元，实现税收8527.3万元，清理闲置土地19个，盘活低效厂房41个。年内，13家工业企业获评市三星级以上企业，其中道尔道科技有限公司、江苏剑牌农化股份有限公司为四星级企业。

· 第三产业　年内，建湖县实现服务业增加值292.94亿元，社会消费品零售总额188亿元，服务业入库税收18亿元。年末存款余额646.73亿元，贷款余额427.78亿元。全县"两重一实"项目中服务业类项目16个，其中新建项目9个、续建项目7个，全年完成投资12.18亿元。年内，建湖舟谱科技有限公司整合天宇超市、永源商贸等9家经销商资源和运输车辆，建成6800平方米云仓库1个，入库品种3000多个，实行"统仓统配"，镇区配送率100%，村居网点配送率64.37%。建成县级物流分拨中心2个、镇级物流服务站15个、农村物流服务点198个，形成三级农村物流网络体系。实施全县旅游高质量发展三年行动计划，开工建设32个，投资20.01亿元，久悦康养中心、特色民宿、淮剧小镇等重点项目实施，蔷薇蔓居、芦荡客栈、都天庙戏台投入运营，旅游公路2号线、7号线建湖段建成投用。至年底，全县有AA级以上景区5家，省二星级以上乡村旅游区5家，注册旅行社8家，三星级以上旅游饭店3家。全年接待游客105万人。

· 城乡建设　年内，建湖县推进基础设施建设，实施建宝路快速化改造，建成人民北路、物流大道铁路下穿工程，宝龙城市广场项目落户。排查维修路灯1680盏次，处理平台故障75起，各类线路、变压器及配电柜故障230处，更换损坏线路4500米。完成配农网工程建设374项，新建改造配网架空线路134.65千米、电缆线路40.52千米。新建改造农村电网低压线路89.35千米，低压电缆33.92千米；提档升级农村公路28千米，改造危桥44座，实施安保工程35千米。实施农房改善，全年搬迁改造自然村庄180个，签订搬迁协议1.02万户，改造"四类重点对象"住房422户，新建扩建16个新型农村社区；建成省级美丽乡村6个、省级特色田园乡村4个、省级传统村落2个，恒济镇建河村创成全国文明村。开展全域土地综合整治，整治后街巷道22条，整治老旧小区12个，改造升级农贸市场10个，拆除各类违法建设4.1万平方米，改造棚户区1069户12.8万平方米。上冈镇树新村、洋中村土地整治做法被中央电视台《焦点访谈》栏目、《新华日报》等媒体报道，高作镇被列为全国全域土地综合整治试点镇，恒济镇、九龙口镇被列为省级试点镇。新建、改造污水管网39千米，其中新建主干支管网19千米、改造管网20千米，完成县城污水管网清淤52千米。实施垃圾分类小区51个，生活垃圾无害化处理率100%；新（拆）建改造闸站140座，疏浚大中小沟244条，加修加固不达标圩堤39.1千米，通过国家级县域节水型社会达标建设省级验收；建设生态河道33条，河道疏浚463万立方米，整治村庄河塘227条286万立方米。

· 社会民生 年内，建湖县城镇职工五项保险、城乡居民基本养老保险分别新增扩面3.5万人次、5.1万人次，职工基本医疗保险报销费用最高限额提高至53万元，大病保险取消报销封顶限额，实现长三角跨省异地就医门诊刷卡结算。县智慧化养老服务平台建成使用，县福利中心投入运营。推进"健康建湖"建设，全民健康体检惠及群众34.6万人，建立居民电子健康档案65.2万份，新增市级重点（特色）专科6个，成立苏北人民医院建湖分院、扬州大学建湖临床医学院，县第二人民医院创成全省首批农村区域性医疗卫生中心。年内，建湖中专对口单招本科达线人数列全市第一名，汉开书院开工建设，育红小学城东校区、上冈小学创成全国青少年校园足球特色学校，县实验小学城南校区、汇文初中汇文校区创成全国青少年校园篮球特色学校。实施文化惠民工程，"周末文化超市"入选省"百千万"工程优秀活动品牌，杂技传承基地建成投用。开设数字图书馆，建成图书馆公众服务微信平台。开展创新特色"双湖读吧""周末经典悦读"品牌，形成"小手拉大手"全民阅读社会风尚。新创杂技报告剧《芦苇青青菜花黄》完成首演；杂技节目《登上凌寒独自开——集体杆技》在第二届"世界语言"国际青少年马戏节比赛中获银奖；小淮剧《喜鹊》获五星工程奖；举办第二届中国淮剧之乡艺术周活动，淮剧《罗英访贤》《马一刀与肖神剪》《谷家大事》、淮海戏《皮秀英四告》等剧目上演。

· 获评中国虾稻米之乡 9月22日，建湖县被中国粮食行业协会命名为中国虾稻米之乡，是全国第二个虾稻米之乡。建湖县稻虾种养面积1.33万公顷，亩产水稻500千克、龙虾150千克以上，综合效益是传统水稻种植的5倍，年产虾稻米12万吨。建湖县实施稻虾共作标准化工程，建立"虾稻米"标准生产体系，完善虾稻共作生产技术、小龙虾养殖饲料、虾稻共作绿色食品等标准和规范，发布"建湖县'虾稻共作'技术规程""建湖大米"等标准，推广水稻集中育秧、病虫害绿色防控、小龙虾健康养殖等标准化生产技术，实现虾稻共作的绿色有机化发展。

· 获评省农房改善先进县 年内，建湖县农房改善工作受江苏省政府通报表扬，获评省农房改善绩效考核评价优秀县、省农房改善工作先进县。建湖县印发《新型农村社区工程建设操作规程》《农民自建房质量安全指导意见》，鼓励农民进城购房809户、进镇购房254户、进社区购房3113户、改造"四类重点人群"（建档立卡户、低保户、分散供养户、贫困残疾户）危房422套，按省定口径完成农房改善4986户。新建扩建新型农村社区16个，住房3087套，建立建档立卡户1.26万户、低保户5656户、分散供养特困户3653户的住房台账，改造614户住房安全问题。完成152个行政村生活污水处理设施，行政村覆盖率68.2%。至年底，全县累计搬迁改造自然村庄383个，改善农户3.6万户，建成新型农村社区31个，住房6309套。九龙口镇收成村、建阳镇西尖村、冈西镇顾顶村、芦沟镇联星村被列为全省农房改善示范项目，恒济镇恒东村新型农村社区入选全省农房改善示范案例。建湖县农房改善工作问卷调查群众满意度96.8%。

· 获评全省土壤污染综合防治试点县 年内，建湖县践行绿色发展理念，开展土壤污染综合防治专项整治行动，污染地块安全利用率90%。完成重点行业企业用地共8个地块的采样、流转与测试，样品检测分析数据上传至国家系统，编制完成调查自评估报告。盐城双马化学有限公司土壤治理修复主体工程施工完成，进入土壤修复效果评估阶段。年内，建湖县获评全省土壤污染综合防治试点县。

· 获评"四好农村路"省级示范县 8月11日，建湖县被省政府办公厅评为"四好农村路"省级示范县。年内，建湖县按照"建好、管好、护好、运营好"总目标，投入资金9.15亿元，建设农村公路603.4千米，危桥改造457座，构建联网畅通的农村公路"微循环"。整合各部门涉农道路项目资源，实施3.5米以下美丽乡村道路通达工程257千米。全县农村公路通车总里程1649.5千米，实施农村公路安保工程645千米，设置限高门架265处，整治农村公路路域环境113千米，栽植绿化195万平方米；设置镇村公交候车厅67座、站牌186面，建设公交停车场站

12月4日，杂技报告剧《芦苇青青菜花黄》完成首演　（刘海栋　摄）

14个，开通镇村公交线路39条。

·淮剧小镇游客中心、村民中心主体竣工 年内，建湖县以国家文华奖经典剧目《小镇》为原型，在沙庄古镇打造淮剧小镇。淮剧小镇在融入芦荡总体风貌基础上，整体环境做足生态感，建筑风貌保持原乡感。将淮剧剧目、冠服、油彩等元素，依托地砖、墙绘、室内装饰、停车场、旅游厕所、引导标识等载体创意设计，打造江苏首个淮剧主题综合服务中心。游客服务中心整体面积1300平方米，按照AAAAA级智慧旅游景区标准建设内部集散接待中心，提供电子信息、App咨询、智能讲解、休息、邮寄、游线设计、旅游商品售卖等旅游服务和医疗紧急救援、旅游厕所、邮电等配套设施，完善导览系统村史馆整体面积1500平方米，村史馆除基本老照片、老物件、生活场景还原等展陈空间外，增加露天电影、音乐主题餐吧、文创产品店等娱乐与商业空间，打造主客共享的展示空间。至年底，淮剧小镇游客中心、村民中心项目主体竣工。

·抗疫题材淮剧《谷家大事》上演 11月20日，大型现代淮剧《谷家大事》在江苏大剧院上演。《谷家大事》取材于颜单正清米业公司向武汉捐赠25吨大米事迹，书写普通人在新冠肺炎疫情防控中的情感抉择与报国大义，反映民众在危难面前心怀国家、无私奉献、勇敢善良的可贵精神。该剧首演即获第八届江苏省淮剧艺术展演月优秀剧目奖，同时入选中国戏剧家协会2020年重点题材新创剧目改稿会。 （周星辰）

表47 2020年建湖县各镇（区、街道）基本情况统计表

镇（区、街道）	土地面积（平方千米）	耕地面积（公顷）	行政村（居）（个）	地区生产总值（亿元）				一般公共预算收入（万元）	粮食总产量（万吨）	人均可支配收入（元）
				合计	一产	二产	三产			
上冈镇	236.85	15541	45	77.57	11.61	23.57	42.39	17273	19.03	20677
建阳镇	96.24	5453	22	43.88	4.10	21.83	17.95	14509	5.26	22321
颜单镇	55.90	2664	8	23.49	2.83	11.32	9.34	8631	1.93	20654
恒济镇	73.40	4014	12	26.04	3.71	10.73	11.60	7009	3.46	21079
庆丰镇	93.16	5943	21	40.53	3.64	19.05	17.84	10656	6.86	22485
高作镇	69.55	4753	16	20.60	2.94	7.08	10.58	8435	5.29	21181
芦沟镇	73.80	4877	16	21.88	4.55	6.29	11.04	8207	4.31	20622
沿河镇	84.02	5456	15	20.91	3.56	6.50	10.85	7770	3.35	20494
冈西镇	68.11	4343	15	16.03	3.26	4.87	7.90	3898	5.16	19424
宝塔镇	50.77	3324	12	10.70	2.52	3.17	5.01	3549	4.27	18102
九龙口度假区（九龙口镇）	75.51	3253	11	26.00	4.38	8.54	13.08	5705	2.92	21239
开发区（钟庄街道）	92.96	4890	21	62.30	3.06	43.42	15.82	37200	5.82	25638
高新区（塘河街道）	30.16	1165	8	45.28	0.65	21.58	23.05	26221	1.08	23734
近湖街道	56.64	2335	26	158.67	3.08	59.10	96.49	43465	2.13	26084

射阳县

·概 况 射阳县位于中国大陆南北地理分界线的东部起点，地处江苏沿海中心位置，全县海域面积5130.67平方千米，海岸线总长105.95千米，土地总面积2605.72平方千米，辖镇13个、省级经济开发区2个（江苏射阳经济开发区、江苏射阳港经济开发区）、市级园区1个（射阳县高新科技创业园），有省属农场3家、市属盐场1家，行政村（社区）238个，年末户籍人口93.63万人。2020

年列入市统计的 23 项主要经济指标中有 22 项总量或增幅居全市前三位，其中固定资产投资、一般公共预算收入增幅列全市第一位。全年实现地区生产总值 592.36 亿元，一般公共预算收入 30.9 亿元，固定资产投资 309.72 亿元，注册外资实际到账 9114 万美元，外贸进出口总额 7.5 亿美元，城镇和农村常住居民人均可支配收入分别为 35406 元、22859 元。2020 年，射阳县获评全国县域经济竞争力百强县、投资潜力百强县和营商环境百强县。

· 农业经济 年内，射阳县实现粮食总产量 113.65 万吨，生猪存栏 39.22 万头，出栏生猪 52.7 万头。新上千万元以上农产品要求加工项目 12 个，新增省级农产品加工集中区 1 个、省级农业龙头企业 2 家。射阳大米品牌价值 245.32 亿元，射阳白菊入选全省首批特色农产品优势区，洋马镇入选 2020 年全国农业产业强镇。推进农业园区建设，射阳现代农业产业园创成省级农业科技园。推进农业安全生产，射阳县获评全省粮食生产全程机械化示范县、农产品质量安全县。举办 2020 年射阳农民丰收节，开展“醉美菊海庆丰收”开幕式、“携手小康路、共奔现代化”村企联建交流暨脱贫攻坚成果展示活动、“鹤乡优品展”农产品展示及产品推介会、“悦读鹤乡”射阳县农民读书节、“墨香流韵”书美摄暨手工艺品展览活动、“畅跑田园、逐梦鹤乡”健康跑、“品牌创意大比拼”创意农业和品牌包装设计技能大赛、“百舸争流千帆竞”农业农村先进人物和典型事迹征文评选活动、“网聚青力量、助农促销费”农产品青年电商评选暨射阳县农产品直播中心启动仪式九大主题活动。

· 工业经济 年内，射阳县完成全口径销售收入 560.6 亿元，规上销售收入 354.3 亿元，规上应税销售收入 297.3 亿元。新获批规上工业企业 72 家，获批星级企业 19 家。射阳港区一类开放口岸正式获批。射阳远景能源科技有限公司、江苏长风海洋装备制造有限公司和江苏省农垦麦芽有限公司获批 5 星级企业。利用云洽谈、云签约方式组织韩资专题招商说明会等活动，实际使用外资 9114 万美元；组织企业参加上海进博会和线上广交会、华交会等，多途径开拓国际市场，实现外贸进出口额 7.5 亿美元。年内，合德高新科技创业园获批国家火炬特色产业基地。西门子海上风电研究院落户射阳港经济开发区。上海题桥江苏纺织科技有限公司获批省示范智能车间，江苏省农垦麦芽有限公司等 4 家企业获批省级企业技术中心。

· 第三产业 年内，射阳县服务业实现增加值 28.9 亿元，社会消费品零售总额 222.3 亿元，服务业税收 22.5 亿元。全年全县新培植服务业规模企业 86 家，其中规上服务业企业 27 家、限上贸易企业 59 家。争取中央预算内投资资金 667 万元，省级服务业引导资金 100 万元，全年对服务业中小企业发放财政贴息资金补助 147.97 万元。举办第四届江苏菊花文化艺术节、丹顶鹤文化艺术节、海棠文化旅游节、黄沙港开渔节等旅游节庆，开展省级全域旅游示范区创建单位名录，安徒生童话乐园通过 AAAA 级景区景观质量评定，日月岛康养旅游度假区获评 2020 全国森林康养基地试点建设单位，滨湖会议中心获评四星级旅游饭店，洋马镇贺东村创成省级乡村旅游重点村。年内，射阳县农商行被认定为市级服务业四星级企业，盐城图恩软件有限公司、射阳晶王科贸有限公司被认定为市级服务业三星级企业。射阳港港口物流园、射阳石材交易市场申报市级现代服务业集聚区并分获 AAAA、AAA 级市级服务业园区。射阳港港口物流园获评省级示范物流园区。

· 城乡建设 年内，射阳县城乡建设条线编制国土空间规划和组团专项规划，完成国土空间开发保护现状评估、规划编制招标工作，做好生态红线调整评估工作，编制完成县城十大组团规划。清零 15 个烂尾地块，永胜小区、大自然小区西侧、丰和名都南侧、清华园西侧等地块成功上市。市民中心、吾悦广场、安徒生童话乐园、妇幼保健院等重点工程交付使用，红旗西路等 4 个口袋公园陆续建成，幸福大道人行天桥及周边区域绿化受到群众好评，44 个非机动车道遮阳棚投入使用。改善 1.4 万户农房，开放大道炮营段、双山路北延等 3 条断头路打通，拆除双山路、黄海路 2 个转盘提高车辆通行能力，县城 14 条黑臭水体整治到位，改造实施 10 个老旧小区，解危 D 级危房 190 户、C 级危房 133 户。

射阳安徒生童话乐园 （射阳县政府办　供图）

· **社会民生** 年内，射阳县实施20个为民办实事项目，总投资48.24亿元。新城小学、海河小学、新城幼儿园、通洋幼儿园建成使用，17片社会足球场地、13片笼式多功能灯光球场建成开放；教师发展中心、少年体育学校、新城文体中心、人民东路幼儿园、达阳幼儿园开工建设，实施薄弱学校改善提升工程项目39个，优化整合薄弱小规模学校10所；新增省级智慧校园27所、省优园1所。射阳县人民医院新院区主体封顶，射阳县妇幼保健院投入使用，启动实施县中医院综合改造项目，建成投用县人民医院、中医院、疾控中心3个核酸检测实验室；完成海通、兴桥等4家镇卫生院、30家村卫生室的提档升级；持续实施全民健康体检工程；挂牌成立名医工作室4个，基本公共卫生服务代表盐城市接受省级考评，位列全省前列。杂技艺术中心主体封顶，3个阅读新空间建成对外开放。小戏《村长喊你上直播》获省政府文艺奖五星工程奖，推出杂技剧《丝路之旅》，淮歌《爱不够的地方是射阳》在央视播出，歌曲《红手印》入选全国百首抗疫精品歌曲。

· **国内首款量产碳拉挤梁叶片下线** 4月23日，由远景能源有限公司和株洲时代新材料科技股份有限公司共同研发的国内首款批量生产的碳拉挤梁叶片——EN161叶片成功在射阳下线。EN161叶片相比传统玻璃纤维叶片，具有更低的密度、更高的强度，适合叶片大型化、轻量化发展趋势，对持续开拓海上叶片市场，引领长叶型大叶片的尖端工艺及制造技术具有深远意义。

· **2020（上海）· 射阳大米新闻发布会暨推介宣传活动** 11月21日，2020（上海）· 射阳大米新闻发布会暨推介宣传活动在上海市举行。推介会发布“射阳大米”品牌建设成果、射阳大米质量溯源双码管理品牌价值评价情况、地方标准及维权市场净化情况。射阳大米集团有限公司作射阳大米新米上市推介。射阳大米集团有限公司与上海禾文农业科技有限公司，江苏食为天粮油收储有限公司与上海老大同食品营销公司等12家企业签订合作协议。27位射阳大米经销商代表签订诚信经营承诺。

· **首届射阳大米产业发展论坛** 12月19日，以“绿色跨越 · ‘芯’启未来”为主题的首届射阳大米产业发展论坛在射阳县举办。活动现场举行射阳大米购销集中签约活动，协议金额3亿元；发布射阳大米“十三五”期间成果；为中国地理标志产品系列丛书《射阳大米》卷发行揭幕。

· **《射阳县2020年挥发性有机物专项治理工作方案》印发** 7月，射阳县印发《射阳县2020年挥发性有机物专项治理工作方案》。《方案》明确治理工作任务：推进源头替代，禁止建设生产和使用高挥发性有机物含量的溶剂型涂料、油墨、胶粘剂等项目，结合实际加快工业涂装、包装印刷等重点行业低挥发性有机物含量源头替代进度，并制定源头替代实施方案；突出园区综合治理，强化射阳染整园区和产业集群统一管理，鼓励开展监测、排查、环保设施建设运营等一体化服务，加强挥发性有机物重点企业治理，排查梳理辖区内化工、工业涂装、包装印刷等重点行业企业挥发性有机物情况，制定县级挥发性有机物重点排放监管企业名录；控制无组织排放，组织环境管理、执法及企业人员宣传贯彻《挥发性有机物无组织排放标准》，明确无组织排放控制要求；深化改造治污设施，加大对企业治污设施的分类指导，鼓励企业合理选择治理技术；加强油气回收治理，加快推进加油站、油罐车和储油库油气回收治理，埋地油罐全面采用电子液位仪进行汽油密闭测量，规范油气回收设施运行；精准管控臭氧污染，根据挥发性有机物排放情况，更新完善臭氧应急管控企业清单，制定可量化、可操作、可考核的停限产或错峰生产措施，在实施年度臭氧控制方案的基础上，紧盯重点时段、重点行业，强化臭氧轻度污染天应急管控，提升优良天数比率。《方案》要求加强组织领导，细化工作任务，明确相关镇区、部门根据具体目标任务、时间节点、责任部门和人员，严密监测监控、严格执法监管，统筹推进挥发性有机物专项治理工作完成。 （别立雄）

表48 2020年射阳县各镇基本情况统计表

镇	土地面积（平方千米）	耕地面积（公顷）	年末人口（万人）	行政村（居）（个）	地区生产总值（亿元）				财政收入（万元）	规模以上工业收入（亿元）	粮食总产量（万吨）	人均可支配收入（元）
					合计	一产	二产	三产				
合德镇	204.00	7912	18.70	33	105.10	6.78	35.93	62.39	35003	25.40	7.42	27855
临海镇	229.28	8835	7.79	20	44.16	8.74	14.93	20.49	11003	25.10	10.10	28144
千秋镇	157.54	10334	6.04	18	25.90	7.28	7.10	11.52	4004	10.50	9.39	23325
四明镇	174.57	10853	7.99	23	23.51	7.30	6.69	9.52	4007	2.90	10.87	21890
海河镇	243.00	14253	10.25	28	36.42	9.25	10.59	16.58	7304	12.90	16.48	24820
海通镇	88.60	3747	3.36	10	32.52	5.87	11.87	14.78	8507	20.40	3.31	30447

续表48

镇	土地面积（平方千米）	耕地面积（公顷）	年末人口（万人）	行政村（居）（个）	地区生产总值（亿元）				财政收入（万元）	规模以上工业收入（亿元）	粮食总产量（万吨）	人均可支配收入（元）
					合计	一产	二产	三产				
兴桥镇	128.00	7333	5.29	15	23.10	4.83	8.53	9.74	6110	6.50	7.77	27298
新坍镇	98.75	5000	4.88	14	22.49	5.65	7.12	9.72	4006	5.70	5.89	23847
长荡镇	95.91	6528	4.34	14	26.73	4.82	10.29	11.62	4008	4.80	5.42	25356
盘湾镇	94.95	4902	3.86	12	34.43	5.80	12.91	15.72	8807	14.40	4.36	31584
特庸镇	102.48	5816	3.99	12	24.17	5.20	9.19	9.78	4030	5.00	2.17	27224
洋马镇	98.57	6604.06	3.04	8	25.25	5.35	9.49	10.41	4847	10.90	4.31	28790
黄沙港镇	37.00	1038	1.86	8	25.67	6.09	8.58	11.00	12109	14.40	0.96	29471

阜宁县

· 概　况　阜宁县地处盐城市中北部，南北长52.5千米，东西宽48千米，县域总面积1438.8平方千米。全县辖建制镇13个、街道办事处4个、社区2个、省级经济开发区1个。2020年，全县年末户籍总人口110.34万人，实现地区生产总值574.22亿元，三产业比重11.62 ：40.96 ：47.42，完成固定资产投资166.88亿元，实现一般公共财政预算收入28.31亿元，注册外资实际到账0.23亿美元，进出口总额5.2亿美元，社会消费品零售总额229.06亿元，城乡居民人均可支配收入分别为33772元和21312元。

· 农业经济　年内，阜宁县粮食种植面积12.68万公顷、总产量96.7万吨，新建牧原、沪青2个大型规模化猪场，生猪存栏34万头、出栏56万头。加大农业结构调整力度，新增设施农业面积1186.67公顷，创建水稻绿色优质高效示范片11个，“马家荡小龙虾”获批国家地理标志证明商标。开展农业招商，开工亿元以上农业项目3个，其中10亿元以上项目1个。

· 工业经济　年内，阜宁县实现全口径工业销售收入404亿元。全县有销售收入超亿元企业48家，新增规上工业企业44家，新增市税收超千万元企业16家，星级企业5家，获批省三星级上云企业18家。中材科技风电叶片股份有限公司获评国家级绿色工厂，阜宁协鑫光伏科技有限公司被工信部列为光伏制造行业规范企业名单，阜宁阿特斯电力科技有限公司入围“5G+工业互联网”融合应用项目，雷纳德流体智能科技江苏股份有限公司、阜宁县宏达石化机械有限公司获得国家“两化”融合贯标证书。培育科技创新主体，新增国家高新企业45家，总数150家，建成省级工程技术研究中心1家、省级星创天地1家，7家企业获评省“两化”融合试点企业试点企业，7家企业获评国家“两化”融合贯标评定企业，30家企业获评省三星级上云企业，其中阜宁协鑫光伏科技有限公司获评省四星级上云企业。培育信息化应用行业标杆企业7家、省示范智能车间3家，全县PCT专利申请实现历史突破，新增设立登记企业3120户。落实“一揽子”惠企政策，兑付2019年度县工业经济奖补资金8161.8万元,开通“阜企帮扶”App，全年帮助企业解决问题140个。

· 第三产业　年内，阜宁县实现服务业增加值260亿元，社会消费品零售总额210亿元。推进重点服务业项目建设，洲业汽车城局部运营，凤凰广场开业，润发广场、富强仓储集散中心建设之中。旅游业加快复苏，桃花源创建国家AAA级景区，金沙湖夜荷、夜沐、夜宴系列夜旅游品牌活动成效显著，日均接待游客超5000人次。年内，阜宁县被纳入省级全域旅游示范区创建单位。

· 城乡建设　年内，阜宁县改造老旧小区5个、背街小巷15个、低洼易涝地段4个，完成城河路5.5千米污水主管网建设，建成城市污水处理厂三期工程。实施串场河沿线环境综合整治,沿线生产生活污水全部纳管处理。推进绿化造林。全县有成片林面积314.67公顷,新增、改造绿地面积30公顷，县城绿化覆盖率42.6%。年内，阜宁县通过复审，沟墩镇、罗桥镇创成国家卫生镇，三灶镇创成省卫生镇。

· 社会民生　年内，阜宁县实现建档立卡户全部脱贫、经济薄弱村收入全部达标。针对疫情影响，对脱贫不稳户和易致贫户、边缘村“一对一”落实增收帮扶措施，促进建档立卡劳动力返岗复工1.9万人。实施“万企联万村、共走振兴路”行动，扶持经济薄弱村发展项目67个，全县涉农村居集体经营性收入村平36.9万元，金沙湖万企联万村经验在全省推广。实施政府为民办实事工程，新城水厂进场施工，潮河取水口工程竣工，新改建农村道路65千米，维修、改造危桥275座，建成35

水美阜宁　　（阜宁县志办　供图）

个农贸市场检测室，完成16万平方米房屋征收搬迁。举办线上线下招聘活动103场，为708家企业发放稳岗返还资金1439万元，兑付职业技能提升补贴1450万元，发放富民创业贷款1.1亿元。全年送戏300多场、送电影2961场、送展览40场，大型现代淮剧《十品半村官》获省淮剧艺术节特别奖，县杂技团被中国杂技家协会评为先进集体。县人民医院创成三级综合医院，县人民医院南院区二期工程开工建设，在全省率先构建县镇村三级医保服务网络。推进澳门路幼儿园、县城改建高中等项目建设，全县高考本一达线数、高分层人数均居全市第三位。全年建成医养结合型护理院2家、居家养老服务中心10个。

· 第二十届“5·18”经贸洽谈会　5月19日，阜宁县举行第二十届“5·18”经贸洽谈会。会前，与会人员集中观看阜宁“5·18”宣传片。会上集中签约亿元以上项目20个，计划总投资63亿元。其中，1亿～5亿元项目16个，5亿～10亿元项目3个，10亿元以上项目1个。

· 第六届中国（阜宁）“滤料节”　9月18日，第六届中国（阜宁）“滤料节”、全国纺织行业“阜宁杯”缝纫工（滤袋）职业技能竞赛、中国产业用纺织品行业协会过滤与分离用纺织品分会年会、过滤用纺织材料创新发展论坛在阜宁县举行。会上，举行中国非织造布（阜宁）职业技能培训中心授牌仪式，为全国纺织行业“阜宁杯”缝纫工（滤袋）职业技能大赛获奖选手颁奖。全体与会专家学者和企业家一起参观环保滤料产业园、阜宁环保滤料科技中心环保滤料线上线下交易市场等现场。

· 阜宁（上海）现代农业招商推介　10月19日，2020年阜宁（上海）现代农业招商推介暨“七彩阜宁”农产品产销对接会在上海市举行。推介会通过“阜宁发布”App和微信公众号现场直播。活动现场，与会人员观摩体验阜宁县农产品展示区，21个涉及农业产业化项目、产学研项目、农产品订单销售项目集中签约，总投资4.4亿元。

· 阜宁（上海）旅游招商推介会　10月20日，阜宁（上海）旅游招商推介会在上海市举办。上海市文化和旅游公共服务中心负责人，上海市文化和旅游局宣传推广处负责人以及上海市、北京市、浙江省等地旅游、投融资企业负责人，60家上海重点旅行社负责人、30余家上海主流新闻媒体记者和在阜宁县投资的企业家代表应邀参加。推介会现场签约11个旅游重点合作项目。

· 芦蒲烈士陵园入选第三批国家级抗战纪念设施　9月3日，阜宁县芦蒲烈士陵园入选国务院公布的第三批国家级抗战纪念设施。芦蒲烈士陵园内新四军盐阜区抗日阵亡将士纪念塔建于1943年，是盐城市建造最早的抗日烈士纪念碑之一。塔区总占地面积3.07万平方米，纪念塔四周有10块刻上烈士姓名的大理石纪念碑，北侧、西侧设有烈士墓群。

· 益林镇入选第六届全国文明镇推荐名单　10月29日，中央文明办公示第六届全国文明村镇候选名单，益林镇入选第六届全国文明镇推荐名单，是盐城市唯一一家入选推荐乡镇。益林镇位于里下河平原，国、省道贯彻东西南北，3个高速连接线直达镇区，新长铁路、徐宿淮盐高速铁路在境内设站，是阜宁县副中心，是盐阜地区战略要地和商业重镇，享有“江北小上海”美誉。

· 新涂村入选第六届全国文明村推荐名单　10月29日，中央文明办公示第六届全国文明村镇候选名单，陈良镇新涂村入选第六届全国文明村推荐名单。陈良镇新涂村位于阜宁县城南侧，毗邻陈良镇集镇，水陆交通便捷，是典型的“鱼米之乡”。　（曹征雷）

表49　2020年阜宁县各镇（区、街道）基本情况统计表

镇（区、街道）	土地面积（平方千米）	耕地面积（公顷）	年末人口（万人）	行政村（居）（个）	地区生产总值（亿元）				一般公共预算收入（万元）	规模工业产值（亿元）	人均支配收入（元）
					合计	一产	二产	三产			
沟墩镇	112.10	7285	6.38	22	41.70	8.53	17.43	15.74	6052	5.30	27186
陈良镇	67.55	4524	4.37	16	20.29	3.84	5.83	10.62	2603	1.81	21862
三灶镇	88.71	6192	5.58	18	15.96	2.75	5.42	7.79	3030	1.15	18612
新沟镇	77.40	5212	5.25	15	24.12	4.71	7.97	11.44	7925	15.00	25542
陈集镇	80.53	5229	5.21	19	17.62	3.58	5.57	8.47	1833	1.10	19314
羊寨镇	94.26	5982	5.80	19	16.41	2.96	4.70	8.75	2818	0.78	18082
芦蒲镇	86.66	5066	5.12	19	12.30	2.87	4.81	4.62	2212	2.35	17998
板湖镇	69.28	4776	4.83	18	17.12	2.65	7.55	6.92	2627	2.89	20514
东沟镇	66.28	4100	5.01	19	27.91	3.03	14.24	10.64	4449	6.22	22910
益林镇	108.74	6681	9.19	24	58.29	5.18	25.57	27.54	15546	31.59	24783
古河镇	87.14	5976	5.76	20	16.35	3.44	5.41	7.50	1865	2.53	19513
罗桥镇	88.71	6142	5.80	20	18.19	4.69	7.11	6.39	2272	0.66	20257
郭墅镇（高新区）	76.05	5361	5.03	17	25.61	2.16	13.26	10.19	8543	31.77	20740
花园街道（开发区）	56.20	2213	5.03	20	68.15	2.48	44.02	21.65	65609	131.74	23409
硕集社区	47.32	3607	3.15	8	9.13	2.60	2.00	4.53	628	0.61	21630
公兴社区	57.72	3166	3.12	13	7.44	2.98	1.42	3.04	638	0.67	21456
阜城街道	64.67	2070	17.91	26	121.94	1.87	55.52	64.55	49337	48.35	30918
吴滩街道	81.50	6126	5.38	21	18.93	4.95	6.26	7.72	2308	1.17	20827
金沙湖街道	22.64	1164	2.23	7	5.55	1.44	1.10	3.01	2602	0	22371

滨海县

·概　况　滨海县位于盐城市东北部，东临黄海，南依射阳河、苏北灌溉总渠与射阳县交界，西与涟水县毗邻，西南与阜宁县相连，北隔废黄河、中山河与响水县相望。东西最大直线距离55千米，南北最大直线距离47千米。县域面积1949.6平方千米，其中耕地面积9.99万公顷、滩涂面积1.07万公顷，海岸线44.6千米，辖镇11个，省级经济开发区1个，村（居、社区）300个。境内驻有省属国营滨淮农场、淮海农场（部分）以及市属新滩盐场。年末总人口121.25万人。2020年，实现地区生产总值503.86亿元，完成一般公共预算收入24.36亿元，社会消费品零售总额227.21亿元。城乡居民人均可支配收入分别为35134元、20610元。

·农业经济　2020年，滨海县粮食面积7.58万公顷，平均亩产630千克，生猪栏存49.03万头，全年出栏53.8万头。年内通过2020年部级非洲猪瘟无疫小区建设省级初步验收。推广优质食味稻米面积1.33万公顷，建成稻虾共作基地面积3006.67公顷；蔬菜播种面积1488.67公顷，其中设施蔬菜面积940公顷；新增园艺作物面积6140公顷。新上蔬菜冷库5座，储存量1.12万吨，新建梨园标准化示范基地1个，界牌、八巨千亩果园2个。实施畜禽养殖废弃物资源化利用项目，新上八巨、通榆粪污集中处理中心2个。推进科技兴农，投资4.5亿元的滨海农旅·朗坤农科园主体部分基本建成。

·工业经济　年内，滨海县实现全口径工业销售收入274.6亿元、规模工业销售收入233.8亿元，入库税收7.52亿元，注册外资实际到账6067万美元，实现进出口总额5.4亿美元。关闭退出低端落后化工企业34家，电子信息、汽车零部件、新能源等新兴产业销售收入占工业销售收入比重超过60%。全年全县新建省市工程技术研究中心8家，有国家高新技术企业98家。全年新开工亿元以上项目42个，新竣工亿元以上项目20个。汽车零部件科技创业园创成市级孵化器，朗坤农业星创天地获批省级星创天地。滨海沿海工业园被省政府认定为全省14家化工园区之一。推进"三项清理"，清理"僵尸企业"30家，土地10.86万平方米；盘活低效厂房29家24.44万平方米；处置闲置土地38.03万平方米；盘活"僵尸"楼宇3幢9.4万平方米。

·第三产业 2020年，滨海县实现社会消费品零售总额227.2亿元，网络零售额29.24亿元，服务业增加值233亿元，累计实施商贸服务项目18个。全年全县接待游客120多万人次，实现旅游收入12亿元，旅游产业增加值占地区生产总值比重为2.4%。推进梨花语生态旅游度假区建设，打造集梨产业链、梨文化体验、梨文化、旅游交流等功能于一体的梨产业示范基地，完成投资1.4亿元，建成游客中心、香蕉坞市集、萌宠乐园等主体建筑。年内，滨海县获评新时代·中国最美乡村旅游目的地。

·城乡建设 年内，滨海县实施城建交通重点工程103项，完成资金投入110亿元左右。新建改造港城路北延、育才路东延、海滨大道东延等道路8条23.15千米。完善公共配套，打造县城10分钟健身圈、医疗圈、教育圈和便民服务圈，推进文化艺术中心、市民服务中心、县人民医院迁建等重大功能性项目建设，建成东元高中、坎北小学等5所学校，完成城西公交枢纽站、城西便民疏导点等便民服务设施建设，城市公共服务水平不断提升。加快交通重点工程建设，站前路、站东路建成通车，东海大道、北海大道、滨海大道主路面全面建成；实施农村公路提档升级48.65千米、大中修73.97千米，桥梁改造91座，安全生命防护工程75千米，年内获评省级四好农村路示范县。开展城乡公交一体化运营工作，64辆私人运营公交车全部回收，县城开通9条公交线路，线网总规模108.3千米。推进城市管理常态化、精细化、标准化，取缔流动摊点7000余处，规范出店经营8000余户；统一改造富康路等7条路店店牌347块，粉刷阜东路等路段墙体3.5万余平方米；新建海滨大道等16座遮阳挡雨棚，完成5处口袋公园建设，新建县城公厕10座，新建农村公共厕所32座，改造县城公厕20座，新增全域垃圾分类镇区、街道3个。

·社会民生 年内，滨海县民生类支出占一般公共预算支出比重82.8%，21件民生实事完成资金投入47.5亿元。举办返乡创业系列活动，支持成功创业3127人，带动就业9324人，开展职业技能培训0.95万人，新增私营企业3627家，创成省级家政服务业培训基地1个。开展全民参保计划扩面专项行动，全额资助10.67万名困难人员参加基本医疗保险，新增基本养老保险参保7.11万人。县人民医院、妇保院项目5栋楼全部封顶，县第三人民医院建成投用。县疾控中心完成PCR实验室改建，基层医疗卫生机构预防接种门诊标准化建设实现全覆盖。县人民医院创成三级综合医院，县中医院通过二甲复审，县第二人民医院创成二级中西医医院。全民体检累计220万人次，异常跟踪管理60万人次，农村"两癌"筛查6.4万人。低收入人口县内住院实现精准识别，全县34家一级以上定点医疗机构全部实行"一站式"结算，按病种付费病种数量增至222个。新建学校4所、改扩建学校23所，新增省优质园2所、省智慧校园示范校1所、省智慧校园合格校27所，获评教育部足球特色学校4所、省足球特色幼儿园2所、体育特色学校10所，创成省健康促进金牌学校2所。中小学校5200多台教室空调投用。县文化艺术中心主体建筑基本封顶，博物馆完成一楼主体建筑。举办第二届乡村春晚、战"疫"摄影展等线上线下活动140多场，2人入选中美协会员，《首乌花开》入选2020年省艺术基金资助项目。

滨海县西湖公园 （陈其龙 摄）

·获批国家级电子商务进农村综合示范县 年内，滨海县以全国第一批、全省第一名成绩通过商务部、财政部、国务院扶贫办的评审，获批国家级电子商务进农村综合示范县。滨海港经济区首乌村作为全市电商脱贫示范单位参加商务部和央视财经频道开展的"百村直播看脱贫"大型融媒体宣传活动。滨海县以打造苏北地区电商强县为目标，加快电商园区载体建设，引进电商发展平台，完善电商物流配套，推进电子商务进农村，打造农特产品品牌，助推创业就业增收富民，打造全民创业"升级版"。打造"两大电商功能区、三类特色电商产业、五个园区载体"，形成"235"电商产业发展格局。至年底，全县创成省级农村电商示范县 1 个、省级电商示范基地 1 个、省级电商示范镇 2 个、省级乡镇电商特色示范园（街）2 个、省级电商示范社区 1 个、省级电商众创空间 1 个、省级电商示范企业 1 个和省级电商示范村 7 个。

· 获评苏北地区农民群众住房条件改善工作优秀县 7 月 23 日，苏北地区农民群众住房条件改善省级工作推进办公室下发《关于对 2019 年度苏北地区农民群众住房条件改善工作绩效评价优秀市县通报表扬的通知》，滨海县入选其中。滨海县通过组织推动，建设社区，建设完善配套，全力改善群众住房条件。实施集镇提升工程 48 个，拆除房屋 7804 户、约 55 万平方米。推动新型农村社区建设，八巨前案、坎北长法、八滩界山、天场秉义 4 个新型农村社区被评为省特色田园乡村。

· 滨海沿海工业园通过省化工园区认定 11 月 2 日，全省定位化工园区、化工集中区名单正式公布，滨海沿海工业园被认定为全省 14 家化工园区之一。滨海沿海工业园重点发展新医药、新材料两大主导产业。新医药构建"原料药 + 成品药"全产业链，医药产业园入驻成品药及配套项目 50 家，全年实现销售收入 80 亿元、入库税收 5 亿元。新材料向高性能复合材料、功能高分子材料等系列下游高端成型材料延伸。

· 滨海农旅 · 朗坤农科园开工 3月 21 日，滨海农旅 · 朗坤农科园开工典礼举行。滨海农旅 · 朗坤农科园项目由安徽朗坤物联网公司与江苏苏美达集团合资建设，携手华为公司，运用最先进的大数据、农业人工智能、5G 等科技技术，重点建设包含 23.3 万平方米无人农场、6.94 万平方米高科技智能温室、1.16 万平方米"三农云"农业大数据服务中心、7200 平方米垂直农场、4200 平方米农创中心、6600 平方米园区旅游、研学、培训等接待功能区域及农业观光和休闲农业服务点及 300 平方米现代农业科技展厅。项目采用国际最先进的光谱选光材料，装备自动化控制系统，并引进以色列农作物培育模式和管理技术，依托朗坤农科园对全县周边农业产业形成辐射，同时结合新型的栽培模式和智能节能的农业设施建设，打造中国第一朵"三农云"、全国农业科技技术示范区、全国首家乡村振兴整县推进样板县。

· 现代淮剧《首乌花开》获评江苏省紫金文化艺术节优秀剧目奖 现代淮剧《首乌花开》由滨海县淮剧团创作排演，主要讲述苏北黄海边的大淤村在驻村第一书记于思禾帮扶下，全村种植首乌增收脱贫的故事。整台戏紧扣时代脉搏，主题鲜明，剧情跌宕起伏，剧中既有驻村干部的奉献担当，也有邻里之间的守望相助，既有亲情与历史的交融，也有传统与现代的碰撞，再现驻村干部扎根农村、克服重重困难带领广大群众脱贫致富的真实场景，反映精准扶贫在基层落地生根开花结果的生动实践。年内，现代淮剧《首乌花开》先后获江苏省第八届淮剧艺术展演月优秀剧目奖、江苏省 2020 紫金文化艺术节优秀剧目奖、盐城市政府文艺奖一等奖等奖项。（王　敏）

表50　2020年滨海县各镇（区、街道）基本情况统计表

镇（区、街道）	土地面积（平方千米）	耕地面积（公顷）	年末人口（万人）	行政村（居）（个）	地区生产总值（亿元）				财政收入（万元）	粮食总产量（万吨）	城镇居民人均可支配收入（元）	农村居民人均可支配收入（元）
					合计	一产	二产	三产				
八巨镇	69.02	3994	5.28	12	20.36	2.91	9.50	7.95	4216	4.36	—	19127
八滩镇	111.85	5773	8.87	22	36.28	4.70	17.67	13.91	4449	3.96	29406	24505
通榆镇	56.00	2843	3.99	11	14.21	2.18	6.89	5.14	7807	3.62	—	23674
滨淮镇	200.00	11058	10.82	27	37.13	6.47	21.51	9.15	8995	11.45	23632	—
蔡桥镇	96.00	5177	6.04	17	18.73	3.28	7.56	7.89	2984	3.59	23522	—
正红镇	148.00	8244	10.67	31	44.38	9.20	13.64	21.54	7979	0.91	—	26124
界牌镇	122.69	8000	8.00	21	28.43	5.39	12.79	10.25	14763	10.33	—	19281
天场镇	81.94	4008	4.99	14	16.78	1.84	10.91	4.03	6399	3.10	—	17672
五汛镇	152.54	9580	8.63	31	41.73	8.06	17.38	16.29	5985	6.23	35134	28616
滨海港镇	139.62	5671	5.97	15	25.60	6.97	10.57	8.06	8160	6.21	24220	24220
陈涛镇	110.89	6802	6.96	19	19.91	3.97	6.75	9.19	10444	20.41	—	18470

续表50

镇（区、街道）	土地面积（平方千米）	耕地面积（公顷）	年末人口（万人）	行政村（居）（个）	地区生产总值（亿元）				财政收入（万元）	粮食总产量（万吨）	城镇居民人均可支配收入（元）	农村居民人均可支配收入（元）
					合计	一产	二产	三产				
滨海港经济区	195.66	8297	9.23	2	26.95	7.05	8.89	11.01	5293	8.04	—	20264
农业园区	63.17	2932	4.69	13	12.90	2.14	4.92	5.84	7649	3.02	—	24733
东坎街道	99.15	2684	22.25	30	73.14	3.68	34.98	34.48	15121	3.71	35134	26350
坎北街道	72.60	2297	7.04	8	8.30	3.05	1.13	4.12	4223	2.69	35134	26165

响 水 县

·概　况　响水县位于长三角区域一体化最北端，因灌河潮起潮落、跌水轰鸣数里而得名，拥有43千米黄海岸线和46千米灌河岸线。区域面积1473.8平方千米，年末户籍人口61.89万人。辖镇8个、中心社区4个、省级经济开发区1个和市级工业经济区1个，村（居）152个。全年实现地区生产总值405.74亿元，一般公共预算收入23.1亿元，社会消费品零售总额104.99亿元，城乡居民人均可支配收入分别为33554元、19843元。

·农业经济　2020年，响水县实现农林牧渔业总产值89.58亿元，农作物总播种面积11.39万公顷，其中粮食播种面积8.45万公顷，粮食总产量6.05亿千克。新植果树面积666.67公顷，水果总产量1万吨，产值5200万元。蔬菜播种面积3.54万公顷，其中绿色蔬菜产量48.53万吨，产值16.88亿元。新增设施园艺面积1200公顷、设施林果面积133.33公顷、设施渔业面积220公顷，新发展经济林果面积666.67公顷、稻田综合种养面积813.33公顷。农机总动力80.9万千瓦，农业综合机械化水平90%。新培育县级以上农民合作社示范社28家，新增家庭农场41家，规模农业龙头企业发展到24家（市级以上农业龙头企业）。有市三星级以上现代农业园区6个。响水西兰花获评国家地理标志产品。

·工业经济　年内，响水县实现全口径工业销售收入1069.55亿元，完成规上工业销售收入1016.35亿元，规上工业销售收入总量列全市第一位。全年引进实施10亿元以上重大项目14个，亿元以上项目49个，总投资35亿元德龙二炼钢项目开工建设，总投资22.5亿元的不锈钢五连轧、六连轧竣工投产，总投资近百亿元的24个不锈钢产业链项目加快推进，钢铁职业技术学院开工建设。新签约总投资70亿元的金盈纸业项目，新开工总投资60亿元的金田纸业和总投资12.5亿元的富勤纸业，14个亿元再生纸产业链项目加快推进。年内，江苏德龙镍业有限公司完成销售收入890亿元，跃居中国民营企业500强第231位、盐城民营制造业企业50强第1名。

·第三产业　年内，响水县实现服务业增加值171.96亿元，社会消费品零售总额104.99亿元。年内，文化艺术中心、全民健身中心、开元温泉酒店等项目完成主体工程，市民服务中心全面竣工，欧亚风情街、淮河路网红街等特色商业街区初具规模，港口现代物流园一期工程加快推进。云梯关景区提升工程全面完成，成功举办盐城市第三届中国农民丰收节暨首届响水西兰花节，九丰农博园获批国家AAA级旅游景区，春夏采摘赏荷二日游成功申报江苏省休闲旅游农业精品线路，十里桃园成功申报省级主题创意农园。

·城乡建设　年内，响水县加快城乡建设。完成县城66个道口综合整治，植入遮阳雨棚等一批城市元素，完成部分路段绿化提升和亮化一期工程，改造灌河路等10条城市主干道，整治城西小浦片区、城中麻纺厂地块、东园街马路市场、城南大理石市场。深化与银宝集团、海兴集团、盐城港控股集团的战略合作，推进陈家港片区重点项目建设，326省道陈家港段绿化提升全面完成，金港大街改造加快推进，四六草港片区环境整治成效明显。镇区污水处理厂实现第三方运行，建成102个行政村污水处理设施。完成无害化卫生户厕改造2万座，疏浚整治县镇村三级河道267条，打造生态河道23条，小尖镇全域人居环境整治成效显著，全县三分之一村庄创成美丽宜居村庄。

·社会民生　年内，响水县启动实施民生补短板三年行动计划，全年民生领域投入超50亿元，占公共财政支出80%以上，20件为民办实事工程超额完成年度目标任务。灌江高级中学、通榆河小学、灌东小学、立礼小学4所新建学校投入使用，37所学校改扩建工程全面完成，解决大班额问题。县人民医院新院区、妇幼保健院进场施工，40个村居卫生室改造提升全面完成，实现省级卫生室达标建设全覆盖。响水美术馆完成装修，灌河书院对外开放，建成健身步道23千米。新增城镇就业4600人。完成脱贫致富奔小康工程各项任务，脱贫攻坚成果得到巩固。第七次全国人口普查工作基本完成。抓好信访矛盾化解，初信初访化解率94%。开展扫黑除恶专项斗争，完善社会治安防控体系，群众安全感进一步增强。

9月22日，盐城市庆祝2020年“中国农民丰收节”暨首届“响水西兰花节”开幕

（王双飞　摄）

·响水县农业科技示范基地入选国家农业科技示范展示基地　4月20日，农业农村部印发《关于开展国家农业科技示范基地建设的通知》，响水县农业科技示范基地入选其中。响水县农业科技示范基地创建于2014年，按照技术模式先进、发展定位明确、科技支撑有力的标准，以南京农业大学和江苏省农业科学院为依托，助推全县现代农业快速发展。2016年获省农委批准为全省首批现代农业科技综合示范基地。至2020年底，实现年引进示范果蔬优新品种60个以上，示范展示新技术和种植模式8项以上，年培训农民800人以上。

·“灌河创客”孵化园获批国家级众创空间　4月，“灌河创客”孵化园获批国家级众创空间。“灌河创客”孵化园成立于2015年，有入园企业83家，在孵企业70家，毕业13家。年内，园区在孵科技创新型企业39家，申请实用型专利12个，知识产权商标5个，初步形成科技实力雄厚的孵化中心，为创业者和创业企业搭建良好平台环境。

·全国西兰花新品种观摩交流会在响水县举行　11月6日，全国西兰花新品种观摩交流会暨共建长三角（响水）西兰花产业研究院签约活动在响水县举行。全国知名蔬菜行业负责人，江浙沪蔬菜产业科研院所专家、教授、学者以及相关农技人员参加观摩交流会和签约揭牌仪式。与会人员先后在响水县十公里西兰花海、双港镇国家现代农业科技示范展示基地、响水西兰花产业研究院育苗基地、响水县旭腾农业有限公司西兰花加工车间观摩；观看响水西兰花宣传片；围绕西兰花品种改良、品质提升、科技引领、产业融合、乡村振兴、长三角一体化发展等相关领域进行交流。现场揭牌长三角（响水）西兰花产业研究院。

·九丰农博园获批国家AAA级景区　年内，九丰农博园获批国家AAA级景区。九丰农博园位于326省道南河镇境内，由九丰农业集团投资兴建，总投资10亿元，占地133.33公顷。一期86.67公顷的高标准设施蔬菜种植区、3万平方米的智能观光温室于2018年底建成投运。二期全国单体最大的占地6公顷植物工厂于2020年10月建成运行。三期新建休闲旅游区和4公顷的研发中心。年内，新建改造14.7千米西兰花旅游大道，竣工通车。

·响水县民生托底救助工程　年内，响水县对困难群众遭遇重大疾病、失智失能、因公共安全事件造成人员伤亡和家庭财产损失等突发情况实施民生托底救助，全年投入保费416万元。通过走村入户、张贴宣传海报、印发宣传手册和在《响水日报》专版刊登等方式，建立主动发现机制，提高基层群众参与度，对符合相关保险责任的人群，督促承保公司提供便捷利民服务、简化理赔流程、缩短理赔周期，提高理赔效率。全年全县民生托底救助综合保险理赔到位677起633.88万元，其中公共安全家庭财产救助保险367起98.67万元、公共安全人身伤亡救助保险20起50.19万元、重病支出型困难救助保险125起384.25万元、护理险165起100.77万元。其中，7月22日，小尖镇条房村、郭庄村遭遇8级大风袭击，县、镇两级及时对15名因灾导致生活困难人员和受伤住院的低保户、分散特困供养人员，简化程序，开展先行救助，全面摸排受风灾影响的困难群众，开展理赔工作，家庭财产救助保险赔付261户68.95万元。

（杨　帆）

表51　2020年响水县各镇（区）基本情况统计表

镇（区）	土地面积（平方千米）	耕地面积（公顷）	年末人口（万人）	行政村（居）（个）	地区生产总值（亿元）				一般公共预算收入（万元）	粮食总产量（万吨）	人均可支配收入（元）
					合计	一产	二产	三产			
响水镇	62.66	2526	8.57	11	46.57	2.04	11.71	32.82	11115	1.96	26886
小尖镇	108.78	7417	10.26	30	46.66	9.87	9.49	27.30	8141	9.83	22199
陈家港镇	83.76	3487	6.92	19	119.86	7.16	84.39	28.31	68065	4.26	25094
大有镇	112.35	7548	6.07	14	25.64	5.72	7.75	12.17	5347	8.86	18438
南河镇	116.97	8306	6.19	19	26.82	5.49	8.42	12.91	1987	8.51	19629
双港镇	127.92	8132	6.32	17	26.24	5.75	7.25	13.24	5522	5.96	18892
运河镇	131.92	8745	7.55	22	31.54	5.02	9.05	17.47	5214	8.19	17364
黄圩镇	68.85	4447	3.54	10	15.08	2.62	4.31	8.15	2833	4.02	20245
经济开发区	6.30	66	3.68	10	53.68	1.63	39.93	12.12	28120	1.24	24802

大 丰 区

·概　况　大丰区位于江苏沿海中部，是盐城的滨海新城区、大市区副中心，同时是江苏省面积最大的城市区，坐拥世界湿地自然遗产核心区。区域总面积3059平方千米，下辖镇11个、街道2个、省级开发区2个，境内有江苏省属农场3家、上海市属农场1家，年末总人口70.1万人。2020年，实现地区生产总值686.78亿元，一般公共预算收入53.57亿元；全口径工业销售收入1143.42亿元，其中规上工业销售收入946.25亿元；城镇常住居民人均可支配收入40975元，农村常住居民人均可支配收入26754元。

·农业经济　年内，大丰区实现农林牧渔产值182.22亿元，农林牧渔增加值104.76亿元。农作物播种面积21.938万公顷，其中粮食播种面积13.51万公顷，粮食总产量91.34万吨；油料播种面积8431公顷，油料总产量2.51万吨；蔬菜播种面积6.33万公顷，蔬菜总产量273.17万吨；果园面积4650公顷，年产各类果品6.52万吨。实现水产品总产量17.36万吨，渔业经济总产值87.62亿元。全区农机总动力90.23万千瓦，新增农村土地流转面积5025公顷，发展农业适度规模经营面积6700公顷。新办家庭农场56家，集中经营面积1.23万公顷，新创建省级示范家庭农场1家、盐城市级示范家庭农场19家，新发展农民合作社80家，新增省级农业产业龙头企业1家，新增省级农业产业化联合体1家。麦子、玉米、水稻等新品种59个，新办规模农业企业（项目）12个。

·工业经济　年内，大丰区实现全口径工业销售收入1143.42亿元，有纳税超亿元工业企业6家，纳税亿元以上工业企业数量（五星级企业）居全市第一位。新增规上工业企业83家、总数442家。其中，盐城联鑫钢铁有限公司在中华全国工商业联合会发布的中国民营企业制造业500强中列第343位，江苏博敏电子有限公司列入省重点技术创新项目导向计划(2020年)、获评省工业互联网标杆工厂。新建成4家省级企业技术中心，有省级以上企业技术中心总数19家，其中国家级企业技术中心4家。江苏谷登工程机械装备有限公司建成国家专精特新“小巨人”企业。全年新增省级上云企业22家，其中省五星级上云企业1家、四星级上云企业11家、三星级上云企业10家。盐城市恒丰海绵有限公司、盐城吉凯同科技有限公司5家企业获评“两化”融合贯标评定企业。中汽中心5G智能网联项目入选省5G典型应用场景及优秀案例名单。

·第三产业　年内，大丰区实现服务业增加值363.54亿元，服务业增加值占地区生产总值比重52.9%，实现社会消费品零售总额205.85亿元。全年新培植规上服务业企业40家、总数182家，规上服务业企业实现营业收入103.53亿元。新培植限上批零住餐企业51家、总数225家，限上批零住餐企业实现零售额34.4亿元。江苏金风科技有限公司、江苏丰东热技术有限公司、中汽研汽车试验场股份有限公司获评省级生产性服务业领军企业，总数居全市第一位。总投资55亿元的长三角智能网联汽车试验场及悦达汽车科创园启动建设，沿海冷链物流智慧城、金风科技16兆瓦传动实验室等项目加快推进，泰和30万吨储备粮食库、大宗农产品仓储物流一期、吾悦广场城市综合体等项目竣工运营。5个市级以上服务业集聚区完成投资24.01亿元，实现营业收入174.07亿元、税收4.68亿元；“韩品荟”线上商城启动运营，中国（盐城）跨境电子商务综合试验区大丰核心区启动建设。

大丰区刘庄镇友谊新型农村社区（邱　鹏　摄）

·城乡建设　年内，大丰区组织实施重点工程33项，完成投资81.5亿元。盐通高铁盐城大丰站建成通车，高铁综合枢纽、沪丰大道同步投入使用。盐丰快速通道三期启动征地拆迁，226省道绕城段竣工通车，城乡公交一体化改造完成。完成棚户区改造2600户50万平方米，人民路海派风情街道路通车，吾悦广场、维也纳酒店对外营业，益民小区等11个老旧小区完成综合整治，卯西教育中心、新丰里文创园、黄海路东延、春柳南路等加快推进。全年完成农房改善6500户，建成省特色田园乡村9个、数量苏北第一，被表彰为苏北农房改善工作绩效评价优秀县（市、区）。完成农村人居环境整治三年行动任务，实现国家级卫生镇全覆盖，建成美丽宜居村庄235个，农村河道长效管护连续六年列为全省第一等次。

·社会民生　年内，大丰区20项民生实事工程完成投资22.7亿元。城乡公交一体化改造到位，四卯酉闸下移工程建成发挥效益，新改造提升农贸市场10个，整治老旧小区11个，完成全民健康体检年度任务。实施居家养老服务提升工程，区级智慧养老服务指挥中心建成运行，为老年人提供上门服务28万人次。推进教育改革，全区63所学校与南通有关学校结成教育合作联盟，常态化开展教科研交流；大丰外国语学校投入使用，卯酉教育服务中心开工建设。人民医院创成三级综合医院，胸痛中心、卒中中心、创伤中心获国家级授牌；妇幼保健院、第三人民医院异地新建工程开工建设，丰华社区卫生服务中心投入使用。实施串场河综合整治，拆除、搬迁低效污染项目216个。

·创成国家全域旅游示范区　12月17日，文旅部公布第二批97个国家全域旅游示范区名单，大丰区名列其中。大丰区把全域旅游作为推动经济转型升级和高质量发展的重要抓手，构建黄海“湿地”、斗龙港、串场河文化、城市商贸休闲、美丽乡村五大旅游产业集聚区。全区有国家AAAAA级景区1个、AAAA级景区6个，全国乡村旅游重点村1个，江苏省五星级乡村旅游区2个，江苏有四星级乡村旅游区4个，江苏有工业旅游区2个，省市级旅游度假区各1个，江苏省特色景观旅游名镇、名村各2个。年内，荷兰花海创建国家AAAAA级景区通过景观质量评审，《只有爱·戏剧幻城》对外公演，被评为2020年度消费者最青睐的江苏文旅融合标杆项目。至年底，全区接待游客752.6万人次，实现景区综合收入2.15亿元、景区门票收入0.77亿元，完成旅游收入71.5亿元。

·创成省级粮食生产全程机械化整体推进县　12月25日，省农业农村厅公布第三批全省粮食生产全程机械化整体推进县名单，大丰区名列其中。大丰区紧扣省级粮食生产全程机械化整体推进示范县建设内容和考核指标，以“促整体、上水平”为目标，以“补短板、抓关键”为路径，强化行政推动、加大政策扶持、细化技术规程。至年底，全区新增大中型拖拉机495台、水稻插秧机238台、高效植保机476台、稻麦联合收割机356台、粮食烘干机213台，批次烘干能力4166吨。实现耕整地机械化水平99.75%，种植机械化水平97.22%，植保机械化能力水平100%，收获机械化水平99.22%，烘干机械化能力100%，秸秆处理机械化水平96.64%，粮食生产基本全程机械化。

·大丰迈进“高铁时代”　12月30日，“复兴号”盐通高铁首发列车驶入盐城大丰站，标志着盐通铁路盐城大丰站正式建成运营，大丰迈进“高铁时代”，全面融入上海“一小时经济圈”和北京“一日商务圈”。盐城大丰站，位于江苏省盐城市大丰区境内，是中国铁路上海局集团有限公司新长车务段管辖的铁路车站，也是盐通高速铁路的中间站。2017年11月28日，盐城大丰站获批；2019年9月30日，开工建设；2020年12月30日，投入使用。盐城大丰站站房建筑面积为2.36万平方米，站场规模为2台4线。

·2020江苏大丰（南京）金融投资说明会 10月23日，2020江苏大丰（南京）金融投资说明会在南京市举行。会上，大丰区发改委、工信局、大丰港经济开发区、高新技术区等部门、板块分别推介大丰区“十四五”期间重大项目及资金需求，大丰重组、并购、技改扩能项目及资金需求，海洋经济发展及资金需求以及“金融小镇”——金融产业聚集地投资环境等情况。中行江苏省分行、江苏银行总行介绍绿色金融支持大丰绿色发展情况。工行江苏省分行和大丰区签订政银战略合作协议，20家银行与大丰区有关企业签订银企授信协议。活动期间，签约项目76个、授信总额245.4亿元，其中现场签约项目20个、授信金额93.95亿元。

·大丰人民医院创成三级综合医院 12月，盐城市大丰人民医院通过省卫健委评审，被确认为三级综合医院。盐城市大丰人民医院实际开放床位数850张，建成职能科室25个、临床医技科室46个，成立胸痛、卒中、创伤、孕产妇危急重症救治和新生儿危急重症救治五大救治中心，与上海、南京等地三甲医院建成名医工作站（室）23个，组建远程会诊、检验、影像、心电、消毒供应五大中心；开展临床路径病种数368个，规范开展多学科会诊（MDT）9个病种109例；医技人员中高级职称324人，有硕士及以上学历90人，有省“333”工程培养人才4名，盐城市突出贡献中青年专家1名，盐城市医学重点人才2名、医学青年人才2名，学科带头人11名。（陈志伟）

表52 2020年大丰区各镇（街道）基本情况统计表

镇（街道）	年末人口（万人）	行政村（居）（个）	地区生产总值（亿元）				财政收入（万元）	粮食总产量（万吨）	人均可支配收入（元）
			合计	一产	二产	三产			
草堰镇	3.67	13	21.04	4.84	4.69	11.51	12318	5.42	26582
白驹镇	3.75	17	23.89	5.30	5.14	13.45	15294	7.83	27597
刘庄镇	4.05	15	28.40	5.28	7.34	15.78	14258	6.11	27502
西团镇	2.81	14	24.28	3.72	12.17	8.39	29095	4.53	27449
小海镇	3.76	15	21.19	5.60	6.04	9.55	9673	6.30	26665
大桥镇	3.07	13	14.39	4.87	1.78	7.74	10859	6.71	27008
草庙镇	2.66	16	16.20	4.80	3.73	7.67	14316	8.00	27350
万盈镇	4.57	18	24.49	6.17	5.67	12.65	13574	7.27	26974
南阳镇	3.45	13	22.53	5.15	6.65	10.73	20996	2.76	29325
三龙镇	5.25	22	27.69	10.87	3.97	12.85	8349	7.47	27124
新丰镇	10.14	38	65.64	14.06	13.83	37.75	22261	10.05	29401
丰华街道	2.94	13	55.83	3.50	9.84	42.49	38510	1.88	30438
大中街道	15.63	58	150.52	8.10	39.12	103.30	126222	4.05	31212

盐 都 区

·概　况 盐都区位于江苏省沿海中部，地处江淮之间，里下河腹部，为盐城市主城区之一，盐淮高速、宁靖盐高速、204国道贯通全境。区域总面积1015平方千米，辖镇8个、街道4个，国家级高新区1个、国家级台创园1个和省级旅游度假区1个，行政村（居委会）250个，年末总人口70.65万人。2020年，实现地区生产总值606.9亿元，一般公共预算收入38.42亿元，注册外资实际到账1.03亿美元，进出口总额12.4亿美元，城镇居民人均可支配收入43739元，农村居民人均可支配收入25999元。

·农业经济 年内，盐都区实现农林牧渔业总产值88.56亿元，粮食播种面积6.44万公顷，粮食总产量47.1万吨，蔬菜产量43.91万吨。全区“三农”工作延续良好发展势头，形成设施果蔬、特色花卉、生态水产、优质稻麦四大主导产业，适度规模经营水平60.2%，绿色优质农产品比重76%。建成高标准农田面积2000公顷。新增国家级水产健康养殖示范场2个，新增省级农业产业化龙头企业1家、市级农业产业化龙头产业13家，新增省级示范家庭农场8家。盐都区获评全国率先基本实现主要农作物生产全程机械化示范县、全国县域数字农业农村发展先进县、全省推进高质量发展先进区。

大纵湖旅游度假区一隅　　（市文广旅局　供图）

·工业经济　年内，盐都区实现全口径工业销售收入443.64亿元，规模以上工业销售收入338.8亿元，规模以上工业总产值338.02亿元，销售收入163.8亿元，高新技术产业产值占比55.5%。新增规模以上工业企业43家，有销售收入超亿元企业66家，创成市三星级以上工业企业25家。新增省级企业技术中心9家，省“两化”融合贯标企业2家，新认定省星级上云企业113家，其中省五星上云企业1家；获批省工业设计中心2家。加快转型升级，新上智能制造项目51个，建成省示范智能车间3个，获批省工业互联网标杆企业2家、省示范智能车间3家，盐城东山精密制造有限公司创成省级智能工厂。年内，江苏盐电阀门有限公司、盐城市兰丰环境工程科技有限公司、江苏苏力机械集团有限公司获批国家专精特新小巨人企业。加快项目建设，总投资30亿元的永创5G滤波器、总投资10亿元的蕴之宝糖果按期投产，总投资20亿元的乐源智能穿戴和康佳存储芯片签约落户。

·第三产业　年内，盐都区实现第三产业增加值287.68亿元，社会消费品零售总额230.82亿元。举办促销活动，加大直播电商、夜间经济等业态培育力度，科技广场中央商务区、富力商业广场开工建设，普洛斯智能云仓、智慧养老综合服务中心一期建成运营，服务业增加值逆势增长2%。成功举办第四届“花开盐都·春游水乡”和第六届“畅游盐都金秋行”活动，东晋水城高品质建成开放，大纵湖晋升国家湿地公园，仰徐村获评中国美丽休闲乡村，全年全区接待游客475万人次，实现旅游收入52亿元。

·城乡建设　年内，盐都区实施城建重点工程67项，完成投资160亿元。坚持多点联动、成片开发，城市“三带四组团”框架全面拉开，城北地区改造进展迅速，小马沟生活组团城市设计规划编制完成、“十大工程”有序实施。系统推进城市更新、城市建设、城市美化，全年改善城市居民居住条件4241户，改造老旧小区13万平方米，酒厂片区共同缔造项目全面竣工，盐龙体育公园、小马沟景观绿廊对外开放，世纪公园拆墙透绿，大马沟宠物公园建成运营。推进美丽田园乡村建设，新型农村社区新建农房1716户，创成省农房改善示范项目2个、省级特色田园乡村9个。完善镇村公共配套，改造农贸市场8个，燃气管网实现全域覆盖，旅游公路2号线、125省道五期建成通车，“盐途美”获评省农村公路优秀品牌。

·社会民生　年内，盐都区完善疫情常态化防控机制，建成区卫生应急指挥系统和5家规范化发热门诊，全区核酸日检测能力5000份以上。全面完成脱贫攻坚任务，建档立卡农户全部脱贫，经济薄弱村全部增收达标。做好稳就业保就业，加大援企稳岗、创业扶持、技能培训力度，推广“24小时不打烊”网上就业服务，发放稳岗返还5000万元、创业贷款1.02亿元，新增城镇就业1.2万人。办好人民满意教育，市二小教育集团辐射带动作用不断增强，义务教育大班额问题全部化解，中考高分层人数占比跃居全市“第一板块”。开展健康盐都建设，市第三人民医院与南京医科大学共建盐城临床医学院，市第三人民医院（南院区）二期工程开工建设，全年完成免费健康体检30.6万人。推动文化事业繁荣发展，承办第十四届省“五星工程奖”苏北片区初评等文化赛事，音乐剧《一副眼镜》等3部作品获省五星工程奖，盐渎书城等3个阅读新空间建成开放。健全养老服务体系，复旦医疗康复中心、国投健康智慧养老项目加快推进，全区机构养老床位2365张，居家养老服务人数3.6万人。

·获批第四批“绿水青山就是金山银山”实践创新基地
（参见《生态环境·盐都区获批全国“绿水青山就是金山银山”实践创新基地》）

·获评全国农村承包地确权登记颁证工作典型地区　11月2日，在全国农村承包地确权登记颁证工作总结暨表彰电视电话会议上，盐都区获评全国农村承包地确权登记颁证工作典型地区。盐都区围绕解决农户承包地“面积不准、四至不清、空间位置不明”问题，严格把握政策界限，制定详细实施方案，先行先试，开展确权登记颁证工作，实测土地面积4.44万公顷，家庭承包地块59.77万块，发放证书15.03万份，颁证率99.9%。

· **氪空间盐城创新中心建成投运** 9月17日，位于盐城智能终端产业园的氪空间盐城创新中心建成投运，中心面积1450平方米。氪空间盐城创新中心依托先进物联网智能办公系统，把盐城创业者纳入全国联网的产业创新生态服务体系，实现与氪空间全国平台链接，通过全国创新资源的高效联结，在创业孵化、招商引智、创新培育、投融资等方面赋能盐城智能化产业创新，打通盐城与上海、南京、苏州、杭州等长三角核心城市的链接，实现人才交互，产业资源交互。

· **东晋水城建成开放** 5月1日，东晋水城正式对外开放。东晋水城占地面积65万平方米，建筑面积10万平方米，以粉墙黛瓦的仿南宋建筑为主体，包含“九岛、七河、三街、两广场、一码头、一渡口、二十四桥”，融入里下河风情和湖荡湿地美景，再现“建安大街”“宋街”“石梁街”等场景，描绘出一幅“船在水中游，人在岛中居”的里下河风情画卷，是现实版的“清明上河图”。

· **“盐途美”获评省农村公路优秀品牌** 1月3日，省交通运输厅发布第三批农村公路“一县一品牌、一区一特色”创建成果名单，盐都区“盐途美”旅游公路2号线名列其中。“盐途美”旅游公路2号线起于盐金国防线的楼王与建湖界交界处，向南经过义北线、龙大线、大陈线、大纵湖旅游度假区平胡路，串联朱升文化生态园、大纵湖革命烈士纪念碑、大纵湖旅游景区、楼王万亩荷田和大纵湖镇全民双创园等景点、产业节点，实现“农村公路+休闲”融合发展。

· **农村人居环境整治三年行动** 盐都区围绕农村人居环境整治三年整治行动方案，推进农村厕所粪污、生活污水、生活垃圾、农业废弃物治理，促进村容村貌提升。至2020年底，全区累计建成农村无害化户厕17.38万户，普及率96.86%；农村建有生活污水处理设施的行政村占比60.13%；建立农村环境“五位一体”长效管护机制，全区1312个自然村庄、4437条河道、1600千米农村道路全部实现常态化管护，生活垃圾无害化处理率100%；新建畜禽粪便处理中心5个，13个村获评省级农村人居环境整治示范村。2018，盐都区获评省农村人居环境整治工作激励县，2019年、2020年连续两年获评省农村人居环境整治工作评估第一等次。（刘　菲）

表53　2020年盐都区各镇（区、街道）基本情况统计表

镇（区、街道）	土地面积（平方千米）	耕地面积（公顷）	年末人口（万人）	行政村（居）（个）	地区生产总值（亿元）				一般公共预算收入（万元）	粮食总产量（万吨）	城镇居民人均可支配收入（元）	农村居民人均可支配收入（元）
					合计	一产	二产	三产				
大纵湖镇	93.03	4911	4.91	20	26.34	6.38	8.45	11.51	7872	2.37	44910	26842
楼王镇	150.70	5780	6.66	28	23.96	8.93	8.00	7.03	5513	6.38	38066	22877
学富镇	83.33	4876	5.78	20	16.38	4.65	4.95	6.78	6563	4.07	39139	23409
尚庄镇	72.57	4405	4.36	18	17.36	3.39	6.72	7.25	2727	4.19	38790	23008
秦南镇	127.51	8387	7.20	32	35.78	8.10	11.86	15.82	8301	9.37	43444	26006
龙冈镇	96.83	5492	7.38	31	61.29	5.45	22.99	32.85	12809	6.66	47521	28267
大冈镇	101.42	5567	5.91	21	40.60	3.81	15.58	21.21	9105	5.48	45229	26864
郭猛镇	43.03	2375	3.35	10	26.12	1.03	11.13	13.96	10798	1.79	45408	26920
台创园	49.94	2788	3.46	12	3.49	2.31	0.38	0.80	653	2.44	43747	26000
大纵湖旅游度假区	38.47	999	1.54	6	5.49	0.53	0.14	4.82	1457	0.29	43431	25214
盐渎街道	61.01	2179	6.91	15	97.75	0.41	25.39	71.95	98018	1.78	54318	30493
张庄街道	22.85	1017	3.03	9	28.06	0.62	18.72	8.72	10165	0.86	46793	27945
盐龙街道	52.63	1668	5.01	15	129.99	0.46	110.86	18.67	66015	1.14	52695	31239
潘黄街道	27.72	458	5.16	13	94.29	4.47	23.51	66.31	48592	0.29	55517	33116

亭湖区

·概　况　亭湖区地处黄海之滨，位于"一带一路"倡议和长江经济带、长三角区域一体化、江苏沿海开发、淮河生态经济带等多个国家战略叠加区，是盐城市的中心城区。区域总面积806平方千米，下辖镇5个、街道8个。2020年，实现地区生产总值561.36亿元，完成一般公共预算收入39亿元，规上工业企业销售收入213.1亿元，实际到账外资9746万美元。城乡居民人均可支配收入分别为48016元、26844元。

·农业经济　年内，亭湖区粮食播种面积3.56万公顷，总产量25.42万吨。全区农机总动力38.67万千瓦，农机化作业收入2.19亿元。全年有农民专业合作社示范社42家，示范家庭农场102家，农产品加工产值突破200亿元。新申报成功农产品地理标志2个和绿色优质农产品基地3个。年内，盐城优美家现代农业发展有限公司、盐城国谷蛋农产品有限公司获评省"数字农业农村基地"。村级用工管理作为农村财务规范建设典型案例在全国推介，村级实现无公益性债务。"三资管理＋产权交易"监管综合信息平台平稳运行，系统预警处理率100%。全国农村集体产权制度改革试点全面完成，新一轮省农村改革试验区工作得到省市肯定，"小田变大田"改革在全省推广。

·工业经济　年内，全区实现全口径销售收入263.8亿元，应税销售收入262.5亿元，规模以上工业销售收入213.1亿元。新增规上工业企业39家，市星级企业总数19家。全年新增省级企业技术中心5家、省级四星级以上上云企业3家、示范智能制造车间3家、首台（套）重大装备认定1家。40个列区重点工业项目累计完成投资47.6亿元，宝利来、捷航设备、科成光电等25个项目竣工投产。9个列市"三百工程"新开工亿元以上项目和14个竣工项目完成，日铠电脑配件（三期）、宇山红建材分别被市认定为年度投资超10亿元、5亿元的重大项目。落实各类惠企政策，帮助企业争取市级以上扶持资金3582万元，兑现区级专项资金2890万元，清理拖欠民营企业账款69笔2601万元，清偿率100%。

·第三产业　年内，亭湖区实现服务业增加值334亿元，入库税收24.4亿元。新增规上服务业企业14家，服务业入库税收100万元及以上企业246家，500万元及以上企业76家，1000万元及以上企业41家。年内，盐城市现代物流园、环保科技城智慧谷获评省级生产性服务业集聚示范区。发展全域旅游，建设袁家尖度假区、丹顶鹤风情小镇、生态林场、新洋港"鹤里渔乡"生态渔港等项目，形成"世遗"核心板块高质量旅游产业组团。启动建设新洋港、串场河、通榆河生态景观廊道，改造提升东亭湖、宝瓶湖、运河心等6个公园，承办全国乡村旅游与民宿投资大会，各景点全年接待游客280万人次，实现旅游收入22.5亿元。亭湖区被列入省级全域旅游示范区创建名单。

·城乡建设　年内，亭湖区编制完成城北地区规划和河东片区整合发展规划，实施城建重点项目10类165项，完成投资360.8亿元。改造提升老旧小区43个，托底管理老旧小区460个。实施市政道路11条，新（改）建农村路桥55座。新建改造提升农贸市场12个，改善农房5200户。年内，先锋岛八佰伴、悦达889、爱琴海购物公园等大型城市综合体投入运营。建成"转角遇见美"小游园40个，健身步道12千米。实施通榆河、串场河、新洋港景观打造，开展区水环境综合整治PPP项目，消除31条黑臭水体。"回想—时光里的盐城"记忆展馆对外开放，"老盐城"味道再焕风采。开展秩序、干净、靓牌"三大行动"，长效管理背街后巷1246条，兜底管理市区公厕223座，拆除各类违规广告牌近万块，撤掉垃圾桶5万只。

·社会民生　年内，亭湖区精准做好疫情防控。建成核酸检测中心3个、日检量超5000例，规范设立疫苗紧急接种点3个，有序开展接种。西城实验小学等11所新建学校、幼儿园开学，试点学校、家庭、社会"三位一体"融合教育新模式，深化城乡教育联盟建设，在全市率先建立教师荣誉制度，义务教育质量保持全市领先。区人民医院收归国有，全民健康体检惠及30万人。在全市首家建立就业困难人员社保补贴网上经办模式，率先开展社区养老服务设施社会化运营和家庭援助照护服务试点，每千名老年人拥

盐城环保产业会展交易中心　（亭湖区政府办　供图）

有养老床位数40.1张。2.17万名80周岁以上老年人全部纳入政府购买居家养老服务范围。建成图书馆分馆117家、阅读新空间和便民阅读设施40多处。组织区级文化活动100余场次。铜马广场警务工作站模式在全市推广，公众安全感全市第一位。

·盐城环保科技城创成全国绿色产业示范基地 12月11日，国家发改委公示绿色产业示范基地名单，盐城环保科技城位列其中，是苏中、苏北唯一一家全国绿色产业示范基地。盐城环保科技城全面落实绿色新发展理念，打造“绿色硅谷”，坚持以品牌添魅力，跻身省级高新区行列，成为全国唯一以“环保”冠名的省级高新区。全市开发园区等级创建连续两年获评AAAAA级，连续九年举办中国盐城环保产业博览会，成为盐城市绿色发展“金字招牌”。

·2020年中央农作物秸秆综合利用重点县建设项目实施 年内，亭湖区组织实施2020年中央农作物秸秆综合利用重点县建设项目，按照“整体推进、农用优先、因地制宜、综合施策”总体要求，探索建立“谁受益谁处理”“秸秆多种形式利用”等机制，通过政府培育、政策引导，激发秸秆离田、加工、利用等环节市场主体积极性，完善市场化运营机制，提升秸秆综合利用能力，促进耕地质量稳步提升，农村环境有效改善。项目实施后，农作物秸秆综合利用率（含还田）97%以上，年收贮利用农作物秸秆6万吨以上，“五化”利用率25%以上，扶持秸秆综合利用龙头带动主体8个，年度主推秸秆利用技术4种，形成1套区域秸秆综合利用典型模式，梳理1套秸秆综合利用优惠政策清单，在省级以上媒体开展1次以上秸秆综合利用工作宣传，项目资金到位率100%，资金使用率100%，实现区域内“零火点”目标。

·2020“悦·亭湖”金秋行启动 9月13日，2020“悦·亭湖”金秋行活动启动仪式暨专场演出在亭湖区盐东镇千鹤湾温泉特色风情小镇举行。“悦·亭湖”金秋行活动从9月中旬持续到11月中旬，为期2个月。举行“长三角人”游亭湖、乾宝湖羊美食节、盐城菊花旅游文化节暨亭湖区第三届农民丰收节、盐城大洋湾湿地美食博览会、“美好南洋·亭甜冬桃”品牌发布会暨采摘节等系列活动，集中宣传推介亭湖独特的旅游资源、产品和服务，扩大亭湖区旅游品牌的知名度和美誉度。

·“优学在亭湖”品牌建设三年行动计划发布 11月17日，亭湖区召开教育高质量发展大会，发布“优学在亭湖”品牌建设三年行动计划。计划在3年内，新建和改扩建各类学校20所以上，实现普惠性幼儿园覆盖率90%以上、学校标准化建设基本合格率100%，创成全国义务教育优质均衡发展区，实现资源供给优质均衡；引进和培养省级以上名校长名教师20名以上、市级名校长名教师90名以上，教师中研究生学历比重为8%，区级学科带头人实现各学校、各学科全覆盖，实现人才强教成效显著；调整成立8个小学教育集团、4个初中教育集团，新建成市小学内涵建设先进校15所、新优质初中10所，创成江苏省教育现代化区，实现教学质量全市领先；拓展提升教育服务，构建学校、家庭、社会“三位一体”共同育人模式，实现人民群众教育满意度超95%。（余卫兵）

表54 2020年亭湖区各镇（街道）基本情况表统计表

镇（街道）	土地面积（平方千米）	耕地面积（公顷）	年末户籍人口（万人）	行政村（居）（个）	地区生产总值（亿元）				财政收入（万元）	粮食总产量（万吨）	规模以上工业总产值（亿元）	人均可支配收入（元）
					合计	一产	二产	三产				
南洋镇	129.56	7194	7.50	25	29.79	8.16	11.94	9.69	13465	4.75	10.54	30117
盐东镇	122.18	7598	5.02	14	22.16	5.87	9.30	6.99	6024	5.40	11.31	30282
黄尖镇	262.98	9099	3.78	10	12.68	5.37	2.27	5.04	4851	4.82	3.26	26997
新兴镇	87.60	4870	6.17	24	29.97	9.50	14.37	6.10	9119	5.05	14.47	30831
便仓镇	71.97	4510	3.60	13	18.86	5.70	9.70	3.46	5451	3.79	24.38	26685
宝瓶湖街道	48.17	2219	2.27	6	52.23	1.28	39.37	11.58	22628	1.41	78.54	38671
东亭湖街道	24.74	622	5.17	9	78.46	—	31.26	47.20	82666	—	81.44	39766
新洋街道	29.59	778	6.11	13	48.75	0.48	27.10	21.17	45858	0.20	24.36	39357
大洋街道	7.78	68	4.29	8	40.92	—	2.51	38.41	20855	—	0.07	49152
五星街道	4.38	4	4.17	11	33.19	—	7.57	25.62	29817	—	—	49642
文峰街道	5.53	6	8.43	15	90.85	—	7.30	83.55	28971	—	0.69	49165
先锋街道	6.08	33	4.76	15	34.39	—	2.76	31.63	12824	—	—	49344
毓龙街道	5.44	3	7.45	14	69.11	—	25.55	43.56	25983	—	—	49210

人物　荣誉

编辑　徐　昊

新任市领导

·勾凤诚 男，汉族，江苏兴化人，1971年8月出生，1992年8月参加工作，2000年5月加入中国共产党，省委党校研究生学历。1992年8月扬州梅岭小学教师、团总支书记；1996年8月扬州育才小学教师；1997年2月任扬州市广陵区团委副书记；2000年9月任扬州市广陵区团委书记；2001年1月任扬州市广陵区汶河街道办事处主任、团区委书记；2001年6月任扬州市广陵区汶河街道党工委副书记、办事处主任；2002年3月任扬州市广陵区政府党组成员、区政府办公室主任；2004年12月任扬州市广陵区副区长；2006年4月任扬州市邗江区委常委、组织部部长、党校校长；2007年1月任扬州市邗江区委常委、组织部部长、党校校长、北洲功能区党工委书记；2010年1月任扬州市政府副秘书长；2012年3月任扬州市住房保障和房产管理局局长、党组书记；2012年8月任扬州市住房保障和房产管理局局长、党组副书记；2013年12月任扬州市生态科技新城党工委书记；2016年6月任高邮市委书记、扬州市生态科技新城党工委书记；2016年9月任高邮市委书记；2019年7月任扬州市委常委，高邮市委书记；2019年8月任扬州市委常委、宣传部部长；2020年8月任盐城市委常委、组织部部长、统战部部长（2019年12月至2020年8月挂任中央办公厅中直管理局副局长）。

·李泽勇 男，汉族，重庆人，1970年6月出生，1992年7月参加工作，1992年7月加入中国共产党，大学学历，博士学位。2018年9月任盐城军分区司令员、党委副书记；2020年4月任盐城市委常委，盐城军分区司令员、党委副书记。

·费　坚 男，汉族，江苏南通人，1973年10月出生，1998年8月参加工作，1994年7月加入中国共产党，在职研究生学历，博士学位。1998年8月扬州大学人文学院年级办公室辅导员；2001年12月任扬州大学人文学院综合办公室学生科副科长；2002年9月任扬州大学校长办公室接待办副主任；2004年8月任扬州大学广陵学院团委副书记（主持工作）；2005年6月任扬州大学广陵学院团委书记；2006年9月任扬州大学团委副书记（其间：2008年11月至2009年12月挂任共青团江苏省委城工部副部长）；2011年12月任扬州大学团委书记；2013年7月任扬州大学社会合作与服务处处长；2016年5月任扬州大学党委组织部部长；2017年6月任扬州大学副校长；2017年9月任扬州大学副校长、党委常委；2020年4月任盐城市副市长（挂职）、市政府党组成员，扬州大学党委常委、副校长；2020年6月任盐城市副市长（挂职）、市政府党组成员、市红十字会理事会会长，扬州大学党委常委、副校长；2020年10月任盐城市政府副市长、党组成员。

·陈卫红 女，汉族，江苏响水人，1969年3月出生，1990年8月参加工作，1994年10月加入中国共产党，在职研究生学历，硕士学位。1990年8月响水县统计局办事员；1993年7月任共青团响水县委副书记；1995年4月任共青团响水县委书记；1996年7月任响水县陈家港镇党委副书记、镇长；1997年8月任盐城市统计局副局长、党组成员；2002年12月任建湖县副县长；2006年6月任盐城市盐都区副区长；2010年2月任盐城市商务局局长、党委副书记；2013年5月任东台市委副书记、代市长、市长；2016年2月任东台市委书记、市长；2016年5月任东台市委书记；2019年9月任东台市委书记、一级调研员；2020年4月任盐城市政府副市长、党组成员。

·吴本辉 男，汉族，江苏新沂人，1974年11月出生，1997年8月参加工作，1995年5月加入中国共产党，在职研究生学历，硕士学位。1997年8月省地质矿产厅机关党委干部（其间：1998年2月至1999年2月盱眙县古城乡驻乡扶贫工作组工作）；1999年2月省地质矿产厅办公室科员；2001年1月任省国土资源厅办公室副主任科员；2005年8月任省国土资源厅办公室主任科员；2008年2月任省国土资源厅办公室副主任；2010年12月任省国土资源厅调控和监测处处长；2011年6月任射阳县委副书记、代县长、县长；2013年11月任盐城市盐都区委副书记、代区长、区长；2018年9月任盐城市盐都区委书记、区长；2018年11月任盐城市盐都区委书记；2020年4月任盐城市政府副市长、党组成员，盐都区委书记。

·汤如军 男，汉族，江苏常州人，1967年11月出生，1988年8月参加工作，1993年12月加入中国共产党，省委党校研究生学历。1988年8月常州市郊区政府办公室会计、团支书、机关团委副书记；1992年4月常州市郊区团委干部、副书记；1995年11月任常州市郊区青龙乡党委副书记、纪委书记；2001年11月任常州市郊区对外贸易经济合作局副局长、招商局副局长；2002年8月任常州市天宁区对外贸易经济合作局副局长、招商局副局长；2003年3月任常州市戚墅堰区潞城镇党委副书记、纪委书记，戚墅堰经济开发区党工委副书记、纪委书记（2003年8月明确正科级）；2004年1月任常州市戚墅堰区丁堰镇党委副书记、镇长；2004年11月任常州市戚墅堰区丁堰镇党委书记；2006年4月任常州市戚墅堰区政府副区长；2006年6月任常州市戚墅堰区委常委、副区长；2010年12月任溧阳市委常委、副市长；2011年6月任溧阳市委副书记；2013年3月任常州市钟楼区委副书记、代区长、区长；2016年11月任常州市委副秘书长（正处级）；2017年4月任常州市发展和改革委员会主任、党组书记；2020年12月明确为常州市副厅职干部，提名为盐城市政府副市长人选（挂职），任市政府党组成员。

表55　2020年盐城市市级领导职务变动情况一览表

姓　名	原职务	现任职务	任现职时间
陈红红	盐城市委副书记，市委党校校长、盐城新四军干部学院院长、一级巡视员	盐城市政协主席候选人，市委党校校长、盐城新四军干部学院院长、一级巡视员	2020.12
柏长岭	盐城市委常委，组织部部长、统战部部长	调离	2020.08
常新生	盐城军分区政委	调离	2020.04
张礼祥	盐城市人大常委会副主任、党组副书记，市委政法委书记、一级巡视员	盐城市人大常委会副主任、党组副书记、一级巡视员	2020.04
潘道津	盐城市政协党组副书记（正市级）	盐城市政协副主席、党组副书记（正市级）	2020.01
葛启发	盐城市政协副主席、党组成员，市红十字会会长	盐城市政协副主席、党组成员	2020.06

先进个人

・・・国家级先进模范・・・

・张红军　男，江苏盐城人，1975年2月出生，中共党员，本科学历，盐城市疾病预防控制中心副主任。张红军作为全市新冠肺炎疫情防控专家组副组长，每日研判疫情动态，在学习领会上级疫情防控最新精神同时，结合盐城实际，为全市疫情防控工作提出切实可行建议。作为全市核酸检测总负责人，在前期实验室检测能力严重不足情况下，优化调整充实检测人员、筛选优先检测对象，及时分析、报告检测结果，为全市疫情防控工作提供有力的病原学支撑。及时向省卫健委和市政府提出建议，推动6个二级医院实验室作为市疾控中心的分片实验室开展核酸检测工作，盐城市成为江苏省第一个全面扩充实验室检测能力的地级市。2020年9月，张红军被中共中央、国务院、中央军委表彰为全国抗击新冠肺炎疫情先进个人。

・苏荣华　男，江苏东台人，1969年2月出生，中共党员，本科学历，盐城市卫生监督所副所长。抗击新冠肺炎疫情期间，苏荣华临危受命，迅速行动，加班加点，全程参与一线疫情防控督查。督查单位和场所600多户次，发现卫生安全隐患1500多条，组织编发督查通报34期。为加快疫情防控期间消毒产品生产企业办证速度，推动制定《关于做好疫情防控期间利企便民服务工作的实施意见》，推出6项利企便民举措。为保障饮用水安全，带领卫生监督员及时到供水单位和涉水产品生产企业监督检查和指导，为疫情防控保驾护航。2020年9月，苏荣华被中共中央、国务院、中央军委表彰为全国抗击新冠肺炎疫情先进个人。

・张红霞　女，江苏滨海人，1970年12月出生，中共党员，本科学历，盐城市公安局亭湖分局毓龙派出所三级警长。抗击新冠肺炎疫情期间，张红霞依托智慧平安网格平台，联合社区对11个规模小区实施封闭管理，组建社区义务巡逻力量，组织盐城好大姑自发创作防疫情顺口溜，走街串巷宣传防疫知识。与社区、医护人员组成三人工作小组，定期到涉疫重点人员家中上门核查、测量体温，确保第一时间掌握辖区涉疫信息。推动辖区大数据防疫工作，争取23万余元建设资金，安装63只高清探头，780米长周界报警系统，运用20多个微信群打造防疫“云社区”，实时播报宣传防疫知识和警方通报，实现社区零漏控、零感染、零确诊。2020年9月，张红霞被公安部表彰为全国公安系统抗击新冠肺炎疫情先进个人。

・梁泽泉　男，江苏滨海人，1969年2月出生，中共党员，本科学历，江苏仁禾中衡工程咨询房地产估价有限公司党委书记、董事长。梁泽泉带领企业跳出县区，成为苏北苏中第一、省内前列、全国有名的行业标杆。创建的三三承诺、四项工程、五位一体、六引领航、牵手连心等党建品牌得到上级肯定。参加中国光彩事业凉山行，开启十年援疆助学之路，设立仁禾奖学金、仁禾中衡春蕾班，累计捐款资金400多万元。先后获评江苏省优秀党务工作者、江苏省劳动模范、中国好人等。公司获评全国创先争优先进基层党组织、全国模范职工之家等。2020年11月，梁泽泉被中共中央、国务院表彰为全国劳动模范。

・宋红浩　男，江苏盐都人，1976年10月出生，中共党员，本科学历，盐城市盐都区兴达农村电气化服务有限公司北蒋业务部经理。宋红浩业务能力精湛，2008年在国家电网公司组织的技能竞赛中，获得配电运检专业个人全能第一名。成立宋红浩劳模创新工作室，拥有发明成果14项，其中8项成果获得国家专利。先后培训学员700余人，多名学员在全国以及省、市竞赛中获奖。先后获评农网运检岗位能手、优秀党务工作者、江苏省劳动模范、江苏工匠、江苏省有突出贡献中青年专家等。2020年11月，宋红浩被中共中央、国务院表彰为全国劳动模范。

· **吴红梅** 女，江苏阜宁人，1984年3月出生，中共党员，江苏荣威娱乐用品有限公司高频车间线长。吴红梅在生产岗位上，勤恳敬业，是公司公认的业务模范。为落实盐城与新疆伊犁州察布查尔锡伯自治县结对帮扶工作，2018年带领部分新疆籍务工人员在公司组成一条新的流水线，帮助新疆籍务工人员熟练掌握生产操作工序技能，做出优质产品，同时在生活上关心帮助新疆籍员工，用爱心赢得他们的信任，增进民族团结。新冠肺炎疫情防控期间，参加县人大代表组织的啄木鸟志愿者协会，为抗击疫情筹款、倡议。2020年11月，吴红梅被中共中央、国务院表彰为全国劳动模范。

· **徐菊芬** 女，江苏射阳人，1974年9月出生，中共党员，大专学历，中国移动通信集团江苏有限公司射阳分公司盘湾分局局长。2003年12月，徐菊芬进入中国移动基层网点工作以来，秉持把移动推向农村市场，让手机走进千家万户服务理念，践行信息化助力脱贫攻坚，率先实现服务区域4个镇42个村居移动光纤进村入户全覆盖，帮助52家企业、490个农户开通网上销售平台，指导1个镇、2个村成功创建省级电子商务示范镇、村。开设村头信息培训课300多节，指导2万多名农民掌握现代信息技术，教会近1万名留守老人和妇女学会使用智能手机，被称为乡亲们最贴心的“草帽大姐”。利用4G网络服务脱贫攻坚的工作视频在全系统推广。徐菊芬先后获评江苏移动公司先进个人、江苏省巾帼建功标兵、江苏省文明职工、江苏移动公司第二届最美移动人、中国移动集团公司第二届最美移动人。2017年，徐菊芬被中华全国总工会授予全国五一劳动奖章。2020年11月，徐菊芬被中共中央、国务院表彰为全国劳动模范。

· **陈竹祥** 男，江苏亭湖人，1968年7月出生，中共党员，高中学历，江苏盐阜公路运输集团汽车技术服务公司汽车修理工。陈竹祥从事营运客车修理工作35年，刻苦钻研车辆维修技术，排除故障能够做到及时、准确、优质。担任“金扳手维修班”班长期间，在班组印发《“保姆式”服务规范》，定期为车辆“问诊把脉”，及时发现、排除故障隐患，减少车辆故障发生率。近5年来，累计维护车辆1220台次，大修发动机及总成件42台次，车辆小修1168台次，上路救援车辆22台次，创造经济效益360万余元，成为集团公司修理标兵。发明的汽车漆膜修补操作法被江苏省交通运输厅评为交通运输职工先进操作（工作）法，带领班组成员先后改进轮胎拆装机、缸套取装器等设备30台次，为集团节约设备成本10万余元。2016年，陈竹祥被江苏省委、省政府表彰为江苏省劳动模范。2020年11月，陈竹祥被中共中央、国务院表彰为全国劳动模范。

· **丁志凤** 女，江苏东台人，1979年3月出生，中共党员，高中学历，江苏富安茧丝绸股份有限公司自动缫丝车间班长。丁志凤在缫丝生产一线辛勤耕耘，刻苦钻研，总结传统打结方法不足，研究出一种既可增加打结张力，又不增加挡车工操作难度的新打结法，有效解决白厂丝断头率高难题，缫丝劳动生产率因此提高10%，其负责的缫丝二分厂三车间质量业绩考核年年第一。带领全厂员工增强操作本领，促进全厂质量提升“比、学、赶、帮、超”氛围日渐浓厚，“FUAN”牌白厂丝平均等级由4A80提高到5A70，高于全省平均水平0.7A以上，为企业创造可观的经济效益和良好的社会效益，同时为富安生丝实现“行业争一流、产品创品牌”目标做出突出贡献。先后获评江苏省丝绸工业技术能手、全国纺织工业劳动模范。2020年11月，丁志凤被中共中央、国务院表彰为全国劳动模范。

· **李晓霞** 女，江苏大丰人，1977年10月出生，中共党员，本科学历，盐城市大丰区大中街道副主任、恒北村党委书记。李晓霞扎根乡村，立足梨园风光、生态宜居、乡村旅游发展定位，突出基础配套、公共服务、景点打造、新村庄建设、老村庄整治等重点，发展休闲农业和乡村旅游。恒北村先后获评全国文明村、国家生态村、全国乡村旅游重点村、中国美丽休闲乡村。李晓霞先后获评全国优秀党务工作者、江苏省先进工作者。2020年11月，李晓霞被中共中央、国务院表彰为全国先进工作者。

· **秦光蔚** 女，上海浦东人，1963年7月出生，中共党员，本科学历，盐城市农业科学院副院长。秦光蔚着眼农业增效、农民增收目标定位，创新农技推广“三点”工作法，组织全市耕保专家到村到户，推进农业科技成果转化应用。在省级以上刊物发表论文多篇，在十二、十三届全国人大会议期间，秦光蔚提出议案4件，建议20件，2次列席全国人大常委会。先后获评国务院特殊津贴、全国“三八”红旗手、省突出贡献中青年专家等。2018年7月，作为江苏省唯一的全国人大代表参加国务院大督查，得到国务院办公厅书面表扬。2020年11月，秦光蔚被中共中央、国务院表彰为全国先进工作者。

· **张　蕾** 女，江苏滨海人，1984年6月出生，中共党员，本科学历，滨海县人民医院手术室护士长。张蕾从事普外科、手术室护理工作，先后在南京中大医院、上海长征医院等三甲医院进修学习，2019年被聘为盐城市手术室护理专业委员会委员。在工作中严格要求自己，自觉服从院党组领导和工作安排，认真履行护士长职责，团结同事、带好队伍，多年来一直保持零事故、零差错、零投诉、零纠纷，多次被评为全院先进个人。2016年获评江苏省先进工作者。2020年11月，张蕾被中共中央、国务院表彰为全国先进工作者。

· **徐　霞** 女，江苏盐都人，1966年9月出生，中共党员，本科学历，盐都区社会矛盾纠纷调处服务中心专职调解员。徐霞在盐都区社会矛盾纠纷调处服务中心调解岗位上总结工作方法，先后调处各类矛盾纠纷760余起，调解成功率98%以上，多次收获调解当事人送来的锦旗和感谢信，被誉为调解工作的行家里手。2020年12月，徐霞被司法部表彰为全国模范人民调解员。

· **高水晶**　男，江苏响水人，1955年1月出生，中共党员，本科学历，响水县响水镇家事调解室调解员、响水县医患纠纷调委会特邀调解员。高水晶从事人民调解员工作21年，擅长调解婚姻家庭、邻里、医患等纠纷，调处矛盾纠纷1085件，成功率98%以上。2017—2020年，高水晶受邀对全县司法所长、村居党支书、人民调解员及村居干部轮培授课120余场次。针对易发、多发的婚姻家庭纠纷，以家事调解室为阵地，多次开展送法进社区活动。2020年12月，高水晶被司法部表彰为全国模范人民调解员。

· **徐凤俊**　男，江苏东台人，1969年4月出生，中共党员，大专学历，东台市东台镇司法所所长、东台镇人民调解委员会主任、首席人民调解员。徐凤俊多年来扎根基层一线，热心人民调解事业，倾力为人民群众排忧解难，特别注重访调对接。创新采用“法、理、情”调解方式，归纳出“五老人员劝解法”“欲擒故纵调解法”“借力打力调解法”等调解方法，将多起民间纠纷处理在萌芽、化解在当地，避免多起民转刑案例发生，有效维护社会和谐稳定。年接待群众1000多人次，主持和组织调解访调对接案例200多例，调解成功率98%以上，被当地群众誉为“金牌调解员”。先后被表彰为江苏省后续照管先进工作者、盐城市2013—2015年法治建设先进个人、盐城市政法工作先进个人、盐城市七五普法中期评估先进个人。2020年10月，徐凤俊被司法部表彰为全国模范人民调解员。

· **罗海峰**　男，江苏建湖人，1979年11月出生，中共党员，本科学历，建湖县人民法院高作人民法庭庭长。罗海峰在工作中摸索出调解四方法（面对面、背对背、合力、冷却），获中央国家机关“根在基层 · 中国梦”调研团、省市媒体、市县人大代表高度评价。罗海峰成立由法警和陪审员组成的专业送达小组，在法庭审判区内设置法律志愿者工作站、人民调解工作室，打造老沈诉前调解工作室，推进诉前分流调解，并在立案时以电脑识别和人工识别相结合的方式，区分繁简案件，依托团队，推进案件繁简分流，带头办理疑难复杂、新类型案件，通过简案快审，繁案精审，克服人少案多的矛盾。先后获评全国法院人民法庭工作先进个人、全国法院办案标兵、江苏最美法官等。2020年1月，罗海峰被最高院表彰为全国法院先进个人。

· **侯建伟**　男，山东寿光人，1976年5月出生，中共党员，本科学历，射阳县人民法院兴桥人民法庭副庭长。侯建伟参加工作后审结各类民商事案件1800余件，结案率90%以上，通过全面、科学、规范的管理，将法庭打造成零违纪、零投诉、零超审限的“三零法庭”。针对辖区内土地流转纠纷大幅上升的趋势，通过开展诉前服务、巡回审理、法治大讲堂以及对人民调解员培训等活动，打造“土地流转服务站”特色品牌，维护农村的社会稳定和促进乡村振兴战略的实施。2020年12月，侯建伟被最高院表彰为全国法院办案标兵。

· **李　冰**　男，江苏盐城人，1974年8月出生，盐城市公路工程有限责任公司检测中心主任。李冰通过刻苦学习和勤奋工作，练就一身过硬检测能力与水平，从一名普通的技术员逐步成长为一名出色的公路工程试验检测专家，更被同行们称为公路建设中的别样工匠。先后参加204国道盐城南段改造工程、331省道盐城东段改造工程、临海高等级公路工程、内环高架等全市重点工程的试验检测工作。2020年5月，李冰被人力资源和社会保障部、交通运输部表彰为全国交通运输系统劳动模范。

· **严正春**　男，江苏建湖人，1967年2月出生，中共党员，盐城市港航事业发展中心建湖中心副主任。严正春精通工程建设管理，多次被抽调在重点工程建设管理指挥部工作，先后担任连云港疏港航道整治工程项目管理办公室工程处航道组组长、连申线航道东台段整治工程项目管理办公室工程处副处长、盐城港滨海港区疏港航道船闸工程项目管理办公室工程处处长等。严正春参加的连云港港疏港航道整治工程获评2013年度江苏省交通建设优质工程奖、2013年度扬子杯优质工程奖、2014—2015年度国家优质工程奖；参加的连申线东台段航道整治工程提前高质量完成建设任务，获评2015年度江苏省交通建设优质工程奖；参加的盐城港滨海港区船闸工程如期通过交工验收。2020年5月，严正春被人力资源和社会保障部、交通运输部表彰为全国交通运输系统先进工作者。

· **蒋永伟**　男，江苏淮安人，1987年6月出生，中共党员，本科学历，盐城市消防救援支队西环路特勤站站长。蒋永伟参加工作以来，苦练灭火救援本领，提升为民服务水平，参与灭火救援6000余次，抢救被困群众200余名，先后荣立三等功3次，被评为江苏省优秀人民警察、十佳基层指挥员、盐城市十大忠诚卫士等。2020年7月，蒋永伟被共青团中央、人力资源和社会保障部表彰为第20届全国青年岗位能手。

· **汪　洋**　男，吉林松原人，1987年2月出生，中共党员，本科学历，盐城市公安局人民警察训练学校副校长。2009年9月参加工作，汪洋在工作中始终坚持把忠诚熔铸于灵魂、把为民根植于血脉、把荣誉镌刻于心中、把担当彰显于行动，出色完成实战练兵、新冠肺炎疫情防控等各项工作任务。参与各类涉枪、涉暴案（事）件60余起，抓获嫌犯百余人。立个人三等功7次、获市级嘉奖2次，获评第20届全国青年岗位能手、江苏省百名好青年、江苏省优秀共产党员、盐城市劳动模范、盐城市十佳杰出青年、第二届盐城市最美警察、新长征突击手等。2020年7月，汪洋被共青团中央、人力资源和社会保障部表彰为第20届全国青年岗位能手。

·崔　慕　男，安徽蚌埠人，1996年8月出生，中共党员，大专学历，盐城市消防救援支队西环路特勤站一分队三班班长。自参加消防工作以来，崔慕认真钻研灭火救援知识，刻苦训练，不断提升灭火救援本领，参与灭火救援2500余起，抢救遇险群众70余人，先后参与省内外重大灭火救援行动。先后立个人三等功5次，被评为全省十佳基层消防员、优秀消防员、训练标兵、最美消防员等。2020年6月，崔慕被应急管理部消防救援局表彰为优秀共产党员。

·李井泉　男，江苏响水人，1983年3月出生，中共党员，响水县消防救援大队陈家港政府特勤消防站消防战士。李井泉入队12年来，积极参与抢险救援，不顾个人安危，积极克服困难，先后参与污水转排、危化品转运处置等危难险重任务，用实际行动践行人民消防为人民的铮铮誓言。2020年11月，李井泉被应急管理部评为第五届全国119先进个人。

·许　鹏　男，江苏大丰人，1981年11月出生，硕士研究生学历，生前任苏州阿美咔叽文化传播有限公司总经理、苏州蓝天救援队队员兼江苏机动队队长。新冠肺炎疫情发生后，许鹏时刻关注蓝天救援在武汉的行动，并毅然申请加入支援武汉抗疫救援队伍，于2月7日驾驶车辆携带烟雾机等装备前往湖北武汉中华慈善总会及湖北慈善总会疫情防控捐赠物资联合仓库参与抗击疫情工作，负责为各大医院运送、发放抗疫物资。2月20日晚，第二批100台迷雾消杀机赶制完成，为确保设备能及时安全地送到武汉抗疫一线，许鹏争分夺秒，连夜送往武汉。21日凌晨4点30分左右，运输车队行至山东省济宁市梁山服务区附近时，许鹏驾驶车辆与前方违规停在行车道上的一辆挂车相撞，不幸遇难，直到事故发生，许鹏已连续16天奋战在疫情第一线。2020年4月，许鹏被共青团中央、中华全国青年联合会追授中国青年五四奖章。

·包雅玮　女，江苏盐城人，1980年10月出生，中共党员，博士研究生学历，盐城工学院团委书记。包雅玮长期从事马列公共课教学以及马克思主义理论与思想政治教育专业前沿理论研究，履行引领青年、组织青年、服务青年职责。主持完成相关省部级项目4项，市厅级项目6项，研究成果获市厅级以上奖励5次。与响水县文明办、共青团响水县委、响水助力微梦公益协会联合开展青春微梦夏令行，打造暑期大学生返乡创新创业的志愿服务公益平台；组织指导学生获"创青春"全国大学生创业大赛金奖、"挑战杯"全国大学生课外学术科技作品竞赛一等奖。抗击新冠肺炎疫情期间，积极响应上级团组织号召，成立盐城工学院盐粒子抗疫青年突击队，组织221名突击队员投入疫情防控基层志愿服务，发动1.2万余名学生接力防范疫情。其中，100余名学生报名最美逆行者子女陪伴计划，130余名学生参与信仰公开课——云讲演、盐语一生·抗疫诵读，为抗疫助力，组织师生以"执笔战'疫'，声援武汉"为主题创作百余件文化艺术作品。2020年4月，包雅玮被共青团中央表彰为全国优秀共青团干部。

·倪　源　男，江苏射阳人，2003年8月出生，中共党员，盐城中学高三（7）班学生。在抗击新冠肺炎疫情初期，倪源在校团委的号召下，通过志愿江苏网站发起并参与防疫公益宣传活动，利用所学互联网知识，通过微信朋友圈裂变宣传迅速覆盖近2万人，使同学及身边更多的人了解到如何科学防控。二月中旬，发起由近千名青少年志愿者参加的防疫公益募捐行动，募得10万余元捐赠武汉。在社区抗疫行动中，向物业管理人员推荐代购填单小程序，方便居家防疫和物业服务。2020年5月，倪源被共青团中央表彰为全国优秀共青团员。

·陶　峰　男，江苏盐都人，1983年6月出生，中共党员，本科学历，盐城市少工委副主任、市少先队总辅导员、市青少年活动中心主任。陶峰以传承红色基因争做铁军传人为主线，开展红领巾寻访烈士命名镇村、铁军小讲解员、少先队英雄中队等红色基因教育活动，带领少先队员从小培养爱国之情、砥砺强国之志、实践报国之行，相关工作经验多次在全省分享交流，《人民日报》《中国青年报》先后对盐城红色基因教育工作开展情况进行报道。担任市少先队总辅导员期间，有2篇文章分别在《辅导员》《少先队活动》发表，3项研究性成果获评江苏省优秀少先队创新项目，4篇论文在省少儿研究会论文评比等活动中获奖，编著20万字《少先队基础知识实用读本》辅导员培训用书，牵头编写《我爱红领巾——队前教育指导手册》《我们的英雄赞歌》等少儿红色基因教育辅导用书。先后获评全国优秀少先队辅导员、省优秀少先队辅导员、省优秀科技组织工作者、省优秀科技辅导员、江苏新疆少年儿童"手拉手"先进个人等。2020年12月，陶峰被共青团中央、教育部、全国少工委表彰为全国优秀少先队辅导员。

·常　勇　男，江苏东台人，1979年4月出生，本科学历，1997年7月参加工作，东台市红十字应急救援队队长。2007年加入红十字志愿者队伍，先后获评中国好人、江苏好人、江苏好青年等。抗击新冠肺炎疫情期间，常勇第一时间带领红十字应急救援队响应，成立防疫青年突击队，接收、运输调配各界捐赠款物，将410袋大米、4.8万只柠檬、营养品等爱心物资送往医院、公安局等疫情防控一线，带领救援队为128所学校及培训机构提供免费消杀服务。5月，中国文明网"好人365"第2071期介绍常勇"红十字'勇'士领跑'蛋黄苏'"的事迹。2020年12月，常勇被中国红十字会总会评为抗击新冠肺炎疫情优秀志愿者。

·朱厚宽　男，江苏东台人，1951年6月出生，中共党员，中专学历，东台市富安镇关工委主任。朱厚宽2003年开始参加镇关工委工作，创办“留守孩子”、红色书屋等校外辅导站，寓思想道德教育于多种活动之中，累计组织100多名“五老”创办流动校外辅导站60多座。组织学生读红色书籍、讲红色故事、写红色日记、作诗词书画、编德育小报，评闪光星星、树教子有方户等，走出一条以德育人、以文化人、以情感人、以爱帮人的新路，富安镇连续十年成为未成年人零犯罪镇。注重助学解困，参加海安和东台的爱心组织，通过争取爱心人士资助、新闻媒体关注等方法，救助孤儿、单亲儿童、残疾儿童和留守儿童100多人。先后被评为全国、省先进个人，其所在关工委和创办的校外辅导站多次被全国、省市评为先进集体，朱厚宽家庭被评为全国书香之家、江苏最美家庭。2020年10月，朱厚宽被中国关工委、中央文明办联合表彰为全国关心下一代工作先进工作者。

· **刘　玲**　女，江苏阜宁人，1968年7月出生，农工党党员，硕士研究生学历，瑞信律师事务所主任律师、农工党盐城市委委员。刘玲发挥职业和专业优势，先后向农工党盐城市委提交涉及制定和修改地方法规和执法检查议案41条，提交涉及农村留守妇女和儿童权益保障、农村土地流转、规范企业用工、法律共同体建设、环境保护执法等领域议案105条。其中，《关于在江苏设立海事法院的建议》被采纳，中央编办同意设立南京海事法院；《关于加强3岁以下婴幼儿托育服务的提案》被农工党中央采用，并作为农工党提案提交全国政协十三届二次会议；《建议建立儿童DNA数据库从源头上遏止拐卖儿童犯罪》被全国政协采用。参与对口脱贫地区情况调研，随省委调研组赴云南武定县开展脱贫攻坚民主监督调研，帮助当地群众维权并提供法律援助。先后3次被评为全国优秀律师，获评全国三八红旗手、全国法律援助先进个人、全国五一巾帼标兵等。2020年8月，刘玲被中国农工党中央委员会表彰为优秀党员。

· **周　苏**　女，江苏建湖人，1992年12月出生，硕士研究生学历，农工党盐城市委办公室副主任。周苏自参加工作以来，长期负责信息宣传工作，借助网站、微信等平台向基层组织和农工党党员发布党务信息、学习材料、党员风采、基层动态等，为党员交流学习心得、凝聚发展共识汇聚力量。先后完成“大统战思维指导参政党能力建设”“创新机制，充分发挥民主党派在人民政协中的民主监督作用”等10余篇理论研究课题。完成《风雨同舟半甲子，内外兼修三十年》《勤调研、善建言、不忘合作初心谱新篇》等视频制作，协助支部完成《助飞折翼天使，追逐飞翔梦想》微视频拍摄。2020年8月，周苏被中国农工党中央委员会表彰为先进个人。

· **赵玉华**　男，江苏盐城人，1976年10月出生，农工党党员，博士研究生学历，农工党盐南高新区支部主任、盐城市同洲医院院长。新冠肺炎疫情发生后，赵玉华将病重的老父亲拜托给亲戚照料，自己带领支部全体党员和全院职工全身心投入疫情防控阻击战。带头捐款10万元，并带动支部20多名党员累计捐款20万余元，在国内防控物资紧缺的情况下，通过韩国友人购买防控物资，支援武汉6家医院。17年来，赵玉华先后30多次参与扶贫、助教、助残、捐赠等活动，累计捐出爱心款项200万余元，帮助群众2389人次。先后获评盐城市最美医护天使、医政医管工作先进个人、优秀医务工作者、十佳助残服务之星等。2020年8月，赵玉华被中国农工党中央委员会表彰为参政议政先进个人。

· **胡定成**　男，江苏宝应人，1976年7月出生，致公党党员，本科学历，江苏顺成达物流有限公司董事长。抗击新冠肺炎疫情期间，胡定成在接到紧急通知后，连夜召集公司相关人员会议，布置运送抗击疫情物资工作，研究在运输过程中可能出现的各种突发情况，及时做好应急方案，承担运输盐城至武汉、黄石疫区抗击疫情所需要的各类物资。为保证运输抗击疫情物资驾驶员自身的安全，胡定成通过各方关系，组织口罩、消毒水、洗手液等疫情防控必需物资发放到每个驾驶员手中，并要求驾乘人员严格按照安全行车和防疫的制度和要求执行。公司累计运送抗击疫情物资67车次，近2000吨抗疫物资。2020年12月，胡定成被中国致公党中央委员会表彰为致公党抗击新冠肺炎疫情先进个人。

· **葛敬军**　男，江苏东台人，1981年7月出生，本科学历，九三学社社员，东台市中医院影像科副主任、东台市义工联会长。2012年，葛敬军创建苏北第一家正式注册的民间义工组织——东台市义工联合会。9年来，葛敬军带领团队组织各类公益活动4000余场次，服务弱势群体3.5万余人次，资助困难学子1000余人次，扶助困难家庭355户。义工联发展成为拥有3000多名会员的AAAAA级社会组织，获国家、省市县各类表彰100余次，多次被《人民日报》、中央电视台等主流媒体报道。抗击新冠肺炎疫情期间，第一时间组织团队志愿者以实际行动支援疫情防控，带领团队募集价值200万余元的爱心物资128吨，先后6批次逆行驰援湖北，支援火神山、雷神山、孝感、黄石、襄阳等地抗疫。2020年2月，中央文明办等14个部门联合发布2019年度学雷锋志愿服务“四个100”先进典型暨疫情防控最美志愿者名单，葛敬军被表彰为最美志愿者。

· **陶振华**　男，江苏射阳人，1983年11月出生，中共党员，本科学历，盐城市审计局办公室主任。陶振华先后参与9份市委、市政府涉及审计规范性文件起草，撰写审计工作思路、计划规划、经验总结、讲话汇报、调研报告、新闻发布会通稿等材料100多份50多万字。执笔的盐城地区精准扶贫与农民增收研究调研成果，获评省政府优秀社科研究成果奖。工作方法“以统筹融合深化审计全覆盖”被审计署《审计工作通讯》、省政府《信息专报》等载体推广，获评省政府发展研究成果奖。拍摄《心中那杆秤》

廉政微电影，获评全市首届“清风杯”廉洁文化公益作品征集评选第二名。2020年9月，陶振华被中国审计报社、中国时代经济出版社有限公司表彰为2019年全国审计机关审计宣传正能量榜样。12月，陶振华被中央网信办、审计署表彰为全国网评工作先进个人。

· **王小超**　男，河南武陟人，1988年6月出生，初中学历，江苏金科森电子科技有限公司高级经理。王小超深耕机加工行业，累计参与并领导上千项3C项目开发与量产。主导带领的团队，累计为科森集团创造营收7亿余元、降本6000万余元，攻克技术难题130余项。在成为管理者的9年里，直接或间接培养400余名基层农民工走向技术岗或生产管理岗，其中近100人取得高级铣工职称。2020年12月，王小超被国务院农民工工作领导小组表彰为全国优秀农民工。

· **姚林丽**　女，江苏东台人，1986年1月出生，中共党员，本科学历，2008年参加工作，江苏和信石油机械有限公司办公室主任。姚林丽负责公司科技申报工作及知识产权工作后，努力学习专业知识，掌握过硬的专业本领，贯彻《企业知识产权管理规范》，推进企业知识产权各项工作不断取得新进展。2018年，组织并成功为企业申报国家知识产权优势企业，申报的专利获盐城市专利奖金奖2项、银奖1项，企业获批江苏省省级知识产权战略推进项目，并于2020年验收成功。2020年12月，姚林丽被国家知识产权局表彰为2019年度企业知识产权工作先进个人。

· **蒯　曼**　女，江苏盐城人，2004年2月出生，盐城市乒乓球运动员，擅长左手持拍横板两面反胶的打法。2016年9月入选江苏省女子乒乓球队，2020年8月入选国家乒乓球集训队。2018年6月，在全国乒乓球锦标赛中，勇夺少年组乒乓球女子单打冠军，并成功入选国家青年队；在2018年亚洲少年乒乓球锦标赛，获得U15团体冠军、女单冠军；在2019年国际乒联青少年公开赛泰国站，获得U15团体冠军、女单冠军，U18女单冠军；在2019年中华人民共和国第二届青年运动会，获得乒乓球团体亚军、女双冠军、混双冠军、女单冠军；在2019年亚洲青少年乒乓球锦标赛，获得团体冠军；在2019年世界青年锦标赛，获得乒乓球团体冠军、女双亚军、混双季军、女单第五名；在2020年全国乒乓球锦标赛，获得团体季军、女双季军；在2020年全国青年锦标赛，获得单打混双冠军；在2020年中国乒超联赛，获得季军。

· · · 省级先进模范 · · ·

· **吴柏林**　男，江苏阜宁人，1965年3月出生，中共党员，本科学历，盐城市公安局党委副书记、副局长。抗击新冠肺炎疫情期间，吴柏林指挥全市公安机关开展疫情防控工作，紧盯找人、查车、守点、控面、管网、清源六大战场，建立完善信息流转、数据研判、情况通报等机制，实现人员全面见底、情况全面掌握、信息全面核实。协调汇聚公安和社会大数据，汇集疫情重点地区往来盐城的人员线索9.5万条，核查率100%，全市所有确诊和疑似患者均在市公安局交办核查范围当中。2月25日，代表盐城市公安局在公安部视频会议上发言，向全国同行介绍盐城治安防控体系助力疫情防控工作的经验做法。2020年11月，吴柏林被江苏省委、省政府表彰为全省抗击新冠肺炎疫情先进个人。

· **张　辉**　男，江苏大丰人，1967年1月出生，中共党员，本科学历，大丰区公安局政委。抗击新冠肺炎疫情期间，张辉统筹各职能部门、带领社会防控组，先后45次牵头组织召开统筹协调、视频调度、专题研判、数据核查等会议，牵头组织核查4.5万余人。重视社会面防控、舆情应对和涉疫违法犯罪活动，协调解决涉疫矛盾200余件，从快办理行政许可1100余件，侦破涉疫违法犯罪案件53起，抓获嫌疑人33人，行政处罚18人，其中案值1500万元的王某某制售伪劣口罩案被国务院联防联控办作为典型案例予以肯定通报。先后交办提示单40期，暂停或取消大型活动6场次，劝停群体性聚餐1.17万余桌，及时统计退热止咳药品实名销售信息4.93万条。利用传统载体和新媒体广泛宣传发动，提升群众参与疫情防控意识；联合民政部门开展临时救助306人次，发放救助资金47万元，向困难群众发放低保金1729万元。先后7次主动协调、筹备储存防疫物资，为一线民警提供强有力的健康安全保障。2020年11月，张辉被江苏省委、省政府表彰为全省抗击新冠肺炎疫情先进个人。

· **刘　军**　男，江苏建湖人，1965年2月出生，中共党员，本科学历，盐城市公安局盐都分局副局长。抗击新冠肺炎疫情期间，刘军作为盐都区社会及社区防控工作小组组长，先后牵头召开视频点调会、小组工作例会等30余次，牵头制定《全区新型冠状病毒感染的肺炎疫情防控社会及社区防控工作组实施方案》《全区公安机关新型冠状病毒感染的肺炎疫情防控工作实施方案》等11份文件，制定完善各类工作预案13件，每日形成《疫情防控工作专刊》。应用“大数据＋网格化”手段，牵头成立线索核查小组，全面高效梳清上级交办8616人，自主摸排2538人，全部核清完毕，无一差错。在全区7处疫情查控点实行24小时查缉勤务，全面落实逢车必查、逐人登记、逐人检测措施。在全市率先研发盐都公安防‘疫’小程序，在99家商超、农贸菜场全面推广，用现代化手段将疫情防控、追踪溯源和高危预警工作落到实处，开启“微‘疫’”时代。牵头研究会办、打击处理涉及疫情类违法犯罪人员57人，其中刑事打击8人、治安处罚49人。2020年11月，刘军被江苏省委、省政府表彰为全省抗击新冠肺炎疫情先进个人。

· **王启俊**　男，江苏亭湖人，1980年10月出生，中共党员，本科学历，盐城市公安局交警支队治安卡口大队开发区中队中队长。抗击新冠肺炎疫情期间，王启俊坚守在疫情一线，带领队员累计检查车辆4万多辆，协助检测8万余人，发现发热人员12人，检查率、录入率、处置率始终保持100%。参与编写疫情通道查控工作手册，为全市卡口规范高效查控树立样板。在卡口查缉工作中，提炼勤于盘查、善于找疑、精于研判、细于分析、快于出击、勇于抓捕工作法，累计抓获网逃人员20余名、吸毒人员10余名，查获非法携带管制器具案件40余起。在援疆工作中，在协助当地警方做好疫情防控的同时，以过硬的应急救护技能和调解纠纷能力，救助2名癫痫病发作群众，调解各类纠纷10余起。2020年11月，王启俊被江苏省委、省政府表彰为全省抗击新冠肺炎疫情先进个人。

· **梁从凯** 男，江苏阜宁人，1969年10月出生，中共党员，本科学历，阜宁县疾病预防控制中心副主任。梁从凯自1991年8月参加工作以来，一直从事疾病预防控制工作，参与了1993—1995年甲型肝炎疫情、2003年“非典”疫情、2014年H7N9疫情、2016年特大龙卷风冰雹灾害和2020年新冠肺炎疫情处置工作。在2020年疫情防控工作中，带领流调人员走村入户，核查5例患者生活轨迹和所有密切接触者，制定集中隔离管理制度，指导专业人员开展疫点消毒，组织开展多轮防控方案培训和应急演练，提高全县疾控系统卫生应急能力。同时，推动全县新冠病毒疫苗接种，开展防控知识宣传，草拟接种方案，规范接种流程，确保接种安全。2020年11月，梁从凯被江苏省委、省政府表彰为全省抗击新冠肺炎疫情先进个人。

· **邹　华** 男，江苏阜宁人，1966年4月出生，中共党员，硕士研究生学历，阜宁县中医院副院长。邹华从医30多年，狠抓医疗质量管理，提高医疗技术水平和医疗服务质量，创新人才和专科建设。抗击新冠肺炎疫情防控期间，统筹安排全院防控工作，召集相关人员制定本院防控应急预案，成立防控及医疗救治领导小组，完成发热门诊的改建工作，完善预检分诊及发热门诊的流程，严格住院管理，加大医务人员对诊疗方案及防控方案的培训力度。根据最新要求及时更新知识和要求，将标准预防理念贯穿到日常各项工作，做好消毒、隔离、预防职业暴露、医疗废物管理等工作，降低院内感染风险发生。2020年2月，进驻医学观察点，参与医学观察点的管理及医学监测工作，规范医学观察流程，落实被观察人员医学观察措施，细心做好隔离观察期间所有工作人员的防护、健康监测及环境消毒工作，确保所有人员的安全。2020年11月，邹华被江苏省委、省政府表彰为全省抗击新冠肺炎疫情先进个人。

· **费　文** 男，江苏阜宁人，1969年1月出生，中共党员，硕士研究生学历，阜宁县人民医院副院长。费文任阜宁县人民医院副院长后，相继分管医疗、财务、信息化、绩效考核、院感控制、护理、人力资源、健康扶贫、科教研等工作，多次获得县委县政府嘉奖、获评盐城市卫生工作先进个人等。抗击新冠肺炎疫情期间，统筹安排全院防疫工作，成立防控及医疗救治领导小组，严格住院管理，做好消毒、隔离、预防职业暴露、医疗废物管理等工作，降低院内感染风险。2020年11月，费文被江苏省委、省政府表彰为全省抗击新冠肺炎疫情先进个人。

· **王　军** 男，江苏盐城人，1973年9月出生，农工民主党党员，硕士研究生学历，盐城市第一人民医院神经内科副主任、江苏省第八批援鄂医疗队医疗救治组成员。抗击新冠肺炎疫情期间，王军主动递交请战书，赴武汉抗疫一线支援，在武汉市中心医院接管2个重症病区。为节约防护服，上班前尽量少喝水甚至不吃东西，一个班下来，内层衣服被汗水完全浸湿，还出现体力透支现象。在王军和队员的拼搏和努力下，所有病人均痊愈出院，无一例患者死亡，全体队员无一例感染。2020年6月，王军获江苏省人力资源和社会保障厅、江苏省卫生健康委员会新冠肺炎疫情防控嘉奖；7月获评中国农工民主党江苏省委年度先进个人和优秀农工党党员。2020年11月，王军被江苏省委、省政府表彰为抗击新冠肺炎疫情先进个人。

· **崔国静** 女，江苏建湖人，1966年8月出生，中共党员，硕士研究生学历，盐城市中医院党委书记。自新冠肺炎疫情发生以来，崔国静高度重视疫情防控工作，坚持靠前指挥、狠抓落实，第一时间成立疫情防控指挥部，做好统筹协调工作。带领医院以最快速度，规划建成发热门诊，储备足量抗疫物资。加强预检分诊、职工、住院病人管控，严格落实防控措施。发挥中医药特色优势，推出预防汤剂、保健香囊、中药茶饮等养生产品与艾灸、艾熏等特色疗法，为在盐城韩国友人配送预防中药盒。在规定时限内高标准建成PCR实验室，投入运行，不断提高核酸检测能力。组织2批30名医务人员赴武汉一线支援，到机场、车站接送队员，时刻保持与援鄂医疗队员联系，做好队员及家属的关怀、慰问。2020年11月，崔国静被江苏省委、省政府表彰为全省抗击新冠肺炎疫情先进个人。

· **陈国清** 男，江苏盐城人，1982年5月出生，中共党员，硕士研究生学历，盐城市疾病预防控制中心微检科科长。抗击新冠肺炎疫情期间，陈国清带领科室人员夜以继日地奋战在疫情防控的关键岗位上，创新开展“1+X”新冠病毒检测工作机制，提高全市核酸检测能力和检测效率。推进县（市、区）新冠肺炎核酸PCR检测实验室建设现场指导、实验室人员培训等工作。推进新冠病毒核万人实验室建设，抢时间、赶进度，按照规定时间节点，完成实验室核酸检测能力提升建设工作，形成采样集成化、样本整理信息化、样本检测模块化、通信智能化的现代化新冠病毒核酸检测体系。2020年11月，陈国清被江苏省委、省政府表彰为全省抗击新冠肺炎疫情先进个人。

· **胥伟华** 男，江苏盐城人，1971年11月出生，中共党员，本科学历，盐城市急救医疗中心主任、党支部书记。抗击新冠肺炎疫情期间，胥伟华科学部署，提前准备，严格按照防控工作要求，做好各项防控工作，确保医务人员零感染。根据涉外防控要求，先后派出5人赴昆山、上海参加涉外疫情防控转运任务，得到市涉外防控组肯定。2020年11月，胥伟华被江苏省委、省政府表彰为全省抗击新冠肺炎疫情先进个人。

· **王洪华** 男，江苏响水人，1972年7月出生，中共党员，本科学历，响水县人民医院院长。王洪华带领医院干部职工团结奋进，创新进取，对医院人事制度、分配制度、经营机制、管理机制进行改革，增强医院内部活力，提高医院竞争力。医院先后获评全国医院管理创新示范单位、全国三好一满意示范医院、全国进一步改善医疗服务行动计划示范医院、全国综合医院中医药工作示范单位等。在新冠肺炎疫情防控工作中，严格管理，从源头抓起，保证医院稳定有序开展工作。2020年11月，王洪华被江苏省委、省政府表彰为全省抗击新冠肺炎疫情先进个人。

· **姚广明** 男，江苏滨海人，1971年5月出生，中共党员，本科学历，滨海县东坎镇中心卫生院副院长。抗击新冠肺炎疫情期间，姚广明和队友们夜以继日地对湖北武汉以及外地回归人员进行行程追踪和测温工作。在204国道、327省道以及高速服务区对外地来滨海人员进行测温工作。专门负责辖区内县人民医院发热病人接送任务，共接送32人次。帮助企业复工复产，到车站协助县有关部门为外出务工人员提供健康证明以及测温工作计2000多人。先后随访返滨海人员2912人、随访4.08万人次；发热病人8537人，随访1.71万人次；密切接触者366人，随访5124人次。2020年11月，姚广明被江苏省委、省政府表彰为全省抗击新冠肺炎疫情先进个人。

· **周晓祥** 男，江苏东台人，1975年11月出生，中共党员，本科学历，东台市中医院党委书记、院长。新冠肺炎疫情发生后，按照上级疫情防控工作部署要求，周晓祥迅速成立医院新型冠状病毒感染的肺炎疫情防控工作领导小组、防控救治指导小组，全力以赴做好疫情防控工作，确保人民群众健康安全。邀请省中医药局专家来院指导制定新冠肺炎2号预防方，组织中药饮片源货，熬制汤药，每日向全市发放1万袋中药汤剂，累计发放20多万袋预防中药汤剂。承担东台市新型冠状病毒防控物资储备工作，组织好全市疫情防控物资储备保障工作。2020年11月，周晓祥被江苏省委、省政府表彰为全省抗击新冠肺炎疫情先进个人。

· **张红洋** 男，江苏盐城人，1972年1月出生，中共党员，本科学历，盐城市盐都区学富镇卫生院副院长。2月15日深夜，学富镇卫生院接到区卫健委组建抗疫小分队支援盐龙集中医学观察点命令，张红洋主动到抗疫一线，驻点抗疫长达100多天，工作认真负责，一丝不苟。在战“疫”中用实干筑牢防线，以付出彰显责任与担当。2020年11月，张红洋被江苏省委、省政府表彰为全省抗击新冠肺炎疫情先进个人。

· **卞彤甫** 男，江苏盐城人，1972年11月出生，中共党员，本科学历，盐城经济技术开发区步凤中心卫生院院长。新冠肺炎疫情发生以来，卞彤甫第一时间与各条防控战线工作人员一道取消个人假期，严格执行各级防控指挥部的工作要求，带病值守，带领大家冲锋一线。严格执行卫健主管部门预检分诊点工作要求，迅速组建预检分诊队伍，落实二十四小时排班值守工作。做好一手抓防控，一手抓恢复正常诊疗秩序，合理抽调传染病管理、内科、护理等防治党员骨干，协助复工复产企业职工做好健康检查、健康宣教，指导复工企业人员对行李、入境车辆进行消毒，对每一位返岗人员进行健康宣教、心理疏导，消除复工返岗人员心理顾虑，为稳就业、稳经济，加快企业复工复产做贡献。2020年11月，卞彤甫被江苏省委、江苏省政府表彰为全省抗击新冠肺炎疫情先进个人。

· **李武生** 男，江苏阜宁人，1963年1月出生，中共党员，盐城市交通运输综合行政执法支队安全监督科四级主任科员。李武生长期工作在运政执法一线，爱岗敬业，工作勤勉，在新冠肺炎疫情防控期间，主动投身疫情防控第一线，结合实际制定整治工作方案，明确措施任务和分工，带领队员分头在市区交通枢纽周边强化道路巡查，2020年春运期间，累计检查车辆2000多辆次，纠正防控措施不规范行为1200多次、开展防控宣传3000多人次，为阻断疫情通过交通工具传播和扩散筑起一道钢铁防线。2020年11月，李武生被江苏省委、省政府表彰为全省抗击新冠肺炎疫情先进个人。

· **柏正群** 男，江苏大丰人，1968年4月出生，中共党员，盐城市大丰人民医院党委副书记、院长。抗击新冠肺炎疫情期间，柏正群第一时间成立医院防控领导小组，靠前指挥，使医院防疫工作成绩显著，确诊盐城市第一例新冠肺炎患者，并先后再次确诊2例送至盐城市定点医院救治，及时发现盐城市第一例境外输入病例，实现病人“零死亡”、医务人员“零感染”。克服发热门诊无CT，发热病人到门诊查CT易发生交叉感染风险的短板，紧急采购螺旋CT，成为江苏省发热门诊配置专用CT先驱，得到省卫健委防疫专家的肯定，并在全省推广。为提高核酸检测能力，对原有的PCR实验室提档升级、完善流程，为东台、大丰临床诊断提供支持。面对全国疫情告急，组建15人医疗队火速驰援黄石。2020年11月，柏正群被江苏省委、省政府表彰为全省抗击新冠肺炎疫情先进个人。

· **崔　海** 男，江苏东台人，1967年2月出生，中共党员，本科学历，1986年8月参加工作，东台市卫健委党委书记、主任。崔海作为东台市防控综合协调组负责人，抗击新冠肺炎疫情期间，做到“排、管、治、联”环环相扣。组织全市市镇村三级干部、公安干警、医务人员三支力量，对重点人员进行全覆盖排查，并全部跟踪到位；规范建立8

个发热门诊和48个预检分诊点，严格分诊、筛查、诊断发热人员。加强医疗救治，有效处置4例确诊、31例可疑病例。主动策应疫情变化，精准精细落实防控措施。在应急时期，率先在全省推行中药预防方，集中采购、集中熬制、集中配送，21.88万人次服用，无一例确诊。在常态化防控时期，制订出“紧盯五类人群、重抓五类场所、夯实五项措施”精准化策略。2020年11月，崔海被江苏省委、省政府表彰为全省抗击新冠肺炎疫情先进个人。

·杨昌林 男，江苏东台人，1967年1月出生，中共党员，本科学历，东台市疾病预防控制中心主任、总支书记。新冠肺炎疫情期间，杨昌林立即组织研究部署疫情防控工作，搜集疫情信息和防控策略，按照应急预案抽调全中心力量组建疫情防控领导小组、流行病学调查小组、消毒消杀小组、健教宣传小组和综合协调后勤保障小组等防控队伍，筹集防疫物资，保障防控需要。科学制定防控方案，并根据疫情发展及时调整方案和防控力量，统筹指挥全市疾控条线疫情防控工作，使全市疫情防控措施得到有效落实并取得较好防控效果。按照特事特办原则，深入调研、多方协调，在短时间内建成中心PCR实验室，高标准通过省市验收。2020年11月，杨昌林被江苏省委、省政府表彰为全省抗击新冠肺炎疫情先进个人。

·宣世海 男，江苏东台人，1972年7月出生，中共党员，硕士研究生学历，南通大学硕士生导师、东台市人民医院检验科主任。宣世海长期从事医学临床检验工作。新冠肺炎疫情发生后，宣世海主要负责全院新冠肺炎疫情防控协调工作，履职尽职，日夜坚守，从大年三十开始，未休一天。一级响应期间，不惧风险，主动陪同护送疑似患者（后被确诊）检查。作为检验科学科带头人，带领检验科新冠病毒核酸检测组负责全市发热门诊及住院患者的检测任务，每日三班检测核酸，累计完成核酸检测近10万人次。坚持新冠病毒核酸检测与生物安全、院感管控并重，未发生一起实验室生物安全、院感事故及实验室污染，保质保量完成检测任务。2020年11月，宣世海被江苏省委、江苏省政府表彰为全省抗击新冠肺炎疫情先进个人。

·谢小进 男，江苏东台人，1978年11月出生，东台市安丰镇个体运输从业者。2019年1月7日16：20左右，在东台市安丰小学附近的东陶水街，一辆白色轿车突然撞断河边栏杆，冲进河里并渐渐下沉，车上有1名女司机和4个孩子。从安丰小学接完孩子的谢小进正好经过，谢小进纵身一跃，跳进冰冷的河水中，用120秒完成救人壮举。当他将人全部救上岸时，车子也完全沉没。谢小进的救人事迹被央视新闻频道《新华日报》等媒体报道。2019年，谢小进当选中国好人、江苏好人。2020年11月，谢小进被江苏省政府表彰为江苏省见义勇为模范。

·刘　益 男，江苏阜宁人，1969年1月出生，中共党员，本科学历，东台市财政局党组成员、副局长。2017年1月至2020年1月，刘益作为江苏省第九批援疆干部，挂任察布查尔锡伯自治县县委办公室副主任、县财政局副局长，克服环境和语言等诸多困难，把责任扛在肩上，用奋斗和奉献践行民族团结一家亲的庄严承诺。挂职期间，做好援建资金使用管理工作，严格按照项目进度及审批程序审核、拨付援建资金，盐城援疆工作组累计拨付资金1.51亿元，未发生一起错拨、漏拨、滞留、截用、违规拨付差错。先后参与、协调援疆干部人才及后方党员干部捐款67.74万元、捐赠物资近32万元，资助困难家庭及困难学生991户（人）。2020年1月，刘益被中共新疆维吾尔自治区委员会、新疆维吾尔自治区政府表彰为第九批省市优秀援疆干部人才。

·哈爱华 男，回族，江苏盐都人，1971年9月出生，中共党员，本科学历，盐城市公安局政治安全保卫支队二大队二级警长。哈爱华在本职岗位上，以服务盐城民族团结为目标，主动作为，协调对接相关警种部门，进行资源关联整合，形成工作合力机制。强化县、区对到盐批量务工群体业务指导，深入县区务工单位，宣传民族政策并做好防范化解风险工作。强化宗教阵地安全防范，每周对全市宗教场所活动情况进行研判。2020年10月，哈爱华被江苏省政府表彰为全省民族团结进步模范个人。

·火旭东 男，回族，江苏盐城人，1962年8月出生，民主促进会会员，盐城市第三人民医院医生、盐城市伊斯兰教协会会长。自2010年担任盐城市伊斯兰教协会会长和清真寺管委会主任以来，立足本职工作为民族团结做了大量工作。争取资金，完成清真寺的维修改造，赢得本地和外来穆斯林的一致赞誉。多次组织相关医疗专家为广大穆斯林进行义诊，通过咨询和发放科普材料，为大家解决医疗困惑。2020年10月，火旭东被江苏省政府表彰为全省民族团结进步模范个人。

·王盐平 女，江苏亭湖人，1967年11月出生，盐城市田家炳中学新疆部主任、教师。15年来，王盐平默默奉献，在平凡岗位上做出不平凡的业绩。带领的新疆部先后获江苏省第二届少数民族文艺调演一等奖、《感恩伟大祖国》演讲比赛江苏赛区一等奖、第二届全国内地新疆高中班师生美术、书法、摄影作品展览优秀组织奖等。2020年10月，王盐平被江苏省政府表彰为全省民族团结进步模范个人。

·苗久成 男，江苏盐城人，1973年11月出生，中共党员，硕士研究生学历，盐都区郭猛镇党委书记。苗久成将帮扶少数群众致富列为镇民生实事，带头实施少数民族群众牵手致富工程，以精准扶贫为抓手，每年举办少数民族群众技能培训班，推荐到工业园区、杨侍生态园、国胜农场等就业，实现稳定收入。以乡村旅游业、高效农业为载体，印发鼓励政策，帮助创业，接受少数民族群众到郭猛镇创业，确保小康路上一个不少。在学校、卫生院等服务单位，开通少数民族群众就医、入学绿色通道，并在费用上进行减免，对生活困难少数民族家庭，安排党员干部一一结对帮扶，并根据家庭实际情况，一户一策，帮助该户群众就业，实现造血式脱贫，全镇少数民族群众全部脱贫奔小康。2020年10月，苗久成被江苏省政府表彰为全省民族团结进步模范个人。

· **奚圣蓬** 男，江苏大丰人，1981年11月出生，中共党员，盐城电信无线中心主任。奚圣蓬刻苦钻研关键技术，在无线网络优化及分析方面有较深造诣。研发多项IT支撑系统，曾先后赴连云港、宁夏等开展网优支撑工作，有2篇论文入选中国通信学会年会论文集。2015年牵头成立翼网创新工作室，开展重点课题攻关，获众多成果。2020年，在新冠肺炎疫情影响下，无线网络负荷徒增，用户感知面临巨大保障压力，测试里程680千米，解决问题117个、解决防疫定点医院问题14处。带领团队完成315个5G站点的健康入网，实现市县城区核心区域5G基本覆盖。奚圣蓬先后获江苏电信科技进步奖2项、盐城电信科技进步奖14项等成果；带领团队获得全国优秀QC小组成果3项、省级优秀QC小组成果4项。2020年4月，奚圣蓬被江苏省总工会授予江苏省五一劳动奖章。

· **吴红明** 女，江苏大丰人，1966年6月出生，中共党员，江苏省特级教师，江苏省人民教育家培养工程培养对象，盐城市道德与法治名师工作室领衔人，江苏省基础教育教学指导委员会小学品德学科专家委员，江苏省小学德育教师专业委员会理事长，盐城市第一小学教育集团党委副书记、纪委书记，兼任盐城市聚亨路小学教育集团校长。吴红明多年来潜心于教育事业，曾获省市优质课竞赛一等奖和全国优质课奖，参加国标本教材《品德与社会》编写工作。2020年4月，吴红明被江苏省总工会授予江苏省五一劳动奖章。

“好人”典范

· **肖公章** 男，江苏建湖人，1962年1月出生，建湖县文化馆工会主席、曲艺家协会主席。新冠肺炎疫情期间，肖公章积极投身到抗疫第一线，充分发挥专业优势，创作推出多部多种形式接地气的优秀文艺作品，在社区开展宣讲200多场次，创作、录制十多个宣传宣讲节目，通过大喇叭、街道流动车、电视、网站尤其是微博、微信、抖音等新媒体广泛传播，向群众讲解当前防控疫情的重要性，传播防控疫情的科学知识，鼓舞着广大干群士气和斗志，为坚决打赢疫情防控阻击战发挥文艺作用。2020年9月，肖公章被中央文明办表彰为中国好人。

· **李海峰** 男，江苏盐城人，1979年5月出生，中共党员，盐城市第三人民医院重症医学科副主任医师。1月20日，盐城市第三人民医院收治了第一名发热疑似病例，随即院里组建发热门诊，特别需要ICU、呼吸科、急诊的医护人员。作为有多年ICU临床经验的医生，李海峰主动请缨带头上发热门诊。1月22日，李海峰到发热门诊参加值班，24日晚上回家吃完年夜饭，又作为首批医护人员进入隔离病房，连续工作28天。李海峰表示只要身体允许，会一直在隔离病房战斗下去。虽然个人的力量很微薄，但是星星之火可以燎原，众志成城，一定能打赢这场疫情阻击战。他的事迹被学习强国——江苏学习平台《盐阜大众报》报道，李海峰先后被表彰为援疆工作先进个人和援疆优秀专家。2020年9月，李海峰被中央文明办表彰为中国好人。

· **荀思超** 男，江苏建湖人，1972年11月出生，中共党员，国网盐城供电公司信息通信分公司通信专职。自1991年参加工作以来，荀思超凭着爱岗敬业的职业素养和精益求精的工匠精神，从一名普通技工成长为国网江苏省电力有限公司二级专家。28年来，在他和团队的努力创新下，国网盐城供电公司累计实施技术革新100余项，有效解决电力系统生产和管理体系中的技术难题，获得国家型专利、省级科研论文等70项。荀思超先后获国家电网有限公司领军人才称号、江苏省五一劳动奖章，当选江苏好人等。2020年9月，荀思超被中央文明办表彰为中国好人。

· **陈景飞** 男，江苏射阳人，1984年12月出生，中共党员，射阳县海通镇射北村村民。新冠肺炎疫情发生后，陈景飞与战友紧急筹款近4万元，采购医用酒精、肩式喷雾器等一批疫区紧缺物资，从山东省出发，连续奔波20多小时抵达武汉市，将防疫用品分别交给汉口一处物资紧缺的社区和湖北省红十字会。在返回射阳县居家隔离观察期间，他又筹款8万多元，委托战友购买3500公斤酒精捐赠给山东济宁市部分单位和社区用于疫情防控。陈景飞“逆行”千里驰援武汉疫情灾区，彰显一名退役军人和共产党员的无私大爱和担当本色。他的事迹先后被《中国县域经济报》《江苏文明网》等十余家媒体报道。2020年10月，陈景飞被中央文明办表彰为中国好人。

· **聂素梅** 女，江苏滨海人，1952年10月出生，滨海县八巨镇村民。1994年2月，聂素梅将父母双亡、自小丧失生活自理能力的44岁邻居姐姐陆从芳接到家中照顾，并对她承诺今后我来照顾你。为了这样一句简单的承诺，聂素梅在1997年大儿子去世、自己生活拮据的情况下，毅然放弃外出打工的机会，留在家里照顾陆从方。2012年，她又将完全瘫痪不能自理的陆从方接到无锡儿子家中一起生活。2019年10月，聂素梅带着陆从方回到八巨镇老家生活，直到2020年11月陆从芳去世。从1994年到2020年，9000多个日日夜夜，聂素梅一直细心地照顾着这位残疾的邻居大姐，她用执着兑现着她当初的承诺，成为邻里亲朋口中的“爱心大姐”。2020年12月，聂素梅被中央文明办表彰为中国好人。

· **王卫民** 男，江苏东台人，1951年2月出生，中共党员，东台市三仓镇新兴村村民，是一名有着30多年党龄的“乡土专家”。多年来，王卫民靠种植西瓜致富，免费指导身边群众种植西瓜，是周边村民致富路上的领头人。2018年10月，东台市和陕西省铜川市耀州区协作扶贫项目——西瓜产业扶贫基地建设进入实施阶段，急需技术人才全程指导，年近七旬的王卫民主动担起重任，赶赴1300千米之外的陕西耀州马咀村，毫无保留地传授种瓜技术，让东台西瓜成功在耀州开花结果。2020年初，突如其来的新冠肺炎疫情给瓜农生产带来影响，他又加入农技专家志愿服务组，线上线下24小时提供技术指导，帮助村民有序抓好生产。疫情防控期间，主动请缨蹲守村口卡点，排查登记来往车辆人员2000余人次。王卫民千里赴陕投身扶贫一线带民致富，当好农村致富路上的领头人，在服务乡村振兴、脱贫攻坚、防控疫情的火热实践中展示着时代新风采。2020年9月，王卫民被中央文明办表彰为中国好人。

· **司万平** 女，江苏阜宁人，1969年1月出生，中共党员，阜宁县芦蒲初中教师。1983年以来，司万平扎根农村36年，将青春和热情全部奉献给乡村教育，即使遭遇交通事故腿部受伤也坚持伫立在三尺讲台上，所带班级英语成绩名列前茅。她主动兼任宿舍管理员，悉心照料200多名学生的生活起居，先后捐助4万多元帮助23名贫困学生完成学业。她的感人事迹先后被中央人民广播电台、中国新闻网、江苏电视台、江苏文明网、《江苏教育报》《盐阜大众报》等多家媒体报道。司万平先后获评江苏最美人物、最美教师，感动江苏教育人物——最美乡村教师等荣誉。2020年10月，司万平名被中央文明办表彰为中国好人。

· **张奇芬** 女，江苏梁溪人，1951年3月出生，中共党员，盐城市亭湖区便仓镇关工委常务副主任。张奇芬2004年退休后，积极投身关心下一代事业，在关工委岗位上一干就是16年。她个人出资20万元并筹集助学金30万余元，帮助100余名留守和困境儿童继续学业，带领全镇“五老”志愿者通过办班、委培、现场传授、跟班实习等多种方式，先后帮助241名贫困青年农民甩掉贫困帽子，个人结对帮助脱贫的有56人。2020年11月，张奇芬被中央文明办表彰为中国好人。

表56 2020年盐城市“好人”一览表

“中国好人”	“江苏好人”	“盐城好人”
荀思超、肖公章、李海峰、陈景飞、王卫民、司万平、张奇芬、聂素梅	张秀东、张大中、李海峰、崔雪梅、许 鹏、肖公章、张红霞、尚旭普、陈景飞、嵇绍兵、荀思伟、王卫民、肖长桂、于 云、周 军、魏兆香、沈为国、张奇芬、徐锦文、金龙维、陈茂文、金 嵘、戴亚明、颜 清、姜 洪、王 军、于连富、刘洪柱、王春成、武兆秀	王元生、王金海、孙荣生、肖运兵、肖国定、赵玉华、袁桂发、倪清华、田复川、黄 梅、孟楼明、孟国伟、张 亚、梅德春、王春成、武兆秀、储 兵、龚志石、吴素萍、蔡美玲、响水县红十字会“急救霞”、王俊领、尤立勇、成 娟、刘玉敏、许天刚、许秋雯、李 灿、李 俊、张士中、张首富、陈 震、周永香、郑春香、姚 俊、钱 怡、董红娣、颜春燕、韦 军、张玉明、赵红娟、姜冬清、薛银铸、邹 金、金 嵘、康 宁、赵达巧、孙海燕、杨蓉蓉、戴亚明、何宏星、董秀芳、王 兵、沈 洁、帖 牛、赵艳娟、崔海兵、王 军、朱一鸣、杜沙沙、袁文春、刘洪柱、肖雅涵、徐友萍、刘永生、张龙华、卞加增、孙 强、崔长耕、王 鹏、张万群、张成成、周还林、穆红霞、王其稳、严 琛、夏 曦、任 晴

注：加□为逝世人物

集体荣誉

· **概 况** 2020年，盐城市各级党组织、部门和单位履职尽责、奋发有为，为盐城高质量发展做出贡献。有40余家单位（集体）获国家级、省级表彰。

· **盐城环保科技城获批国家绿色产业示范基地** 年内，国家发改委、科技部联合公布首批绿色产业示范基地创建名单，盐城环保科技城名列其中。盐城环保科技城坚持“绿色发展、科技为先”理念，围绕节能减排、生态修复和新兴产业发展目标需求，紧扣大气治理和水污染处理产业特色，在绿色产业中确立“盐城设计”“盐城创造”“盐城服务”品牌，构建“一中心一盟一策一金”产业创新发展体系，提升载体创新能力和平台产业化能力。为进一步推动高质量绿色发展，盐城环保科技城以土地容积率、亩平产出率、设备智能化率“三率”为标准，通过征收企业围墙内“空地”、整合边角用地、盘活闲置用地等方式积累土地资源。掀起科技招商热潮，利用中核电等一批已落户企业资源优势，加大上下游配套项目的招引力度，健全完善产业链条。此外，加快建设“孵化器—加速器—产业园”一条龙产业孵化体系，在提升国家级盐城环保科技产业园五星科技创业服务中心、复旦盐城环保创新创业基地等现有孵化器服务功能的基础上，积极探索建立低成本、便利化、全要素、开放式的新型孵化平台，推动更多创新资源集聚和创新成果转化。

· **大丰区人民法院被授予“全国优秀法院”称号** 年内，大丰区人民法院被最高人民法院授予“全国优秀法院”称号。大丰区人民法院围绕“努力让人民群众在每一个司法案件中感受到公平正义”的工作目标，忠实履行宪法法律赋予的职责，为辖区经济社会发展和生态文明建设提供有力的司法服务和司法保障。该院先后被江苏省委、省政府评为人民满意政法单位并记集体一等功，被省法院记集体一等功两次、集体二等功两次。

表57　2020年盐城市部分国家级、省级集体荣誉一览表

级别	获奖单位	荣誉名称	授奖单位	授奖时间
国家级	盐城市司法局社区矫正管理局	全国司法行政系统特赦实施工作先进单位	司法部	2020.01
	盐城市消防救援支队西环路特勤站	集体一等功	应急管理部	2020.05
	盐城市消防救援支队响水县黄海路消防救援站	集体一等功	应急管理部	2020.05
	盐城市消防救援支队	集体三等功	应急管理部	2020.05
	中共中国电信股份有限公司盐城分公司盐都区局党支部	先进基层党组织	中共中国电信集团有限公司党组	2020.06
	黄尖镇	国家卫生镇	全国爱国卫生委员会	2020.07
	盐城市第一人民医院总支部委员会	参政议政工作先进集体	中国农工党中央委员会	2020.08
	农工党盐城市大丰支部委员会	优秀基层组织	中国农工党中央委员会	2020.08
	盐城市公安局机关党委	全国先进基层党组织	中共中央	2020.09
	盐城市公安局机关党委	全国抗击新冠肺炎疫情先进集体	中共中央、国务院、中央军委	2020.09
	盐城市公安局疫情防控专班	全国公安系统抗击新冠肺炎疫情先进集体	公安部	2020.09
	盐城市红十字会	抗击新冠肺炎疫情暨红十字应急救护知识竞赛活动单位组织一等奖	中国红十字会总会	2020.10
	盐城市红十字会	2020年度中国红十字会总会报刊宣传先进集体一等奖	中国红十字会总会	2020.10
	中国邮政有限公司盐城市分公司	2019年度全国邮政用户满意企业	中国邮政集团有限公司	2020.10
	黄尖镇	中国最美康养小镇	住房和城乡建设部、文化和旅游部	2020.11
	毓龙街道环城村	全国文明村镇	中央精神文明建设指导委员会	2020.11
	滨海县人民法院	第六届全国文明单位	中央精神文明建设指挥委员会	2020.11
	国家税务总局响水县税务局	第六届全国文明单位	中央精神文明建设指挥委员会	2020.11
	盐城市总工会微信公众平台	全总“网聚职工正能量争做中国好网民”互联网+工会普惠服务创新平台	中华全国总工会、中央网信办	2020.11

续表57

级别	获奖单位	荣誉名称	授奖单位	授奖时间
国家级	盐城环保科技城	国家绿色产业示范基地	国家发改委、科技部	2020.12
	盐城市区物业服务纠纷人民调解委员会	全国模范人民调解委员会	司法部	2020.12
	大丰区人民法院	全国优秀法院	最高人民法院	2020.12
	解放路第一附属幼儿园	全国足球特色幼儿园	教育部	2020.12
	文峰街道退役军人服务站	全国示范型退役军人服务中心（站）	退役军人事务部	2020.12
	盐城市总工会	市级工会财务工作先进单位	中华全国总工会	2020.12
	中国银行盐城分行工会委员会	全国模范职工之家	中华全国总工会	2020.12
	盐城市港航事业发展中心	全国交通运输文化建设卓越单位	中国交通企业管理协会	2020.12
省级	江苏省烟草公司盐城市公司	全省“七五”普法中期先进集体	中共江苏省委宣传部、江苏省法治宣传教育工作领导小组办公室、江苏省司法厅	2020.01
	盐城市公安局亭湖分局	全省执法示范县级公安机关	江苏省公安厅	2020.07
	黄尖镇涵洞村	第三批江苏省生态文明建设示范村	江苏省生态环境厅	2020.07
	农工党江苏医药职业学院支部委员会	先进基层组织	中国农工民主党江苏省委员会	2020.07
	农工党盐城市疾病预防控制中心支部委员会	先进基层组织	中国农工民主党江苏省委员会	2020.07
	农工党盐城市农林支部	先进基层组织	中国农工民主党江苏省委员会	2020.07
	农工党盐城市盐都区基层委员会	先进基层组织	中国农工民主党江苏省委员会	2020.07
	农工党盐城市亭湖区总支部委员会	先进基层组织	中国农工民主党江苏省委员会	2020.07
	盐城市交通运输局	全省抗击新冠肺炎疫情先进集体	中共江苏省委、江苏省政府	2020.11
	盐城市卫生健康委员会	全省抗击新冠肺炎疫情先进集体	中共江苏省委、江苏省政府	2020.11
	盐城市疾病预防控制中心	全省抗击新冠肺炎疫情先进集体	中共江苏省委、江苏省政府	2020.11
	阜宁县卫生健康委员会	全省抗击新冠肺炎疫情先进集体	中共江苏省委、江苏省政府	2020.11
	盐城市第一人民医院	全省抗击新冠肺炎疫情先进集体	中共江苏省委、江苏省政府	2020.11
	盐城市第二人民医院	全省抗击新冠肺炎疫情先进集体	中共江苏省委、江苏省政府	2020.11
	盐城市第三人民医院	全省抗击新冠肺炎疫情先进集体	中共江苏省委、江苏省政府	2020.11
	盐城市公安局亭湖分局	全省抗击新冠肺炎疫情先进集体	中共江苏省委、江苏省政府	2020.11
	盐城市公安局经济技术开发区分局	全省抗击新冠肺炎疫情先进集体	中共江苏省委、江苏省政府	2020.11
	盐城市公安局盐南高新区分局	全省抗击新冠肺炎疫情先进集体	中共江苏省委、江苏省政府	2020.11
	盐城市总工会	经审工作规范化考核特等奖	江苏省总工会	2020.11
	盐城市总工会	全省第一届安全生产和劳动保护技能大赛优秀组织奖	江苏省总工会、江苏省应急管理局	2020.11
	响水县教师发展中心	青少年科技教育先进单位	江苏省教育厅、江苏省科学技术协会、江苏省精神文明建设指导委员会办公室、江苏省科学技术厅、江苏省中小学金钥匙科技竞赛组委会	2020.12
	响水县审计局离退休干部党支部	江苏省离退休干部“六有一提升”师范党支部	中共江苏省委老干部局、中共江苏省委离退休干部工作委员会	2020.12
	盐城市气象局	2020年度江苏省气象局重大服务先进集体	江苏省气象局	2020.12

·**综合考评** 在2020年度全市综合考核中，全市有多个县（市、区）、部门（单位）和个人获评先进。

县（市、区）综合考核先进

第一等次：东台市、大丰区、射阳县、亭湖区

第二等次：盐都区、盐南高新区、建湖县、阜宁县、盐城经济技术开发区、响水县、滨海县

市级机关部门（单位）综合考核先进

市财政局、市发改委、市农业农村局、市商务局（市贸促会）、市工信局、市国资委、市文广旅局、市公安局（市公安边防支队）、市交通运输局、市城管局、市市场监管局、市住房和城乡建设局、市审计局、市信访局、市统计局、市自然资源和规划局、市应急局、市人力资源和社会保障局、市卫健委、市行政审批局、市教育局、市外办、市委编办、市委党校、市总工会、市妇联、市委市级机关工委、盐城广播电视总台、盐阜大众报报业集团、市消防救援支队、盐城海关、盐城供电公司、人民银行盐城市中心支行、盐城银保监分局、国家统计局盐城调查队、盐城机场出入境边检站、国家税务总局盐城市税务局、中国银行盐城分行、农业银行盐城分行、建设银行盐城分行、江苏银行盐城分行、中国人寿盐城市分公司、人保财险盐城市分公司、城投集团、交投集团、银宝集团

县（市、区）高质量发展单项奖

经济发展高质量单项奖

盐城经济技术开发区、响水县、大丰区

改革开放高质量单项奖

盐城经济技术开发区、东台市、射阳县

城乡建设高质量单项奖

盐南高新区、亭湖区、盐都区

文化建设高质量单项奖

阜宁县、大丰区、亭湖区

生态环境高质量单项奖

盐都区、滨海县、建湖县

人民生活高质量单项奖

盐南高新区、阜宁县、盐都区

市级机关部门（单位）推进“两重一实”工作单项奖

市发改委、市交通运输局、市自然资源和规划局、市生态环境局、市住房和城乡建设局、城投集团、交投集团

附　　录

编辑　徐　昊

组织机构及负责人名录

市级机构及负责人名录

（截至2020年12月31日）

中共盐城市委员会

书　记　戴　源
副书记　曹路宝
　　　　陈红红（女）（—2020.12）
常　委　王　荣
　　　　王小红（女）
　　　　吴晓丹（女）
　　　　柏长岭（—2020.08）
　　　　羊维达
　　　　崔　浩
　　　　勾凤诚（2020.08—）
　　　　常新生（—2020.04）
　　　　孙　轶
　　　　李泽勇（2020.04—）
秘书长　崔　浩
副秘书长　卫永标
　　　　　刘光球
　　　　　蒋国良
　　　　　崔恒华
　　　　　苏　冬（—2020.11）

盐城市人民代表大会常务委员会

主任、党组书记　戴　源
党组副书记　张礼祥
　　　　　　倪　峰
副主任　张礼祥（2020.01—）
　　　　倪　峰
　　　　尹金来
　　　　邹毅实
　　　　周键云（女）
秘书长　乐　超
副秘书长　王　琼（—2020.12）
　　　　　季　放（2020.04—）
　　　　　曹子洪

盐城市人民政府

市长、党组书记　曹路宝
副市长、党组副书记　羊维达
副市长　蒋　巍
　　　　顾云岭
　　　　费　坚（2020.04—）
　　　　张　镇
　　　　陈卫红（女）（2020.04—）
　　　　吴本辉（2020.04—）
　　　　汤如军（挂）（2020.12—）
秘书长　郭玉生
副秘书长　姚学龙
　　　　　王政权（挂）
　　　　　顾亚军
　　　　　戚太龙
　　　　　唐　宏（—2020.08）
　　　　　王　胜（—2020.08）
　　　　　徐宁建（2020.11—）
　　　　　张　波
　　　　　胡柏林（2020.08—）

中国人民政治协商会议盐城市委员会

主席、党组书记　李　驰
党组副书记　潘道津
副主席　潘道津（2020.01—）
　　　　葛启发（2020.01—）
　　　　吕拔生
　　　　孙长春
　　　　沈洪清
　　　　姜友新（女）
　　　　唐伯平
　　　　孙大明
　　　　管亚光
秘书长　殷　勇
副秘书长　赵　勃
　　　　　赵　宁（—2020.12）
　　　　　崔文军
　　　　　刘桂湘（女）（2020.12—）
　　　　　李巧云（女）（—2020.06）
　　　　　王东升（兼）
　　　　　王永和（兼）
　　　　　孙秀丽（女）（兼）
　　　　　姜菊萍（女）（兼）
　　　　　张永辉（兼）
　　　　　陈守年（兼）

中共盐城市纪律检查委员会

书　记　王小红（女）
副书记　刘正秀（女）
　　　　刘向阳
　　　　李新华（2020.10—）
　　　　孙红亮（—2020.10）
常　委　张炜东（—2020.09）
　　　　路竞竞（女）（—2020.11）
　　　　张国锋
　　　　张永娣（女）

胡国良（2020.09—）
樊　杉（2020.09—）
秘书长　胡国良（2020.11—）
张国锋（—2020.11）

盐城市监察委员会

主　任　王小红（女）
副主任　刘正秀（女）
刘向阳
李新华（2020.10—）
孙红亮（—2020.10）
委　员　张炜东（—2020.09）
张永娣（女）
胡国良（2020.09—）
樊　杉（2020.09—）
徐　定
胡中兵

市纪委监委派驻机构

第一派驻纪检监察组
组　长　王本成

第二派驻纪检监察组
组　长　吴宏庆

第三派驻纪检监察组
组　长　周为勇

第四派驻纪检监察组
组　长　季志良

第五派驻纪检监察组
组　长　孙仁宏

第六派驻纪检监察组
组　长　鞠　宾（2020.12—）
余进成（—2020.12）

第七派驻纪检监察组
组　长　沃　近（女）

第八派驻纪检监察组
组　长　李　健

第九派驻纪检监察组
组　长　许学荣

第十派驻纪检监察组
组　长　皋古庆

第十一派驻纪检监察组
组　长　曹　阳

第十二派驻纪检监察组
组　长　潘卫东

第十三派驻纪检监察组
组　长　苗春荣

第十四派驻纪检监察组
组　长　孙　蒙

第十五派驻纪检监察组
组　长　陈友根

第十六派驻纪检监察组
组　长　王世法

第十七派驻纪检监察组
组　长　吴进中

第十八派驻纪检监察组
组　长　李士俊

第十九派驻纪检监察组
组　长　刘　杰

第二十派驻纪检监察组
组　长　刘亚东

第二十一派驻纪检监察组（2020.11 机构撤销）
组　长　刘玉才（—2020.08）

盐城市中级人民法院

院长、书记　王世华
副院长、副书记　陈国华
副院长　胡　勇
刘海玉（—2020.12）
李　悦（女）
周　宏
韩　标（2020.12—）
政治部主任　杨越华（女）
审判委员会专职委员　宋长琴（女）（—2020.06）
潘华锋（—2020.11）
龚春光
詹荣安（2020.12—）
王　彦（2020.12—）
执行局局长　黄旭东

盐城市人民检察院

检察长、书记　葛　冰
副检察长、副书记　吴海龙
副检察长　姚　图
　　　　李　勤（女）
　　　　童加舟
政治部主任　黄圣年
检察委员会专职委员　马　筠（女）
　　　　胡立东
大中地区人民检察院检察长　赵　萍（女）

市委工作机关

办公室
主　任　刘光球
副主任　周　卫
　　　　钱　勇（—2020.04）
　　　　赵国锋
　　　　马志宏
　　　　杨小进（2020.08—）
　　　　陈　建（2020.04—）

组织部
部　长　勾凤诚（2020.08—）
　　　　柏长岭（—2020.08）
副部长　华林泰
　　　　张玉春（兼）（—2020.12）
　　　　顾汝华（兼）（—2020.07）
　　　　成　辉
　　　　蒋红萍（女）（兼）（2020.07—）
　　　　冯明印（兼）（2020.12—）
　　　　邓小锋
　　　　沈卫民
部　委　袁加珍

宣传部
部　长　吴晓丹（女）
副部长　史学健
　　　　蒋东仁（—2020.12）
　　　　薛万昌
　　　　周柏青

统一战线工作部
部　长　勾凤诚（2020.08—）
　　　　柏长岭（2020.04—2020.08）
　　　　王　荣（—2020.04）
副部长　李东成（2020.04—）
　　　　季　放（—2020.04）
　　　　周　俊
　　　　陈湘珍（女）
　　　　马志虎

政法委员会
书　记　王　荣（2020.04—）
　　　　张礼祥（—2020.04）
副书记　张　镇（兼）（2020.11—）
　　　　韦应生（2020.12—）
　　　　高维华（—2020.12）
　　　　戴红春
　　　　蔡晓钧（—2020.12）
　　　　姚世健
政治部主任　瞿保富

研究室
主　任　卫永标
副主任　齐　华
　　　　陈　军

网络安全和信息化委员会办公室
主　任　董光威
副主任　乔宗华（—2020.06）
　　　　陈　雯（女）
　　　　郑智勇（2020.06—）
　　　　刘安民（挂）
　　　　仲思超（挂）（2020.11—）

机构编制委员会办公室
主　任　蒋红萍（女）（2020.11—）
　　　　张玉春（—2020.11）
副主任　胥晨霞（女）
　　　　姜国华
　　　　刘　毅

台湾工作办公室
主　任　羊维元（2020.04—）
副主任　刘开俊
　　　　张　健
　　　　袁　溥（女）
　　　　马卫忠

市级机关工作委员会
书　记　蔡保生（2020.12—）
　　　　袁冬青（—2020.12）
副书记　刘古佐
　　　　陈铁军
纪工委书记　韦　明

巡察工作办公室
主　任　张国锋（2020.11—）
副主任　陈益林（2020.11—）

郭　红（女）
刘怀瑞（—2020.08）
巡察组组长　张炜东
徐　定（2020.11—）
郑　琳（女）（—2020.12）
顾文明（—2020.11）
颜　彦
谢　伟
王胜利
巡察组副组长　曹干方
王　康（2020.11—）
刘汝华
葛明翔
祁玉华
花鲁宁
吴　彦
徐文蕴（女）
葛育富
叶　森
周旭东（—2020.11）
谷清华（—2020.08）
王淑华（2020.08—）
朱磊磊（女）（2020.12—）

老干部局
局　长　冯明印（2020.11—）
蒋红萍（女）（2020.06—2020.11）
顾汝华（—2020.06）
副局长　赵光华
王　斌
徐安平（2020.08—）

市委直属事业单位

党　校
校　长　陈红红（女）
书记、副校长　叶茂楼
副校长、副书记　郭　云（女）
副校长　李德新（—2020.04）
李建兵（2020.08—）
教育长　盛海丰（2020.08—）
李建兵（—2020.08）

盐阜大众报报业集团
社长、书记　李　强
总编辑、副书记　周　劲
纪委书记　徐建成
副社长　崔宇宙
颜廷亮
副总编辑　季学根
孙凤志
陆应铸
陈志燕（女）

盐城广播电视总台
台长、书记　戴为洋
总编辑　胥爱华
副书记、副台长　陈晓光（—2020.12）
纪委书记　王乃顶
副台长　王　康（—2020.11）
许岩峰
唐卫华
副总编辑　王建怀

档案馆
馆　长　张玉辉
副馆长　赵弘迈（女）
王明友
房　标

党史工作办公室
地方志办公室
主　任　吴　云
副主任　王海燕（女）
张守中

市委其他议事协调机构办公室

全面依法治市委员会办公室
副主任　顾海文

农村工作领导小组办公室
副主任　陶　成

市委部门挂牌、合署机构及下属单位

机要局
局　长　刘光球
副局长　陈　良
国家保密局
局　长　刘光球
副局长　王劲松（2020.12—）
王　琦（—2020.12）

国家密码管理局
局　长　刘光球

档案局
局　长　刘光球

非公有制企业和社会组织工作委员会
书　记　邓小锋
副书记　沈卫民

陈　政（兼）
许宝贵（兼）（—2020.12）

党建工作领导小组办公室
主　任　华林泰
副主任　陈义芳（女）（2020.12—）

公务员局
局　长　成　辉

考核工作委员会办公室
副主任　袁加珍

政府新闻办公室
主　任　史学健
副主任　倪世勇（2020.06—）
　　　　高爱军（—2020.06）

精神文明建设指导委员会办公室
主　任　周柏青
副主任　夏　斌

新闻出版局（版权局）
局　长　薛万昌
副局长　高爱军（2020.06—）

政府侨务办公室
主　任　周　俊
副主任　陈新锋

事业单位登记管理局
局　长　蒋红萍（女）（2020.12—）
　　　　张玉春（—2020.12）
副局长　崔红军（2020.04—）

政府台湾事务办公室
主　任　羊维元（2020.04—）

离退休干部工作委员会
书　记　冯明印（2020.11—）
　　　　蒋红萍（女）（2020.06—2020.11）
　　　　顾汝华（—2020.06）
副书记　许仁德（2020.04—）
　　　　孟　晶（—2020.04）

市人大机关

办公室
主　任　季　放（2020.12—）
　　　　王　琼（—2020.12）
副主任　姚　刚
　　　　刘海峰

研究室
主　任　曹子洪
副主任　严东升

监察和司法工作委员会
主　任　高维华（2020.12—）
　　　　汪寿明（—2020.12）
副主任　邵开云

预算工作委员会
主　任　李　梅（女）
副主任　顾晓军

农村工作委员会
主　任　崔成富（2020.12—）
　　　　张永春（—2020.12）
副主任　陈向前

教育科学文化卫生委员会
主　任　蔡浩然
副主任　陈益林

环境资源城乡建设委员会
主　任　蒋　春（2020.12—）
　　　　杨　柳（—2020.12）
副主任　蒋　春（—2020.12）

人事代表联络委员会
主　任　尹贵尧
副主任　周海东（2020.06—）
　　　　金祖亚（—2020.06）

民族宗教侨务外事委员会
主　任　徐　杰（2020.12—）
　　　　顾云峰（—2020.12）
副主任　冯　佐

法制工作委员会
主　任　吴　敦
副主任　姚长俊

市政府工作部门

办公室
书　记　郭玉生
主任、副书记　姚学龙
副主任　徐金珠
　　　　胡柏林（—2020.08）
　　　　刘中明（—2020.06）

张文群（女）
徐　翔（2020.04—）
施兴华（2020.11—）

发展和改革委员会
主任、书记　王旭东
副书记　朱如万
副主任　朱如万
左文亮（—2020.04）
万　宏（—2020.04）
韦向东
罗　强
袁永军
袁明明（女）（2020.06—）
韩　健（女）（挂）
张孝荣（挂）
总工程师　王冀军（女）

教育局
局长、书记　戴红光
副局长、副书记　郑英舜（—2020.08）
副局长　江　楫
刘广平
丁才林（—2020.08）
周为仲（2020.11—）

科学技术局
局长、书记　戴　勇（2020.11—）
徐宁建（—2020.11）
副局长　倪晓峰（—2020.08）
丁桂林
葛兆建
缪志伟（—2020.12）
姜浩然（2020.08—）

工业和信息化局
主任、书记　陈　斌
副主任、副书记　袁志亚
副主任　陆达成
沈影帆（—2020.04）
朱照伟
薛友祥（—2020.12）
郑荣东（2020.04—）
顾向阳（挂）（—2020.04）
吴志鸿（挂）（—2020.12）
李　太（挂）（2020.04—）
王　胜（挂）（2020.08—）
薛友祥（挂）（2020.12—）

民族宗教事务局
局长、书记　黄　斌
副局长　马登军
王启东
王尤东
吴风俊

公安局
局长、书记　张　镇
副局长、副书记　姜学儒
吴柏林
副局长　张满昌
孙玉东
王玉海
王　炜
政治部主任　王　健

民政局
局长、书记　刘永轩（2020.08—）
谷红彬（—2020.08）
副局长　姜冠军
彭　涛
连　倩（女）
戴云峰

司法局
局长、书记　洪家宁
副局长　骆海豹
郭乃军
雍庆丰
董清平
王永忠
朱维明
薛为民
姜广祝（挂）

财政局
局长、书记　张乃文（2020.12—）
肖汝宏（—2020.12）
副书记　吴启飞（2020.12—）
副局长　虞　水
俞全新（—2020.03）
吴启飞
陈科文
吴　遥（2020.12—）

人力资源和社会保障局
局长、书记　嵇红梅（女）
副书记　郑英舜（2020.08—）
吴　刚（—2020.08）

副局长　汤习成（—2020.08）
王道远（—2020.12）
顾正钧
孙　伟（—2020.11）
还少丹（2020.11—）
吴旭东（2020.12—）

自然资源和规划局
局长、书记　徐增产
副局长、副书记　糜　海
张亚钊
副局长　朱其平（—2020.12）
樊　荣
张中俊
俞全胜
杨　满
汤中文
铁小军
冯一飞
总规划师　宋迎春

生态环境局
局长、书记　张步胜
副局长、副书记　孔令逸
副局长　王　海
张玉国（—2020.03）
马志军
吕明光（2020.03—）
总工程师　曹江林

住房和城乡建设局
局长、书记　张宏春
副局长、副书记　羊维元（—2020.04）
唐耀华（—2020.04）
张亚仿
黄　实
副局长　叶小强
许国兴
曹晓祥（—2020.12）
张伯林（—2020.08）
总工程师　魏　炜

城市管理局
局长、书记　陈志会（2020.08—）
夏思军（—2020.04）
副局长　樊　玮
王建安（—2020.12）
刘文明（—2020.12）
吕　伟
王从香（2020.11—）

交通运输局
局长、书记　宋　勇
副局长　薛　华
裴义婷（女）
崔　花（女）（—2020.08）
高曙红
傅清贤
陈惠民（2020.08—）
单　纯（女）（兼）（2020.12—）
总工程师　丁　胜（2020.08—）
陈惠民（—2020.08）

水利局
局长、书记　许德智
副书记　何玉良（2020.12—）
副局长　何玉良
王国佐
刘智华
樊六亚
总工程师　顾　京（2020.12—）
仲　跃（—2020.12）

农业农村局
局长、书记　施建霞（女）
副局长、副书记　王旭东（—2020.12）
副局长　宋成荣
计　宏（—2020.04）
孙新建
刘井良（—2020.08）
王甫同（—2020.08）
滕友仁
总农艺师　张玉林
总畜牧兽医师　颜东平（2020.04—）

商务局
局长、书记　王　亚
副局长、副书记　贾子农
严　中（—2020.08）
副局长　黄益成（—2020.04）
程　颖（女）
何春明（2020.08—）
费晓燕（女）（2020.04—）

文化广电和旅游局
局长、书记　袁国萍（女）
副书记　孙为祥（—2020.12）
副局长　王永和
陈锦还
吴志宾
唐文健

朱　超
陈杏勇

卫生健康委员会
主任、书记　崔国静（女）（2020.12—）
　　　　　　徐　杰（—2020.12）
副主任　房安银
　　　　孙长春
　　　　陈旭东
　　　　徐安平（—2020.08）
　　　　王　正（2020.08—）

退役军人事务局
局长、书记　王旭东（2020.12—）
　　　　　　崔成富（—2020.12）
副局长、副书记　徐汉林
副局长　封　潮
　　　　杨连君
　　　　智月明
　　　　邱志刚（挂）

应急管理局
局长、书记　刘　源
副局长、副书记　李新昌（—2020.04）
副局长　陈爱宏
　　　　朱国华（—2020.04）
　　　　许立设
　　　　王奇东
　　　　苏　峰（2020.06—）
　　　　郑效青（2020.06—）
总工程师　薛家玉
安委办副主任　余维云（女）（2020.04—）

审计局
局长、书记　吴先国
副局长、副书记　孙红青（女）
副局长　陈献东
　　　　刘秋凤（女）
　　　　张晓鸣
总审计师　李树峰

外事办公室
主任、书记　董玲玲（女）
副主任　周晓晴（女）
　　　　陆　帅

国有资产监督管理委员会
主任、书记　张乃文（—2020.12）
副主任　王　健（—2020.04）
　　　　张晓政

蒋　斌
成友贵

行政审批局
局长、书记　周　岚（女）（2020.08—）
　　　　　　王绍前（—2020.08）
副局长　薛杰堂
　　　　邢晓峰
　　　　张锡良
　　　　王　祥
　　　　沈国军

市场监督管理局
局长、书记　顾　硕（2020.12—）
　　　　　　刘永前（—2020.12）
副局长、副书记　季鹏飞（—2020.08）
　　　　　　　　韩植林（—2020.04）
副局长　葛　龙
　　　　王海南
　　　　陈德美
　　　　孟令永
　　　　王东升
　　　　杨　樾
　　　　陈　政
　　　　卞长春
　　　　王德祥
食品安全总监　谭鑫春

体育局
局　长　汤冬青
书　记　方仕德
副局长　杨君明（—2020.12）
　　　　周继明
　　　　杜明东

统计局
局长、书记　唐　宏（2020.08—）
　　　　　　胥传广（—2020.08）
副局长　李　刚
　　　　瞿建权
　　　　朱　杰（2020.04—）
总统计师　王鸿章（2020.04—）
　　　　　朱　杰（—2020.04）

医疗保障局
局长、书记　范建江
副局长、副书记　祁新桐（2020.11—）
副局长　李国光
　　　　顾红榜
　　　　马新玉（2020.06—）

信访局

局长、书记　崔恒华
副局长　陈海峰
　　　　唐海峰
　　　　刘　军
信访督查专员　温开鉴
　　　　　　　赵立军
　　　　　　　陶　春（2020.11—）

地方金融监督管理局

局长、书记　朱金明
副局长　金骏培
　　　　吴　江
　　　　孙秀春

机关事务管理局

局长、书记　蔡群华
副书记　夏仲书（2020.12—）
副局长　夏仲书
　　　　张芬萍（女）
　　　　侍晓红（女）
　　　　臧海波

市政府派出机构

政府驻北京联络处

主　任　张孝荣

政府南京办事处

主　任　韩　健（女）
副主任　施赟之

政府驻上海联络处

主　任　王　胜（2020.04—）
　　　　顾向阳（—2020.04）
副主任　余云娟（女）（2020.12—）

政府驻深圳办事处

主　任　薛友祥（2020.12—）
　　　　吴志鸿（—2020.12）

苏州盐城沿海合作开发园区

书　记　蒋国良
副书记、主任　陈　豪（挂）（—2020.04）
副主任　韦向东
　　　　柳建洪（挂）
　　　　王　兵（挂）
纪工委书记　刘卫刚（挂）

市政府直属事业单位

住房公积金管理中心

主任、书记　张成中（2020.12—）
　　　　　　李正林（—2020.12）
副主任　徐克新
　　　　唐仕洪（—2020.08）
　　　　魏彧晖
　　　　宋云龙（2020.12—）

供销合作总社

主任、书记　朱　雯（女）（2020.06—）
　　　　　　蒋红萍（女）（—2020.06）
副主任　周　鸣
　　　　李海宁（—2020.11）
　　　　葛广东
　　　　沙附生（2020.11—）
监事会主任　赵金华
工委主任　石　峰

滨海港工业园区管理办公室

书　记　孙　轶（兼）
主　任　顾亚军
副书记、副主任　戴　道
副主任　龚春红（女）

农业科学研究院

院长、书记　葛汉勤
副院长　孙明法
　　　　吴　春
　　　　秦光蔚（女）
纪委书记　陆　伟

江苏盐城国家级珍禽自然保护区管理处

主　任　蒋　巍（兼）
书　记　王甫同（2020.08—）
　　　　陈志会（—2020.08）
副主任　陈　浩
　　　　陈志洲（2020.12—）
　　　　吕明光（—2020.04）

江苏省大丰麋鹿国家级自然保护区管理处

主　任　孙大明（兼）
书　记　李志军（兼）
副主任　沈　华

仲裁委秘书处

秘书长　洪家宁（兼）（2020. 08—）
副秘书长　许　亮

市政府部门挂牌、合署、管理机构

政府研究室
主　任　姚学龙
副主任　武正华

市委教育工作委员会
书　记　戴红光
副书记　倪国华

粮食和物资储备局
局　长　王旭东
副局长　束　栩（2020.06—）
　　　　袁明明（女）（—2020.06）

大数据管理局
局　长　陈　斌
副局长　刘必利
　　　　王　鑫

海洋局
局　长　徐增产

林业局
局　长　徐增产

人民防空办公室
主　任　张宏春
副主任　滕春青

地震局
局　长　张宏春
副局长　韦凯昌

园林局
局　长　张宏春
副局长　朱端倪

城市管理综合行政执法局
局　长　陈志会（2020.08—）
　　　　夏思军（—2020.04）

港口管理局
局　长　宋　勇
副局长　赵　飞

政府扶贫工作办公室
主　任　施建霞（女）
副主任　王丽萍（女）（2020.08—）
　　　　栾　峰（—2020.08）

口岸办
主　任　王　亚
副主任　陈国亮
　　　　韩玉军

文物局
局　长　袁国萍（女）

中医药管理局
局　长　崔国静（女）（2020.12—）
　　　　徐　杰（—2020.12）
副局长　张国瑞（2020.11—）
　　　　陶　惠（女）（—2020.08）

政府港澳事务办公室
主　任　董玲玲（女）

政务服务管理办公室
主　任　周　岚（女）（2020.08—）
　　　　王绍前（—2020.08）

知识产权局
局　长　顾　硕（2020.12—）
　　　　刘永前（—2020.12）
副局长　张海波（2020.11—）

政府金融工作办公室
主　任　朱金明

市政府部门下设机构、派出机构、下属单位

电子政务办公室
主　任　刘益彬

江苏省苏北农村人才市场管委会办公室
主　任　郑英舜（2020.08—）
　　　　吴　刚（—2020.08）
副主任　陈吕生（—2020.04）
　　　　吴旭东（—2020.12）
　　　　孙众嵚（2020.08—）
　　　　曹　杨（女）（2020.12—）

数字化城市管理监督指挥中心
副主任　吴　松

中国国际贸易促进委员会盐城市委员会
会　长　夏丁华
副会长　王　卉（女）

公安局治安警察支队
支队长　张　瀚

政　委　张荣兵

公安局交通警察支队
支队长　陈卫平
政　委　马　良（2020.11—）
　　　　李卫东（—2020.06）

公安局刑事警察支队
支队长　薛红军
政　委　陈箫竹

公安局经济犯罪侦查支队
支队长　梅继军
政　委　王　兵

公安局巡特警支队
支队长　李培根
政　委　唐　洲（2020.06—）
　　　　纪劲松（—2020.03）

公安局技术侦察支队
支队长　高　丽（女）（2020.11—）
政　委　高　丽（女）（—2020.11）

公安局网络安全保卫支队
支队长　傅　军（2020.11—）
政　委　傅　军（—2020.11）

公安局经济开发区分局
局　长　李卫东（2020.06—）
　　　　陈　鹏（—2020.06）
政　委　赵学森

国库集中支付中心
主　任　唐　康（女）

劳动监察支队
支队长　张益明

国土资源监察支队
支队长　李荣祥

规划管理监察支队
支队长　单连军

城市管理行政执法支队
支队长　闻建荣（2020.04—）
　　　　潘建华（—2020.04）

不动产登记中心（房产交易中心）
主　任　季　峰

农业综合行政执法监督局（2020.04 机构组建）
局　长　陆立中（2020.08—）

渔政监督支队（2020.04 机构撤销）
支队长　陆为平（—2020.08）
政　委　宋建联（—2020.08）

文化市场综合执法支队
支队长　高庆云

生态环境综合行政执法局（2020.04 机构组建）
局　长　吕明光（2020.09—）

水源保护区环境监察支队（2020.04 机构撤销）
支队长　王　彬

安全生产监察支队
支队长　佘志勇（2020.06—）
　　　　苏　峰（—2020.06）

国际交流中心
主　任　申　森

新四军纪念馆
馆　长　仇金标（2020. 06—）
　　　　孙为祥（—2020. 06）
副馆长　马　松
　　　　铁春燕（女）

海盐博物馆
馆　长　颜世勋

公共资源交易中心
主　任　孙九山

房屋征收办公室
主　任　高卫芝（2020. 12—）
　　　　阮绍荣（—2020. 12）

对外建筑管理处
主任、书记　严东鸣

交通运输综合行政执法支队（2020. 11 机构组建）
党委书记、支队长　陈正华（2020. 11—）

公路事业发展中心（2020. 11 机构更名）
党委书记、主任　唐海峰（2020. 11—）

港航事业发展中心（2020.11 机构更名）
党委书记、主任 徐 军（2020.11—）

水利工程管理处
党委书记、主任 张 勇（2020.12—）
潘明华（—2020.12）

通榆河枢纽工程管理处
党委书记、主任 杨启明（2020.12—）
朱榛国（—2020.12）

市区防洪工程管理处
主 任 朱榛国（2020.12—）
张 勇（—2020.12）

新洋农业试验站
党委书记、站长 洪立洲

第一人民医院
党委书记 查文章（2020.08—）
张慧娟（女）（—2020.08）
院长、副书记 查文章（—2020.08）
院 长 邓义军（2020.08—）
副院长 柏宏坚
嵇友林（—2020.02）
李明祥
闻国华
邓义军（—2020.08）
穆向明
纪委书记 卞学梅（女）

第一人民医院城南医院
院 长 查文章（兼）（—2020.08）
副院长 李奇志（女）
李 浒
李自强
张 鹏

卫生监督所
所长、党总支书记 严东明

疾病预防控制中心
党委书记、主任 汤 权

妇幼保健院
党委书记 朱向军
副书记、院长 卞洪亮

中医院
党委书记 崔国静（女）（2020.12 起为兼任）
副书记、院长 顾月星

第二人民医院
党委书记 王 正（2020.12 起为兼任）
党委书记、院长 王 正（—2020.08）
副书记、院长 刘 宏（2020.08—）

第三人民医院
戴真煜（2020.11—）

第四人民医院（2020.12 机构升格）
严建国（2020.12—）

劳动就业中心
主 任 单康珍（女）（2020.12—）
还少丹（—2020.12）

社会劳动保险中心
主 任 蔡 葳（2020.08—）
陈竹山（—2020.08）

医疗保险基金管理中心
主 任 惠恒松（2020.06—）
马新玉（—2020.06）

市政协机关

办公室
主 任 赵 勃
副主任 徐翠华（女）（—2020.04）
李立公
何昊宇（2020.04—2020.12）
程 宁（2020.12—）

研究室
主 任 崔文军
副主任 商中兵

教文卫体委员会
主 任 孙国栋
副主任 孙福军

经济科技（农业农村）委员会
主 任 高晨光
副主任 厉汝标

港澳台侨（外事）委员会
主 任 陈乃钧
副主任 吴亚东（2020.12—）
程 宁（—2020.12）

提案委员会

主　任　徐瀚文（2020.12—）
　　　　刘桂湘（女）（—2020.12）
副主任　陆体兵

学习文史委员会

主　任　华林泰（2020.12—）
　　　　徐于斌（女）（—2020.12）
副主任　周　耀

委员联络委员会

主　任　徐翠华（女）
副主任　颜成俊（2020.12—）

人口资源环境委员会

主　任　黄金文
副主任　朱冬梅（女）

社会法制（民族宗教）委员会

主　任　裴磊滨
副主任　夏国书

民主党派

民主同盟盐城市委员会

主　委　唐伯平
副主委　姜菊萍（女）
　　　　薛和平（女）（兼）
　　　　郭列平（兼）

民主建国会盐城市委员会

主　委　穆向明
副主委　陈　军（兼）
　　　　孙秀丽（女）
　　　　吴海燕（女）（兼）

民主促进会盐城市委员会

主　委　朱雪梅（女）
副主委　张永辉
　　　　张学军（兼）

农工民主党盐城市委员会

主　委　孙长春
副主委　陈守年（兼）
　　　　胥江华
　　　　邓义军（兼）

九三学社盐城市委员会

主　委　孙大明
副主委　刘秋凤（女）（兼）
　　　　王东升（兼）
　　　　陈苏宁（女）

群团机构

总工会

主　席　徐龙波（2020.12—）
　　　　沈洪清（—2020.12）
书记、副主席　王玉新（2020.12—）
　　　　　　　单玉梅（女）（—2020.12）
副主席　周新民（—2020.12）
　　　　许宝贵（—2020.12）
　　　　周彩枫（女）
　　　　王　龙
　　　　戴红军（2020.12—）
　　　　王道远（挂）（—2020.12）
　　　　还少丹（挂）（2020.12—）
　　　　梁泽泉（兼）（—2020.12）
　　　　杨　爱（兼）
　　　　秦以培（兼）
　　　　宋红浩（兼）（2020.12—）

团市委

书　记　李晓明
副书记　徐　健（—2020.06）
　　　　周　昉（女）
　　　　张阳光（2020.06—）
　　　　万　强（2020.12—）
　　　　梅真卿（挂）
　　　　武　斌（兼）
　　　　仇云杰（女）（兼）

妇　联

主席、书记　徐　丹（女）
副主席　高清华（女）
　　　　胡忠秀（女）
　　　　夏红霞（女）
　　　　洪　磊（女）（挂）
　　　　朱　俊（女）（兼）
　　　　蔡金兰（女）（兼）
　　　　吴　伟（女）（兼）
妇儿工委办专职主任　王　艳（女）

科　协

主席、书记　缪志伟（2020.12—）
　　　　　　徐瀚文（—2020.12）
副主席　张琍琍（女）
　　　　高福华
　　　　邵　荣（兼）
　　　　陈爱蓓（女）（兼）
　　　　葛汉勤（兼）
　　　　王子纯（兼）

史　践（兼）

侨　联
主席、书记　季卫军
专职副主席　李永红（女）
副主席　张中明
孟庆安（兼）
沈进进（兼）
徐正环（兼）

文　联
主席、书记　李　军（2020.12—）
高　定（—2020.12）
副主席　蒋婉求（女）（兼）
张曙光
朱桐生

社科联
主席、书记　李晓奇
副主席　胡晓军
焦宏图（2020.11—）

残　联
理事长、书记　鞠烨平
副理事长、副书记　黄文玉
副理事长　陈汝进（—2020.11）
朱友余
杜鸿儒（2020.11—）

工商联
主　席　吕拔生
书　记　陈湘珍（女）
副主席　赵德生
李建松

红十字会
会　长　费　坚（2020.06—）
葛启发（—2020.06）
专职副会长、书记　孙为祥（2020.12—）
乔　静（女）（—2020.12）
副会长　徐维林
王　胜（兼）（2020.04—2020.08）
张步胜（兼）（—2020.04）
蔡浩然（兼）
孙国栋（兼）
戴红光（兼）
徐　杰（兼）
唐　康（兼）
监事会监事长　连　倩（女）（2020.04—）
鞠烨平（—2020.04）

双重及垂直领导单位

国家税务总局盐城市税务局
局长、书记　钟武斌（2020.11—）
丁报庆（—2020.11）
副局长、副书记　苏延法（—2020.06）
副局长　吴　刚
黄斌斌（—2020.06）
孟宪春
张　军
刘　进（—2020.12）
嵇海林（—2020.09）
陈洪军
何国栋
总经济师　余　群
严汝青
总会计师　吴泉芳
胥　峰
纪检组长　周光炜（2020.06—）
王云龙（—2020.06）

盐城气象局
局长、书记　张志刚（2020.03—）
吴一鸣（—2020.03）
副局长　冯还岭
张志刚（—2020.03）
刘　青（2020.09—）
纪检组组长　盛海峰（2020.09—）
刘　青（—2020.09）

盐城海关
关　长　庄保才（2020.03—）
沙锦锋（—2020.03）
副关长、缉私分局局长　王伟民（兼）（—2020.08）
缉私分局局长　蔡　皿（2020.08—）
南京海关第十四派驻纪检组组长　孙国防
副关长　李　健
单衡明（—2020.09）
曹　中
孙兆定（女）（—2020.09）
葛海琴（女）（—2020.09）
李　玲（女）（2020.10—）

盐城海事局
局长、书记　程　欣
副局长　蒋惠林
周海东
史德华

省统计局盐城调查局

局　长　侯海连

副局长　卞永来

　　　　徐俊春（2020.08—）

国家统计局盐城调查队

队长、书记　陈锦龙

副队长　顾德富（2020.12—）

　　　　苏正芳

纪检组组长　杨前进（2020.07—）

　　　　　　徐正洪（—2020.07）

盐城邮政管理局

局长、党组书记　单　纯（女）（2020.03—）

副局长　单　纯（女）（主持工作）（—2020.03）

　　　　周中元

盐城邮政分公司

党委书记、总经理　张旭东（2020.06—）

　　　　　　　　　朱明华（—2020.06）

副总经理　沈晓建

副总经理、工会主席　陈　仪（女）

副总经理、纪委书记　朱轶辉

盐城电信分公司

党委书记、总经理　钱　进

副总经理、纪委书记　徐乐华

副总经理　吴信和

　　　　　赵宏志

　　　　　邓宗元

盐城移动分公司

党委书记、总经理　段玉平（2020.03—）

　　　　　　　　　徐　宁（女）（—2020.03）

副总经理　王　俊（女）

　　　　　孔令舟（2020.03—）

　　　　　杭晓明

　　　　　叶　松（—2020.01）

盐城联通分公司

总经理、书记　夷淑华（2020.12—）

副总经理（主持工作）、副书记　夷淑华（—2020.12）

纪委书记　杨磊益

副总经理　胥　锋

　　　　　陈　伟

　　　　　郭　峰（2020.12—）

盐城铁塔分公司

书记、总经理　梁茂华

副总经理　彭明瑞

　　　　　于少云（2020.09—）

纪委书记、副总经理　姚　晨（—2020.08）

盐城供电公司

总经理、副书记　阎怀东

党委书记、副总经理　程　亮（2020.04—）

　　　　　　　　　　张义奇（—2020.04）

纪委书记、工会主席　龚　彧

副总经理　周　宇

　　　　　蔡立华

　　　　　张文华

党委委员　王国平

　　　　　李勇健

盐城发电有限公司

董事长　吴　江（2020.12—）

党委书记　王世成（2020.12—）

党委副书记、副董事长、总经理　沈增明（2020.12—）

党委副书记、总经理　王爱军（—2020.12）

副总经理　刘忠德

　　　　　程韶华（女）（2020.01—）

纪委书记、工会主席　沈　军

射阳港发电有限责任公司

党委书记、董事长　吴　江（2020.12—）

　　　　　　　　　刘晓龙（—2020.12）

总经理、副书记　沈增明（2020.12—）

　　　　　　　　吴　江（—2020.12）

副总经理、总工程师　薛巨勇

副总经理　陈益飞

　　　　　黄迎华（—2020.12）

纪委书记　沈　军（2020.12—）

盐城市烟草专卖局（省烟草公司盐城市公司）

局长、经理、书记　赵宏贵

副经理　丁　伟

　　　　孙君荣（女）（2020.12—）

副局长　路圣兵

纪检组长　袁　炜

盐城市盐业有限公司

总经理、党委书记　孙寿军（2020.05—）

总经理、副书记　朱俊岭（—2020.02）

副书记、副总经理、工会主席　孙寿军（—2020.05）

副总经理　伏彩东（2020.01—）

　　　　　孙召俊（—2020.01）

　　　　　王　凯（2020.05—）

纪委书记　张爱国（2020.06—）

　　　　　王　清（女）（—2020.06）

中石化江苏盐城石油分公司

经理、党委副书记　顾亚平

党委书记、纪委书记、工会主席　段广明（2020.08—）

副书记、纪委书记、工会主席　沈建东（—2020.08）

副经理　孙　练

李迎松（女）

中石油江苏盐城销售分公司

经理、副书记　陈大振

党委书记、纪委书记、工会主席、副经理

孔　东（2020.03—）

副经理　王丙辉（—2020.03）

财务总监　许永胜

省广电有线信息网络股份有限公司盐城分公司

党委书记、总经理　吴宇鹏

副总经理　李庆龙

祝　星（—2020.12）

郭　政

朱世前（2020.12—）

纪委书记　宦广华

金融、保险机构

人民银行盐城市中心支行

党委书记、行长　吴从法（2020.10—）

副书记、副行长（主持工作）　吴从法（—2020.10）

副行长　荀　嵩（—2020.12）

从　斌

庞　勇（2020.05—）

纪委书记　戴　凯

工会主任　高季锋（2020.02—）

盐城银保监分局

党委书记、局长　殷路鸣

副局长　彭松志（—2020.08）

王德宏（2020.12—）

汤忠东

黄传耀

纪委书记　叶晓群（女）

工商银行盐城市分行

行长、书记　周良坤（2020.07—）

陈向东（—2020.07）

副行长　范立兵

曾　理（女）

薛桂英（女）

胡伯斌（2020.04—）

纪委书记　徐　晓

农业银行盐城市分行

行长、书记　顾　明

副书记、副行长　朱余明

纪委书记　张　力（2020.03—）

副行长　徐　铁

张雪丽（女）

姜龙篇

中国银行盐城分行

行长、书记　陶继勇

高级经理　石海港（2020.07—）

纪委书记　朱国庆

副行长　陈　俊

张　宏（—2020.03）

颜荣康

范　冕

李　娜（女）（2020.03—）

建设银行盐城分行

行长、书记　遇宝林（2020.05—）

陈永斌（—2020.05）

副行长　耿红斌（—2020.04）

纪家中

欧　磊（2020.04—）

陶全胜（2020.05—）

纪委书记　赵　强（2020.01—）

交通银行盐城分行

党委书记　邓琪燕（女）（2020.12—）

党委书记、行长　杨玉琴（女）（—2020.12）

副行长　聂碧辉

蔡　萍（女）

倪胜春

沈宇久

纪小卫

农业发展银行盐城市分行

行长、书记　丁　洪（—2020.04）

副行长、纪委书记　刘从万

副行长　潘向阳

副行长、工委主任　刘东荃

江苏银行盐城分行

行长、书记　张建军

副行长　陈　锋

吴殿波（—2020.07）

朱海泉

孙　健（2020.06—）

中国邮政储蓄银行盐城市分行
行长、书记　庄号召
副行长　薛　冰
　　何　敏
　　唐　静（女）

中信银行盐城分行
行长、书记　王　军
副行长　钱　俊
　　储向梅（女）
副行长、纪委书记　王　旭

华夏银行盐城分行
行　长　朱希庭（2020.05—）
　　陆文胜（—2020.05）
副行长　张正龙（2020.05—）
　　丁俊根
　　顾志斌
　　戴竹岭
首席风险官　王　俊（—2020.05）

浦发银行盐城分行
行长、书记　陈　煜
纪委书记、副行长　张金权
副行长　张延军
　　袁晓明

招商银行盐城分行
书记、行长　卢国华（2020.10—）
　　王　凯（—2020.10）
副行长　孙文峰
纪委书记、副行长　程雪峰（女）

江苏盐城农村商业银行股份有限公司
书记、董事长　李一平
行长、副书记　沙健健（2020.08—）
　　费　翔（—2020.08）
监事长、纪委书记　李成彬
副行长　陈　旭
　　徐朝晖
　　夏国锋
　　贾中军
　　杨书琴（女）

人民财产保险公司盐城市分公司
党委书记、总经理　宋建新
纪委书记、副总经理　匡加桂
副总经理　邵晓冬（2020.11—）
　　周　园（2020.11—）

人寿保险公司盐城市分公司
总经理　宦刘庆
副总经理　柏根榕
　　刘　剑
　　刘金扬
　　周云飞（—2020.04）

人寿财产保险公司盐城中心支公司
党委书记　胡　旭（2020.01—）
总经理　李友军（—2020.01）
副总经理　蔡义峰
　　孙国志（—2020.03）

太平洋财产保险公司盐城中心支公司
总经理　刘　勇（2020.08—）
总经理、书记　孙学理（—2020.05）
副总经理　王华生
　　崔晓刚

太平洋人寿保险公司盐城中心支公司
总经理　毛玉牛
副总经理　姜顺利（—2020.12）

江苏省信用再担保公司盐城分公司
总经理　沈影帆
副总经理　吴居海

紫金财产保险股份有限公司盐城分公司
总经理　杨　娟（女）（2020.01—）
副总经理（主持工作）　杨　娟（女）（—2020.01）
总经理助理　王　郎（2020.04—）

中储棉盐城有限公司
书记、副总经理　王跃文（—2020.10）
副总经理　钱中亚
　　袁　强

各类学校

盐城工学院
书　记　刘祖汉
院　长　方海林（女）
副书记　薛　浩
副院长　邵　荣
　　宋长春
　　王路明
　　王资生
　　魏少华
纪委书记　陈春雷

盐城师范学院

书　记　戴斌荣
副书记、院长　方　忠
副书记、副院长　黄志纯（—2020.12）
副书记、纪委书记　刘必清
副书记　于建江（2020.12—）
副院长　崔　刚
　　　　庞　波
　　　　张桂华
　　　　汤克明
　　　　毕凤珊（女）

盐城开放大学

校　长　杨　军
党总支书记　高　健
副校长　朱思亮
　　　　周学高

盐城工业职业技术学院

书　记　邵从清
院长、副书记　瞿才新
副书记　张林龙
副院长　孙卫芳（女）
　　　　刘必千
　　　　蔺　俊
纪委书记　夏燕萍（女）

江苏医药职业学院

书　记　郝达富
院长、副书记　陈国忠
副书记　李玉华
副院长　王　辉
　　　　高璀乡（女）
　　　　侍杏华
纪委书记　徐伯静

盐城幼儿师范高等专科学校

书　记　刘毓航（女）
副书记、校　长　姜统华
副书记、副院长　张慧娟（女）（2020.08—）
纪委书记　马　力
副院长　陈长飞
　　　　崔　霞（女）
　　　　孙永龙（—2020.08）
　　　　戴永湖

江苏省盐城技师学院

书　记　张体松
副书记、院长　张　兵
副院长　王东生
　　　　李成飞
　　　　陈远芝
　　　　夏建友
纪委书记　杨桂春

盐城生物工程高等职业技术学校

校长、书记　孙永龙（2020.08—）
　　　　　　张国山（—2020.06）
副校长　成敦杰
　　　　朱余清
　　　　童朝亮
　　　　王　会
纪委书记　谷远钧

盐城中学

校长、书记　丁才林（2020.08—）
　　　　　　张瑞卿（—2020.08）
副书记、副校长　朱　俊（女）
副校长　谢兆贵（—2020.02）
　　　　陈俊江
　　　　李　生
纪委书记　李士龙（2020.08—）
　　　　　树如同（—2020.08）

盐城机电高等职业技术学校

校　长　茆艾磊

盐城市经济管理学校

校　长　殷志琴（2020.03—）
　　　　季万新（—2020.03）

盐城市高级实验中学

校　长　李　生（兼）

盐城市初级中学

校　长　朱　斌

盐城市第一小学教育集团

校　长　瞿汉荣

盐城体育运动学校

校　长　李文进

县级机构及负责人名录

（截至 2020 年 12 月 31 日）

响水县

中共响水县委员会

书　记　顾云岭（兼）

副书记　郭　超
邵礼青（—2020.06）
陆文忠（2020.06—）
郭书峰（挂）（2020.04—）
常　委　李运连
刘中连
徐　莉（女）
杨荣生
陈　刚
顾建明
刘中明（2020.06—）
刘高山

响水县人大常委会

主　任　邵礼青（2020.12—）
杨毅坚（—2020.12）
副主任　李　刚
张孝将
王建成（—2020.06）
顾祝生
吴　超（2020.06—）

响水县人民政府

县　长　郭　超
副县长　刘中连
桑良举
许丽萍（女）（—2020.06）
薛风林
王鲁文
纪劲松（2020.03—）
沈爱东（—2020.03）
贺　琰（女）（2020.06—）

政协响水县委员会

主　席　田国举（2020.12—）
邵礼青（—2020.12）
副主席　陈　骧
陆从华（—2020.02）
周汝琴（女）

中共响水县纪律检查委员会

书　记　陈　刚（兼）

响水县监察委员会

主　任　陈　刚（兼）

响水县人民法院

院　长　徐　祥

响水县人民检察院

检察长　孟庆松

滨海县

中共滨海县委员会

书　记　孙　轶（兼）
副书记　吴启标（2020.08—）
刘永轩（—2020.08）
周　岚（女）（—2020.08）
李　杰（2020.12—）
张志远（挂）（2020.04—）
常　委　沈卫东
王海荣
徐　亚（—2020.06）
李　军（—2020.12）
高明荣
陈锡钢
王大为（2020.06—）
陈亚新
鲍晓峰（2020.04—）
申建春（女）（2020.12—）

滨海县人大常委会

主　任　宋滨东
副主任　韩立扩
赵远新（2020.12—）
薛正红（女）
左其安

滨海县人民政府

县　长　吴启标（2020.08—）
刘永轩（—2020.08）
副县长　李　杰（—2020.12）
王海荣（2020.12—）
赵远新（—2020.12）
王成松
程　熙（女）
沈乃峰
侯德志（2020.12—）
夏咸健
陈浩海（2020.09—）

政协滨海县委员会

主　席　姚兆春（女）
副主席　郑成铨
王亚平
姜浩然（—2020.08）
侯德志（—2020.12）

中共滨海县纪律检查委员会
书　记　陈锡钢（兼）

滨海县监察委员会
主　任　陈锡钢（兼）

滨海县人民法院
院　长　丁　煌

滨海县人民检察院
检察长　朱　进（2020.04—）
　　　　王志道（—2020.04）

阜宁县

中共阜宁县委员会
书　记　徐华明
副书记　张利华
　　　　吴启标（—2020.08）
　　　　田海波（2020.08—）
常　委　郝瑞耀
　　　　丁政万（—2020.12）
　　　　朱　玲（女）
　　　　倪一华
　　　　罗时荣
　　　　王　宁
　　　　周达虎
　　　　闵卫东
　　　　郭碧玉（女）（2020.12—）

阜宁县人大常委会
主　任　林　进
副主任　王　飞
　　　　陈志国
　　　　计　俊
　　　　徐静平

阜宁县人民政府
县　长　张利华
副县长　王　宁
　　　　张桂军
　　　　吴正年
　　　　郭碧玉（女）（—2020.12）
　　　　徐　义
　　　　徐向东
　　　　陈　聪（2020.12—）

政协阜宁县委员会
主　席　丁政万（2020.12—）
　　　　王玉新（—2020.12）
副主席　蔡如航
　　　　路宝亚
　　　　李德平
　　　　嵇　田

中共阜宁县纪律检查委员会
书　记　倪一华（兼）

阜宁县监察委员会
主　任　倪一华（兼）

阜宁县人民法院
院　长　丁益钧

阜宁县人民检察院
检察长　何新龙（2020.11—）
　　　　李　响（—2020.11）

射阳县

中共射阳县委员会
书　记　唐　敬
副书记　吴冈玉（女）
　　　　张鹏程
　　　　陈铁军（挂）
常　委　田国举（—2020.12）
　　　　张哲峰
　　　　胡国良（—2020.11）
　　　　田海波（—2020.08）
　　　　张文斌
　　　　凌晓东
　　　　崔晓荣
　　　　徐旭东
　　　　陈　俊（2020.11—）
　　　　尹胤祥（2020.08—）
　　　　戴　翔（援青）（2020.11—）

射阳县人大常委会
主　任　季晓春
副主任　王占芬（女）
　　　　戴　淦
　　　　陈少祥（2020.12—）
　　　　王正军

射阳县人民政府
县　长　吴冈玉（女）
副县长　田国举（—2020.12）
　　　　崔晓荣
　　　　戴　翔（—2020.11）
　　　　丁红兵
　　　　陈　刚（挂）（—2020.02）
　　　　汤伟清（挂）

徐加晔
付　阳
吴海燕（女）（2020.06—）
张　超（挂）（2020.11—）

政协射阳县委员会
主　席　邱德兵
副主席　陈以奎
刘锦和（—2020.11）
刘　慧（女）
戴翠芳（女）
陈少祥（—2020.12）
李　洁（2020.12—）

中共射阳县纪律检查委员会
书　记　陈　俊（2020.11—）
胡国良（兼）（—2020.11）

射阳县监察委员会
主　任　陈　俊（2020.11—）
胡国良（兼）（—2020.11）

射阳县人民法院
院　长　林　毅（2020.12—）
王如平（—2020.12）

射阳县人民检察院
检察长　许永进

建湖县

中共建湖县委员会
书　记　祁从峰（2020.12—）
陈　平（—2020.12）
副书记　祁从峰（—2020.12）
许　刚
常　委　胡　铭
倪世勇（—2020.06）
孙海山
陈巍亮
顾加广
徐　军
孙　红（女）
臧　冲
乔宗华（2020.06—）

建湖县人大常委会
主　任　张连国
副主任　徐为祥
金　明
唐广群
刘登石

建湖县人民政府
县　长　祁从峰
副县长　孙海山
何春明（—2020.08）
申建春（女）（—2020.12）
唐　坤
郭　刚
翟大伟（挂）（2020.04—2020.12）
翟大伟（2020.12—）
王　玮（2020.08—）
周　戍（女）（2020.08—）

政协建湖县委员会
主　席　俞进虎
副主席　葛正光（—2020.12）
陈秀花（女）
曹征松
徐守忠
徐为高（2020.11—）

中共建湖县纪律检查委员会
书　记　胡　铭（兼）

建湖县监察委员会
主　任　胡　铭（兼）

建湖县人民法院
院　长　许雪峰

建湖县人民检察院
检察长　征汉年

东台市

中共东台市委员会
书　记　杨雪峰（2020.04—）
陈卫红（女）（—2020.04）
副书记　商建明
许　峰
李宝会（挂）（2020.04—）
常　委　陈晓俊（—2020.08）
邱海涛
陈玉龙
周爱东
金学宏（—2020.12）
吴　琼
王爱军
潘亚军
马正华（2020.08—）

孙燕春（女）（2020.12—）

东台市人大常委会

主　任　陈晓俊（2020.08—）
　　　　崔　康（—2020.08）
副主任　刘树斌
　　　　赵良钢（—2020.11）
　　　　黄淑华（女）
　　　　李春桃

东台市人民政府

市　长　商建明
副市长　李宝会（挂）（2020.04—）
　　　　陈晓俊（—2020.08）
　　　　马正华
　　　　徐　越
　　　　孙燕春（女）（—2020.12）
　　　　杨云峰
　　　　孙高明
　　　　朱　雯（女）（—2020.06）
　　　　徐　健（2020.06—）
　　　　王晓峰（2020.08—）
　　　　潘春舒（2020.12—）

政协东台市委员会

主　席　鲍　宇
副主席　郑静波
　　　　金学宏（2020.12—）
　　　　陈志文
　　　　焦小平
　　　　鲍家峰

中共东台市纪律检查委员会

书　记　王爱军（兼）

东台市监察委员会

主　任　王爱军（兼）

东台市人民法院

院　长　谭　斌

东台市人民检察院

检察长　陈宏成

大丰区

中共大丰区委员会

书　记　薛盛堂
副书记　李志军
　　　　陈允春
　　　　陈　豪（挂）（—2020.04）
　　　　陈斐然（2020.04—2020.08）
　　　　何为志（挂）（2020.08—）
常　委　蔡保生（—2020.12）
　　　　须卫琴（女）
　　　　钱　勇（2020.04—）
　　　　周小进
　　　　韦应生（—2020.12）
　　　　赵玉霞（女）
　　　　张林海
　　　　陈　华（女）（2020.04—）

大丰区人大常委会

主　任　范大玉
副主任　江　波（女）
　　　　朱国新
　　　　钱　江（2020.12—）
　　　　李实业
　　　　季明珍

大丰区人民政府

区　长　李志军
副区长　韦应生（—2020.12）
　　　　韦　国
　　　　沈　阳
　　　　钱　江（—2020.12）
　　　　朱晓春
　　　　张德凯
　　　　何昊宇（2020.12—）

政协大丰区委员会

主　席　石根美
副主席　汤小山
　　　　李志阳
　　　　张春山
　　　　汤云庆
　　　　朱梅芳（女）

中共大丰区纪律检查委员会

书　记　须卫琴（女）（兼）

大丰区监察委员会

主　任　须卫琴（女）（兼）

大丰区人民法院

院　长　王如平（2020.12—）
　　　　朱　亮（—2020.12）

大丰区人民检察院

检察长　许正胜

盐都区

中共盐都区委员会

书　记　王　娟（女）（2020.12—）
　　　　吴本辉（—2020.12）
副书记　王　娟（女）（—2020.12）
　　　　冯明印（—2020.11）
常　委　顾明东
　　　　朱金南
　　　　王铁根
　　　　葛建华
　　　　陈育群
　　　　张云云（女）（—2020.12）
　　　　陈　霞（女）
　　　　宋海东
　　　　张素东（2020.12—）

盐都区人大常委会

主　任　顾其斌
副主任　季　风
　　　　葛永良
　　　　郝汉金
　　　　徐永生

盐都区人民政府

区　长　王　娟（女）
副区长　陈　霞（女）
　　　　肖乐农
　　　　于　宽
　　　　高　翔
　　　　李　益
　　　　王　珏
　　　　谢　戎（挂）（2020.08—）
　　　　贾中军（挂）（2020.10—）

政协盐都区委员会

主　席　张建洋
副主席　阮宜春
　　　　张荣銮（女）
　　　　许丽萍（女）（2020.06—）
　　　　张鸿新
　　　　沈德成

中共盐都区纪律检查委员会

书　记　朱金南（兼）

盐都区监察委员会

主　任　朱金南（兼）

盐都区人民法院

院　长　朱　亮（2020.12—）
　　　　韩　标（—2020.12）

盐都区人民检察院

检察长　张扣华

亭湖区

中共亭湖区委员会

书　记　夏思军（2020.04—）
　　　　李东成（—2020.04）
副书记　盛　艳（女）
　　　　陆汉超
常　委　祁新桐（—2020.11）
　　　　沈　政（—2020.12）
　　　　徐海宁
　　　　孙庆树（2020.11—）
　　　　杨劲松
　　　　张云云（女）（2020.12—）
　　　　顾　硕（—2020.12）
　　　　徐　曼（女）
　　　　周晓东
　　　　郭忠俊

亭湖区人大常委会

主　任　陆汉超（2020.12—）
　　　　吕　锦（—2020.12）
副主任　吕志平
　　　　沈　政（2020.12—）
　　　　周质恂
　　　　陈云龙
　　　　成月红（女）

亭湖区人民政府

区　长　盛　艳（女）
副区长　顾　硕（—2020.12）
　　　　李建荣
　　　　张素东（—2020.12）
　　　　张伟中
　　　　迮大猛（挂）
　　　　朱杰成
　　　　蔡建玮
　　　　郁　荣（2020.12—）

政协亭湖区委员会

主　席　孙红艳（女）
副主席　王达军
　　　　朱淑萍（女）
　　　　李洁莲（女）
　　　　张敬东

邹永公（—2020.04）
王志道（2020.04—）

中共亭湖区纪律检查委员会
书　记　杨劲松（兼）

亭湖区监察委员会
主　任　杨劲松（兼）

亭湖区人民法院
院　长　时庆海（2020.12—）
詹荣安（—2020.12）

亭湖区人民检察院
检察长　李　响（2020.11—）
樊　杉（—2020.11）

盐城经济技术开发区

中共盐城经济技术开发区工作委员会
书　记　戴荣江
副书记　王旭东（2020.12—）
徐龙波（—2020.12）
郑荣文
委　员　郭庆生
李新华（—2020.11）
瞿　斌
李东前（—2020.12）
杨义宽
陈　鹏
戴　勇（—2020.11）
周　翔
路竞竞（女）（2020.11—）
邓既明
谢　纬（2020.12—）
李卫东（2020.06—）
沈　剑（挂）
欧洪标（—2020.04）
苗华山（2020.04—）
仇金标（—2020.06）
徐　亚（2020.06—）

盐城经济技术开发区管理委员会
主　任　王旭东（2020.12—）
徐龙波（—2020.12）
副主任　郭庆生
瞿　斌
杨义宽
陈　鹏
戴　勇（—2020.11）
邓既明（—2020.12）
谢　纬（2020.12—）
沈　剑（挂）

中共盐城经济技术开发区纪律检查工作委员会
纪工委书记　路竞竞（女）（2020.11—）
李新华（兼）（—2020.11）

盐城经济技术开发区监察工作委员会
主　任　路竞竞（女）（2020.11—）
李新华（兼）（—2020.11）

盐城经济技术开发区法院
院　长　许建兵

盐城经济技术开发区检察院
院　长　钱亚祥

盐南高新区

中共江苏省盐南高新技术产业开发区工作委员会
书　记　高尚德（2020.06—）
杨雪峰（—2020.04）
副书记　高尚德（—2020.06）
唐高明
委　员　陆晓钢
崔成江
潘迎华
周志成
王大为（—2020.06）
丁金海
谢　纬（—2020.12）
侯晓飞（挂）
张晓明（挂）（—2020.08）
韩传丰（挂）
陆友江（—2020.04）
欧洪标（2020.04—）
李佩建（2020.12—）
纪工委书记　崔成江（兼）

江苏省盐南高新技术产业开发区管理委员会
主　任　高尚德（2020.06—）
杨雪峰（—2020.04）
副书记、副主任　唐高明（2020.12—）
副主任　高尚德（—2020.06）
陆晓钢
潘迎华
周志成
王大为（—2020.06）
丁金海
谢　纬（—2020.12）
侯晓飞（挂）

张晓明（挂）
韩传丰（挂）
李佩建（2020.12—）

文献选编

市委书记戴源在市委七届十一次全会第一次全体会议上的讲话

（2020年12月26日）

这次全会的主要任务是，全面贯彻党的十九大和十九届二中、三中、四中、五中全会以及中央经济工作会议精神，深入贯彻习近平总书记视察江苏重要讲话指示精神，按照省委十三届九次全会部署要求，总结“十三五”及今年以来的工作，研究部署“十四五”和明年工作，审议市委关于制定国民经济和社会发展第十四个五年规划和二〇三五年远景目标的《建议》，动员全市上下坚决扛起“争当表率、争做示范、走在前列”重大使命，承前启后，继往开来，奋力开启全面建设社会主义现代化新征程。

一、“十三五”及今年以来盐城发展主要成绩

“十三五”时期是我市发展进程中极不平凡的五年。五年来，全市上下坚持以习近平新时代中国特色社会主义思想为指导，认真践行新发展理念，大力实施“三市”战略，坚定走好“两海两绿”路径，全面建设“四新盐城”，各项事业迈上新台阶，总体完成“十三五”规划目标任务，全面建成小康社会胜利在望。

这五年，我们坚持发展第一要务，综合实力实现历史性跨越。地区生产总值连跨两个千亿元台阶，人均地区生产总值突破1万美元，提前实现较2010年翻一番目标。统筹推进疫情防控和经济社会发展，打赢了一场艰苦卓绝的保卫战，地区生产总值、规上工业增加值、一般公共预算收入等主要经济指标稳步增长，出口总额、注册外资实际到账等指标增速位居全省前列。

这五年，我们坚决贯彻新发展理念，产业转型有了突破性进展。把“3·21”事故作为产业转型的新起点，更加坚定贯彻新发展理念决心。汽车、钢铁、新能源和电子信息四大主导产业全面起势，DYK汽车累计销售超580万辆，华人运通新能源汽车投产；钢铁产业销售收入超千亿元；新能源产业规模居全省首位；电子信息产业每年保持30%以上增速。新增省级射阳港经济开发区和盐南高新区等3个省级高新区，获批国家农业科技园区1家，高企数量突破1500家，成为苏北首个超千家的设区市。以农业大市的担当扛起稳产保供重任，盐城农业地位和影响力显著增强。

这五年，我们坚持深化改革开放，城市价值获得标志性提升。盐青铁路、盐徐高铁、盐通高铁及9个铁路客运综合枢纽开通运营，滨海、射阳和响水港区获批国家一类开放口岸，建成南洋国际机场T2航站楼，开通韩日全货机航线，实现高铁、高速、高架、空港无缝对接，全面融入上海一小时经济圈。中韩（盐城）产业园成功获批，成为全国对韩合作三个城市之一。以全国第二名的成绩高水平创成“全国文明城市”，城市能级显著提升。持续优化发展环境，深化“放管服”改革，在全国首推“三书合一”，全面完成农村土地承包经营权确权颁证工作，推进国企改革，扎实开展“三项清理”，推动园区优化整合，城市综合效能进一步释放。

这五年，我们坚决践行“两山”理论，生态建设创塑世界级品牌。黄（渤）海湿地成为全国第14处、长三角中心区唯一的世界自然遗产。新增国家AAAAA级旅游景区1家，AAAA级景区8家。长三角康养基地正式落地，长三角生态环保产业联盟在盐城成立。全市地表水国省考断面优Ⅲ比例97%以上，建成区全面消除黑臭水体，空气质量持续保持全国前列。造林面积连续3年全省第一，创成国家森林城市、全国绿化模范城市、全国水生态文明城市。

这五年，我们坚持以人民为中心，全面小康取得决定性成就。坚决打赢精准脱贫攻坚战，全面完成户脱贫、村达标、县摘帽“三大任务”。每年近80%公共财政支出用于民生保障，居民收入增速连续5年高于经济增速。新建各类学校225所，所有中小学教室安装空调。全面推进棚户区、老旧小区改造、农村住房改善，50万城乡居民住房条件得到改善。建成新水源地及跨区域引水工程，彻底解决市区饮水安全问题。开展扫黑除恶专项斗争，被表彰为全国社会治安综合治理优秀市。获评全省首批“书香城市先进市”，《小镇》等一批精品力作荣获“文华奖”等国家级大奖。

这五年，我们坚持全面从严治党，党的建设发生显著性变化。扎实开展“两学一做”学习教育、“不忘初心、牢记使命”主题教育，得到中央巡回督导组和省委领导肯定。严格落实意识形态工作责任制，用好红色资源，讲好盐城故事。持续保持惩治腐败高压态势，充分发挥巡察利剑作用，扎实抓好中央纪委国家监委纪检监察建议整改。市人大代表议案建议督办的“盐城实践”被全国人大刊载。市政协“建盐献策”“基层有事好商量”协商平台被全国政协宣传推广。党管武装和双拥工作30条措施深入落实，创建全国双拥模范城实现“六连冠”。工青妇等群团组织充分发挥桥梁纽带作用，在统筹疫情防控和经济社会发展中贡献了重要力量。

五年来，我们面临的困难和挑战前所未有，但全市上下顶住了压力、经受住了考验，交出了一份厚重的答卷。在此，我代表中共盐城市委，向全市广大党员和干部群众，向各民主党派、各人民团体、社会各界人士和海内外朋友，向驻盐部队、武警部队官兵，向所有关心支持参与盐城发展的同志们、朋友们，致以崇高的敬意和衷心的感谢！

五年来的接续奋斗，我们深刻感到，“听中央号令，抓主要矛盾，下明确指示，靠人民群众”是做好工作的制胜法宝，必须毫不动摇；“效率意识、担当意识、对标意识”是实现跨越赶超的必然要求，必须一以贯之；“压力面前不退缩、困难面前不放弃、责任面前不推脱”是攻坚克难的优良作风，必须持之以恒，在开启现代化新征程中开创盐城发展新局面。

二、深入学习贯彻党的十九届五中全会和习近平总书记视察江苏重要讲话指示精神，在“争当表率、争做示范、走在前列”中展现盐城担当

党的十九届五中全会是在“两个一百年”历史交汇点上召开的一次具有全局性、历史性意义的重要会议。习近平总书记在会上提出了立足新发展阶段，坚持新发展理念，构建新发展格局“三新”要求和坚持党的全面领导、坚持以人民为中心、坚持新发展理念、坚持深化改革开放、坚持系统观念“五个坚持”重要原则，为开启全面建设社会主义现代化国家新征程、向第二个百年奋斗目标进军指明了前进方向。五中全会后，习近平总书记来江苏视察，要求江苏在改革创新、推动高质量发展上争当表率，在服务全国构建新发展格局上争做示范，在率先实现社会主义现代化上走在前列。娄书记在省委全会上明确提出，盐城要面朝大海、向海发展、赋“能”未来，成为绿色转型的典范，让老区人民的日子越过越红火。我们要把学习好、贯彻好党的十九届五中全会精神作为重大政治任务，按照省委部署要求，坚定把“争当表率、争做示范、走在前列”作为“十四五”发展的总纲领、总命题、总要求，确保认识到位、理解深刻，把握准确、落实见效，努力探索一条具有盐城特色的现代化之路。

要在改革创新、推动高质量发展上争当表率，积极践行新理念，满足人民群众对美好生活的向往，树立绿色协调和共享发展的典范。盐城拥有长三角最优越的自然生态，最具规模的绿色产业，最富潜力的增长空间。必须坚决贯彻新发展理念，以南部世界自然遗产地和北部大工业为载体，在绿色自然生态、绿色产业体系、绿色能源消费、绿色生活方式等方面系统发力，打造世界级生态会客厅和全国典范的绿色循环大工业基地，在绿色协调发展上树立标杆。六年的“全国文明城市”创建过程，就是加速民生改善、推动共享发展的过程。必须乘势而上，把开展文明创建活动作为践行共享发展理念的有效载体，作为带动经济发展、城乡建设、民生改善、干部作风等各领域工作提升的重要抓手，推动文明创建向物质文明、政治文明、社会文明、生态文明领域拓展，从市区向各县（市）延伸，实现文明创建全覆盖，确保2023年高分高位通过第七届全国文明城市复查，在共享发展上树立标杆。

要在服务全国构建新发展格局上争做示范，全力融入新格局，深化对韩合作，打造东北亚经济圈和长三角一体化双向互动的样板。盐城是长三角中心区城市、中韩产业园地方合作城市、淮河生态经济带出海门户城市，南联北上、东进西拓的开放大通道已全面打通。对韩合作有最好基础，特别是在疫情常态化防控背景下，我们坚持赴韩经贸交流，举办全省最大涉外经贸活动，1—11月实际利用韩资增长171.9%，对韩合作地位明显提升。沿海开放蕴最强动能，“十四五”盐城最大的项目在沿海，千亿级的产业在沿海，我们有能力也有责任在沿海开放上形成“质变”，用开放的动力源形成发展的加速度。要以中韩（盐城）产业园建设为抓手，深化对韩合作，以开放沿海、接轨上海为路径，深化长三角合作，着力构建全方位、多层次、多元化的开放格局。

要在率先实现社会主义现代化上走在前列，准确把握新阶段，加快农业农村现代化，探索新型城镇化和乡村振兴战略双轮驱动的新路。农业农村现代化是盐城现代化征程的必由之路、潜力所在。农业农村的特殊地位，决定了这是必须做好的“必答题”。保障粮食安全，把饭碗牢牢端在自己手上，不只是经济问题，更是政治问题。盐城是江苏及全国农业大市，是东部沿海地区唯一粮食总产超百亿斤的城市，我们有责任有义务为全省现代化作出更大贡献。农业农村的发展阶段，决定了这是必须争分的“抢答题”。农业农村发展在盐城是整个面的问题，我们不能等工业发展起来再发展农业，也不能等城镇发展起来再带动农村，必须率先探索、打造样板，为全国乡村振兴提供盐城经验。农业农村的前景广阔，决定了这是必须做优的“加分题”。盐城身处长三角这一全国最大的消费市场，有基础、有条件将农业发展成最具竞争力的优势产业和最有获得感的富民产业。要积极实施全域农业现代化示范区建设，全面推进乡村振兴，夯实全面现代化的根基。

明年工作总体要求是：坚持以习近平新时代中国特色社会主义思想为指导，全面贯彻党的十九大和十九届二中、三中、四中、五中全会以及中央经济工作会议精神，深入贯彻习近平总书记视察江苏重要讲话指示精神，立足新发展阶段，贯彻新发展理念，融入新发展格局，紧扣“争当表率、争做示范、走在前列”重大要求，按照省委十三届九次全会工作部署，以推动高质量发展为主题，以深化供给侧结构性改革为主线，以改革创新为根本动力，以满足人民日益增长的美好生活需要为根本目的，深入实施“三市”战略，坚定走好“两海两绿”路径，加快“四新”盐城建设，努力保持经济运行在合理区间，确保“十四五”开好局、全面建设社会主义现代化起好步，以优异成绩庆祝建党100周年。

三、聚焦重点领域关键环节，确保“十四五”实现良好开局

明年是“十四五”的开局之年，必须拿出开局就是决战的姿态、起步就是冲刺的力度，扎实做好各项工作。

一是全力以赴稳增长，在经济扩量提质上实现新突破。坚定不移走产业强市之路，以转型定力赢得开局主动。

要强化产业集群创优势。牢固树立“项目为零，一切为零”理念，全力突破一批高质量的重大项目，推动四大主导产业做大总量、提升质量。打造现代汽车城。大力发展新能源汽车、智能网联汽车，依托东风悦达起亚、华人运通等整车企业，全力突破中高端整车市场，带动零部件和汽车后市场发展。建设钢铁大基地。依托宝武、德龙等重大项目，加快配套项目集聚和产业链延伸，打造功能齐全、配套完善、产业集聚度高的世界一流钢铁产业基地。布局沿海能源谷。围绕国家能源战略和沿海产业布局，推动电源侧、电网侧和用电侧“三侧结合”，加快研发、制造、运维、检测一体化发展，建设具有全国影响力的新能源产业基地。做大电子信息港。聚焦智能终端、集成电路、人工智能等领域，加快推进新铠胜、康佳等重大产业项目建设，推进电子信息产业集聚发展。

要强化创新驱动促转型。要以企业为主体增强创新能力，深入实施高新技术企业培育计划，形成一批“专精特新”企业和单项领军企业。要以转化为关键加速创新应用，积极引进央企、行业龙头企业、大院大所以及创新创业团队来盐设立新型研发机构，支持企业研发机构建设，突破一批主导产业发展的关键技术，组织开展形式多样的产学研对接活动，让纸面的、实验室的创新成果更好更快地转化为现实生产力。

要强化园区整合筑高地。进一步优化园区布局，探索“开发区+功能园区”“一区多园”的发展模式，加快形成龙头园区承接大项目、功能园区提供上下游配套的发展格局。进一步明确园区产业定位，聚焦2—3个主导产业，加快建成一批百亿级企业、千亿级产业集群。进一步理顺园区职能，突出经济发展主业、“双招双引”主责，推动编制、岗位、资源向招商引资和服务企业一线集中，打造区域高质量发展龙头。

二是全力以赴拓空间，在沿海开放发展上开辟新境界。抓住沿江沿海产业布局、交通版图、开放格局的变革机遇，以系统思维推进新一轮沿海高质量发展。

要做强沿海大平台，着力提升产业项目承载力。产业是沿海发展的基础，“城”为“产”建，“港”因“产”兴。聚焦产业转移突破项目，主动承接长三角及沿江重大生产力转移，坚定不移推进宝武、金光项目，着力形成以百亿级重大项目为主体，产业配套项目为补充的项目梯次推进格局。依托沿海优势构建载体，加快滨海港工业园区发展，聚焦“钢铁、能源、再生纸、物流”四大产业基地，建设盐城北部产业经济新高地。抢抓发展机遇做强港口，实施盐城港扩容提升，积极推进航道、码头、铁路支线等建设，全面提升盐城港综合运输枢纽功能，加快建成亿吨大港。

要深耕长三角中心区，着力提升要素资源集聚力。全力推动产业创新深度融入。主动融入上海全球科创中心建设，建好西伏河科创走廊、盐城高新区智创谷和未来城都市创新圈。依托沪苏（大丰）产业联动集聚区，创新“飞地发展”模式，探索建立财税分享机制，集聚更多大项目好项目，努力在长三角“产业生态圈”中占据有利位置。加快打通市场要素连接通道。把握上海建设国内大循环的中心节点、国内国际双循环的战略链接这一趋势，抢抓溢出机遇，构建与上海要素链接、产能链接、市场链接的通道，形成吸附上海要素资源的引力场。对标打造国际一流营商环境。进一步深化“放管服”改革，推动与上海理念、政策、规则、标准的化学性“融合”。

要融入中日韩小循环，着力提升对韩合作影响力。高标准推进中韩（盐城）产业园建设。深化与韩国大企业集团全方位战略合作，加快推动SKI动力电池二期等重大项目建设，全力打造中韩国际合作示范区。高层次开展对韩交流活动。超前谋划中韩贸易投资博览会、进博会等重大活动，积极争取江苏—韩国企业家合作交流会等国家、省级会议在盐举办。优化盐韩“海空走廊”，深化友城交流、文化旅游、湿地保护等方面合作，努力形成双向交流、互利共赢的新格局。高水平建设开放型经济新体制，加快投资贸易便利化改革，充分发挥江苏唯一对韩日全货机航线优势，做好空港经济区规划，与韩国新万金互设“海外仓”，构筑韩国商品进口中国的集散地和江苏特色商品出口的新通道。

三是全力以赴促融合，在区域协调发展上迈上新台阶。立足城镇化加速期实际，走好盐城特色的城乡融合发展之路。

要深入推进新型城镇化。科学谋划城镇布局，聚力做强中心城区，提升辐射带动能力。推进以县城为重要载体的城镇化建设，以集聚30万人为目标，完善公共设施配套，提高承载能力。引导县域形成一主一副、整体联动的发展格局。把握后疫情时代的消费发展趋势，做好消费业态升级、存量市场改造、文旅IP打造等文章，有效促进消费回补和潜力释放。要全面提升城市功能品质和精细化管理水平，实施城区水环境综合治理工程，加大老旧小区、棚户区改造和安置房建设力度，注重延续城市文脉，在城市空间“微更新”中留住美好“城市记忆”。

要全面推进乡村振兴。以争创农业现代化示范区为引领，加快重大项目、重点园区和龙头企业培育。以农业供给侧结构性改革为主线，构建科学合理、安全高效的重要农产品保障体系，提升高标准农田建设水平，保障粮食安全和生猪等重要农副产品有效供给。以农村一二三产融合为路径，培育招引大型农业龙头企业，以“盐之有味”农产品区域公用品牌放大盐城农产品区域资源优势。实施重大新品种创制和特色品种开发工程，加强与省内外农业高校全方位合作，努力实现省级现代农业科技园县域全覆盖。以农房改善2.0版本建设为抓手，持续推进新型农村社区建设，年内改善3.5万户农民群众住房。加快强村富民步伐，大力实施“万企联万村”示范项目建设行动，深化农村改革，加强村、社区闲置资产整合利用，持续壮大农村集体经济。

要持续优化综合交通运输体系。主攻高速、提升铁路、强化港口、着力乡村，构建高质量综合交通运输服务体系。要全力拓宽“大通道”，加快盐泰锡常宜城际铁路等铁路、高速重点工程建设，推进盐城对外交通快速连接。要加快构建“主动脉”，着力推进盐丰、盐阜快速通道、市区高架四期建设，开通铁路通勤客运，增强主城辐射能力，实现市区与周边城镇的高效互联。要持续畅通“微循环”，系统谋划高铁、高架、高速、港口等全市域无缝衔接，开通全域公交，缩短公交发车间隔，构建以SRT和BRT为主骨架的一体化公交体系，让群众出行更顺畅、更便捷。

四是全力以赴优生态，在建设美丽盐城上展示新形象。坚定不移推动绿色转型、绿色跨越，建设人与自然和谐共生的现代化。

要守护生态颜值。以创建国家生态文明示范市为标准，坚决打好污染防治攻坚战。围绕做好水安全、水资源、水生态、水文化四篇文章，从严落实“河湖长制”“断面长制”，确保国省考断面水质全面达标。围绕大气环境深度治理，扎实开展 $PM_{2.5}$ 与臭氧协同治理等专项行动，确保空气质量优良天数比例达到83%。围绕提高土壤污染治理修复，严格建设用地土壤环境准入，建立污染地块名录及开发利用负面清单。实施生物多样性保护行动，扎实推进退耕退渔退养、还林还湿工程，持续开展千里海堤防护林带和万亩新林场建设，构筑沿海生态大廊道。

要放大“世遗”效应。以世界遗产为龙头，提升生态旅游吸引力。推动黄（渤）海湿地国际会议升级为全球滨海论坛，争取永久性会址落户盐城。把麋鹿、丹顶鹤、勺嘴鹬湿地“吉祥三宝”打造成世界自然遗产的“闪亮名片”，以更高标准建设世界级生态旅游目的地。以全域旅游为方向，构建全景盐城新格局。重点聚焦市级旅游园区，加大整合提升力度，争创一批国家级和省级全域旅游示范区。以融合发展为驱动，丰富生态产业形态。推进“生态＋旅游、康养、农业、文化”，全力推进长三角（东台）康养小镇建设，推动旅游业与红色文化、生态文化、群众文化深度融合，打造富有文化气息的旅游休闲城市、街区。

要转变发展方式。坚定不移推动转型升级，做好约束性指标内部挖潜。深化“三项清理”工作，在继续做好工业用地和厂房盘活处置的基础上，对城市低效商业楼宇进行二次开发利用。依法依规倒逼落后产能加速退出，腾出更多能耗、排放、产能等指标，保障新上重大项目需要。开展工业企业资源集约利用综合评价，积极构建绿色低碳循环产业体系。

五是全力以赴惠民生，在提升生活品质上体现新作为。始终把人民群众对美好生活的向往作为奋斗目标，补齐民生短板，提升幸福指数。

要在提升城乡居民收入水平上下功夫。围绕提高工资性、经营性、财产性、转移性收入精准施策，着力解决城乡居民收入偏低问题。要以创业带动就业，大力发展民营经济，做强做多市场主体，为群众增收提供有力支撑。要以增加农民收入为重点，加快壮大特色现代农业，不断夯实农民稳定增收的基础。要特别落实好“四个不摘”要求，构建解决相对贫困的长效机制，增强脱贫地区内生发展能力。

要在提升公共服务供给质量上下功夫。加快构建高质量教育体系，进一步优化城乡学校布局，实现优质普惠教育资源充分供给；推动高等教育提档升级，抓紧建设医学、农学本科院校，培养更多理工农医类紧缺人才。要建立优质高效的医疗卫生服务体系，市级医院细分亚专科，加快区域医疗中心和省重点专科建设；县级医院全力创建三级医院，以优质均衡的医疗资源，提高县域就诊率。牢牢守住社会保障底线，持续开展全民参保扩面。广泛开展全民健身运动，积极创建国家全民运动健身模范市。

要在巩固文明城市创建上下功夫。坚持全领域、全市域创建，在全国文明村镇、文明单位、文明校园、文明家庭等系列创建上取得全面突破。坚持创建为民，让更多群众分享文明城市创建成果。合理规划建设城乡公共文化设施，完善四级公共文化设施网络。

六是全力以赴防风险，在构建治理体系上取得新成效。坚持把安全发展贯穿发展全过程，深入排查各领域风险隐患，筑牢安全屏障。

要毫不放松筑牢疫情防控“安全线”。坚持“可知可控、精准防控”，坚决守住今冬明春这个关键期。突出重点领域、重点人群，将外防输入作为重中之重。完善疾病预防控制体系和重大疫情防控体制，不断提高核酸检测、隔离保障、医疗救治、物资保障能力，确保第一时间发现、第一时间处置。

要毫不放松筑牢债务风险“警戒线”。扎实抓好降债务规模、降债务率、降风险等级、降融资成本“四降”工作，乡镇绝不允许新增负债，确保不发生政府性债务风险。深化政府融资平台治理，做好国有企业信用风险管理工作，推动国有企业聚焦主业主责。坚决打击各类非法金融活动，守牢不发生系统性风险的底线。

要毫不放松筑牢安全生产“生命线”。继续保持“开小灶”的劲头，坚决完成“三年大灶”任务。紧盯危险化学品、道路交通、建筑施工、食品安全等重点行业领域，扎实开展安全生产专项整治三年行动，持续压降各类事故。常态化开展安全生产隐患大排查大整治，全面压实企业主体责任，持续推进基层安监能力提升工程，切实提高本质安全水平。

要毫不放松筑牢社会治理“平安线”。着眼于矛盾纠纷的源头预防，持续开展风险隐患排查防控行动、重复信访治理化解行动，努力把矛盾化解在基层、消灭在萌芽。创新基层社会治理，完善“大数据＋网格化＋铁脚板”治理模式，全面推进基层网格治理“五化”建设。统筹推进更高水平平安盐城和更高品质法治盐城建设，常态化开展扫黑除恶，防范和打击各类违法犯罪行为，确保社会大局和谐稳定。

四、全面贯彻新时代党的建设总要求，凝聚“争当表率、争做示范、走在前列”的强大力量

坚持以党的政治建设为统领，以党建“最大政绩”引领保障发展“第一要务”。

一要坚持把思想政治建设作为首要任务，始终保持对党绝对忠诚。坚持不懈用习近平新时代中国特色社会主义思想立根铸魂，将学习宣传贯彻习近平总书记视察江苏重要讲话指示精神，与学习贯彻五中全会精神结合起来，深刻把握“争当表率、争做示范、走在前列”时代要求，更好地统一思想、统揽全局、统领发展。要坚守初心、矢志奋斗，以迎接和庆祝建党百年为契机，组织开展系列活动，推动政治理论学习、理想信念教育常态化制度化。组织好新四军重建军部80周年系列纪念活动，深化铁军精神教育实践。要总揽全局、协调各方，强化国家安全教育，压实意识形态责任，把牢政治方向、舆论导向和价值取向。支持和保障人大创造性地做好立法、监督等工作，充分发挥人大代表主体作用，健全人民政协协商民主制度机制，用好统一战线法宝，发挥群团组织作用，充分调动一切积极因素，形成强大合力。

二要坚持把夯实基层基础作为固本之举，更好发挥战斗堡垒作用。强化示范引领。深化“标准＋示范”建设，建立党员领导干部直接联系党支部制度，扎实推进抓党建促乡村振兴、促基层治理示范区建设。持续优化村（社区）党群服务中心配套功能，打造群众愿意来、经常来的基层阵地。建强骨干队伍。扎实做好村（社区）“两委”换届工作，实施村书记专职化管理，完善薪酬保障体系，调动干事创业积极性。加快社区工作者职业化体系建设，壮大城市基层治理骨干力量。严格责任落实。抓好书记抓党建述职评议考核，健全党委抓支部、支部管党员、党员带群众机制，不断提高基层党建水平。

三要坚持把锻造铁军队伍作为力量源泉，提高解决实际问题能力。要导向鲜明用干部。以集中换届为契机，选优配强各层各级“一把手”。要严格管理促成长。用好用活“三项机制”，旗帜鲜明为担当者担当、为负责者负责。要解放思想聚人才。集成优化各类人才政策，完善人才培养体系，将名校优生引进活动持续推向深入。

四要坚持把正风肃纪反腐作为长远之策，巩固风清气正政治生态。锲而不舍“纠四风”。严格落实中央八项规定精神和省市委十项规定，坚决纠治形式主义、官僚主义，推行机关作风建设问题定期通报制度，持续向作风顽疾亮剑，防止“四风”问题反弹回潮。坚定不移“惩贪腐”。持续加大对权力集中、资金密集、攸关民生等领域反腐力度，不断巩固反腐败斗争压倒性胜利。深化开展正风肃纪“镇村行”“看机关”专项行动，从严整治群众身边腐败和作风问题。一着不让“强监督”。高质量完成市县党委巡察全覆盖，扩大对村（社区）巡察覆盖面。加强各类监督统筹衔接，让干部感到监督，让社会参与监督，共同维护“清风盐城”良好政治生态。

同志们！目标催人奋进，实干托举梦想。让我们更加紧密地团结在以习近平同志为核心的党中央周围，在省委、省政府的坚强领导下，永葆“争”的精神、“进”的劲头、“干”的作风，当好新时代“铁军”，奋力谱写“争当表率、争做示范、走在前列”盐城篇章！

政府工作报告

——在盐城市第八届人民代表大会第五次会议上审议通过

市长　曹路宝

2021 年 1 月 13 日

“十三五”主要成就和 2020 年工作回顾

“十三五”时期是盐城市发展进程中极不平凡的五年，也是综合实力、城市价值、人民生活水平和社会文明程度大幅提升的五年。全市上下坚持以习近平新时代中国特色社会主义思想为指导，认真践行新发展理念，全面落实“强富美高”要求，大力实施“三市”战略，走好“两海两绿”路径，推进“四新盐城”建设，三大攻坚战取得决定性成就，全面建成小康社会胜利在望，高质量发展迈出坚实步伐，“十三五”规划主要目标任务顺利完成。

一、坚定不移推进创新发展，质量效益全面提高。强化创新引领，推动产业迈向中高端，创成国家知识产权示范城市。综合实力显著增强。预计全市经济总量超过 5900 亿元，人均 GDP 超过 1.2 万美元，外贸进出口总额突破 110 亿美元，存贷款余额分别达到 8427 亿元、6969 亿元。现代产业体系加快构建。大力培育汽车、钢铁、新能源、电子信息四大主导产业，DYK 五年销售汽车 192 万辆，钢铁产业产值超千亿元，新能源和电子信息产业每年保持 20% 以上增速、规模均突破 600 亿元。电子商务、现代物流等加快发展，“互联网 +”等新兴业态快速兴起，服务业增加值年均增速高于 GDP 增速 2 个以上百分点。设施农（渔）业面积全省最大，在全国率先基本实现主要农作物生产全程机械化，建成现代农业园区 186 个，农业总产值 1180 亿元。发展动能持续转换。开展企业“争星创优”，税收超亿元工业企业 20 家，五年增加一倍。盐城高新区成为全国首批产城融合示范区，盐南高新区、盐城环保高新区、建湖高新区获批省级高新区，射阳港经济开发区获批省级经济开发区，省级以上开发区科技孵化器全覆盖。高新技术企业突破 1500 家。

二、坚定不移推进协调发展，城乡面貌焕然一新。坚持全市域统筹，推动城乡一体发展，高水平成功创建为全国文明城市，全市常住人口城镇化率 66.3%，五年提高 6.2 个百分点。中心城区能级提升。城北全面改造，城南拓展提升，城东加快建设，城西整体开发，城中有机更新。五年全市改造棚户区（危旧房、城中村）12.8 万户、其中市区 7.4 万户，整治城镇老旧小区 215 个，政府托底管理无主管老旧小区 1093 个。落实“十没有”“二十有”标准，建成建管精细化示范街区 20 个。一批特色街区和商业综合体建成运营，城市品质显著改善。大丰区加快融入主城，各县城镇功能布局持续优化。乡村振兴深入推进。完成农村土地承包经营权确权登记颁证和集体产权制度改革，在全国首创联耕联种新模式。建成“四好农村路”6258 千米，开通市域、市郊公交。完成“十镇百村”示范镇村建设，改善农民住房 9.2 万户，建成省特色田园乡村 47 个，成为省农房改善工作优秀市。基础设施提档升级。全面迈入“高铁时代”，盐青、盐徐、盐通铁路建成通车，实现县县通高铁。盐射高速开工建设。市区建成内环高架 90 千米，便捷连通高速、高铁和空港。实施跨区域引水工程，500 万群众饮用水有了更好保障。推动城镇污水处理设施一体化运营，在全省率先实现生活垃圾全量焚烧和餐厨垃圾处理市域全覆盖，水利、电力、通信等设施全面加强。

三、坚定不移推进绿色发展，生态优势充分彰显。深入践行“两山”理论，推动绿色转型、绿色跨越，黄海湿地成功列入世界自然遗产名录。资源利用更加集约。开展

“三项清理”，盘活土地1666.67公顷、厂房292万平方米，利用闲置资源新上项目646个。2020年新能源发电量179亿千瓦时，占全社会用电量的50%。单位GDP能耗累计下降17%，亿元GDP建设用地减少14.4公顷。环境质量明显改善。完成沿海百万亩生态防护林工程，创成国家森林城市、全国绿化模范城市。扎实抓好中央和省环保督察交办问题整改。空气质量保持全国前列。地表水国省考断面100%达标，其中国考断面全部达优Ⅲ，创成全国水生态文明城市。阜宁金沙湖成为省首批生态样板河湖，盐都、建湖获批国家生态文明建设示范县。生态旅游蓬勃发展。强化全域旅游布局，建成美丽乡村旅游公路1036千米，新增AAAA级景区8家，丹顶鹤国际湿地生态旅游节、大洋湾樱花节、黄海森林音乐节、荷兰花海《只有爱 · 戏剧幻城》等品牌影响力不断放大。

四、坚定不移推进开放发展，经济活力不断增强。全面开放沿海、接轨上海，成为长三角中心区城市，积极推动环黄海生态经济圈和沿黄海城市带建设。开放合作呈现新局面。中韩（盐城）产业园获批设立，连续举办两届中韩贸易投资博览会，复制推广自贸区政策127项。获批国家级跨境电子商务综合试验区。沪苏大丰产业联动集聚区、常州高新区大丰工业园等共建园区提质增效。开展园区“等级创建”和优化整合，新认定11个市级工业园区。沿海开发取得新进展。整体规划滨海、响水沿海616平方千米区域，设立滨海港工业园区，打造淮河生态经济带出海门户。推进内河港口网络化、河海联运一体化，成立盐城港控股集团，一港四区全部获批一类开放口岸，开通“沪盐通”集装箱专线。南洋机场T2航站楼建成运营，开通至韩日全货机航线。获批国家海洋经济发展示范区。营商环境得到新改善。完成政府机构改革。整合重组市属国企，推动国资与民企深度合作。深化“放管服”改革，实施“一窗一网”“三书合一”“数字化多图联审”等改革举措，“我的盐城”App集成418项便民服务受到市民欢迎。集中开展企事业单位不动产补充办证，社会信用体系不断完善。

五、坚定不移推进共享发展，民生福祉持续增进。坚持民生优先，每年近80%的公共财政用于民生支出。居民收入稳步增长。新增城镇就业54万人，扶持自主创业12万人，居民收入年均增速高于GDP增速2个以上百分点。18.36万建档立卡低收入农户全部脱贫并纳入基本医疗保障范围，105个省定经济薄弱村全部达标，滨海、响水2个省重点帮扶县如期摘帽。社会保障更加有力。被征地农民基本社会保险全覆盖，城乡基本社会保险、医疗保险覆盖率均达98%。基本医疗保险和生育保险实现市级统筹。建成养老床位6.2万张。城乡低保标准提高到670元，城乡社会救助实现一体化。公共服务持续优化。盐城工学院获批硕士学位授予单位。新建中小学和幼儿园225所，普惠性幼儿园覆盖率88%，组建56个义务教育集团和82个城乡办学联盟，实施所有教室安装空调等惠民工程，推进义务教育优质均衡发展。加大优质医疗资源供给，设立院士工作站5个、名医工作室122个，建成6所县级三级综合医院，基层卫生服务体系不断完善。《小镇》等精品力作获“文华奖”“群星奖”，“五个一工程奖”数量居全省前列，成为省首批书香城市建设先进市。广泛开展全民健身运动，龙舟赛、马拉松赛、公路自行车赛成为品牌赛事。社会治理成效显著。防范化解财政金融领域风险，清退、置换市属国企高成本融资，政府隐性债务大幅下降，全口径债务率稳步回落。深化平安盐城、法治盐城建设，开展扫黑除恶专项斗争，创新网格化社会治理，推动矛盾纠纷多元化解，被表彰为全国社会治安综合治理优秀市。妥善应对阜宁“6 · 23”特大龙卷风冰雹灾害。深刻吸取响水“3 · 21”事故教训，基本完成善后处置，扎实推进全市化工产业安全环保整治提升，关闭响水化工园区、取消阜宁高新区化工产业定位，关闭退出化工企业190家。生产安全事故起数和死亡人数持续“双下降”。国防动员、双拥共建、退役军人事务、人民防空等工作迈出新步伐，全国双拥模范城实现“六连冠”。援疆、援青和对口协作得到新加强，审计、统计、市场监管、民族宗教、供销社、公积金、外事、侨务、对台等工作有了新的提升，科协、地方志、档案、妇女、儿童、青少年、老龄、慈善、残疾人、红十字等事业取得新的进步。

各位代表，过去的一年，面对突如其来的新冠肺炎疫情，我们始终坚持听中央号令、抓主要矛盾、下明确指示、靠人民群众，实施精准防控、联防联控，同时扎实推动“六稳”“六保”，奋力夺取疫情防控和经济社会发展双胜利，在大战大考中经受住了重大考验，市八届人大四次会议确定的目标任务基本完成。预计全市地区生产总值增长3%以上；一般公共预算收入400.1亿元，增长4.5%；实际使用外资、外贸进出口总额分别增长14%、14.5%；城乡居民人均可支配收入分别增长4%、6.5%。

产业新盐城基础得到夯实。成立专班推动主导产业发展，金光纤维一体化、滨海港基础设施配套工程、长三角智能网联汽车试验场、新铠胜电子开工建设，华人运通新能源汽车、SKI动力电池顺利投产。开展“营商环境优化提升年”活动，制定惠企20条等政策，定期召开企业座谈会，为市场主体纾困解难。大力发展夜间经济，开展“苏心游 · 最盐城”“消费促进月”等活动，社会消费品零售总额逐步回升。粮食总产71.5亿千克，生猪存栏252万头、出栏348万头，为全省稳产保供大局作出重要贡献。

开放新盐城能级稳步提升。主动融入“双循环”，通过中韩“快捷通道”保障韩资项目建设，承办江苏—韩国企业家交流会，新开工来自长三角地区亿元以上项目190个。持续完善主城功能，新洋港大道范公路至人民路段建成通车，建军路商圈改造提升，全省首条高架地面系统BRT环线建成使用，更换纯电动巡游出租车998辆。实施100个新基建重点项目，5G网络市区县城连续覆盖。

生态新盐城名片更加靓丽。组织黄海湿地世界自然遗产保护宣传系列活动，牵头成立淮河生态经济带生态环保联防联治专委会。坚决落实长江大保护和长江禁渔工作任务，系统推进串场河等河道全流域治理。启动84千米市区环城高速圈生态廊道建设。空气质量优良天数308天，

$PM_{2.5}$年均浓度下降至每立方米33微克。大丰创成国家全域旅游示范区，盐都创成全国“两山”实践创新基地，长三角（东台）康养小镇签约落地。

幸福新盐城获得感显著增强。举办线上线下招聘活动438场次，减轻企业税费90亿元以上，向1.39万家企业发放稳岗返还资金3.5亿元。新增养老保险参保64.5万人。实施128所农村薄弱村小撤并、144所镇寄宿制学校改善和普通高中教学质效提升工程，义务教育大班额现象基本消除。市儿童医院投入运营，市中医院南扩、公共卫生临床中心等一批医疗项目加快建设，全市核酸日单检能力5.5万份。落实安全生产专项整治“一年小灶”任务，完善社会治安防控体系，群众安全感进一步增强。

各位代表，2020年主要目标任务的完成标志着“十三五”圆满收官。这五年，面对各类风险挑战和艰巨繁重的改革发展稳定任务，我们始终坚持用新思想武装头脑、指导实践、推动工作，深入开展“两学一做”学习教育和“不忘初心、牢记使命”主题教育，增强“四个意识”、坚定“四个自信”、做到“两个维护”。始终坚持依法行政，科学民主决策，深化政务公开，自觉接受市人大法律监督、市政协民主监督和社会各界监督。五年办理市人大代表议案建议897件、市政协委员提案1680件，办结率100%。始终坚持勤廉从政，加强党风廉政建设，整治作风突出问题，提升政府执行力和公信力，建设人民满意的服务型政府。

各位代表，五年成就来之不易，这是全市上下勠力同心、锐意进取、攻坚克难、共同奋斗的结果。在此，我代表市人民政府，向广大干部群众，向全体人大代表、政协委员，向离退休老同志，向各民主党派、工商联和各界人士，向驻盐人民解放军、武警官兵、公安干警、消防救援队伍指战员和省属各单位，向所有关心和支持盐城发展的海内外朋友，致以崇高敬意和衷心感谢！

在充分肯定成绩的同时，我们也清醒看到，发展不充分不平衡仍是最大市情，城市综合实力和竞争力有待提升；产业创新能力不强仍是最大压力，人才、资源、环境约束亟待破解；民生保障和社会治理仍有薄弱环节，安全环保领域风险隐患依然存在；政务服务仍有不少短板，争先创优氛围不浓，营商环境需要持续优化。对于这些问题，我们将采取有力措施，切实加以解决。

“十四五”时期主要目标任务

根据《中共盐城市委关于制定国民经济和社会发展第十四个五年规划和二〇三五年远景目标的建议》，我们制定了《盐城市国民经济和社会发展第十四个五年规划和二〇三五年远景目标纲要草案》，提请大会审议。

“十四五”时期是我国在全面建成小康社会、实现第一个百年奋斗目标之后，乘势而上开启全面建设社会主义现代化国家新征程、向第二个百年奋斗目标进军的第一个五年。盐城市经济社会发展的总体要求是：坚持以习近平新时代中国特色社会主义思想为指导，全面落实党的十九大和十九届二中、三中、四中、五中全会精神，深入贯彻习近平总书记视察江苏重要讲话指示精神，立足新发展阶段，贯彻新发展理念，融入新发展格局，以推动高质量发展为主题，以深化供给侧结构性改革为主线，以改革创新为根本动力，以满足人民日益增长的美好生活需要为根本目的，落实“六稳”“六保”，聚焦“强富美高”，深入实施“三市”战略，坚定走好“两海两绿”路径，加快推进“四新盐城”建设，奋力谱写“争当表率、争做示范、走在前列”的盐城篇章。

“十四五”时期全市经济社会发展的主要目标是：

——经济发展更高质量。地区生产总值年均增长6%以上，人均地区生产总值超过11万元。科技创新能力取得新突破，产业结构迈向中高端取得明显进展，质量变革、效率变革、动力变革不断实现新突破，全要素生产率进一步提高，高新技术产业产值占规模以上工业产值比重达到45%。

——人民生活更加幸福。就业更有质量更加充分，城乡居民收入增幅快于经济增长、快于全省平均水平，优质均衡的公共服务体系基本建成，多层次社会保障体系更加健全，城乡居民住房条件全面改善，高质量教育现代化水平显著提升，高质量卫生健康体系更加完善，社会文明程度达到新水平，社会治理现代化水平得到新提升，人民群众生命安全、身体健康、安居乐业得到切实保障。

——美丽盐城更有魅力。国土空间开发保护格局得到优化，生态安全屏障更加巩固。绿色低碳生产生活方式和消费方式广泛形成，资源配置和利用效率更加科学高效。生态环境质量明显改善，主要污染物排放总量持续减少，城乡面貌显著提升。黄海湿地品牌进一步彰显，生态产品价值实现机制逐步完善，生态产品供给稳步提高，打造美丽江苏建设的盐城样板。

——城乡发展更加协调。以人为核心的新型城镇化深入推进，城镇化率不断提高，城市发展空间格局进一步优化，功能配套更加完善，城市能级和城市价值显著提升。城镇体系更加合理，现代综合交通运输体系支撑作用明显增强。乡村振兴取得明显成效，农村人居环境进一步改善。粮食综合生产能力得到坚强保障，农业加工业与农业总产值之比达到3∶1以上。

——改革开放更具活力。高质量发展体制机制更加完善，营商环境明显优化，市场主体更加充满活力。全面融入国内国际双循环，开放沿海全面提速，接轨上海全面突破，对韩合作全面深入，中韩（盐城）产业园打造亚太自贸区建设先行区，外贸进出口总额、实际使用外资年均分别增长10%，内外联动、东西互济的开放新格局基本形成。

——治理体系更加完善。法治盐城、法治政府、法治社会一体建设，平安盐城建设持续深入，社会公平正义充分彰显，共建共治共享的社会治理格局基本形成，社会大局和谐稳定。防范化解重大风险机制不断健全，突发公共事件应急能力全面加强，防灾抗灾救灾能力明显提升，发展安全保障更加有力。

各位代表，未来五年是盐城市实现进位争先、跨越发展的重要战略机遇期。我们既面临着“一带一路”、长江经济带、长三角一体化、淮河生态经济带、中韩（盐城）产业园等国家战略叠加机遇，同时也面临着外部环境复杂多变、内部转型压力加大等新的挑战，需要我们抓住机遇、顺势而为，面朝大海、向海发展、赋“能”未来，在危机中育先机、于变局中开新局。

深入践行新发展理念，树立绿色协调和共享发展的典范。深度参与国际生态治理对话，倡导推动环黄海生态经济圈建设，推进全域旅游，建设人与自然和谐共生的国际湿地城市。提高资源利用效率，推广绿色生产生活方式，力争全市碳排放与全省同步达峰。千方百计稳定和扩大就业，多措并举增加城乡居民收入，让老百姓的日子越过越红火。坚持创建为民，完善公共服务体系，确保高分高位通过第七届全国文明城市复查。

主动融入新发展格局，打造东北亚经济圈和长三角一体化双向互动的样板。抓住区域全面经济伙伴关系协定（RCEP）和中欧投资协定签署机遇，打造连接东北亚和长三角两大市场的重要枢纽，建设长三角北翼先进制造业高地。依托中韩（盐城）产业园，建设中韩国际合作示范区。抢抓新一轮沿海高质量发展机遇，建设绿色产业集聚带、滨海特色城镇带和美丽生态风光带。

准确把握新发展阶段，探索新型城镇化和乡村振兴战略双轮驱动的新路。推动全市域统筹发展，做强主城能级，提升县城品质，优化镇村布局形态，加快新型城镇化步伐。坚持农业农村优先发展，以一二三产融合为方向，以农业科技园区为载体，建设全域农业现代化示范区。开展乡村建设行动，统筹推进农房改善、基础配套、环境治理，促进农业高质高效、乡村宜居宜业、农民富裕富足，推动农业农村现代化走在前列。

2021年主要工作安排

2021年是“十四五”规划的开局之年，是全面建设社会主义现代化国家新征程的开启之年，是中国共产党成立100周年，做好政府工作意义十分重大。今年经济社会发展主要预期目标是：地区生产总值增长6.5%以上，一般公共预算收入增长7%，实际使用外资增长10%，外贸进出口总额增长10%，社会消费品零售总额增长7%，全社会研发投入占GDP比重2.52%，城乡居民人均可支配收入分别增长7%、8.2%，居民消费价格指数涨幅控制在3%左右，城镇登记失业率控制在4%以内，节能减排等指标完成省下达任务。

一、立足国内经济大循环，促进产业链优化升级

建设先进制造业基地。打造现代汽车城，重点发展新能源和智能网联汽车，推进DYK新能源汽车及出口基地建设，全力突破中高端车型，拓展二手车市场。建设钢铁大基地，依托德龙、宝武等钢铁龙头企业，推进产能集聚，加快滨海港基础设施配套建设。布局沿海能源谷，抓好风电、光伏装备制造，创建国家新能源创新示范城市。做大电子信息港，聚焦智能终端、人工智能等领域，推进中国电子信息港、康佳存储芯片封测等项目建设。培育节能环保、大数据等战略性新兴产业，加快机械装备、纺织、化工等传统产业升级，提升滨海、大丰化工园区发展质效。

促进服务业提质增效。坚持现代服务业与先进制造业双轮驱动，培育一批服务导向型制造业示范企业。发展现代物流，推进盐城现代物流园、空港物流园建设。积极发展研发设计、现代金融、会展经济等业态，加快建设国际会议中心。推动生活性服务业品质升级，培育健康养老、家政服务、文体教育等产业，增加公益性、基础性服务业供给。加快5G网络建设，丰富“我的盐城”App功能，推进服务业数字化。

持续扩大有效投资。对投资5000万元以上项目用信息化方法逐个控管，实施“两重一实”项目，每月集中观摩推进，在工业、服务业、农业、城建交通、社会事业等每个领域重抓10个关键项目。围绕主导产业和优势产业，创新招商体制，引进建链补链强链项目。鼓励支持企业实施技术改造，开展智能车间、智能工厂建设，实施智能制造重点项目100项。加强新型基础设施建设，加快与实体经济融合发展。

全面释放消费潜力。实施消费提振行动，制定消费扩容政策，大力发展夜间经济、假日经济等新业态，培育区域消费中心城市。重点打造聚龙湖、建军路等商圈，各县区分别建设1条以上特色休闲街区。完善社区商业布局，打造15分钟生活服务圈。加强质量强市建设，营造放心消费环境。

二、融入国内国际双循环，实现沿海开放新突破

推进更高水平开放合作。南下融入长三角，推进产业、科技、体制等全方位接轨、全领域合作，发挥优势所长，新开工来自长三角地区5亿元以上项目30个。北上连通环渤海，抓住沿海铁路大通道全线贯通契机，促进海运物流互联互通，推动建设沿黄海城市带。东进对接东北亚，优化“海空走廊”，全面深化对韩合作。西拓联动中西部，推进淮河出海水道二期等工程建设，开通至安徽、河南内河集装箱航线，增强西向辐射能级。对外巩固韩日欧美传统市场，开拓国际新兴市场，加强综合保税区和跨境电商综合试验区建设，促进外资外贸稳定增长。

培育壮大临港产业经济。坚持临港布产、以港兴产、港产城联动，大丰港区打造区域综合性枢纽港，滨海港区打造钢铁能源产业港，射阳港区打造风电产业特色港，响水港区打造河海联运物流港，着力把盐城港建设成为中国东部沿海重要物流基地、长三角北翼综合航运枢纽、淮河生态经济带出海门户、盐城向海发展重要立足点。培育海洋经济特色产业集群，推进海上风电、海水利用等全产业链发展。加快滨海港工业园区重大项目建设，打造钢铁、能源、再生纸、物流四大产业基地。

强化重大基础设施支撑。提升盐城港服务功能，实施响水港区、射阳港区5万吨级航道工程，推进滨海港区20万吨级深水航道、大丰港区深水航道二期建设，加快实施大丰港、滨海港铁路支线，系统推进内河航运体系改造，开工建设连申线大套至响水段航道整治工程。拓展铁路服务能力，开工建设盐泰锡常宜铁路，开通市郊通勤铁路客运线路。加快高速公路成网，推进盐射高速、阜溧高速盐城段建设，开工建设东兴高速、滨淮高速和5个高速互通。提升干线公路，加快建设204国道响水绕城段、226省道大丰南段，加强国省干道服务区、绕镇公路规划建设。完善航空网络，实施南洋机场T1航站楼改造、跑道延长工程，加密增辟国内及对韩航线。发挥全货机航线优势，与韩国新万金互设“海外仓”，构筑韩国商品进口集散地。

三、坚持创新核心地位，推动新旧动能加速转换

增强产业创新能力。围绕产业链部署创新链，四大主导产业各建一个研究院、专业孵化器、技术创新联盟和引导基金。以主城为创新中心，加快盐城高新区、盐南高新区、环保高新区创新能力建设，打造大数据产业园、西伏河科创走廊、高铁商务区科创基地、中韩（盐城）产业园未来科技城、富力科创城等创新平台。拓展提升上海、北京、南京等地盐城研发中心功能，开展跨地区创新合作。加强知识产权创造、运用和保护，支持各类创新主体加强专利布局，建设知识产权强市。培育数字经济，推进政府数据资源开放，提升智慧城市建设水平。

提高企业创新动力。加强企业研发机构建设，支持企业加快新产品开发，新增省级以上研发机构100家以上，认定省首台（套）重大装备2个。完善高新技术企业培育机制，实现高新技术企业规模与质态双提升。组织开展多种形式产学研对接活动，推动龙头企业联合上下游企业、高校和科研院所组建产业关键共性技术平台。

激发人才创新活力。制定升级版人才政策，引进高校毕业生2万人以上。深化人才发展体制机制改革，创新高层次和急需紧缺人才等群体职称评价与聘任方式，切实提高各类人才待遇和社会地位。全面推行企业新型学徒制，加强技能大师工作室、高技能人才公共实训基地建设，开展补贴性技能培训10万人次以上。

四、扎实抓好乡村振兴，推进农业农村现代化

加快发展现代农业。牢牢把住粮食安全主动权，保面积、保产量、挑重担，推进土地全域综合整治部省试点，新增高标准农田6.67万公顷，粮食种植面积稳定在98.67万公顷。扎实抓好生猪稳产保供，推动现代畜牧业育繁养宰销一体化。严格农产品质量安全监管，推进化肥农药减量增效，绿色优质农产品比重70%以上。壮大新型农业经营主体和服务主体，培训高素质农民4.5万人以上。

促进一二三产深度融合。突破农产品精深加工，深化农场与地方融合发展，各县区分别建设2个亿元以上、10个千万元以上农产品加工项目。加强水产科学研究院建设，支持农业园区和龙头企业建设公共服务、种苗育供和研发检测中心。加强种质资源保护与利用，做大做强杂交水稻制种、阜宁黑猪、射阳蟹苗等优势种业。发展农村电商，加强“盐之有味”品牌营销，建成数字农业示范基地100个。推进农业景观化种植，建设一批农业地景。

实施乡村建设行动。统筹抓好新型农村社区建设和传统村落保护，改善农民住房3.5万户，建成省特色田园乡村15个。接续推进农村人居环境整治提升，新建农村生态河道400条，生活污水处理设施行政村覆盖率95%。巩固“四好农村路”创建成果，建成美丽乡村旅游公路400千米，完成农村公路生命安全防护工程900千米。创新土地经营权流转方式，探索集体经营性建设用地出让、租赁和入股，激发资源要素活力。巩固脱贫攻坚成果，进一步支持薄弱村加快致富，实现脱贫攻坚与乡村振兴有效衔接。

五、加强生态文明建设，着力打造美丽盐城

持续改善环境质量。深化大气环境治理，$PM_{2.5}$年均浓度小于每立方米33微克，优良天数308天以上。严格落实长江流域十年禁捕要求，健全完善河湖长制，系统推进串场河、新洋港、通榆河全流域治理和村庄河塘整治，实施市区、县城雨污分流改造，基本消除农村黑臭河道，省考断面水质全面达标，国考断面水质全部达Ⅲ类。科学管控林木采伐，探索创新林权交易，新增和更新造林面积1333.33公顷。加强湿地保护修复，开展浒苔绿潮联防联控，提升海洋生态稳定性。

做大做强生态经济。放大世界自然遗产品牌效应，湿地博物馆对外开放，创建国际湿地城市。围绕环黄海生态经济圈建设，推动举办全球滨海论坛国际会议。深化旅游园区“等级创建”，荷兰花海创成AAAAA级景区，条子泥、草房子乐园、安徒生童话乐园创成AAAA级景区，斗龙港旅游度假区创成省级旅游度假区。加快长三角（东台）康养小镇建设，推进生态康养产业全市域发展。

提高资源利用效率。深化“三项清理”，在城市实施“退二进三”，推进农村建设用地减量化。开展园区循环化和企业绿色节能改造，实现减污降碳协同效应。落实国家节水行动，启动城市污水处理厂尾水湿地功能区建设。实施“绿色建筑+”工程，与装配式建筑、BIM技术等深度融合，推动高星级绿色建筑规模化发展。

六、营造一流营商环境，充分激发市场主体活力

推进园区改革创新。统筹开发区、高新区、服务业集聚区、农业科技园区、旅游园区发展，在开发建设、招商引资、服务企业等方面发挥更大作用。探索“一县一区”“一区多园”模式，以省级以上开发区和高新区为龙头、代管园区为配套，有效整合园区资源，不断提升承载能力。完善合作园区管理体制、共建模式。厘清开发园区和行政区职能，搭建投资开发建设和产业引导基金平台，推动资源向招商引资和服务企业一线集中。

深化“放管服”改革。全面贯彻《优化营商环境条例》，实施全市域政务领域治理效能提升示范项目，推进市县政务服务一体化管理。拓展“一网通办”服务事项，严格落实涉企经营许可事项清单管理和调整制度，推动工程建设项目全流程在线审批。健全“双随机、一公开”监管机制，对新业态新模式实行包容审慎监管。

全面开放市场。鼓励国资和民企开展合作，完善外资国民待遇，推动规则、管理、标准等制度性开放，引导更多民资、外资向主导产业、基础设施、社会事业等领域集聚。实施公平统一的市场监管制度，规范市场秩序和经营行为，保证《中华人民共和国民法典》有效实施。加强政府采购、招投标等领域诚信建设，优化提升社会信用环境。

强化精准施策。全面落实减税降费政策，加强涉企收费专项检查，让企业得到更多实惠。持续开展政银企对接，发挥财政杠杆和政策性融资担保作用，鼓励金融机构在风险可控的前提下直接转贷，降低中小微企业融资成本。完善企业座谈会制度，深化政企互动，构建“亲”“清”新型政商关系。加强基层一线公务人员能力提升、作风建设和监督管理，切实为企业减负松绑。

七、优化国土空间布局，加快新型城镇化步伐

推动区域协调发展。坚定不移做强主城，城北片区人民北路、大先锋岛环路建成通车，生态公园对外开放；城南片区启动南海未来城首批土地开发，联动盐丰一体化发展；城东片区推进韩风国际文化名城建设，丰富高端服务业态；城西片区以高新区为核打造区域商业中心，联动小马沟生活组团发展；城中片区丰富文化内涵，更新功能品质。加强县城基础设施和公共服务设施建设，统筹县域副中心镇、一般镇和农场、渔港周边镇发展。

实施城市更新行动。全市整治老旧小区 145 个、589 万平方米，改造棚户区 4 万户。加强城市风貌和历史文化保护，建设“瓢城记忆”绿廊和新洋港、串场河风光带，构建通榆河和市区环城高速圈“中”字型生态廊道。推进海绵城市建设，优化污水处理设施布局和建设管理体制，实现城镇污水处理一体化。完成市区快速路网优化工程，全面推进盐丰、盐阜快速通道和高架四期建设。

加强城市现代化管理。巩固文明城市创建成果，打造更多美丽街角、口袋公园。加强智慧城管建设，升级数字化城市管理平台，提升城市治理效率。推行垃圾分类和减量化、资源化，加快资源回收和循环利用。完善全域公交体系，开通首条 SRT 公交线路，新增新能源公交车 150 辆，推动市域公交全覆盖、市郊公交一体化、主城公交优服务，创建省级绿色出行示范城市。

八、更好保障和改善民生，持续提升生活品质

推动更高质量就业创业。落实就业优先政策，全力做好高校毕业生、农民工、退役军人等重点群体就业，新增城镇就业 6 万人以上。大力提高群众收入水平，加强工资收入分配调控，支持市民有更多财产性、经营性收入。坚决落实常态化监测和精准帮扶措施，确保脱贫人口不返贫、村集体收入再提高。

推进基本公共服务均等化。坚持以人民为中心，持续兴办民生实事。深化教育领域改革，推进全市义务教育学校教师“县管校聘”，实现市区公办中小学教职工同城同待遇。实施中小学校“增亮计划”等惠民工程，新建、改扩建中小学、幼儿园 43 所。加快高等教育和职业教育发展，建成医学本科院校并正式招生，完成技师学院扩建，建设机电高职新校区。健全公共卫生与医疗服务体系，组建高水平医联体，新创 2 个三级县人民医院或中医院。推动中医药事业传承创新发展。扩大公共文化产品供给，市博物馆、市文化馆建成开放。新建健身步道 85 千米，创成国家全民运动健身模范市。

健全多层次社会保障体系。持续开展全民参保巩固提升行动，落实城乡居民保险待遇、基础养老金、低保救助标准正常调整机制。强化基本医疗保险、大病保险和医疗救助保障，深化医保支付方式改革，发展补充医疗保险，提升医保服务能力。加快养老机构标准化建设，实施公共服务和老年人家庭适老化改造提升，打造适老化改造示范小区。健全困境儿童、残疾人、失能失智老人等特殊群体社会救助体系，提高兜底保障能力。

九、防范化解各类风险，建设更高水平的平安盐城

保障人民生命安全。坚持人民至上、生命至上，完善疫情常态化防控机制，增强公立医院传染病救治能力。落实安全生产责任制，聚焦危化品、交通运输、建筑施工、城镇燃气等重点领域，高标准推进“三年大灶”，生产安全事故起数和死亡人数实现“双下降”。提高食品药品安全监管水平，确保“舌尖上的安全”。加强洪涝等自然灾害防御，做好气象服务，实施串场河全线清淤、新洋港闸下移、黄沙港闸拆建等工程，推进里下河洼地治理。

守牢金融风险底线。强化地方金融从业机构监管，规范农民资金互助合作社管理，严厉打击非法金融活动。积极化解政府性债务，严格控制增量，压减隐性债务。加强市属国有企业监管，动态监控企业债务状况，推动国企聚焦主责主业，确保不发生系统性风险。支持引导上市公司规范发展，培育更多上市企业。坚持“房子是用来住的、不是用来炒的”定位，健全完善房地产市场平稳健康发展长效机制。

加强和创新社会治理。深化平安盐城建设，常态化开展扫黑除恶，升级现代社会治安防控体系，完善“大数据 + 网格化 + 铁脚板”机制，探索创新基层社区治理体系建设，切实增强社会治安防控能力。深入开展“八五”普法活动，全面提升法律公共服务水平。扎实推动信访积案化解，畅通群众利益诉求表达渠道。落实退役军人优抚优待政策，加强全民国防宣传教育，积极开展双拥共建，促进军地军民融合发展。

各位代表，开启全面建设社会主义现代化新征程，责任重大、使命光荣。我们将持续加强政府自身建设，主动担当作为，勇于改革创新，推动政府治理体系和治理能力现代化。强化理论武装。深入践行新思想新理念，树牢“四个意识”、坚定“四个自信”、做到“两个维护”。更加注重能力建设，加强思想淬炼、政治历练、实践锻炼和专业训练，提高在复杂形势下谋发展、抓落实、解难题的能力。推进依法行政。严格履行重大行政决策程序规定，规范行政执法自由裁量权，促进政务公开标准化规范化。自觉接受市人大及其常委会工作监督、法律监督和市政协民主监督，提高代表建议和政协提案办理质效。认真执行《政府督查工作条例》，加强行政监督，确保政令畅通。持续转变作风。大力倡导比学赶超、进位争先，在政府系统营造干实事、讲实情、求实效的浓厚氛围。配合做好“正风肃纪看机关”专项行动，优化“12345”服务便民热线，提升政务窗口服务水平，让企业和群众办事更加便捷。坚持廉洁从政。全面落实从严治党主体责任，强化项目审批、招投标、政府投资工程等领域和环节廉政风险防控。严格执行中央八项规定精神和省市委十项规定要求，各级政府机关带头过“紧日子”，大力压减一般性支出，让有限财力发挥出最大的社会效益、民生效益。

各位代表，新时代美好蓝图就在前方，新征程奋斗号角已经吹响。让我们更加紧密地团结在以习近平同志为核心的党中央周围，在市委的坚强领导下，永葆初心、牢记使命，振奋精神、锐意进取，切实担负起“争当表率、争做示范、走在前列”的重大使命，以“起步就是冲刺、开局就是决战”的奋斗姿态，推动“十四五”发展实现良好开局，奋力开启全面建设社会主义现代化新征程，以优异成绩庆祝中国共产党成立100周年！

文件目录选编

盐城市委印发、盐城市委市政府联合印发文件

・・・盐发文件・・・

关于做好“三农”领域重点工作确保如期实现高水平全面小康的通知　盐发〔2020〕1号（2020年3月18日）

印发《关于进一步优化全市营商环境的实施意见》的通知　盐发〔2020〕3号（2020年3月16日）

关于认真贯彻党管武装要求深入推进双拥工作的意见　盐发〔2020〕4号（2020年4月2日）

关于印发《2020年度县（市、区）综合考核意见》《2020年度市级机关单位综合考核意见》的通知　盐发〔2020〕5号（2020年8月17日）

关于印发《盐城市建立更加有效的区域协调发展新机制实施方案》的通知　盐发〔2020〕6号（2020年10月15日）

印发《关于深化改革加强食品安全工作的实施办法》的通知　盐发〔2020〕7号（2020年10月27日）

关于制定盐城市国民经济和社会发展第十四个五年规划和二〇三五年远景目标的建议　盐发〔2020〕9号（2020年12月31日）

・・・盐委文件・・・

关于2019年度工作情况的报告　盐委发〔2020〕1号（2020年1月7日）

关于学习宣传贯彻党的十九届四中全会精神情况的报告　盐委发〔2020〕3号（2020年1月10日）

关于2019年度履行全面从严治党主体责任情况的报告　盐委发〔2020〕4号（2020年1月10日）

关于中共盐城市委七届九次全会情况的报告　盐委发〔2020〕5号（2020年1月11日）

关于成立市委应对新型冠状病毒感染肺炎疫情工作领导小组的通知　盐委发〔2020〕11号（2020年1月27日）

关于脱贫攻坚工作情况的报告　盐委发〔2020〕13号（2020年2月16日）

关于2019年法治政府建设工作情况的报告　盐委发〔2020〕14号（2020年2月27日）

关于盐城宣传思想文化工作的情况报告　盐委发〔2020〕16号（2020年3月12日）

关于2019年计划生育工作情况的报告　盐委发〔2020〕17号（2020年3月17日）

关于设立盐城市湿地和世界自然遗产保护管理办公室的请示　盐委发〔2020〕18号（2020年3月19日）

关于贯彻落实习近平总书记重要指示精神切实加强党的领导坚决打赢疫情防控阻击战情况的报告　盐委发〔2020〕28号（2020年5月20日）

关于2019年度打好污染防治攻坚战工作落实情况的报告　盐委发〔2020〕29号（2020年5月30日）

关于2019年全市区隐性债务化解情况的报告　盐委发〔2020〕30号（2020年6月2日）

关于成立市委平安盐城建设领导小组的通知　盐委发〔2020〕32号（2020年6月22日）

关于成立市“十四五”规划编制工作领导小组的通知　盐委发〔2020〕33号（2020年6月24日）

关于表彰优秀共产党员、优秀党务工作者、先进基层党组织的决定　盐委发〔2020〕34号（2020年6月29日）

关于中共盐城市委七届十次全会的报告　盐委发〔2020〕35号（2020年8月5日）

关于盐城经贸代表团赴韩考察访问的情况报告　盐委发〔2020〕36号（2020年9月1日）

关于长三角（东台）康养小镇项目战略合作的请示　盐委发〔2020〕41号（2020年11月28日）

关于盐城市2020年度食品安全工作情况的报告　盐委发〔2020〕42号（2020年12月9日）

关于市委常委会专题民主生活会情况的报告　盐委发〔2020〕43号（2020年12月14日）

关于表扬双拥工作先进单位和先进个人的决定　盐委发〔2020〕45号（2020年12月16日）

关于表彰创建全国文明城市工作先进集体和先进个人的决定　盐委发〔2020〕46号（2020年12月17日）

关于中共盐城市委七届十一次全会情况的报告　盐委发〔2020〕49号（2020年12月31日）

盐城市政府印发文件

关于下达2020年市政府为民办实事项目任务的通知　盐政发〔2020〕1号（2020年1月24日）

应对新型冠状病毒感染的肺炎疫情支持中小企业共渡难关的二十条政策意见　盐政发〔2020〕13号（2020年2月3日）

关于做好第七次全国人口普查工作的通知　盐政发〔2020〕14号（2020年2月11日）

关于成立江苏黄海金融控股集团有限公司的通知　盐政发〔2020〕18号（2020年3月9日）

关于印发盐城市突发事件总体应急预案的通知　盐政

发〔2020〕20号 （2020年3月27日）

关于成立江苏盐城港控股集团有限公司的通知　盐政发〔2020〕33号 （2020年5月16日）

关于印发推进高新技术企业高质量发展意见的通知　盐政发〔2020〕37号 （2020年6月3日）

关于印发加快推进海河联运发展实施意见的通知　盐政发〔2020〕39号 （2020年6月17日）

关于将新光集团有限公司、盐城市产业投资集团有限公司整建制并入盐城市国有资产投资集团有限公司的通知　盐政发〔2020〕44号 （2020年7月14日）

关于印发落实健康中国行动推进健康盐城建设实施方案的通知　盐政发〔2020〕56号 （2020年9月18日）

关于加快推进全市建筑业高质量发展的意见　盐政发〔2020〕57号 （2020年8月18日）

关于印发盐城市国家知识产权示范城市建设工作方案的通知　盐政发〔2020〕58号 （2020年9月9日）

关于加快推进农业机械化和农机装备产业转型升级的意见　盐政发〔2020〕59号 （2020年9月30日）

关于公布盐城市市区征地区片综合地价标准的通知　盐政发〔2020〕61号 （2020年11月11日）

关于公布第五批市级非物质文化遗产代表性项目名录的通知　盐政发〔2020〕62号 （2020年11月28日）

盐城市委办印发、盐城市委办市政府办联合印发文件

关于印发《政协盐城市委员会2020年度协商计划》的通知　盐办发〔2020〕2号 （2020年1月3日）

关于下达2020年全市重大项目和重点工程投资计划的通知　盐办发〔2020〕3号 （2020年1月22日）

关于转发《2020年全市宣传思想文化工作要点》的通知　盐办发〔2020〕7号 （2020年3月13日）

关于下达2020年全市国民经济和社会发展预期目标的通知　盐办发〔2020〕10号 （2020年3月26日）

关于印发《盐城市党政机关公务用车管理办法》的通知　盐办发〔2020〕11号 （2020年3月27日）

关于印发《中共盐城市委党的建设工作领导小组2020年工作要求》的通知　盐办发〔2020〕12号 （2020年4月3日）

印发《关于推进全市新型基础设施建设的实施意见》的通知　盐办发〔2020〕13号 （2020年5月12日）

印发《关于推进基层整合审批服务执法力量的实施办法》的通知　盐办发〔2020〕14号 （2020年5月13日）

关于印发《盐城市市属企业领导人员管理办法》的通知　盐办发〔2020〕15号 （2020年5月15日）

转发《市委宣传部、市委组织部关于做好＜习近平谈治国理政＞第三卷学习教育工作的通知》的通知　盐办发〔2020〕27号 （2020年7月28日）

关于印发《盐城市市级党政机关和事业单位经营性国有资产集中统一监管改革的实施方案》的通知　盐办发〔2020〕28号 （2020年7月26日）

印发《关于巩固拓展"不忘初心、牢记使命"主题教育成果、做好有关后续工作的实施方案》的通知　盐办发〔2020〕29号 （2020年8月5日）

关于印发《2020年度县（市、区）综合考核实施细则》《2020年度市级机关单位综合考核实施细则》的通知　盐办发〔2020〕32号 （2020年8月17日）

关于印发《市委常委会委员、市政府领导班子成员食品安全工作清单》的通知　盐办发〔2020〕36号 （2020年12月4日）

印发《关于支持大丰区加快高质量发展的意见》的通知　盐办发〔2020〕38号 （2020年12月18日）

印发《关于推动常州盐城工业园区高质量发展的意见》的通知　盐办发〔2020〕39号 （2020年12月25日）

关于成立盐城市优化营商环境工作领导小组的通知　盐办〔2020〕1号 （2020年3月13日）

关于印发《2020年度全市党委信息工作考核评比办法》的通知　盐办〔2020〕2号 （2020年1月9日）

关于印发各地区党委政府和市安委会成员单位履行安全生产工作责任考核评价指标的通知　盐办〔2020〕4号 （2020年3月26日）

关于印发市委常委会成员、市政府班子成员督办安全生产重大问题隐患清单的通知　盐办〔2020〕5号 （2020年3月27日）

关于印发《盐城市贯彻落实江苏省第二生态环境保护督察组督察反馈意见整改方案》的通知　盐办〔2020〕8号 （2020年5月8日）

关于表扬2019年度全市党委信息工作先进单位、先进个人的通知　盐办〔2020〕11号 （2020年6月16日）

关于印发盐城市安全生产专项整治三年行动工作方案的通知　盐办〔2020〕12号 （2020年6月30日）

关于做好国务院江苏安全生产专项整治督导组反馈交办"四项清单"整改落实工作的通知　盐办〔2020〕13号（2020年6月30日）

调整《贯彻落实中共江苏省委　江苏省人民政府＜关于中央纪委国家监委纪检监察建议整改工作方案＞具体整改措施》部分牵头市领导的通知　盐办〔2020〕14号 （2020年7月28日）

关于印发《市级机关部门单位党委（党组）落实机关党建领导责任实施办法（试行）》的通知　盐办〔2020〕16号 （2020年9月2日）

关于印发建立风险防控四项机制实施办法的通知　盐办〔2020〕18号 （2020年11月11日）

印发《关于全面加强危险化学品安全生产工作的实施方案》的通知　盐办〔2020〕20号 （2020年12月20日）

关于成立省委第八巡视组对盐城开展危化品安全生产专项巡视反馈意见整改工作领导小组的通知　盐办〔2020〕21号 （2020年12月31日）

盐城市政府办印发文件

关于分解落实2020年市政府工作报告主要目标任务的通知　盐政办发〔2020〕1号（2020年1月21日）

关于印发盐城市危险化学品安全综合治理方案的通知　盐政办发〔2020〕2号（2020年1月10日）

关于下达全市2020年度城乡建设任务的通知　盐政办发〔2020〕8号（2020年2月12日）

关于在市场监管领域全面推行部门联合“双随机、一公开”监管的通知　盐政办发〔2020〕9号（2020年1月9日）

关于印发盐城市市区畜禽规模养殖禁养区划定方案（规范调整后）的通知　盐政办发〔2020〕10号（2020年2月27日）

关于印发盐城市自然资源统一确权登记总体工作方案的通知　盐政办发〔2020〕14号（2020年4月11日）

关于下达2020年度全市安置房建设和棚户区改造征迁目标任务的通知　盐政办发〔2020〕15号（2020年4月21日）

关于印发盐城市老旧小区综合整治三年行动计划（2020—2022）的通知　盐政办发〔2020〕16号（2020年4月21日）

印发关于积极应对疫情影响促进消费扩容提质实施意见的通知　盐政办发〔2020〕17号（2020年4月27日）

关于印发优化营商环境专项行动相关活动方案的通知　盐政办发〔2020〕19号（2020年4月30日）

关于印发集中开展全市企事业单位不动产补充办证工作意见的通知　盐政办发〔2020〕20号（2020年5月3日）

关于印发2020年度市政府立法计划的通知　盐政办发〔2020〕25号（2020年6月13日）

印发关于进一步调整户口迁移政策加快推进农业转移人口市民化实施办法的通知　盐政办发〔2020〕26号（2020年6月13日）

关于印发盐城市化工产业结构调整限制、淘汰和禁止目录（2020年本）的通知　盐政办发〔2020〕37号（2020年8月19日）

关于印发推进全市夜间经济发展实施意见的通知　盐政办发〔2020〕39号（2020年9月16日）

关于印发整合市区不含大丰区公交专用资产资源实施方案的通知　盐政办发〔2020〕41号（2020年9月2日）

关于公布盐城市市设权力清单的通知　盐政办发〔2020〕42号（2020年9月27日）

关于在“十四五”期间开展镇村志编纂工作的通知　盐政办发〔2020〕44号（2020年10月6日）

关于进一步规范和加强市本级行政事业单位国有资产管理的意见　盐政办发〔2020〕46号（2020年10月19日）

关于印发盐城黄海湿地世遗品牌传播二年行动计划（2020—2021）的通知　盐政办发〔2020〕47号（2020年10月11日）

关于印发全市美丽宜居城市建设工作实施方案的通知　盐政办发〔2020〕48号（2020年10月23日）

关于印发推进全市旅游园区建设指导意见的通知　盐政办发〔2020〕49号（2020年11月3日）

关于印发盐城市改革完善医疗卫生行业综合监管制度实施方案的通知　盐政办发〔2020〕50号（2020年10月16日）

关于提高全市城乡居民基本养老保险基础养老金最低标准的通知　盐政办发〔2020〕51号（2020年11月23日）

关于印发高质量高水平推进中韩盐城产业园建设若干意见的通知　盐政办发〔2020〕53号（2020年12月1日）

关于印发盐城市全域公交发展和市区客运功能调整实施方案的通知　盐政办发〔2020〕58号（2020年12月21日）

媒体报道题录

2020年，面对突如其来的抗击新冠肺炎疫情大考，全市上下坚持“听中央号令，抓主要矛盾，下明确指示，靠人民群众”，众志成城、团结奋战、共克时艰，递交了一份彰显“盐城力量”、展现“盐城担当”的优异答卷。全市新闻舆论战线聚焦主题主线，统筹推进疫情防控和经济社会发展“双胜利”宣传，全力做好全面建成小康社会和脱贫攻坚等主题宣传，讲好盐城故事，传播盐城声音，展示盐城形象，为“强富美高”新盐城建设营造良好氛围。一年来，“三市”战略的生动实践、“两海两绿”路径的蓬勃生机、“四新盐城”建设的显著成果，吸引了人民日报社、新华社、中央广播电视总台等媒体采访报道。据不完全统计，2020年盐城在《人民日报》、央视《新闻联播》用稿75篇（条），全年省级以上主流媒体推出专稿1200余篇（条），其中《新华日报》头版54篇。

表58　2020年新闻媒体宣传报道盐城一览表

媒　　体	新　　闻　　标　　题
《人民日报》	佳富村：风景佳百姓富
《人民日报》	紧紧依靠群众　取信于群众

续表58

媒 体	新 闻 标 题
《人民日报》	种地变得更智能
《人民日报》	江苏射阳统一收集养殖废弃物 种养结合资源化利用
《人民日报》	家门口找到新活干
《人民日报》	江苏盐城以审计助力优化营商环境
《人民日报》	长三角生态环保产业链联盟成立
《人民日报》	山水有底账 保护有底气
《人民日报》	服务企业保生产
《人民日报》	我国麋鹿种群数量突破八千只
《人民日报》	打开生命的通道
《人民日报》	一湖千垛万种情
《人民日报》	夏日鹿鸣
《人民日报》	渔歌
《人民日报》	射阳县新能源及其装备产业园
《人民日报》	生产一线开足马力 经济复苏动力强劲
《人民日报》	“风光”产业期待更风光
《人民日报》	时刻绷紧疫情防控这根弦
《人民日报》	小轮毂展现大作为
《人民日报海外版》	那个美丽的传说，还在继续……
《人民日报海外版》	江苏大丰麋鹿保护区
《人民日报海外版》	滨海万亩现代农业产业园
《人民日报海外版》	射阳89个项目集中签约开工
《新华每日电讯》	江苏盐城：专项督导助力中小企业
《新华每日电讯》	鲁曼代表：风风火火搞调研，征集富农好主意
《新华每日电讯》	东亚候鸟星级“加油站”的飞禽、走兽和人
《新华每日电讯》	江苏东台：为鸟让路，做好生态“加减法”
《新华每日电讯》	“晚点回家，就不用亲孩子了”
《光明日报》	按下复工复产“提速键”
《经济日报》	江苏盐城：全力为外贸外资企业纾困解难
《经济日报》	射阳港打造行业领先的风电装备产业母港
《经济日报》	江苏滨海县：建起扶贫“职通车”
《经济日报》	留住乡愁，民生提质
《新华日报》	全民参保，夯实“幸福新盐城”
《新华日报》	守护最美生态 盐城扛起新担当
《新华日报》	负重拼搏，高标杆建设令人向往的新盐城
《新华日报》	项目引领，构筑产业新高地

续表58

媒　体	新　闻　标　题
《新华日报》	盐城：凝聚最强动力，决胜“两个战场”
《新华日报》	秉义，梦想每天都在升腾
《新华日报》	盐城：让百姓住进“稳稳的幸福”
《新华日报》	盐城推动环黄海生态经济圈建设
《新华日报》	盐城签约202个项目总投资872亿元
《新华日报》	安居乐业，盐城乡村“秀”出幸福成色
《新华日报》	盐城：税收“软环境”激发新动能
《新华日报》	盐城迈向“千亿级”绿色能源之城
《新华日报》	江苏—韩国企业家合作交流会暨第二届中韩贸易投资博览会举行
《新华日报》	城北落子，盐城点亮城市之“眸”
《新华日报》	盐城：为基层治理精准“织网”
《新华日报》	“百万水鸟飞平湖”再现盐都
《新华日报》	以党建促经济惠民生，射阳港——一个省级开发区的四份答卷
《新华日报》	并肩战“疫”，“盐黄”赓续红色初心
《新华日报》	射阳港：驶向通江达海新时代
《新华日报》	盐南高新区奋力夺取“双胜利”
《新华日报》	东台真金白银助企业复产达产
《新华日报》	盐都：智能终端产业迎来硬核项目
《新华日报》	建湖：动力满满决战双胜
《新华日报》	阜宁“三单十问”推动复工复产
《新华日报》	阜宁打造农房改善升级版
《新华日报》	射阳风电产业演绎别样风景
《新华日报》	响水“农工队”强化基层监督
《新华日报》	大纵湖北宋古城浴“水”重生
《新华日报》	首款量产碳拉挤梁叶片在射阳下线
《新华日报》	东台跻身省级全域旅游示范区
《新华日报》	盐南高新区发力新基建
《新华日报》	射阳“微实践”厚植文明沃土
《新华日报》	建湖加速打造优势特色产业集群
《新华日报》	东台西溪打造“天仙缘”
《新华日报》	盐南西伏河畔掀起“创新风暴”
《新华日报》	生命至上，盐城公安战“疫”记
《新华日报》	锚定高质量，盐南公安探路智慧党建
《新华日报》	盐都打造“生态文旅高地”
《新华日报》	盐都：持续发力“民生温度”暖人心

续表58

媒　体	新　闻　标　题
《新华日报》	亭湖：放大世遗效应　打造生态新城
《新华日报》	一粒“好”米出射阳
《新华日报》	射阳：“月比季赛”集聚项目动能
《新华日报》	建湖内外兼修打造宜居新家园
《新华日报》	发力“四新”，盐都集聚发展新动能
《新华日报》	大丰探路农房改善“后半篇文章”
《新华日报》	东台全域旅游开启“全景模式”
《新华日报》	大丰：充分释放旅游经济“虹吸力”
《新华日报》	送工稳岗，建湖打出复工复产组合拳
《新华日报》	滨海：贫困户成家门口“上班族”
《新华日报》	东台：培育高质量发展新动能
《新华日报》	东台文明创建颜值品质双提升
《新华日报》	盐都：“一张网”让养老更安全更智慧
《新华日报》	亭湖旧城改造托起“稳稳的幸福”
《新华日报》	响水创新农村“三资”监管方式
《新华日报》	这里，被大丰人叫做“北上海”
《新华日报》	为了让农民兄弟住上好房子
《新华日报》	滨海：交通基础设施建设在务实中升华
《新华日报》	学习林工精神，育党性“常青树”
《新华日报》	让村书记成为乡村振兴的“领头雁”
《新华日报》	乘着高铁游盐城
《新华日报》	盐城返乡就业培训凸显增收倍增效应
《新华日报》	居住有质量　生活有诗意
《新华日报》	盐城新能源产业“风光”无限
《新华日报》	多彩多情赴约阜宁
《新华日报》	盐城高铁时代“呼啸”而来
《新华日报》	补齐“缺失一段”盘活沿海全局
《新华日报》	阜宁：水价改革实现“三少两不降”
《新华日报》	东台：高质量发展驶入快车道
《新华日报》	盐城公安：以高质量平安护航决胜全面小康
《新华日报》	盐城市妇联：凝聚巾帼力量　彰显时代担当
《新华日报》	大丰：阔步迈向现代化建设新征程
《新华日报》	阜宁：培大育强，主特产业引领绿色发展
《新华日报》	阜宁：播撒希望，现代农业孕育丰收沃土
《新华日报》	东台：全域旅游描绘“诗与远方”

续表58

媒　体	新　闻　标　题
《新华日报》	江苏省盐南高新区：匠心谱华章　织就小康梦
《新华日报》	亭湖：阔步迈在全面小康的大道上
《新华日报》	盐都：全面发力，让幸福小康更有质感
《新华日报》	射阳：书写高水平全面建成小康社会“绿色答卷”
《新华日报》	盐城住建：“数”说发展，建设美丽宜居城乡
《新华日报》	盐城：体育事业蓬勃发展　全民健身蔚然成风
《新华日报》	盐城水利：治水惠民筑牢发展根基
《新华日报》	建湖：奋力书写生态文明建设的时代答卷
《新华日报》	盐城交投集团：筑梦全面小康造福盐阜乡亲
《新华日报》	盐城东方集团：十张转型答卷　展示华彩五年
《新华日报》	助力打造活力新城　让美丽与幸福同行
《新华日报》	一方洗涤心灵的沿海净土
《新华日报》	滨海：奋力书写决胜全面建成小康社会的幸福答卷
《新华日报》	绿色生态：让东台高质量发展底色更清新
《新华日报》	响水：高质量决战脱贫攻坚　高水平决胜全面小康
《学习时报》	追寻信仰　弦歌救亡
《学习时报》	抗战时期军事教育如何走群众路线
《学习时报》	火线诸葛亮会：军事民主的生动实践
《工人日报》	江苏滨海1170个乡村“空关房”变身“工运堂”
《农民日报》	喜看仓廪赋新容
《农民日报》	智慧麦作让种麦走向“无人时代”
《农民日报》	农家书屋成为留守老人学法乐园
《农民日报》	江苏滨海“一张网”管理质量追溯信息
《农民日报》	江苏完成国内首笔农地流转“云签约”
《农民日报》	江苏滨海：厉行节约引领文明用餐新“食”尚
《农民日报》	让农村书香更浓
《农民日报》	“庄稼医生”宗玉成自创民谣助抗疫
《中国纪检监察报》	对得起肩上的责任
《中国组织人事报》	江苏盐城：镇街“一把手”练成“一把好手”
《法制日报》	盐城推进法援“护农暖心”行动
《法制日报》	用法律的力量扶贫助困
《法制日报》	建湖打造特色警务“新街区”
《法制日报》	射阳调处“双前置”化解信访矛盾
《检察日报》	保护“地球之肾”
《检察日报》	不解之缘

续表58

媒　体	新　闻　标　题
《检察日报》	江苏盐城：强化保护17 处遗址和设施
《检察日报》	江苏建湖："抗诉＋检察建议"帮粮库解除"限高令"
《人民法院报》	把群众放在心上　把责任扛在肩上
《中国审计报》	唱响文明好声音　创立审计新形象
《中国市场监管报》	精准扶持力保市场主体平稳发展
《中国市场监管报》	突出"三个一"建设 强化基层食品安全监管
《中国市场监管报》	网络交易监管工作专业化变革的思考
《中国市场监管报》	盐城安全生产"攻坚战"成效显现
《中国市场监管报》	盐城走访调研纾困解难促发展
《中国社会报》	冲上"疫"线，书写担当!
《中国国防报》	做好服务保障"三大员"
《中国国际报》	乡村振兴路上"军号"响
《中国水利报》	一防三保，只为夺取"双胜利"
《中国水利报》	万河之城　幸福长流
《中国艺术报》	立足"四新盐城"熔铸澎湃后浪
《中国艺术报》	《华中鲁艺记》成功公演
《中国艺术报》	原创音乐剧《挥向天空的翅膀》亮相江苏盐城
《中国劳动保障报》	吸纳更多人才来盐城发展
《中国劳动保障报》	不见面不断线"防控线上"不打烊
《中国应急管理报》	党员带头攻坚破解'卡脖子'难题
《中国财经报》	江苏盐城确保中央直达资金快速规范使用
《中国交通报》	"司机之家"增量提质谋长远
《中国教育报》	停课不停学　打造云端课程思政新模式
《中国环境报》	射阳推动高质量发展不当局外人
《中国环境报》	生态射阳　与海相依与鹤共舞
《中国县域经济报》	江苏盐城亭湖区加快推进农房改善工作——农民新居美　乡村风尚新
《中国县域经济报》	江苏盐城河东片区建设"破题点睛"
《中国县域经济报》	江苏盐城大丰区　开放作楫弄潮长三角
《中国县域经济报》	江苏射阳　做好接轨上海"深度文章"
《中国绿色时报》	江苏射阳：让绿色绘浓发展底色
《中国邮政报》	农资配送到地头
《中国邮政报》	注重质效做好"大走访"
《江苏经济报》	盐城开展双拥读书分享会
《江苏经济报》	盐都消防扎实推进打通"生命通道"集中治理行动
《江苏法制报》	盐城智慧赋能夯实文明交通

续表58

媒　　体	新　　闻　　标　　题
《江苏法制报》	盐城司法9个小组挂钩服务企业
《江苏法制报》	他们奋勇战斗在抗疫前线
《江苏法制报》	盐城书香引领双拥新篇章
《江苏法制报》	沪盐共签法律服务战略合作协议
《江苏教育报》	盐工院成立应急管理学院
《江苏工人报》	盐城市总启动村企工会“三联三促”联建活动
《江苏工人报》	盐城工会为夺取“双胜利”注入政策动能
《江苏工人报》	盐城市总全额返还　小微企业工会经费1400余万
《江苏工人报》	南京首批42名劳模到盐城疗休养
《现代快报》	滨海：转型升级助推高质量发展走向前列
《扬子晚报》	盐城：战“疫”不放松，文明祭扫英烈不缺席
《扬子晚报》	让城市“会客厅”更加靓丽文明
《扬子晚报》	小康大丰：奋力开启新征程
《群　众》	改善农民住房　助力乡村振兴
《群　众》	倾力农房改善　撬动建湖乡村振兴
《唯　实》	苏北农房改善的实践与经验
《半月谈》	第二届中韩贸易投资博览会开幕
《中国妇运》	以刀刃向内的勇气推进县级妇联改革
中央电视台《新闻联播》	走好新时代的长征路
中央电视台《新闻联播》	春耕正当时　绿色生产成亮点
中央电视台《新闻联播》	粮食安全　秋粮收购全面展开　速度快于往年
中央电视台《新闻联播》	我国“八纵八横”高铁网等一批交通基础设施重点工程复工
中央电视台《新闻联播》	各地高效推进企业复工复产
中央电视台《新闻联播》	决胜全面小康　攻坚克难赢未来
中央电视台《新闻联播》	盐通铁路进入试运行阶段
中央电视台《焦点访谈》	藏粮于技　种地还要靠科技
中央电视台《焦点访谈》	守好“饭碗田”
中央电视台《焦点访谈》	聚焦“两会”　迎难而上　锐意进取
中央电视台《晚间新闻》	江苏盐城：细节入手　让城市“有里有面”
中央电视台《晚间新闻》	江苏滨海：减税降费为中小企业纾困解难
中央电视台《晚间新闻》	江苏盐城：大数据+遮阳雨篷　治理交通顽疾
中央电视台《晚间新闻》	加快建设城市充电设施　推动新能源发展
中央电视台《晚间新闻》	保基层运转　助力现代化养殖
中央电视台《朝闻天下》	江苏盐城：连续十年重奖创新创业人才
中央电视台《朝闻天下》	麦收一线观察，智慧麦作技术，助力颗粒归仓

续表47

媒　　体	新　　闻　　标　　题
中央电视台《朝闻天下》	江苏盐城：数百只丹顶鹤飞抵盐城黄海湿地越冬
中央电视台《朝闻天下》	第二届中韩贸易投资博览会在江苏盐城举办
中央电视台《朝闻天下》	江苏盐城：长三角首个生态环保产业链联盟成立
中央电视台《朝闻天下》	海上风电加快建设　清洁能源占比上升
中央电视台《新闻直播间》	江苏盐城：大丰麋鹿保护区迎来麋鹿产仔高峰
中央电视台《新闻直播间》	落实“六稳六保”一线见闻　保存储安全　汛期强化对农服务
中央电视台《中国新闻》	江苏盐城：出口退税加速度　快速审核不见面
中央电视台《中国新闻》	江苏：“海上三峡”建成过半
中央电视台《中国新闻》	江苏盐城：利用中韩“快捷通道”助力重大外资项目加快建设
中央人民广播电台	盐城户籍改革“新政”：农民进城落户更容易
中央人民广播电台	盐城“税务+”补齐市场主体资金链和产业链
江苏卫视	盐城荷兰花海上演《只有爱·戏剧幻城》
江苏卫视	盐城：打造绿水青山“金名片”探索跨越发展新路径
江苏卫视	盐城：建设“四新盐城”奋力开创高质量发展新境界
江苏卫视	盐城建湖：农业企业优先复工鼓励吸纳周边群众
江苏卫视	盐城：韩国人士是“新市民”疫情防控一视同仁
江苏卫视	盐城恒北村：“一枝梨花”撬动特色大产业
江苏卫视	中国黄（渤）海候鸟栖息地世界遗产证书在盐城揭幕
江苏卫视	盐城：用心建好美丽江苏“绿心地带”
江苏卫视	江苏—韩国企业家合作交流会暨第二届中韩贸易投资博览会举行
江苏卫视	盐城第十届沿海发展人才峰会开幕
江苏卫视	盐城滨海同心村：万亩梨园果正香
江苏卫视	国内最大LNG（液化天然气）储罐成功升顶
江苏新闻广播	盐城实现气象预警信息“靶向”发布
人民网	放大世遗效应，奋力擘画美丽盐城新篇章
人民网	第二届中韩贸易投资博览会在盐城开幕
人民网	2020中国新能源高峰论坛在盐城开幕
人民网	江苏盐城：多部门联手确保战“疫”战“贫”双赢
人民网	统筹推进，改变乡村面貌——江苏盐城市加快改善农民住房条件工作纪实
新华网	盐城：把党旗插在防控疫情斗争第一线
新华网	盐城举全市之力加快电子信息产业发展
新华网	中国盐城·第十届沿海发展人才峰会开幕
新华网	盐城全力优化营商环境　助推人才企业加速发展
中国新闻网	盐通高铁开通运营
中国新闻网	海内外专家学者江苏盐城共探“一带一路”建设

续表58

媒　　体	新　　闻　　标　　题
中国新闻网	丹顶鹤吸引“阿里郎”盐城和韩国文旅界“云上”牵手
中国新闻网	近千家韩企持续抢滩　江苏盐城成长三角韩资高地
中国新闻网	长三角 14 城市聚首江苏盐城共商区域新能源合作
光明网	江苏省盐城市兑现政策“一诺千金”助力企业走出困境
光明网	江苏盐城：加快落实税费优惠政策，激发经济循环活力
中国江苏网	中国盐城黄海湿地公路自行车赛圆满举行
中国江苏网	逐绿前行，“十三五”期间盐城取得了这些生态文明建设成就
中共江苏省委新闻网	盐城（上海）宣传文化旅游周在沪启幕
中共江苏省委新闻网	盐城全市创建全国文明城市总结表彰大会召开

统计资料

表59　2020年盐城市行政区划人口及土地面积

指标名称	全市	亭湖区	盐都区	大丰区	响水县	滨海县	阜宁县	射阳县	建湖县	东台市
镇（个）	95	5	8	11	8	11	13	13	11	14
街道办事处（个）	30	8	4	2	0	3	4	0	3	0
村民委员会（个）	1759	91	164	208	100	261	247	151	199	308
居民委员会（个）	627	85	86	54	52	39	92	87	49	43
年末总户数（万户）	269.30	23.98	23.74	26.47	16.93	35.35	34.78	30.61	28.06	38.19
年末总人口（万人）	814.49	68.72	70.65	70.10	61.89	121.25	110.34	93.63	76.47	107.22
男（万人）	419.94	34.83	36.84	35.01	32.67	63.83	57.84	48.06	39.49	54.03
女（万人）	394.55	33.88	33.82	35.09	29.22	57.43	52.50	45.57	36.98	53.19
农村人口（万人）	308.11	12.78	23.01	24.33	27.29	55.16	50.23	41.51	29.87	39.35
城镇人口（万人）	506.38	55.94	47.64	45.77	34.60	66.09	60.11	52.12	46.61	67.87
年平均人口（万人）	817.92	69.02	70.83	70.38	62.03	121.69	110.98	94.07	77.11	108.04
当年出生人口（人）	58888	4981	5209	4072	6677	10269	7792	5809	4428	6051
出生率	7.20‰	7.24‰	7.34‰	5.83‰	10.80‰	8.46‰	7.03‰	6.17‰	5.71‰	5.65‰
当年死亡人口（人）	76828	5282	6628	6573	5499	9922	9831	7675	9294	14430
死亡率	9.39‰	7.68‰	9.32‰	9.38‰	8.87‰	8.14‰	8.83‰	8.19‰	12.06‰	13.33‰
自然增长人数（人）	−17940	−301	−1419	−2501	1178	347	−2039	−1866	−4866	−8379
自然增长率	−2.19‰	−0.43‰	−1.98‰	−3.55‰	1.93‰	0.33‰	−1.80‰	−2.02‰	−6.35‰	−7.68‰
迁入人数（人）	48502	1498	10775	1172	2748	2932	2147	1148	6326	9588
迁出人数（人）	98955	4579	12911	3987	6564	10681	16119	6832	14295	17527
行政区域土地面积（平方千米）	16931	800	1015	3008	1474	1950	1439	2606	1157	3176

表60　2020年盐城市国民经济主要指标

指标名称	全市	亭湖区	盐都区	大丰区	响水县	滨海县	阜宁县	射阳县	建湖县	东台市
一、地区生产总值（当年价格）（亿元）	5953.38	561.36	606.90	686.78	405.74	503.86	574.22	592.36	593.88	893.35
第一产业（亿元）	661.20	36.37	50.55	98.64	51.47	71.11	66.70	103.89	53.89	124.29
第二产业（亿元）	2379.38	191.00	268.67	224.61	182.30	194.08	235.20	207.60	247.06	316.56
第三产业（亿元）	2912.79	334.00	287.68	363.54	171.96	238.67	272.33	280.87	292.94	452.51
二、规模以上工业主要指标										
工业总产值（亿元）	4796.25	259.94	345.93	881.89	790.80	207.14	293.19	370.88	338.91	665.08
利润总额（亿元）	157.57	11.53	11.41	50.11	38.17	4.41	3.96	21.83	12.13	44.19
三、农业总产值及主要产品产量										
农林牧渔业总产值（当年价格）（亿元）	1207.20	64.59	88.56	182.22	96.29	127.34	119.64	187.82	95.44	237.31
粮食产量（万吨）	714.31	25.42	47.10	91.34	60.50	98.75	95.89	113.65	71.12	102.26
棉花产量（吨）	320.00	110.00	0	0	0	0	0	27.00	0	183.00
油料产量（万吨）	13.59	0.63	0.63	2.51	1.12	1.49	1.09	1.50	1.34	3.09
四、固定资产投资增速（%）	-7.40	4.40	4.40	4.20	6.50	-32.00	-32.00	13.10	-32.00	4.20
五、社会消费品零售总额（亿元）	2216.12	235.92	230.82	205.85	104.99	227.21	229.06	222.26	187.94	245.63
六、进出口总额（亿美元）	119.40	5.70	12.40	28.70	8.90	5.40	5.20	7.50	4.30	12.50
七、注册外资实际到账（亿美元）	10.12	0.97	1.03	1.12	0.39	0.61	0.23	0.91	0.22	1.11
八、一般公共预算收入（亿元）	400.10	39.00	38.42	53.57	23.10	24.36	28.31	30.90	31.66	54.60
一般公共预算支出（亿元）	973.60	48.16	74.61	112.60	70.36	91.14	91.96	96.17	92.50	118.38
九、年末金融机构各项存款余额（本外币）（亿元）	8426.78	—	—	1017.99	300.99	503.65	597.95	656.90	646.73	1071.47
住户存款（本外币）（亿元）	4232.93	—	—	551.06	177.97	313.57	423.47	459.34	434.23	769.45
年末金融机构各项贷款余额（本外币）（亿元）	6969.34	—	—	856.46	263.91	455.20	353.46	480.14	427.78	728.31
十、人民生活										
城镇常住居民人均可支配收入（元）	40403	48016	43739	40975	33554	35134	33772	35406	39023	43070
农村常住居民人均可支配收入（元）	23670	26844	25999	26754	19843	20610	21312	22859	23481	27023

注：盐城经济技术开发区、盐南高新技术产业开发区非行政区划未列出，经济数据在全市统计数据之中

表61　2020年江苏省辖市国民经济主要指标

指　　标	南京市	无锡市	徐州市	常州市	苏州市	南通市	连云港市	淮安市	盐城市	扬州市	镇江市	泰州市	宿迁市
年末总人口（万人）	722.57	508.97	1038.05	386.63	744.33	756.06	534.48	557.97	814.49	454.71	269.25	497.15	592.10
国内生产总值（当年价格）（亿元）	14817.95	12370.48	7319.77	7805.32	20170.45	10036.31	3277.07	4025.37	5953.38	6048.33	4220.09	5312.77	3262.37
第一产业增加值	296.80	128.10	718.68	164.30	196.40	458.70	386.10	409.70	661.20	307.10	149.50	307.10	341.40
第二产业增加值	5214.35	5751.19	2931.61	3616.15	9385.58	4765.85	1372.35	1630.98	2379.38	2786.35	1988.63	2541.10	1367.35
第三产业增加值	9306.80	6491.19	3669.48	4024.87	10588.47	4811.76	1518.62	1984.69	2912.79	2954.88	2081.96	2464.57	1553.63
规模以上工业营业收入（亿元）	12241.06	18347.94	4681.41	11500.14	36310.13	8568.60	2822.59	2451.16	5115.02	4939.99	3748.23	5721.31	2740.07
规模以上工业营业成本（亿元）	10055.64	15557.11	3749.92	9748.46	30877.79	7185.21	2098.56	1977.37	4478.20	4200.89	3122.94	4433.83	2215.36
规模以上工业利润总额（亿元）	690.76	1263.95	288.50	728.31	2179.23	567.17	245.81	139.33	157.57	226.70	245.24	361.48	275.39
工业用电量（亿千瓦小时）	338.88	569.39	219.17	400.18	1170.57	323.52	118.81	117.62	242.02	174.54	192.23	221.14	149.24
固定资产投资增速（%）	6.60	6.10	0.40	0.20	6.60	5.80	0.10	-29.60	-7.40	-1.50	3.00	0.20	0.10
社会消费品零售总额（亿元）	7203.03	2994.36	3286.09	2421.36	7701.98	3370.40	1104.29	1675.85	2216.12	1379.29	1141.93	1333.26	1258.08
进出口总额（亿美元）	771.79	877.84	154.33	349.15	3223.47	379.43	92.99	49.85	119.40	111.06	104.23	146.43	47.83
出口总额（亿美元）	491.14	512.43	124.85	259.40	1868.67	258.75	37.92	34.31	80.20	83.57	73.91	96.05	41.61
注册外资实际到账（亿美元）	45.15	36.21	22.01	27.17	55.40	27.12	6.76	10.80	10.12	14.70	7.88	15.30	5.56
一般公共预算收入（亿元）	1637.70	1075.70	481.82	616.60	2303.00	639.30	245.17	264.21	400.10	337.27	311.74	375.20	221.17
金融机构存款余款（人民币）（亿元）	39056.06	18867.71	9141.99	12213.55	35165.68	15300.65	4212.37	4852.00	8370.07	7586.35	6292.05	7889.89	3631.89
住户存款（人民币）（亿元）	9499.25	7195.67	4513.38	5027.24	12052.04	8018.90	1840.00	2082.96	4224.24	3698.46	2764.35	3722.47	1734.12
金融机构贷款余额（人民币）（亿元）	37594.23	15114.05	6952.08	10215.54	34195.78	12113.81	4215.61	4630.79	6947.17	6279.75	6105.42	6385.10	3773.95
城镇常住居民人均可支配收入（元）	67553	64714	37523	60529	70966	52484	36722	40318	40403	47202	54572	49103	32015
农村常住居民人均可支配收入（元）	29621	35750	21229	32364	37563	26141	19237	19730	23670	24813	28402	24615	19466

表62 2020年长三角27个中心城市主要经济指标（一）

地 区	土地（万平方千米）	常住人口（万人）	地区生产总值（亿元）	服务业增加值（亿元）	城镇常住居民人均可支配收入（元）	农村常住居民人均可支配收入（元）
上海市	0.63	2487.09	38700.58	28307.54	76437	34911
南京市	0.66	931.47	14817.95	9306.80	67553	29621
无锡市	0.46	746.21	12370.48	6491.19	64714	35750
常州市	0.44	527.81	7805.32	4024.87	60529	32364
苏州市	0.87	1274.83	20170.45	10588.47	70966	37563
南通市	1.05	772.66	10036.31	4811.76	52484	26141
盐城市	1.69	671.06	5953.38	2912.79	40403	23670
扬州市	0.66	455.98	6048.33	2954.88	47202	24813
镇江市	0.38	321.04	4220.09	2081.96	54572	28402
泰州市	0.58	451.28	5312.77	2464.57	49103	24615
杭州市	1.69	1193.60	16105.83	10959.07	68666	38700
宁波市	0.98	940.43	12408.66	6376.38	68008	39132
温州市	1.21	957.29	6870.86	3876.56	63481	32428
嘉兴市	0.42	540.09	5509.52	2524.25	64124	39801
湖州市	0.58	336.76	3201.41	1473.29	61743	37244
绍兴市	0.83	527.10	6000.66	3069.64	66694	38696
金华市	1.09	705.07	4703.95	2732.79	61545	30365
舟山市	0.15	115.78	1512.11	769.02	63702	39096
台州市	1.01	662.29	5262.72	2669.73	62598	32188
合肥市	1.14	936.99	10045.72	6133.89	48283	24282
芜湖市	0.60	364.44	3753.02	1804.18	44588	24473
马鞍山市	0.40	215.99	2186.90	1042.34	51804	25421
铜陵市	0.30	131.17	1003.70	491.70	41180	17102
安庆市	1.35	416.53	2467.70	1160.90	35947	15567
滁州市	1.35	398.71	3032.07	1282.57	36051	15732
池州市	0.84	134.28	868.89	397.79	35671	17323
宣城市	1.23	250.01	1607.50	687.30	42134	18928

表63 2020年长三角27个中心城市主要经济指标（二）

地　区	社会消费品零售总额（亿元）	进出口总额（亿美元）	出口总额（亿美元）	注册外资实际到账（亿美元）
上海市	15932.50	5049.51	1989.93	202.33
南京市	7203.03	771.79	491.14	45.15
无锡市	2994.36	877.84	512.43	36.21
常州市	2421.36	349.15	259.40	27.17
苏州市	7701.98	3223.47	1868.67	55.40
南通市	3370.40	379.43	258.75	27.12
盐城市	2216.12	119.40	80.20	10.12
扬州市	1379.29	111.06	83.57	14.70
镇江市	1141.93	104.23	73.91	7.88
泰州市	1333.26	146.43	96.05	15.30
杭州市	5972.83	860.35	535.45	72.02
宁波市	4238.26	1412.80	924.50	24.68
温州市	3497.79	317.47	272.29	3.27
嘉兴市	2141.11	441.29	328.31	26.47
湖州市	1424.43	164.14	148.72	12.06
绍兴市	2322.50	373.80	345.98	7.21
金华市	2611.93	701.19	664.43	3.25
舟山市	532.78	241.73	85.26	4.02
台州市	2396.07	275.25	255.29	3.63
合肥市	4513.76	374.87	227.96	35.95
芜湖市	1584.35	84.28	48.67	30.37
马鞍山市	795.79	58.33	24.88	28.15
铜陵市	350.33	76.40	9.54	4.34
安庆市	1128.39	18.86	14.80	3.44
滁州市	1182.59	38.79	29.19	15.97
池州市	406.33	10.40	2.35	4.56
宣城市	626.62	19.49	17.98	12.88

注：进出口、注册外资实际到账数据根据2020年美元平均汇率换算

表64　2020年长三角27个中心城市主要经济指标（三）

地　区	一般公共预算收入（亿元）	金融机构本外币存款余额（亿元）	金融机构本外币贷款余额（亿元）	全体居民人均可支配收入（元）
上海市	7046.30	155865.06	84643.04	72232
南京市	1637.70	40056.45	38189.99	60606
无锡市	1075.70	19400.95	15303.43	57589
常州市	616.60	12544.59	10259.02	52080
苏州市	2303.00	37683.85	35197.87	62582
南通市	639.30	15535.34	12154.89	42608
盐城市	400.10	8426.78	6969.34	33707
扬州市	337.27	7691.30	6293.32	38843
镇江市	311.74	6384.66	6133.63	46180
泰州市	375.20	8022.45	6440.66	39701
杭州市	2093.39	54246.47	49799.28	61879
宁波市	1510.79	23988.18	25451.63	59952
温州市	601.98	15270.38	13639.11	54025
嘉兴市	598.80	10742.60	10166.70	54667
湖州市	336.56	5956.58	5940.01	51800
绍兴市	543.52	10933.47	10134.87	56600
金华市	423.25	11240.30	10013.63	50580
舟山市	159.20	2539.99	2773.76	55830
台州市	401.24	10630.31	9872.25	50643
合肥市	762.90	18675.31	18166.57	41619
芜湖市	331.37	4712.96	4101.48	36829
马鞍山市	169.54	2778.85	2261.34	42392
铜陵市	81.76	1649.30	1396.70	29568
安庆市	141.60	3763.50	2616.80	24647
滁州市	226.02	3146.53	3020.56	25711
池州市	66.91	1233.86	860.90	26404
宣城市	168.42	2189.90	1762.10	30746

表65　2020年淮河经济带各市主要经济指标

地　区	土地面积（万平方千米）	常住人口*（万人）	地区生产总值（亿元）	社会消费品零售总额（亿元）	一般公共预算收入（亿元）	进出口总额（亿美元）	注册外资实际到账（亿美元）	城镇常住居民人均可支配收入（元）	农村常住居民人均可支配收入（元）
淮安市	1.00	455.62	4025.37	1675.85	264.21	49.85	10.80	40318	19730
盐城市	1.69	671.06	5953.38	2216.12	400.10	119.36	10.12	40403	23670
宿迁市	0.85	498.62	3262.37	1258.08	221.17	47.83	5.56	32015	19466
徐州市	1.18	908.38	7319.77	3286.09	481.82	154.33	22.01	37523	21229
连云港市	0.76	459.94	3277.07	1104.29	245.17	92.99	6.76	36722	19237
扬州市	0.66	455.98	6048.33	1379.29	337.27	111.06	14.70	47202	24813
泰州市	0.58	451.28	5312.77	1333.26	375.20	146.43	14.94	49103	24615
枣庄市	0.46	385.56	1733.25	897.80	140.76	38.25	3.05	35098	17690
济宁市	1.12	835.79	4494.31	2127.31	411.78	79.04	8.12	38368	18653
临沂市	1.72	1101.84	4805.25	2528.20	349.83	169.22	10.80	39466	15918
菏泽市	1.22	879.59	3483.11	1637.35	237.92	62.89	2.90	29365	15107
蚌埠市	0.60	329.64	2082.70	1202.50	158.50	18.87	12.05	39116	18016
淮南市	0.55	303.35	1337.20	774.32	109.41	7.62	3.66	37699	15419
阜阳市	1.01	820.03	2805.20	1836.56	199.26	16.66	4.95	34562	14256
六安市	1.50	439.37	1669.50	935.04	132.88	10.42	6.11	33647	14449
亳州市	0.85	499.68	1806.01	991.71	126.37	10.58	4.34	34159	15293
宿州市	0.99	532.45	2045.00	1082.57	133.82	13.42	10.70	34373	14369
淮北市	0.27	197.03	1119.06	460.81	80.07	10.06	3.17	36428	15218
滁州市	1.35	398.71	3032.07	1182.59	226.00	38.66	15.97	36051	15732
信阳市	1.88	623.44	2805.68	1160.23	121.35	8.34	6.20	30942	15018
驻马店市	1.51	700.84	2859.27	996.20	170.06	8.99	4.70	30835	13867
周口市	1.20	902.60	3267.19	1650.64	148.19	15.50	6.31	28864	12950
漯河市	0.27	236.75	1573.88	642.98	100.59	6.48	11.24	34108	18042
商丘市	1.07	781.68	2925.33	1410.18	180.56	6.18	4.53	32853	13605
平顶山市	0.79	498.71	2455.84	994.18	181.17	4.99	5.50	34814	15550

注：常住人口数据为第七次全国人口普查公报数（普查时点2020年11月1日零时）

索　引

编辑　徐　昊

说　明

1.本索引采用主题分析法编制，按标引词第一字汉语拼音字母顺序排列，同音字按声调排列，音调相同按下一字的音序排列。

2.类目、分目标题用小5号黑体字标示，正文所作款目，全部用小5号宋体字标示。

3.标引词后的数字表示内容所在页码，数字后的字母a、b分别表示左、右两栏。

4.本索引编有二级索引，放在主款目下行缩一字排；部分款目在索引中重复出现。

A

B

C

D

E

F

G

H

J

K

L

M

N

P

Q

R

S

T

W

X

Z

《盐城年鉴（2021）》审稿人员

（按姓氏笔画为序）

丁安广　丁金海　于胜博　马正华　马志虎　王从香　王玉新
王仪成　王　宁　王永和　王　亚　王　军　王连春　王明友
王　凯　王　俊　王俊勇　王鸿章　王海燕　韦应生　卞洪洋
尹　跃　卢国华　叶茂楼　朱王卫　朱先林　朱全开　朱如万
朱红江　朱海龙　刘开俊　刘古佐　刘东荃　刘　军　刘志军
许仁德　许　虎　许根林　孙红青　孙秀丽　孙秀春　孙　逊
纪家中　杜明东　李庆芳　李　军　李建东　李晓奇　杨小进
杨书琴　连　倩　吴风俊　吴宇鹏　吴启飞　吴启标　吴海龙
何玉良　何春明　余维云　沙附生　张永辉　张志刚　张步胜
张宏春　张国锋　张国瑞　张树忠　张琍琍　张　镇　陆文忠
陆　帅　陆　伟　陆树臻　陈　军　陈苏宁　陈拥军　陈洪军
陈　雯　陈锦龙　陈德美　陈　霞　邵红军　武正华　季卫军
侍晓红　周　宏　周　昉　郑英舜　郑荣东　单　纯　赵宏志
赵宏贵　俞仁元　姜菊萍　洪家宁　胥江华　胥爱华　胥晨霞
姚　刚　顾晔明　徐　丹　徐汉林　徐金珠　徐维林　徐　森
郭忠俊　黄传耀　曹正清　盛　艳　商建明　梁茂华　蒋惠林
蒋　斌　程　宁　颜东平　薛万昌　薛文星　薛　冰　戴竹岭
戴红光　戴　勇　戴　道　鞠烨平　魏彧晖

《盐城年鉴（2021）》撰稿人员

（按姓氏笔画为序）

丁介玉	丁祺晋	于小娟	马冬云	马　凯	王万军	王丹频	王亚云
王启顺	王　坤	王明富	王春明	王　盼	王　俊	王奕霖	王洁如
王　悦	王宽存	王　敏	王　淼	王　瑶	王　慧	王　蕙	王　磊
邓红卫	石　惠	印玉庆	乐　珊	成　扬	吕景林	朱云芳	朱良军
朱栋材	朱昭元	刘小玲	刘　凯	刘　星	刘　昱	刘莹莹	刘　菲
许　涛	许寅生	孙成刚	孙宏军	孙岩钢	孙　波	花　露	苏红民
杜阿金	杜　彦	李　丹	李永鑫	李　全	李志伟	李高凡	李海军
李　宵	李　雪	杨　帆	杨　超	杨惠媛	杨雯莉	杨　震	杨鑫仪
肖立春	肖景元	吴才宝	吴庭虎	别立雄	何求金	余卫兵	邹湘彬
汪滢滢	沈碧云	宋孝锋	张业伟	张　扬	张丽丽	张炜炜	张　涛
张锦锋	张　静	陆　伟	陆　舰	陈文松	陈　伟	陈旭东	陈　军
陈志伟	陈昌帅	陈　怡	陈建华	陈荣鑫	陈晓明	陈　健	陈　浩
陈海军	陈富裕	季　明	季琳琳	金青宇	金重庆	周本东	周征仁
周泽玚	周星辰	周　峰	宗　耀	荣海勇	胡中耕	柏天奇	侯立冰
俞　亮	祝春燕	秦　雨	袁万龙	夏景涛	顾　进	顾　君	徐　叙
徐　豪	郭本凯	唐芙蓉	唐修祥	唐登鑫	黄正旺	黄宗文	曹志康
曹征雷	曹敏智	崔　岩	崔　健	葛　伟	董　雪	董维山	程晓丽
谢　冰	甄玄玄	靖　江	臧滨城	裴银川	缪玲玲	潘志飞	潘　杭
薛文星	薛　刚	薛传刚	薛阳春	戴　汇	戴晓桐	戴舒婷	戴登来
戴鹏辉							